새 속담 사전

채홍정 엮음

오늘의문학사

국립중앙도서관 출판시도서목록(CIP)

새 속담 사전 / 엮은이: 채홍정. -- 대전 : 오늘의문학사, 2015
　　p. ;　cm

표제관련정보: 조상들의 숨결과 깊은 지혜, 해학이 배어있는 속담풀이
권말부록: 농사속담
한국예술인복지재단 2015년 창작준비금 지원 일부로 발간됨
ISBN 978-89-5669-708-6 01700 : ₩30000

속담 풀이[俗談--]

388.603-KDC6
398.957-DDC23　　　　　CIP2015026678

머 리 말

책을 평(評)하기는 쉬우나, 책을 펴내는 것은 어렵단 말에 실감합니다.

때론 중동 문의하고 싶은 생각 여러 번 없잖아 있었습니다. 많은 학덕(學德)이 없는 탓에 언제나 식견이 풍부한 분을 접견하면 자신도 모르게 고개가 숙어질 때가 있었습니다. 그러나 곰곰이 속살을 살펴보노라면 사라져 가는 정겨운 '우리 말'에 대해서는 큰 관심에 무게가 없는 것 같아 안타까움이 들었습니다.

속담 하나하나엔 옛 조상님들 얼의 숨결과 깊은 지혜와 해학이 흠뻑 배어 있어서 소중한 가르침을 줄 뿐 아니라, 옛 조상님들이 생활한 모습을 엿볼 수 있는 과학적인 짜임새로 간결하면서도 "간명성(簡明性), 지성(知性), 쾌미성(快美性), 해학성(諧謔性)을 두루 지닌 민중(民衆)의 시(詩)"(千時權, 金宗澤, 國語意味論)라고 하였으니, 우리가 살아가는 데 잘 활용하면 큰 보탬이 될 수 있다는 점에 더 매혹되었습니다.

한글로 글을 쓰는 문인이기에 우리 고유의 아리따운 '우리 말' '우리 글'을 자신이 지켜야 한다는 엄연한 과제 앞에서, 설사 짧은 식견이 만약 잘못을 범하여 실랑이가 있을지라도, 문인으로서의 소명을 따르기로 했습니다. 우리의 말과 글을 다듬고 빛내는 소임은 어차피 문인에게도 주어져 있고, 이 소임을 다 하는 데 어떤 장애요소도 타고 넘기로 하였습니다. 또한, 문인으로서 회피해서는 아니 될 과제라고 보았습니다.

이 땅에 이름 없는 문인 한 사람으로서 산수(傘壽)를 바라보는 나이에 젊은이들에게 미력이나마 우리 '고유의 말'에 보탬이 되고자 다짐하고, 돋보기를 쓴 채 준비했습니다.

아둔한 솜씨로 인터넷과 문헌을 밤낮 찾으니, 식솔마저 때론 도외시할 때도 없지 않았습니다. 자신의 좁은 소견머리 탓이 아니겠느냐는 생각도 들었습니다. 그러한 지 어언 7년 세월, 우여곡절 끝에 "숨었던 용이 여의주를 얻은 격"이 된 마음으로 이 책을 펴냅니다.

실답게 여기지 않고 선뜻 편집해 준 오늘의문학사 여러분에게 감사한 마음입니다. 이 작업의 의미는, 하루속히 나라말을 사랑하는 우리 자신들 생활 속에 깊이 뿌리 내리기를 바랄 뿐입니다.

2015. 10. 10.
엮은이 채홍정 씀

일 러 두 기

1. 이 사전의 배열 순은 자음 모음순으로 하였으며, 자음의 된소리는 그 항목 맨 끝에 다루어 찾기에 간편토록 하였습니다.
2. 동일어(同一語)로 몇 가지 의의(意義)가 있을 때는 1, 2, 3, 의 기호를 사용하여 구별화 하였습니다.
3. 비슷한 속담은 밑줄을 그어 눈에 확 드러나게 하였으며, 최대한 집성하려 하였으나 일부 빠진 것도 있으리라 여깁니다.
4. 풀이 끝에 국적을 삽입하였고, 속담 원문 중에서 어려운 단어는 해설하였으며 간간이 예문을 게재하였습니다. 관용어(특수한 것)와 격언을 발췌하고, 부록 농사속담을 합하여 13,300여 구를 수록하였습니다.
5. 국어 대사전(문학박사 이응백 감수 교육도서), 고사성어, 속담 사전(감수 이을한 선문사 2001,발행), 우리말 갈래사전(박용수 엮음 한길사 1990, 제7판 발행), 여러 문장사전, 인터넷 등에서 자료를 찾았습니다.
6. 이 책에 사용한 부호
   (비) : 비슷한 속담 표시
   (준) : 줄임말 표시
   ⇔ : 반대 속담 표시
   ★ : 용어 해설
   ( ) : 부록의 농사 속담은 우리나라 지역 표시
   ' ' : 인용한 말 표시

가자 뒤 자도 모른다 아주 무식하거나 속내를 전혀 모르고 있다는 말. 글자를 전혀 깨치지 못하여 무식하거나, 사리에 몹시 어두운 사람을 놀림조로 이르는 말. (비) 낫 놓고 기역도 모른다. 기역 왼 다리도 못 그린다. 가나다라도 모른다.(북한) '가자 뒤 자도 모른다. 검은 것은 글씨라는 것밖에 모른다. 고무래를 놓고 고무래정(丁) 자도 모른다. 눈뜬장님. 뜨고도 못 보는 당달봉사. 집게 놓고 에이(A) 자도 모른다. 흰 것은 종이요 검은 것은 글씨다.

가게기둥에 입춘(立春) 주련(柱聯) (비) 개 발에 주석 편자. ★주련(柱聯): 기둥이나 바람벽 따위에 장식으로 써서 붙이는 한시의 연구(聯句), 연(聯).

가까운 길 버리고 먼 길로 간다 자신에게 이익이 되는 일을 미루어 놓고 오히려 자신에게 해가 되는 일을 하려 한다는 뜻.

가까운 남이 먼 일가보다 낫다 가까이 살면 서로의 정분이 사촌 형제와 다름이 없다. (비) 이웃사촌.

가까운 남이 먼 친척보다 낫다 (비) 가까운 이웃(남)이 먼 친척보다 낫다.

가까운 데 눈보다 먼 데 눈이 더 무섭다 흔히 가까운 곳에 있는 사람을 경계하기 쉽지만 먼 곳에 있는 사람을 경계하지 않는다는 말.

가까운 데를 가도 점심밥을 싸 가지고 가거라 무슨 일에나 준비를 완벽하게 하여 실수 없게 하라는 뜻. (비) 십리 길에 점심 싸기.

가까운 데 집은 깎이고 먼 데 절은 비친다 가까운 데 있는 것은 너무 친숙하여 좋지 않아 보이고 먼 데 있는 것은 훌륭하게 보인다는 뜻.

가까운 무당보다 먼 데 무당이 영(靈)하다 흔히 사람은 자신이 잘 알고 가까이 있는 것보다는 잘 모르고 멀리 있는 것을 더 좋은 것인 줄로 생각한다는 말. (비) 먼데 무당이 영하다. 먼 데 점이 맞는다.

가까운 이웃(남)이 먼 친척보다 낫다 이웃과 친하게 지내면 먼 곳에 사는 친척보다 더 친하게 되어 가까운 사이가 된다는 말. (비) 지척의 원수가 천 리의 벗보다 낫다. 이웃이 사촌보다 낫다.

가까운 제 눈썹 못 본다 먼 데 보는 것을 잘 보면서도 자기 앞엣것은 잘 보지 못한다는 말.

가까운 집 며느리일수록 흉이 많다 늘 가까이 있어 잘 아는 사이일수록 그 사람의 결점이 더 많이 띔을 비유적으로 이르는 말. (비) 이웃집 며느리 흉도 많다.

가까운 집은 깎이고 먼 절은 비친다 좋은 사람이라도 늘 함께 있으면 그 진가를 알지 못하고, 그 반대로 멀리 있는 사람은 잘 모르면서도 과대평가하기 쉽다는 뜻. (비) 동네 무당보다 먼 데 무당이 영(靈)하다. 먼 데 점이 영하다. 이웃집 무당 영하지 않다.

가까이 앉아야 정이 두터워진다(가깝다) 사람은 서로 가까이 있으면서 자주 접촉해야 정이 더 깊어진다는

〈가깝던 사람이 원수가 된다〉

말.(북한)

가깝던 사람이 원수가 된다 친한 사람이 섭섭하게 하면 분하여 원수가 되기 쉽다는 뜻.

가꾸지 않는 곡식 잘되는 법이 없다 공들여 가꾸지 않고 버려둔 곡식이 잘되는 일이 없듯이 사람을 바르게 가르치고 잘 이끌지 않으면 제구실을 못 한다는 말. (북한)

가꿀 나무는 밑동을 높이 자른다 어떠한 일이나 장래의 안목을 생각해서 미리부터 준비를 철저하게 해 두어야 한다는 뜻

가나다라도 모른다 (비) 가자 뒤 자도 모른다.

가난 구제는 나라도 못 한다(어렵다) 가난한 사람 구제하기는 끝이 없어 개인은 물론 나라의 힘으로도 어렵다는 뜻. (비) 가난 구제는 나라도 어렵다.

가난 구제는 지옥(地獄) 늪이라 가난한 사람을 돕는다는 것은 지옥에 떨어질 조짐이니 아예 그런 생각은 하지 마라. (비) 인간 구제는 지옥 늪이라.

가난도 비단 가난 아무리 가난해도 체통을 잃지 않고 견딘다는 말.

가난도 스승이다 가난하면 잘 살아 보려는 목표를 가지고 더 열심히 일하게 되니까 가난함으로 배울 점이 있다.

가난뱅이 구들장에 물난리 가난한 집은 항상 지붕이 새기 때문에 비만 오면 방안에 물 소동이 난다는 뜻.

가난뱅이 조상 안 둔 부자 없고 부자 조상 안 둔 가난뱅이 없다 대대로 잘 사는 집안 없고 대대로 못 사는 집안 없듯이 가난한 사람도 부자가 될 수 있고 부자도 가난뱅이 될 수 있다.

가난은 무식(無識)이다 집안이 가난하여 배우지 못하면 무식한 사람이 된다는 뜻.

가난은 죄가 아니다 죄를 받아서 가난한 것이 아니라 가난은 한때의 운명이란 말.

가난을 낙으로 삼는다 어떠한 가난도 낙으로 알고 참아야 극복할 수 있다는 말.

가난의 도둑질 필요하면 어떤 일도 한다는 뜻.

가난이 병보다 더 무섭다 가난은 대대로 이어지기 쉽지만, 병은 어떤 불치병이라도 당대에 끝나기 때문에 가난이 더 무섭다는 뜻.

가난이 뼛속까지 스며든다 너무 가난하여 그것이 뼛속까지 사무칠 정도란 말. (비) 가랑이가 찢어지게 가난하다. 개가 핥은 것 같다. 개가 핥은 죽사발 같다. 고양이 죽 쑤어 줄 것 없고 생쥐 볼가심할 것 없다. 똥구멍이 찢어지게 가난하다.

가난이 싸움이라 모든 싸움의 원인은 가난에 있다는 말.

가난이 원수 가난하므로 고통을 받게 되니 가난이 원수같이 느껴진다는 말. (비) 가난의 도둑질.

가난이 장사 먹고 살기 위해 있는 힘을 다하여 일을 하기 때문에 남 보기엔 장사로 보인다는 뜻.

가난이 죄(罪)다 가난하기 때문에 여러 가지 범죄를 저지르게 된다는 말. (비) 목구멍이 포도청. 구복이 원수라.

가난이 질기다 가난한 것으로 보아서는 지금 곧 굶어 죽거나 살림을 털어버리고 나서든가 할 것 같으나 그래도 어떻게 계속해서 살아가기는 한다는 말. (비) 굶어 죽기는 정승보다 어렵다. 산 입에 거미줄 치랴. 사흘 굶으면 양식지고 오는 놈 있다. 사람은 먹고살게 마련이다.

가난하고 천하면 부지런해진다 가난해 천대받는 사람일수록 이곳을 탈피하기 위해 부지런히 일하게 됨을 이름.

가난하기 때문에 벼슬하는 것이 아니다 공무원은 월급을 받기 위해서 일만 하는 것이 아닌 국민을 위한 봉사를 해야 한다는 말.

가난하면 구차해 지고 부유하면 교만해진다 가난이 비굴한 성질을 갖게 되기 때문에 품은 뜻도 원대로 못 하고 제약을 받으며, 부자는 재력만 믿고 행동함에 교만해지기 쉽다는 뜻.

가난하면 돈을 아껴 쓰게 마련이다 가난하면 쓸 데는 많으나 쓸 돈이 적기 때문에 자연히 아껴 쓴다는 뜻.

가난하면 만사가 안 된다 무슨 일이든지 경제적 뒷받침이 필요한데 가난해서 이루기가 어렵다는 말.

가난하면 부자가 되고 싶어한다 고생하며 살고 싶은 사람은 없으므로 넌들 잘 먹고 잘 입고 잘 살고 싶은 게 사람이란 말.

가난하면서도 남을 원망하지 않는다 가난해서 남에게 천대받고 살지만 남을 원망하지 않고 자기의 팔자라고 여긴다는 말.

가난하면 성(姓)도 없다 부(富)한 사람은 가난한 사람을 업신여기고 깔본다는 말. (비) 가난한 놈은 제 성도 없다.

가난하면 아무것도 주지 못한다 가난하니 마음은 항상 남에게 주고 싶은 마음은 많으나 가진 것이 없어서 줄 수 없다는 뜻.

가난하면 아부하게 된다 가난하니 늘 남에게 의지하여 살기 때문에 아부하는 일이 많게 된다는 말.

가난하면 일가가 없다 궁핍한 생활이면 일가친척도 뜸해져 자연히 멀어진다는 말. (비) 가난하면 일가친척도 멀어진다. 가난하면 찾아오는 벗도 없다. 가난하면 친구도 찾아오지 않는다. 가난하면 친척도 멀어진다. 가난하면 친한 사람이 적다.

가난하면 일하고 싶은 생각이 절로 난다 일하지 않던 사람도 먹고살기 위해선 자연히 일하기 마련이란 뜻.

가난하면 죽을 날도 없다 가난해서 돈 벌기 바빠 좀처럼 여가가 없다는 말. (비) 가난한 놈 앓을 틈 없다. 없는 놈 앓을 여가 없다.

가난하면 천대받고 돈 있으면 귀해진다 돈이 없으면 사람 구실을 제대로 할 수 없고 돈 있으면 금력에 의해 저절로 신분이 상승한다는 말.

가난하면 형제간에도 만나기 어렵다 생활이 구차하면 형제간에도 서로 외면하기 마련이란 뜻.

가난한 놈은 성도 없나 가난한 사람이 괄시당할 때 쓰는 말.

가난한 놈은 앓을 틈도 없다 (비) 가난하면 죽을 날도 없다.

가난한 놈이 기와집만 짓는다 1.빈곤에 벗어나기 위하여 갖가지 공상이나 궁리를 한다는 뜻. 2.가난한 사람이 남에게 잘 보이려고 허세를 부린다는 뜻. (비) 가난한 사람일수록 밤새도록 기와집 짓는다.

가난한 놈이 남의 것을 먹자니 말이 많다 가난한 사람이 남의 밑에서 일을 하고 살자면 잔소리를 많이 듣게 된다는 뜻.

가난한 사람은 바라는 것이 많다 궁핍하니 아쉬운 것과 가지고 싶은 것이나 하고 싶은 일이 더욱 많다는 뜻.

가난한 사람은 자는 게 낙이다 가난의 늪에 힘겹기에 피로를 풀기 위해선 잠을 많이 자게 된다는 말.

가난한 살림에 빚보다 해로운 것은 없다 가난한 살림에 빚을 얻어 쓰면 엎친 데 덮친다고 될 수 있는 한 빚지지 말고 살아가야 한다는 충고의 말.

가난한 상주(喪主) 방갓 대가리 같다 1.사람의 모양이 허술하여 우스꽝스럽다는 뜻. 2.무슨 물건이 탐탁지 못하고 어색해 보이며 값없이 보임을 뜻함. ★방갓 : 방립(方笠). 상재가 밖에 나갈 때 쓰는 갓.

가난한 양반 씨 나락 주무르듯 한없이 주무르고만 있음을 비꼬아 하는 말.

가난한 양반 향청(鄕廳)에 들어가듯 1.행색이 떳떳하지 못하여 주저주저하고 제대로 기운을 못 펴며 쩔쩔매는 모양을 보고 하는 말. 2.하기 싫은 일을 마지못하여 풀 없고 기운이 없이 한다는 뜻.

가난한 집 밥 굶듯 가난해 밥 못 먹는 날이 있는 것처럼 괴로운 일이 자주 온다는 말.

가난한 집 신주 굶듯 줄곧 굶기만 한다는 말.

가난한 집에 자식이 많다 가난한 집에는 먹을 것이나 입을 것 걱정이 태산 같은데 으레 자식까지 많다는 뜻으로, 이래저래 부담되는 일이 많음을 이르는 말. 예문. 가난한 집에 자식 많다더니 흥부네 집도 과연 그러했다.

가난한 집 제사 돌아오듯 치르기 힘겨운 일이 자주 닥침을 비유한 말.

가난한 집 족보 자랑하기 가난뱅이 양반은 자신을 자

〈가난한 집에 부부싸움이 잦다〉

랑할 만한 것이 없으므로 자기의 조상 자랑만 늘어놓는다는 뜻.

가난한 집에 부부싸움이 잦다 집안이 궁핍함에 불평불만으로 부부간에 애정에 금이 가고 싸움이 잦게 마련이란 말.

가난한 집엔 형제가 많아도 우애가 좋다 부유한 집은 재산싸움으로 우애가 좋지 못한 경우가 많지만 없는 집 형제들은 서로 돕고 살기 바쁘므로 대체로 우애가 좋다는 말.

가난한 활수(滑水)가 돈 있는 부자보다 낫다 가난하지만 돈을 잘 쓰는 사람은 돈을 두고도 못 쓰는 구두쇠보다 낫다는 말. ★활수 : 무엇이나 아끼지 않고 시원스럽게 쓰는 솜씨. 또는 그런 사람.

가난할수록 기와집만 짓는다 가난하고 구차하게 사는 사람일수록 공상만 많이 하며 남에게 잘사는 것처럼 보이려 고하는 심리를 일컫는 말.

가난할수록 더 가난하다 궁핍으로 있는 것도 팔다 못해 빚을 지니 점점 가세가 기울기 마련이란 뜻.

가난할수록 서울로 가랬다 어려우니 부자가 많은 서울로 가는 것이 살기가 낫다는 말.

가난할수록 편안하다 부자는 돈에 보존이나 이익 때문에 마음을 써야 하지만 생활은 여의치 않으나 가난한 사람은 마음이 편하다는 것.

가난해져야 안내의 어짊을 안다 잘사는 집보다 가난한 집 아내의 역할이 한 부조하니 고마움을 알게 된다는 뜻.

가난해졌다 부유해졌다 한다 (비) 부자 삼대 못 견디고 가난 삼대 안 간다.

가난했을 때 사귄 친구는 잊지 못한다 서로 동고동락하며 돕고 의지하던 친구는 죽을 때까지 잊을 수 없다는 말.

가는 곳마다 내 땅이요, 자는 집마다 모두 내 집이다 거지가 자기 신세를 한탄하다가 자위(自慰)하는 뜻으로 하는 말.

가는 곳마다 뼈 묻을 산은 있다 어딜 가나 죽어 묻힐 곳 있듯이 곳마다 사람 있게 마련이란 뜻.

가는 곳마다 선화당(宣化堂) 옛날에 감사(監事)가 자기 관내에 가게 되면 가는 곳마다 선화당이 되었단 말. ★선화당 : 감사가 근무하던 대청.

가는 길에 여우가 지나가면 사망(死亡)이 있다 길을 가다가 여우가 지나가는 것을 보면 누가 죽는다고 예부터 전하여 오는 말.

가는 날이 장날 우연히 갔다가 뜻하지 아니한 일을 공교롭게 당함을 비유한 말.

가는 년이 물 길어다 놓고 갈까 이미 일이 다 틀어져서 그만두는 판에 뒷일을 생각하고 돌아다 볼 리가 만무하다는 뜻. (비) 가는 년이 보리방아 찧고 가랴. 가는 년이 세간 살까.

가는 년이 보리방아 찧고 가랴 (비) 가는 년이 물 길어다 놓고 갈까.

가는 임은 밉상이요, 오는 임은 곱상이다 말려도 뿌리치고 야속하게 가는 임은 미워도 기다리던 끝에 오는 임은 반갑다는 뜻.

가는 임은 잡지 말고 오는 임은 막지 말랬다 (비) 가는 임은 밉상이요 오는 임은 곱상이다.

가는 떡이 커야 오는 떡도 크다 내가 남에게 어떻게 하느냐에 따라 남도 같은 식으로 대한다는 뜻.

가는 떡이 하나면 오는 떡도 하나다 남으로부터 대접을 잘 받느냐 못 받느냐는 내가 남에게 대접을 잘하고 못하고에 달렸다. (비) 가는 떡이 커야 오는 떡도 크다.

가는 말이 거칠면 오는 말도 거칠다 (비) 가는 말이 고와야 오는 말이 곱다.

가는 말에 채찍질 1. 형편이나 힘이 좋은 때라도 더 부추이고 몰아쳐야 한다는 말. 2. 일에 힘쓰는 사람도 게을러지지 않도록 쉬지 말고 부지런히 하라는 뜻. (비) 주마가편(走馬加鞭). 닫는 말에도 채를 치렸다. 닫는 말에 채찍질. 가는 말에도 채를 치렸다.

가는 말에도 채를 치렸다 (비) 가는 말에 채찍질.

가는 말이 고와야 오는 말도 곱다 남에게 말이나 행동을 좋게 하여야 자기에게도 좋은 반응이 돌아온다.

⟨가랑잎에 불붙듯⟩

(비) 오는 덕이 커야 가는 덕이 크다. 가는 정이 있어야 오는 정도 있다.

가는 며느리가 보리방아 찧어 놓고 가랴 이미 일이 다 틀어져서 그만두려고 하는 터에 뒷일을 생각하며 일할 리가 만무하다는 뜻.

가는 밥 먹고 가는 똥 누랬다 수입이 적으면 그것에 맞게 생활을 하여야 한다는 말.

가는 방망이에 오는 홍두깨 1.이쪽에서 방망이로 저쪽을 때리면 저쪽에서는 홍두깨로 이쪽을 때린다 함이니. 무슨 일이거나 반듯이 자기가 한 일보다 더 가혹한 갚음을 받게 된다는 말. 2.내가 다른 사람에게 해를 끼치면 언젠가는 그보다 더 큰 해를 자신이 입게 된다.

가는 베 낳겠다 손의 결이 매우 곱다는 말. ⇔ 가는 베 짜겠다.

가는 베 짜겠다 솜씨가 좋지 못하여 거칠고 엉성하다는 뜻. (비) 석새 베에도 씨도 안 든다. 솜씨는 관(棺) 밖에 내놓아라.

가는 세월에 오는 백발이다 세월이 흘러가면 사람은 늙게 마련이라는 뜻.

가는 손님 뒤통수(뒤꼭지)가 예쁘다 가난하여 손님 대접하기가 어려울 때 일찍 돌아가는 손님이 주인에게는 고맙게 여겨진다는 말.

가는 정이 있어야 오는 정도 있다 내가 상대방에게 친절을 베풀면 그만한 대가가 내게 온다는 말. (비) 오는 정이 있어야 가는 정이 있다.

가는 토끼 잡으려다가 잡은 토끼 놓았다 너무 욕심을 부리거나 한꺼번에 여러 가지를 하려다가 도리어 이미 이룬 일까지도 실패로 돌이가고 성취하지 못한다는 말. (비) 달아나는 노루 잡으려다가 잡은 노루 잃었다 토끼 둘을 잡으려다가 하나도 못 잡는다. 뛰는 토끼 잡으려다가 잡은 토끼 놓았다. 멧돝 잡으려 갔다가 집돝 잃었다. 닫는 사슴 잡으려다가 잡은 사슴 잃었다. 뛰는 멧돼지 잡으려다가 집돼지 놓았다.

가능한 것도 불가능하게 된다 가능한 것이라고 향상 불변하지 않으니 그 기회를 놓쳐서는 안 된다는 뜻.

가다 말면 안 가느니만 못하다 어떤 일을 하다가 도중에 그만두려면. 처음부터 하지 않는 편이 낫다는 뜻.

가던 날이 장날이다 뜻하지 않은 일을 공교롭게 만난 경우를 일컫는 말.

가도록 심산(深山)이라 (비) 갈수록 태산이라.

가득 차기도 하고 텅 비기도 한다 성공하기도 하고 실패하기도 한단 뜻.

가라고 가랑비 오고 있으라고 이슬비 온다 옛날 손님을 보내기 위해 주인이 "가라고 가랑비 온다."라고 말하자 손님은 "있으라고 이슬비 온다."라고 응수하며 가지 않았다고 하여 나온 말.

가락 바로잡는 집에 갖다 세워 놨다 와도 좀 낫다 물레의 가락을 고치는 집에 가락을 갖다 놓았다가만 가져와도 가락이 좋아진 것처럼 생각된다는 말이니, 가령 병원에 갔다만 와도 병이 좀 좋아진 것 같이 느껴질 때를 이르는 말. (비) 휘인 가락을 가락 집에 꽂았다가 만 가져와도 좀 낫다.

가랑니가 더 문다 보기엔 매우 작은 것이 큰 괴로움을 준다는 뜻.

가랑비에 옷 젖는 줄 모른다 대수롭지 않은 것이라 하더라도 자꾸 거듭되면 무시하지 못할 것이 된다는 말. (비) 담도 틈이 생기면 무너진다.

가랑(냉)이가 찢어지도록 가난하다 매우 가난하다는 뜻.

가랑이에 두 다리를 넣는다 일을 함에 너무 성급히 서둘러 정신을 못 차린다는 말. (비) 한 가랑이에 두 다리 넣는다.

가랑이에서 불이 난다 (비) 불알에서 요령 소리 난다.

가랑이에서 비파소리가 난다 (비) 불알에서 요령(鐃鈴) 소리 난다.

가랑잎에 꿩 새끼 (콩) 구워 먹겠다 매우 꾀가 있고 눈치가 빠르며 민첩하다는 뜻. (비) 담뱃불에 꿩 구워 먹겠다. 참새 굴레 씌우겠다. 참새 얼레 잡겠다. 새 알 멜빵 하겠다. 약기는 쥐새끼나 참새 굴레도 씌우겠다.

가랑잎에 불붙듯 (비) 급하기는 우물에 가서 숭늉 달라겠다.

가랑잎으로 눈 가리고 아옹 한다 1.속이 뻔히 들여다 보이는 일을 가지고 남을 속이려 할 때 이르는 말. 2.미련하여 아무리 애써도 경우에 맞는 일 처리를 뜻대로 하지 못함을 이르는 말. (비) 입 가리고 고양이 흉내. 귀 막고 방울 도둑질 한다. 머리카락 뒤에 숨바꼭질한다. 가랑잎으로 눈 가린다. 눈 감고 아옹. 눈 벌리고 아옹. 사탕발림. 낫으로 눈 가리기. 손샅으로 밑 가리기. 손으로 샅 막듯. 가랑잎으로 하문 가리기.

가랑잎으로 똥 싸 먹겠다 잘살던 사람이 극빈하여져서 할 수 없는 신세가 되었음을 이르는 말.

가랑잎으로 하문(下門)을 가린다 1.애써 가리려고 하여도 가리지 못한다는 뜻. 2.미련하여 아무리 애써도 뜻대로 경우에 맞는 일 처리를 못한다는 뜻. (비) 입 가리고 고양이 흉내. 귀 막고 방울 도둑질 한다. 머리카락 뒤에 숨바꼭질한다. 가랑잎으로 눈 가린다. 눈 감고 아옹. 눈 벌리고 아옹. 사탕발림. 낫으로 눈 가리기. 손샅으로 밑 가리기. 손으로 샅 막듯. ★하문 : 여자의 음부.

가랑잎이 바스락거리니까 솔잎도 바스락거린다 (비) 가랑잎이 솔 더러 바스락거린다 한다.

가랑잎이 솔잎 더러 바스락거린다고 한다 (비) 똥 묻은 돼지가 겨 묻은 돼지를 나무란다.

가래 터 종놈 같다 가래질하는 마당의 종놈처럼 무뚝뚝하고 거칠며 예의범절이라곤 도무지 모른다는 말. ★가레터 : 흙을 파 헤치거나 떠서 던지는 농기구.

가랫장부는 동네 존위(尊位)도 몰라본다 가랫장부는 이웃의 어른도 모르고 떠받든다는 뜻으로, 분수없이 행동하는 경우를 두고 하는 말. ★존위 : 한 동네 어른을 이름. 즉, 남의 어른을 높이어서 이르는 말. ★가랫장부 : 가랫날을 끼우지 아니한 종가래의 나무 부분 전체.

가려야 의복 몸을 가릴 수 있어야 옷이라 할 수 있듯이 자기가 맡은 일은 자신이 해내야 남에게 대접을 받는다는 말.

가려운 것이 아픈 것보다 참기 어렵다 오랫동안 가려운 것이 잠깐 아프다 마는 것보단 참기 어렵다는 말.

가려운 곳을 긁어주듯 남의 사정을 잘 알고 여러 가지로 마음을 쓰며 시중을 든다는 뜻. (비) 마고 할미 가려운 데 긁어주듯.

가려운 데를 긁어 줄 알아야 한다 남의 어려운 사정을 알면 동정할 줄 알아야 한다는 말.

가려운 데를(곳을) 긁어 주다(듯) 꼭 알고자 하는 데를 알아서 욕구를 만족하게 해 줌을 이르는 말.

가로 지나 세로지나 (비) 벌리나 오므리나.

가루 가지고 떡 못 만들랴 곧 가장 쉬운 일을 못하겠는가를 두고 하는 말.

가루는 칠수록 고와지고 말은 할수록 거칠어진다 이러니 저러니 하고 시비가 길어지면 말다툼에까지 이를 수 있다는 경계하는 말.

가루 팔러 가니 바람이 불고 소금 팔러 가니 이슬비 온다 1.가루 장사를 가면 바람이 불어 가루를 날리고 소금 장사를 가면 이슬비가 와서 소금을 녹인다는 뜻으로, 하필 조건이 좋지 않을 때 시작하는 일마다 잘 안 된다는 말. 2.세상의 일이란 것은 뜻대로 되지 않고 엇나가는 수가 많다는 말. (비) 복 없는 놈이 가루 팔러 가니 바람이 불고 소금 팔러 가니 이슬비 온다. 밀가루 장사하면 바람이 불고 소금 장사하면 비가 온다.

가르쳐서 시집보내랬다 농촌 처녀는 소먹이는 것도 가르쳐서 시집을 보내야 한다는 뜻.

가르친사위 독창력이 없고 시키는 대로 만하는 어리석은 사람. (비) 길러낸 사위.

가르침은 배움의 반이다 가르치고 배우는 데에는 배우는 사람만 공부가 되는 것이 아니라 가르치는 사람도 같이 공부가 된다는 뜻이다.

가림은 있어야 의복이라 가려할 때는 가려야 비로소 의복이라 할 수 있다 함이니. 제가 맡은 바 구실을 온전히 하여야만 그에 마땅한 대우를 받는다는 말.

가마가 검기로 밥도 검을까 (비) 까마귀가 검기로 마음[살/속도] 검겠나.

가마가 많으면 모든 것이 헤프다 여기저기 일을 벌여 놓으면 드는 것이 많아 헤프다는 말.

가마가 많으면 살림이 가난하다 (비) 가마가 많으면 모든 것이 헤프다.

가마가 솥 더러 검정아 한다 제 흉이 더 많은 주제에 남에 흉을 본다는 말. (비) 가마솥 밑이 노구솥 밑을 검다 한다.

가마 속의 콩도 삶아야 먹는다 1.아무리 쉬운 일이라도 움직여서 손대지 않으면 제게 이익이 돌아오지 않는다는 말이다. 2.일을 급하게 서둘면 안 된다는 말. (비) 솥 속의 콩도 쪄야 익지. 솥에 넣은 팥이라도 익어야 먹지. 구슬이 서 말이라도 꿰어야 보배. 구운 게 발도 떼어야 먹는다. 부뚜막에 소금도 집어넣어야 짜다. 진주가 열 그릇이라도 꿰어야 구슬.

가마솥 밑이 노구 밑이 검다 한다 허물이 많은 자가 허물 적은 자를 나무란단 말. (비) 가랑잎이 솔잎 더러 바스락거린다고 한다. 똥 묻은 개가 겨 묻은 개를 나무란다. ★노구 : 놋쇠나 구리로 만든 작은 솥.

가마솥에 노는 고기 누구나 자기 눈앞에 다가오는 재액(災厄)은 모른다는 의미.

가마 타고 시집가기는 다 틀렸다 일이 잘못되어 제대로의 격식을 차릴 수 없게 되었다는 말. (비) 가마 타고 시집가기는 코 집이 앵돌아졌다.

가마 타고 시집가기는 코 집이 앵돌아졌다 제 격식대로 하기는 틀렸다는 말. 시집을 갈 땐 으레 가마를 타고 가는 것이나 그 격식(格式)을 따라서 못한다는 데서부터 나온 말. (비) 가마 타고 시집가기는 다 틀렸다. ★앵돌아지다 : 마음이 토라지다. 틀려서 휙 돌아가다.

가만 바람이 대목(大木)을 꺾고 모기 다리 쇠쇠한다 작고 보잘것없는 것도 큰일을 할 때가 있으니 업신여기지 말라는 뜻.

가만히 먹는 음식은 체하기 일쑤다 남 몰래 먹는 음식은 급히 먹게 되므로 대부분이 체하기 쉽다는 말.

가만히 먹으라니까 뜨겁다고 더 소리친다 1.비밀스레 한 일이 드러난다는 뜻. 2.남의 요구에 어긋나는 짓을 하여 남을 노린다는 뜻. (비) 가만히 먹으라니까 큰기침을 한다. 가만히 먹으라니까 냠냠 하면서 먹는다. 무섭다니까 바스락거린다.

가만히 있으면 무식이나 면하지 모르는 것은 아예 아는 척하지 말라는 말.

가만히 있으면 중간이나 간다 잠자코 있으면 남들이 아는지 모르는지 모르기 때문에 중간은 되지만 모르는 것을 애써 아는 척하다가는 무식이 탄로 난다는 뜻. (비) 무심코 있는 것이 무식을 면한다.

가맛동이에 엿을 놓았나 가마솥 뚜껑에 엿을 놓으면 곧 흐를 것이니 오래 둘 수는 없기에, 손으로 왔다가 곧 돌아가려는 사람에게 왜 그렇게 급하게 가려고 하느냐고 붙잡으며 하는 말. (비) 노굿 전에 엿을 붙였나. 이불 밑에 엿 묻어 두었나. 화롯가에 엿 붙이고 왔나. 솥뚜껑에 엿 붙이고 왔나.

가면 갈수록 첩첩 산중이다 일이 순조롭게 나아가지 못하고 갈수록 힘들고 어렵게 꼬이는 상태를 이르는 말.

가문(家門) 덕에 대접 받는다 좋은 가문에 태어난 덕분에 변변하지 못한 사람이 대우를 받는다는 말.

가문(家門)이 좋아야 벼슬도 한다 주어진 배경이 좋아야 순조롭게 출세할 수 있다는 뜻.

가물(뭄) 끝은 있어도 장마 끝은 없다 가물은 아무리 심한 경우라도 농작물의 다소 소출은 있지만 큰물이 지면 모든 것을 쓸어가 버리므로 아무 소출도 없게 된다는 말. (비) 삼 년 가뭄엔 살아도 석 달 장마엔 못 산다. 불난 끝은 있어도 물 난 끝은 없다.

가물 때 개미가 거동하면 비 온다 개미가 움직이는 모습을 보고 비가 올 것을 예견할 수 있다는 말.

가물 때 달무리하면 비 온다 농촌에선 달무리나 햇무리 지는 걸 보고 비가 올 것을 안다는 말. (비) 가물 때 햇무리 하면 비 온다.

가물(뭄)에 돌 친다 사전에 미리 준비를 하여야한다는

〈 가물에 비 기다리듯 〉

비유.

가물에 비 기다리듯 좋은 일이 생기도록 간절히 기다린다는 뜻. (비) 구년지수(九年之水)에 해 바라듯. 구년 홍수에 볕 기다리듯. 대한 칠 년(大旱七年)에 비 기다리듯. 칠 년 대한에 대우(大雨) 기다리듯.

가물(뭄)에 콩 나듯 어떤 일이나 물건이 드문드문 있음을 이르는 말.

가뭄 끝에 오는 비 같다 가뭄 뒤에 내리는 비니 매우 반가운 일이란 말.

가뭄(뭄)에 도랑친다 가물 때 도랑을 만들어 두면. 장마 때 걱정이 없다는 말이니. 무슨 일이고 미리 준비하는 것을 일러 하는 뜻.

가벼운 백지장도 맞들면 낫다 제 아무리 사소한 일이라도 서로 협조하면 수월하다는 말.

가벼운 중이 떠나야지 무거운 절이 떠나지 못한다 (비) 절이 싫으면 중이 떠난다.

가볍고 무거운 것은 저울로 달아봐야 안다 중량(重量)을 알려면 저울이 필요하듯이 사람의 인격은 접촉해봐야 안다는 뜻.

가보 쪽 같은 양반 1.세도가 제일가는 양반이라는 뜻. 2.가보는 돈 노름판에서 아홉 끗을 일컫는 말로 제일 끗수가 많은 것이니. 이 세상살이에서도 제일 끗수를 많이 차지한다는 뜻에서 비유한 말.

가본 젊은 놈보다 못 가본 늙은이 짐작이 낫더라 오랜 세월을 경험한 늙은 사람의 생각이 아직 세상살이 풋내기인 젊은이의 체험한 생각보다 더 낫다는 말.

가사에는 규모가 제일이다 집안 살림하는 데에는 규모가 있어야 함.

가슴에 못을 박다 커다란 심적 타격을 가한다는 뜻.

가슴이 화롱선 같다 사람의 도량이 크고 속이 트였음을 이르는 말.

가슴이 터질 것 같다 너무 속상한 일이 많아 가슴이 찢어질 것만 같다는 뜻. (비) 가슴에서 불이 난다.

가시나 못 된 것이 과부 중매 선다 처녀가 해서는 안 될 일을 하면 남에게 욕을 먹게 된다는 뜻.

가시나무에 가시가 난다 원인이 있으면 결과가 있다는 법이니. 특출한 행동을 하긴 어려운 것에 비유. (비) 콩 심은 데 콩 나고 팥 심은 데 팥 난다. 왕대밭에 왕대 난다. 콩에서 콩 나고 팥에서 팥 난다. 외 심은 데 콩 나랴. 종과득과 종두 득두. 씨도둑은 못한다. 외 덩굴에 가지 열릴까. 외심은 데 외 난다.

가시방석에 앉은 것 같다 자신이 처해 있는 위치가 몹시 난처하여 불안하다는 뜻.

가시어미 눈멀 사위 국을 매우 좋아하는 사람을 보고 하는 말. ★가시어미 : 장모의 낮은 말.

가시어미 장 떨어지자 사위가 국 싫다 한다 무슨 일이나 공교롭게 잘 들어맞음을 이름. (비) 주인장 엎자 손 국 싫다 한다. 술 괴자 임 오신다. 술 빚자 임 오신다. 술 익자 임 오신다. 주인집 장 떨어지자 나그네 국 마단다.

가어사(假御使)가 어사보다 더 무섭다 진짜 어사보다 가짜로 어사 노릇을 하는 놈이 더 무섭듯이. 참 권세를 지닌 사람보다 세력을 빙자하여 유세를 부리는 사람이 남에게 더 혹독한 짓을 한다는 뜻.

가위는 쓸 탓이다 가위로 크게 작게 마음대로 자르듯이 일도 자기가 하기 달렸다는 의미.

가을 곡식을 아껴야 봄 양식 된다 풍부할 때 아껴야 저축할 수 있다는 말.

가을날 좋은 것과 늙은이 권력 좋은 것은 못 믿는다 가을 날이 아무리 좋아도 언제 추워질지 모르고 노인 건강이 좋다고 해도 언제 병들어 죽을지 아무도 모른다는 말.

가을 닭띠는 잘 산다 흔히 닭띠에 난 사람은 가을에 나면 잘산다 하여 이르는 말.

가을 더위와 노인의 건강 끝장이 가까워 그 기운이 쇠하고 오래 가지 못하는 것을 두고 이르는 말. (비) 봄 추위와 노인 건강.

가을 들판이 어설픈 친정보다 낫다 (비) 가을밭에 가면 가난한 친정 가는 것보다 낫다.

**가을마당에 빗자루 몽당이를 들고 춤추어도 농사 밑이 어

둑하다 가을 타작을 하여 줄 것은 주고 갚을 것은 갚고 빈손에 빗자루 하나만 들더라도 그래도 남은 것이 있다는 말이니. 농사일이란 든든한 것이라는 뜻.

가을 무 껍질이 두꺼우면 겨울에 춥다 겨울이 추워지는 해는 가을 무도 겨울 대비로 껍질이 두꺼워진다는 뜻.

가을 무 꽁지가 길면 겨울이 춥다 겨울이 추워지는 해는 가을무도 겨울 준비로 뿌리가 길어진다는 뜻. (비) 가을 무 껍질이 두꺼우면 겨울에 춥다.

가을 물은 소 발자국에 괸 물도 먹는다 가을 물은 매우 맑고 깨끗하다 하여 이르는 말. (비) 가을엔 소 발자국에 고인 물도 먹는다.

가을바람에 곡식이 혀를 빼 물고 자란다 가을이 오려고 서풍이 불기 시작하면 모든 곡식은 놀랄 만큼 빨리 자라서 익어 간다는 말.

가을바람에 새털 나는 격이다 가벼운 새털이 가을바람에 맥없이 휘날린다는 뜻으로. 꿋꿋하지 못한 것을 가리키는 말.

가을바람이 귓전을 스쳐가듯 가을바람이 귓전 스치듯 남의 말을 듣는 둥 마는 둥 하는 것을 두고 하는 말.

가을 밭에 가면 가난한 친정에 가는 것보다 낫다 가을밭에는 먹을 것이 많이 있다는 말. (비) 가을 들판이 어설픈 친정보다 낫다.

가을 밭은 안 갈아 엎는다 가을 농사가 끝난 후의 밭은 그대로 두어 둔다는 말.

가을볕에는 딸을 쬐고 봄볕에는 며느리를 쬐인다 봄볕을 쬐면 살갗이 타고 거칠어지므로 며느리보다 딸을 위한다는 말. (비) 딸에게는 팥죽을 주고 며느리에게는 콩죽을 준다. 배 썩은 것은 딸 주고 밤 썩은 것은 며느리 준다.

가을 부채는 시세가 없다 철이 지나면 시세가 떨어진다는 말.

가을비는 떡 비요 겨울비는 술 비라 (비) 가을비는 떡 비라.

가을비는 떡 비라 가을에 비가 오면 들에 나가 일을 할 수 없고. 곡식이 넉넉하니 집안에서 떡이나 해 먹고 지낸다 하여 이름.

가을비는 빗자루로 피한다 가을비가 순간적으로 적으니 아무 곳에도 피할 수 있듯 조그마한 걱정거리는 잠깐이니 우려할 것이 못 된다는 말.

가을비는 장인의 나루 밑에서도 긋는(피한)다 가을비는 잠깐 적게 내리기 때문에 아무 곳에서나 피할 수 있듯이. 잠깐의 걱정은 곧 지나가고 마는 순간적인 것이므로 족히 우려할 바가 못 됨을 이르는 말. (비) 가을비는 빗자루로 피한다.

가을 상추는 문 걸어 잠그고 먹는다 가을 상추는 참으로 맛이 좋다고 이르는 말.

가을 식은 밥이 봄 양식이다 (비) 굳은 땅에 물이 고인다.

가을 아욱국은 계집 내어 쫓고 먹는다 사랑하는 아내를 내쫓고 혼자서 먹을 만큼 가을 아욱국이 맛이 좋다는 말. (비) 가을 아욱국은 사위에게만 준다.

가을 안개에는 곡식이 늘고. 봄 안개에는 곡식이 준다 가을에 안개가 끼면 날씨가 따뜻하여 곡식이 잘 영글어 수확량이 늘게 되고. 봄 안개에는 심한 기온 차로 자라는 보리에 병을 발생시켜 수확량이 감소시킨다는 뜻.

가을에 내 아비 제(祭)도 못 지내거든 봄에 의붓아비 제 지낼까 형편이 넉넉할 때 꼭 치려야 할 일도 못 하였는데 하물며 어려운 때에 오직 체면을 차리기 위하여 힘든 일을 할 수 있겠느냐는 뜻. (비) 봄에 의붓아비 제사 지낼까. 가을에 못 지낸 제사를 봄에 지낼까.

가을에는 부지깽이도 덤비어들다 추수하는 가을에는 매우 바쁘다는 말. (비) 가을철에는 죽은 송장도 꿈적거린다. 가을 들판에는 대부인 마님이 나막신 짝을 들고 나선다. 늦모내기에는 죽은 중도 꿈적거린다.

가을에 못 지낸 제사를 봄에는 지낼까? (비) 가을에 내 아비 제(祭)도 못 지내거든 봄에 의붓아비 제 지낼까.

가을에 핀 연꽃 가을에 연꽃이 핀다는 것은 시기도 모르고 일을 열심히 한다는 뜻.

가을엔 손톱 발톱이 다 먹는다 가을철이 되면 햇곡식에 입맛이 나서 많이 먹게 된다는 말.

⟨가을일은 미련한 놈이 잘한다⟩

가을일은 미련한 놈이 잘한다 가을 농촌 일은 매우 바쁘므로 꾀를 부리어 약은 수로 일을 하는 것보다 덮어놓고 닥치는 대로 해치워야 성과가 많다는 말.

가을 중 싸 대듯 한다 가을에는 추수를 하므로, 집집이 식량에 여유가 있으므로 중이 가을에 동냥하러 바삐 다니는 것 같이, 무슨 일에 바빠서 급하게 돌아다님을 이름. (비) 궁둥이에 비파 소리가 난다. 발바닥에 불이 난다. 불난 데 며느리 싸대듯. 치마에서 비파 소리 난다.

가을 중의 시주(施主) 바가지 같다 가을 추수가 끝나 곡식이 풍성하면 시주를 많이 하므로, 그 바가지는 항상 가득한 것이니, 무엇이 가득히 담긴 것을 이름.

가을철엔 죽은 송장도 꿈적거린다 (비) 가을에는 부지깽이도 덤비어든다.

가을 판에는 대부인(大夫人) 마님이 나막신 짝 들고 나선다 (비) 가을에는 부지깽이도 덤비어든다.

가자니 태산이요, 돌아서자니 숭산이라 이러지도 저러지도 못할 난처한 처지에 있음을 이르는 말. (비) 빼지도 박지도 못하겠다. 잡은 범의 꼬리 놓아버리기도 어렵다.

'가' 자 뒤 다리도 모른다 (비) 가자 뒤 자도 모른다.

가장 바쁜 사람이 가장 많은 시간을 가진다 부지런히 노력하는 사람이 결국 많은 대가를 얻는다는 말.

가장 아름다운 화음은 불 화음에서 만들어진다 새롭고 아름다운 화음은 본래, 조화되지 않은 음과 음을 조화시키는 것으로 만들어짐을 이르는 말.

가짜가 병(病) 진짜라면 문제가 안 되지만 가짜니 문제가 된다는 뜻.

가재걸음 치다 계획이나 일이 앞으로 나아가지 못하고 뒤떨어짐을 말함. (비) 게 걸음 친다.

가재는 게 편이요, 초록(草綠)은 동색(한 빛)이라 모양이나 형편이 비슷하고 인연이 있는 것끼리 서로 잘 어울림을 이르는 말. (비) 검정개는 돼지 편. 솔개는 매 편. 유유상종(類類相從). 검정개 한 편. 같은 깃의 새는 같이 모인다. 거지는 거지 친구를 좋아한다. 까치는 까치끼리 어울린다. 문둥이는 문둥이 친구를 좋아한다. 축은 축대로 붙는다.

가재는 작아도 돌을 진다 몸집이 작은 사람이 큰 사람보다 도리어 단단하고 재주가 더 뛰어나다는 말. (비) 고추는 작아도 맵다. 고추보다 후추가 더 맵다. 작아도 고추알. 작은 고추가 더 맵다.

가재 뒷걸음이나 게 옆걸음이나 가재가 뒤로 가는 것이나 게가 옆으로 가는 것이나 앞으로 바로 가지 않는 것은 매일반이라는 뜻.

가재를 치다 샀던 물건을 도로 무르다는 것을 말함.

가재 물 짐작하듯 무슨 일이나 미리 짐작을 잘 함을 이르는 말.

가재와 여자는 가는 방향을 모른다 가재는 옆으로 기어 다니니 가는 방향을 예측치 어렵고 여자는 때때로 마음이 변하기에 어떤 짓을 할지 모른다는 말.

가정(家丁)오랑캐 맞듯 가정오랑캐는 옛날 청나라 사신(使臣)이 올 때 따라온 가정호(家丁胡)를 말하는데 이 가정오랑캐가 행패를 부릴까 하여 승마(乘馬)를 난타(亂打)하여 남 별궁(別宮)으로 몰아넣던 일이 있는 사실에서 온 말로 여지없이 많은 매를 맞음을 이르는 말. (비) 복날 개 패듯.

가죽과 뼈만 남았다 너무 마른 사람을 보고 지칭하는 말. (비) 가죽밖에 안 남았다. 가죽하고 뼈가 맞붙었다.

가죽 없는 털은 없다 (비) 가죽이 있어야 털이 나지.

가죽이 상하지 않게 호랑이를 잡을까 호랑이의 가죽을 상하지 않게 하고 호랑이를 잡을 수 없음과 같이 힘들이지 않고 어려운 일을 할 수 없음을 비유하는 말.

가죽이 있어야 털이 나지 무엇이나 그 근본이 있어야 생긴다는 말. (비) 뿌리 없는 나무는 없다. 껍질 없는 털은 없다. 뿌리 없는 나무에 잎이 필까.

가지가 많으면 잎도 많다 1.일이 여러 갈래로 나누어져 있어 어수선하다는 의미. 2.자손이 대단히 번성하다는 뜻.

가지가 줄기보다 크면 반드시 찢어지게 마련이다 기본 문제보다 끝잎(枝葉) 문제가 더 커지면 기본 문제는 엉망이 된다는 말.

가지가 흔들리면 고요하지 않다 가지는 고요하고 싶으나 바람에 흔들리게 되어 불안하다는 뜻.

가지나무에 목 맨다 몹시 딱하거나 서러워서 목을 맬 나무의 크고 작음을 가리지 않고 죽으려 한다는 말.

가지 따 먹고 외수(外數)한다 남의 눈을 피하여 나쁜 짓을 하고 시치미 뗀다는 뜻 ★외수: 남을 속이는 꾀

가지 많은 나무가 잠잠할 적 없다 (비) 가지 많은 나무에 바람 잘 날이 없다.

가지 많은 나무에 바람 잘 날이 없다 자식이 많은 어버이는 걱정 끝일 날이 없다. (비) 새끼 많이 둔 소 길마 벗을 날 없다. 가지 많은 나무가 잠잠할 적 없다. 나무는 바람 때문에 못 잔다. 새끼 아홉 둔 소 길마 벗을 날 없다. 자식 많은 어미 허리 펼 날 없다.

가지 밭에 자빠진 과부다 복이 있는 사람은 불행한 일로도 오히려 행복하게 된다는 뜻.

가지 봉탕이 같다 키 작고 뚱뚱하여 옷맵시가 두루뭉술하고 미끈하지 못한 사람을 비웃는 말. (비) 군 밤 둥우리 같다. ★봉탕: 닭국을 익살맞게 일컫는 말.

가지 붙은 사령(使令) 사령이 유세가 당당하여 아랫사람들을 제 종처럼 부린다는 말. ★사령: 관청에서 심부름하던 사람.

가진 것이라고는 그림자밖에 없다 현제 가지고 있는 것 또는 재산이라곤 조금도 없이 빈털터리란 뜻. (비) 가진 것이라곤 알몸뿐이다. 가진 것이라곤 불알 두 쪽밖에 없다.

가진 놈이 더 무섭다 돈 많은 부자가 가난한 사람보다 더 인색하다는 말. (비) 부잣집 떡 매는 작다. 재떨이와 부자는 모일수록 더럽다.

가진 돈이 없으면 망건 꼴이 흉하다(나쁘다) 지니고 다니는 돈이 없으면 그만큼 겉모양이 허술해 보인다는 뜻.

가플막을 만났다 곤경에 빠졌다는 뜻. ★가플막: 가파르게 비탈진 곳.

각관(各官) 기생 열녀(烈女) 되랴 본시 타고난대로 되는 것이지 애를 쓴다고 해서 근거도 없이 훌륭하게 될 수는 없다는 뜻. (비) 나무 접시 놋접시 될까. 닭의 새끼 봉이 되랴. 까마귀 학(鶴)이 되랴. 우마가 기린이 되랴. 개 이가 상아(象牙) 될까. 나무 뚝배기 쇠양푼 될까. 돌은 갈아도 옥이 되지 않는다. 사슴이 기린 될까.

각전(各廛) 사정 통 비단 감듯 각전에서 장사하는 사람이 통 비단을 감듯 한다 함은 무엇을 줄줄 익숙하게 감음을 이르는 말. (비) 오강 사공의 닻줄 감듯. 육모 얼레에 연줄 감듯. ★각전: 예전에. 각가지의 다양한 시전(市廛). 또는 여러 전방(廛房)을 이르던 말.

각전(各廛)의 난전 몰듯 육주비전(六注比廛) 각전에서 그 물건을 몰래 훔쳐다가 파는 가게 즉, 난전(亂廛)을 몰아치듯 한다 함은 정신을 차리지 못할 만큼 매우 급히 몰아침을 이르는 말. (비) 난전 몰아치듯 한다. ★난전: 허가 없이 길에 함부로 벌여 놓은 가게.

간다간다 하면서 아이 셋 낳고 간다 하던 일을 그만둔다고 말로만 하지 손을 못 놓음.

간(肝)도 쓸개도 없다 1.의지(意志)가 매우 약하다. 2. 염치가 없다는 뜻으로도 씀.

간실간실 남의 비유를 맞추면서 간사를 부리는 모양.

간에 가 붙고 염통에 가 붙는다 자기에게 이로우면 인격 체면을 생각지 않고 아무에게나 아첨한다는 뜻. (비) 간에 붙었다 쓸개 붙었다 한다.

간에 기별도 안 간(갔)다 양(量)이 차지 않게 너무 적게 먹었다는 말. (비) 간에 기별도 안 간다. 쌍태 낳은 호랑이 하루살이 하나 먹은 셈. 범 바자 먹은 것 같다. 간에 안 찼다. 코끼리 비스킷 하나 먹어나 마나. 목구멍의 때도 못 씻었다. 범 바지락조개 먹은 것 같다. 삭단에 떡 맛보듯. 굶주린 범에 가재다. 황새 조알 까먹은 듯.

간(肝)에 바람 들었다 실없는 짓을 한다는 뜻.

간에 불붙었다 당한 일이 매우 다급함을 이름. (비) 눈썹에 불붙었다. 불이 발등에 떨어졌다.

간에 붙었다 쓸개 붙었다 한다 자기에게 이로우면 지조 없이 이편에 붙었다 저편에 붙었다 한다는 뜻.

〈간에 안 찼다〉

(비) 간에 가 붙고 염통에 가 붙는다. 등창도 빨아주고 치질도 핥아준다. 똥 맛도 보겠다. 새 편에 붙었다 쥐 편에 붙었다 한다.

간에 안 찼다 (비) 간에 기별도 안 간(가)다.

간이라도 빼 먹이겠다 친한 사이므로 내것 네것을 가리지 않고 무엇이라도 다 내어 줄 것 같음을 이르는 말.

간이 콩알만 해지다 겁이 나서 몹시 두려워진다.

간장국에 마르다 오래 찌들어서 바싹 마르고 단단함을 이르는 말.

간장이 시고 소금이 곰팡이 난다 절대로 있을 수 없는 일을 이르는 말. (비) 길쌈 잘하는 첩(妾), 먹지 않는 종. 말에 뿔 났다. 모래가 싹이 난다. 불 안 때도 절로 익는 솥. 소금이 쉰다. 소금이 썩을 일이다. 수양이 새끼 낳아 젖 먹인다. 술 샘내는 주전자. 양을 보째로 낳는 암소. 여든에 이 난다. 여물 안 먹고 잘 걷는 소.

갇혔던 봇물이 터졌다 감당할 수 없는 일이 터졌다는 말.

갇힌 새는 하늘을 그리워한다 구속된 사람은 자유를 그리워한다는 뜻.

갈고랑이 맞은 고기 매우 위급한 경우를 당하여 어찌할 바를 모르고 있음을 이르는 말. (비) 고두리에 놀란 새. ★갈고랑이 : 끝이 뾰족하고 꼬부라진 물건.

갈 공막대 늙은이의 지팡이.

갈매기도 제집이 있다 갈매기에게도 집이 있거늘 어찌하여 집이 없겠느냐고 반문하는 말. (비) 까막까치도 집이 있다. 우렁이도 집이 있다.

갈모 형제라 아우가 형보다 잘났다는 말. ★갈모 : 비가 올 때 갓 위에 덮어쓰는 것으로 위가 좁고 아래가 넓음.

갈빗대가 휘다 갈빗대가 휠 정도로 책임이나 짐이 무겁다는 말.

갈수록 수미산이라 (비) 갈수록 태산이라. ★수미산 : 불가에서 쓰이는 말로 가상적인 산.

갈수록 태산이라 일이 가면 갈수록 더욱더 어려운 지경에 이르는 경우. (비) 재는 넘을수록 험하고 내는 건 널수록 깊다. 산 넘어 산이다. 산은 오를수록 높고 물은 건널수록 깊다. 갈수록 수미산이라. 가도록 심산이라. 갈수록 첩첩산중이다. 내는 건널수록 깊다.

갈치가 갈치 꼬리 문다 같은 족속, 같은 처지에 있는 무리가 돕기는커녕 서로 모함하고 해치는 것을 비유한 것으로, 친한 사이 서로 모함을 이르는 말. (비) 망둥이가 제 동무 잡아먹는다.

감고장의 인심(人心) 인심이 퍽 순후하다는 뜻.

감꼬치 빼 먹듯 벌지는 못하고 있는 재물을 하나씩 하나씩 축내는 모양을 이르는 말.

감기 고뿔도 남을 안 준다 (비) 이마를 찔러도 피 한 방울 안 나겠다.

감기는 밥상머리에 내려앉는다(물러간다) 병을 앓고 있다가도 밥상을 받으면 앓는 사람 같지 않게 잘 먹는다는 말. 밥만 잘 먹으면 병도 낫는다는 말.

감나무 밑에 누워도 삿갓 미사리를 대어라 아무리 유리한 처지에 놓여 있더라도 애써 노력하지 않으면 안 된다는 뜻. (비) 감나무 밑에서도 먹는 수업을 하여라.

감나무 밑에 누워서 홍시(연시) 떨어지기를 바란다 불로소득이나 요행수를 바란다. 노력 않고 좋은 결과만을 바란다는 뜻. (비) 홍시 떨어지면 먹으려고 감나무 밑에 가서 입을 벌리고 누워 있다.

감나무 밑에서 감 떨어지기를 기다린다 노력 않고 요행을 바란다는 뜻.

감나무 밑에서도 먹는 수업(修業)을 하여라 (비) 감나무 밑에 누워도 삿갓 미사리를 대어라.

감나무에 올라가야 홍시도 따먹는다 무슨 일이나 노력을 해야 목적을 이룰 수 있다는 뜻.

감때사납다 우악스럽게 보이고 남의 말은 들음직도 안해 보이는 사람을 두고 하는 말.

감사(監司) 덕분에 비장(裨將) 나리 호사다 남의 덕으로 호강한다는 말. ★감사 : 감찰사. ★비장 : 감사 밑에 따르는 관원(官員)의 하나.

감사면 다 평안감사인가? 좋은 자리라고 모두가 다 좋은 자리는 아니라는 의미.

감옥살이에도 웃을 날이 있다 아무리 어려워 고생 중에도 기쁘고 좋은 일이 있다는 말. (비) 거지도 바가지 장단에 산다.

감은 접붙여서 씨도둑을 하지만 사람은 씨도둑을 못 한다 식물은 씨를 훔쳐도 모르지만 사람은 불의(不義)로 씨도둑을 하면 결국엔 탈로가 난다는 말.

감이 재간이라 재료가 좋으면 일이 잘 된다는 뜻.

감자밭에서 바늘을 찾는다 1.애써 해 보아도 헛수고로 돌아갈 일에 비유하는 말. 2.아무리 찾아도 찾을 수 없음을 이름. 3.무엇을 찾거나 고르기가 매우 어려움을 비유하는 말. (비) 잔디밭(잔솔밭)에 바늘 찾기. 검불밭에 수은 찾기. 잔솔밭에서 바늘 찾기. 거북의 털.

감자 씨와 자식 씨는 못 속인다 자식은 어딘가 모르게 부모를 닮게 마련이란 말.

감장(정) 강아지로 돼지 만든다 비슷한 것을 가지고 남을 꾀여 속이려 한다는 뜻. (비) 검은 강아지로 돼지 만든다. 덕석에 멍석인 듯이

감주 먹은 고양이 상 단술을 몰래 먹다 들킨 고양이 형상이란 뜻으로 1.제가 저지른 일이 탄로 날까 두려워 근심으로 가득 찬 마음을 이르는 말. 2.먹지 못할 것을 먹었을 때 찌푸린 얼굴을 비유하는 말.

감출수록 드러난다 숨기려 드는 일은 도리어 드러나기 쉽다는 의미.

감출 줄은 모르고 훔칠 줄만 안다 하나는 알고 둘은 모른다는 말.

감투가 커도 귀가 짐작한다 그릇을 돌보지 않고 자기 비위에 맞으면 좋아하고, 맞지 아니하면 싫어한다는 뜻. 어떤 사물의 내용에 대하여 대개 짐작이 간다는 뜻.

감투가 크면 어깨를 누른다 실력이나 능력도 없이 과분한 지위에서 일하게 되면 감당할 수 없게 된다는 뜻.

감투를 벗으면 별 수 없다 현재는 권력이 당당하지만 벼슬을 그만두게 되면 누구나 다 별 수 없는 존재가 된다는 뜻.

감히 목소리도 내지 못 한다 상대방이 무서우면 무슨 말을 하려고 해도 도저히 목에서 나오지 않는 말.

갑갑한 놈이 송사(訟事) 한다 아쉬운 사람이 움직인다. (비) 목마른 놈이 우물 판다.

갑술 병정(甲戌丙丁) 흉년인가 갑술년, 병자년, 정축년 난리 때에 매우 심한 흉년이 들었으므로 전하여지는 말.

갑인년 흉년에도 먹다 남은 것이 물이다 1.아무리 흉년이라도 물마저 말라 버리는 일은 없다는 뜻. 2.물 한 모금도 얻어먹기 어려운 경우를 이르는 말.

갑자기 나는 우렛소리엔 귀 막을 사이가 없다 돌발적 일어나는 사고는 막을 수가 없다는 뜻.

갑자생(甲子生)이 무엇 적으냐고 노성(老成)하였다고 자칭하나 오히려 우매한 것을 핀잔주는 말.

갑작사랑 영원 이별 갑작스럽게 사랑에 빠지면 오래지 않아 아주 해어져 버리기 쉽다는 말.

값도(금값도) 모르고 싸다 한다 일의 사정도 잘 모르면서 이러니저러니 말한다는 뜻.

값도 모르고 쌀자루 내민다 일의 속사정도 잘 모른 채 무턱대고 덤빔을 이르는 말.

값싼 갈치 자반 값이 싸면서도 쓸 만한 물건을 이르는 말. (비) 값싼 갈치 자반 맛만 좋다.

값싼 비지떡 값싼 물건치고 좋은 것이 없다는 말. (비) 값 싼 것이 보리술이다. 싼 것이 비지떡.

값을 두 번 말하지 말라 사고파는 사람 모두 에누리를 하지 말라는 말. (비) 흥정은 깎는 재미로 한다. 원님과 흥정을 해도 에누리가 있다.

값진 진주도 진흙 조개에서 나온다 비천하거나 가난한 집안에서도 훌륭한 인물이 난다는 말. (비) 개똥밭에 인물 난다. 개천에 용 난다. 금(金)은 광석에서 나온다. 누더기 속에 영웅 난다. 덩굴에도 열매가 연다. 뱁새도 수리를 낳는다.

갓난아이도 억지로 걷게 하지는 못한다 아무리 나약한 사람일지언정 그 마음을 억지로 빼앗을 수 없다는 뜻.

갓 마흔에 첫 버선 오래 기다리던 일을 마침내 이루게 되었을 때 쓰는 말. (비) 사십에 첫 버선이라.

⟨갓 마흔에 첫 보살⟩

갓 마흔에 첫 보살 오래간만에 기다리던 일을 했을 때 쓰는 말. (비) 구년지수 해 돋는다. 칠 년 대한에 단비 온다.

갓방 인두 달 듯 갓 만드는 데의 인두가 언제나 뜨겁게 달아 있는 것처럼 저 혼자 애태우고 어쩔 줄 모른다는 뜻.

갓 사러 갔다가 망건 산다 본래의 의미를 잊어버리고 다른 일에 정신이 팔렸다는 뜻.

갓 쓰고 구두 신기(자전거 타기) (비) 개 발에 주석 편자.

갓 쓰고 나가자 파장 된다 1.몹시 행동이 굼뜨다는 뜻. 2.게으르면 무슨 일이나 성공하기 어렵다는 뜻.

갓 쓰고 망신 한껏 점잔을 빼고 있는데 망신을 당하여 더 무참하게 되었음을 이르는 말.

갓 쓰고 박치기해도 제멋 (비) 동냥자루도 제멋에 찬다.

갓 쓴 송사리가 온 바닷물을 흐린다 하급 관리가 세상을 혼란스럽게 한다는 뜻.

갓장이 헌 갓 쓰고 무당 남 빌어 굿하고 (비) 중이 제 머리 못 깎는다.

강 건너 불구경 하듯 자기에게 관계없는 일이라고 무시하고 방관하는 모양을 이르는 말. (비) 강 건너 시아비 좆. 강 건너 불 보듯. 강 건너 화재.

강 건너 시아비 뭣이다 자기와는 아무런 관계가 없는 사람이란 말. (비) 사돈의 팔촌.

강 건너 호랑이다 세력이 있거나 무서운 사람이지만 자기와 아무런 관계가 없다는 말.

강경(江景) 사람 벼락바위 쳐다보듯 강경은 들판이라 높은 바위를 보면 그 바위가 떨어질까 염려된다는 말이니 자꾸 쳐다보는 사람을 두고 하는 말.

강경장(江景場)에 조깃배 들어왔나 조기배가 들어오면 와자지껄하듯 몹시 시끄럽다는 말.

강계도 평안도 땅이다 무엇이 동떨어져 다른 것처럼 보이지만 사실은 같은 범위 안에 든다는 뜻으로 이르는 말. ★강계 : 평안도 동북쪽에 위치한 고을 이름.

강남 갔던 제비도 돌아오면 반가워한다 제비도 주인을 반겨주건만 하물며 인간이 인정이 없어서야 되겠냐는 의미.

강남땅의 금붙이 아무리 귀중한 것이라도 자기 것이 아니면 필요가 없다는 뜻을 이르는 말. ★강남 : 중국 양자강이남 제비가 간다는 곳으로 남쪽의 먼 곳이란 뜻으로 쓰임.

강남(江南) 장사 1.이득이 많은 장사. 2.오직 제 이익만 생각할뿐 그 태도가 오만한 사람을 두고 하는 말.

강똥 누는 집에는 가지도 말라 물을 아껴서 된 똥을 누므로 몹시 인색한 집을 두고 하는 말.

강목 친다 1.이(利) 볼 수 있는 일은 벌써 다 끝났다는 말. 2.있는 줄 알았던 것은 없어지고 생길 것은 없어 매우 곤란하게 된 경우를 이름.

강물도 쓰면 준다 많다고 마구 쓰지 말고 아껴 써야 한다는 뜻. (비) 바닷물도 쓰면 준다.

강물은 쉬지 않고 흐른다 강물이 쉬지 않듯이 부지런히 일하는 사람만이 성공할 수 있다는 뜻.

강물은 위로 흐르지 않는다 일의 순서를 뒤바꿀 수 없다는 뜻.

강물이 돌을 굴리지 못한다 1.지조나 절개가 굳세고 높아. 어떤 상황 속에서도 뜻을 굽히지 않거나 환경에 의해 꺾이지 않는 사람을 두고 비유적으로 이르는 말. 2.좀처럼 움직이지 않는다는 뜻.

강변에 맨 소 불 보고 날뛰듯 악을 쓰고 이리 뛰고 저리 뛰고 하는 꼴을 보고 하는 말.

강아지 갉아먹던 송곳 자루 같다 들쭉날쭉한 자국이 보기 흉하게 드러나 있다는 말. (비) 쥐 뜯어 먹은 것 같다.

강아지 똥은 똥이 아닌가 약간의 차이는 있을지언정 그 본질은 같다는 뜻. 또 나쁜 일을 조금 하였다 하여 발을 뺄 수 없다는 뜻. (비) 지린 것은 똥이 아닌가.

강아지 메주 먹듯 한다 강아지가 좋아하는 메주를 먹듯이 음식을 매우 맛있게 먹는다는 말.

강아지 방에서 키워도 개가 된다 (비) 사람은 태어나서 서울로 보내고 망아지는 제주로 보내라.

강아지에게 메주 멍석 맡긴 것 같다 믿을 수 없는 사람에게 중요한 물건을 맡길 때 이름. (비) 개에게 불고

기를 맡긴다. 고양이에게 반찬단지 맡긴다. 굶주린 범에게 고기를 맡긴다. 굶주린 범에게 돼지 막을 지키게 한다. 굶주린 이리에게 부엌(푸줏간)을 지키게 한다. 도둑놈에게 가게를(열쇠) 맡긴다. 도둑놈에게 곳간 지키게 한다. 도둑놈에게 문 열어준다. 범 아가리에 날고기를 넣는 셈. 범에게 개를 빌린 격. 호랑이에게 개를 꾸어주었다.

강아지풀을 가꾸면 곡식을 해친다 악한 사람을 그대로 내버려두면 피해가 되므로 이를 없애버려야 한다는 뜻.

강약을 겸한 나라는 더욱 밝아진다 국력이 강하면서도 외교적으론 유연하게 대처하는 나라는 더 강대하게 될 수 있다는 뜻.

강원도 간 포수(砲手)다 (비) 함흥차사(咸興差使)

강원도 안 가도 삼척 방이 몹시 추움을 이르는 말. (비) 강원도 삼척이다. 춥기는 삼청냉돌이다. 사명당 사첫방. 사명당이 월참하겠다.

강원도 참사(參事) 공직에 있는 사람이 좌천됨을 이르는 말.

강원도 포수 일보러 밖에 나간 사람이 오래도록 오지 않을 때 이르는 말.

강철 같은 마음에 돌 같은 창자 결심이 굳고 강하면 어떤 고난이 닥쳐도 변하지 않는다는 뜻.

강철이 간 데는 가을(봄)도 봄(가을)이라 운수가 사나운 사람은 이르는 곳마다 불행한 일이 따름.

강철(鋼鐵)이 달면 더 뜨겁다 더디다는 강철이 달면 보통 쇠보다 더 뜨겁다 함이니, 웬만해서 사물(事物)에 움직이지도 않고 화도 낼 것 같지 않는 사람이 한번 성나면 한층 무섭다는 뜻.

강태공의 곧은 낚시질 하는 일 없이 나날을 보내는 것 같지만 큰 뜻을 품고 때가 오기를 기다리고 있다는 뜻.

강태공이 세월 낚듯 한다 일을 아주 느리고 천천히 하는 것을 말함.

강포한 사람은 온당한 죽음을 못 한다 포악하고 잔악하게 행동한 사람은 제 명대로 죽지 못한다는 말.

강 하나가 천 리다 장애물이 있으면 그렇게 가까이 지내던 이웃 동리도 천 리와 같이 멀어진다는 뜻.

강한 나무가 부러진다 사람이 강하기만 하고 부드럽지 못하면 반드시 실패하게 된다는 뜻.

강한 말을 매 놓은 기둥에 상한다 부모는 어린이를 심하게 구박하지 말아야 한다는 뜻. (비) 아이 자라 어른 된다.

강한 바람이 불어야 굳센 풀이 알아본다 사람은 큰 고난을 겪어봐야 그의 용감성을 평가할 수 있다는 의미.

강화(江華)도련님인가 우두커니 앉았다 하는 일 없이 우두커니 앉아서 날을 보내는 사람을 이름.

갓바치 내일모레 한다 옛날 가죽신 만드는 사람이 약속한 날까지 만들어 주지 않고 자꾸 내일모레하고 미룬 데서 나온 말로 약속한 날짜를 지키지 않고 자꾸 미룬다는 뜻. (비) 고리 백정 내일모레. 차일피일(此日彼日). 이날저날 한다. 피장이 내일모레. 의붓아비 제삿날 물리듯. ★갓바치 : 가죽신을 업으로 삼던 사람.

갓바치의 풀무 있으나 마나 필요한 사람엔 조그마한 것도 매우 소중치만 자기에겐 아무 소용이 없다는 뜻. (비) 미장이에 호미는 있으나 마나.

갖은 놈의 겹철릭 필요 이상의 물건을 겹쳐서 가짐을 이르는 말.

갖은 황아라 성격이나 질병 등 여러 가지를 골고루 가지고 있음을 이르는 말.

갖에서 좀 난다 가죽에 좀이 나면 좀이 먹은 가죽은 남지 않고 그렇게 되면 좀도 없어진다는 말이니, 형제간에 다툼이나 동류(同類)끼리 서로 해치고 싸우는 것은 결국 양편이 다 해로울 뿐이라는 말. (비) 자피생충(自皮生蟲). 제 갖에 좀 난다. 제언치 뜯는 말이다.

같은 값(외상)이면 검정 소를 잡아먹는다 같은 조건이라면 자기에 이로운 쪽을 택한다는 말. (비) 같은 값이면 과붓집 머슴살이. 같은 값이면 돈 있는 과부랬다. 같은 과부면 아이 없는 과부. 개가 돼도 부잣집 개가 되랬다. 같은 품삯이면 과붓집 머슴살이. 같은 열 닷 냥이면 부잣집 머슴살이.

같은 값이면 과붓집 머슴살이 이왕이면 조건이 좋은 쪽

⟨ 같은 값이면 다홍치마 ⟩

일을 하는 것이 낫다는 말. (비) 같은 값이면 홀어미 집 머슴살이. 같은 과부면 돈 있는 과부. 같은 과부면 아이 없는 과부. 같은 열 닷 냥이면 과붓집 머슴살이. 같은 품삯이면 과붓집 머슴살이. 같은 품삯이면 부잣집 머슴살이. 개가 되도 부잣집 개가 되랬다.

같은 값이면 다홍치마 이왕이면 더 좋은 곳을 택하는 것이 낫다는 말. (비) 같은 값이면 처녀. 동가 홍상(同價紅裳).

같은 값이면 돈 있는(젊은) 과부랬다 (비) 같은 값이면 과붓집 머슴살이.

같은 값이면 은가락지 낀 손에 맞으랬다 꾸지람을 듣거나 벌을 받을 바에야 이왕이면 덕 있고 이름 있는 사람에게 당하는 것이 좋다는 말. (비) 욕을 들어도 당감투 쓴 놈한테 들어라. 뺨을 맞아도 은가락지 낀 손에 맞는 것이 좋다.

같은 값이면 처녀 무엇을 고를 때면 누구나 품질이 좋고 신선한 것을 택한다는 뜻. (비) 같은 값이면 다홍치마. 동가홍상(同價紅裳).

같은 깃의 새는 같이 모인다 (비) 가재는 게 편.

같은 떡도 남의 것이 커 보인다 같은 물건이라도 남이 가진 것이 돋보인다는 말.

같은 떡도 맏며느리 주는 것이 더 크다 맏며느리는 집안의 중요한 사람이라는 뜻으로 이르는 말.

같은 말이라도 '야' 다르고 '어' 다르다 비슷한 말이라도 듣기 좋은 말이 있고 듣기 싫은 말이 있듯이 말을 가려 하라는 의미.

같은 병을 앓는 사람끼리는 서로 불쌍히 여긴다 어려운 처지에 놓인 사람끼리는 서로 동정하고 불쌍히 여긴다는 말.

같은 새경이면 부잣집 머슴살이하랬다 (비) 같은 값이면 과붓집 머슴살이.

같은 잠자리에 꿈은 다르다 1.한집에 살아도 서로 뜻이 다르다. 2.한 나라에 살아도 근본 사상이 다르다는 의미.

같이 다니는 거지는 동냥 못 한다 혼자 해야 할 일을 여러 사람과 하게 되면 일이 성사되지 않는다는 뜻. (비) 거지는 같이 다니지 않는다. 동냥은 혼자 간다.

같이 우물 파고 혼자 먹는다 노력은 여럿이 같이 하고 거기서 나는 이득은 저 혼자 갖겠다 함이니. 매우 욕심이 많은 사람을 뜻함.

같잖은 서방질에 쫓겨난다 하찮은 일로 직장에서 쫓겨난다는 뜻.

같잖은 투전(투전鬪牋)에 돈만 잃는다 1.돈만을 염두에 두고 기를 쓰고 다툰 투전도 아닌데 돈을 적지 아니 잃었다는 말. 2.자기가 정말 전심전력을 기울어서 한 일도 아닌데 손해만 보았다는 뜻. ★투전 : 두꺼운 종이로 만든 노름 제구의 하나. 또는 투전 노름.

개가 개를 낳지 못난 어버이에게서 못난 자식이 난다는 말.

개가 겨를 먹다가 말경 쌀을 먹는다 처음은 조금 나쁘던 것이 차차 더 크게 악화한다는 뜻. (비) 등겨 먹던 개 말경에는 쌀까지 먹는다.

개가 돼도 부잣집 개가 되랬다 (비) 같은 값이면 과붓집 머슴살이.

개가 똥을 마다하다 무엇을 하라고 지도해도 거기엔 도무지 관심이 없어서 들어주지를 않는다는 뜻. (비) 고양이가 쥐를 마다한다. 까마귀가 보리(오디)를 마다한다. 말 귀에 동풍 스치듯.

개가 물똥을 마다치 않는다 (비) 없는 놈은 찬밥 더운밥 안 가린다.

개가 미치면 사람을 가리지 않고 문다 함부로 덤비는 것은 미친 사람과 다를 바가 없다는 뜻.

개가 벼룩 씹듯 잔소리. 즉 잔말을 많이 한다는 뜻.

개가 약과 먹은 것 같다 참맛도 모르면서 바삐 먹어치우는 것을 이름. (비) 수박 겉핥기. 개머루 먹듯. 꿀단지 겉핥는다. 고추 왼 채로 삼킨다. 어혈 진 도깨비 개천물 마시듯.

개가 웃을 일이다 말 같지도 아니한 같잖은 일이라는 말.

개가 장승 무서운 줄 알면 오줌 눌까 미리 알았더라면 잘못을 저지를 리가 없다는 뜻.

개가 제 방귀에 놀란다 겁이 많고 침착하지 못한 사람이 대단치도 않은 일에 깜짝깜짝 잘 놀라는 경솔한 사람을 두고 하는 말. (비) 봄 꿩이 제바람에 놀란다. 부엉이 방귀 같다. 노루가 제 방귀에 놀란다. 사슴이 제 방귀에 놀란다. 제 방귀에 놀란다. 토끼가 제 방귀에 놀란다.

개가 쥐를 잡고 먹기는 고양이가 먹는다 (비) 재주는 곰이 하고 돈은 떼 놈이 받는다.

개가 짖는다고 다 도둑은 아니다 나쁜 소문이 있다 하여 반드시 나쁜 사람이 아니란 것.

개가 짖어도 기차는 간다 정쟁 유발 세력 대꾸 않겠다. 공무원골프대회 강행 의지도 뜻, 홍준표 경남도지사가 한 말.

개가 짖어도 행차는 간다 비록 하찮은 것이 방해를 논다 하더라도 거기에 구애됨이 없이 일이 예정대로 진행됨을 비겨 이르는 말.

개가 짖을 때마다 도둑이 오는 것은 아니다 남의 말을 믿을 수 없도록 조심해야 한다는 말.

개가 콩엿 사 먹고 버드나무에 올라간다 어리석은 사람이 도저히 불가능한 일을 할 수 있다고 큰소리치는 것의 비유하는 말. (비) 어느 바람이 들이불까 한다.

개가 핥은 죽사발 같다 음식을 깨끗이 다 먹어 치웠거나 남자의 얼굴이 너무나 미끈하게 잘 생겼을 때 쓰는 말. 매우 인색하고 각박하여 다른 사람이 조금도 얻어 갈 것이 없다는 말. (비) 개가 핥은 것 같다.

개같이 벌어 정승같이 쓴대(먹는다) 천하게 벌어서라도 떳떳하게 살면 된다.

개개 먹고 버드나무에 올라간다 어리석은 사람이 할 수 없는 일을 하겠다고 장담함을 비웃어하는 말.

개게 호패(號牌) 격에 맞지 않고 지나친 것을 이름. (비) 가게 기둥에 입춘(立春). 개 발에 놋 대가리. 개 발에 편자. 거적문에 돌쩌귀. 짚신에 구슬감기. 짚신에 정분칠하기. 사모(紗帽)에 영자(纓子). 삿갓에 쇄자질. 방립(方笠)에 쇄자질. 조리에 옻칠. 짚신에 국화 그리기.

개고기는 언제나 제 맛이다 지가 타고난 성미는 어느 때나 속이기 어렵다는 뜻. (비) 제 버릇 개 줄까. 포도군사의 은동 곳 물어 뽑는다.

개골창을 베게 되었구나 하도 미련하고 답답하여 죽게 되었으니 죽으라는 뜻으로 핀잔주는 말. 외로운 신세로 객사하였다는 말로도 통함.

개 꼬락서니 미워서 낙지 산다 미워하는 사람에 대하여 그 사람이 싫다는 일을 한다.

개 꼬리는 먹이를 탐내서 흔든다 누구에게나 반가운 척하는 사람의 이면에는 대부분 야심이 숨겨져 있다는 의미.

개 꼬리 삼 년 묵(두)어도 황모 되지 않는다 본바탕이 나쁘면 아무리 하여도 고칠 수 없음을 이르는 말. (비) 오그라진 개 꼬리 대봉통에 삼 년 두어도 아니 펴진다. 흰 개 꼬리 굴뚝에 삼 년 두어도 흰 개 꼬리다. 센 개 꼬리 시궁창에 삼 년 묻었다 보아도 센 개 꼬리다.

개 꼬리에 담비 꼬리 이은 것 같다 나쁜 것에다 좋은 것을 섞게 되면 다 같이 나쁜 것이 된다는 이치.

개구리가 처마 밑으로 들어오면 장마가 진다 농가에선 개구리가 처마 안을 들어오는 걸 보고 장마를 예측한다는 말.

개구리 낯짝에 물 붓기 어떤 자극을 주어도 그 자극이 조금도 먹혀들지 않음을 말함.

개구리는 울다가 뱀에게 잡힌다 무슨 일에 너무 골몰하면 화를 입게 된다는 뜻.

개구리도 옴쳐야 뛴다 아무리 급한 일이라도 준비할 틈이 있어야 한다는 뜻. (비) 나는 새도 깃을 쳐야 날아간다. 나는 새도 움직여야 난다.

개구리 동면(冬眠)하듯 아무것도 먹지 않고 가만히 누워서 지낸다는 뜻.

개구리 삼킨 뱀의 배 보기와는 다르게 고집이 강한 사람을 이르는 말. (비) 꼿꼿하기는 개구리 삼킨 배.

개구리 새끼는 개구리다 크고 작고 차이뿐이지 근본은

〈개구리 소리도 들을 탓〉

같다는 뜻.

개구리 소리도 들을 탓 시끄럽게 우는 개구리 소리도 듣기에 따라 좋게도 들리고 나쁘게도 들린다는 뜻으로, 같은 현상도 어떤 기분 상태에서 대하느냐에 따라 좋게도 보이고 나쁘게도 보임을 이르는 뜻.

개구리에게 헤엄을 가르친다 자기보다 훨씬 유익한 사람 앞에서 지식이 부족한 사람이 잘 아는 체한다는 말. (비) 공자 앞에 논어 이야기한다. 공자 앞에 문자 쓴다.

개구리 올챙이 적 생각 못 한다 잘 되고 난 뒤 어려웠든 옛일을 생각지 않고 처음부터 잘난 듯 뽐낸다는 뜻. (비) 시어머니 며느리 적 생각 못 한다. 올챙이 적 생각은 못 하고 개구리 된 생각만 한다.

개구리 주저앉는 뜻은 멀리 뛰자는 뜻 큰일을 하기 위해서는 차분히 준비할 필요가 있음. (비) 굼벵이도 지붕에서 떨어질 때는 생각이 있어 떨어진다. 자벌레가 몸을 꾸부리는 것은 장차 펴기 위한 것이다. 굼벵이가 지붕에서 떨어지는 것은 매미 될 셈이 있어 떨어진다.

개구리 중에서도 수채 개구리다 여러 사람들 중에서도 가장 못생겼다는 말.

개구멍서방 떳떳한 예식을 치르지 못하고 남 몰래 나들면서 계집을 본다는 뜻.

개구멍에 망건(網巾) 치기 남이 빼앗을까 봐 겁을 내어 막고 있다가, 막던 그 물건까지 잃게 됨을 일컫는 말.

개구멍 오입 남몰래 뒷문으로 드나들면서 하는 오입.

개구멍으로 통량(統涼)갓을 굴려 낼 놈 교묘한 수단으로 남을 잘 속이는 사람을 일컫는 말. (비) 쥐구멍으로 통양갓을 굴려 낼 놈. ★통량갓 : 통영에서 만든 좋은 갓의 양태.

개귀에 방울 격에 어울리지 않음. (비) 개 대가리에 관(冠). 개목에 방울이라. 소목에 방울 단다.

개귀의 비리를 털어 먹어라 하는 것이 더럽고 치사스러운 것을 보고 하는 말. (비) 거지 턱을 처먹어라.

개 꾸짖듯 하다 체면을 조금도 보지 않고 마구 호되게 꾸짖는다는 뜻.

개꿈도 꿈인가? 꿈도 꿈답지 않은 것은 꿈이라고 할 수 없듯이 물건도 물건답지 않은 것은 물건이라고 할 수 없다는 뜻.

개 그림 떡 바라듯 행여나 하는 기대 심리를 가져서는 아무 소용없는 짓이라 하는 말. (비) 중 무 상직하듯.

개나란 쪽박에 밥 많이 담는다 겉모양은 쭈글쭈글하고 얇으며 약해 보이는 바가지에 밥을 담으면 많이 담긴다 함이니, 몸이 약해 보이고 여윈 사람이 도리어 많이 먹는다는 뜻. (비) 약질 목통에 장골 셋 들어간다. ★개나란 : 날강날강하고 얄팍하다는 말의 사투리.

개 눈에는 똥만 보인다 어떤 것을 좋아하면 모든 것이 그것 같기만 보인다. 질이 낮은 사람에게는 질이 낮은 것밖에 보이지 않는다는 뜻.

개는 개를 잡아먹지 않는다 개도 개를 잡아먹지 않는데 하물며 사람이 서로 싸우고 죽여서는 안 된다는 의미를 담음.

개는 먹이를 탐내어 꼬리를 흔든다 반가운 척 이면엔 야심이 있다는 뜻.

개는 믿을망정 상전 양반은 못 믿고 산다 짐승은 거짓말을 못 하지만 사람은 거짓말을 하니 믿을 수 없다는 말.

개는 안주인을 닮는다 사람은 가까이 접하는 사람을 본받게 된다는 뜻.

개는 안 주인을 따르고 소는 바깥주인을 따른다 아이나 동물은 좋아하는 사람을 따르게 마련이란 뜻.

개는 입이 따뜻해야 하고 사람은 발이 따뜻해야 한다 개는 입이 따스워야 잠을 잘 수 있고 사람은 발이 따스워야 잠을 잔다는 말.

개는 잘 짖는다고 좋은 개는 아니다 모름지기 사람은 말을 잘한다고 훌륭한 사람이 아니고 처신을 잘해야 훌륭한 사람이란 말.

개 다리 참봉(參奉)의 행패 참봉이 권력만 믿고 행패를 부린다는 뜻. ★참봉 : 옛날 종구품의 벼슬

개 대가리에 관(冠) (비) 개 발에 주석 편자.

개 대가리에 똥 묻기 응당히 있을 수 있는 일이란 말.

개도 꼬리를 친 다음에 먹는다 1.개도 먹을 땐 주인께

고마움을 표시하듯 남의 은혜를 입었을 땐 반드시 고마움을 몰라선 안 된다는 말, 2.남으로부터 입은 은혜를 잊지 말고 갚도록 해야 한다는 말. (비) <u>개도 기르면 은혜를 안다. 개도 닷새가 되면 주인을 알아보고 꼬리 친다. 개도 사흘만 기르면 주인을 잊지 않는다. 개도 키워 준 은혜를 안다. 개도 주인을 보면 반가워한다. 개도 주인을 알아본다. 개새끼도 주인을 보면 꼬리를 친다.</u>

개도 꼬리를 흔들며 제 잘못을 안다 자기의 잘못을 뉘우칠 줄 모르고 안하무인이라면 개만도 못하다는 말.

개도 나갈 구멍을 보고 쫓아라 남을 너무 되게 몰아세우면 도리어 해를 입게 되기 쉽다.

개도 닷새가 되면 주인을 알아보고 꼬리 친다 (비) <u>개도 꼬리를 친 다음에 먹이를 먹는다.</u>

개도 뒤 본 자리를 덮는다 자기가 저지른 일은 자기가 처리해야 한다는 말.

개도 먹으라는 똥은 안 먹는다 남이 하라는 일을 거절한다는 뜻.

개도 먹을 때는 안 때린다 맛있게 음식을 먹고 있는 사람을 건드려서는 안 된다는 의미

개도 무는 개를 돌아본다 온순하기만 해서는 오히려 대접을 못 받고 당당히 요구하고 나서야 정당한 대접을 받는다는 말. 악한 사람을 대할 때는 해를 입을까 두려워하며 조심한다는 뜻. (비) <u>개도 사나운 개를 돌아본다.</u>

개도 미치면 사람을 가리지 않고 문다 사람이 이성(理性)을 잃게 되면 아무에게나 함부로 덤빈다는 말.

개도 미치면 주인을 문다 변절한 사람은 은혜도 모르고 해친다는 뜻. (비) <u>기르는 개에도 무는 개가 있다.</u>

개도 벼룩을 물어 잡을 때가 있다 무슨 일을 하다 보면 이룰 수 없을 것으로 생각되는 것도 요행히 이루는 수가 있다는 뜻.

개도 부지런해야 더운 똥을 얻어먹는다 사람은 잘 살려면 부지런해야 한다는 뜻. (비) <u>거지도 부지런하면 더운밥을 얻어먹는다. 드나드는 개가 꿩을 문다. 땅</u>을 후비는 닭이 얻어먹는다. 부지런한 부자는 하늘도 못 막는다.

개도 사나운 개를 돌아본다 (비) <u>무는 개를 돌아본다.</u>

개도 사흘만 기르면 주인을 잊지 않는다 (비) <u>개도 꼬리를 친 다음에 먹이를 먹는다.</u>

개도 세 번만 보면 꼬리 친다 안면이 있는 사임에도 불구하고 전혀 인사를 안 하는 사람에게 하는 말.

개도 손들 날 있다 1.개에게도 손님이 올 날이 있으니. 하물며 사람에게야 없겠느냐는 뜻. 2.나들이 할 때의 옷가지 등의 준비가 없는 것을 한탄하는 말로도 쓰임. (비) <u>거지도 손들 날 있다.</u>

개도 얻어맞은 골목에는 가지 않는다 한 번 실패한 경험이 있는 사람은 다시는 그때의 전철을 밟지 않도록 경계한다는 뜻.

개도 올가미가 있어야 잡는다 1.연장이 있어야 제대로 된 물건을 만들어 낸다는 뜻. 2.밑천이 있어야 장사도 할 수 있다는 뜻.

개도 제 주인을 물지 않는다 주인에게 잘못이 있더라도, 그를 해쳐서는 안 된다는 뜻.

개도 제 털을 아긴다 제 몸을 도무지 돌보지 않고 아끼지 않는 삶을 충고하는 말.

개도 좋고 도도 좋다 윷놀이에 개도 쓸모가 잇고 도도 쓸모가 있듯이 이래도 쓸모가 있고 저래도 쓸모 있다는 말.

개도 주인을 알아본다 (비) <u>개도 꼬리를 친 다음에 먹이를 먹는다.</u>

개도 텃세한다 먼저 자리 잡은 개가 나중에 온 개에게 세 부리는데 사람이야 더 이를 것 없다는 말로, 어디나 먼저 자리 잡은 사람이 나중에 온 사람에게 자리를 내주지 못하겠다는 뜻으로 하는 말. (비) <u>닭싸움에도 텃세한다.</u>

개떡같이 주무르다 제 마음대로 함부로 주무름을 이르는 말.

개떡에도 고물이 든다 하찮은 일에도 밑천이 있어야 이룰 수 있다는 뜻.

개떼 모이듯 무엇 먹을 것이라도 있으면 부르지 않아도 모여드는 개떼처럼 권세 있는 대로 모여드는 것을 보고 하는 말.

개똥도 약에 쓰려면 귀하다(없다) 아주 흔한 것도 정작 필요해서 찾으려니까 구하기가 어렵다. (비) 까마귀 똥도 약에 쓰려면 없다.

개똥밭에 굴러도 이승이 좋다 1.아무리 존귀했던 몸이라도 한 번 죽으면 거들떠보지 않는 것이 세상인심이란 뜻. 2.아무리 천한 신세라도 죽는 것 보다는 사는 것이 낫다는 말. (비) 땡(땡) 감을 따 먹어도 이승이 좋다. 거꾸로 매달려 살아도 죽는 것보다 낫다. 말똥 밭에 굴러도 이승이 낫다. 물구나무를 서도 이승이 낫다. 산개가 죽은 정승보다 낫다. 소여 대여에 죽어 가는 것이 헌 옷 입고 볕에 앉는 것만 못하다. 죽은 석숭보다 산 돼지가 낫다.

개똥밭에도 이슬 내릴 날 있다 역경에 처해 있는 사람도 좋은 날이 올 때가 있다는 말. (비) 쥐구멍에도 볕 들 날 있다. 응달에도 햇볕들 날 있다. 마루 밑에도 볕 들 날 있다.

개똥밭에 인물(人物) 난다 (비) 미꾸라지 용(龍) 된다.

개똥이 무서워 피하나 더러워 피하지 행실이 더러운 사람과 다투는 것보다는 피하는 것이 자신을 위해서 낫다는 말.

개똥참외는 먼저 맡은 이가 임자다 임자 없는 물건은 먼저 맡은 사람이 차지하게 마련.

개 등의 등겨를 털어먹는다 저보다 못한 사람을 벗겨 빼앗아 먹는다는 말.

개를 기르다 다리를 물렸다 (비) 기르던 개에게 다리를 물렸다.

개를 길러놓으니까 미친개가 되어 주인을 문다 (비) 기르던 개에게 다리를 물렸다.

개를 따라가면 뒷간으로 간다 되지 못한 자와 상종하지 말라는 말.

개를 친하면 옷에 흙칠한다 나쁜 사람을 가까이하면 해를 입는다는 말. (비) 아이를 예뻐하면 옷에 똥칠한다.

개 마른 뼈 물어뜯기 일을 해도 아무런 재미가 없다는 뜻.

개머루 먹듯 (비) 수박 겉핥기.

개목에 방울 (비) 개 발에 주석 편자.

개 못된 것은 들에 가 짖는다 제 밥 먹고 쓸데없는 짓만 하고 다니는 사람을 비꼬는 말.

개 못된 것은 부뚜막에 올라간다 제 구실도 제대로 못하는 사람이 오히려 미운 짓만 골라서 한다는 말.

개미가 객사(客舍) 기둥을 건드린다 1.되지도 않을 못된 짓을 한다. 2.자신의 위치와 실력도 모르고 함부로 덤빈다. (비) 개미가 맷돌을 돌리는 것 같다. 걷기도 전에 날기부터 배운다. 걷기 전에 뛰기부터 배운다. 금두(金頭) 물고기가 용에 덤빈다. 기도 못 하는 게 날려고 한다. 기도 못 하는 게 뛰려고 한다. 난쟁이 교자(轎子)꾼 참여하듯. 난쟁이 월천(越川)꾼 참여하듯. 날개도 없는 것이 날겠다고 한다. 눈먼 강아지 젖 탄한다. 마른 말(馬)이 짐 탓한다. 아직 이도 아니 나서 갈비 뜯는다. 앉은뱅이 천 리 대참(代參). 애꾸가 환히 보려 하고 절름발이가 멀리 가려 한다. 이도 아니 나서 황 밤 먹는다. 이 빠진 강아지 언 똥에 덤빈다. 지붕의 호박도 못 따는데 천도 따겠단다. 푸둥지도 아니 나서 날려 한다.

개미가 거동하면 비가 온다 개미 떼들이 길가에 쏟아져 나오면 비가 온다 하여 이름.

개미가 맷돌을 돌리는 것 같다 (비) 개미가 객사(客舍) 기둥을 건드린다.

개미가 작아도 탑을 쌓는다 개미가 비록 작아도 큰 탑을 쌓듯이 작은 것도 부지런히 모으면 큰 것을 이룰 수 있다는 뜻.

개미가 제집 구멍을 막으면 비가 온다 개미의 움직임을 보고 예견한 데서 나온 유래. (비) 개미가 거동하면 비 온다.

개미가 절구통 물고 간다 여러 사람이 함께 힘을 모으면 큰일을 할 수 있다는 뜻.

개미가 절구통을 몰고 나간다 약한 사람이 힘에 겨운 일을 한다는 뜻.

개미가 정자나무 건드린다 힘없는 이가 큰 세력에 맞서 덤빔을 비유하는 말. (비) 달걀로 백운대 친다. 달걀로 돌 친다. 달걀로 성 친다. 대부등에 곁 낫질 한다. 왕개미가 정자를 흔든다. 토막나무에 낫 걸이. 참나무에 곁 낫 걸이.

개미구멍으로 공든 탑 무너진다 (비) 호미로 막을 것을 가래로 막는다.

개미 금탑(金塔) 모으듯 한다 1.재물을 조금씩 알뜰히 모은다는 뜻. 2.쉬지 않고 부지런히 벌어서 재산을 저축하는 사람을 두고 하는 말. (비) 영고탑을 모았다.

개미 기어간 자리 무슨 일을 했거나 어떤 일이 있었는데 전혀 흔적이 없음을 이름. (비) 개 바위 지나간 격. 그림자 쉰 데와 숨 쉰 흔적 없다. 꿩 구워 먹은 자리. 한강에 배 지나갔다. 물 위에 눈 내렸다. 바다에 물 한 방울 떨어졌다. 그림자조차 없다. 못물에 가랑비 내렸다. 물거미 지나간 흔적. 바다에 오줌 누었다. 바위에 개 지나갔다. 송아지 온 발자국은 있어도 간 발자국은 없다. 물 위에 가랑비 내렸다. 미꾸라지 모래 쏘셨다. 바다에 오줌 누었다.

개미 나는 곳에 범 난다 처음에는 개미만큼 작고 대수롭지 않던 것이 점점 커져서 나중에는 범같이 크고 무서운 것이 된다는 말.

개미도 간 자국이 있다 아무리 사소한 일이라도 흔적은 있다는 의미로 못난 사람이라도 그가 세상에 남긴 일은 있다는 뜻. (비) 개미도 기어간 자취는 있다.

개미 떼가 용도 잡는다 약한 사람들도 단결하면 강한 사람을 이길 수 있다는 뜻.

개미떼 퍼지듯 한다 사람들이 이쪽저쪽 사방으로 퍼진다는 말.

개미 메 나르듯 개미가 먹이를 물어 나르듯 하다는 말로 조금씩 가져다 나른 일이 마침내는 매우 많은 것을 가져다 모은 결과가 되었음을 이르는 말.

개미 새끼 하나도 얼씬 못 한다 허락된 사람 외에는 아무도 얼씬 못 한다는 말.

개미에게 불알 물렸다 보잘 것 없는 것한테 손해를 입었다는 말. (비) 개미에게 뭣 물렸다. 뒷간 개구리에게 하문을 물렸다.

개미 쳇바퀴 돌 듯 아무 진보가 없는 것 또는 끝 간 데를 모름을 가리킴. (비) 다람쥐 쳇바퀴 돌 듯. 돌다 보아도 마름. 돌다 보아도 물방아.

개미 한 잔등만큼 걸린다 개미의 잔등이 하나 만큼이나 극히 적게 걸린다는 뜻.

개 바위 지나는 격 (비) 개미 기어간 자취

개 발싸개 같다 얕잡아 이르는 말로, 무엇이 보잘것없이 허름하고 빈약하다. 그 집은 손님 대접이 개 발싸개 같았다.

개 발에 놋 대갈 (비) 개 발에 주석 편자. ★대갈 : 말굽에 편자를 신기는데 박는 징.

개 발에 주석 편자 가진 물건이나 입은 옷 등이 제격에 맞지 아니함을 비유한 말. (비) 개 발에 놋 대갈. 거적문에 돌쩌귀. 개 발에 버선. 개게 호패(號牌). 돼지우리에 주석 자물쇠. 방립에 쇄자질. 가게 기둥에 입춘(立春). 갓 쓰고 구두 신기(자전거 타기). 개 대가리에 관. 개 발에 놋 대갈. 개목에 방울. 개에 남바위. 개에 호패. 다박머리에 댕기 치레 하듯. 고양이 수파 쓴 것 같다. 까마귀 둥우리에 솔개. 도포 입고 논 썰기. 돼지 목에 진주 목걸이. 말 대가리에 쇠뿔. 벌거벗고 환도 차기. 사모에 갓끈. 사모에 영자. 삿갓에 쇄자질. 속곳 벗고 은가락지 낀다. 조리에 옻칠. 짚신감발에 사립 쓰고 간다. 짚신에 구슬감기. 짚신에 국화 그리기. 짚신에 정분 칠하기. 핏겨죽에 탕구자. 할아버지 모자를 손자가 쓴다.

개 발에 진드기 끼듯 하였다 붙지 않아도 할 곳에 지저분하고 더럽게 무엇이 붙어 있음을 이름.

개 발에 진드기 떼어 내치듯 늘 붙어 다니며 귀찮게 구는 것을 떼어 버림을 이름.

개밥 도둑 툭하게 생긴 코를 이르는 말. (비) 하늘 밥 도둑. ★개밥 도둑 : 곤충의 일종.

개밥에 도토리 따돌림을 받아 여럿에 어울리지 못하는

〈개밥 통에 구슬〉

사람을 이르는 말.

개밥 통에 구슬 아무리 좋은 물건이라도 찾는 사람이 없으면 값이 나가질 않는 말. (비) 개밥 통에 토란 굴러다니듯.

개 방귀 같다 아무런 쓸모도 없는 하찮은 것을 비유적으로 이르는 말.

개벼룩 씹듯 1.음식을 보기 흉하게 먹는 모습을 이르는 말. 2.했던 말을 수다스럽게 되씹는다는 말. (비) 개 입에 벼룩 씹듯.

개 보름 쇠기(듯) 잘 먹고 즐겨야 할 명절에 제대로 먹지도 못함을 이르는 말. (비) 상원의 개와 같다.

개 보지에 보리 알 끼듯 좁디좁은 곳에 무엇이 수많이 끼어 있음을 비유하는 말.

개뼈다귀 은(銀) 올린다 쓸데없는 데에 돈을 들여 치레함을 이르는 말. (비) 부러진 칼에 옻칠한다. 삿갓에 솔질한다.

개살구가 먼저 익는다 개살구가 참살구보다 먼저 익듯이 악이 선보다 더 가속도로 발전하게 된다는 뜻.

개살구가 옆으로 터진다 1.익숙하지 못한 솜씨에다 어색한 멋을 부려서 아주 보기 흉하게 됨을 뜻함. 2.못난 것이 도리어 되지 못한 짓을 함을 이름.

개살구도 맛 들일 탓 어떤 일이나 취미를 붙이기에 달렸다는 말. (비) 신(쓴)배도 맛 들일 탓.

개살구 먹은 뒷맛 쓸쓸하고 떠름한 뒷맛이란 뜻.

개살구 지레 터진다 1.얇고 가벼운 사람이 도리어 언행(言行)에 민첩한 체하거나 잘난 체하며 뽐냄을 비웃는 말. 2.미처 자라기도 전에 좋지 않은 짓부터 할 때 이르는 말. (비) 시지도 않아서 군내부터 먼저 난다. 열무김치 맛도 안 들어서 군내부터 난다.

개새끼는 나는 족족 짖는다 배우거나 익히지 않아도 타고난 천성은 어쩔 수 없다는 말.

개새끼는 짖고 고양이 새끼는 핥는다 유전적인 본능은 속일 수 없음을 가리키는 말. (비) 게 새끼는 (나니 금) 집고 고양이 새끼는 핥는다. 게는 똑바로 기어가게 할 수 없다.

개새끼도 주인을 보면 꼬리를 친다 미물도 길러 준 은혜를 아는데 하물며 인간이 되어 자기에게 도움을 주거나 은혜를 베푼 사람을 모르는 체하는 것은 개만도 못함을 비유적으로 이르는 말. (비) 개도 닷새가 되면 주인을 알아보고 꼬리 친다. 개도 주인을 알아본다. 예문. 개새끼도 주인을 보면 꼬리를 치는데, 먹여 주고 재워 주고 한 나를 모르는 척하다니 네가 그러고도 사람이냐?

개새끼 한 마리 얼씬 안 한다 속된 말로, 어디에 나와 다니는 사람이 전혀 없다. 예문. 부도가 난 그 공장에는 개새끼 한 마리도 얼씬 안 했다.

개성(開城) 구두쇠 옛날 개성엔 상인이 많았는데 그중에서 구두쇠가 많다는 데서 유래 된 말.

개 쇠 발괄 누구 알꼬 개와 소의 발괄인 양 두서없이 마구 지껄여 대는 이를 두고 빈정대어 이르는 말.

개싸움에 물 끼얹듯 한다 떠들고 싸우던 것이 물을 끼얹으면 조용해진다는 의미.

개싸움에 물 끼얹는다 소란한 개싸움에 물을 끼얹어 더욱 소란해지는 것처럼. 사람들이 시끄럽게 떠들거나 주위가 매우 소란함을 비유적으로 이르는 말.

개싸움에는 모래가 제일이라 맞붙어 싸우는 사람을 말려도 듣지 않을 때 흙을 끼얹으면서 하는 말.

개 약과 먹기 (비) 수박 겉핥기.

개암과 은행이다 서로가 닮아서 분별하기 어렵다는 말.

개에 남바위 (비) 개 발에 주석 편자. ★남바위 : 추위를 막기 위해 머리에 쓰는 쓰개의 한 가지.

개에게 된장 덩어리 지키게 하는 격 (비) 강아지에게 메주 멍덕 맡긴다.

개에게 매스꺼움 아무리 더러운 것이라도 개가 매스꺼움을 알 리가 없으니. 무릇 남의 시비곡절(是非曲節)을 깊이 분간하지 못하고 함부로 판단을 내림을 비유한 말.

개에 호패(號牌) (비) 개 발에 주석 편자. ★호패 : 조선시대. 16세 이상의 남자가 차고 다니던, 신분을 증명하는 패.

개 오줌 맞은 장승 사람대접을 제대로 못 받는다는 뜻.

개와 원숭이 사이 서로 사이가 나빠 적대시한다는 말. (비) 고양이와 개 사이.

개울이나 못은 더러운 물도 받아드린다 남들을 다스리는 자가 되려면 탐탁지 않은 사람도 너그럽게 포섭해야 한다는 말.

개울물에는 큰 고기가 없다 밑천을 적게 투자하면 그만큼 큰 이익을 취하기 어렵다는 뜻.

개울 치며 가재 잡는다 한 가지 일을 하고 두 가지 이익을 얻는다는 말. (비) 도랑 치며 가재 잡는다. 꿩 먹고 알 먹고. 맛 좋고 값싼 갈치 자반.

개 이가 상아(象牙) 될까 본바탕이 좋지 못한 사람은 훌륭하게 될 수 없다는 말.
(비) 나무 접시 놋접시 될까. 닭의 새끼 봉이 되랴. 까마귀 학(鶴)이 되랴. 우마가 기린이 되랴. 나무 뚝배기 쇠 양푼 될까. 돌은 갈아도 옥이 되지 않는다. 사슴이 기린 될까. 각관 기생 열녀 될까.

개입에 벼룩 씹듯 같은 잔소리를 두고 되씹어 함.
(비) 개 벼룩 씹듯.

개입에서 개 말 나오고 쇠 입에서 쇠 말 나온다 입버릇이 몹시 나쁜 사람의 입에서는 결코 고운 말이 나올 수 없다는 뜻.

개입은 벌리면 똥내만 난다 악한 사람은 향상 악한 말만 한다는 말.

개 잡듯 함부로 때리고 친다는 뜻. (비) 섣달 그믐날 흰떡 맞듯. 복날 개 맞듯. 복날 개 패듯. 늘어지도록 때린다. 누린내가 나도록 때린다. 넙치가 되도록 맞는다. 등줄기에서 누린내가 나도록 두들긴다.

개 잡아먹고 동네 인심 잃고 닭 잡아먹고 이웃 인심 잃는다 개를 잡아 온 동네에 나누어주고, 닭을 잡아 이웃간에 나누어 먹더라도, 많다 적다 또는 주었다 안 주었다 하고 구설을 듣게 되기 쉬우므로, 색다른 음식을 하여 나누어 먹기 어려움을 이르는 말.

개장국에 초 친 맛 맛이 시고 맵다는 말.

개장수도 올가미가 있어야 한다 무슨 일이나 거기에 필요한 준비와 도구가 있어야 함. (비) 거미가 줄을 쳐야 벌레를 잡는다. 도끼 없이 장작을 팰 수 없다. 백정도 올가미가 있어야 한다.

개 좆에 덧게비 관계없는 일에 나섬을 이르는 말.

개좆같은 의관(衣冠) 몸차림이 지저분하고 더럽다는 말.

개창자 같다 매우 가는 것이 한없이 길다는 말. (비) 이십팔(二十八) 숙(宿) 중의 하나. 미성이 대국까지 뻗쳤다.

개창자에 보위(補胃)시킨다 하찮은 것에 돈을 많이 들임을 말함.

개천아 네 그르냐. 눈먼 봉사 내 그르냐 제가 실수한 것은 제 잘못이지 남을 원망하거나 탓하여도 소용이 없다는 말.

개천에 나도 제날 탓이다 같은 개천에 나도 저마다 다 다른 것으로 태어난다 함이니, 아무리 미천한 집안에서라도 저만 잘나면 얼마든지 훌륭한 인격자가 될 수 있다는 말.

개천에 내다 버릴 종 없다 아무리 못 생기고 미련한 사람도 다 쓰일 때가 있다는 말.

개천에 든 소 유복한 처지에 있음을 말함. (비) 도랑에 든 소. 두렁에 든 소.

개천에서 용 난다 (비) 미꾸라지가 용 됐다.

개털에 벼룩 끼듯 좁은 데에 많은 것이 몰려 있음을 이르는 말. (비) 개털에 벼룩 싸듯.

개털에 벼룩 싸듯 이 틈 저 틈 보이지 않는 곳에서 살살이 끼어들어 가 있는 것을 보고 하는 말. (비) 개털에 벼룩 끼듯.

개판 오 분 전 무질서하고 난장판 상태를 이름.

개 팔아 두 냥 반 못된 양반을 얕봄을 이르는 말. (비) 양반(兩班)인가 두 양반 인가. 돌 팔아 한 냥 개 팔아 닷 돈 하니 양반 인가.

개 팔자가 상팔자 분주하고 고생스러울 때 이르는 말. 신세 고달플 때 하는 넋두리.

개하고 똥 다투랴 다툴 만한 상대가 되지 못한다고 남을 깔보는 말.

〈개 한 마리가 헛 짖으면 뭇 개들도 따라 짖는다〉

개 한 마리가 헛 짖으면 뭇 개들도 따라 짖는다 한 사람의 잘못으로 인해 여러 사람이 피해를 본다는 뜻.

개한테 돈 주기 귀한 물건을 무의미하게 써버린다는 뜻.

개한테 물린 꿩 꼼짝달싹 못하고 죽게 되었다는 뜻.

개 호랑이가 물어 간 것만큼 시원하다 마음에 거림칙한 것이 없어져 속이 가뿐하고 시원할 때 이르는 말.

객주가 망하려니 짚단만 들어온다 객줏집에 손님은 안 들어오고 부피만 크고 이익이 안 되는 짚단만 들어온다는 뜻으로, 일이 안 되려면 뜻대로는 되지 않고 해롭고 귀찮은 일만 생긴다는 말. (비) 여각(旅閣)이 망하려면 나귀만 든다. 어장이 망하려면 해파리만 끓는다. 마판이 안 되려면 당나귀 새끼만 모여든다.

객줏집 칼 도마 같다 이마와 턱이 툭 불거져 나오고 코 부근이 움푹 들어간 얼굴을 비유.

객지 벗도 사귈 탓이다 객지에서 오래 사귀지 않은 친구라도 친하기에 따라 형제처럼 될 수 있다는 뜻.

객지(客地) 생활 삼 년에 골이 빈다 집 떠나면 고생이라는 뜻으로, 남이 아무리 잘해 줘도 세상사에 시달려 심지를 제대로 키우지 못하고 허울만 남게 됨을 비유적으로 이르는 말.

갯벌에서 게 잡다가 광주리만 잃었다 어떤 일을 하다가 도리어 손해를 보았다는 뜻.

거꾸로 매달려 살아도 죽는 것보다 낫다 (비) 개똥밭에 굴러도 이승이 좋다.

거둥길 닦아 놓으니까 깍쟁이가 먼저 지나간다 애서 이루어 놓은 일이 보람 없이 됨. (비) 거둥길 닦아 놓으니까 용천배가 지랄한다. 길 닦아 놓으니까 문둥이가 먼저 지나간다. 길 닦아 놓으니까 미친년이 먼저 지나간다. 길 닦아 놓으니까 소금 장수가 먼저 지나간다. 치도 하여 놓으니까 거지가 먼저 지나간다.

거둥길 닦아 놓으니까 용천배가 지랄한다 (비) 거둥길 닦아 놓으니까 깍쟁이가 먼저 지나간다.

거둥(擧動)에 망아지 새끼 따라다니듯 한다 필요도 없는 사람이 이곳저곳 귀찮게 따라다닌다. (비) 낮일할 때 찬 초갑(草匣). 이사할 때 강아지 따라다니듯.

거래가 끊어지면 인연도 끊어진다 평소에 거래하던 사이도 거래가 끊어지면 인연도 함께 멀어진다는 게 이치란 말.

거렁뱅이(거지)가 밤이면 꿈에 부마(駙馬) 노릇도 한다 자신의 머릿속으로는 어떤 생각이나 공상을 마음대로 거침없이 할 수 있다는 뜻.

거렁뱅이(거지) 밥 자루 찢기다 좋은 사이도 사소한 일로 다툴 수 있다는 말.

거름보다도 괭이질 농작물엔 거름도 중요하지만 자주 손질을 해 주는 것이 더 중요하다는 뜻.

거름보다 호미에 큰다 (비) 거름보다 괭이질.

거만한 마음이 자라서는 안 된다 거만은 인심을 잃게 되므로 일찍이 싹트지 않도록 수양이 필요하다는 뜻.

거문고 인 놈이 춤추면 칼 쓴 놈도 춤춘다 남의 결점을 장점인 줄 알고 본뜬다는 뜻. (비) 남이 장 간다고 하니 거름 지고 나선다. 남이 은장도를 차니 나는 식칼을 낀(찬)다. 잉어 숭어가 오니 물고기라고 송사리도 온다. 비파(琵琶) 멘 놈이 손뼉 치니 칼 쓴 놈도 손뼉 친다. 낙동강 잉어가 뛰니 떡판 빗자루도 뛴다. 망둥이가 뛰니 전라도 빗자루도 뛴다.

거미는 작아도 줄만 잘 친다 (비) 제비는 작아도 강남을 간다.

거미도 줄을 쳐야 벌레를 잡지 (비) 고양이가 이마가 있어야 망건을 쓰지.

거미 새끼 풍기듯 좁은 곳에 많은 것이 끼어 있음을 비유적으로 이르는 말.

거미 알 까듯 좁은 곳에 많은 것이 빽빽하게 모여 있는 것을 비유적으로 이르는 말.

거미 알 슬듯 동식물이 많이 번식함을 이르는 말.

거미줄도 모이면 사자를 묶는다 아무리 작은 힘이라도 뭉치면 안 되는 일 없다는 말. (아프리카)

거미줄도 줄은 줄이다 미약하나마 명실(名實)이 갖추어져 있다는 말.

거미줄 따르듯 (비) 범 가는데 바람 간다.

거미줄로 방귀 동이 듯한다 일을 함에 있어 건성으로 형용만 하는 체하는 말.

거미줄에 목을 맨다 1.그렇게 분하거든 거미줄에 목을 매고 죽으라 함이니, 같잖게 분격한 사람을 놀리는 말. 2.처지가 너무 궁핍하고 답답하여 어쩔 줄을 모르고 어이없는 우스운 짓까지 한다는 뜻. (비) 송편으로 먹을 따 죽지. 접싯물에 빠져 죽지.

거미줄 함정에 빠진다 누군가의 음모와 계략에 어려운 처지를 당함을 이르는 말.

거북 등에서 털을 깎는다 어처구니없는 일을 한다는 뜻. (비) 거북이 등의 털을 긁는다.

거북이도 제 살던 바윗돌을 떠나면 오래 살지 못한다 오래 산다고 하는 거북조차도 제가 살던 바윗돌을 떠나면 오래 살지 못한다는 뜻으로, 사람은 제가 나서 자란 고향 땅을 등지면 제명대로 살아가기가 힘듦을 비유적으로 이름.

거북이 등의 털을 긁는다 구하려도 얻지 못할 곳에 가서 애써 구하려 하는 어리석음을 탓할 때 하는 말. (비) 거북이 등에서 털을 깎는다.

거북이 털 도저히 구할 수 없다는 뜻이라는 말.

거위 염낭 같다 힘없고 느른하며 약한 사람을 이르는 말.

거적도 공석(供席)이라면 좋아한다 남을 존대해 주면 누구든지 기뻐하지 않는 사람은 없다는 말.

거적문 드나들던 버릇 문을 드나들 때 문을 닫지 않고 다니는 버릇을 두고 이르는 말.

거적문에 돌쩌귀 (비) 개 발에 주석 편자.

거적 쓴 놈 내려온다 졸려서 눈꺼풀이 내려 감긴다는 말.

거지가 거지를 꺼린다 경쟁하는 사람들끼리는 아무리 친한 사이라도 서로를 꺼리게 마련이란 뜻.

거지가 논두렁 밑에 있어도 웃음이 있다 물질적으로는 가난하더라도 마음의 화평은 얼마든지 있을 수 있다는 말. (비) 밥사발이 눈물이요 죽사발이 웃음이라.

거지가 도승지를 불쌍타 한다 자기가 불행한 처지에 있으면서도 도리어 그렇지 않은 사람을 동정함을 가리키는 말. (비) 비렁뱅이가 하늘을 불쌍히 여긴다.

거지가 동냥 바가지 자랑한다 자랑할 것이 못되는 것을 가지고 자랑한다는 말. (비) 당나귀 좆 자랑한다. 앉은뱅이 뭣 자랑하듯.

거지가 말 얻은 것(격) 건사하기 힘든 말까지 가지게 되었다는 뜻으로, 괴로운 중에 더욱 괴로운 일이 겹쳤을 때 이르는 말. (비) 비렁뱅이 비단 얻은 것.

거지가 밥술이나 먹게 되면 거지 밥 한술 안 준다 가난하게 살던 자가 형편이 좀 나아지면, 도리어 어려운 처지에 있는 남을 생각할 줄 모른다는 말. (비) 개구리 올챙이 적 생각 못한다.

거지가 뱃속에 들었다 며칠 굶은 사람처럼 한도 끝도 없이 마구 음식을 먹는 사람을 두고 하는 말.

거지가 부자보고 불쌍하다고 한다 (비) 거지가 도승지를 불쌍하다 한다.

거지가 비단옷 얻은 것 같다 (비) 거지가 말을 얻은 것(격).

거지가 은 식기에 밥 먹는다 1.자기 신분에 맞지 않는 행동을 한다. 2.자기의 처지에 안 맞게 호화로운 생활을 한다는 뜻.

거지가 이 밥 저 밥 가린다 얻어먹는 주제에 이것저것 좋은 것 나쁜 것 하며 불평을 늘어놓는다는 말.

거지가 하늘 보고 불쌍하다고 한다 (비) 거지가 도승지를 불쌍하다 한다.

거지 꿀 얻기 얻기가 매우 어렵다는 뜻. (비) 들쥐 밤 맛보기.

거지끼리 동냥 바가지 깬다 서로 도와주고 동정해야 할 사람들이 서로 다투고 해친다. (비) 거지끼리 자루 찢는다. 자루 찢는다.

거지끼리 자루 찢는다 서로 동정하며 도와야 할 사람끼리 제가 더 차지하겠다고 싸운다는 뜻. (비) 거지끼리 동냥 바가지 깬다. 자루 찢는다.

거지 노릇도 고향에서 하랬다 무슨 일이나 아는 사람이 많은 곳에서 해야 성과가 있다는 말.

거지 노릇도 사흘 하면 못 버린다 한번 든 버릇은 고칠 수 없거나 매우 고치기 어렵다는 말. (비) 지 버릇 남 못 준다. 지 버릇 개 못 준다. 화롯불을 쬐던 사

〈거지 노릇만 하라는 팔자는 없다〉

람은 요강만 봐도 쥔다. 뱀은 꿈틀거리는 버릇을 못 버린다. 배운 도둑질 못 고친다. 낙숫물은 떨어진 데 또 떨어진다.

거지 노릇만 하라는 팔자는 없다 늬나 고생만 하다가 죽으란 법은 없으므로 노력하면 잘 살 수 있다는 말.

거지 노릇은 해도 남에게 아첨은 말랬다 어떤 고난이 있더라도 아첨하는 행위는 말아야 한다는 말.

거지 노릇을 해도 모르는 곳에서 하랬다 집안이 망했으면 수치스러우니 멀리 떠나라는 말.

거지 눈엔 밥만 보인다 누구나 자신에게 가장 필요한 것이 관심을 끌게 마련이란 뜻. (비) 거지는 부엌부터 들여다본다. 거지는 밥그릇 소리에 깬다. 금산체 장수 말꼬리부터 본다.

거지는 같이 다니지 않는다 무슨 일을 여럿이 함께 하면 자기에게 돌아가는 몫이 적으므로, 자기 혼자만이 하여 실속을 차린다는 뜻. (비) 같이 다니는 거지는 동냥을 못 한다. 동냥은 혼자 간다.

거지는 거지 친구를 좋아한다 사람은 서로 비슷한 사람끼리 서로 친하게 따르며 어울리게 된다는 뜻.
(비) 같은 깃의 새는 같이 모인다. 가재는 게 편. 검정 개는 돼지 편. 까치는 까치끼리 어울린다. 문둥이는 문둥이 친구를 좋아한다. 솔개는 매 편. 초록은 동색. 축은 축대로 붙는다.

거지는 고마운 줄 모른다 언제나 남의 도움을 받고 사는 사람은 그 도움을 당연하게 생각하여 고마운 줄 모른다는 뜻.

거지는 모닥불에 살찐다 아무리 어려운 사람이라도 무엇이든 하나쯤은 사는 재미가 있다는 말.

거지는 밥그릇 소리에 깬다 (비) 거지 눈엔 밥만 보인다.

거지도 바가지장단 멋으로 산다 (비) 감옥살이에도 웃을 날이 있다.

거지도 배 채울 날이 있다 못살고 헐벗은 사람일지라도 언젠가는 행복한 날이 온다는 뜻.

거지도 부지런하면 더운밥을 얻어먹는다 (비) 개도 부지런해야 더운 똥을 얻어먹는다.

거지도 손 볼 날이 있다 아무리 가난한 집이라도 손님 맞을 때가 있으니. 깨끗한 옷쯤은 마련해 두어야 한다. (비) 개도 손들 날 있다.

거지도 쌀밥 먹을 날 있다 고생하는 사람도 잘 살 때가 있다는 말.

거지도 흉년들까 두렵다 직접적인 이해관계가 없더라도 어떤 일에 동조하게 된다는 뜻.

거지 발 싸개 같다 아주 더럽고 지저분한 것을 말함.
(비) 기생의 자릿저고리.

거지 밥주머니 너절한 것들을 되는대로 뒤섞어 넣어 둔 것을 이르는 말. (비) 승냥이 똥이다.

거지 베 두루마기 해준 셈만 친다 어떤 반대급부를 바라지 않고 베푸는 마음 즉. 자기가 남에게 좋게 해야 남도 자기에게 좋게 한다는 뜻. 제주 방언 두루마기의 뜻은 '후리매가 그 흔적이라는 얘기. (비) 거지 옷 해 입힌 셈. 의붓자식 옷 해 준 셈.

거지보고 요기시키란다 제 일도 감당하지 못하는 사람에게 힘에 겨운 일을 해 달라고 무리하게 요구한다는 말. (비) 배고픈 놈 보고 요기시키란다. 부황난 사람보고 요기시키란다. 부황난 집에 가서 구걸한다. 시장한 사람에 요기시키란다. 거지 보고 도시락 부탁한다.

거지 볼에 붙은 밥풀도 떼어먹는다 몹시 더럽고 인색하게 군다는 뜻. (비) 고기 만진 손 씻어 국 끓이겠다. 연주창 앓는 놈의 갓끈을 핥겠다. 거지 밥주머니에 붙은 밥풀도 떼어 먹겠다.

거지 삼대 없고 부자 삼대 없다 많은 재산을 오래 유지할 수 없다는 뜻을 이르는 말.

거지 술안주 (같다) 시시하고 보잘것없는 음식을 두고 하는 밀.

거지 씨가 따로 없다 늬에게나 마음가짐에 따라서 흥망성쇠가 존재한다는 뜻.

거지에게는 성(姓)이 없다 거지는 성이나 가문을 타고 태어나는 것이 아니라 처신이 나빠서 영락하는 것이라는 뜻.

거지에는 가난이 없다 떨어질 데까지 떨어지면 가난이란 말은 통용이 안 된다.(일본)

거지 옷 해 입힌 셈 보답을 바랄 처지가 못 되는 이에게 은혜(恩惠)를 베푼다는 뜻. (비) 거지 배 두루마기 해 준 셈 친다. 의붓자식 옷 해 준 셈.

거지 이밥 조밥 가린다 얻어먹는 사람이 아무거나 먹지 않고 좋고 나쁜 것을 가린다는 말.

거지 자루 크면 자루대로 다 줄까 1. 그릇이 크니 많이 달라고 할 때 그렇게 못 준다는 뜻으로 하는 말. 2. 지나치게 큰 그릇을 가지고 옴을 비유하는 말.

거지 자식은 거지가 된다 자식은 부모를 본받아 행동한다는 말.

거지 턱을 쳐 먹어라 지나치게 인색하고 하는 짓이 더러워 남의 것만 얻어먹으려고 하는 사람을 욕하는 말. (비) 개귀에 비리를 털어먹어라.

거짓도 아첨도 이 세상살이 거짓과 아첨하는 자를 세상살이에 경계하라는 말. 눈치에 예민한 자 아첨에 능하고, 주위에 과민한 자 처세에 소심하고, 침묵이 지나친 자 속내가 음흉하고, 생각이 지나친 자 잔머리에 능하고, 배움을 앞세우는 자 건방이 넘치고, 진실됨을 지나친 자 거짓 속임이 강하다는 충고.

거짓말도 방편 나쁜 뜻이 담긴 거짓말은 아니 되지만 남을 위한 방편으로 하는 거짓말은 용서받을 수 있다는 뜻.

거짓말도 잘만 하면 논 닷 마지기보다 낫다 거짓말도 잘하면 처세(處世)에 도움이 된다는 뜻. (비) 말만 잘하면 천 냥 빚도 가린다. 거짓말이 외삼촌보다 낫다. 말로 온 공을 갚는다. 천 냥 빚도 말로 갚는다. 글 잘하는 자식 낳지 말고 말 잘하는 자식 낳으랬다. 말로 온 공(功)을 갚는다. 말 잘하고 징역 가랴. 천 냥 빚에 말에 비단. 힘센 아이 낳지 말고 말 잘하는 아이 낳으랬다.

거짓말도 잘하면 약이고 못하면 매다 (비) 거짓말도 잘만 하면 논 닷 마지기보다 낫다.

거짓말로 남을 헐뜯는다 거짓말에 더 지나치게 남을 모략중상까지는 더욱 더 나쁘다는 말.

거짓말 사흘 못(안) 간다 (비) 거짓말은 십 리를 못 간다.

거짓말은 도둑놈 될 장본 거짓말을 하는 버릇이 도둑질의 시초임을 이르는 말.

거짓말은 새끼를 친다 습관적으로 남을 속이는 사람은 언젠가는 사기 행위도 거침없이 하게 된다는 뜻.

거짓말은 십 리를 못 간다 일시적으로 사람을 속일 수는 있지만 오랫동안 시일을 두고 속이지는 못한다는 뜻. (비) 거짓말은 사흘 못(안) 간다. 거짓말은 오랫동안 가지 못한다.

거짓말은 오랫동안 가지 못한다 (비) 거짓말은 십 리를 못 간다.

거짓말은 참말보다 잘해야 한다 거짓말은 듣는 사람이 그럴듯하게 하려니 어렵다는 말.

거짓말은 할 탓 물은 먹을 탓 무슨 일이나 하기에 따라서 결과가 다르게 나타난다는 말.

거짓말이 외삼촌보다 낫다 (비) 거짓말도 잘만 하면 논 닷 마지기보다 낫다.

거짓말쟁이는 옳은 말을 해도 믿지 않는다 한 번 신임을 잃게 되면 아무리 옳은 말을 해도 믿으려 하지 않는다는 말.

거짓말하고 뺨 맞는 것보다 낫다 언제나 사람은 무안하더라도 사실을 사실대로 말해야지 거짓말을 하면 안 된다는 말.

거추장스러운 나뭇가지는 잘라야한다 인간 사회에서 사회 발전을 방해하는 자는 과감히 제거해야 한다는 뜻.

거풀(꺼풀) 송낙 송낙은 소나무 겨우살이에서 만든 여승(女僧)의 모자니, 그것이 무슨 껍데기의 겪지 같다고 하는 뜻으로 여승을 업신여겨 놀리는 말.

걱정도 팔자소관 하지 아니하여도 될 걱정을 자꾸 하거나 관계없는 남의 일에 참견하는 사람을 비웃는 말. (비) 남의 잔치(제사)에 감 놓으라 배 놓으라 한다. 남의 집 과부 시집가거나 말거나. 들 중(僧)은 소금을 먹고 산 중은 물을 먹는다. 사돈집 잔치에 감 놓

⟨걱정 없는 사람 없다⟩

으라 배 놓으라 한다. 홍이야 멍이야 한다.

걱정 없는 사람 없다 누구나 크고 작은 차이는 있지만 저마다 걱정 한 가지씩은 다 있다는 말.

걱정은 소홀한 데서 난다 일을 소홀히 하게 되면 언젠가는 걱정거리가 생기므로 일을 할 때는 정성을 들여서 해야 된다는 의미.

걱정은 욕심이 많은 데서 생긴다 걱정의 원인은 욕심이 지나친 데서 오므로 욕심부터 없애야 한다는 말.

걱정이 많으면 빨리 늙는다 걱정으로 고통을 겪으면 당연히 더 빨리 늙게 마련이라는 말.

걱정이 반찬이면 상발이 무너진다 누구나 걱정거리는 많고도 다양하다는 뜻으로, 쓸데없이 걱정만 하고 밥도 제대로 먹지 않는 사람을 두고 이르는 말.

건강의 마음은 앓아봐야 안다 자신이 앓아보아야 건강의 고마움을 알 듯 무슨 일이나 직접 경험해보아야 알게 된다는 말.

건너다보니 절터라 1. 겉으로만 봐도 거의 틀림없을 만한 짐작이 든다. 2. 아무리 욕심을 내어도 남의 것이므로 뜻대로 할 수 없다는 말.

건너보니 절터요 찌그르하니 입맛 걸핏하면 먹을 것을 주지 않을까 하고 기대하는 것을 비웃는 말.

건넛산 보고 꾸짖기 당사자 없는 데서 그를 헐뜯거나 욕하는 것을 이르는 말. (비) 건넛 술 막 꾸짖기.

건넛산의 돌 쳐다보기 저와는 아무 관계가 없다는 듯이 멍하니 쳐다봄을 이름. (비) 건넛산 쳐다보듯 한다.

건너 술 막 꾸짖기 직접 그 사람의 잘못을 꾸짖지 않고 다른 사람의 잘못을 끌어다가 그것을 빌어서 꾸짖는다는 말. (비) 건넛산 보고 꾸짖기.

건대(巾臺) 놈 풋 농사짓기 힘들여 한 일에 낭패를 봄.

건더기 먹은 놈이나 국물 먹은 놈이나 잘 먹는 놈이나 못 먹는 놈이나 결과적으로 배고파지기는 매일반이라는 뜻.

건더기 먹은 놈 따로 있고 국물 먹은 놈 따로 있다 1. 같은 음식이라도 좋은 것만 골라 유별나게 먹는 사람이 있는가 하면 하찮은 것만 먹는 사람은 없다는 말

로 잘 사는 사람이나 못 사는 사람이나 마찬가지란 뜻. 2. 잘사는 사람이나 못시는 사람이나 결국은 다를 게 없다는 말.

건드리지 않은 벌이 쏠까 내가 남에게 특별히 해를 끼치지 않는 한 상대방도 나를 못살게 굴지 않는다는 뜻.

건들팔월(八月)이라 팔월 달은 분주한 가운데 어느새 갔는지도 모르게 쉬 지나간다 하여야 하는 말. (비) 동동 팔월(八月).

건방진 것도 하루 이틀이다 건방진 행동도 처음은 한두 번은 용서되지만 지나치면 용서받기 어렵다는 뜻.

건 밭에 부룻대 헌칠하게 키 크고 곧음을 말함.

검불밭에 수은(水銀) 찾기 도저히 찾을 수 없는 것을 찾아 헛수고만 한다는 말. (비) 잔솔밭에 바늘 찾기. 잔디밭에 바늘 찾기. 감자밭에 바늘 찾기.

건시(乾柿)나 감이나 결국은 대동소이한 물건이라는 뜻.

건재 약국에 백복령 (비) 약방 감초.

건즐(巾櫛)을 받들다 여자가 아내나 첩이됨을 겸손하게 이르는 말.

걷고 가다가도 날만 보면 타고 가자한다는 1. 없으면 없는 대로 지낼 수 있음에도 불구하고 공연히 사람을 괴롭게 한다는 뜻. 2. 걷다가도 타고 가자 할 만큼 사람을 업신여긴단 말. (비) 저 걷던 놈도 날만 보면 타고 가려네.

걷기도 전에 뛰(날)려고 한다 (비) 개미가 객사(客舍) 기둥을 건드린다.

걷는 참새를 보면 그해에 대과(大科)를 한다 참새가 걷는 것을 직접 눈으로 보게 되면 등과(登科)를 한다는 말이니, 희귀한 일을 보면 좋은 운수를 만난다는 뜻.

걸레는 빨아도 걸레다 타고난 근본은 어떻게 해도 쉽게 변할 수 없다는 것을 이르는 말.

걸레를 씹어 먹었나 까닭모를 잔소리가아주 심하다는 말.

걸레 씹는 맛이다 음식이 맛이 없다는 뜻으로 어떠한 일을 생각하면 할수록 기분이 나쁘다는 말.

걸신(乞神) 들렸다 굶주리어 음식에 대한 탐욕이 대단한 사람을 두고 이르는 말.

걸어가다가도 말만 보면 타고 가자 한다 1.자기 혼자 있을 때는 잘 처리해나가다가 남을 만나면 공연히 의지하려고 한다. 2.걷다가도 타고 가자 할 만큼 몹시 사람을 업신여긴다는 말.

걸음아 날 살리라 한다 있는 힘을 다하여 매우 빨리 도망침을 이르는 말. (비) 다리야 날 살리라 한다. 오금아 날 살리라 한다. 종짓굽아 날 살리라 한다.

검기는 왜장 청정(淸正)이라 임진왜란 때 우리나라를 침략한 왜군 장수 가토 기묘마사를 빗대어 왜간장이 검다는 데서. 빛이 검은 것을 이르는 말.

검다 희다 말이 없다 반응이나 의사 표시가 전혀 없음을 이르는 말. (비) 쓰다 달다 말이 없다.

검둥개 돼지 편이다 인연있는 데로따르게 마련이라는 말.

검둥개 멱감듯(감기듯) 1.어떤 일의 보람이 나타나지 않을 때 이르는 말. 2.악인이 끝내 제 잘못을 뉘우치지 못함을 이르는 말.

검둥이가 낫다 흰둥이가 낫다 한다 비슷비슷한 것을 가지고 이것이 낫다 저것이 낫다 하며 시비를 가린다는 말.

검불 속에 바늘 찾기 (비) 감자밭에서 바늘을 찾는다.

검소하면 재산을 지킬 수 있다 알뜰하게 수입보다 지출이 적게 규모 있게 생활하면 재산을 유지할 수 있다는 말. (비) 검소하면 집안을 지킬 수 있다.

검은 강아지로 돼지를 만든다 모양이나 색이 비슷한 것으로 진짜처럼 꾸며 남을 속이려는 행동을 두고 비유적으로 이르는 말.

검은 것은 글자요 흰 것은 종이다 (비) 가갸 뒤 자도 모른다.

검은 것을 희다고 하고 흰 것을 검다고 한다 엄연한 사실을 뒤집어엎고 사람을 속이려 함을 비유적으로 이르는 말.

검은 고기 맛 좋다(있다) 한다 1.겉모양만 가지고 내용을 속단하지 말라는 훈계의 말. 2.얼굴이 매우 검다고도 함. (비) 오동 숟가락으로 가물치국을 먹었나. 자주꼴뚜기를 된장 발라 구운 듯하다.

검은 고양이(검정고양이) 눈 감은 듯 검은 고양이가 눈을 떴는지 감았는지 얼른 알아보기 어렵듯이 경계가 뚜렷하지 않아 분간하기 어려울 때 이르는 말.

검은 구름에 백로(白鷺) 지나가기 1.정처 없이 돌아다녀 종적을 알 수 없음. 2.여럿 중에서 유별나게 표적이 뚜렷함. 3.어떤 일을 해도 그 자취가 남지 않음을 이르는 말.

검은 구름은 끼어도 비는 오지 않는다 수고를 하지 않고 저절로 이루어질 수 없다는 말.

검은 머리 가진 짐승은 구제(救濟)하지 말란다 사람을 도와주지 말라 함이니, 제가 진 은혜를 갚지 않는다고 핀잔을 주는 말. (비) 머리 검은 짐승은 남의 공을 모른다. 사람은 구하면 앙분을 하고 짐승은 구하면 은혜를 안다.

검은 머리 파뿌리 되도록 늙어서 머리가 하얗게 셀 때까지 오래 오래의 뜻. (비) 머리가 모시 바구니가 되었다.

검은 밭에 수은(水銀) 찾기 풀이나 낙엽이 말라 싸인 곳에서 수은을 찾는다 함이니. 막연하여 도저히 찾을 수 없다는 뜻. (비) 잔디밭에 바늘 찾기. 솔밭에 바늘 찾기. 감자밭에 바늘 찾기. 검불 속에 바늘 찾기.

검은 색은 물감이 들지 않는다 본바탕이 나쁘면 가르쳐도 소용이 없다는 뜻.

검은 소가 맛있다 겉으론 흉한 것이 오히려 실속이 있다는 말.

검은 소도 흰 송아지를 낳는다 악한 사람의 자식도 선한 사람이 될 수 있다는 말.

검은 용 턱에 여의주(如意珠) 찾듯한다 용이 물고 있는 여의주를 빼앗으려는 것 같이 매우 위험한 행동을 이르는 말. ★여의주 : 뜻대로 이루어지게 해주는 구슬.

검정 강아지로 돼지 만든다 1.비슷한 것을 가지고 진짜처럼 꾸며 남을 유혹하고 속이려 한다는 말. 2.잘 넘어가지 않는 얕은 수로 남을 속이려 한다는 말.

검정개 돼지 편이라 (비) 가재는 게 편.

⟨검정개 한편⟩

검정개 한편 (비) 같은 깃의 새는 같이 모인다.
겁 많은 개가 큰소리로 짖는다 용기 없고 겁 많은 사람이 오히려 상대방에게 큰소리를 친다는 말.
겁 많은 고양이 쥐를 못 잡는다 겁이 많은 사람은 무엇을 해볼 용기를 내지 못한다.
겉 가난 속 부자 (비) 난거지 든부자.
겉 가마도 안 끓는데 속가마부터 끓는다 주제를 모르면서 나선다는 뜻으로, 제 순서를 기다리지 못하고 덤벙거린다는 말.
겉 검은 놈 속도 검다 (비) 까마귀가 검다고 속까지 검을까.
겉 다르고 속 다르다 행동과 말이 전혀 일치하지 않는다는 말.
겉만 아물다 겉만 반드럽고 속은 썩어간다는 말이니 화근 덩어리는 그대로 존재한다는 말.
겉보기가 속 보기 겉으로 드러나 보이는 모양만 보아도 속까지 가히 짐작해서 알 수 있다는 말.
겉보리 단 거꾸로 묶은 것 같다 그 물건이 갖추고 있어야 할 모양을 이루지 못하였음을 비유한 말.
겉보리 돈 삼기가 수양딸로 며느리 삼기보다 쉽다 (비) 누워 떡 먹기.
겉보리 돈 삼기 (비) 누워 떡 먹기.
겉보리를 껍질째 먹은들 시앗이야 한 집에 살랴 아무리 고생을 하고 살지라도 남편의 첩과는 한집에서 살 수 없음을 비유적으로 이름.
겉보리 서 말만 있으면 처가(妻家)살이하랴 1.오죽하면 처가살이하겠느냐 하는 말. 2.가진 것이 조금만 있어도 처가살이할 것이 아님의 뜻.
겉보리 술 막치 사람 속인다 겉보리 술지게미도 많이 먹으면 취하듯이, 겉보기와는 달리 맹랑한 사람을 비유적으로 이르는 말.
겉 불안이라 겉모습을 가지고 속내를 미루어 알 수 있다는 말.
겉으로는 거세고(사나우나) 속으로는 부드럽다 대인관계가 좋지 않고 주관이 없는 사람을 두고 하는 말.

겉으로는 부드럽고 속으로는 꿋꿋하다 대인관계가 원만하면서도 마음을 굳게 가지는 것이 가장 좋은 처세술이라는 뜻.
겉으론 남고 속으론 밑진다 남 보긴 돈을 많이 버는 것 같으나 실제는 손해를 보고 있다는 뜻.
겉으론 알랑대고 속으론 멀리한다 소위 이중성격의 소유자란 말.
겉으론 웃으면서 똥구멍으론 호박씨 깐다 (비) 겉으론 웃으면서 속으로는 멀리한다.
겉으론 친한 척하면서 속으로는 멀리한다 (비) 겉으론 웃으면서 속으로는 멀리한다.
겉은 부처요 속은 짐승이다 겉보긴 점잖은 곳 같이 보이나 마음씨는 악한 사람을 두고 하는 말. (비) 겉은 부처고 속은 마귀다.
겉이 고우면 속도 곱다 겉보기에 훌륭하면 내용도 그만큼 좋다는 뜻으로, 형식과 내용이 일치함을 이르는 말.
게걸음 친다 뒷걸음만 친다는 뜻으로 진보하지 못하고 퇴보만 함을 이르는 말.
게꽁지만 하다 아주 짧아서 거의 없다는 뜻. (비) 노루 꽁지만 하다. 두꺼비 꽁지만 하다.
게 눈 감추듯 (비) 두꺼비 파리 잡아먹듯.
게는 똑바로 기어가게 할 수 없다 그 본래의 성질을 아주 뜯어고치지는 못한다는 뜻.
게는 옆으로 가도 갈 데는 다 간다 목적을 이룰 수만 있으면 어떠한 수단이라도 쓰도록 해야 한다는 뜻. (비) 모로 가나 기어가나 서울 남대문만 가면 그만이다. 모로 가나 서울만 가면 된다.
게는 제 몸 크기대로 굴을 판다 사람은 자기의 신분에 알맞게 행동을 해야 한다는 뜻.
게도 구럭도 다 잃었다 소득을 얻기는커녕 가진 것마저 잃어버렸다는 말. (비) 멧돝 잡으려다 집돝까지 잃었다. 달아나는 노루 보고 얻은 토끼 놓았다. 꿩 잃고 매 잃었다. 큰 소 잃고 송아지도 잃었다. 큰고기도 놓치고 송사리도 놓쳤다.
게도 구멍이 크면 죽는다 (비) 송충이는 솔잎을 먹어야 한다.

게도 저 숨을 구멍은 있고 가재도 저 숨을 바위는 있다 미물도 저 살 곳은 있는데 하물며 사람이 집이 없어서야 하겠느냐는 의미. (비) 게도 제집은 있다.

게도 제 구멍이 아니면 들어가지 않는다 게도 남의 영역을 함부로 침범하지 않는데, 하물며 사람이 그래서 되겠느냐는 뜻으로 이르는 말.

게도 제 새끼 보고는 바로 걸으라고 한다 나쁜 짓을 하는 부모라도 자식에겐 나쁜 짓을 하지 못하게 한다는 말.

게 등에 소금치기 아무런 효과를 거두지 못한다는 뜻으로, 쓸데없는 짓을 이르는 말.

게 발 물어 던지듯 매우 외로운 처지에 놓여 있다는 뜻. (비) 태산 길 갈 까마귀 게 발 물어 던지듯.

게 새끼는 나니금(나면서) 집는다 1.타고난 천성과 본성은 어쩔 수 없다는 뜻. 2.본성이 흉악한 사람은 어려서부터 나쁜 짓만 한다는 뜻. (비) 게 새끼는 집고 고양이 새끼는 할는다.

게 새끼는 나면서 잡힌다 일찍이 죽는 것도 하나의 운명이란 의미.

게 새끼는 집고 고양이 새끼는 할는다 1.누구나 타고난 천성대로 행동한다는 말. 2.천성과 본성은 어쩔 수 없다는 말. (비) 게 새끼는 나니금 집는다.

게으른 년이 삼가래 세고 게으른 놈이 책장 센다 게으른 년이 삼을 찢어 베를 놓다가 얼마나 했는지 헤아려 보고, 게으른 놈이 책을 읽다가 얼마나 읽었으나 헤아려 본다는 뜻으로, 일에는 마음이 없고 빨리 그만두고 싶은 생각만 함을 이르는 말. (비) 게으른 선비 책장 넘기기, 풀베기 싫은 놈이 단 수만 샌다, 게으른 일꾼 밭고랑 새듯, 게으른 놈이 고랑 세듯, 게으른 놈이 이랑 세듯, 게으른 여편네 밭고랑 세듯.

게으른 년 섣달 그믐날 빨래한다(부지런 떤다) (비) 게으른 여편네 밭고랑 세듯.

게으른 년(여편네) 아이 핑계하듯 일을 하지 않으려고 핑계를 부린다는 말.

게으른 놈과 거지는 사촌이다 부지런하지 못해 게을러 일을 하지 못하면 거지처럼 산다.

게으른 놈 낫질하듯 행동이 몹시 느리고 더디다는 말. (비) 오뉴월 쇠불알 늘어지듯.

게으른 놈 낮잠 자듯 (비) 게으른 선비 책장 넘기듯.

게으른 놈은 저녁때가 바쁘다 (비) 게으른 선비 책장 넘기듯.

게으른 놈 짐 많이 진다 게으른 사람이 일을 조금이라도 덜 할까 하고 짐을 한꺼번에 많이 지면 힘에 겨워 움직이질 못하므로 도리어 더 더디다는 말. (비) 게으른 말 짐 탐한다, 게으른 놈 짐 탐한다.

게으른 놈 짐 탐한다 (비) 게으른 놈 짐 많이 진다.

게으른 말 짐 탐한다 (비) 게으른 놈 짐 많이 진다.

게으른 선비 책장 넘기기 게을러 빨리 그 일에서 벗어날 궁리만 함을 이름. (비) 게으른 년이 삼가래 세고 게으른 놈이 책장 센다, 게으른 선비 책장 넘기기, 게으른 일꾼 밭고랑 세듯.

게으른 선비 설날에 다락에 올라가서 글 읽는다 게으른 자가 분주한 때에 이르러 부지런한 체한다는 말.

게으른 여편네 밭고랑 세듯 일은 안 하고 빨리 그 일에서 벗어날 궁리만 함을 이름. (비) 게으른 선비 책장 넘기기, 게으른 일꾼 밭고랑 세듯, 풀베기 싫어하는 놈이 단수만 세듯.

게으른 일꾼 밭고랑 세듯 그 일에 분량만 따지며 빨리 그만두고 싶은 생각만 함을 이름. (비) 게으른 선비 책장 넘기기, 게으른 선비 책장 넘기기, 게으른 일꾼 밭고랑 세듯, 풀베기 싫어하는 놈이 단수만 세듯.

게으름뱅이 깔끄막 진다 게으름뱅이가 일을 않으려고 꾀를 부리고 빠져 나가려고만 하다가 도리어 어려운 일을 당함을 이름.

게으름쟁이 언덕진다 1.게으른 사람이 유난히 언덕에 눕기를 좋아한다는 의미. 2.게으른 사람일수록 장담을 잘한다는 뜻.

게 잡아 물에 놓다 헛수고만 하고 아무런 소득이 없음을 이르는 말. (비) 고기를 잡아 물에 넣었다, 잡은 새를 날려 보낸다.

게 잡은 흔적은 있어도 소 잡은 흔적은 없다 소는 잡아도 버릴 것이 없으니 증거가 없고 게는 먹고 나면 껍질이 많아 증거가 남는단 말.

겨드랑을 봐도 젖통을 봤다 한다 남의 말을 할 때 사실 그대로 하지 않고 거짓말을 크게 보태어 과장한다는 말. (비) 꼬리만 봐도 볼기를 봤다 한다. 허벅지만 보고 무엇을 봤다 한다. 허벅지 보고 배꼽 봤다 한다.

겨 먹은 개는 들켜도 쌀 먹은 개는 안 들킨다 흔히 작은 잘못을 저지른 사람은 들켜도 큰 잘못을 저지른 사람은 안 들킨다 는 말.

겨 묻은 개 똥 묻은 개 나무란다 자신의 결함은 생각지 않고 남의 약점만 캔다. (비) 샛바리 짚바리 나무란다. 검정 개 돼지 흉본다. 가랑잎이 솔잎더러 바스락거린다고 한다. 달아 맨 돼지가 누운 돼지 나무란다.

겨 속에 싸라기가 있다 하찮은 것에 귀중한 것이 섞여 있다는 말.

겨 속에서 쌀 찾기 하찮은 것 중에서 제대로 된 것을 찾아내기 어렵다는 것을 비유적으로 이르는 말.
(비) 모래밭에서 바늘 찾기. 백운심처(白雲深處) 처사(處事) 찾기. 중(僧) 도망은 절에나 찾지.

겨울 날씨와 늙은이 근력은 모른다 겨울 날씨나 노인 건강은 언제 어떨지 아무도 모른다는 말.

겨울바람이 봄바람보다 춥다 한다 (비) 똥 묻은 돼지가 겨 묻은 돼지를 나무란다.

겨울 부채요 여름 화로다 철을 놓쳐 소용이 없게 된 물건이란 말. ⇔ 여름 부채 겨울 화로.

겨울에 털옷. 여름에 갈포옷 시기에 알맞은 소중한 물건이란 뜻. (비) 외눈의 부처. 열 소경의 한 막대. 열 소경의 한 막대요 팔 대군의 일 옹주. 만진 중의 외장수.

겨울이 다 되어야 솔이 푸른 줄 안다 세상이 어려워져야 훌륭한 인물이 돋보인다는 뜻.

겨울이 되어서야 솜옷을 장만한다 바로 코앞에 닥쳐서야 겨우 준비를 한다는 말.

겨울이 지나지 않고 봄이 오랴 급하다고 해서 무슨 일이나 억지로 될 수 없음을 이름. (비) 겨울을 지나보아야 봄 그리운 줄 안다. 꽃이 펴야 열매가 연다.

겨울이 지나보아야 봄 그리운 줄 안다 (비) 겨울이 지나지 않고 봄이 오랴.

겨울 추위에는 살이 시리지만 봄추위엔 뼈가 시리다 이른 봄철에 찬바람이 휘몰아치면서 변덕을 부리는 추위가 만만하지 않음을 이르는 말.

겨울 해가 짧은 것이 노루꼬리만하다 겨울의 낮 길이가 매우 짧다는 데서 나온 말.

겨울 화롯불은 어머니보다 낫다 추운 겨울에는 따뜻한 것이 제일 좋다는 말.

겨 주고 겨 바꾼다 쓸데없는 일을 하거나 어리석은 일을 하는 것을 비유적으로 이르는 말. 보람 없거나 소용없는 짓을 함을 이르는 말.

격강(隔江)이 천리라 강을 하나 사이에 둔 거리인데도 좀처럼 만나기 어렵다는 말.

결점은 버리고 장점을 취하라 나쁜 것은 빨리 버리고 좋은 것은 발전시켜야 장래가 밝다는 의미.

결창을 낸다 배를 가른다는 말.

결창이 터진다 (비) 쇠똥에 미끄러져 개똥에 코방아를 찧는다. ★결창 : 내장(內臟)

결혼은 연분이 있어야 한다 혼인은 연분이 맞아야 이루어지는 것이지 억지로 이루어지지 않는다는 말.

겸손도 지나치면 믿지 못한다 지나치게 겸손하면 위선으로 변하게 된다는 의미.

겸손한 사람은 복을 받는다 겸손은 사람들을 정이 붙어 따르게 됨에 복 받은 기회가 많다는 의미.

겻섬 털 듯 청이 있어 하는 말에 들어주기는커녕 그 이상 말을 못 하게 하느라고 가까이 오지도 못 하게 함을 이름.

경계하는데 전심(全心)하면 잘못은 줄어든다 나쁜 것에 대해 경계심을 가지면 자연적으로 잘못된 것이 줄게 마련이란 의미.

경기도 까투리 경기도 사람들은 대체적으로 약삭빠르고 이기적이라는 말.

경(經) 다 읽고 떼어 버려야겠다 이번 일이나 마치고 앞으로는 아주 인연을 끊어야겠다고 할 때 이르는 말.

경상도에서 죽 쑤던 놈은 전라도에 가서도 죽 쑨다 게으르고 가난한 사람은 어디에 가던 지 가난을 면치 못한다는 말.

경솔하게 행동하면 친한 사람도 잃는다 경솔한 사람과 상대하면 손해만 있으니 자연히 친한 사람도 멀어지게 되는 게 순리란 말.

경신년 글 강 외듯 한다 거듭 신신당부함을 이르는 말. 하지 않아도 될 말을 거듭 되풀이함을 이르는 말. (비) 무진년 글 강 외듯.

경우가 무 경우다 어떤 일을 순리대로 하지 않고 그저 억지로 우격다짐으로 진행한다는 의미.

경우가 삼칠장이라 경우가 없다. 즉, 사물의 옳고 그름과 좋고 나쁨을 가리지 못한다는 말.

경자년(更子年) 가을보리 되듯 한다 경자년에 가을보리가 제대로 익지 못하여 보리로서 모양을 이루지 못하였다는 말이니, 사람이 사람으로서의 모양을 제대로 이루지 못한 데 쓰는 말.

경점(更點) 치고 문지른다 일을 그르쳐 놓고 그 잘못을 얼버무리려 함을 이르는 말.

경주(慶州) 돌이면 다 옥석(玉石)인가 1.경주에서는 옥석이 나오나 그렇다고 해서 경주 돌이 다 옥석이 아니라는 말이니, 좋은 일 가운데도 궂은일이 섞여 있다는 말. 2.무엇이나 그 이름에만 따를 것이 아니라는 말. (비) 처녀면 다 확실인가.

경주인(京主人) 집에 똥 누러 갔다가 잡혀간다 잘못된 일도 없는데 애매한 일로 봉변(逢變)하였을 때를 비유한 말. (비) 송상 때리고 살인났다. ★경주인 : 경저리(京邸吏). 고려나 조선조 때 각 지방에서 서울에 파견된 향리(鄕吏).

경쳐 포도청(捕盜廳)이라 몹시 곤욕을 당하였다는 말. (비) 경치고 포도청 간다. ★경치다 : 꾸지람을 듣고 벌을 받는다.

경치도 좋거니와 계절도 좋다 어떤 일을 할 때 계제도 좋거니와 일도 순조롭게 이루어진다는 뜻.

경텃절 몽구리 아들 머리를 빡빡 깎았다는 말. ★경텃절 : 정토(淨土)의 절이 변화여 된 말. ★몽구리 : 머리털을 아주 바싹 깎은 사람. 또는 그 머리.

경풍(驚風)에 아이 날리듯 언제 어떻게 없어진지도 모르게 없어졌다는 뜻.

곁눈질에 정 붙는다 남녀 간에는 흔히 곁눈질 끝에 서로 사귀게 되고 정도 들게 된다는 뜻.

곁방 년이 코 구른다 남의 집 곁방살이 하는 년이 조심성이 없고 코를 곤다 함이니 자기 분에 넘치는 일을 버릇없이 함부로 군다는 뜻. (비) 곁방살이 코 곤다. 곁방살이 주인 행세한다.

곁방(살이)에서 불 난(낸)다 평소에 눈에 거슬리던 데서 사고가 생겨 더욱 밉다는 뜻으로 이름.

곁집 잔치에 낯을 낸다 제 물건은 쓰지 않고 남의 물건으로 생색을 낸다는 말.

계란 노른자 어떤 일에 없어서는 아니 될 가잔 중요한 부분이라는 뜻.

계란도 유골 (비) 복 없는 가시내가 봉놋방에 가 누워도 고자 곁에 가 눕는다.

계란 섬 다루듯 어떠한 것을 매우 조심성 있게 취급한다는 뜻.

계란 앞에서 닭 울기를 바란다 성질이 매우 조급한 사람을 두고 하는 말.

계란에도 뼈가 있다 운수가 나쁜 사람은 무슨 일을 하나 안 된다는 뜻. 안심했던 일에서 오히려 실수하기 쉬우니 항상 신중을 기하라는 뜻.

계란으로 바위 치기 보잘 것 없는 힘으로 대들어 보아야 볏 수가 없음을 이르는 말.

계란이나 달걀이나 이것이나 저것이나 다 마찬가지라는 말.

계수번(界首番)을 다녔나 말도 잘 만든다 말만 번지르르하게 잘 꾸며서 한다는 뜻.

〈계(契) 술에 낯내기〉

계(契) 술에 낯내기 남의 것을 가지고 생색을 낸다는 뜻. (비) 남의 술에 생색낸다. 상가 술로 벗 사귄다. 상여 술로 벗 사귄다. 상여 술에 낯내기. 상여 쌀에 낯내기.

계집 고집 센 건 도리깨 작대기로 고쳐야한다 여자의 고집은 고치기 어렵다는 말.

계집과 숯불은 쑤석거리면 탈난다 여자는 유인하게 되면 타락하게 되고, 숯불은 쑤석거리면 사그라지게 된다는 뜻.

계집과 집은 가꿀 탓 여자가 남편에게 잘 대하고 못 대하고는 남편에게 달렸다는 뜻.

계집도 팔아먹겠다 생활이 극도로 빈곤할 때를 이르렀을 지경에 쓰는 말.

계집 둘 가진 놈의 창자는 호랑이도 안 먹는다 처첩을 거느리고 살자면 속이 썩어 편할 날이 없다는 말.

계집 때린 날 장모(丈母) 온다 일이 공교롭게도 잘못되어 낭패를 보다. (비) 골난 날 의붓아비 온다. 부아 돋은 날 의붓아비 온다. 이 앓는 날 콩밥 먹기.

계집 바뀐 건 모르고 젓가락 짝 바뀐 건 안다 큰 변화는 모르고 지내면서, 소소하게 달라진 것에 대해서는 떠드는 사람을 핀잔하여 이르는 말.

계집 싫어하는 사내 없고 돈 싫어하는 사람 없다 인간은 뉘나 이성을 싫어하는 사람 없고 돈 역시 뉘나 다 싫어하는 사람 없다는 말.

계집아이 나면 두 번 운다 해산했을 때 아들 아니라 울고 시집보낼 때 또 울게 된다는 말.

계집애가 오랍아 하니 사내도 오랍아 한다 멋도 모르고 덩달아 따라 한다는 말.

계집은 남의 것이 곱고 자식은 제 새끼가 곱다 자식에 대한 부모의 정은 더할 나위가 없음을 이르는 말. 남의 여자를 넘겨다보며 자기 아내에 대하여 불만을 가지는 실없는 남자의 마음을 비꼬아 이르는 말.

계집은 상을 들고 문지방을 넘으며 열두 가지 생각을 한다 아내는 남편에게 할 이야기가 많으나 말할 기회가 없어 못하고 있다가 밥상을 들고 들어가면서 여러 가지 할 말을 생각한다는 말.

계집은 젊어서는 여우 늙어서는 호랑이 젊어서는 남자 비위를 잘 맞춰주지만 늙으면 자기의 주장을 당당히 하며 남자에게 호랑이 노릇을 한다는 말.

계집은 질투를 빼놓으면 두 근도 안 된다 여자는 질투가 많다는 말. (비) 여자는 질투를 빼면 서 근 반 밖에 안 된다.

계집의 곡한 마음(악담은) 오뉴월에 서리 친다 여자가 한 번 마음이 토라져 미워하거나 원한을 품거나 하면 더운 오뉴월에도 서릿발이 칠만큼 몹시 매섭고 독하다는 말.

계집의 곡한 마음 오뉴월 서리가 싸다 (비) 계집의 곡한 마음(악담은) 오뉴월에 서리 친다.

계집의 매도 너무 맞으면 아프다 친한 사이라고 함부로 하면 좋지 않은 것이 생기는 법이니 비록 친한 사이라도 예의를 잃지 말라는 뜻.

계집의 얼굴은 눈의 안경 계집의 얼굴이 곱고 곱지 아니함은 보는 사람에 따라 다르다는 뜻.

계집이 늙으면 여우가 된다 여자들이 요망스럽다 하여 이르는 말.

계집 입 싼 것 여자는 누구나 입이 가벼워서 말이 헤프므로 화를 일으키는 일이 많으니, 아무 쓸데없고 도리어 해로운 것을 이름. (비) 돌담 배부른 것. 맏며느리 손 큰 것. 사발 이 빠진 것. 중 술 취한 것. 어린애 입 젠 것. 노인 부랑한 것. 봄비 잦은 것. 지어미 손 큰 것.

계집 자랑은 삼불출(三不出)의 하나 자기 아내자랑은 세 가지 못난 짓 중 하나란 말. ★삼불출(三不出) : 칠거지악의 허물을 한 아내라 하더라도 내쫓을 수 없는 세 가지 경우. 有所取無所歸不去(유소취무소귀불거) : 보내도 돌아갈 곳이 없는 경우. 與共更三年喪不去(여공경삼 년상불거) : 부모의 삼 년상을 치른 경우. 前貧賤後富貴不去(전빈천후부귀불거) : 이전에 가난하였다가 부자가 된 경우.

계(契) 타고 집 판다 처음에는 이득을 보았다가 나중에

는 도리어 손해를 입는다는 말. (비) <u>곗돈 타고 집안 망한다.</u>

고개를 영남(嶺南)으로 두어라 영남 땅 넓은 곳에 대고 욕을 하라는 뜻으로, 입이 험하여 너무 심한 욕설을 하는 사람에게 하는 말.

고개 중에서 보릿고개가 제일 크다 보릿고개는 굶주리며 견디어내야 하므로 제일 큰 고개라고 하는 말.

고경립(高景立)의 바지 같다 지저분하고 더러우며 천하다는 말.

고관(高官)이 되면 부자가 된다 높은 관직에 있으면 권한이 커져서 음성 수입으로 부자가 된다는 말.

고기가 물을 얻은 격이다 굶어 죽게 된 사람이 곡식을 얻어 살아나게 되었다는 뜻.

고기가 물을 잃은 격 생활 토대를 잃어 죽게 되었다는 의미.

고기가 썩으면 구더기가 생긴다 마음에 녹이 쓴 사람은 나쁜 짓을 하게 된다는 뜻.

고깃값을 하다 개죽음을 하지 아니하다는 뜻.

고깃값이나 하여라 다 죽게 된 목숨을 구구하게 아껴서 추하게 굴지 말고 자기 몸뚱이 살코기 값만큼이라도 부끄럽지 않은 일을 하란 뜻.

고끼(가)나 되었으면 남이나 먹지 사람 됨됨이가 못된 사람을 가리킴.

고기 눈알과 구슬을 분별하지 못한다 무슨 일을 정확하게 분별하지 못한다는 말.

고기는 물을 얻어야 헤엄을 친다 활동할 수 있는 환경을 얻어야 일을 이루거나 출세할 수 있다는 말.

고기는 씹어야 맛을 안다 1.겉으로만 봐서는 진짜 맛을 모르니 무엇이든 바로 알려면 실제로 겪어 보아야 한다는 말. 2.무엇이든 바로 알려면 실제로 겪어봐야만 안다는 말. (비) <u>물은 건너봐야 알고 사람은 지내보아야 안다. 깊고 얕은 것은 건너봐야 안다. 대천(大川) 바다도 건너봐야 안다.</u>

고기는 씹어야 맛이고 말은 해야 맛이다 속 깊이 있는 참맛을 알려면 겉으로만 핥는 것이 아니며 말도 할 말이면 시원히 다 해 버려야 좋다는 말. (비) <u>고기는 씹어야 맛이 나고 말은 해야 시원하다. 벙어리 속은 그 어미도 모른다. 죽어서 넋두리도 하는데, 죽어서도 무당 빌어 말하는데 살아서 못할까.</u>

고기는 안 잡히고 송사리만 잡힌다 목적하던 바는 놓치고 쓸데없는 것만 얻게 됨을 이름. (비) <u>고래 그물에 새우가 걸린다. 범사냥 갔다가 토끼만 잡는다. 새 망에 기러기 걸린다.</u>

고기도 먹어 본 사람이 많이 먹는다 무슨 일이든 늘 하던 사람이 더 잘하게 된다는 뜻. (비) <u>관덕정 설탕 국도 먹어본 놈이 먹는다. 떡도 먹어본 사람이 먹는다.</u>

고기도 묵으면 어룡(魚龍)이 된다 무슨 일이든 꾸준히 노력하면 성공한다는 말. (비) <u>고기도 용이 된다. 낙락장송도 근본은 종자. 미꾸라지 천 년에 용 된다. 천 리 길도 한 걸음부터.</u>

고기도 저 놀든 물이 좋다 낯익은 곳이 좋다. 즉, 고향이나 고국이 좋다는 말.

고기로 개미를 쫓는다 작전 계획을 거꾸로 세워 도리어 역효과가 되었다는 의미.

고기를 맛본 중은 구유를 핥는다 (비) <u>고기 맛본 중.</u>

고기를 사면 뼈도 사게 된다 좋든 싫든 간에 서로 연관성이 있는 일은 함께할 수 없다는 말.

고기를 잡고 나니 바구니 생각이 난다 아무런 준비도 없이 덤벼들었다는 말.

고기를 잡고 나면 바리를 버린다 자기가 필요할 땐 사람이나 물건을 긴요하게 이용하지만 이용가치가 없을 시엔 함부로 다루거나 돌보지 않는다는 말. (비) <u>고기를 잡고 나면 바리를 잊게 된다. 내를 건너간 놈은 지팡이를 팽개친다. 물을 건너면 지팡이를 버린다. 토끼를 다 잡으면 사냥개를 삶는다. 토끼를 잡고 나면 올무를 버린다.</u>

고기를 잡아 물에 넣는다 애써 한 일을 허사로 만든다는 뜻. (비) <u>게 잡아 물에 놓았다. 잡은 새를 날려 보낸다. 고기를 호랑이에게 먹인 셈.</u>

고기를 잡으러 가면서 바구니 두고 간다 (비) <u>고기를 잡</u>

〈 고기를 호랑이에게 먹인 셈 〉

고 나니 바구니 생각이 난다.

고기를 호랑이에게 먹인 셈 (비) 죽 쑤어 개 좋은 일만 했다.

고기 만진 손 씻어 국 끓이겠다 (비) 거지 볼에 붙은 밥풀도 떼어먹는다.

고기 맛본 중 뒤늦게 쾌락을 맛본 사람이 제정신을 못 차리는 경우를 두고 하는 말.

고기 보고 기뻐만 말고 가서 그물을 뜨라 목적하는 바가 있으면 준비를 단단히 하라는 말.

고기 새끼 하나 보고 가마솥 부신다 성급하여 조그마한 것을 보고도 지레짐작으로 서둘러댄다는 뜻.

고기와 자라는 깊은 물을 좋아한다 사람은 재산이 많은 것을 좋아한다는 말.

고기의 맛을 알지 못한다 고기의 참맛을 모르듯이. 겉만 알고 진리를 모른다는 뜻.

고기 주다 범에게 물린다 남을 도와주다가 도리어 그에게 봉변을 당한다는 뜻.

고기 한 점이 귀신 천 머리를 쫓는다 몸이 쇠약해 졌을 때는 고기를 먹고 몸을 보호하자는 것이 건강 회복에 가장 빠른 길이라는 말. (비) 밥 한 알에 귀신 열을 쫓는다.

고깔 뒤의 군 헝겊 필요도 없는 것이 늘 붙어 다녀 귀찮게 구는 것을 이르는 뜻.

고니(따오기)는 귀하게 여기고 닭은 천하게 여긴다 먼 데 있는 것은 귀하게 여기고 가까이 있는 것은 천하게 여기듯이. 남의 것은 귀하게 여기면서 자기 것은 천시한다는 뜻.

고니는 멱을 감지 않는다 본질적으로 바탕이 착한 사람은 구태여 말하지 않아도 이웃 사람들이 먼저 안다는 말.

고니의 날개는 물에 젖지 않는다 교양이 높은 사람은 나쁜 곳에 물들지 않는다는 뜻. (비) 기러기 털은 물에 젖지 않는다.

고달픈 새는 우거진 숲으로 돌아간다 피곤할 땐 쉬는 것이 제일 좋은 약이란 말.

(비) 호랑이도 곤하면 잔다.

고두리에 놀란 새 어찌할 바를 모르고 두려워만 하고 있음을 이르는 말. (비) 갈고랑이 맞은 고기. ★고두리 : 고두리살의 준말로 작은 새를 쏘아 잡는 화살.

고드름장아찌 말이나 하는 짓이 싱거운 사람을 놀림조로 이르는 말.

고드름 초장 같다 고드름 초장은 가능하지 않다는 뜻으로, 겉으로 보기에는 그럴듯하지만 실속은 아무 맛도 없는 음식이란 뜻.

고량진미(高粱珍味) 맛좋은 음식도 나물국부터 먹고 시작한다 진정한 행복은 고생해 본 사람만이 진 맛을 안다는 말.

고래 그물에 새우가 걸린다 큰 것을 목적 하였는데 결국 얻은 것은 하찮은 것임을 말함. (비) 고기는 안 잡히고 송사리만 잡는다. 범사냥 갔다가 토끼만 잡는다. ⇔ 새 망에 기러기 걸린다.

고래도 칭찬해주면 춤춘다 진실 된 마음가짐에 사랑이 넘치도록 칭찬한다는 것은 더는 좋은 게 없다는 말.

고래 등 터진다 아무 관련도 없는 사람이 해를 입는다는 뜻.

고래 물 마시듯 액체 즉 술을 많이 마신다는 뜻.

고래 싸움에 새우가 끼어든다 겁이 없고 담력이 크다는 말

고래 싸움에 새우 등 터진다 남의 싸움에 약한 사람이 공연히 해를 입게 된다는 뜻. (비) 남 눈 똥에 주저 앉고 애매한 두꺼비 떡 돌에 치인다. 고래 싸움에 치운 새우. 독 틈에 탕관.

고래 싸움에 치인 새우 (비) 고래 싸움에 새우 등 터진다.

고려(高麗)공사(公事) 삼일(三日) 우리나라 사람은 참을성이 부족하여 일을 자주 변경한다는 뜻. (비) 조선 공사 삼일.

고려장(高麗葬)감이다 늙어지면 죽을 때가 되었다는 말. ★고려장 : 고려 때 노인을 산 채로 매장한 것.

고려적 잠꼬대 현실과는 관계없는 쓸데없는 말이란 뜻.

고르다가 곤달걀 고른다 지나치게 신중하다 보면 오히려 나쁜 것을 택한다는 말.

〈고생한 사람은 두려운 것을 모른다〉

(비) 고르고 고르다가 곰보 마누라 얻었다.
고름이 살 되랴 이미 그릇된 일이 다시 잘될 리 없다는 뜻.
고리백정(白丁) 내일모레 옛날 고리장이는 늘 기한을 어겨 약속한 날을 지키지 않으므로, 약속한 기한을 어길 때 욕하는 말. (비) 차일피일(此日彼日), 이날저날 한다. 피장이 내일모레. 의붓아비 제삿날 물리듯. 고리장이에게는 내일모레가 약이다. 갖바치 내일모레.
고린 입 지린 입 자기의 의견을 이렇게 저렇게 나타내는 말.
고린 장이 더디 없어진다 나쁜 것이 도리어 빨리 없어지지 않고 오래감을 이름.
고마니 귀신이 붙었다 무슨 일이든 잘 되려고 하다가는 무슨 액운이 걸려 또 그만정도에 그치고 말게 됨을 이름. (비) 고마니 밭이 빠졌다. ★고마니 : 고만(그만).
고마니 밭이 빠졌다 (비) 고마니 귀신이 붙었다.
고목에 꽃이 핀다 보잘 것 없던 집안의 자식에게 영화로운 일이 생겼다는 뜻.
고목에 꽃이 필까 (비) 까마귀 대가리가 희어지거든.
고목은 휘어지지 않는다 늙으면 고집이 세다는 말.
고목을 베어 낙엽을 턴다 1. 많은 돈을 헐어서 푼돈으로 사용한다는 말. 2. 값진 물건을 손질하여 하찮은 물건으로 만든다는 뜻.
고무래를 놓고 고무래 정(丁) 자도 모른다 (비) 가갸 뒤 자도 모른다.
고부간에 화목하지 않으면 집안이 망한다 시어머니와 며느리 사이가 원만치 못하면 집안이 제 모양을 갖추지 못한다는 말.
고비에 인삼이다 일이 매우 공교롭게 되었음을 이름. (비) 마디에 옹이. 하품에 폐기. 기침에 재채기. 눈 위에 서리 친다. ★고비 : 고비 과에 딸린 여러해살이 고등 은화식물.
고삐가 길면 밟(잡)힌다 나쁜 일을 오래 하면 마침내는 남에게 들킨다. (비) 꼬리가 길면 밟힌다.
고삐 놓은 말 자유롭고 구속이 없다는 뜻. (비) 고삐 없는 말. 농속에 갇혔던 새. 새장에 갇혔던 새가 하늘로 날아간다.
고삐 없는 망아지 같다 버릇없이 천방지축 날뜀을 비유하는 말.
고사리 같은 손 어린 아이의 여리고 포동포동한 손을 비유하는 말.
고사리도 꺾을 때 꺾어야 한다(는다) 무엇이나 해야 할 시기가 있는 것이니 때를 놓치지 말라는 뜻. (비) 맛있는 음식도 식기 전에 먹어야 한다. 소나무는 정월에 대나무는 오월에 심어야 한다. 술은 괼 때 걸러야 한다. 종기는 곪았을 때 짜야 한다. 호박떡도 더워서 먹어야 한다.
고산(高山) 강아지 감 꼬챙이 물고 나서듯 한다 살림이 궁하여 늘 먹고 싶은 것과 비슷한 것만 보아도 좋아한다는 말.
고생 끝에 낙이 온다 어려운 일 괴로운 일 겪고 나면 즐겁고 좋은 일도 있다.
고생스러운 일은 남보다 앞서 해야 한다 어려운 일일수록 솔선수범할 줄 아는 지도자라야 군중의 존중을 받을 수 있게 된다는 뜻.
고생은 덕이 된다 고생한 사람은 남을 돕고 동정할 줄도 앎에 덕을 베풀게 된다는 뜻.
고생은 주야 고생이고 호강은 주야 호강이라 고생하는 자는 일마다 고생스럽고, 호강하는 자는 일마다 호강스럽다는 말.
고생을 바가지로 한다 어렵고 힘든 일을 많이 겪음을 이르는 말.
고생을 밥 먹듯 한다 항상 고생하고 있다는 것을 이르는 말.
고생을 사서 한다 잘못 처신한 탓으로 하지 않아도 될 고생하게 됨을 이르는 말.
고생하지 않고서는 윗사람 하기 어렵다 (비) 고생스러운 일은 남보다 앞서 해야 한다.
고생한 사람은 두려운 것을 모른다 고생을 해야 어려움에 단련된 사람은 어떤 일이나 무서워하는 일이 없다는 의미.

⟨고생한 사람이라야 눈물도 있다⟩

고생한 사람이라야 눈물도 있다 고생도 해본 사람이 아니면 사정을 알지 못하고 도울 줄도 모른다는 말.

고소관(高小寬)이 하문(下門) 속 알 듯하다 매사에 모르는 것이 없는 사람을 두고 하는 말. ★하문 : 여자의 음부(陰部).

고손자 좆 패겠다 아무것도 남기지 않고 다 갖다 대어도 이루어지지 않을 땔 이름.

고수관(高守寬)의 딴전이라 안색도 변치 않고 시치미를 딱 떼고 전에 말한 바와는 전혀 다른 말을 한다는 뜻. (비) 고수관의 변조라. ★고수관 : 조선조 순조~철종 때 판소리 명창.

고수관의 변조(變造)라 (비) 고수관(高守寬)의 딴전이라.

고수머리 옥니박이하고는 말도 말랬다 고수머리인 사람과 옥니박인 사람은 흔히 남달리 인색하거나 각박하다고 하여 이르는 말.

고슴도치도 살 동무가 있다 아무리 괴팍하고 몹쓸 사람이라도 뜻이 맞는 짝이나 친구가 있음을 비유적으로 이르는 말.

고슴도치도 제 새끼 귀한 줄 안다 아무리 흉한 자식이라도 부모의 눈에는 귀엽게만 보인다는 말. (비) 고슴도치도 제 새끼는 함함하다고 한다. 고슴도치도 제 새끼는 함함하다고 한다.

고슴도치도 제 새끼는 함함하다고 한다 (비) 고슴도치도 제 새끼 귀한 줄 안다. ★함함하다 : 털이 부드럽고 반지르르하다.

고슴도치도 제 새끼가 함함하다면 좋아한다 (비) 고슴도치도 제 새끼 귀한 줄 안다.

고슴도치에 놀란 호랑이 밤송이 보고 절한다 고슴도치의 가시에 한번 찔려본 호랑이가 밤송이만 봐도 고슴도치인 줄 알고 놀란다는 말. 지레 겁먹는 경우를 두고 하는 말.

고슴도치 외 걸어지듯 고슴도치가 제 털 가시에 외를 따 붙이고 다닌 것과 같은 말이니, 이곳저곳에서 빚을 진다는 뜻. (비) 고슴도치 외 따지듯. 대추나무에 연 걸리듯.

고슴도치 외 따지듯 (비) 고슴도치 외 걸어지듯.

고슴도치 움츠리듯 움츠리어 대적(大敵)하려는 꼴을 두고 하는 말.

고슴도치 잡아놓고 범 하품하듯 범이 고슴도치 잡아놓고 먹지 못하듯이 무슨 일을 착수는 하였으나 일이 잘 풀리지 않아서 애만 태우고 있다는 뜻.

고슴도치 털 자랑하듯 자기의 것을 남에게 덮어놓고 좋다고 자랑한다는 말.

고양(高陽) 밥 먹고 양주(楊洲) 구실 자기에게 당한 일은 처리도 못 하는 주제에 남의 일을 한다고 나서는 것을 이르는 말. (비) 지 밥 먹고 상전 일한다. ★고양 양주 : 서로 인접해 있는 경기도 고양시와 양주군.

고양이가 개 껍질 버리듯 한다 달갑게 여기지 않는 것을 주었을 때 하찮게 여기는 것을 보고 하는 말.

고양이가 반찬 맛을 보면 도둑질을 않고는 못 견딘다 한번 나쁜 버릇이 들면 고치기가 매우 어렵다는 것을 이르는 말.

고양이가 알 낳는 노릇이다 도무지 이해할 수 없는 이상한 일이라는 말.

고양이가 원님 반찬을 안다더냐 무식한 사람은 모르기 때문에 아무 일에나 겁 없이 덤빈다는 말.

고양이가 이마가 있어야 망건을 쓰지 1. 어떤 일을 이루려면 선행조건을 갖추어야 한다는 뜻. 2. 발 벗고 나서야 비로소 성공할 수 있다는 뜻. (비) 거미도 줄을 쳐야 벌레를 잡는다. 눈을 떠야 별을 보지. 바다에 가야 고기를 잡는다. 범굴에 들어가야 범을 잡지. 산에 가야 꿩을 잡지. 서울에 가야 과거 급제하지. 잠을 자야 꿈을 꾸지. 죽어봐야 저승을 알지. 짧은 두레박줄로 깊은 우물물을 긷지 못한다. 하늘을 봐야 별을 따지. 임을 보아야 아이를 낳지.

고양이가 쥐 걱정하듯(사정 봐주듯) 걱정해(사정 봐) 줄 처지가 못 된다는 뜻.

고양이가 쥐 놀린다 남의 인격을 무시하고 사람을 놀린다는 뜻.

고양이가 쥐를 마다한다 (비) 개가 똥을 마다한다.

고양이 개 보듯 사이가 매우 나빠서 서로 으르렁거리며 헤칠 기회만 찾는다는 뜻.

고양이 계란(달걀) 굴리듯 무슨 일을 재치 바르게 잘 처리한다는 말.

고양이 고막 조개 보기 고양이가 조개를 보고도 못 먹는다 함이니, 보기만 하고 실상은 아무 소용이 없다는 뜻. (비) 그림의 떡. 화중지병(畫中之餠). 보고도 못 먹는 그림의 떡.

고양이 기름 종지 노리듯 눈독을 들여 탐내는 것을 이름.

고양이 긴 끝에 쥐 죽은 듯 겁이 나거나 놀라서 숨을 죽이고 꼼짝 못하는 모양을 이르는 말.

고양이 낙태한 상 지저분한 얼굴을 잔뜩 찌푸린다는 뜻. (비) 낙태한 고양이 상.

고양이 낯짝만 하다 매우 좁다는 말. (비) 고양이 이마빼기만 하다.

고양이는 발톱을 감춘다 재주 있는 자는 깊이 감추고 함부로 드러내지 않는다는 말.

고양이 다리에 기름 바르듯 1.매끈한 고양이 다리에 또 기름을 바른다는 뜻으로, 매끈매끈한 것을 더욱 매끄럽게 하는 것을 이르는 말. 2.남이 보이지 않는 가운데 무슨 일을 슬슬해치운다는 뜻.

고양이 달걀 구르듯 무슨 일을 재치 있게 하거나 또는 공 같은 것을 재주가 있어 보이게 굴림을 이르는 말.

고양이 덕(德)과 며느리 덕(德)은 알지 못한다 알지 못하는 사이에 그의 힘을 입음이 적지 않으나, 남 보기에 뚜렷한 공이 없으면 알아주지 않음을 이르는 말.

고양이 덕 모르고 아비 덕 모른다 곡식 피해가 적은 게 고양이가 쥐를 잡기 때문인지 모르듯이 자식은 출세하면 아비 덕은 모르고 순전히 제힘으로 되었다고 생각한다고 여긴다는 의미.

고양이 덕(德)은 알고 며느리 덕(德)은 모른다 쥐를 잡아서 이익을 끼쳐 주는 것을 알면서도 며느리가 자식을 낳고 집안일을 하는 것은 조금도 고맙게 여기지 않는다 함이니, 흔히 며느리를 미워한다 하여 이르는 말.

고양이도 있고 범도 있다 세상에는 선량한 사람도 있고 사나운 사람도 있다는 말.

고양이 도장에 든 것 같다 덜거덕덜거덕하며 부스럭거리는 모양을 이르는 말.

고양이도 제 똥을 덮는다 동물도 제 뒷감당을 하는데 하물며 사람으로서 자기가 저지른 잘못을 자기가 처리하지 않아서야 되겠느냐는 뜻.

고양이도 쥐 잡을 때는 울지 않는다 무슨 일을 할 때는 묵묵히 최선을 다해야 한다는 뜻.

고양이를 쫓지 말고 반찬을 치우랬다 도둑을 잡으려고 걱정을 하지 말고 도둑을 맞지 않도록 만반의 준비를 게으르게 하지 말라는 경고의 말.

고양이 만난 쥐 무서워서 어쩔 줄 모르고 쩔쩔 맨다는 뜻. (비) 주린 고양이 쥐 만난 듯. 이리 앞에 양. 고양이 만난 쥐걸음. 호랑이 앞의 개.

고양이 목에 방울 달기 1.실행하지 못할 것을 공연히 의논함. 2.피해를 보게 되는 현명하지 못하고 현실성이 없는 방법을 이름.

고양이 발에 덕석이라 1.고양이가 짚 덕석을 밟으면 잘 떨어지지 아니한다. 그러므로 서로 합(合)하여 잘 친함을 이름. 2.쥐도 새도 모르게 이르는 말. ★덕석 : 추울 때 소 등을 덮어주는 멍석.

고양이 버릇이 괘씸하다 평소에 하는 짓이 못마땅하다는 뜻.

고양이 보고 반찬가게 지키라고 한다 믿을 수 없는 사람에게 중요한 일이나 귀중한 것을 맡겼다가는 도리어 잃게 될 뿐이라는 말. (비) 도둑괭이더러 제물 지켜 달란다. 범에게 개를 빌린 격. 고양이한테 반찬 단지 맡긴 셈. 범 아가리에 날고기 넣은 셈. 도둑에게 열쇠 준 셈.

고양이 불알 앓는 소리 맥없이 지루하고 듣기 싫어 흥얼거린다는 뜻. (비) 여든에 이 앓는 소리. 불탄 강아지 앓는 소리. 벙어리 발등 앓는 소리. 내시(內侍)이 앓는 소리.

⟨고양이 뿔⟩

고양이 뿔 도저히 얻을 수 없는 물건이란 뜻. (비) 동짓달에 멍석 딸기 찾는다. 거북의 털. 중의 상투.

고양이 뿔 외에는 다 있다 없는 것 없이 모든 것이 다 있다고 강조하여 이르는 말.

고양이 새끼는 길러 놓으면 앙갚음을 한다 어떤 단계에 이르면 최종적인 결과가 나타나게 마련이란 뜻.

고양이 세수하듯 한다 하는 대로 흉내만 내고 그치는 경우를 이르는 말. 세수하되 콧등에 물만 묻히는 정도밖에는 안 한다는 말.

고양이 소리 살살 비위 맞추는 소리를 비유적으로 이르는 말.

고양이 소할까 고양이가 고기는 먹지 않고 야채만 먹는다는 말로 사람도 좋아하던 것은 끊기 어렵다는 말.

고양이 손도 바쁠 때 일이 매우 바쁠 때를 이르는 말.

고양이 쇠 대가리 맡은 격 작은 고양이가 큰 쇠 대가리 맡은 것과 같다는 뜻으로, 도저히 해 낼 수 없으리만큼 힘겨운 일을 맡을 경우를 이르는 말.

고양이 수파(繡帕) 쓴 것 같다 (비) 개 발에 주석 편자.
★수파 : 궁중에서 부녀자가 사용하던 값진 수건.

고양이 알 낳을 일이다 근거 없는 거짓말 같은 일을 일컬음.

고양이 앞에 고기반찬 제가 워낙 좋아 하는 것이라 남이 손댈 겨를도 없이 후딱 차지해 버림을 이르는 말.

고양이 앞에 쥐 무서운 사람 앞에서 설설 김을 이르는 말.

고양이 앞에 쥐걸음 1.어떤 사람을 무서워하여 그에게 설설 긴다는 말. 2.기급을 하여서 기운이 빠지고 정신을 못 차려 어쩔 줄 모르고 무서워 떠는 것을 이름.

고양이에게 반찬단지 맡긴다 (비) 강아지에게 메주멍석 맡긴다.

고양이에게 반찬 달란다 전혀 경우에 어긋나는 행동을 한다는 말. (비) 호랑이에게 고기 달란다.

고양이와 개 사이 (비) 개와 원숭이 사이.

고양이의 소(素)로구나 속에 딴 뜻을 가지고 겉으로만 바르고 점잖은 것처럼 꾸밈을 이르는 말.

고양이 이마빼기만 하다 매우 좁다는 뜻.

(비) 고양이 낯짝만 하다.

고양이 죽는 데 쥐 눈물만큼 고양이가 죽었다고 쥐가 눈물을 흘릴 리 없으니, 전혀 없거나 있어도 매우 적을 때 이르는 말. (비) 시앗 죽은 눈물만큼. 시앗 죽은 눈물이 눈 가쟁이 젖으랴. 매 밥도 못하겠다. 벼룩 오줌만 하다. 새 발의 피.

고양이 죽 쑤어 줄 것 없고 생쥐 볼가심할 것 없다 아무 것도 먹을 것 없이 살림이 몹시 가난하다는 말. (비) 생쥐 볼가심할 것 없다. ★볼가심 : 볼의 안쪽, 입 속을 겨우 가시는 정도란 뜻.

고양이 쥐 노리듯 무섭게 노리며 덮치려는 모양을 이르는 말.

고양이 쥐 생각 (한다) 마음속으론 해칠 생각을 가지고 있으면서도 겉으로는 친절하고 위하는 척하는 것을 이르는 말.

고양이 쥐 어르듯 1.상대방을 가지고 노는 모양을 이르는 말. 2.당장이라도 잡아먹을 듯이 덤비는 모양을 이르는 말.

고양이 털 낸다 아무리 모양을 내더라도 제 본색이야 감추지 못한다는 뜻.

고양이한테 반찬단지 맡긴 셈 소중한 것을 염치도 예의도 없고 믿을 수도 없는 사람에게 맡겨 그것을 봐 달라고 하면 도리어 잃게 될 뿐이란 뜻. (비) 고양이보고 반찬가게 지키라는 격. 범에게 개를 빌린 격. 범 아가리에 날고기 넣은 셈. 도둑에게 열쇠 준 셈.

고와도 내 임 미워도 내 임 한 번 배우자로 결정한 사람은 미우나 고우나 자기 사람이라는 뜻.

고욤 맛 알아 감 먹는다 사람은 경험을 통하여 그것과 비슷한 일을 하게 된다는 뜻.

고욤이 감보다 달다 작은 것이 큰 것보다 도리어 실속이 있고 질(質)이 좋을 때를 이르는 말.

고욤 일흔이 감 하나만 못하다 자질구레한 것이 아무리 많아도 큰 것 하나만 못하다. (비) 천 마리 참새가 한 마리 봉만 못하다.

고운 꽃은 열매가 열지 않는다 1.화려한 생활을 좋아하는 사람일수록 속이 텅 빈 것이 실속은 없다. 2.미인은 자녀가 귀하다는 뜻.

고운 사람 미운 데 없고 미운 사람 고운 데 없다 마음에 드는 사람은 아무리 잘못을 해도 좋게 보이지만 마음에 들지 않는 사람은 아무리 좋은 일을 해도 좋게 보이지 않는다.

고운 사람은 울어도 곱고 미운 사람은 웃어도 밉다 좋은 사람은 어떤 짓을 하여도 곱고 미운 사람은 어떤 짓을 하여도 밉게만 보인다는 말.

고운 사람은 멱 씌워도 곱다 보기 흉하게 하려고 먹서리를 씌워도 고운 사람은 곱다는 말이니, 본색(本色)은 어떻게 하여도 그대로 나타난다는 말. ★멱 : 먹서리. 짚으로 날을 촘촘이 결어서 빈틈없게 만든 그릇의 하나.

고운 외며느리 없다 일반적으로 외며느리와 시어머니 사이는 좋지 못하다는 게 상례(常禮)란 말.

고운 일하면 고운 밥 먹는다 모든 일은 자기가 행한 바의 결과대로 이루어진다는 말.

고운 정 미운 정 다 들었다 사람을 사귀다 보면 좋아하다가도 다투기도 많이 하여 아주 흉허물 없이 가까운 사이가 된다는 뜻.

고운 털 박히다 남달리 곱게 여길 만한 곳이 있다는 뜻.

고을에 원님 든 폭이나 된다 원님 한 번 행차에는 번잡하듯이 사람들이 모여서 혼잡하다는 말.

고을이 크면 헤적헤적하다 하찮은 자가 되지 못하게 잘난 체하고 나설 때 이르는 말.

고인(故人) 만나 반가워서 즐거운 일 매우 즐거운 일이란 뜻. (비) 칠십 노인 구대 독자 득남하여 즐거운 일. 삼춘(三春) 고한(苦旱) 가문 날에 감우(甘雨)오니 즐거운 일.

고인 물이 썩는다 사람은 활동하지 않으면 건강이 나빠지므로 활동을 하라는 말. (비) 물레방아도 쉬면 물이 언다. ⇔ 흐르는 물은 썩지 않는다.

고자 대감 세 쓰듯 옛날 고자 대감이 내시부(內侍府)를 담당하고 있었기 때문에 고자임에도 세력이 당당하듯이 못난 주제에 세력은 크다는 뜻.

고자리 쑤시듯 하다 썩은 물건에 구더기가 구멍을 뚫듯 함부로 쑤신다는 뜻.

고자쟁이가 먼저 죽는다 남에게 해를 입히려고 고자질을 하는 사람이 남보다 먼저 해를 입게 된다는 말.

고자 처가 개(드나들) 듯 뻔질나게 왔다 갔다 할 뿐 아무런 잇속이 없다는 말. (비) 내관의 처가 출입하듯.

고자(鼓子) 힘줄 같은 소리 빳빳이 힘을 들여 목을 누르며 내는 소리를 비유적으로 이르는 말.

고장마다 풍습은 다르다 그 지방에 가서는 그 지방의 풍습을 따라야 한다는 말.

고쟁이를 열두 개 포개 입어도 나올 것은 다 나온다 제 부끄러운 것을 아무리 감추려 애써도 알 것은 다 알게 된다는 말.

고쟁이를 열두 벌 입어도 보일 것은 다 보인다 아무리 여러 번 감싸도 정작 가릴 것은 못 가렸다는 뜻으로, 사물이나 정황의 핵심을 알지 못한다. 일을 서투르게 하면 하지 않는 것만 못하다는 비유로 하는 말.

고지기가 주는 것은 휘게 치면 되지 고지기가 백성에게 곡식을 내어 줄 때는 정말 긁어대고 받아들일 때는 발로 눌러댄다는 말이 있었으므로 어떤 사람에게 따로 무엇을 주지 않아도 된다고 할 때 쓰는 말. ★고지기 : 관아의 창고를 보살피고 지키던 사람

고지박 넘어가듯 재산이 많던 부자가 돌연히 망한다는 말. ★고지박 : 바가지를 만드는 작은 박의 종류

고집이 어지간해야 생원님하고 벗하지 고집이 센 사람하고는 아무 일도 같이 할 수 없다는 말.

고집쟁이하고 말하느니 담하고 말하겠다 고집이 센 사람하고는 전혀 통하지 않으니 아예 말을 하지 말라는 뜻.

고추가 작아도 맵다 (비) 작은 고추가 더 맵다.

고추가 커야만 맵다더냐? 무엇이나 반드시 덩치가 커야만 제구실을 다 한다고는 할 수 없음을 비유적으로 이르는 말. (비) 고추가 작아도 맵다. 대국 고추가 작아도 맵다.

〈 고추나무에 그네를 뛰고 잣 껍데기로 배를 만들어 타겠다 〉

고추나무에 그네를 뛰고 잣 껍데기로 배를 만들어 타겠다 말세가 되면 괴상망측한 일을 하게 된다는 뜻. (비) 밀기름을 새옹에 밥을 지어 귀이개로 퍼서 먹겠다.

고추 애초 맵다한들 애옥살이같이 매우랴 아무리 매워도 가난한 집 살림살이보다 더하지는 않다는 말.
★애초 : 쑥

고추 먹은 소리 못마땅하게 여기어 씁쓸해 하는 말.

고추밭에 말 달리기 매우 심술이 사납다는 뜻. (비) 초상난 데 춤추기, 늙은 영감 덜미 잡기, 아이 밴 계집 배 차기, 우물 밑에 똥 누어 놓기, 잦힌 밥에 흙 퍼붓기, 패는 곡식 이삭 빼기, 논두렁에 구멍 뚫기, 무죄한 놈 뺨치기, 똥 누는 아이 주저 앉히기, 잔치 마당에 곡하기, 못자리판에 돌 집어넣기, 애호박에 말뚝 박기, 오려논에 물터기, 우물에 똥 누기, 화초밭에 말 매기(달리기), 화초밭에 불 놓기. ★ 오려논 : 올벼(일찍 여무는 벼)를 심은 논

고추밭을 매도 참이 있다 고추밭 매기처럼 헐한 일이라도 참을 준다는 뜻으로, 작은 일이라도 사람을 부리면 보수를 주어야 한다는 말.

고추 벌레는 고추 매운 줄 모른다 언제나 어렵게 산 사람은 어지간해서는 고생이라 여기지 않는다는 말.

고추보다 후추가 더 맵다 (비) 작은 고추가 더 맵다.

고추 왼 채로 삼킨다 참맛도 모르면서 바삐 먹어 치우는 것을 이름. (비) 개가 약과를 먹는 것 같다. 수박 겉핥기. 꿀단지 겉핥는다.

고추장 단지 열둘이라도 서방님 비위를 못 맞춘다 성미가 몹시 까다로워 비위 맞추기가 어렵다는 뜻. (비) 반찬 항아리가 열둘이라도 서방님 비위를 못 맞춘다.

고추장이 밥보다 많다 (비) 배보다 배꼽이 더 크다.

고치를 짓는 것이 누에다 제 맡은 바 책임을 다해야 명실상부하게 된다는 말.

고향 까마귀만 보아도 반갑다 타향살이를 한 사람은 하찮은 고향 것만 들어도 반갑다는 말.

고향길은 밤에 가도 돌에 채이지 않는다 어려서부터 배워온 일은 실패하지 않는다는 말.

고향은 꿈에 가도 반갑다 타향살이하는 사람은 언제나 항상 고향을 못 잊고 그리워한다는 뜻.

고향을 떠나면 천대받는다(천하다) 고향에는 정든 친구들이기 때문에 서로 도와주지만, 고향을 떠나면 낯선 사람들로부터 심한 충격을 받는다는 말.

고향이 따로 있나 정들면 고향이지 고향이란 출생지에 국한된 것이 아니라 타향도 정들면 고향 못지않게 지낼 수 있단 말.

고향자랑은 아무리 해도 욕하지 않는다 돈 자랑 아내 자랑 자식 자랑 등은 남의 비웃음을 사지만 고향 자랑은 아무리 해도 지나치다고 하지 않으니 많이 하라는 말.

고향 자랑은 해도 자식 자랑은 말랬다 고향 자랑은 누구에게나 하는 것이지만 자식 자랑은 남이 욕한다는 말.

곡비(哭婢)가 상주보다 더 섧다 일이 거꾸로 되었다는 말.

곡식은 남의 곡식이 좋고 자식은 내 자식이 좋다 부모 된 사람은 누구나 제 자식을 좋게만 본다는 말. (비) 벼는 남의 벼가 크게 보이고 자식은 내 자식이 커 보인다. 부모는 자식이 한 자만 하면 두 자로 보이고 두 자만 하면 석 자로 보인다.

곡식은 농부의 땀 먹고 자란다 모름지기 농사란 농부의 땀이 많을수록 수확이 많고 적게 흘리면 그만큼 수확도 적다는 말. (비) 곡식은 주인 발자국 소리에 큰다.

곡식은 될수록 준다 무엇이든지 옮기어 담으면 줄지언정 늘지는 않는다는 뜻.

곡식 이삭은 익을수록 고개를 숙인다 훌륭한 인격자일수록 교만하지 않고 오히려 겸손하다는 뜻. (비) 물은 깊을수록 소리가 없다. 벼는 익을수록 고개를 숙인다.

곡우(穀雨)에 가물면 땅이 석 자가 마른다 곡우에 가물이 들면 그 해 농사가 치명적이라는 뜻.

곤달걀 꼬끼오 울거든 (비) 까마귀 대가리가 희어지거든.

곤달걀 놓고 병아리 기다린다 1.언제 될지 모를 일을 한

없이 기다린단 말. 2.노력하지 않고 요령만 바란단 말. 3.가망이 없는 것을 얻으려고 기대하고 벼른다는 뜻. (비) 까마귀가 희어질 때만 기다린다. 쇠불알 떨어지면 구워 먹기. 쇠불알 떨어질까 하고 장작 지고 다닌다. 오뉴월 황소 불알 떨어지기 기다린다. 화로 들고 쇠불알 떨어지기 기다린다. 황소 불알 떨어지면 구워 먹으려고 다리미 불 담아 다닌다.

곤달걀 지고 성(城) 밑으로 못 가겠다 무슨 일에 너무 세심하게 신경을 써서 지나치게 두려워하며 걱정하는 사람의 비유. (비) 달걀 지고 성 밑에 못 가겠다.

곤 쇠 아비 동갑(同甲)이라 나이는 많아도 실없고 쓸데없는 흉측한 사람을 이름.

곤자소니에 발기름이 끼었다 내장에 기름이 끼었다는 것이니 부귀를 가지고 크게 호기를 부려 뽐내는 사람을 이름. (비) 배 때가 벗었다. 배에 발기름이 끼었다. ★곤자소니 : 소 창자 끝에 달린 기름기 많은 부분.

곤장 매고 매 맞으려 간다 조용히 있으면 아무 일이 없었을 텐데 공연히 일을 만들어서 화를 부르는 사람을 일컬음.

곤장(棍杖)에 대갈 바가지 곤장으로 매를 무수히 맞는다는 뜻. (비) 태장에 바늘 바가지. ★대갈 : 말굽에 편자를 신기는 데 박는 징.

곤지(곤쟁이) 주고 잉어 낚는다 1.새우로 된 낚싯밥을 주고 큰 잉어를 잡았다는 말이니. 적은 것을 들여서 큰 이익을 보았다는 뜻. 2.생각지도 않았는데 큰 재물이 들어 왔다는 말. (비) 낚싯밥은 작아도 큰 고기를 잡는다. 낚시에 용이 걸린다. 새우 미끼로 잉어를 낚는다. 보리 밥알로 잉어 낚는다. 보리 밥알로 잉어 낚는다. 버린 밥으로 잉어 낚는다. 새우로 도미 낚는다. 새우를 주고 고래 낚는다. 새우로 잉어 낚는다. ★곤지(곤쟁이) : 새우와 한 가지, 새우보다 자고 연하다.

곧기는 먹줄 같다 몹시 곧은 것을 두고 하는 말.

곧은 나무가 먼저 찍힌다 (비) 곧은 나무 쉬 꺾인다.

곧은 나무는 가운데 선다 여러 나무 속에 있는 나무가 곧듯이 사람도 여럿 가운데서 부대낀 이가 잘 된다는 말.

곧은 나무는 산지기 차지요 굽은 나무는 산주 차지다 좋은 것은 실무를 담당한 아랫사람들이 가지게 되고 나쁜 것은 윗사람이 가지게 된다는 말.

곧은 나무는 재목 되고 굽은 나무는 길마가 된다 나무도 저마다 쓸모가 있듯이 사람들도 각자의 재능에 따라 적재적소에 더 쓰인다는 말. (비) 곧은 나무는 재목으로 쓰이고 굽은 나무는 화목으로 쓰인다.

곧은 나무도 뿌리는 구부러졌다 겉은 얌전한 척하는 사람도 속에는 야심이 있을 수 있다는 말.

곧은 나무 쉬 꺾인다 똑똑하고 강직한 사람이 일찍 죽거나 사회에서 도태된다는 뜻. (비) 나무도 쓸만한 건 먼저 베인다. 곧은 나무기 먼저 찍힌다.

곧은 나무에도 굽은 가지가 있다 아무리 착한 사람이라도 인간인 이상 약점의 결점이 있을 수 있다는 말.

곧은 사람을 미워한다 선한 사람보다 나쁜 사람도 있으므로 양심이 있어 곧은 행동을 하는 사람이 미움 받을 경우가 있다는 말.

곧은창자다 거짓을 말할 줄 모르고 성격이 대쪽같이 강직한 사람을 이르는 말.

골나면 보리방아 더 잘 찧는다 골나면 화가 치밀어 올라 그것을 해소하려고 오히려 일을 더 힘차게 열심히 한단 말.

골 난 날 의붓아비 온다 좋지 않은 일이 공교롭게 겹친다는 말. (비) 부아 돋은 날 의붓아비 온다. 이 앓는 날 콩밥 먹기. 계집 때린 날 장모 온다.

골난 사람은 올바로 보지 못한다 보통 사람이 화를 내게 되면 감정에 치우쳐서 사물을 정확하게 보지 못한다는 말.

골라서 좋은 사람 없다 평소엔 어진 사람도 어떤 계기가 생겨서 화내면 본연의 모습을 지닌 사람이 드물다는 의미.

골무는 시어머니 죽은 넋이다 바느질하다가 빼어놓은 골무는 얼른 다시 찾아지지 않고 반드시 일어서서

〈골생원〉

옷을 털고 일감을 털어야 나온다 하여 이르는 말.
골생원 됨됨이가 대단히 옹졸한 사람을 가리키는 말.
골수(骨髓)에 든 병 너무나 정신적으로 고민하여 뼛속까지 사무친 불치의 병이라는 의미.
골이 깊어야 범이 있고 숲이 깊어야 도깨비가 있다 자신이 누구에게나 덕을 베풀고 선을 쌓아야 사람들이 따르게 된다는 의미. (비) 물이 깊어야 고기가 모인다. 산이 깊어야 범이 있다. 숲이 깊어야 도깨비가 나온다.
골이 상투 끝까지 났다 매우 화가 났다는 뜻.
골짜기는 채우기 쉬워도 사람의 마음은 채우기 어렵다
(비) 바다를 메워도 사람의 욕심은 못 채운다.
골통만 크고 재주는 미주다 골통이 큼직하여 재주가 있는 것 같으나 실제는 그렇지 못하다는 의미.
곪기 전에 도려내렸다 잘못이 있을 때는 즉시 번지기 전에 바로 잡아야 한다는 말.
곪은 달걀이 병아리 될까 이미 틀린 일이 잘될 리가 없다는 뜻.
곯아도 젓국이 좋고 늙어도 영감이 좋다 다 삭아 싱싱하지 못한 젓국이 맛있는 것처럼, 사람은 아무리 늙었어도 오래 정붙이고 산 자기 배우자가 가장 좋다는 말.
곯아 빠져도 마음은 조방(助幇)에 있다 제 처지는 생각하지 않고 힘에 겨운 일을 자꾸 하려고 한다는 말.
(비) 눈먼 개 젖 탐한다. 못 먹인 개 겨 탐한다.
★조방 : 오입판에서 심부름하거나 여자를 소개하는 일을 업으로 하는 사람.
곯으면 터지는 법 울분이나 원한이 쌓이고 쌓이면 마침내 터지고야 만다는 말.
곯은 염통이 그냥 나을까 이미 곯은 염통은 그냥 나을 수 없고 터지고야 만다는 뜻으로, 잘못된 일은 아무리 감싸도 드러나고야 만다는 말.
곰 가재 뒤지듯(잡듯 한다) 서두르지 않고 느릿느릿 행동함을 이르는 말.
곰도 뒹굴 재주가 있다 곰도 뒹굴 재주가 있는데 하물며 사람이 어찌 아무런 재주가 없겠냐고 반문의 의미.
곰배팔이 담배 목판 끼듯 무슨 물건을 옆에 꼭 끼고 있는 모양을 이름. ★곰배팔이 : 팔을 펴지 못하는 병신.

곰보치고 마음 나쁜 사람 없다 겉보기와 달리 그 마음은 대체로 선량하다는 의미.
곰은 쓸개 때문에 죽고 사람은 혀 때문에 망한다 곰은 쓸개의 효용성 때문에 죽고 사람은 말 한 번 잘못한 것이 화근 되어 망하는 수가 있다는 말. (비) 사슴은 사향(麝香) 때문에 죽고 사람은 입 때문에 죽는다.
곰을 잡아도 쓸개 없는 곰을 잡는다
(비) 재수가 없는 사람은 곰을 잡아도 쓸개가 없다.
곰의 재주 미련한 사람을 가리키는 말.
곰이라 발바닥을 핥으랴 먹을 것이라고는 아무것도 없다는 말. (비) 공작이라 날거미만 먹고살까.
곰 창 날 받듯 우둔하고 미련하여, 자기에게 해가 되는 일을 스스로 함을 비유한 말.
곰하고는 못 살아도 여우하고는 산다 미련하고 우둔한 사람보다는 차라리 싹싹하고 교활한 사람이 낫다는 의미.
곱기만 한 꽃에는 벌 나비가 오지 않는다 여자도 단지 얼굴만 예쁘고 마음이 곱지 않으면 남자가 따르지 않는다는 뜻.
곱사등이 짐 지나마나다 이것이나 저것이나 다 마찬가지란 말. (비) 귀머거리 귀 있으나 마나. 소경 잠자나 마나. 장님 잠자나 마나. 뻗장다리 서나 마나. 소경 안경 쓰나 마나. 봉사 안경 쓰나 마나. 앉은뱅이 앉으나 마나.
곱슬머리 옥니박이하고는 말도 말랬다 곱슬머리인 사람과 옥니박이인 사람은 흔히 인색하고 각박하다 하여 이르는 말.
곳간이 차야 예절은 안다 굶주린 사람은 예절은 지키고 싶어도 지킬 수 없게 된다는 말.
공간 날이 장날 같으냐 그저 허투루 간 날이 장날 같으면 좋겠다 함이니, 당치 않는 것에 희망을 걸고 그것을 바란다는 말. (비) 수수 알이 인단(仁丹) 같으냐. 쇠똥이 지짐떡 같으냐.
공것 바라는 것 보니까 대머리 벗어지겠다 (비) 공것 바라면 이마가 벗어진다.

공것 바라기는 무당의 서방이라 공것이라면 무엇이든지 좋아하는 사람을 빗대어 이르는 말.

공것 바라면 이마가 벗어진다 공짜를 좋아하는 사람을 놀리는 말. 공것을 좋아하면 대머리가 된다는 뜻으로, 공것을 무척 좋아하지 말라고 경계하여 이르는 말.

공것은 써도 달다 공것이라면 아무리 좋지 않은 것이라도 좋게 느껴진다는 뜻으로, 공것은 누구나 다 좋아함을 이르는 말. (비) 공것이라면 비상(砒霜)도 먹는다. 공것이라면 소금도 짜다고 않는다. 공것이라면 양잿물도 들고 마신다. 공것이라면 자던 놈도 일어난다. 공것이라면 초를 술이라고 해도 먹는다. 공술이라면 삼십 리도 멀지 않다. 공술이라면 한 잔 더 먹는다. 공술이 맛이 더 있다. 공짜라면 당나귀도 잡아먹는다.

공것을 잃어버려도 덜 섭섭하다 힘들어서 얻은 것이 아니므로 잃어버려도 섭섭한 마음이 덜하다는 뜻.

공것이라면 눈도 벌렁 코도 벌렁 (비) 공것은 써도 달다.

공것이라면 비상도 삼킨다 (비) 공것은 써도 달다.

공것이라면 사족을 못 쓴다 (비) 공것은 써도 달다.

공것이라면 소도 잡아먹는다 (비) 공것은 써도 달다.

공것이라면 양잿물도 들고 마신다 (비) 공것은 써도 달다.

공것이라면 자던 놈도 일어난다 (비) 공것은 써도 달다.

공것이라면 초를 술이라고 해도 먹는다 (비) 공것은 써도 달다.

공것 좋아하다가 물린다 남의 것을 욕심부려서 뺏으려다가는 오히려 손해를 본다는 말.

공경하면 재앙이 없다 남을 공경하면 친하게 되기 때문에 손해를 끼치지 않는다는 말.

공교하기는 마디에 옹이라 1.나무 마디에 옹이가 든 것처럼 공교롭다는 말. 2.일마다 공교롭게도 방해가 끼어든다는 말. (비) 마디에 옹이, 하품에 폐기, 기침에 재채기, 고비에 인삼, 계란에 유골.

공궐(空闕) 지킨 내관(內官)의 상(相) 내관이 빈 궁궐을 지키게 되었다면 총애받던 세도가 없게 되었으니 그 낯빛이 처량하여 보이므로 근심이 가득한 표정을 짓고 있는 사람을 두고 이르는 말.

공기(공깃돌) 놀릴 듯한다 어떤 일이나 사람을 제멋대로 농락하거나 수월하게 다룬다.

공든 탑이 무너지랴 정성을 다하여 한일은 반드시 좋은 결과를 얻는다는 뜻.

공복(空腹)에 인경을 침도 아니 바르고 그냥 삼키려 한다 욕심이 많아서 경위(經緯)를 가리지 않고 한없이 탐내기만 한다는 말.

공부를 하렸더니 개 잡이를 배운다 일껏 공부시켜 좋은 일 하렸더니 엉뚱하게도 못 된 것을 배웠다는 말. (비) 잡으라는 쥐는 안 잡고 씨암탉만 문다.

공부할 때 배우지 않으면 쓸 때 뉘우치게 된다 공부할 시기를 놓치면 후회하게 된다는 말.

공사에는 사사로운 말을 하지 않는다 공무를 집행할 때 개인적인 일에 치중하지 말아야 한다는 뜻.

공사에 사정을 치중해서는 안 된다 공무 집행할 때 개인 사정에 치중하다 보면 올바른 공무가 될 수 없다는 말.

공술에 술 배운다 술이라는 것은 처음에는 남의 권에 못 이겨 마시다가 배우게 된다는 말.

공 술 한 잔 보고 십리(十里) 간다 (비) 공것은 써도 달다.

공연한 제사 지내고 어물 값에 졸린다 하지 않아도 될 일을 공연히 하고 그 후환을 입게 되었다는 말.

공(公)에도 사(私)가 있다 공적(公的)인 일에도 개인의 사정을 봐 주는 일이 있는데 어찌 사사(私事)에 남 사정을 조금도 봐 주지 않느냐고 할 때 이르는 말. (비) 국사(國事)에도 사정이 있다.

공은 원수로 갚는다 입은 은혜를 선행(善行)으로 갚기보단 도리어 악행(惡行)으로 갚는 것이 인간의 상사란 말.

공자 앞에 논어 이야기 (비) 개구리에게 헤엄 가르친다.

공자 앞에 문자 쓴다 (비) 개구리에게 헤엄 가르친다.

공자 왈(公子曰) 맹자 왈(孟子曰) 한다 아무것도 모르는 주제에 공자 찾고 맹자 찾고 한다는 말.

공작은 깃을 아끼고 범은 발톱을 아낀다 사람은 살아생전에 훌륭한 일을 하여 명예를 보전하며 후세에 빛

〈 공작(孔雀)은 날거미만 먹고 수달피는 발바닥만 핥고 산다 〉

나는 이름을 남겨야 한다는 말. (비) 호랑이는 가죽을 아긴다. 호랑이는 죽어서 가죽을 남기고, 사람은 죽어서 이름을 남긴다.

공작(孔雀)은 날거미만 먹고 수달피는 발바닥만 핥고 산다 못난 자가 무얼 그리 많이 잘 먹겠다고 하느냐고 핀잔주는 말.

공작(孔雀)이 날거미만 먹고 살까 입 높은 체 하지 말고 아무것이나 먹으라고 할 때 쓰는 말. (비) 곰이라 발바닥을 핥으랴.

공중에 나는 기러기도 길잡이는 한 놈이 한다 무슨 일을 하든지 오직 한 사람의 지휘자가 이끌고 나가야 여러 사람이 제각기 나서서 길잡이 노릇을 하려고 해서는 안 된다는 말.

공중을 쏘아도 알과녁만 맞힌다 별로 애쓰지 않고 한 일이 제대로 잘 이루어짐을 말함. ★알과녁 : 알관. 화살이나 총알의 목표로 만들어 세운 물건의 한복판.

공진회 보따리는 내일 아침 (비) 공진회 보따리만 하다.

공진회(共進會) 보따리만 하다 무엇을 싼 것이 불룩하게 클 때를 이름.

공짜라면 당나귀도 잡아먹는다 (비) 공것은 써도 달다.

공치사는 하나마나 빈말로 생색내는 것은 오히려 하지 않는 것이 낫다는 말.

곶감 겹(접)말 말을 자주 이중 삼중으로 하는 것을 이름. 곶감을 한 꽂이에 여러 개 꿰듯이, 뜻이 같은 말을 둘 이상 포개어 쓰는 겹친 말이라는 뜻.

곶감 꼬치에서 곶감 빼 먹듯 애써서 모아 둔 재산을 조금씩 잇달아 헐어 써 없애는 것을 비유하여 이르는 말. (비) 곶감 뽑아 먹듯.

곶감 단맛에 배탈 나는 줄 모른다 재미있어서 푹 빠져버리면 나중에는 그것에 익숙해져서 해로운 것도 모른다는 말.

곶감이니 준시니 한다 본질적으로 같은 것을 가지고 서로 자신이 옳다고 다툰다는 말.

곶감이 접반이라도 입이 쓰다 마음에 안 맞아 기분이 안 좋음을 비유적으로 이르는 말.

곶감 죽을 먹고 엿 목판에 엎드러졌다 1.먹을 복이 연달아 터졌다는 말. 2.연달아 좋은 수가 생겼다는 말. (비) 비단 위에 꽃무늬를 놓았다.

곶감 죽을 쑤어 먹었나 좋아서 싱글벙글하는 사람을 두고 핀잔하여 이르는 말. (비) 허파에 바람이 들었다. 허파 줄이 끊어졌다.

과거(科擧)를 아니 볼 바에야 시관(試官)이 개떡 같다 자기와 아무 관계없는 일이라면 조금도 두려워할 것 없다는 말.

과거엔 급제 못 하고 풍악은 갖춘다 정작 해야 할 일은 못 하고 겉치장만 한다는 뜻.

과거(科擧) 전에 창부(倡夫) 양반(兩班) 집 자제면 누구나 과거 볼 준비로 오직 경서(經書)를 읽고 시문(詩文)을 짓는 데 열중해야 할 때나 광대 노릇만 하고 다닌다 함은 일이 되기 전부터 어리석고 망령된 짓을 함을 이름.

과공(過恭)은 비례(非禮)라 지나친 공손은 도리어 예의가 아니라는 뜻.

과일전 망신은 모과가 시킨다 못난 사람은 그가 속해 있는 단체의 여러 사람을 망신시키는 일만 저지른다는 말. (비) 어물전 망신은 꼴뚜기가 시킨다. 과일 망신은 모과가 시킨다.

과부가 마음이 좋으면 동네에 시아비가 열둘 웬만한 굳은 결심과 각오와 인내를 지니지 않는 한 과부로 지켜내기가 어렵다는 말.

과부가 아이를 낳아도 할 말이 있다 사람은 무슨 일에나 잘못을 변명하는 심리가 있다는 말. (비) 도둑질하다가 들켜도 변명한다. 처녀가 아이를 낳아도 할 말이 있다. 과부가 아이를 배도 할 말이 있다.

과부가 찬밥에 곯는다 과부가 혼자 살다보니 식생활에 소홀하여 건강을 해치는 수가 많다는 말.

과부는 은이 서 말이고 홀아비는 이가 서 말이다 과부는 알뜰하여 규모 있게 살아도 홀아비는 생활이 궁핍하다는 뜻.

과부는 찬물만 먹어도 살이 찐다 남편 시중을 들지 않아도 되는 홀어미의 마음이 편안함을 비유적으로 이르는 말.

과부 딸을 얻지 말랬다 대개가 과부 딸은 가정교육이 부족하다는 데서 나온 말.

과부 사정은 과부가 안다 무슨 일이든 당해 본 사람이라야 그 사정을 안다는 말. 남이 어려운 사정은 서로 비슷한 환경에 있는 사람이라야 헤아릴 수 있다는 뜻. (비) 과부 사정은 홀아비가 안다. 과부 설움은 동무 과부가 안다. 홀아비 사정은 홀아비가 안다. 벙어리 속은 벙어리가 안다.

과부 사정은 홀아비가 안다 (비) 과부 사정은 과부가 안다.

과부 살이 십 년에 독사 안 되는 년 없다 오랫동안 과부로 지내다 보면 별일을 다 겪어서 자연적으로 모질어진다는 말.

과부 시집가듯 아무도 모르게 슬그머니 자취를 감추었다는 말.

과부 아이 낳고 진자리서 움켜지듯 남이 볼까봐 아무렇게나 되는 대로 바삐 꾸려 치워 버림을 이르는 말. (비) 등에서 진땀이 난다. 홀어미 아이 낳듯.

과부 은 팔아먹기 은은 돈이니 과부는 돈을 벌 수 없어 모아 둔 것을 소비한다는 뜻으로. 벌지 못하고 전에 벌어 두었던 것을 가지고 먹고 산다는 뜻.

과부의 대돈 오 푼 빚을 낸다 돈이 하도 급하고 돌려쓸 데가 없으므로 아무리 이자가 비싸더라도 갖다 쓴다고 할 때 이르는 말.

과부 자식이 잘된다 과부가 고생하며 정성껏 가르쳤기 때문에 그 자식들은 대부분이 훌륭하게 된다는 말.

과부 집 머슴은 왕방울로 행세한다 언제나 조용한 과부 집에서 머슴이 큰소리를 내고 떠든다는 뜻으로, 실속이 없는 사람이 공연히 떠들어 대는 것을 비유적으로 이르는 말. (비) 과부 댁 종놈은 왕방울로 행세한다.

과부 집에 가서 바깥양반 찾기
  (비) 절에 가서 젓국 달라 한다.

과부댁 종놈은 왕방울 행세한다 남자주인 없는 과붓집에서 사내 종놈은 큰소리로 떠드는 것으로 한 몫 본다는 뜻으로, 아무런 실속 없이 떠드는 것을 비유한 말. (비) 과붓집 머슴은 왕방울로 행세한다.

과붓집 똥 넉가래 내세우듯 일을 변통하는 주변은 없으면서 쓸데없는 호기(豪氣)를 내어 고집을 부린다는 뜻. (비) 넉가래 내세우듯. 똥 넉가래 내세우듯.
  ★넉가래 : 곡식이나 눈 따위를 한 곳에 밀어 모으는 기구.

과붓집 빚을 내서라도 갚겠다 돈을 급히 내어서 써야하기 때문에 이자가 비싼 과붓집 빚을 내서라도 갚겠다는 의미.

과붓집 수고양이 같다 없는 사실을 있는 것처럼 꾸며 말하는 사람. (비) 장난하는 것은 과붓집 수캐.

과붓집 수캐처럼 일만 저지른다 집안일은 도와주지 못하면서 일만 저지르는 아이를 두고 하는 말.

과일 망신은 모과가 시킨다 못난 사람이 동료를 망신시킨다는 뜻. 한 사람이 전체에 좋지 않은 영향을 미친다는 뜻. (비) 미꾸라지 한 마리가 온 냇물 다 흐린다. 어물전 망신은 꼴뚜기가 시킨다. 실뱀 한 마리가 온 바다를 다 흐린다. 생선 망신은 꼴뚜기가 시킨다. 황아 장수 망신은 고불통이 시킨다. 둠벙 망신은 미꾸라지가 시킨다.

과일엔 씨가 있어도 도둑엔 씨가 없다 부모가 나쁜 짓을 한다고 자식들도 반드시 나쁜 사람이 아니란 것.

과천에서 뺨 맞고 남대문에서 눈 흘긴다 권력이 있는 사람 앞에서는 굽실거리면서 힘없는 사람한테 오히려 분풀이한다는 말.

곽란에 약 지으러 보내면 좋겠다 행동이 아주 둔한 사람을 두고 이르는 말. ★곽란 : 갑자기 토하고 설사가 나는 급성 위장병.

곽란에 죽은 말 상판대기 같다 시퍼렇고 검붉으며 얼룩덜룩하다는 말.

곽분양(郭汾陽)의 팔자 팔자가 좋은 사람을 이르는 말.
  (비) 백자(百子) 천손(千孫) 곽자의(郭子儀).

관가 돼지 배 앓는 격 근심이 있으나 알아주는 사람이 없

〈관기 보자 하니 에누리 수작이라〉

어 혼자 꿍꿍 앓음을 이르는 말. (비) 관 돝 배 앓기.

관기 보자 하니 에누리 수작이라 하는 꼴이 신통치 않아 쓸데없는 짓이나 하게 생겼다는 말.

관덕정(觀德亭) 설탕 국도 먹어 본 놈이 먹는다 무슨 일이나 해 본 사람이라야 할 수 있다는 말. (비) 고기도 먹어본 사람이 많이 먹는다. 떡도 먹어본 사람이 먹는다. ★관덕정 : 제주시에 있는 정자.

관(官) 돝 배 앓기 관가 돼지가 배를 앓거나 말거나 자기와는 아무런 관계가 없듯이, 아무런 상관도 없는 일이란 뜻. (비) 관가 돼지 배 앓는 격. ★돝 : 돼지의 옛말.

관 뚜껑 덮기 전에는 입찬소리 말랬다 (비) 관에 들어가도 막말은 마라.

관 뚜껑을 덮고서야 팔자를 안다 팔자가 좋고 나쁜 것은 죽은 뒤에야 비로소 올바른 평가를 할 수 있다는 말.

관상쟁이 제 관상 못 본다 남 일은 척척 잘하면서도 자기 일은 자신이 잘 해결하지 못한다는 말.

관 속에 들어가도 막말은 마라 어떠한 상황이 닥쳐도 말을 함부로 하지 말라는 뜻. (비) 관 뚜껑 덮기 전에는 입찬소리 말랬다.

관(冠) 쓴 거지는 얻어먹지 못한다 비천한 자가 거만하게 굴면 남으로부터 덕을 보지 못한다는 뜻.

관(冠) 쓴 송사리가 메기에게 일가(一家) 됨됨이나 형편이 비슷한 사람끼리 서로 어울리면서 사정을 보아주게 마련이란 것을 비유하여 이르는 말.

관 옆에서 싸움한다 예의를 모르고 무엄한 짓을 함을 비유적으로 이르는 말.

관에 들어가는 소 벌벌 떨며 무서워하는 모양. (비) 푸줏간 들어가는 소. 관에 들어가는 소의 걸음. 사시나무 떨듯 한다.

관에 들어가는 소의 걸음 몹시 겁내는 모양을 이름. (비) 푸줏간 들어가는 소. 관에 들어가는 소. 사사나무 떨듯 한다.

관 짜는 놈은 초상나기만 기다린다 자기의 이익을 위해서는 남의 불행도 생각하지 않는다는 의미.

관 짜놓고 죽기를 기다린다 미리부터 관을 짜놓고 사람 죽기를 기다리듯이 지나치게 일을 서두른다는 말.

관찰사 닿는 곳에 선화당(宣化堂) 가는 곳마다 좋은 대접을 받아 호사하는 복된 처지를 이름. (비) 도처 선화당. ★관찰사 : 지금의 도지사 ★선화당 : 관찰사가 일보던 직무실.

관청(官廳) 뜰에 좁쌀을 펴 놓고 군수(郡守)가 새를 쫓는다 관아(官衙)에 할 일이 없다는 말.

관청에 잡혀간 촌닭 같다 몹시 겁이 나서 어쩔 줄 모르는 사람을 보고 하는 말.

괄기는 인왕산(仁王山) 솔가지다 모든 일의 순서를 생각지 못한 채 몹시 성급하게 서두르기만 하는 것을 말. (비) 콩밭에 가 두부 찾겠다. 보리밭에서 숭늉 찾는다. 밀밭에서 술 찾는다. 우물에 가서 숭늉 찾는다. 우물 들고 마시겠다. 저렇게 급하면 할미 속으로 왜 아니 나와. 콩 마당에 서슬 치겠다. 급하기는 우물에 가서 숭늉 달라겠다.

광대 끈 떨어졌다 의지할 때 없어 꼼짝을 못하게 되었다는 뜻. 또는 제구실을 못 하고 아무짝에도 소용이 없음을 이르는 말. (비) 끈 떨어진 망석중. 끈 떨어진 뒤웅박. 나무에도 못 대고 돌에도 못 댄다. 어미 잃은 송아지.

광릉(光陵)을 부라린다 눈을 부라린다는 뜻.

광부(狂夫)의 말도 성인(聖人)이 가려 쓴다 사람은 누구나 남의 말에 귀를 기울여야 한다는 뜻.

광 속이 풍성하면 감옥이 빈다 모두가 잘살게 되니 도둑놈이 없다는 말.

광에 든 쥐 매우 풍족하고 부유한 상태를 이름.

광에서 인심 난다 제 살림이 넉넉하여야 남을 동정하게 된다는 말. (비) 쌀독에서 인심 난다.

광음(光陰)은 사람을 기다리지 않는다 세월은 사람의 사정을 봐주지 않고 무정하게 지나감에 시간을 알차게 보내야 한다는 의미.

광음은 흐르는 물과 같다 세월은 기다려주지 않고 흐르는 물처럼 쉬지 않고 지나간다는 의미.

광주리에 담은 밥도 엎어질 수 있다 틀림없다고 생각되는 일도 잘못될 수 있다는 말. (비) 동방삭이는 백지장도 높다 한다. ★동방삭(東方朔) : [인명] 중국 전한(前漢)의 문인(BC 154~BC 92). 자는 만청(曼倩)이며 벼슬은 상시랑(常侍郎), 태중대부(太中大夫)를 지냈다. 유창한 변설(辯舌)과 해학, 직간(直諫)으로 이름이 났다. 속설에 서왕모(西王母)의 복숭아를 훔쳐먹어 장수하였다 하여 삼천갑자(三千甲子) 동방삭으로 일컬어졌으며, 이후 오래 사는 사람을 이르는 말로 쓰인다.

광주(廣州) 생원의 첫 서울이라 무엇이든지 처음 보면 신기하여 정신이 어리떨떨하고 어리둥절하여 정신을 못 차림을 말함.

광풍(狂風)도 버들가지는 꺾지 못한다 사납고 모진 사람이라도 착하고 부드러운 사람을 당하지 못한다는 의미.

괴 다리에 기름 바르듯 남이 보지 않는 가운데 일을 슬슬 해 치운다는 뜻. (비) 구렁이 담 넘어가듯 한다.

괴 딸 아비 동네에 들어온 내력을 도무지 알 수 없는 사람이란 뜻.

괴 똥 감추듯 (비) 고양이도 제 똥을 덮는다.

괴 똥같이 싼다 똥을 조금씩 눈다는 말.

괴로움을 당하는 나무는 자라나지 못한다 방해를 받으면 일이 이루어질 수 없다는 말.

괴로워도 한평생 즐거워도 한평생 인생은 잘 살거나 못 살거나 잠깐이니 그저 둥글둥글 살아가야 한다는 의미.

괴롭히는 나무는 자라지 못한다 일은 자꾸만 방해를 하면 이루어지기 어렵다는 말.

괴발개발 그린다 글씨를 함부로 갈겨 놓은 모양을 이름. (비) 닭 발 그리듯. 까마귀 똥 그적거리 듯. 까마귀 똥 헤치듯.

괴 밥 먹듯 한다 음식을 맛없이 지저분하게 헤쳐 놓기만 하고 조금 먹음을 두고 하는 말.

괴 불알 앓는 소리 쉴 새 없이 중얼거리며 듣기 싫게 구는 것을 놀리는 말. (비) 씨아귀에 불알을 놓고 견디지.

괴이쩍은 일이 있으면 뭇 개가 짖는다 괴이한 일이 있으면 동네 개가 모두 짖듯이 한 사람이 나쁜 짓을 하면 여러 사람이 욕하게 마련이란 말.

괴 죽 쑤어 줄 것 없고 생쥐 볼가심할 것 없다 죽을 쑤어도 고양이 줄 것이 없고 생쥐가 뭐 하나 갉아먹을 것도 없다는 말로, 몹시 가난하다는 말. ★볼가심 : 입가심.

괸 물은 썩는다 머리나 몸은 써야 좋아지며 안 쓰면 나빠진다.

교룡이 비구름을 얻어 하늘로 오른다 때를 만나지 못하여 고생하던 사람도 적당한 시기에 이르면 출세하게 된다는 의미. (비) 교룡이 용 된다. ★교룡 : 때를 만나지 못하여 뜻을 이루지 못하는 영웅호걸의 비유.

교천(敎川) 부자가 눈 아래로 보인다 벼락부자의 호기를 부림을 이름. ★교천 : 경주 부근에 있는 고장의 이름. 그곳엔 최 씨 부자(富者)가 살았다고 함.

구관이 명관이다 경험이 많은 사람이 낫다는 말.

구 년 장마에 볕 안 나는 날 없고 칠 년 대한에 비 안 오는 날 없다 아무리 오래 고생을 했다 하더라도 그 중간마다 즐거운 일이 생기게 마련이라는 의미.

구년지수(九年之水) 해 기다리듯 오래 기다리던 일을 마침내 이루게 되었다는 뜻. ★ 구년지수: 오랫동안 계속되는 큰 홍수 (비) 갓 마흔에 첫 보살. 칠 년 대한에 단비 온다.

구 년 홍수에 햇볕 기다리듯 (비) 가뭄에 비 기다리듯.

구더기 될 놈 매우 둔하고 어리석은 사람을 비웃어 이르는 말. (비) 나올 적 봤더라면 짚신짝으로 틀어막을 걸. 날 적 봤더라면 도로 몰아넣었겠다. 대가리에 쉬슨 놈. 똥물에 치어 죽이려 해도 똥이 아까워 못 죽이겠다. 보리 범벅이다. 아이를 사르고 태(胎)를 길렀다. 여덟 달 반. 열을 듣고도 하나도 모른다. 오뉴월에 똥 도둑도 못하겠다. 저런 걸 낳지 말고 호박이나 낳았더라면 국이나 끓여 먹지. 제 아비 아이 적만 못하다. 제웅으로 만들었나. 초남태 같다.

⟨구더기 무서워 장 못 담으랴?⟩

햇볕 구경을 못 하고 자랐나.
구더기 무서워 장 못 담으랴? 조금은 방해되는 일이 있더라도 할 일은 꼭 해야 한다는 말.
구덩이를 피하려다 우물에 빠졌다 한 가지 화를 피하려다 다른 화를 입었다는 뜻. (비) 귀신을 피하려다 호랑이를 만났다. 불을 피하려다 물에 빠졌다.
구두쇠 아비에 방탕한 자식 생긴다 구두쇠 노릇을 하여 모은 재산을 아들이 방탕하여 패가하게 된다는 말.
구두 신고 발등 긁기 요긴한 곳에 이르지 못하여 안타깝다는 것에 비유. (비) 목화 신고 발등 긁기. 버선 신고 발바닥 긁기. 신 신고 발바닥 긁기. 옷을 격해 가려운 데를 긁는다. 옷 입고 가려운 데 긁기.
구두장이 셋이 모이면 제갈량보다 낫다 여러 사람의 지혜가 어떤 뛰어난 한 사람의 지혜보다 나음을 비유적으로 이르는 말.
구들장 신세만 진다 늘 누워서 한가하게 세월만 보낸다는 말.
구럭의 게도 놔 주겠다 잡아서 구럭에다 넣어둔 게도 놓치겠다는 뜻으로, 조심성이 없어서 쏟기 어려운 그릇에 담는 것도 쏟아지게 한다는 말. (비) 둥우리의 찰밥도 쏟겠다. 용수에 담은 찰밥도 엎지르겠다.
구렁이 개구리 녹이듯 한다 무슨 일이나 크게 힘들이지 않고 쉽게 한다는 뜻.
구렁이 개구리 삼키듯 (비) 구렁이 개구리 녹이듯 한다.
구렁이 담 넘어 가듯 한다 1.형편을 보아가며 천천히 주의 깊게 해나간다는 말. 2.그저 형식적으로 서리설적 대충 일을 처리한다는 뜻.
구렁이 숲 속으로 사라지듯 어느 틈에 자취도 없이 사라진다는 것을 이르는 말.
구렁이 아래턱 같다 구렁이의 아래턱에 귀중한 구슬이 있다는 뜻으로, 무척 소중하게 지키고 아끼는 물건이라는 말.
구렁이 제 몸 추듯 자기 자랑만 함을 이르는 말. (비) 굴원(屈原)이 제 몸 추듯.
구룡소(九龍沼) 늙은 용(龍)이 여의주(如意珠)를 어루는 듯 매우 애중(愛重)하여 다루고 만진다는 뜻. (비) 태백산 백액호가 송풍나월 어르듯. 눈먼 고양이 달걀 어르듯. 눈먼 구렁이 꿩알 굴리듯. 눈먼 구렁이 달걀 어르듯.
구르는 돌은 이끼가 안 낀다 끊임없이 노력하고 활동하면 침체하지 않고 계속 발전한다는 말.
구름 갈 제 비가 간다 (비) 범 가는데 바람 간다.
구름과 땅 사이다 차이가 아주 심하다는 말. (비) 하늘과 땅 사이다.
구름 따라 비도 내린다 (비) 구름 갈 제 비가 간다.
구름 떠다니듯 정처 없이 떠돌아다니는 불쌍하고 외로운 처지에 놓여 있다는 뜻. (비) 금일은 충청도 내일은 경상도. 나그네 신세. 동쪽 집에서 먹고 서쪽 집에서 잠잔다. 땅을 자리로 삼고 하늘을 이불로 삼는다.
구름만 잔뜩 끼고 비는 안 오다 될 듯하면서도 되지 않는다는 뜻.
구름 사라지듯 안개 흩어지듯 사람들이 뿔뿔이 흩어진다는 뜻.
구름 없는 하늘에 비 올까 필요한 조건 없이 결과가 이루어지는 법이 없음을 강조하여 이르는 말.
구름은 바람 따라 모이고 흩어진다 가족들은 가장(家長)의 명령에 따라 행동해야 한다는 뜻.
구름을 잡으려는 격 (비) 까마귀 대가리가 희어지거든.
구름이 끼어(모여)야 비가 온다 무슨 일이든지 조건이 갖추어진 뒤 시작을 해야 한다는 말. (비) 돌 위에서는 곡식이 안 된다. 민둥산에는 고라니가 놀지 않는다. 배는 물이 없이 가지 못한다.
구름이 지나가면 해를 본다 고생을 겪고 나면 즐거운 일이 있으니 끝까지 참으라는 교훈. (비) 태산을 넘으면 평지를 본다.
구름장에 치부(置簿)했다 곧 없어질 데다 기록해 두었다가 곧 잊어버림을 이름.
구름처럼 합치고 안개처럼 모인다 수월하게 합쳐지고 수월하게 모인다는 말.
구름처럼 흩어지고 안개처럼 사라진다 구름이나 안개가 사라지듯이 언제 어떻게 없어지는지도 모르게 슬그머니 없어졌다는 말.

구만리장천(九萬里長天)이 지척 사람은 이승에 있으나 언제 죽을지 몰라 허무하다는 뜻.

구멍만 있으면 숨고 싶다 어떠한 사실이 너무 부끄러워 구멍이라도 숨고 싶다는 말.

구멍에 든 뱀 사람의 마음이나 그의 장래는 드러나지 않으므로 그것을 헤아릴 수가 없다는 말.

구멍(굴)에 든 뱀 길이를 모른다 1.남의 재능이나 비밀을 짐작할 수 없음의 비유. 2.난세가 다 되어서야 훌륭한 사람이 보인다는 의미. (비) 구멍에 든 뱀이 몇 자인 줄 아느냐.

구멍에서 나서(와) 구멍으로 들어간다 사람이 세상에 나왔다가 죽을 때도 파 놓은 구덩이 속으로 들어가게 된다는 뜻. (비) 모든 냇물은 바다로 들어간다.

구멍은 깎을수록 커진다 잘못된 일을 수습하려 할수록 더욱 잘못되는 경우에 이른다.

구멍을 보아가며 쐐기 깎는다 형편에 맞춰 일을 잘 처리한다는 말. (비) 구멍을 보아 말뚝 깎는다. 덩굴 자리 보고 씨름에 나간다. 이불 깃 보아가며 발 뻗는다.

구멍을 파는 데는 칼이 끝만 못하고 쥐 잡는 데는 천 리마가 고양이만 못하다 무엇이나 제가 맡은 바 구실이 따로 있고 쓰이는 데가 각각 다르다는 말.

구멍투성이에 부스럼투성이다 바로잡을 수 없을 정도로 결함투성이가 되었다는 말.

구복(口腹)이 원수라 먹고 살기 위하여 어쩔 수 없이 잘못을 저질렀음을 이르는 말. (비) 목구멍이 포도청. 사흘 굶어 담 아니 넘을 놈 없다. 사흘 굶어 도둑질 아니 할 놈 없다.

구부러진 송곳 있기는 있되 쓸데없이 된 것을 이름.
(비) 깨어진 그릇. 깨어진 기와. 깨어진 시루. 끝 부러진 송곳. 납으로 만든 칼. 똥 찌른 막대 꼬챙이. 똥친 막대. 이 빠진 사발. 자루 빠진 도끼. 잔치 끝에 쇠뼈. 중(僧)의 관자(貫子) 구멍. 쥐꼬리는 송곳집으로 쓰지.

구석이 비다 1.(사람이) 일 처리가 꼼꼼하지 못하고 빈 틈이 있다는 말. 2.(말 따위가) 모순이 있고 논리적으로 명확하지 않다는 뜻.

구슬 가진 것이 죄가 된다 보물을 가지고 화(禍)를 입는 경우가 허다하다는 말.

구슬 같은 눈물이 비 오듯 한다 무슨 일엔가 몹시 서러워서 그칠 줄 모르는 눈물이 계속해서 흐른다는 말.

구슬도 갈아야 광이 난다 제아무리 재주가 뛰어난 사람이라도 노력해야만 그 재능을 발휘할 수 있다는 말. (비) 구슬도 깎고 다듬어야 구슬 노릇을 한다.

구슬 없는 용(龍) (비) 꽃 없는 나비.

구슬이 서 말이라도 꿰어야 보배다 아무리 훌륭한 것이라고 하더라도 쓸모 있게 만들어 놓아야 가치가 있다는 뜻. (비) 솥 속의 콩도 쪄야 익지. 솥에 넣은 팥이라도 익어야 먹지. 구운 게 발도 떼어야 먹는다. 부뚜막에 소금도 집어넣어야 짜다. 진주가 열 그릇이라도 꿰어야 구슬. 가마 속의 콩도 삶아야 먹는다.

구슬 일그러진 것은 갈면 되지만 말 일그러진 것은 바로잡을 수 없다 (비) 솟은 땀은 되들어가지 않고 뱉은 말은 지울 수 없다.

구시월 세 단풍(細丹楓) 구시월의 고운 단풍이라 함은 당장 보기는 좋아도 곧 흉하게 될 것을 비유하는 말.

구시월에 닭 살이 많이 쪄 있다는 말.

구운 게도 다리를 떼고 먹어라 (비) 돌다리도 두들겨 보고 건너라.

구운 게 발도 떼어야 먹는다 쉬운 일이라도 실제로 힘써 노력하지 않으면 이루어지지 않는다는 말.
(비) 솥 속의 콩도 쪄야 익지. 솥에 넣은 팥이라도 익어야 먹지. 구슬이 서 말이라도 꿰어야 보배. 부뚜막에 소금도 집어넣어야 짜다. 진주가 열 그릇이라도 꿰어야 구슬. 가마 속의 콩도 삶아야 먹는다.

구운 밤에서 싹이 날까 (비) 까마귀 대가리가 희거든.

구유 전 뜯는다 세도 있는 사람의 도움을 받는 것을 자랑삼는다는 말.

구정물 먹고 주정한다 한 번 버릇이 잘못 들면 자신도

〈구제할 것은 없어도 도둑 줄 것은 있다〉

모르게 무의식적으로 행동하게 된다는 뜻.

구제할 것은 없어도 도둑 줄 것은 있다 아무리 가난하여도 도둑맞을 것은 있다는 말. (비) 동생 줄 것은 없어도 도둑 줄 것은 있다. 벗 줄 것은 없어도 도둑 줄 것은 있다. 저녁 먹을 것은 없어도 도둑맞을 것은 있다. 쥐 먹을 것은 없어도 도둑맞을 것은 있다.

국도 국 같잖은 것이 뜨겁기만 한다 이득도 별로 없는 변변치 않은 것이 일거리만 많다는 뜻.

국문풍월(國文風月)에 염(廉)이 있으랴 염은 한문시(漢文詩)에 있는 것이지 국문 시엔 없듯이 종류가 다르면 식도 다르게 된단 말.

국물도 없다 아무것도 생기는 것이 없다는 말.

국사(國事)에도 사정(私情)이 있다 나라 일에도 사정 봐 주는 경우가 있는데 어째서 조금도 남 사정을 봐 주지 않느냐고 반문(反問)하는 말. (비) 공(公)에도 사(私)가 있다.

국상(國喪)에 죽산(竹散)말 지키듯 한다 무엇인지도 모르고 남이 시키는 대로 멀거니 서서 지켜보고 있다는 뜻. ★죽산말 : 왕이나 왕비의 장례 때 쓰던 제구(祭具)의 하나로 만든 말의 상(像).

국 쏟고 허벅지 덴다 불운한 가운데 있는데 더욱 불행한 일을 당한다는 뜻. (비) 엎친 데 덮치기. 국 쏟고 뚝배기 깨었다. 내 것 잃고 내 함박(빡) 깨뜨린다. 국 쏟고 뚝배기 깨었다. 독 깨고 장 쏟았다. 뚝배기 깨고 국 쏟았다. 엎친 데 덮치기. 내 것 주고 뺨 맞는다. 내 썹 주고 매 맞는다.

국수당에 가 말하듯 (비) 귀신 씨 나락 까먹는 소리.

★국수당 : 서낭당의 방언

국수를 못하는 년이 피나무 떡판만 나무란다 기술이 부족한 사람이 자기 능력은 모르고 도구만 나쁘다고 탓하는 것을 비유적으로 이르는 말. (비) 목수가 기술 부족한 것은 생각 않고 연장 탓만 한다.

국수 먹은 배 1.먹은 음식이 소화가 잘 되어 쉽게 꺼지는 경우를 이르는 말. 2.실속이 없고 헤픈 것을 비유하는 말.

국수 잘하는 사람이 수제비 못하랴 수제비는 국수를 하기보다 쉽다. 그래서 이 말인 즉슨, 어려운 일을 잘 해낼 사람이라면 그보다 쉬운 일은 문제없이 잘해 낼 수 있다는 말.

국수장국 끓이는 솜씨가 수제비는 못 끓이랴 국수와 장국을 끓이는 솜씨가 뛰어나면 수제비는 누워 떡 먹는 격이란 말이니. 어떤 어려운 일도 잘 처리하는 사람이라면 쉬운 것은 문제가 없다는 말.

국에 넣은 소금이 어디 갈까 옳게 한 일이니 그 결과가 잘못될 리가 없다는 뜻.

국에 덴 놈이 냉수를 불고 먹는다 한 번 무슨 일에 놀란 사람은 무엇이나 그 비슷한 것만 보아도 미리 겁을 낸다는 뜻. (비) 국에 덴 놈 물 보고 분다. 불에 놀란 놈이 부지깽이 보고 놀란다. 더위 먹은 소 달만 보아도 헐떡인다. 몹시 데면 회도 불어먹는다. 국에 덴 사람은 푸성귀찮도 불어먹는다. 구운 고기에 덴 사람은 회도 불어먹는다. 끓는 물에 덴 사람은 찬물도 불어 마신다.

국에 덴 놈 물 보고도 분다 (비) 국에 덴 놈이 냉수를 불고 먹는다.

국이 끓는지 밥이(장이) 끓는지 모른다 어떤 일에 무관심하거나. 현명하지 못해서 자신의 주위의 환경이 어떻게 돌아가고 있는지 알지 못한다는 뜻. (비) 죽이 끓는지 밥이 끓는지 모른다. ⇔ 국이 끓는지 밥(장)이 끓는지 다 안다. 죽이 끓는지 밥이 끓는지 다 안다.

군밤 둥우리 같다 옷을 입은 맵시가 헐렁하여 맞지 않음을 놀리는 말. (비) 가지 봉탕이 같다.

군밤 맛하고 새서방 맛은 못 잊는다 여자는 한번 바람이 나면 자꾸만 바람을 피우고 싶어 한다는 말.

군밤에 싹 나거든 (비) 까마귀 대가리가 희어지거든.

군불에 밥 짓기 어떤 일에 곁따라 다른 일이 쉽게 이루어짐을 이르는 말.

군불 장댄가 키만 크나 키 큰 사람을 비웃는 말. (비) 웅달에 승앗대. 봉산 수숫대. 물독 뒤에서 자라났느

〈굴러 온 호박〉

냐. 신속에 똥을 담고 다니냐. 천왕(天王)의 지팡이. 물거미 뒷다리 같다. 봉산 수숫대 같다.

군색한 감 장수는 유월부터 한다 사람이 한 번 궁지에 빠지면 조급한 마음이 생긴다는 말.

군색한 쥐도 단번에 잡지 말랬다 아무리 상대가 약해 보여도 만만히 보고 일을 해서는 안 된다는 말.

군자는 사람을 거울로 삼는다 학식과 덕망이 높은 사람은 군중을 바탕으로 하여 행동한다는 뜻.

군자는 입을 아끼고 범은 발톱을 아낀다 학식과 덕망이 높은 사람일수록 항상 말을 조심해서 한다는 뜻.

군자(君子)는 포쥬(庖廚)를 멀리한다 짐승들의 비명을 차마 들을 수 없어 도살장을 가까이 두지 않는다는 뜻.

군자도 시속을 따른다 어떤 사람이라도 시대적 풍습을 따라가야 한다는 말.

군자 말년에 배추씨 장사한다 평생을 두고 남을 위하여 어질게 살아온 사람이 말년(末年)에 가서는 매우 어렵게 사는 경우를 비유적으로 이르는 말. 한때 떵떵거리고 잘살다가 늘그막에 가서는 망하여 볼품없이 된 경우를 비유적으로 이르는 말.

군중의 입은 빼앗지 못한다 백성의 여론이나 그들 사이에 퍼지는 소문은 막을 수 없다는 말. (비) 백성의 입을 막기는 냇물 막기보다 어렵다. 백성의 입 막기는 내 입 막기보다 어렵다.

군침만 흐른다 되지도 않는 일에 요행을 바란다는 뜻.

굳게 먹은 마음은 바위라도 뚫는다 강한 마음 강한 신심의 일념을 불태우면 넘지 못할 벽은 없다는 뜻. (비) 낙숫물이 댓돌을 뚫는다. 작은 물방울이 바위를 뚫는다.

굳기는 당나귀 뒤 발톱 같다 지나치게 고집스럽거나 매우 완강한 사람을 속됨을 이름.

굳은 땅에 물이 괸다 헤프게 쓰지 않고 아끼는 사람이 재산을 모은다. 무슨 일이든 마음을 굳게 먹고 해야 좋은 결과를 얻는다는 말. (비) 가을 식은 밥이 봄 양식이다.

굳은 이는 빠져도 부드러운 입술은 남는다 지나치게 강한 것이 부드러운 것을 못 당하듯이 사람도 너무 꿋꿋하지 말고 섬세한 면을 지녀야 한다는 뜻.

굴 껍데기 한 조각만 먹어도 동정호(洞庭湖)를 잊지 않는다 은혜를 잊지 않음을 이름. ★동정호 : 중국 후난 성 북부에 있는 중국에서 가장 큰 민물 호수.

굴뚝 막은 덕석 같다 1.검고 더러운 물건을 이르는 말. 2.입은 옷이 기름때가 묻고 닳아서 반들반들함.
(비) 당채련 바지저고리. 왜장녀가 제 명월이냐 똥 덮게냐. 미친년 속곳 가랑이 빠지듯. 동관 삼월. 용문산 안개 두르듯.

굴뚝 보고 절한다 빚에 쪼들리어 한밤중이나 이른 새벽에 도망가는 사람이 이웃 사람에게 인사는 할 수 없어 하는 수 없이 굴뚝을 보고 절하고서 도망간다는 뜻으로, 무엇을 피하여 몰래 달아남을 비유적으로 이르는 말.

굴뚝에 바람 들었나 굴뚝에 바람이 들면 아궁이로 연기가 나와 불 땔 때는 이의 눈에서 눈물이 난다는 뜻으로. 왜 우느냐고 되묻는 경우를 이르는 말.

굴뚝에서 빼놓은 족제비 지저분하고 가냘픈 사람을 비유적으로 이르는 말.

굴러들어온 복 노력해서 들어온 것이 아닌 저절로 얻게 된 복이란 뜻.

굴러온 돌이 박힌 돌을 성낸다 다른 데서 새로 온 사람이 본래부터 있던 사람을 시기하고 못되게 행실(行實) 한다는 뜻.
(비) 굴러온 돌이 주춧돌 밀어낸다. 굴러온 돌이 박힌 돌 뺀다.

굴러온 돌한테 발등 다친다 새로 들어온 사람이 본래 있던 사람을 내쫓거나 해를 입히는 경우를 비유적으로 이르는 말.

굴러 온 호박 생각지도 않는 좋은 일이 생기다는 뜻.
(비) 호박이 넝쿨째 굴러떨어졌다. 아닌 밤중에 찰시루떡. 웬 떡이냐. 우물길에서 반기살이 받다. 움집 안에서 떡 받는다. 호박이 굴렀다. 호박이 떨어졌다.
★반기살이 : 잔치나 제사 음식을 나누어 줌

〈굴레 벗은 말〉

굴레 벗은 말 어려워하거나 삼가는 일 없이 건방지게 제멋대로 행동한다는 말. (비) 굴레 없는 말. 말이 굴레를 벗고 달아난다.

굴레 씌운 말 꼼짝도 못하고 아무 데도 숨을 곳이 없다는 뜻. (비) 굴레 씌운 몸. 못에 갇힌 고기요 새장에 갇힌 새다. 포대에 든 원숭이. 하늘로 오르랴 땅으로 들어가랴.

굴레 없는 말 (비) 굴레 벗은 말.

굴레 없는 말 몰 듯 다루기가 매우 곤란하다는 뜻.

굴속에 든 뱀 길이를 모른다 남의 숨은 재주나 가지고 있는 보물은 얼마나 되는지 모른다는 말.

굴속에서 하늘 보기 (비) 우물 안의 개구리.

굴속의 새끼 쥐를 모르거든 밖에 있는 어미 쥐를 보랬다 그집 아들을 모르겠거든 그 집 부모를 보면 아들도 대충 짐작할 수 있다는 말.

굴에 들어가야 범을 잡는다 일을 성취하려면 거기에 맞는 노력을 해야 한다는 말.

굴왕산 같다 낡고 찌들어서 더럽고 흉하다.

굴우물에 돌 넣기 아무리 하여도 끝이 없는 일을 비유하여 이르는 말.

굴우물에 말똥 쓸어 넣듯 한다 음식을 가리지 않고 마구 먹는 일을 조롱하여 이르는 말. (비) 뱃속에 거지 들었다. 불가사리 쇠 먹듯. 호랑이 날 고기 먹는다. 호랑이 차반. 흉년에 배운 장기(長技). ★굴우물 : 깊은 우물.

굴원(屈原)이 제 몸 추듯 스스로 자신을 자랑한다는 말. ★굴원 : 중국 전국시대 초(楚)나라의 우국지사(憂國之士)이며 시인(詩人).

굵은베가 옷 없는 것보다 낫다 하찮은 것이라도 아주 없는 것보다 있는 것이 더 낫다. (비) 누더기 옷도 없는 것보다 낫다.

굶기를 밥 먹듯 한다 끼니를 무척 자주 굶는다는 것을 이르는 말. (비) 굶기를 부잣집 밥 먹듯 한다.

굶기를 부잣집 밥 먹듯 한다 굶는 게 끼니처럼 지낸다는 말. (비) 굶기를 밥 먹듯 한다.

굶어도 정만 있으면 산다 비록 가난할지라도 부부 간에 정만 돈독하다면 참고 이겨나갈 수 있다는 뜻.

굶어 보아야 세상을 안다 굶주릴 정도로 고생해 보아야 세상을 알게 된다는 말.

굶어 죽기는 정승보다 어렵다 아무리 가난하여도 좀처럼 굶어 죽지는 않는다는 말. (비) 가난이 질기다. 산 사람의 입에 남 거미줄 칠까. 산 입에 거미줄 치랴. 사흘 굶으면 양식지고 오는 놈 있다. 산 사람 목구멍에 거미줄 치랴. 사람은 먹고 살게 마련이다.

굶어 죽은 귀신은 있어도 서러워 죽은 귀신은 없다 아무리 서러운 일이 있어도 굶주림보다 더하지는 않으므로 참아낼 수 있다는 말.

굶으면 아낄 것 없이 통 비단도 한 끼라 굶주리다 보면 먹는 것이 가장 긴요하게 되어 아무리 귀중한 물건이라도 한 끼 밥과 바꾸게 된다는 말. (비) 비단도 한 끼라.

굶주린 개는 뒷간만 봐도 좋아한다 굶주린 사람은 먹을 것을 보기만 해도 희망을 품고 기뻐한다는 말.

굶주린 고양이가 쥐를 만났다 곤란한 문제가 흡족하게 해결되었다는 말. (비) 굶주린 매가 꿩을 만났다. 굶주린 범이 멧돼지를 얻었다. 목마른 사람이 물을 얻었다.

굶주린 나귀가 매를 무서워할까 생활이 안정되지 않은 사람은 악만 남았기 때문에 아무것도 무서워하는 것이 없다는 말. (비) 굶주린 말이 채질을 두려워할까.

굶주린 놈보고 도시락 부탁한다 (비) 거지보고 요기시키란다.

굶주린 놈에겐 화초(花草) 굶주린 사람에겐 먹을 것 외는 아무리 좋은 것을 준다 해도 불필요한 것이란 말.

굶주린 놈은 날벼도 먹는다 (비) 없는 놈이 찬밥 더운밥 가린다.

굶주린 놈이 찬밥 더운밥 가리지 않는다 (비) 없는 놈이 찬 밥 더운밥 가린다

굶주린 매가 꿩을 만났다 (비) 굶주린 고양이가 쥐를 만났다.

〈굽은 나무는 바로잡아도 굽은 마음은 바로잡지 못한다〉

굶주린 매는 사납게 덮친다 오래 굶게 되면 자연적으로 성질이 사나워지기 마련이란 뜻.

굶주린 범에 가재다 (비) 간에 기별도 안 간(갔)다.

굶주린 범에게 고기를 맡기는 격 (비) 강아지에게 메주 멍석 맡긴다.

굶주린 범은 가재도 먹는다 (비) 없는 놈이 찬밥 더운밥 가린다.

굶주린 범이 멧돼지를 얻었다 (비) 굶주린 고양이가 쥐를 만났다.

굶주린 범이다 사람이 몹시 사납다는 말. (비) 물고 차는 상사말이다.

굶주린 범이 사납다 사람이 오랫동안 먹지 못하고 굶주리게 되면 사나워진다는 말.

굶주린 사람은 맛없는 것이 없다 배고픈 사람은 아무 음식이나 다 맛있게 잘 먹는다는 말.

굶주린 사람은 임금도 생각하지 않는다 굶주린 사람은 당장 자신의 생활고에 국가의 어려움을 생각할 여지가 없다는 말.

굶주린 새벽 호랑이 싸대듯 성이 나서 왔다갔다 돌아다니는 사람을 두고 하는 말.

굶주린 양반 개떡 하나 더 먹으려고 한다 점잔만 피우던 양반도 굶주리게 되면 체면이나 점잔도 없어진다는 말.

굶주린 이리에게 부엌을(푸줏간) 지키게 한다 (비) 강아지에게 메주 멍석 맡긴다.

굶주린 호랑이가 고자라고 마다치 않는다 (비) 없는 놈이 찬밥 더운밥 가린다.

굶주린 호랑이 날고기 먹듯 정신없이 기를 써서 열심히 먹는다는 말. (비) 먹고 죽다.

굼드렁타령인가 부부가 늘 같이 다니고 떨어지지 않음을 비유. ★굼드렁타령 : 거지가 구걸하면서 부르는 노랫소리.

굼벵이가 지붕에서 떨어지는 것은 매미 될 셈이(생각이) 있어 떨어진다 남이 보기에는 못난 짓 같으나 제 딴에는 뚜렷한 목적이 있어서 그렇게 한다는 것을 비유적으로 이르는 말.

(비) 개구리 주저앉은 뜻은 멀리 뛰자는 뜻이라. 굼벵이가 지붕에서 떨어질 때는 생각이 있다. 자벌레가 몸을 꾸부리는 것은 장차 펴기 위한 것이다.

굼벵이도 꾸부리는(뒹구는, 구르는, 떨어지는) 재주가 있다 아무리 무능한 사람도 한 가지 재주는 있음을 비유적으로 이르는 말. (비) 우렁이도 두렁 넘을 꾀가 있다.

굼벵이도 밟으(디디)면 꿈틀한다 아무리 보잘 것 없는 것이라도 너무 멸시하면 반드시 반항하게 된다는 뜻.

굼벵이도 제 일을 하려면 한 길을 판다 재간 없는 사람도 제가 급한 일을 당하면 어떻게든지 해낸다는 말. (비) 굼벵이도 제 일 하는 날은 열 번 재주를 넘는다.

굼벵이도 제 일 하는 날은 열 번 재주를 넘는다
(비) 굼벵이도 제 일을 하려면 한 길을 판다.

굼벵이 무숙이 바구미 딱정벌레 거저리 오사리 다 모였다 변변치 못한 사람들이 많이 모여 있다는 뜻. (비) 선떡 부스러기. 섬 진 놈 멱 진 놈. 오합지졸(烏合之卒). ★바구미 : 바구미 과의 총칭. ★거저리 : 거저리 과에 딸린 갑충(甲蟲)의 총칭. ★오사리 : 해물의 일종.

굼벵이 천장(遷葬)하듯 어리석은 사람이 일을 지체하며 빨리 이루지 못함을 비유한 말. ★천장 : 무덤을 다른 곳으로 옮김. 천묘(遷墓).

굽도 젖도 할 수 없다 형편이 막다른데 처해서 어찌해 볼 방도가 없다는 말.

굽은 나무가 선산(先山)을 지킨다 1.쓸모없는 것이 도리어 소용이 있다는 말. 2.기대하지도 않았던 대수롭지 않은 사람이 착한 일을 하는 수가 있다는 뜻.
(비) 병신 자식이 효도한다. 버리댁이 효자 노릇 한다. 눈먼 자식이 효도한다. 나갔던 며느리 효도한다.

굽은 나무는 길맛가지가 된다 세상에는 그 어떤 것도 버릴 것이 없음을 이르는 말. ★길맛가지 : 길마의 몸을 이루는 말굽 모양의 나뭇가지

굽은 나무는 바로잡아도 굽은 마음은 바로잡지 못한다 한 번 비뚤어진 사람의 마음을 바로잡기는 매우 어렵다는 말.

〈굽은 나무도 쓸 데가 있다〉

굽은 나무도 쓸 데가 있다 사회는 잘난 사람만 필요한 것이 아니라 못난 사람도 필요로 한다는 말.

굽은 나무도 타기는 마찬가지다 일반적으로 무용한 것도 어느 한군데 쓰이는 데는 다른 것이나 마찬가지라는 뜻.

굽은 못은 때려서 잡아야 한다 나쁜 사람은 벌을 주어서 바로잡아야 한다는 말.

굽은 지팡이는 그림자도 굽어 비친다 제 본디의 모습이 좋지 아니한 것은 아무리 하여도 숨기지 못함을 비유적으로 이르는 말.

굽히는 것이 꺾이는 것보다 낫다 불구가 되어서 사는 것이 죽는 것보다 몇 배 낫다는 말.

굿 구경하려면 계면떡이 나오도록 해라 무슨 일을 하든지 하려면 끝까지 해야 이익이 돌아온다. (비) 백 리에 구십 리가 반이다. ★계면떡 : 굿이 끝나고 무당이 구경꾼들에게 나누어 주는 떡.

굿도 볼 겸 떡도 먹을 겸 겸사겸사 이득을 본다는 것을 이르는 말.

굿 뒤에 날(榜)장구 친다 (비) 죽은 뒤에 약방문.

굿 들은 무당. 재(齋) 들은 중 평소에 원하던 일을 하게 되어, 신이 나서 좋아하는 사람을 이르는 말. (비) 무당의 영신인가. ★재 : 명복을 빌기 위하여 부처에게 드리는 공양(供養).

굿 마친 뒷장구 (비) 죽은 뒤에 약방문.

굿 본 거위 죽는다 남의 일에 쓸데없이 끼어들었다가 봉변을 당할 때를 이르는 말.

굿에 간 어미 기다리듯 한다 여유가 없이 초조하게 기다림을 이름.

굿이나 보고 떡이나 먹지 남의 일에 쓸데없는 간섭을 하지 말고 되어 가는 형편을 보고 있다가 이익이나 얻도록 하라는 말.

굿하고 싶어도 맏며느리 춤추는 꼴 보기 싫다 무엇을 하려고 할 때 미운 사람이 따라나서서 기뻐하는 것이 보기가 싫어하기를 꺼림을 비유적으로 이르는 말.

굿한다고 마음 놓으랴 1.마음을 놓을 수 없다는 말. 2. 무슨 일의 성공을 위하여 정성을 들였다 해서 그 결과를 걱정하지 않고 안심할 수 없다는 말. (비) 정성을 들였다고 마음을 놓자 마라.

굿해 먹은 집 같다 한참 법석이던 일이 있은 뒤 갑자기 고요해짐을 비유하는 말. (비) 끓는 물에 냉수 부은 것 같다. 잔치 치른 뒤 같다.

굿해 해(害)한 데 없고 싸움해 이(利)한 데 없다 싸움해서 이로운 것이 하나도 없으니 싸움을 하지 않는 것이 좋다는 말.

궁(宮)가 박(朴)가요 서로 동류(同類)가 되어 잘 어울리는 사람을 이름.

궁궐(宮闕) 지키는 내관(內官)의 상(相) 근심이 가득하여 슬픈 표정을 짓고 있다는 뜻.

궁(宮) 도련님 고만(高慢)한 왕실(王室) 자손의 도련님이라는 말로 부유한 집안에 태어나 세상 고생을 모르고 물정(物情)도 모르는 사람을 비유한 말.

궁둥이가 무겁다 한 번 앉았다 하면 일어날 줄 모르는 사람을 두고 하는 말.

궁둥이에서 비파(琵琶) 소리가 난다 (비) 가을 중 싸대듯. ★비파 : 동양의 현악기의 하나.

궁둥이에 좀이 쑤시다 조용히 앉아 있지 못하고 자주 일어나거나 몸을 뒤틂을 이르는 뜻.

궁서(窮鼠)가 고양이를 문다 처지가 궁박해진 사람에게는 조심하여 그 이상 괴롭히지 말라는 뜻. (비) 궁지에 몰린 쥐가 고양이를 문다.
★궁서 : 쫓겨서 궁지에 몰린 쥐.

궁인(窮人) 모사(謀事)는 계란에 유골 운 나쁜 사람은 무엇을 하려고 해도 하는 일마다 마가 껴 안 된다는 말. (비) 계란에 유골. 박복자는 계란에도 유골. 복 없는 정승은 계란에도 뼈가 있다. 복 없는 무당은 경을 배웠어도 굿하는 집이 없다. 복 없는 봉사가 괘문을 배워 놓으면 감기 앓는 놈도 없다. 안 되는 놈은 두부에도 뼈라. 재수 없는 놈은 곰을 잡아도 웅담이 없다. ★궁인 : 곤궁한 사람.

궁지에 몰린 쥐가 고양이를 문다 아무리 약한 놈이라도

〈귀를 믿고 눈을 의심한다〉

죽을 지경에 이르면 강적에게 용기를 내어 달려든다는 말. (비) 궁서(窮鼠)가 고양이를 문다.

궁(窮) 처지기 불 처지기 장기 둘 때 궁(宮)이 면(面)줄로 처지는 것은 정상이 아니니 무엇이나 정상 상태가 아님을 이름.

궁(窮)하면 통한다 매우 어려운 처지에 놓이면 헤어날 도리가 생긴다는 말.(비) 죽을 땅에 빠진 후에 산다.

궁(窮)한 뒤에 행세(行勢)를 본다 어렵게 된 때에야 비로소 그 사람의 참다운 행실을 알 수 있으며 그 기개도 엿볼 수 있다는 말.

권력 쓸 때 인심 사랬다 권력을 부릴 수 있을 때 남에게 잘 대해주고 인심을 베풀도록 하라는 말.

권세는 이 대 못 간다 세력을 가진 사람은 대대손손 이어가는 것이 어렵다는 말.

권연(卷煙) 마는 당지(唐紙)로 인경을 싸려 한다 되지 않는 무리한 짓을 한다는 뜻. 애써 굳이 흠집을 감추려 하나 아무리 하여도 가리지 못한단 말. (비) 지권연 마는 당지로 인경을 싸려 한다. 바늘구멍으로 코끼리를 몰라 한다. ★인경 : 옛날 통행금지를 알리기 위하여 사대문 안에서 밤마다 치던 큰 종.

권에 못 이겨 방립 쓴다(산다) 남의 권을 물리치지 못하여 싫으면서도 따라 하게 됨을 말함.

권에 비지떡 남의 권에 못 이겨 어쩔 수 없이 따라 하게 되는 것.

권커니 잡거니 술을 주고받으며 수작(酬酌)한다는 뜻.

권커니 잦거니 술 같은 것으로 서로 권하면서 계속해서 마시는 모양.

궤 속에 녹 슬은 돈으론 똥도 못 산다 돈은 필요가 있을 땐 마땅히 써야 한다는 말.

귀가 도자전(刀子廛)이라 (비) 귀가 도자전(刀子廛) 마루 구멍이다.

귀가 도자전(刀子廛) 마루 구멍이다 배운 것은 없으나 귀로 들어서 아는 것이 많다는 뜻. (비) 귀가 도자전이다. 귀가 보배다. 귀가 산호(珊瑚) 가지다. ★도자전 : 작은 칼과 패물 따위를 파는 가게.

귀가 번쩍 뜨이다 (사람이 말이나 이야기에) 무척 그럴 듯해 선뜻 마음이 끌리다.

귀가 보배 (비) 귀가 도자전(刀子廛) 마루 구멍이다.

귀가 산호 가지라 (비) 귀가 도자전(刀子廛) 마루 구멍이다.

귀가 항아리만큼 크다 남이 말하는 그대로 받아들인다는 뜻.

귀 구경 말고 눈 구경하라 귀로 여러 번 듣는 것보다 한 번 눈으로 보는 것이 낫다는 말.

귀는 길어야 하고 혀는 짧아야 한다 듣기는 많이 듣고 말은 될 수 있는 한 적게 해야 한다는 의미.

귀는 아름다운 소리를 좋아한다 남에게 그가 듣기 싫어하는 좋지 못한 소리를 해서는 안 된다는 말. (비) 귀는 아름다운 소리만 듣고 싶어 한다.

귀는 커야 하고 입은 작아야 한다 (비) 귀는 길어야 하고 혀는 짧아야 한다.

귀는 크게 열고 입은 작게 열랬다 (비) 귀는 길어야 하고 혀는 짧아야 한다.

귀동냥 말고 눈동냥 하랬다 남의 말만 듣고 행동하기보다 직접 눈으로 보는 것이 정확하다는 말.

귀동냥은 귀동냥으로 돌리랬다 들은 말은 들은 데서 그치고 남에게 옮기지 말라는 것.

귀때기가 떨어졌으면 이다음 와 찾지 급히 떠날 때하는 말

귀뚜라미 풍류(風流)한다 게을러서 농사일에 손을 대지 아니하는 것을 비꼬아서 이르는 말.

귀띔한다 알아차릴 만큼 요긴한 대목을 알려줌을 이르는 말.

귀로 듣는 것이 눈으로 보는 것만 못하다 (비) 귀동냥 말고 눈동냥 하랬다.

귀를 깨끗이 씻는다 나쁜 말은 듣지 않는다는 뜻.

귀를 두고 못 듣는 것도 귀머거리 한 번도 배운 바가 없어서 못 알아듣는 것은 귀머거리와 마찬가지라는 말.

귀를 믿고 눈을 의심한다 1.자기의 주관의식이 뚜렷하지 못하여 남 말만 잘 듣는다는 뜻. 2.일을 반대로 한다는 뜻.

〈귀를 후비고 듣는다〉

귀를 후비고 듣는다 남의 말에 신중하게 알아듣게 하기 위한 성의 있는 태도를 이르는 의미. ⇔ 귀를 막고 뒷걸음질 친다.

귀 막고 귀머거리 행세를 한다 일부러 귀를 막고 귀머거리 노릇을 한다는 의미. ⇔ 귀를 후비고 듣는다.

귀 막고 방울 도둑질 한다 (비) 가랑잎으로 눈 가린다.

귀 막고 종을 훔친다 자기의 양심의 목소리에 귀를 막고 나쁜 짓 함의 비유.

귀머거리 귀 있으나 마나 있으나 마나 마찬가지란 말.

귀머거리는 뇌성 소리도 들리지 않는다 본질적으로 성격이 나쁜 사람은 어떤 수단과 방법으로도 고칠 수 없다는 뜻.

귀머거리는 아무 데나 보고 대답한다 무식한 사람은 사리를 잘 판단하지 못하므로 무슨 일에는 무모하게 덤벼든다는 뜻.

귀머거리 들어나 마나 (비) 곱사등이 짐 지나 마나.

귀머거리 북소리 듣다 1.무슨 일을 하나마나 마찬가지란 뜻. 2.말을 해도 듣지 않는 사람을 두고 하는 말.

귀머거리 삼 년. 벙어리 삼 년. 장님 삼 년 여자가 처음 출가해서 시집살이가 매우 어려움을 이르는 말로 하고 싶은 말이 있어도 하지 말고, 남의 말을 듣고도 못 들은 척하고, 보고서도 못 본 체하라는 옛 어르신들의 가리킴을 일컬음.

귀머거리에 욕질하는 격 알아듣지 못하는 사람에게는 욕을 해도 아무 소용이 없다는 말.

귀머거리 욕 들어나 마나 (비) 귀머거리에 욕질하는 격.

귀머거리 제 마음에 있는 소리한다 남의 이야기는 듣지 않고 자기 마음에 있는 이야기만 한다는 말.

귀먹은 놈 울고 있는 게 당나귀 하품하는 줄 안다 당나귀가 우는 것을 보고 하품하는 줄 안다는 뜻으로, 귀머거리를 조롱하여 이르는 말. (비) 당나귀 하품한다고 한다.

귀먹은 욕 자기가 듣지 못하는 데서 남이 자기의 욕을 하는 것. (비) 귀먹은 푸념.

귀먹은 중놈 목탁 치듯 한다 무슨 일을 격식에 따르지 않고 사리분별 없이 함부로 한다는 말.

귀먹은 중 마 캐듯 남이 무슨 말을 하거나 말거나 알아듣지 못한 체하고 저하던 일만 그대로 함을 이름.

귀먹은 푸념 (비) 귀먹은 욕.

귀 소문 말고 눈 소문 하라 실제로 보고 확인한 것이 아니면 말하지 말라는 뜻. (비) 귀 장사 하지 말고 눈 장사 하라.

귀신같이 먹고 장승같이 간다 걸음을 잘 걷는 사람을 두고 이르는 말.

귀신(이) 곡할 노릇(이다) 일이 매우 기묘하고 신통하다는 뜻.

귀신 대접하여 그른 데 있느냐 귀신을 대접하여 해가 없다는 말.

귀신도 경문(經文)에 매여 산다 귀신도 사람이 외는 경문에 매이는 셈인 것과 같이 아무리 권세가 등등한 사람도 인정이 있어서 사정하는 사람에게는 심한 태도를 못 취한다는 말. (비) 서당(書堂) 아이들은 초달에 매여 산다.

귀신도 남의 제사는 먹지 않는다 남의 물건을 탐내서는 안 된다는 뜻.

귀신도 떡 하나로 쫓는다 사납고 악독한 사람이라 할지라도 친절하게 대하면 해치지 않는다는 말.

귀신도 모른다 지극한 비밀이라서 아무리 잘 아는 이라도 그 비밀을 모른다. 귀신도 모를 만큼 감쪽같다는 말.

귀신도 불러야 온다 남의 도움을 받으려면 자신이 먼저 도움 받을 수 있는 조건을 만들어 놓아야 한다는 말.

귀신도 빌면 듣는다 누구나 자기에게 비는 사람은 용서하게 됨을 비유적으로 이르는 말. 예문. 귀신도 빌면 듣는다는데 호랑이같이 무서운 할아버지라도 네가 진심으로 잘못을 뉘우치고 사과드리면 널 용서해 주시지 않을까? (비) 비는 놈한테는 져야 한다. 비는 데는 무쇠도 녹는다.

귀신도 사귈 탓이다 제 아무리 무서운 귀신도 잘 사귀어 놓으면 친하게 될 수 있듯이 사람도 사귀기에 달렸다는 뜻.

귀신 듣는 데 떡 말(소리) 한다 듣고 썩 좋아할 이야기를 그 사람 앞에서 한다는 말.

귀신보다 사람이 더 무섭다 무엇보다도 사람의 증오와 음모와 살벌이 가장 무섭다 함.

귀신 센 집은 말 좆도 벙긋 못 한다 집안이 불화하고 말썽이 많은 집에는 걸핏하면 성가신 일이 생기게 된다는 말.

귀신 속이기가 사람 속이기보다 낫다 평소에 똑똑한 사람이 오히려 더 잘 속는다는 말.

귀신 씨 나락 까먹는 소리 말도 되지 않는 엉뚱한 소리를 일컫거나 분명하지 않게 우물우물 말하는 소리를 이르는 말. (비) 장마 도깨비 여울 건너가는 소리를 한다. 비 맞은 중놈. 봉사 씨 나락 까먹듯. 국수당에 가서 말하듯. 낙지 판이다. 염불 외듯.

귀신에 복숭아나무 방망이 무엇이든 그것만 보면 꼼짝 못 하고 항복하게 되는 경우.

귀신은 경문(經文)에 막히고 사람은 인정에 막힌다 사람은 인정이 있어서 사정하는 사람에게는 심한 태도를 못 취한다는 말.

귀신은 속여도 팔자는 못 속인다 운명은 이를 아무리 피하려야 피할 수 없다는 말. (비) 뒤로 오는 호랑이는 속여도 앞으로 오는 팔자는 못 속인다. 제 팔자 개 못 준다. 팔자는 독에 들어가서도 못 피한다. 팔자 도망 못 간다.

귀신을 피하려다가 호랑이를 만났다 한 가지 재화를 피하려다 도리어 더 큰 액을 당하였다는 말. (비) 구덩이를 피하려다가 물에 빠졌다. 불을 피하려다가 물에 빠졌다.

귀신이 돌다리를 알까 필요 이상으로 너무 신경 써서 하지 않아도 된다는 뜻.

귀신이 무엇 먹고 사는지 이 세상에서 필요 없는 인간이 없어지지 않고 버젓이 살아 있다는 뜻.

귀신 이야기를 하면 귀신이 온다 1. 마침 이야기하던 주인공이 불시에 나타났을 때 하는 말. 2. 남이 없다고 해서 흉을 봐서는 안 된다는 말. (비) 범도 제 소리 하면 온다. 시골 놈 제 말 하면 온다. 호랑이도 제 말 하면 온다.

귀신이 탄복할 노릇이다 하도 신통하거나 아주 공교로움을 탄복해서 하는 말.

귀신이 하품할 만하다 너무도 신통하고 기묘하여 놀랄 만함을 이름.

귀신 잿밥 먹듯 (비) 두꺼비 파리 잡아먹듯.

귀양이 홑 벽에 가렸다 귀양살이 할 일이 홑 벽(壁) 사이 두고 막혔다 함은 재화란 항시 우리 가까이 있다 함이니, 모든 일에 조심하라는 뜻.

귀 없는 고기도 듣는다 1. 사람이 없다고 해서 남의 말을 함부로 해서는 안 된다는 뜻. 2. 말은 언제나 조심해야 한다는 뜻. (비) 귀 없는 코도 듣는다. 낮말은 새가 듣고 밤말은 쥐가 듣는다. 낮에는 눈이 있고 밤에는 귀가 있다. 낮에는 보는 사람이 있고 밤에는 듣는 사람이 있다. 담에도 귀가 있다. 담에도 눈이 있고 벽에도 귀가 있다.

귀에 걸면 귀걸이 코에 걸면 코걸이 이현령비현령(耳懸鈴鼻懸鈴)으로, 어떤 사실에 어떤 원칙이 있는 게 아니라 이렇게도 저렇게도 해석됨을 이르는 말.

귀에 당나귀 좆 박았느냐 여러 번 일러 주어도 잘 알아듣지 못하고 되묻는 이를 두고 욕하는 말. (비) 귓구멍에 마늘쪽 박았나.

귀에 딱지가 앉다 같은 이야기를 되풀이해서 들었다는 말. (비) 귀에 못이 박히다. 귀에 싹이 난다.

귀에 못이 박히다 (비) 귀에 딱지가 앉다.

귀에 싹이 난다 (비) 귀에 딱지가 앉다.

귀 여기다 남의 말을 곧이들어 속기 잘함을 이름.

귀여운 애한테는 매체를 주고 미운 애한테는 엿을 준다 자식을 잘 기르고 싶거든 먹을 것을 주고 뜻을 맞추느니, 매로 다스려 길러야 한다는 말.

귀여워하는 할미보다 미워하는 어미가 더 낫다 어머니의 사랑은 언제까지나 영원하니까 미움은 일시라는 말.

귀엽게 기른 자식이 어미 꾸짖는다 자식을 귀엽게만 기

⟨귀 작으면 앙큼하고 담대(膽大)하다⟩

르면 버릇이 없어진다는 말.

귀 작으면 앙큼하고 담대(膽大)하다 관상학적으로 귀가 작으면 보기보다 훨씬 앙큼하면서도 배짱이 있는 것으로 판단하게 된다는 것을 이르는 말.

귀 장사하지 말고 눈 장사하라 (비) 귀 소문 말고 눈 소문 하라.

귀천궁달(貴賤窮達)이 수레바퀴다 (비) 부귀빈천(富貴貧賤)이 물레바퀴 돌듯.

귀 풍년에 입 가난 (비) 귀는 길어야 하고 혀는 짧아야 한다.

귀한 것은 상량문(上樑文) 모든 것이 다 구비되어 있는데 무엇 한 가지가 부족함을 이르는 말. (비) 눈은 있어도 눈망울이 없다. 대들보에 상량문이 빠졌다.
　★상량문 : 상량할 때 축복하는 글.

귀한 구슬은 깊은 물 속에 있다 진주는 깊은 속에 있는 조개에서 얻듯이 귀한 것은 깊은 곳에 있으므로 구하기가 어렵단 말.

귀한 그릇이 쉬 깨진다 흔히 물건이 좋고 값진 것일수록 쉬 부서진다는 뜻. 귀하게 태어난 사람이나 재주가 비상한 사람이 일찍 죽게 됨을 이르는 말. (비) 외바늘 귀 터지기 쉽다.

귀한 자식 매 한 대 더 때리고 미운 자식 떡 한 개 더 준다 자식을 기르는 도리로서, 귀한 자식일수록 버릇을 잘 가르쳐야 하고 미운 자식일수록 잘 감싸줘야 한다는 말.

귓구멍에 마늘쪽 박았나 말을 못 알아듣는 이에게 하는 말. (비) 귀에 당나귀 좆 박았느냐.

귓구멍을 뚫어야겠다 남의 말을 좀처럼 알아듣지 못하는 사람을 두고 하는 말. ⇔ 귓구멍이 나팔 통 같다.

귓구멍이 나팔 통 같다 귓구멍이 크다는 뜻으로, 남의 말을 곧이곧대로 잘 듣는 사람을 이르는 말.

귓문이 넓다 남의 말을 곧이듣는 사람을 이르는 말.

귓불만 만진다 운명만 기다린다는 뜻.

귓속말을 건넛마을에서 듣는다 1.은밀히 하는 일도 새기가 쉽다는 말. 2.말을 조심하라는 말.

그 꼴에 수캐라고 다리 들고 오줌눈다 못난 주제에 제구실을 하겠다고 끝까지 쓸데없는 일에 나선다는 뜻.

그 꼴을 보니 신 첨지(申僉知) 신 꼴 보겠다 차마 눈 뜨고 볼 수 없다는 말. 사람의 행동이 아니꼬워 차마 볼 수 없으면 쓰는 말. (비) 신 첨지 신 꼴 보겠다. 눈 허리가 시어 못 보겠다. 반드럽기는 삼 년 묵은 물 박달 방망이.

그 나물에 그 밥 (비) 그 밥에 그 나물.

그 날 액(厄)은 독 안에 앉아도 오고야 만다 그 날의 나쁜 운수는 어떻게 해서도 피할 수 없다는 말.

그 남편에 그 아내 남편이 변변치 못하면 그 아내 역시 같다는 뜻.

그놈이 그놈이라 새 사람이 들어서도 전 사람과 다름이 없어 실망하여 이르는 말.

그늘에도 볕 들 날 있다 (비) 음지에도 볕 들 날 있다.

그늘에 핀 꽃 남에게 냉대 받고 인정을 얻지 못한다는 뜻.

그늘은 두터워야 시원하다 덕망과 지혜를 겸비한 사람 밑에서야 그 덕을 크게 볼 수 있다는 말.

그렇게 하면 뒷간에 옻칠 하나 심히 인색하게 재산을 모은 사람을 비웃는 말. (비) 기와집에 옻칠하고 사나.

그른 꾀와 그른 법을 쓰지 마라 아무리 어려운 환경에 처하더라도 불의(不義)와는 융화하지 말아야 한다는 뜻.

그릇 깨겠다 여자가 얌전하지 못하다는 말.

그릇과 여자는 깨지기 쉽다 여자는 행동을 삼가지 않으면 인생을 망쳐버리게 된다는 뜻.

그릇도 차면 넘친다 그릇도 어느 한계에 이르게 되면 넘치듯이 모든 일에는 한도가 있어서 이를 초과하면 하강하게 된다는 뜻. (비) 달도 차면 기운다. 봄 꽃도 한때. 한 달이 크면 한 달이 작다. 열흘 붉은 꽃 없다.

그릇은 빌려주면 깨지고 계집은 돌리면 버린다 그릇이고 여자고 집밖에 내보내서는 안 된다는 말. (비) 달걀과 여자는 구르면 깨진다. 기구(器具)는 빌리면 깨지고 여인은 돌리면 버린다. 그릇은 빌려주면 깨지고 여편네는 돌아다니면 버린다. 그릇은 돌면 깨지고 여자는 돌면 버린다.

그릇이 둥글면 거기에 담긴 물도 둥글다 아랫사람은 윗사람 하는 대로 따라서 하게 된다는 말. (비) 그릇이 모가 지면 거기에 담긴 물도 모가 진다.

그리스 사람과 악수를 하고 난 뒤에는 반드시 자기 손가락을 세어 보아라 그리스 사람들을 경계해야 한다고 비꼬는 말.(아랍)

그린 황계(黃鷄) 두 나래를 등당 칠까 (비) 까마귀 대가리가 희어지거든.

그림 같은 미인 화가가 아름답게 그린 그림 같이 절세미인이라는 뜻.

그림 떡으로 굶주린 배를 채우려 한다 너무나 허망하고 엉뚱한 짓을 한다는 뜻.

그림에 호랑이 겉으로만 무섭지 실제론 아무런 힘이 없다는 뜻.

그림의 떡 보기는 하지만 실지로 이용할 수 없거나 차지할 수 없는 것을 이르는 말. 화중지병(畫中之餠). (비) 고양이 조막 조개 보기. 보고도 못 먹는 그림의 떡.

그림자는 형체를 닮는다 아랫사람의 성격이나 행동 따위는 윗사람의 그것과 닮게 된다는 말.

그림자는 형체(形體)의 변화에 따라 변한다
(비) 그릇이 둥글면 거기에 담긴 물도 둥글다.

그림자 쉰 데와 숨 쉰 흔적은 없다 (비) 개미 기어간 자취.

그림자조차도 없다 (비) 개미 기어간 자취.

그만하기 다행이다 적지 않은 손해를 입기는 하였으나 더 큰 손해를 입지 않은 것이 매우 다행이라는 말.

그물도 없이 고기만 탐낸다 아무런 도구도 없으면서 작업을 하려고 덤벼든다는 말로서 일은 하지 않고 좋은 성과만 바란다는 의미. (비) 그물도 안 처보고 고기만 없다 한다.

그물에 걸린다고 다 고기는 아니다 법망(法網)에 걸린다고 모두 다 범죄자가 아니고 그중엔 간혹 억울한 사람도 끼여 있단 말.

그물에도 빠져나갈 구멍이 있다 법망(法網)도 잘 살펴보면 피할 수 있는 맹점(盲點)이 있다는 뜻.

그물에 든 고기 (비) 도마에 오른 고기.

그물에 든 고기요 쏘아 놓은 범이라 (비) 도마에 오른 고기.

그물을 벗어난 새 위험을 벗어났음을 이르는 말. (비) 함정에서 뛰어난 범. 범의 입을 벗어나다. 독사 아가리를 벗어나다. 호랑이 아가리에서 벗어났다.

그물을 벗어난 토끼 도망치듯 겁결에 정신을 잃고 전력을 기울여 허겁지겁 도망친다는 말. (비) 작살 설맞은 뱀장어 도망친다. 족제비 난장 맞고 홍문재 넘어가듯.

그물을 쓰고 고기를 잡는다 일의 순서도 모르고 하므로 헛수고만 한다는 뜻.

그물이 삼천 코라도 벼리가 으뜸 1.아무리 수고가 많더라도 주장하는 것이 없으면 소용이 없다는 뜻. 2.재료가 아무리 많다손 치더라도 그것을 한 덩어리로 묶고 마무리하지 못하면 아무 소용이 없음을 이르는 말. ★벼리 : 그물의 위쪽 코를 꿰어 오므렸다 폈다 하는 줄.

그물이 열 자라도 벼리가 으뜸이라 여럿이 하는 일에 주장되는 이의 의견이 가장 중요하다는 뜻.

그물이 천 코라면 걸릴 날이 있다 준비를 충분히 갖추고 기다리면 언젠가는 목적한 일이 이루어질 때가 있다는 말. (비) 그물이 천 코면 걸릴 날이 있다.

그물이 커야 큰 고기를 잡는다 희망과 포부가 큰 사람은 큰일을 할 수 있고 따라서 성공할 수 있다는 말. (비) 낚싯줄이 길어야 큰 고기를 잡는다. 못이 커야 용이 난다.

그물코가 삼천이라도 걸려야 그물이다 (비) 그물이 천 코라면 걸릴 날이 있다.

그믐밤길에 등불 만난 듯 어떤 일을 하는데 방법을 찾지 못하다가 갑자기 해결책을 찾았을 때 이르는 말.

그믐밤에 달이 뜨는 것과 같다 도저히 있을 수 없는 일이라는 말.

〈 그믐밤에 홍두깨 내민다 〉

그믐밤에 홍두깨 내민다 전혀 생각지도 아니 하였던 일이 갑자기 일어나거나, 뜻밖의 말을 불쑥 꺼내는 것을 가리키는 말. (비) 아닌 밤중에 홍두깨 내민다. 자다가 봉창 두들긴다.

그 밥에 그 나물 사람이나 사상(事象)이나 사물(事物)이 잘 어울린다는 뜻.
(비) 그 항아리에 그 뚜껑. 남산 봉화 들 제 인경 치고 사대문 열 제 순라군이 제격. 문풍지 떨어진 데 풀비가 제격. 보리밥에 고추장. 색시 가마에 강아지 따라가듯. 시집가는데 강아지 따라간다.

그슬린 돼지가 달아맨 돼지 타령한다
(비) 똥 묻은 돼지가 겨 묻은 돼지를 나무란다.

그 식이 장식이다 늘 변함없이 한 모양이라는 뜻.
(비) 짠도 흩어진다.

그 아비에 그 아들 잘난 어버이에게서는 잘난 자식, 못난이 어버이한테서는 못난 자식이 태어난다는 말.

그 장단 춤추기 어렵다 1.명령이 분명치 않고 자주 변하여 어떻게 해야 모르겠다는 말. 2.한 일에 간섭하는 사람이 많고 말이 많아서 어찌할 바를 모른다는 뜻.
(비) 이 굿에는 춤추기 어렵다. 어느 장단에 춤추랴. 의날 춤추기 어렵다. 이리해라 저리해라 이 자리에 춤추기 어렵다.

그 집 딸 선을 보려면 먼저 어미를 보랬다 딸은 제 어머니의 행동을 많이 닮기 때문에 그 어머니만 봐도 딸을 평가할 수 있다는 뜻.

그 집주부의 마음에 들려면 우선 하녀부터 취하라 상대를 함락시키려면 우선 그가 신뢰하고 있는 사람부터 함락시키는 것이 성공의 지름길이라는 뜻.

그 친구를 보면 그 사람을 알 수 있다 누구니 그 사람의 친구를 보면 그 사람의 인품이 어느 정도인지 파악할 수 있다는 말.

그 항아리에 그 뚜껑이다 사람이나 사상(事象)이나 사물이 서로 잘 어울린다는 뜻.
(비) 그 밥에 그 나물. 남산 봉화 들 제 인경 치고 사대문 열 제 순라군이 제격. 문풍지 떨어진 데 풀비가 제격. 보리밥에 고추장. 색시 가마에 강아지 따라가듯.

극락길은 곁에 있다 행복은 먼 데 있는 것이 아니라 가까운 현실에 있음에 사람은 현실에 충실해야 한다는 뜻.

극락길을 버리고 지옥 길을 간다 착한 데라고는 조금도 없고 악행만을 일삼는다는 말.

극성(極盛)이면 필패(必敗) 무슨 일이나 극도로 성하게 되면 또한 반드시 그 끝은 좋지 않게 된다 하여 이르는 말.

근거 없는 소문 없다 소문은 확대되어 퍼지게 마련인데 보통 근거 없이 소문이 나돌지 않는다는 말.

근심 걱정이 많아서 음식 맛도 없다 걱정거리가 많아도 해결을 하지 못하여 입맛도 없어졌다는 뜻.

근심으로 늙는다 근심 걱정이 많은 사람일수록 쉬 늙는다는 말.

근심은 욕심 많은 데서 생긴다 욕심이 지나치게 많기 때문이니 욕심부리는 일을 삼가야 한다는 뜻.

근심이 태산 같다 걱정거리가 엄청나게 많다는 말.

근원 벨 칼이 없고 근심 없앨 약이 없다 부부간의 금실은 끊을 수 없고 근심 걱정이 끊이지 않는다는 것을 이르는 말.

근원(根源)이 맑아야 맑은 물이 흐른다 1.윗사람이 처신을 똑바르게 해야 아랫사람도 청렴하게 된다는 뜻. 2.근본이 좋아야 훌륭한 후손(後孫)이 나온다.
(비) 맑은 샘에서 맑은 물 나온다. 근원이 맑으면 흐르는 물도 맑다.

근잠 먹은 데는 도끼 들고 나서고 멸구 먹은 데는 갈퀴 들고 나선다 근잠 먹은 벼는 수확할 것이 있어도 멸구 먹은 벼는 수확할 것이 없다. ★근잠 : 벼가 잘 여물지 않는 병의 하나.

근창 가는 배도 둘려 먹는다 곤궁에 빠지거나 기갈이 들게 되면 어떤 짓이라도 다 한다는 뜻.

글귀는 몰라도 말귀조차 모를까 아무리 무식한 사람도 말소리를 가지고 파악할 수 있다는 의미.

글 모르는 귀신 없다 귀신도 글을 알고 있은즉, 사람이라면 마땅히 글을 배워서 자신의 길을 닦아야 한다는 말.

글 못한 놈 붓 고른다 학식, 기술이 모자라는 사람일수록 공연한 트집을 잘 잡는다는 말.
(비) 서투른 과방 떡판 타박. 서투른 무당 장구 나무란다. 서투른 숙수가 떡판만 나무란다. 선무당 마당 기울다고 한다. 선무당이 장구 탓한다. 쟁기질 못하는 놈이 소 탓한다.

글방도련님 글방에서 글만 읽으면서 아무 일도 하지 않는 남자라는 뜻으로, 세상 물정을 전혀 모르는 사람을 비유적으로 이르는 말.

글 속에도 글 있고 말 속에도 말 있다 1.표현된 글이나 말 속에는 표현되지 않은 더욱 다양하고 깊은 뜻이 담겨 있다는 말. 2.말과 글은 그 속뜻을 잘 음미해 보아야 한다는 말.

글씨는 마음의 그림이다 글씨 쓴 것을 보면 그 사람의 마음을 알 수 있다는 말.

글씨도 못 쓰는 놈이 붓만 탓한다 일 못 하는 사람이 자기 실력이 모자란다고 하지 않고 연장 핑계를 댄다는 뜻. ⇔ 글씨 잘 쓰는 사람은 붓을 탓하지 않는다.

글에 미친 송 서방 다른 일은 돌보지 않고 글공부만 하는 사람을 조롱하여 이르는 말.

글은 기성명(記姓名)이면 족하다 글공부를 많이 할 필요가 없다는 말.

글을 읽기만 하고 그 뜻은 모른다 아무 실속도 없이 헛수고만 한다는 뜻.

글이 뱃속에 들다 학식이 있음을 이르는 말.

글 잘 쓰는 사람은 필묵을 탓 않는다 능숙한 사람은 도구가 좋지 않더라도 잘한다 하여, 미숙한 사람이 도구를 탓할 때 이르는 말.
(비) 글씨 잘 쓰는 사람은 붓을 가리지 않는다. 글씨 잘 쓰는 사람은 종이와 붓을 가리지 않는다.

글 잘하는 자식 낳지 말고 말 잘하는 자식 낳랬다
(비) 거짓말도 잘만 하면 논 닷 마지기보다 낫다.

글 짧은 것과 양반 짧은 것은 어디 가서 내놓지 말랬다 얕은 지식을 가지고 잘난 체하듯이 섣불리 아는 것을 가지고는 아는 척을 하지 말라는 뜻.

긁어 부스럼 필요 없는 짓을 하여 스스로 재화(災禍)를 끌어들임을 이르는 말. (비) 아무렇지도 않은 다리에 침 놓기. 찔러 피를 낸다.

긁을수록 부스럼은 커진다 악한 일을 숨기고 우물쭈물하면 점점 더 확대되어 나중엔 손쓰기 어렵다는 말.

금강산(金剛山) 그늘이 관동(關東) 팔십 리 위대한 것의 영향력은 아주 먼 데까지 미침을 이르는 말.
(비) 수양산 그늘이 강동 팔십 리 간다. 인왕산 그늘이 강동 팔십 리 간다. 나무는 큰 나무 덕을 못 보아도 사람은 큰 사람의 덕을 본다. 나무는 키 큰 덕을 못 입어도 사람은 키 큰 덕을 입는다. 큰 솥 밑에서 작은 솥이 자란다.

금강산도 식후경 아무리 좋고 재미있는 일이라도 배가 부르고 난 뒤에야 흥이 난다는 뜻.
(비) 꽃 구경도 식후사. 악양루도 식사 뒤.

금강산도 제 가기 싫으면 그만이다 아무리 좋은 일이라도 제 마음에 들지 않으면 억지로 그것을 강요해선 안 된다는 말. (비) 평안감사도 저 싫으면 그만이다.

금강산 상상봉(上上峰)에 물밀어 배 띄워 평지(平地) 되거든 (비) 까마귀 대가리가 희어지거든.

금관자(金貫子) 서슬에 큰기침한다 나쁜 짓을 하고도 벼슬 높고 돈이 있는 위세로 도리어 큰소리를 치며 남을 야단친다는 뜻.
(비) 도둑질하더라도 사모 바람에 거드럭거린다.
★금관자 : 정이품, 종이품 벼슬아치가 붙이는 금으로 만든 관자 ★서슬 : 언행의 날카로운 기세.

금년(今年) 새 다리가 명년(明年) 쇠다리보다 낫다 어떻게 될지 모르는 장래 일을 기대하느니 보다 비록 그만 못하더라도 당장 눈앞에 얻을 수 있는 것이 더 이롭다는 뜻. (비) 내일의 천자보다 오늘의 재상. 후 장 쇠다리 먹으려고 이 장에 개다리 안 먹을까. 생일 잘 먹으려고 이레를 굶을까. 나중 꿀 한 식기 먹으려고

〈금(金)덩어리 지고 거지 노릇한다〉

당장에 엿 한 가락 안 먹을까. 내일 꿩보다 당장 참새가 낫다. 내일 백 냥보다 당장 쉰 냥이 낫다. 내일 백 냥보다 지금 오 푼이 낫다. 내일의 임금보다 오늘의 재상이 낫다. 내일의 정승보다 당장 원이 낫다. 새벽달 보려고 으스름달 안 볼까.

금(金)덩어리 지고 거지 노릇한다 돈을 두고 궁상을 떤다는 뜻.

금도 모르고 싸다 한다 내용도 모르고 아는 체한다는 말.

금두(金頭) 물고기가 용(龍)에게 덤벼든다 (비) 개미가 객사(客舍) 기둥을 건드린다.

금돈도 안팎이 있다 아무리 좋고 훌륭한 것이라도 안과 밖의 구별이 있다는 말.

금(金)방망이 우려먹듯 두고두고 이용하는 뜻. (비) 노루 친 막대 삼 년 우린다. 노루 때린 막대를 세 번이나 국 끓여 먹는다. 쇠뼈 우려먹듯.

금방 먹을 떡에도 소를 박는다 아무리 급하더라도 반드시 그 순서를 밟아서 하여야 한다는 말.

금(金) 보기를 돌과 같이 하라 물욕(物慾)이 심하면 천한 사람이 되니 물욕을 너무 내지 말라는 말.

금사망을 썼다 얽어맴을 당하여 벗어나지 못한다는 말.

금산(錦山) 체 장수는 말꼬리 먼저 본다 사람은 누구나 자기와 이해관계가 있는 일에 관심을 많이 가진다는 말. (비) 거지는 부엌부터 들여다본다. 거지는 밥그릇 소리에 깬다. 금산 체 장수 죽은 말 지키듯 한다. 거지 눈에는 밥만 보인다.

금산 체 장수 죽은 말 지키듯 한다 (비) 금산 체 장수는 말꼬리 먼저 본다.

금승말 갈기 외로 질지 바로 질지 모른다 일이 앞으로 어떻게 될는지 첫 시작에는 결정할 수 없다는 말. (비) 생마 갈기 외로 질지 바로 질지 모른다. 제주 말 갈기 외로 질지 가로 질지. ★금승말 : 그해에 난 말.

금(金) 없는 곳에선 구리가 보배 노릇을 한다 잘나고 세력이 있는 사람이 없는 곳에선 못나고 약한 사람이 잘난 체하고 기세를 부린다는 말. (비) 범 없는 곳에선 토끼가 스승이다. 사자 없는 산에선 토끼가 대장 노릇을 한다. 호랑이가 없는 골에선 토끼가 선생 노릇을 한다. 호랑이가 없는 산에선 살쾡이가 호랑이 노릇을 한다.

금(金)으로 만든 사발에도 흠이 있다 덕(德)이 있는 사람에게도 흠은 있다는 말. ⇔ 금으로 만든 사발에는 흠이 없다.

금은 광석에서 나온다 비천한 가정에서도 위대하고 덕이 있는 인물이 나올 수 있다는 말.

금이야 옥이야 무엇을 다루는 데 애지중지한다는 뜻. (비) 쥐면 꺼질까 불면 날까.

금일 충청도 명일 경상도 (비) 구름 떠다니듯.

금 잘 치는 서순동(徐順同)이라 옛날 서순동이라는 사람이 물가를 잘 평정(評定)하였으므로, 물건 값을 잘 매기는 사람을 가리키는 말. ★서순동 : 조선 전기 문신이며 본관은 이천서씨(利川徐氏) 병부상서공파/안안공파(安安公派) 서순동(徐順東) [安安公. 1450~1518] 이천서씨 시조 1세 서신일(徐神逸 야간 대부. 부총리) 14세 후손 2세 서필(徐弼 내의령. 종 1품)

금장이 금 불리듯 제 마음대로 조종한다는 말.

금정(金井) 놓아두니 여우가 지나간다 일이 낭패로 돌아갔을 때 쓰는 말. ★금정 : 뫼를 쓰려고 판 구덩이.

금주(禁酒)에 누룩 흥정 술을 마시지 않겠다는 사람에게 누룩을 팔려고 흥정한다 함은, 쓸데없는 수고를 한다는 뜻. (비) 주금에 누룩 장사. 남 떡 먹는 데 팥보숭이(고물) 떨어지는 걱정한다.

금지옥엽(金枝玉葉) 1.아름다운 구슬을 고운 초목에 비유한 말. 2. 임금님이나 귀족 또는 귀인. 3.가장 귀중한 물건을 이르는 말.

금천(衿川) 원이 서울 오라 다니듯 일을 빨리 이루려고 하나 도리어 더 더디고 느리게 됨을 이르는 말.

급병(急病)에는 약이 없다 지나치게 서두르는 것은 반드시 실패의 원인이 된다는 뜻.

급하게 서둘러 손해 안 보는 일 없다 (비) 급병(急病)에는 약이 없다.

급하기는 우물에 가 숭늉 달라겠다 모든 일의 순서를 생

〈기기도 전에 날기부터 한다〉

각지 못한 채 몹시 성급하게 서두르기만 하는 것을 말함. (비) 콩밭에 가 두부 찾겠다. 우물 들고 마시겠다. 보리밭에서 숭늉 찾는다. 밀밭에서 술 찾는다. 우물에 가서 숭늉 찾는다. 우물 들고 마시겠다. 저렇게 급하면 할미 속으로 왜 아니 나와. 콩 마당에 서슬 치겠다.

급하다고 갓 쓰고 똥 누랴 아무리 급해도 밟아야 할 순서를 무시할 수 없음을 이르는 말. (비) 급하다고 콩마당에서 간수 치랴. 급하다고 바늘허리 매어 쓰랴.

급하면 관세음보살을 왼다 (비) 물에 빠지면 짚이라도 잡는다.

급하면 담도 뛰어넘는다 궁지에 몰리게 되면 위험에서 벗어나려고 비상한 용기도 생긴다는 말. (비) 급하면 없는 꾀도 절로 난다.

급하면 밑 씻고 똥 눈다 아무리 급하더라도 사리(事理)에 따라서 일의 순서대로 처리하지 않으면 낭패를 본다는 뜻.

급하면 바늘허리에 실 매어 쓸가 아무리 급한 일이라도 순서를 밟아야 한다는 말.

급하면 부처 다리를 안는다 (비) 물에 빠지면 짚이라도 잡는다.

급하면 엄나무도 잡는다 평소에 귀신의 존재를 부정하던 사람이라도 위급하게 되면 귀신의 도움을 받으려 한다는 말.

급하면 없는 꾀도 절로 난다 궁지에 몰리게 되면 위험에서 벗어나려고 비상한 용기도 생긴다는 말.
(비) 급하면 담도 뛰어 넘는다.

급하면 임금 망건값도 쓴다 경제적으로 곤란에 빠지면 아무 돈이라도 있기만 하면 쓰게 된다는 의미.
(비) 나라 상감님 망건값도 쓴다.

급하면 콩마당에서 간수 치랴 성미가 몹시 급함을 뜻함.
(비) 급하기는 우물에 가 숭늉 달라겠다.
★간수 : 두부를 만들 때 쓰이는 재료.

급한 덴 콩마당에 서슬 치겠다 몹시 성미가 급하다는 뜻. 사물(事物)의 순서도 모르고 날뛴단 말.

(비) 콩밭에 가 두부 찾는다. 우물 들고 마시겠다. 보리밭에서 숭늉 찾는다.

급할 때는 거짓말이 사촌보다 낫다 곤란한 지경에 처해 있을 때는 정상적인 방법으로는 벗어나기 어려우니 거짓말이라도 해서 그 궁지를 벗어나야 한다는 말.

급할수록 돌아가랬다 급한 일일 경우에는 한없이 기다리기보다는 어렵더라도 돌아가는 편이 더 낫다는 말.

급히 더운 방이 쉬 식는다 무엇이나 급히 이루어 놓은 것은 영속성이 없다는 말. (비) 속히 더운 방이 쉬 식는다.

급히 먹는 밥이 목이 멘다(체한다) 너무 급하게 서두르면 오히려 실패하기 쉽다는 뜻. (비) 넉 바른 괭이 쌍 못 얻는다. 빠른 걸음에 넘어지기 쉽다.

급히 병에 넣다가는 절반밖에 못 넣는다 무슨 일을 하던지 작업 조건을 생각지도 않고 서두르기만 하면 성과가 없다는 말.

기가 막히고 엄청난다 일이 생각했던 바와 판이하여 어이가 없음을 이름.

기가 막히는 데는 숨 쉬는 것이 약이다 근심, 걱정거리가 있을 때는 우선 마음을 안정시키는 편이 최고라는 의미.

기가 하도 막혀 막힌 둥 만 둥 너무나 큰 변을 당하면 어안이 벙벙하여 도리어 아무렇지도 않은 듯하다는 말.

기갈(飢渴) 든 놈은 돌담까지도 부신다 사람이 몹시 굶주리면 상식으로는 도저히 생각할 수 없는 일까지도 저지른다는 말.

기갈(飢渴)이 반찬이다 굶주렸을 때는 반찬이 좋건 나쁘건 상관없이 밥을 맛있게 먹는다는 말. (비) 기갈이 감식(甘食). 시장이 반찬. 시장이 팥죽. 오후(午後)한 냥 쓴 것이 없다.

기갈(飢渴)이 감식(甘食) (비) 기갈(飢渴)이 반찬이다.

기구(器具)는 빌리면 깨지고 여인은 돌리면 버린다
(비) 그릇은 빌려주면 깨지고 계집은 돌리면 버린다.

기기도 전에 날기부터 한다 1.되지도 않을 못된 짓을 한다. 2.자신의 위치와 실력도 모르고 함부로 덤빈다.

〈기기일일(驥驥一日) 천 리(千里)라〉

(비) 개미가 맷돌을 돌리는 것 같다. 걷기도 전에 날기부터 배운다. 걷기 전에 뛰기부터 배운다. 금두(金頭) 물고기가 용에 덤빈다. 기도 못 하는 게 날려고 한다. 기도 못 하는 게 뛰려고 한다. 난쟁이 교자(轎子)꾼 참여 하듯. 난쟁이 월천(越川)꾼 참여 하듯. 날개도 없는 것이 날겠다고 한다. 눈먼 강아지 젖 탄한다. 마른 말(馬)이 짐 탐한다. 아직 이도 아니 나서 갈비 뜯는다. 앉은뱅이 천 리 대참(代參). 애꾸가 환히 보려 하고 절름발이가 멀리 가려 한다. 이도 아니 나서 황밤 먹는다. 이 빠진 강아지 언 똥에 덤빈다. 지붕의 호박도 못 따는데 천도 따겠단다. 푸둥지도 아니 나서 날려 한다. 개미가 객사(客舍) 기둥을 건드린다.

기기일일(驥驥一日) 천 리(千里)라 준마(駿馬)는 하루에 천 리를 간다는 말. 전(轉)하여 어리석은 사람도 열심히 하기만 하면 현인(賢人)과 같이 성공할 수 있다는 말.

기는 놈 위에 나는 놈이 있다 아무리 재주가 있어도 그보다 나은 사람이 있으니 너무 자랑하지 말라는 뜻. (비) 나는 놈 위에 타는 놈 있다. 뛰는 놈이 있으면 나는 놈이 있다. 치 위에 치가 있다. 파리 위에 날나리가 있다.

기대가 크면 실망도 크다 기대했던 일이 수포로 돌아가게 되면 그에 대한 실망도 크다는 말.

기도 못 하면서 날려 한다 (비) 기기도 전에 날기부터 한다.

기둥보다 서까래가 더 굵다 당연히 서까래와 지붕을 받치고 있는 기둥이 더 굵어야 하니 이치에 맞지 않는 경우를 두고 하는 말. (비) 바늘보다 실이 굵다. 배보다 배꼽이 더 크다. 아이보다 배꼽이 더 크다. 산보다 골이 더 크다. 눈보다 동자가 크다. 고추장이 밥보다 많다. 얼굴보다 코가 더 크다. 배보다 배꼽이 더 크다. 발보다 발가락이 더 크다. 젖통보다 젖꼭지가 더 크다. 주인보다 객이 많다.

기둥뿌리가 빠진다 집안이나 사업이 망해간다는 말.

(비) 기둥뿌리가 썩는다. 기둥뿌리가 흔들린다.

기둥뿌리를 틀다 남의 집을 망하게 함을 이르는 말.

기둥뿌리 파먹다가 집 무너진다 우선 당장에 편하게 있는 돈만 쓰고 벌지 않았다가는 집안이 망한다는 말.

기둥에 망아지 새끼 따라다니듯 한다 요긴하지 않은 사람이 쓸데없이 따라다닌다는 뜻.

기둥을 치면 대들보가 운다 직접 맞대어 탓하지 않고 간접적으로 넌지시 말을 하여도 알아들을 수가 있다는 뜻. (비) 변죽을 치면 복판이 울린다. 기둥을 치면 봇장이 울린다.

기둥을 치면 봇장이 울린다 (비) 기둥을 치면 대들보가 운다.

기둥이야 되든 말든 목침 먼저 자른다 1.국가야 어떻게 되든 사리사욕만 차린다는 뜻. 2.목적한 일이야 어떻게 되든 제 욕심부터 낸다는 뜻.

기둥이 튼튼해야 집이 튼튼하다 자손들이 잘 번창해야 집안이 발전한다는 뜻.

기(旗) 들고 북 쳤다 항복한다는 말이니, 실패하여 도저히 다른 가망이 없다는 말.

기러기가 가면 제비가 온다 떠나가는 사람이 있으면 오는 사람도 있다는 말.

기러기가 나니까 똥파리도 난다 자기 처지도 모르고 분이 넘치게 남의 행동을 흉내 내다가 나중엔 망신만 당하게 된단 말.

기러기 날 때는 줄지어 난다 하물며 날짐승도 질서를 지키는데 사람으로서 사회질서를 지키지 않아서야 하겠느냐는 말.

기러기는 날개가 커서 천 리도 난다 기본 바탕이 좋아야 성과도 좋을 수 있다는 말.

기러기도 백 년의 수(壽)를 가진다 무력(無力)이거나 미천(微賤)하다고 하여 그러한 사람을 경시해선 안 된다는 말. (비) 정승 날 때 강아지 난다.

기러기도 형제는 안다 항차 날짐승도 우애가 좋은데 하물며 사람으로서 우애가 없어서야 하겠느냐는 뜻. (비) 형제간엔 콩도 반쪽씩 나눠 먹는다.

기러기 떼 날 듯 한다 기러기 떼가 질서 정연하게 날듯이 질서가 확립되어 있다는 뜻.

기러기 불렀다 사람이 멀리 도망쳤음을 비유한 말.

기러기 털은 물에 젖지 않는다 학식 높고 훌륭한 사람은 옳지 않은 것과 접촉해도 이에 물들지 않는다는 뜻.

기러기 한평생 철새처럼 떠돌아다녀서 앞으로 고생이 끝이 없을 생애를 비유적으로 이르는 말.

기르던 개에게 다리를 물렸다 은혜를 베푼 사람으로부터 큰 화를 입음을 비유적으로 이르는 말. (비) 내 밥 준 개가 발등 문다. 삼 년 먹여 기른 개가 주인 발등 문다. 아는 도끼에 발등 찍힌다. 기른 범에게 잡아먹한다. 호랑이를 길러 후환을 입는다. 범을 기른 셈.

기른 개가 아들 불알 잘라 먹는다 (비) 기르던 개에게 다리를 물렸다.

기른 개도 무는 개가 있다 이 세상엔 은혜도 저버리는 사람이 있다는 말. (비) 개도 미치면 주인을 문다.

기름떡 먹기 (비) 누워 떡 먹기.

기름 맛을(먹어) 본 개같이 한번 맛을 본 후에는 그 맛을 잊지 못해 자꾸 다시 먹고 싶어 한다는 뜻으로, 자주 어떤 일을 또 하고 싶어 하는 모양을 비유적으로 이르는 말.

기름 먹인 가죽이 부드럽다 뇌물(賂物)를 써서 두루 통해 놓으면 모든 일이 다 순조롭게 된다는 뜻.

기름 버리고 깨 줍는다 많은 손해를 보고 조그만 이익을 추구한다는 말. (비) 노적가리에 불 지피고 싸라기 주워 먹는다. 집 태우고 바늘 줍는다. 집 태우고 못 줍기. 노적 섬에 불붙여 놓고 박산 주워 먹는다. 노적가리에 불붙이고 튀각 주워 먹는다.

기름 쏟고 종지 깬다 한 가지 일이 잘못 되면 연쇄반응을 일으켜 다른 일까지 망치게 된다는 말.

기름에 그림 그린다 바탕이 부실(不實)해서 일을 해봤자 성공할 수 없다는 말. (비) 얼음에 새김질한다.

기름에 물 탄 것 같다 언뜻 보기에는 비슷한 것으로 보이지만 자세히 살펴보면 서로 화합이 되지 않는 말.

기름을 쏟고 깨를 줍는다 (비) 기름 버리고 깨 줍는다.

기름을 엎지르고 깨를 줍는다 (비) 기름 버리고 깨 줍는다.

기름을 지고 불로 들어간다 아주 위험한 짓으로 화(禍)를 자초(自招)한다는 말. (비) 독사 아가리에 손가락을 넣는다. 벌집을 건드린다. 섶을 지고 불로 들어가려 한다. 칼날을 밟는다. 칼 물고 뜀뛰기. 호랑이 입을 더듬는다. 화약을 지고 불로 들어간다.

기름이 다 닳으면 등불은 꺼진다 사람은 나이를 많이 먹으면 죽게 마련이란 뜻.

기름장이 마냥 반드럽다 됨됨이가 순진하고 어리숙한 구석이 없고 몹시 약아빠졌다는 의미.

기린(麒麟)은 늙으면 노마(駑馬)만 못하다 탁월한 사람도 늙어지면 기력이 쇠진한다는 뜻. ★노마 : 걸음이 느리거나 둔한 말.

기린(麒麟)은 잠자고 스라소니는 춤춘다 이 세상은 오히려 성인이 깊숙이 들어앉아 활동을 아니하고 무능한 사람이 설친다는 뜻. ★스라소니 : 고양이과에 딸린 짐승.

기막히고 엄청나다 일이 처음에 생각하던 것과 너무 달라서 어처구니가 없을 때 하는 말.

기분이 좋으면 아저씨 하고 기분이 나쁘면 개새끼 한다 변덕이 많고 무슨 일을 감정적으로 처리 한다는 뜻.

기쁘기가 봄볕과 같다 고생하던 끝에 돌아오는 기쁨은 더욱 크다는 뜻.

기쁜 일을 당해도 경솔한 행동하지 말라 몹시 기쁨에 넘쳐 경망스럽게 처리하기 쉬우므로 조심하라는 말.

기쁜 일이 있으면 얼굴에 나타난다 사람의 표정을 보면 좋아하는지 싫어하는지 금세 알아차릴 수 있다는 말.

기쁨은 나눌수록 커지고 고통은 나눌수록 준다 좋은 일이 있을 때 남들도 같이 기뻐해 주기에 커지고 어려운 일이 생겼을 때도 함께 걱정해주기에 고통이 줄어진다는 말.

기상천외(奇想天外)하다 1.상식 밖의 일. 2.매우 엉뚱한 생각. 3.대단히 신기하고 이상한 좋은 생각, 기발한 생각을 말함.

기생 오라비 같다 빤질빤질하게 모양을 내고 다니는 남

〈기생의 자릿저고리〉

자를 놀리는 말.

기생의 자릿저고리 기생의 자릿저고리는 기름때가 묻고 분 냄새가 나는 더러워진 것이라는 뜻으로, 외모가 단정하지 못하고 말씨가 간사스러운 사람을 비웃는 말. (비) 거지 발싸개 같다. ★자릿저고리 : 밤에 잘 때 입는 저고리.

기생 죽은 넋 1. 다 낡아 못 쓰게 되었어도 아직 볼품은 있다는 말. 2. 일하는 데는 게으르고 모양만 내는 사람을 놀림조로 이르는 말.

기생 환갑은 서른 서른 살이면 기생으로서의 생명이 다한 것이나 다름없다는 말.

기술은 부자간에도 털털하며 죽는다 기술을 부자간에도 비밀로 하다가 비로소 죽을 때가 되어야 아들에게 가르친다는 뜻.

기암절벽(奇巖絶壁) 천층석(千層石)이 눈비 맞아 썩어지거든 (비) 까마귀 대가리가 희어지거든.

기업은 망해도 기업주는 살찐다 자기 자본에 의하여 운영되지 않고 남의 돈에 운영되는 일부 부실기업주들의 소행을 꼬집어 한 말.

기역 왼 다리도 못 그린다 (비) 가자 뒤 자도 모른다.

기와집에 옻칠하고 사나 매우 인색하게 하여 재산을 모으는 사람을 두고 하는 말. (비) 그렇게 하면 뒷간에 옻칠하고 사나.

기와집이면 다 사창(社倉)이가 겉이 훌륭하다고 그 내용도 다 훌륭하지는 못하다는 말.

기와 한 장 아껴서 대들보 썩인다 (비) 한 푼 아끼다가 백 냥 잃는다.

기왕이면 다홍치마 동일한 조건이라면 자신에게 이익되는 것을 선택하여 가지겠다는 뜻.

기왕지사(旣往之事)구먼 이미 다 지나간 일. ★기왕지사 : 이미 지나간 과거의 일.

기우젯날 돼지 신세 어떤 일에 옴싹달싹 못하는 신세가 되었다는 의미.

기운이 세면 소가 왕 노릇 할까 힘이 세다 해도 지략이 없으면 남의 지도적 위치에서 설 수 없다는 말.

(비) 기운이 세면 장수 노릇 하나.

기운이 세면 장수 노릇 하나 (비) 기운이 세면 소가 왕 노릇 할까.

기차(버스)는 떠났다 이미 기회를 놓쳐버렸다는 말.

기차 떠나고 손 든다 제 때에 아니 하다가 시기를 놓친 뒤에 한다는 말. (비) 버스 지나고 손 든다. 굿 마친 뒤 장구 친다.

기차 바퀴가 박달나무란다 실제로 그렇지 않는데 실제로 그렇다고 터무니없이 말로 우긴다는 것. (비) 남대문 턱이 대추나무라고 한다.

기척이 없으면 개도 짖지 않는다 내가 잘못을 저지르지 않았다면 남들이 나를 나쁘게 할 일이 없다는 말. (비) 아니 땐 굴뚝에 연기 나랴.

기초가 있으면 무너지지 않는다 국민들의 호응과 지지를 받는 정권은 쉽게 무너지지 않는다는 뜻.

기침에 재채기 1. 일이 공교롭게 되었음의 뜻. 2. 일마다 방해가 끼어들어 낭패를 봄을 이름. (비) 하품에 폐기. 고비에 인삼. 마디에 옹이. 눈 위에 서리 친다.

기호지세(騎虎之勢)로구먼 범을 타고 달리는 기세 곧. 중도에서 그만둘 수 없는 형세. ★기호지세 : 호랑이를 타고 달리는 형세라는 뜻으로, 이미 시작한 일을 중도에서 그만둘 수 없는 형세를 비유적으로 이르는 말.

긴가민가하다 그런가 그렇지 아니한가 분명하지 않다는 뜻.

긴 밤에 날 새기 기다리듯 무엇을 지루하게 기다린다는 뜻.

긴 병(病)에 효자(孝子) 없다 아무리 효심이 두터워도 오랜 병구완을 하노라면 자연히 정성이 한결같지 않게 된다는 말. (비) 잔병에 효자 없다. 삼 년 구병(救病)에 불효(不孝) 난다.

긴 안목으로 봐야 한다 당장 눈앞의 이익만 보고 일하지 말고 먼 장래를 내다보고 일을 시작하라는 뜻.

길가다 돌을 차도 연분 대단치 않는 일이라도 연분이 있으면 이루어지게 마련이란 뜻. (비) 길바닥 돌도 연분이 있어야 찬다. 길에 돌(이 많아)도 연분이 있어야 찬다.

길가 버들 (비) 길가에서 고생하는 자두꽃이다.

길가에서 고생하는 자두꽃이다 기생의 신분이란 뜻. (비) 길가에 버들. 담 밑에 꽃.

길가에 집 짓기 길가에 집을 지으면 오가는 사람이 보고 저마다 간섭을 하여 집을 짓지 못한다 함이니. 간섭하는 일은 이루지 못한다는 뜻. (비) 작사도방(作舍道傍)에 삼 년 불성(三年不成).

길갓집 삼 년 가도 못 짓는다 행인들이 다 간섭하기 때문에 집을 빨리 지을 수 없듯이 간섭하는 사람이 많으면 어떤 일도 빨리 안 된다는 말.

길갓집 큰아기 내다보기에 다 나간다 길가에 사는 처녀가 언제나 길만 내다보다가 볼 일을 못 보고 신세를 망치는 수가 많다는 말.

길 건너 큰아기는 내다보다가 다 늙는다 길가에 사는 처녀는 길에 오가는 총각만 내다보다가 시집을 못 가고 늙듯이, 처녀가 총각을 너무 고르다가는 시집을 못 가게 된다는 뜻.

길고 짧은 건 대 봐야 안다 말로만 이렇고 저렇고 할 필요 없이 맞대어 보아야 한다. (비) 물은 건너봐야 알고 사람은 지내봐야 안다. 깊고 얕은 것은 건너봐야 안다. 대천(大川) 바다도 건너봐야 안다.

길기는 원앙침(鴛鴦枕) 무슨 물건이 길다는 말. ★원앙금침 : 원앙을 수놓은 이불과 베개.

길 닦아 놓으니까 미친년이 먼저 지나간다 (비) 거둥길 닦아 놓으니까 깍쟁이가 먼저 지나간다.

길 닦아 놓으니까 거지가 먼저 지나간다 (비) 거둥길 닦아 놓으니까 깍쟁이가 먼저 지나간다.

길러낸 사위 제 일을 도무지 처리할 줄 모르고 못난 짓만 하는 사람을 놀리는 말. (비) 가르친 사위.

길로 가라니까 메(뫼)로 간다 유리하고 편한 방법을 가르쳐 주었는데도 그대로 하지 않고 굳이 제 고집대로 하는 사람을 두고 이름. (비) 길을 두고 뫼로 갈까.

길마 무서워 소가 드러누울까 일을 할 때 힘이 부족할까 미리부터 걱정할 것이 아니라 조금씩이라도 하라는 뜻.

길바닥 돌도 연분이 있어야 찬다 (비) 길가다 돌을 차도 연분.

길쌈 잘하는 첩(妾) (비) 간장이 시고 소금에 곰팡이 난다.

길 아는 사람이 앞서가야 한다 자신 있는 사람이 먼저 시범을 보여야 일이 순조롭게 이루어진다는 의미. (비) 길을 알면 앞서(먼저) 가라.

길 아니거든 가지를 말고 말 아니거든 듣지를 말라 1.몸가짐과 움직임에 늘 신중하고 함부로 덤벼 날뛰지 말라는 말. 2.옳은 일이 아니거든 구태여 옳으니 그르니 할 것조차 없다는 뜻. (비) 길이 아니면 가지 말고, 말이 아니면 탓하지 마라.

길 아래 돌부처 무슨 일에나 아무 관계없는 듯이 무심히 지켜보기만 한다는 말.

길 아래 돌부처도 돌아앉는다 (비) 시앗을 보면 길가에 돌부처도 돌아앉는다.

길에 돌(이 많아)도 연분이 있어야 찬다 (비) 길가다 돌을 차도 연분.

길에 떨어진 홍합은 줍는 사람이 임자다 길에 버린 주인 없는 물건은 누구나 줍는 사람이 차지하게 된다는 말.

길은 갈 탓 말은 할 탓 같은 말이라고 하더라도 상대방에게 주는 느낌은 매우 다르다는 말.

길은 거짓말로 가르쳐주지 않는다 길을 가르쳐 줄 때는 자기가 잘 아는 길로만 안내한다는 말.

길은 낼 탓 길은 걸을 탓 같은 말이나 같은 행동이라도 하기에 따라 상대방에 끼치는 영향이 다르다는 뜻.

길을 두고 뫼로 간다 쉽게 할 수 있는 일을 구태여 어렵게 할 리가 없다는 뜻.

길을 떠나려거든 눈썹도 빼어 놓고 가라 여행을 떠날 때는 될 수 있는 대로 덜고 가라. (비) 서울 가는 놈이 눈썹을 빼고 간다.

길을 무서워하면 범을 만난다 항상 겁이 많고 무서움 타는 사람은 그만큼 무서움 또 무서운 일을 당하게 된다는 뜻.

〈길을 알면 앞서 가라〉

길을 알면 앞서 가라 (비) 길 아는 사람이 앞서가야 한다.

길이 멀어야 말의 힘을 알게 된다 사람의 실력은 오랜 세월을 두고 봐야 그 실력을 알 수 있다는 말.

길이 아니면 가지 말고 말이 아니면 탓하지 말라 (비) 길 아니거든 가지를 말고 말 아니거든 듣지를 말라.

길이 아무리 가까워도 가지 않으면 이르지 못한다 아무리 사소한 일이라도 저절로 되는 것이 없으므로 하고자 하는 일은 실천에 옮겨야 한다는 뜻.

길이 없으니 한 길을 걷고 물이 없으니 한 물을 먹는다 달리 도리가 없어 본의는 아니지만 할 수 없이 일을 같이한다는 말.

길잡이가 앞에서 가랬다 (비) 길 아는 사람이 앞서가야 한다.

길 터진 밭에 마소 안 들어갈까? 입구를 열어두운 밭에는 마소가 들어가게 된다는 뜻. 바람기 있는 여자에게는 남자가 들러붙는다는 뜻.

김가(金哥)가 아니면 장이 안 선다 성 중엔 김씨가 가장 많다는 것을 두고 하는 말. (비) 김 씨 한몫 끼지 않는 장이 없다. 장꾼 셋만 모이면 김 가는 있다.

김덕성(金德成)의 중의 밑 옷을 누덕누덕 기운 데 대하여 하는 말.

김매는 데 주인이 아흔아홉 몫을 맨다 남을 부려서 하는 일에는 주인만 애쓴다는 뜻.

김빠진 맥주 1.어떤 자리에 전혀 어울리지 않는 물건을 비유적으로 이르는 말. 2.가장 중요한 것을 잃어서 쓸모가 없게 된 물건. (비) 산중의 거문고.

김샌다 점점 못 쓰게 된다는 뜻.

김 서방 분풀이를 이 서방에게 한다 남에게 당한 화풀이를 전혀 자신과 상관이 없는 애매한 사람에게 화를 낸다는 의미. (비) 김 서방이 아픈데 이 서방을 침 준다.

김 씨가 먹고 이 씨가 취한다 좋지 못한 짓은 제가 하고 그에 대한 벌이나 비난은 남이 당한다는 말. (비) 도둑질은 김 씨가 하고 오라는 이 씨가 진다. 죄는 막둥이가 짓고 벼락은 샌님이 맞는다. 죄는 도깨비가 짓고 벼락은 고목이 맞는다. 콩죽은 주인이 먹고 배는 머슴이 앓는다.

김 씨가 한 몫 끼지 않는 우물은 없다 김 씨 성을 가진 사람이 하도 많아서 어디든지 안 끼는 데가 없다는 말.

김 안 나는 숭늉에 덴다 떠벌리는 사람보다는 침묵을 지키는 사람을 더 경계해야 한다는 의미.

김 안 나는 숭늉이 더 뜨겁다 물이 한창 끓고 있을 때면 김은 나지 않지만 가장 뜨거운 것처럼, 공연히 떠벌리는 사람보다도 가만히 침묵을 지키고 있는 사람이 더 무섭고 야무지다는 말.

김안태(金安台)를 행랑에 두었다 살림이 풍족하고 모자람이 없다는 뜻.

김칫국 먹고 수염 쓴다 실속은 없으면서 겉으로는 잘난 체, 있는 체한다는 뜻. (비) 비짓국 먹고 용트림한다. 냉수 먹고 이 쑤시기. 미꾸라지 국 먹고 용트림한다. 냉수 먹고 갈비 트림한다. 물 먹고 배를 튀긴다. 잉엇국 먹고 용트림한다. 진잎죽 먹고 잣죽 트림한다. 혀는 짧아도 침은 길게 뱉는다. 냉수 먹고 이 쑤신다.

★진잎죽 : 날것이나 절인 푸성귀 잎을 넣고 끓인 죽

김칫국부터 마신다 상대편의 속도 모르고 지레 짐작으로 그렇게 될 것으로 믿고 행동을 한다는 뜻.

김칫국 채어 먹은 거지 떨듯 한다 남들은 그다지 추워하지도 않는데 저 혼자 추워서 덜덜 떨고 있는 사람을 보고 이르는 말.

깃 없는 어린 새 그 몸을 보존치 못한다 나이 어린 아이는 부모의 보호를 받지 아니하면 자라나기 어렵다는 말. (비) 자라는 나무 순은 꺾지 않는다.

깊고 얕은 물은 건너봐야 안다 어떤 일이라도 직접 겪어 보아야 알 수 있으며, 사람도 실제로 사귀어 보아야 알 수 있다는 말. (비) 물은 건너봐야 알고 사람은 지내봐야 안다. 길고 짧은 것은 대봐야 안다. 대천 바다도 건너봐야 안다.

깊던 물이라도 얕아지면 오던 고기도 아니 온다 (비) 꽃이라도 십일홍(十日紅)이 되면 오던 벌과 나비도 아니 온다.

깊은 물보다 얕은 잔에 더 빠져죽는다 물에 빠져 죽는 사람은 드물지만 술로 망하는 사람은 훨씬 많다는 뜻.

깊은 물엔 안 빠져도 얕은 술엔 빠진다 술을 많이 하는 사람은 패가망신하게 된다는 말.

깊은 물은 가뭄을 타지 않는다 밑천이 넉넉하면 아무리 불리한 조건이 있더라도 무엇이든지 극복할 수 있다는 뜻. (비) 깊은 우물은 마르지 않는다.

깊은 물은 소리가 없고 얕은 물은 소리를 낸다 학식이 높고 교양 있는 사람은 알아도 아는 체하지 않지만 아는 것이 적은 사람일수록 더 많이 아는 체한다는 뜻. (비) 깊은 물은 고요하다.

깊은 물이라야 큰 고기가 논다 깊은 물에 큰 고기가 놀듯이 포부가 큰 사람이라야 큰일도 하게 되고 성공하게 된단 뜻.

깊은 산에서 목마르다고 하면 호랑이를 본다 물을 찾기 힘든 깊은 산에서는 목마르다고 하지 말라고 경계하는 말.

까마귀가 검기로 마음(살, 속)도 검겠나 겉모양이 허술하고 누추하여도 마음마저 악할리는 없음을 비유적으로 이르는 말. 사람을 평가할 때 겉모양만 보고 할 것이 아니라는 뜻. (비) 까마귀가 검어도 살은 희다(아니 검다). 가마가 검기로 밥도 검을까. 솥은 검어도 밥은 검지 않다.

까마귀가 검어도 살은 희다 (비) 까마귀가 검기로 마음[살·속]도 검겠나.

까마귀가 까치집을 뺏는다 서로 비슷하게 생긴 것을 교묘히 이용하여 남의 것을 빼앗는 행위를 비유한 말.

까마귀가 먹칠해서 검어졌나 후천적으로 이루어진 것이 아니라 선천적으로 이루어졌다는 말.

까마귀가 메밀을(보리·오디를) 마다한다 (비) 까마귀가 오디를 마다한다.

까마귀가 사촌 하자고 하겠다 피부색이 유난히 검은 사람을 두고 하는 말. (비) 다리 밑의 까마귀가 한압씨 한압씨(할아버지 할아버지) 하겠다.

까마귀가 아저씨 하겠다 손발이나 몸에 때가 너무 많이 끼어서 시커멓고 더러운 것을 놀림조로 이르는 말.

까마귀가 알 물어다 감추듯 한다 자기가 보관한 물건도 어디에 두었는지 잊고 찾지 못한다는 뜻으로, 제가 건사해 둔 곳을 잊어버리기 잘하는 사람을 두고 이르는 말.

까마귀가 오디를 마다한다 무엇을 하라고 지도(指導)해도 거기엔 도무지 관심이 없어 들어주지 않는다는 뜻. (비) 개가 똥을 마다한다. 고양이가 쥐를 마다한다. 까마귀가 보리를 마다한다. 말 귀에 동풍 스치듯.

까마귀가 오지 말라는 격 까마귀가 '까옥'하고 울기 때문에 '가오' 즉 오지 말라는 소리로 들린다. 그러므로 남의 말을 잘못 듣고 공연히 언짢아할 때 이르는 말.

까마귀가 울면 사람이 죽는다 까마귀는 불길한 새라 하여 이 새가 울면 사람이 죽는다고 예로부터 믿어져 왔음.

까마귀가 희어질 때만 기다려라 가망(加望)이 없는 것을 기대하고 벼른다는 뜻. (비) 곧 계란 놓고 병아리 기다린다. 쇠불알 떨어질까 하고 장작 지고 다닌다. 오뉴월 황소 떨어지기 기다린다.

까마귀 겉 검다고 속조차 검을 줄 아느냐 (비) 까마귀가 검기로 마음(살·속)도 검겠나.

까마귀 게 발 던지듯 외롭다는 뜻.

까마귀 고기를 먹었나 건망증이 심한 사람을 놀리는 말. (비) 까마귀 알 물어 감춘다. 까마귀 정신. 정신은 처가에 간다 하고 외가로 간다.

까마귀 골수막 파듯 음식을 정신없이 먹는 것을 가리켜 하는 말.

까마귀 날자 배 떨어진다 아무 관계도 없이 한 일이 우연히 다른 일과 때가 같아, 둘 사이에 무슨 관계가 있는 것처럼 의심을 받게 된다는 말. (비) 오비이락(烏飛梨落).

까마귀는 자라서 어미를 먹인다 까마귀도 어미에게 효도하는데. 하물며 사람이 까마귀만 못해서야 되겠느냐는 뜻. (비) 까마귀 안갚음 받아먹듯 한다.

까마귀 대가리 희거든 전혀 될 가망성이 없다는 말.

〈 까마귀도 내 땅 까마귀라면 반갑다 〉

(비) 고목에서 꽃이 필까. 곤달걀이 꼬꼬 울까. 구름을 잡으려 한다. 금강산 상상봉이 평지 되어 물 밀어 배 둥둥 떨까. 그린 황계 두 나래를 둥당 칠까. 군밤에 싹 나거든. 배꼽에 노송나무 나거든. 인경 꼭지가 말랑말랑하거든. 층암절벽 천층석이 눈비 맞아 썩어지거든. 층암 상에 묵은 팥 심어 싹 나거든. 곤 계란 꼬끼오 울거든. 병풍에 그린 닭이 홰치거든. 달팽이가 바다를 건너가거든. 대천(大川) 바다가 육지 되어 사람이 다니거든. 마른 나무에서 물이 나거든. 모기 대가리에서 골을 낸다. 밑 빠진 독에 물이 괼까. 바늘 끝에 알을 올려놓겠다. 볶은 콩이 싹 나거든. 북악이 평지 될까. 홍두깨에 꽃이 피겠다. 사오 경 일 점에 날 새라도 꼬꼬 울까. 산호 서 말 진주 서 말 싹 날까. 삶은 팥에서 싹이 나거든. 솔방울이 울거든. 용가마에서 삶은 돼지가 멍멍 짖거든. 용마 갈기 사이에서 뿔날까. 태산이 광풍에 쓰러질까. 태산 중악 만장봉이 모진 광풍에 쓰러질까. 기암절벽 천층석이 눈비 맞아 썩어질까.

까마귀도 내 땅 까마귀라면 반갑다 무엇이나 고향의 것이라면 다 좋고 객지에서 고향 사람을 만나면 더욱 반갑다. (비) 내 땅 까마귀는 검어도 귀엽다.

까마귀도 제소리는 아름답다고 한다 흔히 사람은 자기의 단처(短處)를 모르고 자기가 하는 일은 무조건 좋다고 생각한다는 말. (비) 당나귀도 제 울음은 듣기 좋다고 한다. 부엉이 소리도 제가 듣기에는 좋다.

까마귀도 제 자식은 예쁘다고 한다 자기 자식이 가장 예뻐 보인다는 말. (비) 까마귀도 제소리는 좋다고 한다.

까마귀 둥우리에 솔개미 (비) 개 발에 주석 편자.

까마귀 떡 감추듯 까마귀가 먹을 것을 물어다 이곳저곳에 감추어 두되 나중에는 그곳을 잊어버림을 이름이니. 제가 둔 곳을 잊어버리고 다시는 모른다는 뜻.

까마귀 떼 다니듯 불길한 느낌을 주는 사람들이 떼 지어 다님을 말함.

까마귀 똥 그적거리듯 글을 쓰거나 무엇을 그리는 솜씨가 매우 서툴다는 뜻. (비) 괴발개발 그린다. 닭 발 그리듯. 까마귀 똥 헤치듯.

까마귀 똥도 닷 냥 하면 물에다 싼다 (비) 까마귀 똥도 약이라니까 물에 깔린다.

까마귀 똥도 약이라니까 물에 깔긴다 흔한 물건도 막상 필요할 때는 구하기가 어렵다는 뜻.

까마귀 똥 헤치듯 (비) 까마귀 똥 그적거리듯.

까마귀 모르는 제사 까마귀도 모르는 작은 제사라 함이니, 자손이 없는 제사를 두고 이르는 말.

까마귀 먹을 감아도 하얘지지 않는다 본바탕이 악한 사람은 제아무리 노력해도 착하게 되지 않는다는 뜻.

까마귀밥이 되다 주인 없는 시체가 되어 버렸다는 뜻.

까마귀 안갚음 받아먹듯 한다 까마귀는 효성스러운 새란 데서 나온 말로 늙은 부모가 아들의 효양을 받는다는 말. (비) 까마귀는 자라서 어미를 먹인다. ★안갚음 : 까마귀 새끼가 자란 뒤에 늙은 어미 까마귀에게 먹을 것을 물어다 줌. 안받음. 반포(反哺).

까마귀 아래턱이 떨어질 소리 상대방으로부터 천만부당한 말을 들었을 때 어처구니없어 그런 소리 말라고 하는 말. (비) 뼈 똥 쌀 일이다.

까마귀 알 물어 감춘다 자기가 보관한 물건도 어디에 두었는지 잊고 찾지 못한다는 뜻으로, 제가 건사해 둔 곳을 잊어버리기 잘하는 사람을 두고 이르는 말. (비) 까마귀 고기를 먹었나. 까마귀 정신. 정신(精神)은 처가(妻家)로 간다 하고 외가(外家)로 간다.

까마귀 암수는 누가 안다더냐 까마귀 암컷과 수컷 구별하기 어렵듯이, 바깥 모양이 똑같아 보이는 것을 분별하기 매우 어렵다는 뜻.

까마귀 어물전(魚物廛) 보고 날 듯 까마귀가 지키고 있는 어물전을 날고 있듯이 되지 않는 일을 노려보고 있다는 뜻.

까마귀 열두 소리 하나도 좋지 않다 미운 사람이 하는 일은 모두가 다 밉게만 보임. (비) 까마귀 하루에 열두 마디를 울어도 송장 먹는 소리.

까마귀 짖어 범 죽으랴 사소한 방자가 있더라도 큰일에는 아무 영향이 없다는 말.

〈꺼져가는 등불도 불빛이 없어진다〉

까마귀 하루에 열두 마디를 울어도 송장 먹은 소리 (비) 까마귀 열두 소리 하나도 좋지 않다.

까마귀 학이 되랴 아무리 애를 써도 타고난 본바탕은 할 수 없다는 말. (비) 각관 기생 열녀 되랴. 나무 접시 놋접시 될까. 닭의 새끼 봉이 되랴. 까마귀 학(鶴)이 되랴. 우마가 기린이 되랴. 개 이가 상아(象牙) 될까. 나무 뚝배기 쇠 양푼 될까. 돌은 갈아도 옥이 되지 않는다. 사슴이 기린 될까.

까막까치도 집이 있다 자기 집이 없는 처지를 한탄하는 말. (비) 갈매기도 제집이 있다. 우렁이도 집이 있다.

까먹는 새를 쫓는다 보잘 것 없는 것이라도 아끼도록 하라는 말. (비) 한 알 까먹는 새도 날런다.

까불기는 촉새(방울새) 같다 촉새처럼 까불까불하는 사람을 보고 조롱하는 말.

까치는 까치끼리 어울린다 (비) 가재는 게 편.

까치발을 볶으면 도둑질한 사람이 말라 죽는다 물건을 잃은 사람이 손댄 자를 대강 짐작 할 때 쓰는 말.

까치 뱃바닥 같다 실속 없이 휘소리하는 것을 조롱하는 말.

까치집에 비둘기 들어 있다 남의 집에 들어가서 주인 행세를 함을 비유적으로 이르는 말.

까투리 북한(北漢) 다녀온 셈이다 보기는 보았으되 무엇이 그 내용을 잘 알 수 없음을 이름. (비) 하룻망아지 서울 다녀오듯.

까투리 새끼가 콩밭에만 마음이 있다 (비) 비둘기는 콩밭에만 마음이 있다.

깎아 놓은 밤알 같다 생김새나 겉모양이 말쑥하고 깔끔한 사람을 이르는 말. (비) 깎은 밤 같다. 깎은서방님. 깎은선비. 씻은 팥알 같다.

깎은 밤 같다 (비) 깎아 놓은 밤알 같다.

깎은서방님 같다 (비) 깎아 놓은 밤알 같다.

깎은선비 (비) 깎아 놓은 밤알 같다.

깐깐오월(五月) 음력 5월은 해가 길어서 지나가기가 몹시 지루함을 이르는 말. (비) 미끈유월. 어정칠월 동동팔월.

깜깜 밤중이다 까맣게 모른다는 말.

깨가 귀해도 기름을 짜고 나면 버린다 학식이나 재능을 가진 사람을 처음에는 우대하지만 그것을 다 이용한 다음에는 박대한다는 뜻.

깨가 쏟아지다 아기자기하여 몹시 재미가 나다. 예문. 깨가 쏟아지는 신혼생활.

깨떡 먹기 (비) 누워 떡 먹기.

깨소금 맛이다 아주 통쾌하다는 말.

깨어진 냄비에 꿰맨 뚜껑 1.돌이킬 수 없는 상태인데 거기에 더 허비할 필요 없다는 말. 2.서로 흠집이 있어 피차에 흉을 볼 수 없이 된 사이를 이름. 3.과부와 홀아비의 결합을 비유한 말.

깨진 거울은 다시 비춰주지 않는다 한번 저지른 잘못은 바로잡을 수 없으니 잘못을 저지르지 않도록 조심해야 한다는 말.

깨진 거울(쪽박)이다 1.아무리 좋은 물건이라도 한 번 못쓰게 되면 소용이 없다는 뜻. 2.부부간에 이혼하게 되었다는 뜻.

깨진 그릇(기와) (비) 구부러진 송곳.

깨진 그릇 이 맞추기 이미 그릇된 일을 이전의 상태로 돌이키려고 쓸데없이 애씀을 이름. (비) 깨진 기왓장 맞추기.

깨진 똥장군 위해 주듯 상대방의 성격이 더러워도 어쩔 수 없이 겉으로 좋게 대하여 준다는 의미.

깨진 시루 (비) 구부러진 송곳.

깨진 요강단지 다루듯 매우 위험한 물건이기 조심해 다루어야 한다는 뜻.

깻묵에도 씨가 있다 없는 듯한 곳에도 혹 있을 수가 있다는 뜻.

깻묵에 맛 들인다 깻묵도 늘 먹다 보면 맛있듯 하기 싫은 일도 참고 묵묵히 하다 보면 취미가 생긴다는 뜻.

꺼먹(꺼트리)소 흰 송아지를 낳는다 1.사람의 처지도 언젠가는 바뀔 수 있다는 뜻. 2.못난 부모에게서도 잘난 자식이 날 수 있다는 뜻.

꺼져가는 등불도 불빛이 없어진다 사람도 늙어지면 재

77

〈꺼진 불에서 다시 불이 붙는다〉

능을 발휘할 수 없게 된다는 말.

꺼진 불에서 다시 불이 붙는다 시들어졌거나 없어졌다고 방심하고 있으면 그것이 되살아나서 해를 끼치게 되니 언제나 방심하지 말고 조심하라는 말.

꺽꺽 푸드덕 장끼 갈 제 아로롱 까투리 따라가듯 언제나 떨어지지 않고 같이 다님을 비유적으로 이르는 말. (비) 바늘 가는 데 실 간다. 녹수 갈 제 원앙 가듯. 용 가는 데 구름 간다. 봉 가는 데 황이 간다. 구름 갈 제 비가 간다. 거미 줄 따르듯. 풋고추에 절이 김치. 범 가는데 바람 간다.

꺽저기탕에 개구리 죽는다 꺽저기는 민물고기이니 그것을 잡을 때 개구리도 잡혀 죽는다는 뜻으로, 아무 까닭 없이 억울하게 희생된다는 말. ★꺽저기 : 농어 과에 속하는 민물고기.

껍질 상치 않게 호랑이를 잡을까 어느 정도 손해를 감수하여야 소기의 목적을 이룰 수 있음을 이르는 말.

껍질 없는 털이 없다 (비) 가죽이 있어야 털이 나지.

꼬기는 칠팔월 수수 잎 꼬이듯 심술이 사납고 마음이 토라진 사람을 이름. (비) 동풍(同風) 안개 속에 수수 잎 꼬이듯. 모과나무 심사.

꼬리가 길면 밟힌다 나쁜 일을 오래 두고 하면 끝내는 들키고 만다는 뜻. (비) 고삐가 길면 밟힌다.

꼬리가 너무 길면 흔들지 못한다 1.일의 끝이 너무 크게 벌어지면 그 일을 처리하기 어렵게 된다. 2.부하의 세력이 너무 커지면 부려 먹기가 어렵게 된다.

꼬리가 잡혔다 나쁜 짓을 하면 결국엔 드러나기 마련이란 말.

꼬리도 있어야 흔든다 밑천이 있어야 장사를 하듯이 배운 것이 있어야 출세를 한다는 의미.

꼬리를 물고 일어난다 무슨 일이 계속적으로 일어난다는 말.

꼬리만 봐도 불기를 봤다고 한다 (비) 겨드랑을 봐도 젖 통을 봤다고 한다.

꼬리 먼저 친 개가 밥은 나중에 먹는다 무슨 일에나 남보다 먼저 서둘고 나서면 도리어 남보다 뒤떨어지

는 수가 많음을 비유적으로 이르는 말.

꼬리 아홉 달린 여우 대단히 요사스러운 사람을 두고 하는 말.

꼬리 없는 소가 남의 소 등의 파리를 잡겠다 한다 제 일도 못 하는 주제에 남의 일을 도와주겠다는 어이없는 소리를 한다는 말.

꼬리 치는 개는 때리지 못한다 1.비록 잘못을 했더라도 웃고 있는 사람은 때릴 수 없다는 말. 2.붙임성이 있는 사람은 남에게 맞는 일이 없다는 말.

꼬부랑 자지 제 발등에 오줌 눈다 어리석은 사람은 자기에게 해로운 일만 한다는 것을 비유적으로 이르는 말.

꼬챙이는 타고 고기는 설었다 꼭 되어야 할 것은 안되고 오히려 그렇게 되면 안될 것만 되어 도리어 해로운 경우를 이름. (비) 꽂이만 타고 고기는 날고기다.

꼭뒤에 부은 물이 발뒤꿈치까지 내린다 1.윗사람이 나쁜 짓을 하면 이내 그 영향이 아랫사람에게 미치게 된다. 2.조상이 남긴 풍습은 반드시 자손이 물려받게 된다. (비) 위로 잔물이 발등에 진다. 이마에 부은 물이 발뒤꿈치로 흐른다. 정수리에 부은 물이 발뒤꿈치까지 흐른다. 위에 떨어진 물이 발등에 떨어진다.

꼭지가 물렀다 무슨 일을 할 기회가 완전히 무르익었다는 뜻.

꼭지를 딴다 처음으로 시작한다는 뜻.

꼴 같지 않은 말은 이도 들춰보지 않는다 겉모습이 못나 보이는 말은 아예 사고 싶은 생각이 없으니 나이를 세려고 이를 들추어 보지도 않는다는 말로, 그 행동이 못되고 생긴 모양이 변변치 못한 자는 더 자세히 알아볼 필요도 없다는 뜻.

꼴도 보기 싫은 년이 속곳 벗고 덤빈다 보기 싫은 사람이 친절을 베풀면 덤벼든다는 뜻.

꼴뚜기 놓고 어물전 본다 세상 물정도 모르고 실력도 없으면서 함부로 무슨 일을 하여 낭패를 본다는 말.

꼴뚜기장수 재산이나 밑천을 모두 없애고 가난하게 사는 사람이라는 뜻.

꼴 보고 이름 짓는다 무슨 일이든 분수에 넘치지 말고

거기에 맞는 행실을 해야 한다는 말. (비) 체(體) 보고 옷 짓는다. 체수 맞춰 옷 마른다. 체수 보고 옷 지으랬다.

꼴 보고 이름 짓고 체수 맞춰 옷 마른다 무슨 일이나 분수를 알아서 격에 맞게 해야 한다는 말.

꼴에 군밤 사 먹겠다 모양이 길가에서 군밤을 사 먹을 정도로 허술하다는 말.

꼴에 수캐라고 다리 들고 오줌 눈다 되지도 못한 것이 젠체하고 수작함을 일컫는 말. (비) 주제에 수캐라고 다리 들고 오줌 눈다.

꼴을 베어 신으로 삼겠다 무슨 일을 해서라도 남의 은혜를 잊지 않고 갚겠다는 말.

꼿꼿하기는 개구리 삼킨 뱀 고집이 지나치게 강해 굽힐 줄을 모르거나 융통성이 없는 사람을 비유적으로 이르는 말. (비) 개구리 삼킨 뱀의 배.

꼿꼿하기는 대나무 작대기 무슨 일 처리에서 매우 똑바르게 강직한 태도로 해내는 사람을 이르는 말.

꼿꼿하기는 서서 똥 누겠다 융통성이 없이 고집이 지나치게 세거나, 자기만 옳다고 남을 받아들이지 않는 사람을 비유적으로 이르는 말.

꼿꼿하기는 서서 씹하겠다 일에는 곧게 할 일이 있고 굽혀서 할 일이 있음에도 불구하고 무조건 서서 있을 때를 나무라는 저속한 말.

꼿꼿하기는 촛대 같다 마음이 아주 곧다는 말.

꽁지 빠진 수탉(새) 같다 겉으로 보기에 매우 추하고 초라한 모습을 이르는 말. (비) 뿔 뺀 쇠 상. 삽살개 뒷다리. 털 뜯은 꿩. 털 벗은 솔개.

꽃이만 타고 고기는 날고기다 무슨 일이 반대로 되었다는 말. (비) 꼬챙이는 타고 고기는 설었다.

꽃구경도 밥 먹고 나서 한다 (비) 금강산도 식 구경.

꽃도 시들면 오던 나비도 아니 온다 (비) 꽃이라도 십일홍이 되면 벌과 나비도 아니 온다.

꽃밭에 불 지른다 풍류를 모르는 짓을 하다. 인정사정 없는 처사를 한다. 한창 행복할 때 재액(災厄)이 들어 닥친다.

꽃 본 나비가 그저 가랴 (비) 꽃 본 나비 담 넘어가랴.

꽃 본 나비 담 넘어가랴 그리운 이를 만난 사람이 그냥 지나쳐 가 버릴 리는 없다는 말. (비) 물 본 기러기 산 넘어가랴. 꽃 본 나비가 그저 가랴.

꽃 본 나비 물 본 기러기 남녀 간에 정이 깊어 떨어지지 못하는 즐거움을 두고 이르는 말. (비) 물 본 기러기 꽃 본 기러기. 어미 본 아기.

꽃 본 나비 불을 헤아리랴 남녀 간의 정이 깊으면 비록 죽음을 무릅쓰고라도 찾아가서 함께 사랑을 나눔을 비유적으로 이름. (비) 물 본 기러기 어옹을 두려워할까.

꽃샘잎샘에 반늙은이 얼어 죽는다 꽃피고 잎이 나는 삼사월에는 날씨가 춥고 일기가 고르지 못하다는 말. (비) 봄 추위가 장독을 깨다. 정이월에 대독 터진다.

꽃 없는 나비 아무 보람 없고 쓸데없게 된 처지를 이름. (비) 성인(聖人) 못된 기린(麒麟). 임자 없는 용마(龍馬). 날개 없는 봉황(鳳凰). 물 없는 기러기. 구슬 없는 용. 줄 없는 거문고. 짝 잃은 원앙(鴛鴦). 물 없는 기러기.

꽃은 꽃이라도 호박꽃이다 못생긴 여자를 일컬을 때 하는 말.

꽃은 목화가 제일이다 목화는 보기는 흉하지만 그 용도가 긴요하다는 뜻으로 외모는 어떻든 간에 실익만 있으면 된다는 말.

꽃은 피어도 열매는 열지 않는다 (비) 고운 꽃은 열매가 열지 않는다.

꽃을 탐내는 나비가 거미줄에 죽는다 색을 지나치게 탐하는 사람은 화를 당하기 쉽다는 뜻.

꽃이 고와야 벌 나비가 찾아온다 남들 보기에 잘나야 배필도 구하는 데 어려움이 없다는 말.

꽃이라도 십일홍(十日紅)이 되면 오던 벌과 나비도 아니 온다 좋은 시절 다 지나고 시들게 되면 즉 늙으면 오던 이도 안 온다는 말. (비) 깊던 물도 얕으면 오던 고기도 아니 온다. 나무라도 고목되면 오던 새도 아니 온다. 늙고 병든 몸에는 눈먼 새도 아니 온다.

〈 꽃이 부끄러워하고 달이 숨겠다 〉

꽃이 부끄러워하고 달이 숨겠다 매우 아름다운 여인이란 말. (비) 양귀비 뺨치겠다. 양귀비 외딴 친다.

꽃이 좋아야 나비가 모인다 상품이 좋아야 손님이 많다. 자신이 완전하여야 좋은 상품을 구할 수가 있다. (비) 꽃이 좋아야 나비가 모인다. 내 딸이 고와야 사위를 고른다. 반달 같은 딸 있으면 온달 같은 사위 삼는다.

꽃이 지면 오던 나비도 되돌아간다 (비) 꽃이라도 십일홍이 되면 오던 벌과 나비도 아니 온다.

꽃이 펴야 열매가 연다 (비) 겨울이 지나지 않고 봄이 오랴.

꽃이 향기로워야 벌 나비도 쉬어간다 꽃은 향기롭기에 벌 나비가 쉬어가듯이 사람도 마음이 고와야 애정이 생긴다는 말.

꽃 피자 임 오신다 계제(階梯)가 좋을 때 반가운 손님이 찾아온다는 말.

꽃 한 송이 피었다고 봄 아니다 온갖 꽃이 만발해야 비로소 봄이 왔다고 할 수 있다는 뜻.

꽹과리 치고 나선다 꽹과리는 농악에서 주도적인 구실을 하는 악기로서 꽹과리를 잘 는 사람이 상쇠가 되어 농악패의 앞잡이가 되므로 어떤 일에 있어 주장되는 앞잡이로 나선다는 뜻.

꾀가 힘보다 낫다 힘으로 해결하는 것보다 머리로 지혜롭게 문제를 해결하는 것이 낫다는 뜻. (비) 꾀쓰는 것이 힘쓰는 것보다 낫다.

꾀꼬리 같은 목소리 남이 들을 때 친절미가 넘치게 아주 맑고 고운 목소리를 이르는 말. 청아한 목소리.

꾀를 빼면 넘어지겠다 몸뚱이에서 꾀를 빼면 넘어질 정도로 아주 꾀가 많다는 말.

꾀 많은 늙은 새는 먹이로 잡지 못한다 경험이 많은 늙은이는 꾀가 많아서 남의 속임수에 안 넘어간다는 말. (비) 늙은 새는 낱알로 잡지 못한다.

꾀 벗고 돈 한 잎 찬다 옷차림에 어울리지 않는 분에 넘치는 치장을 하였다는 뜻. (비) 갓 쓰고 자전거 탄다. 벌거벗고 환도 차기. 속곳 벗고 은가락지 낀다. 짚신 감발에 사립 쓰고 간다.

꾀병도 하루 이틀 거짓말도 한두 번이지 자꾸 하면 안 된다는 말.

꾀병에 말라 죽겠다 1.모든 일에 꾀를 부려 일을 하지 않으려는 사람을 두고 빈정거리는 말. 2.제 꾀에 제가 넘어감을 두고 하는 말.

꾀쓰는 것이 힘쓰는 것보다 낫다 (비) 꾀가 힘보다 낫다.

꾸러미 속에 든 고기는 그대로 먹지 못한다 꾸러미 속에 든 고기도 요리를 해야 먹듯이 수고하지 않고는 저절로 되는 일이 없다는 말.

꾸러미에 단장(醬) 들었다 (비) 뚝배기보다 장맛이 좋다.

꾸부렁 자지 제 발등에 오줌 눈다 자신이 저지른 죄는 자신에게 돌아간다는 뜻. (비) 꼬부랑 자지 제 발등에 오줌 눈다.

꾸부릴 때는 꾸부리고 펼 때는 펴야 한다 무슨 일이든지 실정(實情)에 맞춰 융통성있게 행동해야 한다는 뜻.

꾸어다 놓은 보릿자루 여럿이 모이어 웃고 떠드는 가운데 혼자 묵묵히 앉아있는 사람을 이르는 말. (비) 꾸어 온 빗자루. 벙어리 삼신. 빌려 온 고양이 같이. 전당 잡은 촛대. 꿔다 놓은 보릿자루.

꾸어 온 조상은 자기네 자손부터 돕는다 조상이 훌륭했던 것처럼 하기 위하여 실제로 없던 이름난 사람을 갖다가 자기네 조상처럼 꾸미어도 그것은 아무 쓸데없는 일이라는 뜻.

꾸중 들은 새 며느리 같이 기를 못 펴고 있다는 말. (비) 침 먹은 지네.

꾼 값은 말 닷 되 한 말을 꾸어 쓰게 되면 한 말 닷 되를 갚게 된다는 뜻.

꿀 같은 말 속에 칼이 숨어 있다 듣기 좋게 하는 말 속에 나쁜 야심이 담겨 있으므로 그러한 말에 넘어가지 않도록 조심해야 한다는 말.

꿀단지 겉핥기 (비) 수박 겉핥기.

꿀도 사흘만 먹으면 단 줄 모른다 맛있는 음식도 늘 가까이 두고 먹게 되면 그 참 맛을 모른다는 말.

꿀도 약이라면 쓰다 자기에게 이로우라고 타이르는 말을 싫어한다는 말.

꿀 먹은 개 욱대기듯 속에 있는 말을 시원히 하지 못하고 딱딱거리기만 한다는 말. (비) 꿀 먹은 강아지 욱대기듯. 풀 먹은 개 나무란다.

꿀 먹은 벙어리 마음속에 지닌 말을 발표 하지 못하는 사람을 조롱하는 말.

꿀 먹은 벙어리요 침 먹은 지네 벙어리는 맛을 알면서도 어떻다고 말을 못 하므로, 어떤 일에 대하여 아무 말이 없는 사람을 두고 하는 말.

꿀보다 약과가 달다 약과는 꿀을 넣어서 만드는 것이기 때문에 꿀보다 달 수가 없다는 뜻으로, 주객이 전도되어 사리에 어긋남을 이르는 말.

꿀은 달아도 벌은 쏜다 좋은 것을 얻으려면 거기에는 그만한 어려움이 따른다는 말.

꿀은 적어도 약과만 달면 된다 적은 자본으로 이익만 얻을 수 있다면 된다는 뜻.

꿀 있는 꽃이라야 벌도 찾는다 아무리 허울이 좋아도 실속이 없으면 누구든지 가까이하지 않는다는 뜻.

꿀 항아리에 개미 덤빈다 먹을 것을 얻으려고 악착같이 덤빈다는 뜻.

꿈꾼 셈이라 뜻하지 않았던 좋은 일이 생겨 신기하고 놀랍다는 말.

꿈도 꾸기 전에 해몽 어떻게 될지 모르는 일을 가지고 미리부터 제멋대로 상상하고 기대한다는 말.

꿈보다 해몽 그다지 좋은 꿈은 못 꾸었으나 해몽을 잘 하여야 한다는 말.

꿈보다 해몽이 좋다 실지로 일어난 일보다 유리하게 둘러대어 해석한다는 말.

꿈에 갚은 빚 한때 기분만 좋았다는 것뿐이지 아무 소용이 없다는 뜻. (비) 꿈에 빚 갚았다.

꿈에 떡 맛보듯 1.무엇이 다 제 욕심에 지나지 않음을 이름. 2.분명하지 못한 존재라는 뜻.
  (비) 꿈에 서방 맞은 격. 꿈에 사위 보듯.

꿈에 본 돈도 찾아먹겠다 제가 찾아야 할 돈은 어떻게 해서든지 찾고야 만다는 말.

꿈에 본 돈이다 아무리 좋아도 손에 넣을 수 없다는 뜻. (비) 꿈에 본 천 냥 같다. 꿈에 얻은 돈.

꿈에 사위 본 듯 한 일이 무엇인지 분명치 않음을 이르는 말.

꿈에 서방 맞는 격 1.제 욕심이 차지 않는 것. 2.분명하지 못한 존재를 이르는 말. (비) 꿈에 떡 맛보듯.

꿈에 준 빚 내란다 구실만 있으면 떼를 써서 억지로 빼앗아간다는 의미.

꿈은 아무렇게 꾸어도 해몽만 잘해라 일은 어떻든 간에 그것을 해석하기 따라서 마음을 기쁘게 할 수 있다는 뜻.

꿈이 없는 자는 죽은 것이나 다를 바 없다 세상에 태어난 분명한 이유를 찾아야 한다는 뜻. 남들보다 좀 더 나은 삶을 위하여 망망대해를 항해해야 한다는 뜻으로, 꿈이(목표가) 등대가 되어줌.

꿈인지 생시(生時)인지 1.오랫동안 못 만나거나 소식이 끊어진 상태에서 뜻밖에 만나 반가워하는 말. 2.무엇이 무엇인지를 전혀 분간할 수 없을 때 쓰는 말.

꿈자리가 사납더니 무엇이 뜻대로 되지 않고 일마다 방해하는 것이 끼어들 때 쓰는 말.

꿔다 놓은 보릿자루 (비) 꾸어 온 빗자루.

꿩과 매 상대가 될 수 없을 정도로 차이가 크게 난다는 의미.

꿩 구워 먹은 소식 소식이 전혀 없다는 말.

꿩 구워 먹은 자리 (비) 개미 기어간 자취.

꿩 놓친 매 애써 잡았다가 놓치고 나서 헐떡이며 분해하는 경우를 이르는 말.

꿩 대신 닭(도 쓴다) 적당한 것이 없을 때 그와 비슷한 것으로 대신한다는 말.

꿩 떨어진 매 쓸모없게 된 사물을 비유적으로 이르는 말.

꿩 먹고 알 먹고 털 뽑아 부채한다 수입 얻고, 기분 좋고, 목에 힘까지 준다면 이것이 곧 일거양득.
  (비) 도랑 치며 가재 잡는다. 맛 좋고 값싼 갈치 자반. 개천치고 가재 잡는다.

⟨꿩 먹고 알 먹는다⟩

꿩 먹고 알 먹는다 한 가지 일로 두 가지 이상의 이익을 본다는 뜻. (비) 가재 잡으며 도랑(개울)친다. 알로 먹고 꿩으로 먹고. 맛 좋고 값싼 갈치 자반.

꿩병아리처럼 굴레를 벗고 쏜다 지나치게 약빠르고 잔꾀가 많은 사람을 이르는 말. (비) 꿩처럼 굴레를 벗고 쏜다. 참새 굴레도 씌우겠다. 약기는 쥐새끼냐.

꿩 숨듯 한다 무슨 일을 야무지게 처리하지 못하고 발각되기 쉽게 허술하게 처리한다는 말.

꿩은 머리만 풀에 감춘다 제 몸을 완전히 숨기지 못하고 숨었다고 안심하다가 발각됨.

꿩을 닭으로 보았다 서로 비슷하므로 양자(兩者)를 같은 것으로 보았다는 말.

꿩이 가랑잎 물고 숨듯 한다 숨을 곳이 별로 없는데도 불구하고 감쪽같이 숨었다는 의미.

꿩이 기듯이 날면 매에게 잡히지 않는다 사람은 장점만 있는 것이 아니라 약점도 있으므로 때로는 실패하는 일도 있다는 말.

꿩 잃고 매 잃었다 이것저것 다 잃어 큰손해를 보았다는 말. (비) 멧돝 잡으려다 집돝까지 잃었다. 달아나는 노루 보고 얻은 토끼 놓았다. 큰 소 잃고 송아지도 잃었다. 게도 구럭도 잃었다. 큰 고기도 놓치고 송사리도 놓쳤다.

꿩 잡는 것이 매다 실지로 제구실을 하여야 명실상부하다는 뜻. (비) 닭도 제 앞 모이를 긁어먹는다. 뛰어야 벼룩.

꿩 장사(수) 후리듯 남을 잘 이용하여 제 이익을 취함을 이르는 뜻.

꿩처럼 굴레를 벗고 쏜다 지나치게 약빠르고 잔꾀가 많은 사람을 일컫는 말. (비) 참새 굴레도 씌우겠다. 약기는 쥐새끼냐 참새 굴레도 씌우겠다. 참새 얼려 잡겠다. 새 알 멜빵 하겠다.

끈 떨어진 둥우리 (비) 광대 끈 떨어졌다.

끈 떨어진 뒤웅박 (비) 광대 끈 떨어졌다.

끈 떨어진 망석중이 (비) 광대 끈 떨어졌다.

끊어진 연분은 다시 못 잇는다 남녀 간에 연분은 한 번 끊어지면 아무리 애를 써도 재결합이 어렵다는 말. ⇔ 끊어진 연분을 자식이 이어준다.

끌 찾으면 망치까지 주어야 한다 서로 연관되는 일을 시키지 않아도 같이 해야 일이 성사된다는 의미.

끓는 국물에 국자 휘젓는다 불난 데 부채질한다는 뜻.

끓는 국에 맛 모른다 급한 경우를 당하면 정확한 판단을 할 수 없다. 영문도 모르고 함부로 행동한다는 말. (비) 뜨거운 국에 맛 모른다.

끓는 물로 눈 녹이기 (비) 누워 떡 먹기.

끓는 물에 냉수 부은 것 같다 여러 사람이 북적거리다가 갑자기 조용해지는 것을 이름. (비) 굿 해 먹은 집 같다. 잔치 치른 뒤 같다.

끓는 물에 덴 사람은 찬물도 불어 마신다 (비) 국에 덴 놈이 냉수를 불고 먹는다

끓는 죽에 국자 누르기 사람을 억압하여 오히려 화를 돋우는 것을 이르는 말. (비) 불난 데 부채질한다.

끓은 죽이 밥 될까 한 번 잘못된 것은 결코 바로잡을 수 없다는 뜻.

끝도 가도 없다 일이 어떻게 되었는지 알 수 없이 불투명하게 되었다는 뜻. (비) 머리 간 데 끝 간 데 없다.

끝 부러진 송곳 (비) 구부러진 송곳.

끼니는 걸러도 담배는 못 굶는다 담배 끊기가 매우 어렵다는 말.

끼니 없는 놈에게 점심 의논 큰 걱정이 있는 이에게 작은 걱정을 가지고 도와 달라고 함은 경우에 맞지 않는 일이란 뜻.

ㄴ

나가는 년이 세간 사랴 일이 이미 다 틀어져서 나가는 터에 뒷일을 생각하고 돌아볼 리 없음을 비유적으로 이르는 말.

나가는 데 강철 간다 운수가 사나운 사람이 가는 데는 재해만 있게 된다는 뜻.

나가는 이삿짐은 밀어내고 들어오는 이삿짐을 받아들인다 이사 오는 사람을 친절하게 맞아주어야 한다는 말.

나가는 포수만 보고 들어오는 포수는 못 보겠네 나가서 돌아오지 않는 사람을 기다리는 경우에 하는 말.

나가던 범이 돌아선다 위엄한 일이 지났다고 방심하면 변을 당하게 된다는 말.

나가던 범이 몰려든다 위험한 일을 모면하여 막 마음을 놓으려던 때에 뜻밖에 다시 위험에 처하게 되었음을 비유적으로 이르는 말.

나간 놈의 집구석 같다 한참 살다가 그대로 두고 나간 집같이 집안이 어수선하고 무질게 흐트러져 있다는 말. (비) 부랑배 치른 놈의 집구석 같다.

나간 머슴이 일을 잘 했다 사람은 무엇이나 잃은 것을 애석하게 여기고 현재 가지고 있는 것보다 전 것이 더 낫다고 여긴다는 뜻. (비) 놓친 고기가 더 크다. 놓친 고기가 더 커 뵌다.

나간 사람 몫은 있어도 자는 사람 몫은 없다 게으른 사람에게는 먹을 것을 주지 말라는 의미를 이르는 말.

나갔던 며느리 효도한다 (비) 굽은 나무가 선산(先山)을 지킨다.

나갔던 상주(常主) 제상 엎지른다 제가 해야 할 일은 변변치 못한 사람이 도리어 방해만 놓고 다닌다는 뜻.

나갔던 상주(喪主) 제청(祭廳)에 달려들듯 볼일로 나갔던 상주가 제삿날을 잊어버리고 있다가 돌아와 허둥지둥 제청으로 들어감을 이름이니, 마음의 준비 없이 일을 당하여 몹시 급하게 서두른다는 뜻.

나갔던 파리 왱댕한다고 무슨 일에 아무런 공로도 없는 자가 공연히 참견하여 이언(異言)을 주장할 때 이르는 말.

나귀가 나귀에 귀 크다 한다 제 허물은 모르고 남의 허물만 흉본다는 말.

나귀는 샌님만 섬긴다 보잘것없는 사람이 자기의 지조는 지키려 하는 경우를 비유적으로 이르는 말.

나귀는 샌님만 업신여긴다 만만해 보이는 사람에게는 별 까닭도 없이 함부로 대함을 비적으로 이르는 말. (비) 당나귀 못된 것은 생원님만 업신여긴다.

나귀는 제 귀 큰 줄을 모른다 누구나 남의 허물은 잘 알아도 자기 자신의 결함은 알기 어렵다는 의미. (비) 당나귀 제 귀 큰 줄을 모른다.

나귀도 차는 재주가 있다 누구나 저마다 한두 가지 재주는 가지고 있게 마련이라는 의미.

나귀를 구하매 샌님이 없고 샌님을 구하매 나귀가 없다 1.본척만척하며 무표정하게 대하는 모양을 비유적으로 이르는 말. 2.무엇이나 완전 구비(具備)하기는 힘들다는 말. 3.무슨 일에 준비가 뜻대로 되지 않고 빗나가기만 할 때 이름.
나귀 샌님 쳐다보듯 눈을 치떠서 말똥말똥 쳐다본다는 뜻.
나귀에 짐을 지고 타나 싣고 타나 (비) 벌나나 오므리나.
나귀 타고 나귀 찾는다 자신이 가지고 있는 것도 모르고 또는 가까이 있는 것도 모르고 여기저기 찾는다는 말. (비) 소 타고 소 찾는다. 담뱃대 쥐고 담뱃대 찾는다. 업은 아이 삼간(三間) 찾는다. 업은 아이 삼 년 찾는다. 업은 아이 이레 찾는다.
나그네 귀는 간짓대 귀 나그네는 주인의 눈치를 보기 때문에 소곤소곤하는 말도 다 듣는다는 말. (비) 나그네 귀는 대 자(五尺).
나그네 노릇 떠돌이 생활을 하면서 여기저기 신세 지며 사는 사람을 이르는 말.
나그네는 갈수록 좋고 비는 올수록 좋다 가난한 집의 손님은 갈수록 좋고 농사철 비는 올수록 좋다는 말.
나그네 떠돌아다니듯 한다 의지할 곳이 없어 이 곳 저 곳 정처 없이 다닌다는 말.
나그네 많은 집 저녁 굶는다 수효가 많으면 공급이 달리게 된다는 말.
나그네 먹던 김칫국도 먹자니 더럽고 남 주자니 아깝다 (비) 저 먹자니 싫고 개 주자니 아깝다.
나그네 모양 보아 표주박에 밥을 담고, 주인의 모양 보아 손으로 밥 먹는다 사람을 대접할 때 그 차림새 및 생김새를 보아 응접하고 대접을 한다는 말.
나그네 보내고 점심한다 (비) 이마를 찔러도 피 한 방울 안 나겠다.
나그네 살림이다 살림살이가 변변치 않다는 말.
나그네 세상 덧없는 이 세상을 이르는 말. (비) 금일 충청도 명일 경상도.
나그네 신세 (비) 구름 떠다니듯.
나그네에게 길이 필요한 것은 개구리에게 연못이 필요한 것과 같다 타향을 방황하는 나그네에게 행선지의 목표가 필요한 것은 마치 개구리가 연못의 물이 있어야 살 수 있는 것과 같다는 뜻.(불가리아 속담)

나나니벌이 나 닮으라고 하듯 좋은 일이든 나쁜 일이든 자기 하라는 대로 따라 하라고 강요한다는 뜻.
나 낳은 후에야 어미 보지 이 바르거나 기울거나 자기 일 좋게 끝나버리면 그 일을 하는 데 절대 필요했거나, 도움이 된 것도 돌볼 필요가 없다는 뜻. (비) 나 낳은 뒤에야 어미 뭣이 바르거나 기울거나.
나는 날부터 재우는 건 아기다 어떤 집안에 큰 인물이 날 때 하는 말.
나는 놈마다 장군(將軍)이다 어떤 집안에 큰 인물이 잇달아 날 때 하는 말.
나는 놈 위에 타는 놈 있다 (비) 기는 놈 위에 나는 놈 있다.
나는 닭보고 따라가는 개 같다 날아가는 닭을 보고 개가 따라가도 소용이 없듯이 가망성이 전혀 없는 일을 가지고 헛수고만 하고 다닌다는 뜻.
나는 바담풍(風) 해도 너는 바람풍 해라 1.자기는 그르게 행동하면서 남 보고는 옳게 행동하라고 요구한다는 말. 2.남의 잘못을 바로 해 주려고 할 때 먼저 자기 잘못이 드러나 그것을 숨기려 하나 가려지지 않는다는 뜻.
나는 새도 깃을 쳐야 날아간다 (비) 개구리도 옴쳐야 뛴다.
나는 새도 떨어뜨리고 닫는 짐승도 못 가게 한다 권세가 등등하여 모든 일을 마음대로 한다는 뜻. (비) 날으는 새도 떨어뜨린다.
나는 새도 생각이 있어 난다 무슨 일을 할 때는 어떠한 목적이 있기에 한다는 말.
나는 새도 움직여야 난다 (비) 개구리도 옴쳐야 뛴다.
나는 새도 옛집을 그리워한다 사람은 누구나 자기의 옛 고향을 그리워한다는 말.
나는 새에게 여기 앉으라 저기 앉으라 할 수 없다 저마다 의지가 있는 사람의 자유를 구속할 수 없다는 말.
나도 덩더꿍 너도 덩더꿍 서로 타협하지 않고 저마다 버티고 있다는 말.
나도 사또 너도 사또 아전은 누가 하느냐 저마다 좋은 자리에만 있겠다고 하면 궂은일은 누가 하겠느냐는 말.

나라가 어지러우면 충신이 난다 나라가 어지러워 반역의 무리가 날뛸 때는 그를 반대하여 싸우는 충신이 나오게 된다는 뜻으로, 어려운 때일수록 훌륭한 사람이 나게 마련이라는 말.

나라가 없어 진상 하나 나라님에게 무엇이 부족해서 바치는 것이 아니라는 뜻으로, 남에게 무엇을 주려는데 상대가 이미 갖고 있다고 사양할 때 이르는 말.

나라가 편해야 신하가 편하다 나라님이 편해야 그 밑의 신하도 마음 편히 지낼 수 있다는 뜻으로, 윗사람들이 잘 지내야 그 아랫사람들도 마음 놓고 지낼 수 있음을 비유적으로 이르는 말.

나라 고금(雇金)도 잘라 먹는다 사람이 지나치게 이기적이고 욕심이 사나워서 나라의 품삯도 몰래 챙긴다는 뜻으로, 뻔뻔스럽고 염치없는 행동을 함을 비유적으로 이르는 말. (비) <u>나라님 만든 관지 판돈도 자른다. 상납 돈도 잘라 먹는다. 연안 남대지도 팔아먹을 놈. 대동강도 팔아먹을 놈.</u> ★고금 : 일한 데 대한 품값으로 받는 돈.

나라는 백성이 근본이다 나라를 이루는 가장 중요한 요소는 백성이라는 말.

나라님 만든 관지(款識) 판돈도 자른다 (비) <u>나라 고금도 잘라먹는다.</u> ★관지 : 옛날 의식에 쓰던 그릇이나 종 따위에 새긴 표나 글자. 작가가 글씨나 그림에 자신의 이름이나 아호(雅號)를 쓰고 도장을 찍음. 또는 그 도장.

나라님이 약(藥) 없어 죽나 약도 변변히 못 써보고 죽게 했다고 서러워하는 사람에 대하여 위로하는 말.

나라 뺏으면 임금 되고 칼 뺏으면 도둑 된다 정권을 빼앗게 되면 통치자가 되고 나쁜 사람이 제 손안에 칼은 넣게 되면 도둑질만 일삼게 된다는 말.

나라 상감님도 늙은이 대접은 한다 누구나 노인은 우대하여야 한다는 말.

나라 상감님 망건값도 쓴다 (비) <u>급하면 임금 망건값도 쓴다.</u>

나라 위해서는 부모도 돌보지 않는다 나라를 위해서는 가정이라도 희생시켜야 한다는 의미.

나라 하나에 임금이 셋이다 한 집안에 어른이 여럿 있으면 일이 안 되고 분란만 생긴다는 뜻.

나락 이삭 끝을 보고 죽어도 보리 이삭 끝을 보고는 죽지 않는다 벼는 이삭이 난 후 사십일이 되어야 먹지만 보리는 이삭이 난 뒤 이십일 정도가 되면 보리죽이라도 먹을 수 있기에 굶어죽지는 않겠다는 말.

나루 건너 배 타기 무슨 일에나 순서를 거쳐야 할 것을 건너뛰어서 할 수는 없다는 말. (비) <u>내 건너 배 타기.</u>

나룻이 석 자라도 먹어야 양반 제아무리 점잖은 체하여도 배가 고파서는 아무 일도 못함.

나르는 닭보고 따라가는 개 같다 도저히 되지 않을 일을 가지고 욕심을 내어 헛수고만 한다는 뜻.

나를 알아줄 사람은 하늘밖에 없다 하늘이나 나를 알아줄까 아무도 알아주는 사람 없는 환경과 위치에 있다는 말.

나를 칭찬하는 자는 나의 적이다 자기를 칭찬하는 사람을 조심하라는 말.

나 먹자니 싫고 개 주자니 아깝다 (비) <u>저 먹자니 싫고 개 주자니 아깝다.</u>

나막신 신고 대동(大同) 배를 쫓아간다 사람이 요량이 없어 일을 이루지 못한다는 뜻. ★대동 : 근세 조선의 대법법.

나막신 신고 얼음판에 가는 것 같다 몹시 위태로운 짓을 한다는 말.

나 많은 말이 콩 마다할까 나이가 많으면 더욱 식욕이 생기므로 나이가 많은 말이 콩을 싫다고 할 까닭이 없다 함이니, 자기가 그것을 매우 좋아한다는 뜻으로 하는 말. (비) <u>봉천답(奉天畓)에 소나기 싫다 할까.</u>

나 많은 아저씨가 져라 어린애하고 싸울 때 나이 많은 이가 져야 한다고 하는 말.

나 모르는 기생은 가(假) 기생이라 가장 아는 체 면식(面識)이 넓은 체하는 사람을 비웃는 말.

나 못 먹는 밥이라고 재 뿌린다 자기가 가지지 못할 바

⟨ 나무가 무성하면 도끼로 찍힌다 ⟩

에야 남도 못 가지게 망쳐버리는 심술 사나움을 이르는 말. (비) 못 먹는 감 찔러나 본다. 못 먹는 고기 찔러나 본다. 못 먹는 떡 침이나 뱉는다. 못 먹는 떡 찔러나 본다. 못 먹는 죽에 재를 뿌린다.

나무가 무성하면 도끼로 찍힌다 (비) 높은 가지가 부러지기 쉽다.

나무가 커야 그늘도 크다 물건이 많아야 좋은 물건도 많듯이 땅덩어리가 커야 수확도 많다는 의미.

나무거울 모양은 제대로 생겼으나 쓸 수 없는 것을 말함.

나무공(꽹)이 등 맞춘 것 같다 서로 상반되는 꼴(경우)임을 비유하여 이르는 말. (비) 남생이 등 맞추기.

나무 껍데기 씹는 맛 1.입맛이 없을 때는 무엇을 먹어도 맛이 없다는 의미. 2.입맛이 없을 때 하는 말.

나무 끝 가지가 너무 크면 부러지게 된다 균형을 잃은 발전(發展)은 머지않아 반드시 몰락하게 된다는 말.

나무 끝의 새 같다 오래 머물러 있지 못할 위태위태한 상태나 자리를 비유적으로 이르는 말.

나무는 먹줄을 따라 다듬어야 바르게 된다 무슨 일이든지 계획을 세우고 계획대로 해야 한다는 말.

나무는 바람 때문에 못 잔다 (비) 가지 많은 나무에 바람 잘 날이 없다.

나무는 숲을 떠나 있으면 바람을 더 탄다 고독한 사람이 더 고난을 받게 된다는 뜻.

나무는 큰 나무 덕을 못 봐도 사람은 큰 사람의 덕을 본다 위대한 것의 영향력은 아주 먼 데까지 미침을 이르는 말. (비) 수양산 그늘이 강동 팔십 리 간다. 인왕산 그늘이 강동 팔십 리 간다. 나무는 키 큰 덕을 못 입어도 사람은 키 큰 덕을 입는다. 큰 솥 밑에서 작은 솥이 자란다. 금강산(金剛山) 그늘이 관동(關東) 팔십 리.

나무도 달라서 층암절벽에 선다 나무는 평지뿐만 아니라 위태로운 절벽에서 자라는 것도 있다는 뜻으로, 모든 것이 다 같을 수 없다는 말.

나무 도둑과 숟가락 도둑은 간 곳마다 있다 작은 도둑은 늘 어디에나 있는 법이라는 말.

나무도 쓸 만한 건 먼저 베인다 좀 잘난 듯한 사람이 보통 사람보다 일찍 죽는다는 말. (비) 곧은 나무가 쉬 베인다.

나무도 자주 옮겨 심으면 자라지 못한다 성공이 늦어지기 때문에 직업을 자주 바꿔서는 안 된다는 말. (비) 나무도 옮겨 심으면 삼 년은 뿌리를 앓는다.

나무도 크게 자라야 소를 맬 수 있다 완전해야만 쓸모가 있다는 뜻.

나무때기 시집보낸 것 같다 사람됨이 변변치 못해 무슨 일이나 제대로 하지 못한다는 말.

나무 뚝배기 쇠 양푼 될까 제 본질이 나쁜 자가 훌륭하게 변할 수 없다는 말. (비) 각관 기생 열녀 되랴. 나무접시 놋접시 될까. 닭의 새끼 봉이 되랴. 까마귀 학(鶴)이 되랴. 우마가 기린이 되랴. 개 이가 상아(象牙) 될까. 돌은 갈아도 옥이 되지 않는다. 사슴이 기린 될까.

나무라도 고목되면 오던 새도 아니 온다 (비) 꽃이라도 십일홍(十日紅)이 되면 오던 벌과 나비도 아니 온다.

나무를 심는 사람이 있어야 열매를 따 먹는 사람이 있다 노력하여 희생하는 사람이 있어야 그 덕을 입는 사람이 있다는 뜻.

나무를 지고 불로 뛰어든다 자기 스스로 화를 불러들인다는 뜻.

나무만 보고 숲은 못 본다 어떤 사물을 볼 때 전체를 보지 못하고 어느 부분만 보는 것으로, 시야가 좁을 때 이르는 말.

나무만 보아도 잎 하나 지는 것으로 가을을 안다 일부분만 보아도 전체를 짐작할 수 있다는 뜻. (비) 한 점의 고기 맛으로 솥 안에 고기 맛을 안다. 코끼리는 이만 보아도 소보다 크다는 것을 알 수 있다.

나무에도 못 대고 돌에도 못 댄다 의지할 때 없어 꼼짝을 못하게 되었다는 뜻. 또는 제구실을 못 하고 아무짝에도 소용이 없음을 이르는 말. (비) 끈 떨어진 망석중. 끈 떨어진 뒤웅박. 어미 잃은 송아지. 광대 끈 떨어졌다.

나무에서 고기를 찾는다 불가능한 일을 하려고 할 때 쓰는 말. (비) 간장이 시고 소금에 곰팡이 난다. 산에서 물고기 찾기.

나무에 오르라 하고 흔드는 격 좋은 낯으로 사람을 꾀어 위험한 곳이나 불행한 처지로 몰아넣는 것과 같다는 뜻. (비) 어르고 등골 뺀다. 어르고 뺨친다.

나무에 잘 오르는 놈이 나무에서 떨어지고 헤엄 잘 치는 놈이 물에 빠져 죽는다 자신의 재주만 믿고 방심할 때 조심하라는 뜻. (비) 잘 헤는 놈 빠져 죽고 잘 오르는 놈 떨어져 죽는다.

나무이라면 고목 되면 오던 새도 아니 온다 1.사람이 늙어지면 따라다니던 이도 찾아오지도 않고 돌아보지도 않는다는 말. 2.권세가 좋을 때는 늘 찾아오던 이도 처지가 보잘것없게 되면 들여다보지도 않는다는 뜻. (비) 깊던 물이라도 얕아지면 오던 고기도 안 온다. 꽃이라도 십일홍 되면 오던 벌과 나비도 안 온다.

나무접시 놋접시 될까 아무리 하여도 좋게 될 수 없는 일이나 사람을 두고 하는 말. (비) 각관 기생 열녀 되랴. 닭의 새끼 봉이 되랴. 까마귀 학(鶴)이 되랴. 우마가 기린이 되랴. 개 이가 상아(象牙) 될까. 나무뚝배기 쇠 양푼 될까. 돌은 갈아도 옥이 되지 않는다. 사슴이 기린 될까.

나무칼로 귀를 베어도 모르겠다 어떤 한 가지 일에 마음이 쏠리어 다른 일에 관심을 기울일 겨를이 없음을 이르는 말. (비) 둘이 먹다 하나가 죽어도 모르겠다. 헛바닥째로 넘어간다.

나무하려다가 범을 만난다 무슨 일을 하다가 어려운 일을 당한다는 말.

나물 밭에 똥 한 번 눈 개는 저 개 저 개 한다 한 번 실수하면 늘 남의 의심을 받게 된다는 말. (비) 삼밭에 한 번 똥 눈 개는 늘 싼 줄 안다. 상추 밭에 똥 눈 개는 저 개 저 개 한다.

나뭇잎 하나 지는 것으로 가을을 안다 일부분만 봐도 전체를 짐작할 수 있다는 말. (비) 코끼리는 이만 봐도 소보다 크다는 것을 알 수 있다. 한 점의 고기 맛으로 솥 안에 국 맛을 안다.

나방이가 불 속에 뛰어들 듯 어리석고 우둔한 사람은 제가 손해 볼 줄 모르고 재물을 탐낸다는 말. (비) 날벌레가 불에 뛰어들 듯.

나 부를 노래를 사돈이 부른다 내가 하려고 하는 일을 상대편에서 먼저 할 때 쓰는 말. (비) 내가 할 말 사돈이 한다. 시어머니 부를 노래 며느리가 먼저 부른다. 아가사창(我歌查唱).

나쁜 것도 제 것은 좋다고 한다 자기가 쓰던 물건은 좋고 나쁘고를 떠나서 정이 든 물건이기에 언제나 좋다고 한다는 말.

나쁜 때가 있으면 좋은 때가 있다 대인관계에 이로운 때가 있으면 불리한 때도 있다는 의미.

나쁜 사람도 나이를 먹으면 좋게 보인다 나쁜 마음을 가졌던 사람도 늙게 되면 인생무상을 느끼게 되어 나쁜 마음도 얼마쯤은 사라지게 된다는 말.

나쁜 소도 좋은 송아지를 낳는다 천한 사람에게도 훌륭한 자식이 태어날 수 있다는 의미. (비) 범이 범의 새끼를 낳는다.

나쁜 소문에는 날개가 달렸다 나쁜 소문은 자신도 모르게 빨리 퍼진다는 의미. (비) 날개 없는(나쁜) 소문은 천 리를 간다. 나쁜 소문은 저절로 난다. 나쁜 소문은 말(馬)보다 빠르다. 한양 소식은 시골로 가야 듣는다. 좋은 소문은 기어가고 나쁜 소문은 날아간다.

나쁜 소문은 날아가고 좋은 소문은 기어간다 (비) 나쁜 소문에는 날개가 달렸다.

나쁜 짓은 본뜨기 쉽다 좋은 행동은 모방하기 힘들어도 나쁜 행동은 본받기 쉽다는 말.

나쁜 풀은 빨리 자란다 별로 긴요하지 않은 것이 먼저 나선다는 말.

나사가 빠졌다 정신상태가 해이해져서 어딘가 멍청해 보이는 사람을 이르는 말.

나서기는 주막집 강아지 같다 무슨 일에나 앞장서서 일일이 참견한다는 말.

나 싫은 것은 남도 싫어한다 내가 싫어라 하는 것은 남

〈 나에게 알랑거리는 사람은 나의 적이다 〉

도 싫어하기 때문에 결코 남에게 시켜서는 안 된다는 의미.

나에게 알랑거리는 사람은 나의 적이다 나에게 아첨 떠는 사람은 나를 나쁜 데로 유도하는 결과가 됨에 잘 판단하라는 경고. (비) 나의 좋은 점만 말하는 사람은 나의 적이다. ⇔ 나의 잘못을 말해주는 사람은 나의 스승이다.

나올 적에 봤더라면 짚신짝으로 틀어막을 걸 (비) 구더기 될 놈.

나이가 들면 어린애가 된다 나이가 들면 들수록 모든 행동이 어린애 같아진다는 말. (비) 늙으면 아이 된다.

나이가 원수 욕망은 크나 나이가 너무 들어서 마음뿐임을 이르는 말.

나이는 못 속인다 나이를 아무리 속이려고 해도 행동의 이모저모에서 그 티가 날 수 밖에 없음을 비유적으로 이르는 말.

나이 덕이나 보자 나잇살이나 먹은 사람을 대접하여 달라는 말.

나이 많은 말이 콩 마다 할까 1.싫다고 할 리가 없다는 뜻. 2.틀림없이 좋아할 것이란 말. (비) 봉천답이 소나기를 싫다 할까.

나이보다 더 좋은 약 없다 잘못을 범한 사람도 나이가 들면 뉘우치고 올바른 행동을 한다는 말. (비) 나이가 약.

나이 이길 장사 없다 아무리 기력이 왕성한 사람도 나이가 들수록 체력이 약해지는 것은 어쩔 수 없다는 말.

나이 적은 딸이 먼저 시집간다 일의 순서가 뒤바뀌었다는 말. (비) 도랑 치고 가재 잡는다. 망건 쓰고 세수한다.

나이 젊은 딸이 먼저 시집간다 시집가는 데는 나이 적은 사람이 유리하다. 젊은 사람이 사회에 잘 쓰인다는 뜻.

나이 차 미운 계집 없다 무엇이나 한창일 때는 좋게 보인다는 말.

나잇 덕이나 입자 나이가 많은 사람을 대접해 달라는 말.

나중 꿀 한 식기 먹기보다 당장의 엿 한 가락 더 달다
(비) 금년(今年) 새 다리가 명년(明年) 쇠다리보다 낫다.

나중 꿀 한 식기 먹으려고 당장 엿 한 가락 안 먹을까
(비) 금년(今年) 새 다리가 명년(明年) 쇠다리보다 낫다.

나중 난 뿔이 우뚝하다 후진(後進)이 선배보다 낫다는 뜻. (비) 뒤에 난 뿔이 우뚝하다. 뒤에 심은 나무가 우뚝하다. 먼저 난 머리보다 나중 난 뿔이 무섭다.

나중 달아난 놈이 먼저 달아난 놈을 비웃는다 둘 사이에 약간 차이는 있으나 본질적으로는 서로 같다는 말.

나중에 들어온 놈이 아랫목 차지한다 늦게 왔지만 제일 좋은 조건을 차지하게 됨을 비유적으로 이르는 말.

나중에 보자는 사람 무섭지 않다 당장에 화풀이를 하지 못하고 나중에 두고 보자는 사람은 두려워할 것이 없다는 말. (비) 후에 보자는 사람 무섭지 않다.

나중에 삼수갑산을 갈지라도 나중에 일이 최악의 상태에 이르는 경우가 생길지라도 우선은 하고 싶은 대로 하겠다는 뜻. (비) 내일은 삼수갑산을 가더라도. 삼수갑산 가서 산전을 일궈 먹더라도.

나팔이 암만 좋아도 불기를 잘 불어야 한다 도구나 연장이 아무리 좋아도 이것을 쓰는 사람이 쓰는 법을 제대로 알지 못하면 제 성능을 내지 못한다는 말.

나 하는 일은 입쌀 한 말 들여 속곳 하나에 풀하여도 풀이 안 선다 자기의 일이 매사에 보람 없이 헛수고로 돌아감을 이름.

나한(羅漢)에도 모래 먹는 나한이 있다 높은 지위에 있으면서도 고생하는 사람이 있게 마련임. ★나한 : 불제자 중에서 번뇌를 끊어서 인간과 하늘 중생들로부터 공양을 받을 만한 덕을 갖춘 사람을 이르는 말. 이미 생사를 초월하여 더 이상 배울 만한 법도가 없게 된 사람으로서, 불교의 교법을 수행하는 성문(聲聞)의 네 가지 과(果) 중에서 가장 높은 지위의 성자(聖者)를 이른다. '이미 생사를 초월하여 더이상 배울 만한 법도가 없게 된 사람'의 뜻으로 '부처'를 달리 이르는 말. 부처의 열 가지 칭호 중 하나이다.

나 할 말 네가 하니 대답하기 수월하다 자기가 할 말을 상대편이 먼저 알아서 말하니 오히려 서로 이해하기가 쉽다는 말.

낙동강 오리알 떨어지듯 한다 남의 것을 떼어먹고 가뭇없이 없어졌다는 말.

낙동강 오리알 신세 어떤 연유 때문에 여러 사람이 모인 가운데 어울리지 못하고 동떨어진 것을 말함. 왕따. 따돌림과는 차원이 다름.

낙동강 잉어가 뛰니 떡판 빗자루가 뛴다 (비) 거문고 인놈이 춤추니 칼 쓴 놈도 춤춘다.

낙락장송이라도 근본은 종자 무슨 일이든 꾸준히 노력하면 성공한다는 말. (비) 고기도 용이 된다. 낙락장송도 근본은 종자. 미꾸라지 천 년에 용 된다. 천 리 길도 한 걸음부터. 고기도 묵으면 어룡(魚龍)이 된다.

낙숫물은 떨어지던 데 또 떨어진다 (비) 거지 노릇도 사흘 하면 못 버린다.

낙숫물이 댓돌을 뚫는다 작은 힘이라도 끈기 있게 계속하면 큰일을 할 수 있다는 말. (비) 티끌 모아 태산. 돌도 십 년을 보고 있으면 구멍 뚫린다. 무쇠도 갈면 바늘 된다. 솔개도 오래면 꿩을 잡는다.

낙양(洛陽)의 지가(紙價)를 울린다 낙양의 종이 값을 오르게 한다는 말. 어느 특정된 서적이 대량으로 출판을 거듭하고 있는 것을 표현하는 말이다. 근간에 "베스트셀러"를 일컫는 말. ★낙양 : 중국 허난 성(河南省) 북쪽에 있는 도시.

낙엽(落葉)도 가을이 한 철 모든 일에는 전성기(全盛期)가 있다는 말. (비) 메뚜기도 오뉴월이 한 철. 뻐꾸기도 유월이 한 철. 풀쇠기도 오뉴월이 한 철.

낙(樂)은 하루 고생은 일 년 인생살이가 즐거운 일은 적고 고생스러운 것은 자주 생긴다는 말.

낙지 판이다 (비) 귀신 씨나락 까먹는 소리.

낙태(落胎)한 고양이 상(相) 몹시 실망한 사람의 얼굴을 보고 놀리는 경우를 말함. (비) 내 마신 고양이 상. 눈썹 새에 내천 자 누빈다. 우거지상. 이마에 내천 자를 그린다. 쥐 초 먹은 것 같다. 콧대에 바늘 세울 만큼 골이 진다.

낙화(落花)하기 오던 나비도 돌아간다 여자의 젊은 시절이 지나면 남자는 그녀에겐 따르지 않는 말. (비) 꽃이라도 십일홍(十日紅)이 되면 오던 벌과 나비도 아니 온다.

낚싯바늘에 걸린 생선 (비) 도마에 오른 고기.

낚싯밥만 때였다 일을 시작하였다가 손해만 보았다는 말.

낚싯밥은 작아도 큰 고기를 잡는다 밑천을 적게 들여 큰 이득을 보았다는 말. (비) 낚시에 용 걸린다. 보리알로 잉어 낚는다. 새우 미끼로 잉어 낚는다. 곤지 주고 잉어를 낚는다.

낚싯밥을 본 물고기 떼 같다 눈앞에 조그마한 이익에 끄려 위험한 앞날을 보지 못한다는 뜻으로, 앞날을 옳게 보지 못하는 사람을 두고 하는 말.

낚시질은 작은 개울에서 하면 큰 고기는 잡기 어렵다 작은 계획으로 일하면 큰 성과를 얻기 어렵다는 말.

낚싯줄이 길어야 큰 고기를 잡는다 (비) 그물이 커야 큰 고기를 잡는다.

난 거지 든부자(富者) 밖으론 거지꼴이되. 안으론 살림이 포실한 사람을 이름. (비) 든 부자 난 거지.

난(亂) 나는 해 과거(科擧)했다 오래 바라고 애써 한 일이 공교롭게 방해가 들어 아무 소용없게 됨을 이름.

난다 긴다 한다 재주가 뛰어나고 행동을 매우 민첩하게 한다는 말.

난리(亂離)가 나도 얻어먹고 살겠다 매우 총민(聰敏)하여 어떤 경우에 처해서라도 살아갈 수 있는 사람을 보고 이르는 말.

난리가 나도 도망도 못 가겠다 키가 작고 뚱뚱하다는 말. (비) 파주미륵이다. 하늘 높은 줄 모르고 땅 넓은 줄만 안다.

난리 난 해 과거했다 애써 한 일이 보람이 없을 때쓰는 말.

난리에도 체면이 있다 아무리 무질서한 데서도 지켜야 할 예의와 법규가 있다는 말. ⇨ 날 새운 호랑이가 원님 알아볼까.

난봉자식이 마음잡아야 사흘이다 옳지 못한 일에 빠진 자는 아무리 마음을 바로잡는다 해도 오래 가지 못

〈난 부자(富者) 든 가난〉

난 부자(富者) 든 가난 흔히 겉으로 보긴 부자인 척하나 실상 형편은 매우 가난한 이를 이르는 말. (비) 난 부자 든 거지.

난 부자 든거지 (비) 난 부자(富者) 든 가난.

난 은혜(정)보다 키운 은혜(정)가 더 크다 (비) 낳은 자식보다 기른 자식이 낫다.

난장 박살(亂杖撲殺) 탕국에 어혈(瘀血) 밥 말아 먹기 마구 함부로 맞아 심한 데 없이 병이 들고 죽게 될 것이란 말. ★난장 박살 : 매우 세게 때려 산산 조각남.

난쟁이가 씨름 구경하듯 한다 자기의 실력과 처지도 생각하지 않고 헛수고만 한다는 뜻.

난쟁이 교자(轎子)꾼 참여하듯 (비) 개미가 객사(客舍) 기둥을 건드린다. ★교자 : 평교자. 종일품 이상이 타는 가마.

난쟁이끼리 키 자랑하기 고만고만한 사람끼리 서로 다툼을 이르는 말.

난쟁이 월천꾼(越川軍)에 나서듯 한다 (비) 개미가 객사(客舍) 기둥을 건드린다. ★월천꾼 : 옛날 배 없는 강에서 삯을 받고 사람을 업어서 건네주는 사람.

난쟁이 월천꾼 즐기듯 누구를 만나 반갑게 맞는 모양을 비유적으로 이르는 말. (비) 난쟁이 교자꾼 참여하듯.

난쟁이 허리춤 추기듯 난쟁이가 항상 바지 허리춤을 추켜올려서 입듯이. 일마다 남을 자꾸 추어올려 칭찬하는 모양을 이르는 말. (비) 똥 싼 누덕 바지 치키듯.

난전(亂廛) 몰리듯 한다 썩 급히 서둘러서 당하는 사람이 정신을 차리지 못하게 하는 경우를 이르는 말. (비) 각전의 나전 몰 듯. ★난전 : 허가 없이 길에 함부로 벌여 놓은 가게. 조선 시대, 전안(廛案)에 등록되어 있지 않거나 허가된 상품 이외의 것을 몰래 팔던 가게.

난전 치듯 한다 마구 단속하여 닥치는 대로 물품을 압수하는 짓을 이르는 말.

난(亂) 중에도 치레가 있다 아무리 어수선한 중에서도 지킬 것은 지켜야 한다는 뜻.

난초 불붙이니 혜초(蕙草) 탄식한다 동류(同類)의 괴로움과 슬픔을 같이 괴로워하고 슬퍼한다는 말.
★혜초 : 콩과에 속한 풀. 유럽 원산으로, 높이는 70cm쯤이며 잎은 세쪽잎이고 잎자루가 길며 어긋맞게 난다. 여름에 작은 나비 모양의 꽃이 핀다. 유럽이 원산.

낟알 세어 밥한다 지나치게 인색하게 군다는 말. (비) 땔 나무도 저울질해서 때겠다. 숯을 달아서 피우고 쌀을 세어서 밥 짓는다.

낟알 하나에 땀이 열 방울 곡식은 농민의 땀으로 생산되기 때문에 사람은 누구나 농민에게 감사할 줄 알아야 한다는 말.

날개도 없는 것이 날겠다고 한다 (비) 개미가 객사(客舍) 기둥을 건드린다

날개 부러진 매 세력 없는 신세를 말함. (비) 날 샌 올빼미. 허리 부러진 호랑이. 서리 맞은 구렁이. 땅 위에 나타난 용.

날개 없는 소문이 천 리를 간다 (비) 나쁜 소문에는 날개가 달렸다.

날개 없는 봉황(鳳凰) (비) 꽃 없는 나비.

날개 있는 것이 난다는 말은 들어도 날개 없는 것이 난다는 말은 듣지 못했다 조건이 좋지 않고는 성공할 수 없다는 말. (비) 날개 털이 충분하지 못한 새는 높이 날지 못한다.

날고기 보고 침 안 뱉는 이 없고 익은 고기보고 침 안 삼키는 이 없다 날고기는 보기에 비위가 거슬리나. 고기란 익어서 먹게 되면 맛있는 것이라는 뜻.

날고 긴다 세상을 주름잡는다는 말.

날고 치는데 아니 맞을 장수 있나 아무리 강한 자라도 다수의 협력에는 무력하다는 말.

날 궂은 날 개 사귄 이 같다 1.귀찮은 일을 당함을 이름. 2.달갑지 않은 사람이 귀찮게 따라 다님을 이름. 3. 유리한 편에 붙는다는 뜻. (비) 진 날 개 사귄 이 같다. 비 오는 날 쇠꼬리처럼. 낮일할 때 찬 담배쌈지 같다. 오뉴월 똥(쉬)파리 같다.

날다람쥐 재주 여러 가지를 배우려 하다가는 한 가지도 능하게 배우지 못한다는 의미.

날 때 궂은 아이가 죽을 때도 궂게 죽는다 흔히 날 때 힘들고 어렵던 아이는 죽을 때도 어렵게 죽는다 하여 이르는 말.

날 떡국에 입천장만 덴다 하찮은 일을 하다가 도리어 손해만 봤다는 말.

날랜 장수 목 베는 칼은 있어도 윤기(倫紀) 베는 칼은 없다 사람의 인물(人物) 관계는 무슨 일이 있더라도 끊을레야 끊을 수 없는 것이란 뜻. ★윤기 : 윤리와 기강(紀綱).

날로 보나 등으로 보나 어느 면으로 보나 틀림없음을 이르는 말.

날면 기는 것이 능(能)하지 못하다 모든 일에 다 능하기는 어렵다는 뜻.

날 문은 낮아도 들 문은 높다 마음에 맞지 않는다고 그 집에서 뛰쳐나오기는 쉽지만 다시 들어가기는 어려움을 이르는 말.

날 받아놓고 죽는 사람 없다 사람은 언제 어디서 죽을지 모른다는 말.

날벌레가 불에 뛰어들 듯 (비) 나방이가 불 속에 뛰어들 듯.

날 샌 오빼미 (비) 날개 부러진 매.

날 샌 올빼미 신세 (비) 날개 부러진 매.

날 샌 은혜(恩惠) 없다 남에게 받은 은혜는 오래가지 못하고 잊히게 된다는 말. (비) 밤 잔 원수 없고 날 샌 은혜 없다.

날 속한(俗漢) 이마 씻은 물 같다 1.음식 맛이 아주 없다는 말. 2.사람이 싱겁고 못났음을 이름. (비) 맹물에 조약돌 삶은 맛. 도끼 삶은 물. 중의 이마 씻은 물. 냉수의 뼈뜯이.

날아다니는 까막까치도 제 밥은 있다 나는 새까지도 먹을 것은 있는데, 하물며 사람이 먹을 것이 없어서야 하겠느냐는 뜻.

날아다니는 꿩보다 잡은 새가 낫다 허황한 꿈을 먹고 사는 것보다 힘들어도 착실하게 살아야 한다는 말.

날으는(나는) 새도 떨어뜨린다 권세가 세고 늠름하여 모든 일을 제 뜻대로 휘둘러 한다는 뜻. (비) 나는 새도 떨어뜨리고 닫는 짐승도 못 가게 한다.

날은 저물고 갈 길은 멀다 해야 할 일은 많은데 시간은 조금밖에 남아 있지 않다는 말.

날은 좋아 잘 웃는다마는 동남풍(東南風)에 잇속이 거슬린다 의지가 약하고 무슨 일에나 걸핏하면 싱겁게 잘 웃는 무능한 사람을 두고 이르는 말.

날이 못 되어 이루었다 무슨 일을 빨리 끝마쳤을 때 이르는 말.

날 일에는 장승이고 도급(都給) 일에는 귀신이다 (비) 일에는 배돌이 먹을 땐 감돌이.

날 잡아 드세요 한다 무슨 말을 하든지 못들은 것처럼 딴청을 피우면서 말없이 반항하고 있다는 말.

날 잡은 놈이 자루 잡은 놈을 당하랴 처음부터 월등하게 유리한 조건에 있는 사람을 이기기는 어려움을 비유적으로 이르는 말.

날 장비(張飛) 같다 우악스럽고 거센 사람을 두고 하는 말. ★장비 : 중국 삼국 시대, 촉한(蜀漢)의 무장(?~221). 유비, 관우와 함께 의형제를 맺어 평생 그 의를 저버리지 않았으며 수많은 전쟁터에서 절세의 용맹을 떨쳤다. 오(吳)나라와 싸우다 전사한 관우의 원수를 갚으려 하다가 부하에게 암살당했다.

날짜 가는 줄도 모른다 날짜 가는 것도 모를 정도로 정신없이 일만 한다는 말.

날 적에 보았더라면 도로 몰아넣었겠다 (비) 구더기 될 놈.

날짐승과 길짐승은 함께 떼 지어 살 수 없다 서로 처지가 다르고 성미가 다르면 친하게 지낼 수 없다는 말.

날콩 먹는 것이 낫겠다 비위가 틀려 참기 어렵다는 말.

날 탕패에 건달 부랑자 돈 한 푼 없는 건달 놈팡이를 이름.

날피람동이라 주척 없이 헐렁거리고 다니는 사람을 말함.

낡았어도 비단옷 현재는 보잘것없지만 과거엔 권세 부리며 화려하게 지냈던 시절도 있었다는 뜻.

낡은 섬이 곡식은 많이 든다 낡은 섬은 늘어나서 곡식

〈 낡은 존위(尊位) 댁네 보리밥은 잘해 〉

이 많이 들어가듯 나이 먹은 사람이 식사를 많이 한다는 말. ★섬 : 짚으로 만든, 주로 곡식을 담는 데 쓰는 물건.

낡은 존위(尊位) 댁네 보리밥은 잘해 가난한 살림으로 보리밥만 지어 먹었기에, 보리밥만은 잘 짓는다 함이니, 다른 것은 못해도 무엇 한 가지만은 익숙하게 잘한다 할 때를 이름.

남가일몽(南柯一夢)이라 한 때의 헛된 부귀를 이르는 말.

남(의) 굿 보듯 자기 일이 아닌 것처럼 관심 없는 태도로 방관함을 이르는 말.

남남북녀(南男北女) 남쪽은 남자가 씩씩하고 용맹하며 남자답고 북쪽은 여자가 아름답다는 말.

남녀칠세부동석(男女七歲不同席) 유교의 옛 가르침에서 일곱 살만 되면 남녀가 한자리에 같이 앉지 아니한다는 뜻으로, 남녀를 엄격하게 구별해야 함을 이르는 말.

남 눈 똥에 주저앉고 애매한 두꺼비 떡 돌에 치인다 남이 저지른 잘못에 죄 없는 사람이 애매하게 해를 입게 된다는 말. (비) 남이 눈 똥에 주저앉는다. 독 틈에 탕관. 고래 싸움에 새우 등 터진다. 고래 싸움에 치운 새우.

남대문 구멍 같다 구멍이 매우 크다는 말.

남대문 문턱이 대추나무라 한다 어떠한 일에 터무니없는 말로 고집을 피운다는 뜻. (비) 남대문 가본 놈하고 안 가본 놈하고 다투면 안 가본 놈이 이긴다. 남대문 안 가본 놈이 이긴다. 서울 가본 놈하고 안 가본 놈하고 다투면 안 가본 놈이 이긴다.

남대문에서 할 말을 동대문에 가 한다 말을 해야 할 자리에서는 하지 못하고 엉뚱한 자리에서 말을 한다는 뜻.

남대문입납(南大門入納) 편지 겉봉에 주소를 제대로 적지 않고 남대문 앞이라고 썼다는 뜻으로, 주소나 이름도 모르고 집을 찾는 일이나 그런 사람을 놀림조로 이르는 말. (비) 서울 가서 김서방 찾는다.

남대문 정거장 지게꾼도 순서가 있다 무슨 일에나 차례와 질서를 지켜가며 해야 한다는 말.

남 떡 먹는데 팥고물 떨어지는 걱정한다 남의 일에 쓸데없는 걱정을 한다는 말. (비) 주금에 누룩 장사. 금주에 누룩 홍정.

남 말하듯 한다 자기 일에 대해여 신중하게 말할 것을 남에 대해 말하듯이 아무렇게나 말한다는 뜻.

남 못하게 하고 잘되는 놈 못 봤다 악한 짓을 한 사람은 그 죗값으로 인하여 저도 잘되지 못한다는 뜻.

남북병사(南北兵士)의 활동 개 차듯 무엇을 주렁주렁 늘어지게 매달아 찬 모양을 이름. (비) 양국 대장의 병부(兵符) 차듯.

남산골 딸깍발이 옛날 서울 남산골 살던 선비들이 가난하여 나막신을 신고 살았다는 데서 가난한 선비를 농으로 이르는 말. (비) 남산골샌님.

남산골샌님 (비) 남산골 딸깍발이.

남산골샌님은 뒤지 하고 담뱃대만 들면 나막신 신고도 동대문까지 간다 의관을 제대로 갖추지 않고 외출할 때 이르는 말.

남산골샌님이 신청한 고직이 시킬 재주는 없어도 뗄 재주는 있다 무슨 일이나 해줄 수는 없어도 방해하여 못하게는 할 수 있다는 말. ★고직 : 관아의 창고를 지키고 감시하던 사람. 창고지기. 고지기.

남산골샌님이 역적 바라듯 한다 가난한 사람이 분에 넘치는 생각을 한다는 뜻. (비) 남촌 양반이 반역할 뜻을 품는다.

남산골 생원(生員)이 망하여도 걸음 걷는 보수(步數)는 남는다 사람의 습관이란 없어지지 않는다는 뜻. (비) 왈짜가 망하여도 왼 다리질 하나는 남는다. 놀던 계집이 결단이 나도 엉덩잇짓은 남는다. 백정이 버들잎 물고 죽는다. 한량이 죽어도 기생집 울타리 밑에서 죽는다. 행담 짜는 놈은 죽을 때도 버들잎을 둘러메고 죽는다.

남산골 재앙동(災殃童)이 샌님 상놈이 양반을 욕하는 말이니, 돈 없고 볼 데 없으면서도 양반 유세만 하는 남산골샌님을 비웃는 데서 나온 말.

남산골 허생원(許生員) 매우 청빈(淸貧)하고 양심이 바른 생활을 한다는 뜻.

남산 봉화(烽火) 들 제 인경 치고 사대문(四大門) 열 제 순라군이 제격이라 두 가지 서로 어울려 격에 맞는다는 뜻. (비) 그 항아리에 그 뚜껑. 문풍지 떨어진 데 풀비가 제격. 보리밥에 고추장. 색시 가마에 강아지 따라가듯. 시집가는데 강아지 따라간다. 그 밥에 그 나물.

남산 소나무를 다 주어도 서캐조롱 장사 하겠다 (비) 벼룩의 등에 육간대청을 짓겠다. ★서캐조롱 : 어린애들 주머니 끈이나 옷끈에 액(厄)막이로 차는 나무로 만든 물건.

남산에서 돌을 굴리면 김 씨나 이 씨 집에 들어간다 김 씨나 이 씨 성을 가진 사람이 대단히 많다는 말.

남산 호랑이가 뭘 먹고 사나 나쁜 일만 일삼고 다니는 사람은 호랑이라도 와서 물어갔으면 좋겠다는 의미.

남색은 쪽에서 짜냈지만 쪽보다 푸르다 배운 제자가 스승보다 더 잘 안다는 말.

남생이 등 맞추듯 무엇을 갖다 맞추어도 꼭 맞지 않을 때를 말함. (비) 나무괭이 등 맞춘 것 같다.

남생이 등에 풀쐐기 쐼 같다 남생이 등이 단단하여 풀쐐기가 쏘아도 아무렇지도 않다는 말이니, 작은 것이 큰 것을 건드려 보았자 아무런 해도 끼치지 못함을 이름.

남생이 등에 활쏘기 매우 어려운 일을 하려고 함을 이르는 말.

남아(男兒) 수독(須讀) 오거서(五車書) 남자는 모름지기 다섯 수레에 실을 만한 많은 책 읽어야 한다는 뜻.

남아(男兒) 일언(一言) 중천금(重千金) 남자의 말 한마디는 천금과 같이 무겁고 가치가 있다는 뜻.

남양(南陽) 원님 굴회 마시듯 (비) 두꺼비 파리 잡아먹듯.

남으나 모자라나 틀리기는 마찬가지 계산함에 있어 남는 것이나 모자라는 것이나 계산이 틀리기는 매일반이라는 말.

남은 속일 수 있어도 저는 속이지 못한다 자신에게 양심에 가책을 받는 일을 해서는 안 된다는 말.

남은 용서해도 저는 용서해선 안 된다 남을 적으로 만들지 말고 자신의 잘못은 반성하고 고치도록 애쓰라는 뜻.

남을 내 몸같이 사랑하라 남을 자기 몸같이 사랑하면 군중과 관계가 더 돈독하게 된다는 말.

남을 도와주지는 못하고 훼방만 놓는다 남을 도와주지는 못할망정 도리어 남의 일에 심술만 부린다는 말.

남을 문 놈은 저도 물린다 남을 해친 사람은 자기도 해를 입게 된다는 말.

남을 물에 넣으려면 자기가 먼저 물에 들어간다 남을 해치려고 모함하면 자기가 먼저 그 같은 어려움을 당하게 된다는 뜻. (비) 남 잡이 제 잡이. 남을 잡으려다 제가 잡힌다.

남을 이롭게 하는 것은 자신을 이롭게 하는 밑천이다 남을 도와주면 그들은 나를 도와주기 때문에 하나의 밑천이 된다는 말. ⇔ 남을 해치는 말은 도리어 자신을 해치게 된다.

남의 가려운 데를 긁어줄 줄 알아야 한다 남의 어려운 사정을 이해해주고 동정해 줄 수 있는 아량이 있어야 한다는 말.

남의 거짓말이 내 거짓말 된다 남의 말을 함부로 옮기다가는 자신도 말못을 범하여 나쁘게 된다는 말.

남의 것 먹자면 말이 많다 남의 것을 부정하게 가로채서 이익을 취하면 남으로부터 비판을 받는다는 말.

남의 것을 마 베어 먹듯 한다 남의 재물을 거리낌 없이 막 훔치거나 빼앗아 간다는 말.

남의 것을 탐내는 놈은 제 것을 더 아낀다 남의 것을 욕심내는 사람일수록 제 것은 더 소중히 한다는 말.

남의 것이라면 거저먹으려 한다 공것이라면 누구나 좋아한다는 말. ⇔ 남의 것은 조금도 범하지 않는다.

남의 고기 한 점 먹고 내 고기 열 점 낸다 남의 것으로 적은 이익을 얻으면 나중에 큰 손해를 본다는 말.

남의 고기 한 점이 내 고기 열점보다 낫다 적더라도 남의 것을 취하기 좋아하는 심리(心理)를 이름. (비) 남의 밥에 든 콩이 더 굵다. 담 너머 감이 더 맛있게 보인다.

⟨남의 꽃을 빌려 부처에게 바친다⟩

남의 꽃을 빌려 부처에게 바친다 남의 물건을 가지고 제가 생색을 낸다는 뜻.

남의 군불에 밥 짓는다 1.남의 덕으로 거저 이익을 볼 경우를 말함. 2.자기 일을 하면서 제 물건은 쓰지 않고 다른 사람의 것을 쓴다는 뜻. (비) 남 켠 불에 조기(게) 잡듯.

남의 굿 보듯 자기 일이 아닌 것처럼 관심 없는 태도로 방관함을 이름.

남의 눈물 짜서 모은 재산 오래 못 간다 악한 짓을 하여 모은 재산은 얼마 안 가기 마련이란 말.

남의 눈에 눈물 내면 제 눈에는 피눈물 난다 남에게 악한 일을 하면 반드시 저는 그 보다 더 큰 벌을 받게 된다는 뜻.

남의 눈에서 피 내리면 내 눈에서 고름이 나야 한다 남을 해(害)하려는 사람은 반드시 저부터 해를 당하게 된다는 말. (비) 남의 눈에 눈물 내면 제 눈에는 피눈물 난다. 남의 눈에 피를 내리려면 제 눈에서는 고름이 나와야 한다.

남의 눈 속의 티만 보지 말고, 자기 눈 속의 대들보를 보라 남의 작은 결점만 찾지 말고, 자신의 큰 허물을 돌아보라는 뜻.

남의 다리 긁다 1.자기를 위한 일이 남을 위한 일이 된다는 뜻. 2.자기가 해야 할 일을 모르고 엉뚱한 일을 함을 이르는 말. (비) 자다가 남의 다리 긁는다.

남의 다리에 행전 친다 (비) 남의 다리 긁다.

남의 닭은 봉(鳳)으로 안다 남들이 지니고 있는 것은 무엇이나 다 좋아 보인다는 뜻.

남의 돈 천 냥이 내 돈 한 푼만 못하다 남에게 아무리 돈이 많더라도 내가 마음대로 쓸 수 있는 적은 돈만 못하다는 말. (비) 내 돈 서 푼이 남의 돈 사백 냥보다 낫다. 아버지 종(從)도 내 종만 못하다.

남의 등은 봐도 제 등은 못 본다 남의 잘못은 잘 보면서 자기의 잘못은 모르게 된다는 말.

남의 등 쳐 먹는다 남을 위협해서 재물을 빼앗아 가지는 것을 이름.

남의 떡방아에 키를 들고 달려간다 자기와 아무런 관계도 없는 일에 함부로 뛰어드는 부질없는 행동을 두고 하는 말. 키 장수 집에 헌 키만 있다는 뜻으로, 마땅히 있어야 할 곳에 오히려 귀하는 말.

남의 떡에 설 쇤다 남의 덕에 일이 이루어졌을 때 또는, 남의 도움으로 어떤 큰일을 치른다는 말.

남의 떡은 빼앗아도 남의 복(福)은 못 뺏는다 남의 물건은 빼앗을 수 있으나 각자가 타고난 복은 침해할 수 없다는 말.

남의 떡이 더 커 보인다 모두 남의 처지가 더 좋아 보이는 사람들의 마음을 가리키는 말. (비) 남의 잔디가 더 푸르러 보인다. 남의 밥에 든 콩이 더 굵어 보인다.

남의 떡 함지에 넘어진다 조심성이 없거나 비위가 좋은 사람을 이름.

남의 똥에 주저앉는다 다른 사람이 저지른 잘못으로 인하여 애매하게도 화(禍)를 입는다는 말. (비) 남의 눈 똥에 주저앉는다. 애매한 두꺼비 떡돌에 치인다.

남의 마누라 개짐 걱정한다 (비) 남의 집 과부 아이 밴 데 미역 걱정한다. ★개짐 : 월경대(月經帶).

남의 말 다 들어주다가는 갈보 된다 남의 사정을 모두 다 들어주다가는 자신의 신세가 노랗다는 말.

남의 말 다 들으면 목에 칼 벗을 날이 없다 남의 말을 너무 곧이듣거나 순종만 하면 낭패 보는 일이 많으니 꼭 들어야 할 말만 들으라는 말.

남의 말도 석 달 소문은 시일이 지나면 흐지부지 없어진다는 말.

남의 말에 안장 지인다 제 일을 한다고 한 노릇이 남의 이익을 위한 일이 되고 말았을 때 이르는 말. (비) 남의 발에 감발한다. 남의 다리 긁기. 잠결에 남의 다리 긁기. 남의 다리에 행전 친다. 남의 발에 버선 신긴다.

남의 말은 개 방귀로 안다 남의 말을 완전히 무시한다는 말. ⇔ 남의 말대로만 한다.

남의 말이라면 쌍지팡이 짚고 나선다 남에게 시비를 잘 걸고 나서는 사람을 이르는 말.

〈남의 소를 세는 소몰이〉

남의 말 하기는 식은 죽 먹기 남의 잘못을 말하기는 매우 쉽다는 뜻.

남의 머리는 깎아도 제 머리는 못 깎는다 남을 도와줄 수는 있지만, 자신의 일을 스스로 못 하는 것도 있다는 말.

남의 무엇은 크다고 부지깽이로 찌른다 남의 일이나 물건은 대수롭지 않게 여기고 함부로 한다는 말.
(비) 남이 컨 불에 조기 잡기. 남의 떡에 설 쇤다. 남의 바지 입고 세배한다.

남의 바지 입고 새 벤다 남의 것을 소비하여서 제 일을 이룬다는 말. (비) 남 컨 불에 게(조기) 잡듯. 남의 떡에 설 쇤다. 남의 바지 입고 춤추기. 지나가는 불에 밥 익히기. ★새 : 여러해살이 풀의 하나.

남의 바지 입고 춤추기 제 것은 쓰지 않고 남의 것을 써서 일을 이룬다는 뜻. (비) 남 컨 불에 게(조기) 잡듯. 남의 떡에 설 쇤다. 남의 바지 입고 새 벤다. 지나가는 불에 밥 익히기.

남의 발에 감발한다 제게 긴요한 일을 한다고 한 것이 남의 이익만을 위하여 한 일이 되고 말았을 때를 이름.
(비) 남의 다리 긁기. 잠결에 남의 다리 긁기. 남의 다리에 행전 친다. 남의 발에 버선 신긴다.

남의 발에 버선 신긴다 (비) 남의 발에 감발한다.

남의 밥보고 상 차린다 (비) 남의 밥보고 장 떠먹는다.

남의 밥보고 시래깃국 끓인다 (비) 남의 밥보고 장 떠먹는다.

남의 밥보고 장 떠먹는다 1.제게는 아무 상관도 없는 남의 일을 가지고 공연히 미리부터 서두르고 좋아한다는 뜻. 2.남의 것을 턱없이 바란다는 뜻.
(비) 남의 밥보고 시래깃국 끓인다. 남의 밥보고 상 차린다. 남의 밥보고 시래깃국 끓인다. 남의 집 찬장에 둔 밥보고 점심 거른다. 떡방아 소리 듣고 김칫국 찾는다. 떡 줄 놈은 생각도 않는데 김칫국부터 마신다. 떡 줄 사람에게 묻지 않고 김칫국부터 마신다.

남의 밥에 든 콩이 굵어 보인다 적더라도 남의 것을 취하기 좋아하는 심리(心理)를 이름. (비) 담 너머 감이 더 맛있게 보인다. 남의 고기 한 점이 내 고기 열 점보다 낫다.

남의 밥은 맵고 짜다 남의 집에 가 일해주고 먹고 사는 것은 매우 고생스럽고 어려운 일이라는 뜻.

남의 밥을 먹어봐야 부모 은덕을 안다 객지에서 어려움을 겪어봐야 부모의 고마움을 알게 된다는 말.

남의 복(福)을 끌로도 못 판다 남의 복은 아무리 시기해도 없애 버리지는 못한다는 뜻.

남의 불에 게 잡듯 남이 게를 잡기 위해 밤에 막을 치고 불을 켜 놓으면 자기는 불을 켜지 않고 게만 잡아서 간다는 말이니, 제 일을 하는 데 남의 물건만 소비하고 이익을 제가 갖는다는 말. (비) 남 컨 불에 게(조기) 잡듯. 지나가는 불에 밥 익히기. 남의 팔매에 밤 줍기. 남의 불에 가재 잡듯. 남의 불에 밥 짓듯. 바람 빌어 배 달란다.

남의 사돈이야 가거나 말거나 자기에게는 아무런 이해관계가 없어 상관할 필요가 없음. (비) 남의 사위 가거나 말거나. 남의 사위 나가거나 오거나. 남의 사위 오거나 말거나. 남의 사위 나갔다 들어갔다 한다. 남이야 똥 뒷간에서 낚시질하건 말건. 남이야 전봇대로 이를 쑤시건 말건.

남의 사위 나갔다 들어갔다 (비) 남의 사돈이야 가거나 말거나.

남의 사정 보다가 갈보 난다 남의 사정을 봐주다가 실수를 하거나 망신을 당하는 경우가 있으니 함부로 남 사정을 봐줘선 안 된다는 말. (비) 사정(私情)이 많으면 한 동리에 시아비가 아홉. 인정(人情)에 겨워 동네 시아비가 아홉.

남의 사정이 내 사정이 될 때가 있다 남의 어려움이 자기의 일로 될 수도 있으므로 어려운 처지에 놓인 사람을 도와주어야 한다는 뜻.

남의 산 돌보고 맷돌 값 내쓴다 1.어떻게 될지 모르는 일에서 자기는 이익을 당겨쓴다는 뜻. 2.일을 몹시 서둘러서 한다는 뜻.

남의 소를 세는 소몰이 정신을 똑바로 차리고 일을 하

⟨남의 소 들고 뛰는 건 구경거리⟩

지 않으면 헛수고만 한다는 뜻.

남의 소 들고 뛰는 건 구경거리 자기에게 이해관계가 없는 경우에는 그것이 불행한 경우라도 재미있게 구경한다는 뜻.

남의 속에 있는 글도 배운다 눈에 안 보이는 남의 속에 있는 글도 배우는 데 직접 보고 배우는 것이야 못할 것 없지 않느냐 는 뜻.

남의 속은 동네 존위(尊位)도 모른다 절대적인 직위에 있는 동네 어른도 남의 속을 모른다 함이니. 사람은 아무리 하여도 남의 속을 다 알 수 없다는 말.

남의 술로 생색낸다 (비) 계술에 낯내기.

남의 술로 제사 지낸다 1.제 것은 몹시 아끼면서 남의 것은 공으로 탐낸다는 뜻. 2.남의 덕으로 일하게 되었다는 뜻.

남의 술로 친구 대접한다 제 것은 아끼고 남 공것으로 제 것 인양 한다는 뜻.

남의 술에 삼십 리 간다 자기는 가고 싶은 마음이 없으나 술을 마시자고 권하는데 못 이겨 삼십 리를 간다 함이니. 무릇 자기가 하기는 싫은 일을 남의 권유로 하게 됨을 이르는 말.

남의 신세도 있어야 갚는다 남에게 받은 은혜도 돈이 있어야만 보답할 수 있다는 뜻.

남의 싸움에 칼 빼기 (비) 남의 집 제사에 절하기.

남의 아들 생일도 우기겠다 (비) 남의 친기(親忌)도 우기겠다.

남의 아이 한 번 때리나 열 번 때렸단 소리 듣는 것 마찬가지다 1.이왕이면 실컷 때리고 말을 듣자 하는 뜻. 2.무슨 좋지 않은 일을 조금 하나 많이 하나 꾸중 듣기는 마찬가지니 아예 하지 않는 것이 상책(上策)이란 말.

남의 열 아들 부럽지 않다 남의 아들을 많이 둔 것에 못지않거나 그보다 낫다는 말.

남의 염병이 내 고뿔만 못하다 남의 큰 걱정이나 위험도 자기와 관계없는 일이면 대단찮게 여긴다는 말. (비) 남의 죽음이 내 고뿔만 못하다.

남의 염불로 극락 간다 자기가 노력해서 이루어지지 않고 남의 덕분에 성공하게 되었다는 말. (비) 남의 죽음이 내 고뿔만 못하다.

남의 옷 얻어 입으면 걸레만 남고 남의 서방 얻어 가면 송장 치레만 한다 남의 옷을 얻어 입으면 곧 헤어져 못 입게 되며 나이 많은 남자에게 개가하여 사노라면 얼마 가지 않아 사별하는 것이니, 남의 옷 얻어 입기와 남의 서방 얻어 살기란 할 짓이 아니라는 뜻.

남의 옷은 따뜻하지 못하다 관계가 없는 사람으로부터는 덕을 볼 수 없다는 말.

남의 울타리 밑에서 산다 남의 세력에 의지하여 기를 펴고 살아간다는 말. (비) 덩굴은 나무에 감긴다. 등 진 가재. 돌 진 가재. 말꼬리에 파리가 천 리 간다. 산(山) 진 거북. 천 리마 꼬리에 쉬파리 따라간다.

남의 이밥보다 제집 개떡이 낫다 남의 것이 제아무리 좋아도 아예 바라지 말고 비록 내 것이 나쁘더라도 소중히 여기란 말.

남의 일 봐 주려거든 삼 년 내 봐 줘라 남의 일 도와주려면 끝까지 도와주라는 말.

남의 일은 오뉴월에도 손이 시리다 남의 일을 하기는 싫음을 말함.

남의 일은 잘 알아도 제 일은 모른다 누구든지 남의 일은 잘 알면서도 자기가 한 일은 전혀 모르는 경향이 있다는 뜻.

남의 일이라면 발 벗고 나선다 남의 일을 자기 일처럼 적극적으로 보살펴 준다는 뜻. ⇔ 남의 일이라면 오뉴월에도 손이 시리다.

남의 일이라면 쌍지팡이 짚고 나선다 남의 일에 적극적으로 간섭한다는 말.

남의 자식 흉보면 제 자식도 그 아이 닮는다 남의 자식 흉보게 되면 상대방에서도 자기 자식 흉보기 된다는 말.

남의 자식 흉보지 말고 내 자식 가르쳐라 무엇이나 남을 흉보기 전에 그것을 거울삼아 제 편의 잘못을 뉘우치고 고치라는 뜻.

남의 잔디가 더 푸르게 보인다 사람은 언제나 내 것보다 남의 것이 더 좋아 보이는 게 심리(心理)라는 말. (비) 남의 떡이 더 커 보인다. 남의 고기 한 점이 내 고기 열점보다 낫다.

남의 잔치에 감 놓으라 배 놓으라 한다 (비) 걱정도 팔자.

남의 잘못은 바로잡아 주어야 한다 상대방이 잘못이 있을 때는 잘 충고하여 바로잡도록 해야 한다는 말.

남의 장단에 춤춘다 관계없는 남의 일에 관심을 가지는 사람이나 줏대 없이 구는 사람을 두고 이르는 말.

남의 장에 감 놓으라 배 놓으라 한다 (비) 걱정도 팔자.

남의 제사상에 감노라 배노라 한다 (비) 걱정도 팔자.

남의 종 되거들랑 서울 양반 종이 되고 남의 딸 되거들랑 시정(市政) 딸 되라 돈 많고 잘사는 집에 붙이거나 태어나야 복을 받을 수 있다는 말. ★시정 : 조선조 때 관아에 딸린 벼슬. 즉, 정삼품(正三品)의 벼슬.

남의 짐이 가벼워 보인다 남의 고통이 큰 것이 사실이지만 자기가 직접 당하고 있는 괴로움이 자기에겐 더 크고 심하게 느껴진다는 뜻.

남의 집 과부 시집가거나 말거나 (비) 걱정도 팔자소관.

남의 집 과부 아이 밴 데 미역 걱정한다 제게는 아무런 관계도 없는 일에 주제넘게 관여한다는 말. (비) 남의 집 마누라 개짐 걱정한다. 더부살이가 주인 마누라 속곳 베 걱정한다. 더부살이가 주인 아가씨 혼수 걱정한다. 더부살이 총각이 주인 아가씨 혼사 걱정한다. 더부살이 환자(還子) 걱정. 칠월에 들어온 머슴이 주인 마누라 속곳 걱정한다.

남의 집 금송아지가 비루먹은 내 집 개만 못하다 아무리 좋은 남의 물건보다 나쁜 내 물건이 더 낫다는 말. (비) 남의 집 금송아지가 우리 집 송아지만 못하다. 남의 집 쌀밥보다 제집 개떡(보리밥, 죽)이 낫다. 아버지 종도 내 종만 못하다. ★비루 : 개 말 나귀에 피부가 헐고 털이 빠지는 병.

남의 집 금송아지가 우리 집 송아지만 못하다 (비) 남의 집 금송아지가 비루먹은 내 집 개만 못하다.

남의 집 마누라 개짐 걱정한다 (비) 남의 집 과부 아이 밴 데 미역 걱정한다. ★개짐 : 월경대(月經帶)

남의 집 머슴과 관장(官長)살이는 끓던 밥도 두고 간다 늘 하라는 대로 해야 하므로 머슴과 관리는 곧 익은 밥도 그대로 두고 떠나야 할 경우가 있다는 말. ★관장 : 예전에. 관가의 우두머리라는 뜻으로, 고을 원을 높여 이르던 말.

남의 집 불구경 않는 군자 없다 도덕적인 일보다는 흥미로운 일이 더 관심을 끌게 마련임을 비유적으로 이르는 말.

남의 집 소경은 쓸어나 보는데 우리 집 소경은 쓸어도 못 본다 남들은 제집 사정을 애써 짐작하고 알려 하는데 자기 집 사람은 도무지 알려고도 않고 어떻게 되어 가는지 걱정도 없으며 돕지도 않는다는 뜻.

남의 집 제사에 절하기 관계없는 일에 참견하여 헛수고만 한다는 뜻. (비) 남의 싸움에 칼 뺀다. 남의 초상에 단지. 남의 초상에 복 입는다. 봉채에 포도군사. 사돈의 잔치에 중이 참여한다.

남의 집 찬장에 둔 밥보고 점심 거른다 (비) 남의 밥보고 장 떠먹는다.

남의 집 친환(親患)에 단지(斷指)한다 1.남의 부모 병에 손가락 끊듯이 필요 이상으로 걱정한다는 말. 2.남의 일에 이득도 없는데 쓸데없이 참견한다는 말.

남의 참견 말고 제 발등에 불 끄지 남의 일에 잘난 체하며 참견하지 말고 제 일에나 충실히 하라는 뜻.

남의 천(千) 눈보다 아비의 두 눈이 낫다 자기 자식은 남들이 보고 판단하는 것보다 제 아미가 보는 것이 훨씬 더 정확하다는 말.

남의 초상(初喪)에 단지(斷指) (비) 남의 집 제사에 절하기. ★단지 : 옛날 죽어가는 부모를 회생(回生)하기 위하여 손가락을 끊어서 피를 마시게 했다는 일.

남의 초상(初喪)에 복(服) 입는다 (비) 남의 집 제사에 절하기.

남의 친기(親忌)도 우기겠다 남의 부모의 제삿날도 제가 옳게 알고 있다고 우기겠다는 말이니, 억지 고집을 잘 부리는 사람을 비웃는 말. (비) 상제와 젯날 다툼. 남의 아들 생일도 우기겠다. 늙은이 무르팍 세

〈남의 팔매에 밤 줍는다〉

우듯. 상주 보고 제삿날 다툰다.

남의 팔매에 밤 줍는다 밤을 떨어뜨려 주우려고 팔매질한 사람은 따로 있는데 밤은 자기가 줍는다는 말이니 남의 수고함을 이용하여 자기의 이익으로 삼는다는 말. (비) 남 켠 불에 게(조기) 잡듯. 남의 떡에 설 쇤다. 남의 바지 입고 춤추기. 지나가는 불에 밥 익히기. 남의 후리매에 밤 주워담는다. ★후리매 : 물매

남의 피리에 춤춘다 자기의 주견 없이 남이 하는 대로 따라 함을 이르는 말.

남의 후리매에 밤 주워담는다 (비) 남의 팔매에 밤 줍는다.

남의 흉보고 내 흉 먼저 고치랬다 남에게 흉이 있거든 나 자신에게도 그런 흉이 없는 가 살펴보고 자신이 먼저 반성하고 고치란 말.

남의 흉은 홍두깨로 보이고 제 흉은 바늘로 보인다 사람은 남의 잘못은 큰 것으로 보고 자기의 잘못은 작은 것으로 본다는 말.

남의 흉이 제 흉이다 남의 잘못을 발견하거든 자신의 잘못으로 보고 고칠 줄 알아야 한다는 뜻.

남의 흉 한 가지면 제 흉 열 가지 사람은 흔히 남의 흉을 잘 보나 자기 흉은 따지고 보면 그보다 많으니 남의 흉을 보지 말라는 뜻. (비) 남의 흉 한 가지면 내 흉이 몇 가지냐. 남의 흉 한 치는 봐도 제 흉 한 자는 못 본다.

남이 나를 저버리거든 차라리 내가 먼저 남을 저버리라 남이 나를 배반하려 하거든 아무쪼록 제가 먼저 그를 버리는 것이 상책이라는 말.

남이 놓은 것은 소도 못 찾는다 남이 물건을 어떤 장소에 놓아둔 것은 소처럼 큰 물건일지라도 찾기 힘들다는 뜻.

남이 눈 똥에 주저앉는다 남의 잘못으로 자기가 애매하게 벌을 받게 되거나 손해를 보게 된다는 말. (비) 남 눈 똥에 주저앉고 애매한 두꺼비 떡돌에 치인다.

남이 떡 먹는데 팥고물 떨어지는 걱정한다 남의 일에 쓸데없이 걱정한다는 말.

남이 맞는 매는 아파 보이지 않는다 남들이 당하는 고통은 아무리 커도 자기가 당하고 있는 고통보다는 가벼워 보인다는 의미.

남이 서울 간다니 저도 서울 간다 (비) 거문고 인 놈이 춤추니 칼 쓴 놈도 춤춘다.

남이야 내 상전을 두려워할까 내가 공경하고 두려워하는 사람이라도 남은 그리 대단하게 생각지 않는다는 뜻.

남이야 똥 뒷간에서 낚시질하건 말건 (비) 남의 사돈이야 가거나 말거나.

남이야 전봇대로 이를 쑤시건 말건 (비) 남의 사돈이야 가거나 말거나.

남이야 지게 지고 제사를 지내건 말건 (비) 남의 사돈이야 가거나 말거나.

남이 은장도(銀粧刀) 차니 나는 식칼을 낀(찬)다 (비) 거문고 인 놈이 춤추니 칼 쓴 놈도 춤춘다. ★은장도 : 은으로 만든 작은 칼. 예전에 부녀자들이 호신용으로 종종 사용하였다. 예전에 의식에 쓰던 물건의 하나. 나무로 칼 모양을 만들어 은칠을 하였으며, 칼집에는 갖가지 무늬를 아로새겨 장식하였다.

남이 장에 간다고 하니 거름 지고 나선다 (비) 거문고 인 놈이 춤추니 칼 쓴 놈도 춤춘다.

남이 장에 간다고 하니 무릎에 망건 쓴다 남이 무엇을 한다고 하니 저도 그것을 하려고 급히 서둔다는 뜻.

남이 친 장단에 궁둥이 춤춘다 자기와 관계없는 일에 덩달아 행동함을 이르는 말.

남이 켠 불에 조기 잡기 자기 일을 하면서 제 물건을 쓰지 않고 다른 사람의 것을 소비한다는 말. (비) 남의 불에 게 잡기.

남이 하는 일은 나도 한다 자기 자신이나 남들이나 모두가 다 사람이기 때문에 노력만 한다면 나도 할 수 있다는 말.

**남자(男子)가 갖출 네 가지 조건은 신언서판(身言書判) 순

(順)이다 남자는 첫째로 몸집이 커야만 상대편이 깔보지 않으며 둘째로 대화에 언변이 능통하면 상대방을 제압할 수 있고 셋째는 마음 안에 든 글의 활용이며 마지막은 판단력이라는 뜻으로 이르는 말.

남자가 버는 것은 황소걸음이요, 여자가 버는 것은 가랑이 걸음이다 흔히 남자가 버는 수입이 여자가 버는 수입에 비해 훨씬 많다는 말.

남자가 부뚜막 살림을 걱정하면 계집을 못 거느린다 남자가 여자의 고유한 권한까지 참견하게 되면 같이 살 여자가 없다는 말.

남자가 상처하는 것은 과거할 신수라야 한다 남자가 상처해서 다시 장가드는 것도 하나의 복임을 비유적으로 이르는 말.

남자가 앓으면 집안이 망하고 여자가 앓으면 살림이 안 된다 주로 남자가 돈을 벌고 여자가 살림을 했던 데서 비롯된 말로, 남자가 병이 나 눕게 되면 수입이 없어져 집이 기울게 되고 여자가 자주 앓으면 살림이 엉망이 되므로 집안 식구가 건강해야 살림이 정상적으로 될 수 있다는 말.

남자가 여자에게 눌리면 집안이 안 된다 남자가 줏대가 없어 여자에게 눌리면 가정의 기강이 제대로 잡히지 않는다는 말.

남자가 죽어도 전장(戰場)에 가서 죽어라 비겁하고 뜻 없는 개죽음을 하지 말라는 뜻.

남자는 거짓말과 갈보는 가지고 다녀야 한다 남자는 다급한 지경에 이르러서는 거짓말해서라도 모면할 수 있는 수단이 있어야 한단 말.

남자는 낙낙목목(諾諾穆穆)이 보람진 삶이다 뜻이 크고 마음이 청렴해야 한다는 말.

남자는 남모르게 두 번 웃는다 상처(喪妻)한 남자는 한 번 결혼하게 될 것을 좋아서 속으로 한 번 웃게 되고 재혼해서는 새사람과 같이 살게 되어 좋아서 또 웃게 된다는 의미.

남자는 들깨 한 말만 들어도 아이를 낳는다 1.남자는 들깨 한 말만 들어도 장가갈 수 있다는 말. 2.늙은이가 들깨 한 말을 들 정도의 근력만 있으면 자식을 둘 수 있다는 말.

남자는 배짱이요 여자는 절개다 미덕으로서 남자는 사물에 대하여 두려움 없는 담력을 여자는 세상 남자들에게 농락당하지 않는 깨끗한 절개가 으뜸이다.

남자는 솥에 도는 것은 다 먹을 수 있어야 한다 남자는 음식을 가리지 않고 잘 먹어야 한다는 말.

남자는 양기가 원기다 남자는 양기가 좋아야 건강할 수 있다는 뜻.

남자는 하늘 여자는 땅 남자의 위치가 가장 중요하지만 여자도 그만큼 영향력이 있고 중요하다는 뜻.

남자 닮은 여자는 없어도 여자 닮은 남자는 없다 온순한 남자는 있을 수 있지만 사내처럼 성격이 거칠고 사나운 여자는 없다는 의미.

남자의 말 한마디는 천금보다 무겁다 남자가 일단 하겠다고 한 것은 변해선 안 되며 자기의 말대로 지켜야 한다는 뜻. (비) 남자의 말은 천 년 가도 변하지 않는다.

남자 팔자는 여자에게 달렸다 남자가 행복하게 살고 불행하게 사는 것은 여자가 어떻게 내조하느냐에 달렸다는 말.

남 잡으려다가 제가 잡힌다 남에게 해를 입히려고 하면 제가 먼저 해를 받는다는 뜻. (비) 남 잡이가 제 잡이.

남 잡이가 제 잡이 남을 해하려고 한 일이 도리어 자기를 해치는 결과가 된다는 말. (비) 남을 물에 넣으면 제가 먼저 물에 들어간다. 남 잡으려다 제가 잡힌다.

남쪽을 가리키기도 하고 북쪽을 가리키기도 한다 어찌할 줄 몰라 쩔쩔맨다는 말.

남촌(南村) 양반이 반역할 뜻을 품는다 흔히 반역의 뜻은 불평이 많은 불우한 처지인 사람들이 품게 된다는 뜻. (비) 남산골 샌님이 역적 바라듯 한다.

남촌(南村)의 몰락은 양반(兩班) 때문 서울 남촌이 가난하고 벼슬길이라곤 끊어진 양반이 모여 살기 그렇게 된 것이란 뜻.

남촌에 술 북촌에 떡 옛날 서울 남촌에서 파는 술맛이 매우 좋았고 북촌에서 파는 떡 맛이 매우 좋았다는 말.

〈남 켠 횃불에 조기 잡듯〉

남 켠 횃불에 조기 잡듯 남의 물건을 소비하여 거기에서 난 이익을 제가 갖는다는 뜻. (비) 남 켠 불에 게(조기) 잡듯. 남의 떡에 설 쉰다. 남의 바지 입고 춤 추기. 지나가는 불에 밥 익히기. 남의 떡에 설 쉰다. 지나가는 불에 밥 익히기. 남의 팔매에 밤 줍기. 남의 바지 입고 새 벤다.

남편 덕을 못 보면 자식 덕도 못 본다 시집을 잘못 가면 평생 고생한다는 말.

남편 밥은 누워서 먹고 아들 밥은 앉아서 먹고 딸 밥은 서서 먹는다 남편을 의지해 살 때는 편안한 마음으로 살고, 아들에게 의지해 살 때는 남편보다는 부담스러워 하며, 딸에 의지해 살 때에는 밥도 편안히 못 먹을 정도로 불편하다는 말.

남편 복이 없으면 자식 복도 없다 못난 남편을 만나면 자식 교육도 제대로 될 리 없으므로 자식까지 잘못 되어 자식 복도 기대하기 어렵다는 말.

남편은 귀머거리 되어야 하고 여자는 장님이 되어야 잘 산다 어려운 시집살이에서는 남편은 들어도 못 들은 척하고, 여자는 보아도 못 본 척해야 화목을 유지할 수 있다는 말.

남편은 두레박 아내는 항아리 두레박이 물을 길어다 항아리에 채우듯이, 남편이 밖에서 돈을 벌어 집에 가지고 오면 아내는 그것을 잘 모으고 간직한다는 말.

★두레박 : 줄을 길게 달아 우물물을 긷는 데 쓰는 기구.

남편을 잘못 만나면 당대 원수 아내를 잘못 만나도 당대 원수 결혼을 잘못하면 일생 불행하다는 말. (비) 아내 나쁜 것은 백 년 원수 된장 신 것은 일 년 원수.

납으로 만든 칼 (비) 구부러진 송곳.

납청장(納淸場)을 만든다 1.몹시 얻어맞거나 눌리어 모양이 납작하게 됨을 이름. 2.형세가 불리하여 꼼짝도 못 하게 된 경우를 이름. 3.몹시 세게 눌려 납작하게 된 물건을 이름. (비) 납청장(納淸場)이 되었다.

★납청장 : 몹시 얻어맞거나 눌려 납작해진 사람이나 사물을 비유적으로 이르는 말.

낯 놓고 기역도 모른다 (비) 가자 뒤 자도 모른다.

낯으로 눈 가린 격이다 (비) 가랑잎으로 눈 가리고 아웅 한다.

낯으로 눈 가려운 데 긁는다 우둔하게 위험한 짓을 함을 비유적으로 이르는 말.

낯으로 삼발 치듯 한다 어떤 것을 함부로 쳐 쓰러뜨리는 모양을 비유적으로 이르는 말.

낯을 댈 곡식이 없다 벨 곡식이 없을 정도로 흉년이 들었음을 비유적으로 이르는 말.

낯도깨비 같다 체면이 없이 난잡하게 구는 사람을 비유한 말. 주출망량(晝出魍魎).

낯도깨비 봤나 갑자기 놀란다는 말. (비) 도깨비 봤나.

낯도깨비 홀렸다 아무리 생각해도 이해(理解)가 안 간다는 말. (비) 대낮에 도깨비에게 홀렸다.

낯말은 새가 듣고 밤말은 쥐가 듣는다 1.사람이 없다고 해서 남의 말을 함부로 해서는 안 된다는 뜻. 2.말은 언제나 조심해야 한다는 뜻. (비) 귀 없는 코도 듣는다. 낯에는 눈이 있고 밤에는 귀가 있다. 낯에는 보는 사람이 있고 밤에는 듣는 사람이 있다. 담에도 귀가 있다. 담에도 눈이 있고 벽에도 귀가 있다. 귀 없는 고기도 듣는다.

낯에 나서 밤에 자란 놈 같다 매우 어리석은 짓만 한다는 말.

낯에 난 도깨비 도깨비는 어두운 밤에 나돌아 다니는 법인데 낯에 나돌아 다니는 염치없는 도깨비 같다는 뜻으로, 낯이 두껍고 하는 짓이 미련한 사람을 비유적으로 이르는 말.

낯에 난 도적 염치없고 탐욕이 많은 사람을 이르는 말.

낯에 난 박쥐 밤에 나와야 할 박쥐가 낯에 나오는 것 같이 매우 뻔뻔스러운 짓을 한다는 뜻.

낯에는 눈이 있고 밤에는 귀가 있다 (비) 낯말은 새가 듣고 밤말은 쥐가 듣는다.

낯에는 보는 사람이 있고 밤에는 듣는 사람이 있다 (비) 낯말은 새가 듣고 밤말은 쥐가 듣는다.

낯에는 큰소리치고 밤에는 굽신거린다 줏대 없는 남자가 남들 보는 앞에서는 큰소리치고 밤이 되면 아내에게 꼼짝도 못 하게 된다는 말.

낮일할 때 찬 담배쌈지 같다 (비) 날 궂은 날 개 사건이 같다.

낮일할 때 찬 초갑(草匣) 1.군것이 붙어서 방해됨을 이르는 말. 2.어디든지 귀찮게 따라다닌다는 뜻. (비) 거둥에 망아지 따라다니듯. 이사할 때 강아지 따라다니듯.

★초갑 : 담배와 부싯돌 따위를 넣는 주머니.

낮잠에 꾼 꿈 대수롭지 않는 일이란 뜻.

낯가죽이 두껍(쇠가죽)다 (비) 벼룩(빈대)도 낯짝이 있다.

낯바닥이 땅 두께 같다 아무리 자기가 잘못을 했어도 부끄러워할 줄 모르는 뻔뻔한 사람을 욕하는 말. (비) 배 가죽이 땅 두께 같다. 쇠가죽이 무릅쓴다. 낯가죽이 두껍다.

낯은 알아도 마음은 모른다 사람의 마음속은 알 수 없는 것이라는 말.

낯이 화끈하다 너무도 민망하여 얼굴에 불을 데는 것 같이 화끈하다는 말.

낯짝 값도 못 한다 생김새는 그렇지 않는데 행동은 못된 짓만 골라서 한다는 말.

낯짝은 사람인데 마음은 짐승 아주 못된 사람이란 뜻.

낳는 놈마다 장군이다 어떤 집안에 훌륭한 인물이 잇따라 남을 비유적으로 이르는 말.

낳는 아이 아들 아니면 딸이지 둘 중에 하나란 말.

낳는 정보다 기른 정이 크다 길러 준 정이 낳은 정보다 크고 소중하다는 말.

낳을 적 봤더라면 도로 틀어박을 걸 이 세상에 태어나서는 안 될 사람이 태어났다는 뜻.

내가 가면 아주 가며 아주 간들 잊을소냐 정들고 이별하는 사람이 어찌 옛정을 잊을 수 있겠느냐며 아쉬워하는 말.

내가 남을 존대해야 남도 나를 존대한다 내가 남을 먼저 존중해 주어야 남도 나를 존중하게 된다는 뜻.

내가 부른 노래 사돈이 부른다 (비) 나 부를 노래를 사돈이 부른다.

내가 뿌린 씨는 내기 거두기 마련이다 자신이 한 일에 대한 책임은 반드시 자신이 지게 마련이라는 말.

내가 상주(喪主) 되니 개고기도 흔하다 자기가 구할 때는 없던 것이 필요하지 않게 되자 갑자기 많아짐을 이르는 말. (비) 내가 중이 되니 고기가 천(흔)하다. 흉년의 떡도 많이 나면 싸다.

내가 좋아하면 남도 좋아한다 내가 좋아하는 것은 다른 사람도 좋아하기에 남을 위해 양보할 줄 알아야 한다는 말.

내가 중이 되니 고기가 천(흔)하다 (비) 내가 상주(喪主) 되니 개고기도 흔하다.

내가 한 일을 남에게 물어보랬다 자신이 주관적 처지에서 보는 것보다 제삼자가 객관적으로 판단하는 것이 더 정확하다는 말.

내가 할 말 사돈이 한다 (비) 나 부를 노래 사돈이 부른다.

내 건너간 놈 지팡이 팽개치듯 한다 냇물을 건널 때는 요긴하게 잘 쓴 지팡이를 건너고 나자 필요가 없다고 내던져 버리듯 한다는 뜻으로, 자기가 필요할 때는 가까이했다가 아무 소용이 없어지면 인연을 끊어 버리는 경우를 비유적으로 이르는 말. (비) 내를 건너서 지팡이.

내 건너간 지팡이요 추수 끝난 자루다 유용하던 도구도 그 일이 끝난 뒤엔 필요하지 않을 뿐 아니라 도리어 귀찮게 여긴다는 뜻. (비) 내를 건너서 지팡이. 추수하고 나서 자루.

내 건너 배 타기 일의 순서를 가리지 않고 되는대로 함을 이르는 말. (비) 나루 건너 배 타기.

내 것도 내 것이고 네 것도 내 것이다 욕심 많은 사람이 제 것은 물론 남의 것도 탐내어 마치 제 것인 양 쓰는 경우.

내 것 아니면 남의 밭머리 개똥도 안 줍는다 사람됨이 매우 청렴결백하다는 뜻.

내 것 없이 남의 것 먹자니 말도 많다 가난한 사람이 얼

〈내 것 잃고 내 함박 깨뜨린다〉

어먹고 살아가려 하니 눈치도 보아야 하고 말썽도 많이 생긴다는 말.

내 것 잃고 내 함박 깨뜨린다 자신의 소중한 것을 내주었는데도 그만 함박까지 깨뜨린다는 뜻으로, 이중으로 손해를 보게 됨을 이르는 말. (비) 엎친 데 덮치기. 국 쏟고 뚝배기 깨었다. 국 쏟고 뚝배기 깨었다. 독 깨고 장 쏟았다. 뚝배기 깨고 국 쏟았다. 내 것 주고 뺨 맞는다. 내 씹 주고 매 맞는다. 국 쏟고 허벅지 덴다.

내 것 잃고 죄짓는다 (비) 도둑놈은 한 죄 잃은 놈은 열 죄.

내 것 주고 뺨 맞는다 1.이중의 손해를 볼 때 하는 말. 2.자기의 소중한 것을 내어 주고도 도리어 좋지 않은 응보(應報)를 당할 때 쓰는 말. (비) 내 씹 주고 매 맞는다. 내 것 주고 매 맞는다. 내 것 잃고 함박 깨뜨린다. 술 받아 주고 뺨 맞는다.

내 고기야 날 잡아먹어라 어떤 일에 크게 실수하여 자책하는 말.

내관(內官)의 새끼야 꼬집기도 잘한다 내시(內侍)들은 성격이 여자를 닮아 흔히 꼬집기를 잘하는 데서 나온 말로, 남의 편성(偏性)을 비웃는 말. ★내관 : 고려 시대, 숙직하면서 임금을 모시며 관을 지키던 관원. 재능과 용모가 뛰어난, 권세 있는 집안의 자제(子弟)나 문과(文科) 출신이 임명되었으나 의종(毅宗) 이후 중국 원나라를 섬기게 되면서 점차 환관(宦官)이 이 자리를 차지하게 되었다. 조선 시대, 궁중에서 시중을 들며 잡무를 보는 거세한 남자를 이르던 말.

내관(內官)의 처(妻)가 출입하듯 아무 실속 없이 건성으로 왔다 갔다 함을 이름. (비) 고자 처가 가듯.

내 남 없다 나나 다른 사람이나 마찬가지라는 뜻.

내년 얘기를 하면 귀신도 웃는다 당장 내일 일도 모르는 판국에 내년 일이 어떻게 될 것인지 어떻게 알 수 있겠느냐는 뜻.

내 노랑 병아리만 내어라 한다 억지를 부리고 무엇을

해 달라고 고집을 부린다는 말. (비) 누지 못하는 똥을 으드득 누라 한다. 첫날밤에 아이 낳으라 한다. 배지 않은 아이 낳으라 한다.

내는 건널수록 깊다 (비) 갈수록 태산

내 임 보고 남의 임 보면 심화 난다 자기 님이 더 훌륭한 것을 바라는 뜻에서 잘난 남의 임을 보면 마음이 편하지 않다는 말.

내닫기는 주막집 강아지라 1.어떤 일이 있을 때 잘 뛰어들어 참견하는 사람을 이르는 말. 2.사람들 사이 많이 단련을 받아 눈치가 빠르다는 말. (비) 내뛰기는 도갓집 강아지라 도갓집 강아지 같이 뛰어든다.

내 딸이 고와야 사위를 고르지 자기는 부족하고 불완전하면서 남의 완전한 것만 구하는 것은 부당하다는 말. (비) 꽃이 좋아야 나비가 모인다. 내 딸이 고와야 사위를 고른다. 반달 같은 딸 있으면 온달 같은 사위 삼는다.

내 땅 까마귀는 검어도 귀엽다 1.제 자식은 아무리 못나도 귀엽다는 말. 2.제집, 제 고향의 것 즉 제가 오래 정들인 것은 무엇이나 다 좋다는 뜻. (비) 까마귀도 내 땅 까마귀라면 반갑다.

내 떡 내가 먹었거니 제게 잘못이 없으니 아무런 상관도 없다는 뜻.

내 떡이 두 개면 남의 떡도 두 개다 대인관계에 있어서는 내 태도에 따라 상대방의 태도도 달라진다는 말.

내 떡이 크면 남의 떡도 커진다 남을 정성을 다해서 후하게 대접하면 남도 따라서 나를 융숭하게 대접한다는 말.

내 돈 서 푼이 남의 돈 사백 냥보다 낫다 아무리 보잘 것 없어도 제가 가지고 있는 것이 낫다는 말. (비) 남의 돈 천 냥이 내 돈 한 푼만 못하다. 아버지 종(從)도 내 종만 못하다.

내 돈 서 푼은 알고 남의 돈 칠 푼은 모른다 제 것은 작은 것도 소중히 여기고 남의 것은 많은 것도 대수롭지 않게 여긴다는 뜻.

내뛰기는 주막집 강아지라 (비) 내닫기는 주막집 강아

⟨내 속 짚어 남의 말 한다⟩

지라.
내를 건너간 놈은 지팡이를 팽개친다 (비) 고기를 잡고 나면 바리를 버린다.
내리사랑은 있어도 치사랑은 없다 윗사람이 아랫사람을 사랑할 수는 있어도 아랫사람이 윗사람을 사랑하기는 어렵다. 윗사람은 아랫사람의 작은 허물쯤은 너그럽게 봐 주어야 한다는 뜻. (비) 아래 사랑은 있어도 우에 사랑은 없다.
내(연기) 마신 고양이 상(相) (비) 낙태한 고양이 상.
내 말(馬)도 좋으니 네 말(馬)도 좋으니 허여도 달려 보아야 한다 실지로 해 보지 않고 탁상공론(卓上空論)만 하는 것은 어리석다는 뜻. (비) 네 말이 좋으니 내 말이 좋으니 해도 타봐야 안다.
내 말은 남이 하고 남 말은 내가 한다 누구나 남의 이야기하기를 좋아한다는 말.
내 몸이 높아지면 아래를 살펴야 한다 남의 윗자리에 있는 사람은 언제나 아랫사람을 조심해야 한다는 말.
내 몸이 중이면 중의 행세를 하라 신분을 지켜 분에 어긋나지 않게 하라는 뜻.
내 물건은 좋다 한다 제 것은 다 좋다고 하는 사람을 두고 하는 말.
내 물건이 좋아야 값을 받는다 자기의 지킬 도리를 먼저 지켜야 남에게 대접을 받는다는 뜻. (비) 꽃이 좋아야 나비가 모인다. 내 딸이 고와야 사위를 고른다. 반달 같은 딸 있으면 온달 같은 사위 삼는다.
내 미락 네(니)미락하다 서로가 책임을 지지 않으려고 미루적거림을 이름.
내 미워 기른 아기 남이 괸다 자기가 귀찮아 미워하면서 기른 자식을 도리어 남이 사랑한다는 말.
내민 손이 무안하다 무엇을 달라고 손을 내밀었다가 못 받을 때를 이름. 무엇을 받으라고 주는 데도 상대방이 받지 않을 때를 이름.
내 밑 들어 남 보이기 제 스스로 제 약점을 들어냄을 이르는 말. (비) 제 낯에 침 뱉기. 제 밑 들어 남 보기.
내 발등의 불을 꺼야 아비 발등의 불을 끈다 급할 때는 남의 일보다 자기 일을 먼저 하기 마련이라는 뜻. (비) 내 발등의 불을 꺼야 아비 발등의 불을 본다. 제 발등에 불을 먼저 끄고 아비 발등에 불을 끈다.
내 발등의 불을 꺼야 아비 발등의 불을 본다 (비) 내 발등의 불을 꺼야 아비 발등의 불을 끈다.
내 밥 먹은 개가 내 발뒤축을 문다 (비) 기르던 개에게 다리를 물렸다.
내 밥 준 개 내 발등 문다 (비) 기르던 개에게 다리를 물렸다.
내 배 다치랴 누가 감히 자기를 해치겠느냐고 배짱부리는 말.
내 배부르니 종이 배고픔을 모른다 (비) 내 배부르니 평안감사가 조카 같다.
내 배부르니 평안감사(平安監司)가 조카 같다 잘 먹고 배부르니 평안감사 같은 자리도 부럽지 않다는 말. (비) 제 배가 부르니 평안감사가 조카같이 보인다. 제 배가 부르면 종 배고픈 줄 모른다. 제 배가 부르면 종의 밥 짓지 말란다. ★평안감사 : 남사당패의 인형극 꼭두각시놀음의 등장인물 중 하나. 탐관오리의 상징으로 양반의 차림새를 하고 있다.
내 배부르니 평안감사가 족하(足下) 같다 (비) 내 배부르니 평안감사가 조카 같다.
내 배 부르면 종에게 밥 짓지 말라 한다 1.자기만 알고 남에게는 조금도 이해와 동정심이 없음을 말함. 2. 복락(福樂)을 누리는 사람이 남의 불행과 근심 괴로움을 알지 못한다는 뜻. (비) 상전(上典)이 배부르면 종 배고픈 줄 모른다. 제 배가 부르면 종 배고픈 줄 모른다. 제 배가 부르면 종의 밥 짓지 말란다. 부자가 없는 놈 보고 왜 고기 안 먹느냐고 한다.
내 복(福)에 난리야 바라던 일이 잘되어 가다가 뜻밖에 방해물이 끼어든다는 뜻.
내 살을 꼬집어 봐야 남의 아픔을 안다 고생을 해본 사람이 아니고서는 남의 고통을 알아주기 어렵다는 말.
내 속 짚어 남의 말 한다 자기가 그러니 남도 역시 그러려니 하고 짐작하여 남의 말을 함.

〈내 손끝에 뜸을 떠라〉

내 손끝에 뜸을 떠라 (비) 내 손톱에 장을 지져라.
내 손은 공일인 줄 아나 네가 주먹으로 때리면 나도 그대로 있지 않겠다는 뜻.
내 손톱에 장을 지져라 상대방의 의견에 대하여 무엇으로 증명할 수 없으니 절대로 그렇지 않다고 강경히 부정하는 말. (비) 내 손끝에 뜸을 떠라. 손가락에 불을 지르고 하늘에 오른다.
내시(內侍)이 앓는 소리 (비) 고양이 불알 앓는 소리.
내 씹 주고 매 맞는다 (비) 내 것 주고 뺨 맞는다.
내 앞도 못 닦는 것이 남의 걱정한다 제 일도 제힘으로 다 처리하지 못하면서 남의 일을 하겠다고 아는 체하며 간섭한다는 말.
내 약장 속에 든 약 무슨 일이든지 자기 마음대로 할 수 있다는 말.
내 얼굴에 침 뱉기 자기가 한 짓이 저를 모욕하는 결과가 된다는 뜻. (비) 제 낯에 침 뱉기. 제 발등에 오줌 누기. 하늘 보고 침 뱉기. 제 갗에 침 뱉기. 누워서 침 뱉기.
내외간도 돌아누우면 남이다 가까운 부부간의 애정도 소원(疏遠)할 수 있다는 말.
내외간의 싸움은 칼로 물 베기 부부간의 싸움은 다시 화합된다는 뜻. (비) 부부(夫婦) 싸움은 칼로 물 베기. 부부 싸움은 개싸움. 부부 싸움은 밤 자면 풀린다. 양주(兩主) 싸움은 칼로 물 베기.
내용도 모르고 겉만 전한다 중요한 것은 빼놓고 하찮은 것만 한다는 말.
내 울음이 정 울음이냐 1.진정 우러나는 일이 아닌. 다만 하는 체하는 일. 2.똑똑한 정신없이 하는 일에 대해서 하는 말.
내일 닭보다 오늘 계란이 낫다 (비) 금년(今年) 새 다리가 명년(明年) 쇠다리보다 낫다.
내일 바빠 한댁방아 자기 일이 바쁘므로 부득이 남의 일을 부지런히 한다는 뜻.
내일 백 냥보다 당장 쉰 냥이 낫다 (비) 금년(今年) 새 다리가 명년(明年) 쇠다리보다 낫다.

내일은 삼수갑산(三水甲山)을 가더라도 최악의 경우가 생겼더라도 당장 이것만은 단행하겠다는 뜻으로 하는 말. (비) 나중에 삼수갑산 갈지라도. 삼수갑산 가서 산전(山田)을 일궈 먹더라도. ★삼수갑산 : '삼수(三水)'와 '갑산(甲山)'은 각각 함경남도 북서쪽과 동북쪽에 있는 오지(奧地)의 지역명이다. 이 두 지역은 특히 날씨가 춥고 산세가 험하여 조선 시대의 대표적인 귀양지로 유명하였다. 이러한 이유로 '삼수갑산(三水甲山)'은 '춥고 험한 지역이나 '유배지' 등과 같은 일반적 의미를 띠게 되었고 동사 '가다'와 어울려 관용구를 이루어 '멀고 험한 곳으로 가다'. '매우 어려운 지경에 이르다'의 의미를 지니게 되었다. 현대에 와서 이 말은 어원 의식을 잃고 '산수갑산(山水甲山)'으로 잘못 쓰는 일이 많다.
내일은 서쪽에서 해가 뜨겠다 1.말썽만 부리던 사람이 돌변하여 착하게 되었을 때 하는 말. 2.너무나도 뜻밖의 일을 보았을 때 하는 말.
내일의 닭은 모르고 오늘의 달걀만 안다 장래를 생각도 않고 근시안적으로 눈앞의 일에만 급급하다는 말.
내일의 천자(天子)보다 오늘의 재상(宰相) (비) 금년(今年) 새 다리가 명년(明年) 쇠다리보다 낫다. ★재상 : 예전에 임금을 보좌하며 모든 관원을 지휘하고 감독하는 일을 맡은 이품(二品) 이상의 벼슬이나 그런 자리에 있는 사람을 통틀어 이르던 말.
내전 밥 떠 났다 밥상을 받고도 먹지 않음을 일깨우는 말.
내전보살(菩薩) 1.어디에나 가 앉았다가 일어나야 할 경우에 일어나지 않을 때 이르는 말. 2.알고도 모른 체하고 앉아 있기만 하는 사람을 가리키는 말. (비) 양약부지(佯若不知). ★내전보살 : 내전에 앉은 보살이라는 뜻으로, 알면서도 모르는 체하고 가만히 있는 사람을 비유적으로 이르는 말.
내 절 부처는 내가 위해야 한다 자기 주인은 자기가 잘 섬겨야 남도 그를 알아본다는 뜻. (비) 제 절 부처는 제가 위하랬다.
내친걸음이다 이왕 일을 시작한 길이라는 뜻.

(비) 들여 디딘 발. 벌려 놓은 굿이다. 벌려 놓은 차례다. 벌린 춤이다.

내 칼도 남의 칼집에 들면 찾기 어렵다 자기의 물건이라도 남의 손에 들어가면 다시 찾기가 힘들다는 뜻. (비) 제 칼도 남의 칼집에 들면 찾기 어렵다.

내 코가 석 자 자기 사정이 어려워 남의 사정을 돌볼 겨를이 없다는 말. (비) 코가 쉰 댓 자나 빠졌다. 오비삼척(吾鼻三尺).

내 콩이 크니 네 콩이 크니 한다 서로 비슷한 것을 가지고 제 것이 낫다고 다투는 것을 보고 하는 말. (비) 참깨가 기니 짧으니 한다. 참새가 짧으니 기니 한다. 콩 심어라 팥 심어라 한다. 콩 났네 팥 났네 한다. 콩팥질팔한다. 콩이야 팥이야 한다. 네 콩이 크니 내 콩이 크니 한다.

내 팔이 짧거든 네 팔이라도 길어야지 내 실력이 모자라면 너라도 실력이 있어서 나를 도와주어야 한다는 뜻으로 쓰이는 말.

내 할 말 사돈이 한다 1.제가 하려고 하던 말을 남이 오히려 먼저 한다는 뜻. 2.자기가 남을 탓하려 하니 그쪽에서 도리어 자기를 나무란다는 말. (비) 나 부를 노래를 사돈집이 부른다. 시어머니 부를 노래를 며느리가 먼저 부른다. 아가사창(我歌查唱).

내 함박 깨뜨린다 (비) 내 것 주고 뺨 맞는다.

냅기는 과붓집 굴뚝이라 남들은 쉽게 하는 일을 몹시 어렵게 한다는 뜻.

냇가 돌 닳듯 사람이 세상에 시달리어 눈치가 약아지고 성미가 모질어짐을 이름.

냇물은 방해물을 비끼면서 흘러간다 당장 싸울 일이 있더라도 나중을 위하여 피하면서 일을 처리하는 것이 유리하다는 뜻.

냇물은 보이지 않는데 신발부터 벗는다 일을 할 때 지나치게 서둔다는 말.

냉갈령을 부린다 매정하고 쌀쌀한 행동을 한다는 말.

냉수도 불어 먹겠다 조심성이 지나치게 많은 사람을 일컫는 말. (비) 돌다리도 두들겨 보고 지나간다.

냉수 맛 같다 아무 맛도 없음을 이르는 말.

냉수 먹고 갈비 트림 (비) 김칫국 먹고 수염 쓴다.

냉수 먹고 된똥 누기 1.신통하지 아니한 재료로 실속 있는 결과를 만들어 낸다는 뜻. 2.아무런 노력도 없이 다른 사람의 덕분으로 하고 싶던 일을 이루었다는 말. (비) 태수 덕에 나팔 소리 들었다.

냉수 먹고 속 차려라 분별없이 미련하게 행동하는 사람에게 정신을 차리라고 비난조로 이르는 말.

냉수 먹고 이 쑤시기 (비) 김칫국 먹고 수염 쓴다.

냉수 먹고 주정한다 거짓말을 천연스럽게 잘도 한다는 말. (비) 뜨물 먹고 주정한다. 입술에 침이나 바르지. 혓바닥에 침이나 묻혀라.

냉수에 뼈뜯이 냉수에다 뼈에서 긁어낸 고기를 둔 것이라 함이니 맛이 있을 리 없다. 그러니 싱거운 사람. 또는 맛없는 음식을 이름. (비) 맹물에 조약돌 삶은 맛. 도끼 삶은 물이라. 중의 이마 씻은 물. 날 속한(俗漢) 이마 씻은 물 같다.

냉수에 이 부러진다 도무지 이치(理致)에 닿지 않는 말이나 기가 막힐 지경이라고 할 때를 이름. (비) 냉수에 이 부러질 노릇(일). 마루 아래 강아지가 웃을 노릇. 삶아도 잇 금도 안 들어간다. 삶은 무에 이 안 들 소리. 애호박 삼 년을 삶아도 잇 금도 안 들어간다. 여드레 삶은 호박에 도래송곳 안 들어 갈 말. 여드레 삶은 호박에 이 안 들 소리. 익은 밥 먹고 선소리한다. 죽은 고양이가 산 고양이 보고 야옹 한다. 찬물 먹고 냉돌방에서 땀 낸다.

냉이에 씀바귀 섞이듯 했다 좋은 분위기를 나쁜 사람 하나 때문에 망쳤다는 말.

너구리 굴 보고 피물(皮物) 돈 내어 쓴다 너구리굴을 보고 벌써 너구리를 잡아 그 가죽으로 갚을 생각으로 빚을 내어 쓴다는 뜻으로, 일이 되기도 전에 그 일에서 나올 이익을 헤아려 미리 당겨씀을 비유적으로 이르는 말. 일을 너무 급히 서둘러 하는 것을 비유적으로 이름. (비) 땅벌 집 보고 꿀 돈 내어 쓴다.

★피물 : 짐승의 가죽. 또는 그런 물건.

⟨너구리도 들 굼 날 굼을 판다⟩

너구리도 들 굼 날 굼을 판다 사람도 무슨 일을 하거나 결말을 어떻게 지어야 할 것인가를 생각해야 하고 빠져나올 준비도 해 놓아야 한다는 뜻. (비) 쥐도 들 굼 날 굼이 있다. ★굼 : 구멍의 옛말.

너구리 잡다 불법적으로 차를 태워 주어 이익을 보다.

너 나 할 것 없다 너도 어떻고 나도 어떻고 구별할 것 없이 다 마찬가지라고 하는 말.

너 난 날 내 났다 너나 나나 별다를 것이 없다는 뜻으로, 쓸데없이 잘난 척하는 사람을 책망하여 이르는 말.

너는 너고 나는 나다 너와 나와는 관계가 없다는 뜻으로, 남에 대하여 전혀 무관심하고 자기의 이익만 채우는 이기적인 태도를 이르는 말.

너는 용빼는 재주가 있느냐 자기도 특별한 수단이 없으면서 남을 흉보는 사람을 판잔하여 이르는 말.

너무 강하면 부러진다 사람의 성격이 지나치게 완고한 것은 좋지 않다는 뜻.

너무 고르다가 눈먼 사위 얻는다 무엇이든지 너무 고르면 오히려 나쁜 것을 고르게 됨. (비) 너무 고르다가 곰보 총각 고른다.

너무 깨끗한 물에는 고기가 모이지 않는다 너무 살림살이를 절약하면 현명한 일이 아니라는 뜻.

너무 뻗은 팔은 어깨로 찢긴다 지나치게 미리 손을 써서 남을 해치려다가는 오히려 실패하게 마련이라는 말.

너무 아끼다 똥 된다 물건은 필요할 때 써야 하는데 무조건 아끼기만 하다가 나중엔 쓰지도 못하고 버리게 된다는 뜻.

너무 연하면 늘어진다 지나치게 유약하면 게을러져서 아무 일도 못 하게 된다는 뜻.

너울 쓴 거지 몹시 배가 고파 체면 차릴 여지가 없게 된 처지를 비유하는 말.

너의 집도 굴뚝으로 불을 때겠다 집안이 안 되어 무슨 일이나 거꾸로 되어 간다는 뜻.

너 자신을 알라 고대 그리스 유명한 격언으로, 그리스의 여행담 작가인 파우사니아스에 따르면 델포이의 아폴론 신전의 프로나우스(앞마당)에 새겨져 있던 것이라 한다. 이 경구는 흔히, 다음 6명의 그리스 현자 중 하나의 저작으로 간주된다. 스파르타의 킬론, 헤라클레이토스, 피타고라스, 소크라테스, 아테네의 솔론, 밀레투스의 탈레스.

너 죽고 나 죽고 해 보자 결판이 날 때까지 싸우겠다는 의지나 결심 또는 그런 싸움을 비유적으로 이르는 말.

너하고 말하느니 개(벽)하고 말하겠다 어리석고 둔하여 남의 말을 알아듣지 못하고 사리를 깨쳐 알지도 못한다는 뜻. (비) 너하고 말하느니 달아나겠다. 담(벽락)하고 말하는 것이 낫겠다. 벙어리하고 말하는 격이다. 담하고 대면하는 격이다.

너하고 말하느니 달아나겠다 (비) 너하고 말하느니 개하고 말하겠다.

넉가래 내세우듯 일을 변통하는 주변은 없으면서도 쓸데없이 호기를 내어 고집을 부린다는 뜻. (비) 과붓집 똥 넉가래 내세우듯. 똥 넉가래 내세우듯. ★넉가래 : 곡식이나 눈 따위를 한 곳에 밀어 모으는 기구.

넉 달 가뭄에도 하루만 더 개었으면 한다 오래 가물어 아무리 기다리던 비일지라도 무슨 일을 치르려면 그 비 오는 것을 싫다는 말. (비) 백일 장마에도 하루만 더 비 왔으면 한다.

넉동 다 갔다 일이 다 끝나다. 어떤 사람의 신세가 다 되었다는 뜻.

넉바른 괭이 쌍 못 얻는다 너무 급히 서둘러 하면 일도 제대로 되지 않고 이로울 것이 없다는 말. (비) 급히 먹은 밥이 목맨다.

넉살 좋은 강화(江華)년이라 흔히 강화 여자가 부끄러운 줄 모르고 검질기다 하여 이르는 말로, 하는 짓이 염치 체면을 돌아보지 않는 사람을 두고 이르는 말.

넉장거리 한다 뒤로 벌떡 넘어진다는 말이니, 매우 놀란다는 뜻.

넉 장을 뽑는다 투전에서 온 말이니, 우물쭈물하여 남을 속이려 한다는 말.

넋이야 신이야 한다 마음속에 잔뜩 벌렸던 것을 거침없이 마구 털어놓는 뜻.

넌덜머리가 난다 넌더리가 난다는 말로, 싫증이 난다는 뜻.

널감을 장만한다 1.아주 거기에서 끝장을 본다는 말. 2.걸핏하면 때를 쓰려고 한다는 말.

널감이 되었다 늙어서 죽을 때가 다 되었다는 말.
(비) 땅내가 고소하다. 염라대왕이 문밖에서 기다린다. 탕국 내가 고소하다. 팥죽 내가 난다. 흙내가 고소하다. 한 치 앞이 지옥이다. 해가 서산으로 기울어진다. ★널감 : 널을 만들 재료. 늙어서 죽을 때가 가까워진 늙은이를 속되게 이르는 말.

널도깨비가 복(福)은 못 줘도 화(禍)는 준다 사람 못된 것은 어딜 가나 해만 끼치고 다녔지 이롭게 하는 일은 없다는 것.

널두께 같다 얇아야 할 것이 너무 두꺼울 때 하는 말.

널뛰듯 한다 행동하는 짓이 매우 경망스럽다는 말.
(비) 잔나비 밥 짓듯.

넓은 하늘을 보지 말고 한 뼘 얼굴을 보랬다 상대방의 체면을 존중하라는 말.

넘어져도 떡 광주리에 넘어진다 복이 있는 사람에겐 자꾸만 좋은 일만 생긴다는 말. (비) 유복(有福)한 과수(寡守)는 앉아도 요강 꼭지에 앉는다.

넘어지는 말이 수레를 부순다 못된 짓을 하는 사람이 집안을 망친다는 말.

넘어진 김에 쉬어간다 불행한 기회를 도리어 유용하게 이용한다는 뜻. (비) 자빠진 김에 쉬어간다.

넘어진 나무에도 움이 돋는다 몰락한 사람도 다시 일어날 수 있다는 말.

넘어진 놈 걷어차기 불우한 처지에 놓인 사람을 가혹하게 괴롭힌다는 말. (비) 넘어진 놈 발로 차기. 넘어진 놈 뺨친다. 아픈 상처에 소금 치기. 엎더져 가는 놈 꼭지 찬다. 엎어진 놈 꼭뒤 차기. 자빠진 놈 꼭뒤 차기. 함정에 빠진 놈 돌로 치기.

넘어진 뒤에 지팡이 찾는다 미리 준비하지 못하고 있다가 일이 터진 후에 준비한다는 뜻.

넘어진 소경이 지팡이 탓만 한다 자기의 결함으로 인한 잘못이나 실패의 원인을 다른 사람에게 돌린다는 뜻. (비) 넘어진 장님이 개천 탓만 한다. 봉사(장님)가 개천 나무란다. 소경이 그르냐 개천이 그르냐.

넙치가 눈은 작아도 먹을 것은 잘 본다 눈 작은 사람이 먹을 것을 잘 찾아 먹을 때 이름. 어리석고 둔한 사람이라도 유리한 것은 잘 알아본다는 뜻.
(비) 메기가 눈은 작아도 제 먹을 것은 알아본다.

넙치가 되도록 맞았다 납작해지도록 심하게 맞았다는 뜻. (비) 누린내가 나도록 때린다. 복날 개 맞(패)듯. 늘어지도록 때린다. 등줄기에서 누린내가 나도록 두들긴다. 섣달 그믐날 흰 떡 맞듯.

네 각담 아니면 내 쇠뿔 부러지랴 다른 사람 때문에 제가 손해를 보았다고 항의하는 말. (비) 네 쇠뿔이 아니면 내 담이 무너지랴. 네 쇠뿔이 아니면 내 쇠뿔이 부러지랴. 여담 절각 여장절각.
★각담 : 논밭의 돌무더기.

네 다리 빼라 내 다리 박자 흔히 필요도 없는 사람이 많이 출입하여 끊이지 않을 경우를 두고 하는 말.

네 떡 내 먹었더냐 1.덤덤히 앉기만 한다는 말. 2.제가 할 일을 저질러놓고 모르는 체한다는 뜻.

네 떡이 한 개면 내 떡이 한 개다 오는 것이 있어야 그만큼 가는 것도 있다는 것. (비) 네 떡이 크면 내 떡도 크다.

네 똥 굵다 어떤 사람이 다른 사람의 잘난 체하는 말이나 행동이 못마땅하거나 그 말이나 행동을 적당히 무시하고 넘어갈 때 이르는 말.

네발짐승도 넘어질 때가 있다 세상엔 안전한 일이 있을 수 없으니, 항상 조심하라는 말.

네 뱃병이 아니면 무슨 병이냐 자기가 저지른 잘못에 다른 핑계를 댈 때 묵인할 수 없다는 뜻.

네 병이야 낫든 안 낫든 내 약값이나 내라 일의 잘잘못을 젖혀 놓고 보수만 요구한다는 말.

네 쇠뿔이 아니면 내 담이 무너지랴 (비) 네 각담 아니면 내 쇠뿔 부러지랴.

〈네 쇠뿔이 아니면 내 쇠뿔이 부러지랴〉

네 쇠뿔이 아니면 내 쇠뿔이 부러지랴 (비) 네 각담 아니면 내 쇠뿔 부러지랴.

네 집에 금송아지 있으면 뭣 하나 당장 쓸 수 있는 것이 아니니 아무리 좋더라도 소용이 없다는 말.

네 콩이 크니 내 콩이 크니 한다 1. 얼른 봐서 다 같이 보이는 것을 가지고 여러 말하여 서로 우긴다는 뜻. 2. 구별할 수도 없을 만큼 비슷한 것을 가지고도 남 것이 자기 것보다 큼을 시기하여 제 것이 크다고 우긴다는 말. (비) 참깨가 기니 짧으니 한다. 참새가 짧으나 기나 한다. 콩 심어라 팥 심어라 한다. 콩 났네 팥 났네 한다. 콩팥칠팔한다. 콩이야 팥이야 한다.

노가 실이 되도록 끈질기게 조르거나 자꾸 되풀이하여 말을 늘어놓는 모양을 이름.

노구 전에 엿 붙었나 뜨거운 노구솥 가에 엿을 붙여 놓고 왔다면 곧 녹아 흐를 것이니 바삐 돌아가서 살펴보아야 한다는 뜻으로, 집에 빨리 돌아가려고 몹시 안달하는 경우를 이르는 말. (비) 이불 밑에 엿 묻었나. 가마동이(솥뚜껑)에 엿을 놓았나. 화롯가에 엿을 붙이고 왔나. ★노구솥 : 구리와 놋쇠로 만든 작은 솥.

노기중천(怒氣中天)한다 노여운 기색이 하늘을 찌를 듯이 극도에 달함을 이르는 말.

노는 입에 염불(念佛)하기 하는 일 없이 노는 것보다는 무엇이라도 하는 것이 낫다는 말. (비) 할 일 없거든 오금을 긁어라. 적적할 때는 볼기짝 친다.

노닥노닥 기워도 마누라 장옷 (비) 물켤어져도 준치 썩어도 생치(生雉).

노닥노닥해도 비단일세 (비) 물켤어져도 준치 썩어도 생치(生雉).

노라치 모양 헤엄은 잘 친다 헤엄 잘 치는 사람을 보고 이르는 말.

노래기 죽통도 없다 노래기 발은 가늘고 아주 작은데, 살림이 빈곤하여 그와 같이 남은 것이 없게 되었다는 말. ★노래기 : 절지동물의 한 종류. 몸에서 고약한 노린내를 냄.

노래기 푸념하는 데 가 시룻번이나 얻어먹어라 고약한 냄새가 나고 징그러운 노래기가 푸닥거리를 하고 푸념한 데 가서 떡 찐 시룻번이나 얻어먹으라 했으니, 사람이 하는 짓이 깐죽깐죽 다라워 비위에 그슬릴 때 이르는 말. (비) 노래기 회도 먹겠다. 비위가 노래기 회 먹겠다.

노래기 회(膾)도 먹겠다 (비) 노래기 푸념하는 데 가 시룻번이나 얻어먹어라.

노루가 제 방귀에 놀라듯 (비) 개가 제 방귀에 놀란다.

노루 꼬리가 길면 얼마나 길까 보잘것없는 재주가 뛰어나면 얼마나 뛰어나겠냐며 비꼬아 이르는 말.

노루 꼬리만 하다 어떤 것이 매우 짧음을 비유적으로 이르는 말. (비) 게 꽁지만 하다. 두꺼비 꽁지만 하다.

노루 때린 막대기 어쩌다가 한번 노루를 잡은 막대기로 다시 노루를 잡으려고 생각한다는 뜻으로, 일시의 요행을 가지고 매양 그런 요행이 있기를 바라는 어리석음을 이르는 말. (비) 노루 친 막대 삼 년 우린다. 노루 때린 막대를 세 번이나 국 끓여 먹는다. 쇠뼈 우려먹듯. 금방망이 우려먹듯.

노루 때린 막대기 세 번이나 국 끓여 먹는다 (비) 노루 때린 막대기.

노루를 피하니 범이 나온다 일이 점점 어렵게 되어 간다는 뜻.

노루처럼 먼 데부터 본다 쉬운 것부터 시작하지 않고 까다롭고 어려운 것부터 시작한다는 말. (비) 노루 삼신(三神)이 들렸나 먼 데만 본다.

노루 본 놈이 그물 짊어진다 무슨 일이나 직접 당한 사람이 맡아 한다는 말.

노루 뼈 우리듯 우리지 말라 한번 보거나 들은 이야기를 두고두고 되풀이할 때 핀잔 주는 말.

노루 삼신(三神)이 들렸나 먼 데만 본다 (비) 노루처럼 먼 데부터 본다. ★삼신 : 아기의 점지와 해산을 맡는다는 세 신령. 환인, 환웅, 환검의 세 신. 높임말 삼신상제(三神上帝), 삼신제석(三神帝釋).

노루잠에 개꿈 설고 격에 맞지 않는 말을 하는 경우에 쓰이는 말. (비) 돌 잠에 개꿈. 쇠 살에 말뼈.

노루 잠자듯 한다 잠을 깊이 자지 않고 자주 깬다는 노루처럼 잠을 조금밖에 못 잤다는 말.

노루 잡기 전에 골뭇감 마련한다 1. 일이 되기도 전에 그 공을 자랑하는 사람을 비유. 2. 일을 너무 성급히 서둔다는 말. (비) 너구리 굴 보고 피물 돈 내어 쓴다. 땅벌 집 보고 꿀 돈 내어 쓴다. 땅벌 집 보고 꿀 돈 내어 쓴다. ★골무 : 바느질할 때 바늘을 눌러 밀기 위하여 손가락에 끼우는 물건

노루 잡는 사람에 토끼가 보이나 큰 것을 바라는 사람은 수가 적은 일이 눈에 띄지 않는다는 뜻.

노루 제 방귀에 놀라듯 경솔하고 침착하지 못한 사람을 이름.

노루 친 몽둥이 삼 년 우린다 (비) 노루 때린 막대기.

노루 피하니 범이 온다 일이 점점 더 어렵고 힘들게 됨을 이르는 말. (비) 조약돌을 피하니 수마석을 만난다. ★수마석 : 물결에 씻겨 닳아서 반들반들한 돌.

노류장화는 누가 꺾을 수 있다 창녀는 어떤 남자라도 상대를 해 준다는 뜻. ★노류장화(路柳墻花) : 길가의 버들과 담 밑의 꽃.

노류장화(路柳墻花)는 사람마다 꺾으려니와 산닭 길들이기는 사람마다 어렵다 길가의 버들과 담 밑의 꽃은 사람마다 꺾는다 함이니, 창녀는 아무나 건드릴 수 있다 함이요, 반대로 자유로이 내 기른 사람을 다시 길들이기는 매우 어렵다는 뜻.

노름 뒤는 대도 먹는 뒤는 안 된다 노름을 하다 보면 따는 수도 있겠으나 먹는 일은 한없는 일이어서 당해 내지 못하므로 가난한 사람을 먹여 살리기는 어려운 노릇이라는 말.

노름에 돈은 잃어도 개평 뜯는 재미다 개평을 뜯어서 또 노름하는 재미에 자꾸 노름하게 된다는 말.

노름에 미쳐 나면 여편네도 팔아먹는다 사람이 노름에 빠지면 극도로 타락하여 노름 밑천마련에 수단을 가리지 않음을 비유적으로 이르는 말.

노름에 미치면 신주도 팔아먹는다

(비) 노름에 미쳐 나면 여편네도 팔아먹는다.

노름은 도깨비 살림 도박의 성패는 도저히 예측할 수 없어서 한번 돈이 불어 가게 되면 알 수 없을 만큼 쉽게 또 많이 늘어남을 이르는 말.

노름은 따도 하고 잃어도 한다 한 번 어떠한 곳에 빠지면 여간한 마음가짐으론 그 소굴에서 헤어날 수 없다는 말.

노름은 본전에 망한다 잃은 본전을 되찾으려는 욕망으로 자꾸 노름하다 보면 더욱 깊이 노름에 빠져들게 된다는 말.

노뭉치로 개 때리듯 상대방의 비위를 맞추면서 슬슬 놀림을 이르는 말. ★노뭉치: 실, 삼, 종이 따위로 가늘게 비비거나 꼰 줄을 뭉뚱그린 뭉치.

노발대발(怒發大發)한다 몹시 성을 내는 것을 이름.

노성(盧城) 윤 씨(尹氏) 식도락(食道樂) 먹는 것을 위주로 하여 그것을 낙으로 삼는 사람을 보고 하는 말.

★식도락 : 곳곳을 다니며 여러 가지 음식을 두루 맛보는 것을 즐기는 일

노송나무 밑이다 마음이 음흉하고 우중충함을 이르는 말.

노염은 호구별성(戶口別星)인가 늘 화만 내는 사람을 두고 이르는 말. ★호구별성 : 집집이 찾아다니며 천연두를 앓게 한다는 귀신.

노인 말 그른 데 없고 어린아이 거짓 없다 오랜 경험이 많은 노인의 말은 대체로 옳고 순진한 어린아이 말은 솔직하다는 뜻.

노인 말을 들으면 자다가도 떡이 생긴다 노인은 오랜 경험과 교훈을 잘 알고 있으므로 그 말을 들으면 유리하다는 뜻.

노인 부랑한 것 (비) 계집 입 싼 것.

노장(老將)은 병담(兵談)을 아니하고 양고(良賈)는 심장(深藏)한다 노련한 장수는 함부로 병담을 아니하고 좋은 상인은 물건을 깊이 감춘다 함이니, 진실로 훌륭한 사람은 그가 가진 지식이나 덕을 경솔히 자랑하지 않는다는 뜻. (비) 양고(良賈)는 심장(深藏)한다.

★양고 : 큰 상인.

노장(老將)이 무용(無用) 나이 많은 사람들이 스스로 비관을 섞어 겸손한 말.

노적가리에 불붙이고 튀각 주워 먹는다 (비) 노적가리 불 지르고 싸라기 주워 먹는다. ★노적가리 : 한 군데 쌓아 둔 곡식 더미.

노적가리 불 지르고 싸라기 주워 먹는다 큰 것을 잃고 작은 것을 아끼는 사람을 비웃는 말. (비) 집 태우고 바늘(못) 줍는다. 기름을 버리고 깨 줍는다. 노적 섬에 불붙이고 박산 주워 먹는다.

노적 담불에 싸이었다 곡식을 많이 쌓아 두고 있다는 뜻.

노적 섬에 불붙여 놓고 박산 주워 먹는다 (비) 노적가리 불 지르고 싸라기 주워 먹는다.

노처녀가 시집 안 가겠다는 말 뻔한 거짓말을 한다는 것을 비유적으로 이르는 말.

노처녀 시집보내느니 대신 가는 것이 낫다 눈이 높아져 비위를 맞춰주기가 매우 어렵다 뜻.

노처녀가 시집을 가려니 등창이 난다 오랫동안 벼르고 벼르던 일을 하려 할 때 장애물이 생겨서 하지 못하는 말을 비유적으로 이르는 말. (비) 여든 살 난 큰아기가 시집을 가랬더니 차일이 없다 한다. 시집갈 때 등창이 난다. ★등창 : 등에 나는 큰 부스럼.

노처녀더러 시집가라 한다 물어 보나마나 좋아할 일을 쓸데없이 물어본다는 뜻.

노파리가 나서 좋아한다 신이 나서 좋아함을 이름. ★노파리 : 삼 짚 종이 따위로 만들어 집안에서 신는 실내화.

녹수(綠水) 갈 제 원앙(鴛鴦) 가듯 (비) 범 가는데 바람 간다.

녹은 쇠에서 생겨서 쇠를 먹는다 친족끼리 서로 다투게 되면 결국은 양쪽이 다 해롭게 된다는 말.

녹피(鹿皮)에 갈 왈(曰)자라 사슴 가죽에 쓴 갈 왈(曰)자는 당기는 대로 날일(日)자도 되고 갈 왈자도 된다는 말이니, 주견이 없이 이랬다저랬다 하는 것을 이름.

논 끝은 없어도 일한 끝은 있다 일을 하지 않으면 아무 성과가 없지만 일을 꾸준히 하게 되면 끝은 반드시 그 성과가 있다는 뜻. (비) 논 자취는 없어도 공부한 공은 남는다.

논두렁에 구멍 뚫기 (비) 고추밭에 말 달리기.

논둑 족제비 까치 잡듯 한다 남을 감쪽같이 속여서 해친다는 뜻.

논밭은 다 팔아먹어도 향로(香爐) 촛대는 지닌다 무엇이나 다 없앴다 하여도 남는 것 하나둘쯤은 있다는 말. (비) 종가가 망해도 신주보 향로 향합은 남는다. ★향로 : 향을 피우는 자그마한 화로.

논에는 물이 장수 논에는 물이 기본이라는 뜻으로, 논농사에서 물이 가지는 중요성을 비유적으로 이르는 말.

논을 사려면 두렁을 보라 논을 사려면 그 논과 다른 논과의 사이에 있는 두렁을 보고 그것이 뚜렷한가 또 물길은 어떤가 등을 알아보고 사라는 말.

논 이기듯 신 이기듯 하다 한 말을 되풀이하여 잘 알아듣도록 한다는 뜻.

논이 있는 뒤에 물이 있다 논이 없이는 논물도 필요 없다는 뜻으로, 기본적인 것이 있어야 부차적인 것도 의의가 있게 됨을 비유적으로 이르는 말.

논 자취는 없어도 공부한 공(功)은 남는다 (비) 논 끝은 없어도 일한 끝은 있다.

논 팔아 굿하니 맏 며느리가 춤추더라 당면하고 있는 딱하고 답답한 사정을 가장 뼈아프게 알아야 할 사람이 도리어 반대 방향으로 나감을 비유적으로 이르는 말. (비) 빚 얻어 굿하니 맏며느리 춤춘다.

놀기 좋아 넉동 치기 할 일 없을 때는 윷놀이라도 한다는 뜻으로, 그냥 가만히 있는 것보다는 아무 소용없는 놀이라도 하는 편이 낫다는 말.

놀던 계집은 결단이 나도 엉덩잇짓은 남는다 (비) 남산 골생원이 망하여도 걸음 걷는 보수는 남는다.

놀란 토끼 벼락 바위 쳐다보듯 말은 못하고 눈만 껌벅거리고 쳐다본다는 뜻.

놀부 마누라 명함도 못 드린다(내민다) 아무리 욕심 많고 심사가 꼬부라진 놀부의 여편네라도 대비가 안 된다는 뜻으로, 매우 욕심이 많고 심사가 꼬부라진

〈놓아먹인다〉

사람을 비유.

놀부 심사라 1.심술궂고 독하여 남 잘못되기를 바라는 사람. 2.욕심이 많은 사람을 이름. (비) <u>심사가 놀부라. 놀부의 환생.</u>

놀부 제비 다리 동이듯 한다 무엇을 끈으로 단단히 감아놓는다는 말.

놀부 제사 지내듯 한다 놀부 제사 지낼 때 재물 대신 돈을 놓고 제사를 지냈듯이 몹시 인색하고 고약한 짓을 한다는 뜻.

놀부한테 선심 쓰다가 자루까지 빼앗긴다 탐욕이 많은 사람에게 선심을 쓰다가 손해만 보았다는 말.

농(弄) 끝에 싸움 농담이 지나치면 싸움이 된다는 말. (비) <u>농담이 지나치면 싸움이 된다.</u>

농담 끝에 살인난다 지나친 농담이 싸움으로 번져 최악의 경우에는 살인도 난다는 말. (비) <u>농담 끝이 초상난다.</u>

농담(弄談)에도 정도가 있다 농담이 지나치면 우정과 의리에 금이 생길 수 있으니 서로 조심하라는 충고의 말.

농담이 진담된다 농담에도 평소 스스로 생각한 것이 섞여들 수 있기 때문에 진담으로 될 수 있다는 뜻.

농민들의 선물에는 미나리도 한몫 낀다 농민은 소박한 것을 남에게 선물을 준다는 말.

농민은 땅을 밭으로 삼고 관리는 농민을 밭으로 삼는다 관리들은 농민들의 재물을 약탈한다는 말.

농부(農夫)는 두더지다 농부는 땅을 파고 산다는 뜻.

농사꾼이 죽어도 종자는 베고 죽는다 어리석고 답답하게 인색한 사람을 이르는 말. (비) <u>농사꾼은 굶어 죽어도 씨 고쟁이는 베고 죽는다. 씨앗을 베고 죽는다.</u>

농사는 내가 짓고 수확은 남이 한다 자기의 노력에도 불구하고 결국 자기에게 돌아오는 이득은 없고 남만 이롭게 하였다는 뜻.

농사는 내년이나 내년이나 하면서 짓는다 농사 짓는 사람은 설마 내년이야 조금 잘 되겠지 하는 막연한 희망을 품고 농사를 짓는다는 뜻.

농사 물정(物情) 안다니까 피는 나락 홱 뺀다 남의 비꼼을 깨닫지 못하고 우쭐거리는 사람을 비웃는 말.

농사일은 머슴에게 물어 하고 길쌈질은 계집종에게 물어 하라 일을 시작하려면 그 일에 능한 사람과 상의를 해서 하라는 뜻.

농(籠)속에 갇혔던 새 (비) <u>고삐 놓은 말.</u>

높은 가지가 바람 더 탄다 높은 지위에 있는 사람에게는 적이 많다는 뜻. (비) <u>높은 가지가 부러지기 쉽다. 높은 나무에는 바람이 세다.</u>

높은 가지가 부러지기 쉽다 높은 위치에 있는 사람은 위험하기 짝이 없다는 말. (비) <u>높은 나무에는 바람이 세다. 쓸만한 나무가 먼저 베인다. 나무가 무성하면 도끼로 찍힌다.</u>

높은 나무는 바람이 세다 (비) <u>높은 가지가 부러지기 쉽다.</u>

높은 데 송아지 간 발자국만 있고 온 발자국은 없다 어떤 것이 언제 없어졌는지도 모르게 없어졌음을 이르는 말.

높은 데 있으면 멀리 바라볼 수 있다 고차적(高次的)인 면(面)에서 문제를 보면 전체를 파악할 수 있다는 말.

높은 베개를 베고 마음대로 한다 돈 많은 사람은 한가롭고 편안하게 산다는 말.

높은 산을 피하니까 벼랑이 앞을 나선다 큰 난관을 벗어나고 나니 또 새로이 큰 난관을 만나게 되는 경우를 비유적으로 이르는 말.

높은 자리에 있을 때 인심 얻랬다 남을 도와 줄 수 있는 지위에 있을 때 많이 도와주어 인심을 얻어 두라는 뜻.

높이 뛰어가는 사람은 넘어진다 자기 분수에 넘치는 행동을 하게 되면 실패하게 된다는 말.

높이 올라갈수록 위험하다 지위는 어느 한계에 이르면 더 올라갈 수 없기에 나중에는 결국 떨어지게 마련이란 말.

높이 올라간 용은 후회하게 한다 높은 지위에 있는 사람은 항상 처신에 조심해야 한다는 말.

놓아먹인다 지키는 사람 없이 제멋대로 자라남을 이름.

⟨놓아먹인 소(말)⟩

놓아먹인 소(말) 1. 남의 말을 듣지 않는 사람을 이름. 2. 교육을 받지 못하여 예의범절을 모르는 사람.
(비) 놓아먹인 망아지. 선머슴이라. 놓아먹인 망아지(말).

놓친 고기가 더 크다 (비) 나간 머슴이 일을 잘 했다.

뇌성벽력(雷聲霹靂)은 귀머거리라도 듣는다 명백한 사실은 누구나 다 알 수 있다는 것. (비) 청천백일은 소경이라도 밝게 안다.
★뇌성벽력 : 천둥소리와 벼락을 아울러 이르는 말.

뇌성(雷聲)에 벽력(霹靂) 불행한 일이 거듭하여 생겼다는 말. (비) 설상가상(雪上加霜). ★벽력 : 벼락.

누가 홍길동(洪吉童)인지 모르겠다 서로가 잘났다고 하니 누가 진짜로 잘난 사람인 줄 모르겠다는 말.

누가 흥(興)이야 항(恒)이야 하랴 제가 힘써 노력하여 얻은 권세를 남이 뭐라고 말할 필요는 없다는 뜻이니. 관계없는 남의 일에 이래라저래라 할 수 없다는 뜻.
(비) 홍이야 항이야.

누걸 놈 방앗간 다투듯 누더기 걸친 거지가 방앗간에 서로 자겠다고 다툰다 함이니, 자기가 어떤 도움을 받으려고 꾀하였던 데에 다른 사람도 또 도움을 입으려고 오는 것을 싫어하여 서로 다툼을 이르는 말.
(비) 동냥치가 동냥치 꺼린다.

누구나 벗어놓고 보면 다 마찬가지 외면으론 잘나고 못난 차이야 있으나 인간적인 면으론 다 같하다는 뜻.
(비) 누렁이나 검둥이나 그놈이 그놈이다. 센둥이가 검둥이요 검둥이가 센둥이다.

누구나 제 논에 물 먼저 대려고 한다 이권(利權)이 있을 땐 누구든지 자신이 먼저 차지하려는 것은 인지상정이라는 의미.

누구는 날 때부터 안다더냐 누구니 선천적으로 아는 사람이 없으므로 사람은 부지런히 배워야 한다는 뜻.

누구든지 제 물건 나쁘다는 사람 없다 누구나 제 물건이 좋다고 소유하고 있으므로 나쁜 것은 없다는 말.

누구 코(입)에 붙이(바르)겠는가 여러 사람에게 나누어 주어야 할 물건이 너무 적을 때 이르는 말.

누더기도 없는 것보다 낫다
(비) 굵은 베 옷도 없는 것보다 낫다.

누더기 속에 영웅(英雄) 난다 (비) 미꾸라지 용 된다.

누더기에 옥(玉) 들었다 (비) 뚝배기보다 장맛이 좋다.

누렁이나 검둥이나 그놈이 그놈이다 (비) 누구나 벗겨 놓으면 마찬가지.

누렁이도 돈만 있으면 황 첨지라고 한다 돈만 많으면 아무리 무식하고 못난 사람이라도 우대받게 된다는 말.

누렁이에게 물려도 검둥이를 무서워한다 한 번 호되게 놀란 것이 있으면 그와 비슷한 것만 봐도 두려워한다는 말.

누룩만 보아도 술 취한다 술을 조금도 하지 못한다는 말. (비) 보리밭만 지나도 주정한다. 주모(酒母) 보면 염소 똥 보고도 설사한다.

누른 입술에 젖내 난다 하는 짓이 어리석고 유치하다는 말. (비) 대가리에 물(피)도 안 말랐다. 이마빼기에 피도 안 말랐다. 입에서 젖내 난다.

누린내가 나도록 때린다 몹시 때린다는 뜻. (비) 복날 개 맞(패)듯. 늘어지도록 때린다. 넙치가 되도록 맞았다. 등줄기에서 누린내가 나도록 두들긴다. 섣달 그믐날 흰 떡 맞듯.

누에가 뽕잎 갉아먹듯 남의 것을 슬금슬금 다 차지한다는 뜻.

누에 똥 갈 듯 하던 일이나 직업 따위를 자주 바꾼다고 핀잔이나 비웃는 말.

누운 것이나 엎인 것이나 이러한 처지에 있든 저러한 처지에 있든 본질은 같다는 뜻.

누운 나무에 열매 안 연다 죽은 나무에 열매가 열릴 리 없듯이. 사람도 죽은 듯이 가만히 있으면 아무것도 되는 일이 없으므로 열심히 움직이고 일을 해야 성공한다는 말.

누운 돼지가 앉은 돼지 나무란다 저보다 나은 사람을 나무란다는 말.

누운 소 똥 누듯 (비) 누워 떡 먹기.

누운 소 타기 (비) 누워 떡 먹기.

누울 자리 봐 가며 발을 뻗어라 시간과 장소를 가려 행

〈눈 뜨고 도둑 맞는다〉

동하라는 말. (비) 이불 간 봐 가며 발 편다. 뻗을 데를 요량하고 눕는다. 뒹굴 자리 보고 씨름에 나간다. 눌 자리 보고 발 뻗는다.

누워 떡 먹기 1.매우 쉽다는 말. 2.무슨 일이 틀림이 없고 의심할 여지가 없다는 말. (비) 누운 소 타기. 누운 소 똥 누듯 한다. 주먹으로 물 찧기. 키 큰 암소 똥 누듯. 기름떡 먹기. 끓는 물에 눈 녹이기. 깨떡 먹기. 누워 잠자기. 도투마리 잘라 넉가래 만들기. 독 속에 든 자라 잡기. 돛 달고 노 젓는다. 두부 끓기다. 땅 짚고 헤엄치기. 마른 나무 꺾기. 볶은 콩 먹기. 손 안 대고 코 풀기. 식은 죽 먹기. 앉아 똥 누기. 약과(藥果) 먹기. 썩은 나무 뽑기. 종년 간통(姦通)은 누운 소 타기. 키 큰 염소 똥 누기. 항아리 속에 든 자라 잡기. 해장거리도 안 된다. 호박에 침 주기. 흘러가는 물 퍼 주기. 겉보리 돈 삼기. 끓는 물로 눈 녹이기. 두부에 못 박기. 마른 나무 꺾어 잎 털기. 수양딸로 며느리 삼기.

누워 뜨는 소 아주 느리고 끈질긴 사람이나 그 행동을 두고 이르는 말.

누워서 떡 먹기는 눈에 고물이나 떨어지지 일이 매우 쉽다는 뜻. (비) 앉아서 똥 누기는 발허리나 시지.

누워서 떡을 먹으면 팥고물이 눈에 들어간다 제 몸 천한 일만 찾아하면 도리어 제게 해로운 일이 생긴다는 말.

누워서 저절로 들어오는 떡은 없다 노력하지 않고 저절로 이루어지는 것은 없다는 뜻.

누워 침 뱉기 (비) 내 얼굴에 침 뱉기.

누이 네 집에 어석술 차고 간다 출가한 누이 집에 가면 밥을 듬뿍 퍼서 담아 주므로 어석술을 차고 가야 한다는 뜻으로, 시집간 누이네 집에 가면 대접을 아주 잘해 줌을 이르는 말. (비) 처가에 송곳 차고 간다.
★어석술 : 한 쪽이 닳아진 숟가락.

누이 믿고 장가 안 간다 도저히 불가능한 일만 하려고 하고 다른 방책을 세우지 않는 어리석음을 말함. (비) 동네 색시 믿고 장가 못 간다. 앞집 처녀 믿고 장가 못 간다. 이웃집 색시 믿고 장가 못 간다.

누이 좋고 매부 좋다 어떤 일에 서로에게 다 이롭고 좋다는 말.

누이바꿈 누이를 자기의 처남과 혼인시킴을 이름.

누지 못하는 똥을 으드득 누라 한다 (비) 배지 않은 아이 낳으라 한다.

눅은 데 패가(敗家) 한다 값이 싸다고 요령 없이 사들이면 결국은 손해란 뜻.

눈 가리고 아웅 (비) 가랑잎으로 눈 가린다.

눈 감으면 코 베어 갈 세상 세상인심이 몹시 험악하고 각박하고 고약하다는 말. (비) 눈뜨고 남의 눈 빼 먹는 세상. 눈 뜨고 있는데 코 베어 갈 세상. 눈 감으면 코 베어 갈 인심.

눈 것이나 엎인 것이나 마찬가지 겉보기엔 달라 보이지만 본질은 같다는 말.

눈 구경해야지 귀 구경해서는 소용없다 귀로 여러 번 듣는 것보다 직접 눈으로 한 번 보는 것이 더 미덥고 정확하다는 의미.

눈구석에 쌍 가래톳 선다 너무나 분한 일을 당하여 어이없고 기가 막힌다는 뜻. (비) 모래 바닥에 혀를 박고 죽을 일이다. 백사장에 혀를 꽂고 죽을 일이다. 칼을 물고 토할 노릇이다. 피를 토하고 죽을 노릇이다. 한강 모래사장에 혀를 박고 죽을 일이다.

눈 끝이 아래로 까부라지면 색골이다 보편적으로 남녀 누구든지 눈 끝이 아래로 구부러진 사람은 색을 밝힌다는 의미.

눈덩이와 갈보는 구를수록 살찐다 눈덩이는 굴리면 점점 커지고, 갈보는 구를수록 돈이 많이 생긴다는 뜻.

눈 딱 감다 남의 잘못을 알고도 전연 모르는 체함을 이르는 말.

눈도 깜짝 안 한다 조금도 놀라지 않고 태연하다는 뜻. (비) 왼 눈도 깜짝 안 한다.

눈독 들였다 눈여겨보아 욕심을 가지고 벼른다는 뜻.

눈 뜨고 남의 눈 빼 먹는 세상 (비) 눈 감으면 코 베어 갈 세상(인심).

눈 뜨고 도둑 맞는다 뻔히 알면서도 속거나 손해를 본

〈눈 뜨고도 못 보는 당달봉사〉

다는 말.
눈 뜨고도 못 보는 당달봉사 (비) 가자 뒤 자도 모른다.
눈 뜨고 살아 있는 목숨이다 눈을 뜨고 있기에 죽은 것 같이 보일 뿐이지 눈 감으면 송장이 될 몸이라는 뜻.
눈 뜨고, 입을 다물어야 한다 보는 것은 똑똑히 보고, 말은 삼가야 한다는 뜻.
눈 뜨고 있는데 코 베어 먹을 세상 (비) 눈 감으면 코 베어 갈 세상(인심).
눈 뜨고 절명(絶命)한다 몹시 마음에 걸리는 것을 남기고 못 잊고 세상을 떠난다는 말.
눈 뜬 장님 (비) 가자 뒤 자도 모른다.
눈만 감으면 염하려 달려들겠다 눈만 감으면 죽은 사람과 다를 바가 없을 정도로 건강이 악화하였다는 의미. (비) 눈만 감으면 송장이다. 숨을 쉬니 송장은 아니다.
눈 먹던 토끼. 얼음 먹던 토끼가 다 각각 자기가 겪어온 경험과 환경에 따라 그 능력과 습성이 제각기 다르다는 말.
눈먼 개 씨암탉 물어 죽인다 제대로 자기가 할 일도 못 하면서 일한다는 것이 해만 끼친다는 말.
눈먼 개 젖 탐한다 1.되지도 않을 못된 짓을 한다. 2.자신의 위치와 실력도 모르고 함부로 덤빈다. (비) 개미가 맷돌을 돌리는 것 같다. 걷기도 전에 날기부터 배운다. 걷기 전에 뛰기부터 배운다. 금두(金頭) 물고기가 용에 덤빈다. 기도 못하는 게 날려고 한다. 기도 못하는 게 뛰려고 한다. 난쟁이 교자(轎子)꾼 참여하듯. 난쟁이 월천(越川)꾼 참여하듯. 날개도 없는 것이 날겠다고 한다. 마른 말(馬)이 짐 탐한다. 아직 이도 아니 나서 갈비 뜯는다. 앉은뱅이 천 리 대참(代參). 애꾸가 환히 보려 하고 절름발이가 멀리 가려 한다. 이도 아니 나서 황밤 먹는다. 이 빠진 강아지 언 똥에 덤빈다. 지붕의 호박도 못 따는 데 천도 따겠단다. 푸둥지도 아니 나서 날려 한다. 개미가 객사 기둥을 건드란다.
눈먼 고양이 갈밭 매듯 뚜렷한 목표 없이 여기저기 떠들고 돌아다님을 이름. (비) 눈먼 중 갈밭에 든 것

같다.
눈먼 고양이 달걀 어르듯 (비) 구룡소 늙은 용이 여의주 어르듯.
눈먼 고양이 잡으라는 쥐는 안 잡고 씨암탉만 잡아 죽인다 (비) 눈먼 개 씨암탉 물어 죽인다.
눈먼 구렁이 꿩의 알 굴리듯 (비) 구룡소 늙은 용이 여의주 어르듯.
눈먼 구렁이 달걀 어르듯 (비) 구룡소 늙은 용이 여의주 어르듯.
눈먼 나그네 목적지를 찾지 못하고 헤맨다는 뜻.
눈먼 놈이 앞장선다 못난이가 남보다 먼저 나댐을 이르는 말.
눈먼 닭도 모이를 주워 먹을 때가 있다 어리석은 사람이 요행히 성공할 때가 있다는 말.
눈먼 말 워낭 소리 따라간다 무식한 사람이 남이 일러 준 대로 비판 없이 따라 한다는 말. ★워낭 : 말, 소의 귀밑에서 턱밑으로 늘어뜨린 방울.
눈먼 말 타고 벼랑을 간다 매우 위태롭다는 뜻.
눈먼 사랑 처지와 경우에 맞지 않는 맹목적인 사랑을 말함.
눈먼 새 숲 찾기 내용조차 알지 못하는 일을 맹목적으로 하는 것은 성공하는 예가 거의 없다는 뜻.
눈먼 소경더러 눈멀었다 하면 성낸다 누구나 자기 단점을 들추어 말하면 싫어한다는 말. (비) 눈먼 소에 눈멀었다면 성낸다. 늙은이도 늙었다면 싫어한다. 병신 보고 병신이라면 싫어한다. 봉사 보고 눈멀었다면 싫어한다.
눈먼 소에 멍에가 아홉 업신여겼던 사람이 도리어 예상 외로 일을 잘한다는 말.
눈먼 자식이 효자 노릇한다 (비) 굽은 나무가 선산(先山)을 지킨다.
눈먼 수탉 같다 남에게 폐만 저지르고 다닌다는 말.
눈먼 수탉이 마루에 똥 싼다 못난 놈이 성질은 고약하여 일만 저지르고 다닌다는 뜻.
눈먼 중 갈밭에 든 것 같다 무엇인지도. 어딘지도 모르

〈눈에 들다〉

며 방향을 가리지 못하여 갈팡질팡한다는 뜻. (비) 눈먼 고양이 갈밭 매듯.

눈먼 탓이나 하지 개천 나무래 무엇하랴 자기 잘못을 생각할 일이지 남을 탓할 것이 아니라는 말. (비) 소경이 개천 나무란다. 장님이 넘어지면 지팡이 나쁘다 한다. 소경이 그르냐 개천이 그르냐.

눈먼 토끼가 뛰듯 어떻게 될지 모르면서 함부로 덤빈다는 뜻.

눈물 없는 세상이다 불쌍한 사람을 도와줄 줄 모르는 메마른 세상이라는 말.

눈물이 골짝난다 몹시 억울하거나 야속하다는 말.

눈 밑에 코 서로의 거리가 아주 가깝다는 뜻. (비) 코 아래 입.

눈 밖에 났다 신임을 잃었다는 말.

눈 벌리고 아웅 한다 (비) 가랑잎으로 눈 가린다.

눈 벌리고 에비야 한다 뻔한 수작으로 남을 위험하려 듦을 이름.

눈보다 동자가 더 크다 (비) 배보다 배꼽이 더 크다.

눈(雪) 본 대구(大口) 비 본 청어(靑魚) 눈이 내릴 때는 대구가 많이 잡히고, 비가 올 때는 청어가 많이 잡힌다는 말.

눈빛이 종이를 뚫는다 눈의 광채(光彩)가 종이를 뚫는 것 같다는 말.

눈사람과 갈보는 구를수록 살찐다 (비) 눈덩이와 갈보는 구를수록 살찐다.

눈썹도 까딱하지 않다 놀라기는커녕 아주 태연하다는 뜻.

눈썹만 뽑아도 가볍다 먼 길 가는 데는 되도록 짐이 없어야 한다는 뜻.

눈썹만 뽑아도 똥 나오겠다 조그마한 괴로움을 능히 이겨내지 못하고 쩔쩔맨다는 뜻.

눈썹 싸움을 한다 몹시 오는 졸음을 막는다는 말.

눈썹 새에 내 천(川)자를 누빈다 (비) 낙태(落胎)한 고양이 상(相).

눈썹에 불붙었다 갑자기 뜻밖의 큰 걱정거리가 닥쳐 매우 위급하게 되었다는 말.

(비) 간에 불붙었다. 불이 발등에 떨어졌다.

눈시울이 뜨겁다 눈시울이 뜨거울 정도로 마음이 측은하다는 말.

눈 아래 사람이 없는 줄 안다 자기 아래는 아무도 없는 것처럼 몹시 교만하여 남을 멸시한다는 뜻. (비) 눈에 사람이 보이지 않는다.

눈 안에 든 가시 같은 놈 자기에게 해(害)를 주는 악한 사람이란 말.

눈앞의 것은 못 보는 쥐다 성격이 찬찬하지 못하여 실수를 잘한다는 말.

눈 어둡다 하더니 다홍 고추만 잘 딴다 남이 조력을 부탁할 때엔 핑계를 대더니, 제 일은 잘한다는 뜻으로 음흉한 사람을 가리키는 말. (비) 눈 어둡다 하더니 다홍 고추만 잘 딴다.

눈 어둡다더니 바늘귀만 잘 꿴다 (비) 눈 어둡다 하더니 다홍 고추만 잘 딴다.

눈에 가시 1.몹시 미워하고 싫어하는 사람을 이름. 2.본마누라가 시앗을 두고 이름.

눈에 넣어도 아프지 않다 매우 귀엽거나 사랑스럽다.

눈에 눈이 들어가니 눈물인가 눈물인가 일종의 언어유희로, 얼굴의 눈에 하늘에서 내리는 눈이 들어가 흐르는 물이 눈에서 나오는 눈물인지 눈이 녹은 눈물인지 분간할 수 없음을 이르는 말.

눈에는 눈으로 이에는 이로 대하랬다 눈을 빼면 다 같이 눈을 빼고 이를 빼거든 다 같이 이를 빼서 보복해야 한다는 뜻.

눈에는 지킴이 있다 눈은 움직임이 빠르므로 다치는 일이 거의 없다는 뜻.

눈에도 안 찬다 1.눈에 보이는 물건이 변변치 않아서 마음에 들지 않는다는 뜻. 2.양이 적어서 눈에 넣어도 차지 않는다는 의미.

눈에 든 가시를 뺀 것 같다 문제가 잘 해결되어 매우 시원하다는 말. (비) 앓던 이 빠진 것 같다. 봉사 눈 뜬 것 같다.

눈에 들다 보는 것이 마음에 든다는 뜻. (비) 눈에 차다.

115

⟨눈에 밟힌다⟩

눈에 밟힌다 잊어지지 않고 자꾸 눈에 떠오른다는 말.

눈에 보이는 사람이 없는 모양이다 웃어른도 공경할 줄 모르고 버릇없이 함부로 못된 짓을 하는 사람을 이르는 말.

눈에 불이 난다 1.갑자기 뺨따귀를 얻어 잡히면 눈에서 불이 나는 듯이 화끈한다는 뜻. 2.갑자기 뜻밖의 일을 당하여 놀라 어쩔 줄 모름을 이름.

눈에 쌍심지 오른(켠)다 몹시 기를 쓴다는 말. (비) 눈에 불을 켠다.

눈에서 딱정벌레가 왔다 갔다 한다 현기증이 몹시 나는 것을 이르는 말.

눈에 선하다 지금 눈앞에 없는 것일지라도 생각하여 눈앞에 나타난다는 뜻.

눈에 약(藥) 하려고 해도 없다 눈에 약을 하려면 극히 조금만 하여도 되는 것을 그도 없다 함은 조금도 없다는 뜻. (비) 약에 쓸려도 없다.

눈에 차다 흡족하고 마음에 들다. (비) 눈에 들다.

눈에 칼을 세웠다 표독스럽게 번쩍이고 노려본다는 뜻.

눈에 콩깍지가 씌었다 사랑에 빠지면 자기 애인이 곰보 딱지 못난이라도 서시처럼 보인다는 뜻이다. ★서시 : 춘추전국시대 월나라의 최고 미녀

눈에 헛 거미가 잡혔다 1.굶어서 맥이 빠져 눈앞에 거미줄처럼 뿌연 줄이 오락가락하는 느낌이 생긴다는 뜻. 2.욕심에 눈이 어두워 사물을 바로 보지 못한다는 뜻.

눈에 못 눈 속에 든 못이라는 말이니, 그것을 좋다고 여길 사람은 없다 즉 본마누라가 시앗을 두고 하는 말.

눈 온 뒤에는 거지가 빨래를 한다 눈 온 다음 날은 거지가 입던 옷을 빨아 입을 만큼 날씨가 따뜻하다는 말.

눈 온 산의 양달 토끼는 굶어 죽어도 응달 토끼는 산다 환경이 좋은 사람보다 나쁜 데 있는 사람이 더 활동적이라는 뜻.

눈 위에 서리 친다 불행하거나 곤란한 일에 또 그런 일이 겹친다는 말. 설상가상(雪上加霜). (비) 하품에 폐기. 고비에 인삼. 마디에 옹이. 기침에 재채기.

눈으로 본 상놈보다 양반의 짐작이 사람 잡는다 오랜 세월을 경험한 늙은 사람의 생각이 아직 세상살이 풋내기인 젊은이의 체험한 생각보다 더 낫다는 말.
(비) 가본 젊은 놈보다 못 가본 늙은이 짐작이 낫더라.

눈으로 안 보는 것이 약이다 세상엔 못마땅한 일이 너무도 많기에 아예 보지 않는 것이 마음이 편하다는 뜻.

눈으로 요기하고 귀로 본다 헛먹고 헛본다는 뜻으로 음식 맛이야 있건 말건 보기 좋게만 차리고 옷도 몸에 맞건 말건 아름다운 것만 택하는 실속 없는 짓을 비유하는 말.

눈으로 우물 메우기 (비) 밑 없는 독에 물 붓기.

눈은 뜨고 입은 다물어야 한다 보는 것은 똑똑히 보고 말은 삼가야 한다는 말.

눈은 보라는 눈이고 귀는 들으라는 귀다 사물을 볼 땐 정확하게 똑똑히 봐야 하고 들을 땐 분명하게 들어야 한다는 뜻.

눈은 있어도 망울은 없다 1.사물을 정확하게 관찰할 줄 모름을 이르는 말. 2.있기는 있어도 가장 중요한 것이 없으므로 있어도 없으나 마찬가지란 뜻. (비) 귀한 것은 상량문. 대들보에 상량문이 빠졌다.

눈은 풍년이나 입은 흉년이라 눈에 보이는 것은 많아도 정작 자기가 먹을 것은 없다는 뜻.

눈을 떠야 별을 보지 1.어떤 일을 이루려면 선행조건을 갖추어야 한다는 뜻. 2.발 벗고 나서야 비로소 성공할 수 있다는 뜻. (비) 거미도 줄을 쳐야 벌레를 잡는다. 바다에 가야 고기를 잡는다. 범굴에 들어가야 범을 잡지. 산에 가야 꿩을 잡지. 서울에 가야 과거 급제하지. 잠을 자야 꿈을 꾸지. 죽어봐야 저승을 알지. 짧은 두레박줄로 깊은 우물물을 긷지 못한다. 하늘을 봐야 별을 따지. 고양이가 이마가 있어야 망건을 쓰지.

눈을 져다가 우물을 판다 눈을 가져다가 가만히 두어도 물이 될 것을 거기에 또 우묵히 파서 물이 나게 한다는 뜻으로, 일하는 태도가 둔하고 답답함을 비유적으로 이르는 말.

(비) 소라 껍데기로 바닷물을 된다. 우물 옆에서 말라 죽겠다.

눈의 가시 자기에게 불리(不利)를 끼치는 사람을 몹시 미워한다는 뜻.

눈의 안경 같은 사람에 대해서도 보는 이마다 제 각각 평가하는 눈이 다르며, 남은 대수롭지 않게 여기더라도 특별히 좋게만 보는 사람이 따로 있다 하여 이르는 말.

눈이 네 개 안경 쓴 사람을 놀리는 말.

눈이 눈썹을 못 본다 자기가 잘 알고 있는 가까운 일을 모르고 있다는 말. (비) 등잔 밑이 어둡다. 법(法) 밑에서 법 모른다.

눈이 눈을 못 본다 자기 눈으로 자기 눈을 못 보듯이 자기 결함은 자기의 주관적인 안목에서는 찾아내기 어렵다는 뜻.

눈이라고 양반 티눈만도 못하다 사물을 찬찬히 보지 않고 보는 둥 마는 둥 하여 보고도 모르는 사람에게 하는 말.

눈(雪)이면 더 제석(除夕) 눈이냐 겉모양이 같다고 질(質)까지 똑같을 수는 없다는 뜻. ★제석 : 섣달 그믐날 밤. 제야(除夜).

눈이 보배다 눈썰미가 있거나 감식력이 있음을 이르는 말.

눈이 아무리 밝아도 제 코는 안 보인다 사람은 제아무리 똑똑하더라도 저 자신을 잘 모른다는 뜻.

눈이 어둡다더니 다홍 고추만 잘 딴다 제 일만 알고 남의 일은 핑계를 대어 조금도 도와주지 않는다는 말. (비) 눈이 어둡다더니 바늘귀만 잘 꿴다.

눈이 저울이다 눈으로 보아서 짐작한 것이 저울로 단 것처럼 들어맞는다는 뜻.

눈이 하가마가 되었다 1.굶어서 눈이 퀭해짐을 비유하는 말. 2.눈이 움푹 들어가 있다는 말. (비) 다 퍼먹은 김칫독. 여산 칠십 리나 들어갔다. ★하가마 : 기생이 머리에 쓰던 것.

눈 익고 손 설다 1.눈에는 매우 익은 일인데도 실상 하려고 손을 대 보면 제 마음대로 되지 않음을 이름.

2.무슨 일이나 눈으로 보기엔 쉬운 일 같으나 실제로 하기는 힘들다는 뜻.

눈 집어먹은 토끼 다르고 얼음 집어먹은 토끼 다르다 매우 작은 경험과 이력의 차이도 그 사람의 말씨나 행동에 따라서 나타남을 이르는 말.

눈짓으로 말을 한다 차마 말할 수 없는 사정이기에 눈짓으로 의사 전달을 한다는 뜻.

눈찌를 막대 남의 급소를 찔러 해를 끼치려고 하는 마음.
(비) 충목지장(衝目之杖).

눈찌를 막대는 누구 앞에나 있다 화(禍)를 입는 일은 누구에게나 있으므로 화를 입지 않도록 조심하라는 뜻.

눈총을 맞는다 미움을 받는다는 말.

눈치가 빠르기는 도갓집 강아지 눈치가 매우 빠름을 이르는 말. (비) 도갓집 강아지 같다. 눈치는 형사다.

눈치가 빠르면 절에 가도 젓갈을 얻어먹는다 1.눈치가 빠르면 어디 가도 군색하지 않는다는 말. 2.눈치가 빠른 사람은 표면상 공식상 안 되는 일이라도 능히 이면으로 들어가서 제 뜻을 이룰 수 있다는 말.
(비) 눈치가 빠르면 절에 가도 조개젓을 얻어먹는다. 눈치가 빠르면 절에 가도 새우젓을 얻어먹는다.

눈치가 안는 암탉 잡아먹겠다 뒷일을 조금도 고려하지 않고 그 당장 편익만 생각하여 일함을 이름의 말.

눈치가 참새 방앗간 찾기 눈치가 매우 빠름을 이르는 말.

눈치나 있으면 떡이나 얻어먹지 사람이 아주 둔하고 미련하다는 말.

눈치는 형사(刑事)다 눈치가 빨라 말을 하지 않아도 남의 경우를 잘 알아차리는 사람을 이름.

눈치코치 다 안다 온갖 눈치를 다 짐작할 만하다.

눈치코치 모르는 벽창호란다 남의 사정을 조금도 몰라 주는 미련하고 답답한 사람이라는 뜻. ★벽창호 : 우둔하고 고집이 센 사람. 벽창우(碧昌牛)에서 나온 말로, 평안도 벽동 창성 지방에서 나는 크고 억센 소에서 유래된 말.

눈치코치도 모른다 남이 어떻게 하는지 도무지 짐작도 못 한다.

⟨눈코 뜰 새 없다⟩

눈코 뜰 새 없다 매우 바쁨을 말함. (비) 물 한 모금 마실 새 없다. 오줌 누고 그것 볼 (털) 여가 없다. 짐 벗고 요기(療飢)할 날 없다.

눈 큰 황소 발 큰 도둑놈 황소는 눈이 크고 도둑놈은 발이 크다 함이니, 눈 큰 사람, 발 큰 사람을 놀리는 말.

눈 풍년 귀 풍년이다 보는 것도 많고 듣는 것도 많다는 말.

눈 하나 깜짝 안 한다 태도나 기색이 변화가 없이 태연하게 군다는 말.

눈 하나는 발등에 달고 다녀야겠다 걸음을 조심스럽게 걷지 않고 항상 잘 넘어지는 사람을 두고 이르는 말.

눈 허리가 시어 못 보겠다 차마 볼 수 없을 정도로 하는 짓거리가 거만스럽고 도도하여 보기에 매우 아니꼽다는 말. (비) 그 꼴 보니 신 첨지(申僉知) 신 꼴 보겠다. 신 첨지 신 꼴 보겠다.

눌 자리 보고 발 뻗는다 (비) 누울 자리 봐 가며 발을 뻗어라.

뉘 덕에 잔뼈가 굵었기에 남의 은덕을 입고 자라났음에도 그 은덕을 모름을 이르는 말.

뉘 아기 이름인줄 아나 실없는 소리를 자꾸 함을 핀잔하여 이르는 말.

뉘 절반에 쌀 절반이다 쓸 것과 못 쓸 것이 각각 절반가량 된다는 말.

뉘 집 개가 짖어 대는 소리나 남이 하는 말을 일부러 무시하고자 자기와는 관계없으니 멋대로 지껄이라는 뜻.

뉘 집 부엌인들 불 때면 연기 안 날까 누구에게나 들춰 보면 허물은 있게 마련이라는 뜻. (비) 털어서 먼지 안 나는 놈 없다.

뉘 집 삽사리 이름 부르듯 한다 1.남의 이름을 함부로 부른다는 뜻. 2.무슨 일인지 조금도 생각지 않고 함부로 승낙한다는 뜻.

뉘 집 숟가락이 몇 갠 지 아나 어느 집에 숟가락이 몇 개나 되는지 어찌 알겠느냐는 뜻으로, 남의 집 일을 다 알 수 없고 또 알 필요도 없음을 비유적으로 이르는 말.

뉘 집에 죽이 끓는지 밥이 끓는지 아나 여러 사람의 사정은 다 살피기 어렵다는 말.

느린 걸음이 잰걸음 무슨 일이나 천천히 정확하게 끈기를 가지고 해야 성과가 크다는 뜻.

느린 소도 성낼 적이 있다 성미가 느리고 무던해 보이는 사람도 한 번 성나면 무섭다. (비) 뜬 솥도 달면 무섭다. 뜬쇠도 달면 어렵다. ★뜬쇠 : 무쇠

느릿느릿 걸어도 황소걸음 1.일을 천천히 하는 것 같지만 믿음직스럽고 실속 있음. 2.큰 사람의 일은 더디나 실속 있고 오래다는 말. (비) 드문드문 걸어도 황소걸음. 띄엄띄엄 걸어도 황소걸음.

늑대는 늑대끼리 노루는 노루끼리 서로의 처지나 이해관계가 비슷한 사람끼리 한 동아리가 되는 것이 상례란 뜻.

늘고 줄고 한다 같은 것도 늘일 수 있고 줄일 수 있다 함은 융통성이 있다는 뜻.

늘 쓰는 가래는 녹이 쓸지 않는다 부지런히 일하고 꾸준히 노력하는 사람은 낡거나 뒤떨어지지 않고 계속 발전한다는 것을 이르는 말. (비) 늘 쓰는 가래는 빛이 난다.

늘어지도록 때린다 몹시 심하게 때린다는 뜻. (비) 누린내 나도록 때린다. 복날 개 때리(패)듯. 넙치가 되도록 맞았다. 등줄기에서 누린내가 나도록 두들긴다. 섣달 그믐날 흰 떡 맞듯.

늙게 된서방 만난다 늙어 갈수록 신세가 더 고되다는 말.

늙고 병든 몸은 눈먼 새도 안 앉는다 (비) 꽃이라도 십일홍(十日紅)이 되면 오던 벌과 나비도 아니 온다.

늙고 병들면 귀신밖에 찾아오지 않는다 늙고 병들면 죽게 되어 사자가 데리러 온다는 말.

늙어도 곱게 늙으랬다 늙어가면서 행동거지가 올바르지 못한 사람에게 하는 말.

늙어도 소승 젊어도 소승 중은 늙거나 젊거나 자기를 가리킬 때 소승이라 한다 하여 이르는 말.

늙어도 죽기는 싫다 나이가 많아도 삶에 대한 애착이 크다는 말.

늙어서 이는 빠져도 혀는 남는다 부드러운 사람이 강한 사람을 이긴다는 말.

늙어서 죽어도 동티(動土)에 죽는다 사람은 누구나 핑계를 대기 마련이란 뜻. (비) 똥 싼 년이 핑계 없을까. 여든에 죽어도 핑계에 죽는다. 핑계가 좋아서 사돈 집에 간다. 핑계 없는 무덤 없다. ★동티 : 건드려서는 안 될 땅을 파거나 돌을 다치거나 나무를 벨 때 이것을 맡은 지신(地神)의 성냄을 입어 재앙(災殃)을 받는다는 일 또는 그 재앙.

늙으면 꾀로 산다 경험이 풍부하므로 힘보다 꾀로 살아야 한다는 말.

늙으면 눈물이 헤퍼진다 늙으면 작은 일에도 공연히 서러워지고 눈물이 많아진다는 말.

늙으면 돈보다 자식이다 늙으면 자식에게 의존하여 살아가는 것이 편하다는 뜻. ⇔ 늙으면 자식 촌수보다 돈 촌수가 가깝다.

늙으면 아이 된다 늙으면 말과 행동이 오히려 어린아이처럼 된다는 말. (비) 나이 들면 아이 된다. 늙으면 아이 탈 쓴다.

늙은 개가 문 지키기 어렵다 늙은 사람이 쉬지 않고 일하기가 괴롭다는 말.

늙은 개는 공연히 짖지 않는다 늙은 사람은 경솔하게 행동하는 일이 없다는 의미.

늙은 나귀 팔려면 잘 꾸며 줘야 한다 노처녀를 시집보내려면 잘 가꿔 줘야 시집가게 된다는 뜻.

늙은 당나귀 꾀만 남는다 사람은 늙으면 많은 경험으로 꾀가 많게 된다는 말. (비) 늙은 쥐는 독을 뚫는다. 늙은 쥐는 쇠뿔도 뚫는다.

늙은 당나귀 주막 알아보듯 한다 늙으면 꾀가 많아진다는 뜻.

늙은 말은 길을 잃지 않는다 (비) 늙은 말은 짐작으로 길을 안다.

늙은 말은 짐작으로도 길을 안다 1.늙은 사람은 경험과 연륜이 많으므로 아는 것이 많다는 뜻. 2.하찮은 사람이라도 그 나름대로 재주와 특기를 가지고 있다는 뜻.

늙은 말 콩 더 달란다고 늙어 갈수록 욕심이 더 많아진다는 뜻. (비) 늙은 소 콩밭으로 간다.

늙은 말 콩 마다하듯 늙은 말이 싫을 까닭이 없으니 싫다고 함은 도리어 더 많이 달라는 뜻이니, 갈망하는 태도를 이름. (비) 늙은 말이 콩 마다할까.

늙은 새는 낟알로 잡지 못한다 (비) 꾀 많은 늙은 새는 먹이로 잡지 못한다.

늙은 소 콩밭으로 간다 늙으면 더 먹고 싶어서 욕심이 는다는 말. (비) 늙은 말 콩 더 달란다고.

늙은 소 흥정하듯 1.하는 일이 느리고 더딤을 이르는 말. 2.제아무리 하려고 하여도 결판이 나기 않음을 이름. (비) 소 탄 양반의 송사 결정이라.

늙은 아이 어미 석 자 가서 목구멍에 안 걸린다 늙도록 아이를 많이 낳은 어머니들은 석자 길이나 되는 가시를 먹어도 목에 안 걸리고 넘어갈 만큼 식량이 커지고 속이 허하다 하여 이르는 말.

늙은 여우는 덫에 안 걸린다 늙은이는 경험이 풍부하고 지혜가 많으므로 좀처럼 남의 꾀에 빠지지 않는다는 말.

늙은 영감 덜미 잡기 (비) 고추밭에 말 달리기.

늙은 용이 구름을 얻었다 늙어서 마침내 뜻을 이루게 되었다는 말.

늙은 우세하는 사람 치고 병(病) 우세하고 개 잡아먹는다 1.무슨 작은 것이라도 제게 유리한 핑계로 삼는다는 뜻. 2.늙은이나 병든 사람은 흔히 잘못하여도 용서를 받을 때가 많다는 뜻.

늙은이가 잘못하면 노망으로 친다 어떤 일에 대해 핑계가 좋다는 말.

늙은이 가죽 두껍다 1.늙은이는 여러 가지 어려운 일도 잘 치름을 보고 이르는 말. 2.노인은 염치없는 짓을 잘한다는 뜻으로 이름.

늙은이 고집 세우듯 한다 우김질 잘하는 사람을 두고 하는 말.

늙은이도 늙었다면 싫어한다 (비) 눈먼 소경더러 눈멀었다면 성낸다.

늙은이도 세 살 먹은 아이 말을 귀담아들어라 1.나이 어

〈늙은이도 손자 말 귀담아들으랬다〉

린 사람의 말에도 옳고 바른 것이 있으니 듣지 않으려 함은 그르다는 말. 2.지혜(知慧)와 식견은 반드시 나이에 따라 정해지는 것이 아니란 말.

늙은이도 손자 말 귀담아들으랬다 (비) 늙은이도 세 살 먹은 아이 말을 귀담아들어라.

늙은이 말 그른 데 없다 노인의 말은 이 세상을 오래 살며 경험한 것을 바탕으로 한 것이기 때문에 대개 옳다는 뜻.

늙은이 망령은 고기로 달래고 아전 망령은 돈으로 달랜다 늙은이가 노망을 부리는 것은 잘 잡수시도록 보살펴주면 고쳐지지만 아전의 횡포는 뇌물을 주어야 막을 수 있다는 말.

늙은이 무르팍 세우듯 (비) 남의 친기도 우기겠다.

늙은이 뱃가죽 같다 물건이 쭈글쭈글하다는 뜻. (비) 할머니 뱃가죽 같다.

늙은이 옛이야기 하듯 이야기를 그치지 않고 계속해서 늘어놓는다는 말.

늙은이 잘못하면 노망으로 치고 젊은이 잘못하면 철없다 한다 잘못의 원인을 개별적으로 규명하지 않고 일반화함을 이름.

늙은이 호박죽에 용쓴다 기골이 약한 사람이 가벼운 것을 들지 못하고 애씀을 웃는 말. (비) 늙은이 호박죽에 힘쓴다. 두부살에 바늘뼈. 밤비에 자란 사람이다. 오줌에도 데겠다. 징으로 밥 하나 먹고 광새 하나 못 이긴다.

늙은 중이 먹을 간다 일 없이 한가하게 앉아 힘들이지 않고 슬슬 한다는 말.

늙은 쥐는 독(쇠뿔) 뚫는다 (비) 늙은 당나귀 꾀만 남는다.

늙은 처녀 뒷박 내던진다 공연히 아무에게나 화풀이를 한다는 뜻. (비) 시모에게 역정 나서 개 옆구리 찬다. 시어미 미워 개 배때기 찬다.

늙은 천 리마가 잠만 잔다 젊은 시절에는 매우 용맹스러웠지만 늙어지니 별 볼일 없어 편히 앉아 쉬기만 한다는 말.

능구렁이가 되었다 경우를 다 깨달으면서도 겉으론 모르는 체할 만큼 세상일에 익숙해졌다는 뜻.

능글맞은 능구렁이 성격이 솔직하지 못하고 음흉하다는 말.

능다리 승앗대 같다 응달에서 자란 수영의 줄기 같이 힘이 없이 멀쑥하다는 뜻. ★능다리 : 응달. ★승앗대 : 승아의 줄기. 승아를 일명 수영이라고도 함.

능라도(綾羅島) 수박 같다 능라도 수박은 장마로 인하여 맛이 없다는 유래로 제 맛이 우러나지 않아 맛이 없다는 뜻.

능참봉을 하니까 거동이 한 달에 스물아홉 번이라 1.모처럼 일자리를 구하니까 생기는 것은 별로 없고 바쁘기만 하다는 뜻. 2.일이 잘 안되려면 아무리 해도 좋은 수가 안 생긴다는 뜻. (비) 칠십에 능참봉(陵參奉)하니 하루에 거동이 열아홉 번씩이라. 모처럼 능참봉을 하니까 한 달에 거동이 스물아홉 번.

★능참봉 : 옛날 능을 지키며 그것에 관한 일을 맡아보던 종구품(從九品)의 벼슬.

늦게 된서방 걸린다 늘그막에 가서 모진 남편이 걸려들어 혼이 난다는 뜻으로, 때늦게 심한 고생을 치르게 된다는 말. (비) 늦게 된서방 만난다. 늦게 호된 시어머니 만났다.

늦게 배운 도둑이 날 새는 줄 모른다 뒤늦게 시작한 일에 재미를 알게 되어 더욱 열중하게 된다는 뜻.

늦게 시작한 도둑이 새벽 다 가는 줄 모른다 (비) 늦게 배운 도둑이 날 새는 줄 모른다.

늦게 심은 벼는 자랄 시기가 없다 무슨 일이든지 때를 놓치면 이룰 수 없다는 뜻.

늦게 잡고 되게 친다 늦장을 부리고 머뭇거리고만 있으면 나중에는 급히 서둘러야 하므로 더 큰 어려움을 겪게 된다는 말.

늦게 호된 서방(시어머니) 만났다 (비) 늦게 된서방 걸린다.

늦모내기에 죽은 중도 꿈쩍거린다 (비) 가을에는 부지깽이도 덤벙인다.

늦모 심기는 밤송이 겨드랑에 넣어가며 심는다 밤송이를 겨드랑에 넣어도 따갑지 않는 시기까지 심은 늦모는 수확을 할 수 있다는 말.

늦바람난 여편네 속곳 마를 여가 없다 40대 여자가 바람이 나면 젊은 여자보다도 더 심하게 바람을 피운다는 뜻.

늦바람에 터럭 세는 줄 모른다 늦바람이 나기 시작하면 자식들 보기에 부끄러운 줄도 모르게 된다는 말.

늦바람이 더 무섭다 젊어서 피우는 바람은 집안이 망하지 않으나 늦바람을 피우게 되면 집안이 망한다는 뜻.

늦바람이 용마루를 벗긴다 늙바탕에 한 번 바람이 나기 시작하면 걷잡을 수 없음을 이르는 말.

늦은 밥 먹고 파장 간다 때를 놓치고 늦게 행동을 시작함을 이르는 말. (비) 다 밝게 범두와 소리라.

늦잠 자는 놈치고 잘사는 놈 못 봤다 늦잠 자는 사람은 대체로 편해지려고만 들고 게으르기에 그런 사람은 잘살 수 없다는 뜻.

ㄷ

다 가도 문턱 못 넘기 애써 일을 하였으나 마지막 끝맺음을 못 하여 수고한 보람이 없음을 이르는 말. 예문. 다가도 문턱 못 넘기라더니 출판사가 망하는 바람에 마무리 단계에서 작업이 중지되었다. (비) 밤새도록 가도 문 못 들어갔다. 밤새도록 문 못 들기.

다급하면 아첨한다 몹시 다급한 처지에 이르게 되면 자신도 비굴한 것이라는 것 알면서도 아첨하게 된다는 뜻.

다니던 길을 믿는다 무슨 일이든 경험이 있는 것에는 자신이 생긴다는 뜻.

다다익선(多多益善) 선한 것은 많이 할수록 더욱 좋은 일이 많아진다는 말. (비) 착한 끝은 반드시 있다.

다 닳은 대갈마치라 닳은 대로 닳아 어수룩한 데라고는 없는 사람을 이르는 말.
★대갈마치 : 말굽에 대갈을 박는 데 쓰는 작은 망치.

다동(茶洞) 잠 옛날에 부자가 많이 사는 다 동네는 누구나 늦잠을 잤다는 데서 나온 말로 늦잠 자는 사람을 이르는 말.

다 된 농사에 낫 들고 덤빈다 일이 다 끝난 뒤에 쓸데없이 나타나 그 일에 참견하여 시비를 걸고 다닌다는 말.

다 된 떡시루 깬다 다 이루어진 일을 망쳐버렸다는 말. (비) 바닥에 구멍이 났다.

다 된 밥에 재 뿌리기 남이 다된 일을 악랄한 방법으로 망침을 이르는 말. (비) 다 된 죽에 코 풀기. 잘 되는 밥 가마에 재 넣는다.

다 된 죽에 코 빠졌다 일이 다 끝난 판에 우연한 일로 낭패가 되었다는 말. (비) 다 된 죽이 코 풀기. 다 된 밥에 재 뿌리기. 잘 되는 밥 가마에 재 넣는다.

다듬지 않은 옥 한 가지는 알고 두 가지는 모른다. (비) 한 치는 보지 두 치는 못 본다. 한 치 앞도 모른다. 한 치 앞을 못 본다.

다리운 부자가 활수(滑手)한 빈자보다 낫다 부자는 인색하더라도 남에게 베푸는 것이 있고, 가난한 사람은 비록 아낌성 없이 시원스럽게 무엇이나 잘 쓰는 사람이라도 워낙 없으므로 남에게 주는 것이 없다는 뜻. (비) 인색한 부자가 손쓰는 가난뱅이보다 낫다.
★활수 : 무엇이나 아끼지 않고 시원스럽게 잘 쓰는 솜씨.

다리운 부자는 가난한 활수만 못하다 도와주지 않는 인색한 부자는 차라리 가난하게 사는 활수만도 못하다는 말. ⇨ 다리운 부자가 가난한 활수보다 낫다.

다락같다 물건 값이 매우 비쌈을 비유하는 말.

다람쥐 계집 얻는 것 힘겹고 다루기 어려운 것을 맡았음을 비유적으로 이르는 말.

다람쥐 눈먼 계집 얻은 듯하다 혼자만 이익을 차지하는 사람을 두고 하는 말.

다람쥐 밤 까먹듯 욕심스럽게 잘 먹는 모양을 비유적으로 이르는 말.

다람쥐 쳇바퀴 돌 듯 계속 반복하나 결말이 없다는 말.

〈다복솔은 재목으로는 못 써도 그늘은 짙다〉

(비) 개미 쳇바퀴 돌 듯. 돌다 보아도 마름. 돌다 보아도 물방아.

다른 도둑질은 다 해도 씨 도둑질은 못 한다 일반 물건은 도둑질해서 써도 표가 나지 않지만, 씨 도둑질은 어디가 닮아도 닮기 때문에 탄로가 난다는 뜻.

다른 산의 돌을 보고 거울을 삼는다 남의 하찮은 언행을 거울삼아 자기의 품행과 덕성을 높일 수 있다는 뜻.

다른 생각을 할 겨를이 없다 몹시 바쁘고 분주하여 자기 맡은 일 이외의 일은 생각할 여가가 없다는 뜻.

다리가 위에 붙었다 몸체의 아래에 붙어야 할 다리가 위에 가 붙어서 쓸모없듯이 일이 반대로 되어 아무 짝에도 소용이 없다는 뜻.

다리가 의붓자식보다 낫다 (비) 발이 의붓자식보다 낫다.

다리 다친 장수는 성 안에서만 호령한다 (비) 이불 안 활개.

다리도 뻗을 자리보고 뻗는다 일을 할 땐 결과가 어떻게 될 것인가를 미리 생각해 본 다음에 시작하라는 말.

다리를 건너갈 때는 말에서 내려라 무슨 일이든지 안전하게 하려면 조금이라도 위험성이 있는 짓은 조심해야 함을 이르는 말.

다리를 건네다 두 사람 사이에서 중매 역할을 한다는 말.

다리를 뻗고 밥을 먹으면 가난하게 산다 밥 먹는 자세를 바르게 하라는 뜻으로 아이들에게 이르는 말.

다리 밑에서 욕하기 듣지 못하는 곳에서 헐뜯고 욕함을 이르는 말.

다리 밑의 까마귀가 한 압 씨 한 압 씨(할아비 할아비) 하겠다 몸이 더러워 까맣게 되었으므로 까마귀가 제 할아비인 줄 알겠다는 뜻으로, 몸이 더러운 사람을 두고 놀림조로 이르는 말. (비) 까마귀가 사촌 하자고 하겠다.

다리 부러진 장수 성(城) 안에서 호령한다 다른 사람 앞에선 꼼짝도 못하는 못난 자가 집안에선 잘난 체하고 큰소리를 친다는 말. (비) 이불 속에서 활개친다. 이불 안 활개.

다리 뻗고 잔다 아무 걱정 없이 편한 마음과 자세로 잔다는 말.

다리뼈가 맏아들이다 (비) 발이 의붓자식보다 낫다.

다리 아래서 원을 꾸짖는다 직접 말을 못하고 안 들리는 곳에서 불평이나 욕을 하는 것. (비) 다릿목 아래서 원 꾸짖기.

다리아랫소리 1. 남게 동정을 얻으려고 아첨을 해가며 비위를 맞춘다는 뜻. 2. 엎드려 말하는 듯이 공손히 하는 말이란 뜻.

다리야 날 살리라 한다 (비) 걸음아 날 살리라 한다.

다리 없는 강을 건너갈 수 없다 수단 방법이 없으면 이루고자 하는 목적을 달성하지 못함.

다리에 자개바람이 난다 두 다리를 몹시 재게 움직여 빨리 걷는 모양을 이름.

다릿골 빠지다 길을 많이 걸어서 다릿골이 좋아 든다는 뜻.

다릿목 아래서 원 꾸짖기 맞서서는 아무런 소리도 못하는 주제에 보이지 않고 들리지 않는 곳에서 잘난 체하며 큰소리를 침을 이르는 말. (비) 다리 아래서 원을 꾸짖는다.

다 먹은 김칫독에 빠졌다 다른 사람이 이익을 다 취하고 난 뒤에 덤벼들었다가 큰 손해만 보았다는 말.

다 먹은 죽에 코 빠졌다 (비) 다 된 죽에 코 빠졌다.

다박머리 댕기 치레 하듯 (비) 개 발에 주석 편자.

★다박머리 : 짧은 머리털.

다 밝게 범두와 소리라 범두와 소리를 하고 다니는 순라군(巡邏軍)이 정작 다녀야 할 밤중엔 다니지 않고 새벽녘에야 비로소 일어났다 함이니, 이미 때가 늦었다는 뜻. (비) 늦은 밥 먹고 파장 간다. 식전에 조양(朝陽)이라. ★범두와 소리 : 옛날 순라군(巡邏軍)이 밤중에 다니면서 하던 소리.

다복솔은 재목으로는 못 써도 그늘은 짙다 세상에는 불필요한 무용지물(無用之物)이 없다는 말. (비) 어린 때 굽은 나무는 쇠 길맛가지기 된다. 어려서 굽은 나무는 후에 안장감이다.

〈다 삭은 바자 틈에 노랑 개 주둥이 같다〉

다 삭은 바자 틈에 노랑 개 주둥이 같다 당치도 않는 일에 끼어들어 주제넘은 말참견을 할 때를 이름. (비) 삭은 바자 구멍에 노랑 개 주둥이.

다섯 가지 재주를 가진 날다람쥐는 궁(窮)하다 여러 가지 재주가 있어도 한 가지 능숙한 기술이 없으면 가난하다는 말.

다시 긷지 않는다고 이 우물에 똥을 눌까 1.지위나 형편이 월등히 좋아졌다고 하여 전의 것을 괄시할 수 없다는 말. 2.어떤 사람을 다시는 안 볼 것처럼 업신여기고 함부로 굴면 얼마 안 되어 그 사람에게 청(請)할 일이 생긴다는 말. (비) 다시 먹지 않는다고 이 우물에 똥을 눌까. 안 먹겠다고 침 뱉은 물 돌아서서 다시 먹는다. 이 샘물 안 먹는다고 똥 누고 가더니 그 물이 맑기도 전에 다시 와서 먹는다. 이 우물에 똥 누고도 다시 그 물을 먹는다.

다시 먹지 않는다고 이 우물에 똥을 눌까 (비) 다시 긷지 않는다고 이 우물에 똥을 눌까.

다시 보니 수원 손님 멀리서 제대로 구별을 못했지만 가까이서 보니 짐작한 대로 과연 그 사람이라는 말. (비) 알고 보니 수원 손님.

다시 보니 수원 나그네 모르고 있다가 손님 편에서 아는 체하니 그 제사 인사한다는 말.

다식(茶食)판에 박아내듯 똑 같은 모양으로 생겨 나온다는 뜻.

다 쑤어 놓은 죽 1.잘 되건 못 되건 이미 결말이 난 것을 이르는 말. 2.일이 이제는 이렇게도 저렇게도 할 수 없이 된 것을 이르는 말.

다음에 보자는 놈 무서운 놈 없다 일을 미루기만 하는 사람은 결국 일을 마무리 하지 못 한다는 말.

다 팔아도 내 땅 결국에는 내 이익이 됨을 이르는 말.

다 퍼먹은 김칫독 잃거나 굶주려 눈이 쑥 들어간 사람을 비유한 말. (비) 눈이 하가미가 되었다. 여산 칠십 리나 들어갔다.

닦은 방울 같다 눈이 빛나고 아름답다. 영리하고 똑똑한 어린아이를 이르는 말.

닦은 콩 먹기 그만 둔다 그만 둔다 하면서도 끊지 못하고 끝장을 본다는 뜻.

닦은 콩 볶듯 총소리가 계속해 나는 것을 형용하는 말.

단 가마에 눈 뜨겁게 단 가마에 떨어져 금방 녹아 버리는 눈이라는 뜻으로, 순식간에 사라짐을 비유적으로 이르는 말.

단골레 머슴같이 무당이 춤추고 돌아 갈 때 그 집 머슴은 앞으로 돌아다니며 심부름을 한다는 말이니, 앞에서 분주하게 왔다 갔다 함을 이름.
★단골레 : 전남지방의 사투리로 무당을 말함.

단단하기만 하면 벽에 물이 고이나 아무리 단단하다고 해도 벽에 물이 고일 리 없다는 뜻으로, 일면적 조건만 갖추어졌다고 되는 것이 아니라 모든 조건이 고루 갖추어져야 한다는 말.

단단한 땅에 물이 괸다 아끼고 쓰지 않는 사람에게 재물이 모인다는 말.

단 말은 병이 되고 쓴 말은 약이 된다 듣기 좋은 말은 대개 아부하는 것이므로 경계해야 하고 듣기 싫은 말은 대개 충고하는 것이니 받아들여야 한다는 뜻. (비) 달콤한 사탕은 몸을 해쳐도 쓴 약은 병을 고친다. 듣기 싫은 말은 부드러운 말이다. 듣기 싫은 말은 약이다. 쓴 약이 몸엔 좋다. 입에 쓴 약이 병엔 좋다.

단맛 쓴맛 다 보았다 세상살이의 즐거움과 괴로움 온갖 일을 다 겪었다는 말. (비) 쓴맛 단맛 다 보았다.

단물 고운 물 다 빠지다 달콤한 맛, 고운 맛이 다 빠져 버렸다는 것을 두고 하는 말.

단물만 쪽 빨아먹었다 1.남의 돈을 속여서 빼먹었다는 뜻. 2.여자를 농락하고 차버렸다는 뜻.

단백사위 촉(蜀) 간다 1.무슨 일이든 단수(單手)에 실패를 본다. 2.장난삼아 한 일에 져서 어렵게 되다. 3.어려운 처지를 당하다. ★단백사위 : 윷놀이에서 이편에서 자기 차례에 나지 못하면 다음 상대가 '도'만 나도 이기게 될 때. ★촉 : 중국 삼국 시대의 세 나라 중 하나. 유비(劉備)가 221년에 쓰촨(西川)에 세운 나라로 263년 위나라에 망하였다.

단불에 나비 죽듯 힘없고 말없이 스러지듯 죽는 것을 이르는 말.

단 솥에 물 붓기 1.형편이 이미 기울어 아무리 도와주어도 보람 없을 때 쓰는 말. 2.조금도 여유가 없이 버쩍버쩍 없어지는 경우를 이름.

단술 먹은 여드레 만에 취한다 무슨 일을 겪고 한참 만에야 그 영향이 드러난다는 뜻.

단오의 부채 동지의 책력 하찮은 것이지만 긴요하게 쓰이는 물건이란 뜻.

단장을 달지 않고 말을 하여 사실을 사실대로 말하지 않고 딴소리를 하면 좋지 않은 일을 당한다는 뜻.

단칸방에 새 두고 말할까 아주 친한 사이에는 비밀이 없다는 뜻.

단판 씨름 오직 한 번에 흥망성쇠가 걸려있는 일이라는 뜻.

단풍도 떨어질 때 떨어진다 곧 시들어 떨어질 단풍잎조차도 때가 되어야 떨어진다는 뜻으로, 모든 것에는 다 알맞은 때가 있음을 비유적으로 이르는 말.

단 화로에 눈 한 줌 넣는 격 소극적으로 하는 일은 아무 성과가 없다는 뜻.

닫는 놈의 주먹만도 못하다 달리는 사람이 불끈 쥐어 작아진 주먹만도 못하다는 뜻으로, 어떤 것이 매우 작음을 비유적으로 이르는 말.

닫는 데 발 내민다 달아나는 사람에게 발을 내밀어 넘어지게 한다는 뜻으로, 어떤 일에 열중하고 있는데 남이 그 일을 방해함을 이르는 말.

닫는 말에도 채를 치렀다 (비) 가는 말에 채찍질.

닫는 말에 채질한다고 경상도까지 하루에 갈 것 인가 부지런히 힘껏 하는 일을 자꾸 더 잘하고 빨리하라고 무리하게 재촉해봐야 할 리 없다는 말.

닫는 말에 채찍질 1.힘껏 하는데도 불구하고 자꾸 더 하라고 한다는 뜻. 2.빨리 되어 가는 것을 더 잘되게 북돋워 준다는 말. (비) 닫는 말에도 채를 치렀다. 닫는 말에 채질하다. 가는 말에도 채찍질. 가는 말에도 채를 치렀다.

닫는 사슴 보고 얻은 토끼 잃는다 지나친 욕심을 부리다가 도리어 손해를 본다는 말. (비) 달아나는 노루 보고 얻은 토끼 놓았다.

달걀 겉핥기 어떤 사물의 속은 전연 모르고 겉만 보고 판단해 버릴 때 쓰는 말.

달걀과 여자는 구르면 깨진다 (비) 그릇은 빌려주면 깨지고 계집은 돌리면 버린다.

달걀노른자 어떤 사물에 있어서 중요한 부분을 일컬음. (비) 달걀로 치면 노른자다.

달걀도 굴러가다 서는 모가 있다 어떤 일이든 끝날 때가 있다는 뜻. 좋게만 대하는 사람도 성낼 때가 있다는 말. (비) 메밀도 굴러 가다가 서는 모가 있다.

달걀로 백운대(白雲臺) 치기 (비) 개미가 정자를 건드린다. ★백운대 : 북한산(北漢山)의 최고봉.

달걀 섬 다루듯 한다 매우 조심하여 다룬다는 말. (비) 달걀 섬모시듯.

달걀 섬모시듯 (비) 달걀 섬 다루듯 한다.

달걀에도 뼈가 있다 안심했던 일에서 오히려 실수하기 쉬우니 항상 신중을 기하란 뜻.

달걀에 모난 데 없고, 화냥년에 순결 없다 화냥질을 하는 음란한 여성에게는 순결성이 있을 수 없다는 뜻.

달걀에 털이 나겠다 1.도저히 있을 수 없는 일이라는 뜻. 2.아무리 오래도록 기다려도 소용이 없는 일이라는 의미.

달걀 지고 성 밑으로 못 가겠다 의심이 많고 필요 이상으로 걱정을 하는 사람을 이름. (비) 곤달걀 지고 성 밑으로 못 가겠다.

달고 쓴 맛을 보다(겪다) 생활의 좋은 일, 나쁜 일, 즐거운 일, 괴로운 일을 다 겪다는 뜻.

달고 치는데 안 맞을 장사가 있나 (비) 매 앞에 장사 있나.

달군 쇠와 아이는 때려야 한다 (비) 예쁜 자식 매로 키운다.

달기는 엿집 할머니 손가락이라 무슨 일에 너무 정신이

〈달다 쓰다 말이 없다〉

빠지면 좋은 것만 보이고 나쁜 것은 안 보인다는 말.

달다 쓰다 말이 없다 아무런 반응도 나타내지 않음을 이르는 말.

달도 차면 기운다 행운과 번영도 오랫동안 계속되는 것이 아니라는 말. 흥망성쇠를 말함. (비) 그릇도 차면 넘친다. 봄꽃도 한 때. 한 달이 크면 한 달이 작다. 열흘 붉은 꽃 없다.

달리는 놈 발 건다 남이 열심히 하는 일을 방해하여 실패하게 한다는 말.

달리는 딸기 따 먹듯 음식이 양에 차지 않을 경우를 이르는 말.

달리는 말에 채찍질 (비) 가는 말에 채찍질.

달리는 말 위에서 꽃구경하기 너무 급하게 서둘러서 하였기에 무엇이 무엇인지 확실히 모른다는 말. (비) 달리는 말 위에서 산 구경하기.

달리는 말을 틈으로 보는 격 문틈으로 달리는 흰말을 보는 것 같이 아주 짧은 순간이란 뜻.

달면 삼키고 쓰면 뱉는다 옳고 그름이나 신의를 돌보지 않고 이익만 꾀함을 이르는 말. (비) 추우면 다가오고 더우면 물러선다.

달무리 한 지 사흘이면 비가 온다 달무리가 생기면 오래지 않아 비가 내린다는 뜻.

달 밝은 밤이 흐린 낮만 못하다 달이 아무리 밝다고 해도 흐린 낮보다 밝지는 못 하다는 뜻으로, 자식이 아무리 효도를 한다 하더라도 남편이나 아내의 사랑만큼은 못 하다는 말.

달밤에 삿갓 쓰고 나온다 (비) 미운 강아지 보리 멍석(부뚜막)에 우쭐거리며 똥 싼다.

달밤에 체조한다 (비) 미운 강아지 보리 멍석(부뚜막)에 우쭐거리며 똥 싼다.

달 보고 짓는 개 남의 일에 대하여 잘 알지도 못 하고 떠들어 대는 어리석은 사람의 비유.

달성위(達城尉) 궁마직(宮馬直)이 명위를 걸었나 뒤에 의지할 때가 있다고 하여 버릇없는 짓과 거만한 짓을 할 때를 이름. (비) 아망위에 턱을 걸었나. 대신댁 송아지 범 무서운 줄 모른다. 대신 댁 송아지 백정 무서운 줄 모른다.

달아나는 것이 상책 궁지에 빠져 헤어나지 못할 때는 달아나는 게 좋은 방법이라는 말.

달아나는 노루 보고 얻은 토끼 놓았다 큰 이익을 탐내지 말고 가까이 있는 작은 이익부터 취하라는 뜻. (비) 가는 토끼 잡으려다가 잡은 토끼 놓았다. 멧돌 잡으려다 집돝까지 잃었다. 꿩 잃고 매 잃었다. 큰 소 잃고 송아지도 잃었다. 게도 구럭도 잃었다. 큰 고기도 놓치고 송사리도 놓쳤다.

달아나면 이밥 준다 일이 궁하게 되면 달아나는 것이 상책이란 말.

달콤한 사탕은 몸을 해쳐도 쓴 약은 병을 고친다 (비) 단 말은 병이 되고 쓴 말은 약이 된다.

달팽이가 바다를 건너거든 (비) 까마귀 대가리가 희어지거든.

달팽이 눈이 되었다 편잔을 맞거나 겁이 날 때 움찔하고 기운을 펴지 못함을 이름.

달팽이 뚜껑 덮는다 좀처럼 말하지 않으려고 입을 열지 않는다는 뜻.

달팽이 뿔도 뿔은 뿔이다 아무리 작은 것이라도 그 존재는 인정해야 한다는 뜻.

닭갈비는 버리기도 아깝다 무슨 일이 어중간하여서 이러지도 저러지도 못하게 되었다는 말.

닭고집(固執) 고집이 센 사람을 조롱하는 말. (비) 쇠 고집.

닭 길러 족제비 좋은 일 시킨다 기껏 마련한 것을 잃거나 빼앗겨서 보람 없이 됨을 비유적으로 이르는 말.

닭대가리 기억력이 좋지 못하고 어리석은 사람을 놀림조로 이르는 말.

닭 도둑이 소도둑 된다 (비) 바늘 도둑이 소도둑 된다.

닭도 제 앞 모이 긁어먹는다 제 앞의 일은 제가 처리해야 한다는 말. (비) 꿩 잡는 것이 매. 뛰어야 벼룩.

닭도 홰에서 떨어지는 날 있다 아무리 익숙하여 잘하는 일이라도 때로는 실수할 때가 있다는 말.

〈닭 쫓던 개 상(像)〉

닭똥을 고욤으로 먹는다 사리(事理)를 잘못하여 목적을 달성하지 못했다는 말.

닭싸움에도 텃세 한다 (비) 개도 텃세한다.

닭 물 먹듯 무슨 일이나 그 내용도 모르고 건성으로 넘긴다는 말.

닭 발 그리듯 글을 쓰거나 무엇을 그리는 솜씨가 매우 서툴고 어색함을 이름. (비) 까마귀 똥 그적거리듯. 까마귀 똥 헤치듯. 괴발개발 그린다.

닭 벼슬이(대가리) 될망정 쇠(용)꼬리는 되지 말라 크고 훌륭한 집단의 말단에 있기보다는 차라리 작고 보잘것없는 데서 우두머리를 하는 것이 더 낫다는 말. (비) 닭의 머리는 될지언정 쇠꼬리는 되지 말라. 쇠꼬리보다 닭 머리가 낫다. 용의 꼬리보다 닭의 머리가 낫다.

닭보다 꿩을 좋아한다 사람은 늘 보는 것보다 새로운 것을 좋아한다는 말.

닭 새끼 봉(鳳)이 되랴 (비) 까마귀 학(鶴)이 되랴

닭 소 보듯 소 닭 보듯 서로 아무 관심도 두지 아니함의 비유.

닭 손님으로는 아니 간다 여러 마리가 있는 닭장에 새로 들어가는 닭처럼 여럿이 못살게 구는 곳에는 안 간다는 뜻.

닭쌈에도 텃세 한다 어디에나 텃세는 있다는 말.

닭싸움하듯 별로 크게 으르지도 못하고 하나가 치면 또 다른 하나가 치고 서로 엇바꿔서 상대방을 치고 하는 싸움의 비유.

닭에게는 보석이 보리알만 못하다 잘해줘도 욕 얻어먹으니 수준에 맞게 해주는 게 좋다는 말.

닭은 구슬을 보리알만큼 안 여긴다 사람은 아무리 좋은 것이라도 자기에게 필요치 않으면 그것을 좋아하는 것으로 여기지 않는다는 말.

닭은 싫어도 꿩은 사랑한다 자기 아내를 버리고 외부 여자를 사랑한다는 말.

닭의 목을 비틀어도 새벽은 온다 닭이 새벽이 왔음을 가장 먼저 알려주는 동물이지만 그 닭의 목을 비틀어서 입막음을 하더라도 결국 정도대로 새벽은 온다고 한 말인데 민주화 운동시절 전 김영삼 대통령이 쓴 말로, 아무리 바른말을 못하게 하여도 끝내 사필귀정으로 된다는 뜻으로 사용하였었는데 문자로 상대방에게 받으면 받는 이의 처한 입장에 따라 다르다. 바른말 한 사람의 입장에서는 격려의 말이 될 것이고 그 반대로 입을 막고 구박을 한사람의 입장에서는 꾸짖는 말이 될 것입니다.

닭의 새끼가 발을 벗으니 오뉴월로 여긴다 추운 날씨에 조금이라도 더 따뜻하기엔 못하고 도리어 더 차게만 하는 것을 이름.

닭의 새끼 봉(鳳)이 되랴 아무리 하여도 본디 타고 난 성품은 고칠 수 없다는 말. (비) 각관 기생 열녀 되랴. 나무 접시 놋접시 될까. 까마귀 학(鶴)이 되랴. 우마가 기린이 되랴. 개 이가 상아(象牙) 될까. 나무 뚝배기 쇠 양푼 될까. 돌은 갈아도 옥이 되지 않는다. 사슴이 기린 될까.

닭이 천이면 봉이 한 마리 사람이 많으면 그 중에는 뛰어난 사람이 있음.

닭 잡는 데 소 잡는 칼을 쓴다 어떤 일에 합리적인 대책을 세우지 못한다는 뜻. (비) 범 잡는 칼로 개를 잡는다.

닭 잡아 겪을 나그네 소 잡아 겪는다 (비) 한 푼 아끼다가 백 냥 잃는다.

닭 잡아먹고 오리발 내놓기 자신이 저지른 일이 드러나게 되자 엉뚱한 수단으로 남을 속이려함을 일컫는 말.

닭 잡아먹고 이웃 인심 잃는다 제 것 가지고 처신을 잘 못하면 남에게 인심을 잃게 되므로 음식은 이웃과 나누어 먹어야 한다는 뜻.

닭장에 족제비를 몰아넣는다 남에게 못할 짓을 무자비하게 자행한다는 뜻.

닭 쫓던 개 상(像) 한참 애써 하던 일이 실패로 돌아가거나 애쓰다 남에게 뒤떨어질 때 어쩔 도리는 없고 맥이 빠져 민망해하는 모양을 이름. (비) 닭 쫓든

〈닭 쫓든 개 지붕 쳐다보기〉

개 지붕 쳐다보기.
닭 쫓든 개 지붕 쳐다보기 (비) 닭 쫓던 개 상(像).
담 구멍을 뚫는다 도둑질을 한다는 말.
담긴 통 소리는 작고 빈 통 소리는 크다 많이 아는 사람은 겸손하지만 모르는 사람일수록 잘난 체한다는 의미.
담 너머 감이 더 맛있게 보인다 적더라도 남의 것을 취하기 좋아하는 심리(心理)를 이름. (비) 남의 밥에 든 콩이 더 굵다. 남의 고기 한 점이 내 고기 열점보다 낫다.
담 너머 꼴 베는 총각도 눈치만 있으면 호박 적(떡) 얻어먹는다 눈치가 있어야 잘 살수 있다는 뜻.
담도 틈이 있으면 무너진다 사소한 일이라 하여 소홀히 하다가는 낭패를 당하거나 큰 손해를 보게 되니 그러한 것에도 방심하지 말고 유의해야 한다는 말. (비) 가랑비에 옷 젖는 줄 모른다.
담 밑에 꽃이다 (비) 길가에서 고생하는 자두꽃이다.
담 밑에 핀 꽃 누구나 가까이할 수 있는 화류계의 여자란 말.
담 밖의 것은 눈에 보이지 않는다 악한 마음을 가진 사람은 사물을 올바르게 인식하지 못한다는 말.
담배는 용골대(龍骨大)로 피우네 병자호란을 일으킨 중국 장군인 용골대가 담배를 매우 즐겼다는 데에서, 담배를 매우 자주 피우는 사람임을 비유적으로 이르는 말. (비) 담배 잘 먹기는 용귀돌이라. ★용귀돌 : 용고뚜리에서 비롯한 말, 골초를 이름.
담뱃대로 가슴을 찌를 노릇 답답하고 기가 막혀 아무리 하여도 시원치 않을 때를 이르는 말. (비) 솜 뭉치로 가슴을 칠 일이다. 콧구멍 둘 마련하기 다행이다. 콧구멍 둘이니 숨을 쉬지.
담뱃대 쥐고 담뱃대 찾는다 (비) 업은 아이 삼 년 찾는다.
담뱃불에 꿩(콩) 구워 먹겠다 (비) 가랑잎에 꿩 새끼 구워 먹겠다.
담뱃불에 언 쥐를 쬐어 가며 벗길 놈 (비) 벼룩의 간에 육간대청을 짓겠다.
담배씨로 뒤웅박을 판다 사람이 극도로 잘거나 잔소리가 심함을 이름.(비) 좁쌀 영감이다.
담배 잘 먹기는 용귀돌(龍貴乭)이라 옛말에 나오는 용귀돌이 같다는 뜻으로, 담배를 매우 자주 피우는 사람임을 비유적으로 이르는 말. (비) 담배는 용골대(龍骨大)로 피우네.
담벼락을 문이라고 내민다 엉뚱한 소리를 하거나 억지를 써서 우겨댐을 이르는 말.
담벼락하고 말하는 셈이다 (비) 너하고 말하느니 개하고 말하겠다.
담비는 작아도 범을 잡아먹는다 작은 사람이라도 능력과 재주를 가지고 있으니 그를 경시해서는 안 된다는 말. (비) 바늘은 작아도 못 삼킨다. 작은 고기 가시가 세다. 제비는 작아도 알만 낳는다. 작은 고추가 더 맵다. 작은 탕관이 이내 뜨거워진다. 작아도 고(후)추 알. 고추보다 후추가 더 맵다. 대국 고추는 작아도 맵다.
담쌓고 벽 친다 서로 싸운다는 말.
담양(潭陽) 갈 놈 남을 욕하고 천대시하는 말.
담에 구멍을 뚫는다 도둑질을 하는 놈이란 말.
담에도 눈이 있고 벽에도 귀가 있다 (비) 낮말은 새가 듣고 밤말은 쥐가 듣는다.
담에 틈이 크면 무너진다 조그마한 잘못이 점차 확대되면 몸을 망치게 된다는 뜻.
담은 게으른 놈이 쌓아야 하고 방아는 미친년이 찧어야 한다 일을 시킬 때는 그 일에 알맞은 사람을 배치해야 한다는 말.
담을 맞바라보면 아무것도 보이지 않는다 악인과 사귀게 되면 착한 것을 볼 수 없게 됨에 악인과는 멀리하라는 말.
담을 쌓고 벽을 쳤다 좋게 사귀던 사이를 끊고 서로 교제를 하지 않는다는 말. (비) 담을 쌓았다.
담쟁이덩굴은 소나무를 감고 올라간다 남의 세력에 의지하여 자신이 발전한다는 뜻. (비) 덩굴은 나무에 감긴다.

담하고 말하는 것이 낫겠다 (비) 너하고 말하느니 벽하고 말하겠다.

담 하나가 천 리 이웃 간에도 감정이 있으면 멀어진다는 뜻.

담 하나 사이의 이웃이다 이웃에서 서로 친하게 지낸다는 말.

답답한 놈이 송사한다 더 아쉬운 입장에 처한 사람이 일을 해결하려고 먼저 서두르고 덤비게 마련이라는 말.

답답한 놈이 우물 판다 어려움을 당한 사람이 먼저 일을 한다.

답답한 밑구멍에 불 송곳이 안 들어간다 속이 좁고 옹졸한 사람에게는 아무것도 안 통한다는 것을 이르는 말.

답답한 송사다 답답하기가 곧 해결되지 않는 송사와 같다는 뜻으로, 어떤 일이 몹시 답답함을 이르는 말.

답싸리(댐싸리) 밑에 개 팔자 보잘 것 없는 사람이 행운을 만나서 팔자 편히 지낸다는 말.

닷곱에 참견(여) 서 홉에 참견(여) 사소한 일까지 간섭함을 이르는 말. (비) 치마가 열두 폭인가. 사돈 잔치에 감 놓으라 배 놓으라 한다. 시앗 싸움에 요강 장사라. 삭은 바자 구멍에 노랑 개 주둥이. 닷곱에 참례 서 홉에 참견. 오지랖이 넓다.

닷곱장님이라 닷곱은 즉 한 되 반이니 닷곱장님은 반쯤 장님이란 말로 시력(視力)이 약한 사람을 이름. (비) 발 새 틔눈만도 못하다. ⇔ 청명하면 대마도를 건너다보겠네. 청명한 날이면 청국도 들여다보겠네. ★닷곱장님 : 반쯤 장님이라는 뜻으로, 시력이 아주 약한 사람을 놀림조로 이르는 말.

닷 돈 보고 보리밭에 갔다가 명주 속옷 찢었다 작은 이익 때문에 오히려 큰 손해를 봄. (비) 횟죽 먹다가 사발 깨었다.

닷 돈 추렴에 두 돈 오 푼 내었다 어떤 모임에서 말할 기회를 얻지 못하거나 푸대접을 당했음을 비유적으로 이르는 말. (비) 대돈 추렴에 돈반 내었다.

닷새 굶어 도둑질 않는 놈 없다 사람이 극도로 굶주리게 되면 도둑질도 불사하게 된다는 뜻.

닷새를 굶어도 풍잠(風簪) 멋으로 굶는다 체면을 차리느라고 어려움을 무릅쓴다는 말. ★풍잠 : 망건 앞쪽에 꾸미는 물건.

닷새를 굶으면 쌀자루 든 놈이 온다 곤경에 빠지더라도 정신을 차려 참으면 곤경에서 벗어날 수 있다는 말.

당겨 놓은 화살을 놓을 수 없다 이미 만반의 준비를 하고 시작한 일을 도중에 그만두어서는 안 된다는 말.

당구(堂狗) 삼 년에 폐풍월(吠風月) 무식한 사람도 유식한 사람들과 오래 있으면 견문이 넓어진다는 말. (비) 독서당 개가 맹자 왈 한다. 산 까마귀 염불한다. 서당 개 삼 년에 풍월한다. ★당구 : 서당에서 기르던 개.

당기 끝에 진주 매우 소중하여 보배롭다는 뜻. (비) 얼음 구멍에 잉어. 새벽바람 사초롱. ★사초롱 : 사등롱. 여러 빛깔의 깁으로 거죽을 씌운 등롱.

당기는 불에 검불 집어넣는다 불이 한창 타는데 검불을 넣으면 바로 타 없어지듯이 어떤 것을 아무리 주어도 제대로 지탱하지 못하는 것을 두고 하는 말.

당나귀 귀 치레 당치도 않은 곳에 흉하게 겉치레를 한다는 말. (비) 당나귀 뭣 치레.

당나귀는 제 귀 큰 줄 모른다 제게는 추악한 일이 있어도 그 사실을 모른다는 뜻. (비) 똥 벌레가 제 몸 더러운 줄 모른다. 제 똥 구린 줄 모른다. 제 밑 핥는 개.

당나귀도 제 울음은 듣기 좋다고 한다 (비) 까마귀도 제소리는 아름답다고 한다.

당나귀 못된 것은 생원님만 업신여긴다 못된 사람일수록 윗사람이나 남을 격에 맞지 않게 깔봄을 비유적으로 이르는 말. (비) 나귀 못된 것이 샌님만 업신여긴다.

당나귀 새끼가 보다 술 때 아는 걸 보니 당나귀는 때를 잘 알고 술을 잘 먹어서 한번 술을 주면 그맘때마다 항상 술을 달라고 날뛴다는 데에서 온 말로, 술 잘

〈당나귀 좆 자랑하듯〉

마시는 사람이 술 마실 때를 용케 알아 가지고 오는 경우를 놀림조로 이르는 말.

당나귀 좆 자랑하듯 (비) 거지가 동냥바가지 자랑한다.

당나귀 주막 지나듯 한다 먹을 것을 얻기 위해 꾀를 부린다는 뜻.

당나귀 찬물 건너가듯 글을 거침없이 읽어 내려감을 일컫는 말. (비) 얼음에 박 밀듯.

당나귀 하품한다고 한다 당나귀가 우는 것을 보고 하품하는 줄 안다는 뜻으로, 귀머거리를 조롱하여 이르는 말. (비) 귀먹은 놈 울고 있는 게 당나귀 하품하는 줄 안다.

당닭의 무녀리냐 작기도 하다 여럿 모인데서 가장 작은 놈을 말함. ★무녀리 : 한 태에 낳은 여러 마리 새끼 가운데 가장 먼저 나온 새끼

당랑(螳螂)이 수레를 버티는 셈 힘에 겨운 일을 하려고 하나 제가 저를 못 살게 하는 것이란 뜻. (비) 당랑이란 버마재비. ★당랑. 버마재비 : 사마귓과의 곤충.

당장 먹기엔 곶감이 달다 당장 먹기 좋은 것은 그때뿐이지 정작 좋고 이로운 것은 못 된다는 뜻.

당 제사 지낸 뒤에 북친다 행사가 끝난 뒤에 헛수고만 한다는 뜻.

당 채련 바지저고리 (비) 굴뚝 막은 덕석 같다. ★당 채련 : 옛 중국에서 다루어 만든 나귀 가죽. 때가 올라 까마반드르르한 옷의 비유.

대가리가 동쪽으로 가면 꼬리는 서쪽으로 가야 한다 아랫사람은 윗사람의 지시를 잘 따라야 한다는 뜻.

대가리가 움직이면 꼬리도 움직인다 윗자리에 있는 사람이 시범을 보이면 아랫사람도 그대로 따라하게 된다는 뜻.

대가리가 터지도록 너희끼리 싸워라 내 알 바 없다 무슨 일이 있더라도 자기가 상관할 것은 아니니 마음대로 하라는 말.

대가리가 터지도록 싸운다 몹시 심하게 서로 때리고 치며 싸운다는 말.

대가리는 감추고 꼬리는 내놓았다 1.일을 완전히 마무리하지 못하였다는 말. 2.발각될 요소를 남겨두었다는 뜻.

대가리 떼고 꼬리 끊고 나니 먹을 것이 없다 이것 뜯기고 저것 뜯기고 나면 자기에게 돌아오는 것은 얼마 되지 않는다는 뜻. (비) 머리 끊고 꼬리 자르니 먹잘 것이 없다.

대가리도 못 들고 꼬리도 못 편다 1.상대방이 너무 무서워 위축된다는 뜻. 2.자기의 잘못으로 인하여 기를 못 편다는 뜻.

대가리를 도끼 삼아 쓴다 목숨을 아끼지 않고 제멋대로 살아간다는 뜻.

대가리를 삶으면 귀가 익는다 무엇이나 가장 중요한 부분만 처리하면 남은 것은 이에 따라서 저절로 처결된다는 뜻. (비) 머리를 삶으면 귀까지 익는다.

대가리를 잡다가 꽁지를 잡았다 큰 것을 바라다가 작은 것밖에 얻지 못하였다는 말.

대가리만 감추고 쥐 세끼처럼 숨는다 얕은 수단으로 남을 속이려 한다는 말.

대가리만 움직이고 꼬리는 움직이지 않는다 윗사람의 지시(指示)에 아랫사람이 따르지 않는다는 말.

대가리 보고 놀란 놈은 꼬리만 보아도 놀란다 (비) 자라 보고 놀란 가슴 솥뚜껑 보고 놀란다.

대가리보다 꼬리가 크다 주된 것보다 부차적인 것이 더 많거나 크다는 말.

대가리에 쉬슨 놈 (비) 구더기 될 놈.

대가리에 물(피)도 안 마르다 (비) 누른 입술에 좆내 난다.

대가리와 꼬리를 분간하지 못한다 두서(頭緒)를 차리지 못한다는 말.

대갈 마치 같다 갖은 어려움을 격어서 아주 깜짝해진 사람을 비유한 말. 대갈마치란 말굽에 편자를 신기는데 박는 징을 치는 마치.

대감 말죽은 데 가도 대감 죽은 데는 안 간다 제 잇속만 차려 인심이 너무 야박하다는 말. (비) 대감 죽은 데는 안 가도 대감 딸 죽은 데는 간다. 호장 댁네 죽은 데는 가도 호장 죽은 데는 가지 않는다. 좌수상

사(座首喪事)라.

대감 사정은 영감만 안다 비슷한 처지에 있는 사람만이 서로 이해할 수 있다는 의미.

대감 죽은 데는 안 가도 대감 딸 죽은 데는 간다 (비) 대감 말죽은 데 가도 대감 죽은 데는 안 간다.

대경주인(代京主人)을 보았나 경주인의 대리(代理)를 당하였느냐는 말이니, 죄 없는 사람이 무수히 매 맞고 고생한다는 뜻.

대(竹) 구멍으로 하늘을 본다 (비) 우물 안의 개구리.

대국(大國) 고추는 작아도 맵다 작은 사람이라도 능력과 재주를 가지고 있으니 경시해서는 안 된다는 말. (비) 담비는 작아도 범을 잡아먹는다. 바늘은 작아도 못 삼킨다. 작은 고기 가시가 세다. 제비는 작아도 알만 낳는다. 작은 고추가 더 맵다. 작은 탕관이 이내 뜨거워진다. 작아도 고(후)추 알. 고추보다 후추가 더 맵다.

대궐(大闕) 역사(役事)는 한이 없다 대궐 짓는 일 즉 나랏일은 끝이 없이 백성들에겐 항상 고역이란 뜻.

대꼬챙이로 째는 소리를 한다 목소리가 매우 쨍쨍 울려 듣기 거북하다는 말.

대 끝에서도 삼 년이라 역경에 처하여도 참고 견딘다는 말. (비) 대 끝에서 삼 년.

대나무 쪼개듯 한다 1.성미가 매우 곧고 급하다는 뜻. 2.무슨 일이 빠르게 잘 된다는 뜻.

대낮에 도깨비에 흘렸다 도무지 이해되지 않는다는 뜻.

대답할 말이 없으면 날 잡아잡수한다 입장이 난처해져서 할 말이 없게 되면 나를 잡아먹으라고 발악하게 된다는 뜻.

대대(代代) 곱사등이 아비의 잘못을 자식이 닮아서 대대로 내려온다는 말.

대돈변을 내서라도 무슨 변통을 하여서든지 그 일을 하고야 만다는 뜻. ★대돈변 : 돈 한 냥에 대하여 한 달에 한 돈씩 계산하는 변리.

대돈 추렴에 돈반 냈다 닷 돈 추렴을 내는데 한 돈 반밖에 내지 않으면 그 모임에 떳떳한 자리를 차지할 수 없다. 그러므로 여러 사람이 모인 가운데서 유달리 좋지 못한 대접을 받거나 말문을 빼앗길 때 자기도 그 자리에 참가할 자격이 있다는 뜻으로 이르는 말. (비) 닷 돈 추렴에 두 돈 오 푼 내었다.

대동강도 팔아먹을 놈 (비) 나라 고금도 잘라먹는다.

대동강에 배 지나간 자리 1.많은 것 중에 조금 떼어내어도 흔적이 안 난다는 말. 2.무슨 일을 저질러 놓고 감쪽같이 흔적을 남기지 아니한다는 말.

대들보가 부러지면 집안이 망한다 집안에 어른이 죽으면 집안이 망하는 경우가 흔히 있다는 말. (비) 대들보가 부러지면 사람이 다친다. 대들보가 부러지면 서까래도 무너진다.

대들보 썩는 줄 모르고 기왓장 아끼는 격(格) 장차 크게 손해 볼 것을 모르고 당장 돈을 좀 든다고 사소한 것을 아끼는 어리석은 행동을 이름.

대들보에 상량문(上樑文)이 빠졌다 없어서는 안 될 가장 중요한 것이 빠져 있다는 말. (비) 눈이 있어도 망울이 없다. 귀한 것은 상량문.

★상량문 : 상량할 때 축복하는 글.

대로(大路) 한길 노래로 여라 뜻대로 안 된다고 속만 썩이지 말고 차라리 낙관하라는 뜻.

대매에 때려죽일 놈 크게 잘못한 자를 두고 하는 말. 대매는 한 번 때리는 매.

대명전(大明殿)대들보의 명매기걸음 맵시를 부려 아장거리는 걸음을 이름. (비) 백모래밭에 금자라 걸음. 양지 마당의 씨암탉걸음.

★명매기걸음 : 맵시 있게 아장거리며 걷는 걸음.

대모관자(玳瑁貫子) 같으면 되겠다 쓸모가 많아서 각 방면에서 자주 찾아 주는 사람이 되었으면 좋겠다는 말. ★대모관자 : 대모갑으로 만든. 망건에 달아 당줄을 꿰는 작은 고리.

대모관자(玳瑁貫子) 같으면 뛰겠다 사람을 너무 자주 부를 때 이르는 말.

대못박이 대로 만든 못은 물건을 뚫을 수 없으니. 그와 같이 어리석고 둔하여 아무짝에도 쓸 수 없는 사

〈대문 밖이 저승이다〉

람을 비유하는 말.

대문 밖이 저승이다 (비) 저승길이 대문 밖에 있다.

대문은 넓어야 하고 귓문은 좁아야 한다 남의 말은 듣되 유익한 것과 해로운 것을 구별할 줄 알아야 한다는 뜻.

대문이 가문 세도가 없는 집도 대문이나 집채가 크면 훌륭한 집안같이 보인다는 말.

대문짝만하다 당치 않게 큼직하다는 뜻.

대문턱 높은 집에 정강이 높은 며느리 들어온다 대문 문턱이 높아서 다리가 짧으면 다니기 힘들 텐데 마침 새로 들어온 며느리는 문턱에 알맞게 정강이가 높다는 뜻으로, 일이 우연히도 매우 잘 되었다는 말. 어떤 것들이 서로 잘 어울려 맞는다는 말. (비) 확 깊은 집에 주둥이 긴 개가 들어온다. 문턱 높은 집에 무종아리 긴 며느리 생긴다.

대부등(大不等)에 곁낫질이라 (비) 개미가 정자를 건드린다. ★대부등 : 매우 큰 아름드리의 재목(材木).

대사 뒤에 병풍 지고 간다 간이 커서 염치없는 짓을 한다는 뜻.

대신 댁(大臣宅) 송아지 백정(범) 무서운 줄 모른다 남의 권력만 믿고 안하무인격인 사람을 비유한 말. (비) 대신 댁 송아지 범 무서운 줄 모른다.

대장장이 잘사는 사람 있어도 목수 잘사는 사람 없다 대장장이는 쇠를 달구어 붙이고 만들지만 목수는 끊고 깎아버린다는 데서 나온 말.

대장장이 집에 식칼이 없대(논다) 어떤 물건이 마땅히 많이 있을 법한 곳인데 없다는 뜻. (비) 미장이 집에 흙손이 없다. 산 밑에 집에 방앗공이가 논다. 짚신장이 헌 신 신는다. 키 장수 집에 헌 키. ★노다 : 드물다. 귀하다의 옛말.

대중없는 수캐 앉을 때마다 좆 자랑 제 일은 옳게 못하는 주제에 헛된 망상에 젖어 큰소리만 친다는 말.

대천(大川) 가의 논은 살 것이 아니다 큰 강가의 논은 조금만 비가 많이 와도 물이 져서 손해를 입게 되는 수가 있음을 이름.

대천 바다도 건너봐야 안다 무엇이나 제대로 알려면 실제로 겪어봐야 한다는 말. (비) 물은 건너봐야 알고 사람은 지내봐야 안다. 깊고 얕은 것은 건너봐야 안다. 고기는 씹어야 맛이 난다. 예문. 대천 바다도 건너봐야 안다는데 너는 민수랑 친하지도 않으면서 어떻게 개의 성격을 그렇게 쉽게 평가할 수 있니?

대천 바다 육지 되어 행인이 다니거든 (비) 까마귀 대가리가 희어지거든.

대청 빌린 놈이 안방까지 빌려 달란다 남의 호의를 이용하여 차츰차츰 그의 권리를 침범한다는 말.

대추가 콧구멍에 들어가거든 딸네 집에 가지 말라 식량에 곤란을 받을 시기이므로 가급적 딸네 집을 삼가라는 의미.

대추나무 방망이다 대추나무로 만든 방망이가 단단하여 어렵고 힘든 일이라도 능히 참고 견딜 수 있다는 뜻.

대추나무 방망이에 좀이 나겠다 대추나무 방망이가 좀이 날 정도로 아주 드문 일이라는 뜻.

대추나무에 연 걸리듯 여기저기에 빚이 많음을 이르는 말. (비) 고슴도치 외 걸머지듯. 고슴도치 외 따지듯.

대추를 통째로 삼킨다 무슨 일을 내용도 모르면서 기계적으로 추진한다는 뜻.

대추 씨 같다 키 작지만 성질이 야무지고 단단하여 빈틈이 없는 사람이라는 뜻.

대통 맞은 병아리 같다 의외의 일을 당하여 정신이 멍함을 이르는 말. ★대통 : 담뱃대의 담배를 담는 부분.

대통 장수 망신은 고불통이 시킨다 못난이가 옆의 사람을 망신시킨다는 말. (비) 둠벙 망신은 미꾸라지가 시킨다. 친구 망신은 곱사등이 시킨다. ★고불통 : 흙으로 구워 만든 담배통.

대학(大學)을 가르칠라 미련한 사람의 말 같지 않은 어리석은 말이란 뜻.

대한(大寒)이 소한(小寒) 집에 가서 얼어 죽는다 이름으로 봐선 소한보다 대한이 더 추워야 하지만 실제론 대한보다 소한이 더 춥다는 말. (비) 대한에 얼어

〈덕과 법은 구민들을 억제하는 기구〉

죽은 사람은 없어도 소한에 얼어 죽은 사람은 있다.
대한이 닥쳐서야 털옷을 찾는다 아무런 준비성이 없이 되는 대로 일을 한다는 말.
대한 칠 년 비 바라듯 (비) 가뭄에 비 기다리듯.
댑싸리 밑의 개 팔자 남부러울 것 없이 마음 편한 팔자를 이르는 말. (비) 싸리밭에 개 팔자. 음지의 개 팔자. 풍년의 개 팔자. 싸리 그늘에 누운 개 팔자.
댓구멍으로 하늘을 보기 좁은 댓구멍으로 하늘을 보고 그것이 전부인 줄 안다 함이니, 소견이 좁아 사물의 전모를 정확히 보지 못함을 말함. (비) 바늘구멍으로 하는 보기.
댓진 먹은 뱀 (비) 도마 위에 오른 고기.
댓진 먹은 뱀의 대가리. 똥 찌른 막대 꼬챙이 성미가 마르고 꼬장꼬장하여 도무지 사귐성이 없고 쓸모없는 사람이란 뜻.
댕기 끝에 진주 아주 소중하고 보배로움을 이르는 말. (비) 새벽바람 사초롱. 얼음 구멍에 잉어.
댕기는 불에 검불 집어넣는다 무엇을 더하자마자 곧 소비되어 없어져 버리는 것을 이름.
더덩꿍이 소출 사생아를 비웃는 말.
더도 말고 덜도 말고(더덜없이) 늘 한가윗날 같아라 '옷은 시집 올 때처럼 음식은 한가위처럼 풍성함이 가득하여 이웃과 가족이 실컷 먹고 즐기는 민속 최고 명절이니 이보다 더 좋은 날이 없다는 뜻.
더러운 사람에게도 더럽지 않은 것이 있다 나쁜 사람이라고 하여 나쁜 점만 가지고 있는 것이 아니라 좋은 점도 가지고 있다는 말.
더러운 처(妻)와 악한 첩(妾)이 빈방보다 낫다 아내가 아무리 나쁘더라도 밤에는 없느니보다 있음이 좋다는 뜻.
더벅머리 댕기 치레하듯 본바탕이 좋지 않은 것을 당치도 않게 지나친 겉치레를 하면 오히려 더 흉하다는 뜻. (비) 머리 없는 놈 댕기 치레한다. 당나귀 귀(좆) 치레. 파리한 강아지 꽁지 치레하듯.
더벅머리 총각도 장가갈 날이 있다 (비) 짚신도 제 짝

이 있다.
더부살이가 주인 마누라 속곳 베 걱정 한다 (비) 남의 집 과부 아이 벤 데 미역 걱정한다.
더부살이 총각이 주인 아가씨 혼사(婚事) 걱정한다 (비) 남의 집 과부 아이 벤 데 미역 걱정한다.
더부살이 환자(還子) 걱정 (비) 남의 집 과부 아이 벤 데 미역 걱정한다. ★환자 : 환곡(還穀). 봄에 나라에서 대여(貸與) 받았다가 가을에 사창(社倉)으로 도로 바치는 곡식.
더운 날에 찬 서리 친다 치명적인 타격을 받았다는 말. (비) 물 잃은 기러기다.
더운 밥 먹고 식은 소리 한다 실없이 싱거운 소리를 하는 것을 핀잔줄 때 하는 말.
더운술을 불고 마시면 코끝이 붉어진다 술을 불고 마시지 말라고 이르는 말.
더운죽에 파리 날아들 듯 무턱대고 덤벙이다 영문도 모르고 곤경에 빠진 사람을 두고 하는 말.
더운죽에 혀 대기 대단찮은 일에 낭패를 보아 비록 잠시나마 어찌할 바를 모른다는 말.
더워도 못 먹고 식어서 못 먹고 이런저런 구실과 조건을 대면서 이러쿵저러쿵 불만이 많음을 비유적으로 이르는 말.
더위가 가면 그늘 덕을 잊는다 남의 은덕을 입고도 바로 잊어버리는 사람이 있다는 말.
더위도 큰 나무 그늘에서 피해랬다 높은 지위에 있는 사람이나 돈이 많은 사람에게 의지해서 살아야 조그마한 덕이라도 볼 수 있다는 의미.
더위 먹은 소 달만 보아도 허덕인다 (비) 자라보고 놀란 가슴 솥뚜껑(소댕) 보고 놀란다.
더하지도 못하고 덜하지도 못한다 현재의 실정으론 더하지도 못하고 줄일 수도 없으므로 현제의 상태로 유지해야 한단 의미.
덕과 법은 구민들을 억제하는 기구 도덕과 법은 사회 질서를 확립하고 국민의 안녕과 질서를 위하여 국민을 억제하는 하나의 수단이라는 뜻.

덕금(德今) 어미냐 잠도 잘 잔다 잠을 많이 자는 사람을 놀리는 말.

덕담 끝은 있어도 악담 끝은 없다 남에게 덕담을 듣는 사람은 성공할 수 있지만 악담을 듣는 사람은 성공할 수 없다는 의미.

덕석이 멍석인 듯 실물이 아닌 것이 그와 비슷함을 빙자하여 그 실물같이 자처한다는 말. (비) 감장 강아지로 돼지 만든다. 감은 강아지로 돼지 만든다.

덕으로 갚아지지 않는 것이 없다 덕으로는 무엇이든지 다 갚을 수 있다는 말.

덕으로 이기는 사람은 흥하고 힘으로 이기는 사람은 망한다 남을 억압하고 헐뜯는 사람은 잘 되지 못하고 덕으로 대하는 사람은 흥하게 되므로 남에게 덕을 베풀라는 뜻.

덕(德)은 닦은(쌓은) 데로 가고 죄(罪)는 지은 데로 간다 덕을 베푼 사람에게는 보답이 돌아가고 죄를 지은 사람에게는 벌이 돌아가게 된다는 뜻. (비) 먹는 놈이 똥 눈다. 물은 제 곬으로 흐르고 죄는 지은 대로 간다. 여물 많이 먹는 소 똥 눌 때 알아본다. 제 죄(罪) 남 안 준다. 죄지은 놈은 서(三) 발을 못 간다. 한강 물이 제 곬으로 흐른다.

덕은 외롭지 않고 반드시 이웃이 있다 평소에 남에게 덕을 베푼 사람은 어떠한 어려움에 부딪히더라도 주위 사람들이 도와주기 때문에 결코 외롭지 않다는 말.

덕이 있는 사람과는 대적할 수 없다 덕망이 높은 사람은 하늘도 도우므로 그와 상대해서는 이길 수 없다는 말.

던져 마름쇠 마름쇠는 던지면 반드시 한쪽이 위로 치켜 올라가므로, 숙달되지 아니한 사람도 실패하지 아니하는 경우를 비유하는 말.

덜미를 잡혔다 약점이 잡혀 기를 피지 못하고 꼼짝도 못 하게 되었다는 뜻.

덜미를 짚다 매우 심하게 독촉한다는 뜻.

덜미에 사잣(使者)밥을 짊어졌다 (비) 사잣밥 싸 가지고 다닌다.

덜미 잡히다 목덜미를 켠다는 뜻이니. 독촉이 매우 심하다는 뜻.

덤불이 커야 도깨비가 나온다 일정한 조건이 마련되어야 거기에 알맞은 내용이 갖추어진다는 말로, 덕망이 있고 생각이 깊어야 다른 사람이 따른다는 말. 또는 속이 우중충하고 뚜렷하지 못하면 반듯이 위험이 내포된 것이니 주의하라는 뜻. (비) 도깨비도 수풀이 있어야 모인다. 덤불이 우거져야 도깨비가 모인다. 덤불이 자라면 도깨비가 난다. 도깨비도 수풀이 우거져야 모인다. 소도 언덕이 있어야 비빈다.

덤비는 사람이 제 발꿈치 찬다 침착치 못하고 함부로 행동하면 자기 자신을 해치게 된다는 뜻.

덩갈(떡갈)나무 회초리 나고 바늘 간 데 실 따라 간다 두 물건이 붙어 다니거나 사람도 두 사람이 꼭 같이만 다님을 이름. (비) 바늘 가는데 실.

덩굴에도 열매가 연다 비천하거나 가난한 집안에서도 훌륭한 인물이 난다는 말. (비) 개똥밭에 인물 난다. 개천에 용 난다. 금(金)은 광석에서 나온다. 누더기 속에 영웅 난다. 뱁새도 수리를 낳는다. 값진 진주도 진흙 조개에서 나온다.

덩굴은 나무에 감긴다 (비) 남의 울타리 밑에서 산다.

덩덩더꿍이 소출 항산(恒産)이 업는 사람이 생기면 생긴 대로 다 써 버리고 없으면 쩔쩔매며 어렵게 지냄을 비유한 말.

덩덩하니 굿만 여겨 얼씬만 하면 무슨 좋은 수가 생긴 듯이 떠들썩하게 수선거리고 좋아서 날뛴다는 말, (비) 덩덩하니까 문 넘어 굿인 줄 안다. 덩덩하면 굿인 줄 안다. 둥둥하면 굿만 여겨. 콩 그렁 하면 굿만 여겨 선산(先山) 무당이 춤춘다.

덩덩하니까 문 너멋 굿인 줄 아느냐 (비) 둥둥하니 굿만 여겨.

덩석새 대가리 같다 머리털이 헝클어져 막 쑤셔 비빈 것 같다는 말. (비) 수평이 대가리.

덩칫값도 못한다 체격은 우람하면서도 행동은 어린아이 같은 사람을 두고 하는 말.

〈도끼 가진 놈이 바늘 가진 놈을 못 당한다〉

덫에 치인 범이요 그물에 걸린 고기 (비) 도마에 오른 고기.

덮어놓고 열 넉 냥 금 내용이 어떤지는 따지지 않고 아무렇게나 마구 판단함을 말함.

데려온 자식 덮어주듯 한다 잘못을 자꾸 덮어주려고만 한다는 말.

데릴사윗감이다 1.품행이 올바른 젊은이를 두고 하는 말. 2.경솔하고 조심성이 없는 사람을 조롱하는 말.

덴 데 털 안 난다 한 번 크게 덴 곳에는 털이 안 나듯이 한 번 크게 낭패를 보면 다시 일어나기 어렵다는 뜻.

덴 때는 못 벗어도 도둑의 때는 벗는다 도둑질 한 자는 뉘우치고 마음씨를 곱게 가지면 사회에서 용서받을 수 있다는 말.

덴 소 날치듯 한다 사람이 열이 나서 펄펄 뛰는 모양을 말함.

도가적간(導駕摘奸) 지나간 듯하다 일한 것이 매우 시원스럽고 훤칠하다는 말.

도갓집 강아지 같다 (비) 내닫기는 주막집 강아지라.

도감포수(都監砲手) 마누라 오줌 짐작 도감 포수가 매일 새벽에 영내에 들어갈 때 그 시각을 오줌 누는 시간으로 추측한다 함이니, 자기 혼자 억측하여 분명치 않음을 말함.

도감포수(都監砲手)의 오줌 짐작이라 제 혼자 억측하여 분명치 않음을 이름. (비) 도감포수(都監砲手) 마누라 오줌 짐작.

★도감포수 : 옛날 훈련도감(訓練都監)의 포수.

도깨비 기왓장 뒤 듯 책장을 쓸데없이 분주하게 넘기거나 공연히 부산하게 이것저것 뒤지는 모양을 이르는 말. (비) 도깨비 수키왓장 뒤 듯.

도깨비놀음 갈피를 잡을 수 없게 되어 가는 일을 가리키는 말.

도깨비는 방망이로 떼고 귀신은 경으로 뗀다 귀찮은 존재를 떼는 데는 특수한 방법이 있다는 말.

도깨비 달밤에 춤추듯 멋없이 거드럭거리는 꼴을 비유적으로 이르는 말.

도깨비 대동강(大同江) 건너듯 하다 일의 진행이 눈에는 잘 띄지는 않지만. 그 결과가 빨리 나타나는 것.

도깨비도 수풀이 있어야 모인다 1.의지할 곳이 있어야 무슨 일이나 이루어진다는 말. 2.아무리 재주 있는 사람일지라도 일정한 조건이 마련되어야 그 재능을 발휘할 수 있다는 말. (비) 소도 언덕이 있어야 비빈다. 덤불이 우거져야 도깨비가 모인다. 덤불이 자라면 도깨비가 난다. 덤불이 커야 도깨비가 난다. 도깨비도 수풀이 우거져야 모인다. 도깨비도 수풀이 있어야 재주를 부린다.

도깨비 땅 마련하듯 아무 실속이 없음을 이르는 말.

도깨비를 사귀었나 까닭을 모르게 재산이 부쩍부쩍 늘어 감을 이르는 말.

도깨비 사귄 셈이라 제게 귀찮은 자가 늘 따라다녀서 자기는 비록 그것을 멀리 버리려 하여도 뜻대로 되지 않아 골치 않음을 말함.

도깨비 살림 있다가도 별안간 없어지는 불안정한 살림을 이르는 말.

도깨비 쓸개 무엇이나 보잘것없이 작고 추잡한 것을 이르는 말.

도깨비 씨 나락 까먹는 소리 무슨 말을 하는지 도무지 알아들을 수 없다는 말.

도깨비에게 세금을 낸다 받지도 못할 도깨비에게 세금을 부과하듯이 될 수 없는 헛짓만 한다는 말.

도깨비에게 홀린 것 같다 어떤 영문인지 일의 내막을 전혀 몰라 정신을 차릴 수 없다는 말. (비) 도깨비 장난 같다.

도깨비에 혹 뗀 셈이다 거치적거리는 것이 없어져서 시원하다는 말.

도깨비 여울 건너가는 소리한다 무슨 소리인지 타인은 알아듣지 못하는 소리로 두런거린다는 뜻.

도깨비 음모(陰毛) 같다 물건의 비슷함을 일컫는 말.

도깨비장난 같다 (비) 도깨비에 홀린 것 같다.

도끼가 제 자루 못 찍는다 (비) 중이 제 머리 못 깎는다.

도끼 가진 놈이 바늘 가진 놈을 못 당한다 작다고 깔보

〈 도끼는 무디면 갈기나 하지 사람은 죽으면 다시 오지 못한다 〉

다가는 오히려 당할 수 있다는 말. (비) 바늘 가진 사람이 도끼 가진 사람에게 이긴다.

도끼는 무디면 갈기나 하지 사람은 죽으면 다시 오지 못한다 물건은 못 쓰게 되면 다시 고쳐 쓸 수 있으나 사람은 한번 죽어 버리면 영영 돌아오지 못함을 이름. (비) 도끼는 날을 달아 써도 사람은 죽으면 그만. 도끼라 날 달아 쓸까.

도끼 들고 헤엄친다 방해물을 지닌 채로 일한다는 뜻.

도끼 등에 칼날을 붙인다 서로 맞지 않는 것을 가져다 대고 붙이려고 하는 헛된 짓을 비유적으로 이르는 말.

도끼로 제 발등 찍는다 남을 칠 요량으로 한 짓이 결국은 자기를 친 결과가 되었다는 뜻. (비) 무당이 제 굿 못하고 소경이 제 죽을 날 모른다. 중이 제 머리 못 깎는다. 봉사 제 점 못한다. 식칼이 제 자루를 깎지 못한다. 약쑥에 봉퉁이. 의사가 제 병 못 고친다. ★봉퉁이 : 부러진 데에 상처가 나으면서 살이 고르지 않게 붙어 도톰해진 것

도끼를 갈아 바늘을 만든다 일에 있어서 인내성이 매우 강하다는 말.

도끼를 베고 잤나 편히 못 자고 너무 이른 아침에 일어남을 놀리는 말.

도끼 삶은 물이라 아무 맛이 없다는 말. (비) 맹물에 조약돌 삶은 맛. 중의 이마 씻은 물. 날 속한 이마 씻은 물 같다. 냉수에 뼈뜯이.

도끼 없이는 장작을 팰 수 없다 (비) 개장수도 올가미가 있어야 한다.

도끼의 심정 망대기 피운다 노여움을 다른 데다 옮긴다는 뜻.

도낏자루 썩는 줄 모른다 시간 가는 줄 모른다는 뜻. (비) 신선놀음에 도낏자루 썩는 줄 모른다.

도덕은 변해도 양심은 변하지 않는다 사회가 발전됨에 따라 도덕은 편의대로 변할 수 있지만 인간의 양심은 세월이 가도 변할 수 없다는 뜻.

도둑개가 겻섬에 오른다 제가 가고 싶은 곳에 갈 때 그 동작이 매우 민첩함을 이름.

도둑개 살 안 찐다 늘 남의 것을 탐내는 이는 재물을 모으지 못한다는 말. (비) 도둑괭이 살찔까.

도둑괭이가 제상에 오른다 못된 자가 무엄한 짓을 한다는 뜻. (비) 못된 벌레가 쏜다.

도둑괭이에 제물 지켜 달란다 소중한 물건을 염치도 예의도 없고 믿을 수도 없는 사람에게 맡겨 그것을 봐 달라고 하면 도리어 잃게 된다는 뜻. (비) 고양이 보고 반찬가게 지키라는 격. 범에게 개를 빌린 격. 고양이한테 반찬단지 맡긴 셈. 범 아가리에 날고기 넣은 셈. 도둑에게 열쇠 준 셈.

도둑괭이 코 세다 불량한 자가 도리어 기승(氣勝)스러움을 이름.

도둑놈 개 꾸짖듯(한다) 남이 들을까 두려워서 입속으로 중얼거림을 이르는 말.

도둑놈 개에게 물린 셈 자신의 잘못이 있으므로 봉변을 당하여도 아무 말을 못 함을 이르는 말. (비) 반찬 먹은 개.

도둑놈 달아나는 것 보고 몽둥이 장만한다 손해를 본 후에 잃은 것을 되찾으려 한다는 말. (비) 도둑 달아나는 것 보고 새끼 꼰다.

도둑놈에 인사불성(人事不省)이라 한다 도둑놈 보고 인사 잘못한다고 꾸짖는 다 함이니, 크게 나쁜 사람에게 조그만 허물을 탓함을 말함. ★인사불성 : 제 몸에 벌어지는 일을 모를 정도로 정신이 흐리멍덩한 상태.

도둑놈도 인정(人情)이 있다 아무리 못된 짓을 하더라도 그 중에도 인정은 있는 법이라는 뜻.

도둑놈도 제 자식은 착하게 되라고 한다 비록 자신은 나쁜 짓을 할망정 자식은 착한 사람으로 키우려고 노력한다는 뜻.

도둑놈도 제집 문단속은 한다 악한 사람도 자신에 대해서는 철저히 경계한다는 의미.

도둑놈 딱장받듯 남을 너무 윽박지름을 이르는 말. ★딱장받다 : 도둑놈에게 온갖 형벌을 가하여 죄를 자백하게 하다.

도둑놈 문 열어 준 셈 스스로 재화를 끌어 들인 격이라는 말. (비) 고양이 보고 반찬가게 지키라는 격. 범에게 개를 빌린 격. 고양이한테 반찬단지 맡긴 셈. 범 아가리에 날고기 넣은 셈. 도둑에게 열쇠 준 셈.

도둑놈 소 몰 듯하다 당황하여 황급히 서두름을 이름. (비) 한 가랑이에 두 다리 넣는다.

도둑놈에게 가재를(열쇠) 맡긴 셈 (비) 강아지에게 메주 멍석 맡긴다.

도둑놈 예쁜 데 없고 정든 임 미운 데 없다 해치는 사람은 설령 잘해준다 해도 정이 들지 않지만 착한 사람은 다소 잘못이 있더라도 이해가 되므로 밉지 않다는 의미.

도둑놈은 한 죄 잃은 놈은 열 죄 도둑놈은 훔친 죄 하나 밖에 없으나, 잃은 사람은 물건 간수 잘못한 죄, 훔칠 마음을 일으켜 한 죄, 남을 의심하는 죄 등 여러 가지 죄를 짓게 된다는 말. (비) 내 것 잃고 죄짓는다. 도둑맞고 죄 된다.

도둑놈의 여편네 먹듯 한다 1.큰소리를 내지 못하고 입속말로 우물우물한다는 말. 2.제가 잘못하고도 큰소리를 친다는 뜻.

도둑놈이 몽둥이 들고 길 위에 오른다 나쁜 짓을 하거나 잘못하여 마땅히 책망을 받아야 할 처지에 있는 자가 도리어 기승하여 남을 꾸짖고 큰소리를 친다는 뜻. (비) 적반하장(賊反荷杖). 도둑이 달릴까 했더니 우뚝 선다. 도둑이 매를 든다. 되 순라 잡다.

도둑놈이 제 말에 잡힌다 나쁜 짓을 하고 그것을 숨기려 하나 저도 모르는 사이에 실언하여 죄가 드러나게 된다는 말.

도둑놈이 제 발자국에 놀란다 나쁜 짓을 하면 양심의 가책을 느껴 자연 조심하는 것이 도리어 제 죄를 노출하는 결과가 된다는 말.

도둑놈 재워 주면 새벽에 쌀섬 지고 나간다 나쁜 사람에게 동정을 베풀지 말라는 뜻.

도둑놈 허접대듯 무슨 잘못을 저질러 놓고 그것을 감추려고 정신없이 애씀을 이름. (비) 언덕에 둔덕 대듯.

도둑도 도망할 구멍을 내주고 쫓는다 궁지에 몰린 사람을 너무 막다른 골목에 몰아넣으면 도리어 손해를 입기 쉬우므로 잘 타산하여 다루어야 함을 이르는 말.

도둑도 일타 도둑질할 시간이 아니 되어 너무 이르다는 말로 무슨 일에나 너무 빨리 탈이 생기는 것을 이름.

도둑맞고 빈지 고친다 1. 실패한 후에 뒤늦게야 깨닫고 대비함을 이름. 2. 일을 그르친 뒤에 뉘우쳐도 소용이 없단 말. (비) 도둑맞고 사립문 고친다. 소 잃고 외양간 고친다. 도둑맞고 문 잠근다. 소(말) 잃고 외양간 고친다. ★빈지 : 흔히 가게에서 앞에 문 대신으로 쓰는 널빈지.

도둑맞고 사립문 고친다 (비) 도둑맞고 빈지 고친다. ★사립 : 사립문. 사립짝. 잡목의 가지로 만든 문.

도둑맞고 죄 된다 (비) 도둑놈은 한 죄 잃은 놈은 열 죄.

도둑맞으면 어미 품도 들춰 본다 물건을 잃게 되면 누구나 다 의심스럽게 생각 되며, 심지어는 가장 가까운 부모까지도 의심하게 된다는 뜻. (비) 도둑맞으면 아내 치마 속도 더듬는다.

도둑 못 지키는 개 자기의 책임을 철저하게 수행하지 못하는 쓸모없는 존재라는 의미. (비) 도둑을 보고도 짖지 않는다. 일 안 하는 가장(家長)이다. 쥐 안 잡는 고양이.

도둑에게 도둑을 지키라 한다 (비) 도둑놈에게 열쇠 준 격.

도둑에게 열쇠를 준 격 믿지 못할 사람을 신용하여 일을 맡기는 어리석음을 이르는 말. (비) 고양이 보고 반찬가게 지키라는 격. 범에게 개를 빌린 격. 고양이한테 반찬단지 맡긴 셈. 범 아가리에 날고기 넣은 셈.

도둑에도 의리가 있고, 딴꾼에도 꼭지가 있다 못된 짓을 하는 사람 끼리에도 인정과 의리가 있으니, 사람에게는 반드시 의리가 있어야 한다는 말. ★딴꾼 : 옛날 포도청에서 포교(捕校)의 심부름으로 도둑 잡는 일을 거들던 사람.

〈 도둑은 달을 싫어한다 〉

도둑은 달을 싫어한다 나쁜 짓을 하는 사람은 사람들이 보이지 않는 곳을 좋아한다는 말.

도둑은 뒤로 잡으랬다 도둑을 섣불리 앞으로 잡으려 했다가는 직접 해를 입을 수 있으니 뒤로 잡아야 한다는 뜻으로, 어떤 일을 대놓고 직접하기 보다는 우회적으로 처리하는 것이 더 나음을 비유적으로 이르는 말.

도둑을 뒤로 잡지 앞으로 잡나 도둑은 정확한 증거를 가지고 잡아야지 의심만으로 잡아서는 절대로 안 된다는 말.

도둑을 맞으려면 개도 안 짖는다 운수가 나쁘면 모든 것이 제대로 되지 아니한다는 말. (비) 운수가 사나우면 짖던 개도 안 짖는다.

도둑을 못 지키는 개 제구실 못하는 쓸모없는 존재라는 뜻. (비) 일 안 하는 가장(家長), 쥐 안 잡는 고양이.

도둑을 피하려다가 강도를 만났다 작은 화를 피하려다가 큰 화를 당하게 되었다는 말.

도둑의 두목도 도둑이요 그 졸개도 또한 도둑이다 윗자리 앉아서 시키는 사람이나 그대로 따라 하는 사람이나 다 나쁜 사람임을 비유한 말.

도둑의 때는 벗어도 자식의 때는 못 벗는다 도둑의 누명은 범인이 잡히면 벗을 수 있으나 자식의 잘못을 그 부모가 지지 않을 수 없다는 뜻.

도둑의 때는 벗어도 화냥의 때는 못 벗는다 도둑의 누명을 입었더라도 확실한 증거만 나서면 밝혀질 수 있으나 여자가 음분했다는 누명을 밝힐 도리가 없는 것이니, 여자는 정조를 지켜야 한다는 뜻. (비) 하룻밤을 자도 헌 각시.

도둑의 묘에 잔 부어 놓기 터무니없이 과분한 대접을 한다는 말이니, 일을 잘못 처리한다는 뜻.

도둑의 씨가 없다 본래부터 도둑놈이 따로 없다는 뜻. (비) 오이에는 씨가 있어도 도둑에는 씨가 없다.

도둑의 집에도 되는 있다 못된 짓을 하는 사람에게도 경우와 종작이 있다는 말.

도둑이 달릴까 했더니 우뚝 선다 (비) 도둑놈이 몽둥이 들고 길 위에 오른다.

도둑이 도둑이야 한다 도둑질한 놈이 제가 아니 한 체 하느라고 도둑이 났다고 떠드나 그로 말미암아 제 죄가 오히려 더 드러난다는 뜻. (비) 불난 데서 불이야 한다. 도둑이 포도청 간다. 몽둥이 들고 포도청 담에 오른다. 도둑이 제 발 저리다.

도둑이 매를 든다 (비) 도둑놈이 몽둥이 들고 길 위에 오른다.

도둑이 없으면 법도 쓸데없다 도둑질이 가장 나쁘다는 뜻.

도둑이 제 발이 저리다 죄 짓은 자가 그것이 폭로될까 봐 두려워하는 나머지 알지 못하는 가운데 그것을 나타내고야 만다는 뜻. (비) 도둑이 포도청 간다. 몽둥이 들고 포도청 담에 오른다. 불난 데 불이여 한다. 도둑이 도둑아 한다. 도둑놈이 제 말에 잡힌다. 도둑놈이 제 발자국에 놀란다.

도둑이 주인을 미워한다 자기의 잘못을 반성하지 않고 그저 남만 원망한다는 뜻.

도둑이 포도청(捕盜廳) 간다 제가 지은 죄가 드러날까 두려워 그것을 숨기려 한 일이 도리어 알지 못하는 가운데 그것을 나타내고 만다는 뜻. (비) 도둑이 제 발에 저리다. 불난 데서 불이야 한다. 몽둥이 들고 포도청 담에 오른다. ★포도청 : 조선 시대, 한성부와 경기도의 치안과 방범을 관장한 관청.

도둑질도 때가 있다 도둑질도 아무 때나 하는 것이 아니라 기회가 좋을 때 해야 한다는 뜻으로, 무슨 일이나 적절한 때가 있다는 말.

도둑질도 손이 맞아야 한다 (비) 백지장도 맞들면 낫다.

도둑질도 주인이 당장 먹을 것은 남기고 하랬다 도둑질할지라도 남의 사정은 봐주고 해야 한다는 뜻으로, 어떤 경우라도 상대방을 지나치게 궁지로 내몰아서는 안 된다는 말.

도둑질도 해 본 놈이 한다 무슨 일이나 해본 사람이 하게 된다는 말.

도둑질도 혼자 해 먹어라 무슨 일이든 여러 사람이 하면 말이 많아지고 손발이 맞지 않아 실수하기 쉬우니 그냥 혼자 하는 것이 가장 좋다는 말.

도둑질도 홀딱 벗고는 못한다 사람에게는 어느 경우에나 옷이 매우 중요하다는 뜻으로 무슨 일이든지 최소한의 예의는 필요하다는 말.

도둑질은 내가 하고 오라는 네가 져라 (비) 재주는 곰이 하고 돈은 되놈이 받는다.

도둑질하다가 들켜도 변명을 한다 (비) 과부가 아이를 낳아도 할 말이 있다.

도둑질하더라도 사모(紗帽)에 거드럭거린다 아무리 나쁜 짓을 하여도 벼슬을 하는 유세로 도리어 뽐내며 남을 야단친다는 뜻. (비) 망나니 짓을 하여도 금관자 서슬에 큰 기침한다. ★사모 : 관복을 입을 때 사(紗)로 만든 예모.

도둑질해도 손이 맞아야 한다 (비) 백지장도 맞들면 낫다.

도둑질 한 사람은 오그리고 자고 도둑맞은 사람은 펴고 잔다 남에게 못된 짓을 한 사람은 마음이 불안하다는 말. (비) 때린 자는 가로 가고 맞은 자는 가운데로 간다. 때린 놈은 다리를 못 뻗고 자고 맞은 놈은 다리를 뻗고 잔다. 친 사람은 다리를 오그리고 자고 맞은 사람은 다리를 펴고 잔다.

도둑집 개는 짖지 않는다 윗사람이 나쁜 짓을 하면 아랫사람도 자기 할 일을 잊어버리고 게으르게 있다는 뜻.

도랑 막고 고래 잡는다 되지도 않는 허망한 일을 분별 없이 바라는 사람을 비웃어 이르는 말.

도랑 새우도 삼 년이면 씨 꽃이 돋는다 아무리 못난 여자라도 나이만 들면 제구실을 할 수 있다는 뜻.

도랑에 든 소 (비) 개천에 든 소.

도랑 치고 가재 잡는다 일의 순서가 뒤바뀌었음을 이르는 말. (비) 나이 적은 딸이 먼저 시집간다. 망건 쓰고 세수한다. 탕건 쓰고 세수한다.

도래떡이 안팎이 없다 1.두루뭉수리로 되어서 어떠하다고 판단을 내리기 어렵다는 말. 2.다 같은 사람일 터이나 되지 못한 자가 도리어 서출(庶出)을 더 심히 구별하여 업신여김을 비유한 말. ★도래떡 : 초례상(醮禮床)에 놓는 큼직하고 둥근 흰떡.

도련님은 당나귀가 제격이다 물건을 쓰거나 행동할 때는 서로 격에 맞게 해야 어울린다 말.

도련님 천 냥 아직 돈을 쓸 줄 모르는 도련님의 돈이라는 뜻으로, 아껴서 오붓하게 모은 돈을 비유적으로 이르는 말.

도련님 풍월에 웬 염이 있으랴 서투른 사람이 하는 일이라 그다지 훌륭하지는 않게 마련이니 너무 가혹한 평을 할 것은 아니라는 말. (비) 언문풍월(諺文風月)에 염이 있으랴.

도령 상(喪)에 구방상(九方相) 인산(因山)이나 지위 높은 사람의 장례에 쓰는 방상시(方相氏)를 도령의 장례에 아홉이나 갖추었다는 뜻으로, 격(格)에 맞지 않는다는 뜻. (비) 개 발에 편자. 벌거벗고 환도 차기. 짚신에 정분 칠하기. 명주 잘게 개똥. 사모에 영자.

도로 아미타불 계획했던 일이 모두 물거품이 되었다는 뜻. (비) 십 년 공부 나무아미타불. 십 년 공부 도래미타불.

도리깨 구멍처럼 하나밖에 쓸 것이 없다 여자라고 여자다운 데가 하나도 없고, 다만 잠잘 때나 쓰일 뿐이라는 뜻.

도리에 어긋나게 번 돈은 어긋나게 쓰게 된다 돈을 사리에 맞지 않게 번 사람은 그 돈을 온당하게 쓰지 못한다는 말.

도마와 칼이 아깝다 고기가 먹을 것이 못 되어 도마와 칼을 대는 것이 아깝다는 뜻으로, 하도 나쁜 놈이라 죽이는 데 칼이 아까워서 못 죽이겠다며 비꼬아 이르는 말.

도마 위에 오르다 어떤 사물이 비판의 대상이 된다는 뜻.

도마 위에 오른 고기 비판의 대상이 되어 어찌할 수 없는 막다른 위기에 처한 경우를 이르는 말. 죽고 사는 것이 이미 결정되어 있다는 뜻. (비) 물밖에 난 고기. 산 밖에 난 범. 독 안에 든 쥐. 그물에 걸린 고

〈도마 위의 고기가 칼을 무서워하랴〉

기. 푸줏간에 든 소. 그물에 든 새. 낚시 미늘에 걸린 고기. 댓진 먹은 뱀. 덫에 치인 범. 쏘아 놓은 범. 우물에 든 고기. 함정에 빠진 호랑이.

도마 위의 고기가 칼을 무서워하랴 죽게 될 지경에 있는 사람이 무엇을 두려워하겠느냐 말.

도망꾼의 봇짐 크고 어수선하게 꾸민 봇짐을 흉보는 말.

도망도 못 치고 숨지도 못한다 이러지도 저러지도 못하고 우물쭈물대다가 결국엔 가만히 앉아서 화를 당한다는 뜻.

도선(徒善)이 불여악(不如惡) 성품이 착하기만 하고 주변성이 없어 악만 못하다고 이르는 말. ★도선 : 성품이 착하기만 하고 일을 주선하거나 변통하는 재주가 없음.

도처(到處) 선화당(宣化堂) 가는 곳마다 극진한 대접을 받고 호화로운 생활을 함을 이름. (비) 관찰사 닿는 곳에 선화당. ★선화당 : 각 도의 관찰사가 사무를 보던 정당(正堂).

도토리 키 재기 별로 차이가 없어서 어떤 것이 낫고, 어떤 것이 못한지 가리기가 매우 힘들 때 이르는 말. (비) 내 콩이 크니 네 콩이 크니 한다.

도투마리 잘라 넉가래 만들기 (비) 누워 떡 먹기. ★도투마리 : 천이나 베를 짤 때 쓰이는 기구. ★넉가래 : 곡식 따위를 한 곳으로 밀어 모으는 기구.

도포(道袍) 입고 논 썰기 (비) 개 발에 주석 편자.

도포(道袍)를 입고 논을 갈아도 제멋이다 (비) 동냥자루도 제멋에 찬다.

도회(都會) 소식을 들으려면 시골로 가거라 제가 있는 곳, 가까운 곳의 일은 잘 모르지만 먼 데 일은 오히려 잘 알고 있다는 말. (비) 등잔 밑이 어둡다. 두메 앉은 이방이 조정일 알 듯. 법 밑에 법 모른다. 방 등 뒤.

독도 흠이 나면 샌다 사람도 결함이 있으면 쓸모가 없게 된다는 뜻.

독불장군(獨不將軍) 없다 아무리 잘난 사람이라도 자기 혼자로는 지휘관으로서 임무를 수행할 수 없다는 말. ★독불장군 : 성품이 착하기만 하고 일을 주선하거나 변통하는 재주가 없음.

독사 같은 검사 구렁이 같은 판사 검사는 자꾸 범죄의 실마리를 캐내기에 독사와 같이 무섭고 판사는 범죄의 사실을 구렁이 같이 유도한다는 뜻.

독사는 작아도 독이 있다 작다고 너무 멸시하면 도리어 화(禍)를 입게 된다는 말.

독사 아가리를 벗어나다 (비) 그물을 벗어난 새.

독사(毒蛇) 아가리에 손가락을 넣는다 (비) 기름지고 불로 들어간다.

독서(讀書) 백 편이면 뜻이 절로 통한다 여러 번 되풀이해서 책을 읽으면 글 뜻이 자연히 밝혀서 잘 알게 된다는 말.

독서당(讀書堂) 개가 맹자 왈(孟子曰) 한다 아무리 어리석은 사람도 늘 익히면 능히 할 수 있게 된다는 말. (비) 서당 개 삼 년에 풍월한다. 산 까마귀 염불한다. 당구 삼 년에 폐풍월한다.

독 속에 든 자라 잡기 (비) 누워 떡 먹기.

독수리는 파리를 못 잡는다 제각기 자기 능력에 맞는 일이 따로 있음을 일컫는 말.

독수리 본 닭이 구구 하듯 독수리를 본 닭이 겁을 먹고 돌아다니는 것과 같다는 뜻으로, 위험이 닥쳤을 때 겁에 질려 어쩔 줄 모르는 모양을 비유적으로 이르는 말.

독 안에 든 쥐 (비) 도마에 오른 고기.

독 안에 들다 도망갈 데가 없이 이미 잡힌 것이나 다름없다.

독 안에 들어가도 팔자 도망은 못 한다 자신의 주어진 운명은 어쩔 수 없다는 말.

독 안에서 소리치기 평소에 남이 보지 않는 곳에서 큰소리친다는 뜻으로 꼭 해야만 하는 곳에서는 별 볼일 없는 양 아무 말도 못 한다는 말.

독 안에서 푸념 (비) 벼룩의 등(간)에 육간대청을 짓겠다.

독으로 독을 친다 독을 물리치려면 같은 독 있는 물건

〈돈 없는 놈이 큰 떡 먼저 든다〉

을 써서 물리쳐야 한다는 뜻으로, 어떤 부정적인 것을 없애는 데는 상대편이 들고 나오는 수단과 방법에 맞먹는 수단과 방법을 써야 함을 두고 이르는 말.

독을 보아 쥐를 못 잡는(친)다 독 사이에 숨은 쥐를 독 깰까 봐 못 잡듯이 감정 나는 일이 있어도 곁에 있는 사람 체면을 생각해서 자신이 참는다는 뜻. (비) 쥐를 때리려 해도 접시가 아깝다.

독 장사 경륜(經綸) 1.허황한 생각을 쫓으면 헛 좋을 뿐으로 도리어 손해만 본다는 말. 2.실현성이 전혀 없는 허황한 계산을 이름. (비) 독 장사 구구. 독 장사 구구는 독만 깨뜨린다.

독 장사 구구는 독만 깨뜨린다 (비) 독 장사 경륜(經綸).

독 장사 지게 작대기 치듯 어떤 일을 저질러 큰 손해를 보게 하였다는 뜻.

독 틈에도 용소(龍沼) 무슨 일이나 남을 속이려는 수작이 있으니 조심하라는 뜻. ★용소 : 폭포수가 떨어지는 바로 밑에 있는 웅덩이. 용추(龍湫).

독 틈에 탕관(湯罐) 약자가 강자 틈에 끼어 곤란을 당함을 비유하는 말. (비) 남 눈 똥에 주저앉고 애매한 두꺼비 떡 돌에 치인다. 남이 눈 똥에 주저앉는다. 고래 싸움에 새우 등 터진다. 고래 싸움에 치인 새우. ★탕관 : 국을 끓이거나 약을 달이는 그릇.

돈 나는 모퉁이 죽는 모퉁이 세상에서 돈 벌기가 가장 어려운 일이라는 뜻.

돈 남아 주체 못 하는 사람 없다 아무리 부유한 사람도 돈이 부족해서 걱정하지 남아서 걱정하지 않는다는 뜻. (비) 돈 너무 많다는 사람 없다.

돈도 떨어지면 정도 떨어진다 돈 많이 지니고 있던 사람이 돈 떨어지면 정든 사람과도 사이가 멀어지게 된다는 말. (비) 돈으로 맺은 연분은 돈 떨어지면 그만이다.

돈, 돈하다가 죽는다 사람은 누구나 죽을 때까지 돈을 벌기 위해서 애만 쓰다가 생을 마친다는 의미.

돈 떨어지자 입맛난다 무엇이나 뒤가 달리면 아쉬워지고 생각이 더 간절해진다는 말. (비) 뒤주 밑이 긁

히면 밥맛이 더 난다. 돈 떨어지자 신발 떨어진다.

돈만 있으면 귀신도 부릴(사귈) 수 있다 돈만 있으면 못 할 일이 없다는 말. (비) 돈만 있으면 처녀 불알도 산다. 돈만 있으면 지옥문도 여닫는다. 돈만 있으면 의붓자식도 효도한다. 돈으로 열리지 않는 문이 없다. 돈만 있으면 개도 멍 첨지라.

돈만 있으면 염라대왕 문서(文書)도 고친다 돈만 있으면 죽음도 면할 수 있다는 말.

돈만 있으면 의붓자식도 효도한다 (비) 돈만 있으면 귀신도 부릴 수 있다.

돈만 있으면 지옥문도 여닫는다 (비) 돈만 있으면 귀신도 부릴 수 있다.

돈만 있으면 처녀 불알도 산다 (비) 돈만 있으면 귀신도 부릴 수 있다.

돈만 있으면 힘도 절로 난다 (비) 돈만 있으면 귀신도 부릴 수 있다.

돈 모아 줄 생각 말고 자식 글 가르쳐라 황금도 학문만은 못하므로 가장 크고 훌륭한 유산은 지식과 덕망이라는 뜻.

돈반 밥 먹고 열네 잎 놓고 사정한다 빚진 돈을 갚을 때 그 전부는 못 되더라도 대부분은 갚고 딱한 처지를 말하여 사정하면 채권자가 손해를 좀 보더라도 들어주지 않을 수 없다는 말.

돈 빌려주면 돈도 잃고 친구도 잃는다 친한 사이에 돈을 빌렸다가 갚지 못하면 미안해서 그 친구에게 가지 않게 되니 결국 돈 꾸어주고 친구까지 잃게 된다는 뜻.

돈 앞에는 인정사정도 없다 돈만 아는 인색한 사람은 남 사정을 이해하고 봐준다거나 인정을 베푸는 일이 전혀 없다는 뜻.

돈 없는 놈 서러워 못 살겠다 돈이 없으면 남들로부터 천대받고 억울한 일도 당하게 되므로 매우 서럽다는 뜻.

돈 없는 놈이 큰 떡 먼저 든다 자격을 갖추지 못한 사람이 도리어 먼저 나서는 경우를 비유적으로 이르는 말.

⟨ 돈 없으면 못난 놈 된다 ⟩

돈 없으면 못난 놈 된다 아무리 인격적으로 잘났더라도 돈이 없으면 활동하는 영역이 그만큼 제한되므로 자연히 못난 사람이 된다는 뜻. (비) 돈 없으면 끈 떨어진 망석중이다.

돈에는 부자간에도 속인다 금전 관계에 있어서는 아무리 가까운 사이라도 서로 속이게 된다는 말. (비) 돈에는 부모도 속인다.

돈에 범 없다 1.인간에겐 돈이 아주 중요한 위치를 차지하고 있다는 말. 2.돈만 있으면 호랑이도 두렵지 않다는 말.

돈에 울고 돈에 죽는다 세상엔 돈 때문에 빚어지는 불행한 일이 많으므로 우는 사람도 많고 죽는 사람도 있단 말.

돈에 침 뱉는 놈 없다 어느 사람이나 돈은 중하게 여긴다는 뜻.

돈으로 못 살 것은 지개(志槪) 지개 있는 사람은 재물에 팔리지 않는다는 말.

돈으로 열리지 않는 문이 없다 돈으로 안 되는 일이 없다는 말.

돈은 마음을 검게 한다 돈에 욕심을 많이 내지 마라는 뜻.

돈은 많아도 걱정 적어도 걱정 돈이 많아 화를 당하는 경우가 있고 없어서 어려움을 당하는 경우도 있다는 말.

돈은 많은 것이 좋지만, 말이 많아선 안 된다 되도록 말을 적게 하라는 말.

돈은 버는 사람과 쓰는 사람이 따로 있다 돈을 버는 사람은 돈이 아까워서 못 쓰지만 그 돈을 전해 받은 사람은 힘들여 번 것이 아니기에 함부로 쓰게 된다는 뜻.

돈은 부정한 데서 모인다 돈을 벌려면 의리도 인정도 체면도 없이 악착스럽게 행동해야 한다는 뜻.

돈은 앉아서 주고 서서 받는다 돈은 남에게 빌려주기는 쉬우나 받기는 어렵다는 말.

돈은 욕먹고 벌어도 쓰기만 잘하면 된다 돈을 벌 때는 다소 욕을 먹더라도 나중에 잘 쓰면 그 욕은 다 없어진다는 뜻.

돈은 임자가 따로 없다 돈은 임자가 없는 것이기에 부지런히 노력하는 사람은 많은 돈을 얻을 수 있다는 뜻.

돈을 더럽게 벌어도 깨끗이 쓰면 된다 천한 일을 해서 번 돈이라도 보람 있게 쓰면 된다는 뜻.

돈을 벌면 배짱도 커진다 가난하던 사람도 돈을 벌게 되면 대담해진다는 뜻.

돈을 벌면 없던 일가도 생긴다 가난하던 사람이 부자가 되면 찾아오지 않던 일가들도 자연스럽게 찾아오게 된다는 뜻.

돈이 돈을 번다 돈이 많은 사람이 그 이익을 통하여 돈을 더 벌 수 있다는 말.

돈이 떨어져 봐야 세상인심을 안다 세상인심은 돈이 있을 때의 대우와 돈이 없을 때의 대우가 눈에 띄게 차이가 난다는 뜻.

돈이라면 뱃속의 아이도 나온다 돈만 있으면 무슨 일이고 다 할 수 있다는 말.

돈이 많으면 두 역신(痘疫神)을 부린다 (비) 돈만 있으면 귀신도 부릴 수 있다. ★두 역신 : 천연두(天然痘)를 마음대로 부르는 신(神).

돈이 많으면 장사를 잘하고 소매가 길면 춤을 잘 춘다 뒤가 든든하여 성공하기 쉽다는 말.

돈이 없으면 적막강산(寂寞江山)이요, 돈이 있으면 금수강산(錦繡江山)이라 경제적으로 넉넉해야 삶을 즐길 수 있다는 말.

돈이 양반이다 돈이 있어야 양반 행세를 할 수 있다는 말.

돈이 원수 1.돈으로 인하여 화를 입었을 때 하는 말. 2. 돈이 없어서 고난을 받을 때 하는 말. ⇔ 돈이 보배.

돈이 자가사리 끓듯 한다 돈이 많음을 빙자하고 함부로 외람된 짓을 하며 못되게 구는 사람을 욕하는 말. ★자가사리 : 동자갯과에 딸린 민물고기.

돈이 장사라 (비) 돈만 있으면 귀신도 부릴 수 있다.

돈이 제갈량 (비) 돈만 있으면 귀신도 부릴 수 있다.
★제갈량 : 중국 후한 말에 태어난 촉한의 초대 승상. 자는 공명(孔明), 시호는 충무 후(忠武侯). 명실

상부 삼국시대 최고의 재상. 더불어 당대 최고의 정치가이자 명장이었던 인물.

돈이 효자다 돈은 사람의 요구를 충족시켜 주는 귀중한 것이란 말.

돈 잃고 병신 된다 제 것 주고도 칭찬은커녕 남들에게 바보 취급을 받게 된다는 말.

돈 잃은 것은 도둑맞은 셈 친다 돈 잃고 속 썩이지 말고 도둑맞은 셈 치고 자위(自慰)해야 한다는 말.

돈 있는 사람이 죽는소리는 더 한다 돈에 걱정 없는 사람이 오히려 가난한 사람 앞에서는 엄살 피우고 야단이라는 말. (비) 돈 있는 사람이 돈 걱정은 더 한다.

돈 지고 저승 가는 사람 없다 돈이 많아도 죽은 뒤에는 소용이 없으니 살아 있는 동안 구두쇠 노릇만 하지 말고 쓸 때는 적당히 쓰라는 말.

돈피(豚皮) 옷 잣죽에 자랐느냐 1.생활을 매우 호사스럽게 하려고 하는 사람을 보고 하는 말. 2.기혈(氣血)이 약한 사람을 보고 하는 말. ★돈피 : 돼지의 가죽.

돈하고 자식은 마음대로 되지 않는다 물건은 제 마음 내키는 대로 할 수 있지만 돈하고 자식은 아무리 애를 써도 마음먹은 대로 되기 어렵다는 말.

돈 한 푼 쥐면 손에서 땀이 난다 절약하고 검소하게 생활하라는 말.

돈 힘이 사람 힘보다 세다 1.아무리 잘난 사람이라도 돈이 없으면 무능하게 된다는 뜻. 2.돈만 있으면 권세와 부귀를 누릴 수 있다는 뜻.

돋보기 장사 애 말라 죽는다 요행수를 바라느라고 몹시 애쓰는 사람을 가리키는 말.

돋우고 뛰어야 복사뼈라 아무리 도망쳐 보아야 별수 없다는 말.

돌다리도 두들겨 보고 건너라 잘 아는 일이라도 세심한 주의를 하여야 한다는 말. (비) 삼 년 벌던 전답도 다시 돌아보고 산다. 아는 길도 물어 가라. 얕은 내도 깊게 건너라. 구운 게도 다리를 떼고 먹는다. 식은 죽도 불어가며 먹어라. 무른 감도 쉬어가면서 먹어라. 두부(수박 홍시) 먹다 이 빠진다. 물에도 취한다. 방바닥에서 낙상한다. 장판방에서 자빠진다. 평지에 낙상한다.

돌다 보아도 마름. 돌다가 보아도 물방아 진보 없이 같은 일만 되풀이 한다는 말. (비) 개미 쳇바퀴 돌 듯 다람쥐 쳇바퀴 돌 듯. ★마름 : 연못이나 논 등에서 나는 바늘꽃과에 딸린 여러해살이 풀.

돌담 구멍에 독사(毒蛇) 주둥이 여기저기 알지도 못하게 많이 끼어 있음을 이름.

돌담 구멍에 족제비 눈깔 무엇이나 흔하게 많이 있는 것. 또는 눈매가 날카롭다는 뜻.

돌담 배부른 것 (비) 계집 입 싼 것.

돌도 십 년을 보고 있으면 구멍이 뚫린다 (비) 지성이면 감천.

돌도 쓸 것은 울 너머로 버리지 않는다 쓸모 있는 사람은 결코 버림을 당하지 않는다는 뜻.

돌 든 놈은 돌로 쳐야 한다 상대방의 행동에 따라서 행동해야 한다는 뜻.

돌 뚫은 화살은 없어도 돌 파는 낙수는 있다 세게 내쏘는 화살은 돌을 뚫지 못하지만, 오랫동안 쉼 없이 떨어지는 물은 마침내 돌을 파 움푹하게 만든다는 뜻으로 무슨 일이나 오랫동안 꾸준히 하면 결국 성공할 수 있다는 말.

돌로 돌 때리듯 저쪽에서 악하게 하면 이쪽에서도 악하게 한다는 말.

돌로 치면 돌로 떡을 치면 떡으로 친다 남이 나를 대하는 것만큼 나도 남을 그만큼밖에는 대접하지 아니한다는 것을 비유적으로 이르는 말. (비) 떡으로 치면 떡으로 치고 돌로 치면 돌로 친다.

돌림병에 까마귀 울음 매우 불길한 징조가 보임을 뜻함. (비) 염병에 까마귀 울음. 마마 그릇되듯. 식전 마수걸이에 까마귀 우는 소리. 역질에 혹함 되듯.

돌배도 맛 들일 탓이라 무슨 일이나 처음에는 싫다가도 차차 재미를 붙이고 정이 들면 좋아질 수 있다는 말.

돌부처도 꿈적거린다 (움직인다) (비) 시앗을 보면 길가에 돌부처도 돌아앉는다.

⟨ 돌아본 마을 꿰어 본 방귀 ⟩

돌아본 마을 꿰어 본 방귀 놀러 다니던 사람일수록 잘 돌아다니며 방귀는 꿰어 보기 시작하면 안 할 수 없다는 뜻으로, 무엇이나 하기 시작하면 재미가 붙어 그만둘 수 없음을 이르는 말.

돌에서 꽃이 피겠다 1. 도무지 있을 수 없음을 이르는 말. 2. 절대 안 된다는 것을 맹세할 때 쓰는 말.

돌 위에서는 곡식이 안 된다 (비) 구름이 모여야 비가 온다.

돌은 갈아도 옥이 되지 않는다 악한 사람은 선한 사람으로 되기 어렵다는 말로 본질은 결코 고칠 수 없다는 의미. (비) 나무 접시 놋접시 될까. 닭의 새끼 봉이 되랴. 까마귀 학(鶴)이 되랴. 우마가 기린이 되랴. 개 이가 상아(象牙) 될까. 나무 뚝배기 쇠 양푼 될까. 사슴이 기린 될까. 각관 기생이 열녀 될까.

돌을 먹어도 삭이겠다 젊은이는 아무 음식이나 가리지 않고 먹어도 워낙 식욕이 왕성해서 소화를 잘 시킬 수 있다는 말.

돌을 지고 물에 빠진다 가만히 있어도 될 일을 오히려 더욱 악화시켰다는 뜻.

돌을 (돌부리) 차면 제 발부리만 아프다 쓸데없이 우둔하게 화난다고 하여 애매한 것에 화풀이하면 도리어 저만 해롭다는 뜻. (비) 성나 바위 차기.

돌 잠에 개꿈 아니꼽고 같잖은 꿈 이야기를 하는 경우를 이르는 말.

돌 전에 아우 본 아이 젖 감질나듯 첫돌 전에 동생이 생겨 어머니 젖을 빼앗긴 아이가 젖을 먹고 싶어 애태우는 것과 같다는 뜻으로, 어떤 일이 하고 싶어서 도저히 참기 어려워하는 경우를 비유적으로 이르는 말.

돌절구도 밑 빠질 날이 있다 권력자도 언젠가는 몰락할 때가 있다는 뜻. (비) 마루 구멍에 볕 들 날이 있다.

돌쩌귀에 녹슬지 않는다 1. 항상 사용하는 물건은 썩지 않는다는 말. 2. 묵혀두는 물건은 탈이 생기므로 자주 활용해야 한다는 뜻. (비) 부지런한 물방아는 얼 새도 없다. 홈통은 썩지 않는다.

돌쩌귀에 불이 난다 매우 자주 쉴 세 없이 문을 여닫는다는 뜻. 즉 사람이 많이 드나든다는 말. (비) 문지방이 닳도록 다닌다. 문턱이 닳도록 드나든다. 문 돌쩌귀에 불나겠다.

돌 지고 방아 찧는다 디딜방아 찧을 땐 돌을 지고 하는 것이 쉬우니 힘을 들여야 무슨 일이나 잘 된다는 말.

돌 진 가재 (비) 남의 울타리 밑에서 산다.

돌집 하인 뒷간 가듯 돌잔치에 하인이 음식을 욕심껏 먹어 배탈이 나서 뒷간을 자주 다니듯이 어디를 몹시 자주 간다는 말.

돌 팔아 한 냥 개 팔아 닷 돈 하니 양반인가 양반을 비웃는 말. (비) 개 팔아 두 냥반. 양반인가 두 양반인가.

돌 팎이 매끄럽게 길이 나야 남편 맛을 안다 여자는 시집가서 몇 해가 지나야 성생활에서 진미를 알게 된다는 뜻.

돌 하나로 두 마리 새를 잡는다 하나를 이용하여 많은 이득을 본다는 뜻. (비) 일거양득(一擧兩得). 일석이조. 화살 하나로 두 마리 새를 잡는다.

돗자리 말 듯 하다 무슨 일이든 시원스럽게 처리한다는 뜻.

동가식(東家食) 서가숙(西家宿) 밥은 동쪽 집에 가서 먹고, 잠은 서쪽 집에 가서 잔다는 것으로 할 일 없이 떠돌아다니는 생활을 빗댄 표현이지만, 이 속담을 통하여 건강 규범으로 삼아 보면 먹는 것은 동양식, 생활은 서양식이 좋을까 한다.

동가홍상(同價紅裳) 같은 값이면 붉은 치마라는 뜻으로, 이왕이면 더 좋은 쪽을 택한다는 말. (비) 같은 값이면 처녀, 같은 값이면 다홍치마, 같은 값이면 과붓집 머슴살이.

동관(東觀) 삼월(三月) (비) 굴뚝 막은 덕석 같다.

동남풍이 잇속에 그슬리겠다 살그머니 웃는다는 뜻. (비) 뽯 본 벙어리. 선떡 먹고 체했다. 외삼촌 물에 빠졌나.

동냥도 가을철이 한창 무슨 일이나 적절한 시기가 있다는 말.

동냥도 각각 염주도 각각 아무리 친하고 각별한 사이

〈동무 몰래 양식(糧食) 내기〉

라도 각각의 몫은 서로 분명하게 해야 한다는 의미.

동냥아치 쪽박 깨진 셈 어떤 일에 꼭 필요한 도구가 없어지거나 지니고 있는 기술을 활용하지 못하게 되어 낭패함을 이름.

동냥은 안 주고 쪽박만 깬다 요구를 들어주기는커녕 오히려 해롭게 한다는 말. (비) 동냥도 아니 주고 자루 찢는다.

동냥은 혼자 간다 남에게 무엇을 얻으러 갈 때에. 여럿이 함께 가면 아무래도 제게 돌아오는 분량은 적어지므로 혼자 다녀야 실속이 있다는 말. (비) 같이 다니는 거지는 동냥을 못 한다. 거지는 같이 다니지 않는다.

동냥자루도 마주 벌려야 들어간다 아무리 보잘것없는 일이라도 서로 힘을 합해야 잘 이룰 수 있다는 말.

동냥자루도 제멋에 찬다 1.모든 사람이 천시하는 동냥도 제가 하고 싶어서 한다는 말. 2.세상 사람들이 다 좋다고 하는 일은 아니 하고 나쁘다고 하는 일만 하는 사람을 보고 하는 말. (비) 동냥치 첩도 제멋에 취한다. 갓 쓰고 박치기해도 제멋. 오이 거꾸로 먹어도 제 소청. 도포 입고 논을 갈아도 제멋이라.

동냥자루를 찢는다 대수롭지 않은 공이나 이익을 더 차지하려고 다툰다는 말.

동냥자루를 챘나 먹고도 곧 허기져서 또 먹을 궁리만 함을 비웃는 말.

동냥자루만 크다고 동냥 많이 주나 겉치레만 잘한다고 일이 잘되는 것이 아니라 행동을 요령 있게 잘해야 한다는 뜻.

동냥치가 동냥치 꺼린다 자기의 요청 또는 부탁하는 일과 같은 내용을 다른 사람이 하면 제 일이 안될까 봐 꺼린다는 뜻. (비) 누걸놈 방앗간 다투듯.

동냥치 첩도 제멋에 취한다
(비) 동냥자루도 제멋에 찬다.

동냥하려다가 추수(秋收) 못 본다 작은 것을 탐내어 다니다가 큰 것을 놓치게 됨을 이름.

동네 개 짖는 소리만 못하게 여긴다 남의 말을 듣고도 무시함을 이름. (비) 어디 개가 짖느냐 한다. 동네 개 짖는 소리. 말하는 것을 개 방귀로 안다.

동네마다 후레아들 하나씩 있다 사람이 모여 사는 곳에는 못 된 사람도 섞여 있기 마련이라는 말.

동네 무당 영하지 않다 (비) 가까운 집은 깎이고 먼 절은 비친다.

동네북인가 이 사람 저 사람이 달려들어 함부로 치거나 건드리는 것을 이르는 말.

동네 색시 믿고 장가 못 든다 막연하게 제 생각으로만 믿고 있다가는 낭패를 본다는 말. (비) 앞집 처녀 믿고 장가 못 간다. 누이 믿고 장가 못 간다. 이웃집 색시 믿고 장가 못 간다.

동네 송아지는 커도 송아지란다 항상 눈앞에 두고 보면 자라나고 변하는 것을 알아보기 어렵다는 말.

동네 어른도 찾아본다 손위 어른에게 인사를 잘하라는 말. 집안 어른에게 무례(無禮)함을 탓하는 말.

동녘이 번하니까 내 세상인 줄 안다 세상 물정을 모르고 무슨 일이나 다 좋게만 될 것으로 과대망상에 빠져 있다는 말. (비) 동녘이 번하니까 세상만 여긴다. 동녘이 훤하면 세상인 줄 안다.

동(東) 녘이 변하니까 세상만 여긴다 (비) 동녘이 번하니까 내 세상인 줄 안다.

동대문에서 맞고 종로 와서 화풀이한다 1.다른 사람에게 싫은 소리를 듣고 화풀이를 엉뚱한 데 가서 한다는 뜻. 2.약한 사람은 억울한 일을 당해도 그 자리에서 대항하지 못한다는 뜻.

동떨어진 데 섰다 별 일도 아닌 데서 이익을 번번이 취한다는 뜻.

동동 팔월 팔월은 발을 동동 구를 정도로 분주한 가운데 지나간다는 말.

동무 따라 강남 간다 자기는 하고 싶지 않으나 남에게 끌려서 좇아 하게 되는 경우를 이름.

동무 몰래 양식(糧食) 내기 추렴을 내는데 동무가 모르게 내면 그 사실을 아무도 모른다는 뜻으로, 비용만 들이고 나중에 아무런 공적이 나타나지 않는 경우

〈동무 사나워 뺨 맞는다〉

를 이르는 말. (비) 비단옷 입고 밤길 가기. 금의야행(錦衣夜行). 절 모르고 시주하기. 어두운 밤에 눈 끔적이기.

동무 사나워 뺨 맞는다 성미가 좋지 않은 친구가 사나운 짓을 하여 남에게 추궁 받는 서슬에 옆의 자기도 같이 욕을 당하는 경우를 이르는 말. (비) 죄지은 놈 옆에 있다가 뺨 맞는다.

동방(東方) 누룩 뜨듯 떴다 얼굴빛이 누르게하고 기운이 없어 보이는 사람은 이름.

동방삭(東方朔)이는 백지장도 높다고 하였다 틀림없을 듯하더라도 모든 일에 조심하여 실수가 없도록 하라는 말. ★동방삭 : 자는 만천(曼倩). 기언기행(奇言奇行)으로 무제(武帝)의 총애를 받아 수십 년간 측근으로 있으면서 태중대부급사중(太中大夫給事中)까지 올랐다. 재산을 모두 미녀들에게 탕진했으며 광인이라고 불렸다.

동방삭이 밤 깎아 먹듯 한다 일을 건성으로 해치움을 이르는 말.

동방삭이 인절미 먹듯 한다 음식을 오래 잘 씹어 먹음.

동방 화촉(洞房華燭) 노(老)도령이 숙녀 만나 즐거운 일 매우 즐거운 일이라는 뜻. (비) 칠십 노인 구대 독자 득남하여 즐거운 일. 삼춘(三春) 고한(苦旱) 가문 날에 감우(甘雨)오니 즐거운 일. 고인(故人) 만나 반가워서 즐거운 일. ★동방 화촉 : 전통 혼례에서 첫날밤에 신랑이 신부의 방에서 자는 의식을 이르는 말.

동상전(東床廛)에 들어갔나 먼저 말을 하여야 할 경우에 말없이 그저 웃기만 하는 것을 이름. ★동상전 : 예전에, 서울 종로의 종각 뒤에서 자질구레한 일용품 따위를 팔던 가게.

동생 죽음은 거름이라 다른 사람의 불행이 자기에겐 다행한 일이 될 경우를 이름.

동생 줄 것은 없어도 도둑 줄 것은 있다 1. 가난하여 제 손으로 남에게 줄 것은 없어도 도둑이 가져갈 만한 것이 있다는 말. 2. 인색하여 응당 돌보아야 할 근친에게까지도 동정하지 않는 사람도 도둑이 빼앗아 가는 것은 막을 수 없다는 말. (비) 벗 줄 것은 없어도 도둑 줄 것은 있다. 저녁 먹을 것은 없어도 도둑 맞을 것은 있다. 쥐 먹을 것은 없어도 도둑맞을 것은 있다. 구제할 것은 없어도 도둑 줄 것은 있다.

동서(東西)를 모르다 아주 쉬운 일이나 기본적인 사리(事理)조차 분간할 줄 모르다. 동서를 모르고 날뛴다는 뜻.

동서 모임은 독사(毒蛇) 모임이다 동서들이 모이게 되면 서로 흉만 보려고 하므로 이것을 비유해서 독사의 모임과 같다는 뜻.

동서사방(東西四方)에 걸렸어도 북 치는 북은 그 음(音)대로만 하면 북(北)녘과 같으나 아무 데 있어도 북 임엔 틀림없다는 말.

동서 시집살이 오뉴월에도 서릿발 친다 여자의 시집살이 가운데 동서 밑에서 하는 시집살이가 가장 어렵다는 말.

동서(同壻) 춤추게 제가 춤추고 싶다는 말은 못하고 동서에게 먼저 권한다는 뜻으로, 어떤 일을 하고 싶은데 차마 먼저 나서지는 못하고 남에게 권함을 이르는 말. (비) 제가 춤추고 싶어서 동서를 권한다.

동성(同姓) 아주머니 술도 싸야 사먹지 아무리 친분이 두터워도 자기 이익을 생각한다는 말. (비) 아주머니 떡도 싸야 사 먹지. 아주머니 술도 더 싸야 사 먹지. 할아버지 떡도 싸야 사 먹는다.

동성(同姓)은 백대지친(百代之親) 같은 종씨면 비록 멀기는 하더라도 역시 친척임은 틀림없다는 말.

동실령 소똥구리 보기와는 딴판으로 속이 깊고 웅장한 사람을 이름. ★동실령 : 광복군 아리랑의 노래에 나오는 고갯마루. 광복군 갔다고 말 전해주소 광풍이 불어요 광풍이 불어요 / 삼천만 가슴에 광풍이 불어요 바다에 두둥실 떠오는 배는 / 광복군 싣고서 오시는 배래요 동실령 고개서 북소리 둥둥 나더니 /

동아 속 썩는 것은 밭 임자도 모른다 혼자 속으로만 하는 걱정은 아무리 가깝게 지내는 사람도 알 수가 없다는 말.

동(東)에 번쩍 서(西)에 번쩍 한다 종적을 걷잡을 수 없이 왔다 갔다 한다는 말.

동원에서 원님 칭찬하듯 헛 칭찬함을 일컬음.

동여맨 놈이 푸느리라 일을 시작한 사람이 끝을 맺게 마련이란 뜻. 결자해지(結者解之).

동(東)의 일 하라면 서(西)의 일 한다 말을 제대로 알아듣지 못하여 딴전을 부림을 일컫는 말.

동이이고 하늘 보기 한꺼번에 두 가지 일을 제대로 할 수 없으니 어리석은 행동을 한다는 뜻. (비) 물동이 이고 하늘 보기.

동정 못 다는 며느리 맹물 발라 머리 빗는다 일은 전혀 할 줄 모르면서 맵시만 내는 밉살스러운 행동을 이르는 말. (비) 부뚜막 땜질 못 하는 며느리 이마에 털만 뽑는다.

동정 칠백 리(洞庭七百里)에 훤화(喧譁) 사설한다 상관없는 일에 간섭하여 당치도 않은 데에 시비(是非)를 따지고 떠드는 사람을 이름. ★훤화 : 마구 지껄여 시끄럽게 떠듦.

동정호 칠백 리 규모가 대단히 광활함을 이르는 말.

동정호 칠백 리 내 당나귀 타고 간다 자기의 권한에 딸린 범위 안에서 자기 의사대로 한단 뜻. ★동정호 : 중국 호남성[湖南省] 북부. 장강[長江] 남쪽에 있는 중국에서 두 번째로 큰 담수호. 동정호는 산천이 아름답고 걸출한 인물을 많이 배출하여 예부터 '동정호는 천하제일의 호수이다.'라는 칭송을 들었음.

동쪽을 묻는데 서쪽을 대답한다 어떤 질문에 모순되는 답변을 할 때 쓰는 말.

동쪽인지 서쪽인지 구별하지 못한다 무엇이 무엇인지 분간하지 못할 정도로 어리석단 말. (비) 똥인지 된장인지 모른다. 말과 사슴을 구별하지 못한다. 콩과 보리를 구별하지 못한다. 향기도 악취도 모른다.

동쪽 일을 서쪽에 와서 한다 두서를 모르고 엉뚱한 짓을 한다는 뜻.

동쪽 집에서 먹고 서쪽 집에서 잠잔다 (비) 구름 떠다니듯.

동지(冬至) 때 개 딸기 추운 동지 때에 개 딸기가 있을 리 없으니 얻을 수 없는 것을 바란다는 뜻.

동지섣달에 베잠방이를 입을망정 다듬이 소리는 듣기 싫다 다듬이 소리는 매우 듣기 싫다는 뜻. ★베잠방이 : 베로 만든 잠방이. 즉 가랑이가 무릎까지 내려오도록 짧게 만든 남자용 홑바지.

동지에 팥죽 쉬겠다 추워야 할 동지에 날이 따뜻하단 말.

동태나 북어나 이것이나 저것이나 매일반이란 뜻. (비) 건시나 감이나. 계란이나 달걀이나. 오른쪽 궁둥이나 왼쪽 볼기나.

동풍(東風) 닷 냥이다 난봉이 나서 돈을 함부로 날려 낭비함을 조롱하는 말.

동풍(同風)맞은 익모초(益母草) 모든 것을 몰아쳐 부는 동풍을 맞아 한창 자라던 익모초가 한편으로 기울어 쏠리듯 한다 함이니, 무슨 일에 알지 못하면서 부화뇌동(附和雷同)한다는 뜻.

동풍 안갯속에 수수 잎 꼬이듯 (비) 꼬기는 칠팔월 수수 잎 꼬이듯.

동풍(同風)에 곡식(穀食)이 병난다 한참 낟알이 자라 익어갈 무렵에 때 아닌 동풍이 불면 못쓰게 된다는 뜻.

동풍(同風)에 원두한의 탄식(歎息) 애써 한 일이 뜻하지 않는 변으로 헛수고가 되고 마는 것을 보고 한탄하는 뜻. ★원두한(園頭干) : 예전에 밭에 오이나 참외, 수박, 호박 따위를 심고 기르는 사람을 이르던 말.

동헌(東軒)에서 원님 칭찬한다 헛된 칭찬이나 아첨을 한다는 말. 실속 없이 겉치레로 칭찬함을 비유적으로 이르는 말.

돛 달고 노 젓는다 (비) 누워 떡 먹기.

돝 잠에 개꿈 1.지저분한 잠에 지저분한 꿈이라니, 아니꼽고 같잖은 꿈 얘기를 하는 경우에 이르는 말. 2.제격에 맞지 않는 말을 하는 경우를 두고 하는 말. (비) 쇠살에 말 뼈. 노루잠에 개 꿈. ★돝 : 돼지의 옛말.

돝 팔아 한 냥, 개 팔아 닷 돈 하니 양반인가 양반을 비

〈돼지가 깃을 물어드리면 비가 온다〉

웃어 하는 말.

돼지가 깃을 물어드리면 비가 온다 돼지도 일기를 미리 안다는 뜻으로, 미련하고 둔한 사람의 말이 사실과 맞을 때 이르는 말.

돼짓값은 칠 푼이요 나뭇값은 서 돈이라 주(主)로 하는 일보다 그것을 하기 위한 부분적 일에 더 큰 비용이나 힘이 들 때 이르는 말. (비) 한 냥짜리 잔설에 고추장이 아홉 돈 어치라. 한 푼짜리 푸닥거리에 두부기 오 푼. 칠 푼짜리 굿에 열네 푼 든다.

돼지같이 앞으로만 돌진한다 돼지처럼 앞뒤 가리지 않고 전진만 해서는 승리할 수 없으므로 때론 후퇴할 줄도 알아야 한다는 뜻.

돼지 그려 붙일라 진귀한 음식을 저 혼자 먹을 때 이르는 말. (비) 돼지 그러서 붙이겠다.

돼지 꼬리 잡고 순대 먹자 한다 성미가 급한 사람을 풍자하여 하는 말.

돼지 낯짝(색깔) 보고 잡아먹나 겉모양엔 관계하지 말고 속만 좋으면 그것을 취하도록 하라는 말.

돼지는 목청 때문에 백정 신명을 돋운다 백정은 돼지 잡을 때 돼지의 비명에 신명이 나듯이 남이 불행하게 된 것을 보고 즐거워한다는 뜻.

돼지는 우리 더러운 줄 모른다 더러운 곳에 사는 사람은 더러운 것을 모른다는 말.

돼지는 흐린 물을 좋아한다 더러운 것은 더러운 것끼리 상종하기를 좋아함을 일컫는 말.

돼지도 낯을 붉히겠다 매우 뻔뻔스러운 행동을 하는 사람을 두고 비난 조로 이르는 말.

돼지 떡 같다 돼지 먹이처럼 지저분함을 이름.

돼지띠는 잘 산다 돼지띠에 난 사람들은 흔히 잘 산다 하여 이르는 말.

돼지 멱 감은 물 돼지고기 국에 건더기는 거의 없고 국물만 있는 경우를 두고 하는 말. ★멱: 모욕의 옛말.

돼지 멱따는 소리를 한다 듣기 싫은 소리로 고래고래 고함을 친다는 의미. (비) 돼지 불알 까는 소리를 한다.

돼지 목에 진주 목걸이. 돼지우리에 주석 자물쇠 (비) 돼지우리에 주석 자물쇠.

돼지 밥을 잇는 것이 네 옷을 대기보다 낫다 한창 장난이 심한 사내아이 옷이 쉬 못 입게 됨을 이름.

돼지 얼굴 보고 잡아먹나 격에 맞지 않는 겉치레하지 말고 실속을 차려야 한다는 말. (비) 돼지 색깔 보고 잡아먹나.

돼지에 진주 값어치를 모르는 사람에게는 보물도 소용없음을 두고 하는 말.

돼지 오줌통 몰아 놓은 이 같다 두툼하게 생긴 얼굴이 허여멀쩡고도 아름답지 못함을 조롱하는 말.

돼지 왼 발톱 남과 다른 방향으로 행동하는 것을 비유하는 말.

돼지 용쓰듯 한다 아무리 애를 써서 훌륭한 일을 하더라도 대단한 존재가 아니라는 말.

돼지우리에 주석 자물쇠 제격에 맞지 않는 지나친 치장을 한다는 말. (비) 거적문에 돌쩌귀. 가게에 입춘. 방립에 쇄자질. 조리에 옻칠한다. 홑중의 겹말. 재에 호 춤. 사모에 영자. 개 발에 놋 대갈.

되고 안 되는 것은 돈에 달렸다 돈이 없으면 될 것 같은 일도 안 이루어지고 돈이 있으면 불가능한 일도 때론 이루어질 수 있다는 의미.

되 글을 가지고 말 글로 써먹는다 글을 조금 배워서 가장 효과 있게 써먹는다는 뜻.

되놈과 겸상을 하면 재수 없다 어떤 사람과 겸상하기 싫을 때 하는 말.

되놈도 겸상을 했나 중국 사람을 낮잡아 이르는 말. 간교한 왜놈이나 되놈들은 믿지 않으려고 할 것으로 되놈과 겸상을 하면 재수가 없다 어떤 사람과 겸상하기 싫다는 말.

되놈이 김풍헌(金風憲)을 안다더냐 직위 있는 사람이 그를 몰라보고 실례한다든지 모욕한다든지 하는 사람을 탓하는 말. ★김풍헌: (?~1801). 세례명 토마스. 중인(中人) 출신으로 충청남도 청양(靑陽)에서 태어나 그곳에서 살았다. 강직한 성품으로 마을 사람들의 존경을 받았다. ★풍헌(風憲) : 조선 시대에 面이나 里의 일을 맡아 하는 사람.

되는 것도 없고 안 되는 것도 없다 옳은 방법으로 하는 일은 안 되고 나쁜 방법으로 하는 일은 되는 어지러운 세상을 이름.

되는 집에는 가지나무에서도 수박이 열린다 집안이 잘되어 가려면 가지나무에 수박이 열린다 함이니, 잘 되려면 일마다 뜻밖의 좋은 수가 생긴다는 뜻. (비) 되는 놈은 나무하다가 산삼 캔다. 되는 집에는 개를 낳아도 청삽사리다. 되는 집에는 닭도 봉을 낳는다. 되는 집에는 말을 낳아도 용마(龍馬)를 낳는다. 되는 집에는 수탉이 알을 낳는다.

되는 집에는 암소가 세 마리, 안 되는 집에는 계집이 셋 축첩(蓄妾)을 하면 패가(敗家)하게 됨을 이르는 말.

되로 주고 말로 받는다 남을 조금 건드렸다가 도리어 일을 크게 당하고 만다는 말. (비) 한 되 주고 한 섬 받는다.

되면 더 되고 싶다 (비) 바다를 메워도 사람의 욕심은 못 채운다.

되면 입도 되다 힘써 일하면 먹을 것도 잘 먹게 된다는 뜻.

되모시가 처녀냐 숫처녀가 처녀지 가짜는 진짜가 될 수 없고 진짜는 가짜가 될 수 없다는 뜻. ★되모시 : 한 번 결혼하였다가 이혼하고 처녀로 가장한 여자.

되 순라(巡邏) 잡다 (비) 도둑놈이 몽둥이 들고 길 위에 오른다. ★순라 : 조선조 때 도둑 화재를 경계하기 위하여 밤에 순시하는 군인.

되잡아 흉이다 잘못한 놈이 도리어 들고일어나 뒤떠든다는 뜻. (비) 되 순라(巡邏) 잡다.

되지못한 풍잠(風簪)이 갓 밖에 어른거린다 갓이 넘어가지 않게 하기 위한 풍잠이 눈에 띈다는 뜻으로, 별로 좋지도 않은 물건이 자주 나타나 눈에 띄어 방해됨을 비유적으로 이르는 말. ★풍잠 : 예전에, 머리에 쓴 갓모자가 바람에 넘어가지 못하게 하려고 망건의 당 앞에 달아 꾸미던 물건. 쇠뿔, 대모(玳瑁),

금패(錦貝), 호박(琥珀) 따위로 만든다.

되질은 될 탓 말은 할 탓 같은 내용의 말이라도 '아' 다르고 '어' 다르듯이 말하기에 따라 다르게 될 수 있다는 뜻.

된서리 맞다 모진 재앙을 치루고 나서 한 풀 꺾었다는 뜻.

된 서방 맞다 몹시 까다롭고 어려운 일을 당하였다는 말.

된장 맛이 좋아야 집안이 잘된다 주부의 솜씨가 좋으면 집안이 번영한다는 말.

된장 신 것은 일 년 원수 아내 못 된 건 평생 원수 된장 맛 변한 것은 일 년을 참아서 담그면 되지만 아내를 잘못 얻으면 일평생을 두고 속을 썩인다는 뜻.

된장에 풋고추 박히듯 한 곳에 자리를 떠나지 아니하고 꼭 들어박혀 있다는 뜻. (비) 뜸단지를 붙였다.

된장이 아까워 개 못 잡아먹는다 1.왜 그리 못났느냐고 욕하는 말. 2.복날 개를 잡아먹고 싶어도 발라먹을 된장이 아까워 개를 못 잡아먹듯이 너무 인색하게만 굴면 결국 손해를 본다는 뜻.

될 뻔댁(宅) 무슨 일이 될뻔 하다가 틀어진 사람을 농으로 부르는 말.

될성부른 나무는 떡잎부터 알아본다 1.크게 될 사람은 어릴 때부터 남다름이 있다는 말. 2.결과가 좋은 것은 시초(始初)부터 잘 된다는 뜻. (비) 자랄(잘 자랄) 나무는 떡잎부터 알아본다. 푸성귀는 떡잎부터 알고 사람은 어렸을 적부터 안다. 열매 될 꽃은 첫 삼월부터 안다. 용 될 고기는 어려서부터 알아본다. 정승 될 아이는 고뿔도 안 한다.

뒷박 재주를 말(斗) 재주로 팔랐다 배운 재주는 적더라도 이것을 최대한으로 적절하게 활용해야 한다는 뜻.

두각(頭角)을 나타낸다 가지고 있는 재주나 실력이 남보다 한층 뛰어나 보이는 것을 이름.

두겁조상(祖上) 선조 중에서 가장 현달한 사람이란 뜻. 또는 조상 가운데 가장 이름을 떨친 사람.

두견(杜鵑)이 목에 피 내어 먹듯 남에게 억울한 일, 못할 짓을 하여 재물을 빼앗음을 이름.

두 길마 보기 두 가지 마음을 품고 제게 유리한 쪽을

〈 두꺼비 꽁지만하다 〉

살피는 것. 즉 기회주의적인 태도를 이름.

두꺼비 꽁지만하다 아주 작아서 거의 없는 듯하다는 말. (비) 노루 꼬리만 하다. 개꽁지만 하다.

두꺼비 돌(떡돌)에 치였다 까닭 없이 화를 당하거나 남의 원망을 듣게 됨을 이르는 말. (비) 애매한 두꺼비 돌에 치었다.

두꺼비씨름 같다 1.기를 쓰고 다투었으나 승부가 나지 않았다는 뜻. 2.서로 다투나 누가 옳고 그름이 없이 피차일반이란 말. (비) 두꺼비씨름 누가 질지 누가 이길지. 장군 멍군. 피장파장.

두꺼비씨름 누가 질지 누가 이길지 (비) 두꺼비씨름 같다.

두꺼비 파리 잡아먹듯(한다) 음식을 언제 먹었는지 모를 만큼 매우 빨리 먹을 때 이르는 말. 아무것이나 닥치는 대로 받아먹는 모양을 일컫는 말. (비) 귀신 잿밥 먹듯. 마파람(남풍)에 게 눈 감추듯. 남양 원님 굴 회 마시듯. 사냥개 언 똥 들어먹듯.

두 눈에서 불이 번쩍 나다 갑작스레 놀라운 일을 겪어 정신을 차리지 못하다.

두 눈에 쌍심지를 켜다 몹시 흥분하다.

두 눈의 부처가 발등걸이했다 눈이 뒤집혔다는 뜻.

두 다리가 세 다리로 되었다 지팡이를 짚고 다녀야 할 정도로 몸이 노령기에 들어섰다는 말.

두 다리 걸다 양쪽에서 이익을 보려고 두 편에 모두 관계를 맺다.

두 다리 쭉 뻗는다 아무것도 염려하지 않고 편히 지낸다는 뜻. (비) 발을 뻗고 자겠다.

두더지는 나비가 못 되라는 법 있나 두더지는 나비가 될 수 없는 것이므로 다른 사람들의 선입견(先入見)에 전연 어긋나는 행실도 있을 수 있다는 뜻으로 하는 말. ★두더지 : 포유류 두더짓과에 속한 동물을 통틀어 이르는 말.

두더지 혼인 같다 1.분수에 넘치는 엉뚱한 희망을 가진다는 뜻. 2.자기보다 썩 나은 사람과 혼인하려고 했다가 마침내 동류(同流)끼리 혼인하게 된다는 말.

두 동서(同壻) 사이에 산 쇠다리다 동서간의 사이가 흔히 좋지 않다는 말.

두렁에 누운 소 아무 일도 하지 아니하여, 편하고 팔자가 좋다는 말. (비) 평반(平盤)에 물 담는 듯.

★두렁 : 언덕.

두렁에 든 소 (비) 개천에 든 소.

두레박은 우물 안에서 깨진다 정든 고장은 떠나기 어렵듯이 한번 몸에 밴 직업은 죽을 때까지 종사하게 된다는 뜻.

두레박줄이 짧으면 깊은 우물의 물을 긷지 못한다 선행조건(先行條件)을 갖추거나 경우에 잘 맞아야 일을 이룰 수 있다는 말. (비) 산에 가야 범을 잡고 물에 가야 고기를 잡는다. 물이 가야 배가 오지. 물이 와야 배가 오지. 물이 있어야 고기가 생긴다. 바람이 불어야 배가 간다. 배도 물이 있을 때 띄워야 한다. 잠을 자야 꿈을 꾸지. 임을 봐야 아이를 낳지. 죽어 봐야 저승을 알지. 서울에 가야 과거 급제하지. 거미도 줄을 쳐야 벌레를 잡지. 눈을 떠야 별을 보지. 하늘을 봐야 별을 따지.

두루뭉수리 1.함부로 뭉친 물건이나 아무렇게나 되는 대로 하는 일을 이름. 2.변변하지 못한 사람을 비웃는 말.

두루미 꽁지 같다 많은 수염이 짧고 더부룩하다는 말.

두루 춘풍(春風) 언제 누구를 만나도 다 좋게 대해 주는 사람을 이름. (비) 사시춘풍(四時春風).

두메로 꿩 사냥 보내 놓고 당장 해야 할 일부터 어떻게든 해 놓고 보자고 하는 것을 이르는 말.

두메로 장작 팔러 간다 곧 손해 볼 짓만 한다는 뜻. (비) 바다로 고기 팔러 간다.

두메 앉은 이방(吏房)이 조정(朝廷) 일 알듯 출입 없이 집에만 있는 사람이 바깥 풍조를 잘 안다는 말. (비) 도회 소식을 들으려면 시골로 가거라. 등잔 밑이 어둡다. 법 밑에 법 모른다. 방등 뒤.

두멧놈 장작 패듯 1.산골 사람이 장작 다루듯 함부로 일한다는 뜻. 2.산골 사람이 장작 패듯이 일을 잘한다는 뜻. (비) 두멧놈 도끼질하듯.

두문불출(杜門不出)한다 1.집안에만 막혀 있어 밖에 나가지 않음을 이름. 2.집에서 은거 생활만 하고 사회의 일이나 관지에 나오지 않음을 일컬음. ★두문불출 : 집에만 박혀 있어 밖에 나가지 않는다. 외출을 전혀 하지 않고 집안에만 틀어박혀 있음.

두 볼에 밤을 물다 맞갖지 않거나 성이 나서 뾰로통한 모양을 이름.

두부 먹다 이 빠진다 (비) 돌다리도 두들겨 보고 건너라. 예문. 몸집이 작다고 우습게 봐서는 안 돼. 두부 먹다 이 빠진다고 저래 뵈도 태권도 유단자라는 소문이 있어.

두부살에 바늘뼈 (비) 복 없는 가시내가 봉놋방에 가 누워도 고자 곁에 가 눕는다.

두부 앗는 날의 파리한 돼지 즐기는 음식이라고 염치없이 덤벼들어 배를 채운다는 말.
★앗다 : '갖다'의 방언.

두부하고 장사꾼은 딱딱하면 안 팔린다 부드럽고 친절하게 대하여야만 사람들이 따른다는 뜻.

두불 지손 더 귀엽다 아들보다 손자가 더 귀엽다는 말.

두 소경이 한 막대 잡고 걷는다 똑같이 어리석은 두 사람이 같은 잘못을 저지른 경우를 두고 하는 말.

두 손 마무리 무슨 일이나 아무렇게나 함부로 버무려 냄을 이름.

두 손뼉이 울어야 소리가 난다 1.무슨 일이나 맞잡는 사람 없이 혼자서 하긴 어렵다는 말. 2.서로 같아야 말다툼이나 싸움이 된다는 말. (비) 두 손뼉이 맞아야 소리가 난다. 한 손뼉이 울지 못한다. 외손뼉이 못 울고 한 다리로 가지 못한다.

두 손에 떡 무엇을 먼저 하여야 할지 모른다는 말.

두 손 털고 나선다 어떤 일에 실패하여 가지고 있던 것을 다 잃고 아무것도 남은 것이 없게 되었다는 뜻.

두었다가 국 끓여 먹겠느냐 쓰지 않고 너무 아껴 두기만 함을 조롱하는 말.

두 절(寺) 개 같다 1.돌봐줄 사람이 너무 많아서 서로 미루는 통에 도리어 하나도 도움을 못 받게 됨을 이름. 2.사람이 마음씨가 굳지 못하여 늘 갈팡질팡하다가 마침내 아무 일도 이루지 못함을 이르는 말. (비) 주인 많은 나그네 밥 굶는다. 주인 많은 나그네 조석이 간데없다. 상하사불급(上下寺不及).

둔한 말이 열 수레를 끈다 재주 없는 사람도 열심히 노력하면 훌륭한 살에 미칠 수 있다는 말. (비) 둔한 말도 열흘 가면 천 리를 간다. 봉충다리의 울력걸음. 울력걸음에 봉충다리. 여럿이 가는 데 섞이면 병든 다리도 끌려간다.

둘러치나 메어치나 일반 (비) 벌리나 오므리나.

둘이 먹다가 하나가 죽어도 모르겠다 음식의 맛이 대단히 좋다고 일컫는 말. (비) 나무 칼로 귀를 베어도 모르겠다. 혓바닥째로 넘어간다.

둘째가리면 섧다 하겠다 첫째로 갈 만함을 이르는 말.

둘째 며느리 삼아 보아야 맏며느리 착한 줄 안다 맏며느리와 대조적인 둘째 며느리를 들인 후에야 맏며느리가 착한 것을 인식할 수 있다는 뜻으로, 서로 비교할 것이 있어야 사물의 진가를 알아볼 수 있음을 비유적으로 이르는 말. (비) 작은 며느리 보고 나서 큰 며느리 무던한 줄 안다.

둠벙(웅덩이) 망신은 미꾸라지 시킨다 (비) 대통 장수 망신은 고불통이 시킨다.

둠벙 망신은 송사리가 시킨다 (비) 대통 장수 망신은 고불통이 시킨다.

둠벙을 파야 개구리가 뛰어들지 무슨 일이나 자기가 원하는 결과를 가져오게 하려면 그에 합당한 준비가 필요하단 말. (비) 방죽을 파야 머구리가 뛰어들지.

둥근 돌은 구르나 모난 돌은 박힌다 성격이 원만한 사람은 재물을 지키지 못하지만 성미가 급하고 날카로운 사람은 재물을 지킨다는 뜻.

둥덩신 같다 물건이 수북하게 많이 쌓임을 이름.

둥둥하면 굿만 여긴다 1.너무 속단하여 잘못 안다는 뜻. 2.걸핏하면 좋은 수가 새겼다고 날뛴다는 말. (비) 덩덩하니 굿만 여겨. 쿵 구렁 하면 굿만 여기고 선산 무당이 춤춘다. 덩덩하니까 문 넘어 굿인

⟨둥우리의 찰밥도 쏟겠다⟩

줄 아느냐. 덩덩하면 굿인 줄 안다. ★덩덩하다 : 북이나 장구, 소고 따위를 치는 소리가 나다. 또는 그런 소리를 내다.

둥우리의 찰밥도 쏟겠다 1.쏟아지지 않을 데에다 담아 두어도 쏟치겠다 함이니 사람의 행동이 경솔하다는 뜻. 2.먹으라고 주는 것까지도 놓치고 못 먹는다는 뜻으로 복 없는 사람은 좋은 수를 만나도 그것을 오래 보존하지 못한다는 뜻. (비) 구럭에 게도 놔 주겠다. 용수에 담은 찰밥도 엎지르겠다.

뒤로 오는 호랑이는 속여도 앞으로 오는 팔자는 못 속인다 (비) 귀신은 속여도 팔자는 못 속인다.

뒤로 호박씨 깐다 우물쭈물해서 넘김을 놀리는 말.

뒤 뿔만 친다 자립할 수 있는 능력이 없기에 남의 밑에서 고생만 한다는 의미.

뒤에 난 뿔이 우뚝하다 후진이 선배보다 나을 때 쓰는 말. (비) 나중 난 뿔이 우뚝하다. 뒤에 심은 나무가 우뚝하다. 먼저 난 머리보다 나중 난 뿔이 무섭다.

뒤에 볼 나무는 그루를 돋우어라 앞날의 희망과 기대를 건 대상에 대해서는 미리부터 깊은 관심을 가지란 뜻. (비) 뒤에 볼 나무는 뿌리를 높이 잘라라.

뒤에 오면 석 잔이라 술자리에 늦게 온 사람은 연거푸 석 잔의 술을 마셔야 한다는 뜻으로 권하면서 하는 말.

뒤웅박 신은 것 같다 일이 분망하고 위험함을 말함.

뒤웅박 차고 바람 잡는다 허황한 짓을 하여 돌아다닌다는 말.

뒤주 밑이 긁히면 밥맛이 더 난다 (비) 돈 떨어지자 입맛 난다.

뒤집고 핥는다 무슨 일을 세밀히 캐고 묻는다는 뜻. (비) 미주알 고주알 밑두리 콧두리 캔다. 병조(兵曹) 적간(摘奸)이냐.

뒤축 없는 신도 짝은 있다 아무리 늙고 병든 사람이라도 짝은 있어야 한다는 말.

뒤통수에 눈이 박혔나 남들이 안 보이는 곳에서 하는 일도 신통하게 잘 알아맞히는 사람을 두고 하는 말. ⇔ 뒤통수에 눈 있는 놈 없다.

뒷간 개구리에 뭣 물렸다 너무 창피한 꼴을 당하여 뉘에게 말할 수 없을 때를 이르는 말. (비) 뒷간 개구리(쥐)에 하문 물렸다. 개미에게 불알 물렸다. 개미에게 뭣 물렸다.

뒷간 개구리한테 하문(下門) 물렸다 (비) 개미에게 불알 물렸다. ★하문 : 여자의 음부(陰部).

뒷간과 사돈집은 멀어야 한다 뒷간이 가까우면 냄새가 나듯이 사돈집이 가까우면 말썽이 일기가 쉽다는 말. (비) 사돈과 뒷간은 멀수록 좋다.

뒷간과 저승은 대신 못 간다 똥 누는 것과 죽는 것은 남이 대신 못 해 준다는 말.

뒷간 기둥이 물방앗간 기둥을 더럽다 한다 (비) 똥 묻은 돼지가 겨 묻은 돼지를 나무란다.

뒷간 다른 데 없고 부자(富者) 다른 데 없다 부자치고 돈에 욕심 없는 사람이 없다는 말.

뒷간 다른 데 없고 아이 다른 데 없다 뒷간은 어느 것이나 다 구리듯이 어린 아이는 부모의 속을 썩이는 행동을 많이 한다는 말.

뒷간 문은 열수록 구린내만 난다 악한 짓을 보면 볼수록 의분(義憤)이 커진다.

뒷간에 가서 밥 찾는다 (비) 절에 가서 젓국 달라 한다

뒷간에 갈 적 맘 다르고 올 적 맘 다르다 일이 자기에게 아주 요긴할 때에는 다급하게 서두르다가, 그 일을 무사히 다 마친 뒤에는 긴한 마음이 없어진다는 뜻. 곧 사람의 마음이 매우 간사하다는 뜻. (비) 똥 누러 갈 적 마음 다르고 올 적 마음 다르다. 뒷간에서 나올 적에 서두르는 사람 없다.

뒷간에 앉아서 개 부른다 유리한 가운데서 일을 한다는 뜻.

뒷간에 옻칠하고 사나 보자 다라운 사람에게 잘 사나 두고 보자고 하는 말.

뒷간은 지나가도 구리다 악한 사람에게는 악한 티가 난다는 뜻.

뒷간 쥐가 쌀 먹을 줄 알까 비천한 환경에 살고 있는 사람이라도 남이 하는 짓은 다 할 수 있다는 의미.

〈듣고 보고 해야 욕심이 난다〉

(비) 뒷간 쥐가 쌀 먹을 줄 모를까.

뒷간 쥐는 구린 줄 모른다 늘 나쁜 분위기나 환경 속에 사는 사람은 그 사실을 모른다는 뜻.

뒷간 쥐에게 하문 물렸다 남에게 말 못할 창피스러운 일을 당하였을 때를 이름.

뒷걸음에 쥐 잡는 격 요행으로 뜻밖에 좋은 성과를 이루었다는 뜻. (비) 소 발에 쥐잡기. 황소 뒷걸음에 쥐잡기. 황소 뒷걸음치다가 쥐 잡았다.

뒷구멍으로 호박씨 깐다 겉으로는 얌전한 체하면서 속으로는 온갖 짓을 다 한다는 뜻. (비) 똥구멍으로 호박씨 깐다. 밑구멍으로 숨 쉰다. 밑구멍으로 호박씨 깐다. 똥구멍으로 노 꼰다.

뒷독에 바람든다 너무 지나치게 즐거워하면 그다음에 반드시 화를 당함을 일컫는 말.

뒷동산에 군밤을 묻어 싹이 날까 (비) 까마귀 대가리 희거든

뒷문으로 드나들다 사람들의 눈을 피해 은밀히 남녀의 만남을 두고 하는 말.

뒷산 호랑이 요사이 뭘 먹고 산다더냐 (비) 사자(使者)가 눈깔이 멀었다

뒷손 벌린다 겉으론 사양하는 체하면서 뒤로 슬머시 손을 내밀어 받는다는 말.

뒷집 짓고 앞집 뜯어내란다 1.사리는 불고하고 제 경우와 제 욕심만이 옳다고 한다는 뜻. 2.제게 좀 방해가 되거나 손해가 된다고 하여 저보다 먼저 한 사람의 일을 못 하게 한다는 뜻.

뒷집 마당 벌어진 데 솔뿌리 걱정 한다 쓸데없이 남 걱정한다는 말. (비) 한데 앉아서 음지 걱정한다. 마당 터진 데 솔뿌리 걱정한다.

뒹굴 자리 보고 씨름에 나간다 어떤 일을 시작하기 전에 자신의 능력과 조건을 다 따져 보고 나서 일을 한다는 말.

드나 놓으나 하나뿐이다 오직 단 하나란 말.

드나드는 개가 꿩을 문다 사람은 잘살려면 부지런해야 된다는 뜻. (비) 거지도 부지런하면 더운밥을 얻어 먹는다. 땅을 후비는 닭이 얻어먹는다. 부지런한 부자는 하늘도 못 막는다. 개도 부지런해야 더운 똥을 얻어먹는다.

드는 돌에 낯 붉는다 힘을 들여 돌을 들고 나야만 얼굴이 붉어진다는 뜻으로, 세상의 모든 것이 원인이 있어야 결과가 있게 된다는 말. (비) 아니 땐 굴뚝에 연기 나랴. 드는 돌이 있어야 낯이 붉다.

드는 돌이 있어야 낯이 붉다 (비) 드는 돌에 낯 붉는다.

드는 정(情)은 몰라도 나는 정(情)은 안다 정이 들 때는 드는지 모르게 들지만, 정이 떨어져 싫어지면 역력히 나타난다는 뜻.

드는 줄은 몰라도 나는 줄은 안다 사람이나 재물이 붇는 것은 눈에 잘 띄지 않아도 그것이 줄어드는 것은 곧 알아볼 수 있다는 말.

드러난 상놈이 울 막고 살랴 아무것도 없는 세상이 아는 바니 구태여 가난한 것을 숨기고 남부끄럽게 여길 것이 아니란 말.

드럼통에 옷 입혀 놓은 것 같다 몸이 작고 뚱뚱하다는 말. (비) 맹꽁이 결박한 것 같다.

드문드문 걸어도 황소걸음 1.나아가는 속도는 느리나 그것이 오히려 믿음직스럽다는 말. 2.큰 사람이 하는 일은 속도가 느리고 더뎌도 그것은 큰 것이며 속이 알찬 것이라는 뜻. (비) 띄엄띄엄(느릿느릿) 걸어도 황소걸음.

드물어도 아이가 든다 일이 더디기는 하나 이루어지기는 한다는 뜻.

든거지난부자 속은 가난하나 겉으론 부자 같이 보이는 사람. (비) 난거지 든부자.

든버릇난버릇 후천적 습관이 선천적 습관처럼 되어 가는 것을 뜻함.

듣거니 맺거니 눈물이 글썽글썽하여 방울방울 떨어짐을 이름.

듣고 놀라고 보고 놀란다 듣던 것과는 전혀 다르고 생각했던 것보다 실물이 아주 다르다는 말.

듣고 보고 해야 욕심이 난다 알아야 욕심도 생기는 법

⟨듣기 싫은 말은 약이다⟩

이지 알지 못하면 욕심도 생기지 않는다는 의미.

듣기 싫은 말은 약이다 (비) 단 말은 병이 되고 쓴 말은 약이 된다. ⇔ 듣기 좋은 말은 병이다.

듣기 싫은 말은 부드러운 말이다 (비) 단 말은 병이 되고 쓴 말은 약이 된다.

듣기 좋은 노래도 한 두 번이지 자꾸 들으면 싫증난다 제아무리 좋은 것이라도 오래되면 탐탁지 않게 여기는 게 간사한 사람의 마음이라는 뜻. (비) 듣기 좋은 육자배기도 한 번 두 번. 듣기 좋은 이야기도 늘 들으면 싫다.

듣기 좋은 육자배기도 한 번 두 번 (비) 듣기 좋은 노래도 한 두 번이지 자꾸 들으면 싫증이 난다.

듣기 좋은 이야기도 늘 들으면 싫다 (비) 듣기 좋은 노래도 한 두 번이지 자꾸 들으면 싫증이 난다.

듣는 것과 보는 것은 다르다 같은 말도 듣기에 따라 해석을 달리할 수 있고 같은 것을 봐도 보기에 따라 다르게 볼 수 있다는 말.

듣보기 장사 애 말라 죽는다 요행수를 바라기 위하여 몹시 애쓰는 사람을 비유하여 일컫는 말. ★듣보기 장사 : 여기저기 시세를 듣고 보면서 요행수를 바라고 하는 장사.

듣자는 귀요 보자는 눈이다 듣는 것은 정확하게 들어야 하고 보는 것은 분명히 봐야 한다는 뜻.

듣지를 않으면 말할 것도 없다 남의 말은 아예 듣지도 않으면 참견도 하지 않게 된다는 뜻.

들고 나니 초롱꾼 초롱을 들고 나서면 초롱꾼이 된다는 뜻으로, 사람은 어떤 일이라도 다할 수 있다는 말.

들녘 소경 머루 먹듯 멋도 모르고 덤벙댐을 일컫는 말.

들보보다 서까래가 굵다 일의 순서가 뒤바뀌었다는 말.

들숨 날숨 없다 꼼짝을 못하겠다는 말.

들어가는 것은 봐도 나오는 것은 못 봤다 사람이 너무나 인색하여 재물이 한번 들어오면 그것을 쓸 줄 모른다는 말. (비) 들어오는 것은 있어도 나가는 것은 없다. 한번 쥐면 펼 줄 모른다.

들어서 죽 쓴 놈은 나가도 죽 쓴다 (비) 집에서 새는 바가지는 들에 가도 샌다.

들어오는 돈은 몰라도 나가는 돈은 안다 돈이 이곳저곳에서 모여지는 것은 표가 나지 않아도 쓰는 것은 완연히 표가 난다는 뜻.

들어오는 복도 문 닫는다 방정맞은 짓만 한다는 뜻.

들어온 놈이 동네 팔아먹는다 본래부터 있던 사람이 아니라 도중에 끼어든 사람이 그 본래의 전체에 잘못을 한다는 말.

들여디딘 발이다 (비) 내친걸음이다.

들으나 마나 듣지 않아도 다 아는 말이기에 반복해서 들을 필요가 없다는 뜻.

들으면 병이요, 안 들으면 약이다 들어서 근심걱정이 될 말은 차라리 안 듣는 것이 낫다.

들은 귀는 천 년이요, 말한 입은 사흘이다 언짢은 말을 들은 사람은 두고두고 잊지 않고 있지만, 말 한 사람은 바로 잊어버리게 된다는 뜻.

들은 말은 들어 없애야 한다 남의 말을 액면 그대로 단순하게 받아들이지 말고 냉철한 판단 분석하여 들어야 한다는 뜻.

들은 말 들은 데 버리고 본 말 본 데 버려라 남에게 말을 들으면 그 자리에서 버리고, 무엇 보는 일이 있으면 그 자리에서 잊어버리라고 함이니 말을 옮기지 말라는 뜻.

들은 말은 들어 없애야 한다 남의 말은 액면 그대로 단순하게 받아들이지 말고 냉철한 판단, 분석하여 들어야 한다는 뜻.

들은 말은 백 년 가고 버리라고 한 말은 사흘 간다 남에게 전하는 말은 얼마 가지 못하나 들은 말은 오래도록 잊지 않는다는 뜻. (비) 들은 말은 삼 년 가고 한 말은 사흘 간다.

들은풍월 얻는 문자다 자기가 직접 공부해서 배운 것이 아니라 보고 들어서 알게 된 글이라는 뜻. (비) 들은 풍월도 한몫 끼인다.

들을 이 짐작 옆에서 아무리 감언이설(甘言利說)로 첩구교변(捷口巧辯)을 할지라도 듣는 사람에 따라서 짐작이 있으니 말한 그대로만 될 리는 없다는 말. (비) 열 놈이 백말을 하여도 들을 이 짐작.

들자니 무겁고 놓자니 깨질 것 같다 이렇게도 할 수 없고 저렇게도 할 수 없다는 말.

들 적 며느리 날 적 송아지 며느리는 시집에 올 적에만 대접을 받고 송아지는 날 때만 잠시 귀여움을 받는다는 뜻으로, 며느리는 출가해 온 후 일만 하고 산다는 말.

들 중은 소금을 먹고 산 중은 나물을 먹는다 (비) 걱정도 팔자.

들쥐 밥 맛보기 얻기가 매우 어렵다는 말. (비) 거지 꿀 얻기다.

들지 않는 낫에 손을 벤다 보잘것없는 상대에게서 생각지 않은 해를 입게 됨을 이르는 말.

들지 않는 솜틀은 소리만 요란하다 (비) 먹지 않는 씨아에서 소리만 난다.

등겨 먹던 개가 말경에는 쌀만 먹는다 처음엔 나쁜 짓을 조금씩 하다가 재미를 붙이면 점점 더 크게 한다는 뜻. (비) 겨 먹던 개가 말경에는 쌀을 먹는다.

등겨 먹은 개는 들켜도 쌀 먹은 개는 안 들킨다 세상엔 작은 잘못을 저지른 사람은 들키기 쉽지만, 오히려 큰 일을 저지른 사람은 오히려 간 크게 늠름하다는 말.

등겨 서 말만 있으면 처가살이 안 한다 처가살이는 할 것이 못 된다는 말.

등겻섬에 생쥐 엉기듯 별로 먹을 것이 없는 데 여러 사람이 달라붙어 있는 모양을 두고 하는 말.

등 굽은 소나무가 산소(선산) 지킨다 못 배우고 출세 못한 자식이 부모에게 효도한다. 또는 못난 듯이 보이는 것이 도리어 나중에 제구실한다. (비) 굽은(꾸부렁)나무가 선산을 지킨다.

등껍질을 벗기다 너무 심하게 닦는다는 말.

등 따시면 배부르다 등을 따뜻하게 입는 사람이면 먹을 것도 풍족한 사람이란 말.

등살이 꼿꼿하다 일이 매우 거북하여 꼼짝달싹할 수가 없다는 뜻.

등 시린 절 받기 싫다 자기가 푸대접한 사람에게서 간곡한 대접을 받는 것은 그리 기분 좋은 일이 아니라는 뜻.

등신도 한 가지 재주는 있다 아무리 못나고 남들이 멸시하는 사람이라도 저마다 한 가지 재주는 다 지니고 있다는 뜻.

등에는 눈이 없다 보지 않는 곳에서 하는 일을 모른다는 뜻.

등에서 진땀이 난다 (비) 과부 아이 낳고 진자리 움켜쥐듯.

등에 풀 바른 것 같다 몸의 움직임이 자유롭지 못함을 이르는 말.

등으로 먹고 배로 먹고 이모저모로 다 먹는다는 뜻.

등을 댄다 남의 세력을 믿고 의지한다는 뜻.

등이 단다 조바심이 나서 못 견디어 함을 뜻함.

등이 따스우면 배부르다 의복이 좋으면 배까지 부른 것 같아진다는 말.

등이 더우랴 배가 부르랴 옷 밥 거리가 생기지 않을 일은 아무 이익이 없다는 뜻.

등잔 뒤가 밝다 가까이서보다는 오히려 조금 떨어져 보는 편이 상황을 더 잘 알 수 있다는 말. (비) 등잔 밑이 어둡다.

등잔 밑이 어둡다 가까운 곳에서 생긴 일을 도리어 잘 모른다는 말. 등하불명(燈下不明). (비) 도회 소식을 들으려면 시골로 가거라. 두메 앉은 이방이 조정일 알 듯. 법 밑에 법 모른다. 등잔 뒤가 밝다. 눈이 눈썹을 못 본다.

등잔불에 콩 볶아 먹는 놈 (비) 벼룩의 간에 육간대청을 짓겠다.

등줄기에서 노린내가 나게 두들긴다 몹시 때린다는 뜻. (비) 누린내가 나도록 때린다. 늘어지도록 때린다. 넙치가 되도록 맞았다. 복날 개 맞듯. 섣달 그믐날 흰 떡 맞듯.

등 진 가재 (비) 남의 울타리 밑에서 산다.

등창을 빨아주고 치질도 핥아준다 (비) 간에 붙었다 쓸

〈등 쳐 먹는다〉

개 붙었다 한다.
등 쳐 먹는다 남을 위협하여 재물을 빼앗아 가는 것을 이름.
등치고 간 낸다 겉으론 위해 주는 체하면서 속으론 해친다는 뜻. (비) 등치고 간 내먹는다.
등치고 배 문지르다 남을 겉으로 드러나지 않게 은근히 위협하고 슬며시 어루만져서 달래는 체함을 이르는 말.
디딜 방아질 삼 년에 엉덩이춤만 배웠다 디딜 방아질을 오랫동안 하다 보면 엉덩이춤도 절로 추게 된다는 뜻.
뒹굴 자리 보고 씨름에 나간다 일을 하기 전에 자기의 역량과 그 일의 경우를 따져 보고서 시작한다는 뜻. (비) 이불 간 봐 가며 발 편다. 누울 자리 봐 가며 발 뻗친다. 뻗을 데를 요량하고 눕는다. 구멍 보아 가며 쐐기 깎는다. 구멍을 보아 말뚝 깎는다.
따 놓은 단상 일이 확실하여 조금도 틀림없다는 말.
따라지목숨 남에게 매여 하찮게 사는 목숨.
따라지신세 (비) 따라지목숨.
따분한 일이다 1.이러지도 저러지도 못하는 난처한 일이라는 뜻. 2.분수에 맞지 않게 치장을 한다는 뜻.
따오기 날개는 물에 젖지 않는다 훌륭한 사람은 나쁜 사람과 어울려도 그 행동에 물들지 않는다는 뜻.
따오기는 먹을 감지 않아도 희다 착한 사람은 누구의 지도를 받지 않아도 착하게 행동한다는 뜻.
따오기를 그린다는 것이 오리를 그렸다 훌륭한 사람의 글을 보면 그것을 그대로 배우지는 못할지라도 착한 사람이 된다는 말.
따지려고 하는 사람과는 상대를 말랬다 일을 원만하게 하려는 데서 목적이 있는 것이 아니라 옳고 그름을 따지려고 하는 사람과는 말할 필요가 없다는 뜻.
딱따구리가 나무에 살면서 나무를 죽인다 자신이 입은 은덕(恩德)을 원수로 갚는다는 뜻.
딱따구리 부적(符籍) 무엇이나 실속 있고 완전한 것을 도모하지 않고 명색만 근근이 갖추었다는 말.
  ★부적 : 재앙을 막고 악귀를 쫓기 위해 쓰는, 붉은 글씨나 무늬가 그려진 종이.
딱딱하기는 삼 년 묵은 물박달나무 같다 고집이 매우 셈을 일컫는 말.
딱딱한 나무기 부러진다 강하기만 하고 부드러운 데가 없는 사람은 실패하기 쉽다.
딴 자리에서 잠은 자도 꿈은 같다 서로 다른 곳에 있지마는 뜻은 같다는 말.
딴 주머니를 차다 다른 속셈을 가지거나 일을 꾀하다 예문. 마누라가 딴 주머니를 찰까 봐 벌써 걱정이오?
딸년은 알 도둑이다 딸은 친정에 오면 좋은 것만 가져 간다는 뜻.
딸네 사돈은 꽃방석에 앉히고 며느리 사돈은 가시방석에 앉힌다 시부모 되는 사람은 출가한 딸 잘 봐달라고 딸네 사돈은 잘 대우하지만 며느리는 밉기에 며느리 사돈도 미워하여 그를 잘 대접하지 않는다는 말에서 나온 말.
딸 덕분에 부원군 출가한 딸의 도움으로 무슨 일을 하거나 잘 지내게 됨을 비유적으로 이르는 말.
딸 먹는 것은 쥐 먹는 것 같다 딸에게 조금씩 드는 비용을 합치면 양이 많음을 이르는 말.
딸 반은 작고 딸 하나는 많다 가난한 집에선 딸을 두고 싶어 하지만 시집보낼 땐 큰 걱정을 하게 된다는 말. (비) 딸이 하나면 과하고 반이면 모자란다.
딸 삼 형제 시집보내면 고무 도둑도 안 든다 딸을 길러 시집보내기까지는 큰 비용이 들어 집안 살림이 아주 기울게 된다는 말. (비) 딸 셋 여의면 기둥뿌리가 패인다. 딸 다섯 치운 집엔 도둑도 안 들어간다. 딸 다섯이면 문 열어놓고 잔다. 딸 다섯 치우면 기둥뿌리 남는 것이 없다.
딸 속 고쟁이는 못 입혀도 영감두루마기는 입혀야 한다 두루마기를 입혀야 외출하여 돈을 벌어오기 때문에 두루마기가 딸 속 고쟁이보다 더 긴요하다는 말.
딸 손자는 가을볕에 놀리고 아들 손자는 봄볕에 놀린다 딸 손자를 아들 손자보다 더욱 귀엽게 여긴다는 말.
딸 없는 사위 인연이 끊겨져서 정이 멀어졌다는 뜻.

(비) 구부러진 송곳. 끝 부러진 송곳. 불 없는 화로.
딸에게는 팥죽 주고 며느리에게는 콩죽 준다 (비) 가을볕에는 딸을 쬐고 봄볕에는 며느리를 쬔다.
딸은 두 번 서운하다 딸은 날 때 서운하고 시집보낼 때 서운하다는 말.
딸은 산적(散炙)도둑이라 하네 (비) 딸자식은 도둑년이다.
딸은 제 딸이 고와 보이고 곡식은 남의 곡식이 탐스러워 보인다 자식은 남의 자식보다 제 자식이 나아 보이고, 물건은 남의 물건이 제 물건보다 좋아 보임을 이르는 말.
딸은 쥐 먹듯 하고, 며느리는 소 먹듯 한다 미운 며느리는 많이 먹는 것 같이 보인다는 뜻.
딸은 하나도 많고 아들은 셋도 모자란다 아들 선호사상을 말하는 결정적인 표현을 말함.
딸을 보지 말고 어미를 먼저 보랬다 그 어미의 품행을 보면 그 딸의 됨됨이를 짐작하여 알 수 있다는 말. (비) 딸을 알려면 그 어미를 보라.
딸의 집에서 가져온 고추장 무엇이나 소중하게 아껴두고 쓰는 것을 이름.
딸의 굿에 가도 전대(纏帶)가 셋 제 딸을 위하여 하는 굿에도 뭣을 담아 올 전대를 셋이나 가지고 가 제 이익을 꾀한단 말이니, 아무리 남을 위하여 하는 일이라도 자기의 이익을 바라고 있다는 말. (비) 딸의 굿에를 가도 자루 아홉을 가지고 간다. ★전대 : 무명이나 베 헝겊으로 길게 만든 자루.
딸의 굿에를 가도 자루 아홉을 가지고 간다 (비) 딸의 굿에 가도 전대(纏帶)가 셋.
딸의 시앗은 바늘방석에 앉히고 며느리 시앗은 꽃방석에 앉힌다 딸은 귀하니 어떻게 해서든지 그 시앗을 없애려 하나, 며느리를 미워하는 마음으로 며느리가 시앗을 보고 괴로워하는 것을 도리어 통쾌하게 여김을 이르는 말.
딸의 오줌 소리는 은 조롱 금 조롱 하고 며느리 오줌 소리는 쐐한다 딸의 오줌 소리나 며느리의 오줌 소리나 다 같지만, 상대방이 예쁘고 미운 데 따라서는 듣는 사람의 감정이 달라진다는 뜻.
딸의 차반 재 넘어가고 며느리 차반 농 위에 둔다 딸은 먹을 것을 가지고 집을 나와 재를 넘어 제집으로 가고 며느리는 먹을 것이 있으면 제방 농 위에 얹어두운다는 뜻이니, 딸이나 며느리나 부모보다 제 남편을 더 섬긴다는 뜻.
딸이 셋이면 문을 열어 놓고 잔다 딸을 많이 둔 사람이 딸들을 다 결혼시키고 나면 집안 살림이 몹시 가난해진다는 말. (비) 딸 셋 여의면 기둥뿌리가 파인다. 딸 삼 형제 시집보내면 고무 도둑도 안 든다.
딸자식 두면 경상도 도토리도 굴러온다 딸의 중매를 서기 위하여 별의별 사람이 혼담을 하려고 찾아든다는 말.
딸자식은 도둑년이다 딸을 길러 시집보낼 때도 많은 혼수를 해서 가고 출가한 후에도 친정에 오기만 하면 무엇이든지 가지고 가려고만 한다는 말. (비) 딸은 산적(散炙)도둑이다. 시집 간 딸년치고 도둑 아닌 년 없다.
딸자식 잘난 것은 갈보 가고 논밭 잘난 것은 신작로 난다 불우한 사람은 좋은 것을 가졌더라도 그것을 끝까지 지니고 있을 수 없다는 뜻.
땀은 벼의 거름 노력을 많이 할수록 그만큼 좋은 성과를 얻게 된다는 말
땀은 한번 나면 도로 들어가지 않는다 한번 내린 명령은 취소하지 않는 것이 좋다는 말.
땅내가 고소하다 오래지 않아 죽어서 땅에 묻히겠다는 말. 늙은 사람이 빨리 죽었으면 좋겠다는 생각이 든다는 뜻. (비) 널감이 되었다 땅내가 고소하다. 염라대왕이 문밖에서 기다린다. 탕국 내가 고소하다. 팥죽 내가 난다. 흙내가 고소하다. 한 치 앞이 지옥이다. 해가 서산으로 기울어진다.
땅 넓은 줄은 모르고 하늘 높은 줄만 안다 키 훌쭉하게 크고 마른 사람을 놀하는 말. (비) 물독 뒤에 자랐나. 신속에 똥을 담고 다니나. 장승 같다. 장승만

〈 땅벌 구멍에 좆 박고 견디기 〉

하다. ⇔ 땅 넓은 줄 알고 하늘 높은 줄 모른다.
땅벌 구멍에 좆 박고 견디기 얼토당토 않은 뚱딴지같은 짓을 한다는 뜻.
땅벌 집 보고 꿀 돈 내어 쓴다 1. 될지 안 될지 모를 일을 가지고 미리 그 이익을 당겨씀을 비웃는 말. 2. 일을 매우 급하게 서둔다는 뜻. (비) 너구리 굴 보고 피물 돈 내어 쓴다. 노루 잡기 전에 골뭇감 마련한다.
땅에 넘어진 사람은 땅을 짚어야 일어난다 어떤 사업에서 실패한 사람은 계속해서 그 사업을 해야만 성공할 수 있다는 교훈.
땅에서 솟았나 하늘에서 떨어졌나 도무지 기대하지 않던 것이 갑자기 나타남을 말함.
땅 열길 파면 돈 한 푼 생기나 아무리 해도 소득이 없는 일을 하는 사람을 깨우치는 말.
땅 위에 나타난 용(龍) (비) 날개 부러진 매.
땅은 비 온 뒤 굳어진다 고생을 해보면 의지가 굳어진다는 뜻.
땅을 자리로 삼고 하늘을 이불로 삼는다 (비) 구름 떠다니듯.
땅을 후비는 닭이 얻어먹는다 (비) 개도 부지런해야 더운 똥을 얻어먹는다.
땅이 꺼져도 솟아날 구멍이 있고 하늘이 무너져도 솟아날 구멍은 있다 큰 역경에서도 빠져 나오는 방법이 있으니 실망하지 말고 열심히 노력하라는 뜻.
땅 짚고 헤엄치기 (비) 누워 떡 먹기.
땅 칠 노릇 몹시 분하고 애통하다는 말.
땅 파다가 은(銀) 얻었다 심상한 일을 하다가 의외의 이익을 얻었다는 말.
땅 파먹는다 농사로 산다는 뜻, 즉 농부.
땅 팔 노릇이야 사정이 불가능하여서 할 수 없는 것을 억지로 우기는 난처한 처지를 두고 하는 말.
때 닭 속에는 한 마리의 학(鶴)이 있다 사람이 많으면 그중에는 뛰어난 사람도 있게 마련이란 뜻.
때려도 어루만져도 부모의 은덕이다 부모가 자식을 꾸짖고 칭찬하는 것은 자식을 키우기 위한 하나의 수단이라는 뜻.
때를 잃으면 복령(茯苓)도 말라 죽는다 복령과 같이 생활력이 강한 식물도 철이 지나면 죽게 되듯이 사람도 늙으면 필연적으로 죽게 마련이란 뜻.
★복령 : 소나무 뿌리에서 기생하는 버섯의 일종.
때리는 놈보다 말리는 시누이가 더 밉다 (비) 때리는 시어머니보다 말리는 시누이가 더 밉다.
때리는 시늉하면 우는 시늉한다 서로 손이 잘 맞음을 비유적으로 이르는 말. (비) 때리는 척하거든 우는 척해야 한다. 어이딸이 두부 앗듯. 어이딸이 쌍절구질 하듯.
때리는 시어머니보다 말리는 놈이 더 밉다 (비) 때리는 시어머니보다 말리는 시누이가 더 밉다.
때리는 시어머니보다 말리는 시누이가 더 밉다 겉으론 위해 주는 체하면서 속으론 해치려는 생각을 하는 그 사람이 더 밉다는 말. (비) 때리는 놈보다 말리는 놈이 더 밉다.
때리면 맞은 척이라도 해라 다른 사람이 충고하면 고집만 부리지 말고 듣는 척이라도 하라는 말.
때리면 우는 척하다 누군가 잘못에 대하여 충고하면 고집부리지 말고 듣는 척이라도 하라는 말.
때린 놈은 다릴 오그리고 자도 맞은 놈은 다릴 뻗고 잔다 (비) 도둑질 한 사람은 오그리고 자고 도둑맞은 사람은 펴고 잔다.
때린 자는 가로 가고 맞은 자는 가운데로 간다 (비) 도둑질 한 사람은 오그리고 자고 도둑맞은 사람은 펴고 잔다.
때 묻은 왕 사발 부시듯 때가 묻은 큰 사발을 물에 부시듯 소리가 요란하게 들린다는 뜻으로, 대수롭지 않은 일을 크게 벌여 만듦을 이름.
땔나무도 저울질해서 때겠다 (비) 낟알 새어 밥한다.
땔나무 지고 불 찾아간다 죽음을 스스로 불러들인다는뜻.
땡감도 떨어지고 익은 감도 떨어진다 늙은 사람이나 젊은 사람이나 사람은 다 죽기 마련이란 말.

땡감도 맛 들일 탓 나쁜 짓도 처음엔 양심 가책을 받게 되지만 여러 번 반복하게 되면 태연자약 해진다는 말.

땡감 먹은 상 불쾌하여 얼굴을 찡그리고 있다는 말.
(비) 똥 주워 먹은 곰 상판대기. 소금 먹은 고양이 상. 소나기 맞은 중의 상. 웬 불똥이 튀어 박혔나.

땡전 한 푼 없다 사전적인 의미로 땡전(-錢)이란! 아주 적은 돈을 이르는 말.

땡땡이 중놈 안방 넘겨다보듯 하는 일에는 마음이 없고 전혀 엉뚱한 짓만 한다는 의미.

땡떴다 골패노름에서 쌍(雙) 골패(骨牌)를 주게 되면 땡떴다 하며 이기게 되므로 무슨 일이나 뜻밖의 많은 이익을 얻게 되었음을 이름.

떠다니는 새는 옛 숲을 그리워한다 타향살이를 하는 사람은 항상 고향을 그리워한다는 말. (비) 호마(胡馬)는 북풍을 그리워한다.

떠들기는 천안 삼거리라 늘 떠들썩함을 이르는 말.

떠오르는 달이라 인물이 훤하고 아름답다는 말.

떡가루 두고 떡 못할까 당연히 할 수 있는 일을 자랑할 때 핀잔주는 말.

떡갈나무에 회초리 나고 바늘 간 데 실이 따라간다 두 가지 사물의 연관성이 썩 밀접함을 이르는 말.

떡 고리에 손 들어간다 오랫동안 탐내던 것을 마침내 가지게 된다는 말.

떡값이나 해라 나잇값이나 제대로 하라는 뜻.

떡국 먹는 데만 찾아다녔나 떡국을 먹으면 나이가 한 살 먹는 데서 여러 번 먹었으니 보기보다 나이가 많다는 뜻이 됨.

떡국이 농간(弄奸)한다 본래 재간이 없더라도 나이가 들면 오랜 경험으로 제법 능숙한 솜씨를 보이게 됨을 이름.

떡국점에 된 눈깔 무엇을 찾으려고 눈을 크게 뜨고 희번덕거리는 눈을 가리킴을 이름.

떡 다 건지는 며느리 없다 남의 눈을 속여 자기의 실속을 차리는 성향이 인간에게 있음을 지적하는 말.

떡 떼어 먹듯 한다 분명히 딱 잘라서 말한다는 뜻.

〈떡 본 김에 제사 지낸다〉

떡도 떡같이 못 해 먹고 찹쌀 한 섬만 다 없어졌다 애써 한 일에 알맞은 효과나 이익도 보지 못하고 큰 비용만 허비하였음을 비유적으로 이르는 말.
(비) 떡도 떡같이 못 해 먹고 생 떡국으로 망한다.

떡도 떡이려니와 합(盒)이 더 좋다 내용도 물론 좋지만, 형식이 더 잘 되어 있음을 이르는 말. ★합 : 크기에 따라 큰 합·중합·작은 합·알합 따위로 불리며, 돌잡이용일 경우 돌합이라 부른다. 합으로는 또 주발 정도의 크기로 반상기 일습을 만들기도 하는데 이것을 합반상기라 한다.

떡도 먹어본 사람이 먹는다 무슨 일이나 경험이 풍부한 사람이라야 그 일을 능숙하게 한다는 의미.
(비) 고기도 먹어본 사람이 많이 먹는다. 관덕정 설탕국도 먹어본 놈이 먹는다.

떡도 못 먹는 제사에 무르팍이 벗어지게 절한다 아무런 소득도 없는 일에 죽도록 고생만 한다는 말.
(비) 떡도 없는 성황제(城隍祭)에 허리 아프게 절만 한다. 먹을 것 없는 제사에 절만 한다.

떡두꺼비 같은 아들 어린아이가 살이 보기 좋게 찌고 복스럽게 생긴 것을 보고 하는 말. (비) 떡두꺼비 같다.

떡 먹은 입 쓸어치 듯한다 무슨 일을 하여 놓고도 제가 않은 체하며 모르는 체 시치미를 땐다는 말.
(비) 입 씻는다.

떡방아를 찧어도 옳은 방아를 찧어라 어떤 일을 하더라도 옳고 그른 것 가려서 하라는 말.

떡방아 소리 듣고 김칫국 찾는다 준비가 너무 지나치게 빠르다는 말. (비) 김칫국부터 마신다. 떡 줄 놈은 생각도 않는데 김칫국부터 먼저 마신다. 떡 줄 사람은 꿈도 안 꾸는데 김칫국부터 마신다. 떡 줄 사람에게 묻지도 않고 김칫국부터 마신다.

떡 본 김에 제사 지낸다 우연히 운 좋은 기회에 하려던 일을 해 치운다는 말. (비) 소매 긴 김에 춤춘다. 엎어진 김에 쉬어간다. 활을 당겨 콧물을 닦는다. 한 잔 먹은 김에 노래한다.

⟨떡 삶은 물에 중의(中衣) 데치기⟩

떡 삶은 물에 중의(中衣) 데치기 1.한 가지 일을 하면서 또 다른 일을 같이 겸하여 해 치운다는 말. 2.버리게 된 것을 훌륭하게 이용(利用)한다는 말. (비) 떡 삶은 물에 풀한다.

떡 속에도 가시가 있다 좋은 일에도 마(魔)가 있단 말.

떡에 별 떡 있지 사람에는 별사람 없다 떡의 종류는 많고 많으나 사람들 사이에는 별 차이가 없단 말.

떡에 웃기 떡을 괴거나 담은 위에 모양을 내느라 얹은 웃기 같다는 뜻으로, 겉보기에는 화려하나 실제로는 부차적 존재에 불과한 것을 비유적으로 이르는 말.

떡으로 치면 떡으로 치고 돌로 치면 돌로 친다 제게 잘 해준 이에겐 저도 잘 해 주고 제게 해롭게 한 이는 자기도 해치는 태도를 이름. (비) 돌로 치면 돌로 치고 떡으로 치면 떡으로 친다.

떡은 덜고 말은 보탠다 떡은 시간이 갈수록 줄게 마련이지만 말은 전할 때마다 눈덩이처럼 커지게 마련이라는 뜻.

떡장수 아들은 떡을 안 먹는다 맛있는 음식도 늘 먹게 되면 싫증 나서 맛이 좋은지를 모른다는 의미.

떡 주무르듯 한다 먹고 싶은 떡을 자기 마음대로 주무르듯이 무슨 일을 자기가 하고 싶은 대로 하며 산다는 뜻.

떡 줄 사람에게 묻지도 않고 김칫국부터 마신다 상대편을 지나치게 믿고 다 된 일인 것처럼 여기고 행동한다는 말. (비) 떡 줄 사람은 꿈도 안 꾸는데(생각도 않는 데) 김칫국부터 마신다.

떡집에 가서 술 찾기 무슨 일을 잘 알아서 하지 않고 다른 곳에 가서 엉뚱한 짓을 한다는 뜻. (비) 술집에 가서 떡 달란다.

떡 친 데 엎어졌다 무엇에 골몰하여 떠날 줄 모른다는 뜻.

떡 판에 엎드러지듯 (비) 떡 친 데 엎어졌다.

떡 해먹어야겠다 두 사람 사이가 벌어졌으니 떡을 해 먹고 친해져야 하겠다는 말.

떡 해 먹을 세상 뒤숭숭하고 궂은 일만 있는 데란 뜻. (비) 떡 해 먹을 집안.

떡 해 먹을 집안 불화한 집안을 말함. (비) 떡 해 먹을 세상.

떨거둥 방이다 무슨 일에 낭패함.

떨어진 꽃은 나뭇가지에 올라 피지 못한다 청춘은 한번 지나가면 되돌아오지 않는다는 말.

떨어진 주머니에 어패(御牌) 들었다 겉모양은 허술하고 보잘것없으나, 실속은 뜻밖에 훌륭하고 소중한 것일 때 이르는 말. (비) 베 주머니에 의송(議送) 들었다. 허리띠 속에 상고장 들었다.
　★어패 : 조선 시대, 왕의 초상을 대신하여 '殿' 자를 새겨 지방 관청의 객사(客舍)에 세운 목패(木牌). 그곳에 간 관원이나 수령이 여기에 배례(拜禮)하였다.

떫기로 고욤 하나 못 먹으랴 다소 힘들다고 해서 그만한 일이야 못 하겠느냐고 하는 뜻.

떫은 배도 씹어 볼 만하다 무슨 일이나 처음은 좋지 않더라도 차차 정 붙이고 지내노라면 재미를 느낄 수 있다는 말.

떼가 끼면 대롱도 메워진다 사소한 것도 자꾸 모여들게 되면 막강한 힘을 발휘하게 된다는 말.

떼 꿩에 매 놓기 한꺼번에 이익을 보려다가는 오히려 소득이 없다는 뜻.

떼 닭 속에는 한 마리의 학(鶴)이 있다 사람이 많으면 그중에는 뛰어난 사람도 있게 마련이란 뜻.

떼어 놓은 당상(堂上) 으레 될 것이니 조금도 염려 없다는 말. (비) 떼어 둔 당상 좀 먹으랴. 받아 놓은 밥상. 받아 놓은 단상.

떼어 둔 당상 좀 먹으랴 (비) 떼어 놓은 당상(堂上).

뗏말에 망아지 여럿이 사이에 끼어 뛰어 다님을 이르는 말.

또아리로(똬리로) 샅 가린다 가린다고 가렸으되 가장 요긴한 데를 덮지 못함을 일컫는 말. ★샅 : 두 다리가 갈라진 사이의 허벅지 어름. ★또아리(똬리) : 갈퀏발의 다른 끝을 모아 감아서 잡아맨 부분.

똥강아지 혀 안 대보는 데 없다 (비) 미운 강아지 보리 멍석(부뚜막)에 우쭐거리며 똥 싼다.

똥구멍으로 수박(호박)씨 깐다 (비) 밑구멍으로 노(새끼) 꼬다.

똥구멍이 찢어지게 가난하다 매우 가난함을 일컫는 말.

똥구멍 찔린 소 모양 어쩔 줄 모르고 참지 못하여 쩔쩔매는 모양을 이르는 말.

똥 넉가래 내세우듯 일을 변통하는 주변은 없으면서도 쓸데없이 호기를 내어 고집을 부린다는 뜻. (비) 과붓집 똥 넉가래 내세우듯. 넉가래 내세우듯. ★넉가래 : 곡식이나 눈 따위를 한 곳에 밀어 모으는 기구.

똥 누고 밑 아니 씻은 것 같다 뒤처리를 깨끗이 하지 아니하여 마음에 꺼림칙하다는 뜻.

똥 누고 보자는 놈치고 무서운 놈 없다 무슨 일이나 제 때에 하지 않고 나중으로 미루는 사람은 끝까지 실행하지 않는다는 의미.

똥 누는 아이 주저 앉히기 (비) 고추밭에 말 달리기.

똥 누러 가서 밥 달라고 한다 처음에 목적했던 일은 하지 않고 전혀 엉뚱한 짓만 한다는 뜻.

똥 누러 갈 때 마음 다르고 올 적 마음 다르다 사람의 마음이 자주 변하는 것을 말함. (비) 뒷간에 갈 적 맘 다르고 올 적 맘 다르다.

똥 누면 분(粉)칠하여 말려 두겠다 악독하게 인색한 사람을 이름.

똥 덩이 굴리듯 한다 아무데도 사용되지 않은 물건이므로 아무렇게나 함부로 다룬다는 뜻.

똥 때문에 살인(殺人)난다 세상에는 흔히 보잘것없는 것을 가지고도 서로의 이를 다투느라고 큰 사고를 일으키기도 한다는 뜻.

똥 마다하는 개 없고 돈 마다하는 사람 없다 개는 똥을 좋아하듯이 사람은 누구나 돈을 좋아한다는 말.

똥 마려 하는 년 국거리 씹듯 제 일이 급하면 다른 일은 함부로 마구 해 넘긴다는 뜻. (비) 똥마려워하는 계집 국거리 썰 듯.

똥 맛도 보겠다 자기에게 이로우면 지조 없이 이편에 붙었다 저편에 붙었다 한다는 뜻. (비) 간에 가 붙고 염통에 가 붙는다. 등창도 빨아주고 치질도 핥아준다. 간에 붙었다 쓸개 붙었다 한다.

똥 먹던 개는 안 들키고 재 먹던 강아지는 들킨다 크게 나쁜 일을 저지른 자는 오히려 버젓하게 살고 있는데 죄 없는 사람이 죄를 뒤집어쓴다는 말.

똥 먹은 곰의 상(相) 곰은 구린 것을 매우 싫어하므로 매우 불쾌하여 심히 얼굴을 찌푸린다는 뜻. (비) 똥 주워 먹은 곰 상판대기.

똥 묻은 개 쫓듯 잠시도 여유를 주지 않고 몰아 내침을 이름.

똥 묻은 개가 겨 묻은 개 나무란다 제 허물이 큰 줄 모르고 남의 작은 허물을 들어 흉본다는 말. (비) 똥 묻은 돼지가 겨 묻은 돼지를 나무란다. 땡감 먹은 상.

똥 묻은 속옷을 팔아서라도
(비) 중(僧)의 망건 사러 가는 돈이라도.

똥 묻은 접시가 재 묻은 접시를 흉본다 (비) 똥 묻은 개가 겨 묻은 개를 나무란다.

똥물에다 치어 죽이려 해도 똥이 아까워 못 죽이겠다
(비) 구더기 될 놈.

똥물에 튀길 자식 지지리 못나서 아무 짝에도 몹쓸 놈이라는 뜻.

똥 벌레가 제 몸 더러운 줄 모른다 자기 자신의 추악이나 결점을 모른다는 뜻.

똥 보고 밟는 사람 없다 자신과 상대할 사람이 못되거든 아예 상대하지 말라는 뜻.

똥 본 오리 같다 게걸이 든 것처럼 먹는 것을 이름.

똥 싼 년이 핑계 없을까 무슨 일에든지 핑계는 있다는 말.

똥 싸고 성낸다 제가 잘못해 놓고도 큰소리친다는 말. (비) 방귀 뀌고 성낸다.

똥 싸 놓고 제 자리에서 뭉기는 소리 어리석고 못난 소리란 뜻.

똥 싸는데 개 부르듯 필요한 경우에는 암두 때고 막 불러움을 이름.

똥 싼 놈은 달아나고 방귀 뀐 놈이 잡힌다 (비) 쌀 먹은 개는 안 들키고 등겨 먹은 개가 잡힌다.

똥 싼 놈이 성 낸다 잘못은 제가 저질러 놓고 오히려

〈똥 싼 누덕 바지 치키듯〉

화를 남에게 낸다는 말. (비) 적반하장(賊反荷杖)도 유분수(有分數)지.

똥 싼 누덕 바지 치키듯 남을 자꾸 추어줌을 이름. (비) 난쟁이 허리춤 추키듯.

똥 싼 주제에 매화 타령 한다 잘못하고도 부끄러운 줄 모르고 날뜀을 일컫는 뜻.

똥은 건드릴수록 구린내만 난다 악한 사람을 건드리면 불쾌한 일만 생긴다는 말.

똥은 덮어도 냄새가 난다 못된 짓은 아무리 감춰도 탄로가 난다는 말.

똥은 말라도 구리다 한 번 나쁜 일은 쉽사리 그 흔적을 없애기 어렵다는 말.

똥은 칠수록 튀어 오른다 좋지 못한 일이나 사람을 탓하거나 나무라면 더욱 나쁜 경우를 당한다는 말. (비) 똥은 건드릴수록 구린내만 난다. 북은 칠수록 소리가 난다.

똥을 주물렀으나 손속도 좋다 똥을 주무르면 재수가 있다는 말에서 나온 말로, 노름판에서 운수 좋게 돈을 잘 딴다는 뜻으로 씀. ★손속: 노름할 때에, 힘들이지 아니하여도 손대는 대로 잘 맞아 나오는 운수.

똥이 무서워서 피하나. 더러워서 피하지 악하거나 같잖은 사람을 피하는 것은 그가 무서워서가 아니라 상대할 만한 가치가 없으므로 피하는 것이란 말. (비) 똥이 무서워 피하랴.

똥이 무서워 피하랴 약하거나 더러운 사람은 상대하여 겨누는 것보다 피하는 것이 낫다는 말.

똥인지 된장인지 모른다 (비) 동쪽인지 서쪽인지 구별하지 못한다.

똥인지 호박 국인지 서로 비슷하여서 무엇이 무엇인지 분간할 수 없다는 뜻으로 이름. (비) 무릇인지 닭의 똥인지. 죽인지 코인지. 흰 죽에 코.

똥 주워 먹은 곰 상판떼기 (비) 땡감 먹은 상.

똥줄 빠지다 혼이 나서 급히 달아남을 이르는 말.

똥줄이 당기다 몹시 두려워 겁을 내다.

똥 중에 고양이 똥이 제일 구리다 고양이 같은 간교한 성격의 인물이 제일 고약하단 말.

똥 찌른 막대 꼬챙이(막대기) (비) 구부러진 송곳.

똥항아리 1. 직위만 높고 아무 능력도 없이 허송세월만 하는 사람을 일컬음. 2. 먹기만 하고 아무 일도 않는 사람을 두고 하는 말.

뚜껑은 열어봐야 한다 무슨 일이나 최종 결과를 보아야 알 수 있다는 말.

뚝배기 깨고 국 쏟았다 국 쏟고 허벅지 덴다.

뚝배기 깨지는 소리 1. 음성이 곱지 못하고 탁한 것을 이르는 말. 2. 잘 못하는 노래나 말을 비유적으로 이르는 말.

뚝배기로 개 어른다 부드러운 언행과 미끼로 사람이나 짐승을 어른다는 뜻.

뚝배기로 개 때리듯 제 분을 못 이겨 공연한 화풀이를 했지만 별로 시원하지도 않은 경우를 비유적으로 이르는 말.

뚝배기로 개 패는 소리 무척 요란스럽다는 뜻으로 빗대는 말.

뚝배기보다 장맛이 좋다 겉에 비해 내용이 훌륭하다는 말. (비) 꾸러미에 단장 들었다. 누더기에 옥(玉) 들었다. 뚝배기보다 장맛이 좋다. 뚝배기 봐선 장맛이 달다. 삼베 주머니에 성냥 들었다. 장독보다 장맛이 좋다. 질병에 감홍로(甘紅露). 짚북데기에 단장 들었다.

뚝배기 봐선 장맛이 달다 (비) 뚝배기보다 장맛이 좋다.

뚝배기에 든 두꺼비 표정 멍한 표정을 하고 있다는 뜻으로 빗대는 말.

뚝비 맞은 개새끼 같다 1. 무엇이 물에 푹 젖었다는 뜻. 2. 운 나쁜 일을 당하였다는 뜻. (비) 물 독에 빠진 생쥐 같다. 물에 빠진 생쥐. ★뚝비: 그칠 가망이 없이 많이 내리는 비.

뚱딴지같다 너무나도 엉뚱한 일이란 뜻.

뛰기 잘하는 염소는 울타리에 부딪친다 함부로 날뛰었다가는 결국 난처한 경우를 당하게 된다는 뜻.

뛰기는 역마(驛馬)가 뛰고 먹기는 파발꾼이 먹는다

〈뜬 솥도 달면 힘들다〉

(비) 재주는 곰이 하고 돈은 되놈이 받는다. ★역마 : 각 역참(驛站)에 갖추어 둔 말. ★파발꾼 : 조선조 때 각 역참에 딸리어 공문을 가지고 역참 사이를 나르던 사람.

뛰기는 파발 말이 뛰고 먹기는 파발꾼이 먹는다 (비) 재주는 곰이 하고 돈은 되놈이 받는다. ★파발 말 : 조선조 때 공무(公務)로 급히 가는 사람이 타는 말.

뛰는 놈 위에 나는 놈이 있다 (비) 기는 놈 위에 나는 놈 있다.

뛰는 놈이 낙상(落傷)도 한다 의욕적으로 일하는 사람이라야 실패도 할 수 있다는 뜻.

뛰는 놈이 있으면 나는 놈이 있다 (비) 기는 놈 위에 나는 놈 있다.

뛰는 토끼 잡으려다가 잡은 토끼 놓았다 너무 욕심을 부려 무엇이나 다 차지하려고 하다가는 도리어 미리 이룬 일까지 망쳐서 아무것도 성취하지 못한다는 말. (비) 가는 토끼 잡으려다가 잡은 토끼 놓았다.

뛰도 걷도 못 한다 이렇게도 저렇게도 할 수 없는 매우 난처한 처지에 빠져 옴싹달싹을 못한다는 말.

뛰면 벼룩이요. 날면 파리 벼룩과 파리는 가장 귀찮고 미운 존재라는 뜻으로, 제 뜻에 맞지 않는 사람은 무슨 짓을 하더라도 밉게만 보인다는 말.

뛰어가는 것이 아니라 굴러간다 뚱뚱한 사람이 뛰어간다는 말.

뛰어 보았자 부처님 손바닥 도망쳐 보았자 벗어날 수 없음을 나타내는 말.

뛰어야 벼룩 도망쳐 보았자 별 수 없다는 뜻. (비) 뛰어 봤자 벼룩.

뜨거운 것도 목구멍에만 넘어가면 모른다 고생스러운 일도 그 고비만 넘기고 나면 모르게 된다는 말.

뜨거운 국에 맛 모른다 사리를 알지 못하고 날뛰거나 혹은 무턱대고 행동하는 사람을 가리키는 말. (비) 끓는 국에 맛 모른다.

뜨거운 물에 덴 놈 숭늉 보고도 놀란다 (비) 자라보고 놀란 가슴 솥뚜껑(소댕) 보고 놀란다.

뜨겁기는 박태보(朴泰輔)가 살았을라고 뜨겁기는 하지만 참으라는 말. ★박태보 : 1654(효종 5)~1689(숙종 15). 급제—21세 1675년(숙종 1) 사마시에 합격, 생원—23세 1677년(숙종 3) 알성시(謁聖試) 갑과1(甲科1), 암행어사 연보—예조좌랑을 지내다 유배—1680년, 부수찬·수찬·부교.

뜨고도 못 보는 당달봉사 무식하여 전혀 글을 못 본다는 뜻.

뜨는 소도 부리기에 달렸다 나쁜 사람도 교육을 잘 시키면 착하게 만들 수 있다는 뜻.

뜨물로 된 놈이다 정액으로 된 놈이 아니고 뜨물로 된 사람이라 사람 구실 못하는 어리석은 사람이란 뜻.

뜨물 먹고 주정한다 (비) 냉수 먹고 주정한다.

뜨물 먹고 트림한다 1.공연히 취한 체하고 건성으로 부리는 주정. 2.이치에 당치 않는 생억지를 장난으로 이름.

뜨물 먹은 당나귀 청 발음이 정확하지 않고 컬컬하게 쉰 목소리를 놀림조로 이르는 말.

뜨물에도 아이가 든다 일이 여러 날 늦어지기는 하지만 반드시 이루어지는 것을 비유적으로 이르는 말.

뜨물에 빠진 바퀴 눈 같다 정신이 밝지 못하여 흐리멍덩한 눈을 비유적으로 이르는 말.

뜨물에 튀한 놈 정신상태가 흐리멍덩하다는 말. ★튀하다 : 새나 짐승의 털을 뽑기 위하여 끓는 물에 잠깐 담겼다가 꺼내다.

뜬구름 잡는다 가망도 없는 허망한 꿈만 꾸는 것을 두고 하는 말,

뜬금없는 소리 너무 갑작스레 뚱딴지 같은 소리를 두고 하는 말.

뜬 소 울 넘는다 평소에 동작이 느린 사람이 뜻밖에 장한 일을 이루는 경우를 이르는 말

뜬 솥도 달면 힘들다 성미가 느리고 무던해 보이는 사람도 한 번 성나면 무섭다. (비) 뜬쇠도 달면 어렵다. 느린 소도 성별 적이 있다. ★뜬쇠 : 남사당놀이에서, 각 놀이 분야의 우두머리.

〈뜬쇠도 달면 어렵다〉

뜬쇠도 달면 어렵다 (비) 뜬 솥도 달면 힘들다.
뜬 잎은 떼 주워야 속잎이 자란다 발전(發展)에 장애가 되는 요소는 제거해버려야 한다는 뜻.
뜸 단지를 붙였나 어느 한 자리에 늘어붙어 꼼짝도 아니하고 가만히 있다는 말. (비) 된장에 풋고추 박히듯.
　★뜸 단지 : 부스럼에 피고름을 빨아내려고 부항(附缸)을 붙이는 데 쓰는 자그마한 단지.
뜸들이다 일을 하다가 쉬기 위해서나 또는 그 일을 완전무결하게 하려고 잠시 그 일을 중단한단 말.
뜸이 들었다 성숙기(成熟期)에 들어섰다는 뜻.
뜻과 같이 되니까 입맛이 변해진다 1.오래 바라던 것이 이루어지니까 벌써 싫증을 느끼게 됨을 비유적으로 이르는 말. 2.일이 뜻대로 잘 되어 아주 기뻐한 나머지 입맛이 없어짐을 이름.
뜻은 씨앗이고 행동은 열매다 뜻은 씨앗과 같이 무럭무럭 자라게 되는데 여기에 무수한 노력이 뒤따라야 결국에는 열매도 열리게 된다는 뜻.
뜻이 있는 사람이라야 일도 성취한다 뜻을 세우지 않고 계획성 없이 일하면 목적이 없이 일하게 되므로 일이 성사되지 않는다는 의미.
뜻있는 사람은 고심이 많다 큰 뜻 가지고 있는 사람은 그 일을 성사시키기 위해 밤낮없이 걱정근심을 하게 된다는 의미.
띄엄띄엄 걸어도 황소걸음 1.나아가는 속도는 느리나 그것이 오히려 믿음직스럽다는 말. 2.큰 사람이 하는 일은 속도가 느리고 더디도 그것은 큰 것이며 속이 알찬 것이란 뜻. (비) 드문드문(느릿느릿) 걸어도 황소걸음.
띠가 성하면 길도 막힌다 비록 조그마한 것이라도 많아지고 번창하게 되면 당하기 어렵다는 뜻.

ㅁ

마계(馬契) 말 나이 이미 늙었으나 교태부리는 여인을 이름. ★마계 : 옛날 말을 세 주던 일을 업으로 삼는 계.

마고(麻姑) 할머니가 가려운 데 긁어주듯 한다 (비) 가려운 곳을 긁어주듯. ★마고 : 중국의 옛적 선녀의 이름.

마구 뚫은 창구멍 무슨 질서도 순서도 없이 되는 대로 함부로 하는 행동을 이름.

마누라 귀여우면 처가 쇠말뚝 보고도 절한다 아내가 사랑스럽고 소중한 마음이 생기면 처가의 것은 무엇이나 다 사랑스러워진다는 뜻.

마누라 여럿 둔 사나이 늙으면 홀아비 된다 욕심을 부려 여러 가지를 다 참견하다가는 어느 하나도 제대로 성공하지 못한다는 말.

마누라 자랑은 말아도 병자랑은 허랬다 마누라 자랑은 팔불출에 속해서 남들에게 비웃음을 사지만 병은 자랑해야 고칠 수 있기에 누구에게나 알려야 하는 말.

마누라 자랑은 팔불출(八不出)의 하나다 자기 아내를 자랑하는 것은 여덟 가지 못난 짓 중에 하나라는 말. ★팔불출 : 열 달을 채 못 채우고 여덟 달 만에 나왔다는 뜻으로, 몹시 어리석은 사람을 조롱하여 이르는 말.

마당삼을 캐었다 삼을 캐려면 깊은 산중에 들어가 애써야 하나 마당에서 캐었으니 힘들이지 않고 무슨 일을 쉽게 성공하였을 때 이르는 말.

마당이 환하면 비가 오고, 계집 뒤가 반지르르하면 애가 든다 아이 어머니의 쇠약했던 몸이 다시 회복되고 몸매가 반지르르하게 되면 또 아이를 가지게 된다는 말.

마당 터진 데 솔뿌리 걱정 한다 사건이 벌어졌을 때 당치 않는 탁상공론(卓上空論)으로 이것을 수습할 때를 이름. (비) 뒷집 마당 벌어진 데 솔뿌리 걱정 한다. 한데 앉아서 음지 걱정한다.

마디에 옹이 1.어려운 일이 겹쳤다는 말. 2. 일이 공교롭게도 잘 안 된다는 뜻. (비) 고비에 인삼. 기침에 재채기. 하품에 폐기. 하품에 딸꾹질. 눈 위에 서리 친다. ★옹이 : 나무의 몸에 박힌 나뭇가지의 그루터기.

마뜩찮은 놈이 노비(路費) 달란다 마음에 들지 않게 구는 사람이 도리어 당당하게 무엇을 요구한다는 뜻. ★노비 : 길을 떠나는 데 드는 비용. 노자(路資).

마루가 높으면 천장이 낮아진다 1.높은 것이 있으면 낮은 것도 있다는 뜻. 2.하나가 좋으면 하나는 나쁘다는 뜻.

마루 구멍(밑)에 볕 들 날 있다 1.기다리노라면 마침내 일이 이루어지는 날이 오고야 만다는 뜻. 2.언제나 괴로운 처지에 있는 사람도 혹 좋은 시기를 만날 수 있다는 말. (비) 쥐 구멍에도 볕 들 날이 있다. 응달에도 볕 들 날이 있다. 개똥밭에도 이슬 내릴 날이 있다.

마루 넘은 수레 내려가기 사물의 진행 속도나 형세가

〈 마루 디딘 놈이 안방 못 들어갈까 〉

걷잡을 수 없이 매우 빠름을 말함.

마루 디딘 놈이 안방 못 들어갈까 일을 거의 다 이루게 되었으니 끝까지 아니 할 리가 없다는 듯.

마루를 빌리니 안방까지 빌리란다 사정을 보아주었더니 욕심이 많아 염치없는 짓을 한다는 말. (비) 봉당(封堂)을 빌려주니 안방까지 달란다.

마루 문전에 돌아앉아 키질하면 집안 망한다 마루방의 문전에는 집을 지키는 신이 있다는 믿음에서. 문전을 향해 키질하면 그 신을 집 밖으로 내쫓는 격이 됨을 경계하여 이르는 말.

마루 아래 강아지가 웃을 노릇 도무지 이치(理致)에 닿지 않는 말이나 기가 막힐 지경이라고 할 때를 이름. (비) 냉수에 이 부러질 노릇(일). 삶아도 잇 금도 안 들어간다. 삶은 무에 이 안 들 소리. 애호박 삼 년을 삶아도 잇 금도 안 들어간다. 여드레 삶은 호박에 도래송곳 안 들어갈 말. 여드레 삶은 호박에 이 안 들 소리. 익은 밥 먹고 선소리한다. 죽은 고양이가 산 고양이 보고 야옹 한다. 찬물 먹고 냉돌방에서 땀 낸다.

마른 나무가 봄을 만났다 고생 끝에 영화(榮華)를 얻게 되었다는 뜻. (비) 마른 나무에 새싹이 돋는다. 죽은 나무에 꽃이 핀다.

마른 나무가 잘 탄다 일정한 일엔 그기에 알맞게 된 것이 적격이란 말.

마른 나무 꺾기. 마른 나무 꺾어 잎 털기 (비) 누워 떡 먹기.

마른 나무를 태우면 생나무도 탄다 안 되는 일도 대세를 타면 될 수 있다는 말.

마른 나무에 꽃이 피랴 가망이 없어진 일에 더는 희망을 품지 말라는 뜻.

마른 나무에 물 날까 1.분명 없을 때 가서 내 놓으라고 억지를 부린다는 말. 2.원인 없는 데서 결과가 이루어질 수 없음. (비) 마른 나무에 물 짜기.

마른 나무에 물이 난다 죽게 되었던 사람이 되살아난다는 뜻. (비) 마른 버드나무에 싹이 튼다.

마른 나무에서 물 짜기 터무니없이 억지를 부림을 일컫는 말.

마른 나무에 좀 먹듯 1.시원스럽게 고칠 수 없는 병을 알고 몸이 시들시들 쇠약해짐을 이름. 2.많은 재산이 푸슬푸슬 헤프게 없어져 간다는 말.

마른 날에 벼락 맞는다 (비) 자다가 벼락을 맞았다.

마른 논에 물 대기 마른 논에 물이 많이 필요하듯이 밑천이 많이 든다는 말.

마른 놈 따라 굶는다 남이 무엇을 하니 자기도 따라 흉내를 낸다는 뜻. (비) 산이 우니 돌이 운다.

마른 땅 진 땅 다 다녔다 갖은 고락(苦樂)을 체험해 봤기에 세상 물정에 밝다는 뜻.

마른 말은 꼬리가 길다 마르고 여위면 같은 것이라도 더 길게 보인다는 뜻으로, 정황에 따라 같은 것도 다르게 보일 수 있다는 말.

마른 말이 집 탐한다 (비) 개미가 객사 기둥을 건드린다.

마른 버드나무에 싹이 튼다 1.죽게 된 사람이 되살아난다는 뜻. 2.패가했던 사람이 다시 부유하게 살게 되었다는 뜻. (비) 마른 나무에 물이 난다.

마른이 죽이듯 무슨 일이든지 곰상스럽게 매우 간간히 하는 것을 비유적으로 이르는 말.

마른하늘에 날벼락 맞는다 뜻하지 않게 큰 재앙을 받는다는 뜻. 큰 죄를 지어 반드시 벌을 받을 것이란 말. (비) 마른 날에 벼락 맞는다.

마름쇠도 삼킬 놈 남의 것이라면 무엇이나 빼앗아 가는 사람을 이름. (비) 콩 반쪽이라도 남의 것이라면 손 내민다. ★마름쇠 : 능철(菱鐵). 적군이나 도둑을 막는 데 쓰인 끝이 날카롭고 몇 갈래가 지도록 마름 모양의 무쇠로 만든 물건.

마마 그릇 되듯 천연두가 악화하듯 하였다 함이니. 좋지 않은 징조가 보인다는 뜻. (비) 염병에 까마귀 울음. 돌림병에 까마귀 울음. 식전 마수걸이에 까마귀 우는 소리. 역질에 흑함 되듯.

마마 손님 배송(拜送)하듯 천연두를 앓은 지 열사흘 만에 두신(痘神)을 전송하듯이 행여나 가지 않을까 염려하여 그저 다칠세라 잘 보내기만 한다는 말. (비) 별성마마(別星媽媽) 배송하듯. ★마마 손님 : 손님 혹은 호구라고도 함. 천연두를 관장하는 신(神).

마방(馬房) 집이 망하려면 당나귀만 들어온다 사업과는 관계없는 잡것만 끼어들어서 일이 잘 안 된다는 말. (비) 어장이 안 되려면 해파리만 쓸어 든다. 여각이 망하려면 당나귀만 든다. 마판이 안 되려면 당나귀 새끼만 모여 든다. 객주가 망하려면 짚단만 들어온다. ★마방 : 마구간을 갖춘 주막집.

마소의 새끼는 시골로 보내고 사람의 새끼는 서울로 보내라 (비) 사람은 태어나서 서울로 보내고 망아지는 제주로 보내라.

마음도 하나 가는 길도 하나 일심(一心)으로 한 가지 목적을 향해 전력투구한다는 의미.

마음먹기에 달렸다 마음을 단단하게 먹으면 단단해지고 약하게 먹으면 곧 약해진다는 뜻.

마음씨가 고우면 옷 앞섶이 아문다 고운 마음씨는 그 사람의 겉모양에도 나타난다는 말.

마음 없는 염불 마음에 없는 일을 마지못해 함을 이르는 말.

마음에 없으면 보이지도 않는다 무엇에나 관심이 없으면 아무렇지도 않다는 말. (비) 마음에 있어야 꿈을 꾸지.

마음에 있어야 꿈을 꾸지 생각이 없으면 꿈도 안 꾸어진다는 말. (비) 마음에 없으면 보이지도 않는다.

마음은 걸걸해도 왕골자리에 똥 싼다 말로는 잘난 체 큰소리를 하나 실제론 못난 짓만 한다는 뜻.

마음은 굴뚝같다 속으로는 하고 싶은 마음이 간절하다는 뜻.

마음은 작고 뜻은 커야 한다 뜻은 원대해야 하고 뜻을 이루기 위한 계획은 치밀해야 한다는 뜻.

마음은 좋은데 이웃집 불보고 춤춘다 겉으론 마음이 좋은 것 같지만 사물에 대한 분별력이 없다는 말.

마음은 호랑이와 같고 행동은 짐승과 같다 항상 마음씨나 그 행동이 짐승과 같기에 사람답지 못하다는 뜻.

마음을 고치면 얼굴도 달라진다 마음도 겉으로 나타나기에 올바르게 고치게 되면 외모로 나타나므로 표정도 달라진다는 뜻.

마음을 서로 툭 털어놓는다 마음이 통하게 되면 마음속에 간직하고 있던 비밀 모두 털어놓고 서로 상의하게 된단 말.

마음을 잘 가지면 죽어도 옳은 귀신이 된다 언제나 착한 마음씨를 지니고 살면 죽어도 유감 됨이 없다는 말. (비) 마음 한 번 잘 먹으면 북두칠성이 굽어보신다.

마음이 가벼우면 발걸음도 가볍다 기분이 좋은 사람은 누구든지 걸음걸이부터 가벼워진다는 의미. (비) 마음이 즐거우면 발도 가볍다.

마음이 가벼우면 병도 가볍다 마음이 편하고 고치려고 하는 의지도 확고해야 병도 고칠 수 있다는 뜻.

마음이 굴왕신(屈柱神)같다 마음속으론 몹시 하고 싶지만, 상황이 여의치 않아서 속이 탄다는 말. ★굴왕신 : 무덤을 지키는 귀신. 찌들고 낡아 몹시 더럽고 흉하다.

마음이 너그러우면 몸도 편하다 마음을 너그럽게 먹으면 근심 걱정이 없기에 몸도 편해질 수 있다는 말.

마음이 맑으면 꿈자리도 편하다 마음이 편하고 안정된 사람은 잠을 잘 때도 아무런 걱정 없이 편하게 잘 수 있다는 말.

마음이 맞으면 삶은 도토리 한 알을 가지고도 시장 멈춤을 한다 아무리 가난하더라도 마음이 맞으면 모든 역경을 극복할 수 있다는 말. (비) 의가 좋은 세 어이 딸이 도토리 한 알을 먹어도 시장 멈춤을 한다.

마음이 변하면 죽는다 사람이 살다가 죽을 때가 되면 마음이 변하여 엉뚱한 행동을 하게 된다는 의미.

마음이 부드럽고 약하면 아첨하게 된다 마음이 나약한 사람은 그만큼 독립심이 약하기에 남에게 의존하려는 수단으로 아첨하게 된다는 뜻.

마음이 팔자 마음을 잘 먹으면 팔자도 좋아지고 운수도 따르지만, 마음을 잘못 먹으면 그 마음에 비례해서 팔자도 나쁘게 된다는 의미.

〈마음이 편해야 오래 산다〉

마음이 편해야 오래 산다 장수하려면 건강도 좋아야지만 마음도 안정되고 편한 상태를 유지해야 한다는 의미.

마음이 풀어지면 하는 일이 가볍다 근심 걱정이 사라지면 어려운 일도 힘들지 않고 쉽게 할 수 있게 된다는 말.

마음이 화합하면 부처도 곤다 여러 사람의 마음이 서로 화합하면 어떤 어려운 일이라도 이룰 수 있다는 말. (비) 의논이 맞으면 부처도 앙군다.

마음이 흔들비쭉이라 감정에 따라 주견(主見)없이 행동하는 사람을 이름. ★흔들비쭉 : 변덕스러워 걸핏하면 성질을 내거나 심술을 부리는 사람.

마음잡아 개장사라 1.개장사는 오래 두고 할 장사가 아니므로 방탕하던 사람의 일시적인 안정 상태를 두고 이르는 말. 2.방탕하던 사람이 마음을 다잡아 생업(生業)을 하게 되었으나 결국은 그것도 오랫동안 가지 못할 것이란 말.

마음 좋은 여편네 동네에 시아비가 열이라 1.정조 관념이 희박한 여자를 비웃어 이르는 말. 2.일정한 주견이 없이 남을 덩달아 쫓아가는 사람을 두고 하는 말.

마음처럼 간사한 것은 없다 마음이란 이해관계에 따라 간사스럽게 변하는 것이라는 것. (비) 사람처럼 간사한 건 없다.

마음 한번 잘 먹으면 북두칠성이 굽어보신다 마음을 바르게 쓰면 하늘도 감동해서 보살펴준다는 말. (비) 마음을 잘 가지면 죽어도 옳은 귀신이 된다.

마이동풍(馬耳東風) 남의 비평이나 의견을 귀담아 듣지 않고 곧 흘려버림을 일컫는 말. ★마이동풍 : 말의 귀에 동풍이 불어도 말은 아랑곳하지 않는다는 뜻으로, '남의 말에 귀 기울이지 않고 그냥 지나쳐 흘려버림'을 이르는 말.

마장이 놀 듯 한다 늘 빨래만 하고 산다는 말.

마지막 담배 한 대는 기생첩도 안 준다 마지막 남은 한 대의 담배는 남 주기가 매우 아까움을 이름.

마지못한 인사는 반갑지 않다 마음에 우러나오지 않는 인사는 조금도 반가울 것이 없다는 뜻. (비) 마지못한 친절은 고맙지도 않다.

마치가 가벼우면 못이 솟는다 윗사람이 엄격하지 못하면 아랫사람이 순종하지 않고 도리어 반항한다는 말. (비) 방망이가 가벼우면 주름이 잡힌다.

마차가 빨라도 소문만치 빠르지 못하다 소문은 말이 끄는 마차보다도 더 빠르게 퍼진다는 말.

마파람에 게눈 감듯 (비) 두꺼비 파리 잡아먹듯.

마파람에 곡식이 혀를 빼 물고 자란다 가을 오려고 남풍 불기 시작하면 모든 곡식은 놀랄 만큼 빨리 자라서 익어 간다는 말.

마파람에 돼지 불알 놀 듯 아무런 구속도 당하지 않는 사람이 경솔하게 흔들흔들하는 모양을 비유적으로 이르는 말.

마파람에 호박 꼭지 떨어진다 남쪽 바람을 맞아 호박꼭지가 떨어진다는 뜻으로, 무슨 일이 크게 어려운 일이 아닌데도 그 첫 시작부터 방해를 받고 그릇된다는 말. (비) 온면 먹은 제부터 그르다.

마판이 안 되려면 당나귀 새끼만 모인다 (비) 객주가 망하려니 짚단만 들어온다.

막간 어미 애 핑계 늘 이러니저러니 핑계가 많음을 일컫는 뜻. ★막간 : 행랑.

막걸리 거르려다 지게미도 못 건진다 큰 이익을 보려다가 도리어 손해만 보았다는 말. ★지게미 : 술을 거르고 남은 찌꺼기.

막내 딸 시집보내려면 내가 가지 막내딸 시집보내는 어머니의 애석한 마음을 나타낸 말.

막내아들이 첫 아들 1.단 하나밖에 없는 것을 하는 말. 2.여러 개 중에서 제일 나중 것이 가장 좋다는 말.

막다른 골목 더 이상 어찌할 수 없는 절박한 지경을 이르는 말.

막다른 골목이 되면 돌아선다 일이 막다른 지경에 이르면 자연히 살 계교가 생긴다는 말.

막다른 골목에 든 강아지 호랑이를 문다 최악에 이르게 되면 발악하는 심정으로 분별없이 행동하게 된다는 것을 비유적으로 이르는 말.

막다른 골목으로 쫓긴 짐승이 개구멍을 찾아 헤매듯 일이 궁극의 지경에 다다르면 또 다른 계교가 생긴다는 말.

막대 잃은 장님 의지할 곳을 잃고 꼼짝 못하게 된 처지를 일컬음.

막둥이 씨름하듯 힘이 비슷하여 서로 낫고 못함이 없음을 이르는 말.

막둥이 음석 받듯 이런 말 저런 말 다 하여도 하는 대로 두어 둠을 일컫는 말.

막술에 목이 멘다 일이 잘되어 가다가 마지막 단계에서 탈이 난다는 뜻.

막역한 사이 서로 흉허물 없이 사귀어 온 관계로 마음이 맞는 친한 사이라는 의미.

막 털(들)고 나선 판 실패하여 도저히 재기할 수 없기에 가진 것은 모두 다 정리하고 빈털터리가 되었다는 말.

만 가지에 하나도 실수가 없다 항상 일을 치밀하게 계획해서 추진해나갔기에 무슨 일이나 한 번도 실수하는 일이 없다는 말.

만건곤(滿乾坤)하다 천지가 가득 참을 이름. ★만건곤 : 하늘과 땅 그리고 우주라는 의미.

만경창파(萬頃蒼波)이다 한없이 넓고 넓은 바다란 뜻. ★만경창파 : 끝이 보이지 않을 정도로 너른 바다.

만고미인(萬古美色)이다 세상에서 비길 데가 없는 미인을 하는 말. ★만고미인 : 만고절색(萬古絕色). 고금에 예가 없이 뛰어난 미색. 미인.

만고풍상(萬古風霜) 더 겪었다 오랜 동안 살아오면서 갖가지 고생을 다 겪었다는 말. (비) 밤송이 우엉 송이 다 밟았다. 밤송이 우엉 송이에 다 찔려보았다. ★만고풍상 : 오랜 세월이 지나는 동안 겪어 온 온갖 고난이나 고통.

만나자 이별 만나자마자 곧 헤어짐을 이르는 말. 뇌봉전별(雷逢電別).

만날 땡그렁이라 살림이 넉넉하여 걱정이 없고 의식(衣食)이 풍성하여 언제나 좋다는 말.

만 냥의 돈인들 무슨 소용이냐 1.돈이 많다고 한들 실제로 자기가 가지고 있는 것이 아니면 소용이 없다는 말. 2.아무리 좋고 훌륭한 것이라도 제가 가질 수 없는 것이라면 말할 필요가 없다는 말.

만년 뒤뿔치기다 평생을 두고 자립하지 못하고 남의 밑에서 지시만 받고 고생만 한다는 말.

만득(晩得)이 북 짊어지듯 등에 짊어진 짐이 부피가 크며 둥글며 보기에 매우 거북해 보이는 모양이란 말. ★만득이 : 자신을 끈질기게 쫓아다니는 천연계 헤로인인 처녀귀신을 싫어한다. 사악하게 골려 먹는 내용도 상당수 보이지만 대다수의 내용에서 지겹게 쫓겨 다닌다.

만 리 길도 한 걸음으로 시작 된다 아무리 큰일이라도 처음에는 조그마한 일에서 시작된다는 말. 어떤 일이든지 맨 처음이 중요하다는 말. (비) 첫 단추를 잘 끼워야 한다.

만리장성을 써 보낸다 편지를 길게 써 보냄을 말함.

만만찮기는 사돈집 안방 편하지 못하고 거북함을 일컫는 말. (비) 사돈네 안방 같다.

만만한 년은 제 서방 굿도 못 본다 사람이 변변치 못하면 응당 제가 차지해야 할 것까지도 못 잡고 놓치게 된다는 뜻.

만만한 년은 제 서방도 못 데리고 잔다 (비) 만만한 년은 제 서방 굿도 못 본다.

만만한 놈만 볼기 맞는다 여럿이 일을 저질렀을 때 그 중엔 힘없고 만만하게 보인 사람만 잡혀가서 매 맞게 된다는 말.

만만한 데 말뚝 박는다 세력이 없는 사람을 업신여기고 호되게 구박한다는 뜻. (비) 태산으로 달걀 누른다.

만 번 죽어도 아깝지 않다 그 죄과가 크기에 만 번 죽어도 아까울 게 없다는 말. (비) 만 번 죽어도 오히려 죄가 남는다.

만복장자(萬福長者) 여러 가지 복을 다 가지고 있을 뿐 아니라 돈도 많아서 행복하게 살아갈 수 있는 사람

⟨ 만사(萬事)는 불여(不如)튼튼이라 ⟩

이라는 뜻.

만사(萬事)는 불여(不如)튼튼이라 무슨 일이나 사전부터 튼튼히 해놓는 것이 가장 좋다는 말. (비) 매사는 불여튼튼이라.

만수받이 온갖 번거로움도 귀찮게 여기지 않고 좋게 잘 받아주는 사람을 이름.

만수산에 구름 모이듯 무엇이 많이 모임을 이름.

만에 하나도 틀림이 없다 만 가지 중 하나도 틀리는 일이 없을 정도로 정확하다는 뜻. (비) 한번도 실수가 없다.

만장판에는 어디나 후레자식이 있다 여럿 모인 곳에는 어디나 못된 사람이 하나씩 섞여 있게 마련이라는 뜻.

만진(萬塵) 중의 외 장수 아무것도 나지 않고 먼지만 있는 속의 외 장수라 함이니, 매우 귀하고도 소중한 것이란 뜻. (비) 외눈의 부처. 열 소경의 한 막대. 열 소경의 한 막대요 팔 대군의 일 옹주. 겨울내 털 옷 여름의 갈포옷.

많아도 탈 적어도 병 너무 많아 주체할 수 없을 정도가 되어도 곤란하고, 너무 부족해도 곤란하듯이 많아서도 안 되고 적어서도 안 된다는 말.

많은 밥에 침 뱉기 매우 심술 사나운 짓에 버릇없는 행동을 이르는 말. (비) 잦힌 밥에 흙 퍼붓기.

많을수록 더욱 많아진다 새끼가 새끼를 낳고 이자가 이자를 낳게 되므로 많으면 많을수록 더욱 많아지게 되기 마련이라는 말.

많이 먹는 사람은 수명이 짧다 소식(小食)이 장수의 비결처럼, 폭음 폭식을 하면 소화기관에 무리를 주어서 오래 살 수 없다는 말.

많이 먹으면 망주 적게 먹으면 약주 술을 많이 마시면 망신을 당하게 되고 적당히 마시면 몸에 좋다는 의미.

많이 아는 사람은 아는 척하지 않는다 아는 것이 많을수록 거의 꼭 필요할 때만 말하고 평소엔 침묵을 지킨다는 뜻. (비) 많이 아는 사람은 말이 적다.

맏며느리가 없으면 둘째 며느리가 큰며느리 노릇 한다 어떤 일을 맡고 하던 사람이 없어지게 되면 그 다음 자리에 있는 사람이 그 일을 맡고 행세하게 된다는 말. (비) 시어미가 죽으면 며느리가 시어미 노릇 한다. 시어미가 죽으면 안방이 내 차지.

맏며느리가 외출이 잦으면 집안이 망한다 옛날엔 맏며느리가 살림을 책임지고 했기 때문에 외출이 잦으면 집안 살림이 제대로 안 된다는 데서 나온 말.

맏며느리 손 큰 것 (비) 계집 입 싼 것.

맏딸은 세간 밑천이다 맏딸은 시집가기 전까지 집안 살림을 도와주기 때문에 밑천이 된다는 뜻.

말 갈 데 소 갈 데 다 다녔다 온갖 곳을 다 다녔다는 말.

말 갈 데 소(도) 간다 1.아니 깔 때를 간다. 2.남이 할 수 있는 일이면 나도 할 수 있다는 말. (비) 잰 말이 성내 가면 뜬 말도 도그내 간다.

말고기 다 먹고 무슨 냄새 난다 한다 (비) 말 한 마리 다 먹고 말 괴 냄새난다고 한다.

말고기 자반 술에 취하여 얼굴이 붉은 사람을 비웃는 말. (비) 선짓국 먹고 발등거리를 하였다. 주토(朱土) 광대를 그렸다. ★발등거리 : 임시로 쓰기 위해서 대충 엮어 만든 등(燈) 바구니

말과 사슴을 구별하지 못한다

(비) 동쪽인지 서쪽인지 구별하지 못한다.

말(연설)과 여자 치마는 짧으면 짧을수록 좋다 말의 중요성을 우회적으로 표현한 것으로, 생활에서 변명을 일삼는 사람은 대체적으로 말이 길뿐만 아니라, 말과 행동이 다른 사람이 변명으로 덮으려고 말이 길어짐을 뜻함이다. 생각(思)을 조심하라. 왜냐하면 그것은 말이 되기 때문이다. 말(言)을 조심하라. 왜냐하면 그것은 행동이 되기 때문이다. 행동(動)을 조심하라. 왜냐하면 그것은 습관이 되기 때문이다. 습관(習慣)을 조심하라. 왜냐하면 그것은 인격이 되기 때문이다. 인격(人格)을 조심하라. 왜냐하면 그것은 인생이 되기 때문이다. 즉, 생각이 바뀌면 태도가 바뀌고, 태도가 바뀌면 행동이 바뀌고, 행동이 바뀌면 인격이 바뀌고, 인격이 바뀌면 운명이 바뀐다. 생각은 인생의 소금이다. 음식을

〈말로는 쉽고 행동은 어렵다〉

먹기 전에 간을 보듯, 말과 행동을 하기 전에 먼저 생각하라. (비) 말 한마디에 천 냥 빚을 갚는다. 말 한마디에 천 금이 오르내린다. 일언중천금(一言重千金), 삼사일언(三思一言), 구사일언(九思一言).

말괄량이 솥 가시듯 소란스럽게 군다는 뜻. (비) 말괄량이 설거지하듯.

말귀에 동풍(東風) 스치듯 (비) 개가 똥을 마다한다.

말 귀에 염불 아무 소용없는 수고를 이르는 말. (비) 쇠귀에 경 읽기. 쇠코에 경 읽기. 소한테 염불.

말꼬리에 파리가 천 리 간다 남의 세력에 의지하여 기운을 폄을 비유적으로 이르는 말.

말 다하고 죽은 무덤 없다 자기 하고 싶은 말을 다하고 죽은 사람 없기에 말을 참는 것이 당연하다는 말. (비) 말 다하고 죽은 귀신 없다.

말 단 집에 장 단 법 없다 (비) 말 단 집에 장이 곤다.

말 단 집에 장이 곤다 1.말로만 좋은 듯이 이야기하나 실속은 나쁘다는 뜻. 2.말이 많고 시비를 가리기 좋아하는 집은 불화하여 모든 일이 제대로 않는다는 말. (비) 말 많은 집은 장맛도 쓰다. 말 단 집에 장 단 법 없다. 말 많은 집은 장맛도 변한다.

말대가리 설삶아 놓은 것 같다 사람이 부드러운 데가 없이 딱딱하기만 하다는 말.

말 대가리 쇠뿔 (비) 가게 기둥에 입춘.

말도 많고 탈도 많다 어떤 일이 진행되거나 추진하는 과정에 이렇고 저렇고 따지어, 일의 실마리가 풀리지 않게 우왕좌왕하여 어려움에 처해 있을 때 반박이나 핀잔을 주며 하는 말.

말도 부끄러우면 땀을 흘린다 동물도 부끄러운 줄을 아는데 하물며 사람이 부끄러워할 줄을 몰라서야 하겠느냐는 말.

말도 사촌까지 상피(相避)를 본다 친척간의 음행을 경계함을 이르는 말. ★상피 : 가까운 친척의 남녀가 성적(性的)으로 관계를 맺는 일.

말도 아니고 노새도 아니다 이것도 저것도 아니고 아무짝에 쓸모가 없다는 말.

말도 용마(龍馬)라면 좋아한다 존대(尊待)해 주면 상대방이 매우 좋아한다는 말. (비) 범도 대호(大虎)라면 좋아한다. 소도 대우(大牛)라면 좋아한다. ★용마 : 용같이 생겼다는 상상의 말. 중국 복희씨(伏羲氏) 때 황하(黃河)에서 팔괘(八卦)를 등에 싣고 나왔다고 한다. 매우 잘 달리는 훌륭한 말을 비유적으로 이르는 말.

말똥도 모르고 마의(馬醫) 노릇 한다 말에 대해 아무것도 모르는 사람이 마의를 한다는 뜻으로 어떤 일에 대해 아무것도 모르면서 그 일을 맡으려 함을 놀림조로 이르는 말. (비) 맥도 모르고 침통 흔든다. 쥐밑도 모르고 은서피 값을 치른다. 자 눈도 모르고 조복 마른다. 적도 모르고 가지 딴다. ★마의 : 예전에 말의 질병을 진찰하거나 치료하는 수의사(獸醫師)를 이르던 말.

말똥도 세 번 굴러야 제자리 선다 무슨 일이나 여러 번 해야 제자리가 잡힌다는 말.

말똥에 굴러도 이승이 좋다 (비) 개똥밭에 굴러도 이승이 좋다.

말똥을 놓아도 손 맛이더라 아무리 재료가 좋지 않아도 음식 맛이란 그것을 만드는 솜씨에 달려 있다는 말.

말똥이 밤알 같으냐 1.못 먹는 것을 먹으려 하는 사람을 놀리는 말. 2.아주 가망성이 없는 것을 바란다는 뜻. (비) 공 간 날이 장날 같으냐. 수수 알이 은단 같으냐. 소똥이 지짐 떡 같으냐.

말뚝도 무른 땅에 박힌다 부드러운 사람과 상대를 해야 이득이 돌아올 수 있다는 뜻.

말뚝을 삶아 먹겠다 태도가 공손하지 못하고 몹시 건방지다는 말.

말 등에 실었던 것을 벼룩 등 위에 실을까 약한 자에게 너무나 무거운 임무를 맡겨선 안 된다는 말.

말로는 못할 말이 없다 실천이나 책임이 따르지 않는 말은 어떤 말이든지 다 할 수 있다는 말.

말로는 쉽고 행동은 어렵다 말하기는 쉽지만 이것을 행동으로 옮기기는 매우 어렵다는 말.

⟨말로 온 공(功)을 갚는다⟩

말로 온 공(功)을 갚는다 (비) 거짓말도 잘만 하면 논 닷 마지기보다 낫다.

말로 온 동리를 다 겪는다 음식으로 온 동리 사람을 다 대접하는 대신 말만으로 대접한다 함이니, 말만으로 때우기 잘하는 사람을 두고 하는 말.

말로 주고 되로 받는다 많이 주고 적게 받아 항상 손해만 보게 된다는 말.

말로 해치는 것이 칼로 해치는 것보다 무섭다 남의 말로 인하여 입은 마음의 상처는 낫기 어려우므로 마음에 상처를 입히는 말을 해서는 안 된다는 뜻. (비) 칼로 찔린 상처는 쉽게 나아도 말에 찔린 상처는 낫기 어렵다.

말만 귀양 보낸다 말을 해도 상대방의 반응이 없으므로 기껏 한 말이 소용없이 됨을 이름.

말만 잘하면 그저도 준다 (비) 말만 잘하면 천 냥 빚도 갚는다.

말만 잘하면 천 냥 빚도 갚는(가린)다 1.말할 때는 늘 조심하라는 뜻. 2.말 잘하는 사람은 처세에 능하다는 말. (비) 말로 온 공을 갚는다. 거짓말도 잘하면 오히려 논 닷 마지보다 낫다. 거짓말이 외삼촌보다 낫다. 천 냥 빚도 말로 갚는다.

말 많은 것은 과붓집 종년 말이 많다는 말.

말 많은(단) 집은 장맛도 쓰다 집안에 잔말이 많으면 살림이 잘 안 된다. 입으로는 그럴듯하게 말하지만 실상은 좋지 못하다는 뜻. (비) 말 단 집에 장 단 법 없다. 말 단 집에 장이 곤다.

말, 말(言)끝에 단장 달란다 말로 상대방의 마음을 사 놓고 자기의 욕심을 채우기 위한 요구를 꺼낸다는 말.

말 머리에 태기(胎氣)가 있다 혼인에 타고 가는 말 머리에 태기 있다 함이니, 무슨 일이나 처음에 좋은 운수가 있단 말.

말 발이 젖어야 잘 산다 혼인날 오히려 약간 비와야 잘 산다는 말이니, 잔치 때 비 오면 모두 싫어하므로 생긴 말.

말보다 딴판이다 소문은 굉장하였는데 실제로 보니까 변변치 못하다는 뜻.

말 뼈다귀 같다 아무짝에도 쓸모가 없다.

말살에 쇠살에 되는 소리 안 되는 소리 할 것 없이 함부로 지껄임을 이름.

말 삼는 소짚신이라 말이 삼은 신을 소가 신는다는 뜻으로, 불가능함을 뜻하는 말.

말 속에 가시(뼈)가 있다 1.말 뒤에는 겉에 드러나지 아니한 숨은 뜻이 있다는 말. 2.상대방에게 듣기 좋게 한 말 같지만 그 말 속엔 날카로운 비난이 섞여 있다는 뜻.

말 속에 말 들었다 말 속에 다른 뜻이 포함되어 있다는 말. (비) 말 속에 가시(뼈)가 있다.

말 안 하면 귀신도 모른다 마음속으로만 애태울 것이 아니라 말을 해야 한다.

말에 값이 있다더냐 밑천이 들지 않는 말이므로 조금만 더 신경 써서 남들에게 친절하게 대하라는 뜻.

말에 밑천 들지 않는다 말하는 데는 돈이 들지 않으므로 말은 친절해야 한다는 말.

말(馬)에 뿔 났다 (비) 간장이 시고 소금에 곰팡이 난다.

말에 실었던 것을 벼룩 등에 싣는다 약한 사람에게 너무나 무거운 짐을 맡긴다는 뜻.

말에 짐을 무겁게 실으면 걷지를 못한다 남에게 일을 시킬 땐 감당하기 어려운 일을 시킬 것이 아니라 그 능력에 알맞은 일을 시켜야 한다는 말.

말 약 먹듯 한다 먹기 싫은 것을 억지로 먹는다는 말.

말 우는 데 말 가고 소우는 데 소 간다 같은 처지에 있는 사람들은 자신들의 어려운 처지를 호소하면 호응하여 더욱 더 단결하게 된다는 뜻.

말 위에 말을 얹는다 곡식 따위를 말로 되어 놓고 또 그 위에 말을 더 얹어댄다 함이니, 욕심이 많은 사람을 일컫는 말.

말은 꾸밀 탓으로 간다 말이란 같은 내용에 대해서 어떻게든지 다르게 이야기할 수 있다는 뜻. (비) 말은 할 탓이라.

말은 꾸밀 탓 일은 할 탓 말과 행동은 자신이 잘하고 못

하는 데 따라 그 결과에 크게 차이가 난다는 의미.

말은 꿀 같고 심보는 칼 같다 겉은 친절한 척 말하지만 속은 음흉스럽게 야심을 품고 있다는 뜻.

말(馬)은 노상 뛸 생각만 한다 사람은 누구나 자기의 본성(本性)대로 하고 싶다는 뜻.

말은 달려봐야 알고 사람은 친해봐야 안다 무슨 일이나 자신이 직접 맞부딪쳐서 체험해 봐야 내용을 잘 알게 된다는 뜻. (비) 말은 타봐야 알고 사람은 사귀어봐야 안다.

말은 못 믿어도 행동은 믿는다 말이 거짓인지 진실인지는 믿기 어렵겠지만 그 사람이 취한 행동은 믿을 수 있다는 뜻.

말은 바른대로 하고 큰 고기는 내 앞에 놓아라 일을 처리하면서 공명정대 하라는 말.

말은 반만 하고 배는 팔 부만 채우랬다 말은 되도록 적어야 실수가 적고 음식은 적당히 먹어야 뒤탈이 없다는 뜻.

말은 보태고 떡은 뗀다 말은 전해갈수록 더 보태어지고, 떡은 이 손 저 손으로 돌아가는 동안에 없어지는 것이라는 말. (비) 말은 보태고 봉송(封送)은 던다. 음식은 갈수록 줄고 말은 갈수록 는다. 말은 할수록 늘고 되질은 할수록 준다.

말은 부처 같고 마음은 뱀 같다 말은 더 할 수 없이 좋은 말만 하지만 속은 독사같이 흉악한 이중성격을 가진 사람이라는 뜻. (비) 말은 부처고 마음은 독사다.

말은 앵무새 말은 잘하면서도 행동은 그렇지 못할 때 편잔주는 말. (비) 말은 청산유수 같다. 말 잘하는 사람은 거짓말도 잘한다.

말은 얻고 안장은 잃었다 한 가지는 얻고 다른 한 가지는 잃어서 일이 잘 이루어지지 않는다는 말.

말은 잘해도 듣기는 서투르다 말솜씨는 능숙하지만 남의 말을 들어주고 이해하는 데는 미숙하다는 의미.

말은 청산유수(青山流水) 같다 말은 앵무새.

말은 콩을 그리워한다 좋아하는 것이 있으면 잊지 않고 항상 그리워한다는 말.

〈말을 주고받으며 옥신각신〉

말은 할수록 늘고 되질은 할수록 준다 말은 퍼질수록 보태어지고, 물건은 옮길수록 줄어든다는 말.
(비) 말은 보태고 떡은 뗀다. 말은 보태고 봉송(封送)은 던다. 음식은 갈수록 줄고 말은 갈수록 는다.

말은 할 탓이라 말은 같은 내용을 가지고 좋게 이야기할 수도 있고 나쁘게 이야기할 수도 있는 것이라 하여 이름. (비) 말은 꾸밀 탓이라.

말은 해야 맛이고 고기는 씹어야 맛이다 마땅히 할 말은 해야 한다는 뜻.

말은 행동보다 쉽고 약속은 실행보다 쉽다 말 그대로 행동으로 옮기기는 쉬운 것이 아니고, 약속 또한 철저히 지키기는 쉽지 않다는 말에서 비롯된 말.

말은 혀를 베는 칼이다 말을 잘못하면 화를 입게 되니, 조심하여야 한다는 말.
(비) 혀 밑에 죽을 말이 있다. 혀 아래 도끼 들었다.

말을 기르는 사람은 닭, 돼지를 돌보지 않는다 큰일을 하는 사람은 작은 일을 돌보지 않는 뜻. (비) 사슴을 쫓는 사람은 토끼를 돌보지 않는다.

말을 낳거든 시골로 보내고 아이를 낳거든 공자(孔子)의 문(門)으로 보내라 아이를 낳거든 학문을 시켜야 한다는 말. ★공자 : 중국 춘추 시대의 사상가·학자(BC 551~BC 479). 이름은 구(丘)이고 자는 중니(中尼)이다. 노(魯)나라 출신으로 육경(六經)을 정리하고 인(仁), 예(禮), 효제(孝悌), 충서(忠恕) 등 윤리 도덕을 가르쳤다. 유교의 개조(開祖)로 일컬어지며 제자들이 그의 언행을 기록한 《논어(論語)》 일곱 권이 있다.

말을 안 하는 것이 약이다 결과적으로 유리하려면 말을 하는 것보다 안 하는 것이 더 낫다는 말.

말을 않으면 귀신도 모른다 말을 않고 잠자코 있으면 귀신도 모르도록 비밀이 보장된다는 말. ⇔ 고기는 씹어야 맛이고 말은 해야 맛이다.

말(言)을 이 잡듯이 한다 조금도 남김없이 상세하게 이야기한다는 뜻. (비) 말은 이 죽이듯 한다.

말을 주고받으며 옥신각신 서로 주장만 고집하면서 옥신각신한다는 말.

〈 말이 고마우면 비지 사러 갔다 두부 사 온다 〉

말이 고마우면 비지 사러 갔다 두부 사 온다 말하는 상대방의 태도가 마음에 들면 그 뜻이 고마워서 제가 예정했던 것보다 훨씬 후하게 해 주게 된다는 뜻. (비) 말이 고마우면 안 줄 것도 준다. ⇔ 말이 미우면 줄 것도 안 준다.

말(馬)이 굴레 벗고 달아난다 (비) 굴레 벗은 말.

말이나 아니면 꿀이나 안 벤다 되지 못하게 심부름만 시키고 일거리만 만들어 내는 사람을 보고 미워하는 말.

말이 달콤하면 진실이 적다 말을 그럴싸하게 하는 사람은 보편적으로 믿음성이 없다는 뜻.

말이 뛰면 굼뜬 소도 간다 아무리 느릿느릿한 사람이라도 일 잘하는 사람과 함께 일하게 되면 자연히 그를 따라가게 된다는 말.

말이란 아(탁) 해 다르고 어(툭) 해 다르다 말이란 같은 내용이라도 표현하는 데 따라서 듣는 뜻이 아주 다르다는 말.

말이 마음이고 마음이 말이다 말이란 마음의 반영이란 뜻으로, 말은 곧 마음이자 사상의 표현이란 것을 이르는 말.

말이 많으면 쓸 말이 적다 말이 많으면 실속 있는 말은 오히려 적다는 뜻. (비) 말이 많으면 실언(失言)이 많다.

말이 말을 만든다 말이란 사람의 입을 옮겨 가는 동안 모르는 사이에 그 내용이 과장되고 변질한다는 뜻.

말이 먹다 남은 콩을 못 잊듯 자기가 하다가 그만둔 일에 미련을 두고 있다는 말. (비) 짝사랑 외기러기.

말이 보증수표(保證手票) 한 번 던진 말은 아주 정확하게 신용이 있다는 뜻.

말(馬)이 삼은 소(牛) 짚신 뒤죽박죽이 되어 못 쓰게 되어 있단 말.

말이 서로 통하지 않는다 서로 이해하는 범위가 달라서 말이 통하지 않는다는 뜻.

말이 씨가(씨앗이) 된다 항상 해 오던 말이 어떤 결과를 가져올 때 그 말이 원인이 된다는 뜻.

말이 아니면 갚지 말라 말답지 않으면 맞서 상대하지 말라는 뜻.

말이 아니면 대답을 말랬다 달갑지 않는 말을 하는 사람과는 아예 상대를 하지 말라는 뜻. (비) 길이 아니거든 가지 말고 말이 아니거든 듣지 마라. 말이 아니면 듣지를 말라.

말이 앞서지 일이 앞서는 사람 본 일 없다 말은 하기는 쉬워도 일은 행동으로 옮기기는 어렵다는 말. (비) 말이야 비단결이다. 말이 헤프면 실행이 없다. 말 헤픈 사람치고 일 잘하는 사람 못 봤다.

말 잃고 외양간 고친다 (비) 도둑맞고 빈지 고친다.
★빈지 : 한 짝씩 끼웠다 떼었다 할 수 있게 만든 문

말 잘하고 징역(懲役) 가랴 (비) 거짓말도 잘만 하면 논 닷 마지기보다 낫다.

말 잘하기는 소진(蘇秦) 장의(張儀)로군 구변(口辯)이 썩 좋은 사람을 이름. (비) 소장의 혀. 소진의 혀. 싸라기밥을 먹어도 말 잘하는 판수다. ★소진, 장의 : 옛 중국 전국시대에 말 잘하기로 유명한 소진과 장의.

말 잘하는 사람은 거짓말도 잘한다 (비) 말은 청산유수 같다.

말 잘해야 변호사인가 짬짜미를 잘해야 변호사지 변호사는 변론만 잘해선 성과를 거둘 수 없으며 판사와 교제를 잘해야 성과를 거두게 된다는 뜻. ★짬짜미 : 남모르게 자기들끼리만 짜고 하는 약속이나 수작.

말 잡은 집에 소금이 해자라 생색 없이 무엇을 제공하게 된다는 말. (비) 말 죽은 집에 소금 삭는다. ★해자 : 별로 한 일 없이 거저 한바탕 잘 얻어먹음. 서울의 각 관아에 새로 임명되어 온 이서(吏胥), 하례(下隸) 등이 이미 그곳에서 근무하고 있는 사람들에게 크게 대접함.

말 죽은 데 체 장수 모이듯 남의 사정을 아랑곳없이 제 욕심만 채우려고 많은 사람이 모이는 것을 두고 하는 말. (비) 말 죽은 밭에 까마귀 모이듯.

말 죽은 밭에 까마귀 모이듯 여러 사람이 많이 모여 어

지럽게 떠드는 모양을 이름. (비) 빈 절에 구렁이 모이듯. 소경 집 초하룻날 같다. 빈터에 강아지 모이듯. 용문산에 안개 모이듯.

말 죽은 집에 소금 삭는다 생색 없이 무엇을 재공하게 됨을 이르는 말. (비) 말 잡은 집에 소금이 해자라.

말 타면 경마 잡히고 싶다 (비) 바다를 메워도 사람의 욕심은 못 채운다.

말 타면 종두고 싶다 걷다가 말을 타기를 원해 말을 얻으니 또 그 말을 끌고 갈 종까지 두고 싶다니, 사람 욕심은 끝이 없다는 말.

말 태워놓고 밥 짓는다 무슨 일을 미리 준비하지 않고 코앞에 닥쳐서야 시작한단 말. (비) 말 태워놓고 버선 깁는다.

말 풍년이 지지 말고 입 풍년이 져야 한다 말로만 먹는 이야기 아무리 해도 소용없듯이 실제 입에 들어가도록 일을 해야 한다는 뜻.

말하기는 쉬워도 행동하기는 어렵다 무엇을 말하는가가 중요한 것이 아니라 무엇을 행하느냐가 더 중요함을 강조한 말.

말하는 것을 개 방귀로 안다 (비) 동네 개 짖는 소리만 못하게 여긴다.

말하는 남생이 믿지 못할 말이나 못 알아들을 소리를 비유함을 이르는 말.

말하는 매실(梅實) 보거나 듣기만 하되 아무 실속이 없다는 말. (비) 목 마른 사람에게 물소리만 듣고 갈을 추기라 한다.

말 한마디에 천금이 오르내린다 말이 중요하다는 뜻. 일언 중천금(一言重千金). (비) 말 한마디에 천 냥 빚을 갚는다.

말 한마디 했다가 본전도 못 찾는다 말 한마디 잘못하였다가 남들로부터 공격을 받듯이 차라리 말하지 않는 것만 못하다는 말.

말 한마리 다 먹고 말 괴 냄새난다고 한다 1.배고플 땐 그것으로 만족하다가 배부른 뒤엔 도리어 흉봄을 이름. 2.처음은 아쉬워해 놓고 제 욕망을 다 채우곤 눈이 높아져 흉봄을 이름. (비) 말 고기 다 먹고 무슨 냄새난다 한다. 한 말 고기 다 먹고 말 하문(下門) 내 난다 한다.

말할 때마다 요순(堯舜) 이야기만 한다 어리석고 경솔한 행동만 하면서도 말은 언제나 훌륭한 이야기만 한다는 뜻. ★요순 : 요 제요(帝堯)는 중국의 신화 속 군주이다. 중국의 삼황오제(三皇五帝) 신화 가운데 오제의 하나이다. 다음 대의 군주인 순(舜)과 함께 성군(聖君)의 대명사로 일컬어진다.

말해봤자 입만 아프다 말을 듣지 않는 사람에게는 아무리 좋은 말을 해도 소용이 없다는 말.

맑은 물에 고기 안 논다 사람이 지나치게 정확하고 깔끔하면 주변에 친구들이 없이 외톨이가 된다는 뜻. 또는 너무 청렴하면 뇌물이 없다는 말.

맑은 샘에서 맑은 물 난다 근본이 좋아야 훌륭한 후손도 나온다는 말. (비) 근원이 맑으면 흐르는 물도 맑다. 근원이 깨끗하면 흐르는 물도 맑다.

맑은쇠를 띄웠다 맑은쇠는 총의 가늠을 보므로 무슨 일이나 잘 이룰 수 있는 기미(機微)를 선견 하였다는 말. ★맑은쇠 : 가늠쇠. 총을 목표물에 조준할 때 이용하는 장치.

맑은 하늘에 날벼락 맞는다 (비) 자다가 벼락을 맞았다.

맑은 향기가 집안에 가득하다 집안이 매우 화락하다는 뜻. (비) 씨암탉 잡은 듯하다. ★화락 : 화평하고 즐거움.

맘 잡아 개장수 방탕하던 사람이 마음을 다 잡은 체 가장하면서 가끔 전과 같은 행동을 한다는 말.

맛없는 국이 뜨겁기(맵기)만 하다 사람답지 못한 자가 교만하고 까다롭게 구는 것을 비유한 말. (비) 못된 음식이 뜨겁기만 하다. 일가 못 된 것이 항렬만 높다. 예문. 맛없는 국이 뜨겁기만 하다니, 고약하기로 소문난 선배가 일은 도와주지 않고 계속해서 트집만 잡더라.

맛은 소금이 낸다 보기엔 대단치 않는 사람이지만 핵심적인 일을 맡아서 잘해나간다는 뜻.

〈 맛이 같지 않으면 입에 맞는 것이 있다 〉

맛이 같지 않으면 입에 맞는 것이 있다 여러 사람이 있으면 뜻에 맞는 사람도 있게 마련이라는 뜻.

맛있는 우물이 먼저 마른다 재능이 있는 사람은 일을 지나치게 하므로 먼저 죽게 된다는 뜻. (비) 맛있는 샘물은 반드시 마르게 된다.

맛있는 음식도 늘 먹으면 싫다 아무리 좋은 일이라도 너무 자주 되풀이 하면 싫증이 나기 마련이란 뜻. (비) 듣기 좋은 노래도 장 들으면 싫다. 듣기 좋은 육자배기도 한두 번. 듣기 좋은 이야기도 늘 들으면 싫다.

맛있는 음식도 식기 전에 먹어야 한다 (비) 고사리도 꺾을 때 꺾어야한다(는다).

맛있는 음식이 뱃속에 남는다 좋은 책을 보면 지식이 풍부해져서 훌륭한 사람이 된다는 뜻.

맛 좋고 값싼 갈치 자반 한 가지 일로 두 가지 이익을 얻을 때 하는 말. (비) 도랑 치며 가재 잡는다. 꿩 먹고 알 먹고. 개울 치고 가재 잡는다.

맛좋은 실과는 겉모양도 곱다 마음이 착한 사람은 겉모양도 항상 단정하게 갖추고 다닌다는 의미. ⇔ 맛좋은 준치가 가시는 많다.

망건골에 앉았다 어떤 일에 얽매여 꼼짝을 못하는 경우를 비유적으로 이르는 말. ★망건골 : 망건을 뜨거나 고치는 데에 쓰는 틀.

망건 끝에 앉았다 무슨 일에 얽매어 꼼짝을 못한다는 뜻.

당건 당줄이 굵어야 하나 망건을 상투에 매는 줄은 가늘어도 되듯이 작은 것도 때로는 쓰일 때가 있다는 뜻.

망건 쓰고 귀 안 빼는 사람 있느냐 망건을 쓰면 누구나 조금이라도 편하게 귀를 내놓는다는 뜻으로, 돈을 버는 일이나 먹는 일 등 누구나 좋아하는 일을 싫어하는 사람은 없음을 비유적으로 이르는 말.

망건 쓰고 세수한다 앞 뒤 순서가 뒤바뀜을 일컫는 뜻. (비) 탕건을 쓰고 세수하다. 도랑 치고 가재 잡는다. 나이 적은 딸이 먼저 시집간다.

망건 쓰자 파장된다 너무 오래 준비하다가 때를 놓쳐 버림을 이르는 말.

망건 편자를 줍는다 까닭 없이 당한 모욕이라도 돌이킬 수 없음을 이름. ★망건 편자 : 망건을 졸라매기 위하여 아래 시울에 붙여 말총으로 좁고 두껍게 짠 띠.

망나니보다는 바보가 낫다 나쁘고 못된 사람이 되는 것보다는 차라리 바보가 되어 남에게 해를 끼치지 않는 편이 낫다는 말.

망나니짓을 하여도 금관자(金貫子) 서슬에 큰기침한다 나쁜 짓을 하고도 벼슬아치라는 배짱으로 도리어 남을 야단치고 뽐내며 횡포한 짓을 한다는 말. (비) 도둑질하여도 사모 바람에 거드럭거란다. ★금관자 : 조선 시대, 망건의 당줄에 꿰는 금으로 만든 작은 고리. ★ 서슬 : 쇠붙이 연장이나 칼날 등의 날카로운 부분.

망둥이가 뛰니까 전라도 빗자루도 뛴다 (비) 거문고 인놈이 춤추니 칼 쓴 놈도 춤춘다.

망둥이 제 동무 잡아먹는다 (비) 갈치가 갈치 꼬리 문다.

망둥이 제 새끼 잡아먹듯 (비) 갈치가 갈치 꼬리 문다.

망발에 토 달아놓고 망발이 된 것으로 생각이란 뜻.

망석중이는 노린다 남을 너무 지나치게 희롱한다는 말. ★망석중 : 나무로 다듬어 만든 인형의 하나. 남이 부추기는 대로 따라 움직이는 사람을 비유적으로 이르는 말.

망신살이 무지갯살 뻗치듯 한다 많은 사람들로부터 심한 욕설과 원망을 받게 되었다는 뜻. (비) 망신살이 뻗친다.

망신살이 뻗친다 무슨 일을 잘못하여 남들에게서 크게 창피한 꼴을 당한다는 뜻.

망신하려면 아버지 이름도 안 나온다 망신당하려면 아주 쉬운 일에도 실수를 한다는 말.

망치가 가벼우면 못이 솟는다 윗사람이 무르면 밑 사람이 순종하지 않고 반항함.

망치 깎자 도둑이 뛴다 무슨 일이나 미리 준비성이 없이 일을 당하고 나서 하려 들면 성공하지 못한다는 뜻.

망치로 얻어맞고 홍두깨로 친다 보복은 언제나 자기가 받은 것보다 더 크게 받는다는 뜻.

〈매사(每事)는 불여(不如)튼튼이라〉

망할 놈 나면 흥할 놈 난다 한 사람이 망하면 그 대신 한 사람이 흥하고, 한 사람이 지면 그 대신 한 사람이 이기는 것이 세상의 이치라는 뜻.

맞기 싫은 매는 맞아도 먹기 싫은 음식은 못 먹는다 음식이란 먹기 싫으면 아무리 먹으려 해도 먹을 수가 없다는 뜻.

맞는 놈이 여기 때려라 저기 때려라 한다 권력이 없는 이가 권력 있는 이 보고 이래라저래라 한다는 것은 도저히 있을 수 없다는 뜻.

맞는 자식보다 때리는 부모의 마음이 더 아프다 잘못을 해서 고통을 당하는 것보다, 상대방을 올바르게 이끌기 위하여 고통을 가하는 입장이 더 마음 아프다는 말.

맞은 놈은 펴고 자고 때린 놈은 오그리고 잔다 남을 괴롭힌 가해자는 뒷일이 걱정되어 마음이 불안하나 해를 입은 사람은 마음이 편하다는 뜻. (비) 친 사람은 다리를 오그리고 자고 맞은 사람은 다리를 펴고 잔다. 때린 놈은 다릴 못 펴고 자도 맞은 놈은 다릴 뻗고 잔다.

맞은 매보다 겨누는 매가 더 맵다 어떤 일을 당했을 때보다 닥치기 전이 더 힘들다는 말.

맞장구치는 놈이 더 밉다 장본인보다 옆에서 그를 두둔하여 주는 놈이 더 밉다는 말.

매가 꿩을 잡아 주고 싶어 잡아 주나 마지못해 남의 부림을 당하는 처지를 이름.

매골(埋骨) 방자를 하였나 죽은 사람의 뼈나 짐승의 뼈를 묻어서 남을 저주하는 것이니, 어쩔 수 없는 군색한 처지에 있다는 말. ★매골 : 뼈를 땅에 묻음. 살이 빠지고 파리해져 아주 못쓰게 된 사람의 꼴.

매 꿩 찬 듯 암상이 나서 몸을 떠는 것을 이름.

매 끝에 정든다 매를 맞거나 꾸지람을 들은 뒤에 더 깊은 정이 든다는 말.

매는 굶어야 사냥을 한다 누구나 배가 부르면 일은 뒷전이고 그저 게으름만 피우게 된다는 의미.

매달린 개가 누워 있는 개를 웃는다 남보다 못한 주제에 남을 보고 비웃는다는 말. (비) 언덕에 자빠진 돼지가 평지에 자빠진 돼지를 나무란다. 겨울바람이 봄바람 보고 춥다 한다. 가랑잎이 솔잎 더러 바스락거린다 한다. 가마솥 밑이 노구 밑을 검다 한다. 뒷간 기둥이 물방앗간 기둥을 더럽다 한다.

매도 꿩을 못 볼 때가 있다 아무리 제 일에 능숙한 사람도 한 번은 실수할 때가 있다는 말.

매도 맞으려다 안 맞으면 서운하다 남을 괴롭힌 사람은 뒷일이 걱정되어 마음이 불안하나, 해를 입은 사람은 그럴 걱정이 없으니 오히려 마음이 편하다는 말. (비) 정배(定配)도 가려다 안 가면 섭섭하다.

매도 먼저 맞는 놈이 낫다 당해야 할 일은 빨리 치르는 것이 낫다는 말. (비) 바람도 올 바람이 낫다.

매로 키운 자식이 효성 있다 잘되라고 매도 때리고 꾸짖어 키우면 그 자식도 커서 그 뜻을 깨달아 효도하게 됨을 이르는 말.

매를 꿩으로 보았다 사나운 사람을 순하게 잘못 본다는 말.

매를 솔개로 본다 잘난 사람을 못난 사람으로 잘못 본다는 뜻. ⇔ 솔개를 매로 보았다.

매미는 봄가을을 알지 못한다 매미는 여름철에만 살아 봤기에 봄과 가을을 알지 못하듯이 실제로 자신이 보고 듣지 않으면 알 수 없다는 말.

매 밥도 못하겠다 꿩 잡는 매를 주기에도 적다함이니, 분량이 매우 적다는 뜻. (비) 시앗 죽은 눈물만큼. 시앗 죽은 눈물이 눈 가생이 젖으랴. 고양이 죽은 데 쥐 눈물만큼. 벼룩 오줌만 하다. 새 발의 피.

매부 밥그릇이 클사 해 한다 처가에서 사위는 가장 대접을 잘 받으므로 오라비 되는 이는 늘 이것을 샘하고 부러워한다는 뜻.

매사(每事)는 간주인(看主人)이다 무슨 일이나 주인이 맡아서 재량껏 하는 법이라는 말. (비) 주인 모르는 공사 없다.

매사(每事)는 불여(不如)튼튼이라 어떤 일이든지 튼튼히 하여야 한다는 뜻. (비) 만사(萬事)는 불여튼튼

〈매 앞에 뜬 꿩 같이〉

이라.

매 앞에 뜬 꿩 같이 막다른 신세를 이르는 말.

매 앞에 장사(壯士) 있나 아무리 힘센 사람이라도 때리는 데는 꼼짝 없이 굴복하게 된다는 뜻. (비) 달고 치는데 아니 맞을 장수 있나. 몽둥이 세게 맞아 담 안 넘을 놈 있나.

매 앞엔 상피(相避)라도 붙었다 한다 매러 때리게 되면 하지도 않은 짓도 했다고 대답하지 않을 수가 없다는 뜻.

매에 항우(項羽) 없다 (비) 매 앞에 장사(壯士) 있나. ★항우 : 중국 역사상 최강의 무장. 초(楚)의 군주로서 한(漢)의 유방(劉邦)과 함께 천하를 놓고 자웅을 겨루었다. 소위 역발산기개세(力拔山氣蓋世)로 표현되는 어마어마한 용력과 천부적인 군사.

매인 말은 항상 뛰고 싶은 생각만 한다 자기가 좋아하는 것은 늘 생각하게 마련이라는 뜻.

매 팔자 제 마음대로 무상출입함을 이름.

매 한 개 맞지 않고 확확 다 분다 매로 때리거나 고문을 하지 않아도 순순히 다 자백한다는 말.

매화도 한철 국화도 한철 모든 것은 한창때가 따로 있으나 쇠하고 마는 데는 다름이 없다는 말.

맥도 모르고 침통 흔든다 (비) 말똥도 모르고 마의(馬醫) 노릇 한다.

맨손으로 범을 잡는다 어떤 일에 무모하게 덤벼든다는 말.

맨입에 앞 교군(轎軍) 서라 한다 아무것도 먹지 못하는 사람에게 더 힘이 많이 드는 앞 교군을 서라 한다 함은. 어려운 중에 있는 사람에게 더욱 괴로운 일을 시킨다는 뜻. ★교군 : 가마를 메는 사람.

맵기는 과붓집 굴뚝이라 과붓집에는 나무를 뻐개고 말리고 할 사람이 없어서 마르지 않은 나무를 그대로 때므로 냄새가 심하다는 말로써, 다른 사람보다 심히 곤란한 경우를 일컫는 말.

맹(땡)감을 따 먹어도 이승이 좋다 (비) 개똥밭에 굴러도 이승이 좋다.

맹개처럼 돌아다니려고만 한다 사나운 개를 매어두면 한층 더 돌아다니려고만 한다는 말이니, 아무것도 하지 않고 돌아다니려고만 할 때 이르는 말.

맹견처럼 돌아다닌다 하는 일 없이 맹목적으로 배회한다는 말.

맹꽁이 결박한 것 같다 키 작고 몸이 뚱뚱한 사람이 옷을 잔뜩 껴입은 모양.

맹꽁이 통에 돌 들이친다 시끄럽게 떠들다가 갑자기 조용해지는 경우를 이르는 말.

맹모삼천지교(孟母三遷之敎) 맹자의 어머니가 맹자를 교육하기 위하여 세 번 집을 옮긴 일. 첫 번은 공동묘지, 두 번은 시장, 세 번이 서당. ★맹모삼천지교 : 맹자의 어머니가 맹자에게 좋은 교육 환경을 만들어 주기 위해 세 번 이사한 일.

맹물 같은 소리 아무런 의미가 없거나 실속 없는 말을 비유적으로 이르는 말.

맹물 먹고 속 차려라 찬물을 먹고 속을 식혀서 다시 바른 마음을 갖도록 하라는 뜻.

맹물에 조약돌 삶은 맛 아무 맛도 없다는 말. (비) 도끼 삶은 물이라. 중의 이마 씻은 물. 날 속한 이마 씻은 물 같다. 냉수에 뼈뜯이.

맹물에 조약돌 삶아 먹더라도 제멋에 산다 남 보기에 어떻든 간에 무슨 일이나 다 제가 좋아서 하는 일이니 남이 시비할 바가 아니라는 말.

맹상군(孟嘗君)의 호백구(狐白裘) 믿듯 조금도 의심치 않고 사람이나 물건을 믿는다는 뜻. (비) 유비(劉備)에 한중(漢中) 믿듯. ★맹상군 : 중국 전국 시대의 정치가로서 전국 시대의 사군자(戰國四君)의 한 사람이다. 성은 규(嬀), 씨(氏)는 전(田), 휘(諱)는 문(文)이며 맹상군은 그의 시호이다. ★호백구 : 여우 겨드랑이의 흰 털이 붙은 부분의 가죽으로 만든 갖옷.

맹수는 함부로 발톱을 보이지 않는다 아무 때나 함부로 자기 실력을 보여서는 안 된다는 뜻.

맹안(盲眼)의 단청(丹靑) 아무리 보아도 모를 것을 보고 있다는 뜻. (비) 소경 단청 구경. 장님 은빛 보기다. 소경 관등 구경하듯 한다. 봉사 씨름 굿 보기.

〈머슴은 삼 년을 묵혀두지 말랬다〉

★단청 : 옛날식 건물의 벽과 기둥, 천장 따위에 여러 가지 색으로 그림이나 무늬를 그림.

맺고 끊는 듯하다 사리가 분명하다는 말.

맺은 놈이 푼다 동여 맨 놈이 푼다는 말.

머루 먹은 속 대강 짐작을 하는 속마음이란 뜻.

머리가 모시 바구니가 되었다 머리털이 하얗게 세어 늙었다는 뜻. (비) 검은 머리 파 뿌리 되도록.

머리 간 데 끝 간 데 없다 1.한이 없다는 뜻. 2.일의 갈피를 잡을 수 없을 만큼 어지럽다는 뜻. (비) 끝도 가도 없다.

머리 검은 고양이 귀치 말라 아무리 잘해 줘도 나중엔 도리어 해를 받게 되는 수가 많다는 뜻. (비) 머리 검은 짐승은 남의 공을 모른다.

머리 검은 짐승은 구제를 말랬다 사람들 중엔 짐승보다도 남의 은혜를 모르는 뻔뻔한 사람도 있으므로 이런 사람은 아예 구제도 해주지 말란 뜻. (비) 머리 검은 고양이 귀치 말라. 머리 검은 짐승은 남의 공을 모른다.

머리 검은 짐승은 남의 공을 모른다 사람은 흔히 짐승보다 더 남의 공을 모르고 지내는 수가 있음을 일컫는 말. (비) 검은 머리 가진 짐승은 구제하지 말란다.

머리끝에서부터 발끝까지 몸 전체를 강조한 말.

머리는 깎아도 마음은 깎기 어렵다 신앙 갖기는 쉬워도 마음을 착하게 가지고 남에게 선을 베풀기는 어렵다는 의미.

머리는 끝부터 가르고 말은 밑부터 한다 사람이 말을 할 때는 자초지종을 처음부터 끝까지 순서 있게 말해야 한다는 것을 비유적으로 이르는 말.

머리 두를 데를 모른다 어떻게 처신해야 좋을지 모른다는 뜻.

머리를 깎았다 1.남에게 강제로 어떤 일을 당함을 이르는 말. 2.제 힘으로 못하고 남의 도움을 받아 하였다는 뜻.

머리를 끊고 꼬리를 자른다 1.지저분한 것은 버리고 중요한 것만 남겨놓았다는 말. 2.원인과 결과는 생략하고 줄거리만 말한다는 뜻.

머리를 삶으면 귀까지 익는다 한 가지 큰일을 하면 거기에 딸린 부분도 저절로 된다는 말. (비) 대가리를 삶으면 귀가 익는다.

머리 위에 무쇠두멍이 내릴 때가 멀지 않았다 무쇠두멍을 쓰면 살아날 리가 없는 것인즉, 죽는 날이 멀지 않았다고 저주하는 말.

머리카락 뒤에서 숨바꼭질 한다 (비) 가랑잎으로 눈가린다.

머리카락에 홈파겠다 1.성격이 옹졸함을 비유적으로 이르는 말. 2.솜씨가 매우 정교함을 이름.

머리 큰 양반 발 큰 도둑놈 머리가 큰 사람은 도둑놈이란 말.

머리털 나고 처음이다 이제까지 한 번도 경험해 보지 못한 일을 처음으로 경험하다.

머리털 없는 놈 댕기 치레하듯 본바탕이 좋지 않은 곳에 보기 흉하게 당치도 않게 지나친 겉치레를 한다는 말. (비) 더벅머리 댕기 치레하듯. 파리한 강아지 꽁지 치레하듯. 당나귀 귀(좆) 치레.

머리털을 베어 신을 삼겠다 무슨 짓을 해서든지 은혜에 보답하겠다는 뜻. (비) 털을 뽑아 신으로 삼겠다.

머슴 보고 속옷 묻는다 1.아무 관계도 없는 사람에게 제게나 요긴한 일을 엉뚱하게 물어보나 알 리가 없다는 뜻. 2.남부끄러운 줄도 모르고 생소한 사람에게 자기만의 일을 말함을 이름.

머슴살이 삼 년에 주인 성(姓) 묻는다 너무 무심해 응당 알아야 할 것도 모르고 지낸다 말. (비) 한집안에 김 별감 성을 모른다. 십 년을 같이 산 시어머니 성도 모른다. 한집에 있어도 시어머니 성도 모른다. 삼 년 남의 집 살아도 주인 성 묻는다. 십 년 모신 시어머니 성도 모른다. 십 년이나 데리고 산 아내 나이도 모른다. 한 청에 있으면서 김수황의 성도 모른다.

머슴은 삼 년을 묵혀두지 말랬다 한 사람을 오래 두고 부리게 되면 주인 성미를 잘 파악하여 꾀로만 일하려고 든다는 의미.

〈머슴을 살아도 큰 집에서 살아야 한다〉

머슴을 살아도 큰 집에서 살아야 한다 부잣집 머슴을 살아야 먹고 입는 것이 다소라도 낫단 말. (비) 머슴을 살아도 부잣집이 낫다.

머슴이 강짜한다 주인 마누라 행실에 당치도 않게 머슴이 강짜를 한다 함은, 간섭하지 말고 참견하지 말라는 뜻.

먹고도 굶어 죽는다 욕심이 많은 사람을 두고 놀림조로 이르는 말.

먹고만 산다면 개도 산다 먹고 사는 것만이 인간 된 도리가 아니라 인간답게 올바른 행동을 해야 한다는 뜻.

먹고 싶은 것도 많겠다 좀 안답시고 나서서 잘난 체하는 사람을 비꼬아 이르는 말.

먹고 자는 식충(食蟲)이도 복을 타고 났다 사람이 잘 살고 못 사는 것은 천명(天命)으로 타고나는 것이지, 아무리 잘났어도 복 없는 사람 있고, 천하에 바보라도 복을 받아 잘 살기도 한다는 말.

먹고 죽기 기를 쓰고 열심히 먹는다는 뜻.

먹고 죽은 귀신 때깔도 곱다 음식을 적당히 먹어야 됨을 이르는 말.

먹기는 발장(撥長)이 먹고 뛰기는 말더러 뛰란다 (비) 재주는 곰이 하고 돈은 되놈이 받는다. ★발장 : 예전에 각 역참에 속하여 중요한 공문서를 교대로 변방에 급히 전하던 군졸들의 우두머리를 이르던 말.

먹기는 배디가 먹고 뛰기는 파발(把撥) 말이 띈다 (비) 재주는 곰이 하고 돈은 되놈이 받는다. ★파발 : 조선 시대. 공문을 신속히 전달하기 위하여 설치한 통신 수단.

먹기는 아귀같이 먹고 일은 장승처럼 한다 (비) 부잣집 가운데 자식.

먹기는 파발이 먹고 뛰기는 역마(驛馬)가 띈다 (비) 재주는 곰이 하고 돈은 되놈이 받는다. ★역마 : 예전에. 역참에 속한 말을 이르던 말.

먹기는 혼자 먹어도 일은 혼자 못한다 어려운 일을 할 경우엔 남의 도움을 받아야 한다는 뜻.

먹기는 홍중군(洪中軍)이 먹고 뛰기는 파발 말이 띈다

(비) 재주는 곰이 하고 돈은 되놈이 받는다. ★홍중군 : 1714년(숙종 40) 성균관 유생이 되었고, 선릉참봉(宣陵參奉)에 이어 여러 주군(州郡)을 다스리고 원주 목사에 이르렀다. 1741년 한산 군수를 지낸 뒤 사직하였다가 정언 등을 역임한 아들 정보(正輔)의 공으로 첨지중추부사·돈녕부도정을 지냈다. 편서로『아주록(鵝州錄)』·『이기설(理氣說)』·『동방시화(東方詩話)』·『사칠변증(四七辨證)』등이 있다.

먹기 싫은 밥에 재나 뿌리지 제가 싫으면서도 남을 못하게 방해를 놓는 심술을 이름.

먹는 개는 살찌고 짖는 개는 여윈다 자기에게 이로울 것이 없으니 사람은 울상을 하고 지내거나 불평을 많이 해선 안 된다는 말.

먹는 놈이 똥 눈다 (비) 덕(德)은 닦은 데로 가고 죄(罪)는 지은 데로 간다.

먹는 데는 갑돌이 일에는 배돌이 먹는 자리에는 한 몫 끼면서 일하는 데에는 살살 피하는 사람을 두고 하는 말. (비) 먹기는 아귀같이 먹고 일은 장승같이 한다.

먹는 데는 남이요. 궂은일엔 일가다 좋은 일이 있을 때는 일가라도 찾지 않다가, 궂은일이 생기면 찾아와서 도움을 청한다는 말. 아쉬운 일이 있을 때만 친절히 함을 빗대어 이르는 말. (비) 좋은 일에는 남이요 궂은일에는 일가다.

먹는 데는 파발(擺撥)이요, 일에는 송곳이라 제 이익이 되는 일, 특히 먹는 일에는 남보다 먼저 덤비지만 일할 땐 꽁무니만 뺀다는 말.

먹는 떡에도 소를 박으라 한다 곧 먹어 없어질 떡에도 소를 박으라 함은 이왕 하는 일이면 모양 있게 잘 하라는 말.

먹는 소가 똥을 누지 공을 들어야 효과가 있다는 말. (비) 먹은 놈이 똥 눈다. 소금 먹은 놈이 물켠다.

먹는 속은 꽹과리 속이다 먹는 데 대한 것은 잘 알며 먹을 것을 잘 찾아 먹는 사람을 이르는 말.

먹는 죄는 없단다 배가 고파서 남의 음식을 훔쳐 먹는 죄는 그리 대단치 않다는 말.

먹는 죄는 종짓굽으로 하나 먹는 죄는 없다는 말. (비) 먹은 죄는 없다. 먹은 죄는 꿀 종지도 하나.

먹다 보니 개떡수제비라 멋도 모르고 좋아하다가 새삼스럽게 따져보니 변변치 않은 것이라 하는 말.

먹다 남은 죽은 오래 못 간다 탐탁하지 않은 물건은 남아도 쓸 만한 것이 못 된다는 말.

먹다 죽은 대장부나 기다 죽은 밭 갈 소나 호의호식하던 사람이나, 일만 하고 고생한 사람이나 죽기는 매한가지란 말.

먹던 술도 떨어진다 언제나 쉽게 하는 숟가락질도 하다가 떨어지는 수가 있으니, 매사에 잘 살피고 조심하여 만에 하나라도 잘못이 없도록 하라는 말.

먹 돌도 뚫으면 구멍이 난다 (비) 백 번 찍어 안 넘어가는 나무 없다.

먹어야 양반 노릇도 한다 (비) 먹어야 체면(體面).

먹어야 체면(體面) 사람은 어떻든지 배를 곯지 않아야 사람 구실을 할 수 있다는 말.

먹은 것도 삭이기를 잘해야 한다 뇌물을 받아도 뒤탈 없게 잘 소화하지 못하면 결국엔 말썽이 난다는 뜻.

먹은 죄는 없다 설령 남의 것을 훔쳐 먹었다 할지라도 그것을 죄 삼아 벌주지는 않는다 말. (비) 먹은 죄는 꿀 종지도 하나.

먹을 가까이하면 검어진다 사람은 모름지기 어떤 친구를 사귐에 따라서 그 사람이 잘되기도 하고 못되기도 함을 말함.

먹을 것만 보면 사지(四肢)를 [사족(四足)을] 못쓴다 먹는 것에만 눈이 어두워져 다른 생각은 조금도 않고 오직 먹을 것만 생각한다는 뜻. (비) 먹을 것만 보면 세 치 앞도 못 본다.

먹을 것 없는 잔치에 말만 많다 아무 이익이 없는 일일수록 소문만 요란하게 난다는 말. 소문보다 내용이 보잘 것 없다는 뜻. (비) 소문난 잔치 먹을 것 없다. 실속 없는 잔치가 소문만 멀리 간다. 먹을 것 없는 잔치에 말만 많다. 소문난 잔치 비지떡이 두레반이다. 소문 안 난 공 뭣은 대 자요 소문난 공 뭣은 넉자다. 이름난 잔치에 배고프다.

먹을 것 없는 제사는 절만 많다 (비) 떡도 못 얻어먹는 제사에 무릎팍이 벗어지게 절한다.

먹을 것을 보면 세 치를 못 본다 먹을 것을 눈앞에 두고는 다른 생각은 조금도 못하고 만다는 뜻.

먹을 때는 개도 안 때린다 음식을 먹는 사람을 때리거나 꾸짖지 말라는 뜻. (비) 밥 먹는 것은 개도 안 때린다.

먹을수록 냠냠한다 먹을수록 욕심이 나서 더욱 더 먹고 싶어 야단이란 말.

먹을 콩 났다고 덤빈다 (비) 먹을 콩으로 알고 덤빈다.

먹을 콩으로 알고 덤빈다 1.먹지도 못할 것을 먹겠다고 대든다는 말. 2.제가 이용할 수 있는 사람이라고 남에게 함부로 덤빈다는 뜻. (비) 먹을 콩 났다고 덤빈다.

먹자는 귀신은 먹어야 한다 맘보가 좋지 못한 자의 요구를 안 들어 주면 피해가 더 커질 것이므로 싫어도 들어 주어야 한다는 말.

먹자는 놈하고 하자는 놈은 못 당한다 있는 것을 알고 덤벼드는 사람에겐 안 줄 수 없다는 뜻.

먹장 같아 부은 듯하다 검은 구름이나 새파란 참외 따위가 빛이 짙을 대로 짙음을 말함.

먹지도 못하는 밥에 재나 뿌린다 기대에 어긋났을 때나 소득이 없을 때는 심술이나 부린다는 말. (비) 먹지 못하는 감 찔러나 본다.

먹지도 못하는 제사에 절만 죽도록 한다 (비) 떡도 못 얻어먹는 제사에 무르팍이 벗어지게 절한다.

먹지 못할 풀이 오월에야 겨우 나온다 되지 못한 것이 거례는 퍽 한다는 뜻. ★거례 : 까닭 없이 지체하며 매우 느리게 움직임.

먹지 않는 씨아에서 소리만 난다 1.아무 일도 하지 않으면서 하는 체하고 떠들기만 함. 2.내용은 없으면서 겉으로만 요란스러움을 이름. (비) 들지 않는 솜틀에서 소리만 요란하다. 안 먹는 씨아에서 소리만 요란하다. ★씨아 : 목화씨를 빼는 기구.

먹지 않는 종. 투기 없는 아내 절대로 있을 수 없는 일

〈 먼 데 것을 얻으려고 가까운 데 것을 버린다 〉

을 이르는 말. (비) 길쌈 잘하는 첩(妾), 말에 뿔 났다. 모래가 싹이 난다. 불 안 때도 절로 익는 솥. 소금이 쉰다. 소금이 썩을 일이다. 수양이 새끼 낳아 젖 먹인다. 술 샘내는 주전자. 양을 보제로 낳는 암소. 어든에 이 난다. 여물 안 먹고 잘 걷는 소. 간장이 시고 소금에 곰팡이 난다.

먼 데 것을 얻으려고 가까운 데 것을 버린다 일의 차례를 뒤바꾸어 사서 고생을 하거나 실속 없는 짓을 하는 경우를 비유적으로 이르는 말.

먼 데 난 냉이보다 가까운 데 쓴 냉이 먼 데의 친척보다 가까운 데서 사정을 잘 알아주는 남이 더 낫다는 말. (비) 먼 사촌보다 가까운 이웃이 낫다.

먼 데 무당이 영하다 (비) 가까운 무당보다 먼 데 무당이 영하다.

먼 데 점이 맞는다 삶들은 흔히 늘 가까이서 만나는 삶보다 새로 만나는 삶을 더 새롭게 여긴단 말. (비) 가까운 무당보다 먼 데 무당이 영하다.

먼 따오기는 구하게 여기고 가까운 닭은 천하게 여긴다 보편적으로 사람들은 먼 곳에서 생산하는 것을 귀하게 생각하고 가까운 곳에서 생산되는 것은 천하게 생각한다는 말.

먼 사촌보다 가까운 이웃이 낫다 어려운 일이 있을 때 멀리 떨어져 있는 일가보다 오히려 가까운 이웃 사람에게 도움을 받을 수 있다는 말. (비) 먼데 일가가 가까운 이웃만 못하다. 이웃이 사촌보다 낫다.

먼저 꼬리 친 개가 나중 먹는다 먼저 일을 서둔 사람이 뒤떨어지는 것을 말함.

먼저 난 머리보다 나중 난 뿔이 무섭다 후진이 선배보다 우수하다는 뜻을 이름. (비) 나중 난 뿔이 우뚝하다. 후 생각이 우뚝하다. 뒤에 난 뿔이 우뚝하다. 뒤에 심은 나무가 우뚝하다.

먼저 먹은 후 답답이라 무슨 일에나 너무 욕심을 부리어 남보다 먼저 많이 하려다가는 도리어 실패한다는 뜻.

먼저 배 탄 놈이 나중에 내린다 1. 한 번 좋으면 반드시 한 번 나쁜 때가 있다는 뜻. 2. 일을 서두르는 사람이 도리어 떨어진다는 뜻. (비) 먼저 꼬리 친 개가 나중에 먹는다.

먼지도 쌓이면 큰 산이 된다 (비) 티끌 모아 태산.

먼지와 욕심은 쌓일수록 더럽다 욕심이 많은 사람은 그 행동이 깨끗하지 못하다는 말.

먼지 털음 한다 의관(衣冠)의 먼지를 턴다 함은 오래간만에 외출한다는 뜻.

멀면 정(精)도 멀어진다 친한 사람 사이라도 멀리 떨어져 살면 만날 기회가 자연히 적어져 정도 멀어진다는 뜻.

멀쩡한 장님 겉보긴 멀쩡하면서도 알고 보면 아무 일도 못 하는 불구자라는 의미.

멋에 치어 중 서방질한다 너무 멋이 들어 잘난 체하다가 자기 몸을 망치게 됨을 이름.

멍게처럼 돌아다니려고만 한다 아무것도 하지 않고 돌아다니려고만 할 때 이름.

멍군 장군 서로 비슷하여 승패가 옳고 그름을 가리기 힘들 때 하는 말. (비) 멍이야 장이야.

멍석 구멍(굿)에 생쥐 눈 뜨듯 겁을 먹고 숨어서 몰래 바깥을 엿봄을 일컫는 말.

멍석 깔면 하던 짓도 안 한다 어떤 행위를 더 잘 할 수 해주면 막상 하기는 싫어지는 사람을 이르는 말. 예문. 깔아놓은 멍석 놓고 간들 어떠하리. 간판만 보아도 편안하고 즐거운 분위기가 머릿속에 그려지는 곳이다.

멍에를 벗었다 어떤 일에 매여서 꼼짝 못하다가 벗어나서 자유롭게 되었다는 뜻. ⇔ 멍에를 씌웠다.

멍이야 장이야 두 사람이 다툴 때 시비를 가리기 어렵다는 뜻. (비) 멍군 장군.

메고 나가면 가마요 들고 나가면 등불이다 사람은 환경에 의해서 달라지기 때문에 무슨 일이라도 할 수 있다는 뜻. (비) 매고 나면 상두꾼 들고 나면 초롱꾼.

메고 나면 상두꾼 들고 나면 초롱꾼 1. 어떠한 천한 일을 하여도 조금도 부끄러워할 것이 아니며 때에 따라서는 무슨 일이라도 할 수 있다는 뜻. 2.제 몸이 이미 영락(零落)하였으니 어떤 일인들 못 하겠느냐 하는 말. ★상두꾼 : 상여를 메는 사람. ★초롱꾼 : 초롱을 들어 밤길을 밝혀 주던 사람.

메고 난 상두꾼 어떠한 천한 일을 하더라도 조금 이상한 것도 없고 부끄러운 것도 없다는 말. (비) 메고 나면 상두꾼 들고 나면 초롱꾼.

메기가 눈이 작아도 저 먹을 것은 알아본다 미련한 자가 먹을 것을 잘 찾아 먹는다 하여 이르는 말. (비) 넙치는 눈은 작아도 먹을 것을 잘 본다.

메기 나래에 무슨 비늘이 있어 본래 없던 것이 갑자기 생겨날 리가 없다는 뜻으로, 사리에 맞지 않은 일을 가지고 우기는 사람에게 비꼬아 이르는 말.

메기 등에 뱀장어 넘어가듯 슬그머니 얼버무려 넘어가는 모습을 비유적으로 이르는 말.

메기 아가리 큰 대로 다 못 먹는다 모든 일이 욕심대로 이루어지지는 않음을 비유적으로 이르는 말.

메뚜기도 오뉴월이 한철이다 사람은 누구에게나 한 번씩은 좋은 시기가 있다는 말이거나, 그 좋은 시기가 너무 짧다는 뜻으로 쓰이기도 한다. (비) 낙엽도 가을이 한 철. 뻐꾸기도 유월이 한 철. 풀쇠기도 오뉴월이 한 철.

메밀도 굴러가다가 서는 모가 있다 1.언제 끝날지 모르는 일에도 한때는 무슨 결정적인 시기(時期)가 있는 것이라 하는 말. 2.언제나 좋은 낯으로 뉘에게나 부드럽게 대하는 사람도 때론 화를 내고 자기 고집을 부릴 수가 있다는 말. (비) 달걀도 굴러가다 서는 모가 있다.

메밀 떡 굿에 쌍장구(雙長鼓) 치랴 1.근본이 든든하지 못하고 제힘에 당치도 않으면서 크게 일을 떠벌림이 부당하다는 뜻. 2.어울리지 않는다는 뜻. 흔히 없는 자가 처첩(妻妾)을 거느리고 삶을 이름.

메밀 섬에 쥐 모이듯 한다 이권(利權)을 보고 모리배들이 여기저기서 모여든다는 뜻.

메밀이 세모라도 한 모는 쓴다더니 신통치 않은 사람이라도 어느 한때는 요긴하게 쓰인다는 말.

메밀이 있으면 뿌렸으면 좋겠다 다시는 오지 않게 했으면 좋겠다는 말.

메주로 뭉쳐도 그보다는 낫겠다 아무렇게나 주물러 만든 메주보다도 못하다는 말. (비) 메주로 뭉쳐 만든 것 같다.

메주 밟듯 여러 곳을 빠짐없이 다님을 이름.

메추리가 봉(鳳)을 비웃는다 못난 놈이 제 분수도 모르고 잘난 사람을 비웃는다는 뜻.

메치나 둘러치나 매한가지 무슨 일을 이렇게 하나 저렇게 하나 결과는 같다는 뜻.

멧돝을 잡으러 갔다가 집돝 잃었다 다른 것을 탐내다가 이미 얻은 것까지 잃는다. 분수 외의 것을 욕심내다가 결국 가지고 있던 것까지 잃어버린다는 뜻. (비) 가는 토끼 잡으려다가 잡은 토끼 놓았다. 달아나는 노루 보고 얻은 토끼 놓았다. 꿩 잃고 매 잃었다. 큰 소 잃고 송아지도 잃었다. 게도 구럭도 잃었다. 큰 고기도 놓치고 송사리도 놓쳤다. ★돝 : 돼지의 옛말.

멧돼지도 뒷간에 빠져 죽는다 멧돼지처럼 함부로 이리저리 뛰다가는 하찮은 일로 인하여 큰 실패를 하게 된다는 뜻.

멧돼지 잡으려 갔다가 집돼지 잃었다 지나친 욕심을 부리지 말라는 말. (비) 멧돝을 잡으려 갔다가 집돝 잃었다.

멧부엉이 산에 사는 부엉이라 함은 아무것도 모르는 시골 사람을 말함.

며느리가 늙어 시어머니 된다 (비) 며느리 자라 시어머니 되니 시어머니티를 더한다.

며느리가 미우면 발뒤축이 달걀 같다고 나무란다 어떤 사람이 미우면 공연히 트집을 잡아 억지로 허물을 지어낸다는 말. (비) 흉이 없으면 며느리 다리가 희다고 한다.

며느리가 미우면 손자까지 밉다 자꾸 미워하면 고와야 할 것도 미워진다는 말. (비) 중(僧)이 미우면 가사

〈 며느리 구박은 아이 엉덩이 보고 안다 〉

(袈裟)도 밉다.

며느리 구박은 아이 엉덩이 보고 안다 시어머니에게 구박을 받는 며느리는 그 분풀이를 아이에게 함에 아이 엉덩이만 봐도 시집살이가 대략 어떤지 짐작할 수 있다는 말.

며느리는 데리고 살아도 딸은 데리고 못 산다 부모는 한번 출가한 딸과 한집에서 같이 사는 것을 몹시 꺼린다는 말.

며느리는 종신 식구 며느리는 죽을 때까지 함께 살 식구임에 항상 잘 데리고 살아야 한다는 말.

며느리들 싸움이 형제 싸움 된다 동서간의 사이가 원만치 않으면 자연히 형제간에도 우애가 나빠진다는 뜻.

며느리 사랑은 시아버지, 사위 사랑은 장모 며느리는 보통 시아버지에게 귀염을 받고 장모는 사위를 좋아하게 된다는 뜻.

며느리 상청(喪廳)에서도 떡웃지짐이 제일 죽은 며느리를 위하여 베푸는 상청에서도 떡 위에 놓여 있는 지짐이에 신경을 쓴다는 뜻으로, 먹는 데만 정신을 팔고 맛있는 것만 골라 먹는다는 말. (비) 가까운 무당보다 먼 데 무당이 영하다. ★상청 : '궤연(几筵)'을 속되게 이르는 말. ★궤연(几筵) : 혼백이나 신위를 모신 자리와 그에 딸린 물건들.

며느리 새움에 발꿈치 희어진다 참을성 없고 투기 센 여자를 이름.

며느리 시앗은 열도 귀엽고 자기 시앗은 하나도 밉다 흔히 아들이 첩을 얻는 것을 좋아하면서도 제 남편이 첩을 보아 제가 시앗을 보게 되면 못 견디어 한다는 말. ★시앗 : 남편의 첩(妾).

며느리에게 콩죽 주고 딸에게는 팥죽 준다 보편적으로 시어머니는 며느리와 딸을 차별한다는 말.

며느리 자라 시어머니 되니 시어미티를 더 잘한다 과거에 남의 아래서 겪던 고생을 생각지도 않고 도리어 아랫사람에게 심하게 대한다는 뜻. (비) 며느리 자라 시어머니티를 더한다. 종이 종을 부리면 식칼로 형문(刑問)한다.

멱부리 암탉이다 턱 밑에 털이 많이 나서 아래를 못 본다 함이니 바로 앞일을 모른다는 말. (비) 등잔 밑이 어둡다. ★멱부리 : 턱 밑에 털이 많이 난 닭.

멱 진 놈 섬 진 놈 가지가지 틀린 모양을 한 여러 놈이란 말. 장삼이사(張三李四). (비) 섬 진 놈 멱 진 놈.

멸치 한 마리는 어쭙잖아도 개 버릇이 사납다 무엇을 먹거나 가지고 간 사람을 꾸짖으면서 그 물건이 아까워서 야단하는 것이 아니라 그의 버릇을 고쳐 주기 위하여 하는 짓이라 하는 말. ★어쭙지않다 : 말과 행동이 분수에 넘치는 데가 있다.

명가(名家)도 삼대 못 간다 부귀와 영화는 오랫동안 한 집안에서 대를 이어서 머무르기는 어렵다는 말.

명득(命得) 어미냐 욕도 잘한다 욕 잘하는 사람을 두고 이름.

명문(明文) 집어먹고 휴지(休紙) 똥 눌 놈 의리도 없고 법망(法網)을 어기기 일쑤인 사람을 욕하는 말.

명심(銘心)하면 명심 덕이 있다 무슨 일이나 마음을 가다듬어 하면 그만한 이익이 있다는 말.

명예는 헛되이 퍼지지 않는다 명예로운 것은 이유 없이 전해지는 것이 아니라 그만한 공로가 있었음에 퍼지게 된 것이라는 뜻.

명예를 좋아하는 사람은 반드시 남의 원망도 많다 명예를 좋아하는 사람은 남에게서 칭찬도 받지만 반면에 남의 원망도 받게 된다는 뜻.

명주 고름 같다 성질이 매우 곱고 부드럽다는 말.

명주옷은 사촌까지 덥다 가까운 사람이 부귀하게 되면 자기에게도 도움이 미친다는 말. (비) 명주 옷은 육촌까지 다습다.

명주 자루에 개똥 들었다 (비) 명주 전대(纏帶)에 개똥 들었다.

명주 전대(纏帶)에 개똥 들었다 1. 겉보기엔 훌륭하나 속에 든 것은 형편없다는 말. 2. 옷차림은 좋으나 못난 이란 뜻. (비) 빛 좋은 개살구. 명주 자루에 개똥 들었다. 비단보에 똥 싼다. 허울 좋은 하눌타리. 붉고 쓴 장. ★전대 : 돈이나 물건을 넣고 허리에 차거나 어깨에 메게 만든 폭이 좁고 긴 자루. 견대(肩帶).

명찰(名刹)에 절승(絶勝) 뛰어난 절이 있는 곳에 또한 뛰어난 경치를 구비하고 있다는 말이니, 좋은 것을 다 갖추었다는 뜻.

명태 대가리 하나는 놀랍지 않아도 괭이 소위가 괘씸하다 없어진 명태가 아깝기보다는 훔쳐간 고양이의 소행이 더 밉다는 뜻으로, 손해 자체보다도 그 손해를 입힌 행동이 더욱 미움을 비유적으로 이르는 말.

명태와 여자는 두들겨야 부드러워진다 남존여비(男尊女卑)의 봉건시대의 말로서 말을 잘 듣지 않는 여자는 매질로 버릇을 들여야 한다는 뜻.

명태하고 팥은 두들겨서 껍질을 벗기고, 촌놈하고 계집은 두들겨서 길들인다 계집은 무섭게 다루어 길들여야 한다는 말.

명태 한 마리 놓고 딴전 본다 벌여 놓은 일에는 상관없이 엉뚱한 일을 함을 이르는 말.

명필(名筆)은 붓을 가리지 않는다 글씨를 잘 쓰는 사람은 아무 붓이나 잘 쓴다는 말.

명함도 못 드린다 수준 정도의 차이가 엄청나게 심하여 감히 상대하여 견줄 바가 못 됨을 이름.

몇 푼짜리나 되나 사람이 몇 푼짜리냐 함이니, 그 이름과 직위가 대단치 못하단 말.

모가지가 열 개라도 모자란다 나쁜 버릇을 고치지 않고서는 그 직위에서 일할 수가 없게 된다는 뜻.

모가 지면 구르지 않는다 성격이 너그럽지 못하면 대인 관계가 원만할 수 없다는 말.

모과나무 심사(心思) (비) 꼬기는 칠팔월 수수 잎 꼬이듯.

모기나 하루살이나 급하고 아쉬울 땐 무엇이나 닥치는 대로 다 소용되며 좋고 나쁜 것 가리지 않는다는 말.

모기 다리의 피 뺀다 (비) 벼룩의 간(창자)을 내어 먹는다.

모기 대가리에 골을 낸다 (비) 까마귀 대가리가 희어지거든. ★골 : 골수(骨髓).

모기 대가리에서 피만 하다 분량이 아주 적음을 비유적으로 이르는 말.

모기도 모이면 천둥소리 난다 매우 작고 약한 모기의 소리도 여럿이 모이면 천둥소리를 낸다 함이니, 힘 없고 미약하더라도 많이 모이면 큰 힘을 낼 수 있다는 말.

모기도 여름이 한때 1.무슨 일이나 시기를 놓쳐서는 안 된다는 뜻. 2.모든 것이 전성 시기는 매우 짧으므로 열심히 노력하라는 뜻.

모기 밑구멍에 당나귀 신(腎)이 당할까 작은 구멍에 큰 물건이 부당함을 이르는 말. 소견이 좁음을 이르는 말. 분에 넘치는 보수나 지위를 감당하지 못한다는 말.

모기 보고 환도(還刀) 빼기 사소한 일에 화를 크게 내며 덤빌 때 하는 말. (비) 파리보고 칼 뺀다. ★환도 : 군복에 갖추어 차는 군도(軍刀)의 옛말.

모깃소리만하다 소리가 매우 작아 알아들을 수 없음을 이르는 말.

모깨비는 방망이로 떼고 귀신은 경으로 뗀다 귀찮은 존재를 떼는 데는 특수한 방법이 있다는 말.

모난 데 없이 착하다 남에게 나쁜 짓이라곤 모르는 그저 둥글둥글 좋게만 사는 사람을 이름. (비) 법 없이도 살 사람.

모난 돌은 박히고 둥근 돌은 구른다 사람은 끈질긴 성미가 있어야 무슨 일을 성사시킨다는 뜻.

모난 돌이 정 맞는다 성격이 원만하지 못한 사람은 다른 사람으로부터 미움을 사게 된다는 말이거나, 또는 너무 지나치게 잘난 사람은 남에게 미움을 받기 쉽다는 뜻.

모둔 오월(五月) 오월 달은 해가 길어서 더디 간다는 뜻.

모든 냇물은 바다로 들어간다 (비) 구멍에서 나서 구멍으로 들어간다.

모든 일은 시작이 반 무슨 일이나 처음 시작하기가 어렵지 한번 착수하게 되면 일이 성사된다는 뜻.

모래가 싹 난다 (비) 간장이 시고 소금이 곰팡이 난다.

모래로 물 막는다 잘못된 방법으로 아무 소용없는 일을 한다는 말.

〈 모래로 방천(防川)한다 〉

모래로 방천(防川)한다 (비) 밑 없는 독에 물 붓기.
모랫바닥에 혀를 박고 죽을 일이다 (비) 눈구석에 쌍 가래톳 선다.
모래밭에서 바늘 찾기 (비) 겨 속에서 쌀 찾기.
모래밭에 오줌 누기 수고는 해도 흔적이 없다는 말.
모래 속 진주 평범한 속에 진주란 보석을 찾기엔 매우 어려움을 일컫는 뜻.
모래알도 모으면 산이 된다 (비) 티끌 모아 태산.
모래에 싹이 난다 (비) 간장이 시고 소금에 곰팡이 난다.
모래 위에 물 붓(쏟)는 격 (비) 밑 없는 독에 물 붓기.
모래 위에 선 누각(樓閣) 기초가 튼튼하지 못하여 오래 가지 못할 물건이나 일을 비유적으로 이르는 말. (비) 모래 위에 쌓은 성(城).
모로 가나 기어가나 서울 남대문만 가면 그만이다 (비) 모로 가도 서울만 가면 된다.
모로 가도 서울만 가면 된다 어떠한 수단 방법을 쓰든지 목적만 이루면 된다는 말. (비) 모로 가나 기어가나 서울 남대문만 가면 그만이다. 게는 옆으로 가도 갈 데는 다 간다.
모로 던져 마름쇠 아무렇게 하여도 실패가 없음을 일컫는 말. ★마름쇠 : 적군이나 도둑을 막는 데 쓰인 끝이 날카롭고 몇 갈래가 지도록 마름 모양으로 무쇠로 만든 물건.
모르고 한 번 알고도 한 번 누구든지 과오란 모르고 한 번 범할 수 있고 알고도 어쩔 수 없이 한 번 범하는 경우가 있다는 의미.
모르는 것은 비밀이다 일반적으로 비밀이란 아무도 몰라야 하기에 알아서도 안 되고 알려서도 안 된다는 뜻.
모르는 것이 부처 1.어설피 아는 것보다는 차라리 모르는 편이 더 낫다는 말. 2.무엇이든지 아는 것이 많으면 그만큼 심신이 고단하다는 말. (비) 모르는 게 약이요 아는 게 병. 무지각이 상팔자.
모르는 것이 상팔자 아예 모르면 근심 걱정이 없으매 팔자가 가장 편하다는 의미. (비) 모르는 것이 약.

모르는 게 약이요. 아는 게 병이다 아무것도 아는 것이 없으면 도리어 마음이 편하여 좋으나, 무얼 좀 알고 있으면 걱정거리가 되어 해롭다는 말. (비) 모르는 것이 부처. 무지각이 상팔자.
모르는 데 큰 이득이 숨어있다 남이 모르는 일에 손을 대어야 이득을 얻을 수 있다는 말.
모르면 길가는 사람에게도 물었다 모르는 것은 부끄럽게 생각지 말고 누구에게나 배우라는 의미.
모르면 죄가 아니다 알고서 저지른 일은 죄가 될 수 있지만 모르고 잘못한 것은 죄가 아니라는 의미.
모사는 재인(在人)이요 성사는 재천(在天)이라 일을 꾀하는 것은 사람이지만 일이 되고 안 되는 것은 하늘 뜻에 달려 있음을 이르는 말.
모세의 통치에 불만인 자는 파라오의 통치에는 만족할 것이다 사랑의 설득에 따르지 않는 자는 폭군의 횡포에 따르지 않을 수 없게 된다는 뜻.(이스라엘 속담)
모시 고르다 베 고른다 처음에 뜻하던 바와는 전연 다른 결과에 이르렀을 때 이름. (비) 모시 고르다가 삼베 차지한다.
모양내다 얼어 죽겠다 실속은 없이 겉보기나 형식만 신경 쓰다가는 낭패할 수 있음을 핀잔하는 말.(비) 몸꼴 내다 얼어 죽는다.
모양이 개잘량이라 명예와 체면을 형편없이 잃었음을 이르는 말. ★개잘량 : 방석처럼 깔기 위하여 털이 붙어 있는 채로 다룬 개가죽.
모자라는 것이 남는 것이고 남는 것이 모자라는 것이다 셈을 하다가 모자라다고 보태면 남게 되고, 남는다고 없애버리면 모자라게 되므로 아예 처음부터 셈을 잘 해야 된다는 뜻.
모주(母酒) 먹은 돼지 껄때청 컬컬하게 쉰 목소리를 이르는 말. ★모주 : 재강(술을 떠내고 남은 찌꺼기)에 물을 부어 만든 막걸리. ★껄때청 : 컬컬한 목청.
모주 먹은 돼지 벼르듯 좋지 않게 여기는 대상에 혼자 성을 내고 게정스럽게 몹시 벼르는 것을 이름.
모주(母酒) 장사 열 바가지 두르듯 보잘것없는 내용을 겉만 꾸미어 낸다는 말.

모진 구멍에 둥근 자루 맞추기 네모진 구멍에 둥근 자루를 꽂을 수 없듯이 서로 조화되기가 어렵다는 말. (비) 모진 자루를 둥근 구멍에 맞추기

모진 년의 시어미 밥 내 맡고 들어온다 미운 사람은 미운 짓만 함을 이르는 말.

모진 놈 옆에 있다가 벼락 맞는다 악한 사람과 가까이 하면 화를 입는다는 말.

모처럼 능참봉(陵參奉)을 하니까 한 달에 거동이 스물아홉 번 모처럼 기다리던 일이 이루어졌으나 어렵고 힘들었지 얻은 것이 없다는 뜻. (비) 칠십에 능참봉을 하니 하루에 거동이 열아홉 번. 여든에 능참봉을 하니 한 달에 거동이 스물아홉 번. 능참봉을 하니까 거동이 스물아홉 번. ★능참봉 : 조선 왕조의 벼슬자리 가운데 하나. 종9품으로, 제일 낮은 벼슬이다. 왕의 무덤인 능을 지키고 보살피는 것이 주 업무.

모처럼 태수(太守) 되니 턱이 떨어져 벼르거나 마음을 먹고 이룬 일이 허사가 되었음을 말함. ★태수 : 예전에 중국이나 우리나라에서 주(州), 부(府), 군(郡), 현(縣)의 행정 책임을 졌던 벼슬아치를 통틀어 이르던 말. 신라 때 각 고을을 맡아 다스리던 벼슬아치. 품계는 중아찬(重阿湌)에서 사지.

모화관(慕華館) 동냥아치 떼쓰듯 염치 불구한 거지가 떼쓴다 함은 경우에 닿지 않는 말로 성가시게 군다는 말. ★모화관 : 조선 시대. 중국 사신을 영접하던 곳.

목구멍 때도 못 씻었다 (비) 간에 기별도 안 간(갔)다.

목구멍에 때를 벗긴다 오랜만에 좋은 음식을 포식한다는 뜻. (비) 목구멍에 때를 씻는다. 뱃속 벌레가 놀라겠다.

목구멍에 풀칠한다 굶지 않으려고 겨우 먹고 살아간다는 말. (비) 입에 풀칠한다.

목구멍이 포도청 (비) 구복(口腹)이 원수라.

목구멍이 포도청(捕盜廳)이라 주니 먹었지 염치없는 일인지 알면서도 먹지 않을 수 없어서 받아먹었단 말.

목단 꽃은 고와도 향기가 없다 목단 꽃은 곱기는 하지만 향기 없듯이 여자가 얼굴만 곱고 부덕(婦德)이 모자란다는 의미.

목단 꽃은 곱다 해도 벌 나비가 찾지 않는다 (비) 목단 꽃은 고와도 향기가 없다.

목랑청조(睦郞廳調)라 정견(定見) 없이 상관의 말에만 따라서 함. ★목랑청조(睦郞廳調) : 분명하지 않은 태도로 어름어름하면서 얼버무리는 말씨.

목마른 놈이 우물 판다 자기가 급해야 서둘러 일을 서두른다는 말. (비) 갑갑한 놈이 송사한다.

목마른 사람에게는 물 한 모금 주는 것도 공덕(功德)이다 남의 사소한 일이라도, 그를 도와주는 것이 좋다는 말.

목마른 사람에게 물소리만 듣고 갈(渴)을 축이라 한다 말만 그럴싸하게 하지 실제로 쓸 만한 대책은 아무 것도 마련해 주지 않음을 비꼬아 이르는 말. (비) 말하는 매실.

목마른 사람이 물을 얻었다 곤란한 문제가 흡족하게 해결되었다는 말. (비) 굶주린 매가 꿩을 만났다. 굶주린 범이 멧돼지를 얻었다. 굶주린 고양이가 쥐를 만났다.

목마른 송아지 우물 들여다보듯 목마른 송아지가 물이 있는 우물을 그저 바라볼 수밖에 없단 뜻으로, 매우 갖고 싶은 것을 보고만 있을 수밖에 없으니 더욱 애가 탄다는 말. (비) 소금 먹은 소 굴우물 들여다보듯. 목맨 송아지 우물 들여다본다.

목마른 자에게 물 먹이기는 쉽다 아쉬운 처지에 있는 사람은 작은 미끼로도 쉽게 유혹할 수 있다는 말.

목매단 사람을 구한다면서 그 발을 잡아당긴다 남을 도와준다면서 도리어 해를 끼친다는 말. (비) 소 사정을 본다는 놈이 짐 지고 소를 탄다.

목매어 죽을 놈이 높은 나무만 고를까 죽을 놈이 이것저것 가리지 않듯이 막된놈은 가리는 것이 없다는 말.

목맨 개가 뼈다귀 탓한다 자기가 좋아서 하다가 해(害)를 입고는 남을 탓한다는 말.

목맨 개 겨 탐하듯 자기 분수를 돌보지 않고 분에 겨운

〈 목맨 송아지 〉

일을 하려고 한다는 말.
목맨 송아지 남의 예속에 끌려 다닌다는 뜻.
목벤 놈 허리 베고 허리 벤 놈 목밖에 더 베겠나 목숨을 내 걸고 결단하려 함을 이름.
목사의 아들 불량자(不良者)아닌 놈 없고 전도사의 아들 난봉꾼 아닌 놈 없다 도덕적 높은 수준에 있어야 하며 으레 그럴 것을 믿고 있는 종교인들 생활을 비평하는 말.
목수가 많으면 기둥이 기울어(무너)진다 무슨 일에 참견하는 사람이 많으면 일이 잘 안 된다는 뜻.
(비) 한 집에 감투장이 셋이 변. 상좌가 많으면 가마솥을 깨뜨린다. 목수가 많으면 집을 무너뜨린다.
목수가 해금 통을 부순다 목재를 전문으로 다루는 목수도 신중하지 못하면 해금 통을 부술 수도 있다는 뜻으로, 어떤 일에 자기의 재주만 믿고 설불리 덤비다가 도리어 탈을 냄을 비유적으로 이르는 말.
목수는 깎아 못 산다 목수는 나무를 깎아 큰 것을 작게만 만드는 버릇이 있어 재산을 제대로 불려 나가지 못한다는 의미. (비) 목수 잘사는 사람 없다. 목수 집이 오두막 살이다.
목수는 쇠를 깎지 못한다 사람이 맡은 일은 서로 다르다는 말.
목숨은 기러기 털보다 가볍다 (비) 목숨은 바람 앞에 등불과 같다.
목숨은 바람 앞의 등불과 같다 사람의 목숨은 언제 죽을지 모르는 짧은 목숨이란 뜻. (비) 목숨은 기러기 털보다 가볍다. 파리 목숨이다.
목이 가늘면 호색 대개 뚱뚱하게 생긴 사람보다 마른 사람이 주색을 좋아한다는 뜻.
목이 말라야 우물을 판다 무슨 일을 미리 준비하지 않았다가 시일이 임박해서야 허둥지둥하면서 애를 쓴다는 뜻. (비) 목마른 놈이 우물 판다.
목잔 좀 불량해도 이태 존대 목자(木子). 즉 이 씨 성을 가진 사람을 높여 하는 말.
목 짧은 강아지 겻섬 넘어다보듯 한다 키 작은 사람이 잘 안 보이는 먼 것을 보려고 목을 빼 늘이고 발돋움 하여 보는 모양을 이름.
목재에서도 불붙는다 곤경에 빠졌던 사람이 다시 예전대로 부귀영화를 누리게 되었다는 뜻.
목젖이 떨어지겠다 음식을 목젖이 떨어지도록 기다리듯이 몹시 오래도록 기다렸다는 뜻. (비) 목젖이 빠지겠다.
목탁(木鐸)귀가 밝아야 한다 먹으러 오라고 하는 소리를 잘 들어야 한다는 뜻.
목화밭 배추다 목화밭에 심은 배추와 같이 크고 맛이 좋은 것이란 말.
목화밭 부시다 가능성 없는 일을 오래 붙잡고서 계속 한다는 말.
목화(木靴) 신고 발등 긁기 하기는 하여도 시원하지 못할 때를 이름. 격화파양(隔靴爬癢). (비) 신 신고 발바닥 긁기. 옷을 입고 가려운 데 긁기. 옷을 격(隔)해 가려운 데를 긁는다.
몰라서 못 산다 미리 알기만 한다면 남보다 먼저 착수하여 돈을 벌 수 있다는 말.
몸꼴 내다 얼어 죽는다 실속은 없이 겉보기나 형식만 신경쓰다가는 낭패할 수 있음을 핀잔하는 말.
(비) 모양내다 얼어죽는다.
몸도 하나 그림자도 하나 혼자 몸으로 아무 데도 의지할 곳 없다는 말.
몸뚱이 갈무리도 못한다 자기의 몸도 제대로 간수도 못 하는 게으른 사람이라는 뜻. (비) 몸뚱이 치다꺼리도 귀찮다.
몸살 차살한다 몹시 성가시게 군다는 말.
몸은 개천에 가 있고 눈은 관청에 가 있다 실력이 없는 사람이 눈만 높아서 바라기는 많이 바란다는 뜻.
몸은 늙어도 마음은 늙지 않는다 몸은 비록 늙었지만 마음은 젊은 시절과 똑같다는 뜻.
몸은 늙어지고 시집살이는 젊어진다 해가 갈수록 시집살이가 더 고되다는 뜻. (비) 사람은 늙어가고 시집살이는 젊어진다.

몸은 죽을망정 이름은 영원히 남는다 살아 있을 때 많은 공로를 남겼기 때문에 죽은 뒤에도 그 이름은 영원히 남게 된다는 뜻.

몸은 팔아도 마음은 팔지 않는다 화류계의 여자가 비록 몸은 팔아서 먹고 살망정 마음까지는 팔지 않는다는 뜻.

몸을 구부리는 자벌레는 장차 곧게 펴려는 것이다 무슨 일에서든지 성공하려면 노력이 있어야 한다는 뜻. (비) 찧는 방아에도 손이 드나들어야 한다. ★자벌레 : 자벌레나방의 애벌레.

몸이 나이를 말해준다 행동하는 모습만 보아도 대략 그 사람의 나이를 짐작할 수 있다는 의미.

몸이 되면 입도 되다 몸을 아끼지 않고 벌어들이면 먹는 것도 잘 먹게 된다는 의미.

몸이 말을 안 듣는다 마음으론 무슨 일이든지 할 것 같으나 몸이 늙어서 감당해낼 수 없다는 뜻. (비) 몸이 천근이나 된다.

몸이 편안한 건 원님 덕 배가 부른 건 하늘 덕 남의 은덕(恩德)을 입었을 때는 크거나 작거나 항상 감사할 줄 알아야 한다는 뜻.

몸이 흔들리면 그림자도 흔들린다 기본 바탕이 약하면 부분적인 것까지 따라서 약해진다는 뜻.

몹시 데면 회(膾)도 불어먹는다 한 번 무엇에 놀란 사람은 그와 비슷한 것만 보아도 미리 겁을 낸다는 말. (비) 국에 덴 놈이 냉수를 불어먹는다. 국에 덴 놈 물 보고 분다. 불에 놀란 놈이 부지깽이 보고 놀란다. 더위 먹은 소 달만 보아도 헐떡인다.

못난 년이 분 바르면 서방질한다 못난 사람은 조금만 칭찬하여 주어도 자신이 잘난 줄 알고 금세 교만해지고 못된 짓을 하게 된다는 뜻. (비) 못난 년이 꼴값한다.

못난 놈은 제 기른 짐승도 못 잡아먹고 죽는다 모자라는 사람은 제 마음대로 처리 할 수 있는 짐승도 잡아먹지 못해 굶어 죽는다는 뜻으로, 행운을 차지하지 못함은 물론 제 몫조차 챙기지 못해 곤경을 겪는 어리석고 어수룩한 사람을 놀림조로 이르는 말.

못난 놈이 잘난 사람을 부린다 잘난 사람은 못난 사람을 가르쳐 주기도 하고 써주기도 하므로 못난 사람의 부림을 당한다는 뜻.

못난 놈 잡아들이라면 없는 놈 잡아간다 아무리 잘났더라도 돈이 없고 궁하면 못난 놈 대접밖에 못 받고, 못난 사람도 돈만 많이 있으면 좋은 대접을 받는다는 말.

못난 색시 달밤에 삿갓 쓰고 나선다 못난 여자는 자기가 못생긴 줄 모르고 남의 탓만 한다는 말. (비) 못난 여자는 거울만 나무란다.

못되게 자란 나무는 그늘도 없다 못된 사람에게는 바랄 것이 없다는 뜻.

못되면 조상(祖上) 탓 자기가 잘못하거나 못나서 실패하고는 반성은 하지 않고 그 실패의 원인을 다른 사람에게 돌린다는 말. (비) 문비(門神) 거꾸로 붙이고 환장이 탓. 집안이 망하면 지관 탓. 집안이 망하면 집터 잡은 사람만 탓.

못된 고양이 잡으라는 쥐는 안 잡고 씨암탉만 잡는다 못된 사람은 하라는 일은 하지 않고 엉뚱한 짓만 하여 큰 손해를 끼친다는 뜻.

못된 나무에 열매만 많다 가난한 집에 자식만 많다는 뜻. (비) 못된 소나무에 솔방울도 많다.

못된 바람은 동대문 구멍으로 다 들어온다 1.못된 짓은 언제나 말썽꾸러기가 저지른다는 뜻. 2.궂은일이나 실패한 일의 책임이 자기에게만 돌아옴을 항변하여 이르는 말. (비) 못된 바람은 수구문으로 들어온다.

못된 버섯이 삼월부터 난다 좋지 못한 물건이 도리어 일찍 나와 돌아다닌다는 말. (비) 못 먹는 버섯은 삼월부터 난다.

못된 벌레가 쏟다 (비) 도둑괭이가 제상에 오른다.

못된 벌레 장판방에서 모로 긴다 밉게 뵈거나 되지 못한 자가 눈에 거슬리는 짓만 하거나 엇나가는 짓을 한다는 말. (비) 못된 송아지 엉덩이에 뿔 났다. 엉덩

⟨못된 소나무에 솔방울만 많다⟩

이에 뿔 났다. 송아지 못된 것은 엉덩이에 뿔 난다.
못된 소나무에 솔방울만 많다 못된 것은 성하고 아름다운 것은 적다는 말.
못된 송아지 엉덩이에 뿔 난다 (비) 못된 벌레 장판방에서 모로 간다.
못된 음식이 뜨겁기만 하다 사람답지 못한 자가 교만하고 까다로운 행동을 한다는 뜻. (비) 맛없는 국이 뜨겁기만 하다. 일가 못 된 것이 항렬만 높다.
못된 일가 항렬만 높다 쓸데없는 친척이 촌수만 높다는 말. (비) 아무것도 못하는 놈이 문벌만 높다. 일가 못된 것이 항렬만 높다.
못 먹는 감(고기 떡) 찔러나 본다 (비) 나 못 먹는 밥이라고 재 뿌린다.
못 먹는 감나무는 쳐다보지도 말라 일이 성사되기 어려운 경우에는 아예 시작도 하지 말라는 뜻.
못 먹는 버섯은 삼월부터 난다 먹지도 못할 것이 일찍부터 난다 함은 불량한 것이 도리어 일찍부터 나댄다는 말. (비) 못된 버섯이 삼월부터 난다.
못 먹는 씨아가 소리만 난다 실상은 없고 소문만 굉장함을 이르는 말.
못 먹는 잔치에 갓만 부순다 아무 이득 없이 손해만 남을 이르는 말. (비) 먹지도 못하는 제사에 절만 죽도록 한다. 얻어먹지 못하는 제사에 갓 망건만 부순다.
못물에 가랑비(눈) 내렸다 (비) 개미 기어간 자취.
못 믿는 도둑 개 같이 남을 대고 의심하는 사람을 두고 이르는 말.
못 살면 조상(터) 탓 제가 잘못하여 그르친 일을 가지고 그 책임을 남에게 돌리고 원망한다는 뜻.
못 살아도 제 팔자 잘살아도 제 팔자 일반적으로 잘살고 못사는 것은 모름지기 다 자기 운명이기 때문에 어쩔 도리가 없다는 뜻.
못생긴 며느리 제삿날에 병난다 (비) 미운 강아지 보리 멍석(부뚜막)에 우쭐거리며 똥 싼다.
못 속에 든 암 고래 식견(識見)이 몹시 좁은 사람을 두고 하는 말.

못 속의 용(龍)도 언젠가는 하늘에 오를 때가 있다 고생을 견디고 나가면 언젠가는 성공하게 된다는 뜻.
못 쓰는 것도 삼 년 되면 쓰인다 무슨 물건이든지 잘 보관해두면 언젠가는 요긴하게 쓰인다는 뜻.
못에 갇힌 고기는 옛 놀던 물을 그리워한다 객지에서 외롭게 지내는 사람은 고향을 몹시 그리워한다는 말.
못에 갇힌 고기요 새장에 갇힌 새 (비) 굴레 씌운 말.
못 오를 나문 쳐다보지 마라 너무 지나친 과욕을 삼가라는 말.
못이 마르면 고기도 궁(窮)하게 된다 못물이 마르면 고기가 곤경에 빠지듯이 사람도 직장을 잃으면 궁하게 된다는 뜻.
못이 커야 용(龍)이 난다 희망과 포부가 큰 사람은 큰 일을 할 수 있고 따라서 성공할 수 있다는 말. (비) 그물이 커야 큰 고기를 잡는다. 낚싯줄이 길어야 큰 고기를 잡는다.
못 입어 잘난 놈 없고 잘 입어 못난 놈 없다 제아무리 잘 났더라도 가난하여 못 입고 못 먹으면 천대와 멸시를 면하지 못한다는 말. (비) 미련한 놈 잡아들이라 하면 가난한 놈 잡아들인다. 예문. 못 입어 잘난 놈 없고 잘 입어 못난 놈 없다더니, 항상 촌스러워 보이던 철수도 옷을 잘 차려입으니 멋지더라.
못자리 거름 하겠다 빨래를 한 물이나 몸을 씻은 물이 매우 더러울 때 하는 말. ★못자리 : 묘대(苗垈). 볍씨를 뿌려 모를 기르는 자리.
못자리판에 돌 집어넣기 (비) 고추밭에 말 달리기.
못 참을 것을 참는 것이 참는 것이다 남들이 못 참는 것을 참고 이겨내야 비로소 참는 것이라고 말할 수 있다는 말.
못할 말 하면 제 자손에 앙얼 간다 남의 가슴에 못을 박을 못할 말을 하면 자기 자손에게까지 신벌을 받게 된다는 말. ★앙얼 : 신불(神佛)의 벌.
몽글게 먹고 가늘게 싼다 크게 욕심을 부리지 않고 제 힘에 맞도록 분수를 지키는 것이 옳은 일이며 그것은 또한 편하기도 하다는 뜻. (비) 적게 먹고 가는 똥 누지. 작작 먹고 가늘게 싸라.

몽당비가 우쭐댄다 남들이 알아주지 않는 못난 사람이 오히려 잘난 체하며 나선다는 말.

몽당비도 섣달그믐이면 제집을 찾아온다 섣달그믐이 되면 모든 사람이 제집이 그리워서 돌아온다는 뜻.

몽둥이는 주인을 미워한다 하인들은 흔히 제 상전에 대해 불만이 많음을 이르는 말.

몽둥이 들고 포도청 담에 오른다 제가 지은 죄를 숨기려고 남보다 먼저 나서서 떠들어 대는 경우를 이르는 말. (비) 불난 데서 불이야 한다. 도둑이 포도청 간다. 도둑이 도둑이야 한다. 도둑이 제 발 저리다.

몽둥이 뜸질에 앉은뱅이도 도망을 친다 사람은 누구나 가혹(苛酷)한 짓에서 벗어나려 한다는 뜻.

몽둥이 세 개 맞아 담 안 뛰어넘을 놈 없다 사람은 누구나 매 맞는 것을 참지 못하여 급하면 달아나게 마련이라는 말. (비) 달고 치는데 아니 맞을 장수 있나. 매 앞에 장사 있나.

몽둥이 장만하자 도둑 든다 마침 준비해 둔 것이 제때에 쓰인다는 뜻.

몽치 깎자 도둑이 뛴다 무슨 일을 하려고 준비만 하다가 결국 이루지 못하였다는 뜻. (비) 망건 쓰자 파장한다.

묘년(卯年)에 낳은 계집아이는 예쁘다 토끼띠를 가진 여자들은 예쁘고 마음씨가 착한 여자가 많다는 말.

무게가 없으면 위엄도 없다 행동이 경박한 사람은 위엄이 없으므로 항상 몸가짐을 삼가라는 말.

무게가 천근(千斤)이나 된다 1.무엇이 매우 무겁다는 뜻. 2.사람됨이 묵직하여 믿음직스러움을 이름.

무너진 성(城)도 보수하면 쓴다 못 쓰게 된 것도 잘 손질하면 사용할 수 있게 된다는 의미.

무는 개는 이빨을 보이지 않는다 남을 해치려는 사람은 그 의도를 감추어 드러내지 않는다는 말.

무는 개를 돌아본다 너무 순하기만 하면 도리어 무시당하거나 관심을 끌지 못한다는 말. (비) 개도 사나운 개를 돌아본다. 우는 아이 젖 준다.

무는 개 짖지 않는다 무서운 사람일수록 말이 없다는 뜻.

무는 말 아가리와 깨진 독 서슬 같다 사람이 모질고 독살스러워 가까이할 수 없음. ★서슬 : 쇠붙이로 된 연장이나 유리 조각이나 그릇 조각 등의 날카로운 부분.

무는 말은 죽어야 안 문다 한번 든 나쁜 버릇은 죽기 전엔 고치기 어렵다는 말.

무는 말 있는 데 차는 말 있다 나쁜 사람이 있는 데 그와 비슷한 패거리가 모인다는 말.

무는 호랑이는 뿔이 없다 모든 것을 다 가출 수 없다는 말.

무당 남 빌어 굿한다 제가 제 일을 알아서 못하기 때문에 남의 도움을 받아서 일을 추진해야 한다는 뜻.

무당 넋두리 하듯 무당이 굿을 할 때 한풀이를 늘어놓는 것과 같이 말하는 것을 이르는 말.

무당보고 춤 잘 춘다니까 발 아픈 줄 모르고 춘다 (비) 잘한다 잘한다 하니까 하루아침에 왕겨 한 섬을 다 분다.

무당서방처럼 남의 것만 바란다 남의 것을 공짜로 얻기를 좋아하는 사람을 두고 하는 말.

무당은 병(病)이 생기라고 빌고 관 짜는 목수는 사람 죽기만 기다린다 흔히 사람은 남의 불행을 조금도 생각하지 않고 자기의 이익만을 추구한다는 뜻.

무당은 장구 소리만 나도 춤을 춘다 사람은 흥겨운 소리를 들으면 저절로 흥이 돋는다는 뜻.

무당은 젊어야 하고 의사는 늙어야 한다 굿하는 데는 힘이 들기 때문에 젊어야 하고, 의사는 경험이 많아야 병을 잘 고칠 수 있기에 늙은 의사가 좋다는 말.

무당의 영신(靈神)인가 맥없이 있다가도 어떤 일을 맡기면 기쁘게 받아들여 곧바로 일어서는 사람을 비유적으로 이르는 말. (비) 굿 들은 무당. 재 들은 중.

무당이 제 굿 못하고 소경이 제 죽을 날 모른다 (비) 중이 제 머리 못 깎는다.

무당이 제 굿 못한다 (비) 중이 제 머리 못 깎는다.

무당질 삼 년에 목두기란 귀신 못 보았다 오랫동안 여러 사람을 겪어보고 별일 다 보았으나 그와 같은 몰

⟨무당 칼춤 추듯이⟩

상식한 사람은 처음이란 뜻. (비) 세살 적부터 무당 질하여도 목두리란 귀신은 못 보았다.

★목두기 : 무엇인지 모르는 귀신의 이름.

무당 칼춤 추듯이 소란스럽고 정신없이 일을 하는 모양을 이르는 말.

무던한 외며느리 없다 외며느리는 마음씨가 착하고 인자한 여인이라도 좀처럼 찬사를 듣기란 어렵다는 뜻.

무딘 도끼는 벼려 쓰지만 사람 무딘 건 쓸모가 없다 도끼의 날이 무딘 건 벼려서 쓸 수 있지만, 사람이 미련하고 재능이 없는 것은 고칠 수 없기에 쓸모가 없다는 말.

무딘 칼은 숫돌에 갈아야 한다 모르는 사람일수록 배우고 수양을 해야 한다는 말.

무른 감도 쉬어 가면서 먹어라 (비) 돌다리도 두들겨 보고 건너라.

무른 땅에 나무 박고 재 고리에 말뚝치기 1.힘없고 연약하다고 업신여기고 학대함을 이름. 2.매우 하기 쉽다는 말. (비) 무른 땅에 말뚝박기.

무른 땅에 말뚝박기 1.일하기 쉽다는 뜻. 2.세도 있는 자가 힘없는 사람을 압제(壓制)하는 경우를 이름.

무른 메주 밟듯 함부로 짓밟고 다닌다는 뜻. (비) 팔도(八道)를 무른 메주 밟듯 하였다.

무릇인지 닭의 똥인지 알아내어 구별하기가 어려운 것을 이름. (비) 똥인지 호박국인지. 죽인지 코인지. 흰 죽에 코

무릎을 벗겨가며 자식 헛 낳다 힘들게 성교해서 낳은 자식이 못되게 되어 자식 농사를 버리게 되었다는 뜻.

무 밑 둥 같다 곁에 도와줄 사람이 없어서 홀로 외로움을 비유 한 말. (비) 나무에도 못 대고 돌에도 못 댄다. 끈 떨어진 뒤웅박.

무병(無病)이 장자(長者) 병을 앓으면 비용이 많이 드니 앓지 않고 사는 것이 곧 부자로 사는 것이라는 뜻.

무 뽑다 들킨 것 같다 남의 무를 뽑다가 들킨 것처럼 조그마한 잘못으로 망신을 당한다는 뜻.

무섭다니까 바스락거린다
(비) 가만히 먹으라니까 뜨겁다고 더 소리친다.

무섭지는 않아도 똥 쌌다는 격 분명히 나타난 결과와 사실(事實)에 대하여 구구하게 그렇지 않다는 변명을 한다는 뜻.

무소식이 희소식이라 객지에 가 있는 사람이 아무 소식도 전해 주지 않는 것은 어떤 사고나 실패가 없다는 증거이므로 오히려 희소식이라는 뜻.

무송(武松)이 장도감(張都監)친다 크게 풍파를 일으켜 매우 소란하다는 말로서, 수호지(水湖志)에서 나온 말. (비) 장도감 친다. ★무송 : 수호지의 등장인물. 양산박의 108 두령 중 한 명. 별호는 행자(行者). 중이 되기 전 수행하는 사람을 일컫는 말이다. ★장도감 : 말썽이나 소란을 일으키는 일을 이르는 말.

무쇠도 갈면 바늘 된다 (비) 백 번 찍어 안 넘어가는 나무 없다.

무쇠 두멍을 쓰고 소(沼)에 가 빠졌다 무쇠로 만든 큰 가마솥을 쓰고 물속에 빠졌다 함이니, 죄지은 자는 저도 모르는 사이에 저 스스로가 화를 자취(自取)한다는 뜻.

무슨 뽀족한 수가 있나 별로 좋은 방책이 없다는 말.

무슨 일이나 비밀을 지켜야 성공한다 어떤 일이든지 성공하기 위해서는 그것을 떠벌리지 말아야 한다는 의미.

무슨 일이나 시작이 어렵다 어떤 일이나 시작하기는 어렵지만 시작한 뒤에는 점점 쉬워진다는 의미.

무식하고 돈 없는 놈 술집 담벼락에 술값 긋듯 수(數)를 셈하는데 한 일자를 자꾸 그어 감을 이르는 말.

무식하면 농사나 지으랬다 옛날에는 공부를 못하는 사람은 모두 농사를 짓고 살아온 데서 나온 말.

무식하면 아는 척이나 말렸다 무식하면 아무 말도 하지 않고 조용히 있어야 무식이 탄로 나지 않는다는 뜻.

무식한 놈에게는 주먹다짐이 약이다 무식한 사람은 말로 통하는 법이 없기에 강제로 시켜야 한다는 의미.

무식한 도깨비가 부작을 모른다 사람이 무식하여 제게 중요한 것도 모르고 그로 인하여 크게 실수를 하게

된다는 말.

무식한 도깨비 진언(眞言)을 알랴 무식한 사람이 무엇을 알겠나 하는 말.

무심코 있는 것이 무식을 면한다 남들 앞에 아는 체하다가 도리어 봉변당하느니 가만히 있으면 무식하다는 말은 안 듣는단 말. (비) 가만히 있으면 중간이나 간다.

무언부답(無言不答)이냐 대답 못 할 말이 없음을 이름.

무언(無言)부도(不道)한다 마음에 품은 것을 죄다 말할 수 있음을 이름.

무엇이든지 먹고자 한다 세상에 나서 사는 보람을 다만 먹는 데서만 찾는 듯이 만사(萬事)젖혀 놓고 먹기를 위주(爲主)로 삼는다는 뜻.

무자식이 상팔자 자식이 없으면 자식 때문에 하는 걱정이 적어서 도리어 편하다는 말.

무죄(無罪)한 놈 뺨치기 (비) 고추밭에 말 달리기.

무지각(無知覺)이 상팔자 아무것도 모르는 것이 차라리 살기엔 편하단 말. (비) 모르는 것이 부처. 모르는 게 약이요 아는 게 병.

무진년(戊辰年) 글 강 외듯 말을 되풀이하여 곱씹는 것을 이름. (비) 경신년 글 강 외듯.

무진년 팥 방아 찧듯 무진년에 흉년이 들었으되 팥은 잘 되어 팥만 찧어 먹는 다 하니, 매우 자주 분주하게 무엇을 찧는다는 뜻.

무 캐다 들킨 사람 같이 멋없이 우두커니 앉아 무안해 하는 사람을 보고 이르는 말. (비) 벙거지 시울 만진다.

묵 그릇에 묵 항아리를 얹는다 약한 것 위에 무거운 것을 얹어놓아 약한 것을 못 쓰게 만든다는 뜻.

묵묵히 있는 사람들은 토지를 얻을 수 없다 말할 때 가서 가만히 있다든지 멍청하니 아무 행동도 취하지 않든지 하면 손해를 본다는 뜻. (영국 속담)

묵사발이 되었다 어떤 물건이나 일이 망가지거나 혼잡하게 된 형편을 말함.

묵은 거지보다 햇거지가 어렵다 고생도 오래 해 본 사람이 처음 당하는 사람보다 참을성이 많아 더 잘 견

단다는 말.

묵은 낙지 꿰듯 일이 아주 쉬움을 비유적으로 이르는 말.

묵은 낙지 캐듯 무슨 일을 단번에 시원히 해치우지 않고 두고두고 조금씩 하는 것을 비유한 말.

묵은장 쓰듯 아끼지 않고 헤프게 쓴다는 말. (비) 물 쓰듯.

묵은 조개에서 진주 난다 늙은이가 훌륭한 자식을 낳는 것을 비유하는 말.

묵은 책력(冊曆) 보기 1.시기를 놓치면 아무 쓸모가 없다는 뜻. 2.아무리 하여도 헛수고만 한다는 뜻.
 ★책력 : 천체를 관측하여 해와 달의 운행이나 월식, 일식, 절기 따위를 적어 놓은 책.

묵은 치부장 이미 쓸데없게 된 묵은 치부장이라는 뜻으로, 쓸모없게 되어 벌써 까맣게 잊음을 비유적으로 이르는 말.

묵주머니를 만든다 1.분쟁이 있으면 그것을 잘 얼버무려 조절한다는 뜻. 2.제 뜻대로 만든다는 뜻.

문경(聞慶) 세재 박달나무는 홍두깨 방망이로 다 나간다 많은 물건이 어떤 용도로 다 쓰임을 이르는 말.

문경이 충청도가 되었다가 경상도가 되었다 이랬다저랬다 줏대가 없음을 이르는 말. (비) 한 입으로 온 까마귀질 한다.

문 돌쩌귀에 불 나겠다 (비) 돌쩌귀에 불이 난다.

문둥이나 문둥 어미나 한 값이다 결국은 마찬가지라는 말

문둥이는 문둥이 친구를 좋아한다 (비) 가재는 게 편.

문둥이 떼쓰듯 한다 마구 떼를 쓰는 것을 비유적으로 이르는 말.

문둥이 버들강아지 따먹고 배 앓는 소리한다 무슨 말을 하는지 모르게 입속에서 우물우물 말하거나 그런 모양으로 노래 부르는 사람을 두고 이르는 말.

문둥이 시앗 쓰듯 한다 무리하게 자기 주장만 하고 떼를 쓴다는 말. (비) 문둥이 떼쓰듯 한다.

문둥이 자지 떼어 먹듯 남의 것을 무쪽같이 떼어먹기만 하고 갚을 줄 모름을 비유적으로 이르는 말.

문둥이 죽이고 살인(殺人) 당한다 하찮은 일을 저지르

〈 문둥이 콧구멍에 박힌 마늘씨도 파먹겠다 〉

고 큰 화를 당한다는 말.

문둥이 콧구멍에 박힌 마늘씨도 파먹겠다 욕심이 사납고 남의 것을 탐하여 심히 다랍게 구는 사람을 욕하는 말. (비) 용천배기 콧구멍에 마늘씨를 빼 먹고 말지. 호랑이 코빼기에 붙은 것도 떼어먹겠다.

문(門) 바른 집은 써도 입 바른 집은 못 쓴다 바른 말 잘하는 집은 시비를 너무 가려서 남 원망을 사게 된다는 뜻.

문비(門裨) 거꾸로 붙이고 환장이 탓 (비) 못되면 조상(祖上) 탓 ★문비 : 정월 초하룻날 악귀를 쫓는다는 뜻으로 대문에 붙이던 신장(神將)의 화상(畫像).

문서 없는 상전 까닭 없이 만에게 몹시 까다롭게 구는 사람을 이르는 말.

문서 없는 종 행랑살이 하는 사람의 아내를 가리키는 말.

문선왕(文宣王) 끼고 송사한다 권위 있는 사람의 이름을 내세워 그 세력을 이용함을 이르는 말. ★문선왕 : 공자(孔子)의 시호.

문 안의 적 은혜를 원수로 갚을 때 안에서 일어나는 화를 말한다.

문어(文魚) 제 다리 끊어 먹기 자기를 이롭게 한다는 것이 도리어 자기에게 해를 가져오게 한다는 뜻.
(비) 제주 말 제 갈기 뜯어 먹기. 황소 제 이불 뜯어 먹기.

문 열고 도둑을 불러들인다 자신이 스스로 손해되는 짓을 한다는 뜻.

문전 나그네 흔연(欣然) 대접 어떤 신분의 사람이라도 자기를 찾아온 사람은 친절히 대하라는 말.

문지방이 닳도록 다닌(드나든)다 (비) 돌쩌귀에 불이 난다.

문채(文彩) 좋은 차복성(車福成)이라 용모가 빼어나고 옷차림이 화려한 사람을 비유적으로 이르는 말.

문턱 높은 집에 무종아리 긴 며느리 생긴다 일이 마침내 다 알맞게 잘 되어 간다는 뜻. (비) 대문턱 높은 집에 정강이 높은 며느리 들어온다. 확 깊은 집에 주둥이 긴 개 들어온다.

문턱 밑이 저승이다 (비) 저승길이 대문 밖에 있다.

문턱이 닳도록 드나든다 (비) 돌쩌귀에 불이 난다.

문틈에 손을 끼었다 어찌 해야 할지 매우 곤란하여 망설이게 된 처지를 이름.

문틈으로 달아나는 말 구경하듯 한다 인생이 덧없이 짧은 것을 두고 하는 말.

문틈으로 보나 열고 보나 보기는 일반 어떤 일을 드러내 놓고 하나 숨어서 하나 하기는 마찬가지라는 말.

문틈으로 황소바람 들어온다 작은 것이라도 업신여기다가는 나중에 크게 낭패를 본다는 말.

문풍지 떨어진 데는 풀비가 제격 문풍지 떨어지면 풀비로 풀칠해야 제대로 붙듯이 겨에 맞는다는 말.
(비) 그 밥에 그 나물. 그 항아리에 그 뚜껑. 남산 봉화 들 제 인경 치고 사대문 열 제 순라군이 제격. 보리밥에 고추장. 색시 가마에 강아지 따라가듯. 시집가는데 강아지 따라간다.

묻기는 쉬워도 대답은 어렵다 대화할 때 묻기는 쉬워도 질문을 받을 때 조리 있게 대답해주기는 어렵다는 말.

묻은 불이 일어났다 다시 생기지 못하게 막아 버린 일에 후환이 생겼음을 이름.

묻지 말라 갑자생(甲子生) 물어 보지 않아도 그 정도는 다 앎을 이르는 말.

물가에 두면 젖고 불가에 두면 마른다 사람도 그가 처하여 있는 환경에 따라 그 영향을 받아 마음이 변하게 된다는 말.

물거미 뒷다리 같다 (비) 봉산(鳳山) 수숫대 같다.

물거미 지나간 흔적 (비) 개미 기어간 자취.

물 건너 물 있다 어려운 것이 하나 있는 것이 아니라 여러 개가 있다는 뜻. (비) 물 건너 물 있고 산 넘어 산 있다.

물 건너 불구경하듯 자기 일이 아니라서 관심 밖이라는 뜻. (비) 이웃집 개 보듯.

물 건너 손자 죽은 사람 같다 우두커니 먼 데를 바라보고 서 있는 이를 보고 하는 말.

물건은 남의 것이 좋아 보이고 자식은 제 자식이 잘나 보인다 물건은 가져 보지 않은 것이 더 좋아 보이고 아들은 귀엽기에 제 자식이 더 잘나 보인다는 뜻.

물건은 새것 쓰고 사람은 옛사람을 쓰랬다 물건은 새것이 좋지만 사람은 오랫동안 사귀어 정이 들어 믿을 수 있는 사람을 써야 한다는 말. (비) 물건은 새것이 좋고 사람은 구면(舊面)이 좋다.

물건은 오래면 귀신이 되고 사람은 오래면 지혜가 된다 늙은 사람은 경험이 풍부하여 지혜롭기 때문에 그들의 말 들으면 자기에게 유리하다는 뜻.

물건 잃고 병신 된다 도둑을 맞게 되면 물건은 물건대로 잃어버리고 자신은 바보 취급을 받게 된다는 뜻.

물건 잃고 병신(病身) 발명 일을 잘못하여 놓고서 뻔뻔스럽게 그럴듯한 변명을 한다는 뜻.

물건을 모르거든 값을 더 주라 좋은 물건을 사려면 비싼 것을 사란 뜻. (비) 물건을 모르거든 금보고 사라.

물건을 모르거든 금보고 사라 물건의 가치를 알 수 없거든 그 가격을 보고 사라는 뜻으로, 값이 그 질을 말해 줌을 이르는 말. (비) 물건을 모르거든 값을 더 주라.

물고기가 난다 물에 빠져 죽는다는 말.

물고기가 물속에서 놓여나다 본래의 영역으로 되돌아와 크게 활약할 수 있게 되었다는 말.

물고기가 솥 안에서 논다 멀지 않아 죽을 것을 모르고 있다는 말.

물고기가 용(龍)에게 덤빈다 (비) 물인지 불인지 모른다.

물고기 그물에 기러기 걸린다 구하려는 것은 못 구하고 구하지 않을 것을 구하게 되었다는 뜻.

물고기 난다 물이 빠져 죽었다는 뜻.

물고기는 그물을 두려워하지 않는다 사람은 뉘나 보이지 않는 적(賊)은 두려워하지 않는다는 뜻.

물고기는 물에서 산다 사람도 인간사회를 떠나서는 살 수 없다는 말.

물고기는 물을 떠나 살 수 없다 서로 밀접한 관계가 있어 떨어질 수 없음을 비유적으로 이르는 말

물고기도 묵으면 용이 된다 어릴 적엔 못생긴 사람이 자라서는 훌륭하게 되었다는 말.

물고기도 제 놀던 곳이 좋다 한다 이미 버릇이 되고 낯익어 익숙한 곳이 생소한 곳보다 낫다는 것을 두고 하는 말.

물고기도 큰 강물에 노는 놈이 더 크다 좋은 조건에서 사는 물고기가 더 크다는 말로, 일반적으로 유리한 생활환경에서 사는 사람이 생각하는 바가 크고 넓다는 것을 두고 하는 말.

물고기를 버리고 곰의 발바닥을 가진다 나쁜 것을 버리고 좋은 것만 골라 가진다는 뜻.

물고기 밥이 되었다 물에 빠져 죽었다는 말.

물고기의 눈알과 구슬이 섞여 있다 진짜와 가짜가 섞여 구별하기가 곤란하다는 말.

물고 놓은 범 미련(未練)이 있어 단념을 버리지 못하는 경우를 이름.

물고에 송사리 모이듯 좁은 곳에 무엇이 가득하게 모여 있다는 뜻.

물고 차는 상사말이다 기운이 넘쳐흘러서 어쩔 줄 모르는 사람을 이르는 말. ★상사말 : 흘레할 때가 되어서 성질이 일시적으로 사나워진 수말.

물과 기름 서로 융화될 수 없는 사이라는 뜻. (비) 물과 기름은 섞이지 않는다.

물과 불과 악처(惡妻)는 삼대(三代) 재액(災厄) 아내를 잘못 만나는 것이 일생의 큰 불행임을 이름.

물구나무를 서도 이승이 좋다 (비) 개똥밭에 굴러도 이승이 좋다.

물귀신처럼 끌고 들어간다 혼자서 책임을 지려고 하지 않고 애매하게 남을 끌고 들어간다는 뜻.

물 끓으면 돼지밖에 죽는 게 없다 그 중 못되고 지탄받은 사람이 결국 축출 당한다는 말.

물 덤벙 술 덤벙 일정한 주견(主見)없이 덤벙대는 사람을 이르는 말.

물도 모이면 바다를 이룬다 작은 것도 많이 모이면 큰 것이 될 수 있다는 말. (비) 물도 모이면 못이 된다.

물도 쓰면 준다 아무리 재산이 많아도 쓰기만 하면 줄어든다는 의미.

⟨ 물도 아끼면 용왕(龍王)이 좋아한다 ⟩

물도 아끼면 용왕(龍王)이 좋아한다 무슨 물자(物資)이든 절약하는 습성을 가져야 한다는 말. (비) 물을 아껴 쓰면 용왕이 돕는다. 흐르는 물도 아껴 쓰면 용왕이 돕는다.

물도 얼음이 되면 부러진다 1. 사람의 성질도 때에 따라 변한다는 뜻. 2. 성질이 강하기만 하면 실패 원인이 된다는 말.

물독 뒤에서 자랐느냐 키 큰 사람을 놀리는 말. (비) 군불 장댄가 키 크다. 응달에 승앗대. 봉산 수숫대 같다. 신속에 똥을 담고 다니냐. 천왕(天王)의 지팡이.

물독에 바가지를 엎어 띄우면 배가 엎어진다 바닷가 부인네들이 바가지를 엎어 놓지 말라는 뜻으로 이르는 말.

물독에 빠진 생쥐 같다 사람의 옷차림이 물에 흠뻑 젖어 초라함을 이름. (비) 뚝비 맞은 강아지. 물에 빠진 생쥐.

물동이 이고 강변으로 물 팔러 간다 물건을 필요한 곳에서 팔지 않고 흔한 곳에서 팔듯이 물정(物情)도 모른다는 뜻.

물동이 이고 하늘 보기이다 동이를 머리에 이고 하늘을 보면 동이에 가려서 하늘이 보일 리 없듯이 어리석은 행동을 한다는 뜻.

물동이 인 여자 귀 잡고 입 맞추기 남의 약점을 이용하여 못된 짓을 한다는 뜻.

물때썰때를 안다 권세가 오르고 내릴 때를 잘 가려가면서 처세를 하여야 한다는 뜻. ⇔ 물때썰때를 다 모른다.

물 떠놓고 혼례를 해도 제 복만 있으면 잘 산다 결혼을 화려하게 한다고 해서 잘 사는 것이 아니니 예식을 형편에 맞게 간소하게 하라는 말. (비) 물 떠놓고 혼례 한다.

물라는 쥐나 물지 씨암탉은 왜 물어 자기 일은 하지 않고 딴 나쁜 짓을 할 때 책망하는 말.

물렁이 담벼락 뚫는다 미련한 사람이 오히려 끈기가 있다는 말. (비) 미련이 담벼락 뚫는다.

물렁팥죽 마음이 여리고 약한 사람을 비유적으로 이르는 말.

물로 씻은 듯이 가난하다 세간이 하나도 없는 가난뱅이라는 뜻.

물리고도 아프다는 소리 못한다 무슨 일을 하였거나 당하고도 말할 수 없는 딱한 사정에 놓여 있단 말.

물 만난 고기 어려운 지경에서 벗어나 생기발랄하게 활약하기 좋은 판을 만난 처지.

물 만 밥이 목이 맨다 서럽고 답답하다는 말.

물 만 이밥이 목이 맨다 매우 서러워 먹는 것이 넘어가지 않는다는 뜻. (비) 물 만 밥에 목이 맨다.

물 많이 먹은 소가 오줌 많이 눈다 1. 죄진 사람이 벌도 받게 된다는 뜻. 2. 빚진 사람은 반드시 그 빚을 갚게 된다는 뜻.

물 먹은 배만 튕긴다 (비) 김칫국 먹고 수염 쓴다.

물 먹을 사이도 없다 잠깐이면 물을 먹을 수 있지만 이것도 먹을 사이가 없을 정도로 바쁘다는 의미.

물 묻은 바가지에 깨 엉겨 붙듯 무엇이 다닥다닥 가득히 끼어 붙어서 떨어지지 않음을 이름.

물 묻은 치마에 땀 묻은 걸 꺼리랴 기왕 나쁘게 된 것은 조금 더 나쁘게 되어도 별로 상관하지 않는다는 뜻.

물 밖에 난 고기 (비) 도마에 오른 고기.

물방아 물도 서면 언다 물방아가 정지하고 있으면 그 물도 얼듯이 사람도 운동하지 않고 있으면 건강이 나빠진다는 뜻. (비) 고인 물이 썩는다. 흐르는 물은 썩지 않는다.

물방앗간에서 고추장 찾는다 (비) 절에 가서 젓국 달라 한다.

물방울이 돌을 뚫는다 적은 노력도 계속하면 큰일을 이룩한다. 작은 것도 많이 모이면 큰 힘을 낼 수 있다. (비) 티끌 모아 태산. 낙숫물이 댓돌을 뚫는다. 수적석천(水滴石穿)

물 보리 한 말에 숫 좆을 버렸다 대단치 않은 것을 얻고 그 대가로 매우 소중한 것을 빼앗겼다는 말.

물 본 기러기 꽃 본 나비 (비) 꽃 본 나비 물 본 기러기.

물 본 기러기 산 넘어 가랴 (비) 꽃 본 나비 담 넘어가랴.

물 본 기러기 어옹(漁翁)을 두려워할까 아주 좋아하는 사람이나 사물을 보고는 위험이 따르더라도 그대로 지나가는 일이 없다는 말. (비) 꽃 본 나비 불을 헤아릴까. ★어옹 : 고기잡이하는 늙은이.

물 부어 샐 틈 없다 모든 일에 모자랄 것 없이 손을 쓰며 조금도 소홀함이 없다는 뜻.

물불을 가리지 않는다 물과 불은 상극이므로, 어떠한 위험한 일이라도 두려워하지 않고 견디어 냄을 이르는 뜻. 참고 참다가 비위에 맞지 않으면 왈칵 내는 성을 누구도 막을 수 없다는 것을 이르는 말.

물 썬 때는 나비잠 자다 물들어야 조개 잡듯 게을러 좋은 때를 놓치고 뒤늦게 나대는 어리석음을 이름.

물 쏘듯 총 쏘듯 말이 되건 안 되건 거짓이거나 정말이거나 마구 떠들어 댐을 이름.

물 쓰듯 한다 마구 헤프게 쓴다는 말. (비) 묵은장 쓰듯.

물어도 준치 썩어도 생치(生雉) 훌륭한 사람은 죽어도 그 명예를 남기고 지조(志操)가 굳은 사람은 아무리 어려운 처지에도 절개를 지킨다는 말. (비) 썩어도 준치. 노닥노닥 기워도 마누라 장옷. 노닥노닥해도 비단일세.

물 없는 기러기 (비) 꽃 없는 나비.

물에도 체한다 (비) 돌다리도 두들겨 보고 건너라.

물에 물 탄 듯 술에 술 탄 듯 말이나 행동이 분명치 않고 우유부단한 사람을 이르는 말. (비) 물에 물 탄 이. 물에 물 탄 이 술에 술 탄 이. 예문. 사람이 밤낮 물에 물 탄 듯 술에 술 탄 듯하니까 되는 일이 없는 거야.

물에 물 탄 이 조금도 변화가 없고 효력 없음을 이름. (비) 물에 물 탄 이 술에 술 탄 이.

물에 물 탄 이 술에 술 탄 이 조금도 변화 없고 효력이 없음을 이름. (비) 물에 물 탄 이.

물에 빠져도 주머니밖에 뜰 것이 없다 돈이 한 푼도 없음을 이르는 말. (비) 속 빈 강정에 잉어 등 같다. 시탕붕어의 검둥검둥이라. 피천 한 잎 없다. 피천 대푼 없다. 피동천 한 푼 없다 쇠천 샐닢도 없다.

물에 빠져 죽는 사람보다 술에 빠져 죽는 사람이 더 많다 술 때문에 패가망신하는 사람이 허다하다는 말.

물에 빠지더라도 정신을 잃지 말라 역경에 처하더라도 정신만 차리면 잘 수습이 된다는 말. (비) 범에게 열두 번 물려가도 정신을 놓지 말라. 호랑이에게 물려가도 정신을 차려라.

물에 빠지면 지푸라기라도 잡는다 매우 어려운 처지에 빠지면 아무것이나 잡고 의지함. (비) 급하면 관세음보살 왼다. 급하면 부처 다리를 안는다.

물에 빠진 건 건져도 계집에게 빠진 건 못 건진다 남자가 여자에게 한번 빠지게 되면 끊기가 매우 어렵다는 뜻.

물에 빠진 놈 건져 놓으니까 보퉁이를 찾는다 큰 은혜를 잊고 작은 실수를 잡아 도리어 책(責)한다는 말. (비) 물에 빠진 놈 건져 놓으니까 내 봇짐 내라 한다. 물에 빠진 놈 건져 놓으니까 망건값 달란다. 물에 빠진 놈 건져 놓으니까 약값 달란다.

물에 빠진 놈 배 부른다 때가 늦었을 때에 대책을 수립한다는 말.

물에 빠진 생쥐 물에 흠뻑 젖어 몰골이 초췌한 모양을 이르는 말. (비) 뚝비 맞은 강아지. 물독이 빠진 생쥐 같다.

물에 있는 고기 금 친다 될지 안 될지 모를 일을 가지고 공연히 기대함을 이르는 말. (비) 물의 고기 금치기.

물에 죽을 신수면 접시 물에도 빠져 죽는다 사람이 죽으려면 대수롭지 않게 아무렇지도 않은 일에도 죽는다는 말.

물엣 고기 금치기 될지 안 될지 모르는 일 가지고 공연히 기대해 다 된 것처럼 좋아하나 부질없는 짓을 이름.

물오른 송기 때 벗기듯 물오른 소나무의 속껍질을 벗기듯, 겉에 두르고 있는 의복이나 껍데기 따위를 모조리 빼앗는다는 말. (비) 피나무 껍질 벗기듯.

물오리가 물에 빠져 죽을까 걱정한다 필요 없는 일을

〈 물 위에 뜬 기름 〉

걱정한다는 말.

물 위에 뜬 기름 1.다른 사람들과 어울리지 못하거나 주어진 환경에 적응하지 못하여 외톨이가 된 사람을 일컬어서 이르는 말. 2.무엇이나 서로 통하지 못하고 떨어져 돌기만 함을 이름. (비) 찬물에 기름 돌듯.

물 위에 수결(手決) 같다 아무리 해도 자취도 효과도 없을 때를 이르는 말. ★수결 : 예전에 주로 관직에 있는 사람들이 증명이나 확인을 위하여 문서의 자기 이름이나 직함 밑에 도장 대신 붓으로 글자를 직접 쓰는 일이나 그 글자를 이르던 말.

물은 거꾸로 흐르지 않는다 정의(正義)를 굽히지 말라는 뜻.

물은 건너봐야 알고 사람은 지내보아야 안다 사람은 겉만 보고는 알 수 없고 서로 오래 겪어봐야 안다는 말. (비) 고기는 씹어야 맛이 난다. 깊고 얕은 것은 건너봐야 안다. 대천(大川) 바다도 건너봐야 안다. 호랑이를 그리되 뼈를 그리기 어렵고 사람을 사귀되 그 마음을 알기 어렵다.

물은 깊을수록 소리가 없다 (비) 벼는 익을수록 고개를 숙인다.

물은 먹을 탓 거짓말은 할 탓 일이나 말은 하기에 따라 다르기에 큰 차이가 있게 된다는 뜻.

물은 아래로 흐르고 불은 위로 올라간다 자신을 낮추는 겸손한 사람이 있는가 하면 한편으론 자신을 높이기만 하는 거만한 사람도 있다는 뜻.

물은 얼면 차갑게 된다 사랑이 식으면 냉정하게 된다는 말.

물은 장애물을 피해 가며 바다로 흐른다 사람은 갖은 고생을 해야 성공할 수 있다는 말.

물은 제 곬으로 흐르고 죄(罪)는 지은 데로 간다 (비) 덕은 닦은 데로 가고 죄는 지은 데로 간다.

물은 차면 넘친다 사람도 전성기가 지나면 쇠퇴하게 된다는 뜻.

물은 트는 데로 흐르고 죄(罪)는 지은 데로 간다 (비) 덕은 닦은 데로 가고 죄는 지은 데로 간다.

물은 트는 데로 흐른다 길을 트는 대로 따라 흐르듯이 사람도 가르치는 대로 응하게 된다는 말.

물은 흐르지 않으면 썩는다 사람은 활동하지 않고 정체되어 있으면 쇠퇴한다는 뜻.

물은 흘러도 여울은 여울대로 있다 1.세상의 모든 것이 변하여도 변하지 않는 것이 있다는 말. 2.무슨 일이 있더라도 제 본심(本心)이야 변할 리 있겠느냐고 하는 말.

물을 건너면 지팡이를 버린다 (비) 고기를 잡고 나면 바리를 버린다.

물을 담 안으로 댄다 담 밖으로 빼내야 할 물을 담 안으로 대서 화를 당하듯이 자기 스스로 잘못으로 큰 화를 당하게 된다는 뜻.

물을 아껴 쓰면 용왕이 돕는다 (비) 물도 아끼면 용왕(龍王)이 좋아한다

물의 고기 금치기 될지 안 될지 모르는 일을 가지고 공연히 기대한다는 뜻.

물의 성질은 맑기를 바란다 누구나 깨끗하고 성실한 성질을 가져야 한다는 뜻.

물이 개(와)야 배가 오지 (비) 산에 가야 범을 잡고 물에 가야 고기를 잡는다.

물이 깊고 얕은 것은 건너봐야 안다 좋고 나쁜 것은 실제로 경험해 봐야 알게 된단 뜻.

물이 깊어야 고기가 모인다(생긴다)
(비) 골이 깊어야 범이 있고 숲이 깊어야 도깨비가 있다.

물이 깊어야 큰 배도 띄운다 역량(力量)이 큰 사람이 큰일을 하게 된다는 뜻. ⇔ 물이 깊지 않으면 큰 배를 띄울 수 없다.

물이 깊을수록 소리가 없다 덕이 높고 생각이 깊은 사람은 겉으로 떠벌리고 잘난 체하거나 뽐내지 않는다는 뜻.

물이 너무 맑으면 고기가 안 모인다 사람이 지나치게 결백하면 사람이 따르지 않음의 뜻.

물이 썬 뒤에야 게 구멍이 보인다 1.일을 그르쳐 놓고

서 비로소 그 잘못을 깨달아도 이미 때는 늦었다는 말. 2.재산을 탕진한 뒤에야 그 재산이 귀함을 안다는 말.

물이 아니면 건너지 말고 인정이 아니면 사귀지 말라 사람은 사귈 때 자기 이익이나 다른 생각으로 가까이 사귀지 말고 인정으로 사귀란 뜻.

물이 얕으면 돌이 보인다 경솔한 행동을 하는 사람은 그 속을 드러낸다는 말.

물이 와야 배가 오지 남에게 베풂이 있어야 갚음이 있다는 이치를 이름.

물이 있어야 고기가 생기지 (비) 산에 가야 범을 잡고 물에 가야 고기를 잡는다.

물이 있어야 배가 간다 (비) 산에 가야 범을 잡고 물에 가야 고기를 잡는다.

물이 줄어들면 고기는 깊은 물로 돌아간다 권세가 없어지면 오던 사람들도 권세가 있는 사람에게 따라가게 된다는 말.

물인지 불인지 모른다 1.어떤 위험이라도 헤아리지 않는 저돌적(猪突的)인 행동을 이름. 2.자기의 분수도 모르고 강한 사람에게 덤빈다는 뜻. (비) 불나방이 등불에 덤빈다. 불나방이 불 무서운 줄 모른다. 불 속에 뛰어든다. 물고기가 용에게 덤빈다 범 모르는 하룻강아지. 생쥐가 고양이 앞에 덤비는 셈. 하룻강아지 호랑이(범)를 무서운 줄 모른다. 자가사리가 용을 건드린다. 비루먹은 강아지 대호(大虎)를 건드린다.

물 잃은 고기(용) 누구나 치명적인 타격을 입게 되면 꼼짝달싹도 못 하게 된다는 뜻. (비) 미꾸라지 백사장에 나온 격. 솥 속에 노는 고기. 물 잃은 기러기. 더운 날에 찬 서리 친다.

물 잃은 기러기다 치명적인 타격을 받았다는 말. (비) 더운 날에 찬 서리 친다.

물장수 삼 년에 궁둥잇짓만 남았다 수고 끝에 나쁜 버릇이 생겼다. 수고한 보람이 없다. (비) 물장수 삼 년에 동이만 남았다. ★물장수 : 술장수.

물장수 삼 년에 남은 것은 물 고리뿐 오랫동안 애쓰고 한 일에 소득 없이 남은 것도 변변치 않다는 뜻.

물장수 상이다 먹고 난 밥상이 아주 깨끗하여 빈 그릇만 남았을 경우를 이름.

물 주워 먹을 사이가 없다 (비) 눈코 뜰 새 없다.

물클어져도 준치 썩어도 생치(生雉) 훌륭한 사람은 아무리 고생하더라도 그의 본성(本性)을 유지해 나간다는 말. (비) 봉(鳳)은 굶어도 좁쌀을 먹지 않는다. 썩어도 생치. 노닥노닥 지어도 마누라 장옷. 노닥노닥해도 비단일세.

물 탄 꾀가 전 꾀를 속이려 한다 전 웅근 꾀에 비(比)해서 거기다 물을 탄 꾀는 얕고 어리석은 것인 즉 어리석고 미련한 자가 민첩하고 영리한 자를 속이려 한다는 말.

물 퍼런 것도 잘 보면 여러 가지다 무엇이나 얼른 따져 보아서 같은 것이라도 자세히 따져 보면 같은 것이란 없다는 말. (비) 푸른 풀도 자세히 보면 다르다.

물 퍼붓듯 한다 성급한 사람이 소리를 질러가며 말을 몰아쳐 함을 비유하는 말.

물 한 모금 마실 새 없다 (비) 눈코 뜰 새 없다.

뭐니뭐니해도 구관이 명관이다 누가 뭐라고 해도 먼저 있던 사람의 인품이 현재에 있는 사람보다는 훨씬 낫다는 의미.

뭣 모르는 중 1.중을 얕보고 하는 말. 2.중요한 일을 모르고 있는 사람을 비웃는 말.

뭣 본 벙어리 살그머니 웃는다는 뜻. (비) 뵛 본 벙어리. 선떡 먹고 체했다. 외삼촌 물에 빠졌나. 동남풍에 잇속이 그슬리겠다.

뭣 좋아지자 과부 되었다 형편이 좋게 풀렸지만 운수가 좋지 않아 일이 공교롭게 빗나갔다는 뜻.

미궁(迷宮)에 들었다 사건이 복잡하여 쉽게 판단이 서지 않고 해결되지 않음을 이름.

미꾸라지가 모래 쑤셨다 (비) 개미 기어간 자취.

미꾸라지 국 먹고 용트림한다 (비) 김칫국 먹고 수염 쓴다.

〈 미꾸라지도 빠지는 재주는 있다 〉

미꾸라지도 빠지는 재주는 있다 아무리 못난 사람이라도 특별한 재주는 한 가지 가지고 있다는 말.
미꾸라지 백사장에 나온 격 (비) 물 잃은 고기(용).
미꾸라지 밸 따듯 미끄러운 미꾸라지의 배알을 따는 것처럼 한다는 뜻으로, 일을 건성건성 처리하는 모양을 비유적으로 이르는 말. ★밸 : 배알 즉, 창자를 이름.
미꾸라지 볼가심 몸집이 큰 사람에게 매우 적은 양에 음식이 들어왔음을 비유하여 이르는 말.
미꾸라지 속에도 부레풀은 있다 아무리 미천한 사람이라도 속셈과 오기는 있다는 것을 비유적으로 이르는 말.
미꾸라지 용 된다 가난하고 보잘것없던 사람이 크게 되었다는 말. (비) 개똥밭에 인물 난다. 개천에서 용 난다. 누더기 속에서 영웅 난다. 덩굴에도 열매가 연다. 뱁새도 수리를 낳는다.
미꾸라지 천 년에 용 된다 (비) 고기도 묵으면 어룡(魚龍)이 된다.
미꾸라지 한 마리가 온 웅덩이를 흐린다 못된 사람 하나가 전체에 커다란 폐를 끼친다는 말. (비) 실뱀 한 마리가 온 바닷물을 흐린다. 조그마한 실뱀이 온 강물을 다 휘젓는다. 조그마한 실뱀이 온 바닷물을 흐린다. 한 갯물이 열 갯물을 흐린다. 한 마리 고기가 온 강물을 흐린다.
미꾸라지 한 마리에 물 한 동이 붓는다 1.처지에 맞지 않게 야단스러운 대비를 빈정거리는 말. 2.아무리 작은 일이라도 응당 갖추어야 할 절차와 준비가 필요하다는 말.
미끄러진 김에 쉬어 간다 잘못된 기회를 이용해서 어떤 유효적절한 행동을 함을 이름.
미끈유월 유월은 해야 할 일이 많아 모르는 사이에 지나간다는 말. (비) 깐깐오월. 어정칠월 동동 팔월.
미끼 없는 낚시 겉모양은 그럴듯하게 갖추어졌으나 실속은 하나도 없고 속이 비어 쓸모가 없다는 뜻. (비) 불 없는 화로, 살(화살) 없는 활. 탄환 없는 총.

미끼 없이 낚는 고기 없고 낚은 고기 미끼 주는 법 없다 자기 사람을 만들기 전에는 굉장히 대접을 잘하다가도 일단 자기 사람이 된 뒤엔 박대한다는 뜻.
미늘이 없으며 낚싯대로 고기를 못 잡는다 강한 의지(意志)가 없으면 성공하지 못한단 뜻. ★미늘 : 낚시 끝의 안쪽에 있는 작은 갈고리.
미랭이 김칫국 흘리듯 한다 지저분하게 질질 흘림을 이름. ★미랭이 : 다 늙어 빠져서 사람 구실을 못하는 이를 가리킴.
미련은 먼저 나고 슬기는 나중 난다 무슨 일이 잘못된 후에야 이랬더라면 좋았을 것을 하고 궁리함을 이름. (비) 선(先) 미련 후(後) 슬기.
미련이 담벼락 뚫는다 미련한 사람이 오히려 일을 해내는 끈기가 있다는 말.
미련하기는 곰이다 매우 미련한 사람을 이르는 말.
미련한 놈 가슴에 고드름이 안 녹는다 미련한 사람이 한 번 앙심을 먹으면 좀처럼 누그러질 줄 모른다는 뜻.
미련한 놈 똥구멍에 불 송곳이 안 들어간다 흔히 미련한 사람이 매우 고집이 세고 뚝하다는 말.
미련한 놈에게는 몽둥이찜질이 약이다 말로 해서 알아듣지 않는 미련한 사람은 몽둥이로 버릇을 고쳐야 한다는 뜻.
미련한 놈이 곰도 잡는다 저 죽을 줄 모르는 미련한 사람이어서 곰이 무서운 줄도 모르고 마구 덤벼들어서 잡는다는 뜻. (비) 미련한 놈이 범도 잡는다.
미련한 놈 잡아들이라 하면 가난한 놈 잡아들인다 세상엔 돈만 있으면 못난이도 잘난 척 할 수 있고, 반대로 돈 없으면 잘난 이도 못난이 대접밖엔 목 받는다는 뜻. (비) 못 입어 잘난 놈 없고 잘 먹어 못난 놈 없다.
미련한 송아지 백정을 모른다 겪어보지 않거나 어리석어 사리에 어둠을 이르는 말.
미성(尾星)이 대국(大國)까지 뻗쳤다 매우 가느다란 물건이 끝없이 길다는 말. (비) 이십팔(二十八) 숙(宿) 중의 하나. 개창자 같다. ★미성 : 이십팔수(二十八

宿)의 여섯째 별자리의 별들. 동쪽에 있다.

미세한 것은 흩어지기 쉽다 큰 것은 흩어지지 않지만 작은 것은 흩어지기 쉽기에 조심하라는 뜻.

미역국 먹고 생선 가시 내랴 불가능한 일을 우겨댄다는 말.

미역국 먹다 단체가 해산되거나 어디에서 떨려 남을 이름.

미운 강아지 보리 멍석(부뚜막)에 우쭐거리며 똥 싼다 미운 자가 유난히 보기 싫고 미운 짓만 한다는 뜻. (비) 미운 벌레 모로 간다. 미운 중놈이 고깔을 모로 쓰고 이래도 밉소 한다. 못생긴 며느리 제삿날 병난다. 예쁘지 않은 며느리 삿갓 쓰고 으스름달밤에 나선다. 미운 개가 주걱 들고 조왕에 오른다. 달밤에 삿갓 쓰고 나온다. 똥강아지 혀 안 대보는 데 없다. 못난 색시 달밤에 삿갓 쓰고 나온다. 미운 고양이 씨암탉을 물어 죽인다. 미운 년이 분 바르고 요래도 밉소 한다. 미운 마누라 죽젓광이에 이 잡는다. 밉다니까 떡 사 먹으면서 서방질한다. 얄미운 강아지 생선 물고 마루 밑으로 들어간다. 얄미운 고양이 아랫목 이불 속에 똥 싼다. 얄미운 고양이 조기 대가리 물고 부뚜막에 오른다. 얄미운 년이 분 바르고 예쁘냐고 묻는다. 얄미운 놈이 고기 안주 없다 한다. ★죽젓광이 : 죽을 쑬 때 고르게 끓게 하기 위해 죽을 휘젓는 나무방망이. 죽젓개.

미운 개 주걱 물고 부뚜막(조왕)에 오른다 (비) 미운 강아지 보리 멍석(부뚜막)에 우쭐거리며 똥 싼다.

미운 개 호랑이가 물어 갔다 보기 싫고 미운 사람이 없어져서 속이 시원하다는 말. (비) 미친개 범이 물어 간 것만 하다. 범이 도둑개를 물어 갔다.

미운 고양이가 씨암탉을 물어 죽인다 (비) 미운 강아지 보리 멍석(부뚜막)에 우쭐거리며 똥 싼다.

미운 년이 겸상한다 공교롭게도 미운 사람과 마주하여 밥을 먹게 되었다는 뜻으로, 보기 싫은 사람과 정면으로 대하게 되었음을 비유적으로 이르는 말.

미운 년이 분 바르고 요래도 밉소 한다 (비) 미운 강아지 보리 멍석(부뚜막)에 우쭐거리며 똥 싼다.

미운 놈 떡 하나 더 준다 (비) 미운 사람에게는 쫓아가 인사한다.

미운 놈 떡 하나 더 주고 우는 놈 한 번 더 때린다 미운 놈은 미워한다는 것이 알려지면 뒤에 화를 입을 수 있어서 마지못해 떡 하나를 더 주지만, 우는 놈은 당장 듣기 싫어서 울음을 멈추라고 한 대 더 때리게 된다는 뜻으로 미운 놈보다 우는 놈이 더 귀찮음을 이르는 말.

미운 놈 보려면 길 나는 밭 사라 밭에 길이 있으면 사람들이 길 옆의 농작물을 밟고 가므로 길나는 밭을 산 사람은 미운 사람들을 많이 보게 된다는 말. (비) 미운 놈 보려면 딸 많이 낳아라. 미운 놈 보려면 술장수 하라.

미운 놈 보려면 딸 많이 낳아라 사위를 보려면 꼴 보기 싫은 짓도 많이 본다는 뜻. (비) 미운 놈 보려면 길 나는 밭을 사라.

미운 놈 보려면 술장사 하랴 술장사를 하면 미운 사람을 많이 볼 수 있다 하는 말. (비) 미운 놈 보려면 길 나는 밭을 사라.

미운 마누라 죽젓광이로 이 잡는다 (비) 미운 강아지 보리 멍석(부뚜막)에 우쭐거리며 똥 싼다. ★죽젓광이 : 죽을 쑬 때 고르게 끓게 하려고 죽을 휘젓는 나무 방망이.

미운 며느리가 금슬(琴瑟)은 좋다 며느리가 미운데 저희 부부간엔 정이 좋기에 애먼 아들까지 미워진다는 뜻.

미운 며느리가 예쁜 손자를 낳는다 자기의 며느리는 밉지만 손자는 귀엽게 여기고 사랑한다는 말.

미운 벌레가 모로 긴다 (비) 미운 강아지 보리 멍석(부뚜막)에 우쭐거리며 똥 싼다.

미운 사람에게는 쫓아가 인사한다 제가 미워하는 사람일수록 잘해 주고 인심을 얻어 그의 감정을 상하지 않아야 후환이 없는 것이라는 뜻. (비) 미운 놈 떡 하나 더 준다. 미운 아이 먼저 품어라. 미운 쥐 품이 품는다.

⟨ 미운 사람에게도 가까이하면 정든다 ⟩

미운 사람에게도 가까이하면 정든다 아무리 미운 사람도 가까이 지내다 보면 정이 들게 마련이란 뜻.

미운 아이 떡 하나 더 준다 미울수록 더 사랑하라는 뜻.

미운 아이 먼저 품어라 (비) 미운 사람에게는 쫓아가 인사한다.

미운 애한테는 엿을 주고 귀여운 애한테는 매체를 준다 (비) 예쁜 자식 매로 키운다.

미운 열 사위 없고 고운 외며느리 없다 흔히 사람들이 사위는 무조건 귀히 여기고 아끼나 며느리는 아무리 잘해도 아껴 주지 않는다 하여 이르는 말. (비) 열 사위 밉지 않아도 한 며느리 밉다.

미운 일고여덟 살 어린아이가 일곱 살쯤 되면 미운 짓을 많이 한다는 말. (비) 일곱 살 아홉 살 때는(아홉 살 먹을 때까진) 아홉 동네에서 미운 받는다. 예문. 지연이가 자기 엄마한테 억지 부리는 걸 보니 영락없는 미운 일곱 살이구먼.

미운 자식 밥 많이 먹인다 미운 사람일수록 더 친절히 생각하여야 상대편의 감정을 상하지 않고 후환이 없다는 말. (비) 미운 자식 밥으로 키운다. 미운 쥐도 품에 품는다.

미운 자식 밥으로 키운다 (비) 미운 자식 밥 많이 먹인다.

미운 정 고운 정 오래도록 가까이 지내는 동안에 티격태격하기도 했지만 이런저런 고비를 모두 잘 넘기고 깊이 든 정.

미운 정 있으면 고운 정도 있다 미운 사람에게도 찾아보면 고운 데가 있고 고운 사람에게도 미운 구석이 있기 마련이란 뜻.

미운 중놈이 고깔을 모로 쓰고 요래도 밉소 한다 (비) 미운 강아지 보리 멍석(부뚜막)에 우쭐거리며 똥 싼다.

미운 쥐도 품에 품는다 (비) 미운 사람에겐 쫓아가 인사한다.

미운털이 박혔다 몹시 미워하며 못살게 구는 것을 비웃는 말.

미운 파리 치려다 고운 파리 상한다 좋지 않은 사람을 쳐서 벌주려다 오히려 좋은 사람이 그 누를 입게 된다는 말. (비) 미운 파리 잡으려다 고운 파리 잡는다. 미운 풀이 죽으면 고운 풀도 죽는다.

미운 풀이 죽으면 고운 풀도 죽는다 나쁜 것을 없애 버리면 적지 않은 희생이 이에 뒤따름을 일컬음.

미워하면서 닮는다 처음엔 싫어하던 것도 항상 접하게 되면 자신도 모르는 사이 물들게 된다는 뜻.

미인 소박은 있어도 박색 소박은 없다 흔히 미인의 마음씨는 너그럽지 못하지만 박색의 마음씨는 너그러워서 가정이 화복하므로 이혼하는 일이 없다는 뜻.

미인 싫다는 사람 없고 돈 마다는 사람 없다 미인을 아내로 얻고 싶고 돈도 많이 가지고 싶은 것이 인간의 상정(常情)이란 뜻.

미인은 사흘에 싫증이 나고, 추녀는 사흘에 정이 든다 여자의 겉만 보고 좋아하면 길게 못 간다는 뜻.

미인의 운명은 기박하다 아름다운 여자는 뭇 사나이가 따르게 되기에 자칫 불행에 빠지기 쉽다는 뜻.
(비) 미인은 팔자가 사납다.

미장이는 비비송곳 같다 깊은 생각에 빠져 안타깝게 되풀이하며 고민함을 이름. ★비비송곳 : 자루를 두 손바닥으로 비벼서 구멍을 뚫는 송곳.

미장이에게 호미는 있으나 마나 (비) 갖바치에 풀무는 있으나 마나.

미장이 집에 흙손 없다 (비) 대장간에 식칼 논다.

미주알고주알 밑두리콧두리 캔다 (비) 뒤집고 핥는다.

미지근해도 흥정은 잘한다 1.성품이 소극적이고 어리석더라도 사고파는 일을 잘한다는 뜻으로, 누구든지 한 가지 재주는 갖고 있음을 비유적으로 이르는 말. 2.물건을 흥정함엔 성급히 빨리하는 것보다 슬슬 천천히 하는 편이 낫다는 말.

미쳐도 고이 미치랬다 나쁜 짓을 하더라도 남들에게 손가락질받고 욕먹을 짓을 하지 말아야 한다는 뜻.

미치광이 풋나물 캐듯 일하는 솜씨가 거칠고 어지럽다는 말. (비) 취한 놈 달걀 팔 듯. 미친년 달래 캐듯.

미친개가 주인을 안다더냐 못된 놈은 은인도 몰라보고

〈민중을 잃으면 나라도 잃는다〉

난폭한 행동을 한다는 뜻. (비) 미친개는 주인도 문다.

미친개가 호랑이를 잡는다 정신없이 날뛰는 사람이 눈에 제대로 보이는 것이 없기에 아무리 무서운 일이라도 하게 된다는 뜻.

미친개 고기 나눠 먹듯 무엇이나 소유자가 분명치 않는 물건을 여러 사람이 모여 허투루 되는 대로 나눠 가지거나 먹거나 할 때를 이르는 말.

미친개 눈에는 몽둥이만 보인다 한 가지 강박관념에 사로잡히면 모든 것이 그와 관련된 물건처럼 보임을 비유한 말.

미친개는 몽둥이가 약이다 말해서 안 듣는 못된 사람은 때려서 버릇을 고쳐야 한다는 뜻.

미친개 다리 틀리듯 무슨 일이 뒤틀어져 낭패됨을 이르는 말.

미친개 물 본 듯 무엇을 보고 미친 것처럼 마구 날뜀을 이르는 말.

미친개 범이 물어간 것만 하다 (비) 미운 개 호랑이가 물어 갔다.

미친개에 물린 셈 친다 못된 놈에게 망신당한 것은 미친개에게 물린 셈 치고 위로하라는 의미.

미친개 잡아 고기 나눠 먹듯 소유자가 분명치 않은 물건을 서로 나눠 가진다는 뜻.

미친개 천연한 체하다 평소에 못된 것을 숨기고 점잖은 체한다는 말.

미친개 친 몽둥이 삼 년 우린다 별로 신통치 않은 것을 두고두고 되풀이 한다는 뜻.

미친개 풀 먹듯 먹기도 싫은 것을 이것저것 집어먹어 봄을 일컫는 말.

미친개한테는 주먹이 약(藥)이다 말을 안 듣거나 악질적인 사람에겐 버릇을 고치기 위하여 심한 제재(制裁)를 가(加)해야 한다는 뜻.

미친개 호랑이 잡는다 아무것도 돌보지 않고 정신없이 날뛴다는 말.

미친년 널뛰듯 멋도 모르고 미친 듯이 행동함을 이르는 말.

미친년 달래 캐듯 일을 매우 거칠게 함을 일컫는 말. (비) 미치광이 풋나물 캐듯. 취한 놈 달걀 팔 듯.

미친년의 속곳 가랑이 빠지듯 (비) 굴뚝 막은 덕석 같다.

미친년 속 차리면 행주로 요강 닦는다 태만한 사람이 아무리 정신을 차려서 일을 잘하겠다고 다짐해도 결과는 마찬가지란 말.

미친년 아이 씻어 죽인다 할 필요도 없고 도리어 해로운 일을 여러 번 되풀이할 때 이르는 말.

미친년이 달밤에 널뛰듯 한다 무슨 일이든 행동이 몹시 경솔하고 침착하지 못한 사람을 가리키는 말.

미친놈도 혼자서는 미친 짓 않는다 자기를 봐주는 상대가 없으면 일하는데 신이 나지 않아 제대로 할 수 없다는 뜻.

미친놈에게 칼을 준 격 도리어 사퇴가 더 악화되었다는 말.

미친놈의 말에도 쓸 말이 있다 누구의 말에나 쓸 말은 있기에 잘 새겨서 들어야 한다는 뜻. (비) 미친놈의 말에도 성인(聖人)이 가려 쓴다.

미친놈이 뛰면 성한 놈도 뛴다 나쁜 짓을 하는 사람이 있으면 착한 사람도 본받아 따라가게 된다는 말.

미친놈이 미친 짓 한다 마운 놈이 더 마운 짓을 한다는 말.

미친 사람의 말에서도 얻어들을 것이 있다 남이 하는 말은 어떤 것이라도 신중하게 귀담아들어야 함을 비유적으로 이르는 말.

미친 중놈 집 헐기 당치도 않은 일에 어수선하고 분주스럽게 떠든다는 말.

미친 체하고 떡판에 엎드린다 잘못인줄 알면서도 욕심을 부리는 것을 말함.

미투리 신고 눈 위에 다닌다 격에 맞지 않는 행동을 한다는 뜻.

민둥산에는 고라니가 놀지 않는다 (비) 구름이 모여야 비가 온다. ★민둥산 : 나무가 없는 산.

민중을 잃으면 나라도 잃는다 정치하는 사람이 민중들의 절대적인 지지를 못 받게 되면 국가도 어쩔 수 없이 망하게 된다는 뜻.

⟨믿기는 신주 믿듯⟩

믿기는 신주 믿듯 어떤 것을 맹목적으로 매우 굳게 믿고 있음을 비유적으로 이르는 말.

믿어야 옳을지 믿지 말아야 옳을지를 모른다 무조건 믿을 수도 없고 아예 믿지 않을 수도 없는 난처한 처지에 빠져 있다는 뜻. (비) 믿어지기도 하고 의심스럽기도 하다.

믿었던 돌에 발부리 채었다 잘될 거라고 믿고 있던 일이 틀어지거나 믿고 있던 사람에게 배신을 당하는 경우를 비유적으로 이르는 말. (비) 믿은 나무에 곰이 핀다.

믿은 나무에 곰이 핀다 믿고 있던 사람이나 일에 갑자기 변화가 생기어 실망할 때에 이르는 말.

믿은 도끼에 발등 찍힌다 믿던 사람에게 배신당하거나 믿고 하던 일이 뜻밖에 실패한다. (비) 믿던 발에 돌에 찍혔다. 믿었던 돌에 발부리 채였다. 아는 도끼에 발등 찍힌다.

믿음성은 있어도 덕이 없다 믿음직해 보이기는 해도 덕이 없기에 진실한 믿음은 되지 못한다는 뜻.

밀가루 장사를 하면 바람이 불고 소금 장사를 하면 비가 온다 (비) 가루 팔러 가니 바람이 불고 소금 팔러 가니 이슬비 온다.

밀기름 새옹에 밥을 지어 귀이개로 퍼서 먹겠다 사람의 할 짓이 아니라 세상이 다 망하면 몰라도 있을 수 없는 괴상망측한 짓을 한다는 말. (비) 고추나무에 그네를 뛰고 잣 껍데기로 배를 만들어 타겠다.

★밀기름 : 밀랍에 참기름을 섞어서 만든 머릿기름.
★새옹 : 놋으로 만든 작은 솥.

밀밭만 지나가도 취한다 전혀 술을 못 마시는 사람을 두고 하는 말.

밀밭에서 술 찾는다 (비) 급하기는 우물에 가서 숭늉 달라겠다.

밀양(密陽) 놈 쌈 하듯 단판에 결말을 내지 않고 옥신각신 승강이가 오래 끌게 됨을 이름. (비) 밀양 싸움.

밉다고 차 버리면 떡고리에 자빠진다 밉다고 차 버리니까 떡을 담아 놓은 그릇에 자빠져 도리어 잘되었다는 뜻으로, 미운 사람을 해친다고 한 일이 그자에게는 도리어 다행한 일이 되어 더욱 분이 돋음을 비유한 말.

밉다니까 떡 사 먹으면서 서방질한다 (비) 미운 강아지 보리 멍석(부뚜막)에 우쭐거리며 똥 싼다.

밑구멍에 불이 나다 성질이 몹시 조급해서 잠시도 앉아 있지 못하고 들락날락하는 사람을 놀림조로 이르는 말.

밑구멍으로 노(새끼) 꼰다 겉으론 아주 점잖고 의젓하나 보지 않는 곳에선 별 엉뚱한 짓을 다 한다는 뜻. (비) 똥(뒷, 밑)구멍으로 호박(수박)씨 깐다. 밑구멍으로 숨 쉰다.

밑구멍으로 숨 쉰다 (비) 밑구멍으로 노(새끼) 꼰다.

밑구멍은 들출수록 구린내만 난다 남에게 숨기고 있는 일이 있어 맘이 꺼림칙한데 그것을 말하게 되면 그 좋지 않은 것만 더 드러나 보인다는 뜻.

밑구멍으로 호박씨 깐다 겉으론 어리석은 체하며 속으론 맹랑하게 어지러운 행실을 다는 뜻. (비) 똥구멍으로 호박씨 깐다. 똥구멍으로 노 꼰다.

밑도 끝도 없다 까닭 모를 말을 불쑥 꺼낸다는 말.

밑돌 빼서 윗돌 괸다 기본적인 문제를 고치지 않고 부분적으로 고쳐서는 임시적인 효과밖에 없다는 뜻.

밑 빠진 독(가마)에 물 붓기 (비) 밑 없는 독에 물 붓기.

밑 빠진 항아리 힘이나 비용을 아무리 들여도 한이 없고 들인 보람도 없는 사물이나 상태를 이름.

밑알을 넣어야 알을 내어 먹는다 무슨 일이나 자본을 들여야 이득이 돌아온다는 말.

밑 없는 독에 물 붓기 아무리 애를 써서 하더라도 아무런 보람이 없는 짓이란 말. (비) 눈(雪)으로 우물 메우기. 바구니에 물 담기. 바지랑대로 하는 찌르기. 모래로 방천한다. 모래밭에 물 붓기. 모래 위에 물 쏟기. 밑 빠진 가마에 물 붓기. 소금으로 바다 메우기. 시루에 물 붓기. 한강에 돌 잡아넣기.

밑의 놈은 입이 있어도 말을 못한다 권력이 없는 아랫사람은 당당하게 나서서 자기의 권리를 주장하지 못한다는 뜻.
밑이 구리다 잘못을 숨기고 있으므로 떳떳하게 살 수가 없다는 뜻.
밑져야 본전 일이 제대로 되지 않아도 손해 볼 것은 조금도 없다는 뜻.
밑천이라고는 알몸뿐 밑천이라고는 아무것도 없고 다만 몸뚱이 하나뿐이라는 말.

ㅂ

바가지가 종굴박 부려 먹듯 한다 비슷한 처지에 있으면서도 힘센 사람이 약한 사람을 부려 먹는다는 뜻.

바가지는 깨진 데서 센다 사람도 나쁜 버릇이 있으면 그 버릇에서 나쁜 행동과 거짓이 노출된다는 뜻.

바가지로 물을 먹으면 수염이 안 난다 아무리 바쁘더라도 바가지로 물을 떠서 먹지 말고 그릇에 떠서 먹으라는 데서 나온 말.

바가지로 바닷물을 된다 양(量)도 모르고 불가능한 일을 한다는 뜻.

바가지를 긁는다 아내가 남편에게 불평 섞인 잔소리를 늘어놓는다는 말.

바가지를 썼다 남에게 속아서 큰 손해를 보았다는 말.

바가지를 찬다 동냥을 한다는 말. 더 새롭게는 "깡통을 찬다"라 함. (비) 쪽박을 찬다.

바가지 밥보고 여편네 내쫓는다 남자는 살림살이를 헤프게 하는 아내를 소박한다는 뜻. (비) 함지 밥보고 마누라 내쫓는다.

바가지싸움만 시킨다 여자는 남편에 대한 불만을 직접 말하지 못하고 밥을 하면서 애매하게 바가지에다 분풀이한다는 뜻.

바가지 없는 거지 노릇한다 사전(事前) 준비도 없이 일한다는 뜻. (비) 바가지 없는 거지, 자루 없이 동냥한다.

바가지 차고 바람을 잡는다 바가지에다 바람을 다 잡아넣으려고 하듯이 허황한 행동을 한다는 뜻.

바구니에 물 담기 (비) 밑 없는 독에 물 붓기.

바꾼 것이 떡 군만 못하다 바꾼 것이 안 바꾼 것만 못하다는 말.

바느질 못 하는 년이 바늘을 먼저 들고 나선다 일 못 하는 사람이 잘하는 척하고 먼저 들고 나선다는 말.

바느질 못 하는 년이 실은 길게 꿴다 일을 못하는 사람이 연장 치장은 잘한다는 말.

바느질에는 소. 범이다 바느질은 아주 할 줄 모른다는 말.

바느질에는 한 올을 다툰다 바느질에는 올이 옷에 맞고 안 맞고를 좌우하듯이 어떤 일이든 신중해야 한다는 의미.

바늘 가진 놈이 도끼 든 놈을 이긴다 1. 무슨 일에나 알맞은 도구를 써야 성공할 수 있다는 뜻. 2. 필요 이상으로 욕심을 부려서는 안 된다는 뜻. (비) 도끼 가진 놈이 바늘 가진 놈을 못 당한다.

바늘 가는 데 실이 간다 (비) 범 가는데 바람 간다.

바늘구멍으로 코끼리를 몰라 한다 작은 바늘구멍으로 큰 코끼리를 몰라고 한다는 뜻으로, 전혀 가능성이 없는 일을 하라고 강요하는 경우를 비유적으로 이르는 말. (비) 궐련 마는 당지로 인경을 싸려 한다.

바늘구멍으로 하늘을 보기 (비) 우물 안의 개구리.

바늘구멍으로 황소바람 들어온다 추울 때는 작은 구멍으로 들어오는 바람도 몹시 차다는 뜻.

바늘 끝만 한 일을 보면 쇠공이만큼 늘어놓는다 조그마한 일을 크게 과장하여 떠든다는 말. 침소봉대(針

〈바다에 가야 고기를 잡는다〉

小棒大). (비) 바늘 끝이 몽둥이 같다 한다.

바늘 끝에 알을 올려놓겠다 (비) 까마귀 대가리가 희어질까.

바늘 끝에 알을 올려놓지 못한다 쉬울 듯하나 되지 않을 일을 이르는 말.

바늘 끝이 몽둥이 같다 한다 (비) 바늘 끝만 한 일을 보면 쇠공이만큼 늘어놓는다.

바늘 넣고 도끼 나온다 바늘로 낚시를 만들어서 물에 빠진 도끼를 낚는다는 뜻으로, 적은 밑천으로 큰 이득을 도모함을 이르는 말. (비) 바늘 넣고 도끼 낚다.

바늘 도둑 따로 있고 소도둑 따로 있다 좀도둑은 좀도둑질만 하게 되고 큰 도둑은 큰 도둑질만 하게 된다는 의미.

바늘 도둑이 소도둑 된다 처음엔 하찮은 것을 훔치다가 나중에 가서는 큰 도둑을 하게 된다는 말. (비) 닭도둑이 소도둑 된다. 바늘 쌈지에서 도둑이 난다.

바늘로 몽둥이 막는다 당해 낼 수 없는 힘으로 큰 것을 막으려 한다는 말.

바늘로 찔러도 피 한 방울 안 나온다 사람의 생김새가 단단하고 야무지게 보임을 이르는 말. 사람의 성품이 빈틈이 없거나 매우 인색함을 이르는 말.

바늘방석에 앉은 것 같다 그 자리에 있기가 몹시 거북하고 불안스러움을 비유한 말. (비) 송곳방석에 앉은 것 같다.

바늘보다 실이 굵다 본체(本體)보다 거기에 딸린 것이 더 굵고 크다는 말. (비) 기둥보다 서까래가 더 굵다.

바늘뼈에 두부살 몸이 몹시 가냘프고 연약한 사람을 이름. (비) 두부살에 바늘뼈.

바늘 상자에서 도둑이 난다 1.바늘 하나는 극히 작은 것이나 그로부터 도둑질하여 나중엔 큰 것도 훔치게 됨을 이름. 2.나쁜 행실은 처음엔 아무것도 아닌 듯하나 차차 더 심하게 된다는 뜻. (비) 바늘 도둑이 소도둑 된다. 바늘 쌈지에도 도둑이 난다. 닭 도둑이 소도둑 된다.

바늘 쌈지에도 도둑이 난다 (비) 바늘 상자에서 도둑이 난다.

바늘에 실 따라가듯 한다 항상 두 사람이 붙어 다니는 사람을 두고 하는 말.

바늘에는 소 범라 바느질 할 줄 모르며 또 하지도 않는 사람을 이르는 말.

바늘은 작아도 못 삼킨다 (비) 대국 고추는 작아도 맵다.

바늘 잃고 도끼 낚는다 작은 것을 잃고 큰 것을 얻는다는 말. (비) 바늘 잃고 도끼 낚운다.

바다는 비에 젖지 않는다 모든 지역의 바다에 비가 와도 겉 포면은 젖어도 속은 젖지 않는다는 이미, 물인 상태이기 때문에 젖지 않는다. 즉, 큰 포옹력을 지닌 바다는 비와 같은 외파에 시달리지 않는다는 뜻이라고 여김.

바다로 고기 팔러 간다 1.어떤 상품이든 생산지에서는 잘 안 팔린다는 뜻. 2.물정(物情)도 제대로 알지 못하고 일을 한다는 뜻. (비) 두메로 장작 팔러 간다. ⇔ 바다에 가서 토끼 찾는다.

바다를 메워도 사람의 욕심은 못 채운다 사람의 욕심은 한이 없다는 뜻. (비) 되면 더 되고 싶다. 골짜기는 채우기 쉬워도 사람의 마음은 채우기 어렵다. 말 타면 경마 타고 싶다.

바다 물도 쓰면 준다 (비) 강물도 쓰면 준다.

바다 속의 좁쌀알 같다 넓은 바다 속에 뜬 조그만 좁쌀알만 하다는 뜻으로, 그 존재가 대비도 안 될 만큼 보잘것없거나 매우 작은 것을 비유적으로 이르는 말.

바다에 가서 토끼 찾기 도저히 찾거나 구할 수 없다는 말. (비) 산에 가서 물고기 찾기. 바다에 빠진 바늘 찾기.

바다에 가야 고기를 잡는다 1.어떤 일을 이루려면 선행조건을 갖추어야 한다는 뜻. 2.발 벗고 나서야 비로소 성공할 수 있다는 뜻. (비) 거미도 줄을 쳐야 벌레를 잡는다. 눈을 떠야 별을 보지. 범굴에 들어가야 범을 잡지. 산에 가야 꿩을 잡지. 서울에 가야 과거 급제하지. 잠을 자야 꿈을 꾸지. 죽어봐야 저승을 알지. 짧은 두레박줄로 깊은 우물물을 긷지 못한다.

〈 바다에 가야 큰 고기를 잡는다 〉

하늘을 봐야 별을 따지. 고양이가 이마가 있어야 망건을 쓰지.

바다에 가야 큰 고기를 잡는다 바탕이 커야 큰일을 할 수 있다는 뜻.

바다에 물 한 방울 떨어졌다 (비) 개미 기어간 자취

바다에 빠진 바늘 찾기 (비) 바다에 가서 토끼 찾기

바다에 오줌 누었다 (비) 개미 기어간 자취

바닥 다 보았다 끝장을 보아 더 바랄 것이 없음을 비유한 말. (비) 볼 장 다 봤다.

바닥도 있고 뚜껑도 있다 바닥과 뚜껑이 있으면 중간도 있듯이 모두가 두루 갖추어졌다는 뜻.

바닥에 구멍이 났다 다 이루어진 일을 망쳐버렸다는 말. (비) 다 된 떡시루 깬다.

바닷가 개는 호랑이 무서운 줄 모른다 아무리 무서운 것이라도 그에 대해 아는 것이 없으면 무서운 줄도 모른다는 뜻.

바닷가에서 짠 물 먹고 자란 놈이다 인심이 아주 사납고 매정스럽다는 말.

바닷물을 말로 된다 불가능한 일을 하려고 든다는 의미.

바둑 잘 두는 사람은 장기도 잘 둔다 유사한 일은 응용할 수 있는 여지가 있으므로 한 가지를 잘하게 되면 다른 한 가지도 따라서 잘하게 된다는 말.

바둑판같다 몹시 얽은 사람을 형용한 말.

바람과 그림자를 잡으려고 한다 사리(事理)에 맞지 않는 허망한 짓을 한다는 뜻.

바람도 올 바람이 낫다 이왕 겪어야 할 바에는 아무리 어렵고 괴롭더라도 남보다 먼저 당하는 것이 낫다는 말. (비) 매도 먼저 맞은 놈이 낫다.

바람도 지난 바람이 낫다 사람은 무엇이나 과거의 것을 더 좋게 여긴다는 뜻.

바람만 불어도 넘어갈 것 같다 체격이 매우 허약하여 바람에 넘어질까 봐 불안스럽게 보인다는 의미.

바람맞은 병신같이 1.기운이 빠지고 뜻이 없어 몸을 가누지 못함을 이름. 2.무능한 상태에 있음을 말함.

바람 바른데 탱자 열매 같이 겉은 그럴 듯하나 실속이 없음을 이름.

바람벽 뚫고 나온 중방(中枋) 밑 귀뚜라미 아들이다 세상일 모르는 것 없이 다 알고 있다는 뜻. (비) 아는 법이 모진 바람벽 뚫고 나온 중방 밑 귀뚜라미.

바람벽에 돌붙나 보지 무슨 일이건 자신 없는 일을 애초부터 하지 않는 게 좋다는 뜻.

바람 보고 침도 뱉으랬다 바람 방향에 따라 침을 뱉아야 제 얼굴에 묻지 않듯이 상대방에 대하여 잘 알고서 일을 해야 실패하지 않는다는 뜻. (비) 바람 따라 돛을 단다.

바람 부는 날 가루 팔러 가듯 기회를 타지 못하고 일을 한다는 뜻.

바람 부는 대로 돛을 단다 세상 형편 돌아가는 대로 따라서 움직이며 뚜렷한 심지가 없이 기회만 노리는 사람을 이름. (비) 바람 따라 돛을 단다.

바람 부는 대로 물결치는 대로 모든 일이 되어 가는 대로 맡겨 버린다는 뜻.

바람 부는 대로 살다 뚜렷한 주관이 없이 그때그때의 형편에 따라 산다는 말.

바람 앞에 등불 생명이나 어떠한 일에 매우 위태로운 상태를 이르는 말. (비) 바람 앞에 촛불. 호랑이 꼬리를 밟았다.

바람 앞에 티끌 강자(强者) 앞엔 약자(弱者)는 견디지 못한다는 말.

바람에 날려 왔나 구름에 싸여 왔나 뜻밖에도 먼 데 있는 반가운 사람이 찾아왔다는 뜻. (비) 바람결에 불려 왔나 떼구름에 싸여 왔나.

바람에 잘 견디는 나무는 뿌리가 튼튼하다 무슨 일에서나 기반을 튼튼하게 해두어야 한다는 말.

바람은 바위를 흔들지 못한다 기본바탕이 튼튼하면 어떤 고난을 겪더라도 잘 견디어 낸다는 뜻.

바람이 들었다 1.사람이 성실하지 못하고 거짓말과 잔꾀가 많다는 뜻. 2.제정신이 아니라는 뜻.

바람이 불다 불다 그친다 어떤 불행이나 재앙도 결국은 그친다는 뜻.

〈박복한 놈은 떡판에 넘어져도 이만 다친다〉

바람이 불면 나무뿌리가 깊어진다 탄압을 하면 탄압을 받은 사람은 저항하게 마련이란 뜻.

바람이 불면 엎드려야 한다 바람이 불면 엎드려 피하듯이 재앙이 생기면 온갖 수단을 다 해서 피해야 한다는 뜻.

바람이 불어야 배가 가지 (비) 산에 가야 범을 잡고 물에 가야 고기를 잡는다.

바람이 불지 않으면 나무는 흔들리지 않는다 잘못을 저지른 사람이 없으면 세상엔 소란한 일이 일어나지 않는다. (비) 바람이 없으면 파도는 일지 않는다.

바람 잘 날 없는 나무는 지엽(枝葉)만 고달프다 나라가 불안하면 백성들은 고달프다는 말.

바로 못 가면 둘러가지 다른 방법이 있을 수 있다는 말.

바른말 하는 사람 귀염 못 받는다 남의 잘못을 잘 따지고 곧 이야기하는 사람은 사교상 호감을 못 준다는 말.

바른쪽을 밟으면 왼쪽은 올라간다 한 사람한테 좋게 해 주면 다른 한 사람은 그것을 싫어하게 된다는 뜻.

바른쪽이라면 왼쪽이라고 우긴다 1. 뻔히 알면서도 아니라고 우겨댄다는 말. 2. 남 말이라면 어떤 일이라도 반대한다는 말.

바보는 말(약으)로는 못 고친다 선천적으로 어리석고 미련한 사람은 말로 가르쳐서는 고칠 수 없다는 말.

바보는 죽어야 고친다 어리석고 못난 사람은 인력으로 고칠 수 없다는 말. (비) 바보는 약으로 못 고친다.

바보도 잠자코 있으면 똑똑해 보인다 말을 많이 하는 것보다는 침묵을 지키는 편이 오히려 낫다는 말.

바보와 칼은 쓰기에 달렸다 어리석은 사람도 부리기에 따라서 필요한 존재가 될 수 있다는 뜻.

바쁘게 찧는 방아에도 손 놀 틈이 있다 바삐 방아를 찧는 틈에도 손으로 방아확 안의 낟알을 고루 펴 줄 여유가 있다는 뜻으로, 아무리 분주한 때라도 잠깐의 틈은 낼 수 있다는 말. (비) 사침에도 용수가 있다. 새우 찧는 절구에 손 들어갈 때 있다.

바삐 찧는 쌀에 뉘가 많다 빨리 서두르면 일이 거칠게 되니 너무 서둘지 말라는 말. ★뉘 : 쌀 속에 섞인 겨가 벗겨지지 아니한 벼의 알.

바위를 베개 삼고 가랑잎을 이불로 삼는다 산에서 한뎃잠을 자며 고생스럽게 지냄을 비유적으로 이르는 말.

바위를 차면 제 발부리만 아프다 일시적 흥분을 참지 못하고 일을 저지르면 제게만 해롭다는 말.

바위 속에 용수가 있다 굳은 바위 속에도 비집고 들어설 수 있는 틈이 있다는 뜻으로, 아무런 방도가 없는 것 같이 보이는 경우라도 거기에는 반드시 어떤 해결책이 있기 마련임을 비유적으로 이르는 말.

바위에 개 지나갔다 (비) 개미 기어간 자취

바위에 달걀 부딪치기 아무리 해야 승산이 없는 부질없는 짓을 두고 하는 말.

바위에 대못 바위에 대나무 못을 박으려 한다는 뜻으로, 도저히 승산이 없는 일을 비유적으로 이름.

바지랑대로 하는 찌르기 (비) 밑 없는 독에 물 붓기

★바지랑대 : 빨랫줄을 받치는 장대

바지랑대로 하늘 재기 도저히 불가능하다는 말.

(비) 작대기로 하늘 재기. 작대기로 하늘 찌르기. 장대로 하늘 재기.

바지저고리만 다닌다 사람이 아무 속이 없고 분수가 없이 행동함을 이르는 말.

바지저고리만 앉았다 사람이 속없고 맺힌 데 없어 실없이 행동함을 이름.

바지저고린 줄 아느냐 무능하다고 너무 멸시당할 때를 이름.

박(朴)가하고 석(石)가하고 면장을 하면 성을 바꾼다 박 면장은 '방 면장'으로 석 면장은 '성 면장'으로 발음되기 때문에 하는 말.

박달나무도 좀이 쓴다 똑똑한 사람도 실수할 때가 있다는 말.

박복(薄福)한 과부는 재가(再嫁)해도 고자를 만난다

(비) 복 없는 가시내가 봉놋방에 가 누워도 고자 곁에 가 눕는다.

박복한 놈은 떡판에 넘어져도 이만 다친다 (비) 박복자는 계란에도 유골이라.

박복자(薄福者)는 계란에도 유골(有骨)이라 (비) 복 없는 가시내가 봉놋방에 가 누워도 고자 곁에 가 눕는다.

박색(薄色) 소박은 없어도 일색(一色) 소박은 있다 아무리 아름다운 여자라도 남편으로부터 박대를 받는 일이 있다는 말.

박 서방이 아픈데 이 서방을 침 준다 엉뚱한 짓만 한다는 뜻.

박을 탔다 박타령의 가사에서 나온 것이니, 무슨 일이나 시작해 놓고 이익을 얻지 못할 때 쓰는 말.

박쥐구실 이리 붙었다 저리 붙었다 하는 기회주의적 행동의 비유. 편복지역(蝙蝠之役).

박쥐오입쟁이 박쥐마냥 낮엔 집안에 들어앉아 있고 밤이 되면 나가는 사람을 비웃는 말.

박쥐의 두 마음 우세한 쪽에 붙는 기회주의자의 교활한 마음을 이르는 말. (비) 박쥐구실.

박토(薄土) 팔아 옥토(沃土) 산다 나쁜 것을 주고 좋은 것을 얻는다는 뜻.

박(博)한 술이 차(茶)보다 낫다 없을 때는 좋지 않은 것이라도 낫게 여겨진다는 말.

반가운 손님도 사흘이다 아무리 반가운 손님도 여러 날 계속 묵고 있으면 부담스러워진다는 말. (비) 반갑지 않은 손님은 떠날 때가 반갑다.

반겨줄 사람은 없어도 고향은 그립다 고향 떠나 오래되어 아는 사람이라고는 한 사람도 없지만 고향만은 항상 그립다는 뜻.

반나마 부른다 아무 걱정 없이 편하게 "반나마 늙었으니…" 따위의 노래나 부른다는 뜻.

반달 같은 딸 있으면 온달 같은 사위 삼겠다 예쁜 딸을 가져야 귀한 사위를 얻는다는 뜻으로, 내가 가진 것이 좋아야 받는 것도 좋다는 말. 자기에게 허물이 없어야만 남에게 허물이 없을 것을 요구할 수 있음을 비유적으로 이르는 말. (비) 꽃이 좋아야 나비가 모인다. 내 딸이 고와야 사위를 고른다.

반드럽기는 삼 년 묵은 물박달 방망이 남의 말을 안 듣고 뺀들뺀들 매끄러운 짓만 하는 사람을 이르는 말.

반드럽기는 신 첨지 신 꼴 방망이 같다 (비) 반드럽기는 삼 년 묵은 물박달 방망이.

반딧불로 별을 대적하랴 아무리 억척을 부려도 불가능한 것을 이루지 못함을 이름.

반석(盤石)은 굴러가지 않는다 기반이 튼튼하면 흔들리지 않는다는 뜻.

반(半)은 사람이고 반(半)은 귀신이다 생긴 모양이 몹시 험상궂어 사람 같기도 하고 귀신같기도 하다는 말.

반자가 얕다 하고 펄펄 뛴다 몹시 성내여 마구 뜀을 이름.

반 잔 술에 눈물 나고 한 잔 술에 웃음 난다 남을 동정하려면 철저히 하라는 뜻.

반지빠르기는 제일이라 되지 못한 것이 교만스러워서 가장 얄밉다는 뜻.

반찬단지 청하는 사람에게 비위에 맞는 것을 곧 내어 주는 사람을 비유한 말.

반찬단지에 고양이 발 드나들 듯 매우 자주 드나든다는 말. (비) 팥죽단지에 생쥐 달랑거리듯. 조개젓 단지에 괭이 발 드나들 듯. 풀 방구리에 쥐 드나들 듯.

반찬 먹는 개 아무리 구박을 받아도 아무 대항을 못하고 어쩔 수 없는 처지를 이르는 말.

반찬 먹은 고양이 잡도리 하듯 잘못을 저지른 사람을 붙잡고 야단치고 혼내는 모양을 비유적으로 이르는 말. ★잡도리: 잘못되지 않도록 엄하게 다룸.

반찬 항아리 열둘이라도 서방님 비위는 못 맞추겠다 1. 성미가 몹시 까다로워서 비위 맞추기가 매우 힘들다는 말. 2. 물질만으로 남의 맘을 사기는 어렵다는 뜻. (비) 고추장 단지가 열둘이라도 서방님 비위를 못 맞춘다.

반편이 명산(名山) 폐묘(廢墓)한다 못난 사람이 잘난 체하다 일을 그르친다는 뜻.

반 통으로 생긴 놈이 자식 자랑하고 온통으로 생긴 놈이 계집 자랑한다 누구나 자식이 귀엽고 아내가 사랑스럽기는 하지만 남들이 모여 있는 곳에선 삼가라는 말.

반풍수 집안 망친다 서투른 재주로 도리어 일을 망침을 일컫는 말.

반한 눈에는 미인이 따로 없다 이성 관계는 자신이 한 번 반하게 되면 얼굴이 미인이 아니라도 미인으로 보게 된다는 말.

받고차기다 남의 은혜를 받고도 그 대가를 갚지 않는다는 말.

받는 소는 소리치지 않는다 어떤 일을 능히 할 수 있는 사람은 공연스레 큰소리를 치지 않는다는 말.

받아 놓은 당상(堂上) (비) 떼어 놓은 당상(堂上).

받아 놓은 밥상 (비) 떼어 놓은 당상(堂上).

받으려 와도 고운사람 있고 주러 와도 미운 사람 있다 자기에게 약간의 불리(不利)를 주는 사람이라도 자기가 좋아하는 사람이라면 언제나 좋아하지만 이(利)를 주는 사람이라도 자기가 미워하는 사람이라면 언제나 그를 미워하기 마련이란 뜻.

발가락 사이의 때(티눈)만큼도 여기지 않는다 아주 보잘 것도 없다는 말. (비) 티끌만큼도 안 여긴다.

발 그림자도 들여놓지 아니한다 1.전혀 나타나지를 않는다는 말. 2.영 올 생각조차도 없다는 뜻.

발꿈치를 물리다 (어떤 사람이 다른 사람에게) 은혜를 베풀어 주었다가 배신을 당하다. (비) 발등(을) 찍히다.

발꿈치를 잘라서 신에 맞춘다 신을 발에 맞추지 않고 발을 신에 맞추듯이 일을 순서도 모르고 한다는 의미.

발뒤꿈치가 달걀 같다 며느리가 미우면 예쁘게 생긴 발뒤꿈치까지 탓하여 나무란다는 말.

발뒤꿈치도 따를 수 없다 능력 따위와 너무 차이가 나서 비교도 안 될 정도이다.

발뒤축을 물다 남을 뒤에서 해침을 이름.

발등 디디다 남이 하려는 일을 앞질러 먼저 하다.

발등에 불이 떨어진다 (비) 자다가 벼락을 맞았다.

발등에 오줌 눈다 몹시 바쁘다.

발등을 밟히다 제가 하려는 일을 앞지름을 당하다.

발등을 찍다 배신을 당하다.

발명이 대책(對策)이라 변명하는 것만이 상대방에 대하여 할 수 있는 것이라는 말.

발바닥에 불이 난다 (비) 가을 중 싸대듯.

발 벗고 나선다 정성껏 남의 일을 보아 줌을 뜻함. (비) 점심 싸 들고 나선다.

발 벗고 나서도 못 따라간다 아무리 노력하더라도 도저히 따라갈 수 없을 정도로 차이가 크게 난다는 뜻.

발보다 발가락이 더 크다 (비) 배보다 배꼽이 더 크다.

발 살에 때꼽재기 아주 보잘것없고 무가치하며 더러운 것을 가리킴을 이름.

발 새 티눈만도 못하다 눈이 나빠서 잘 보이지 못한다는 뜻. (비) 닷곱 장님이다. ⇔ 청명하면 대마도를 건너다보겠네. 청명한 날이면 청국도 들여다보겠네.

발 없는 말이 천 리 간다 말이란 순식간에 멀리까지 퍼져 나가므로 말을 삼가야 한다는 뜻.

발을 뻗고 잔다 어려운 일에서 벗어나 마음 놓고 편히 잔다는 말. (비) 두 다리 쭉 뻗는다.

발이 넓다 1.내로라는 사람을 많이 안다는 말. 2.세상을 좌우지할 수 있는 권력자들과 관계가 친숙하다는 뜻으로 이르는 말.

발이야 손이야 빈다 자신의 잘못을 용서해 줄 때까지 자꾸 빌고 빈다는 뜻.

발이 의붓자식보다 낫다 발이 있어서 여기저기 다니며 모든 것을 마음대로 할 수 있어서 나온 말. (비) 발이 효도 자식보다 낫다. 정강이가 맏아들보다 낫다. 이가 자식보다 낫다. 다리뼈가 맏아들보다 낫다.

발이 효도 자식보다 낫다 (비) 발이 의붓자식보다 낫다.

발장구 친다 편안하며 즐거운 시절을 이름.

발 큰 놈의 득(得)이다 무슨 일이고 동작이 날랜 사람이 이롭다는 뜻.

발탄강아지 같다 일없이 이리저리 쏘다니는 사람을 조롱하여 이르는 말. ★발타다 : 강아지 따위가 걸음을 걷기 시작하다.

밤 구덩이에 쥐 드나들 듯 한다 밤을 묻어 둔 구멍에 쥐가 자꾸 드나들 듯이 모시 자꾸 드나드는 사람을 일컫는 말.

밤 군것이 떡 군것보다 못하다 '밥 군'과 '바꾼'의 음이

⟨밤길엔 짐승보다 사람이 더 무섭다⟩

비슷한 데서 생긴 신소리로, 물건을 바꾸는 것이 좋지 않음을 이르는 말.

밤길엔 짐승보다 사람이 더 무섭다 혼자 밤길 가다가 무서운 짐승을 만나는 것보다 도둑을 만날까 봐 사람이 더 무섭다는 말.

밤길이 붓는다 밤에 걷는 길은 더 멀게 생각된다는 뜻.

밤낮으로 여드레를 자면 참 잠이 온다 잠은 잘수록 더 많이 자게 되고 졸음이 온다는 뜻.

밤낮이 따로 없다 (사람이) 어떤 일을 늘 언제나 쉬지 않고 계속한다는 말.

밤놀이는 추석이고 낮 놀이는 단오다 일 년 명절 중 밤 놀이는 추석에 하는 것이 제일 좋고, 낮 놀이는 단오에 하는 것이 제일 좋다는 뜻.

밤말은 쥐가 듣고 낮말은 새가 듣는다 1.사람이 없다고 해서 남의 말을 함부로 해서는 안 된다는 뜻. 2.말은 언제나 조심해야 한다는 뜻. (비) 귀 없는 코도 듣는다. 낮말은 새가 듣고 밤말은 쥐가 듣는다. 낮에는 눈이 있고 밤에는 귀가 있다. 낮에는 보는 사람이 있고 밤에는 듣는 사람이 있다. 담에도 귀가 있다. 담에도 눈이 있고 벽에도 귀가 있다. 귀 없는 고기도 듣는다.

밤말이 십 리를 간다 은밀히 한 말이 누설되듯이 세상에는 비밀이 있을 수 없다는 뜻.

밤밥을 먹었다 아무도 모르게 밤중에 달아난다는 말. (비) 저녁 두 번 먹었다.

밤벌레 같다 살이 토실토실하고 살빛이 보얀 사람을 이르는 말.

밤비에 자란 사람 깨치지 못하고 야무지지 못한 사람을 일컫는 말. (비) 늙은이 호박 나물(죽)에 용쓴다. 두부살에 바늘뼈. 오줌에도 데겠다. 징으로 밥 하나 먹고 광새 하나 못 이긴다.

밤새도록 가도 문 못 들어갔다 힘껏 하고도 목적을 이루지 못함을 이름. (비) 다 가도 문턱 못 넘기. 밤새도록 문 못 들기. ★문 : 성문(城門).

밤새도록 물레질만 한다 속셈은 딴 데 있으면서도 그와 관계없는 딴 수작만 하고 있다는 말.

밤새도록 소금만 구웠다 잠자리가 몹시 추워 밤새도록 잠을 못 자고 떨었다는 말.

밤새도록 울다가 누가 죽었느냐고 (비) 밤새도록 통곡해도 어느 마누라 초상인지 모른다.

밤새도록 통곡해도 어느 마누라 초상인지 모른다 아무 까닭도 모르면서 그 일에 참여하고 있는 어리석음을 이름. (비) 종일 통곡에 부지하(不知何) 마누라 상사(喪事). 밤새도록 울다가 누가 주었느냐고.

밤송이로 밑을 닦아도 제멋 해괴한 짓을 하더라도 제가 좋아서 하는 짓이니 거기에 관여할 바가 아니란 말. (비) 오이를 거꾸로 먹어도 제 소청. 지게를 지고 제사를 지내도 제멋. 털토시를 끼고 게 구멍을 쑤셔도 제 재미. 동냥자루도 제멋에 찬다. 도포 입고 논을 갈아도 제멋이라. 갓 쓰고 박치기해도 제멋. 동냥치 첩도 제멋에 취한다.

밤송이 우엉 송이 다 찔려보았다 모든 뼈아프고 고생스러운 일을 다 해 보았다는 뜻. (비) 만고풍상 다 겪었다. 밤송이 우엉 송이 다 밟았다.

밤 쌀 보기 남의 계집보기 밤에 쌀을 보면 흠이 보이지 않아 좋게만 보이듯이 남의 아내는 좋게만 보인다는 뜻으로, 남의 것이 제 것보다 더 좋아 보임을 비유적으로 이르는 말.

밤에 까마귀 잡기다 일할 조건이 나빠서 일하기가 매우 어렵다는 말.

밤에 도깨비가 싸다닌다 괴이(怪異)한 짓을 하는 자들이 나타나서 세상을 어지럽게 한다는 말.

밤에 보아도 낫자루 낮에 보아도 밤나무 무엇이든 그 본색은 어디에서나 드러난다는 말.

밤에 손톱 발톱을 깎으면 도둑이 온다 밤엔 손톱 발톱을 깎지 말라는 미신에서 나온 말.

밤에 패랭이 쓴 놈 보일라 저녁밥을 너무 일찍 먹으면 배가 고파 패랭이 쓴 환상을 보게 될지 모르니, 저녁밥을 일찍이 먹음을 보고 조롱하는 말.

밤에 피리를 불면 뱀이 온다 밤에 피리나 휘파람을 불면 뱀이 온다고 하여 이르는 말.

밤에 휘파람을 불면 도둑놈이 온다 밤에 휘파람 불면 도둑이 온다고 하여 이르는 말.

밤은 비에 익고 감은 볕에 익는다 밤은 익을 무렵 비가 와야 수확이 많고, 감은 익을 무렵 볕이 나야 잘 익는다는 말.

밤은 짧고 할 말은 길다 하고 싶은 말은 많은데 밤이 짧아 이야기를 다 못하게 되어 안타깝다는 의미.

밤이 길어야 꿈도 길게(많이) 꾼다 환경이 좋아야 일을 해도 성과가 많다는 말.

밤이 두만강보다 길다 1.밤을 지새우기가 몹시 지루하고 어려울 때 하는 말. 2.밤이 몹시 긴 겨울밤을 두고 하는 말.

밤이 되면 고양이도 집으로 돌아온다 밤이 오면 고양이도 집으로 돌아가는데 하물며 사람이야 말할 것이 있겠느냐는 뜻.

밤이슬 맞는 놈 도둑놈을 이름. (비) 찬 이슬 맞는 놈.

밤 자고 나서 문안하기 같이 놀다가 혹은 다 지나고 나서 새삼스러운 말을 할 때 이름.

밤 잔 원수 없고 날 샌 은혜 없다 은혜나 원한은 시간이 지나면 쉽게 잊게 됨을 말함. (비) 날 샌 은혜 없다.

밤중 같은 사람 깜깜하게 아무것도 모른다는 뜻으로 이르는 말.

밥그릇이 높으니까 생일만큼 여긴다 밥을 제대로 얻어 먹지 못하다가 어쩌다 수북이 담은 밥그릇이 차려지니 생일상 받은 것처럼 여긴다는 뜻으로, 조금 나은 대접을 해 주니까 우쭐해 하는 사람을 비꼬아 이르는 말. (비) 제를 제라니 샌님 보고 벗 하잔다.

밥그릇 큰 것만 찾는다 무식한 사람은 어떠한 물건의 질은 무시하고 무조건 큰 것만 선호한다는 말.

밥도 부지런해야 얻어먹는다 사람은 모름지기 부지런하지 못하면 무슨 일이나 성공하지 못한다는 뜻.

밥맛이 없을 땐 입맛으로 먹는다 밥맛이 없어 제대로 먹지 못할 땐 억지로라도 먹어야 한다는 뜻.

밥 먹고 죽 벌이 한다 들은 밑천에 비하여 거두어들이는 결과가 적다는 뜻이니, 제구실을 못 하는 것을 비웃어 하는 말.

밥 먹을 때는 개도 안 때린다 아무리 큰 잘못이 있어도 음식을 먹을 때는 때리지도 꾸짖지도 말라는 뜻. (비) 먹을 때는 개도 안 때린다.

밥보다 고추장이 많다 본체(本體)보다 그것에 딸린 것이 더 많다는 말. (비) 고추장이 밥보다 많다.

밥 빌어다가 죽 쑤어 먹을 놈 게으르고 어리석기까지 한 사람을 일컫는 말.

밥사발은 눈물 죽사발은 웃음 잘 먹고 불행하게 사는 것보다 못 먹고 행복하게 사는 것이 훨씬 낫다는 뜻. (비) 거지가 논두렁 밑에 있어도 웃음이 있다.

밥상보에 붙은 밥풀 밥상보에 붙은 몇 알의 밥풀처럼 아무짝에 소용없는 존재란 뜻.

밥숟가락 놓았다 죽었다는 말. (비) 올림대 놓았다.

밥술이나 먹게 되니까 콧대만 높아진다 가난한 사람이 알뜰하게 벌어서 부자가 되면 매우 교만해진다는 뜻. (비) 밥술이나 두고 먹으니까 수염 치장만 한다. 밥술이나 먹게 되었다.

밥술이나 먹게 되었다 가난하게 살던 사람이 알뜰하게 벌어서 잘살게 되었다는 말. (비) 빈 외양간에 소 들어갔다. 빈집에 소 매었다.

밥술이나 먹게 생겼다 복 있어 보이는 자를 말함. (비) 밥이 얼굴에 덕적덕적 붙었다.

밥 아니 먹어도 배부르다 기쁜 일이 있어 마음에 흡족하다는 뜻.

밥알이 곤두서다 (사람이) 마음에 들지 않는 일을 보거나 당하여 아니꼽고 비위에 거슬려서 언짢다.

밥 없으면 얻어먹고 숟갈 없으면 손으로 먹고 집 없으면 정자나무 밑에서 자도 부부간에 情만 있으면 산다 부부는 언제나 사랑이 우선이란 걸 강조한 말.

밥 위에 떡 좋은 일에 더 좋은 일이 있을 때 이르는 말.

밥은 굶어도 속이 편해야 산다 마음 편히 사는 것이 제일 좋다는 말.

밥은 동쪽 집에서 먹고 잠은 서쪽 집에서 잔다 1.두 가지 일을 한꺼번에 하려고 하다가는 양쪽 다 망친다는 뜻. 2.정처 없이 떠다니는 신세란 뜻.

밥은 봄처럼 국은 여름처럼 장은 가을처럼 술은 겨울처럼 모든 음식에는 적정 온도가 있기 마련이란 뜻.

밥은 빨리 먹고 똥은 늦게 누랬다 밥은 맛있게 먹고 배설은 천천히 하라는 뜻.

밥은 열 곳에 가서 먹어도 잠은 한 곳에서 지랬다 일정한 거처가 있어야 한다는 말.

밥을 금강산 바라보듯 굶주릴 때 밥을 간절히 바란다고 할 때를 두고 하는 말.

밥이 끓는지 죽이 끓는지 안다 그 집안 사정을 속속들이 잘 안다는 말.

밥이 분이요 옷이 날개다 먹기를 잘해야 얼굴에 화색이 돌듯이 옷을 잘 입어야 풍채가 있어 보인다는 뜻.

밥이 얼굴에 덕적덕적 붙었다 부유하게 지내게 생겼다는 뜻. (비) 밥술이나 먹게 생겼다.

밥이 질다 무슨 일이 마음에 딱 들게 잘 안 되었다는 뜻.

밥 티 두 낱 붙은 데 없이 까분다 매우 까분다는 뜻.

밥 팔아 똥 사먹겠다 사람됨이 미련하고 부족하여 무슨 일이나 시원히 하지 못한다는 뜻.

밥 푸다 말고 주걱 남 주면 살림 빼앗긴다 부인네가 밥 푸다 말고 다른 사람에게 푸라고 주면 시앗을 본다는 뜻.

밥풀로 새 잡기 어리석고 무모한 짓을 이르는 말.

밥풀 물고 새 새끼 부르듯 새의 먹이인 밥풀을 들고 손쉽게 새 새끼를 불러낸다는 뜻으로, 어떤 일을 아주 쉽게 생각함을 비유적으로 이르는 말.

밥 한 알이 귀신 열을 쫓는다 귀신이 붙은 듯이 몸이 쇠약해져도 밥을 먹고 건강을 유지하여야 한다는 뜻. (비) 고기 한 점이 귀신 첫머리를 쫓는다.

방귀가 잦으면 똥 싸기 쉽다 1.어떤 일이든지 기미가 잦으면 실현되기 쉽다는 말. 2.처음이 있으면 결과는 당하고야 만다는 뜻. (비) 번개가 잦으면 천둥한다. 초시(初試)가 잦으면 급제(及第)가 난다. 번개가 잦으면 벼락 늦이라 방귀가 자라 똥 된다.

방귀 뀐 놈이 성낸다 (비) 똥 싸고 성낸다.

방귀 길 나자 보리 양식 떨어진다 일이 공교롭게도 빗나가 낭패를 보게 되었다는 뜻. (비) 입맛 나자 노수 떨어진다.

방귀 자라 똥 된다 처음은 대단치 않게 시작하였던 것도 그 도가 심해지면 어떻게 처치할 수 없을 만큼 말썽거리가 된다는 뜻.

방둥이 부러진 소 사돈 아니면 못 팔아먹는다 흠이 있는 물건을 잘 아는 사람에게 떠안김을 비유적으로 이르는 말.

방등 뒤 가까운데 일을 잘 모른다는 말. (비) 등잔 밑이 어둡다. 도회 소식 들으려면 시골로 가거라. 두메 앉은 이방이 조정일 알 듯. 법 밑에 법 모른다.

방립(方笠)에 쇄자(刷子)질 제격에 맞지 않는 지나친 호사를 하여 도리어 흉하다는 뜻. (비) 짚신에 정분 칠하기. 짚신에 국화 그리기. 삿갓에 쇄자질. 사모에 영자. 조리에 옻칠하기. ★방립 : 갓의 하나. ★쇄자 : 갓이나 탕건 따위에 붙은 먼지를 털어 내는 데 쓰는 솔.

방망이가 가벼우면 주름이 잡힌다 다듬이질을 할 때 다듬잇방망이가 가벼우면 옷에 주름이 잡힌다는 뜻으로, 일을 엄중히 다루지 않으면 부실한 곳이 생김을 이르는 말. (비) 마치가 가벼우면 못이 솟는다.

방망이로 맞고 홍두깨로 때린다 자기가 받은 것보다 더 심하게 앙갚음한다는 말. (비) 방망이로 얻어맞은 놈 홍두깨로 친다. 되로 주고 말로 받는다.

방바닥에 똥을 싸도 할 말이 있다 아무리 잘못한 행동을 했어도 그 나름대로 사정이 다 있다는 뜻.

방바닥에서 낙상한다 (비) 돌다리도 두들겨 보고 건너라.

방 안에서 범 잡는다 좁은 곳에서 큰소리로 소란을 일으킨다는 말.

방앗간에서 울었어도 그 집 조상 마음이 문제이지 장소가 문제가 아니란 말.

방앗공이는 제 산 밑에서 팔아먹랬다 무엇이나 생산되어 나오는 본바닥에서 팔아야 실수가 없지, 이익

〈배고픈 때에는 침만 삼켜도 낫다〉

을 더 남기려고 멀리 가지고 가면 도리어 손해를 보게 됨을 비유적으로 이르는 말.

방에 가면 더 먹을까 부엌에 가면 더 먹을까 어떻게 하는 것이 더 이익이 될까 하고, 그 거취를 확정치 못하는 것. (비) 이 장떡이 큰가 저 장떡이 큰가.

방에서 화낸 놈이 장에 가서 얼굴 붉힌다 자기 화풀이를 할 데 가서 하지 않고 엉뚱하게 딴 곳에서 한다는 뜻. (비) 서울에서 매 맞고 송도에서 주먹질한다. 영에서 뺨 맞고 집에 와서 계집 친다.

방위 보아 똥 눈다 사람의 우열에 따라 대우를 달리한다는 뜻. (비) 방 보아 똥 싼다.

방임(放任)은 많은 나태자(懶怠者)를 만든다 자녀들 교육에 방임주의는 금물이라는 뜻.(영국)

방정맞거든 성미나 급하지 말아야지 두 가지 중 한 가지라도 좋은 점이 있어야 할 텐데 두 가지가 다 나쁘다는 뜻.

방죽을 파야 머구리가 뛰어들지 무슨 일이나 자기가 원하는 결과를 가져오게 하려면 그에 합당한 준비가 필요하단 말. (비) 둠벙을 파야 개구리가 뛰어들지.
★머구리 : '개구리'의 방언

방 판수 떡자루 잡듯 무엇이나 한 번 가지게 되면 조금도 변통할 줄 모르고 붙들고만 있다는 뜻. (비) 방 판수 떡자루 잡듯 장님 북자루 잡듯.

방판수 떡 자루 잡듯 장님 북자루 잡듯 (비) 방판수 떡자루 잡듯.

방패연의 갈개발 같다 무엇이 길게 치렁치렁 늘어짐을 이르는 말.

밭갈이를 말하는 사람은 많은데 쟁기를 잡는 사람은 적다 말로 걱정하는 사람은 많아도 실제로 일을 하려는 사람은 적다는 말.

밭도랑을 베게 하고 죽을 놈 저주하는 말.

밭으로 가나 둑으로 가나 (비) 벌리나 오므리나.

밭을 사려면 변두리를 보라 무슨 일을 할 때는 주변을 잘 살피고 일을 처리하라는 뜻.

밭이 좋아야 곡식도 잘 된다 1.토지가 좋아야 곡식이 잘 된다는 뜻. 2.아내가 건강해야 건강한 아이를 낳을 수 있다는 뜻.

밭 장자(長者)는 있어도 논 장자는 없다 밭일하여 큰 부자가 된 경우는 있어도 논일을 하여 큰 부자가 된 경우는 없다는 뜻으로, 밭농사가 논농사보다 수익이 더 높다는 말.

밭 팔아 논 사면 좋아도 논 팔아 밭 사면 안된다 밭보다 귀중한 논을 팔아서 밭을 사면 안 된다는 뜻으로, 가계를 꾸릴 때 살림을 차차 늘려 나가야지 살림이 줄어드는 방향으로 하면 안 된다는 말.

밭 팔아 논 살 때는 이밥 먹자고 하는 짓 더 낫게 되기를 바랐는데 오히려 그보다 못할 때를 이르는 말.

배가 고프면 만사가 귀찮다 배가 고프면 세상 일이 다 귀찮아져 일할 의욕이 안 생긴다는 뜻.

배가 남산만하다 배가 몹시 부른 모양.

배가 맞는다 배짱이 통한다는 말.

배가 앞 남산(南山)만 하다 임부의 배를 두고 이름. 되지 못하게 거만하고 떵떵거림을 빙자하는 말. 복고어산. (비) 인왕산(仁王山) 중허리 같다.

뱃가죽이 땅 두께 같다 염치없고 뻔뻔스러운 사람을 이름. (비) 낯가죽이 두껍다. 쇠가죽이 무릎쓴다.

배가 차야 예절도 안다 살림이 넉넉해야 남들에 대한 예절도 차릴 수 있다는 뜻.

배고프다고 바늘허리로 허리 저리랴 어려움을 당하였어도 무리한 짓은 할 수 없다는 말.

배고프고 춥다 못 먹어 배고프고 옷을 못 입어 춥다는 말로 매우 가난한 생활을 한단 뜻. ⇔ 배부르고 등 따시다.

배고픈 고양이(호랑이) 원님을 알아보나 가난하고 굶주리면 인사 체면을 돌아볼 겨를이 없다는 뜻.

배고픈 놈더러 요기시키란다 (비) 거지보고 요기시키란다.

배고픈 때에는 침만 삼켜도 낫다 배가 고픈 때에는 무엇 조그마한 것으로 입맛을 다셔도 좀 허기증이 덜 하다는 뜻.

〈배고픈 사람이 장맛 보자 한다〉

배고픈 사람이 장맛 보자 한다 자기가 하고 싶은 말을 솔직히 말하지 않는다는 뜻.

배 구멍이(배꼽이) 톡 튀어나와 콧구멍 보고 형님 한다 배꼽이 배보다 높다 함이니, 매우 배부르다는 뜻.

배꼽 딴 질경이 보기엔 작지만 실상 아무것도 먹잘 것이 없음을 이름.

배꼽 떨어진 고장 태어난 고장을 이르는 말.

배꼽에 노송(老松)나무 나거든 (비) 까마귀 대가리가 희어지거든.

배꼽에 어루쇠를 붙인 것 같다 배꼽에 거울을 붙이고 다녀서 모든 것을 속까지 훤히 비춰본다는 뜻으로, 눈치가 빠르고 경우가 밝아 남의 마음을 잘 알아차림을 비유적으로 이르는 말. (비) 배꼽이 빠진다. 소가 웃다가 꾸러미 째지겠다. ★어루쇠 : 쇠로 만든 거울.

배꼽이 떨어지겠다 너무나 우스워서 못 견디겠다는 말. (비) 배꼽이 빠진다. 소가 웃다가 꾸루미 째지겠다.

배꼽이 웃을 일이다 조소(嘲笑)를 받을 가소로운 일이라는 말.

배냇자식도 알아 듣겠다 고함소리가 너무 커서 뱃속에 든 아이도 알아듣겠다는 말.

배는 물이 없으면 가지 못한다 (비) 구름이 모여야 비가 온다.

배대기에 기름이 끼는 모양이다 전에는 공손하던 사람이 점점 거만해진다는 말.

배도 물이 있을 때 띄워야 한다 (비) 산에 가야 범을 잡고 물에 가야 고기를 잡는다.

배때가 벗었다 내장에 발 같은 기름이 끼었다는 것이니. 부귀를 가지고 크게 호기를 부려 뽐내는 사람을 이름. (비) 배 때가 벗었다. 배에 발기름이 끼었다. 곤자소니에 발기름이 꼈다.

배때기에 기름이 찌면 눈에 보이는 것이 없나 겸손했던 사람도 부유해지면 거만한 마음이 생긴다는 말.

배만 나오면 제일이냐 사람은 누구나 돈이 있다 하여 방자(放恣)하게 행동해선 안 된다는 말.

배만 부르면 세상인 줄 안다 배불리 먹기만 하면 아무 근심 걱정도 모른다는 뜻.

배 먹고 배 속으로 이를 닦는다 한 가지 물건을 이용함으로 인하여 두 가지 이득이 생겼을 때를 이름.

배보다 배꼽이 크다 본체(本體)보다 거기에 딸린 것이 더 크다는 말. (비) 바늘보다 실이 굵다. 아이보다 배꼽이 더 크다. 산보다 골이 더 크다. 눈보다 동자가 크다. 고추장이 밥보다 많다. 얼굴보다 코가 더 크다. 기둥보다 석가래가 더 굵다. 발보다 발가락이 더 크다. 젖통보다 젖꼭지가 더 크다. 주인보다 객이 많다. 눈이 얼굴보다 크다.

배부르니 평안감사도 부럽지 않다 배가 부르도록 음식을 먹고 나니 더 이상 부러울 것이 없다는 뜻.

배부른 고양이는 쥐를 잡지 않는다 가난한 사람은 부지런하지만 부유한 사람은 게으름을 피운다는 뜻. (비) 배부른 매는 사냥을 하지 않는다. 배부른 상전이 하인의 사정을 모른다.

배부른 고양이 새끼 냄새 맡아보듯 잔뜩 먹은 고양이가 흡족해서 제 새끼를 핥아 주며 냄새를 맡듯 한다는 뜻으로, 무슨 일에서나 마음이 흐뭇해서 이것저것 살펴보고 만져 보고 하는 모양을 비유적으로 이르는 말.

배부른 놈이 잠도 많이 잔다 배가 고프면 아무리 잠을 자려고 해도 좀처럼 잠이 오지 않으며, 배가 불려야만 비로소 잠을 잘 잘 수 있다는 말.

배부른데 선떡 준다 생색이 나지 않는 행동을 한다는 말.

배부른 흥정 아쉬움이 없어 무엇이나 제 마음에 차면 하고 차지 않아서 하기 싫으면 안 한다는 뜻.

배 썩은 것은 딸 주고 밤 썩은 것은 며느리 준다 (비) 가을볕에는 딸을 쬐고 봄볕에는 며느리 쬔다.

배수진(背水陣)을 친다 일이 잘못되어 위험을 무릅쓰고 끝장이 날 때까지 있는 힘을 다하여 대항한다는 말.

배 안엣(속에) 조부(祖父)는 있어도 배 안엣 형(兄)은 없다 자기보다 나이 어린 사람이 할아버지뻘은 될 수 있으나, 자기보다 나이 어린 사람보고 형이라고 하지는 않는다는 뜻.

배에 발기름이 꼈다 내장에 발 같은 기름이 끼었다는 것이니, 부귀를 가지고 크게 호기를 부려 뽐내는 사람을 이름. (비) 배 때가 벗었다. 배에 발기름이 끼었다. 곤자소니에 발기름이 꼈다.

배우지 못했으니 땅이나 파먹어야겠다 배움이 없어 관리 노릇은 도저히 못 할 처지이니 농사나 지어먹고 살아야 한다는 뜻.

배운 도둑질 같다 버릇이 되어 어떠한 일을 자꾸 하게 된다는 뜻. (비) 배운 도둑질은 못 고친(버린)다. 거지 노릇도 사흘 하면 못 버린다.

배운 도둑질은 못 고친(버린)다 (비) 거지 노릇도 사흘 하면 못 버린다. 배운 도둑질 같다.

배움 길에는 지름길이 없다 학문은 처음부터 체계적으로 배워야 한다는 말.

배워서 남 주나 어떤 내용이든지 배우고 나면 다 자기에 유리하게 이용될 것이므로 열심히 배워 두라는 말.

배워야 면장이다 마을의 어른인 면장 노릇을 하려면 어느 정도 아는 것이 있어야 한다는 뜻으로, 윗사람이 되어 다른 사람을 지도하려면 아는 것이 있어야 함을 비유적으로 이르는 말.

배장수 남의 은근한 일을 캐어 내어 말을 퍼뜨리고 말썽거리를 일으키는 사람을 두고 이르는 말.

배짱만 내민다 일을 순리대로 원만하게 하려고 하지 않고 고집만 내세워 처리한다는 뜻.

배 주고 속 빌어먹는다 큰 이익은 남에게 빼앗기고 자기는 작은 이익을 얻음을 일컬음.

배 지나간 자리 바다 위에 배가 지나가고 나도 아무런 흔적이 남지 않듯이 일을 하긴 했으나 아무 표가 나지 않는다는 말. (비) 죽 떠먹은 자리.

배지 않은 아이 낳으라 한다 억지를 부리고 무엇을 해 달라고 고집을 부린다는 말. (비) 누지 못하는 똥을 으드득 누라 한다. 내 노랑 병아리만 내라 한다. 첫날밤에 아이 낳으라 한다.

배추 밑에 바람이 들었다 남 보기에 절대로 그럴 것 같지 않은 사람이 불미한 짓을 하였을 때 이름.

배추밭에 개똥처럼 내던진다 마구 집어 내던져 버린다는 뜻.

백 가지 꾀에 하나도 쓸 꾀가 없다 여러 가지 꾀가 있기는 하나 그중에서 정작 쓸만한 꾀는 하나도 없다는 뜻.

백(百) 개의 별이 한 개의 달(月) 밝만 못하다 사람들이 많이 있지만 잘난 사람 하나만 못하다는 뜻.

백 년을 다 살아야 삼만 육천 일 아무리 사람이 오래 산다고 해도 헤아려 보면 지극히 짧은 세월임을 이르는 말.

백년하청(百年河淸)을 기다린다 되지도 않을 일을 오래 두고 기다린다는 말. (비) 백 년을 기다린다. 천년하청을 기다린다. ★백년하청 : 어떤 일이 아무리 오랜 시간이 흘러도 이루어지기 어려움.

백두산 까마귀도 심지 맛에 산다 어느 곳이든지 마음 붙이고 살기에 달렸다는 말.

백두산이 무너지나 동해수가 메어지나 싸우려면 결판이 날 때까지 해 보겠다는 말. (비) 아산이 깨어지나 평택이 무너지나. 평택이 깨어지나 아산이 무너지나.

백로(白鷺)가 희다고 속까지 흴까 겉만 보고는 그 사람을 평가할 수 없다는 말.

백로(白鷺)와 까마귀다 누가 잘하고 잘못한 것이 뚜렷하다는 말.

백 리에 구십 리가 반이다 무슨 일을 하든지 하려면 끝까지 해야 이익이 돌아온다. (비) 굿 구경 하려면 계면떡이 나올 때까지.

백만 무덤에도 저마다 핑계가 있다 어떤 무덤에 가서 물어봐도 저마다 죽은 이유는 있듯이 무슨 일이나 잘못되었을 때 그 이유는 다 있게 마련이란 뜻.

백명선(白命善)의 헛 문서(文書) 옛날 백명선이란 사람이 거짓 문서를 꾸며서 남을 속이는 일이 심하였으므로 이에서 남을 속이려는 거짓 서류(書類) 같은 것을 이름. ★백명선 : 예전에 거짓 문서를 꾸며 남

〈백모래밭의 금자라 걸음〉

을 속이는 일이 심하였다는 사람의 전설 일화.

백모래밭의 금자라 걸음 맵시를 부리며 아장아장 걷는 여자의 걸음을 뜻함. (비) 대명전 대들보의 명매기 걸음. 양지 마당에 씨암탉걸음. ★금자라 걸음 : 걸음 맵시를 내고 아양을 부리며 아장아장 걷는 여자의 걸음걸이를 이르는 말

백문선(白文善)의 헛 문서(文書) 남을 속이려는 거짓 서류 같은 것을 뜻함. (비) 백명선의 헛 문서.

백미(白米)에 뉘 섞이듯 드물어서 얻기 힘듦을 일컫는 뜻.

백미(白米)에는 뉘나 섞였지 아무 흠이 없음을 일컬음. (비) 봉산 참배는 물이나 있지.

백발도 내일모레 사람의 인생살이가 잠깐이라는 말.

백 번 듣는 것이 한 번 보는 것만 못하다 여러 번 듣는 것보다 직접 눈으로 확인하는 것이 낫다는 말. (비) 백문(百聞)이 불여일견(不如一見).

백 번 죽어 싸다 죽어도 죄가 모자랄 만큼 죄가 크다는 말.

백 번 찍어 안 넘어가는 나무 없다 자기가 마음먹은 일을 계속하면 반드시 뜻대로 이루어진다는 의미. (비) 먹돌도 뚫으면 구멍이 난다. 무쇠도 갈면 바늘이 된다.

백비탕(白沸湯) 수본(手本)이라 뚜렷한 이유 없이 관직(官職)을 내 놓으라는 명(命)을 받음에 이르는 말. ★백비탕 : 아무것도 첨가하지 않고 끓인 물. ★수본 : 조선 시대. 공사(公事)에 관해 상급 기관이나 관계 관청에 보고하는 문서.

백사장 모래알 무진장 많다는 말.

백사장에도 눈찌를 가시가 있다 1.친한 사람이 많아도 그중에는 원수가 끼어 있다는 뜻. 2.믿고 방심하다가는 봉변을 당한다는 뜻.

백사장에 물 붓기 무슨 일을 해도 전혀 성과가 없다는 말. (비) 백사장에 오줌 누기.

백사장에 혀를 꽂고 죽을 일이다 너무나 분한 일을 당하여 어이없고 기가 막힌다는 뜻. (비) 모래 바닥에 혀를 박고 죽을 일이다. 칼을 물고 토할 노릇이다. 피를 토하고 죽을 노릇이다. 한강 모래사장에 혀를 박고 죽을 일이다. 눈구석에 쌍 가래톳 선다.

백사지(白沙地)에 무엇이 있나 토질이 박하여 물산(物産)이 없다는 말. ★백사지 : 흰모래가 깔린 땅

백성을 멀리하면 나라가 망한다 백성들의 의사와 이익을 존중하지 않으면 나라까지도 위태롭게 된다는 말.

백성의 입 막기는 내 입 막기보다 어렵다 백성들 속에서 일어나는 사회적 여론을 막는 것은 흐르는 냇물을 막기보다 어려우매, 여론이나 소문을 막을 수 없다는 말. (비) 백성의 입 막기는 냇물 막기보다 어렵다. 군중의 입은 빼앗지 못한다.

백성이 원하는 것은 하늘도 따른다 백성들이 어떤 일을 원하게 되면 하늘의 운세도 그를 따르게 된다는 말.

백성이 제구실을 돋운다 섣불리 나대다가 일 봐 주는 사람의 미움을 덧들여서 역효과를 낸다는 말.

백송골(白松鶻)이 생치 채듯 힘 있고 민첩하게 잡아채는 것을 이름. ★백송골 : 맷과에 속한 새. 생치 : 산 채로 붙잡음.

백옥(白玉)이 진토(塵土)에 묻힌다 유능한 사람이 재능을 발휘하지 못하고 불우하게 파묻히어 지낸다는 뜻. (비) 형산의 백옥이 홈 속에 묻혔다.

백운심처(白雲深處) 처사(處事) 찾기
(비) 겨 속에서 쌀 찾기. ★백운심처 : 흰 구름이 가득한 깊은 산골 ★처사 : 일을 처리함.

백일 붉은 꽃 없고 천 일 좋은 사람 없다 삶의 행복도 영원히 계속되지 않는 다는 말. (비) 백 일 붉은 꽃 없다.

백일 장미에도 하루만 더 왔으면 한다 자기 이익 때문에 자기 본위로 이야기하는 것을 말한다. (비) 넉 달 가뭄에도 하루만 더 개었으면 한다.

백자(白子) 천손(千孫) 곽자의(郭子儀) 부귀 다남하여 팔자가 좋은 사람을 가리키는 말. (비) 곽분양의 팔자. ★곽자의(697~781) : 당 중기의 명장, 손꼽히는 충신이자 권신. 당대와 후대의 중국인들이 가장 완벽한 인생을 살았다고 여기는 인물 중 한 명. 말 그대

로 엄친아이자 인생의 승리자.

백전노장(百戰老將)이다 (비) 산전수전 다 겪었다.
　★백전노장 : 세상의 온갖 풍파를 많이 겪어서 여러 가지 일에 노련한 사람을 비유적으로 이르는 말.

백 년 가마 타고 모퉁이 도는 격　실상은 흉악한 자가 그것을 잘 모르는 사람 앞에서 훌륭한 체한다는 말.

백정도 올가미가 있어야지　(비) 개장수도 올가미가 있어야 한다.

백정이 나물국을 좋아한다　맛있는 음식도 계속해서 먹으면 맛이 없게 되므로 다른 음식을 좋아하게 된다는 뜻.

백정이 버들잎 물고 죽는다　(비) 남산골 생원이 망하여도 걸음 걷는 보수는 남는다.

백정이 양반 노릇을 하면 개가 짖는다　백정은 아무리 꾸며놓아도 고기 냄새가 옷에 배듯이 겉모양이 아무리 꾸며놓아도 본성이 쉽게 드러난다는 뜻.

백정 자식은 버들을 좋아한다　1.버릇만 봐도 그 사람의 신분을 알 수 있다는 뜻. 2.늘 취급하던 물건은 정이 들게 된다는 뜻.

백쥐가 나와서 춤을 추고 초상상제가 나와 웃을 노릇이다　별 망측한 일을 보겠다는 뜻.

백지장도 맞들면 낫다　아무리 쉬운 일이라도 협력하여서 하면 훨씬 더 효과적이라는 말. (비) 종이도 네 귀를 들어야 바르다. 도둑질해도 손이 맞아야 한다. 쟁(錚)과 북이 맞아야 한다. 초지(草紙)장도 맞들면 낫다.

백지장에 물 한 방울 떨어지듯　매우 사소한 흔적이 남을 때 이르는 말.

백차일 치듯　흰옷 입은 사람들이 매우 많이 모인 것을 이름. ★백차일(白遮日) : 흰 색깔의 차일.

백 톤에 말보다 한 그램의 실천　말을 많이 하는 것보다 실천하는 것이 더 중요하다는 말.

백호(白虎) 자리 넓다　행동이 겸손하지 못 하고 뻔뻔스럽다는 말.

밴댕이 소갈머리　아주 좁고 얕은 마음 씀씀이를 이르는 말.

밴댕이 콧구멍 같다　밴댕이 콧구멍처럼 몹시 소견이 좁고 용렬하여 답답한 사람을 두고 하는 말.

밴 아이 떨어지겠다　목소리가 아주 높다는 뜻.

밴 아이 사내 아니면 계집아이　할 일이 둘 중의 어느 하나라고 할 때 쓰는 말. (비) 밴 아이 아들 아니면 딸이지.

뱀 본 새 짖어 대듯　몹시 시끄럽게 떠드는 모양을 이르는 말. (비) 지절대기는 똥 본 오리라. 참새를 까먹었나. 참새를 볶아 먹었나.

뱀에 놀란 사람은 그 새끼만 봐도 놀란다　(비) 자라보고 놀란 가슴 솥뚜껑(소댕) 보고 놀란다.

뱀은 꿈틀거리는 버릇을 버리지 못한다　(비) 거지 노릇도 사흘 하면 못 버린다.

뱀을 그리고 발까지 단다　쓸데없는 것을 덧붙여서 오히려 못쓰게 하는 것을 비유적으로 이르는 말.

뱀의 마음이 부처의 말　간악한 사람이 성인과 같은 말을 한다는 말.

뱀이 용 되어 큰소리한다　변변찮던 사람이 갑자기 귀한 신분이 되어 유난히 아니꼽게 큰소리치는 것을 이르는 말.

뱀이 용이 되어도 뱀은 뱀이다　본바탕이 못된 사람은 설혹 훌륭하게 되더라도 그 본성은 그대로 지닌다는 말.

뱀이 제 꼬리로 제 몸을 때린다　자기 스스로 자기를 해롭게 한다는 말.

뱀장어 꼬리 잡는 것 같다　아무리 애를 써도 일이 이루어질 것 같지 않다는 말.

뱀장어 눈은 작아도 저 먹을 것은 다 본다　먹을 것을 잘 찾아 먹는 사람을 두고 하는 말.

뱁새가 수리를 낳는다　(비) 미꾸라지 용 된다.

뱁새가 황새걸음을 걸으면 가랑이 찢어진다　사람은 자신의 분수에 맞게 살아야지 분수에 넘치는 짓을 하면 해를 입는다는 말. (비) 송충이는 솔잎을 먹어야 한다.

⟨뱁새가 황새를 따라가면 다리가 찢어진다⟩

뱁새가 황새를 따라가면 다리가 찢어진다 (비) 뱁새가 황새걸음을 걸으면 가랑이 찢어진다.

뱁새는 작아도 알 만 잘 낳는다 (비) 제비는 작아도 강남을 간다.

뱃가죽이 땅 두께 같다 너무나도 염치가 없다는 말. (비) 낯가죽이 두껍다. 낯가죽이 쇠가죽이다. 비단바지에 똥 싼다. 상판대기가 꽹과리 같다. 새 바지에 똥 싼다. 쇠가죽 무릅쓴다. 족제비도 낯가죽(콧등)이 있다. 벼룩(빈대)도 낯짝이 있다

뱃놈 뭣은 다 같다 같은 처지에 있는 사람의 행동은 서로 같다는 말.

뱃놈 배 둘러대듯 말을 이리저리 잘 둘러대는 모양을 일컬음.

뱃놈은 하루 천기를 봐야 한다 자기가 하고 있는 일과 관계가 일까지도 잘 알아야 한다는 뜻.

뱃놈의 개 (비) 부잣집 가운데 자식

뱃사공 뱃머리 돌리듯 한다 일하는 것이 매우 능수능란하다는 뜻.

뱃사공의 닻줄 감듯 무엇을 휘휘 감는다는 뜻. (비) 사월초파일 등(燈)대 감듯.

뱃삯 없는 놈이 배에 먼저 오른다 일반적으로 남에게 신세를 지는 사람이 오히려 얄밉게 염치없는 짓을 한다는 뜻.

뱃속 벌레가 놀라겠다 (비) 목구멍에 때를 벗긴다.

뱃속 아이도 달이 차야 나온다 1.무슨 일이나 때가 되어야 이루어질 수 있단 뜻. 2.일 서둔다고 되는 것은 아니라는 뜻.

뱃속에 거지 들었다 (비) 굴우물에 말똥 쓸어 넣듯

뱃속에 늙은이 들어앉았다 겉으론 어수룩하지만 속은 늙은이와 같은 지혜가 있다는 뜻.

뱃속에 능구렁이가 들어 있다 능글맞고 엉큼하다는 말.

뱃속에 똥만 가득하다 배운 것이라고는 아무것도 없어 행실이 매우 나쁘단 말.

뱃속에서 나올 때 울지 않는 아이 없다 아이가 뱃속에서 나올 때는 첫 호흡을 하느라고 다 울듯이 같은 사정에서는 누구나 다 마찬가지란 뜻.

뱃속에 의송(議送)이 들었다 속에는 야심(野心)을 품고 있다는 말. ★의송 : 조선 시대 때 민사사건의 항소(抗訴).

뱃속은 밥으로 채우지 말로는 못 채운다 무슨 일이나 실천에 옮겨야지, 말로 하는 것은 아무 소용이 없다는 의미.

뱃속을 들여다보다 심중을 훤히 안다는 말.

버들가지가 바람에 꺾일까 부드러워서 곧 바람에 꺾일 것 같은 버들가지가 끝까지 꺾이지 않듯이, 부드러운 것이 단단한 것보다 더 강하다는 뜻.

버릇 배우니까 과붓집 문고리 빼들고 엿장수 부른다 남에게 훈계와 충고를 받고도 오히려 나쁜 짓을 함. (비) 행실을 배우라니까 포도청 문고리를 뺀다.

버릇없기는 과붓집 딸 가정교육이 부족하여 언행이나 행동이 좋지 못하다는 뜻.

버리댁이 효자 노릇한다 (비) 굽은 나무가 선산(先山)을 지킨다. ★버리 : 버린다는 옛말.

버린 것도 제 것이 좋다 무슨 물건이든 자기가 가진 것이 남의 것보다 훨씬 좋게 생각한다는 뜻

버릴 것이라곤 똥밖에 없다 사람이 매우 훌륭하여 하는 짓마다 잘하기 때문에 버릴 것은 그의 똥밖에 없을 정도로 나무랄 데 없는 사람을 두고 하는 말. (비) 부처님 가운데 토막. 부처님 허리 토막.

버릴 그릇 없고 버릴 사람 없다 아무리 못난 사람도 다 쓸데가 있다는 말.

버마제비가 수레를 가로막는 격 자신의 분수도 모르고 함부로 덤빈다는 뜻. ★버마재비 : '사마귀'를 뜻하는 북한말. 당랑(螳螂).

버선목 뒤집듯 모든 것을 샅샅이 시원하게 밝혀야 한다는 뜻.

버선목에 이 잡을 때 보아야 알지 잘 산다고 너무 자랑하고 뽐냄을 핀잔주는 말.

버선 신고 발바닥 긁기 요긴한 곳에 이르지 못하여 안타깝다는 것에 비유. (비) 목화 신고 발등 긁기. 신

〈벌리나 오므리나〉

신고 발바닥 긁기. 옷을 격해 가려운 데를 긁는다. 옷 입고 가려운 데 긁기.

버선이라면 뒤집어나 보이지 버선이 아니라 뒤집어 보일 수도 없으므로 상대방의 의심을 풀어주지 못하여 매우 답답하고 속상하다는 의미. (비) 버선목이라 뒤집어 보이나.

버스(기차) 지나고 손 든다 (비) 사또 떠난 뒤에 나팔 분다.

번개가 끌고 가듯 번개 같이 빨리 달아난다는 말.

번개가 잦으면 벼락 늦이래(천둥한다) (비) 방귀가 잦으면 똥 싸기 쉽다.

번개가 잦으면 벼락을 친다 나쁜 행동을 자주하게 되면 큰일을 저지르게 된다는 뜻.

번개를 따라가겠다 1.성미가 급하여 무엇이든지 당장에 처리하여 버리려 함을 이르는 말. 2.몸 움직임이 매우 빠른 사람을 이름. (비) 번갯불에 담뱃불붙이겠다. 번갯불에 밤 구워 먹겠다. 번갯불에 콩 볶아 먹겠다. 여우볕에 콩 볶아 먹는다.

번갯불에 담배 불붙이겠다 (비) 번개를 따라가겠다.

번갯불에 밤(콩) 볶아먹겠다 (비) 번개를 따라가겠다.

번갯불에 솜 구워 먹겠다 거짓말을 잘 함을 이르는 말.

번데기 앞에서 주름잡는다 자기보다 훨씬 유식한 사람 앞에서 지식이 부족한 사람이 잘 아는 체한다는 말. (비) 공자 앞에 논어 이야기한다. 공자 앞에 문자 쓴다. 개구리에게 헤엄 가르친다.

번연히 알면서 새 바지에 똥 싼다 사리를 다 알 만한 사람이 실수를 저지른다는 뜻. (비) 새 바지에 똥 싼다.

번지가 다르다 서로 근본이 다르다는 말.

번지수를 잘못 찾다(짚다) 생각을 잘못 짚어 엉뚱한 방향으로 나가다를 두고 하는 말.

벌거벗고 전통(箭筒) 찰까 1.어울리지 않아 어색함을 이름. 2.어울리지 않게 꾸미는 것보다 겸손한 것이 차라리 낫다는 말. (비) 벌거벗고 환도 찬다. 갓 쓰고 자전거 탄다. 적삼 벗고 은가락지 낀다. 꾀 벗고 돈 한 닢 찬다.

벌거벗고 환도(還刀) 찬다 (비) 개 발에 주석 편자.
★환도 : 옛날에 군도.

벌거벗은 손님이 더 어렵다 어린 손님을 대접하기가 더 어려움을 이르는 말.

벌거숭이는 누구나 다 마찬가지 인간이 사회적으로 빈부와 귀천의 차별은 있지만 근본적으로는 모두가 같다는 뜻.

벌거숭이 불알에 붙듯 잠자리가 불알에 붙는다 해도 그 시간이 짧다는 뜻으로, 무엇이나 오래가지 못함을 비유적으로 이르는 말. (비) 잠자리 꼬리 감추듯.
★벌거숭이 : 여기선 잠자리.

벌 나비가 꽃을 탐낸다 남자가 여자에게 반하여 이리 저리 쫓아다닌다는 뜻.

벌(罰)도 덤이 있다 벌 받을 때도 덤으로 더 받게 되는 법이니 하물며 물건을 받을 땐 더 받지 않겠느냐는 뜻.

벌레는 쓴 맛도 모른다 가난하여 굶주린 사람은 음식 맛도 잘 모르고 먹는다.

벌레는 용(龍)보다 지혜로울 수 없다 못난 사람이 훌륭한 사람을 당할 수 없다는 말.

벌레도 밟으면 꿈틀한다 아무리 순하거나 잘 참는 사람도 지나치게 자극하면 반항하게 된다는 말.

벌레 먹은 배추(삼) 잎 같다 얼굴에 검 버섯이 피고 기미가 흉하게 퍼진 사람을 이르는 말.

벌레 먹은 콩은 콩이 아닌가 못난 사람도 역시 사람이기 때문에 절대로 차별해서는 안 된다는 뜻.

벌레와 짐승도 저 살던 곳을 그리워한다 하찮은 벌레나 짐승도 제 살던 곳을 그리는데 하물며 사람이 정든 곳을 어찌 그리워하지 않을 수가 있겠느냐는 뜻.

벌려 놓은 굿이(차례)다. (비) 내친걸음이다.

벌리나 오므리나 이렇게 하나 저렇게 하나 마찬가지란 뜻. (비) 나귀에 짐을 지고 타나 싣고 타나 일반. 지니 업으나. 외로 지나 바로 지나. 가로 지나 세로 지나. 열고 보나 닫고 보나. 둘러치나 메어치나. 밭으로 가나 둑으로 가나. 업으나 지나. 틈으로 보나 열고 보나.

⟨벌린 춤이라⟩

벌린 춤이라 이미 시작한 일을 중도에 그칠 수는 없다는 뜻. 기장지무(既張之舞).

벌물 켜듯한다 죽이나 술 따위를 세게 들이켠다는 말.

벌 쐰 사람 같다 1. 말대꾸도 없이 오자마자 곧 가버리는 사람을 이름. 2. 몹시 날뛰는 사람을 비유적으로 이르는 말. (비) 벌에 쏘였나.

벌(罰)에도 덤이 있다 좀 더 달라는 뜻.

벌에도 독이 있다 작은 벌레에도 독이 있는데 하물며 사람이 성나면 얼마나 무섭겠느냐는 뜻.

벌은 쏘아도 꿀은 달다 벌은 쏘아서 아프게 하지만 벌이 만들어 놓은 꿀은 달다는 뜻으로, 성가신 장애물이 있기는 하지만 자기에게 좋은 먹을 것이 있음을 비유적으로 이르는 말.

벌 잡아먹은 두꺼비 상 벌에게 입속을 쏘인 두꺼비의 상과 같이 몹시 아픈 모습을 하고 있다는 뜻.

벌집을 건드린다 (비) 기름지고 불로 들어간다.

벌집을 건드렸다 섣불리 건드려 큰 탈을 만났을 때에 하는 말. (비) 벌집을 쑤셔 놓은 것 같다. 자는 범 코침 주기. 자는 벌집 건드린다. 자는 호랑이 불침 놓기.

벌집을 쑤셔 놓은 것 같다 (비) 벌집을 건드렸다

벌초(伐草) 자리는 좁아도 백호(白虎) 자리는 넓다 주되는 것은 밀려 나가고 그만 못한 대수롭지 않은 것이 버티고 나섬을 뜻함.

벌타령 음률(音律)이 바르지 못한 속된 노래이니 무슨 일에 규율이 없고 난잡함을 이름.

범 가는 데 바람 간다 언제나 떨어지지 않고 같이 다님을 비유적으로 이르는 말. (비) 바늘 가는 데 실 간다. 녹수 갈 제 원앙 가듯. 용 가는 데 구름 간다. 봉 가는 데 황이 간다. 구름 갈 제 비가 간다. 꺽꺽 푸드덕 장끼 갈 제 아로롱 까투리 따라가듯. 거미줄 따르듯. 풋고추에 절이 김치.

범강장달(范彊張達)이 같다 범강과 장달은 삼국지에 나오는 인물로 그 대장 장비를 죽였으니 힘세고 흉악한 인물 같다는 말. ★범강장달 : 키가 크고 기운이 세며 흉악하게 생긴 사람.

범 같은 장수 사납고 위엄 있는 장수.

범굴에 들어가야 범 새끼를 잡는다 뜻하는 결과를 바라거든 그에 따른 준비를 하고 수고를 해야 한다는 뜻. (비) 범굴에 들어가야 범을 잡지.

범굴에 들어가야 범을 잡지 (비) 범굴에 들어가야 범 새끼를 잡는다.

범 꼬리를 잡은 격 몹시 어렵거나 난처한 처지에 처해 이러지도 저러지도 못하게 된 경우를 이르는 말.

범 나비 잡아먹은 듯 (비) 간에 기별도 안 간(갔)다.

범 날고기 먹는 줄 모르느냐 다 아는 일을 구태여 숨어서 할 필요는 없다는 뜻.

범 대가리에 개고기 어떤 일을 크게 벌여 놓곤 그 끝은 볼품없이 흐지부지해 버리는 모양을 비꼬아 이르는 말.

범도 개에게 물릴 날 있다 권세가 아무리 막강한 사람이라도 언젠가는 몰락할 때가 있다는 뜻.

범도 고슴도치는 못 잡아먹는다 힘센 자가 약한 자라고 하여 다 굴복시키지는 못한다는 뜻.

범도 과부 외아들이라면 물어 가다가도 놓아준다 아무리 포악한 사람이라도 딱한 사람의 간절한 사정은 들어준다는 말 (비) 범도 삼대독자라면 잡아먹지 않는다.

범도 굶주리면 고자 대감을 잡아먹는다 굶주림에 시달리게 되면 도덕이나 예의를 지키지 않게 된다는 말.

범도 대호(大虎)라면 좋아한다 (비) 말도 용마라면 좋아한다.

범도 보기 전에 똥 싼다 지레 겁을 낸다는 말.

범도 삼대독자라면 잡아먹지 않는다 포악스러운 사람도 눈물과 인정은 있다는 말. ⇔ 범이 고자 대감을 안다더냐.

범도 새끼 둔 골을 두남을 둔다 약한 자라도 제 자식 사랑만은 있다는 말. (비) 호랑이도 자식 난 골에는 두남둔다. 자식 둔 골에는 호랑이도 두남둔다. 자식 둔 골은 범도 돌아본다. 호랑이도 제 새끼 둔 곳을 아낀다. ★두남두다 : 잘못된 것을 두둔하여 도와주다.

〈범은 가죽을 아끼고 군자(君子)는 말을 아낀다〉

가엾게 생각하여 돌봐주다.

범도 시장하면 가재(왕개미 나비)를 먹는다 (비) 없는 놈이 찬밥 더운밥 가린다.

범도 위엄을 잃으면 쥐가 된다 권력을 잃으면 비겁한 사람이 된다는 말.

범도 있고 개도 있다 세상엔 잘난 사람도 있고 못난 사람도 있단 말.

범도 잡고 나면 불쌍하다 평소에 미운 사람도 죽으면 불쌍한 생각이 난단 말.

범도 제 굴에 들어온 토끼는 안 잡아먹는다 아무리 미운 사람이라도 굴복하는 경우에는 관대하게 용서하고 접대한다는 뜻. (비) 품 속에 들어온 새는 잡지 않는다.

범도 저 자란 고향은 떠나지 않는다 사람은 누구나 정든 고향에서 떠나기를 싫어한다는 말.

범도 제 새끼는 안 잡아먹는다 누구든지 자기 식구나 자기가 데리고 있는 사람은 절대 해치지 않는다는 뜻.

범도 제 말 하면 온다 (비) 귀신 이야기를 하면 귀신이 온다.

범도 제 말 하면 오고 사람도 제 말 하면 온다 남을 흉보아서는 안 된다는 말. 다른 사람에 관한 이야기를 하는데 공교롭게 그 사람이 나타나는 경우를 이르는 말. 그 자리에 없다고 해서 남 흉을 보지 말라는 말.

범도 죽을 때는 제집을 찾는다 누구나 죽을 땐 자기가 난 고향을 그리워한다는 뜻.

범 모르는 관리가 볼기로 위세 부린다 실력 없는 사람이 직권을 남용하여 남을 괴롭힌다는 말.

범 모르는 하룻강아지 (비) 물인지 불인지 모른다.

범 무서워 산에 못 가랴 마음에 꺼림칙하게 여겨지는 것이 있더라도 해야 할 일은 한다 말.

범 물려갈 줄 알면 누가 산에 가나 불행하게 될 줄 미리 알았다면 누구든지 피하지 않을 사람은 없다는 말.

범 바자 먹은 것 같다 (비) 간에 기별도 안 간(갔)다.
★바자 : 대, 갈대, 수수깡, 싸리 따위로 발처럼 엮거나 결어서 만든 물건. 울타리를 만드는 데 쓰인다.

범 바지락조개 먹은 것 같다 (비) 간에 기별도 안 간(갔)다.

범벅 먹은 고양이 손 같다 질척질척한 것이 많이 묻어 손이 아주 보기 사납게 된 모양을 이름.

범벅에 꽂은 저(箸)라 일이 확고부동하지 못함을 이르는 말.

범 본 여편네 창구멍 틀어막듯 1.공연히 황급하게 서두르는 모양. 2.허겁지겁 밥을 퍼먹음의 비유.

범사냥 갔다가 토끼만 잡았다 크게 계획했던 일은 실패하고 겨우 부수적인 일만 성사시켰다는 뜻. (비) 고래 그물에 새우가 걸린다. 새 망에 기러기 걸린다. 고기는 안 잡히고 송사리만 잡힌다.

범 아가리에 날고기 넣는 셈 욕심이 있는 자에게 간 물건은 도로 찾지 못한다는 뜻. (비) 고양이 보고 반찬가게 지키라는 격. 범에게 개를 빌린 격. 고양이한테 반찬단지 맡긴 셈. 도둑괭이에 제물 지켜 달란다. 도둑에게 열쇠 준 셈.

범 없는 골에 토끼가 스승이라 잘난 사람이 없는 곳에서 못난 사람이 잘난 체함을 비꼬아 이르는 말.

범에게 개 빌려준 격 욕심이 사나워서 신용이 도무지 없는 사람에게 빌려 준 것은 다시 찾지 못하리라는 뜻. (비) 고양이 보고 반찬가게 지켜 달란다. 도둑괭이에 제물 지켜 달란다. 고양이한테 반찬가게 맡긴 것 같다. 호랑이에 날고기 봐 달란다. 범 아가리에 날고기 넣은 셈. 호랑이에게 개를 꿔준다.

범에게 열두 번 물려 가도 정신을 놓지 마라 (비) 물에 빠지더라도 정신을 잃지 말라

범에 날개 세력이나 능력이 있는 사람이 더욱 좋은 조건을 갖춤을 이르는 말.

범에 물려 가도 정신만 차리면 산다 아주 험한 사항에 처했더라도 정신만 똑바로 차리면 빠져나갈 방법이 있다는 뜻. (비) 범에게 열두 번 물려 가도 정신을 놓지 마라.

범은 가죽을 아끼고 군자(君子)는 말을 아낀다 사람은 언제나 말에 신중을 기해야 한다는 말.

⟨ 범은 감히 맨손으로는 잡지 못한다 ⟩

범은 감히 맨손으로는 잡지 못한다 매우 무모하고 위태로운 짓을 한다는 의미.

범은 그려도 뼈다귀는 못 그린다 무엇이나 그 외모는 눈으로 환히 볼 수 있어도 그에 담긴 내용은 모른다는 뜻. (비) 털만 보고는 말 좋은 줄 모른다.

범은 병든 것 같이 걷는다 용맹한 범도 겉보기는 힘없이 걷듯이 겉만 보아선 그 용맹을 모르는 뜻.

범은 썩은 고기를 먹지 않는다 훌륭하고 용기 있는 사람은 아무리 생활이 고생스러워도 부정한 방법으로는 생활하지 않는다는 뜻. (비) 범은 더러운 것을 먹지 않는다.

범은 죽어서 가죽을 남기고 사람은 죽어서 이름을 남겨야 한다 범은 죽어서 가죽 남기듯이 사람은 죽어서 이름 남겨야 올바르게 살았다고 할 수 있다는 말.

범은 평소에 발톱을 감춘다 사람은 자기의 계책을 누출시키지 말아야 한다는 뜻.

범을 그려도 뼈는 그리기 어렵고 사람은 사귀어도 마음은 알기 어렵다 1.무엇이나 겉모양을 가지고 속 내용을 판단할 수 없다는 말. 2.사람의 외양으로서는 그의 마음을 알아낼 수 없다는 말. (비) 범은 그려도 뼈다귀는 못 그린다.

범을 그리려다 개를 그린다 시작할 때는 크게 마음먹고 훌륭한 것을 만들려고 했으나 생각과는 다르게 초라하고 엉뚱한 것을 만들게 됨을 비유적으로 이르는 말. (비) 호랑이를 그리려다가 고양이를 그린다.

범을 길러 화를 받는다 (비) 기르던 개에게 다리를 물렸다.

범의 날개 세력 있는 사람에게 또한 권세가 더 붙게 되었다는 말.

범의 머리를 쓰다듬고 범의 수염을 꼬다가는 범의 밥을 면하지 못한다 포악한 자와 가까이 하면 종말엔 그로부터 화를 당하게 된다는 뜻.

범의 새끼가 열이면 스라소니도 있다 1.잘난 사람도 여럿이 모이면 그중에 못난 사람이 있게 마련이라는 뜻. 2.아들이 여럿이면 못난 사람도 있고 잘난 사람도 있다는 뜻. (비) 범의 새끼에도 스라소니가 있다. 호랑이도 새끼가 열이면 스라소니를 낳는다.

범의 입을 벗어난다 (비) 그물을 벗어난 새

범의 차반 모을 생각은 안 하고 생기는 대로 다 써 버림을 비유하는 말.

범이 개 어르듯 한다 강자가 약자를 제 마음대로 부린다는 뜻.

범이 고슴도치 잡아 놓고 하품한다 일을 시작하려고 해도 장애가 있어 하지 못하여 안타까워 한다는 뜻.

범이 나비 잡아먹는 격 사나운 사람은 상대방의 사정을 조금도 알아주지 않는다는 뜻.

범이 도둑개를 물어 갔다 (비) 미운 개 호랑이가 물어 갔다.

범이 됐다 이리가 됐다 한다 이리저리 못된 짓만 찾아서 한다는 말.

범이 무서우면 산에도 못간다 무슨 일을 시작할 때 미리 겁을 먹고 망설이면 그 일을 못하게 된다는 뜻.

범이 범의 새끼를 낳고 용이 용의 새끼를 낳는다 부모가 훌륭해야 자식도 부모를 닮아 훌륭하게 된다는 뜻. (비) 봉(鳳)이 봉의 새끼를 낳는다. ⇔ 개천에서 용 난다.

범이 삼대독자(三代獨子)를 알아본다더냐 포악한 사람은 남 사정을 알지 못한다는 뜻.

범이 세 마리면 표범도 있다 사람도 여럿이 함께 있으면 그중엔 훌륭한 사람도 있다는 말.

범이 원님을 안다더냐 포악하고 무식한 사람은 남의 사정을 돌보아주지 않는다는 뜻.

범이 토끼를 잡아도 뛰어야 잡는다 노력하지 않고는 되는 일이 없다는 뜻.

범 잡는 칼로 개를 잡는다 실정(實情)에 맞도록 일을 하지 않는다는 말. (비) 닭 잡는데 소 잡는 칼을 쓴다.

범 잡아 관가(官家) 좋은 일 했다 (비) 죽 쑤어 개 좋은 일만 하였다.

범 잡아먹는 담비가 있다 범이 사나워 사람을 잡아먹기가 일쑤지마는 그 범은 또한 담비에 잡혀먹히기도 한다는 말로, 곧 위에는 위가 있다는 뜻이니 혼자 잘난 체하지 말라는 뜻. ★담비 : 포유류 족제빗과의 담비 속에 속한 동물을 통틀어 이르는 말.

범 잡으려다가 토끼도 못 잡는다 큰일을 하려다가 작은 일까지도 그르친다는 뜻.

범 잡은 포수 뜻한 바를 이루어 의기양양한 사람을 일컫는 말.

범 탄 장수 같다 기세가 더할 수 없이 등등하여 아무도 대적할 이 없을 만큼 두려운 존재란 뜻.

범 턱의 고기도 떼어 먹겠다 돈이라면 위험을 무릅쓰고 덤빈다는 뜻.

법당(法堂) 뒤로 돈다 남이 보이지 않는 곳이라고 옳지 못한 짓을 한다는 뜻.

법당은 호법당(好法堂)이나 불무영험(佛無靈驗) 겉치레하여 놓은 것은 매우 훌륭하나 사실은 아무 데도 쓸 수가 없다는 뜻. (비) 아무리 사당을 잘 지었기로 제사를 못 지내면 무엇 하나.

법 모르는 관리가 볼기로 위세 부린다 실력 없고 일에 자신이 없으면 공연히 애매한 사람을 치는 것으로써 일을 얼버무린단 뜻.

법 밑에 법 모른다 1.법을 가장 잘 지켜야 할 법률기관에서 도리어 위법하는 수가 많다 하여 이르는 말. 2.제게 가까이 가장 잘 알고 있을 법한 일을 모르고 있는 것이 보통이란 말. (비) 등잔 밑이 어둡다. 도회 소식을 들으려면 시골로 가거라. 두메 앉은 이방이 조정 일을 알 듯. 방등 뒤. 눈이 눈썹을 못 본다.

법보다 주먹이 먼저 법을 떠나 우선 완력이 첫째란 말.

법 없이도 살 사람 법 없어도 스스로 알아서 나쁜 짓을 하지 않을 착한 사람을 말함. (비) 모난데 없이 착하다.

법은 멀고 주먹은 가깝다 옳고 그름을 떠나 완력이 먼저라는 말. (비) 법보다 주먹이 먼저. 주먹이 운다.

벗 따라 강남 간다 1.꼭 요긴한 일이 있는 것이 아니나 벗을 따라서라도 먼 길을 간다. 2.자기는 하기 싫지만 남이 권해 마지못해 따라 한다는 말.

벗바리가 좋다 뒷배를 보아주는 사람이 많다는 뜻.

벗은 거지는 못 얻어먹는다 옷차림을 깨끗이 해야 남으로부터 대우를 받을 수 있다는 말.

벗 줄 것은 없어도 도둑 줄 것은 있다 친한 벗에게 줄 것이 없어서 안타까워할 형편이지만 그래도 도둑이 들어 훔쳐 갈 물건은 얼마든지 있다는 뜻으로, 없다 없다 하는 사람도 무엇인가 쓸 만한 것은 다 가지고 있음을 비유적으로 이르는 말. (비) 동생 줄 것은 없어도 도둑 줄 것은 있다. 저녁 먹을 것은 없어도 도둑맞을 것은 있다. 쥐 먹을 것은 없어도 도둑맞을 것은 있다. 구제할 것은 없어도 도둑 줄 것은 있다.

벙거지 시울 만지는 소리 하는 말이 요령 없고 아주 모호함을 이르는 말. ★벙거지 : 털로 만든 모자. ★시울 : 가장자리.

벙거지 시울을 만진다 (비) 캐다 들킨 사람 같이.

벙거지 조각에 콩가루 묻혀 먹을 놈 털로 만든 벙거지 조각에 아무리 콩가루를 묻혀도 먹을 것은 없으니, 그것을 먹는다 함은 못할 짓을 하여 재물을 남몰래 빼앗아 가는 자를 욕하는 뜻.

벙어리가 두 몫 더 떠들어댄다 말은 할 줄 모르면서도 남들보다 더 시끄럽게 떠들어댄다는 말.

벙어리가 말은 못해도 날짜 가는 줄은 안다 비록 배우지 못해서 아는 것은 없어도 눈치로 아는 것은 있다는 뜻. (비) 벙어리가 말은 못해도 눈치는 빠르다.

벙어리가 말은 못해도 서방질은 한다 아무리 못난 사람이라도 자기가 할 일은 자기가 다 한다는 말.

벙어리가 말을 하겠다 너무나 기가 막혀 어이가 없다는 말. (비) 시어미가 오래 살자니까 며느리가 방아동티에 죽는 걸 본다.

벙어리가 서방질해도 제 속이 있다 말은 하지 않더라도 제 딴에는 정당한 이유가 있고 뜻도 있다는 말. (비) 처녀가 한증을 해도 제 마련은 있다.

벙어리가 전갈(傳喝)한다 말 못하는 벙어리도 안부는 전하듯이 아무리 바보라도 저 할 말은 다 한다는 뜻.

〈벙어리가 증문(證文) 가지고 있는 격〉

벙어리가 증문(證文) 가지고 있는 격 증서(證書)를 가지고 있는 상대방이 벙어리니 어떤 사실에 대하여 감히 무엇이라 더 말대꾸할 수 없게 되었음을 이름. (비) 벙어리 차첩(差帖)을 맡았다.

벙어리 냉가슴 앓듯 딱한 사정이 있어도 남에게 말 못하고 혼자 속으로 애태우는 답답한 모양을 일컬음.

벙어리도 아이 어미 되면 말한다 어린 아이를 키우는 어머니의 고생이 많다는 말.

벙어리로 삼 년 귀머거리 삼 년 장님 삼 년 매서운 시집살이 하려면 하고 싶은 말이 있어도 하지 말고 남의 말을 듣고도 못 들은 척하며 보고도 못 본체하라는 어르신들의 가리킴을 일컬음.

벙어리 마주 앉은 셈 서로 마주앉아 있으면서도 말을 아니 함을 이름. (비) 소 닭 보듯 닭 소 보듯.

벙어리 발등 앓는 소리 (비) 고양이 불알 앓는 소리.

벙어리 삼신(三身)이라 사람이 말이 없을 때를 이름. (비) 꾸어다 놓은 빗자루. 꾸어 온 빗자루. 빌려 온 고양이 같이. 전당 잡은 촛대. ★삼신 : 부처가 몸을 변하여 세상에 나타나는 세 가지의 모양.

벙어리 서방질하듯 말없이 무슨 일을 슬쩍 한다는 뜻.

벙어리 소를 몰고 가듯 아무 말 없이 앞서거니 뒤서거니 걷기만 함을 이름.

벙어리 소지(所志)정하듯 아무 소리 않고 저 혼자 마음에 결정함을 보고 하는 말.

벙어리 속은 그 어미도 모른다 속 깊이 있는 참맛을 알려면 겉으로만 핥는 것이 아니며 말도 할 말이면 시원히 다 해 버려야 좋다는 말. (비) 고기는 씹어야 맛이고 말은 해야 맛이다. 벙어리 마음은 벙어리도 모른다.

벙어리 심부름 하듯 말없이 눈치만 보아 가면서 행동함을 이름.

벙어리 예장(禮狀) 받은 듯 싱글벙글한다 말은 안 하고 싱글벙글 웃기만 하는 사람을 일컫는 말.
★예장 : 잔치에 초대하는 편지.

벙어리 웃는 뜻은 양반 욕하자는 뜻이다 의미를 알기 어려운 경우에는 짐짓 미루어 짐작하는 말.

벙어리의 꿈 무슨 일을 혼자만 알고 있다는 말.

벙어리 입에 깻묵장 처넣듯 무턱대고 한 입씩 퍼 넣는 것을 두고 하는 말.

벙어리 자식은 두어도 가납사니 자식은 두지 말랬다 벙어리는 집안이나 조용하지만, 말다툼 잘하고 싸우기 잘하는 자식을 두면 집안이 하루도 편할 날 없이 소란하다는 뜻. ★가납사니 : 쓸데없는 말을 크게 떠들어대기 좋아하는 수다스러운 사람. 말다툼을 잘하는 사람.

벙어리 장닭이다 시간을 알려주어야 할 장닭이 벙어리라서 못 울듯이 자기의 의무를 수행하지 못하는 쓸모없는 존재라는 뜻.

벙어리 재판 아주 곤란한 일을 두고 하는 말.

벙어리 차첩(差帖)을 맡았다 정당히 담판(談判)할 일에 대하여 감히 무엇이라 입을 열어 말하지 못함을 이름. (비) 벙어리 증문 가지고 있는 격. ★차첩 : '차접'의 본딧말. 조선 시대에 하급 관원에게 내리던 임명장

벙어리하고 말하는 격 (비) 너하고 말하느니 벽(개)하고 말하겠다.

베갯머리송사 밤에 아내가 남편에게 여러 가지 말을 하여 남편을 제 뜻대로 움직이려 함을 이르는 말. (비) 베갯밑공사(公事).

베갯밑공사(公事) (비) 베갯머리송사.

베 고의에 방귀 나가듯 무엇이 사방으로 쉽게 잘 퍼져 나감을 이름.

베는 석 자라도 틀은 틀대로 해야 된다 사소하거나 급하다 하여 기본 원칙을 무시할 수는 없다는 말. (비) 석자 베를 짜도 베틀 벌리기는 일반.

베돌던 닭도 때가 되면 홰 안에 찾아든다 서로 어울리지 않고 따로 놀던 사람도 언젠가는 다시 돌아오게 마련이라는 말. (비) 베돌던 닭도 때가 되면 홰 안에 찾아 들어오는 법이니 그놈도 이제 철이 들었으니 돌아오겠지.

베어도 움돋이 (한다) 아무리 없애도 안 없어지고 자꾸 다시 생겨 나옴을 가리키는 말.

베주머니에 의송(議送) 들었다 겉보기는 허름하나 좋은 것을 가지고 있거나, 얼른 봐 못난 듯한 이가 비상한 재주를 감추고 있다는 뜻. (비) 허리띠 속에 상고장 들었다. 떨어진 주머니에 어패(御牌) 들었다.
★의송 : 조선 시대, 백성이 고을 원의 판결에 수긍하지 못하였을 때 다시 관찰사에게 하는 상소.

벼는 남의 벼가 커 보이고 자식은 내 자식이 커 보인다 (비) 곡식은 남의 곡식이 좋고 자식은 내 자식이 좋다.

벼는 익을수록 고개를 숙인다 교양이 있고 수양을 쌓은 사람일수록 겸손해짐을 비유적으로 이르는 말. (비) 곡식 이삭은 익을수록 고개를 숙인다. 물은 깊을수록 소리가 없다.

벼락 맞은 소 뜯어먹듯 여럿이 모여 들어 제 이익을 채운다는 뜻.

벼락 부귀는 상서롭지 못하다 별안간 부귀를 얻게 되면 언젠가는 좋지 못한 결과를 초래한다는 뜻.

벼락부자는 오래 가지 못한다 부정한 방법으로 벌어들인 돈은 오랫동안 가지 못하고 결국은 망한다는 뜻.

벼락불 치듯 매우 빠른 불이 번쩍 나게 세게 치는 모양을 이름.

벼락에는 오히려 바가지를 쓴다 액운이나 재화는 도저히 막을 수 없다.

벼락이 내린다 어떤 큰 변이 있을 것이라는 뜻. 또는 몹시 무서운 꾸지람을 듣는다는 뜻.

벼락 치는 하늘도 속인다 벼락을 치는 하늘까지도 속이는데 삶 속이는 것은 예사로 하며 보통이라는 뜻.

벼락 치면 붙들어서 전기(電氣) 체신성(遞信省)으로 가겠다 이(利) 속을 차리는데 민첩하고 허술한 데가 없다는 뜻.

벼룩 끓어앉을 땅도 없다 1.빈틈이라고는 조금도 없이 비좁다는 말. 2.논밭이 조금도 없다는 뜻. (비) 송곳 박을 땅도 없다. 입추(立錐)의 여지가 없다.

벼룩(빈대)도 낯짝이 있다 너무나도 염치가 없다는 말. (비) 낯가죽이 두껍다. 낯가죽이 쇠가죽이다. 뱃가죽이 땅 두께 같다. 비단 바지에 똥 싼다. 상판대기가 꽹과리 같다. 새 바지에 똥 싼다. 쇠가죽 무릎쓴다. 족제비도 낯가죽(콧등)이 있다.

벼룩도 못 죽인다 마음씨가 너무나 약하여 측은한 꼴을 못 본다는 뜻.

벼룩 불알만하다 아주 작은 물건을 이르는 말.

벼룩 오줌만 하다 양(量)이 매우 적다는 말. (비) 시앗 죽은 눈물만큼. 시앗 죽은 눈물에 눈가장이 젖으랴. 매 밥도 못하겠다. 고양이 죽은 데 쥐 눈물만큼. 새 발에 피.

벼룩의 간(창자)을 내어 먹는다 극히 적은 이익을 부당한 수단을 써서 착취한다는 뜻. (비) 모기 대가리에 피를 뺀다.

벼룩의 간(등)에 육간대청을 짓겠다 1.마음이 옹졸하여 하는 짓이 답답함을 이르는 말. 2.속이 음흉하여 무슨 짓을 할 줄 모르겠다는 말. (비) 남산 소나무를 다 주어도 서캐조롱 장사를 하겠다. 담뱃불에 언 쥐를 구워 먹겠다. 담뱃불에 언 쥐를 쬐어가며 벗길 놈. 대롱으로 하늘 본다. 독 안에서 하늘을 본다. 독 안에 푸념. 등잔불에 콩 볶아 먹을 놈. 머리카락에 홈파겠다. 부시통에 연풍대 하겠다. 삼 년 된 각시 호롱불에 속곳 말린다. 섬 속에서 소 잡겠다. 예문. 어린아이들을 상대로 얼마 되지도 않는 이익을 챙기려고 하다니, 그 사람 벼룩의 등에 육간대청을 짓겠구먼.

벼룩의 선지를 내어 먹지 하는 짓이 몹시 잘거나 인색함을 일컬음.

벼룩 잠 깊이 잠들지 못하고 조금 자다가 깨는 잠을 이름.

벼르던 아기 눈이 먼다 잘하려고 벼르던 일이 도리어 실수하기 쉽고 낭패하기 쉽다는 뜻. (비) 위하는 아이 눈이 먼다. 잔칫날 기다리다가 굶어 죽는다. 잘 낳자는 자식이 눈먼다.

벼르던 제사에 물도 못 떠 놓는다 오랫동안 벼르고 잘 지내려던 제사에 물도 떠 놓지 못한다 함이니, 무슨

〈벼린 도끼가 이 빠진다〉

일이나 잘하려고 벼르고 기대하면 도리어 더 못하게 되는 수가 있다는 뜻.

벼린 도끼가 이 빠진다 공들여 잘해 놓은 것이 오히려 빨리 탈 난다는 말.

벼슬아치 심부름군 나라 살림을 하는 벼슬아치는 결국 국민을 위해서 일한다는 말.

벼슬은 높이고 마음(뜻)은 낮추어라. 지위가 높을수록 겸손해야 한다는 뜻.

벼슬이 높아질수록 재산은 는다 벼슬이 높으면 높을수록 불법적인 수입이 많아서 부자가 될 수 있다는 뜻.

벼슬하기 전에 일산(日傘) 준비 과거에 합격하기도 전에 벼슬아치들이 쓰는 일산을 준비한다는 뜻으로, 일이 장차 어떻게 될 것인지도 모르면서 다 된 것처럼 준비함을 비유적으로 이르는 말. (비) 새벽달 보려고 초저녁부터 기다린(나앉는)다. 씨 보고 춤춘다. 아이 낳기 전에 포대기 장만한다. 오동나무 보고 춤춘다. 오동 씨만 보아도 춤춘다. 중매 보고 기저귀 장만한다. 시집도 가기 전에 강아지 장만한다. 시집도 가기 전에 기저귀 장만한다.

벼 한 섬 못 지는 남자 없다 남자란 대체적으로 벼 한 섬 질 수 있는 정도의 힘은 저마다 가지고 있다는 뜻.

벽에도 귀가 있고 돌에도 입이 있다 비밀이란 지키기 어려운 것이기에 말을 함부로 해선 안 된다는 말. (비) 낮말은 새가 듣고 밤말은 쥐가 듣는다.

벽에 부딪혔다 1.큰 장애물이 앞을 가로막아 갈 수 없다는 뜻. 2.사업하다가 실패하게 되었다는 뜻.

벽을 치면 대들보가 울린다 암시만 해도 곧 눈치를 채고 알아듣는다는 뜻. (비) 변죽이 울린다. 변죽을 치면 복판이 울린다. 기둥을 치면 대들보가 울린다.

벽창우(碧昌牛)다 고집이 세고 성질이 무뚝뚝한 사람을 이름. ★벽창우 : 평안북도 벽동(碧潼) 창성(昌城) 지방에서 나는 크고 억센 소.

벽하고 말하는 셈 대화를 하는데 몹시 답답하다는 의미.

변덕(變德)이 죽 끓듯 하다 변덕이 몹시 심함을 이르는 말. 예문. 이곳 날씨는 맑았다가 흐렸다가 변덕이 죽 끓듯 했다.

변명하느니 잠자코 있는 것이 낫다 무슨 일을 잘못했을 때는 변명을 하는 것보다는 조용히 있는 편이 낫다는 말. (비) 변명하다가 뺨 맞는다.

변소 길과 저승길은 대신 못 간다 자기를 대신하여 죽음의 세계로 들어갈 사람은 없다는 말.

변죽 울린다 변죽을 치면 복판이 울린다.

변죽을 치면 복판이 울린다 넌지시 알리기만 해도 대번에 눈치를 채서 알아듣는다는 말. (비) 변죽을 우린다. 기둥을 치면 대들보가 울린다.

별대 마병(馬兵) 편구(偏球) 치듯 날쌘 몸짓으로 내려침을 이름. ★편구 : 공의 위쪽과 아래쪽을 조금 누른 상태의 모양.

별 보고 나갔다가 별 보고 돌아온다 이른 새벽에 일터로 나갔다가 밤늦게야 집으로 돌아오게 된다는 말. (비) 마마 손님 배송하듯.

별성마마(別星媽媽) 배송 내듯 마음이 달갑지 않으나 후환이 두려워 조심조심 좋도록 일러 보냄. ★별성마마 : 천연두 귀신을 높여 이르는 말.

별 세기다 수효가 많고 복잡한 것은 세기가 어렵다는 뜻.

별을 이고 일어나서 별을 이고 돌아온다 근면함을 이르는 말.

별 하나 나 하나 물건이 있는 수만큼 자기도 많아지고 싶어서 하는 말.

볏모가 좋아야 벼 이삭도 크다 시작이 좋아야 끝도 좋게 된다는 뜻.

병 고치는 약은 있어도 장수하는 약은 없다 인간의 병은 약으로 고치기는 하지만 타고난 수명은 연장할 수는 없다는 뜻.

병 늙으면 산으로 간다 병이 오래되면 결국은 죽게 된다는 말.

병든 까마귀 어물전(魚物廛) 돌 듯 마음에 잊지 못하는 것이 있어 공연히 그 주위를 빙빙 돌기만 한다는 뜻.

병든 놈 두고 약 지으려고 가니 약국도 두건을 썼더라 한다 일이 가장 급하고 긴요한 때면 찾는 것이 어긋나기 쉽다는 뜻.

병 든 솔개 같이 잠시도 쉬지 않고 여기저기 살펴보며 빙빙 돌아감을 이르는 말.

병들어 봐야 아픈 사람 사정도 안다 고생해 본 사람이라야 고생하는 사람의 사정을 이해하게 된다는 뜻.

병들어야 설움을 안다 괴로운 일을 직접 경험하지 않고는 설움을 모른다는 뜻.

병 만나기는 쉬워도 병 고치기는 어렵다 병에 걸리기는 쉬워도 일단 걸린 병을 고쳐서 건강을 회복하기는 힘이 든다는 뜻으로, 일단 잘못된 길에 들어서면 거기에서 헤어 나오기 어려움을 비유적으로 이르는 말. (비) 병은 들기는 쉬워도 낫기는 어렵다

병명(病名)만 알아도 반은 고친다 어떤 일이든지 원인만 알게 되면 문제의 반은 해결된 셈이라는 뜻.

병신 고운데 없다 몸이 성하지 못한 사람은 마음도 바르지 못하다는 말. (비) 병신에 맘 좋은 사람 없다.

병신 다른데 없고 지주 다른 데 없다 못난 사람 못난 짓 하는 것이나 지주 욕심 많은 것은 다를 바가 없다는 뜻.

병신 달밤에 체조한다 (비) 병신이 육갑한다.

병신도 병신이라면 좋다는 사람 없다 누구라도 자기의 결점을 맞대어 놓고 지적하면 좋아하지 않는다는 뜻으로 남의 결점을 대놓고 이야기하지 말라는 말.

병신에 맘 좋은 사람 없다 몸이 병들어 병신이면 마음마저 병들어, 병신 치고 착하고 어진 사람 없다 하여 이르는 말.

병신이 육갑한다 되지 못한 자가 가끔 엉뚱한 짓을 할 때를 이르는 말. (비) 병신 치고 육갑 못 하는 놈 없다 의젓잖은 며느리 사흘 만에 고추장 세 보통이 먹는다. 병신 달밤에 체조한다. 방살이 불낸다. 곁방에서 불난다.

병신이 한 고집이 있다 못난 인간이 고집을 부린다는 말.

병신이 호미 훔친다 겉으론 병신 같지만 속으론 제 실속을 다 차린다는 말.

병신자식이 효도 한다 굽은 나무가 선산(先山)을 지킨다.

병신 치고 육갑 못 하는 놈 없다 (비) 병신이 육갑한다.

병아리 처음 울려면 날을 가린다 병아리가 자라 처음으로 홰를 치는 것을 보고 하는 말.

병 없고 빚 없으면 산다 아무리 가난한 사람이라도 몸 건강하고 빚이 없으면 어떻게 해서든지 살 수 있다는 뜻.

병에 가득 찬 물은 저어도 소리가 안 난다 학식이 깊은 사람은 아는 체 떠들지 않는다.

병에는 장사가 없다 아무리 장사라도 병에 걸리면 맥을 못 춘다는 말.

병에 담은 찰밥도 엎지르겠다 엎어 놓아도 쏟아지지 않게 병에다 담은 찰밥조차도 엎지르겠다는 뜻으로, 지지리 못나고 무능한 사람을 놀림조로 이르는 말.

병원과 경찰서는 가지를 말아야 한다 건강하고 성실한 것이 살아가는데 가장 중요하다는 말.

병은 들기는 쉬워도 낫기는 어렵다 건강을 한 번 잃으면 다시 회복하기가 어렵다는 말. (비) 병 만나기는 쉬워도 병 고치기는 어렵다.

병은 마음에서 생긴다 항상 명랑하게 생활하는 사람은 마음이 괴롭지 않으나, 침울한 생각에 잠겨 있는 사람은 병이 나기 쉽다는 말.

병은 무서워하면 못 고친다 환자가 병을 극복하겠다는 마음을 먹어야지 병을 무서워하면 못 고친다는 의미.

병은 밥상머리에서 떨어진다 밥을 잘 먹어야 병이 낫는다는 말.

병은 사람을 못 잡아도 약은 사람을 잡는다 병에 걸린다고 다 죽는 것은 아니나 약은 한번 잘못 쓰면 사람을 죽인다는 뜻으로, 약을 병에 맞게 써야지 잘못 쓰면 돌이킬 수 없는 화를 초래할 수 있음을 경계하여 이르는 말.

병은 한 가지 약은 천 가지 한 가지 병에 대하여 그 치료법이 매우 많다는 뜻.

병을 고치려면 먼저 마음의 병을 이겨야 한다 병을 고치려면 약을 먹기에 앞서 병을 고칠 수 있는 확고한 자신감을 가져야 한다는 말.

병이 생기면 죽겠지 사리(事理)에 맞지 않는 추측(推

〈 병이 양식(糧食)이다 〉

測)을 한다는 뜻.

병이 양식(糧食)이다 병들어 누워 있으면 오래 먹지 않아도 배고픈 줄 모르며, 먹지 않으므로 양식이 그만큼 남는다는 뜻.

병자년 까마귀 빈 뒷간 들어다보듯 행여나 하고 구차스럽게 여기저기를 기웃거림을 비웃는 말.

병자년 방죽이다 건방지다는 곁말로 고종 13년 병자년에 가물어서 방죽이 모두 말라 건방죽이 된 것을 발음이 비슷한 건방지다는 말로 씀.

병자랑은 하여라 남 몰래 병들어 몸을 상하게 하지 말고, 병이 들면 다른 사람에게 이야기하여 좋은 치료법도 들을 수 있으니 속히 치료를 받도록 하라는 뜻.

병조(兵曹)적간(摘奸)이냐 무슨 일을 세밀히 캐고 묻는다는 뜻. (비) 미주알 고주알 밑두리 콧두리 캔다. 병조(兵曹) 적간(摘奸)이냐. 뒤집고 핥는다. ★적간 : 죄의 여부를 밝히기 위하여 캐어 살핌. 부정이 있는지를 캐어 살피다. ★병조 : 고려 시대, 1298(충렬왕 24)년의 관제 개혁 때 군사에 관한 일을 맡아보던 관청. 조선 시대, 육조(六曹)의 하나. 군사와 우역(郵驛) 따위의 일을 맡아보았다.

병 주고 약 주고 해를 입힌 뒤에 어루만진다는 뜻. (비) 사람 죽여놓고 초상 친다.

병주머니가 죽지는 않는다 평소 잔병으로 늘 앓는 사람이 곧 죽을 것 같아도 쉽게 죽지 않는다는 뜻.

병 증세에 따라 약 처방도 한다 무슨 일이든 실정에 알맞게 처리해야 한다는 뜻.

병풍에 그린 닭이 홰를 치거든 까마귀 대가리가 희어지거든. ★홰치다 : 닭이나 새 따위가 날개를 벌려 탁탁 치다.

병풍에 모과 구르듯 한다 병풍에 그려진 모과가 아무렇게나 굴러도 상관없는 것과 마찬가지라는 뜻으로, 이리저리 굴러다녀도 탈이 없는 사람을 비유적으로 이르는 말.

병환(病患)에 까마귀 까마귀는 흉조이니 가뜩이나 걱정스러운 일에 더한 흉조가 생겼음을 이름.

보고 못 먹는 그림의 떡 아무런 실속이 없다는 말. (비) 그림의 떡, 화중지병(畵中之餠), 고양이 고막 조개 보기.

보기만 해도 배가 부르다 맛있는 음식이 너무도 많아서 보기만 해도 기분이 아주 좋아진다는 뜻.

보기보다는 딴판이다 보기엔 대단치 않은 것 같은데 알고 보면 아주 다르다는 뜻.

보기 싫은 반찬이 끼니마다 오른다 너무 잦아서 싫증난 것이 그대로 계속하여 눈에 띈다는 말. (비) 보기 싫은 사돈이 장날마다 나타난다.

보기 좋은 떡이 먹기도 좋다 겉모양이 좋으면 내용도 좋다는 뜻.

보기 좋은 음식도 별수 없다 겉모양이 좋아서 속도 좋을 줄 알았는데 기대했던 것과는 달리 변변치 못하다는 뜻.

보라 탈이냐 남에게 매를 잘 맞는 사람을 농으로 이르는 말.

보름달 밝아 구황(救荒) 타러 가기 좋다 별로 내키지 않는 일을 하는데 약간의 호조건이 갖추어졌을 때 이르는 말. ★구황 : 흉년 따위로 기근이 들었을 때 굶주린 이들을 구제함.

보름에 죽 한 끼도 못 먹은 사람 같다 다 죽어가는 사람 같이 맥이 풀리고 힘이 하나도 없어 보인다는 뜻.

보리 가시랭이가 까끄로우냐 괭이 가시랑이가 까끄로우냐 보리 이삭보다 까다롭고 고양이의 잔털보다도 까다롭다는 뜻으로, 성미가 매우 까다로움을 비유적으로 이르는 말.

보리 갈아놓고 못 참는다 빨리 결과를 얻으려고 성급하게 서두는 사람을 두고 이르는 말.

보리 갈아 이태 만에 못 먹으랴 가을에 땅을 갈아 보리를 심어 그 이듬해에 가서 거두어 먹는 것은 정해진 이치라는 뜻으로, 으레 정해져 있는 사실을 구태여 말할 필요가 없음을 비유적으로 이르는 말.

보릿고개가 태산보다 높다 춘궁기(春窮期) 지내기가 매우 힘들다는 말.

보릿고개에 죽는다 춘궁기를 견디어 내기가 매우 어렵다는 말. (비) 보리 고개가 태산보다 높다.

보리 까끄라기도 쓸모가 있다 당장은 쓸모없는 것이라도 잘 두면 소중하게 쓸데가 있다는 말.

보리누름까지 새배한다 형식적인 인사차림이 너무 과장함을 비웃는 말.

보리누름에 선 늙은이 얼어 죽는다 따뜻해야 할 계절에 도리어 춥게 느껴지는 때를 말함.

보리떡을 떡이라 하며 의붓아비를 아비라 하랴 보리떡과 의붓아비는 좋지 않다는 말.

보리로 담은 술 보리 냄새가 안 빠진다 제 본심은 그대로 지닌다는 뜻. (비) 보리술이 제맛 있다.

보리 밥알로 잉어 낚는다 적은 자본으로 많은 이익을 얻었을 때를 말함. (비) 곤지 주고 잉어 낚는다. 낚싯밥은 작아도 큰 고기를 잡는다. 낚시에 용이 걸린다. 새우 미끼로 잉어를 낚는다.

보리밥에는 고추장이 제격이다 무엇이거나 자기의 격에 알맞도록 해야 좋다는 뜻. (비) 그 밥에 그 나물. 그 항아리에 그 뚜껑. 남산 봉화 들 제 인경 치고 사대문 열 제 순라군이 제격. 문풍지 떨어진 데 풀비가 제격. 색시 가마에 강아지 따라가듯. 시집가는 데 강아지 따라간다.

보리(밀)밭만 지나가도 주정한다 술을 조금도 못하는 사람을 놀리는 말. 성미가 급하여 지나치게 서두는 사람을 이름.

보리밭에서 숭늉 찾는다 급하기는 우물에 가서 숭늉 달라겠다.

보리 범벅이라 구더기 될 놈.

보리술이 술이냐 남의 계집이 계집이냐 보리술을 술이라 말할 수 없는 것 같이, 남의 계집은 아무리 친해도 소용이 없다는 뜻.

보리술이 제 맛 있다 제 본성을 지닌다는 말. (비) 보리로 담은 술 보리 냄새가 안 빠진다.

보리 주면 오이 안 주랴 받은 것이 있으면 주는 것도 있다. 주고받는 정을 이르는 말.

보리죽에 물 탄 것 같다 사람이 싱겁다는 뜻. 일이 덤덤하여 아무 재미가 없다는 뜻.

보리 탈이냐 매만 맞는다 매를 몹시 맞는다는 말.

보릿고개 땐 딸네 집에도 가지 말랬다 옛날에 춘궁기엔 누구나 식량이 부족하게 지내기에 매우 곤란하니 가까운 사람이라도 찾아가는 것을 삼가라는 말.

보면 밉고 안 보면 보고 싶다 때론 밉기도 하고 한편으론 좋기도 한 사이란 뜻.

보면 생각나고 안 보면 잊어버린다 서로 내왕이 잦으면 친하게 되고 서로 왕래가 없게 되면 서먹서먹해진다는 뜻.

보물을 지니고 있으면 화를 입게 된다 돈이 없었다면 화를 당하지 않을 것을 돈이 많아서 화를 당하게 되었다는 뜻.

보살도 첩 노릇하면 변한다 제아무리 착한 사람도 한번 첩 노릇하게 되면 질투와 시기를 하게 된다는 뜻.

보쌈에 들었다 남의 꾀에 걸려들었다는 말. ★보쌈 : 조선조 때 지체 높은 양반 집 딸이 둘 이상 섬길 팔자라 하여, 팔자땜을 시킨다고 몰래 남의 남자를 보(褓)에 싸서 잡아다가 딸과 상관시키고 죽이던 일.

보쌈에 엉기는 송사리 떼 같다 무엇이 많이 모여드는 모양을 비유하는 말.

보약(補藥)보다 식보(食補)가 낫고 식보(食補)보다 걷보(步補)가 낫다 사람이 건강을 유지하는 데는 보약을 먹는 것보단 음식을 골고루 잘 먹는 게 낫고 그리고 많이 걷는 게 건강상엔 으뜸이란 말.

보은 아가씨 추석 비에 운다 추석에 비 오면 흉년이 들어 혼수 장만을 못한단 뜻. 또는 가을에 비는 반갑지 않다는 뜻.

보자보자 하니까 얻어 온 장(醬) 한 번 더 뜬다 가뜩 밉게 보는데 도리어 더 미운 짓을 한다.

보지도 못한 용은 잘 그린다 본 호랑이는 못 그리면서 보지 못한 용은 잘 그리듯이 하지 말라는 일은 더 잘한다는 뜻.

보지 못하는 소 멍에가 아홉 능력이 없는 이에게 과중

〈보채는 아이 밥 한술 더 준다〉

한 책임을 지워졌다는 말.

보채는 아이 밥 한술 더 준다 가만히 있지 말고 서둘러야 한다는 말.

보채는 아이 젖 준다 조르거나 열심히 구하려는 사람에게는 더 잘해 주게 됨을 비유적으로 이르는 말. (비) 울지 않는 아이 젖 주랴. 보채는 아이 밥 한 술 더 준다.

보화(寶貨)는 마구 쓰면 없어진다 1.보화는 쓸수록 줄지만 충효(忠孝)는 이와 반대로 아무리 바쳐도 줄지 않는다는 뜻. 2.돈은 쓰기만 하고 벌지 않으면 줄어든다는 뜻.

복 가마 타다 뜻밖의 행복을 받다.

복과 화가 드나드는 문은 따로 있는 것이 아니다 사람이 살아가면서 악한 일을 하면 화가 오고 착한 일을 하면 복이 온다는 말. (비) 복과 화는 한 문으로 드나든다.

복날 개 맞(패)듯 사정없이 매질함을 이름. (비) 섣달 그믐날 흰 떡 맞듯. 등줄기에서 누린내가 나도록 두들긴다. 누린내가 나도록 때린다. 늘어지도록 때린다. 넙치가 되도록 맞았다.

복 들어오는 날 문 닫는 격 방정맞은 짓만 한다는 말. 경거망동은 손해라는 뜻.

복불복(福不福)이라 복분의 좋고 좋지 않는 정도라는 뜻으로, 사람이 잘살고 못 살고 하는 것은 타고난 사람의 운수라 억지로는 아니 된다는 말.

복숭아 몽둥이로 미친놈 때리듯 한다 광기를 고친다고 복숭아 몽둥이로 미친 사람을 때리듯이 마구 사람을 때린다는 말.

복숭아벌레를 먹으면 미인 된다 옛날에 복숭아벌레를 먹으면 여인의 살결이 고와진다는 데서 나온 말.

복숭아씨나 살구 씨나 크기나 모양에선 별 차이가 없다는 뜻. (비) 작아도 콩 싸라기 커도 콩 싸라기.

복숭아 주고 오얏 받는다 선사한 물건이나 답례로 받은 물건이나 별다른 차이가 없다는 뜻.

복 없는 가시내가 봉놋방에 가 누워도 고자 곁에 가 눕는다 운수가 나쁘면 하는 일마다 잘 안 된다는 말. (비) 자빠져도 코가 깨진다. 안 되는 사람은 뒤로 넘어져도 코가 깨진다. 계란에 유골. 두부에도 뼈라. 눙참봉을 하니 거둥이 한 달에 스물아홉 번. 헐복한 놈은 계란에도 뼈가 있다. 재수 없는 포수는 곰을 잡아도 응담이 없다. 복 없는 봉사 괘문을 배워 놓으면 감기 앓는 놈도 없다. 복 없는 놈은 가루장사를 하려니까 골목 바람 분다. 가루 팔려 가니 바람이 불고 소금 팔려 가니 이슬비 온다. 복 없는 정승은 계란에도 뼈가 있다. 박복자는 계란에도 유골. ★가시내 : 처녀 혹은 친구나 동등의 여자를 의미하는 전라도 사투리. ★봉놋방 : 주막집에 가장 큰방.

복 없는 놈은 가루장사를 하려니까 골목 바람이 내분다 (비) 가루 팔려 가니 바람이 불고 소금 팔려 가니 이슬비 온다.

복 없는 무당 경을 배웠어도 굿하는 집이 없다 (비) 복 없는 가시내가 봉놋방에 가 누워도 고자 곁에 가 눕는다.

복 없는 봉사가 괘문(卦文)을 배워 놓으면 감기 앓는 놈도 없다 (비) 복 없는 가시내가 봉놋방에 가 누워도 고자 곁에 가 눕는다.

복 없는 정승은 계란에도 뼈가 있다 (비) 복 없는 가시내가 봉놋방에 가 누워도 고자 곁에 가 눕는다.

복(福)은 누워서 기다린다 아글타글 애써서 일을 하는 것보다 마음을 편히 가지고 지내는 것이 일도 더 잘 된다는 뜻.

복은 새털보다 가볍다 복은 새털보다 더 가벼운데 사람들은 이것을 가져갈 줄 모른다는 의미.

복은 쌍으로 안 오고 화는 홀로 안 온다 복 받기는 매우 어렵고 재앙은 연거푸 겹쳐 온다는 말.

복은 찾아오지 않아도 화는 찾아온다 복은 찾아오지 않는 경우도 있지만 화는 반드시 찾아오게 된다는 뜻.

복은 함부로 오는 것이 아니다 복은 제가 원한다고 해서 오는 것이 아니라 착한 일을 해야 온다는 말.

복을 만들기도 하고 재앙을 만들기도 한다 착한 일을

〈 봄 닭띠는 자식이 흥왕한다 〉

하면 스스로 복을 불러들이고, 악한 짓을 하면 스스로 재앙을 불러들인다는 뜻.

복을 받고 싶거든 마음보를 고치랬다 복을 받고자 하면 선한 마음을 갖도록 하라는 뜻. (비) 복을 받고 싶거든 덕을 쌓으랬다.

복의 이 갈듯 한다 원한이 있어 이를 바드득바드득 간다는 말. ★복 : 참복과의 바닷물고기.

복(福)이야 명(命)이야 하다 뜻밖에 좋은 수가 나서 어쩔 줄을 모르고 기뻐한다는 말.

복 있는 과부는 앉아도 요강 꼭지에 앉고 넘어져도 가지밭에만 넘어진다 운수가 좋아 하는 일마다 뜻대로 해결이 착착 잘 진행된다는 말.

복 있는 사람은 나무하다가도 산삼을 캔다 (비) 복 있는 과부는 앉아도 요강 꼭지에 앉고 넘어져도 가지밭에 넘어진다.

복장이 따뜻하니깐 생시가 꿈인 줄 안다 무사태평하여 눈앞에 닥치는 걱정을 모르고 지내는 사람을 편잔 주는 말.

복장 터진다 답답하여 못 견디겠다는 말.

복쟁이 헛배 부르듯 실속이 없으면서 겉으로만 부푼 것을 두고 하는 말. ★복쟁이 : 참복과의 바닷물고기.

복철을 밟지 말라 앞서 한 사람의 잘못을 보고 그것을 거울삼아 그와 같은 실패하지 않도록 조심하라는 뜻.

복 치듯 하다 어부가 복을 잡아 함부로 치듯이 되는 대로 마구 두드린다는 뜻.

볶은 콩과 젊은 여자는 곁에 있으면 안 된다 볶은 콩은 그만 먹겠다고 하면서도 결국엔 다 먹게 되고, 젊은 여자가 옆에 있으면 욕정이 생기게 되므로 가까이 있으면 안 된다는 말. (비) 볶은 콩과 기생첩은 옆에 두고 못 견딘다.

볶은 콩도 골라 먹기 결국은 다 먹게 될 것을 좋은 것부터 골라 먹는다는 뜻으로, 어차피 다 쓸 거라 고를 필요가 없는데도 고르게 됨을 이르는 말.

볶은 콩 먹기 (비) 누워 떡 먹기.

볶은 콩에 싹이 날까 까마귀 대가리가 희어지거든.

볶은 콩이 꽃이 피랴 1.아주 못 쓰게 된 사람이 다시 좋은 사람이 될 수 없다는 뜻. 2.아주 희망이 없다는 말.

본 건 한때 말한 건 백 년 눈으로 본 것은 바로 사라질 수 있지만 입 밖에 낸 말은 들은 사람이 많으므로 오랫동안 남게 된다는 의미.

본 것도 버리고 들은 것도 버리랬다 자기와 직접 관계가 없는 일은 보고 들은 것이 있어도 모르는 척하라는 뜻.

본 놈이 도둑질한다 미리 보지 않고서는 도둑질을 못한다는 말.

본시는 서울 사람이다 어떤 일이 중간에서 잘못되었다는 뜻.

본전도 못 찾는다 일한 결과가 아무런 보람이 없을뿐더러 도리어 하지 않은 것보다 못하다는 말.

볼기도 벗었다가 안 맞으면 섭섭하다 설혹 손해가 되는 일이라 할지라도 시작하려다가 그만두게 되면 섭섭하다는 뜻.

볼기 열다섯 대나 맞으려면 좌수(座首) 청(請)까지 안댄들 무슨 일을 함에 남에게 부탁하고 잘해 달라고 청하였으나, 그 결과는 부탁을 하나 마나 마찬가지가 되었을 때 이르는 말.

볼만이 장만이라 보기만하고 간섭은 아니 하는 모양.

볼모로 앉았다 볼모로 간 사람처럼 일은 않고 앉아만 있다는 뜻.

볼 장 다 봤다 제가 뜻하던 이익은 다 취하였다는 말. (비) 바닥 다 보았다.

봄꽃도 한때 (비) 그릇도 차면 넘친다.

봄 꿩이 제바람에 놀란다 (비) 개가 제 방귀에 놀란다.

봄 꿩이 제 울음에 죽는다 제 허물을 제가 드러냄으로써 화를 스스로 불러옴을 이르는 말.

봄눈 녹듯(슬 듯) 한다 1.무엇이 속히 사라져 버린다는 뜻. 2.먹는 것이 쉬 삭는다는 뜻.

봄 닭띠는 자식이 흥왕한다 봄에 태어난 닭띠는 자식이 많다 하여 이르는 말.

〈봄 돈 칠 푼은 하늘이 안다〉

봄 돈 칠 푼은 하늘이 안다 농촌에서는 봄에 돈이 매우 귀함을 이르는 말.

봄떡은 꿈에만 봐도 살찐다 (비) 봄떡은 들어앉은 샌님도 먹는다.

봄떡은 들어앉은 샌님도 먹는다 봄에는 누구나 군것질이 반갑다는 말.

봄떡은 장리곡(長利穀) 주고도 사먹는다 (비) 봄떡은 들어앉은 샌님도 먹는다. ★장리곡 : 예전에 장리(長利)로 빌려주거나 빌려 오는 곡식을 이르던 말. 빌려주는 곡식의 절반 이상을 한해 이자로 받기로 하고 빌려주는 곡식이다. 흔히 봄에 꾸어 주고 가을에 받는다.

봄물에 방게 기어 나오듯 여기저기서 많이 나옴을 이름.

봄바람에 죽은 노인 매우 추위를 타는 이에게 하는 말.

봄바람은 처녀 바람 따뜻하게 불어오는 봄바람은 처녀처럼 품 안으로 스며든다는 뜻.

봄볕에 그을리면 보던 임도 몰라본다 봄볕에 쬐면 모르는 사이 까맣게 그을림을 비유.

봄볕엔 며느리를 내보내고, 가을볕엔 딸을 내보낸다 며느리 보다 딸을 더 아낀다는 의미인데 이 말속에는 일 년 중 가을볕이 가장 좋다는 뜻으로, 부모의 맹목적인 자식 사랑과 자연의 현상에 대한 예리한 관철을 잘 표현한 말.

봄보리는 크거나 작거나 때만 되면 벤다 곡식은 때만 되면 익게 되듯이 무슨 일이나 때가 되면 이루어지기 마련이라는 뜻.

봄 보지가 쇠 저를 녹이고 가을 좇이 쇠판을 뚫는다 봄에는 여자가. 가을에는 남자가 춘정(春情)이 높아짐을 비유적으로 이르는 말.

봄 불은 여우 불이라 봄에는 무엇이나 잘 탄다 하여 이르는 말.

봄비가 잦으면 마을 집 지어미 손이 크다 봄비가 잦으면 가을에 풍년이 들어서 인심이 좋아진다는 말. (비) 봄비 잦으면 마누라 손이 커진다. 봄비가 잦으면 시어머니 손이 커진다.

봄비에 얼음 녹듯 한다 봄비에 얼음이 잘 녹듯이 무슨 일이 쉽게 해결된다는 의미.

봄비 잦은 것 (비) 계집 입 싼 것

봄 사돈은 꿈에 볼까 무섭다 대접하기 가장 어려운 사돈을 한참 궁한 봄에 맞게 되는 것을 꺼리는 말. (비) 칠월 손님은 범보다 무섭다. 칠월 사돈은 꿈에 볼까 무섭다.

봄에 깐 병아리 가을에 와서 세어 본다 이해타산이 어수룩함을 이르는 말.

봄에 꽃이 피지 않으면 가을에 열매가 열지 않는다 젊어서 배우지 않으면 커서 출세 못하니 젊어서 열심히 배워야 한다는 뜻. (비) 봄에 꽃 피고 가을에 열매 연다. 봄에 밭을 갈지 않으면 가을에 바랄 것이 없다. 봄에 밭을 갈지 않으면 가을에 후회한다.

봄에 의붓아비 제 지낼까 (비) 가을에 내 아비 제(祭)도 못 지내거든 봄에 의붓아비 제 지낼까

봄이 온다고 죽은 나무에서 꽃이 필까 사람은 한번 죽으면 되살아날 수 없단 말.

봄 조개 가을 낙지 봄에는 조개, 가을에는 낙지가 제철이라는 뜻으로 제때를 만나야 제구실을 하게 된다는 말.

봄 첫 갑자일(甲子日)에 비가 오면 백리중(百里中)이 가문다 봄에 들어 첫 번째 갑자 날에 비가 오면 오래도록 가물 징조라는 뜻.

봄추위가 장독을 깬다 따뜻해야 할 봄철에 추위가 심할 수 있다는 말. (비) 꽃샘잎샘에 반늙은이 얼어 죽는다. 정이월에 대독 터진다.

봄추위와 노인 건강 끝장이 가까워 그 기운이 쇠퇴하여 오래 끌어가지 못한다는 말. (비) 가을 더위와 노인 건강.

봇짐 내어주면서 하룻밤 더 묵으라 한다 갈 것을 은근히 바라면서도 겉으로는 붙드는 체함을 이르는 말. (비) 봇짐 내어주며 앉으라 한다.

봇짐 싸 가지고 말린다 적극적으로 말림을 이르는 말.

봉(鳳) 가는 데 황(凰) 간다 (비) 범 가는 데 바람 간다.

봉당(封堂)을 빌려주니 안방까지 달란다 염치없고 뻔뻔스러운 소리를 함을 이르는 말. (비) 마루를 빌리더니 안방까지 빌리란다.

봉(鳳)도 갈가마귀를 따른다 위정자(爲政者)는 국민의 요구를 잘 받아들여야 한다는 뜻.

봉사가 개천 나무란다 넘어진 소경이 지팡이 탓만 한다.

봉사가 그르니 개천이 그르니 한다 넘어진 소경이 지팡이 탓만 한다.

봉사가 넘어지면 지팡이 탓한다 어떠한 일이 잘못되었을 때 그 원인을 자기 자신에 찾지 않고 남에게 책임을 미룬다는 뜻.

봉사가 보지는 못해도 꿈은 꾼다 비록 사물은 보이지 않더라도 머릿속으로 그릴 수는 있다는 뜻.

봉사가 아니거나 개천이 아니거나 두 가지 중에 하나가 잘못이 없었다면 애초에 사고가 나지 않았을 것이라는 의미.

봉사가 코끼리 더듬어 보기 사물을 객관적으로 판단하지 않고 주관적으로 판단하려 한다는 뜻.

봉사 갓난아이 더듬듯 무엇을 어떻게 할 줄 모르면서 할 수 있는 것처럼 그저 만지작거리기만 한다는 뜻.

봉사 객(客) 보듯 소경이 새 사돈이 반가워 쳐다보지만 쳐다보아도 아무 소용이 없듯이 아무 성과도 없는 짓을 한다는 뜻. (비) 봉사 새 사돈 쳐다보기.

봉사 거울보기 소경이 거울을 보나마나 하듯이 쓸데없는 행동만 한다는 뜻. (비) 봉사 굿 보기.

봉사 굿 보기 눈먼 사람이 굿을 보더라도 아무것도 보지 못한다는 뜻으로, 어떤 것의 진가를 알아볼 능력이 없어 아무리 애써 보아도 헛수고인 경우를 비유적으로 이르는 말. (비) 소경 단청 구경. 맹안단청. 장님 은빛 보기다. 소경 관등 구경하듯 한다. 봉사 씨름 굿 보기. 장님 거울 보기.

봉사 기름 값 물어 주나 중이 회(膾) 값 물어 주나 일반 자기와는 관계없는 일에 억울하게 부담을 함을 일컬음.

봉사네 초하룻날 같다 초하룻날엔 그달 신수 보는 사람들이 장님 집으로 몰려들어 수입이 매우 좋다는 뜻.

봉사 눈 뜬 것 같다 1. 어둡다가 갑자기 환하게 밝아지는 상태를 이르는 말. 2. 흐리고 답답하다가 시원스럽게 해결이 되었을 때를 이름.

봉사 눈병 앓는 격 (비) 곱사등이 짐 지나 마나.

봉사는 눈치 배우지 말고 침 배우랬다 자기의 실력에 적합한 일을 하는 것이 올바른 길이란 말.

봉사는 점을 잘 쳐야 한다 사람은 누구나 자기가 해야 할 일을 잘 파악해야 한다는 말.

봉사는 많은데 지팡이는 하나다 수요(需要)는 많은데 공급(供給)이 많이 부족하다는 말.

봉사님 마누라는 하느님이 점지한다 사람이 결연하는 것은 우연히 되는 것이 아니라는 뜻.

봉사 단청(丹靑) 구경 (비) 봉사 굿 보기. ★단청 : 옛날식 건물의 벽과 기둥, 천장 따위에 여러 가지 색으로 그림이나 무늬를 그림.

봉사 대궐 가듯 소경이 대궐인 줄도 모르고 함부로 들어가듯 무서운 줄도 모르고 제멋대로 행동한다는 뜻.

봉사도 장님이라면 좋아한다 천대(賤待)를 받는 사람이라도 존대(尊待)를 해주면 매우 좋아한다는 말.

봉사도 제집 문턱은 틀리지 않는다 아무리 어리석은 사람이라도 저에게 이로운 것은 안다는 의미.

봉사도 제집은 찾아간다 늘 하는 행동은 보지 않고 짐작으로 할 수 있게 된다는 뜻.

봉사 둠벙 쳐다보듯 서로 아무 관계없이 지나간다는 말. (비) 소 닭 보듯 닭 소 보듯.

봉사 등불 쳐다보듯 서로 아무 관계없이 지냄을 일컬음.

봉사 맴돌이 시켜 놓은 것 같다 너무 복잡하고 정신이 없어 도무지 알 수 없다는 말.

봉사 머루 먹듯 무슨 일을 내용도 모르면서 기계적으로 한다는 뜻.

봉사 문고리 잡기 소경이 문고리 잡기 어렵듯 아주 어려운 일을 성취함을 두고 하는 말. (비) 소경 문고리 잡기. 여복이 바늘귀를 꿴다. 장님 문 바로 들었다.

봉사 보고 눈멀었다 하면 싫어한다 (비) 눈먼 소경더러

⟨봉사 새 사돈 쳐다보기⟩

눈멀었다 하면 성낸다.

봉사 새 사돈 쳐다보기 소경이 새 사돈이 반가워 쳐다보지만 쳐다보아도 아무 소용이 없듯이 아무 성과도 없는 짓을 한다는 뜻. (비) 봉사 객(客) 보듯.

봉사 색깔 보고 옷감 고르는 격 (비) 봉사 단청(丹靑) 구경.

봉사 시집가듯 소경이 낯선 시집에 가서 조심하듯이 몹시 조심하여 행동한다는 뜻.

봉사 씨 나락 까먹듯 (비) 귀신 씨 나락 까먹는 소리.

봉사 씨름 굿 보기 (비) 봉사 굿 보기.

봉사 안경 쓰나 마나 (비) 곱사등이 짐 지나 마나.

봉사 앞정강이 무례하고 건방짐의 비유.

봉사에게 거울을 주지 않는다 남에게 물건을 줄 경우에는 그에게 필요한 것을 주어야 한다는 말.

봉사에게 길 묻기 장님에게 길을 물어보듯이 아무것도 모르는 사람에게 무엇을 물어본다는 뜻.

봉사에게 등불 주기 쓸데없이 상대방에게 효과가 나타나지 않는 짓을 한다는 말. (비) 봉사에게 손짓하기, 앉은뱅이에게 신 주기.

봉사 저 죽을 날 모른다 (비) 봉사 제 점 못한다.

봉사 제 닭 잡아먹는 격 어리석은 사람이 이득을 볼 줄 알고 한 것이 알고 보니 도리어 손해를 당했다는 뜻. (비) 봉사 제 호박 따 먹기.

봉사 제 점 못 한다 (비) 중이 제 머리 못 깎는다.

봉사 지팡이 찾듯 가장 소중한 것을 잃고 찾느라고 정신이 없다는 뜻.

봉사 집 지키기 일을 시키나 마나 마찬가지란 뜻.

봉사 파발 두드리듯 무엇인지 모르는 일을 섣불리 하게 되면 도리어 일만 망치게 된다는 뜻.

봉사 하늘 쳐다보기 공연히 실속 없는 짓을 한다는 뜻. (비) 장님 담 너머 보기. 장님 둠벙 들여다보기. 장님 등불 쳐다보기.

봉사 헌 맹과니 만났다 눈먼 봉사가 또 눈먼 소경을 만났다 함은 동류(同類)를 만나서 매우 기뻐한다는 뜻. ★맹과니 : 봉사의 황해도 사투리.

봉산(鳳山) 수숫대 같다 황해도 봉산에서 나는 수숫대는 유달리 키 크므로 멀쑥하게 말라서 키 큰 사람을 이름. (비) 물거미 뒷다리 같다. 응달의 승앗대. 콩나물만 먹고 자랐나. ★봉산 : 황해북도 서부에 있는 군. 오랜 역사를 가진 도자기와 질그릇이 유명하다. 명승지로 건지산 봉수, 천덕리 대동 마을의 신대동 고분군과 원시 유적 등이 있다.

봉산 참배 사람의 성품이 싹싹함을 이르는 말.

봉산(鳳山) 참배는 물이나 있지 조금도 결점이 없다는 말. (비) 백미에는 뉘가 섞였지.

봉(鳳)은 굶어도 좁쌀을 먹지 않는다 (비) 물클어져도 준치 썩어도 생치(生雉).

봉(鳳)은 먹이를 탐내지 않는다 훌륭한 사람은 재물을 탐내지 않는다는 말.

봉이(鳳伊) 김선달(金先達) 대동강물 팔아먹듯 이득(利得)을 보려고 감쪽같이 속인다는 말. ★김선달 : 조선 후기의 풍자적인 인물인 봉이 김선달에 관한 설화. 인물전설로 개성 이북의 서도 지방에 널리 분포하여 있던 건달이야기가 현재는 여러 야담집을 통하여 전국적으로 알려졌다.

봉(鳳)이 나매 황(凰)이 난다 가장 좋은 짝이 생겼다는 말. (비) 장군이 나매 용마 난다.

봉이 봉의 새끼를 낳고 용이 용의 새끼를 낳는다 부모가 훌륭해야 자식도 부모를 닮아 훌륭하게 된다는 뜻. (비) 범이 범의 새끼를 낳고 용이 용의 새끼를 낳는다. ⇔ 개천에서 용 난다.

봉채(封采)에 포도군사(捕盜軍士) 남의 집 제사에 절하기. ★봉채 : 혼인 전날 신랑 집에서 신부 집으로 채단(采緞)과 예장(禮狀)을 보내는 일. 봉치가 원말. ★포도군사 : 조선 시대. 포도청의 군졸.

봉천답이 소나기를 싫다 하랴 언제나 물이 부족한 천둥지기 논이 소나기를 싫어할 리가 없다 함은 틀림없이 좋아하는 것이란 뜻. (비) 나이 많은 말이 콩마다 할까.

봉충다리의 울력걸음 여럿이 공동으로 하는 바람에 평

⟨부모가 자식을 겉 낳았지 속 낳았나⟩

소에 그 일을 못 하던 사람도 할 수 있게 됨을 이름. (비) 둔한 말도 열흘 가면 천 리를 간다. 울력걸음에 봉충다리. 여럿이 가는 데 섞이면 병든 다리도 끌려간다. ★봉충다리 : 사람이나 물건의 한쪽이 약간 짧은 다리.

봉홧불 받듯 조금도 지체 없이 서로 말은 주고받을 때를 이르는 말.

봉홧불에 김을 구워 먹는다 무슨 일을 닥치는 대로 무성의하게 하였으므로 일을 제대로 이루지 못한다는 뜻으로 하는 말. (비) 봉홧불에 산적 굽기.

봉홧불에 산적 굽기 일을 급히 서둘러 할 때 쓰는 말.

봉황이 닭장에서 산다 훌륭한 사람이 낮은 직위에서 일한다는 뜻.

부과(付科) 삼 년에 말라 죽는다 어떤 일에 겁을 내어 근심하다가 그것이 병이 되어 죽는다는 뜻. ★부과 : 초시에 급제한 사람이 응시하는 과거.

부귀는 뜬구름 같다 부귀는 한 곳에만 머물러 있는 것이 아니라 이리저리 떠돌아다닌다는 뜻. (비) 부귀는 풀잎에 맺힌 이슬과 같다.

부귀빈천(富貴貧賤)이 물레바퀴 돌듯 이 세상의 부귀빈천은 한 곳에 머물지 않고 늘 돌고 돌아서 옮아간다는 뜻. (비) 귀천궁달이 수레바퀴다. 음지가 양지 되고 양지가 음지 된다. 이랑이 고랑 되고 고랑이 이랑 된다. 홍망성쇠와 부귀빈천이 물레바퀴 돌 듯.

부나비가 등불에 달려들 듯 어리석고 미련한 사람이 저 죽을 줄도 모르고 어떤 일을 함부로 덤빈다는 뜻.

부뚜막 땜질 못 하는 며느리 이마의 털만 뽑는다
(비) 동정 못 다는 며느리 맹물 발라 머리 빗는다.

부뚜막에 소금도 집어넣어야 짜다 아무리 쉬운 일이라도 힘을 들이지 않으면 이루어지지 않는다는 말. (비) 솥 속의 콩도 쪄야 익지. 솥에 넣은 팥이라도 익어야 먹지. 구슬이 서 말이라도 꿰어야 보배. 구운 게 발도 떼어야 먹는다. 진주가 열 그릇이라도 꿰어야 구슬. 가마 속의 콩도 삶아야 먹는다.

부뚜막이 큰 도둑놈이다 살림을 하는 데는 먹는 것에 돈이 가장 많이 든다는 말.

부등가리 안 옆 조이듯 무슨 일을 저질러 놓고 마음이 놓이지 않음을 이름.

부라퀴 같다 야물고도 암팡져 이익에만 급급한 사람을 이르는 말.

부랑당 치른 놈의 집구석 같다 집안이 어수선하고 질서가 없다는 뜻. (비) 나간 놈의 집구석 같다.

부러진 칼자루에 옷 칠하기 아무런 효과가 없는 쓸데없는 일을 일컬음. (비) 개 뼈다귀에 은 올린다. 삿갓에 솔질한다.

부레풀로 일월(日月)을 붙인다 생선의 부레로 만든 풀로 해와 달을 붙이겠다 함은 미련하고 어리석은 자가 엉뚱한 생각을 품는다는 뜻.

부르니 말하지 가까운 거리에 있으면서 불러오라고 시키는 것보단 마주 대고 말하는 것이 더 빠르고 무난하다는 말.

부른 배고픈 건 더 답답하다 1.아무도 사정을 몰라주어 답답하다는 뜻. 2.임신 중에는 배고픈 걸 견디지 못한다는 말.

부름이 크면 대답이 크다 서로 상응 한다는 말.

부모가 반 팔자 어떤 부모를 만났는가 하는 것이 자기 운명의 절반을 결정한다는 뜻으로, 사람의 운명이 부모에 의해서 크게 영향받게 됨을 비유적으로 이르는 말.

부모가 부리던 종도 제 종만 못하다 남이 쓰던 사람보다 자기가 쓰고 있는 사람이 훨씬 더 미덥고 부리기가 좋다는 뜻.

부모가 온 효도 되어야 자식 반 효자 1.자식은 부모가 하는 것을 보고 따라 하게 된다는 말. 2.아무리 감화(感化)를 받는다 해도 온전하게 되기는 어렵다는 말. (비) 부모가 착해야 효자가 난다.

부모가 자식을 겉 낳았지 속 낳았나 부모는 자식의 육체를 낳은 것이지 그의 사상이나 속마음은 낳은 것이 아니라는 뜻으로, 자기의 자식이라도 속에 품은 뜻은 알기 어려움을 비유적으로 이르는 말.

〈 부모가 자식을 제일 잘 안다 〉

(비) 자식 겉 낳지 속은 못 낳는다.

부모가 자식을 제일 잘 안다 자식의 성격은 그를 낳아서 기른 부모만이 가장 잘 안다는 뜻.

부모가 착해야 효자가 난다 부모가 착하여야 자식도 부모를 따라 착한 사람이 된다는 뜻으로, 윗사람이 잘하여야 아랫사람도 잘함을 이르는 말.

부모가 효자가 되어야 자식이 효자 된다 자기 부모를 예의를 갖추어 잘 대해야 그 본을 따라서 자식들도 자기를 잘 대한다는 뜻을 이르는 말.

부모는 먹지 않고 자식을 주고 자식은 먹고 남아야 부모를 준다 부모는 자식을 제 몸보다 더 소중히 여기지만 자식은 부모를 제 몸처럼 소중히 여기지 않는다는 뜻.

부모는 문서(文書) 없는 종 부모는 자식을 위해서 일생을 희생한다는 뜻.

부모는 자식이 한자(尺)만 하면 두 자로 보이고 두 자만 하면 석 자로 보인다 (비) 곡식을 남의 곡식이 좋고 자식은 내 자식이 좋다.

부모는 차례 걸음이라 부모의 죽음을 슬퍼하는 이에게 나이 많은 부모는 으레 먼저 돌아가시는 것이라고 하며 위로하는 뜻.

부모 말은 문서 1.부모가 한 말은 틀림이 없다는 뜻. 2.부모 말은 절대 잊지 말아야 한다는 뜻.

부모 말을 들으면 자다가도 떡이 생긴다 부모 말을 잘 듣고 순종하면 좋은 일이 생긴다는 말.

부모 속에는 부처가 들어 있고, 자식 속에는 앙칼이 들어 있다 부모는 자식을 무한히 사랑하나 자식은 부모에게 불효할 따름이라는 뜻.

부모 수치가 자식 수치다 자식 된 자는 부모에게 부끄러움을 끼치지 않도록 잘 모셔야 한다는 뜻.

부모에게 효도는 제 자식을 위한 것이다
(비) 부모가 온 효도 되어야 자식이 반 효자.

부모의 덕과 하늘의 덕은 모른다 부모가 길러 준 덕과 하늘이 도와준 덕은 너무 위대하므로 자식으로서는 다 알지 못한다는 뜻.

부모 촌수보다 돈 촌수가 더 가깝다 원래 부모가 가장 좋지만 때에 따라서는 돈이 더 필요할 때도 있다는 말.

부부간에도 돌아누우면 남이 된다 아무리 다정하고 정답던 부부라도 헤어지면 남이 된다는 뜻.

부부간은 낮에는 점잖아야 하고, 밤에는 잡스러워야 한다 부부는 낮에는 부부의 예의를 갖추어야 하고 밤에는 부부의 사랑을 마음껏 나누어야 한다는 뜻.

부부는 닮는다 혼인을 해서 오랫동안 살다보면 서로가 서로를 닮아간다는 뜻.

부부는 무촌이다 부부간엔 촌수가 없으므로 가장 가깝지만 헤어지면 가장 멀어진다는 말.

부부는 일신동체(一身同體) 부부는 한 몸으로 굳게 결합되어 있다는 말. (비) 부부는 한 몸이다.

부부 사이에도 담이 있다 부부는 서로 예의를 지켜야 한다는 말.

부부 싸움은 잠자면 그친다 (비) 내외간의 싸움은 칼로 물 베기.

부부 싸움은 칼로 물 베기 (비) 내외간의 싸움은 칼로 물 베기.

부산 가시네 같다 억세고 체격이 딱 벌어진 여자를 두고 하는 말.

부서진 갓모자가 되었다 남에게 핀잔을 받거나 야단을 맞고 무안을 당하였다는 말.

부스럼이 살 될까 이미 그릇되어 버린 것이 좋아질 수 없다는 말. (비) 코딱지 두면 살이 되랴.

부스럼이 커야 고름도 많다 1.체격이 커야 힘도 쓴다는 뜻. 2.근원이 커야 그 발생하는 물도 많게 된다는 뜻.

부스럼이 크면 고약도 크게 발라야 한다 무슨 일이든 실정에 알맞게 행동하여야 한다는 말.

부시통에 연풍대(宴豊臺) 하겠다 (비) 벼룩의 간에 육간 대청을 짓겠다. ★연풍대 : 기생이 추는 칼춤의 하나.

부아 돋는 날 의붓아비 온다 화가 나 있는데 가뜩 미운 삶이 찾아와 더욱 화를 돋운다는 뜻. (비) 계집 때린 날 장모 온다. 이 앓는 날 콩밥 먹기.

부안택 가리말 보기만 좋고 실속이 없음을 이르는 말.

(비) 빛 좋은 개살구, 허울 좋은 하눌타리. ★가라말: 검은 말.

부앗김에 서방질한다 참을 수 없는 홧김이 분별없이 행동하여 더욱 큰일을 저지른다는 뜻. (비) 홧김에 화냥질한다. 속상하는데 서방질이나 하자는 격으로.

부엉이 곳간 부엉이는 둥지에 먹을 것을 많이 모아 놓는다는 데서, 없는 것이 없이 무엇이든 다 갖추어져 있음을 비유적으로 이르는 말. 횡재(橫材)를 얻었음을 이름.

부엉이 방귀 같다 (비) 개가 제 방귀에 놀란다.

부엉이 셈치기 셈하는 것이 분명치 않음을 이르는 말. 부엉이가 수를 셀 때면 반드시 짝으로 함으로 하나가 없어지는 것은 알아도 짝으로 없어지는 것은 모른다 하여 이르는 말.

부엉이 소리도 제가 듣기에는 좋다고 한다 (비) 까마귀도 제소리는 아름답다고 한다.

부엉이 집을 얻었다 부엉이는 닥치는 대로 제 집에 갖다 두어서 거기에는 없는 것이 없다. 그러니 많은 재물을 우연히 가지게 되었을 때 이름.

부엌방석 같다 머리털이 되는 대로 헝클어져 있는 모양을 보고 하는 말.

부엌에 가면 더 먹을까 여기가 나을까 저기가 나을까 하고 망설인다는 말.

부엌에 가면 며느리 말이 옳고 안방에 가면 시어머니 말이 옳다 1.송사(訟事)에는 양쪽 말을 다 들어봐야 자세히 알 수 있다는 뜻. 2.싸움하면 양편이 다 잘잘못이 있다는 뜻.

부엌에서 숟가락 얻는다 대단치 않은 일을 하고서는 마치 큰일이라도 한 듯이 자랑한다. (비) 살강 밑에서 숟가락 얻었다.

부엌이 살찌면 주머니가 마른다 생활비에서 식사비를 과용하게 되면 다른 지출은 할 수 없게 된다는 의미.

부자가 더 무섭다 부자가 더 인색하게 군다는 말.

부자가 되면 일가도 많아진다 부자가 되면 그 덕을 보려고 찾아오는 친척이 많다는 뜻. (비) 부자가 되면 친구도 많아진다.

부자가 없는 놈 보고 왜 고기 안 먹느냐 한다 (비) 내 배 부르면 종에게 밥 짓지 말라 한다.

부자는 많은 사람의 밥상 부자는 여러 사람에게 많건 적건 덕을 끼치게 됨을 비유적으로 이르는 말.

부자는 망해도 삼 년 먹을 것이 있다 부자이던 사람은 망했다 해도 얼마 동안은 그럭저럭 살아 나갈 수 있다는 뜻. (비) 큰 집이 기우려도 삼 년 간다.

부자도 한(限)이 있다 부자라고 해서 늘 재산이 늘어만 가는 것은 아니라는 말. (비) 뻗어가는 칡도 한이 있다.

부자 몸조심 유리한 상황에서는 모험을 피하고 되도록 안전을 꾀한다는 뜻.

부자 삼대 못 가고 가난 삼대 안 간다 빈천은 돌고 도는 것이기에 부자도 오래 유지하지 못하고 가난한 사람도 부자가 될 수 있다는 의미.

부자와 재떨이는 모일수록 더럽다 재물이 모일수록 인색해진다는 뜻.

부자 하나면 세 동네가 망한다 1.세 동네가 망하여야 그 돈이 모여 한 사람의 부자가 난다. 2.무슨 큰일을 이루려면 많은 희생이 있게 됨.

부자 한 집이 있으면 천 집이 이를 미워한다 가난한 사람들만 사는 곳에 부자 하나가 있으면 그들은 그를 미워할 수밖에 없다는 말.

부잣집 가운데 자식 부잣집 둘째 아들은 흔히 아무 일도 안 하면서 방탕하게 지낸다는 뜻으로, 일은 하지 않으면서 놀고먹는 사람을 비유적으로 이르는 말. (비) 뱃놈의 개. 사발의 고기 잡겠다. 사족(四足) 성한 병신. 먹기는 아귀같이 먹고 일은 장승처럼 한다.

부잣집 떡개(매)는 작다 부자일수록 더 인색하게 군다는 말. (비) 가진 놈이 더 무섭다. 재떨이와 부자는 모일수록 더럽다.

부잣집 떡 도르듯 물건을 실속 없이 아무렇게나 함부로 나누어주는 것을 비웃어 이름.

부잣집 맏며느리 감 1.얼굴이 복스럽고 후하게 생긴

⟨ 부잣집 밥벌레 ⟩

처녀를 보고 하는 말. 2.의젓하기는 하나 마음이 교만한 여자를 이름. (비) 부잣집 맏며느리 같다.

부잣집 밥벌레 일은 전혀 하지 않으면서 먹는 것만 밝히는 게으름뱅이를 비난조로 이름.

부잣집 업 나가듯 한다 부잣집에서 재물을 늘게 하여 준다는 업구렁이가 나가듯 한다 함이니, 까닭 없이 몰락해 간다는 뜻.

부잣집 외상보다 비렁뱅이(거지) 맞돈이 좋다 장사는 외상을 주기보다는 당장에 돈을 받는 게 낫다는 뜻.

부잣집 자식 공물방(貢物房) 출입하듯 한다 직책을 맡은 사람이 근면히 일하지 않고 하는 둥 마는 둥 함을 꼬집어 하는 말. ★공물방 : 나라에 물건을 먼저 바치고 값을 받을 때 이자까지 쳐서 받는 곳.

부잣집 잔치 떡 나누어 먹듯 한다 무슨 물건을 흔하게 나누어 쓴다는 뜻.

부전조개 이 맞듯 빈틈없이 잘 들어맞음. 사이가 아주 가까움. ★부전조개 : 여자아이들 노리개의 하나.

부절(符節)을 맞춘 듯하다 꼭 들어맞는다는 뜻.
  ★부절 : 돌이나 대나무, 옥 따위로 만든 물건에 글자를 새겨 다른 사람과 나눠 가졌다가 나중에 다시 맞추어 증거로 삼는 물건.

부정(不淨) 물리듯 한다 1.오는 사람을 인정사정없이 막는다는 뜻. 2.주는 물건을 받지 않고 돌려보낸다는 뜻.

부정이 들었다 지금까지 잘 되어 나가던 일이 부정이 들어서 일을 그르치게 되었다는 의미.

부정하게 모은 재산은 부정하게 나간다 부정한 수단으로 모은 재산은 역시 부정하게 없어진다는 뜻.
  (비) 부정한 재물은 삼대를 못 간다.

부조 안 한 나그네 제상 친다 남의 집 상사에 부조도 안하고 대접받는 나그네가 인사는커녕 도리어 제사상을 뒤집어엎는다는 뜻으로, 도와주지도 못하는 사람이 도리어 방해하는 경우를 비유적으로 이르는 말. (비) 부조도 말고 제상 다리도 치지 마라. 부조(는) 않더라도 제상이나 치지 말라.

부지깽이가 곤두선다 부엌 일이 눈 코 뜰 새 없이 바쁨을 이르는 말.

부지깽이를 거꾸로 심어 놓아도 살아난다 봄이 오면 만물이 소생한다는 말. (비) 삼 년 묵은 말 가죽도 오롱조롱 소리 난다. 청명(한식)에는 부지깽이를 거꾸로 꽂아도 산다.

부지런하고 밥 굶는 사람 없다 부지런하면 큰 부자는 못되더라도 먹고 사는 데는 아무 걱정이 없다는 뜻. (비) 부지런하고 검소하지 않으면 굶주림과 추위는 면하기 어렵다.

부지런한 농사꾼에게는 나쁜 땅이 없다 논밭을 열심히 가꾸면 나쁜 땅도 좋은 땅으로 만들어 소출을 많이 낼 수 있다는 것을 비유적으로 이르는 말.

부지런한 물방아는 얼 새도 없다 (비) 돌쩌귀에 녹이 슬지 않는다. 예문. 부지런한 물방아는 얼 새도 없다고, 궂은 날씨에도 꿋꿋이 일한 덕에 기한 내에 완공하였다.

부지런한 벌레는 슬퍼하지 않는다 충실히 일하는 사람은 비관하거나 불평하지 않는다는 말.

부지런한 부자는 하늘도 못 막는다 사람은 잘 살려면 부지런해야 한다는 뜻. (비) 거지도 부지런하면 더운밥을 얻어먹는다. 드나드는 개가 꿩을 문다. 땅을 후비는 닭이 얻어먹는다. 개도 부지런해야 더운 똥을 얻어먹는다.

부지런한 새가 벌레 더 먹는다 넉넉한 생활을 하려면 부지런히 일해야 한다는 말.

부지런한 이는 앓을 틈이 없다 일에 열중하면 좀처럼 시간의 여유가 없다는 말.

부처님 가운데 토막 같다 사람이 매우 훌륭하여 하는 짓마다 잘하기 때문에 버릴 것은 그의 똥밖에 없을 정도로 나무랄 데 없는 사람을 두고 하는 말.
  (비) 부처님 허리 토막. 버릴 것이라곤 똥밖에 없다

부처님 공양 말고 배고픈 사람 밥을 먹여라 마음이 매우 어질고 착한 사람을 비유적으로 이르는 말.

부처님 궐(闕)이 나면 대를 서겠네 부처의 자리가 비면 자신이 부처가 되겠다는 뜻으로, 겉으로는 자선한다고 하나 속마음은 음흉함을 이르는 반어를 말함. ★궐 : 자리가 빔.

부처님더러 고기 추렴하자는 격 되지도 않는 일을 가지고 헛수고만 한다는 말.

부처님더러 생선방어 토막을 도둑질하여 먹었다 한다 생선을 먹지도 않은 부처더러 생선 토막을 도둑질하여 먹었다고 한다는 뜻으로, 자기는 죄가 없음을 비유적으로 이르는 말.

부처님도 십간십이지(十干十二支)를 세어보고 계실까 부처님은 세월을 초월하고 있는 말.

부처님도 화날 때가 있다 아무리 착한 사람이라고 하더라도 정도 이상으로 지나친 행동을 하게 되면 화를 낸다는 뜻.

부처님 뒤라 무엇이나 눈에 띄지 않는 데가 더럽고 지저분함을 이름. (비) 부처 밑을 기울이면 삼거웃이 드러난다. 부처 밑을 들면 삼꺼풀이 나온다. 부처를 건드리면 삼거웃이 드러난다.

부처님 믿다가 지옥 간다 자신은 노력하지 않고 남에게 의지만 하고 있다가 크게 낭패를 당하게 되었다는 뜻.

부처님 보고 생선 토막 먹었다고 하겠다 남에게 당치도 않는 누명(陋名)을 씌운다는 말.

부처님 살찌고 파리하기는 석수(石手)에게 달렸다 일의 진행과 성공 여부는 그것을 맡아 하는 사람에게 달렸다는 뜻.

부처님 손바닥 벗어날 수 없고 헤아릴 수 없는 더 높은 차원의 범위나 굴레를 이르는 말.

부처님에게 고깃값 받겠다 터무니없는 일을 가지고 생떼를 쓴다는 뜻.

부처님 위하여 불공하나 제 몸 위해 불공하지 남에게 뇌물을 줌도 다 자기의 희망을 위함이란 말.

부처님한테 설법(說法) 다 잘 알고 잘못도 없는 이에게 주제넘게 가르치려 드는 어리석은 행동을 이름.

부처도 다급하면 거짓말 한다 훌륭한 사람이라도 자기가 다급한 사정이 있으면 거짓말을 하게 된다는 뜻.

부처도 하루 밥 세 끼다 아무리 훌륭한 사람이라도 하루에 세 끼 이상은 먹지 않듯이 자신의 처지에 만족해야 한다는 뜻.

부처를 건드리면 삼거웃이 드러난다 1.점잖은 사람도 내면을 들추면 추저분한 점이 있다는 뜻으로, 아무리 외양이 훌륭해도 그 이면에는 지저분한 것이 있게 마련임을 비유적으로 이르는 말. 2.남의 허물을 들추면 자기의 허물도 반듯이 드러나게 됨을 일컬음. (비) 부처님 뒤라. 부처님 뒤이라. 부처 밑을 들면 삼꺼풀이 나온다. 부처 밑을 기울이면 삼거웃이 드러난다. ★삼거웃 : 삼 껍질 끝을 다듬을 때 긁혀 떨어진 삼 검불.

부처 없는 절에서 불공하다 실속도 없이 형식만 차리는 것은 아무 성과가 없다는 뜻. (비) 부처 없는 불당(佛堂)이다. 비단옷 입고 밤길 가기. 어두운 밤에 손짓하기.

부처에 팔 다리 떨어진 것이 있다 아무리 훌륭한 사람에게도 결함은 있다는 말.

부처의 눈에는 부처만 보이고 돼지의 눈에는 돼지만 보인다 세상을 보는 내 마음의 눈이 어떤 상태냐에 따라 그 마음 그대로 세상이 보인다는 의미.

부초 같은 양반 연약한 양반이라는 뜻.

부평초(浮萍草) 떠다니듯 한다 부평초처럼 그저 이리저리 떠다닌다는 뜻.

부황(浮黃) 난 놈 보고 요기시키란다 (비) 거지보고 요기시키란다. ★부황 : 오래 굶어 살가죽이 들떠서 붓고 누렇게 되는 병.

부황 난 집에 가서 구걸(求乞)한다 거지보고 요기시키란다.

북과 아이는 칠수록 소리가 커진다 우는 아이를 때리면 더 크게 울기 때문에 때리지 말고 잘 달래야 함을 이르는 말. (비) 아이는 칠수록 운다.

북단(北壇) 거동에 보군진(步軍陣) 몰리듯 한다 무슨 일에 덤비고 법석거림을 이름. ★북단 : 조선 시대 중

〈북두칠성이 앵돌아졌다〉

앙, 북방, 서방, 동방, 남방의 오방(五方)에 흙으로 만든 용을 놓고 기우제를 지내던 제단. 서울 창의문(彰義門) 밖에 있었다. ★보군진 : 보병들이 벌려 서는 대형이나 진지.

북두칠성이 앵돌아졌다 일이 그릇되어 낭패가 되었음을 이르는 말. ★앵도라지다 : 마음이 노여워서 토라지다.

북바리 좆 죄 듯 무엇이고 꼭 간직하면 내놓을 줄 모르는 융통성이 없는 사람을 두고 이르는 말. ★북바리 : 제주도 방언으로 물고기 이름.

북악(北岳)이 평지(平地) 되거든 까마귀 대가리가 희어지거든.

북엇값 받으려고 왔나 함경도에서 북어를 싣고 와서 상인에게 넘겨준 사람이 그 대금을 다 받을 때까지 남의 집에서 낮잠만 잤다는 데서, 남의 집에서 낮잠이나 자는 행동을 비꼬아 이르는 말.

복어 껍질 오그라들 듯 (비) 찬물에 좆 줄 듯.

북어나 명태나 똑같은 것이 명칭만 다르다는 뜻.

북어 뜯고 손가락 빤다 1.이득이 남지도 않는 일을 하고서 아쉬워하는 모양을 이르는 말. 2.거짓 꾸미거나 과장함을 이름.

북어(北魚)와 여자는 두들겨야 한다 여자는 간사한 짓을 하기 쉬우니 남편은 그러한 짓을 못하도록 아내에게 엄하게 대해야 한다는 말 (비) 여자는 사흘을 안 때리면 여우가 된다. ★북어 : 마른 명태. 건태(乾太). 건명태.

북어 한 마리 주고 제 상 엎는다 변변치 못한 것을 주고는 큰 손해를 입힐 경우를 이름.

북은 칠수록 맛이 난다 (비) 똥은 칠수록 튀어오른다.

북은 칠수록 소리가 난다 못된 사람하고 싸우면 그만큼 자기의 손해만 커진다는 말.

북을 지워야 한다 나쁜 짓을 하는 사람에게는 본보기로 망신을 시켜야 한다는 말. (옛날엔 나쁜 짓을 한 사람에게 북을 지워, 치고 다니며 그의 죄를 폭로했다.)

북의 이 갈듯 한다 원한이 사무쳐 이를 바드득 간다는 말.

북 치고 장구 치다 혼자서 이일 저일 다하다.

북 치듯 한다 무엇을 함부로 두드린다는 뜻.

분다 분다 하니 하루아침에 왕겨 석 섬 분다 잘한다고 추어주니까 무작정 자꾸 하나다는 뜻.

분수에 넘치면 도리가 아니다 자기 분수에 맞지 않는 것을 하는 것은 도리에 벗어나고 예의가 아니라는 뜻. (비) 분수가 넘치면 예의가 아니다.

분(盆)에 심어 놓으면 못된 풀도 화초라 한다 못난 사람도 좋은 지위에 앉으면 잘나 보임.

분하면 딴생각이 안 난다 화가 몹시 나면 다른 생각은 전혀 떠오르지 않는다는 뜻.

분한 마음이 하늘까지 치민다 분한 마음이 하늘까지 치밀 정도로 크다는 뜻. (비) 분한 말은 앞뒤를 돌보지 않는다.

불가사리 쇠 먹듯 (비) 굴우물에 말똥 쓸어 넣듯. ★불가사리 : 극피동물 불가사리류를 통틀어 이르는 말. 몸은 체반(體盤)과 팔로 되어 있으며 보통 다섯 개 이상의 팔을 가진다. 윗면은 석회질(石灰質)로 덮여 있고 알갱이 모양의 돌기 또는 가시가 빽빽이 나 있다. 입은 아래쪽 가운데에 있으며 육식성이어서 굴, 전복, 조개 따위를 잡아먹어 양식에 피해를 준다. 자웅 이체(雌雄異體)로 재생력(再生力)이 강하며 약 천오백 종 정도가 알려졌다

불 가져오라는데 물 가져온다 하라고 시킨 일은 하지 않고 엉뚱한 일을 할 때 쓰는 말.

불감청(不敢請)이언정 깨소금이라 감히 청하지 못하나 좋고 알뜰한 것으로 달라는 뜻으로 이름. ★불감청 : 마음속으로는 간절하지만 감히 청하지 못함. ★이언정 : '-ㄹ지언정'이란 뜻.

불고 쓴 듯하다 깨끗하여 아무것도 남은 것이 없다는 말로, 매우 가난하여 집 안이 휑하니 비었다는 말.

불공에도 돈이 많아야 영험도 많다 무슨 일이나 돈이 많아야 일이 잘된다는 뜻. (비) 불공도 돈이 있어야 한다.

불과 시집간 새댁은 쑤시면 못 산다 시집간 여자는 자

꾸 남자들을 접촉하게 되면 시집살이를 못 하고 실패하는 경우가 있다는 말. (비) 불과 계집은 쑤석거리면 탈 난다.

불 끈다고 섶 가지고 덤빈다 일을 근본적으로 해결하지 않고 급하게 하여 함부로 처리하다가는 더욱 악화한다는 뜻.

불나방이 등불에 덤빈다 (비) 물인지 불인지 모른다.

불나방이 불 무서운 줄 모른다 (비) 물인지 불인지 모른다.

불난 강변에 덴 소 날뛰듯 한다 졸지에 급한 일을 당하여 어쩔 줄 모르고 황망히 구는 사람을 보고 이르는 말.

불난 것 보고 우물 판다 일을 예견성 없이 하면 아무리 힘들어서 일해도 성과가 없다는 뜻.

불난 끝은 있어도 물 난 끝은 없다 불이 나면 타다 남은 물건이라도 있으나 수재를 당하여 물에 씻겨 내려가 버리면 아무것도 남지 않음을 이르는 말. (비) 가물(뭄) 끝은 있어도 장마 끝은 없다.

불난 데 부채질한다 (비) 불난 데서 풀무질한다.

불난 데서 풀무질한다 1.노한 사람을 더 노하게 한다는 말. 2.일이 잘 안 되어 곤란한 사람에게 나쁜 방해를 한다는 말. (비) 끓는 죽에 국자를 누르기. 불난 집에 키 들고 간다. 도둑이 포도청 간다. 몽둥이 들고 포도청 담에 오른다. 우는 아이 똥 먹인다. 불난 데 부채질한다. 불난 데 기름 붓는다. 타는 불에 부채질한다. 화재 난 데 풍석질한다.

불난 데서 불이야 한다 (비) 불난 데서 풀무질한다.

불난 뒤에 불조심 한다 일이 잘못된 후에 잘할 준비를 한다는 말.

불난 며느리 싸대듯 한다 (비) 가을 중 싸대듯.

불난 집 며느리 싸대듯 불이 난 집 주인의 며느리가 불을 끄지 못하여 안타까워하며 정신없이 돌다닌다는 뜻으로, 공연히 어쩔 줄 모르며 분주히 왔다 갔다 함을 비유적으로 이르는 말.

불난 집에 키 들고 간(덤빈)다 (비) 불난 데서 풀무질한다.

불도 켤 데에 켜야 아들도 낳고 딸도 낳는다 뚜렷한 목적을 가지고 바른 방법으로 해야 원하는 바를 이룰 수 있다는 말. (비) 절도 할 때 해야 아들도 낳고 딸도 낳는다.

불똥이 집을 태운다 아무리 사소한 사건이라도 때론 큰 재해를 가져오기도 함으로 항상 조심해야 한다는 말.

불뚝성이 살인 낸다 갑자기 불끈하고 성을 내면 좋지 않은 사고를 일으키게 된다는 뜻.

불로초(不老草)를 먹었나 보통 이상으로 장수(長壽)하는 사람에게 하는 말.

불면 꺼질까 쥐면 터질까 불면 날까 쥐면 꺼질까 어린 자녀를 소중히 다루어서 기름을 뜻하는 말.

불면 날아갈 듯 쥐면 꺼질 듯 몸이 마르고 매우 허약한 사람을 이르는 말.

불붙는 데 키질하기 (비) 불난 데서 풀무질한다.

불 속에 뛰어든다 (비) 물인지 불인지 모른다.

불 아귀 같다 제 욕심만 부리고 남의 생각은 조금도 하지 않는 매우 이기주의적인 사람을 두고 하는 말.

불 안 때도 절로 익는 솥 (비) 간장이 시고 소금에 곰팡이 난다.

불 안 땐 굴뚝에 연기 날까 (비) 아니 땐 굴뚝에 연기 날까.

불알 두 쪽만 대그락 대그락 한다 집안에 재산이라고는 아무것도 없고 다만 알몸뚱이 밖에 없다는 뜻. (비) 불알 두 쪽밖에 없다

불알 밑이 근질근질하다 무료해서 가만히 있을 수 없음을 비유적으로 이르는 말.

불알에서 요령(鐃鈴) 소리 난다 몹시 분주하게 돌아다닌다(뛰어다닌다)는 뜻. (비) 가랑이에서 불난다. 가랑이에서 비파 소리 난다.

불알을 긁어 주다 남의 비위를 맞추며 아첨하는 모양을 비유적으로 이르는 말. (비) 수염의 먼지도 털어 주겠다.

불 없는 곳에 연기 없다 (비) 아니 땐 굴뚝에 연기 날까.

⟨ 불 없는 화로, 딸 없는 사위 ⟩

불 없는 화로, 딸 없는 사위 아무 쓸모가 없이 된 것을 이르는 말. (비) 불 없는 화로, 살(화살) 없는 활, 탄환 없는 총, 미끼 없는 낚시.

불에 놀란 놈 화젓가락 보고 놀란다 무엇에 크게 놀란 사람이 그것과 비슷한 것만 보아도 겁을 낸다는 뜻. (비) 불에 놀란 놈이 부지깽이만 보아도 놀란다. 자라보고 놀란 가슴 소댕 보고 놀란다.

불에 놀란 놈이 부지깽이만 보아도 놀란다 (비) 자라보고 놀란 가슴 솥뚜껑(소댕) 보고 놀란다.

불에 덴 아이 불 무서워하듯 한다 (비) 불에 놀란 놈이 부지깽이만 봐도 놀란다.

불에 탄 개(쇠)가죽 오그라들 듯 (비) 찬물에 좆 줄 듯.

불은 번지기 전에 꺼야 한다 잘못된 것이나 유해(有害)한 것은 확대되기 전에 빨리 막아야 한다는 말. (비) 불은 불씨 적에 꺼야 한다.

불을 피하려다가 물에 빠졌다 한 가지 재화를 피하려다 도리어 더 큰 액을 당하였다는 말. (비) 구덩이를 피하려다가 물에 빠졌다. 불을 피하려다가 물에 빠졌다. 귀신을 피하려다가 호랑이를 만났다.

불이 물을 이기지 못한다 성미가 급한 사람이 성미가 느긋하고 신중한 사람을 못 당한다는 뜻.

불이 발등에 떨어졌다 (비) 간에 불붙었다.

불이 벌판에 타오르듯 한다 세력이 급속히 퍼져서 당할 수가 없다는 뜻.

불이 제 발등에 안 떨어지면 뜨거운 줄 모른다 고생을 해보지 않은 사람은 남의 고생을 이해하지 못한다는 말. ⇔ 불이 제 발등에 떨어져야 뜨거운 줄 안다.

불장난에 오줌 싼다 불은 인정사정 없으니 불장난을 말라는 뜻.

불 질러 놓고 끄느라고 욕본다 일을 자기 스스로 저질러놓고서 나중에 그것을 수습하느라고 큰 고생을 한다는 뜻.

불집을 건드리다(낸다) 위험을 스스로 불러들인다는 말. (비) 자는 범 코침 주기, 벌집을 건드린다. 자는 벌집 건드린다. 자는 호랑이 불침 놓기.

불차인 중놈 달아나듯 불알을 차이면 어디가 아픈지 모르게 몹시 고통스럽다는 데서, 아픈 곳도 모르고 덮어놓고 날뛰는 사람의 모양을 비유적으로 이르는 말.

불탄 강아지 앓는 소리 기운이 지쳐서 훙얼거리는 소리를 일컬음.

불탄 개가죽 같다 재산이 점점 줄어든다는 말. (비) 북어 껍질 오그라들 듯. 불탄 조개껍데기 같다. 마른 나무에 좀 먹듯. 불에 탄 개가죽.

불탄 쇠가죽 오그라들 듯 1.모르는 사이에 재물이 줄어가는 것을 말함. 2.무엇이 점점 줄어들어가서 다시 펴나지 못함을 이름. (비) 불탄 개가죽 같다.

불탄 조개껍데기 같다 1.무엇이 점점 줄어들어서 펴나지 못함을 이름. 2.모르는 사이에 재산이 줄어들어가는 것을 말함. (비) 북어 껍질 오그라들 듯. 불탄 쇠가죽 오그라들 듯. 마른 나무에 좀 먹듯. 불에 탄 개가죽 같다.

불한당 치른 놈의 집구석 같다 집안이 몹시 어수선함을 일컫는 말.

붉고 쓴 장(醬) (비) 빛 좋은 개살구.

붉은 곳에 두면 붉어진다 사람은 사귀는 사람에 따라 착하게도 되고 악하게도 된다는 뜻.

붕어 밥알 받아먹듯 돈이 들어오는 즉시 써 버려 도무지 재산이 모이지 않는다는 뜻.

붙는 불에 키질 1.말려야 할 일을 말리지 않고 오히려 부추겨서 더하게 함. 2.잘 안 되는 일에 방해를 해서 더 틀어지게 함.

붙들 언치 걸 언치 남의 덕을 보기 위해서는 먼저 그를 적당한 직위에 추켜세움이 필요하다는 뜻.

붙은 갑오(甲午)다 화투할 때 쓰는 말로 짝이 잘 맞지 않을 때를 이름.

비가 개면 우산을 잊는다 필요하지 않게 된 것은 곧 잊어버리게 된다는 뜻.

비가 오나 눈이 오나 언제나 항시 같은 마음이란 뜻.

비가 오면 모종하듯 조상(祖上)의 무덤을 이장(移葬)해라

너같이 못난 놈이 난 것이 필시 조상의 묏자리가 나쁜 탓이니 그 무덤을 이장하여 다시는 너 같은 놈이 나지 않고 집안이 잘되게 하라는 말. 즉 못난 자식이라고 욕하는 말. (비) 산소(山所) 모종을 내어라.

비가 와도 양반걸음이다 바쁜 일이 있어도 게으름을 부려 서둘지 않는다는 말.

비 그친 뒤 우산을 보낸다 무슨 일이나 시기를 놓쳐버리면 헛일이란 뜻. (비) 비 그쳤는데 나막신을 보낸다. ⇔ 비 오기 전 우산을 갖추어라.

비는 놈한텐 져야 한다 (비) 귀신도 빌면 듣는다.

비는 장수 목 벨 수 없다 누구나 잘못을 뉘우쳐 사과하면 용서하게 된다는 말. (비) 비는 데는 무쇠도 녹는다.

비는 하늘이 주고 절은 부처가 받는다 일을 하는 사람과 실속을 차리는 사람이 따로 있음을 비유적으로 이르는 말.

비단결 같다 성미나 품성이 곱고 부드러움을 이르는 말.

비단(緋緞) 대단(大緞) 곱다 해도 말같이 고운 것은 없다 비단이 아무리 곱다 해도 아름다운 마음씨에서 우러나오는 말처럼 고운 것은 없다는 말. ★대단 : 예전에 중국에서 나는 비단을 이르던 말.

비단 바지에 똥 싼다 겉모양은 훌륭하나 그 속에 흉한 것이 담겼다는 말. (비) 명주 잘게 개똥 들었다.

비단에도 얼이 있다 아무리 좋은 물건에도 흠이 있듯이 사람에게도 약간의 결함은 있다는 뜻. (비) 비단에도 얼이 있고 옥에도 흠이 있다.

비단에 수결(手決)이라 광채도 있고 모양도 좋음을 이름. ★수결 : 예전에, 주로 관직에 있는 사람들이 증명이나 확인을 위하여 문서의 자기 이름이나 직함 밑에 도장 대신 붓으로 글자를 직접 쓰는 일이나 그 글자를 이르던 말

비단 올이 춤을 추니 베 올도 춤을 춘다 (비) 거문고 인 놈이 춤을 추니 칼 쓴 놈도 춤을 춘다.

비단옷 안 입어 본 놈 있더냐 그만한 일은 누구나 다 해보았다는 뜻. (비) 서울에 안 가본 놈 있나.

비단옷에 쌀밥이다 잘 입고 잘 먹고 잘살아간다는 말.

비단옷을 입으면 어깨가 올라간다 가난하게 살던 사람이 갑자기 돈을 벌게 되면 제 분수도 모르고 우쭐대게 된다는 뜻.

비단옷 입고 낮 길 간다 애써 하는 일이 보람 있게 되어 간다는 뜻.

비단옷 입고 밤길 걷기 애써도 보람이 없음을 비유하는 말. (비) 절 모르고 시주하기. 금의야행(錦衣夜行). 동무 몰래 양식 낸다. 어두운 밤에 눈끔적이. 부처 없는 데서 불공하기. 어두운 밤에 손짓하기.

비단옷 입고서는 구걸 못한다 무슨 일이나 격에 맞추어서 해야 한다는 뜻.

비단 위에 꽃무늬를 놓았다 좋은 일에 또 좋은 일이 생겼다는 말. (비) 곶감 죽 먹고 엿 목판에 엎어졌다.

비단이 한 끼라 집안이 몰락하여 양식이 떨어졌으므로 간직했던 비단을 파니 한 끼밖에 안 된다는 뜻으로, 한번 몰락하기 시작하면 걷잡을 수 없다는 뜻.

비단 한 필을 하루에 짜려 말고 한 식구를 줄여라 많이 벌어서 살림하려고 무리하게 허덕이지 말고, 한 사람이라도 군식구를 덜고 줄이는 것이 낫다는 말. (비) 열 식구 벌려 말고 한 식구 덜랬다.

비둘기가 까치집을 차지한다 남이 애써 일해 놓은 것을 힘 안 들이고 빼앗는다는 말. (비) 비둘기 집 지어놓으니 까치가 알을 낳는다.

비둘기가 붕(鵬)을 비웃는다 약한 자가 강한 자를 비웃다는 뜻. ★붕 : 장자(莊子)의 소요(逍遙) 유편(遊篇)에 나오는 북해에 살던 곤(鯤)이라는 물고기가 변하여 된 새. 날개 길이가 삼천 리가 되어 날개를 한번 치면 구만리를 날아간다는 상상적인 큰 새. 붕조(鵬鳥).

비둘기는 콩 밭에만 마음이 있다 현재 하고 있는 일과는 달리 속마음은 엉뚱한 곳에 가 있다는 말. (비) 까투리가 콩밭 생각하듯. 까투리 새끼가 콩밭에만 마음이 있다. 비둘기가 몸은 나무에 있어도 마음은 콩밭에 있다.

〈 비둘기 집 지어놓으니 까치가 알을 낳는다 〉

비둘기 집 지어놓으니 까치가 알을 낳는다 (비) 비둘기가 까치집을 차지한다.

비렁뱅이가 하늘을 불쌍히 여긴다 (비) 거지가 도승지를 불쌍타 한다.

비렁뱅이 비단 얻은 것 분에 넘치는 귀한 것을 얻어 어쩔 줄 모름을 이르는 말. (비) 거지가 말 얻은 것.

비루먹은 강아지 대호(大虎) 건드린다 (비) 물인지 불인지 모른다. ★비루 : 개 말 나귀 따위의 살갗에 생기는 병.

비루먹은 당나귀 같다 몹시 마르고 꼴이 흉악하게 생겼다는 뜻. (비) 비루먹은 망아지 같다.

비루 오른 강아지 범 복장거리 시킨다 못난 자가 때로는 유능한 자에게 의외의 타격을 줌을 이름.

비를 드니 마당을 쓸라 한다 자기가 막 하려고 하는 일을 마침 남이 시킬 때 쓰는 말.

비 맞으며 부추 장만한다 아주 반가운 손님이 왔다는 뜻.

비 맞은 쇠똥 같다 원래는 굳었던 것이 너저분하게 다 풀어져 버리고 남은 것이 없다는 뜻으로 이름.

비 맞은 수탉 같다 1.무엇이 추레하게 처져 늘어진 모양. 2.득의양양하던 사람이 풀이 죽어 맥없이 시무룩해짐을 비유한 말. (비) 비 맞은 용대기. 비 온 날 수탉같이.

비 맞은 용대기(龍大旗) 장대하고 화사한 용이 그려진 깃발이 비를 맞아 처져 늘어진 모양을 한 것과 같다는 뜻으로, 무엇이 추레하게 처져 늘어진 모양을 비유적으로 이르는 말. (비) 비 온 날 수탉같이. 비 맞은 수탉 같다. ★용대기 : 교룡기, 화룡대기, 황룡대기, 임금님이 거동할 때 서는 큰 기(旗)의 하나.

비 맞은 중놈 (비) 귀신 씨 나락 까먹는 소리.

비밀은 모르게 센다 남모르게 주고받은 비밀이라도 결국엔 누설된다는 뜻.

비바리들은 말똥만 보아도 웃는다 시집 안 간 처녀들은 우습지 않은 일에도 곧잘 웃음을 이르는 말. (비) 처녀들은 말 방귀만 뀌어도 웃는다.

비방하는 것을 두려워하지 않는다 남이 어떤 비방을 할지라도 두려워하지 않고 자기의 소신대로 일을 처리한다는 뜻.

비상 국으로 안다 어떤 것을 한사코 꺼리며 피하려 듦을 비유적으로 이르는 말.

비싼 것이 싼 것이다 값을 많이 주고 산 물건이 결과적으로 싼 물건으로 된다는 뜻.

비싼 놈의 떡은 안 사 먹으면 그만이라 제가 싫으면 하지 않으면 그만이라는 뜻.

비싼 밥 먹고 헐한 걱정한다 쓸데없는 걱정을 하지 말라는 말.

비 오거든 산소(山所) 모종을 내어라 못났다고 비웃는 말. (비) 비가 오면 모종하듯 조상(祖上)의 무덤을 이장(移葬)해라.

비 오는 것은 밥 짓는 부엌에서 먼저 안다 비 오는 것은 부인네들이 먼저 안다는 뜻.

비 오는 날 나막신 찾듯 한다 평소엔 한 번도 돌아보지 않다가 자기가 아쉬울 때만 찾는다는 뜻.

비 오는 날 마른 신 아무런 가치가 없는 존재란 뜻.

비 오는 날 머리를 감으면 대사(大事) 때 비가 온다 비 올 때 머리를 감지 말라는 뜻.

비 오는 날 쇠꼬리처럼 (비) 날궂은 날 개 사귄 것 같다.

비 온 끝이 죽순 솟(돋)듯 한다 무슨 일이 한꺼번에 많이 일어난다는 뜻.

비 온 날 어디 비 왔느냐 한다 얼빠진 사람을 두고 이르는 말.

비 온 뒤에 땅이 굳어진다 힘들고 어려운 일을 겪고 나면 더 든든해진다는 말.

비 온 뒤에 물주기 공연히 불필요한 짓을 한다는 뜻.

비 올 것을 밥하는 아내가 먼저 안다 부엌에서 불을 때는 주부는 연기 나는 것을 보고 비올 것을 예감할 수 있다는 의미.

비옷을 입고 제사를 지내도 제 정성 남들이야 무엇이라고 하던지 자기 스스로 정성스럽게 하면 된다는 뜻.

비웃 두름 엮듯 한 줄에 잇달아서 묶은 것을 이름.

비위가 노래기 회(膾) 먹겠다 노린내가 심한 노래기로

〈빌어는 먹어도 다리 아래 소리하기는 싫다〉

회를 만들어 먹을 만큼 염치없는 사람을 이르는 말. (비) 노래기 회도 먹겠다. 노래기 푼념하는 데 가 시룻번이나 얻어먹어라.

비위가 떡판에 가 넘어지겠다 떡이 먹고 싶은 차 떡판 옆을 가다가 넘어진 체하여 떡을 먹을 만큼 비위가 좋고 뻔뻔스럽다는 뜻. (비) 남의 떡 함지에 넘어지겠다.

비지 먹은 배는 연약과(煉藥果)도 싫다 한다 무엇이거나 배불리 먹으면 아무리 맛있는 음식도 더 먹을 수 없다는 뜻. (비) 비지에 부른 배가 연약과(軟藥菓)도 싫다 한다.

비짓국 먹고 용트림한다 (비) 김칫국 먹고 수염 쓴다.

비 틈으로 빠져 나가겠다 동작이 매우 민첩하고 재빠르다는 뜻.

비파(琵琶) 멘 놈이 손뼉 치니 칼 쓴 놈도 손뼉 친다 거문고 인 놈이 춤추니 칼 쓴 놈도 춤춘다. ★비파: 동양의 현악기의 하나.

비파(枇杷) 소리가 나도록 갈팡질팡한다 무슨 일을 당하여 어쩔 줄 모르고 쩔쩔매는 모양. (비) 궁둥이에서 비파 소리가 난다.

비행기를 태우다 남을 높이 추어올린다는 말. (비) 연못 골 나막신을 신긴다.

빈 그릇이 소리는 더 크다 무식한 사람이 더 아는 체하고 떠벌린다는 뜻. (비) 빈 그릇이 소리만 요란하다.

빈 깡통이 요란하다 실속 없는 사람이 겉으로만 떠들어 댄다는 뜻. (비) 빈 수레가 더 요란하다.

빈 다듬잇돌을 두들기면 어머니가 젖을 잃는다 아이들이 다듬잇돌을 두들길 때 하지 말라는 뜻으로 하는 말.

빈 달구지가 요란하다 실속 없는 사람이 겉으로 떠들어 댄다는 뜻. (비) 빈 수레가 요란하다.

빈대도 낯짝(콧등)이 있다 (비) 벼룩(빈대)도 낯짝이 있다.

빈대 미워 집에 불 놓는다 손해를 크게 볼 것은 생각하지 않고 당장 마음에 안 드는 것을 없애려고 그저 덤비기만 하는 경우를 비유적으로 이르는 말. 큰 손해를 봐도 지긋지긋한 대상이 없어지는 게 속이 시원하다는 뜻. (비) 빈대 잡으려고 초가삼간 다 태운다. 초가삼간 집이 다 타도 빈대 타 죽는 것만 재미있다.

빈대 잡으려고 초가삼간 다 태운다 (비) 빈대 미워 집에 불 놓는다

빈부와 귀천은 수레바퀴 돌 듯 한다 가난하고 부유하고 귀하고 천한 것은 누구에게나 있는 일이라는 뜻.

빈손으로 왔다가 빈손으로 간다 空手來空手去(공수래공수거) 처음에 왔을 때 아무것도 없이 왔으니, 갈 때도 아무것도 없이 간다는 말.

빈 수레가 더 요란하다 실속 없는 사람이 겉으로 떠들어 댄다는 뜻. (비) 빈 달구지가 요란하다.

빈 숟가락질에 배부르지 않다 실속 없이 형식만 갖추어서는 일이 성사되지 못한다는 뜻.

빈 양철통은 굴릴수록 요란하다 모르는 사람일수록 아는 체하고 더 떠든다는 말. (비) 빈통이 소리는 더 난다.

빈 외양간(집)에 소 들었다 (비) 밥술이나 먹게 되었다.

빈 절(집)에 구렁이 모이듯 (비) 용문산에 안개 모이듯.

빈총도 겨누면 싫다 실제는 해는 끼치지 않을지라도 빈말로 위협하면 상대방이 듣기 싫다는 뜻.

빈터에 강아지 모이듯 (비) 용문산에 안개 모이듯

빈틈에 바람이 난다 1.사이가 나면 그만큼 정의는 멀어진다는 뜻. 2.앞에 무슨 나쁜 징조가 나타나면 반드시 나쁜 일이나 사건이 생기고야 만다는 말. (비) 틈난 돌이 터지고 태 먹은 독이 깨진다.

빌려온 고양이 같다 여러 사람들 속에 남과 대화도 하지 않고 혼자 쓸쓸히 있는 사람을 두고 하는 말. (비) 꾸어다 놓은 빗자루. 꾸어 온 빗자루. 벙어리 삼신. 전당 잡은 촛대.

빌려준 사람은 안 잊어버려도 빌린 사람은 잊는다 남의 돈이나 물건을 빌려준 사람은 잊어버릴 일은 없어도 빌린 사람은 잊을 경우가 있다는 뜻.

빌리어온 말이 삼경(三更)이 되었다 잠깐 빌리어온 물건이 오래되었다는 말.

빌어는 먹어도 다리 아래 소리하기는 싫다 자기 처지가

⟨ 빌어먹는 놈이 좋고 나쁜 것을 가리랴 ⟩

궁하여 빌어먹기는 하나, 아무리 어려운 경우라도 비굴하게 남에게 아첨하여 빌기는 싫다는 말.

빌어먹는 놈이 좋고 나쁜 것을 가리랴 (비) 빌어먹을 놈이 콩밥을 마다할까.

빌어먹던 놈이 천지개벽해도 남의 집 울타리 밑을 엿본다 오랜 습성은 갑자기 벗어나지 못한다는 뜻.

빌어먹어도 절하고 싶지 않다 아무리 어려운 처지에 있더라도 남에게 굽실거리기는 싫다는 말. (비) 빌어는 먹어도 다리 아래 소리하기는 싫다.

빌어먹을 놈이 콩밥을 마다할까 한창 궁한 판이니 좋고 나쁜 것을 가릴 처지가 못 된다 말.

빗나간 화살이다 목적을 달성할 수 없게 되었다는 말.

빗물도 모이면 못이 된다 (비) 티끌 모아 태산.

빗자루론 개도 안 때린다 빗자루로 사람을 때리는 경우에 만류하는 말.

빗자루 잡으니 청소 하랜다 시킬 걸 예상이나 한 것처럼 일을 하려고 추진하는 과정에 뒷북칠 때 이르는 말. (비) 울고 싶은데 볼 꼬집는다. 비를 드니까 마당을 쓸라 한다.

빙산(氷山)의 일각(一角) 어떠한 사물의 극히 일부의 현상을 일컬음.

빚값에 계집 뺏기 인정 없고 심술궂으며 무도한 짓을 이름. (비) 애호박에 말뚝 박기.

빚 물어 달라는 자식은 낳지도 말랬다 자식을 낳아서 기르는 것도 큰일인데 그 위에 빚까지 물어 달라는 것은 큰 불효일 뿐 아니라 사람 노릇을 제대로 하지도 못한 자라는 말.

빚 보인(保人)하는 자식은 낳지도 말라 남의 빚돈 쓰는데 제 이름으로 담보하다가는 패가망신함으로 빚 보증 서는 것을 극력 경계하는 말.

빚 얻어 굿하니 맏며느리 춤춘다 당면하고 있는 답답한 사정을 잘 깨닫고 일이 잘되도록 노력해야 할 사람이 도리어 반대방향으로 나감을 지적하는 말. (비) 논 팔아 굿하니 맏며느리 춤춘다.

빚 없고 자식만 있으면 산다 아무리 가난해도 남에게 빚이 없고 자식만 잘되면 집안 살림은 그런대로 꾸려갈 수 있다는 뜻.

빚은 값으로나 떡이라지 마음에 탐탁하지 않으나 그저 비슷하니 아쉬운 대로 쓴다는 말.

빚은 얻는 날부터 걱정이다 남의 돈 얻어 쓰면 갚을 걱정 때문에 남의 돈은 되도록 빌려 쓰지 말라는 뜻.

빚은 웃으며 얻고 성내며 갚는다 친한 사이에 돈거래를 하면 처음엔 웃으며 빚을 썼지만 갚을 땐 의가 상하게 된다는 뜻. (비) 빚은 얻을 때는 웃고 갚을 때는 찡그린다.

빚은 이자가 늘고 걱정도 는다 (비) 빚은 얻는 날부터 걱정이다.

빚을 줄 때는 부처님이요 받을 때는 염라대왕이다 채무자 입장에서 채권자를 볼 때, 돈을 줄 때는 부처같이 보였으나 돈을 갚도록 독촉할 때는 염라대왕같이 무섭다는 말.

빚 주고 뺨 맞기 남에게 잘해 주고도 오히려 욕을 당하게 됨을 이르는 말.

빚 주고 원한 사지 말랬다 돈놀이를 하게 되면 남에게 원한과 싫은 소리를 듣게 된다는 뜻.

빚지고 거짓말 않는 놈 없다 빚을 지고 약속한 날에 못 갚게 되면 자연히 거짓말을 하게 된다는 뜻.

빚진 죄인(罪人) 빚을 진 사람은 빚쟁이에게 기가 죽어 죄인처럼 된다는 것.

빚진 종이라 빚진 사람이 빚 준 사람의 종이나 다름없이 된다는 말. (비) 빚지면 문서(文書) 없는 종. 빚진 놈이 죄지은 놈.

빚이 태산이다 남에게 빚을 과다하게 써서 갚을 도리가 없게 되었다는 뜻. (비) 빚이 산더미 같다.

빛은 검어도 속은 희다 겉은 어지럽고 보기 싫어도 속은 깨끗하다는 말.

빛 좋은 개살구 겉만 번지르르해 실속 없음을 이르는 말. (비) 명주 전대에 개똥 들었다. 명주 자루에 개똥. 붉고 쓴 장. 허울 좋은 하눌타리.

빠른 걸음에 넘어지기 쉽다 일을 급하게 서둘러 하면

〈뻐드렁니 얼음 깨물 듯 한다〉

실패하기 쉽다는 말. (비) 급히 먹은 밥에 체한다.

빠른 바람에 굳센 풀을 안다 굳은 뜻과 절개는 어떤 시련을 겪고 나면 더욱 뚜렷이 나타나게 됨을 이른 말.

빠진 도낏자루 행동이 거칠어 매우 위험한 사람을 일컬음.

빠진 이가 다시 난다 늙어서 빠진 이가 다시 날 정도로 건강이 매우 좋다는 말. (비) 팔십에 이가 난다.

빨간 상놈 푸른 양반 모든 것을 드러내 놓고 마구 사는 상놈과 서슬이 푸르게 점잔을 빼는 양반을 대하여 이르는 말.

빨래는 이웃을 안 한다 빨래를 가까이에서 하면 옆 사람에게 구정물이 튀어 같이 아니 한다는 뜻으로 그릇 된 행동에 옆에 있으면 함께 물든다는 속담.

빨리 듣고 천천히 말하랬다 남의 말은 빨리 알아들어야 하고 자기가 말하는 것은 신중하게 천천히 생각해서 하라는 뜻.

빨리 먹은 콩밥 똥 눌 때 보자 한다 1.일을 어떻게 하거나 반드시 그 결과로 나타남. 2.무슨 일이나 급히 하면 탈이 생김.

빨리 피는 꽃이 빨리 진다 1.쉽게 성사되는 일은 오래 가지 못한다는 말. 2.조달(早達)하는 사람이 쉬 늙는다는 뜻. (비) 빨리 하는 일이 잘되는 일 없다.

빨리 한다고 다 잘하는 것은 아니다 무슨 일을 서둘러서 끝내는 것이 좋기는 하지만 때론 그중엔 잘못된 일도 있을 수 있단 뜻.

빨아 다린 체 말고 진솔로 있거라 언제나 본래의 면목을 유지하여 순수성을 지니라는 뜻.

빳빳이 굶었다 먹을 것이 없거나 먹고 싶지 아니하여 아주 굶는다는 말.

빼도 박도 못하다 일이 몹시 난처하게 되어 계속할 수 없고 중단할 수도 없음을 이르는 뜻. (비) 가자니 태산이요 돌아서자니 숭산이라. 잡은 범의 꼬리 놓아버리기도 어렵다.

뺐던 칼은 도로 꽂지 않는다 사람이 무슨 일을 시작했으면 중단하지 말고 계속 밀고 나가야 한다는 뜻.

뺑덕어멈 살구 값이 쉰 냥 심봉사 부인 뺑덕어멈은 살림할 돈으로 살구를 사 먹었다는 데서 나온 말로 즉 살림을 잘못한다는 뜻. (비) 뺑덕어멈 죽 끓듯 한다.

뺑대쑥밭이 되었다 집이 없어지고 빈터만 남았다는 말. (비) 쑥대밭이 되었다. ★뺑대쑥 : 국화과에 속한 여러해살이풀.

뺑덕어멈 같다 수다스럽고 못생긴 여편네를 말함.

뺨 맞는 데 구레나룻이 한 부조 아무 소용없던 물건도 쓰일 때가 있다는 말.

뺨 맞을 놈이 여기 때려라 저기 때려라 한다 벌을 받을 사람이 조용히 처분을 기다리는 것이 아니라. 자기 좋은 대로 벌을 내려달라고 한다는 뜻.

뺨을 맞아가며 장기 훈수한다 가난한 사람보다 돈 있는 사람과 인연을 맺는 것이 낫다는 뜻. (비) 욕을 들어도 당 감투 쓴 놈한테 들어라.

뺨을 맞아도 은가락지 낀 손에 맞는 것이 좋다 이왕 꾸지람을 듣거나 벌을 받을 바에는 권위 있고 덕망 있는 사람에게 당하는 것이 나음을 비유적으로 이르는 말. (비) 같은 값이면 은가락지 낀 손에 맞으랬다. 욕을 들어도 감투 쓴 놈한테 들어라.

뺨 잘 때리기는 나막신 신은 깍쟁이 뺨 잘 때리기로는 나막신 신은 깍쟁이를 따라잡을 사람이 없다는 뜻으로, 되지 못하고 비열한 사람이 도리어 잘난 체하며 남을 몹시 학대한다는 말.

뻐꾸기도 유월이 한창(철)이라 활동할 수 있는 때를 놓치지 말라는 뜻. (비) 낙엽도 가을이 한 철. 메뚜기도 오뉴월이 한 철. 풀쇠기도 오뉴월이 한 철.

뻐꾸기 제 이름 부르듯 자기 자랑을 입버릇처럼 한다는 말.

뻐꾸기 쳐다보듯 한다 뻐꾸기마냥 멀거니 무엇을 쳐다보고 있는 사람을 일컫는 말.

뻐드렁니 수박 먹기는 좋다 보기 흉한 뻐드렁니도 쓸데가 있듯이 나쁜 곳도 때로는 요긴하게 쓰일 수 있다는 뜻.

뻐드렁니 얼음 깨물 듯 한다 뻐드렁니로 얼음을 깨물

⟨ 뻔뻔하기가 양푼 밑구멍은 마치 자국이나 있지 ⟩

지 못하여 애쓰듯이 무슨 일이 잘되지 않고 애만 쓰게 된다는 뜻.

뻔뻔하기가 양푼 밑구멍은 마치 자국이나 있지 철면피(鐵面皮)를 두고 하는 말.

뻗어 가는 칡도 한이 있다 무엇이든지 한정이 있다는 말. (비) 부자도 한이 있다.

뻗어가는 풀은 제거하기 어렵다 번영하는 사람을 제거하기는 매우 어렵다는 말.

뻗을 데를 요량하고 눕는다 일을 하기 전에 자기의 역량과 그 일의 경우를 짐작하고 시작한다는 뜻. (비) 이불 간 봐 가며 발 편다. 누울 자리 봐 가며 발 뻗친다. 뒹굴 자리 보고 씨름에 나간다.

뻗정다리 서나 마나 (비) 곱사등이 짐 지나 마나.

뼈 똥 쌀 일 기가 막힌 일이란 뜻. (비) 까마귀 아래턱이 떨어질 소리다.

뼈는 묻어도 이름은 못 묻는다 사람이 죽으면 육체는 썩어 없어지지만 그 이름은 영원토록 남게 된다는 뜻.

뽕나무를 가리키니 느티나무라 한다 내용도 모르고 엉뚱한 말을 한다는 뜻.

뽕 내 맡은 누에 같다 마음에 흡족하여 어쩔 줄 몰라 하는 모양을 비유적으로 이르는 말.

뽕도 따고 임도 보고 두 가지 일을 동시에 이룸을 이르는 말.

뾰족하기는 청 보은(靑報恩) 색시 입 같다 예로부터 청산 보은지방은 대추 산지라 대추를 많이 먹고 자란 처녀들의 입이 뾰족하다는 데서 유래한 말.

뿌리가 깊은 나무는 커진다 기반이 튼튼하면 발전할 수 있단 말.

뿌리가 깊이 박히면 가지도 많이 뻗는다 기반이 튼튼하면 번영할 수 있단 말. (비) 뿌리가 깊이 박히면 잎도 무성하다.

뿌리고 가꾼 대로 곡식은 거둔다 농사는 농부가 정성껏 손질하고 가꾸기에 따라서 수확이 결정된다는 뜻.

뿌리 깊은 나무 가뭄 아니 탄다 기초가 깊고 튼튼하면 오래 견딘다는 말. (비) 큰 냇물은 마르지 않는다.

뿌리를 뻗은 나무는 가지도 뻗는다 1.국가가 발전하고 번영하면 구민들도 잘살게 된다는 뜻. 2.집안이 번성하면 자손도 번성하게 되어 잘살 수 있다는 뜻.

뿌리를 뽑아야 한다 잘못된 것은 근본적으로 바로잡아야 옳다는 말.

뿌리 없는 나무는 없다 (비) 가죽이 있어야 털이 나지

뿌리 없는 나무에 잎이 필까 (비) 가죽이 있어야 털이 나지.

뿌리와 가지가 무성하면 길이 번영한다 윗사람이나 아랫사람이 모두 덕이 있으면 길이 번영한다는 뜻.

뿔 떨어지면 구워 먹지 도저히 불가능한 일을 바라고 기다림을 핀잔주는 말.

뿔만 보아도 소는 알 수 있다 소는 뿔만 보면 알 수 있듯이 사람도 외모를 보면 거의 그의 성격을 파악할 수 있단 말.

뿔 뺀 쇠 상(相) (비) 꽁지 빠진 수탉(새) 같다.

뿔 있는 짐승은 이가 없다 사람에게는 한 가지 잘하는 것이 있는가 하면 못하는 것도 있게 마련이란 뜻.

ㅅ

사공이 많으면 배가 산으로 간다 어떤 일을 하는데 참견하는 사람이 많으면 일이 제대로 되지 않는다는 말.

사공이 배를 더 타게 마련이다 어떤 일에 책임을 지고 있는 사람은 남보다 일을 더하게 마련이란 뜻.

사공이 없는 배다 1.아랫사람은 있고 지도할 사람이 없다는 뜻. 2.사태가 매우 불안하다는 뜻. (비) 살얼음을 밟는 것 같다. 호랑이 꼬리를 잡은 듯 살얼음을 디딘 듯.

사귀어야 절교하지 사귀기도 전에 절교할 수 없듯이 서로 관계가 없으면 의를 상하지도 않는다는 뜻.

사귈 만한 벗이 아니면 사귀지 않는다 벗을 사귀는 데 있어서 신중을 기해야 한다는 말.

사근내(沙斤乃) 장승(長丞)만 하다 보기 흉하게 큰 사람을 보고 하는 말.

사기장수는 사 곱. 옹기장수는 오 곱. 칠기장수는 칠 곱 장사하는 데 있어서, 사기장수의 이익은 네 배이고 옹기장수의 이익은 다섯 배이고 칠기장수의 이익은 일곱 배라는 뜻.

사기전에 종지 굽 맞추듯 들락날락 함이 없이 꼭 같이 맞추는 것을 이름. (비) 흰 떡 집에 산병(散餠) 맞추듯.

사기접시를 죽으로 엎칠 듯 것 같다 당장 큰일을 치를 듯이 들볶는다는 뜻을 이르는 말.

사나운 개도 사귀면 안 짖는다 난폭한 사람도 친하게 지내면 해를 끼치지 않는다는 뜻.

사나운 개 입 성할 날 없다 사람도 사나우면 남에게 상처를 입히는 대신 자기도 항상 온전한 날이 없다는 말.

사나운 개 콧등 아물 날(틈)이 없다 싸우기 좋아하는 사람은 자기 또한 손해뿐이란 말. (비) 사나운 개 입 성할 날 없다.

사나운 말에는 별난 길마 지운다 성격이 사나운 사람은 특별한 제재를 받게 된다는 말.

사나운 범은 풀 속에 숨어 있다 권세가 있다고 그것을 함부로 부려선 안 된다는 말.

사나운 새는 떼를 짓지 않는다 사나운 사람은 다른 사람과 사이좋게 지내지 못함을 이름.

사나운 암캐같이 앙앙하지 마라 부녀자가 떠들썩하게 지껄이고 다투는 것을 제지하는 말.

사나이가 부뚜막 맛을 알면 계집을 못 거느린다 남자가 아내의 일에 너무 관습하면 불화를 초래하여 같이 살 수 없다는 뜻.

사내가 바가지로 물을 마시면 수염이 안 난다 남자들이 부엌에 자주 드나들면 남자답게 되지 못한다는 말.

사내가 부엌일을 하면 불알이 떨어진다 남자가 여자들이 하는 일을 너무 간섭하면 성격이 여자와 같이 변한다는 뜻.

사내 나이 열다섯이면 호패(號牌)를 찬다 남자가 열다섯 살이 되면 한 사람의 남자 자격이 있는 것이나 마찬가지니 제구실을 당당히 하라는 말. (비) 양반의 자식이 열다섯이면 호패를 찬다. ★호패 : 조선 시대, 16세 이상의 남자가 차고 다니던, 신분을 증명하는 패.

⟨사내는 거짓말과 우비는 가지고 다녀야 한다⟩

사내는 거짓말과 우비는 가지고 다녀야 한다 남자는 거짓말을 함부로 해서는 안 되지만 때와 장소에 따라서는 필요하게 된다는 뜻. (비) 사내로 길을 떠날 때는 갈모 하나와 거짓말 한 가지는 가지고 떠나야 한다. 사나이 어디 가나 옹솥한 여자는 있다.

사내는 날 때 울고 부모 복 입었을 때 운다 남자에게는 부모의 상을 당했을 때가 가장 슬프다는 뜻.

사내는 도둑질 빼고 다 배워라 남자는 다양한 경험을 하고 여러 기술을 익혀야 한다는 말.

사내는 열 계집을 마다 않는다 남자는 본래 여색을 좋아한다는 뜻.

사내는 좁쌀만큼 벌어오고 아내는 말똥만큼 먹는다 남자의 수입은 적은데 여자는 씀씀이가 커서 결국에는 살림이 타산된다는 뜻.

사내는 책이요 여자는 거울이다 남자는 공부하는 것을 즐기고 여자는 화장하는 것을 즐긴다는 말.

사내 등골 빼 먹는다 등골 속의 골을 뽑아 먹는단 뜻으로 노는 계집이 오입하는 남자 재물을 훑어 먹는다는 말.

사내 못난 것은 대가리만 크고 계집 못난 것은 젖통만 크다 머리통이 큰 남자와 가슴이 큰 여자를 빈정거리는 말.

사내 못난 놈은 여편네만도 못하다 자기 책임을 다하지 못하는 남자는 여자만도 못하다는 뜻.

사내자식 입은 하나다 사내로서 한번 말한 것은 반복하지 말고 집행해야 한다는 말.

사내 잘못 만나면 백 년 원수다 여자는 남편을 잘못 만나면 평생을 두고 불행하게 살아야 한다는 뜻.

사내 죽을 때 계집과 돈을 머리맡에 놓고 죽어라 늙은 후에는 아내와 돈이 있어야 한다는 것을 이르는 말.

사내 팔자는 장가를 들어봐야 안다 남자의 운명은 결혼으로 크게 달라진다는 의미.

사냥 가는데 총을 안 가지고 간다 무슨 일을 하러 가면서 거기에 가장 긴요한 물건을 빠뜨리고 간다는 뜻. (비) 장가들러 가는 놈이 불알 떼어놓고 간다. 장사 지내러 가는 놈이 시체 두고 간다.

사냥개 언 똥 들어 먹듯 (비) 두꺼비 파리 잡아먹듯.

사냥에는 내일이 따로 없다 사냥할 때는 짐승을 계속 추격해야 하므로 하루에 끝나는 일이 아니란 뜻.

사는 것이 얻는 것보다 낫다 남의 도움을 받으려는 것보다 자신이 노력해서 득을 구하는 것이 낫다는 의미.

사는 사람이 있어야 파는 사람이 있다 물건을 사는 사람이 있어야 상인은 물건을 팔게 됨에서 고객에게 친절해야 한다는 뜻.

사당(祠堂) 당직은 타도 빈대 당직 타서 시원하다 (비) 삼간(三間)집이 다 타져도 빈대 타 죽는 것만 재미있다.

★당직 : 평안도 방언으로 무엇을 넣어두는 상자.

사당(祠堂) 쥐 싸대듯 제가 잘난 줄 알고 몹시 까불어 댄다는 말.

사당치레하다가 신주 개 물려 보낸다 겉만 꾸미려 애쓰다가 정작 요긴한 것 잃어버림 뜻.

사당치레하다가 제사 못 지낸다 부분적인 일에 치중하느라 기본적인 일을 소홀히 하여 실패하게 되었다는 의미.

사대부집 자식 잘못되면 범 된다 양반집 자식이 패가(敗家)하게 되면 자기가 데리고 있던 종을 팔아먹는다는 뜻.

사대부집 자식이 잘못되면 송충이 된다 양반집 자식이 패가하게 되면 선산(先山)도 팔아먹는다는 뜻.

사돈 남 나무란다 자기도 잘못이 있으면서 제 잘못은 제쳐놓고 남의 잘못만 나무람의 뜻. (비) 사돈네 남의 말 한다. 사돈네 논 산다.

사돈 남(의) 말 한다 (비) 사돈 남 나무란다.

사돈네 논 산대 사돈네가 논을 사거나 말거나 신경 쓰며 관계할 것이 못 된다는 데서, 아무런 관계도 없는 일에 나서서 참견함을 핀잔하는 말.

사돈네 봉송(奉送)은 저울로 단다 남으로부터 받은 것에 대해서는 그만한 값어치의 것으로 갚아주도록 해야 한다는 말. (비) 사돈네 음식은 저울로 단다.

〈사람도 돈이 있어야 값이 나간다〉

★봉송 : 물건을 선물로 보냄.
사돈네 산태미만도 못하다 1.나에게는 아무런 소용이 없다는 뜻. 2.나와는 이해관계가 전혀 없다는 뜻.
★산태미 : 옛날 농촌에서 짚으로 엮어 쓰레기나 거름을 담는 데 사용했던 도구.
사돈네 쉰 떡 보듯 남의 일에 아무 관심도 없이 대함을 비유적으로 이르는 말.
사돈네 안방 같다 어렵고 서툴며 자유롭지 못하여 불편한 환경을 일컬음. (비) 만만찮기는 사돈집 안방.
사돈네 음식은 저울로 단다 (비) 사돈네 봉송(奉送)은 저울로 단다.
사돈네 집에 가도 부엌부터 들어다본다 사람은 언제나 먹는 데 관심을 많이 쓴다는 말.
사돈도 이럴 사돈 다르(있)고 저럴 사돈도 다르(있)다 같은 경우라도 사람에 따라 대하는 태도가 달라야 한다는 뜻. (비) 사돈도 이럴 사돈 있고 저럴 사돈도 있다. 이렇게 대접할 손님 있고 저렇게 대접할 손님이 있다.
사돈도 이럴 사돈 다르고 저럴 사돈도 있다 (비) 사돈도 이럴 사돈 다르(있)고 저럴 사돈도 다르(있)다
사돈 밤 바래기 사돈은 어려운 손님이므로 밤이 늦었다 하여 바래다주면 이번에는 저편에서 또 바래다 주어 자꾸 반복하다가 날이 밝는다는 뜻으로, 자꾸 반복하여 끝이 없음을 이르는 말.
사돈을 하려면 근본을 봐라 사돈을 정하려거든 우선 상대방 가문이 어떤가를 보라는 말.
사돈의 잔치에 중이 참여한다 (비) 남의 집 제사에 절하기.
사돈의 팔촌 남이나 다름없는 먼 친척을 일컬음. (비) 강 건너 시아비 뭣이다.
사돈이 말하는 데 싸리기 엎지른 것까지 들춘다 남의 흉허물을 애써 찾아내어 떠든다는 뜻.
사돈집과 뒷간은 멀어야 한다 사돈집 사이는 서로 말이 많고 뒷간은 고약한 냄새가 나므로 멀수록 좋다는 뜻.
사돈집과 짐바리는 골라야 한다 짐바리가 한쪽으로 기울지 않도록 고르게 쌓아야 하는 것과 같다는 뜻으로, 사돈끼리는 재산의 정도나 가문 등이 서로 비슷해야 좋다는 말.
사돈집 외 먹기도 각각 집마다 가풍이 서로 다르다는 말.
사돈집 잔치에 감 놓으라 배 놓으라 한다 (비) 걱정도 팔자.
사또 걸어 등영고 사또를 걸어 감영에 올라가 고한다는 뜻으로, 어림없고 승산이 전혀 없는 짓을 함을 이르는 말.
사또 덕분에 나팔 분다 남의 힘을 빌려 제 할 일을 하게 됨을 이르는 말. (비) 원님 덕분에 나팔 분다.
사또 떠난 뒤에 나팔 분다 마땅히 하여야 할 일을 제때가 지난 뒤에야 함을 조롱하는 말. (비) 사또 행차 뒤 나팔. 우립(雨笠) 만드는 동안에 날이 갠다. 열흘날 잔치에 열하룻날 병풍 친다. 굿 마친 뒤 장구. 기차 떠나고 손 든다. 버스 지나고 손 든다. 여드레 병풍 친다.
사또 말씀이야 다 옳습지 제 의견이 옳다고 우기는 사람에게 맘은 딴 생각하면서도 귀찮아서 한 걸음 양보하는 말.
사또 밥상에 지렁 종지 같다 한복판의 중요한 자리를 차지를 차지함을 이름.
사또 방석에 기름 종지 나 앉는다 여럿이 모인 자리에 불쑥 끼어들어 옴을 이름.
사또 상의 꿀 종지 한 가운데 자리 있는 사람을 이름. (비) 사또의 상장 종지.
사람과 산은 멀리서 보는 게 낫다 사람을 가까이 사귀면 멀리서 볼 때 안 보이던 결점이 드러난다는 말.
사람과 쪽박은 있는 대로 쓴다 사람은 어디에나 다 쓸모가 있음을 이르는 말.
사람 나고 돈 났다 돈이 귀중하다고 해도 사람 귀중한 것 비하면 아무것도 아님의 뜻.
사람 눈 빼 먹겠다 인심이 몹시 야박하고 험악함을 이름.
사람도 돈이 있어야 값이 나간다 사람이 잘나고 못난 것은 인격에도 차이가 있지만 재력(財力)에 따라서

〈 사람 들어오는 건 몰라도 나가는 건 안다 〉

도 평가된다는 뜻.

사람 들어오는 건 몰라도 나가는 건 안다 가족이 늘어서 도움받는 것은 알 수 없어도 식구가 줄어서 일손이 모자라는 것은 알 수 있게 된다는 뜻.

사람마다 저 잘난 멋에 산다 사람은 누구나 자존심을 가지고 살아간다는 뜻.

사람마다 한 가지 재주는 있다 사람은 누구에게나 재주 한 가지 정도는 있으므로 이것을 잘 활용할 줄 알아야 한다는 뜻.

사람 버릴 것 없고 물건 버릴 것 없다 잘난 사람이나 못난 사람이나 좋은 물건이나 나쁜 물건이나 나름대로 쓰일 곳이 있다는 말. (비) <u>사람에 버릴 사람이 없으면 물건에 버릴 물건 없다</u>

사람 살 곳은 가는 곳마다 있다 (비) <u>사람 살 곳은 골골이 있다.</u>

사람 살 곳은 골골이 있다 이 세상은 어디에 가나 서로 도와주는 풍습이 있어 살아갈 수 있다는 말. (비) <u>사람 살 곳은 가는 곳마다 있다. 활인불(活人佛)이 골마다 난다.</u>

사람 속이기는 하늘 속이기보다 어렵다 남을 속이기는 매우 어렵다는 뜻. ⇔ <u>사람은 속여도 하늘은 못 속인다.</u>

사람 안 죽는 아랫목 없다 사람은 어느 곳에서나 죽는 것이라는 뜻.

사람 위에 사람 없고 사람 아래 사람 없다 사람은 똑같이 평등하다는 말. (비) <u>사람이면 사람인가 사람이라야 사람이지. 사람은 다 사람인가? 사람이 사람다워야 사람이지</u>

사람으로 콩나물을 길렀다 좁은 장소에 빈틈없이 많은 사람을 들인 것을 이름.

사람은 가난하면 무식해진다 가난하게 사는 사람은 공부할 수 없기에 무식을 면할 길이 없다는 뜻. (비) <u>사람은 가난하면 지혜가 적다.</u>

사람은 건강이 첫째다 사람은 항상 건강이 으뜸이라는 말.

사람은 경우에 막히고 귀신은 경문(經文)에 막힌다 사람은 시비(是非)가 분명하기에 잘못하게 되면 어떠한 일이든 용납할 수 없게 된다는 뜻.

사람은 구하면 앙분을 하고 짐승은 구하면 은혜를 한(안)다 사람은 죽을 고비에서 구하여 주면 그 은혜를 쉽게 잊고 도리어 은인에게 앙갚음하지만 짐승은 죽을 고비에서 구하여 주면 은인을 따른다는 뜻으로, 은혜를 쉽게 잊어버리는 사람을 짐승만도 못하다고 비난하는 말. (비) <u>검은 머리 가진 짐승은 구제(救濟)하지 말란다.</u>

사람은 궁할 때 행동을 봐야 한다 누구든 궁지에 몰리면 바른 행동을 하기가 어렵다. 그래서 이런 때의 행동을 봐야 그 사람을 옳게 알 수 있다는 뜻.

사람은 남 어울림에 산다 사람은 사회생활을 하게 마련이라는 뜻.

사람은 낳으면 서울로 보내고 우마(牛馬)는 낳으면 상산(上山)에 두라 사람은 서울에서 배우고 자라야 견문이 넓어져 출세도 할 수 있다는 말. (비) <u>마소 새끼는 시골로, 사람의 새끼는 서울로. 소 새끼는 제주도로 보내고, 사람의 새끼는 서울로 보내라.</u>

사람은 누구나 한때는 있다 사람은 누구나 일생 동안 자기 나름대로 행복스럽고 영광스러운 한때가 있다는 말.

사람은 늙어지고 시집은[시집살이는] 젊어진다 나이는 들어 늙어 가는데 시집살이는 덜어지지 않고 오히려 더 힘들어지는 경우를 이름. (비) <u>몸은 늙어지고 시집살이는 젊어진다.</u>

사람은 늦 팔자가 좋아야 한다 젊어서 고생을 많이 한 사람이라도 말년에 행복해야 팔자가 좋다고 할 수 있다는 의미.

사람은 다 사람인가? 사람이 사람다워야 사람이지 사람은 사람의 탈을 쓰는 것뿐만 아니라 사람이 사람다운 일을 해야 참다운 사람이라는 뜻. (비) <u>사람이면 사람인가 사람이라야 사람이지. 사람 위에 사람 없고 사람 아래 사람 없다.</u>

사람은 먹고살게 마련이다 살림이 어려워 굶어 죽을 것 같으나 그래도 어떻게 먹고 살아 나간다 하여 이르는 말. (비) 산 사람의 입에 납 거미줄 칠까. 산 입에 거미줄 치랴. 가난이 질기다. 사흘 굶으면 양식지고 오는 놈 있다. 산 사람 목구멍에 거미줄 치랴. 굶어 죽기는 정승하기보다 어렵다.

사람은 백 살을 살아봤자 삼만 육천 일이다 사람이 오래 산다고 하여도 백 살도 못 사는데 그동안 허송세월을 하지 말고 참된 삶을 살아야 한다는 뜻.

사람은 열 번 된다 사람은 자라면서 달라짐을 이름.

사람은 열 살을 지나야 알고 나무는 한 길을 자라야 안다 사람은 십여 세가 돼야 성견이나 장래성을 짐작할 수 있고, 나무는 한 길만 자라면 알 수 있다는 뜻.

사람은 옷이 날개 못난 사람도 옷을 잘 입고 치장을 잘 하면 잘나 보인다는 뜻.

사람은 인정에 막힌다 사람은 누구나 인정이 있어서 사정하는 사람에게는 거절하기가 어렵다는 말.

사람은 잡기(雜技)를 해 보아야 마음을 안다 사람은 속임수 써 가며 이익을 다투는 노름을 같이 해 보아야 그 참모습을 알 수 있다는 말. ★잡기 : 투전이나 골패, 화투 따위의 잡스러운 여러 가지 노름.
예문. 사람은 잡기를 해 보아야 마음을 안다고 나는 누구든 같이 화투를 쳐 보면 그 사람됨이 어떤지를 파악할 수 있겠더라고.

사람은 저마다 생각이 다르다 누구나 자기 본의로 생각하기 때문에 서로 생각하는 것이 다르게 마련이라는 뜻.

사람은 제 복으로 산다 누구나 자기가 태어날 때 타고난 복으로 사는 것이지 남의 덕으로 사는 게 아니란 말.

사람은 죽으면 이름을 남기고 범은 죽으면 가죽을 남긴다 인생의 목적은 좋은 일 하여 명예로운 이름을 후세에 남기는 데 있다는 뜻.

사람은 철들자 죽는다 사람은 늙어서야 철이 든다는 말.

사람은 치켜보지 말고 내려다보고 살랬다 자기보다 잘 사는 사람을 올려다보고 살면 불평과 불만이 생기므로 자기보다 못한 사람을 보고 자위(自慰)하면서 살라는 의미.

사람은 친해봐야 알고 말은 타봐야 안다 사람은 오랫동안 친하게 지내봐야 그 사람의 근본과 성격까지 알게 된다는 뜻.

사람은 키 큰 덕을 입어도 나무는 키 큰 덕을 못 입는다 나무는 큰 나무가 있으면 작은 나무는 오히려 자라지 못하나, 사람은 큰 사람이 나면 알게 모르게 그 덕을 입는다는 말.

사람은 태어나서 서울로 보내고 망아지는 제주로 보내라 사람의 아들은 서울로 보내어 공부를 시켜 출세하도록 해야 하고, 망아지는 제주 목장으로 보내어 길들여 일을 시켜야 한다는 뜻. (비) 마소 새끼는 시골로 사람의 새끼는 서울로. 사람은 낳으면 서울로 보내고 우마는 낳으면 상산(上山)에 두라.

사람은 한 번 죽지 두 번 죽지 않는다 사람은 누구나 한 번은 죽게 마련이니 죽음을 두려워하거나 무서워해서는 안 된다는 뜻.

사람은 헌(옛) 사람이 좋고 옷은 새 옷이 좋다 옷은 새것일수록 좋지만 사람은 오래 사귀어 마음이 잘 통하는 사람일수록 더 좋다는 말. (비) 친구는 옛 친구가 좋고 옷은 새 옷이 좋다. 예문. 사람은 헌 사람이 좋고 옷은 새 옷이 좋다고, 십년지기인 동연이랑 나는 서로의 마음을 누구보다도 더 잘 이해한다.

사람을 쏘려거든 먼저 말을 쏘라 일에는 우선 순서를 가려서 해야 한다는 말.

사람을 왜 욮으로 보나 윷놀이 할 때의 "모"음(音)을 가지고 "사람은 왜 모로 보나" 하는 말이니 눈을 흘긴다는 뜻.

사람을 죽여봐야 명의(名醫)가 된다 사람은 실패를 해 본 뒤에야 성공할 수 있기에 실패했을 때 절대로 실망해서는 안 된단 뜻.

사람의 됨됨이는 어려운 때에 알아본다 사람의 인격은 어려운 환경에 처했을 때 그 행동을 보면 쉽게 알 수 있다는 뜻.

사람의 마음은 조석(朝夕) 변(變)이라 사람의 마음은 시

⟨사람의 마음은 하루에도 열두 번 변한다⟩

시각각 변하기 쉽다는 말.

사람의 마음은 하루에도 열두 번 변한다 사람 마음은 변하긴 쉽단 말. (비) 사람의 마음은 조석변이라. 사람의 얼굴은 열 번 변한다.

사람의 속은 눈을 보아야 안다 눈에는 사람의 마음이 그대로 반영 돼 있다는 뜻으로, 눈을 보면 그 사람의 속마음을 알 수 있다는 말.

사람의 새끼는 서울로 보내고 마소의 새끼는 제주도로 보내라 (비) 사람은 태어나서 서울로 보내고 망아지는 제주로 보내라.

사람의 얼굴은 열 번 변한다 사람의 얼굴의 모양은 한 평생 사는 동안에 여러 번 변한다는 뜻.

사람의 입은 불행과 행복이 오가는 문턱이다 언행이란 잘하면 행복하게 될 수도 있지만 언행을 잘못하게 되면 불행하게 될 수 있음에 항상 언행을 조심하라는 뜻.

사람의 혀는 뼈가 없어도 사람의 뼈를 부순다 말이란 무서운 힘을 갖고 있음을 비유.

사람이 교만해지면 게을러진다 사람이 교만해지면 남만 부리려고 하고 자신은 일하지 않으므로 게을러진다는 뜻.

사람이 돈을 따를 것이 아니라 돈이 사람을 따라야 한다 부자는 억지로 되는 것이 아니며 재복과 운수를 타고난 사람이라야 부자가 될 수 있단 말.

사람이 많으면 길이 열린다 여러 사람의 지혜가 어떤 뛰어난 한 사람의 지혜보다 나음을 비유적으로 이르는 말

사람이 망하려면 머리부터 망한다 사람이 망하려면 정신 상태부터 퇴폐(頹廢)하기 시작하여 아무 일도 할 수 없다는 뜻.

사람이면 사람인가 사람이라야 사람이지 사람은 사람의 탈을 쓰는 것뿐만 아니라 사람이 사람다운 일을 해야 참다운 사람이란 뜻. (비) 사람은 다 사람인가? 사람이 사람다워야 사람이지. 사람 위에 사람 없고 사람 아래 사람 없다.

사람이 못났거든 돈이나 있든가 돈이 없거든 사람이나 잘나야 인생을 살아가는 데 똑똑하지 못하면 돈이라도 많이 있어야 하고, 돈이 없으면 똑똑하기라도 해야 한다는 뜻.

사람이 오래면 지혜(智慧)요 물건이 오래면 귀신(鬼神)이다 인생의 경험이 많으면 지혜롭게 된다는 말이니, 늙은이는 지혜롭다는 뜻.

사람이 자지 돈이 자나 1.돈이란 어떻게 사용하느냐에 따라서 얼마든지 불어날 수 있다는 말. 2.돈은 가만히 두지 말라는 말.

사람 잘못 만나면 대들보가 부러진다 배우자를 잘못 만나면 집안이 망하게 된다는 뜻.

사람 죽는 줄 모르고 팥죽 생각만 한다 경우를 돌보지 않고 먹을 궁리만 한다는 말. (비) 조상보다도 팥죽에 맘이 있다.

사람 죽여 놓고 초상 치른다 (비) 병 주고 약 주고

사람 죽인 놈이 아홉 번 조상 간다 죄진 사람은 자신의 죄를 감추기 위하여 선한 척 가장한다는 의미.

사람처럼 간사한 건 없다 사람은 외부의 자극에 대하여 그 반응이 매우 예민하여, 춥고 덥고 기쁘고 슬픈 것을 금방 나타낸다는 뜻. (비) 마음처럼 간사한 것 없다.

사람 팔자 시간문제다 사람 팔자는 어느 날 갑자기 변할 수 있기에 그 사람의 앞날을 모른다는 뜻. (비) 사람 팔자는 알 수 없다.

사랑싸움은 칼로 물 베기 사랑싸움은 곧 뒤끝이 풀리어 서로 화목하게 된다는 말.

사랑은 내려가고 걱정은 올라간다 사랑은 언제나 윗사람이 아랫사람에게 베풀게 되고, 걱정은 언제나 아랫사람이 윗사람에게 끼치게 마련이라는 말.

사랑은 내리 사랑 부모가 자식을 사랑하는 마음이 자식이 부모를 사랑하는 마음보다 항상 크다는 말.

사랑은 마음속에서 자란다 사랑은 생활을 같이 하는 가운데 마음속에서 움트고 자란다는 말.

사랑은 풋사랑이 좋고, 바람은 늦바람이 좋다 이성간

사랑은 첫사랑이 좋고, 오입질은 40대 지나서 늦게 바람을 피우는 맛이 좋다는 뜻.

사랑을 받고 못 받는 것은 제게 달렸다 자기 스스로가 사랑을 받을 수 있도록 노력해야 상대방에게 사랑을 받게 된다는 말.

사랑하는 아이에겐 매를 많이 때려야한다 아이가 사랑스러울수록 잘못하면 매로 다스려가며 교육을 잘 시켜야한다는 뜻.

사령(使令) 파리다 입이 험악하고 항상 경망한 소리를 잘하는 사람을 이르는 말. ★사령 : 명령을 하여 일을 시킴.

사리사욕이 많은 사람은 착하지 않다 사리사욕에 눈이 어두운 사람은 남에게 피해를 많이 끼치므로 악한 사람이란 뜻.

사면 발이 사면 발이 과(科)에 딸린 벌레이므로 교묘한 수단으로 여러 군데를 다니며 아첨하는 사람을 조롱하는 말.

사명당(泗溟堂) 사첫방 매우 추운 방을 이르는 말. (비) 사명당이 월참하겠다. 춥기는 사명당 사첫방. 강원도 아니 가도 삼척. 춥기는 삼청냉돌이다. 강원도 삼척이다.

★사명당 : 유정(惟政. 1544년~1610년)은 조선 중기의 고승, 승장(僧將)이다. 속성은 임(任), 속명은 응규(應奎), 자는 이환(離幻), 호는 송운(松雲). 당호는 사명당(泗溟堂). 별호는 종봉(鍾峯).

사명당이 월참(越站)하겠다 (비) 사명당 사첫방. ★월참 : 공무로 여행하는 사람이 참에서 말을 갈아타지 않고 그냥 지남.

사모 바람에 거드럭거린다 벼슬하는 유세로 못된 짓을 하면서 오히려 큰소리한단 말. (비) 금관자 서슬에 큰 기침한다.

사모(紗帽) 쓴 도둑놈 재물을 탐내는 벼슬아치를 욕하는 말.

사모(紗帽)에 갓끈 (비) 개 발에 주석 편자.

사모(紗帽)에 영자(纓子) (비) 개 발에 주석 편자. ★사모 : 옛날 관복을 입을 때 쓰는 벼슬아치의 모자. ★영자 : 구영자. 옛날 벼슬아치의 갓에 갓끈을 다는 데에 쓰는 고리.

사발농사(沙鉢農事) 남의 밥을 얻어먹고 제집에 있는 식량을 아낀다는 뜻으로 하는 말.

사발 안엣 고기도 놓아 준다 사발 안에 든 고기도 못 먹고 놓아 줄 만큼 어리석다는 뜻.

사발에 이 빠진 것 (비) 계집 입 싼 것.

사발엣 고기나 잡겠다 (비) 부잣집 가운데 자식

사발화통 1.벽담이 무너졌을 때를 이르는 말. 2.옷이 다 낡아서 꿰진 것을 뜻함.

사복(司僕) 물어미냐 지절거리기도 한다 말씨가 난잡함을 이름. (비) 입이 걸기가 사복개천 같다. ★사복 : 조선 시대, 궁중의 말과 가마에 관한 일을 맡아보던 관청. 1392(태조 1)년에 만들어 1865(고종 2)년에 없앴다.

사사건건(事事件件) 미주알고주알 한다 무슨 일이나 참견하지 않는 것이 없이 다 캐고 물으며 덤빈다는 뜻. (비) 사사건건 콩이냐 팥이냐 한다.

사서 고생한다 힘든 일을 괜히 자기가 만들어 가지고 고생한다는 말.

사슴도 죽을 때는 소리를 가리지 않는다 누구나 위험하고 위급할 때는 나쁜 말이 나오게 된다는 말.

사슴에게서 뿔 베어 간 격 상대방의 가장 중요한 것을 빼앗아간 경우를 이르는 말.

사슴은 사향 때문에 죽고 사람은 입 때문에 망한다 일반적으로 사람이 입을 잘못 놀리게 되면 몸을 망치게 되고 경우에 따라선 죽게 될 수 있다는 뜻.

사슴을 가리키면서 말이라 한다 윗사람을 속이고 권력을 함부로 쓴다는 말.

사슴을 쫓는 자는 토끼를 돌보지 않는다 큰일을 하는 사람은 수는 적은 일을 돌보지 않는다는 뜻. (비) 말을 기르는 사람은 닭, 돼지를 돌보지 않는다.

사슴이 오래된다고 기린이 될까 본바탕이나 성질이 나쁜 것은 오래된다고 해서 좋은 쪽으로 변할 수 없다

⟨사슴이 제 방귀에 놀란다⟩

는 뜻. (비) 나무 접시 놋접시 될까. 닭의 새끼 봉이 되랴. 까마귀 학(鶴)이 되랴. 우마가 기린이 되랴. 개 이가 상아(象牙) 될까. 나무 뚝배기 쇠 양푼 될까. 돌은 갈아도 옥이 되지 않는다. 각관 기생이 열녀 될까.

사슴이 제 방귀에 놀란다 (비) 개가 제 방귀에 놀란다.

사시나무 떨듯 한다 몸을 벌벌 떤다는 뜻.
(비) 관에 들어가는 소의 걸음. 관에 들어가는 소.

사시춘풍(四時春風) 언제 누구를 만나도 다 좋게 대해 주는 사람을 두고 하는 뜻. (비) 두루 춘풍(春風).

사십 고개는 가풀막 고개 사람은 사십 고개를 넘게 되면 기력이 점점 더 쇠약해진다는 뜻.

사십에 첫 버선이라 나이 들어 처음으로 해 보는 일. 사십초말(四十初襪). (비) 갓 마흔에 첫 버선이라.

사십이면 장승도 안 돌아본다 여자 나이 사십이 되면 사람은 말할 것도 없고 장승도 안 돌아볼 정도로 매력을 잃게 된다는 뜻.

사십 전 바람은 고쳐도 사십 후 바람은 못 고친다 남자가 철모를 때 방탕하는 것은 고칠 수 있지만 철이 난 뒤에 방탕하는 것은 패가망신하게 된다는 뜻.

사오 경(四五更) 일 점이 날 새라도 꼬꼬 울까 (비) 까마귀 대가리가 희어지거든.

사월초파일날 조기 대가리 짓마듯 사월초파일날은 어느 집에서나 조기를 먹는 풍습이 있으므로 어떤 한 가지 일을 저마다 다 한다는 뜻을 이르는 말. ★짓마다 : 짓이기다시피 잘게 부스러뜨리다.

사월 파일 등(燈)대 감듯 무엇을 휘휘 감아 맨다는 뜻.
(비) 뱃사공의 닻줄 감듯.

사월 파일 등(燈)올라가듯 여럿이 조롱조롱 올라감을 이름.

사용하는 열쇠는 늘 빛이 난다 게으름은 녹과 같아 우리 마음과 몸을 녹슬게 한다. 녹이 쓴 마음과 몸은 쇠와 같아 제구실 못 한다. 게으름을 피우면 더 게을러진다는 말. (비) 돌쩌귀는 녹이 슬지 않는다.

사위가 고우면 요강 분지(糞池)를 쏟다 사위가 화장실에 가는 수고로움까지 덜어 줄 정도로 마음에 든다는 뜻으로, 사위가 처가에 와서 극진한 대접을 받는 것을 이르는 말. ★분지 : 똥과 오줌을 누고서 담는 그릇.

사위가 무던하면 개 구유를 씻는다 가만히 앉아 있어도 아무도 탓할 사람이 있을 리 없는데도 개의 밥통을 씻을 만큼 그 사위의 사람됨이 무던하다는 말.

사위는 백년손(백년지객) 며느리는 종신 식구 사위는 영원한 손님이라는 뜻으로, 사위는 언제나 소홀히 할 수 없다는 말.

사위는 백년지객(百年之客)이라 사위는 언제나 처가에서 잘 대접을 받는다는 뜻.

사위도 반자식 장인, 장모에 있어 사위에 대한 정이 자식의 정 못지않다는 말.

사위 사랑은 장모 사위를 사랑하는 마음은 장인보다 장모가 낫다는 말.

사위 선을 보려면 그 아버지를 먼저 보랬다 그 아버지를 먼저 보면 사위 될 사람의 인품을 안다는 말.

사위와 도리깨는 먹어도 안 먹는다 사위가 먹을 수 있는 만큼 먹어도 왜 안 먹느냐고 권하는 처가의 정을 가리키는 말.

사위 자식 개자식 사위는 결국 장인 장모에게 자식이 될 수 없어 끝내 남의 자식이란 뜻.

사위 코(좆)보니 외손자 볼까 싶지 않다 일의 시초를 보니 잘 되기는 틀렸다는 뜻.

사자가 눈깔이 멀었다 저승사자가 눈이 멀어서 잡아가지 않는다는 뜻으로, 못된 사람을 두고 비난조로 이르는 말. (비) 앞산 호랑이가 뭘 먹고 사나. 뒷산 호랑이가 요사이 뭘 먹고 산다더냐. 호랑이가 뭘 먹고 사나.

사자(使者)는 불가부생이라 죽은 사람은 되살아날 수 없다는 뜻으로, 단념할 수밖에 없음을 이르는 말.

사자어금니 없어서는 안 되는 사람이나 물건을 비유적으로 이르는 말. (비) 호랑이 어금니.

사자어금니같이 아낀다 매우 아끼고 소중히 여김을 이르는 말. (비) 호랑이 어금니같이 아낀다.

사자 없는 산에 토끼가 대장(왕) 노릇 한다 잘난 사람이 없게 되면 못난 자가 기승(氣勝)하여 뽐낸다는 뜻. (비) 범 없는 골에 토끼가 스승이라. 무호동중이작호(無虎洞中狸作虎), 혼자 사는 동네 면장(面長)이 구장(區長).

사잣밥 싸 가지고 다닌다 사람은 언제 어디서 죽을지 모른다는 뜻. (비) 덜미에 사잣밥을 짊어졌다. 사잣밥을 목에 매달고 다닌다.

사잣밥을 목에 매달고 다닌다 (비) 사잣밥 싸 가지고 다닌다.

사정(私情)이 많으면 한 동리에 시아비가 아홉이라 (비) 남의 사정 보다가 갈보 난다.

사정이 사촌보다 낫다 사정만 잘한다면 어지간한 일은 통할 수 있다는 말.

사족(四足) 성한 병신 (비) 부잣집 가운데 자식.

사족(四足)을 못 쓴다 무엇에 반하거나 혹하여 꼼짝을 못한다는 뜻.

사주(四柱)는 속여도 팔자는 못 속인다 아무리 사주를 속여서 말한다 해도 타고난 운명은 어쩔 수 없다는 말.

사주(四柱)에 없는 관을 쓰면 이마가 벗어진다 사람은 자신의 분수에 맞게 살아야지 분수에 넘치는 짓을 하면 해를 입는다는 말. (비) 게도 구멍이 크면 죽는다. 뱁새가 황새걸음을 걸으면 가랑이가 찢어진다. 뱁새가 황새를 따라가면 다리가 찢어진다. 송충이 갈잎을 먹으면 떨어진다. 쫙새가 황새걸음을 하면 다리가 찢어진다. 촉새가 황새를 따라가다가 가랑이가 찢어진다. 팔자에 없는 감투를 쓰면 이마가 쪼개진다. 송충이는 솔잎을 먹어야 한다.

사주팔자를 잘못 타고난 죄밖에 없다 자기는 온갖 정성을 다하여 노력하였지만 어떤 일이든 뜻대로 되지 않는 것은 자기의 책임이 아니란 뜻.

사지를 못 쓴다 1. 팔다리를 재대로 못 쓴다는 뜻. 2. 무엇에 반하여 꼼짝도 못한다는 뜻.

서천(西天)에 경(經) 가지러 갈 사람은 가고 장가 들 사람은 장가든다 서로 같은 목적으로 같이 동행하여 가다가도, 나중에는 변하여 자기 좋은 대로 행동하여 버림을 이르는 말.

사촌 네 집도 부엌부터 들여다본다 친한 사이인 사촌네 집조차도 먹을 것이 있어야 찾아다닌다는 뜻으로, 남을 만날 때 얻어먹을 것만 바라는 경우를 비유적으로 이르는 말.

사촌보다 낫다 사정만 잘하면 통할 수 있다는 말.

사촌 영장(永葬)도 부엌부터 들여다보아야 한다 어떤 황망한 경우에도 먹을 것부터 궁리한다는 말.

사촌이 땅을 사면 배가 아프다 다른 사람이 잘되는 것을 시기한다는 뜻. (비) 사촌이 땅을 샀느냐 배를 왜 앓아.

사촌이 땅을 샀느냐 배를 왜 앓아 (비) 사촌이 땅을 사면 배가 아프다

사치한 사람은 아무리 넉넉해도 모자란다 아무리 재산을 많이 모아도 사치를 하게 되면 쓰기에 모자란다는 뜻.

사치하지도 않고 검소하지도 않는다 지나치게 사치하지도 않고 지나치게 검소하지도 않고 알맞게 살아간다는 뜻.

사침에도 용수(用水) 있다 아무리 바빠도 틈을 내면 낼 수 있다는 뜻. (비) 새우 찧는 절구에 손 들어갈 때 있다. 바쁘게 찧는 방아에도 손 놀 틈이 있다.

★용수 : 음료수에 대하여. 허드렛물을 이르는 말.

사탕발림 (비) 가랑잎으로 눈 가린다.

사탕붕어의 검둥검둥이라 수중에 돈을 하나도 지니지 않았다는 뜻. (비) 속 빈 강정에 잉어 등 같다. 물에 빠져도 주머니 밖에 뜰 것 없다. 피천 한 잎 없다. 피천 대푼 없다. 피동천 한 푼 없다. 쇠천 샐닢도 없다. 물에 빠져도 주머니 밖에 뜰 것 없다.

사향노루가 배꼽을 물어뜯는다 자기 자신이 저지른 일은 후회해도 소용이 없다는 뜻.

사향(麝香)노루는 배꼽 탓에 생명을 빼앗긴다 사향노루는 배꼽 부근에 향낭(香囊)이 있다 (일본 속담).

⟨사후(죽어서) 술 석 잔 말고 생전에 한 잔 술이 달다⟩

사후(죽어서) 술 석 잔 말고 생전에 한 잔 술이 달다 죽은 뒤에 잘해 주는 것보다 살아생전에 조금이라도 잘 대해 주는 것이 더 낫다는 뜻으로, 살아 있을 때 좋은 대우를 해야 한다는 말.

사후(死後) 약방문 (비) 죽은 뒤에 약방문.

사후 청심환 (비) 죽은 뒤에 약방문.

사흘 굶어 담 아니 넘을 놈 없다 (비) 구복(口腹)이 원수라

사흘 굶어 도둑질 아니 놈 없다 (비) 구복(口腹)이 원수라.

사흘 굶어 아니 나는 생각 없다 가난이 오래 계속되면 여러 가지 옳지 못한 생각도 떠오르고 못할 일이 없게 된다는 말.

사흘 굶으면 양식지고 오는 놈 있다 사람이 양식이 떨어져 굶어 죽게 되면 도와주는 사람이 생기게 마련이라는 뜻으로, 사람이 아무리 어렵게 지내더라도 여간하여서는 굶어 죽지는 않음을 비유적으로 이르는 말. (비) 가난이 질기다. 산 사람의 입에 납 거미줄 칠까. 산 입에 거미줄 치랴. 사람은 먹고살게 마련이다. 산 사람 목구멍에 거미줄 치랴. 굶어 죽기는 정승 하기보다 어렵다.

사흘 굶은 개는 몽둥이를 맞아도 좋다 한다 굶주릴 때는 비록 못 먹을 것이라도 제게 주어지는 것이 있으면 기뻐한다는 뜻.

사흘 굶은 범이 원님을 안다 더냐 (비) 없는 놈이 찬밥 더운밥 가린다

사흘 길에 하루쯤 가서 열흘씩 눕는다 나태하고 게을러 일을 도모할 수가 없다는 의미. 일을 너무 급하게 서둔다고 능사 아님.

사흘 길 하루도 아니 가서 일의 첫 시작부터 탈이 생겨 앞으로 해야 할 일이 이득하다는 뜻. (비) 열흘 길 하루도 아니 가서.

사흘 만에 죽 한 그릇도 못 먹었나 굶었느냐는 뜻이니 얼굴빛이 좋지 않은 사람 즉 기운이 없는 사람을 비웃는 말. (비) 사흘에 한 끼도 못 먹은 듯.

삭단(朔單)에 떡 맛보듯 (비) 간에 기별도 안 간(갔)다.
★삭단 : 삭다례. 매월 음력 초하룻날에 사당에서 지내는 다례.

삭으랑 주머니 삭아서 푹석푹석한 주머니란 뜻이니 모양은 그대로 있으나 그 본바탕은 썩어서 없어진 것을 두고 이름.

삭은 바자 주머니에 노란 개 주둥이 남이 말하는 사이에 끼어들어 와서 쓸데없이 참견을 하는 사람을 비웃는 말. (비) 다 삭은 틈에 노랑 개 주둥이 같다. 사돈집 잔치에 감 놓으라 배 놓으라 한다. 치마폭이 넓다.

삯 매 모이듯 한다 마음 내키지 않는 일을 마지못해 함을 이름.

산개가 죽은 정승보다 낫다 (비) 개똥밭에 굴러도 이승이 좋다.

산골 물은 얕아도 물살이 세다 체격은 작아도 성깔은 있다는 의미.

산골 부자가 해변 개보다 못하다 바닷가엔 고기가 흔해 개도 고기를 먹을 수 있으나 산골엔 고기가 귀해 먹기가 쉽지 않단 말.

산골 중놈 같다 의뭉스럽게 생긴 사람을 조롱조로 이르는 말.

산과 사람은 멀리서 보는 것이 낫다 사람을 너무 가까이 사귀면 아무래도 서로의 결점이 드러나게 된다는 말,

산과 숲은 짐승이나 새가 사는 곳이다 사람도 의지할 곳이 많이 있어야 한다는 뜻.

산 김가 셋이 죽은 최가 하나를 못 당한다 김씨 성을 가진 사람은 흔히 성격이 너그럽고, 최씨 성을 가진 사람은 흔히 단단하고 매섭다 하여 이르는 말.

산(山) 까마귀 염불(念佛)한다 산에 있는 까마귀가 절에서 염불하는 것을 하도 많이 보고 들어서 염불하는 흉내를 낸다는 뜻으로, 무엇을 전혀 모르던 사람도 그 부문에 오래 있으면 제법 따라 할 수 있게 됨을 비유적으로 이르는 말. (비) 서당 개 삼 년이면 풍

월한다. 당구 삼 년에 폐풍월한다. 독서당 개가 맹자 왈 한다.

산 넘어 산이다 (비) 갈수록 태산이라.

산 넘어 산 있고 물 건너 물 있다 1.갈수록 고생이 많아 살기가 매우 힘들다는 뜻. 2.기회 놓친 것을 실망하지 말고 다음 기회를 기다리라는 뜻. (비) 갈수록 태산이다. 삼 넘어 산이다.

산(山) 놈의 계집은 범도 안 물어간다 사람들이 모여 사는 마을을 떠나 산속에서만 사는 여자는 버릇이 없고 만만치 않다는 말.

산 닭 길들이기는 사람마다 어렵다 여간해서 말을 잘 듣지 않는 산 닭을 길들이기는 누구에게나 어렵듯이, 제멋대로 행동하는 사람을 다잡아서 가르치기는 어렵다는 말.

산 닭 주고 죽은 닭 바꾸기도 어렵다 대수롭지 않은 것도 정작 필요하여 구하려고 하면 구하기가 어렵다는 말.

산동(山東)이 대란(大亂)이라도 오불관언(吾不關焉)이라 옆에서 아무리 크게 떠들고 야단나도 저만은 모른 체한다는 말. ★오불관언 : 나는 상관하지 아니함. 상관하지 아니하다.

산림(山林)도 청(請)으로 하는 수가 있다 추천제에 의해서만 오를 수 있는 자리에 흔히 자기가 스스로 청을 하여 돌아다녀서 강제로 추천을 받아감을 비웃는 말.

산 모양은 보는 곳에 따라 다르다 같은 것이라도 보는 사람에 따라 다르게 인지(認知)된다는 뜻.

산 밑 집에 방앗공이가 논다 (비) 대장간에 식칼 논다.

산 밖에 난 범이요. 물 밖에 난 고기 (비) 도마에 오른 고기.

산보다 골이 더 크다 (비) 배보다 배꼽이 더 크다.

산 사람 눈 빼 먹겠다 인심이 몹시 야박하고 험악함을 이르는 말.

산 사람의 목구멍에 거미줄 치랴 (비) 산 사람의 입에 납 거미줄 칠까.

산 사람의 입에 납 거미줄 칠까 사람은 제아무리 가난해도 먹고 살 수 있다는 말. (비) 산 사람의 목구멍에 거미줄 치랴. 산 입에 거미줄 치랴. 가난이 질기다. 사흘 굶으면 양식지고 오는 놈 있다. 산 사람 목구멍에 거미줄 치랴. 굶어 죽기는 정승 하기보다 어렵다.

산소(山所) 등에 꽃이 피었다 집안이 흥왕(興旺)하고 자손이 부귀영달(富貴榮達)하게 되었다는 말. (비) 선영 명당 바람이 난다.

산 속에 있는 열 놈의 도둑은 잡아도 제 마음속에 있는 한 놈의 도둑은 못 잡는다 제 마음속의 좋지 못한 생각을 스스로 고치기가 매우 힘들다는 뜻.

산송장이다 목숨은 살아 있으나 자유로운 생활과 활동을 못 한다는 뜻.

산신 제물(祭物)에 메뚜기 뛰어들 듯 당치도 않는 일에 참견한다는 말.

산에 가서 물고기 찾기 (비) 바다에 가서 토끼 찾기.

산에 가서 범 잡기를 피한다 자기가 꼭 해야할 일을 기피한다는 말.

산에 가서 벌에게 잘만 쏘이면 10년 지기 병이 낫는다 최근 인기를 끌고 있는 봉독약침의 유래를 추정해 볼 수 있는 속담으로, 꿀벌의 독(봉독)에는 멜리틴 · 아파민 · 포스포리파제A2 · 아돌라핀 등 인체에 염증 반응을 낮추는 데 유효한 성분들이 많아 소염, 진통, 면역기능 조절 등의 효과를 낸다. 고대 이집트의 파피루스나 바빌로니아의 의서에 봉독이 치료 목적으로 사용됐다는 기록이 남아 있어 더욱 건강에 많은 관심을 가지는 속담이다.

산에 가서 호랑이 이야기를 하면 호랑이가 나오다 그 자리에 본인(本人)이 없다고 하여 함부로 남의 흉을 봐선 안 된다는 말.

산에 가야 꿩(범)을 잡고 바다에 가야 고기를 잡는다 선행조건(先行條件)을 갖추거나 경우에 잘 맞아야 일을 이룰 수 있다는 말. (비) 산에 가야 범을 잡고 물에 가야 고기를 잡는다. 물이 가야 배가 오지. 물이 와야 배가 오지. 물이 있어야 고기가 생긴다. 바

〈 산에 가야 범을 잡지 〉

람이 불어야 배가 간다. 배도 물이 있을 때 떠워야 한다.

산에 가야 범을 잡지 (비) 산에 가야 범을 잡고 물에 가야 고기를 잡는다.

산에 간 놈이 범을 무서워한다 이미 각오를 하고도 무서워서 겁을 낸다는 말.

산에 들어가 호랑이를 피하랴 이미 앞에 닥친 위험은 도저히 못 피한다.

산에서 물고기 찾기 도저히 불가능한 일을 하려는 어리석음을 이름. (비) 연목구어(緣木求魚). 거북이 등에 털을 긁는다.

산엔 산삼 물엔 해삼 산삼과 해삼은 사람의 몸을 보호하는데 가장 좋다는 뜻.

산은 오를수록 높고 물은 건널수록 깊다 (비) 갈수록 태산이라.

산이 깊어야 범이 있다 (비) 골이 깊어야 범이 있고 숲이 깊어야 도깨비가 있다.

산이 높아야 골이 깊다 사람됨이 커야 품은 포부나 생각도 크다는 말. (비) 산이 커야 골이 깊다. 산이 커야 그늘이 크다.

산이 들썩한 끝에 쥐새끼 한 마리라 굉장히 소문을 내어 시작하는 등 요란하게 일을 벌였으나 결과는 아무 보잘것없음을 이르는 말.

산이 우니 돌이 운다 (비) 마른 놈 따라 굶는다.

산이 울면 돌이 웃고 돌이 울면 산이 웃는다 우리나라 산이 나무 없이 벌거벗고 있는 상태를 비유한 말.

산이 커야 골이 깊지 사람됨이 훌륭해야 생각도 깊다는 말.

산이 커야 그늘이 크다 사람 생김새가 커야 가지는 생각도 크다.

산 입에 거미줄 치랴 아무리 살기가 어려워도 사람은 죽지 않고 그럭저럭 먹고살아 가기 마련임을 비유적으로 이르는 말. (비) 산 사람의 목구멍에 거미줄 치랴. 가난이 질기다.

산전수전(山戰水戰) 다 겪었다 세상의 온갖 고생과 어려움을 다 겪어본 것의 비유. (비) 찬밥 더운밥 다 먹어봤다. 백전노장이다.

산중(山中) 놈은 도끼질 야지(野地) 놈은 괭이질 사람은 각각 자신의 환경에 따라 하는 일이 다르게 마련이라는 말.

산중 농사지어 고라니 좋은 일 했다 (비) 죽 쑤어 개 좋은 일만 하였다.

산중 벌이하여 고라니 좋은 일 했다 (비) 죽 쑤어 개 좋은 일만 하였다.

산중(山中)에 거문고라 그 소리를 들을 사람이 아무도 없는 외딴 산속의 거문고라는 뜻으로, 1.어떤 자리에 전혀 어울리지 않는 물건을 비유적으로 이르는 말. 2.가장 중요한 것을 잃어서 쓸모가 없게 된 물건 (비) 김 빠진 맥주.

산중재상(山中宰相) 나라에 중대한 일이 있을 때만 나와서 나라의 자문에 응하는 사람. ★산중재상 : 나라에 중대한 일이 있을 때만 나와서 나라의 자문에 응하는 사람.

산중 풋 농사 두메 화전의 어설픈 농사라는 뜻으로, 여름철에는 잘된 듯 보이나 산짐승도 뜯어 먹고 하면 추수할 때는 별 수확이 없는 농사를 이르는 말.

산지기가 놀고 중이 추렴을 낸다 자기가 관계없는 엉뚱한 일에 돈을 물어낸다는 말.

산지기가 놀고 중이 추렴한다 산지기가 산을 안 지키고 민간에 내려와서 부정한 남녀 관계를 행하고 중이 불공은 안 드리고 술추렴을 한다는 뜻으로, 부당하거나 엉뚱한 짓을 하는 경우를 비유적으로 이르는 말. (비) 중이 횟값 문다. 중놈 돝 고깃값 치른다. 봉사 기름값 물어주기. 중학생이 화간하고 활인서(活人署) 별제(別提)가 파직을 당한다.

산지기 눈 보라 도치 밥을 남 주랴 자기에게 필요한 것은 절대 남에게 주지 않는단 뜻으로, 인색하고 욕심 많음을 이르는 말.

산지기 눈치보다 도끼 빼앗길라 눈치를 보니 이미 일이 글렀으므로 일찌감치 정신을 차려야 한다는 말.

산 진 거북이요, 돌 진 가재다 의지할 상태가 든든한 상태임을 이르는 말.

산천초목이 떤다 너무나 세력이 커서 사람은 말할 것도 없고 산천초목도 무서워 벌벌 떤다는 뜻.

산호 기둥에 호박 주추다 사치스럽고 호사스러운 삶을 비유하여 이르는 말.

산 호랑이 눈썹도 그리울 게 없다 무엇이고 없는 것 없이 갖추어 있어 부족함이 없다는 말.

산 호랑이 눈썹을 찾는다 도저히 불가능한 것을 구하려고 함을 말하는 것.

산호 서 말 진주 서 말 싹이 나거든 (비) <u>까마귀 대가리가 희어지거든.</u>

살갑기는 평양(平壤) 나막신 몸집은 작은데 음식은 남보다 더 많이 먹는 사람을 놀리는 말. 붙임성이 있고 사근사근한 사람을 이르는 말.

살강 밑에서 숟가락 얻었대(주워 본들) 1.헛 좋아한다는 뜻. 2.아주 쉬운 일을 하고서 자랑한다는 뜻. (비) <u>부엌에서 숟가락 얻는다.</u>

살구나무 심는 사람 따로 있고 살구 따 먹는 사람 따로 있다 돈을 벌어 모은 사람이 있는가 하면 또 한편으로 그 돈을 쓰는 사람이 따로 있다는 뜻.

살던 서방 버리고 개가(改嫁)할 땐 호강이라도 하겠다 현재 남편을 버리고 새로 시집을 갈 땐 호화롭게 살아보겠다는 욕망에서 온 말.

살림에는 눈이 보배라 살림을 알뜰하게 잘하려면 일일이 잘 보살펴야 한다는 말.

살림은 오장(五臟) 같다 집안 살림엔 필요한 것이 한이 없으며 또 많아도 사용된다는 뜻.

살맛이 난다 기분이 좋아서 생에 대한 의욕이 난다는 뜻. ⇔ <u>살맛이 없다.</u>

살아가면 고향(故鄕) 어느 곳이나 마음 붙여 살아가노라면 정도 든다는 뜻.

살아 계집이 있나 자식이 있나 상투가 있나 죽어 묘가 있나 제사가 있나 1.중이 세상을 비관하고 한탄하는 말. 2.세상 사람들이 중을 보고 비웃으며 하는 말.

살아서는 부귀요 죽어서는 이름이다 살아서는 부귀를 누리는 것이 좋고 사후에는 이름을 남기는 것이 좋다는 뜻.

살아서 불쌍하지 죽으면 잊는다 살아 고생하는 참상(慘狀)을 보아야 불쌍한 것을 알고 도와주지. 죽으면 불쌍한 것을 모르므로 도와주지 않는다는 의미.

살아서 생이별(生離別)은 생초목(生草木)에 불붙는다 생이별이 죽기보다 참혹하고 안타깝다는 말. (비) <u>생초목에 불붙는다.</u>

살아서 불효도 죽고 나면 슬퍼한다 부모가 살았을 때 불효를 한 사람도 부모가 돌아가신 후에는 뉘우치고 슬퍼한다는 뜻.

살아 정들면 서울이다 타향이라도 정들어서 살게 되면 낙원(樂園)이 될 수 있다는 뜻.

살얼음을 밟은 것 같다 (비) <u>사공 없는 배.</u>

살(화살) 없는 활 겉모양은 갖추고 있으나 반드시 있어야 할 것이 없어서 쓸모가 없는 것이란 말. (비) <u>불 없는 화로. 미끼 없는 낚시. 탄환 없는 총.</u>

살은 쏘고 주워도 말은 하고 못 줍는다 화살은 쏘고 주워 올 수 있으나, 말은 하고 나면 다시 수습할 수 없다는 말. 곧 말을 삼가라는 뜻.

살이 살을 먹고 쇠가 쇠를 먹는다 친족끼리 서로 해치려 함을 이르는 말.

살점을 베어 주고 싶다 어떤 사람에 혹하면 무엇이나 다 아낌없이 주고 싶다는 뜻으로 하는 말.

살찐 놈 따라 붓는다 남이 하는 짓을 무리하게 흉내 낸다는 뜻. (비) <u>없는 놈이 자 두 치 떡 즐긴다. 장 없는 놈이 국 즐긴다.</u>

삶아 논 녹피(鹿皮) 끈 아무런 반항도 못하고 남의 뜻대로 움직임을 이름.

삶아도 잇 금도 안 들어간다 (비) <u>냉수에 이 부러진다.</u>

삶아 먹으나 구워 먹으나 먹기는 매일반 방법은 다르나 목적은 같다는 뜻. (비) <u>찌나 삶으나.</u>

삶은 개고기 뜯어 먹듯 1.여기저기서 아무나 덤벼들어 함부로 뜯어 먹으려고 한다는 뜻. 2.사람을 여럿이

〈삶은 개다리 버드러지듯〉

함부로 욕하고 모함한다는 뜻.

삶은 개다리 버드러지듯 무엇이 뻣뻣하여 보임을 이름.

삶은 닭이 울까 이미 다 틀어진 일에 헛 기대를 걸음을 이름.

삶은 무에 이 안들 소리 사리에 어긋남을 이르는 말. (비) 애 호박 삼 년을 삶아도 잇 금도 안 들어간다. 여드레 삶은 호박에 도래송곳 안 들어갈 말.

삶은 소가 웃다가 꾸러미 째지겠다 하(何)어처구니가 없고 우스워 못 견디겠다는 말. (비) 소가 웃다가 꾸러미 째지겠다. 배꼽이 떨어지겠다.

삶은 팥이 싹 나거든 (비) 까마귀 대가리가 희어지거든.

삶은 호박이 이도 안 들어갈 소리다 (비) 냉수에 이 부러진다.

삼각산(三角山) 밑에 짠물 먹는 놈 인심 사나운 서울서 살아온 사람이란 뜻으로, 욕심 많고 인색하며 매정한 사람을 이름.

삼각산(三角山) 바람이 오르락내리락 거들거리며 놀아나는 모양을 이르는 말.

삼각산풍유(三角山風流) 출입이나 왕래가 매우 잦음을 이르는 말. (비) 삼각산 바람이 오르락내리락. ★삼각산 : 서울에 있는 북악산을 이름.

삼간(三間) 집이 다 타도 빈대 타 죽는 것만 재미있다 비록 제가 큰 손해를 보더라도 그것으로 인하여 보기 싫은 것을 안 봐도 되는 것이 기쁘다는 뜻.
(비) 삼간 초당 다 타져도 빈대 설치는 했다. 사당 당직은 다 타도 빈대 죽는 것만 시원하다. 삼간초가 다 타져도 빈대 죽어 좋다. 초당 삼간 다 타도 빈대 죽어 좋다.

삼간초당(三間草堂)이 다 타져도 빈대 설치는 했다
(비) 삼간(三間)집이 다 타도 빈대 타 죽는 것만 재미있다.

삼경(三更)에 만난 액(厄)이라 (비) 자다가 벼락을 맞았다.

삼국(三國) 시절에 났나. 말을 굵게 한다 삼국 시절은 중국의 오, 촉, 위의 세 나라가 서로 다투는 시대이니 공연히 호기를 부리고 큰소리를 한다는 말.

삼남(三南)이 풍년이면 천하는 굶주리지 않는다 1.충청도 전라도 경상도 땅이 풍년이면 우리나라 사람은 굶주리지 않는다는 말. 2.충청도 전라도 경상도 땅에서 곡식이 많이 남을 이름.

삼 년 가는 흉 없고 석 달 가는 칭찬 없다 남이 하는 흉. 칭찬은 오랫동안 가지 않음의 뜻.

삼 년 가뭄에 하루 쓸 날 없다 오랫동안 맑은 날이 계속되다가 무슨 행사가 있는 날 비가 와서 일을 그르치는 경우를 이름.

삼 년 가뭄엔 살아도 석 달 장마엔 못 산다 긴 가뭄이 오래 계속 되는 것보다 오래 계속 내리는 비가 더 무섭다는 말. (비) 가물(뭄) 끝은 있어도 장마 끝은 없다. 삼 년 가뭄엔 살아도 장마엔 못 산다.

삼 년 결은 노망태기 오랫동안 정성을 들여 이룸을 이르는 뜻.

삼 년 구병(救病)에 불효난다 오랜 병엔 아무리 정성껏 구환해도 어쩌다 조금 성의 없으면 불효 소리 듣게 된다는 말. (비) 긴 병에 효자 없다. 잔병에 효자 없다.

삼 년 남의 집 살고 주인(主人) 성(姓) 묻는다 사람이 무심(無心)하고 싱겁다는 말. (비) 한 집안에 김 별감 성을 모른다. 한 청에 있으면서 김수항의 성을 모른다. 머슴살이 삼 년에 주인 성 모른다. 십 년을 같이 산 시어머니 성을 모른다.

삼 년 된 각시 호롱불에 속곳 말린다 비) 벼룩의 간(등)에 육간대청 짓겠다.

삼 년 두고 고른 색시가 깨곰보다 무슨 일을 잘하려고 고르다가는 도리어 잘못하게 될 수 있다는 뜻.

삼 년 먹여 기른 개가 주인 발등 문다 오래 공들여 보살펴 준 사람이 후에 자기를 해치고 손해를 끼친다는 뜻. (비) 내 밥 준 개가 내 발등 문다. 제 밥 먹은 개가 제 발을 문다. 제가 기른 개에게 발꿈치 물린다.

삼 년 묵은 말가죽도 오롱조롱 소리한다 봄이 되어 세상 만물이 다시 살아나 활동을 시작한다는 뜻. (비) 부지깽이를 거꾸로 심어 놓아도 살아난다.

삼 년 묵은 물박달나무 사람이 남의 말은 조금도 받아들이지 않고 제멋대로만 한다는 말. (비) 설 삶은 말 대가리. 콧등이 세다.

삼 년 벌던 전답(田畓)도 다시 돌아보고 산다 (비) 돌다리도 두들겨 보고 건너라.

삼 년 안에 못 낳은 자식은 두기 어렵다 여자가 시집와서 3년 안에 아이를 못 낳으면 아이를 낳기 어렵다는 말.

삼 년 장마에 볕 안 난 날 없다 불행한 일이 있더라도 간간이 즐거운 일도 잇게 된다는 뜻.

삼 년 학질에 벼랑 떼밀이다 큰 손해를 보면서까지 평소의 걱정거리를 떨쳐버린다는 뜻. (비) 아이는 죽어도 자래 설치는 했다.

삼단 같은 머리 숱이 많은 긴 머리란 뜻.

삼단 같은 불길 위로 솟구치며 세차게 활활 타는 불길.

삼대 가는 부자 없다 부자라고 대대손손이 부자 노릇을 하는 것이 아니라는 말.

삼대 구년(三代九年)만에 매우 오랜만이란 뜻.

삼대독자 홀 며느리 유복자(遺腹子) 밴 유세하듯 어떤 권리를 이용하여 유세를 부린다는 뜻.

삼대 적선(積善)을 해야 동네 혼사(婚事)를 한다 한 동네 이웃끼리는 서로 집안 내용을 샅샅이 알기 때문에 혼사가 매우 어렵다는 말.

삼대 주린 걸신(乞神) 음식을 탐내는 도가 지나치게 세어서 먹을 것을 보면 무엇이나 남기지 않고 먹어 치우는 것을 이름.

삼대 천치(天痴)가 들면 사대째는 영웅이 난다 어떤 집안에서나 훌륭한 인물이 나올 수 있다는 말.

삼동서 김 한 장 먹듯 음식을 빨리 먹어 치우는 모양을 비유적으로 이르는 말. 어떤 일을 빠른 시간에 해치우는 경우를 비유적으로 이르는 말.

삼 동업(同業)은 해도 두 동업은 말랬다 동업을 할 땐 세 사람이 하는 것은 좋게 인정되지만 두 사람이 하는 것은 나쁘다는 말.

삼밭 사자 이 빠진다 삼을 꼬아 이으려면 이가 있어야 하는데 하필 이가 빠졌다는 뜻으로, 시작하려고 보니 탈이 생겨 일이 틀려 버린 경우를 비유적으로 이르는 말.

삼밭에 쑥대 사람에게는 주위 환경이나 벗의 영향이 매우 중요함을 일컫는 말.

삼밭에 쑥은 저절로 곧아진다 악한 사람도 착한 사람들과 사귀게 되면 착한 사람으로 바뀔 수 있다는 뜻.

삼밭에 한 번 똥 싼 개는 늘 싼 줄 안다 한 번 잘못하면 늘 의심을 받게 됨을 비유적으로 이르는 말. (비) 나물(상추) 밭에 똥 싼 개는 저 개 저 개한다. 한 번 나물 밭에 똥 눈 개는 늘 눈다고 의심받는다. 한 번 똥 눈 개가 일생 눈다고.

삼베 주머니에 성냥 들었다 허술한 겉모양과는 어울리지 않게 속에는 말쑥한 것이 들어있다는 말. (비) 꾸러미에 단장 들었다. 누더기에 옥(玉) 들었다. 뚝배기보다 장맛이 좋다. 뚝배기 봐선 장맛이 달다. 장독보다 장맛이 좋다. 질병에 감홍로(甘紅露). 짚북데기에 단장 들었다.

삼복 기간에 개 판다 개 값이 가장 비싼 삼복 기간에 개를 판다는 뜻으로, 일을 때맞추어 함을 두고 하는 말. **삼복 기간에는 입술에 붙은 밥알도 무겁다** 삼복 때는 시운 일도 어려워지게 마련이란 뜻으로 삼복더위 이겨내기가 매우 힘겹다는 것을 두고 하는 말.

삼복더위에 고깃국 먹은 사람 같다 땀을 몹시 흘리는 사람을 비꼬아 하는 말.

삼복 모두 가물면 왕 가뭄 삼복 기간은 생물이 왕성할 시기로 물이 가장 많이 필요할 때에 비가 오지 않으면 최악에 가뭄이 든다는 말.

삼부리를 조심하라 남자는 말과 색(色)과 행동 등 세 가지를 삼가라는 뜻에서 나온 말.

삼 붕어를 그린다 물건을 비싼 값으로 사겠다고 흥정하여 다른 사람엔 못 팔게 하고는 사지도 않을 때를 이름.

삼사월 긴긴 해 삼사월은 낮이 매우 긴 것을 이르는

〈 삼사월에 낳은 아기 저녁에 인사한다 〉

말. (비) 삼사월에 낳은 아기 저녁에 인사한다.

삼사월에 낳은 아기 저녁에 인사한다 어린 애가 태어난 그 날 저녁에 인사한다는 말이니 삼사월은 하루해가 몹시 길다는 뜻.

삼수갑산도 정붙일 탓 아무리 살기 나쁜 곳이라도 정만 들면 살기 좋은 곳이 된다는 뜻.

삼수갑산에 가는 한이 있더라도 나중에는 어떤 화를 당하는 일이 있더라도 우선 당장은 하고 싶은 대로 한다는 말.

삼수갑산(三水甲山)에 가서 산전을 일궈 먹더라도 제 일 신상의 최악의 경우를 각오하고 어떤 일에 임하려 할 때 이르는 말. (비) 내일은 삼수갑산을 가더라도, 나중에야 삼수갑산을 갈지라도.

삼수갑산에 갈지언정 중강진은 못 간다 삼수갑산에 귀양살이를 갈지언정 자기 마음에 맞지 않는 중강진에는 가지 않겠다는 뜻으로, 마음에 들지 않는 일은 절대로 할 수 없음을 비유적으로 이르는 말.

삼수갑산을 가도 님 따라 가랬다 부부간에는 아무리 큰 고생이 닥치더라도 함께 극복해야 한다는 뜻.

삼신 제물에 메뚜기 뛰어들 듯 당치도 않는 일에 참견한다는 말.

삼십 넘은 계집 한창때가 다 지났다는 말의 비유.

삼십 리(三十里) 강짜 강짜가 심하다는 말.

삼십육계 줄행랑이 제일 형편이 불리할 때 도망쳐 화를 면하는 것이 상책이라는 뜻.

삼십 전 자식이요 사십 전 재물이다 자식은 삼십 전에 낳아야 하고 재물은 사십 전 벌어야 한다는 뜻.

삼일 안 새색시도 웃을 일 웃지 아니하고는 견디기 없다는 뜻.

삼정승(三政丞) 부러워 말고 내 한 몸 튼튼히 가지라
1. 헛된 욕심을 버리고 제 몸의 건강이나 바른 행실을 위하여 힘쓰라는 말. 2. 세도 있는 이와 사귀어서 그의 도움을 받으려 하지 말고 제 할 일이나 제대로 하라는 뜻. (비) 삼정승(三政丞) 사귀지 말고 내 한 몸 조심하라 열 사람 형리(刑吏)를 사귀지 말고 한 가지 죄를 범하지 말라. 열 형리 친치 말고 죄짓지 마라.
★삼정승 : 영의정과 좌의정. 우의정의 세 정승

삼천갑자(三千甲子) 동방삭(東方朔)이도 저 죽을 날 몰랐다 사람은 누구나 자신의 앞일을 알지 못함을 비유적으로 이르는 말. ★삼천갑자 : 육십갑자의 삼천 배 즉 십팔만 년. ★동방삭 : 중국 전한(前漢)시대의 사람.

삼천갑자를 살아도 숯 씻는 것은 처음 보았다 아무리 오래 살면서 보아도 검은 숯을 씻어 희게 하겠다는 사람은 없듯이 그런 사실은 절대로 없다는 말.

삼청(三廳) 냉돌(冷埃) 매우 춥고 찬방을 이름. (비) 강원도 아니 가도 삼척. 강원도 삼척이다. 사명당 사첫방. 춥기는 삼청냉돌이라. 사명당이 월참하겠다. 춥기는 사명당 사첫방. ★삼청 : 조선 시대, 궁궐의 숙위(宿衛)와 호종(扈從)을 맡아보던 관청. 내금위(內禁衛), 우림위(羽林衛), 겸사복(兼司僕)을 아울러 이르는 말이다. 1666(현종 7)년에 설치되었는데 1755(영조 31)년에 용호영으로 이름이 바뀌었다.

삼촌 못난 것이 조카 짐만 지고 다닌다 체구는 크면서 못난 짓만 하는 사람을 비웃는 말. (비) 삼촌 못난이 조카 장물 짐 진다.

삼촌. 삼촌 (아저씨. 아저씨) 하고 길짐(떡 짐)만 지운다 겉으로는 존경하고 친근한 척하면서 이용하는 것을 비유적으로 이르는 말.

삼춘(三春) 고한(枯旱) 가문 날에 감우(甘雨)오니 즐거운 일 매우 즐거운 일이라는 뜻. (비) 칠십 노인 구대 독자 득남 하여 즐거운 일. 동방화촉 노도령이 숙녀 만나 즐거운 일. 고인(故人) 만나 반가워서 즐거운 일. ★고한 : 가뭄으로 식물이 말라 죽음.

삼태기로 앞가리기 속이 뻔히 들여다보이는 짓을 속이려 드는 어리석음을 비유한 말. ★삼태기 : 흙이나 쓰레기, 거름 따위를 담아 나르는 데 쓰는 기구.

삼현육각(三絃六角) 잡히고 시집간 사람 잘산 데 없다 호화롭게 시집간 사람이 도리어 불행하게 사는 수가 많다는 말.

(비) 이고 지고 가도 제 복 없으면 못 산다. 얼레빗 참빗 품에 품고 가도 제 복 있으면 잘 산다. ★삼현 육각 : 국악에서 전형적인 악기 편성법의 하나. 피리 둘과 대금, 해금, 장구, 북이 각각 하나씩 편성되는 풍류로서 무용에 반주로 쓰일 때는 '삼현 육각', 감상용으로 연주되면 '대풍류'라 이른다.

삽살개 뒷다리 (비) 꽁지 빠진 수탉(새) 같다

삿갓 밑에서도 정만 있으면 산다 비록 재산은 없더라도 부부간 정만 있으면 산다는 말.

삿갓에 솔질한다 아무런 효과가 없는 쓸데없는 일을 일컬음. (비) 개 뼈다귀에 은 올린다. 부러진 칼자루에 옻칠하기

삿갓에 쇄자(刷子)질 (비) 개 발에 주석 편자.
★쇄자 : 갓이나 탕건에 먼지를 터는 솔.

삿 짬에 똥싼다 삿자리에다 싼 똥은 씻어내기 매우 어려우므로 곧 가뜩이나 미운데다가 어려운 일만 시키니까 더욱 밉다는 의미.

상가(喪家) 술로 벗 사귄다 (비) 계(契) 술에 낯내기.

상감(上監)님 망건 사러 가는 돈도 써야만 하겠다 1.어떤 돈이건 당장 제 사정이 급하여 써야만 하겠다는 말. 2.가능하기만 하다면 나중에 그로 인하여 죽을 벌을 받더라도 우선 당장 급한 것이나마 피하고 싶다는 말. (비) 나라 상감님 망건 값도 쓴다.

상감님이 약 없어 죽는다더냐 약으로 병을 고치기는 하지만 죽을 사람을 살리지는 못한다는 말.

상귀에 뿔이 나면 돈도 안 붙는다 밥 먹는 식구가 많이 늘어나면 돈 모으기가 매우 어렵다는 말.

상납(上納) 돈도 잘라먹는다 (비) 나라 고금도 잘라먹는다. ★상납 : 윗사람이나 상급 기관에 뇌물의 성격을 띤 돈이나 물품을 바침. 나라에 세금을 바치다.

상놈 딸은 양반 집으로 시집가도 살지만 양반 딸은 상놈 집으로 시집가면 못 산다 가난한 집 딸은 부잣집으로 시집을 가도 살지만 부잣집 딸은 가난한 집으로 시집가면 견디지 못한다는 뜻.

상놈도 꿈에는 양반 불기를 친다 현실적으로 비록 억압을 당하고 사는 사람이라도 속으론 복수심을 가지고 산다는 뜻.

상놈은 발 덕 양반은 글 덕 양반은 학식이 있으므로 그 덕으로 살아가고 상놈은 학식이 없으므로 발로 걷고 노동하여 살아간다는 뜻.

상놈은 양반 노릇을 해도 양반은 상놈 노릇을 못한다 윗사람 노릇 하기보다 아랫사람 노릇 하기가 더 어렵다는 말.

상놈의 살림이 양반의 양식이라 양반이 결국 상놈이 일한 것을 가지고 잘 사는 셈이란 뜻.

상놈의 새끼는 돼지 새끼 상놈은 가난하기 때문에 그 자식 또한 추하다는 말.

상대편의 눈을 보지 않고 말을 한다 마음이 약하며 초조한 성격이거나 뭔가 숨기고 있는 것이 있을 때를 이름.

상두꾼은 연못(軟泡)국에 반한다 어떠한 천한 일에도 다 거기에 알맞은 취미가 있다는 말. ★연폿국 : 무, 두부, 쇠고기, 북어, 다시마 따위를 맑은 된장에 넣어서 끓인 국.

상두복색(服色)이다 1.겉옷만 좋고 속옷은 누추한 옷차림을 두고 하는 말. 2.겉모양만 아름답고 속은 흉한 것을 비유하는 말. ★상두복색 : 상여를 꾸미기 위하여 둘러치는 오색 비단의 휘장.

상두 (뒷)술로 벗 사귄다 (비) 계(契) 술에 낯내기.

상둣술에 낯내기 (비) 계(契) 술에 낯내기.

상두쌀에 낯내기 (비) 계(契) 술에 낯내기.

상(床)머리에 뿔나기 전에 재산을 모아라 1.아이들이 자라기 전에 재산을 모으라는 말. 2.아이들을 기르게 되면 재산 모으기가 힘들다는 말.

상민이 관 값 밀릴까 다른 것을 절약해도 돈이 모이지 않는다는 뜻.

상사병(相思病)엔 약이 없다 상사병은 정신적으로 고민하여 생긴 병이니 약으론 안 되고 정신적 수양이 필요로 한단 뜻.

상시에 먹은 마음이 꿈에도 있다 꿈꾸는 내용은 평소

⟨상시에 먹은 마음 취중에 난다⟩

에 가진 생각이 어떤 모양으로 나타나는 것임을 이르는 말.

상시에 먹은 마음 취중에 난다 술에 취하게 되면 평소에 가졌던 생각이 말이나 행동으로 나타난다는 말. (비) 취담 중에 진담이 있다.

상여(喪輿) 나갈 때 귀청 내 달린다 매우 바쁘고 수선스러울 때 그와 상관도 없는 일을 해 달라고 조른다는 말. (비) 아이 낳는 데 속옷 벗어 달란다.

상여(喪輿) 뒤에 약방문 이미 일이 다 끝났으므로 무엇을 해도 아무런 소용이 없다는 말. (비) 사후에 약방문. 죽은 뒤 약방문. 사후에 청심환. 성복 뒤 약방문. 성복 후에 약 공론하듯.

상여(喪輿) 메고 나가다가 귀청 후빈다 무슨 일을 하는 도중에 엉뚱한 딴짓을 함을 놀리는 말.

상여 메는 사람이나 가마 메는 사람이나 조금은 차이가 있겠으나 서로 비슷비슷하다는 말.

상원(上元) 달 보아 수한(水旱)을 안다 정월 보름날 달 모양과 빛을 보고 그해 가물 건가 아닌가를 알 수 있다 하여 이르는 말. ★수한 : 장마와 가뭄을 아울러 이르는 말.

상원(上元)의 개와 같다 배고픈 사람을 두고 이르는 말. (비) 개 보름 쇠듯. ★상원 : 음력 정월 보름날.

상전벽해(桑田碧海) 되어도 비켜설 곳 있다 아무리 큰 재액 속에도 살아날 희망이 있다는 말. (비) 죽을 수가 닥치면 살 수가 생긴다. 하늘이 무너져도 솟아날 구멍이 있다. 죽을 때도 쓸 약이 있다. 죽을 땅에 빠진 후에 산다. 궁하면 통한다. ★상전벽해 : 뽕나무밭이 변하여 푸른 바다가 된다는 뜻으로, 세상일의 변천이 심함을 비유적으로 이르는 말.

상전 배부르면 종 배고픈 줄 모른다 (비) 내 배 부르면 종에게 밥 짓지 말라 한다.

상전(床廛) 시정(市井) 연 줄 감듯 무엇을 잘 감아쥔다는 뜻. (비) 선전 시정 통 비단 감듯. 진사 시정 연 줄 감듯. 제주 미역 머리 감듯. ★상전 : 예전에. 잡화를 파는 가게를 이르던 말. ★시정 : 시장에서 장

사하는 무리, 인가가 모인 곳.

상전(上典) 앞의 종 절절매며 남이 시키는 대로 하는 사람을 일컫는 말.

상전에겐 미움을 받고도 살지만 종에겐 미움을 받고는 못 산다 윗사람의 미움을 받는 것은 대단치 않으나 많은 사람에게 미움을 받고는 못 산다는 뜻.

상전(上典)은 말을 믿고 살아도 종은 믿고 못 산다 말과 같은 동물은 믿을 수 있으나 사람은 믿을 수 없다는 말.

상전(上典)은 미고 살아도 종은 미고 못 산다 윗사람은 미워하고 괄시하여도 살 수 있으나, 동료들끼리 업신여기고 멀리하는 것은 견딜 수 없다는 말.

삼전의 빨래에 종의 발뒤축이 희다 남의 일을 하여 주면 그만한 소득이 있음의 뜻.

상전이 배 아프면 마름은 설사한다 남의 일로 인하여 공연히 벌을 받거나 손해를 입었을 땔 이름. (비) 주인 배 아픈데 머슴이 설사한다. ★마름 : 지주 대신에 소작지를 관리하는 사람.

상전(桑田)이 벽해(碧海) 되어도 비켜설 곳이 있다 (비) 하늘이 무너져도 솟날 구멍이 있다.

상전 잘못 만나면 곤장을 맞게 된다 윗사람을 잘못 만나게 되면 아랫사람들이 일하기가 매우 어렵고 수고스럽다는 뜻.

상제가 울어도 제상에 가자미 물어 가는 것 안다 자기의 손해에 대해서는 언제나 민감함을 이름.

상제(喪制)보다 복재기가 더 서러워한다 어떤 사고가 있을 때 당사자보다 제삼자가 더 염려함을 비유하는 말. ★복재기 : '복인(服人)'을 얕잡아 이르는 말.

상제와 젯날 다툼 (비) 남의 친기(親忌)도 우기겠다.

상좌(上佐)가 많으면 가마솥을 깨뜨린다 (비) 목수가 많으면 기둥이 기울어(무너)진다. ★상좌 : 사승(師僧).

상좌(上座) 중의 법고(法鼓) 치듯 무엇을 자주 빨리 쾅쾅 침을 이르는 말. (비) 중의 법고 치듯 ★법고 : 절에서 아침, 저녁 예불 때나 법식을 거행할 때에 치는 큰 북.

상주(喪主) 보고 제삿날 다툰다 정확히 아는 사람 앞에

서 자기의 틀린 것을 고집한다는 말.

상처(喪妻)가 망처다 그 집안에 아내가 죽으면 집안의 형편이 엉망이 되어 버린다는 뜻.

상처는 나아도 흠은 남는다 한 번 저지른 일은 수습해도 피해는 결코 없어지지 않는다는 뜻.

상청(喪廳)에서도 떡웃지짐이 제일 맛있는 것만 골라 먹는다는 말. ★떡웃지짐 : 제상에 올리는 떡 위에 얹은 부꾸미.

상추 밭에 똥 싼 개는 저 개 저 개 한다 (비) 삼밭에 한 번 똥 싼 개는 늘 싼 줄 안다.

상추쌈에 고추장이 빠질까 언제나 같이 끼여 다니고 빠지지 않는다는 뜻.

상투가 국수버섯 솟듯 하였다 되지 못하게 어른 행세하며 남을 함부로 부리는 사람을 이름.

상투 위에 올라앉다 상대를 만만히 보고 기어오르는 행동을 함을 이르는 말.

상판대기가 꽹과리 같다 (비) 벼룩(빈대)도 낯짝이 있다.

상팔십이 내 팔자 가난한 것이 내 팔자라는 말.

상품은 이(利)를 적게 남기고 많이 팔아야 한다 장사는 중간 이윤을 적게 보고 물건을 많이 팔아야 오히려 이익이란 뜻.

샅 짬에 똥 싼다 1.가뜩이나 미운데 어려운 일만 시키니 더 밉다는 뜻. 2.곤란한 처지에 또 괴로운 일을 당하였다는 뜻.

새가 날아가듯 고기가 달아나듯 한다 모여 있던 사람들이 순식간에 모두 도망치고 한 사람도 없다는 뜻.

새가 보고 싶거든 나무를 심었다 무슨 일을 하려면 먼저 그 일을 할 수 있는 분위기를 만들어야 한다는 뜻.

새가 죽어도 짹 하고 죽는다 죽을망정 하고 싶은 말과 행동은 하고 죽어야 한다는 뜻.

새 까먹은 소리 근거 없는 말을 듣고 퍼뜨린 헛소문을 일컬음.

새것은 들어오고 묵은 것은 나간다 새로 들어오는 사람이 있으면 먼저 있던 사람은 자연히 물러나야 한다는 뜻.

새 꽤기에 손 베었다 띠 억세 짚 갈대 따위의 껍질을 벗긴 줄기에 손을 베었다 함은 대단치 않은 일이나 변변치 않은 삶에게 손해를 보았다는 말.

새끼가 새끼 친다 빚을 많이 지게 되면 이자가 이자를 낳기 때문에 빚을 갚기가 매우 어려워진다는 뜻.

새끼 낳은 암캐같이 앙앙 말라 너무 포악하게 잔소리를 늘어놓지 말라는 뜻.

새끼 많은 거지. 말(馬) 많은 장자(長者) 자식을 많은 사람은 가난해지고 말이 많은 사람은 부자란 말.

새끼 많이 둔 소 길마 벗을 날 없다 (비) 가지 많은 나무에 바람 잘 날이 없다.

새끼 아홉 둔 소가 길마 벗을 날이 없다 (비) 가지 많은 나무에 바람 잘 날이 없다.

새끼에 맨 돌 서로 떨어지지 않고 같이 움직임을 이르는 말.

새남터를 나가도 먹어야 한다 곧 죽는 일이 있어도 먹어야 한다는 뜻.

새는 앉는 곳마다 깃이 떨어진다 이사가 잦으면 세간이 준다는 뜻.

새도 가지를 가려 앉는다 친구를 사귀거나 일을 할 때 잘 가려서 해야 한다는 뜻.

새도 나는 대로 깃이 빠진다 자주 이사를 다니면 세간이 많이 축간다는 말. (비) 새도 앉는 곳마다 깃이 떨어진다.

새도 날려면 움츠린다 어떤 일이든지 사전에 만반의 준비가 필요하다는 뜻.

새도 다급하면 사람 품 안으로 날아든다 가난한 사람은 아무에게나 의지(依支)하려고 한다는 말.

새도 두 날개로 날아야 한다 혼자 못하는 일도 여러 사람의 힘이 합치면 무슨 일이든 쉽게 할 수 있다는 뜻.

새 도랑 내지 말고 옛 도랑 메우지 말라 새로운 법을 내려고 하기보다 옛법을 잘 운영하는 것이 더 낫다는 말.

새도 발악하면 수레를 뒤엎는다 흔히 약한 사람이 발악하면 큰일을 저지르기도 한다는 말.

〈 새도 염불을 하고 쥐도 방귀를 뀐다 〉

새도 염불을 하고 쥐도 방귀를 뀐다 새나 쥐도 사람이 하는 일을 하려고 하는데 하물며 사람이 못 하는 일이 있을 수 있느냐는 뜻으로, 여러 사람 앞에서 수줍어 노래나 춤을 못하는 사람에게 놀림조로 이르는 뜻.

새도 저물면 제집으로 간다 집도 없이 이리저리 떠돌아다닐 때 쓰는 말.

새로 집 지은 후 삼 년은 마음 못 놓는다 집을 새로 짓고 살면 무슨 사고가 있지 않을까 걱정스러워 삼 년 동안 근심이 있다는 말. (비) 새로 집 짓고 삼 년 무사하기가 힘들다. 새 사람 들어 삼 년은 마음을 못 놓는다.

새를 보고 싶거든 나무를 심어라 일을 하려면 먼저 그 일을 이루게 할 수 있는 분위기를 조성하여야 한다는 말.

새 망에 기러기 걸린다 정작 잡으려고 뜻하던 사람이나 물건은 못 잡고 애매한 이만 잡힌다는 뜻. (비) 고래 그물에 새우가 걸린다. 범 사냥 갔다가 토끼만 잡는다. 고기는 안 잡히고 송사리만 잡힌다.

새 며느리 친정 나들이 새로 시집온 며느리가 친정에 한번 다녀오겠다고 늘 벼르면서 떠나지 못한다는 뜻으로, 간다간다 하면서 벼르기만 하고 떠나지 못함을 비유적으로 이르는 말.

새 바지에 똥 싼다 (비) 벼룩(빈대)도 낯짝이 있다.

새 발의 피 어떤 것이 차지하는 분량이 매우 적다는 뜻. 조족지혈(鳥足之血). (비) 시앗 죽은 눈물만큼. 시앗 죽은 눈물이 눈가쟁이 젖으랴. 매 밥도 못하겠다. 벼룩 오줌만 하다. 고양이 죽은 데 쥐 눈물만큼.

새빨간 불상놈 1.상놈 중에서도 가장 못 배운 상놈이란 말. 2.가정교육을 제대로 받지 못해서 버릇없이 구는 사람이란 뜻.

새벽 까마귀 소리 처음부터 불길한 일만 자꾸 생긴다는 뜻.

새벽달 보려고 초저녁부터 기다린다 일이 장차 어떻게 될 것인지도 모르면서 다 된 것처럼 준비함을 비유적으로 이르는 말. (비) 벼슬하기 전에 일산(日傘) 준비.

새벽달 보려고 으스름달 안 보랴 (비) 금년(今年) 새 다리가 명년(明年) 쇠다리보다 낫다.

새벽바람 사초롱 매우 사랑스럽고 소중한 것이라는 뜻. (비) 어름 구멍에 잉어. 당기 끝에 진주.

새벽 봉창 두들긴다 1.무엇을 갑자기 불쑥 내미는 것을 이름. 2.너무나도 뜻밖의 말을 갑자기 한다는 뜻. (비) 아닌 밤중에 홍두깨 내밀 듯. 어두운 밤에 홍두깨 내밀 듯. 어두운 밤에 주먹질. 자다가 봉창 두들긴다.

새벽에 갔더니 초저녁에 온 사람이 있더라 부지런히 하느라고 애썼는데 그보다도 앞선 사람이 있다는 뜻.

새벽에 나는 새가 벌레도 더 잡는다 부지런하면 부지런한 만큼 더 잘산다는 의미.

새벽에도 울지 않는 닭 자기의 의무를 제대로 이행하지 않는다는 뜻.

새벽잠이 많으면 가난하다 잠이 많은 게으른 사람은 언제나 가난을 면치 못한다는 뜻에서 나온 말.

새벽 호랑이 세력을 잃고 물러나는 것의 비유하는 말.

새벽 호랑이가 원님을 안다더냐 (비) 없는 놈이 찬밥 더운밥 가린다.

새벽 호랑이가 중이나 개를 헤아리지 않는다 (비) 없는 놈이 찬밥 더운밥 가린다.

새벽 호랑이 싸대듯 한다 날 밝기 전에 하나라도 더 잡아먹으려고 이리저리 돌아다니는 범처럼 몹시 부산하게 돌아다닌다는 뜻.

새벽 호랑이 쥐나 개나 모기나 하루살이나 하는 판 (비) 없는 놈이 찬밥 더운밥 가린다.

새 사람 들어 삼 년은 마음 못 놓는다 한 집안에 다른 사람이 들어와 살게 되면 그로 인해 무슨 재앙이 생길 수 많다하여 내려오는 말. (비) 새로 집 지은 후 삼 년은 마음을 못 놓는다. 새 집 짓고 삼 년 무사하기가 힘들다.

새서방 좋은 두 뼘이고 본서방 좋은 반 뼘 샛서방하고의 성감이 본서방하고의 성감보다 월등하게 낫다는 뜻.

새 술은 새 부대에 시작은 언제나 새롭게.(영국)

새 알 꼽재기만 하다 몹시 작다는 뜻. 조족지혈(鳥足之血).

새 알 멜빵 하겠다 (비) 가랑잎에 꿩 새끼 구워 먹겠다.

새앙쥐(생쥐)가 고양이 앞에 덤빈다 (비) 물인지 불인지 모른다.

새앙쥐 고양이한테 덤빈다 도무지 이겨낼 가망이 없다는 뜻.

새앙쥐 발싸개 아주 작다는 말.

새앙쥐 새끼다 몸이 작은 게 아주 재빠르다는 말.

새 없는 곳에서는 박쥐가 새 노릇 한다 진짜가 없는 곳에서는 가짜가 진짜 노릇을 한다는 뜻.

새 오리 장가가면 헌 오리도 간다 남이 하는 대로 무턱대고 자기도 하겠다고 따라나서는 주책없는 행동을 비유한 말.

새 옷도 (두드리면) 먼지난다 아무리 청백한 사람이라도 속속들이 파헤쳐 보면 부정이 드러난다는 뜻.

새우 그물에 잉어 걸렸다 생각지도 않았는데 큰 재물이 들어왔단 말. 또는 적은 밑천으로 큰 이득을 보았을 때 이름. (비) 곤지 주고 잉어 낚는다. 보리 밥알로 잉어 낚는다.

새우를 잡으려다 고래를 놓친다 작은 것을 탐하다가 더 큰 것을 잃는다는 뜻으로, 욕심을 부리면 여러 가지 일 가운데서 하나도 이룰 수 없다는 말.

새우 미끼로 잉어 낚는다 적은 자본을 들여서 큰 이득을 얻거나 대단치 않은 수고로 많은 보수를 받았을 때를 이름. (비) 곤지 주고 잉어 낚는다. 낚싯밥은 작아도 큰 고기를 잡는다. 낚시에 용이 걸린다. 보리 밥알로 잉어 낚는다.

새우 벼락 맞은 이야기 한다 다 잊은 지난 일을 새삼스럽게 들추어 기억나게 한다는 말.

새우 싸움에 고래 등 터지랴 약하고 보잘것없는 것들끼리 아무리 싸워도 크고 힘 있는 존재는 그 피해를

받지 않는다는 말. 아랫사람이 저지른 일로 윗사람이 해를 입는다. 남 싸움에 공연히 제삼자가 피해를 입게 된다는 말.

새우젓을 먹게 되면 달걀 생각이 난다 서로 연관성이 있는 것은 하나만 있어서는 안 된다는 뜻.

새우 찧는 절구에 손 들어갈 때 있다 아무리 바쁘다 하나 짬을 내려면 못 낼 것 없다는 뜻. (비) 사침에도 용수가 있다. 바쁘게 찧는 방아에도 손 놀 틈이 있다.

새 잡아 잔치할 것을 소 잡아 잔치한다 (비) 한 푼 아끼다가 백냥 잃는다.

새장에 갇혔던 새가 하늘로 날아간다 (비) 고삐 놓은 말.

새장에 갇힌 꾀꼬리 여자가 자유를 구속당하고 있다는 말.

새장에 갇힌 새는 어미 품으로 가고 싶어 한다 자유를 박탈당하고 구속되어 고생한 사람은 가정으로 돌아가고자 하는 마음 간절하다는 뜻.

새 집 짓고 삼 년 무사하기 힘들다 새로 집을 짓고 사노라면 그로 인해 재앙이 생긴다 하여 내려오는 말. (비) 새로 집 지은 후 삼 년은 마음을 못 놓는다. 새 사람 들어 삼 년은 마음을 못 놓는다.

새 친구 사귀지 말고 옛 친구 버리지 말랬다 새로 사람을 사귀는 일보다 이미 사귄 사람과 친교를 항상 유지하는 일이 더욱더 중요하다는 뜻.

새침데기 골로 빠진다 얌전해 보이는 사람일수록 한 번 길을 잘못 들면 걷잡을 수 없이 된다는 뜻. (비) 시시덕이는 재를 넘어도 새침데기는 골로 빠진다. ★새침데기 : 겉으로만 얌전한 체하는 사람.

새하고 짐승은 함께 떼 지어 살 수 없다 짐승과 같은 사람은 사귀지 말라는 뜻.

새 한 마리도 백 놈이 갈라 먹는다 아무리 적은 것이라도 의가 좋으면 여러 사람이 나누어 먹을 수 있다는뜻.

새해 못 할 제사 있으랴 어떤 일을 잘못해 놓고 다음부터는 잘하겠다고 하는 사람을 보고 핀잔주는 말.

색시가 고우면 처가 외양간 말뚝에도 절한다 한 가지가 마음에 들면 다른 것까지도 좋아 보인다는 말.

색시 가마에 강아지 따라가듯 사람이나 사상(事象)이나 사물(事物)이 서로 잘 어울린다는 말. (비) 그 밥에 그 나물. 그 항아리에 그 뚜껑. 남산 봉화 들 제 인경 치고 사대문 열 제 순라군이 제격. 문풍지 떨어진 데 풀비가 제격. 보리밥에 고추장. 시집가는 데 강아지 따라간다.

색시 귀신에 붙들리면 발을 못 뺀다 여자에게 홀리면 좀처럼 헤어나기 어려움을 비유적으로 이르는 말.

색시 그루는 다홍치마 적에 앉혀야 한다 아내를 잘 순종하게 하려면 신혼 초부터 다잡아야 한다는 뜻. 사람을 가르치거나 길들이기 위해서는 처음부터 엄하게 다잡아야 한다는 뜻. (비) 아내 행실은 다홍치마 적부터 그루를 앉힌다.

색시 짚신에 구슬감기가 웬 일인고 분에 넘치는 호사나 사치는 도리어 보기에 어색하다는 말. (비) 짚신에 구슬감기. 짚신에 국화 그리기. 짚신에 정분 칠하기. 가게 기둥에 입춘. 개 발에 편자. 개 발에 놋대갈. 거적문에 돌쩌귀. 돼지우리에 주석 자물쇠.

색이 사람을 홀리는 것이 아니라 사람이 색에게 홀린다 색 자체가 사람을 유인하는 것이 아니라 사람 자신이 색에게 유인을 당한다는 뜻.

샘가에서 기갈 든다 1.아무리 가까이 있는 것이라도 힘을 들여야 제 것으로 만들 수 있다는 말. 2.남의 재산은 아무리 많아도 소용이 없다는 말.

샘 고누의 첫 구멍을 막는다 무엇을 처음 시작하려고 할 때 못하게 막는 경우를 이르는 말.

샘에 든 고기 오갈 데 없는 처지를 비유적으로 이르는 말. (비) 우물에 든 고기. 함정에 든 범.

샘을 보고 하늘을 본다 평소엔 하늘에 무관심하다가 샘에 비친 하늘을 보고 비로소 하늘을 올려다본다는 뜻으로, 늘 보고 겪는 것을 우연히 새롭게 인식하는 경우를 비유적으로 이르는 말.

샘이 깊으면 가뭄을 타지 않는다 근본이 탄탄하면 어떠한 어려움에도 끄떡없다는 말.

샘이 불같다 남의 물건이나 처지를 부러워하여 조금도 참지 못함을 일컫는 말.

샛바람에 게 눈 감기듯 남의 물건이나 처지를 부러워 조금도 참지 못한다는 말.

샛바람에 원두한(園頭干)의 탄식 동풍이 세차게 불면 외 덤불이 어지럽게 흩어져 원두막 주인이 한숨짓는다는 말. ★원두한 : 예전에 밭에 오이나 참외, 수박, 호박 따위를 심고 기르는 사람을 이르던 말.

샛바리 짚바리 나무란다 제가 낫다고 하나 둘 다 마찬가지일 때 쓰는 말. (비) 겨 묻은 개가 똥 묻은 개를 나무란다.

생가시아비 묶듯 제게 잘해주는 웃어른에게 버릇없이 군다는 뜻. ★가시아비 : 장인(丈人).

생각나는 날이 길일(吉日)이다 생각이 내키는 대로 추진하는 날이 길일이란 뜻.

생각은 하기 나름이다 어떤 한 가지 문제를 가지고 여러 각도로 생각할 수 있다는 뜻.

생각이 팔자 항상 골똘히 생각하고 있노라면 소원대로 될 수 있단 말.

생각하는 갈대 사람은 약하기가 마치 갈대와 같으나 사고하는 점이 존귀하고 위대하다는 뜻.(파스칼의 말)

생각하면 생각해진다 해결이 안 되는 일을 깊이 생각하면 어떠한 일이든 해결할 방법이 생각난다는 말.

생감도 떨어지고 익은 감도 떨어진다 늙은 사람만 죽는 것이 아니라 젊은 사람도 죽는다는 뜻.

생나무에 좀이 날까 생나무에는 좀이 나지 않듯이 건실하고 튼튼하면 내부가 부패하지 않는다는 뜻.

생나무 휘어잡기 휘어지지 않는 생나무를 억지로 휘어잡는다는 뜻으로, 안될 일을 억지로 하려고 무모하게 행동함을 비유적으로 이르는 말.

생마 갈기 외로 질지 바로 질지 난 망아지의 갈기가 왼쪽으로 눕게 될지 바른쪽으로 눕게 될지 알 수 없다는 뜻으로, 어린이가 자라서 어떤 사람이 될지 미리 예측하기 어렵다는 말. (비) 금승말 갈기 외로 질지 바로 질지 모른다. 제주 말 갈기 외로 질지 가로 질지. ★갈기 : 말이나 사자 따위 짐승의 목덜미에 난 긴 털.

생마 잡아 길들이기 버릇없고 못 배워 성깔이 고약한 사람은 가르쳐 바로 잡기 어렵다는 뜻. ★생마 : 길들이지 않은 거친 말.

생벼락을 맞다 아무런 잘못도 없이 재앙을 당하다는 말.

생불을 받는다 애매하게도 뜻밖에 큰 재앙을 받는단 뜻. (비) 생벼락을 맞는다.

생불(生佛)이 틀리면 자식을 못 기르고 남을 못 살게 하면 집안이 망한다 불공을 드려 낳은 아들은 부처님을 잘 받들어야 잘 자라게 되고, 남에게 악한 일을 하지 않아야 집안도 번영한다는 뜻. ★생불 : 덕행이 높은 늙은 중.

생사람 잡는다 애매한 사람에게 누명을 씌워서 해친다는 뜻.

생사지권(生死之權)이 열 시왕님 명부전(冥府殿)에 매였다 사람이 죽고 사는 것은 뜻대로 못한단 말. (비) 죽고 살기는 시왕전에 매였다.

생색은 나그네가 내고 술은 주인이 낸다 돈을 낸 사람은 조용히 있는데 엉뚱한 사람이 생색을 낸다는 뜻.

생선 눈알을 먹으면 부모 임종을 못 본다 아이들께 생선 눈알을 먹지 못하게 할 때 이르는 말.

생선 망신은 꼴뚜기가 시킨다 (비) 과일 망신은 모과가 시킨다.

생원님 말년에 씨가시 장사한다 패가한 생원님이 늙어서 씨앗장사를 하듯 늙어서 고생한다는 뜻.

생원님이 종만 업신여긴다 무능한 사람이 자기 손아랫사람에게나 큰소리치며 잘난 체함.

생이 벼락 맞던 이야기를 한다 쓸데없는 잔소리를 즐겨 하는 것을 편잔주는 말.

생일 잘 먹으려고 이레를 굶을까 (비) 금년(今年) 새 다리가 명년(明年) 쇠다리보다 낫다.

생일이 추석날 계제(階梯)가 매우 좋다는 말.

생쥐가 쇠뿔을 갈아먹는다 힘에 겨운 일을 무리하게 한다는 말.

생쥐 고양이한테 덤비는 셈 (비) 물인지 불인지 모른다.

생쥐 발싸개만 하다 어떤 물건이 몹시 작거나 좁은 것을 비유적으로 이르는 말.

생쥐 볼가심(입가심)할 것도 없다 먹을 것이라고는 아무것도 없음을 이르는 말.

생(새앙)쥐 새끼 같다 생김새가 몹시 작다는 말. 또 몸이 작고 재빠른 사람을 이름.

생쥐 소금 먹듯 한다 음식을 맛보듯이 조금씩 먹다가 그만둔다는 말.

생초목에 불이 붙는다 1.뜻하지 않은 변을 당한다는 뜻. 2.아까운 사람이 요절했을 때 애석하게 여겨 이름. (비) 살아 생이별은 생초목에 불붙는다.

생파리같다 남이 조금도 가까이할 수 없이 쌀쌀하고 까다로운 사람을 이르는 말.

생파리 잡아떼듯 한다 무슨 요구나 물음을 매정하고 쌀쌀하게 거절함을 일컫는 말.

생편잔이 더 무섭다 까닭 없이 하는 편잔이 더 무섭다는 말.

서까랫감인지 도릿감인지 모르고 길다 짧다 한다 일의 내용도 모르면서 이러쿵저러쿵 아는 체하고 시비함을 비꼬아 이르는 말.

서남풍 지나가듯 한다 서남풍엔 비가 오지 않으므로 아무 소용이 없듯이 무슨 일이든 있으나마나란 뜻.

서낭에 가 절만 한다 (비) 거문고 인 놈이 춤을 추니 칼 쓴 놈도 춤을 춘다.

서낭에 난 물건이냐 물건 값이 너무도 헐할 때 이르는 말. (비) 포도청 뒷문에서도 그렇게 싸지 않겠다.

서낭에 내(났)다 1.어떤 물건이 화근이 되어 좋지 못한 일이 생겼을 때를 이르는 말. 2.물건 값이 이해할 수 없을 만큼 쌀 때를 이름.

서낭제를 서낭 위해 지낸다더냐 남을 위해서 하는 행동 같지만 사실 따지고 보면 자신을 생각해서 하는 것이란 뜻.

서당 개 삼 년에 풍월을 한(읊는)다 비록 배우지 못했으나 학문이 높은 사람과 지내다 보면 유식해진다는

〈 서당 마을은 책씻이 얻어먹는 재미 〉

뜻. (비) 독서당 개가 맹자 왈 한다. 산 까마귀 염불한다. 당구 삼 년에 폐풍월한다.

서당 마을은 책씻이 얻어먹는 재미 놀러다니는 것도 자기에게 실속이 있어야 한다는 뜻.

서당 아이들은 초달(楚撻)에 매여 산다 어른의 회초리질로 다스려진다는 뜻으로, 벌이 엄해야 비로소 질서가 잡힘을 이르는 말. 또는 싫건 좋건 간에 무엇에 얽매어 어쩔 수 없이 그대로 따라 하게 될 경우를 이름. (비) 귀신도 경문에 매어 산다. ★초달 : 어버이나 스승이 자식이나 제자의 잘못을 꾸짖기 위해 회초리로 볼기나 종아리를 때림. 닦달하거나 문초함.

서른 세 해만에 꿈 이야기 한다 오래 묻어 두었던 일을 이야기함을 이름.

서리 맞은 구렁이 (비) 날개 부러진 매.

서릿발 같은 호령 주위의 분위기가 살벌할 정도로 아주 엄히 꾸짖으며 호령하는 큰소리를 이름.

서 말짜리 춧석거리 듯한다 가만 두지 못하고 들썩들썩 한다는 뜻.

서발 가시가 목에 걸리지도 않는다 1.산모(産母)의 먹성이 아주 좋다는 뜻. 2.굶주린 사람이 음식을 마구 먹는다는 뜻.

서발 곱새 좌우(左右) 발판식 늘어진다 매우 가난하여 집이 형편없이 작다는 말.

서발 막대 거칠 것 없다 1.집이 가난하여 아무 세간도 없음을 이르는 말. 2.아무것도 거리낄 것도 없고 조심스러운 사람도 없다는 말. (비) 서발 장대 거칠 것 없다. 휑한 빈집에 서발 막데 거칠 것 없다.

서방인지 이웃집 영감인지 모른다 가정을 돌보지 않고 떠돌이 생활을 하는 남편을 두고 하는 말.

서슬이 푸르다 칼날의 날카로운 데가 푸르름과 같이 기세가 무섭고 등등함을 이름. ★서슬 : 언행 따위가 독이 올라 날카로운 기세.

서울 가는 놈이 눈썹을 빼고 간다 먼 길을 가는 사람은 아무리 작은 짐이라도 거추장스러워서 될 수 있는 대로 덜어내고 떠남을 비유적으로 이르는 말. (비) 길을 떠나려거든 눈썹도 빼어놓고 가거라.

서울 가본 놈이나 안 가본 놈이나 직접 가서 본 사람이나 가보지 않은 사람이나 매일반이란 말.

서울 가본 놈하고 안 가본 놈하고 싸우면 가본 놈이 못 이긴다 어떤 것을 실제로 해 보지 못하거나 직접 보지 못한 사람이 오히려 그것에 대해 더 그럴듯한 이론을 내놓고 과장된 말을 많이 함을 비유적으로 이르는 말.

서울 가서 김 서방 찾는다 자세히 알지도 못하면서 무턱대고 찾는다는 말.

서울 갈 신날도 안 꼬았다 어떤 일을 하려고 하는데 생각조차 하자 않고 있다는 뜻.

서울 곁에 시골내기라 본래부터 서울 토박이가 아니어서 가끔 시골티를 내는 사람을 비웃는 말.

서울까투리 1.피차 낯익은 사이라 조금도 어색하거나 부끄럽지 않을 때를 이름. 2.사교적으로 세련된 여자를 이름.

서울 놈 못난 것은 고창 놈 좆만도 못하다 서울 놈 못난 건 시골 놈 못난 놈만 못하다는 뜻. 서울 산다고 별 수 없다는 말.

서울 놈의 글 꼭질 모른다고 말꼭지 모르랴 글을 모른다고 말도 못 알아들을 줄 아느냐는 뜻으로, 글을 모른다고 너무 무시하지 말 것을 비유적으로 이르는 말.

서울 무당 도시락 긁듯 한다 옛날 서울 무당은 장구 대신 도시락을 긁으며 굿을 했듯이 도시락 긁을 때 하는 말.

서울 사람은 비만 오면 풍년이란다 서울 사람이 농사일을 전혀 모름을 놀림조로 이름.

서울 사람을 못 속이면 보름을 똥을 못 눈다 시골 사람이 서울 사람을 자주 속인다 하여 이르는 말.

서울서 매 맞고 송도(松都)서 주먹질한다 (비) 방에서 화낸 놈이 장에 가서 얼굴 붉힌다.

서울 소식은 시골 가서 들어라 자기 주위에서 일어난 일은 먼 데 사람이 더 잘 아는 경우가 많음을 이르는 말.

서울 양반은 벼에서 쌀이 연다고 한다 1.서울 사람은 자기가 먹고사는 쌀 농사에 대해서 아무것도 모른다는 말. 2.자기와 연관성 있는 일도 잘 모른다는 말.

서울에 가야 과거(科擧)에 급제하지 (비) 임을 보아야 아이를 낳지.

서울에 감투 부탁 1.좋은 결과가 이루어질 수 없는데도 기대를 거는 행동을 두고 하는 말. 2.아무리 부탁하고 요구해도 이루어질 수 없는 경우를 두고 하는 말.

서울에 안 가본 놈 있나 그만한 일은 누구나 다 해보았다는 뜻. (비) 비단옷 안 입어본 놈 있더냐.

서울이 낭(낭떠러지)이라 서울 인심이 매우 사납다는 말.

서울이 낭이란 말을 듣고 삼십 리부터 긴다 서울 인심이 야박하여 마치 준엄한 낭떠러지와 같다는 말을 듣고 미리 두려워 어쩔 줄을 모른다는 말이니, 부당하게 겁내는 모양을 비유한 말. (비) 서울이 무섭다니까 과천(남태령)서부터 기는 격. 서울이 무섭다니까 새재서부터 긴다. 서울이 낭이라니까 과천(果川)부터 긴다.

서울이 무섭다니까 새재서부터 긴다 (비) 서울이 낭이란 말을 듣고 삼십 리부터 긴다.

서울이 무섭다니까 남태령부터 기는 격 (비) 서울이 낭이란 말을 듣고 삼십 리부터 긴다.

서울이 무섭다니까 과천서부터 기는 격 (비) 서울이 낭이란 말을 듣고 삼십 리부터 긴다.

서울 혼인에 깍쟁이 오듯 관계도 없는 사람들이 많이 모여들 경우를 두고 하는 말.

서쪽에서 해가 뜨겠다 1.이제까지 한 번도 겪어보지 못한 일이 발생하였다는 뜻. 2.너무도 뜻밖의 일을 당하였을 때 하는 말. (비) 서천에서 해가 뜨겠다.

서지도 못하는 주제에 뛰기부터 배운다 1.일을 순서도 모르고 한다는 뜻. 2.되지도 않는 일을 서둔다는 뜻.

서천(西天)에 경(經) 가지려 가는 사람은 가고 장가들 사람은 장가든다 서로 같은 목적으로 같이 가다가도 드디어 변하여 자기 좋은 대로 행동하여 버림.

서천(西天)에서 해가 뜨겠다 너무나도 예상 밖의 일을 보았을 때를 이름. (비) 해가 서쪽에서 뜨겠다.

서캐 훑듯 한다 하나도 빠뜨리지 않고 샅샅이 뒤진다는 뜻.

서투른 과방(果房) 떡판 탓한다 (비) 글 못한 놈 붓 고른다. ★과방 : 잔치 때 음식을 차리기 위해 마련한 곳.

서투른 도둑이 첫날밤에 들킨다 어쩌다 한번 나쁜 일을 해 본 것이 공교롭게 단번에 들키는 경우를 비유한 말.

서투른 목수 연장 탓한다 (비) 글 못한 놈 붓 고른다.

서툰 무당이 장구만 나무란다 (비) 글 못한 놈 붓 고른다.

서투른 사람이 있어야 잘하는 사람을 알게 되다 잘하고 못하는 것은 서로 대비해 봐야 알게 된다는 뜻.

서투른 숙수(熟手)가 피나무 떡판만 나무란다 (비) 글 못한 놈 붓 고른다 ★숙수 : 큰일 때 음식을 전문으로 만드는 사람. 또는 그 일을 업으로 삼는 사람.

서투른 시객(詩客)이 평측(平仄)을 가리랴 일을 잘 못하는 주제에 까다로운 법칙까지를 샅샅이 알아서 할 수 없다는 뜻. ★평측 : 높낮이. 한자음(漢字音)의 높고 낮음.

서투른 팔매질도 자꾸 하면 맞을 날 있다 무슨 일이나 계속하면 익숙해진다는 뜻.

서편에 무지개가 서면 개울 너머 소를 매지 말라 서편 하늘에 무지개 서면 비가 많이 올 징조란 말.

서 푼짜리 집에 천 냥짜리 문호(門戶) 커야 할 것이 적어졌을 때나 값 들여야 할 것이 초라하게 되고 대단치 않은 것이 값을 들인 경우 즉 본말이 전도되었을 경우를 이름. (비) 아랫돌 빼서 웃돌 괸다. 아랫돌 빼서 웃돌 괴고 웃돌 빼서 아랫돌 괸다.

석 나고 배 터진다 공교롭게 일이 틀어졌을 때 이르는 말.

석 달 가뭄도 하루에 장마진다 오랫동안 끌어오던 일이 갑자기 변하여 달라졌다는 뜻.

석류는 떨어져도 안 떨어지는 유자를 부러워하지 않는다 사람은 누구나 제 잘난 멋에 산다는 뜻.

석새베에 씨도 안 든다 일솜씨가 매우 엉성하다는 말. (비) 가는 베 짜겠다. 솜씨는 관 밖에 내놓아라.

석새베에 열새 바느질 1.나쁜 것도 잘 가꾸기만 하면

〈석새에서 한 새 빠진 소리 한다〉

좋게 보인다는 뜻. 2.솜씨는 좋은데 재료가 나쁠 때 솜씨를 아깝게 여기어 이르는 말.

석새에서 한 새 빠진 소리 한다 실없는 소리를 한다는 말.

석새짚신에 구슬감기 차림이 어울리지 않음을 이름.
(비) 짚신에 구슬감기. 짚신에 국화 그리기. 짚신에 정분 칠하기. 가게 기둥에 입춘. 개 발에 편자. 개 발에 놋대갈. 거적문에 돌쩌귀. 돼지우리에 주석 자물쇠.

석수장이 눈깜작이로부터 배운다 어떤 일의 내용보다 형식부터 배우는 것을 이르는 말.

석 자 베를 짜도 베틀 벌리기는 일반 일을 벌려 시작하는 데는 많이 하나 적게 하나 그에 대한 준비와 격식은 마찬가지란 뜻. (비) 베는 석 자라도 틀은 틀대로 해야 한다.

석 자 세 치 발감개를 하다 상일로 생계(生計)를 삼다는 말. ★발감개 : 먼 길을 가는 사람이나 막일을 하는 사람들이 버선이나 양말 대신에 발에 감던 좁고 긴 무명.

선가(船價) 없는 놈이 배에 먼저 오른다 실력 없는 사람이 실력 있는 사람보다 앞서 떠들고 나선다는 뜻.

선공무덕(善供無德)이라 남을 위해서 힘써 일을 했으나 별로 얻은 것도 없고 치하도 받지 못했다는 뜻.
★선공무덕 : 부처님께 공양을 잘 드려도 아무 공덕이 없다는 뜻으로, 남을 위하여 힘써 일하였으나 별로 소득이 없음을 이르는 말

선과 악은 공존하지 않는다 선한 일 따로 있고 악한 일 따로 있지 선하기도 하고 악하기도 한 일은 없다는 뜻.

선떡 가지고 친정에 간다 아무런 스스럼이 없다는 뜻.

선떡 먹고 체하였나 살그머니 웃는다는 뜻. (비) 뒷 본 벙어리. 외삼촌 물에 빠졌나. 동남풍에 잇속이 그슬리겠다.

선떡 받듯이 한다 마음이 흡족하지 않거나 못마땅해 하는 태도를 이르는 말.

선떡 부스러기 단합이 되지 않는 무리들을 뜻함.
(비) 굼벵이 바구미 딱정벌레 거저리 오사리 다 모였다. 섬 진 놈 멱 진 놈.

선떡이 부스러진다 일을 서투르게 하면 아내 깨잡음 이름.

선머슴이라 1.거칠고 사나우며 예의가 바르지 않은 사내아이를 이름. 2.계집애가 얌전치 못하고 덜렁거릴 땐 이름. (비) 놓아먹인 말.

선무당이 마당 기울다고 한다 (비) 글 못한 놈 붓 고른다.

선무당이 사람을 살리고 선 의원이 사람을 살린다 의사(醫師)를 믿을 수 없다는 데서 나온 말.

선무당이 사람 잡는(죽인)다 잘 알지 못하면서 잘하는 체하다가 일을 그르칠 때 쓰는 말.

선무당이 장고 탓한다 (비) 글 못한 놈 붓 고른다.

선 무식 늦 꾀 무슨 일을 돌연히 당하게 되면 이에 대한 대책이 생각나지 않았다가 일이 잘못된 뒤에야 생각이 난다는 뜻.

선물 퇴박은 않는다 남이 성의 있게 보내준 선물을 받지 않고 되돌려 보내서는 안 된다는 의미.

선(先) 미련 후(後) 슬기 무슨 일을 잘못 생각하거나 일을 망쳐 놓은 후에야 이랬더라면 좋았을 걸 저랬더라면 좋았을 걸 하고 궁리하며 후회하기 쉽다는 뜻. (비) 미련은 먼저 나고 슬기는 나중 난다.

선반에서 떨어진 떡 재수가 좋아 힘들이지 않고 일이 된다는 뜻. (비) 호박이 굴렀다. 아닌 밤중에 찰시루떡. 움 안에서 떡 받는다. 우물길에서 반기살이 받는다. 호박이 넝쿨째로 굴러 떨어졌다.

선불 맞는다 잘못 건드려서 오히려 제게 손해를 초래한다는 뜻. (비) 선불 맞은 날짐승. 선불 맞은 노루 모양. 선불 맞은 호랑이 뛰듯.

선불 맞은 날짐승 분에 못 이겨 펄펄 뛰는 것을 이름.
(비) 선불 맞은 호랑이 뛰듯. 선불 맞은 노루 모양.

선불 맞은 노루 모양 (비) 선불 맞은 날짐승.

선불 맞은 호랑이 뛰듯 (비) 선불 맞은 날짐승.

선비 논 데 용 나고 학이 논 데 비늘이 쏟아진다 훌륭한 사람의 행적이나 착한 행실은 반드시 주위에 좋은 영향을 미친다는 말.

선생님 앞에서는 책장만 넘긴다 해야 할 일은 하지 않

고 겉으로 하는 척하면서 남의 눈만 속인다는 말.

선(先)손질 후 방망이 남을 먼저 해치면 자기는 후에 큰 해를 입게 된다는 말.

선 술 배 굳히고 아랑 설사 한다 술맛이 나쁘다고 하는 말

선악은 친구에게 달렸다 착하게 되고 악하게 되는 것은 어떤 친구를 사귀느냐에 달렸다는 뜻.

선에는 선으로 갚고 악에는 악으로 갚는다 선하게 대하는 사람에게는 선으로 대하고 악을 대하는 사람에게는 악으로 대한다는 뜻.

선영(先塋) 명당바람이 난다 집안이 흥왕하고 자손이 부귀영달하게 되었다는 뜻. (비) 산소 등에 꽃이 비었다.

선왕재(善往齋)하고 지벌 입었다 공을 들여 좋게 되기를 바랐으나 도리어 반대되는 나쁜 결과를 얻게 됨을 이르는 말. ★선왕재 : 사람이 죽은 뒤에 극락으로 가도록 살아 있을 때에 절에 가서 불전에 공양하는 재. ★지벌 : 신불(神佛)의 노여움을 사서 당하는 벌(罰).

선은 잃어선 안 되고 악은 길러선 안 된다 착한 일은 잃어버리지 말고 해야 하며, 악한 일은 사소한 것이라도 절대 해선 안 된다는 말.

선은 작아도 안해서는 안 되고 악은 작아도 해서는 안 된다 착한 일은 작은 것도 해야 하지만, 악한 일은 작은 것도 해서는 안 된다는 말.

선 의원(醫員) 사람 죽이고 선무당 사람 살린다 의사(醫師)를 못 믿는다는 말.

선이 강하면 악도 강하다 1.아군이 강하면 적군도 강해져 싸우게 된단 뜻. 2.치열한 경쟁은 발전을 낳게 된다는 뜻.

선전 시정(市井) 통비단 감듯 비단 포목 같은 곳을 빨리 잘 감는 것을 이름. (비) 상전 시정 연줄 감듯. 재주 미역 머리 감듯. 진사 시정 연줄 감듯. ★시정 : 시장에서 장사하는 무리. 인가가 모인 곳.

선짓국을 먹고 발등걸이를 하였다 술을 먹어서 얼굴이 붉은 사람을 이름. (비) 말고기 자반. 주토(朱土)광대를 그렸나. ★발등걸이 : 씨름을 할 때 발뒤꿈치로 상대방의 발등을 밟아 넘기는 재주 또는 철봉, 그네 따위의 운동에서 두 손으로 매달렸다가 두 발등을 걸치면서 두 손을 놓고 거꾸로 매달리는 재주.

선한 끝은 있어도 악한 끝은 없다 착한 일을 한 사람은 장래가 있어도 악한 일을 한 사람에게는 장래가 없다는 의미.

섣달 그믐날 개밥 퍼주듯 한다 섣달 그믐날은 먹을 것이 너무 많아서 개밥도 후하게 주듯이 남에게 음식을 후하게 준다는 뜻.

섣달 그믐날 밤에 잠자면 눈썹이 센다 1.불을 켜고 잡귀(雜鬼)의 출입을 막기 위해서 자지 않는다는 데서 나온 말. 2.설 준비를 밤새워 가며 한다는 말.

섣달 그믐날 시루 얻으러 다니기 되지도 않을 일을 미련하게 함을 일컬음.

섣달 그믐날은 부지깽이도 꿈틀거린다 섣달 그믐날은 설맞이를 위하여 몹시 바쁘다는 뜻.

섣달 그믐날 흰떡 맞듯 함부로 치는 매를 맞는다는 뜻. (비) 복날 개 맞(패)듯. 늘어지게 때린다. 등줄기가 누린내 나도록 두들긴다. 누린내가 나도록 때린다. 넙치가 되도록 맞았다.

섣달에 들어온 머슴이 주인 마누라 속곳 걱정한다 자기와는 아무런 관계가 없는 일에 지나치게 생각함을 이름. (비) 더부살이 주인 마누라 속곳 걱정한다. 더부살이 환자 걱정.

섣달이 둘이라도 시원치 않다 아무리 시일을 연기시켜도 일을 성취할 수 없음을 이름. (비) 섣달이 열아홉이라도 시원치 않다

섣불리 혹을 떼러 갔다가 혹을 붙여 온다 섣불리 욕심을 내다가는 도리어 큰 손해를 보게 된다는 뜻.

설 때(제) 궂긴 아이가 날 제도 궂긴다 처음이 순조롭지 못하면 종말에 가서도 순조롭지 못하다는 말.

설마가 사람 죽인다(잡는다) 설마 그럴 리야 없겠지 하고 마음을 놓는 데서 탈이 난다는 뜻으로, 요행을 바라지 말고 있을 수 있는 모든 것을 미리 예방해

〈 설마설마하다가 앞집 처녀 놓친다 〉

놓아야 한다는 말.

설마설마하다가 앞집 처녀 놓친다 남은 생각지도 않는데 공연히 저 혼자 지레짐작으로 믿고만 있다가 낭패를 보게 됨을 이름. (비) 동네 색시 믿고 장가 못 간다. 누이 믿고 장가 못 간다. 이웃집 색시 믿고 장가 못 간다. 앞집 처녀 믿다가 장가 못 간다.

설삶은 말대가리 1.완강하고 멋없는 삶을 비유한 말. 2.얼굴빛이 몹시 붉거나 또는 격에 맞지 않는 멋대가리 없는 모양을 이름. (비) 삼 년 묵은 물박달나무. 콧등이 세다.

설 쇤 무 무엇이나 때가지나 볼 것 없이 된 것을 이르는 말.

설은 고향에서 쇤다 부모가 있는 사람은 반드시 고향에 가서 설을 쇠야 한다는 뜻.

설을 거꾸로 쇤다 추위가 풀려야 할 계절에 날씨가 거꾸로 더 추워진다는 말. (비) 입춘을 거꾸로 붙였나.

섬곡식을 되로 된다 못나고 성질이 고약한 사람이 훌륭한 사람을 이렇다 저렇다 평할 수 없다는 말.

섬섬옥수(纖纖玉手)로다 가냘프고 고운 여자의 손을 이르는 말.

섬 속에서 소 잡아먹겠다 (비) 벼룩의 간에 육간대청을 짓겠다. ★섬 : 짚으로 만든 것으로 곡식을 담는 데 쓰인다.

섬 진 놈 멱 진 놈 허름한 여러 사람이 모이거나 너절한 것들이 모인 것을 이름. (비) 어중이 떠중이, 장삼이사(張三李四), 멱 진 놈 섬 진 놈. 선떡 부스러기, 굼벵이 바구미 딱정벌레 거저리 오사리 다 모였다. ★멱 : 멱서리. 짚으로 빈틈없이 엮어 만든 그릇의 하나.

섬 틈에 오쟁이 끼겠나 재산 있는 사람이 더 무섭게 아끼며 재물을 탐할 때 이르는 말.

섭산적이 되도록 맞았다 살이 갈가리 찢어져도 떨어져 나가도록 수없이 두들겨 맞았다는 뜻. ★섭산적 : 쇠고기를 잘게 다져 갖은 양념을 하고 반대기를 지어서 구운 적.

성경은 빛을 주고 돈은 온기를 준다 탈무드 격언으로 돈으로 행복을 살 수 없지만, 돈은 사람을 행복하게 만드는 중요한 역할을 한다는 말. (비) 돈은 어떤 더러움도 씻어 주는 비누다. 몸은 마음에 의지하고, 마음은 지갑에 의지한다. 겨울 장작 살 돈을 여름 휴가비로 사용하지 않으면 부자가 된다.

성균관 개구리 자나 깨나 글만 읽는 사람을 농으로 이르는 말.

성급한 놈 술값 먼저 낸다 성미가 급한 사람은 손해를 본다는 뜻.

성깔 나쁜 아내는 평생 원수 성미가 고약한 나쁜 아내를 얻으면 죽을 때까지 속을 썩이고 살아야 한다는 뜻.

성깔 있는 놈이 일은 잘한다 성격이 느린 사람보다 성격이 괄괄하고 급한 사람이 일은 잘한다는 말.

성나 바위 치기 화난다고 애매한 것에 화풀이하면 제게 오히려 손해가 온다는 말.

성난 년 밥 굶기다 화났을 때 이성을 잃고 하는 일은 항상 손해만 본다는 뜻.

성난 황소 영각하듯 성난 황소가 크게 울듯이 무섭게 고함친다는 뜻. ★영각 : 암소를 찾는 황소가 길게 뽑아 우는 소리.

성내어 바위를 치니 제 발부리만 아프다 역경에 순종하지 않고 그에 반항하면 자기가 더 크게 손해를 입는다는 뜻. 화풀이란 게 이로운 것이 아니란 말.

성미 급한 감장수가 유월 감 판다 성미 급한 사람이 하는 일은 언제나 성사가 되지 않는다는 의미.

성미 급한 사람은 오래 못 산다 성미가 급한 사람은 쓸데없이 신경을 많이 쓰게 되므로 오래 못 산다는 말.

성복(成服) 뒤에 약방문 (비) 죽은 뒤에 약방문.

성복제(成服祭) 지내는데 약 공론한다 (비) 죽은 뒤에 약방문.

성복(成服) 후에 약 공론하듯 (비) 죽은 뒤에 약방문.

성부동(姓不同) 남 성이 달라도 친분으론 친척보다 더 가까운 사람이란 뜻. (비) 성부동(姓不同) 형제(兄弟).

성부동(姓不同) 형제(兄弟) 비록 성은 다르나 형제처럼 가까운 사이란 말. ★성부동 : 성이 같지 않다는 뜻으로, 일가가 아님을 이르는 말.

성실한 사람은 언제나 편안하고 이롭다 성실한 사람은 군중들과 잘 뭉치고 화합함에 항상 편하게 살 수 있으며 이로운 일들만 생긴다는 뜻.

성(城) 쌓고 남은 돌 1.쓸 자리에 쓰이지 않고 남아 쓸모가 없어졌다는 말. 2.혼자 남아 외로운 신세를 이름.

성(姓)은 피가(皮哥)라도 옥관자(玉貫子) 맛에 다닌다 본질은 좋지 못한 사람이 오양이 좀 낫다는 것으로 뽐낼 땔 이르는 말. ★옥관자 : 조선 시대. 옥을 재료로 하여 망건의 당줄을 꿰게 하여 달던 작은 고리.

성(姓)을 갈겠다 다시는 하지 않겠다고 맹세하거나 장담, 단언할 때 이르는 말.

성이 달라 남이다 성만 다를 뿐이지 실제로는 한집안 식구처럼 다정하게 지내는 처지란 뜻.

성인(聖人) 군자(君子) 같은 사람도 남의 첩(妾) 노릇하면 변한다 첩살이를 하는 계집들은 흔히 맘이 앙큼하고 요사스러운 짓을 한다 하여 이르는 말.

성인군자도 먹어야 성인군자다 아무리 훌륭한 사람이라도 굶주리게 되면 착한 행동만을 할 수 없게 된다는 뜻.

성인(聖人) 그늘이 팔십 리를 간다 성인의 덕이 아주 널리 미친다는 말.

성인(聖人)도 시속을 따른다 사람은 누구나 세상일에 임기응변을 하여야 산다는 뜻.

성인(聖人)도 제 그름을 모른다 아무리 인격이 높은 사람이라도 제가 잘못하는 것은 알기 어렵다는 뜻으로, 제 결점을 알기란 매우 어려움을 비유적으로 이르는 말.

성인(聖人)도 하루에 죽을 말을 세 번 한다 성인이라 하더라도 하루에 세 번씩은 말실수하기 마련이라는 뜻으로, 아무리 훌륭한 사람이라도 실수는 하는 법이니 실수했다고 너무 걱정하지 말라는 말.

성인(聖人) 못 된 기린 (비) 꽃 없는 나비.

성인(聖人)이 벼락 맞는다 세상인심이 사나워서 착하고 어진 사람이 도리어 큰 환란을 입는다는 말.

성주(城主)에 놓고 조왕(竈王)에 놓고 터주에 놓으니까 남는 것이 없다 여러 사람에게 시달림을 받고 뜯기면 자신이 차지할 것은 없게 된다는 뜻.

성품이 조급하면 마음이 거칠다 성격이 급하고 치밀하지 못하여서 화를 잘 내는 사람은 무슨 일이나 성공하지 못한다는 뜻.

성황 고와서 절하나 저 위해서 절하지 무슨 일이나 남을 위해서 하는 것이 아니라는 뜻.

섶을 지고 불로 들어가려 한다 (비) 기름지고 불로 들어간다.

세끼를 굶으면 쌀 가지고 오는 놈 있다 사람이 아무리 궁하여도 굶어 죽으란 법은 없다는 말.

세끼 굶은 시어머니 상판 같다 보기 흉하게 몹시 찌푸린 얼굴을 말함.

세 난 장사 말랬다 장사를 해도 사람이 너무 몰려와서 싸게 팔면 이는 없고 도리어 손해가 될 수 있다는 뜻.

세 날 짚신 제 날이 좋다 자기와 같은 처지의 사람끼리 짝을 맺는 게 좋다는 뜻.

세단풍도 구시월이 한철이다 단풍은 구시월이 가장 아름답듯이 무슨 일이든지 다 때가 있다는 말.

세력 쓸 때 인심 사랬다 자기에게 세력이 있을 때 민중에게 인심을 얻어야 나중에 세력이 몰락한 뒤에도 존경을 받게 된다는 뜻. (비) 세(勢) 좋아 인심 얻어라.

세(쇠)모시 키우는 사람하고 자식 키우는 놈은 막말을 못한다 자식은 자기 뜻대로 할 수 없는 일이니 장담을 하지 말라는 뜻.

세물전(貰物廛) 영감인가 아는 것이 매우 많다는 뜻. (비) 순라골 까마종이라.

세 번만 참으면 살인도 면한다 참는 것이 곧 화를 면하는 길이란 뜻.

세부측량에 땅 날리듯 일제(日帝)가 노임들의 토지를 약탈할 때 토지를 빼앗기듯이 제 것인데도 어처구니없이 빼앗긴다는 뜻.

세 사람만 우겨대면 없는 호랑이도 만들어 낼 수 있다 여럿이 퍼뜨린 말이나 소문은 사람들이 참말로 믿게 된다는 뜻. (비) 입이 여럿이면 금도 녹인다. 천인이 찢으면 천금이 녹고 만인이 찢으면 만금이 녹는다.

세 사람이 길동무하면 하나는 떨어지게 된다 여러 사람이 함께 일을 하게 되면 그중엔 떨어지는 사람이 항상 있게 된다는 뜻.

세 사람이 길을 가면 길잡이가 있게 마련이다 여러 사람이 협조하게 되면 무슨 일이든지 순조롭게 된다는 의미.

세 사람이 알면 세상이 다 알게 된다 소문은 퍼지기 시작하면 순식간에 온 세상에 다 퍼지게 된다는 뜻.

세 살 난 아이 물가에 내 논 것 같다 하는 일이 위태위태하여 마음이 놓이지 않음을 비유적으로 이르는 말. (비) 우물 둔덕에 애 내놓은 것 같다. 우물가에 애 보낸 것 같다.

세 살 때 먹은 송편까지 넘어온다 몹시 눈꼴사나워 토할 것만 같다는 뜻.

세 살 먹은 아이 말도 귀담아들어라 손아랫사람이나 어린 사람의 말에도 귀담아들을 만한 것이 있다는 말.

세 살 버릇 여든까지 간다 어려서부터 바른 길로 가게 해야 어긋나지 않고 평생 올바르게 산다는 말.

세 살에 도래질 한다 1.숙성(夙成)치 못함을 이름. 2. 학문이나 경험이 남보다 늦음을 이름.

세 살에 죽으나 여든에 죽으나 죽기는 매일반 언제 죽어나 한 번 죽기는 마찬가지임에 몸을 아껴가며 일을 해서는 안 된다는 뜻.

세 살 적 마음이 여든까지 간다 어릴 때의 마음씨가 늙도록 변하지 않는다는 뜻. (비) 세 살 버릇 여든까지 간다. 무당질 삼 년에 목두기란 귀신은 못 보았다. 어릴 때 굽은 나무는 커서도 굽는다.

세 살 적부터 무당질하여도 목두기 귀신은 못 보았다 오랫동안 여러 사람을 겪어 보았으나 그와 같은 사람은 처음임을 비유적으로 이르는 말. (비) 열두 살 먹어서부터 서방질하여도 배꼽에 좆 박는 것은 못 보았다. ★목두기 : 무엇인지 모르는 귀신의 이름.

세상모르고 약은 것은 세상이 넓은 못난이만 못하다 사람은 될 수 있는 대로 많이 보고 많이 듣고 많이 알아야 한다는 말.

세상 벙어리가 다 말해도 너만 가만히 있거라 세상 사람들이 어떠한 소리를 하더라도 너만은 아무 말도 못 할 처지에 있다는 뜻.

세상에는 말 다하고 죽은 귀신 없다 세상에 살다 보면 하고 싶은 말도 많지만 참고 견디며 살다가 죽듯이 할 말이 있어도 참아야 할 말은 참아야 한다는 뜻. ⇔ 세상에 말 못하고 죽은 귀신 없다.

세상에서 남자의 원수는 술과 계집이다 일반적으로 남자가 술과 여자에 빠지면 가정을 망치게 됨에 삼가야 한다는 뜻.

세상에서 원형이정(元亨利貞)이 제일이라 이 세상을 잘 살피면 무엇보다 사물(事物)의 근본 이치에 따라 행하여야 한다는 뜻. ★원형이정 : 주역에서 말하는 천도의 네 가지 덕.

세상에 헐한 것은 없다 장사치가 손해 보면서 물건을 팔지 않기에 헐한 물건은 없다는 뜻.

세상은 넓고도 좁다 세상이 매우 넓기도 하지만 어떤 면에서는 좁기도 하다는 의미.

세상은 요지경(瑤池鏡) 속이다 세상이 어떻게 변하는지 한 치 앞도 내다보지 못한다는 뜻.

세상을 살아가는 데 반드시 성공만 있는 것이 아니다 우리네가 살아가자면 성공만 있는 게 아니고 실패도 있으므로 열심히 노력하는 게 최선이란 뜻.

세상이 돈짝만하다 마음이 허황하게 부풀어 세상이 조그맣게 보임을 이르는 말.

세상이 어지러워야 호걸(豪傑)도 난다 세상이 어지럽게 되면 이를 수습하기 위하여 호걸이 나타나게 된다는 뜻.

세상 인정은 차고도 따뜻하다 세상 인정이 차고도 따뜻하기에 자신이 행동하기에 따라 달라진다는 뜻.

세상일을 모르고 산다 1. 일에 골몰하여 세상일을 모르고 산단 말. 2. 항상 술에 취하여 세상일을 모르고 산단 말.

세 어이딸 두부 앗듯 어머니와 딸 셋이 두부를 만드는데 공연히 부산하기만 하고 일이 잘 안 된다 하여 시끄럽고 일이 잘 안 된다는 뜻으로 이르는 말. ★어이딸 : 어머니와 딸.

세월아 좀 먹어라 세월이 가지 말라는 뜻으로 무엇을 더디 할 때 이름. (비) 강태공이 세월 낚듯 한다.

세월 앞에 장사 없다 당신도 세월 앞에 어쩔 수 없는 인생 신명낼 이유도 없고 크게 기뻐할 일도 없을 것임에 세월 앞에는 그 누구도 예외는 없는 법이란 말.

세월은 가면 돌아오지 않는다 세월은 한번 지나가면 못 돌아오기에 모쪼록 유용하게 지내야 한다는 뜻.

세월은 길고 인생은 짧다 사람의 일생은 매우 짧기에 그 귀중한 세월을 보람되고 유효하게 소비해야 한다는 뜻.

세월은 나를 기다려주지 않는다 세월은 나를 위해 기다려주지 않으니 시간을 아껴 써야 한다는 뜻.

세월은 말없이 지나가도 사연은 남겨준다 세월은 말없이 흘러도 여기엔 잊을 수 없는 사연이 담겨 있다는 뜻.

세월은 빠르므로 아껴야 한다 세월은 빠르고 인생은 짧기에 시간을 금쪽 같이 아껴 요긴하게 생활해야 한다는 뜻.

세월이 지나면 비밀도 없다 일시적인 비밀은 있어도 영구적인 비밀은 있을 수 없다는 말.

세월이 약이다 아무리 가슴 아픈 일도 세월이 가면 잊을 수 있다는 말.

세월이 여류(如流) 세월의 지나감이 매우 빠르다고 하는 말. (비) 무정세월(無情歲月) 약유파(若流波) 석화광음(石火光陰)

세월이 해결한다 해결이 안 되는 문젯거리도 세월이 지나가면 저절로 해결된다는 뜻.

세 잎(닢) 주고 집 사고 한 냥 주고 이웃 산다 집을 사서 이사를 하려면 그 이웃의 인심이 좋은 곳을 선택해야 한다는 말. (비) 집을 사면 이웃을 본다. 팔 백금으로 집을 사고 천금으로 이웃을 산다.

세전 토끼 늘 같은 길로만 다닌다는 말이니 변통성이 없는 사람을 이름.

"세" 중에서 "먹세"가 제일 크다 무엇보다도 먹는 것이 흠축을 낸다는 말.

세 치 혀가 다섯 자 몸을 망친다 함부로 말하게 되면 자신의 신세를 망치게 된다는 뜻.

세코짚신에는 제날이 좋다 무엇이든지 분수에 알맞은 것이 가장 좋다는 말. (비) 짚신도 제날이 좋다. 짚신도 제날에 맞는다.

센 개 꼬리 시궁창에 삼 년 묻었다 보아도 센 개 꼬리다 무엇이나 그 본질은 바꾸지 못 한다는 말. (비) 개 꼬리 삼 년 두어도 황모 못 된다. 흰 개 꼬리 굴뚝에 삼 년 두어도 흰 개 꼬리다.

센 놈에겐 막히고 긴 놈에겐 감긴다 약한 자는 강한 자에게 언제나 손해를 보게 된다는 뜻.

센둥이가 검둥이요, 검둥이가 센둥이라 (비) 누구나 벗겨 놓으면 마찬가지.

센 말 볼기짝 같다 털이 하얗게 센 말의 볼기짝 같다 함은, 얼굴이 희멀겋고 몸집이 큰 사람을 가리킴. (비) 씻은 배추 줄거리 같다. 씻어 놓은 흰 죽사발 같다.

셈 센 아버지가 참는다 사리(事理)를 모르고 떠들며 대드는 사람에게 잘 알고 점잖은 이는 도리어 하고 싶은 말을 참고 가만히 있어야 한다는 뜻.

셋바리 짚바리 나무란다 자기의 허물은 모르고 자기의 허물과 비슷한 정도의 허물을 한 사람을 흉본다는 말. (비) 숯이 검정 나무란다. ★셋바리 : 새를 실은 바리.

셋째 딸은 선도 보지 말랬다 셋째 딸은 위 두 언니를 본받아서 대체로 행실이 얌전하고 현명하기에 선 안 봐도 된단 말.

션찮은 국에 입가 데인다 평소 대단치 않게 여겼던 사람으로부터 뜻밖에 봉변을 당했을 때를 이르는 말. (비) 시쁜 나무에 불 땡기. 우습게 본 풀에 눈 찔린다.

〈소가는 데 말도 간다〉

음식 같잖은 개떡수제비에 입천장 덴다.
소가는 데 말도 간다 남이 할 수 있는 일이면 나도 할 수 있다는 말.
소가 뒷걸음질하다가 쥐 잡는 격 생각지도 않은 일이 우연히 잘 이루어졌다는 뜻.
소가 밟아도 꿈쩍없다 1.물건이 튼튼하다는 뜻. 2.사람의 성격이 굳고 튼튼하다는 뜻.
소가 우는데 소가 따라 운다 같은 무리끼리는 마음이 통한다는 말.
소가 웃다가 꾸러미 째지겠다 (비) 배꼽이 떨어지겠다.
소가 크다고 왕 노릇 할까? 지혜가 없이 크고 힘이 센 것만으로는 지도자가 될 수 없다.
소 갈 데 말 갈 데 가리지 않는다 벌어먹기 위해 어디든지 가리지 않고 다 다니고 무슨 일이든지 가리지 않고 다 한다는 뜻.
소 같이 먹는다 음식을 엄청나게 많이 먹음을 이름.
소같이 일하고 쥐같이 먹어라 애써 번 것을 절약하여 쓰라는 말. (비) 소 같이 벌어서 쥐같이 먹어라.
소경 갓난아이 더듬듯 무엇이 어떤지도 모르고 더듬기만 한다는 뜻으로, 일의 속내도 모르고 그저 어루만지거나 얼버무리기만 하는 경우를 이르는 말. (비) 소경이 아이 낳아 만지듯. 소경이 아이 낳아 더듬듯 한다. 여복(女卜)이 아이 낳아 만지듯.
소경 개천 그르다(글탬) 하면 무얼 해 개천에 빠진 소경이 자신의 결함은 생각하지 않고 개천을 그르다 한다는 뜻으로, 자기 결함은 생각하지 못하고 상관없는 사람이나 조건만 탓하는 경우를 비유적으로 이르는 말. (비) 장님이 넘어지면 지팡이 나쁘다 한다. 소경이 개천을 나무란다. 소경이 그르냐 개천이 그르냐. 눈먼 탓이나 하지 개천 나무래 무엇하나.
소경 경 읽기 무슨 뜻인지도 모르고 혼자서 흥얼흥얼 외우는 모양을 놀림조로 이르는 말.
소경 관등 가듯 (비) 봉사 굿 보기.
소경 기름값 내기 자기에겐 아무런 이익이나 관계가 없는데 남과 같이 부담하게 되는 것을 일컬음.

소경 깨밭 떨 듯 함부로 뚜드림을 일컬음.
소경 눈치 봐 뭘 하게 점 잘 쳐야 눈치만 살피지 말고 제 맡은 일에 충실히 하라는 말. (비) 소경이 점 잘 쳐야지 눈치는 보아 뭘 해.
소경 단청(丹靑) 구경 (비) 봉사 굿 보기.
소경더러(보고) 눈멀었다 하면 노여워한다 누구나 자기 결점을 들어 지적하면 싫어한다.
소경 마누라는 하늘이 점지한다 장님에겐 하느님이 점지하지 않고서는 시집가는 여자가 없다는 뜻.
소경 매질하듯 1.대중없이 일을 함부로 한다는 말. 2.가리지 않고 아무 데나 마구 때리는 모양. 3.잘잘못을 판단할 줄 모르는 사람이 젠체하고 남을 비판함.
소경 맴돌이 시켜 놓은 것 같다 어리둥절하여 뭐가 뭔지 분간하지 못함을 비유하는 말.
소경 머루 먹듯 일을 분명하지 못함을 이름.
소경 문고리 잡기 재주도 없는 이가 대중없이 한 일이 바로 들어맞게 됨을 이름. (비) 장님이 문 바로 들어갔다. 여복(女卜)이 바늘귀를 꿴다. 소경 문 걸쇠. 봉사 문고리 잡기.
소경 북자루 쥐듯 쓸데없이 일어나 물건을 잔뜩 쥐고 놓지 않는다는 뜻.
소경 시집 다녀오듯 심부름을 제대로 하지 못함.
소경 아이 낳아 만지듯 (비) 소경 갓난아이 더듬듯.
소경의 안질(眼疾) 있으나 마나 아무런 상관이 없다는 뜻.
소경의 월수(月收)를 내어서라도 (비) 중(僧)의 망건 사러 가는 돈이라도. ★월수 : 본전의 변리를 얹어서 다달이 갚아 가는 빚.
소경의 초하룻날 좋은 일을 당하여 수입이 많은 경우를 일컬음.
소경이 그르냐 개천이 그르냐 (비) 넘어진 소경이 지팡이 탓만 한다.
소경이 넘어지면 막대 탓한다 (비) 넘어진 소경이 지팡이 탓만 한다.
소경이 문 결쇠 그만한 기능이 없는 자가 우연히 일을 바로 맞추어 성취하였음을 이름. (비) 봉사 문 꼬리 잡았다. 소경 문 꼬리잡기. 장님이 문 바로 들어갔다. 여복이 바늘귀를 꿴다.

소경이 소경을 인도하면 둘 다 개천에 빠진다 모르는 사람이 모르는 사람을 가르치면 두 사람이 다 실수하게 된다는 뜻.

소경이 장 먹듯 짐작(斟酌)이 분명하지 않아 얼마나 되는지도 모르고 어림짐작으로 한다는 뜻.

소경이 저 죽을 날을 모른다 (비) 중이 제 머리 못 깎는다.

소경이 점 잘 쳐야지 눈치는 보아 뭘 해 자기 일에 충실하고 열중하라는 말. (비) 소경 눈치 보아 뭘 하게 점 잘 쳐야.

소경 잠자나마나 (비) 곱사등이 짐 지나 마나.

소경 제 닭 잡아먹기 (비) 소경 제 호박 따기.

소경 제 호박 따기 어리석은 자가 욕심만 사나워서 남의 것인 줄 알고 가졌으나 결과에서는 도리어 제게 손해가 되었음을 이르는 말. (비) 장님 제 닭 잡아먹었다.

소경 죽이고 살인(殺人) 빚 갚는다 1. 헛일을 하고 그로 인하여 톡톡히 화를 입음을 이름. 2. 변변치 못한 것 상하고 좋은 것을 상한 것 같은 손(損)을 본다는 말. (비) 소경 죽이고 살인 춘다. 송장 때리고 살인났다.

소경 집 골목 찾듯 무슨 일이든지 잘 분간하지 못하고 허둥대며 어물어물하고만 있다는 뜻.

소경 집 초하룻날 같다 (비) 용문산에 안개 모이듯

소경 파밭 매듯 아무 분수없이 함부로 마구 휘두른다는 뜻.

소경 팔매질하듯 옳고 그름을 판별하지 못 하고 일을 함부로 처리함을 이름.

소경 팔양경(八陽經) 외듯 뜻도 모르는 소리를 쉬지 않고 헛되이 소리 내어 읽기만 한다는 말. (비) 중이 팔양경 읽듯. ★팔양경 : 혼인(婚姻), 해산(解産), 장사(葬事) 등에 관한 미신적(迷信的) 행동을 없애려는 내용의 불경(佛經)의 하나. 와음화(訛音化)되어 파라경 바람경 파란경으로 불리기도 함.

소 곰이다 씩씩거리기만 하면서 일을 일 같지 않게 하

는 사람을 이르는 말. (비) 바늘에는 소 곰이라.

소 과줄 먹는 격 1. 분에 넘치는 짓을 한다는 뜻. 2. 격에 맞지 않는 짓을 한다는 뜻.

소 궁둥이에 꼴을 던진다 몹시 둔하여 깨닫지 못하는 사람에게는 아무리 교육을 해도 효능이 없다는 말.

소금도 곰팡이 난다 (비) 간장이 시고 소금이 곰팡이 난다.

소금도 맛보고 사랬다 물건을 살 때 잘 살펴보아야 한다는 말.

소금도 없이 간 내 먹다 준비나 밑천 없이 큰 이득을 차지하려 한다는 말.

소금 먹는 게장을 먹으면 조갈병에 죽는다 소금만 먹던 이가 장맛을 보고는 좋다고 너무 먹다가 입이 몹시 마른다는 뜻으로, 가난하던 사람이 돈이 좀 생기면 사치에 빠지기 쉽다는 말.

소금 먹은 고양이 상 (비) 땡감 먹은 상.

소금 먹은 놈이 물을 켄다 죄지은 놈이 벌을 당한다는 말. (비) 소금 먹은 소가 물켠다. 먹는 소가 똥을 누지. 아니 땐 굴뚝에 연기 날까. 여물 많이 먹은 소 똥 눌 때 알아본다.

소금 먹은 소가 물을 켜지 죄를 지은 자기 마땅히 벌을 받게 된다는 뜻. (비) 먹은 놈이 똥 눈다. 먹는 소가 똥 누지. 아니 땐 굴뚝에 연기 날까.

소금 먹은 소 굴우물 들여다보듯 애타게 얻고자 하는 것을 볼 수만 있고 얻을 수가 없어서 매우 안타까워한다는 말. (비) 목 마른 송아지 우물 들여다보듯. 목 맨 송아지 우물 들여다본다.

소금 먹은 푸성귀 기가 죽어 후줄근한 사람을 비유적으로 이르는 말.

소금밥에 정 붙는다 가난한 집에서 정성껏 해주는 음식에 매우 고맙게 생각되어 더 친해진다는 뜻.

소금 섬을 물로 끌라면 끌어라 어떤 명령에도 순종함을 이르는 뜻. (비) 여울로 소금 섬을 끌래도 끌지. 소금 섬을 물로 끌라면 끈다. 입의 혀 같다.

소금 실은 배만하다 소금 싣는 데 쓰이는 바가 조금은

〈 소금에도 곰팡이 난다 〉

짜듯이 촌수를 따질 때 남은 아니고 아주 먼 인척관계가 있다는 뜻.

소금에도 곰팡이 난다 절대로 탈이 나지 않을 것이라고 단언할 것이 아니란 말.

소금에 아니 전 놈이 장에 절까 큰 것에도 굽히지 않는 사람이 그보다 작은 것에 굽힐 리가 없다는 말.

소금으로 바다 메우기 (비) 밑 없는 독에 물 붓기.

소금으로 장(醬)을 담는다 해도 곧이 듣지 않는다 1.거짓말하는 사람의 말은 믿을 수가 없다는 뜻. 2.남의 말을 믿지 않는다는 뜻. (비) 소금이 짜다 해도 곧이 안 듣는다. 콩으로 두부를 만든다 해도 곧이 안 듣는다. 콩으로 메주를 쑨다 해도 곧이 안 듣는다.

소금이 쉴까 믿었던 일이 뜻밖에 일로 낭패를 보게 되었을 때 이르는 뜻.

소금이 쉴 때까지 해라 일을 길게 끌어보겠다는 말.

소금이 쉴 때까지 해 보자 끝까지 해 보자는 뜻.

소금장수보다도 더 짜다 세상 사람 중에서 가장 인색하고 몰인정한 사람이라는 뜻.

소금 좀 먹어야겠다 너무 싱거운 짓만 하는 사람을 비유하여 하는 말. (비) 싱거운 동네 가서 구장질 하라.

소꼬리보다 닭대가리가 낫다 큰 모임 중에 말석(末席)보다 작은 모임 우두머리가 낫다는 말. (비) 닭 벼슬이 될망정 쇠꼬리는 되지 마라. 용의 꼬리보다 닭의 머리가 낫다.

소나기는 잠깐 오지만 가는 비는 오래 온다 1.소낙비는 곧 그치지만 가량비는 오래 온다는 뜻. 2.힘든 일은 오래 못해도 힘들지 않은 일은 오래 할 수 있다는 뜻.

소나기 맞은 수탉 같다 꼴이 몹시 흉하다는 말. (비) 소나기 맞은 쥐 같다.

소나기 맞은 중의 상 (비) 땡감 먹은 상.

소나기 삼 형제 소나기는 반드시 세 줄기로 쏟아진다는 말.

소나무가 무성하면 잣나무가 기뻐한다 사람은 친구가 잘되는 것을 좋아한다는 뜻.

소나무는 깨끗한 땅에서 자란다 환경이 좋아야 훌륭한 사람이 난다는 뜻.

소나무는 정월에 대나무는 오월에 심어야 한다 (비) 고사리도 꺾을 때 꺾어야 한다(는다).

소나무는 홀로 절개(節槪)를 지킨다 남들은 변질해도 훌륭한 사람은 홀로 지조를 지킨다는 뜻.

소나무의 절개(節槪)는 겨울에 안다 나라가 위태로울 때 누가 충신인가를 알 수 있게 된다는 말.

소낙비는 오려 하고 똥은 마렵고 괴타리는 옹치고 꼴 짐은 넘어지고 소는 콩밭에 들어가고 주인은 야단친다 일이 많아서 쩔쩔맨다는 뜻. (비) 소낙비는 오고 황소는 도망치고 똥은 마렵다.

소년고생은 사서 하랬다 젊었을 때의 고생은 장래를 위하여 밑거름되니 좋다는 말.

소는 농가에선 땅 다음가는 재산 농가에서는 소가 땅 다음으로 소중한 재산이란 뜻.

소는 농가의 조상 농가에서는 소가 매우 중요하므로 조상같이 위한다는 뜻.

소는 믿고 살아도 종은 믿고 못 산다 동물은 거짓이 없기에 믿어도 되지만 사람은 거짓이 있어서 절대 못 믿는다는 뜻.

소 닭 보듯 닭 소 보듯 (비) 벙어리 마주 앉은 셈.

소대성(蘇大成)이처럼 잠만 자나 잠 잘 자는 사람을 이름. ★소대성 : 잠이 매우 많은 사람.

소대한에 객사(客死)한 사람은 제사도 안 지낸다 소한 대한이 추운 줄 알면서도 집을 나가서 죽는 사람은 죽음을 자초한 것이기에 그 사람은 제사도 안 지낸다는 의미.

소대한에 얼어 죽지 않는 놈이 우수경칩에 얼어 죽을까 큰 고생을 참고 견디어 낸 사람이 작은 고생을 못 참을 리가 있겠느냐는 뜻.

소대한 지나면 얼어 죽을 잡놈이 없다 연중 가장 추운 소대한에 얼어 죽지 않으면 얼어 죽을 추위는 없다는 뜻.

소댕으로 자라 잡듯 전연 다른 물건을 가지고 와서 딴 소리한다는 말.

소에 한 말은 안 나도 처더러 한 말은 난다 소에게는 무슨 말을 하여도 절대로 새는 일이 없지만 아내나 가까운 가족에게 한 말은 어김없이 새어 나가기 마련이라는 뜻으로, 아무리 다정한 사이라도 말을 조심하여야 함을 비유적으로 이르는 말. 여자 입이 매우 가볍다는 말. (비) 소 앞에 한 말은 안 나도 어미 귀에 한 말은 난다. 소한테 한 말은 안 나도 어미한테 한 말은 난다.

소도 대우(大牛)라면 좋아한다 (비) 말도 용마라면 좋아한다.

소도 언덕이 있어야 비빈다 의지할 곳이 있어야 무슨 일을 할 수가 있다는 말. (비) 도깨비도 수풀이 있어야 모인다. 덤불이 우거져야 도깨비가 모인다. 덤불이 자라면 도깨비가 난다. 도깨비도 수풀이 우거져야 모인다. 덤불이 커야 도깨비가 난다.

소 뒷걸음치다 쥐잡기 우연한 횡재를 일컬음.

소 뜨물 커 듯이 물 같은 것을 한꺼번에 많이 들이키는 모습을 이르는 말.

소띠는 일이 되다 소해에 난 사람은 흔히 고된 일을 하면서 산다 하여 이르는 말.

소라가 똥 누러 가니 거드래기 기어들었다 잠시 빈틈을 이용해서 남의 자리를 차지하는 행동. ★거드래기: 제주도 방언으로 남의 집에 들어 사는 게.

소라 껍데기 까먹어도 한 바구니 안 까먹어도 한 바구니 일에 끝장이 없을 때 하는 말.

소라 껍데기로 바닷물을 된다 융통성이 없는 답답한 짓을 한다는 뜻. (비) 눈을 져다 놓고 우물을 판다. 우물 옆에서 말라 죽겠다.

소(牛)를 못 본 사람은 송아지 보고도 크다 한다 견문(見聞)이 없는 사람은 사물을 올바르게 평가하지 못한다는 말.

소리개(솔개) 까치집 빼앗다 남의 물건을 무리하게 빼앗을 때를 하는 말.

소리개는 매 편이라고 (비) 가재는 게 편

소리개 도련님 적이라 물건이 참참하지 못하고 부스스한 것을 이름.

소리개도 오래면 꿩을 잡는다 한 가지 일을 꾸준하게 계속하면 달인(達人)이 된다는 뜻.

소리개를 매로 보았다 무능한 사람을 유능한 사람으로 잘못 보았단 말. ⇔ 매를 소리개로 보았다.

소리개 어물전 돌 듯 어떤 곳을 애착(愛着)하여 떠나지 못함을 이름.

소리 없는 고양이 쥐 잡듯 무슨 일을 해치우는 사람은 말이 많지 않다는 말.

소리 없는 똥개는 캐싱캐싱 더 무섭다 평소에 조용하던 사람이 어려운 일을 당하면 더욱 무서워지고 또 큰 일도 능히 해치울 수 있다는 뜻.

소리 없는 방귀가 더 구리다 말 없는 사람이 더 무섭다는 말.

소리 없는 벌레가 벽을 뚫는다 아무 소리도 안 내고 꿈틀대는 벌레가 놀랍게도 벽에 구멍을 뚫는다는 뜻으로, 말없이 일하는 사람이 오히려 큰일을 이룸을 비유적으로 이르는 말. (비) 소리 없는 고양이 쥐 잡듯.

소리 없는 총이 있으면 놓겠다 상대를 매우 시기하고 미워할 때 이르는 말.

소리 큰 사람이 성미가 급하다 성격이 급한 사람은 말도 체 끝나기 전에 성이 나서 소리를 치게 된다는 뜻.

소 먹이기 힘들지만 괭이질이야 어찌 할까 선비가 궁하여 아무 일이라도 할 생각은 있지만 힘들어서 결국은 아무것도 못하고 곪은 지경에 이른단 뜻.

소매가 길면 춤을 잘 추고 돈이 많으면 장사를 잘한다 수단이나 밑천이 넉넉해야 하는 일이 잘된다는 말.

소매 긴 김에 춤춘다 생각이 없던 일이지만 할 조건이 갖추어졌기 때문에 하게 된다. (비) 떡 본 김에 제사 지낸다. 엎어진 김에 쉬어간다. 활을 당겨 콧물을 닦는다. 한 잔 먹은 김에 노래한다.

소 먹미레 같다 고집이 몹시 센 사람을 두고 하는 말.

소문난 물산(物産)이 더 안 되었다 소문난 것이 다른 것만 오히려 못하다는 말.

〈소문난 잔치 비지떡이 두레반이다〉

소문난 잔치 비지떡이 두레반이다 (비) 소문 난 잔치에 먹을 것이 없다.

소문난 잔치에 먹을 것이 없다 소문에 비해 내용이 보잘것없다는 뜻. (비) 실속 없는 잔치가 소문만 멀리 간다. 먹을 것 없는 잔치에 말만 많다. 소문난 잔치 비지떡이 두레반이다. 소문 안 난 공 뭣은 대 자요 소문난 공 뭣은 넉 자다. 이름난 잔치에 배고프다.

소문난 호랑이 등이 부러진다 소문이 나서 널리 알려지면 액운이 뒤따르게 됨을 이름.

소문 안 난 공 뭣은 대 자요 소문난 공 뭣은 넉 자다 (비) 소문난 잔치에 먹을 것이 없다.

소문은 반이 거짓말이다 소문은 언제나 사실보다 과장되어 퍼진다는 말.

소문은 잘된 일보다 못된 것이 더 빠르다 나쁜 소문일수록 더 빨리 퍼짐을 이르는 말.

소발에 쥐잡기 (비) 뒷걸음에 쥐 잡는 격.

소 사정 본다는 놈이 짐 지고 소를 탄다 (비) 목매단 사람을 구한다면서 그 발을 잡아당긴다.

소 앞에서 한 말은 안 나도 어미 귀에 한 말은 난다 여자 입이 매우 가볍단 말. 또는 사람에게 한 말은 언젠가는 드러난단 말. (비) 소에 한 말은 안 나도 처더러 한 말은 난다. 소한테 한 말은 안 나도 어미한테 한 말은 난다.

소약란(蘇若蘭)의 문견(聞見) 견문이 넓고 아는 것이 많음을 이름.

소여(小輿) 대여(大輿)에 죽어 가는 것이 헌 옷 입고 볕에 앉는 것만 못하다 (비) 개똥밭에 굴러도 이승이 좋다

소에게 거문고 소리 들린다 1. 둔한 사람은 아무리 때리고 가르쳐도 아무 소용이 없다는 뜻. 2. 성과 없는 행동만 한다는 뜻. (비) 소에게 염불하기다. 송아지한테 천자문 가르치듯.

소에 붙은 진드기는 잡아도 숨은 서캐는 못 잡는다 보이는 도둑은 잡을 수 있지만 마음속에 숨은 도둑은 잡을 수 없다는 뜻.

소 잃고 양 얻는다 큰 것을 잃고 작은 것을 얻었다는 말.

소 잃고 외양간 고친다 1. 실패한 후에 뒤늦게야 깨닫고 대비함을 이름. 2. 일을 그르친 뒤에 뉘우쳐도 소용이 없단 말. (비) 도둑맞고 싸리문 고친다. 망양보뢰(亡羊補牢). 소 잃고 빈지 고친다.

소 잃은 놈은 소 찾고 말 잃은 놈은 말 찾는다 사람은 누구나 자기에게 필요한 일을 하기 마련이란 말.

소 잡아 대접할 손님 있고 닭 잡아 대접할 손님 있다 대인관계에 있어서는 상대방에 따라 접대를 해야 한다는 뜻.

소 잡아먹겠다 칼이 무디고 조금도 들지 않을 때를 이르는 말. (비) 호랑이 잡은 칼로 개를 잡는 것 같다.

소 잡아먹고 동네 인심 잃는다 혼자서 너무나 욕심을 내게 되면 여러 사람에게 인심을 잃게 된다는 뜻.

소 잡은 터전은 없어도 밤 벗긴 자리는 있다 큰 짐승인 소를 잡은 자리는 흔적이 없어도, 작은 밤을 벗겨 먹고 남은 밤송이와 껍질은 남는다는 뜻으로 나쁜 일이면 작은 것일지라도 잘 드러나게 마련임을 비유적으로 이르는 말.

소장(蘇張)의 혀 매우 구변이 좋은 사람을 이름. (비) 소진(蘇秦)의 혀. 잘하기는 소진 장의로군. 싸라기밥을 먹어도 말 잘하는 판수다. ★소장: 옛 중국 전국시대에 말 잘하기로 유명한 소진과 장의.

소전 뒷글자 같다 남의 심중을 잘 알 수 없다는 말.

소죽은 귀신같다 사람의 성질이 매우 질김을 두고 하는 말.

소증(素症) 나면 병아리만 쫓아도 낫다 생각이 간절하면 비슷한 것만 보아도 마음이 좀 풀린다. 평소에 소식(素食)하던 사람이 어쩌다 육식을 하게 되면 더 고기를 먹고 싶어 한다는 말. ★소증: 푸성귀만 먹어서 고기를 몹시 먹고 싶어하는 증세.

소진(蘇秦)의 혀 구변이 좋다는 뜻. (비) 소장의 혀.

소진이도 말 잘못할 때가 있다 아무리 언변이 좋은 사람도 말실수할 때가 있단 말.

소진(蘇秦) 장의(張儀) 매우 구변이 좋은 사람을 이르는 말.

〈속으로 탐내면서도 겉으론 청렴한 체한다〉

소진(蘇秦) 장의(張儀)가 왔다가 뺨 맞고 달아나겠다 언변(言辯)이 뛰어난 사람을 일컬음.

소 타고 소 찾는다 (비) 업은 아이 삼 년 찾는다.

소 탄 양반 끄덕끄덕 말 탄 양반 끄덕끄덕 1.소나 말을 탄 양반이 끄덕거리며 으스대듯 잘난 척하면서 으스댄다는 뜻. 2.어린아이를 누워서 배 위에 앉히고 어르고 있다는 말.

소 탄 양반의 송사 결정이라 도무지 일의 결판이 나지 않음을 이름. (비) 늙은 소 흥정하듯.

소 푸주로 들어가듯 소가 푸주에 들어가기 싫어하는 것처럼 어떤 곳에 무척 가기 싫어하는 모양을 이르는 말.

소하고 남자는 집어줘야 먹는다 남자는 여자가 해주는 대로 먹기에 남자가 잘 먹고 못 먹는 것은 여자 솜씨에 달렸다는 뜻.

소한의 얼음 대한에 녹는다 추위가 혹독할 대한이 소한보다 오히려 따뜻함을 이름.

소한 추위는 꾸어다라도 한다 우리나라는 소한 때 가장 춥다. '대한이 소한 집에 놀러갔다가 얼어 죽었다' '소한 추위는 꾸어다라도 한다'는 속담이 나온 이유가 여기 있다. (비) 소한의 얼음 대한에 녹는다.

소한 추위는 있어도 대한 추위는 없다 소한 추위는 매섭지만 대한 추위는 별로 춥지 않다는 뜻.

소한테 물렸다 자기가 상대로 여기지 않는 사람에게 뜻밖에 손해를 입었음을 이르는 말.

소(쇠) 힘도 힘이요 새 힘도 힘이다 1.사람에게는 누구에게나 크나 작으나 제각기 능력이 있다는 말. 2.큰일도 쓰일 때가 있듯이 작은 일도 쓰일 곳이 따로 있단 말.

속 가난 겉 부자 실속은 없으면서 겉으론 부자처럼 행동한다는 뜻. ⇔ 겉 가난 속 부자.

속 각각 말 각각 속마음과 하는 말이 서로 다르다는 뜻.

속곳 벗고 은가락지 낀다 (비) 개 발에 주석 편자.

속곳 벗고 함지박에 들었다 일이 다급해져 아무래도 망신을 하게 되었다는 말.

속곳(옷) 열둘 입어도 밑구멍은 밑구멍대로 다 나왔다 아무리 숨기려 했으나 가려지지 않고 탄로되었다는 말. (비) 언청이 아가리에 콩가루. 언청이 아가리에 토란 베어지듯.

속눈썹이 길면 잠이 많다 속눈썹이 긴 사람은 눈을 감아도 거슴츠레하게 보인 데서 나온 말.

속는 것도 몰라 속고 알고 속고 두 번 몰라서 한 번 속고 알면서도 또 한 번 속았지만 다는 속지 않겠다는 뜻.

속병은 고약으론 못 고친다 정신적 타격을 받고 생긴 병은 정신적으로 수양해야 고치지 약으론 못 고친다는 뜻.

속 빈 강정이다 겉모양은 그럴듯해 보여도 속은 텅 비어 아무 실속이 없다. 예문. 아파트의 외양은 번지르르했으나 막상 안으로 들어가 보니 속 빈 강정이더라.

속 빈 강정의 잉어등(燈) 같다 수중에 돈이 한 푼도 없다는 말. (비) 사탕붕어의 검둥검둥이라. 물에 빠져도 주머니 밖에 뜰 것 없다. 피천 한 잎 없다. 피천 대푼 없다. 피동천 한 푼 없다 쇠천 샐닢도 없다.

속상하는데 서방질이나 하지는 격(格)으로 차마 하지 못할 짓까지 저지르려고 할 때를 이르는 말. (비) 홧김에 화냥질한다. 부앗김에 서방질한다.

속에 대감이 몇 개 들어앉았다 순진하지 않고 능글맞아 여러 가지를 모두 알고 있음을 이름.

속에서 쪼르륵 소리가 난다 배속이 비었다 함이니, 가난하여 끼니를 못 먹는다는 뜻.

속에 숨은 말은 술이 몰아낸다 술을 먹게 되면 속에 있는 비밀도 누설시키기 된다는 뜻.

속에 옥을 지닌 사람은 허술한 옷을 입는다 훌륭한 사람은 세상에 알려지려고 하지 않는다는 말.

속에 육조판서(六曹判書)가 들었으면 무엇한다더냐 아무리 유식해도 그 행동이 올바르지 못하면 쓸모 없는 인간이란 뜻.

속으로 기억을 긋는다 결정 지어 마음먹는다는 말.

속으로 탐내면서도 겉으론 청렴한 체한다 외면으론 청

〈속이 갈고리를 삼킨 것 같다〉

렴한 척하면서도 내면으론 남의 재물을 탐낸다는 뜻. ⇔ 속이 바르면 겉도 바르지 않을 수가 없다.

속이 갈고리를 삼킨 것 같다 양심(良心)의 가책을 받아 몹시 괴롭다는 뜻.

속이 빈 놈 1.정신이 나간 사람을 가리키는 말. 2.못된 행동만 한다는 뜻.

속이 편해야 오래 산다 사람이 건강도 중요하지만 마음이 편해야 오래 산다는 뜻.

속저고리 벗고 은반지 제 격에 맞지 않는 겉치레를 하여 보기에 흉하단 뜻.

속 좋은 놈이 생선장수 한다 생선은 썩기도 쉽지만 파는 데도 에누리가 많아 속상한 꼴 많이 보게 된다는 데서 나온 말.

속히 더운 방 쉬 식는다 무엇이든지 쉽게 되는 것은 또한 쉽게 없어진다는 뜻. (비) 급히 더운 방이 쉬 식는다.

속히 오르려다가는 엎어지기 쉽다 빠른 속도로 오르다가는 엎어지듯이 너무 재주를 피우다가는 화를 입기 쉽다는 뜻.

손가락도 길고 짧다 아무리 같은 조건에 있다고 하더라도 조금씩 차이가 있기 마련임을 비유한 말.

손가락에 불을 지르고 하늘에 오른다 그와 같은 일을 할 수 있다면 손가락에 불을 지르고 하늘에라도 오르겠다는 뜻으로, 도저히 할 수 없음을 이르는 말. (비) 내 손에 장을 지져라. 내 손끝에 뜸을 떠라.

손가락으로 끓는 물을 젓는다 1.도저히 되지 않을 일이라는 뜻. 2.매우 어리석은 짓을 한다는 뜻. (비) 손가락에 불을 지르고 하늘에 오른다.

손(가락)으로 하늘 찌르기 (비) 눈으로 우물 메우기.

손가락질한다 뒤에서 비난한다는 말.

손금 보듯 한다 하나하나 똑똑히 알고 있다는 말.

손끝에 물도 튀긴다 아무 일도 하지 않고 손 하나 까딱 아니 한다는 말.

손(가락)끝 하나 까딱 않는다 아주 게으른 사람이란 뜻.

손 내밀었다가 얼굴만 화끈하다 무엇을 부탁하였다가 거절만 당하였다는 뜻으로 섣불리 아무에게나 부탁하지 말라는 뜻.

손님(天然痘)에 아이가 죽어도 동무가 있으니 낫다 어떤 슬픈 일을 당해도 자기 혼자서 당하지 않고 여러 사람이 함께 당하면 위안이 된다는 말.

손님 접대를 하지 않으면 손이 간 뒤에 뉘우치게 된다 손님 대접을 잘해야 나중에 후회가 없다는 말.

손대성의 금수파 쓰듯 머리 위에서부터 푹 뒤집어씀을 이름.

손도 안 대고 코 풀려고 한다 수고는 조금도 하지 않고 큰 소득만 얻으려고 한다는 뜻.

손돌(孫乭)이 죽은 날이다 아주 춥다는 말.
　★손돌이 : 손돌이란 손석(孫石) 또는 손돌(孫乭)을 이르는 말로, 고려 시대의 뱃사공으로 전해진다.

손돌이 추윈가 바람이 매우 찬 것을 두고 일컫는 말.

손목을 잡고 말린다 기어코 못 하게 말린다는 말.

손바닥에서 자갈 소리 난다 손바닥이 굳어지면 비빌 때 자갈을 만지는 소리와 비슷한 소리가 난다는 데에서 노동으로 손바닥이 굳어진 것을 이르는 말.

손바닥에 장을 지지겠다 상대편이 무슨 일을 절대로 할 수 없다고 장담할 적에 쓰는 말.

손바닥에 털이 나겠다 손을 하도 안 써서 손바닥에 털이 날 지경이라는 뜻으로, 게을러서 일하지 않음을 놀림조로 이르는 말.

손발이 맞아야 도둑질도 한다 서로 호흡이 잘 맞아야 어떤 일이든 잘할 수 있다는 뜻.

손뼉도 손이 맞아야 한다 맞서는 사람이 있기에 싸움을 하게 된다는 의미. (비) 손뼉도 마주쳐야 운다.

손살로 씹 가리기 (비) 가랑잎으로 눈 가리고 아옹한다. ★손살 : 손가락 사이.

손아랫사람은 할 말 있어도 말 못한다 아랫사람은 어른에게 정당한 말이라도 논쟁(論爭)하지 못한다는 뜻.

손 안 대고 코 풀기 (비) 누워 떡 먹기.

손안에 놓인 듯 썩 가까이 접근해 있는 것처럼 뚜렷함을 일컬음.

손에 붙은 밥풀 아니 먹을까 이미 자기 차지가 된 것을 아니 가질 사람은 없다는 뜻.

손에 쥐어줘도 모른다 아주 무식하고 재주가 없어서 손에 쥐어주고 가르쳐도 모른다는 말.

손에 쥔 듯 들여다 보인다 매우 가까이 선명하게 잘 보임을 이름.

손오공(孫悟空)의 금봉(金棒) 손오공의 금봉마냥 자기가 하고 싶은 것은 무엇이든지 다 할 수 있다는 뜻.
★손오공 : 중국 명나라 때의 장편 소설 《서유기(西遊記)》의 주인공인 원숭이의 이름. 신통력(神通力)을 얻어 천상계로 가서 횡포를 부리다가 석가여래의 법력으로 진압된다. 뒤에 삼장 법사에게 구출되어 그의 종자(從者)로서 많은 곤란을 극복하고 인도에서 경전을 가져온다. 궁궐이나 누각 등의 지붕 위 네 귀에 덧얹은 여러 가지 짐승 모양으로 만든 기와.

손으로 샅 막 듯 (비) 가랑잎으로 눈 가리고 아웅 한다.
★샅 : 두 다리가 갈린 사이.

손으로 흙을 날라 산으로 옮긴다 도무지 되지도 않는 어리석은 짓을 한다는 말.

손은 갈수록 좋고 비는 올수록 좋다 비는 많이 올수록 농사에 좋으나 찾아온 손님은 빨리 돌아가 주는 것이 반갑다는 말.

손은 마음 가는 대로 움직인다 손은 마음이 하자는 대로 움직인다는 뜻.

손이 들이 굽지 내 굽나 제게 더 가까운 살에게 정이 쏠린다는 말.

손이 많으면 일도 쉽다 무슨 일이나 여럿이 하면 쉽게 잘 된다는 말. (비) 백지장도 맞들면 낫다.

손이 발이 되도록 빈다 잘못을 용서해 달라고 간절히 비는 것을 이름.

손이 작아 못 받을까 주지는 않아서 못 받을 뿐이지 아무리 많은 것을 주어도 받을 수는 있다는 뜻.

손이 커야 잘 산다 손이 커야 일을 잘하게 된다는 뜻.

손자는 눈에 넣어도 아픈 줄 모른다 갖가지 재롱을 부리는 손자가 매우 귀엽다는 뜻. ⇔ 손자를 키우느니 개를 키우랬다.

손자를 귀애하면 코 묻은 밥을 먹는다 철없는 사람과 친하게 지내면 이로운 것은 없고 오히려 손해만 입게 된다는 말. (비) 손자를 귀여워하면 할아비 뺨을 친다. 예문. 손자를 귀애하면 코 묻은 밥을 먹는다더니, 주사가 심한 친구의 뒤치다꺼리를 하느라 어젯밤엔 잠도 못 잤다.

손자를 귀여워하면 할아비 뺨을 친다 버릇없는 사람과 어울리면 이로운 것이 없다는 말. (비) 손자를 귀여워하면 할아버지 상투를 당긴다.

손자 밥 떠먹고 천장 쳐다본다 겸연쩍은 일을 해 놓고 시치미 떼는 경우를 비유적으로 이르는 말.

손자 잃은 영감 (비) 정신은 문 통 아비라.

손자 자지에 붙은 밥풀을 떼어먹는다 염치를 무릅쓰고 낯간지러운 짓을 한다는 뜻.

손자 환갑 닥치겠다 손자가 환갑을 맞을 정도로 오랫동안 기다린다는 뜻으로, 오랜 시일을 기다리기가 지루한 경우를 비유적으로 이르는 말. (비) 없는 손자 환갑 닥치겠다. 손자 턱에 흰 수염 나겠다.

손자 환갑잔치 얻어먹겠다 손자 환갑잔치 먹을 수 있을 정도로 오래 살 수 있다는 뜻. (비) 어깨가 귀를 넘어까지 산다.

손 잰 승(僧) 비질하듯 동작이 재빠르고 무슨 일이나 되는 대로 빨리함을 이름.

손 큰 며느리가 시집살이 했을까 물건을 파는 장사가 더 많이 주지 못하겠다는 뜻으로 하는 말.

손톱만치도 없다 1.어떤 물건이 조금도 없다는 뜻. 2.어떤 생각을 추호도 하지 않았다는 뜻.

손톱 밑에 가시 드는 줄은 알아도 염통 밑에 쉬스는 줄은 모른다 목전의 이해관계는 밝아도, 보이지 않는 큰 손해나 타격에는 어둡다. (비) 염통에 고름 든 줄은 몰라도 손톱눈에 가시 든 줄은 안다.

손톱 발톱이 젖혀지도록 벌어 먹인다 어떤 삶을 위하여 죽을힘을 다함을 두고 이르는 말.

⟨손톱 여물을 쓴다⟩

손톱 여물을 쓴다 1.음식 같은 것을 나눠어 줄 때 조금씩 아끼면서 줌을 이름. 2.무슨 일을 당하여 큰 걱정을 품고 혼자서 애를 쓰는 것을 이름.

손톱은 슬플 때마다 돋고 발톱은 기쁠 때마다 돋는다 기쁨보다는 슬픔이 더 많다는 말.

손톱의 때만치도 안 여긴다 사람을 심하게 깔보고 업신여긴다는 뜻. (비) 손톱의 때보다도 적다.

손톱 하나 까딱하지 않는다 일이라곤 하지 않고 뻔뻔하게 놀기만 함을 이르는 말.

손해 볼 때가 있으면 이익 볼 때도 있다 서로 거래하는 과정에선 손해 볼 때도 있고 이익 볼 때도 있다는 말.

솔개그늘도 없는 것보다 낫다 아무리 작은 것이라도 없는 것보다 있는 것이 낫다는 말.

솔개 까치집 뺏듯 남의 것을 강제로 빼앗음을 이르는 말.

솔개는 매 편 모양과 하는 짓이 비슷한 것끼리 한속이 되어 편을 듦을 비유적으로 이름. (비) 가재는 게 편이요, 초록(草綠)은 동색(같은 빛)이라. 검정 개는 돼지 편. 검정 개는 한 편.

솔개도 오래면 꿩을 잡는다 무능한 사람도 경험을 쌓으면 무엇을 할 줄 안다는 뜻. (비) 낙숫물이 댓돌을 뚫는다. 물방울이 돌을 뚫는다.

솔개를 매로 보았다 쓰지 못할 것을 쓸 만한 것으로 잘못 보았다는 말.

솔개 병아리 채가듯 생각지도 않게 갑자기 남의 것을 빼앗아간다는 말.

솔개 어물전 돌 듯 한 곳에 애착을 갖거나 재미를 붙여 그것을 쉽게 단념하지 못하는 모양을 비유적으로 이르는 말.

솔방울이 울거든 (비) 까마귀 대가리가 희어지거든.

솔 벤 그루 소나무는 한 번 베면 다시 그 움이 돋지 않듯이 한 번 그르치면 그만이란 뜻.

솔 심어 정자(亭子)라고 얼마 살 인생인가 일이 이루어지려면 아직 멀었는데 짧은 인생에서 헛수고만 되니 그러한 일은 하지 않는 것이 좋다는 말.

솔 심어 정자(亭子) 짓기 일이 이루어지려면 아직 멀었다는 뜻. 앞일이 요원하다는 말. (비) 앞길이 구만리 같다. 전정이 구만리 같다.

솔잎이 버썩하니 가랑잎이 할 말이 없다 자기보다 정도가 덜한 사람이 오히려 먼저 야단스럽게 떠들고 나서니 정작 큰 걱정거리가 있는 사람은 어이가 없어 할 말을 잃음을 비유적으로 이르는 말.

솔잎이 새파라니까 오뉴월만 여긴다 닥쳐오는 추위는 생각하지 않고 솔잎 파란 것만 보고 여름철인 줄로만 안다는 뜻으로, 걱정거리가 겹쳤는데 그런 줄은 모르고 작은 일 하나 되어 가는 것만 보고 속없이 좋아라고 날뜀을 비유적으로 이르는 말.

솜뭉치로 사람을 때린다 대수롭지않은 일을 비유하는 말.

솜뭉치로 가슴을 칠 일이다 몹시 답답하고 원통하다는 뜻. (비) 담뱃대로 가슴을 찌를 노릇. 콧구멍 둘 마련하기가 다행. 콧구멍 둘이니 숨을 쉬지.

솜방망이로 허구리를 찌른다 남을 다치지 않게 곯려 준다는 뜻. (비) 솜뭉치로 사람을 때린다.

솜씨가 좋은 사람은 넉넉하고 솜씨가 서투른 사람은 부족하다 기술이 좋은 사람은 만드는 것이 많아 생활이 넉넉하지만 기술이 서투른 사람은 만드는 것이 적어 가난하다는 뜻.

솜씨는 관(棺) 밖에 내놓아라 손재주가 없는 사람을 보고 농으로 이르는 말. (비) 가는 베 짜겠다. 석새베에 씨도 안 든다.

솜으로 싸 키웠나 사람이 추위를 몹시 탄다는 말.

솟은 땀은 되들어가지 않고 뱉은 말은 지울 수 없다 한번 잘못한 말은 고치기 어려우므로 말을 조심하라는 말. (비) 구슬 일그러진 것은 갈면 되지만 말 일그러진 것은 바로잡을 수 없다. 칼날 흠은 고쳐도 말 흠은 못 고친다.

송곳 같은 싹도 자라면 아름드리나무로 된다 1.작은 것도 키우면 커질 수 있다는 말. 2.적은 것도 모으면 많아질 수 있다는 말.

송곳 거꾸로 꽂고 발끝까지 차기 스스로에게 화가 될 어리석은 행동을 비유적으로 이름.

송곳 끝이 주머니를 뚫는다 뛰어난 소질은 드러나 알려지기 마련이라는 말.

송곳니가 방석니가 된다 분에 못 이겨 이를 갈아 송곳니가 많아 방석 같은 어금니가 된다는 뜻.

송곳니를 가진 호랑이는 뿔이 없다 하나가 무엇이나 다 갖출 수 없다는 뜻.

송곳도 끝부터 들어간다 무슨 일이든지 순서대로 해야 한다는 말.

송곳 모로 박을 땅(곳)도 없다 사람이 매우 빽빽하게 가득 차 설 자리가 없음을 비유적으로 이르는 말.

송곳 박을 땅도 없다 1.빈틈이라고는 조금도 없이 비좁다는 말. 2.논밭이 조금도 없다는 뜻. (비) 입추(立錐)의 여지가 없다. 벼룩 꿇어앉을 땅도 없다. 송곳 모로 박을 곳도 없다. 송곳 세울 틈도 없다.

송곳 세울 틈도 없다 군중이 몹시 모여 설 자리가 없음을 비유한 말. (비) 송곳 모로 박을 땅도 없다.

송곳으로 매운 재 끌어내듯 1.일을 하면서 적당한 도구를 사용하지 않으면 몸만 수고할 뿐 일은 이루어지지 않는다는 뜻. 2.하는 짓이 미련하여 보기에 답답하다는 뜻.

송도 계원 조그마한 직위나 세력만 믿고 남을 멸시하는 사람을 두고 하는 말.

송도(松都) 말년(末年)의 불가살(不可殺)이라 매우 심한 나쁜 짓을 하나 누구도 못하게 말리지 못할 때를 이름.

송도 부담짝 남모를 물건이 불룩하게 많이 들어 있음을 이름.

송도 외 장사 이(利)를 더 얻으려고 오가다가 기회를 놓치고 낭패를 봄을 이름.

송사는 이기나 지나 망한다 송사는 자주하게 되면 소송비용도 많이 들 뿐 아니라 인심도 잃게 되어 패하게 된다는 뜻.

송사(訟事)는 졌어도 재판은 잘하더라 서로 다투다 자기는 졌을망정 판결은 잘 내린다는 뜻.

송사리만 잡힌다 정작 잡아야 할 큰 범죄는 잡지 못하고 만만한 작은 범죄만 잡는다는 뜻. (비) 피라미만 잡힌다.

송사리 꿇듯 수많은 사람이 모여 있는 모양을 비유하여 이르는 말.

송사 좋아하는 사람치고 잘사는 것 못 봤다 (비) 송사는 이기나 지나 망한다.

송아지 간 발자국만 있고 온 발자국은 없다 (비) 함흥차사(咸興差使)

송아지 못된 것은 엉덩이에 뿔 난다 (비) 못된 벌레 장판방에서 모로 긴다.

송아지 천자(千字) 가르치듯 미련하고 우둔하여 알아듣지 못하고 들으려 하지도 않는 사람을 애써 가르치는 모양을 비유적으로 이르는 말. (비) 소에게 거문고 소리 들리기다.

송장 때리(치)고 살인났다 억울하게 큰 벌을 받게 되었음을 이르는 말.

송장 메뚜기 같다 송장 위를 나는 메뚜기처럼 날뛴다는 뜻으로, 자기와 직접 상관없는 일에 지나치게 나서는 사람을 비유적으로 이르는 말.

송장 뺨치기다 아무런 반응이 없는 사람과 상대 한다는 말.

송장 빼놓고 장사 지낸다 가장 긴요한 것을 잊어버리고 일을 치른다는 말. (비) 장사 지내러 가는 놈이 시체 두고 간다. 사냥 가는데 총을 안 가지고 간다. 장가들러 가는 놈이 불알 떼어놓고 간다.

송장(이마) 씻은 물만도 못하다 국물이 너무 묽어서 기름기조차도 없다는 말.

송장이 돼서도 욕먹는다 사람 못 된 것은 살아서는 말할 것도 없고 죽은 뒤에도 욕을 먹게 된다는 말.

송장 치고 살인내다 섣불리 손을 댔다가 화를 당함을 이르는 말.

송충이가 갈밭에 내려왔다 솔잎을 먹고 사는 송충이가 난데없이 먹을 것을 찾아 갈밭에 내려온다는 뜻으로, 격에 맞지 않게 제 분수에 넘치는 행동을 함을 놀림조로 이르는 말. (비) 송충이가 갈잎을 먹으면 떨어진다.

〈 송충이가 갈잎을 먹으면 떨어진다 〉

송충이가 갈잎을 먹으면 떨어진다 (비) 송충이는 솔잎을 먹어야 한다.

송충이는 갈잎을 먹으면 죽는다 1.분수에 넘치는 일을 하다가는 낭패를 본다는 뜻. 2.제 할 일 안 하고 딴 뜻을 품으면 실패한다는 말. (비) 게도 구멍이 크면 죽는다.

송충이는 솔잎을 먹어야 한다 사람은 자신의 분수에 맞게 살아야지 분수에 넘치는 짓을 하면 해를 입는다는 말. (비) 게도 구멍이 크면 죽는다. 뱁새가 황새걸음을 걸으면 가랑이가 찢어진다. 뱁새가 황새를 따라가면 다리가 찢어진다. 사주에 없는 관(冠)을 쓰면 이마가 벗어진다. 송충이 갈잎을 먹으면 떨어진다. 짝새가 황새걸음을 하면 다리가 찢어진다. 촉새가 황새를 따라가다가 가랑이가 찢어진다. 팔자에 없는 감투를 쓰면 이마가 쪼개진다.

송파장(松坡場) 웃머리 나이를 실제보다 많게 하여 연장자(年長者)라고 말하는 사람을 조롱하는 뜻. ★송파장 : 광주(廣州)에 있는 큰 우시장. ★웃머리 : 늙은 소를 이름.

송편으로 목을 따 죽지 1.하찮은 일로 같잖게 성을 내거나 분해하는 사람을 이르는 말. 2.처지가 궁박하고 답답하여 어쩔 줄 모르게 됨을 이르는 말. (비) 접시 물에 빠져 죽지. 거미줄에 목을 맨다.

솥 떼어 놓고 삼 년이다 오랫동안 결정을 못 짓고 망설임. (비) 솥 씻어 놓고 기다린다.

솥뚜껑에 엿을 놓았나 빨리 돌아가려고 일어나는 사람을 만류하면서 하는 말. (비) 노굿 전에 엿을 놓았나.

솥뚜껑 운전수 매일 부엌에서 솥뚜껑을 열었다 닫았다 하는 아내를 비유하는 말.

솥발 같다 셋이 사이좋게 나란히 있음을 이름.

솥 속이 노는 고기 (비) 물 잃은 고기(용)

솥 속에 콩도 쪄야 익지 무엇이나 힘써 노력 않으면 이루어지지 않는단 말. (비) 솥에 넣은 팥이라도 익어야 먹지. 구슬이 서 말이라도 꿰어야 보배. 구운 게 발도 떼어야 먹는다. 부뚜막에 소금도 집어넣어야 짜다. 진주가 열 그릇이라도 꿰어야 구슬. 가마 속의 콩도 삶아야 먹는다.

솥 씻어 놓고 기다리기 모든 것을 다 준비해 놓고 기다림을 일컬음.

솥 안에 든 고기 꼼짝없이 죽게 된 처지나 그러한 상황에 놓인 존재를 비유적으로 이름.

솥에 개 누웠다 쌀이 들어갈 솥에 개가 누웠다는 뜻으로, 쌀이 없어 여러 날 밥을 짓지 못하였음을 비유적으로 이르는 말.

솥에 넣은 소금이 어디 간다더냐 그 안에 있는 것은 어디에 가지 않으므로 염려할 필요가 없다는 뜻.

솥에 넣은 팥이라도 익어야 먹지 손쉬운 일도 노력 없이는 이루어지지 않는단 말. (비) 가마 속의 콩도 삶아야 먹는다. 구슬이 서 말이라도 꿰어야 구슬. 솥에 넣은 팥도 익어야 먹지. 구운 게 발도 떼어야 먹는다.

솥은 검어도 밥은 검지 않다 (비) 까마귀가 검기로 마음(살/속)도 검겠나.

솥은 부엌에 걸고 절구는 헛간에 놓아야 한다 누구나 다 알고 있는 일을 특별히 자기만 아는 체하고 남에게 가르치는 사람을 비웃는 말.

쇠가 쇠를 먹고 살이 살을 먹는다 동족끼리 서로 싸우는 것을 이르는 말.

쇠가죽을 무릅쓰다 (비) 벼룩(빈대)도 낯짝이 있다

쇠 갗 한 놈 같다 얼굴빛이 붉은 사람을 이르는 말. (비) 원숭이 똥구멍이다. 원숭이 볼기짝인가.

쇠고기 열점보다 새고기 한 점이 낫다 참새고기가 맛이 있다는 말.

쇠 고집과 닭 고집이다 매우 고집이 세다는 뜻. (비) 닭 고집.

쇠귀신 같다 씩씩거리기만 하고 말 없는 사람을 이름.

쇠귀에 경(經) 읽기 아무리 가르치고 일러주어도 귀담아 듣지 않을 때 하는 말. 우이독경(牛耳讀經). (비) 말 귀에 염불. 쇠코에 경 읽기. 소한테 염불.

쇠꼬리보다 닭 대가리가 낫다 (비) 닭 벼슬이(대가리)

〈쇠천 샐닢도 없다〉

될망정 쇠(용)꼬리는 되지 말라.

쇠는 달구고 아이는 때리랬다 아이는 너무 귀엽게만 키우지 말고 엄하게 키우라는 뜻.

쇠는 달궈봐야 알고 사람은 친해봐야 안다 사람의 됨됨이는 겉만 보고는 알지 못하기에 오랫동안 친하게 사귀면서 그의 언행을 살펴봐야 알 수 있다는 뜻.

쇠도 맞부딪쳐야 소리가 난다 한쪽이 가만히 있으면 싸움은 절대로 일어나지 않는다는 말

쇠똥도 약에 쓰려면 없다 흔하던 것도 소용이 있어 찾으면 없다는 말.

쇠똥에 미끄러져 개똥에 코방아 찧는다 쇠똥에 미끄러진 것만으로도 재수 없는 일인데 개의 똥에 코까지 박았다는 뜻으로, 대수롭지 않은 일에 계속 실수만 하고 일이 꼬여 어이가 없는 경우를 비유적으로 이르는 뜻. (비) 결창이 터진다.

쇠똥이 지짐 떡 같으냐 1.먹지 못할 것을 먹으려고 하는 사람을 비웃는 말. 2.가망 없는 일을 바란다는 말. (비) 수수 알이 인단 같으냐. 공 간 날이 장날 같으냐. 말똥이 밤 알 같으냐.

쇠말뚝도 꾸미기 탓이라 못 생긴 사람도 잘 꾸며 놓으면 볼품 있단 말. (비) 집과 계집은 가꾸기 탓.

쇠 먹은 똥은 삭지도 않는다 뇌물을 주면 반드시 효과가 있음을 비유적으로 이르는 말.

쇠 먹은 줄 줄칼이 쇠를 깎아 먹는다는 뜻으로, 돈을 함부로 쓰는 사람을 이르는 말.

쇠 멱미레 같다 옹고집을 보고 하는 말. ★멱미레 : 소의 턱 밑의 고기.

쇠 모시 키우는 놈하고 자식 키우는 놈은 막말 못한다 제 자식이 나중에 어떻게 될지 모르니 남에게 장담이나 막말을 하지 말라는 말.

쇠목에 방울 단다 어울리지 않은 장식을 한다는 말. (비) 개 대가리에 관. 개목에 방울. 개귀에 방울.

쇠불알 떨어지면 구워 먹기 (비) 곤달걀 놓고 병아리 기다린다.

쇠불알 떨어질까 하고 제 장작 지고 다닌다 (비) 곤달걀 놓고 병아리 기다린다.

쇠뼈 우려먹듯 무엇 한 가지를 오래 두고 이용한다는 말. (비) 노루 친 막대 삼 년 우린다. 노루 때린 막대를 세 번이나 국 끓여 먹는다. 금방망이 우려먹듯. 노루 친 몽둥이 삼 년 우린다.

쇠뿔도 각각 염주(염불)도 몫몫 무엇이나 다 각기 제 맡은 몫이 따로 있다는 뜻으로 이르는 말

쇠뿔도 단김에 빼랬다 어떤 일을 하려고 마음을 먹었으면 주저하지 말고 빨리하라는 말. (비) 쇠뿔도 손 대었을 때 뽑아 버려라.

쇠뿔에 계란 세우랴 (비) 까마귀 대가리 희어질까.

쇠뿔 잡다가 소 죽인다 소의 뿔을 바로잡으려다가 소를 죽인다는 뜻으로, 결점이나 흠을 고치려다가 정도가 지나쳐서 도리어 그 자체를 망치거나 더 큰 해를 끼치게 됨을 비유적으로 이르는 말.

쇠 살에 말뼈 (비) 노루잠에 개꿈.

쇠스랑 발은 세 개라도 입은 한치다 남의 흉을 꼬집어 말하기를 즐긴다는 말.

쇠 씹한 놈 같다 음침하고 은밀하게 무슨 짓을 한 것처럼 얼굴이 붉은 사람을 비웃는 말. (비) 선짓국 먹고 발등걸이를 하였다. 주토(朱土) 광대를 그렸다. 원숭이 볼기짝이가. 말고기 자반.

쇠양배양한다 앞일을 짐작하고 사물을 분별하는 지혜가 적다는 뜻.

쇠옹두리를 우리듯 소의 옹두리뼈를 오래도록 두고두고 우려먹음을 이름. (비) 쇠뼈 우려먹듯. 노루 때린 막대기 삼 년 우린다.

쇠절구로 바늘 만들기 목적을 달성하기 위해서는 참고 견디며 이겨내야 한다는 뜻.

쇠죽가마에 달걀 삶아 먹을라 불량한 아이를 경계함이 도리어 나쁜 짓을 가르친다는 말.

쇠천 뒤 글자 같다 남의 내정(內情)을 잘 알 수 없다는 뜻. (비) 우렁이 속 같다. 호도 속 같다.

쇠천 샐닢도 없다 주머니 속에 한 푼도 없다는 말. (비) 물에 빠져도 주머니 밖에 뜰 것 없다. 속 빈 강

〈쇠청하는 도승지(都承旨)가 여름 북창(北窓)밑에서 자는 사람만 못하다〉

정에 잉어 등 같다. 사탕붕어의 검둥검둥이라. 피천 한 잎 없다. 피천 대푼 없다. 피동 천 한 푼 없다.

쇠청하는 도승지(都承旨)가 여름 북창(北窓)밑에서 자는 사람만 못하다 시청하는 사람이 여름에 시원한 그늘에서 잠자는 사람만 못한단 말. (비) 시청하는 도승지가 여름 북창 밑에서 자는 사람만 못하다. ★쇠청 : 생황 따위의 대롱 아래쪽 끝에 붙어 떨어 울리게 하는 서. 백동 따위의 쇠붙이로 만든다. ★도승지 : 조선 시대, 승정원(承政院)에 있던 여섯 승지(承旨) 중 수석 승지. 왕명을 전달하거나 신하들이 왕에게 올리는 글을 상달하는 일을 맡아하였다.

쇠코에 경 읽기 아무리 가르쳐도 알아듣지 못함을 이름. (비) 쇠귀에 경 읽기. 말 귀에 염불. 쇠 귀에 경 읽기. 소한테 염불.

쇠털같이 많다 소의 털처럼 수효가 샐 수 없이 매우 많음을 이름.

쇠털같이 허구한 날 소의 털과 같이 헤아릴 수 없을 정도로 많은 나날을 비유적으로 이르는 말.

쇠털 뽑아 제 구멍에 박는다 고지식하여 조금도 융통성이 없다는 말. (비) 제 털 뽑아 제 구멍 막는다.

쇠파리 쇠꼬리에 붙듯 한다 죽을지도 모르고 악착스럽게 달라붙는다는 뜻.

쇠 힘은 쇠 힘이고 새(鳥) 힘은 새 힘이다 1.큰 힘과 작은 힘은 각각 쓰일 때가 다르니 힘의 다소(多少)만으로 그 가치를 평가해서는 안 된다는 말, 2.원체 비교가 안 된다는 뜻도 있음.

쇠 힘줄 같다 고집이 세고 융통성이 없다는 뜻.

숀네를 내붙인다 비굴하게 아첨한다는 뜻. ★숀네 : 소인네의 준말.

수가 많게 되면 어느 것이 좋은가 의욕이 생긴다 너무 여러 가지가 있으면 어느 것이 좋은지 분별하기가 매우 어렵다는 말.

수가(修家)하는 데는 공자(孔子) 몸을 수양하고 집안을 다스리는 데는 공자를 본받아야 한단 말. ★공자 : 중국 춘추 시대의 사상가학자(BC 551~BC 479). 이름은 구(丘)이고 자는 중니(中尼)이다. 노(魯)나라 출신으로, 육경(六經)을 정리하고 인(仁), 예(禮), 효제(孝悌), 충서(忠恕) 등 윤리 도덕을 가르쳤다. 유교의 개조(開祖)로 일컬어지며 제자들이 그의 언행을 기록한 《논어(論語)》 일곱 권이 있다.

수구문 차례 술을 마실 때 나이 많은 먹은 사람부터 잔이 가는 것을 비꼬아 하는 말. ★수구문 : 성벽 안에서 흘러내리는 물이 성 밖으로 빠져나가도록 수구(水口)에 낸 문. 서울특별시 중구 광희동에 있는 조선 시대의 성문. 사소문(四小門)의 하나로, 1396(태조 5)년에 건립하였고 지금의 것은 1975년에 개축한 것이다.

수구초심(首丘初心) 여우가 죽을 때 제가 살던 굴이 있는 언덕 쪽으로 머리를 둔다는 뜻으로, 고향을 그리워하는 마음을 이르는 말.

수놓은 비단옷 입고 밤길 가기 비단옷을 입었어도 밤길을 가면 아무도 몰라주듯이 애를 쓰고도 아무 보람이 없다는 뜻.

수달이 아니라 발바닥도 못 핥는다 수달은 발바닥만 핥아도 살지만 사람은 굶고는 못 산다는 뜻.

수돌이 영변(寧邊)에 다녀오듯 멋도 모르고 확하니 다녀옴을 이름.

수라장(修羅場)이 되었다 전란 싸움 등으로 어지럽고 비참한 과정을 이름.

수렁에 빠진 호랑이가 으르렁거린다 꼼짝도 못하는 주제에 큰소리만 한다는 말.

수렁에서 뛰면 발이 빠지고 흙투성이가 된다 어려운 환경에서 날뛰다가는 일이 점점 악화된다는 말.

수레도 두 바퀴로 구른다 여러 사람이 서로 협동하면 그만큼 일하기가 수월하다는 뜻

수레를 끄는 말이 놀라 뛰면 수레에 탄 사람도 편할 수 없다 군중들이 동요하게 되면 위정자(爲政者)도 편할 수 없다는 뜻.

수레 위에서 이를 간다 때가 늦은 뒤에 사람을 원망해도 소용이 없다는 뜻.

수레의 양 바퀴 두 사람이 중요한 역할을 하고 있다는 말.

수박 겉핥기 사물의 속 내용은 모르고 겉만 건드림을 일컬음.

수박 먹다 이 빠진다 (비) 돌다리도 두들겨 보고 건너라.

수박 속은 봐야 알고 사람은 지내봐야 안다 수박은 쪼개서 속을 봐야 잘 익었는지 설익었는지 알 수 있고, 사람은 함께 지내보아야 그 됨됨이가 어떠한지를 알 수 있다는 말.

수박 흥정 속을 들여다보지 못하고 하는 흥정이라는 말.

수비하면 견고하다 역량이 적보다 약할 땐 수비를 하는 것이 안전하다는 뜻.

수수떡을 해먹어야겠다 두 사람의 사이를 친하게 하기 위하여 수수떡을 해서 먹어야겠다는 말.

수수 알 인단 같으냐 가망 없는 것을 바란단 뜻. 또는 못 먹을 것을 먹겠단 말.
 (비) 공 간 날이 장날 같으냐. 말똥이 밤알 같으냐. 쇠똥이 지짐 떡 같으냐.

수수팥떡 안팎 없다 안팎이 같을 때를 이름.

수숫대도 아래위 마디가 있다 어떤 일이나 상하(上下)가 있다는 말.

수심이 많으면 병도 많게 된다 수심이 많으면 병으로 발전하게 된다는 뜻.

수양딸로 며느리 삼는다 (비) 누워 떡 먹기.

수양산 그늘이 강동 팔십 리 간다 (비) 금강산(金剛山) 그늘이 관동(關東) 팔십 리 ★수양산 : 황해도 해주시와 신원군 경계에 있는 산. 높이는 899미터이다.

수양이 새끼를 낳아 젖 먹인다 (비) 간장이 시고 소금에 곰팡이 난다.

수염은 고생할 때 길고 손톱은 편할 때 긴다 고생을 하면 야위기 때문에 수염이 더 잘 자라는 것 같이 보이며 손톱은 일하면 닳지만 일을 하지 않게 되면 쉬 길게 된다는 뜻.

수염을 내리쓴다 남에게 마땅히 하여야 할 일도 하지 않고 모르는 체 시치미를 떼고 있음을 이르는 말.

수염의 먼지도 털어주겠다 (비) 불알을 긁어 주다.

수염의 불 끄듯 조금도 지체하지 않고 성급히 서둘러 함을 이름. (비) 수염에 붙은 불 끄듯 한다.

수염이 석 자라도 먹어야 양반 아무리 훌륭하고 점잖은 사람도 먹지 않고는 살 수 없음.

수원(水原) 구두쇠 옛날 수원 사람들은 마음이 굳고 돈에 인색하였다는 데서 나온 말로, 돈에 인색하고 옹졸한 사람을 두고 하는 말.

수원 남양 사람은 발가벗고도 삼십 리를 간다 1. 그곳 사람들의 마음이 모질다 하여 하는 말. 2. 안과 겉이 다른 사람을 두고 하는 말. (비) 전라도 사람은 발가벗어도 삼집 리를 간다.

수제비 잘하는 사람이 국수도 잘한다 한 가지 일을 잘 하는 사람은 다른 일도 잘한다.

수진상전(壽進床廛)에 지팡이를 짚기 쉽겠다 오래지 않아 죽겠다는 말로 쓰는 뜻. ★수진상전 : 초상에 필요한 물건을 파는 가게.

수치를 수치로 알아야 고친다 자신의 잘못을 수치스럽게 여기지 않으면 고치지 못한다는 뜻.

수캐 배 되었다 무엇을 먹지 못하여 배가 홀쭉함을 이르는 말.

수컷이 암컷을 따르듯 한다 몹시 성가시게 따라 다닌다는 뜻으로, 여자라면 사족을 못 쓰는 사람을 두고 하는 말. (비) 수캐가 암캐 따라다니듯 한다.

수탉도 홰에서 운다 사람은 누구나 살던 곳이 좋다는 뜻.

수파련(水波蓮)에 밀동자(童子) 남자로 기골이 약하고 얼굴이 곱게 생긴 사람을 두고 하는 말.
 ★수파련 : 잔치 때 장식으로 쓰는 종이 연꽃.
 ★밀동자 : 밀로 손가락 두어 마디만 하게 만든 동자의 형상.

수판(數板)으론 남고 실제론 밑진다 계산상은 이익이 많이 남는데 결산하고 보면 결국 밑졌다는 말.

수평이 대가리 머리털이 어지럽게 뒤헝클어짐을 이름. (비) 덩덕새 대가리 같다.

수풀의 꿩은 개가 내몰고 오장의 말은 술이 내몬다 수풀에 숨은 꿩은 개가 찾아내서 내몰지만 사람이 마음

〈숙맥이 상팔자〉

속에 품은 생각은 술이 취하면 나온다는 뜻으로, 술이 들어가면 마음속에 있는 것을 모두 말해버리게 된다는 말.

숙맥이 상팔자 모르는 것이 마음 편하다는 말.

숙수(熟水)가 많으면 국수가 수제비 된다 일을 하는 데 참견하는 사람이 많으면 오히려 일을 그르치게 된다는 뜻. (비) 숙수가 많으면 국 맛이 짜다. ★숙수 : 제사에서, '숭늉'을 이르는 말.

숙향전(淑香傳)이 고담(古談)이라 여자의 운명이 평탄치 못하여 끝끝내 좋은 때를 만나지 못한다는 뜻. ★숙향전 : 17세기 말엽에 창작된 한국 고전소설. 남주인공 '이선'과 여주인공 '김숙향'을 통해 가족 이산, 남녀 간의 사랑과 그 존립 기반인 상호 존중을 이야기함. 인물의 삶에 관여하는 운명론과 인간의 존재론.

순라골(巡邏汨) 까마종이라 무엇이나 다 알고 있어 모르는 것이 없는 것을 이름. (비) 세물전 영감인가. ★순라골 : 풍수지리학자로 유명한 전 서울대 최모 교수에 의하면 서울 종묘 앞과 좌우 동네는 金 즉 전(錢)의 기운이 강하다고 하였다.

순박한 데 거짓도 있다 순박하면 믿게 되고 믿기 되면 사기를 치게 된다는 말.

순을 누르고 싹을 꺾는다 젊은 사람의 장래를 망친다는 뜻. (비) 크는 나무 순을 꺾는다.

순(舜)임금 독 장사 속이지 않고서는 장사를 못한다는 말. ★순임금 : 순 제순(帝舜)은 명군으로 알려진 중국의 신화 속 군주의 이름으로, 중국의 삼황오제(三皇五帝) 신화 가운데 오제의 마지막 군주이다. 주로 선대의 요(堯)와 함께 성군(聖君)의 대명사로 일컬어진다.

순임금이 독 장사를 했을까 천한 일이어서 못하겠다고 할 때 참고하라고 권하는 말.

순종하는 사람은 덕으로서 맡기라 자기에게 순종하는 사람에겐 너그럽게 믿고 맡겨야 한다는 말.

순천자(順天者)는 존(存)하고 역천자(逆天者)는 망(亡)한다 천명을 따르면 변영을 누릴 것이고 천명을 거역하면 망한다는 뜻.

순풍에 돛 단 듯이 일이 순조롭게 잘 된다는 뜻. (비) 순풍에 돛 단 배.

숟가락을 멀리 잡으면 시집을 멀리 간다 숟가락을 멀리 잡는 것이 아니라고 이르는 말.

숱갈 한 단 못 세는 사람이 살림은 잘한다 여자가 좀 미련한 듯해야 딴생각 없이 꾸준히 살림을 잘한다는 뜻.

술값보다 안줏값이 더 비싸다 어떤 일에 있어 주되는 것보다 그에 딸린 것이 더 많음을 이름. (비) 배보다 배꼽이 더 크다.

술값 천 년이요 약값 만 년이다 술값이나 약은 판매마진이 크므로 외상값은 오래 있다가 주어도 된다는 뜻.

술과 계집과 노름은 패가 장본이다 주색과 노름에 젖어 살아가는 사람은 패가를 하게 된다는 뜻. ⇔ 술과 계집과 노름은 사나이의 삼도락이다.

술과 안주를 보면 맹세도 잊는다 술을 보면 안마시고 못 배긴다는 뜻.

술과 친구는 오래될수록 좋다 술은 오래된 것일수록 질이 좋고 친구는 오래 사귈수록 더 친하다는 뜻.

술 괴(익, 빚)자 임 오신다 (비) 가시어미 장 떨어지자 사위가 국 싫다 한다

술꾼은 해장술에 살찐다 술 좋아하는 사람은 해장국에 해장술 맛이 좋다는 뜻. (비) 술꾼은 해장국에 속푼다.

술 담배 참아 소 샀더니 호랑이가 물어갔다 돈은 모으기만 할 것이 아니라 쓸데는 써야 한다는 뜻. (비) 중의 망건 값 안 모인다.

술 덤벙 물 덤벙 매사에 경거망동함을 이르는 말.

술도 먹는 놈이 취한다 1.원인이 있으면 결과가 있게 된다는 뜻으로 일은 시작을 하여야 한다는 말. 2.죄를 지으면 결국 탄로가 나게 된다는 의미.

술독은 해장술로 풀어야 한다 술이 아직 덜 깼을 땐 해장국과 해장술을 조금 먹는 것이 낫다는 말.

술 먹여놓고 해장 가자 부른다 일을 못되게 망쳐놓고 그

뒤에 도와주는 체한다는 말. (비) 병 주고 약 준다.

술 먹은 개 술에 취하여 이성을 잃은 행동을 하는 사람을 비유적으로 이르는 말.

술 받아주고 뺨 맞는다 (비) 내 것 주고 뺨 맞는다.

술 배우려면 술버릇부터 배워야 한다 술을 배울 땐 나쁜 버릇이 들지 않게 삼가라는 의미.

술 본 김에 제사 지낸다 무슨 일이나 기회가 좋을 때 그 기회를 놓치지 말고 이용해야 한다는 의미.

술 샘나는 주전자 (비) 간장이 시고 소금에 곰팡이 난다.

술 안 먹어서는 거짓말하던 사람도 술 먹으면 바른 말한다 평소엔 거짓말을 일삼던 사람도 술에 취하면 속에 있는 말을 다 하게 된다는 뜻.

술안주만 보면 끊은 술 생각이 난다 잊어버렸던 것도 그와 관련이 있는 것을 보면 머릿속에서 기억이 되살아난다는 뜻.

술에는 삼 걸이 있다 술좌석에는 취할 걸, 과할 걸, 안 될 걸, 삼 걸이 있다는 뜻.

술에는 장사가 없다 과음으로 인한 폐해를 경고하는 속담으로, 과음은 간질환은 물론 소화기관과 성 기능, 암 발생에도 영향을 미치므로 항상 절재가 필요함을 강조하는 말.

술에도 공술은 없다 술을 얻어먹으면 다음에 갚아야 하기에 술에도 공것이 없다는 말.

술에 술 탄 듯 물에 물 탄 듯하다 아무리 노력해서 일했어도 흔적이 없어 하나마나라는 뜻.

술에 취하면 임금도 없다 술에 취하면 정신을 잃어 윗사람도 모르고 무례한 짓을 한다는 말.

술에 취해서 함부로 말하면 술이 깬 뒤에 뉘우치게 된다 취중에 실언하게 되면 술이 깬 뒤에 후회하므로 조심하라는 뜻.

술은 김가가 마시고 주정은 이가가 한다 전혀 관계가 없는 엉뚱한 짓을 한다는 말.

술은 괼 때 걸러야 한다 (비) 고사리도 꺾을 때 꺾어야 한다(는다).

술은 권하는 재미에 마신다 술은 서로 주거니 받거니 하면서 마셔야 흥이 난다는 뜻. ⇔ 술은 권하지 않고 마시는 것이 즐거운 것이다.

술은 맛을 먹는 것이 아니라 멋으로 먹는다 술은 맛으로 먹는 것이 아니라 취하는 멋으로 먹는다는 뜻.

술은 먹어도 술에 먹히지는 말랬다 술을 먹어도 술에 취해서 정신을 못 차릴 정도로 먹어선 안 된다는 뜻.

술은 몸을 돌보지 않는다 술은 몸을 해치기에 자신이 몸을 생각해가며 먹어야 한다는 의미.

술은 묵은 술이 좋고 옷은 새 옷이 좋다 친구는 오래될수록 좋고 이와 반대로 옷은 새것일수록 좋다는 말. (비) 술은 묵을수록 좋고 의사는 늙을수록 용하다.

술은 미치광이 되는 약 술을 지나치게 좋아하다간 중독자가 되어 사람 노릇을 못하게 되니 조심해야 한다는 뜻. ⇔ 술은 백 약 중에 으뜸이다.

술은 반만 취해야 좋고 꽃은 반만 피어여 곱다 술은 적당히 취해야 취흥을 느끼게 되고 꽃은 만개한 것보다 반만 피어야 더욱 아름답게 보인다는 뜻.

술은 백약의 장 술을 알맞게 마시면 어떠한 양약보다도 술이 몸에 가장 좋다는 말. (비) 술을 보거든 간장같이 대하라.

술은 안주가 좋아야 한다 술은 좋은 안주와 먹어야 맛도 있을 뿐 아니라 취기도 덜 오른다는 의미.

술은 얼굴을 붉게 하고 돈은 마음을 검게 한다 술은 적당히 마셔야 하고 돈은 너무 욕심내지 말아야 한다는 의미.

술은 예절로 시작하여 소란으로 끝난다 술자리에선 처음은 예의를 지키지만 나중엔 술에 취해서 추태를 부리게 된다는 뜻.

술은 잘 먹으면 약주 못 먹으면 망주 술은 적당히 먹으면 몸에 좋지만 많이 먹으면 패가하게 된다는 말.

술은 제 어머니가 따라도 맛이 난다 1.술은 자작(自酌)하면 맛이 없다는 말. 2.술은 여자가 따라야 맛이 난다는 뜻.

술은 차야 맛이고, 임은 품어야 맛이다 술은 잔에 채워야 한다는 뜻.

⟨ 술은 초물에 취하고 사람은 훗물에 취한다 ⟩

술은 초물에 취하고 사람은 훗물에 취한다 처음 마실 때부터 취하나 사람은 오래 사귀고 나서야 친해질 수 있다는 뜻.

술은 취하자는 술이다 술은 취흥을 느끼기 위해서 마신다는 뜻. ⇔ 술은 조금 취하도록 마셔야 한다.

술을 보거든 간장같이 대하라 되도록 술을 먹지 않는 것이 좋다는 말.

술이 술을 먹는다 인사불성이 되도록 술을 마시고 또 마신다는 뜻. (비) 술이 사람을 먹는다.

술이 아무리 독해도 먹지 않으면 취하지 않는다 무엇이나 실제로 해보지 않으면 아무 결과도 나타나지 않는다는 말.

술 익자 체 장수 간다 일이 우연히 잘 맞아감의 비유. (비) 주인장이 없다하자 손 국 싫다 한다. 술 괴자 임 오신다. 술 빚자 임 오신다. 술 익자 임 오신다. 주인집 장 떨어지자 나그네 국 마단다. 가시어미 장 떨어지자 사위가 국 싫다 한다.

술 좋아하면 주정꾼 되고 놀기 좋아하면 건달 된다 술을 너무 좋아하면 사람 구실 못 하는 주정꾼이 되고, 놀기만을 너무 좋아하는 사람은 경제적으로 몰락하게 된다는 말.

술집에 가서 떡 달란다 엉뚱한 곳에 가서 무엇을 달라고 한다는 말. (비) 떡집에 가서 술 달란다.

술 취한 놈이 외나무다리를 잘 건너간다 술에 취한 사람이라도 정신을 가다듬고 실수하지 않으려고 애를 써서 해를 안 입으려고 조심한다는 뜻.

술 취한 중놈 목탁 치듯 한다 술 취한 중놈이 목탁 치듯이 무엇을 함부로 두들긴다는 뜻.

술친구는 친구가 아니다 술자리에서 가까이 지내는 사람은 고락(苦樂)을 같이할 친구는 못 된다는 뜻.

숨겨진 것이 있어야 나타난다 사실이 있어야 소문도 난다는 뜻.

숨기는 일치고 좋은 일 없다 남의 눈을 속여가며 하는 일은 어떤 일이든 대부분이 좋은 일은 아니라는 뜻. (비) 숨긴 일이 천 리 간다.

숨길수록 탄로난다 은밀히 하는 일은 남들에게 더 관심을 끌게 되므로 언젠가는 발각된다는 뜻. (비) 숨길수록 잘 드러난다.

숨다 보니 포도청 집이라 무슨 일이 뜻밖에 낭패를 보는 경우를 이르는 말.

숨어서 활 쏜다 사람들 모르게 남을 해친다는 말.

숨었던 용이 여의주를 얻은 격 오랫동안 고생한 끝에 자기가 소망한 일이 이루어졌다는 뜻.

숨은 내쉬고 말은 내하지 말라 말은 입 밖에 내기를 조심하라는 뜻.

숨은 덕은 반드시 밝혀진다 남들 모르게 베푼 은덕은 반드시 세상 사람들이 다 알게 된다는 뜻.

숨을 쉬니 송장은 아니다 얼마 못 가서 죽을 정도로 몸이 몹시 쇠약하다는 말 (비) 눈만 감으면 송장이다. 눈만 감으면 염하러 달려들겠다.

숨이 턱에 닿다 몹시 숨이 차다는 말.

숫돌이 저 닳는 줄 모른다 숫돌이 무엇을 갈 때마다 제가 닳는 것은 깨닫지 못하지만 점차로 닳아서 패게 된다는 뜻으로, 조그마한 손해는 잘 느껴지지 않지만 그것이 쌓이면 무시할 수 없게 됨을 비유적으로 이르는 말.

숭어가 뛰니까 망둥이도 뛴다 제 처지는 생각하지 않고 저보다 나은 사람을 모방하려고 애쓴다는 말. (비) 숭어가 뛰면 복장이도 뛴다. 망둥이가 뛰니까 전라도 빗자루도 뛴다.

숭어 뛰면 복장이 뛴다 남이 한다고 해서 감당하지도 못할 자가 하려 덤빈다는 뜻. (비) 숭어가 뛰니까 망둥이도 뛴다. 망둥이가 뛰니까 전라도 빗자루도 뛴다.

숯불도 한 덩이는 쉬 죽는다 어떤 일도 여럿이 협동하고 단결하면 일이 잘된다는 뜻.

숯은 달아서 피우고 쌀은 세어서짓는다 (비) 낟알 세어 밥한다.

숯불을 안고서 시원하기를 바란다 원하는 일과 행동이 일치지 못하다는 말.

숯이 검정 나무란다 (비) 샛바리 짚바리 나무란다.

숲도 커야 짐승이 나온다 일정한 바탕이나 조건이 갖추어져야 그것에 해당하는 내용이 따르게 됨을 이름.

숲 속 꿩은 개가 몰아낸다 속에 간직하고 있던 비밀은 술에 취해서 탄로가 난다는 뜻.

숲 속의 호박은 잘 자란다 늘 보는 것은 자라는 줄 모르나, 한창 자랄 때 사람이나 생물은 오랜만에 한 번씩 보게 되면 몰라볼 정도로 쑥쑥 큰다는 뜻.

숲이 깊어야 도깨비가 나온다 (비) 골이 깊어야 범이 있고 숲이 깊어야 도깨비가 있다.

숲이 짙으면 범이 든다 속이 우중충하고 뚜렷하지 못하면 반듯이 위험이 내포되어 있는 것이란 뜻.

쉬 덥는 방이 쉬 식는다 노력이 적으면 그 결과로 이루어지는 것도 변변치 못하여 길이 남을 것이 못됨을 이름.

쉬파리 무서워 장 안 담을까 마땅히 해야 할 일은 어떤 방해물이 있더라도 해야 한다는 뜻.

쉰 길 나무도 베면 끝이 있다 아무리 복잡하고 어려워 보이는 일이라도 시작하여 해 나가면 끝을 본다는 뜻.

쉰 길 물속은 알아도 한 길 사람 속은 모른다 사람의 마음속은 알기가 매우 어렵단 말. (비) 열 길 물속은 알아도 한 길 사람 속은 모른다. 천 길 물속은 알아도 한 길 사람 속은 모른다.

쉰 밥 고양이 주기 아깝다 (비) 저 먹자니 싫고 개 주자니 아깝다.

쉽게 번 돈 쉽게 나가고 어렵게 번 돈 어렵게 나간다 부정하게 번 돈은 오래 유지하지 못하지만 노력해 벌어 모은 돈은 오래 지닐 수 있다는 뜻.

스님 눈물 같다 어둠침침하다는 말.

스스로 뿌린 씨앗은 그 자신이 거둔다 자기가 한 일에 대가는 자기가 그대로 받게 되므로 악한 일을 하지 말고 착한 일을 많이 하여 복을 많이 받도록 하라는 말.

스스로 칭찬하는 사람은 공이 없다 자신이 자신을 자랑하는 사람은 어리석을 뿐 공을 세우지 못한 사람이 되고 만다는 뜻.

스승의 그림자도 밟지 않는다 선생님을 모시고 갈 때는 비록 그림자라도 밟아서는 안 될 만큼 존경해야 한다는 뜻.

슬갑(膝甲) 도둑 남의 시문(詩文)의 글귀를 몰래 훔쳐서 그것을 그릇 쓰는 사람을 비웃는 말. ★슬갑 : 추위를 막기 위하여 바지 위에다 무릎까지 내려오게 껴입는 옷.

슬인(瑟人) 춤에 지게 지고 엉덩춤 춘다 1.돈 많은 자가 환락(歡樂)하는데 빈한한 자가 부러워하며 마지않는다는 뜻. 2.남이 무슨 일을 한다고 무턱대고 좋아함을 이름. ★슬 : 중국 고대 악기의 하나로 금과 더불어 아악에서 쓰이는 발현 악기이다. 한국에도 전래하여 사용되었다. 금과는 달리 줄을 떠받치는 음주를 가지며 25현으로 되어 있는데, 가운데의 주선은 무율로 연주에는 사용하지 않는다.

슬픈 일각이 즐거운 하루보다 길다 즐거운 속에서는 시간 가는 줄 모르고 지내지만 고생스러운 것은 한없이 지루하다는 뜻.

슬픈 일이 없는데 슬퍼하면 반드시 슬픈 일이 생긴다 비관할 것도 아닌 걸 비관하면 반드시 비관할 일이 생기게 되기에 항상 낙관적인 마음의 자세를 가지란 뜻.

슬플 때는 의복형도 찾아간다 사람이 궁지에 빠지게 되면 현실에서 도피하기 위해서 염치를 돌보지 않고 남에게 의지하려고 한다는 뜻.

슬픔도 나누면 가볍다 슬픔을 당했을 때는 친한 사람이 위안을 주면 그 슬픔이 한결 덜하다는 말.

슬픔은 나눌수록 줄고 기쁨은 나눌수록 커진다 슬픈 일을 당한 사람에겐 위로해주어야 하며 기쁜 일을 당한 사람엔 축하해주어야 한다는 말.

습관이 배면 성질도 변한다 습관과 생활이 성질까지 변하기에 좋은 습관과 생활을 해야 한다는 뜻.

승낙하는 것은 반드시 삼가야 한다 승낙할 때는 자신이 책임질 수 있는가를 먼저 생각해 본 다음에 조심하여 결정하라는 뜻. (비) 승낙할 때는 반드시 신중하

〈승냥이 똥이라〉

게 대답하라.
승냥이 똥이라 어지럽고 지저분하다는 뜻. (비) 거지 밥주머니.
승리하면 충신 실패하면 역적 정치에서는 승리하면 공신이 되고, 패배하면 역적으로 몰린다는 뜻. (비) 잘 되면 충신 못되면 역적.
승부의 징조는 미리 볼 수 있다 승부의 징조는 쌍방의 여러 가지의 조건을 살펴보면 미리 짐작할 수 있다는 의미.
승산이 보이면 싸우고 승산이 없으면 기다려야 한다 싸움은 승산이 있으면 하고 승산이 없으면 기다리며 힘을 축적해야 한다는 말.
승(僧) 청보(淸甫) 제가 한 일에 대하여 시치미를 떼고 모르는 체하는 사람을 보고 하는 말.
승(勝)하면 충신(忠信) 패(敗)하면 역적(逆賊) 이기면 충신이 되고, 지면 역적이 된다는 말. (비) 잘되면 충신이요 못되면 역적이다.
시거든 떫지나 말고 떫거든 시지나 말랬다 이리 보나 저리 보나 사람 됨됨이가 어느 한 군데도 쓸모가 전혀 보이지 않는다는 말.
시거든 떫지나 말고 얽거든 검지나 말지 쓸모가 없는 사람의 비유한 말.
시꺼먼 도둑놈 마음속이 매우 음흉한 사람을 이름.
시골 깍쟁이 서울 곰만 못하다 서울 사람이 시골 사람보다 인색하고 인정이 박함을 비유적으로 이르는 말.
시골 놈이 서울 놈을 못 속이면 보름씩 배를 앓는다 시골 사람이 서울 사람을 더 잘 속인다는 뜻.
시골 놈 제 말 하면 온다 (비) 귀신이야기를 하면 귀신이 온다.
시골당나귀 남대문 쳐다 보듯 좋고 나쁜 내막이나 의의를 전혀 모르고 처음 당하는 일에 그저 어리벙벙하여 쳐다만 보는 모양을 두고 하는 말.
시골에 가면 시골에 살고 싶고 서울에 가면 서울에 살고 싶다 1.환경이 변하면 마음도 변한단 말. 2.사람의 마음은 남이 하는 것이 더 좋아 보인단 뜻.

시궁창에서 용 났다 개천에서 용 났다와 같은 뜻.
시기는 모과 잔등이다 음식 맛이 몹시 시다는 말. 사람의 행동이 몹시 눈에 거슬릴 때 이름. (비) 시기는 산 개미 꽁무니라.
시기는 산 개미 꽁무니라 사람의 하는 짓이 아니꼽게 눈에 거슬린다는 말.
시누 뒤에는 앙큼한 시고모가 있다 시집살이 하는 집에는 시누이도 밉지만 시고모도 밉다는 뜻.
시누올케 춤추는데 가운데 올케 못 출까 남도 참여하는데 자기도 참여하지 못할 것이 없다는 말.
시누이는 고추보다 맵다 시누이가 올케에게 심하게 대하며 호된 시집살이를 겪게 하는 경우를 비유적으로 이르는 말. (비) 시누 하나에 바늘이 네 쌈.
시누이는 친정 조카는 키워도 올케는 시누이 자식을 못 키운다 흔히 시누이가 올케를 시집살이시키기 때문에 올케는 시누이를 미워한다는 데서 유래 된 말. (비) 열 시앗은 밉지 않아도 한 시누이는 밉다.
★시앗 : 남편의 첩(妾).
시누 하나에 바늘이 네 쌈 흔히 시누이가 올케에게 심하게 군다는 뜻. ★쌈 : 바늘을 스물네 개를 단위로 세는 말.
시다는데 초를 친다 엎친 데 덮친 격으로 좋지 못한 일이 겹쳐 일어남을 비유적으로 이름.
시들방귀 같다 맥없고 시들하여 사물을 우습게 여기는 말.
시들은 배추 잎 같다 얼굴에 생기가 없고 주름 잡힌 피부에 누렇게 떠 있음을 이름. (비) 벌레 먹은 배추 잎 같다.
시러베장단에 호박국 끓여 먹는다 실없는 짓으로 엉뚱한 일을 저지른단 말.
시렁 눈 부채 손 견식만 높고 수환이 없음의 비유. (비) 실없는 부채 손.
시렁에 걸린 바가지 긴요하게 써야 할 물건이 버림을 당하고 있다는 뜻.
시루 안 떡도 먹어야 먹는 것이다 아무리 쉬운 일이라도

〈시앗하고는 하품도 옮지 않는다〉

노력을 하지 않으면 제 것으로 만들 수 없다는 뜻.

시루에 물 퍼 붓기 (비) 밑 없는 독에 물 붓기.

시르죽은 이 몰골이 초췌하고 보잘 것 없는 형색을 비꼬듯 일컫는 말.

시름은 잘해도 등허리에 흙 떨어지는 날 없다 재간은 있으나 별 수 없이 일만 하고 산다는 뜻. ★시름 : 소리를 길게 뽑아 깊은 정회(情懷)로 노래함. 영탄(詠嘆).

시모(媤母)에게 역정 나서 개 옆구리 친다 (비) 늙은 처녀 뒷박 내던진다.

시쁜 나뭇불 튕기 별로 대수롭지도 않던 사람으로부터 뜻밖의 손해를 당하였을 때를 이르는 말. (비) 시원찮은 국에 입가 덴다. 우습게 본 풀에 눈 찔린다. 음식 같잖은 개떡수제비에 입천장 덴다.

시세(時勢)난 장에는 가지 말랬다 시세가 오른 곳에 가서 물건을 사면 비싸기에 시세 오르지 않는 곳 찾아서 물건을 사란 뜻.

시세도 모르고 값을 놓는다 물건의 좋고 나쁨도 알지 못하면서 평가한다는 말.

시세도 모르는 주제에 흥정 붙인다 물건의 내용도 모르면서 흥정을 붙이듯이 자격도 없으면서 나서서 떠든다는 뜻.

시숙(媤叔)과 계수(季嫂)는 백 년 손 (비) 시아주버니와 제수(弟嫂)는 백년손이다.

시시덕 사랑이 서방이 된다 처녀총각이 시시덕거리다가 정이 들어 결혼을 하듯이 무슨 일을 시원찮게 시작한 일이 성사된다는 뜻.

시시덕이는 재를 넘어도 새침데기는 골로 빠진다 시시덕이는 떠들어 대면서도 고개를 넘는데 새침데기는 잔꾀를 내어 골짜기로 빠져나간다는 뜻으로, 겉으로 떠드는 사람보다 얌전한 체하는 사람이 오히려 나쁜 마음을 품는 경우가 더 많다는 말. (비) 새침데기는 골로 빠진다. ★시시덕이 : 시시덕거리기를 잘하는 사람. ★새침데기 : 겉으로는 얌전한 체하는 사람.

시아버지 죽으라고 축수했더니 동지섣달 맨발로 물 길을

때 생각난다 자기가 싫어하고 미워하던 것도 막상 없어지고 보면 아쉽고 생각난다는 뜻. (비) 시어머니 죽으라고 축수했더니 보리방아 물 부어 놓고 생각난다. 죽은 시어머니도 방아 찧을 때 생각난다.

시아주버니와 제수(弟嫂)는 백년손이다 시아주버니와 제수와의 사이는 매우 서먹하게 된다는 뜻. (비) 식구 망나니 시숙(媤叔)과 계수(季嫂)다.

시앗끼리는 하품도 옮지 않는다 본래 쉽게 옮는 하품도 시앗끼리는 옮지도 않는다는 뜻으로, 시앗끼리는 서로 시기하고 사이가 아주 좋지 않다는 말.

시앗 싸움에 요강 장수 시앗 싸움에서 정을 뗀다 하여 흔히 요강을 깨는 바람에 요강 장수가 득을 본다는 뜻으로, 두 사람의 싸움에 다른 사람이 이익을 경우를 비유적으로 이르는 말. (비) 치마가 열두 폭인가. 사돈 잔치에 감 놓으라 배 놓으라 한다. 오지랖이 넓다. 삭은 바자 구멍에 노랑 개 주둥이. 닷곱에 참례 서 홉에 참견.

시앗 싸움엔 돌부처도 돌아앉는다 아무리 점잖고 무던한 부인네라도 시앗을 보면 마음이 변하여 시기와 증오를 한다는 말. (비) 시앗을 보면 길가에 돌부처도 돌아앉는다.

시앗을 보면 길가에 돌부처도 돌아앉는다 첩을 얻으면 아무리 점잖은 부인도 시기한다는 말. (비) 돌부처도 꿈적거린다. 길 아래 돌부처도 돌아앉는다.

시앗이 시앗 꼴을 못 본다 시앗이 제 시앗을 더 못 본다는 말.

시앗 죽은 눈물만큼 몹시 적다는 말. (비) 시앗 죽은 눈물이 눈가장이 젖으랴. 고양이 죽은데 쥐 눈물만큼.

시앗 죽은 눈물이 눈가장이 젖으랴 첩의 죽음에 대하여 본처가 흘리는 눈물에 눈 가장자리도 젖지 않는다는 뜻으로, 어떤 것의 양이 아주 적음을 비유적으로 이르는 말. (비) 시앗 죽은 눈물만큼. 고양이 죽은 데 쥐 눈물만큼. 매 밥도 못하겠다. 벼룩 오줌만하다. 새 발의 피.

시앗하고는 하품도 옮지 않는다 본마누라와 첩 사이는

⟨시어미가 오래 살다가 며느리 환갑날 국수 양푼에 빠져 죽는다⟩

너무나 매섭우므로 서로 화합되지 않는다는 말.
시어미가 오래 살다가 며느리 환갑날 국수 양푼에 빠져 죽는다 사람이 모질어서 남 못할 것을 함을 욕하는 말.
시어미가 오래 살면 개숫물 통에 빠져 죽는다 오랜 시일 지낸 동안에 뜻밖의 좋은 일도 있을 때가 있다는 말. (비) <u>(오래 살면) 시어머니 죽는 날도 있다.</u>
시어미가 오래 살자니까 며느리가 방아 동티에 죽는 걸 본다 무척 어이가 없는 일을 목도(目睹) 했을 때 하는 뜻으로 이름. (비) 벙어리가 말하겠다.
시어미가 죽으면 안방은 내 차지 시어머니가 죽으면 며느리가 그 자리를 차지하게 된다는 뜻으로, 권력을 잡았던 사람이 없어지면 그다음 자리에 있던 사람이 권력을 잡게 됨을 비유적으로 이르는 말. (비) <u>만며느리가 없으면 둘째 며느리가 큰며느리 노릇 한다. 시어미가 죽으면 며느리가 시어미 노릇 한다.</u>
시어머니 웃음은 두고 봐야 한다 시어머니 웃음은 진정으로 좋아서 웃는지 건성으로 웃는지 잘 봐야 안다는 의미.
시어머니 며느리 적 생각 못한다 자기가 겪었던 옛일은 조금도 생각지 않고 처음부터 잘난 듯이 군다는 말. (비) <u>개구리 올챙이 적 생각 못 한다.</u>
시어머니 미우면 상추쌈 들어갈 때 흘린다 쌈을 먹자면 입이 벌어지고 벌어지면 눈을 절로 흘기는 데서 나온 말.
시어머니 죽고 처음이다 시어머니와 한방에서 거처하는 부부가 시어머니의 방해로 부부간의 정사를 못하다가 시어머니가 죽은 뒤에 처음으로 자유스럽게 부부 간에 정사를 하듯이, 기다렸던 일이 오랜만에 처음으로 이루어졌다는 뜻. (비) <u>영감 죽고 처음이다.</u>
시어머니 죽으라고 축수했더니 보리방아 물 부어놓고 생각난다 (비) <u>시아버지 죽으라고 축수했더니 동지섣달 맨발로 물 길을 때 생각난다.</u>
시어미 미워서 개 배때기 찬다 (비) <u>늙은 처녀 됫박 내던진다.</u>
시어미 미워서 개 옆구리 찬다 윗사람에게 꾸중을 듣고 화풀이를 엉뚱한 데서 하는 것. (비) <u>시어미 역정에 개밥 구유 찬다. 시어미에게 역정이 나서 개 배때기 찬다.</u>
시어미 부를 노래 며느리 먼저 부른다 (비) <u>내가 부를 노래 사돈이 부른다.</u>
시어미 죽을 날도 있다 오랜 시일이 지나노라면 속 시원한 일도 있다는 뜻. (비) <u>오래 살면 시어미 죽는 날 있다.</u>
시원찮은 국에 입가 덴다 대단치 않은 일에 해를 당한다는 말. (비) <u>우습게 본 풀에 눈 찔린다. 음식 같잖은 개떡수제비에 입천장 덴다.</u>
시원찮은 귀신이 사람 잡는다 얼른 보아서 미련하고 못난 것으로 보이는 자가 도리어 큰 사건을 일으킨다는 말.
시작도 잘하고 마무리도 잘한다 무슨 일에 시작도 철저히 하고 끝도 철저히 한다는 말. ⇔ <u>시작도 없고 끝도 없다. 시작이 나쁘면 끝도 나쁘다.</u>
시작이 반이다 일은 처음에 시작하기가 어렵지. 일단 시작하면 끝마치는 것은 그리 어렵지 않다는 말.
시장에 살아도 아는 사람이 없다 궁핍한 생활이니 대인관계가 적게 마련이란 뜻.
시장이 반찬 배가 고프면 반찬이 없어도 밥이 맛있다는 말. (비) <u>기갈이 감식. 시장이 팥죽. 오후(午後) 한 냥 쓴 것이 없다.</u>
시장이 팥죽 (비) 시장이 반찬
시장한 사람더러 요기시키라 한다 (비) <u>거지보고 요기시키란다.</u>
시조(時調)를 하느냐 쓸데없는 소리를 중얼거리는 사람에게 하는 말. (비) <u>양 시조를 하느냐.</u>
시조(時調)하라 하면 발뒤축이 아프다 한다 무엇을 시키면 엉뚱한 핑계를 대면서 하지 아니한다는 뜻.
시주(施主)님이 잡수셔야 잡수셨나 하지 일이 성사되어야 비로소 되었는가 보다 하지, 예측할 수 없다는 말.
시지도 않아서 군내부터 먼저 난다 1. 얕고 가벼운 사람이 도리어 언행(言行)에 민첩한 체하거나 잘난 체하며 뽐냄을 비웃는 말. 2.미처 자라기도 전에 좋지 않은 짓부터 할 때 이르는 말. (비) 열무김치 맛도 안 들어서 군내부터 난다. 개살구 지레 터진다.

시집가기 전에 강아지 장만한다 (비) 아이 낳기 전에 기저귀 감 장만한다.

시집가는데 강아지 따르는 것이 제격이라 서로 어울려 격에 맞는다는 뜻. (비) 그 밥에 그 나물. 그 항아리에 그 뚜껑. 남산 봉화 들 제 인경 치고 사대문 열 제 순라군이 제격. 문풍지 떨어진 데 풀비가 제격. 보리밥에 고추장. 색시 가마에 강아지 따라가듯.

시집 가 석 달 장가 가 석 달 같으면 살림 못 할 사람 없다 결혼한 석 달 동안처럼 애정이 계속된다면 이혼할 사람이 없다는 말.

시집간 딸년치고 도둑 아닌 년 없다 (비) 딸자식은 도둑년이다.

시집갈 때 등창난다 공교롭게도 가장 중요한 때에 탈이 난다는 뜻. (비) 노처녀가 시집가려니 등창이 난다. 여든 살 난 큰아기가 시집을 갈랬더니 차일이 없다 한다. ★등창 : 등에 나는 큰 부스럼.

시집 다른 데 없고 오뉴월 통시 다른 데 없다 시집살이는 누구에게나 고되고, 여름의 변소는 누구네 집이나 냄새가 난다는 말.

시집도 기기 전에 기저귀 마련한다 (비) 아이 낳기 전에 기저귀 감 장만한다.

시집도 기기 전에 포대기 장만한다 (비) 아이 낳기 전에 기저귀 감 장만한다.

시집 밥은 살이 찌고 친정 밥은 뼈 살이 찐다 시집살이 하는 것보다 친정에서 살기가 더 편하고 좋음을 비유적으로 이르는 말.

시집 밥은 피밥이고 친정 밥은 쌀밥이다 (비) 시집 밥은 살이 찌고 친정 밥은 뼈 살이 찐다.

시집살이 고추같이 맵다 며느리가 되는 사람은 시어머니나 시누 밑에서 고된 시집살이를 한다는 말.

시집살이 못 하면 동네 개가 다 업신여긴다 여지로서 누구나 다 하는 시집살이를 못 하고 소박맞고 돌아오면 가장 큰 수치란 말.

시집살이 못 하면 본가(本家)살이 하지 이 일에 실패하면 저 일에 희망을 가지겠단 말.

시집살이 삼 년에 열두 폭 치맛자락이 다 썩는다 며느리는 시집살이 초기에 그것이 몹시 고되어 눈물을 많이 흘린다는 말.

시집 열두 번 갔더니 요강 시울에 선(線)두른다 무슨 일을 여러 번 하고 나면 마침내는 좋은 수가 생기게 된다는 뜻. ★시울 : 물건의 가장자리.

시집을 가야 효녀가 된다 시집을 가서 아이를 낳아 길러봐야 부모의 은공을 알고 효녀가 된다는 뜻.

시집을 대신 가겠다 사람이 도무지 시원치 않아 무슨 일이든 시킬 수 없다는 뜻.

시청(侍廳)하는 도승지(都承旨)가 여름 북창(北窓)밑에서 자는 사람만 못하다 벼슬아치로 궐내에 있는 것보다 평민으로 제집에서 편히 있는 것이 부럽다는 말. (비) 쇠청하는 도승지가 여름 북창 밑에서 잠자는 사람만 못하다.

시큰둥하여 지레 꿰어졌다 하는 것이 겉 멋들고 건방져 먼저 탈이 났다 함이니 조숙(早熟)한 처녀를 두고 이르는 말.

식구 망나니 시숙(媤叔)과 계수(季嫂)다. (비) 시아주버니와 제수(弟嫂)는 백년손이다.

식년(式年) 동당(東堂) 가는 대 바리듯 애를 태워 가며 간절히 바란다는 뜻. (비) 대한 칠 년 비 바라듯.

식복이 있는 사람은 자다가도 제삿밥을 얻어먹는다 먹을 복이 있는 사람은 어딜 가든지 먹을 것이 저절로 생긴다는 뜻.

식은 밥이 밥일런가 명태가 반찬일런가 1.음식 대접이 좋지 않음을 허물 잡는 말. 2.사이비(似而非)한 것을 타박하는 말.

식은 죽 가 둘러 먹기 무슨 일을 차분차분해 나간다는 뜻.

식은 죽도 불어가며 먹어라 (비) 돌다리도 두들겨 보고 건너라.

식은 죽 먹고 냉방에 앉았다 괜히 덜덜떨고 있는 사람

⟨식은 죽 먹기⟩

을 놀림조로 이르는 말.
식은 죽 먹기 (비) 누워 떡 먹기
식은 죽 먹듯. 식은 떡 떼어 먹듯 어려워하는 기색이라 곤 조금도 없이 예사로이 하는 것을 이름.
식전(食前) 개가 똥을 참지 어떤 일을 하고 다시는 안 하겠다고 하는 사람을 비웃는 말.
식전 마수 식전에 처음 파는 물건이기에 서로 좋은 기분으로 사고팔자는 뜻.
식전(食前) 마수에 까마귀 우는 소리 매우 불길한 징조가 보인다는 말. (비) 염병에 까마귀 울음. 마마 그릇되듯. 돌림병에 까마귀 울음. 역질에 흑함 되듯.
식전(食前)에 조양(朝陽)이라 이미 때가 늦었음을 이름. (비) 다 밝게 범두와 소리라.
식전(食前) 팔십 리 아침을 먹지 않고 돌아다녀 허기지고 기운이 없다는 말.
식지(食紙)에 붙은 밥풀 작고 하찮은 물건을 쓸데없이 그럭저럭 없어지고 만다는 뜻.
식충(食蟲)이 미련하게 밥을 많이 먹는 사람을 보고 이르는 말.
식칼이 제 자루는 깎지 못한다 (비) 중이 제 머리 못 깎는다.
식혜 먹은 고양이 상(相) 같다 잔뜩 찌푸린 얼굴을 이르는 말. (비) 내 마신 고양이 상.
식혜 먹은 고양이 속 죄를 짓고 드러날까 봐 두려워하는 상태를 가리키는 말.
식후(食後) 일미(一味)는 담배 식후에 피우는 담배는 유난히 맛이 좋다는 뜻.
신랑(新郞) 마두(馬頭)에 발괄한다 경우에 어그러진 망측한 행동을 말함. (비) 조마 거둥에 격쟁한다.
★발괄 : 관청에 억울한 사정을 글이나 말로 하소연 하는 일.
신발을 거꾸로 신는다 남편과 이혼하여 혼자 살아간다는 의미.
신발을 들고 따라가도 못 따라가겠다 남보다 너무 뒤떨어졌기 때문에 아무리 악을 쓰고 따라가도 따라잡

기가 어렵다는 뜻 (비) 신발을 단단히 매고 따라가야 하겠다.
신 배도 맛들 탓이라 무슨 일이나 처음은 싫다가도 차차 재미를 붙이면 좋아질 수 있다는 말. (비) 쓴 배도 맛들 탓. 개살구도 맛들 탓. 깻묵에 맛 들인다. 떫은 배도 씹어볼 만하다.
신 벗고 따라도 못 따른다 어떤 사람의 재주나 능력이 뛰어나서 온 힘을 다해도 그에 미치지 못한다는 말.
신선놀음 신선처럼 아무 걱정이나 근심 없이 즐겁고 평안하게 지낸다는 뜻으로, 해야 할 일은 다 잊고 어떤 놀이에 푹 빠져 있는 것을 비유적으로 이르는 말.
신선놀음에 도낏자루 썩는 줄 모른다 재미있는 일에 정신이 팔려서 세월 가는 줄 모름. 또는 선유후부가설화(仙遊朽斧柯說話)는 한국의 고대 설화이다. (비) 도낏자루 썩는 줄 모른다.
신속에 똥을 담고 다니나 키도 잘 자란다 (비) 땅 넓은 줄은 모르고 하늘 높은 줄만 안다.
신 신고 발바닥 긁기 일하기에도 시원치 않다는 말. (비) 버선 신고 발바닥 긁기. 구두 신고 발등 긁기. 목화 신고 발등 긁기. 신 신고 발바닥 긁기. 옷을 격해 가려운 데를 긁는다. 옷 입고 가려운 데 긁기.
신(腎)에 붙잖다(붙지 않는다) 마음에 꼭 차지 않음을 이르는 말.
신원(新院) 이방(吏房) 자리 매우 바쁘고 일이 많은 직위(職位)란 뜻. ★이방 : 조선 시대. 지방 관아에 딸려 수령의 밑에서 인사(人事), 고과(考課) 등의 업무를 맡아보던 아전(衙前).
신이야 넋이야 한다 잔뜩 벼르던 것을 신이 나서 한다는 뜻.
신(腎)이 늘었다 고생을 많이 하였다는 뜻.
신(腎)이 어그러지다 마음이 불량하여 매우 심한 짓을 한다는 말.
신작로 닦아 놓으니까 문둥이 먼저 지나간다 애써 한 일이 당치도 않는 자가 그르쳐 보람 없이 되었다는 말. (비) 길 닦아놓으니까 용천배가 지랄한다.

신정(新情)이 구정(舊情)만 못하다 새로 사귄 사이보다는 오래 사귀어 온 정이 더 두텁다는 뜻. (비) 옷은 새 옷이 좋고 임은 옛 임이 좋다. 옷은 새 옷이 좋고 사람은 옛사람이 좋다.

신주(神主) 개 물려 보내겠다 하는 짓이 칠칠찮고 흐리터분한 경우의 비유.

신주(神主) 밑구멍을 들먹인다 조상들까지 들추어내어 떠든다는 뜻.

신주(神主) 싸움에 팥죽을 놓지 싸울 때 먹을 것을 갖다가 주면 서로 싸움을 그친다는 뜻.

신주(神主) 치레 하다가 제 못 지낸다 겉모양만 내려다가 정작 해야 할 일은 못 한다는 말.

신중 비녀 1.다른 사람에게는 필요한 것이지만 자기에게는 아무 소용이 없다는 뜻. 2.매우 구하기 어려운 것이란 뜻. ★신중 : 여승(女僧).

신 첨지(申僉知) 신 꼴을 보겠다 하는 짓이 아니꼬워 차마 볼 수 없다는 말. (비) 눈 허리가 시어 못 보겠다. 그 꼴을 보니 신 첨지 신 꼴을 보겠다.

신축년(辛丑年)에 남편 찾듯 사람이나 물건을 여기저기 찾아다님을 이름.

신흥사(新興寺) 지푸라기 지푸라기가 힘없고 부슬부슬함과 같다 하여 중을 얕봐 부르는 말.

실 가는 데 바늘도 간다 부부는 항시 함께 붙어다니는 것이 원칙이라는 말. (비) 범 가는 데 바람 간다. 바늘 가는 데 실 간다. 용 가는 데 구름 간다. 구름 가는 데 제비 간다. 봉 가는 데 황 간다.

실과(實果) 망신은 모과가 시킨다 못난 것은 그와 같이 있는 다른 이에게까지 폐되는 짓만 한다는 뜻. (비) 과일 망신은 모과가 시킨다. 과물전 망신은 모과가 시킨다.

실낱같은 목숨 언제 죽을지도 모르는 가냘픈 목숨이라는 뜻.

실도랑 모여 대동강이 된다 (비) 티끌 모아 태산.

실뱀 한 마리가 온 바닷물을 흐린다 (비) 미꾸라지 한 마리가 온 웅덩이를 흐린다.

실사구시(實事求是)로 살아라 사실을 토대로 하여 진리를 탐구하면 좋은 삶을 살 수 있단 말.

실성한 영감 죽은 딸네 집 바라본다 딴 생각하며 다니다가 정신없이 아무 데나 잘못 가 거기가 어딘가 둘러본다는 뜻. (비) 정신없는 늙은이 죽은 딸네 집 간다.

실속 없는 잔치가 소문만 멀리 간다 대개 소문난 것이 실속은 없다는 뜻. (비) 소문난 잔치에 먹을 것 없다. 먹을 것 없는 잔치에 말만 많다. 소문난 잔치 비지떡이 두레반이다. 소문 안 난 공 뭣은 대 자요 소문난 공 뭣은 넉 자다. 이름난 잔치에 배고프다.

실업의 장단에 호박국 끓어 먹는다 단정치 못한 사람과 어울려서 쓸데없는 짓을 한다는 뜻.

실없는 부채 손 눈은 높아 좋은 것을 원하나 손은 둔하여 이루지 못한다는 뜻. (비) 시렁 눈 부채 손.

실없는 말이 송사(訟事) 건다 아무 생각 없이 한 말이 큰 소동의 씨가 된다는 말.

실 엉킨 것은 풀어도 노 엉킨 것은 못 푼다 작은 일은 간단히 해결할 수가 있지만 큰일은 손쉽게 해결하기 어렵다는 뜻.

실이 와야 바늘이 가지 오는 정이 있어야 가는 정이 있다는 뜻.

실패는 성공의 어머니 실패를 하여도 계속 노력해 가면 결국 성공하게 된다는 명언.

실한 과객 편에 중우(衆愚) 부친다 미덥지 못한 사람에게 긴요한 일을 부탁하는 어리석음을 이름. ★중우 : 어리석은 사람들의 무리.

싫다는 술 많이 마신다 말과 행동이 일치하지 않다는 뜻.

싫어 싫어하면서 손 내민다 남들 보는 데서는 사양하는 척하면서도 뒤로는 제 실속을 다 차린다는 말.

싫은 데 선떡 가뜩이나 먹기 싫은 떡인데 덜 익기까지 했다는 뜻으로, 도무지 마음에 내키지 않는 경우를 비유적으로 이르는 말.

싫은 매는 맞아도 싫은 음식은 못 먹는다 아무리 좋은 음식이라도 배가 부르면 더 먹을 수 없다는 말.

〈싫은 밥은 있어도 싫은 술은 없다〉

싫은 밥은 있어도 싫은 술은 없다 술꾼은 아무리 시원찮은 술이라도 좋아한다는 말.

심사가 꽁지벌레라 심사(心思)가 사나운 사람의 비유적으로 이르는 말.

심사가 놀부라 본성이 좋지 못하여 탐욕을 일삼으며 일마다 심술을 부리는 것을 이르는 말. (비) 심(心)통이 놀부 같다. 놀부 심사라. 심술굿은 만을 보라.

심사는 없어도 이웃집 불난 데 키 들고 나선다 1.남이 잘못되는 것을 보면 좋아한다는 뜻. 2.심사가 좋지 않다는 뜻.

심사는 좋아도 이웃집 불붙는 것 보고 좋아한다 아무리 성격 좋은 사람이라 할지라도, 사람은 누구나 남의 불행을 좋아하는 경향이 있음을 비유적으로 이르는 말.

심술굿은 만을보(萬乙甫)라 매우 심술이 사나운 사람에게 이르는 말. (비) 놀부 심사라. 심사가 놀부. ★만을보 : 옛날에 심술이 몹시 굿은 사람을 이름.

심술만 하여도 삼 년 더 살겠다 심술꾸러기를 보고 하는 말.

심술 많고 복 받는 것 못 봤다 남이 못되도록 심술을 부리며 못살게 구는 사람은 잘될 수 없다는 뜻.

심술이 왕골(王骨) 장골(張骨) 떼라 무슨 일에나 고약한 심술을 부리고 행패가 심한 사람을 두고 이르는 말. ★장골 : 양 끝이 구상(球狀)인, 관(管) 모양의 뼈. 안에 골수(骨髓)가 들어 있다. 길고 굵으며, 팔다리를 이룬다.

심술쟁이 복을 받지 못한다 심술이 사나워서는 절로 복된 일을 당하거나 덕을 입지 못한다는 것을 교훈적으로 이르는 말.

심심풀이 땅콩 하는 일이 없을 땐 땅콩을 먹는 게 제격이란 말.

심심하면 좌수(座首) 볼기때린다 공연히 아랫사람이나 죄 없는 사람을 괴롭히는 짓을 말함. (비) 원님이 심심하면 좌수 볼기를 친다.

심은 나무가 꺾어졌다 오래 공들여 기대하던 일이 그릇되어 허사가 되고 말았다는 말.

신첨지(申僉知) 신 꼴을 보겠다 차마 눈 뜨고 볼 수 없다는 말. (비) 그 꼴을 보느니 신 첨지 신 꼴을 보겠다.

심통이 놀부다 놀부처럼 심통이 사납다는 말. (비) 심사가 놀부.

십년감수 (十年減壽) 수명이 10년이나 줄었다는 뜻으로, 심한 공포, 위험 등을 겪고 하는 말.

십 년 공부 나무아미타불 오랫동안 공을 쌓아 오던 일이 허사가 됨을 이르는 말. (비) 도루아미타불이라. 도로 아미타불. 십 년 공부 도래미타불.

십 년 과부도 시집갈 마음은 못 버린다 뼈에 사무치게 아픈 마음은 잊어버리기가 어렵다는 뜻.

십 년 과수(寡守)로 앉았다 고자 대감을 만났다 오래 공들인 일도 제 복이 없고 운수가 나쁘면 아무 데도 쓸모없는 것이 되고 만다는 뜻. ★과수 : 홀어미.

십 년 묵은 빚은 본전만 받아도 반갑다 떼일 뻔했던 돈은 이자는 고사하고 본전만 받아도 고맙게 생각된다는 말.

십 년 묵(먹)은 체증이 내리다 (사람이) 어떤 일로 인하여 더할 나위 없이 속이 후련하다는 말.

십 년 묵은 환자(還子)라도 지고 들어가면 그만이다 오랜 빚이라도 갚아 주면 그만이라는 말.

십 년 세도 없고 열흘 붉은 꽃 없다 세도나 부귀영화는 오래 지속하지 못한다는 말. 화무십일홍(花無十日紅). 세무십년과(勢無十年過). 예문. 십 년 세도 없고 열흘 붉은 꽃 없다더니, 일제시대에 나쁜 짓을 일삼아 엄청난 부를 쌓은 김 대감도 결국 이렇게 망하는구나.

십 년은 감수했다 크게 걱정스러운 일을 겪고 났다는 말.

십 년을 같이 산 시어미 성(姓)도 모른다 (비) 머슴살이 삼 년에 주인 성(姓) 묻는다.

십 년이면 강산도 변한다 세월이 가면 변하지 않는 것이 없다는 뜻. (비) 십 년이면 산천도 변한다.

십 년이 하루 같다 너무나 즐겁고 행복해서 시간 가는 줄도 모르고 있다는 뜻. ⇔ 일각이 여삼추 같다.

십 리가 모랫바닥이라도 눈찌를 가시나무가 있다 친한 벗 가운데에도 원수가 있을 수 있음을 비유적으로 이르는 말.

십 리 강변에 빨래 길 갔느냐 얼굴이 까맣게 그슬린 사람을 보고 하는 말.

십 리 길 길손과 천 리 길 길손은 첫걸음부터 다르다 크게 될 사람과 그렇지 못할 사람과는 어릴 때부터 행동이 다르다는 뜻.

십 리 길에 점심 싸기 무슨 일이든지 준비를 든든히 하여 실수하지 않도록 하라는 말. (비) <u>가까운 데를 가도 점심밥을 싸 가지고 가거라.</u>

십 리도 못 가서 발병난다 무슨 일이 얼마 가지 않아서 탈이 생긴다는 뜻.

십 리 밖에 섰어도 오리나무 사실은 어디에 있더라도 오리나무는 오리나무임에 틀림없다는 말.

십 리 반찬을 한다 오리고기 반찬을 하면 맛이 좋다 하니, 오리 두 마리면 십리(十里)라 맛 좋은 반찬 비유.

십 리 사장(沙場) 세 모래가 정(情) 맞거든 도무지 실현 가능성이 없다는 말. (비) <u>군밤에 싹 나거든. 배꼽에 노송나무 나거든. 안경 꼭지가 말랑말랑하거든. 태산 중악 만장봉이 모진 강풍에 쓰러지거든. 금강산 상상봉에 물 밀어 배 띄어 평지 되거든. 기암절벽 천 층석이 눈비 맞아 썩어지거든. 용마 갈기 사이 뿔나거든. 층암 상에 묵은 팥 심어 싹 나거든. 곧 계란 꼬끼오 울거든. 까마귀 대가리 희거든. 병풍에 닭이 홰치거든.</u>

십 리에 다리 놓았다 어떤 일에 방해나 곡절이 많음을 두고 하는 말.

십 리에 장승 섰듯 지키고 서 있기만 한다는 뜻.

십상이다 물건이 아주 좋음을 이름. 기미가 꼭 들어맞을 때 이름. (비) <u>엽자금(葉子金) 동자삼(童子蔘)이라.</u>

십시일반이다 조그마한 것이라도 모으면 많아진다는 뜻.

싱거운 동네 가서 구장질 하라 너무나 싱거운 말을 한다는 뜻으로 이름. (비) <u>소금 좀 먹어야겠다.</u>

싱겁기는 고드름장아찌라 (비) <u>싱겁기는 늑대 불알이다.</u>

싱겁기는 늑대 불알이다 사람이 아주 멋없고 싱겁기만 함을 놀림조로 이르는 말. (비) <u>홍동지네 세 벌 장물이라. 싱겁기는 황새 똥구멍이라. 싱겁기는 돌 삶은 국. 싱겁기는 맹물. 싱겁기는 고드름장아찌.</u>

싱겁기는 홍동지(洪同知)네 세벌 장물이다 (비) <u>싱겁기는 늑대 불알이다.</u> ★홍동지 : 꼭두각시놀음에 나오는 온몸이 붉고 벌거벗은 인형.

싱겁기는 황새 똥구멍이라 (비) <u>싱겁기는 늑대 불알이다.</u>

싸고 싼 사향(麝香)도 냄새 난다 1. 무슨 일을 아무리 숨기려고 노력하여도 결국 그 일은 드러나고 만다는 말. 2. 덕(德)이 높고 훌륭한 재주를 가진 사람은 제가 원치 않아도 저절로 세상에 알려진다는 뜻. ★사향 : 사향노루의 사향낭에서 얻어지는 향료.

싸라기 닦아 먹으려다가 노적가리에 불 놓는다 자그마한 이익을 보려다가 오히려 큰 봉변을 당하게 됨을 이르는 말.

싸라기밥으로 자랐나 존대할 사람에게는 존대하지 않고 반말을 하는 버릇없는 사람을 두고 하는 말. (비) <u>싸라기밥을 먹었나.</u>

싸라기밥을 먹어도 말 잘하는 판수다 외모는 초라하지만 말을 잘하는 사람을 두고 하는 말. (비) <u>말잘하기는 소진 장의로군. 소장의 혀. 소진의 혀.</u> ★판수 : 장님 점쟁이.

싸라기 쌀 한 말에 칠 푼 오 리라도 오 리 없어 못 먹더라 하찮은 돈이 없어서 목적하는 바를 이루지 못하는 경우가 있다는 뜻으로, 아무리 작은 돈이라도 우습게 여기지 말고 소중히 아껴 쓰라는 말.

싸리말을 태워라 내쫓는다는 뜻. ★싸리말 : 옛날 천연두에 걸린 지 12일 만에 역신(疫神)을 태워 쫓는데 썼던 싸리로 만든 말.

싸리밭에 개 팔자 (비) <u>댑싸리 밑의 개 팔자.</u>

싸리 울 뚫어진 데 개 주둥이 내밀 듯 한다 싸리 울타리 뚫어진 구멍으로 개가 주둥이 내밀 듯이 무엇이 조금 내밀어 보인다는 뜻.

싸우는 닭이 사람 무서운 줄을 모른다 악이 나면 아무

〈싸우면 다치게 마련이다〉

리 무서운 것이 있어도 무서운 줄 모르고 날뛰게 된다는 뜻.

싸우면 다치게 마련이다 싸우게 되면 지는 사람은 말할 것도 없고 이기는 사람도 다치게 되므로 아예 싸움하지 말라는 뜻.

싸울 땐 악돌이요 먹을 땐 감돌이다 싸울 땐 악착같이 덤비다가도 먹을 것이 있으면 아첨하고 덤빈다는 뜻.

싸움 구경하고 불구경은 양반도 한다 싸움하는 것과 불난 것은 구경할만하다는 뜻.

싸움 끝에 정 붙는다 싸움을 통해 서로 지니고 있던 감정이나 오해를 풀어버리면 더욱 가까워진다는 말.

싸움에는 이겨놓고 봐야 한다 무슨 싸움에서나 일단 수단과 방법을 가리지 말고 이겨야 발언권이 생기게 된다는 뜻.

싸움은 말리고 불은 끄랬다 나쁜 것은 못하도록 하고 다급한 일에는 서로가 합동하여 빨리 수습하라는 말.

싸움은 말리고 흥정은 붙이랬다 나쁜 일은 하지 못하도록 말리고 좋은 일은 하도록 부추겨야 한다는 뜻. (비) 싸움은 말리고 불은 끄랬다.

싸움은 한 편만 나빠서 하는 것이 아니다 싸움을 하게 되는 것은 양편이 다 잘못이 있기 때문이라는 뜻.

싸움은 혼자서는 못한다 싸움은 혼자서는 못하는 것이므로 두 사람에게 다 책임이 있다는 뜻.

싸움 잘하는 놈치고 골병 안 든 놈 없다 싸움을 자주 하게 되면 맞을 기회도 많으므로, 겉으론 나타나지 않으나 속에 상처를 입게 되어 몸 전체를 못 쓰게 되므로 싸움을 해서는 안 된다는 뜻. (비) 싸움 잘하는 개 콧등 성할 날 없다.

싸움해 이(利)한 데 없고 굿 해(害)한 데 없다 액을 쫓는 굿은 암만해도 괜찮으나 싸움은 절대로 할 것이 못 된다는 말.

싸워서 이로운 데 없고 약 먹어 해로운 데 없다 싸움은 이겨도 손해고 저라도 역시 손해니 싸워서는 안 된다는 뜻. (비) 싸워서 이로운 데 없고 굿해서 해로운 데 없다.

싸전 병아리 같다 사람이 많은 싸전에서 쌀을 먹는 병아리처럼 약삭빠르다는 뜻.

싸전에 가서 밥 달라고 한다 성미가 몹시 급함을 이르는 말. ★싸전 : 쌀을 파는 가게.

싹이 노랗다 희망이 처음부터 보이지 않는다는 말. (비) 싹이 노랗다.

싼 것이 비지떡 값싼 물건이 항상 품질이 좋지 않다는 말. (비) 값싼 것이 보리술이다. 값싼 비지떡.

쌀 건지는 조리는 있어도 임 건지는 조리는 없다 사랑이 식어서 한 번 떨어지면 다시 붙기는 어렵다는 뜻.

쌀 고리에 닭이라 갑작스럽게 먹을 것이 많고 복 많은 처지에 놓임을 두고 하는 말.

쌀과 여자는 밤에 봐야 곱다 여자의 아름다움은 밤에 봐야 더 아름답게 보인다는 뜻.

쌀농사 짓는 놈 따로 있고 쌀밥 먹는 놈 따로 있다 옛날 빈농(貧農)들이 쌀농사를 짓고도 쌀밥을 제대로 먹지 못한 데서 나온 말.

쌀독 속과 마음속은 남에게 보이지 말랬다 자기 재산이나 마음속에 있는 비밀은 지켜야 한다는 뜻에서 나온 말.

쌀독에 거미줄 친다 먹을 양식이 떨어졌다는 뜻.

쌀독에서 인심 난다 (비) 광에서 인심 난다.

쌀독에 앉은 쥐 부족함이 없고 만족한 처지를 말함.

쌀 먹은 개는 안 들키고 등겨 먹은 개가 잡힌다 흔히 큰 죄를 지은 자는 교묘하게 빠져 무사하고, 그보다 덜한 죄를 지은 자가 들켜서 남의 죄까지도 뒤집어쓰게 된다는 뜻. (비) 똥 싼 놈은 달아나고 방귀 뀐 놈은 잡힌다. 쌀 먹은 개는 안 맞고 등겨 먹은 개가 맞는다. 콩죽 먹은 놈 따로 있고 똥 싸는 놈 따로 있다.

쌀 먹은 개 욱대기듯 좋지 못한 짓을 한 사람이 오히려 우락부락하게 굶을 비유적으로 이르는 말.

쌀밥과 여자는 흴수록 좋다 여자의 살결은 흴수록 미모가 더욱 돋보이고 우아하게 보인다는 뜻.

쌀밥에 콩이나 보리밥에 콩이나 콩은 마찬가지 사람의 본래 성질은 어디 가나 변하지 않는다는 뜻.

쌀에 뉘. 쌀에 뉘 썩이듯 어떤 것이 많은 가운데에 다른 것이 아주 드물게 섞여 있어 찾아보기가 힘듦을 비유적으로 이르는 말.

쌀은 백곡 중에서 왕이다 모든 곡식 중에서 쌀이 으뜸가는 곡식이란 뜻.

쌀은 쏟고 주워도 말은 하고 못 줍는다 한번 입 밖에 낸 말은 어찌할 수도 없으니 말을 삼가야 함을 비유적으로 이르는 말. (비) 화살은 쏟고 주워도 말은 하고 못 줍는다.

쌀 한 알 보고 뜨물 한 동이 마신다 작은 보람을 얻으려고 노력이나 비용을 지나치게 많이 들임을 비유적으로 이르는 말.

쌀 한 알이 땀 한 방울이다 한 알 쌀도 농민들의 피땀으로 생산된 것이니 농민들에게 항상 감사할 줄 알아야 한단 뜻.

쌈지 것이 주머니 것이요 주머니 것이 쌈지 것 쌈지에 들었거나 주머니에 들었거나 다 소유자 한 사람의 것이라는 뜻. (비) 쌈짓돈이 주머닛돈. 주머닛돈이 쌈짓돈.

쌈짓돈이 주머닛돈 한 가족의 재산은 누구의 것이라고 구별 짓지 않고 다 같이 그 집의 재산이란 말.

쌍가마 속에도 설움은 있다 사람은 누구나 저마다 걱정과 설움이 있다는 말.

쌍동 중매(仲媒)나 똑같이 다니니 둘이 같이 다니는 사람을 조롱하는 뜻.

쌍언청이가 외언청이 타령한다 (비) 똥 묻은 돼지가 겨 묻은 돼지를 나무란다.

쌍지팡이 짚고 나선다 기를 쓰고 못하게 말린다는 뜻

쌍태(雙胎) 낳은 호랑이 하루살이 하나 먹은 셈 (비) 간에 기별도 안 간(갔)다.

썩어도 생(준)치 (비) 물클어져도 준치 썩어도 생치(生雉)

썩은 감자 하나가 섬 감자를 썩힌다 나쁜 일은 매우 빠른 속도로 번지게 된다는 뜻.

썩은 고기에 벌레 난다 좋지 못한 원인이 있으면 반드시 그에 따라 좋지 않은 결과가 생김을 비유한 말.

〈쐐기 집 짓듯 한다〉

썩은 고주박 패듯 한다 썩은 그루터기 패듯이 어떤 일이든 쉽게 해치운다는 뜻.

썩은 공물이요 성한 간색이라 실물보다도 견본이 더 좋을 때를 일컬음.

썩은 기둥 골 두고 서까래 갈아 댄다고 새집 되랴 어떤 사물에 있어서, 낡은 근본은 가만히 두고 사소한 대책을 아무리 세워 봤자 결코 새것으로 바꿀 수 없음을 비유적으로 이르는 말.

썩은 나무로 기둥하기다 가정의 기둥인 가장이 흔들리게 되면 집안이 몰락하게 된다는 의미.

썩은 나무 뽑기 (비) 누워서 떡 먹기.

썩은 동아줄 같다 힘없이 뚝뚝 끊어지거나 맥없이 푹푹 쓰러지는 것을 비유적으로 이름.

썩은 새끼도 쓸 데가 있다 쓸데없을 듯한 것도 쓰일 데가 있다는 말.

썩은 새끼도 잡아당겨야 끊어진다 아무리 쉬운 일이라도 하지 않고 기다리고 있으면 이루어지지 않는다는 의미.

썩은 새끼로 범 잡기 어수룩한 계책과 보잘것없는 재주로 뜻밖에 큰일을 함을 뜻함.

썩은 생선에 쉬파리 끓듯 먹을 것이나 이득 볼 만한 것이 생겼을 때에 어중이떠중이들이 꾸역꾸역 모여드는 것을 비유하여 이르는 말.

쏘아 놓은 살이요 엎지른 물이다 한 번 저지른 일은 돌이킬 수 없음을 이르는 말.

쏜살같고 총알 같다 매우 빠르게 내닫는 것을 말함.

쏟아놓은 쌀은 주워담을 수 있어도 쏟아놓은 말은 주워담을 수 없다 한번 내뱉은 말은 되돌릴 수 없다는 말.

쏟아진 물이요 깨어진 그릇이다 다시 바로잡을 수 없을 정도로 일을 망쳐버렸다는 말.

쐐기도 오뉴월이 한철 1.제때를 만난 듯이 날뛰는 사람을 두고 하는 말. 2.전성기는 매우 짧다는 뜻.

쐐기 박다 다시는 그러한 일이 없도록 다짐을 두다. 결정적으로 이기게 하다.

쐐기 집 짓듯 한다 처음엔 뜻이 있어 크게 계획했던 일

〈쑥 구렁이 꿩 잡아먹는다〉

을 나중엔 마음이 약해져서 조그마하게 한다는 뜻.

쑥 구렁이 꿩 잡아먹는다 어리석은 구렁이가 꿩을 잡아먹는다 함은 어리석고 못난 자가 때론 놀랄만한 짓 한다는 말.

쑥대밭에 쑥대 나고 왕대밭에 왕대 난다 사람은 그가 처하고 있는 환경과 위치에 따라 잘될 수도 있고 못될 수도 있다는 뜻.

쑥대밭이 되었다 완전히 폐허가 되었다는 뜻. (비) 뺑대쑥 밭이 되었다.

쑥떡같이 말 알아라 좀 알아듣기 힘든 말이라도 이러니저러니 하지 말고 짐작으로 알아들으란 뜻.

쑥떡 먹고 쓴소리 한다 듣기 싫은 말을 한다는 뜻. (비) 익모초 같은 소리.

쑥밭이 되다 집이 다 없어지고 빈터만 남아 있다는 뜻.

쑨 죽이 밥 될까 일이 이미 글렀으니 다른 방법이 없다는 뜻.

쓰기가 소태 같다 소태와 같이 맛이 몹시 쓰다는 뜻.

쓰니 시어머니 흔히 시어머니는 며느리를 못 살게 굴고 미워함을 두고 이르는 말.

쓰다 달다 말 없다 도무지 상관을 하지 아니하고 의견을 말하지 않는다는 뜻. (비) 검다 희다 말 없다.

쓰러져 가는 나무는 아주 쓰러뜨린다 1.잘될 가망이 없는 일이면 빨리 치우고 새로 할 일을 시작하라는 뜻. 2.곤란한 처지인 사람을 더 곤란하게 만듦을 비유적으로 이르는 말.

쓰레기와 돈은 쌓일수록 더럽다 재산을 많이 모으게 되면 교만해지기 쉽고 인색하게 될 수 있다는 뜻에서 나온 말.

쓰면 뱉고 달면 삼킨다 서로 간의 믿음은 생각지 않고 자기에게 이익이 되는 일만 취하고 그렇지 않으면 서슴없이 버린다는 말.

쓰지 못하는 손발은 있으나마나 사지가 멀쩡하면서도 놀고 있는 사람은 그 수족이 있으나마나하다는 말.

쓴 것이 약이다 어떤 것이 당장에 싫거나 달갑지 않지만 실상은 도움이 되거나 교훈이 됨을 이름.

쓴맛 단맛 다 보았다 세상살이의 괴로움과 즐거움을 다 겪어보았단 말.

쓴맛을 모르는 사람은 단맛도 모른다 고생을 해보지 않은 사람은 참된 즐거움을 모른다는 뜻.

쓴 배도 맛 들일 탓 모든 일의 좋고 나쁨은 그 일을 하는 사람 자신의 주관에 달려 있다는 말. (비) 개살구도 맛 들일 탓. 신 배도 맛 들일 탓이라.

쓴 약이 몸에는 좋다 (비) 단 말은 병이 되고 쓴 말은 약이 된다.

쓴 죽이 밥 될까 일이 이미 글렀으니 다른 방법이 없단 뜻.

쓸개 빠진 놈 정신을 바로 차리지 못한 사람을 두고 하는 말.

쓸개에 가 붙고 간에 가 붙는다 간에 붙었다 쓸개(염통)에 붙었다 한다는 말.

쓸개 자루가 크다 쓸개는 즉 담(膽)이니 담력이 커서 겁이 없다는 말.

쓸데없는 질투에 애매한 자식만 울린다 남편에 대한 쓸데없는 질투로 인하여 가정을 불화하게 하는 경우가 있으므로 관용을 베풀도록 하라는 뜻.

쓸 만한 나무가 먼저 베인다 (비) 높은 가지가 부러지기 쉽다.

쓸모가 열 모 중에 한 모가 없다 1.돈 많은 자가 환락(歡樂)하는데 빈한한 자가 부러워하여 마지않는다는 뜻. 2.남이 무슨 일을 한다고 무턱대고 좋아함을 이르는 말.

씨 나락까지 먹을 판이다 춘궁(春窮)으로 굶주리게 되어 농사를 지을 씨 나락까지도 먹지 않으면 안 되게 되었다는 뜻. ⇔ 굶어도 씨 나락 오쟁이는 베고 죽는다.

씨도둑은 못 한다 1.사람은 누구나 자기 부모나 집안 내력을 닮는다는 말. 2.조상 대대로 지녀온 전통이나 내력은 없애지 못한다는 말. (비) 가시나무에 가시 난다. 왕대밭에서 왕대 난다. 외 덩굴에 가지 열릴까. 외 심은 데 외 난다. 외 심은 데 콩 나랴. 콩 심

〈씻은 하문(下門)에 오줌 누기〉

은 데 콩 나고 팥 심은 데 팥 난다.

씨름 끝에 싸움 나고 노름 끝에 도둑 난다 씨름한 끝에는 승부에 대한 문제로 언쟁이 발생하기 쉬우며 노름 끝에는 돈 잃은 사람은 도둑질이라도 해서 밑천을 찾으려고 한다는 뜻.

씨름에 진 놈이 말이 많다 일을 잘못하거나 또는 잘못을 범했을 때 자꾸 변명하거나 다른 사람에게 책임을 돌림을 비유하는 말.

씨름을 잘해도 등허리에 흙 떨어지는 날 없다 재간은 있으나 별수 없이 일만 하고 산다는 뜻.

씨름하는 데 터럭만 다쳐 주어도 쉽다 서로 힘이 비슷할 때는 조금만 도와주어도 큰 힘이 됨을 비유적으로 이르는 말.

씨 바른 고양이 같다 눈치 빠르게 잇(利)속을 잘 차린다는 뜻.

씨보고 춤 춘다 (비) 벼슬하기 전에 일산(日傘) 준비

씨아 귀에 불알을 놓고 견디지 홍얼홍얼 앓는 소리가 차마 견디지 못할 만큼 듣기 싫다는 뜻. (비) 괴 불알 앓는 소리.

씨아 등에 아이를 업힌다 일이 매우 바쁘고 급한 형편임을 비유적으로 이르는 말.

씨아와 사위는 먹어도 안 먹는다 흔히 사위를 대단히 귀하게 여긴다 하여서 하는 말.

씨알이 굵다 낚시에서 낚은 고기가 크다는 뜻으로 하는 말. 감자, 고구마 따위에 수확하는 도중에 굵기의 크기를 말할 때 사용하는 말.

씨암탉 잡은 듯하다 집안이 매우 화합하다는 말. (비) 맑은 향기가 집안에 가득하다.

씨앗 싸움에 요강 장사라 쓸데없는 제삼자의 간섭을 말한다는 말.

씨앗은 훔쳐도 사람 씨는 훔치지 말랬다 사람 씨는 훔쳐도 세상 사람들이 금세 알게 되므로 아예 훔치지를 말라는 뜻.

씨앗 죽은 데 흘린 눈물만이나 하다 씨앗 죽은 데 눈물 흘리는 사람은 없듯이, 무엇이 말로는 있다고 하지만 실제는 거의 없을 정도로 양이 매우 적다는 의미.

씹도(일도) 못하고 불알에 똥칠만 한다 목적한 일을 하지도 못하고 망신만 톡톡히 당했다는 뜻.

씻어놓은 흰 죽사발 같다 생김새가 희멀건 한 사람을 가리키는 말. (비) 센 말 볼기짝 같다. 씻은 배추 줄거리 같다.

씻은 듯 부신 듯 아무것도 남지 아니할 만큼 아주 말끔하게 없어진 모양. 예문. 씻은 듯 부신 듯 자취 하나도 남기지 않았구나.

씻은 배추 줄기 같다 얼굴이 희고 키 헌칠한 사람을 말함. (비) 센 말 볼기짝 같다. 씻어놓은 흰 죽사발 같다.

씻은 쌀알 같다 사람이 미끈하고 똑똑하다는 뜻.

씻은 팥알 같다 외양이 말쑥하고 똑똑한 사람을 이르는 말.

씻은 하문(下門)에 오줌 누기 깨끗이 한 데를 다시 더럽게 어지럽힌다는 말. 애써 한 일을 곧 못 쓰게 망쳐버림을 이름. ★하문 : 여자의 음부.

아

아가리가 광주리만 해도 말을 못한다 염치가 없어 도저히 말할 염두가 안 난다는 의미.

아가리가 원수 그저 말을 생각 없이 함부로 내뱉었다가 나중에는 큰 봉변을 당하였다는 뜻.

아가리 놀리는 데는 주먹이 약 자기 편한 데로 함부로 말을 하는 사람은 다시는 그런 실수를 하지 않도록 따끔하게 혼내주어야 한다는 뜻

아가리를 벌리기만 하면 욕이요 주먹만 쥐면 싸움이다 평소에 욕지거리만 일삼고 싸움을 자주 하는 사람을 두고 하는 말.

아가리에 자시오 할 때 마다하다가 아가리 처먹어라 해야 먹는다 좋은 말로 할 땐 듣지 않다가 나중에 말이 거칠어져야 말을 듣는 경우를 비꼬아 하는 말.
(비) 자시오 할 때 마다더니 아가리에 박으라 해야 먹는다.

아갈잡이를 시켰다 하기 싫어하는 것을 강제로 억눌러 시켰기 때문에 행동이 자연스럽지 못하고 경직된 자세로 한다는 의미.

아귀(餓鬼)같이 먹어대고 굼벵이같이 일 한다 먹을 땐 욕심껏 챙겨 먹으면서 일할 땐 게으름만 피운다는 의미.

아그배도 맛 들일 탓이다 처음에 매우 싫어하던 일도 자꾸 하다보면 결국엔 좋아지게 마련이란 뜻.
★아그배 : 아그배나무의 열매. 배와 비슷하지만 아주 작고 맛이 시고 떫다.

아기 버릇 임의 버릇 아내는 그 남편의 비위를 잘 맞추어야 한다는 뜻.

아끼는 것이 찌 된다 물건을 너무 아끼다 보면 결국 쓸모없는 물건이 되고 만다는 뜻. (비) 아끼다 똥 된다.

아끼다가 개 좋은 일만 한다 좋은 음식을 너무 인색할 정도로 아끼다가 썩어서 결국 개에게 주듯이 너무 인색하게 굴다가는 오히려 손해를 본다는 말.

아내가 귀여우면 처가 말뚝 보고 절한다 아내가 귀여우면 그의 주위에 있는 보잘것없는 것까지도 좋게 보인다는 뜻. (비) 아내가 귀여우면 처가 문설주도 귀엽다. 아내가 귀여우면 처가 지붕에 앉은 까마귀도 귀엽다. 아내가 예쁘면 처가 울타리까지 예쁘다. 아내가 예쁘면 처가 호박꽃도 곱다.

아내가 귀여우면 처가 문설주도 귀엽다 (비) 아내가 귀여우면 처가 말뚝 보고 절한다. ★문설주 : 문주(門柱).

아내가 예쁘면 처가 울타리까지 예쁘다 (비) 아내가 귀여우면 처가 말뚝 보고 절한다.

아내가 여럿이면 늙어서 생홀아비 된다 젊어서 아내를 많이 거느리면 결국 늙어선 자기에게 잘해주는 아내가 하나도 없게 된단 뜻.

아내 나쁜 것은 백 년 원수 된장 신 것은 일 년 원수 아내를 잘못 맞아들이면 평생을 그르친다는 말.
(비) 남편(아내)를 잘못 만나면 당대 원수.

아내는 남편 사랑 먹고 산다 여자는 아무리 고생스럽

〈아는 도끼에 발등 찍힌다〉

더라도 남편이 사랑해 주면 참고 견뎌낼 수 있음을 이르는 말.

아내는 남편을 따라야 한다 여자는 일단 결혼을 하고 나면 남편 말에 잘 순종해야 한다 말.

아내는 눈으로 고르지 말고 귀로 고르랬다 아내라고 얼굴 예쁜 여자만 고르지 말고, 행동이 올바르고 예의가 바르다는 소문이 있는 여자를 얻어야 집안이 편안하다는 뜻.

아내는 부엌에서 얻고 남편은 글방에서 얻으랬다 아내감은 살림 잘하는 여자를 골라야하고 남편감은 공부 많이 한 남자를 얻어야 한단 뜻.

아내는 성(城) 자식은 감옥(監獄) 아내는 성과 같이 튼튼하게 가정을 지키지만 자식은 혹시나 죄를 저지를까 불안하여 고생스럽기만 하다는 뜻.

아내는 장님이라야 하고 남편은 귀머거리라야 한다 여자는 시집와서 그저 시집의 눈치만 봐서는 안 되고 남편은 덮어놓고 아내의 말만 들어서는 안 된다는 뜻.

아내를 고르려면 그 어머니를 보고 고르랬다 딸은 무의식중에서도 그 어머니의 행실을 본받기에 아내감을 고르려면 장모 감을 보고 판단하라는 말.

아내를 잘못 만나면 당대 원수 평생을 같이 할 아내임에 뜻이 맞지 않으면 죽을 때까지 두통거리라는 말. (비) 아내 나쁜 것은 백 년 원수 된장 신 것은 일 년 원수.

아내 말을 안 들으면 망신하고 잘 들으면 남을 도둑 만든다 아내 말을 너무 안 들어도 문제고 너무 잘 들어도 문제니, 적당하게 중용을 지키면서 들어주어야 한다는 말. (비) 아내 말을 잘 들으면 패가하고 안 들으면 망신한다.

아내 없는 처가 가나 마나 목적 없는 일은 더는 할 필요가 없다는 의미.

아내와 가마솥은 옛것이 좋다 무엇이든 오래도록 곁에 있어서 정이 많이 든 것이 좋다는 뜻. (비) 아내와 술은 묵을수록 좋다.

아내 자랑은 팔불출(八不出)의 하나 자기 아내를 남들 앞에서 자랑하는 사람은 모자란다는 말을 듣는다는 의미. ★팔불출 : 열 달을 채 못 채우고 여덟 달 만에 나왔다는 뜻으로, 몹시 어리석은 사람을 조롱하여 이르는 말

아내 잘 만나는 것도 평생 복이다 남자는 한평생을 같이 살 아내를 잘 만나는 것보다 더 큰 복은 없다는 말. ⇔ 아내 잘못 얻으면 평생 원수다.

아내 죽은 홀아비 딸 죽은 사위 세상에서 의지할 곳이라고는 아무 데도 없는 매우 외로운 사나이란 말. (비) 짝 잃은 기러기.

아내 행실은 다홍치마 적부터 그루를 앉힌다 아내를 휘어잡으려면 새색시 적에 버릇을 잘 가르쳐야 한다는 말. (비) 색시 그루는 다홍치마 적에 앉혀야 한다.

아는 걸 보니 소강절(邵康節)의 똥구멍에 움막 짓고 살았겠다 너무 아는 체하는 사람을 핀잔주는 말. (비) 알기는 오뉴월 똥파리군. 안다니 똥파리. ★소강절 : 소요부(邵堯夫)라고도 한다. 성리학의 이상주의 학파 형성에 큰 영향을 주었다. 수(數)에 대한 그의 생각은 18세기 유럽의 철학자 라이프니츠의 2진법에도 영향을 주었다.

아는 것이 많은 것 보니까 먹고 싶은 것도 많겠다 남들 앞에서 너무 아는 척하다가는 나중에 큰 손해를 보게 된다는 뜻.

아는 것이 힘 배워야 산다 세상을 옳게 살아가려면 반듯이 배워야 한단 말.

아는 게 병이다 정확하지 않거나 분명하지 않게 알고 있을 때는 그 지식이 오히려 걱정거리가 된다는 말.

아는 길도 물어 가라 (비) 돌다리도 두들겨 보고 건너라.

아는 놈 붙들어 매듯 무엇을 잡아 묶을 때 허술하게 함을 이름. (비) 아는 도둑놈 묶듯.

아는 놈이 도둑 놈 아는 사람이 물건을 팔면서 더 비싸게 팔 경우를 말함.

아는 도끼에 발등 찍힌다 친하게 믿던 사람에게 오히려 해를 입는다는 뜻. (비) 믿은 도끼에 발등 찍힌다.

아는 도둑놈 묶듯(붙들어 매듯) 물건을 매되 허술함을 이름. (비) 아는 놈 붙들어 매듯.

아는 법이 모진 바람벽 뚫고 나온 중방 밑 귀뚜라미라 세상일을 모르는 것 없이 알고 있는 사람을 뜻함. (비) 아는 법이 모진 바람벽 뚫고 나온 중앙 밑 귀뚜라미 아들이라.

아니 구린 통숫간이 있나 제 본색을 감출 수 없다는 말. 과실이 없는 사람은 없다는 말.

아니 때린 북 장구에 소리가 나랴 (비) 아니 땐 굴뚝에 연기 날까.

아니 때린 장구 북소리 날까 (비) 아니 땐 굴뚝에 연기 날까.

아니 땐 굴뚝에 연기 날까 1.원인이 없이 결과가 있을 수 없다는 말. 2.실제의 일이 있기 때문에 말이 난다는 뜻. (비) 불 안 땐 굴뚝에 연기 날까. 아니 때린 장구 북소리 날까. 드는 돌이 있어야 낯이 붉다. 불 없는 곳에 연기 없다. 소금 먹은 놈이 물을 켠다. 소금 먹은 소가 물을 켠다. 안 친 북에 소리 날까. 치지 않은 장구에 소리 날까.

아니 되는 놈의 일은 자빠져도 코가 깨진다 일마다 안 될 때는 뜻밖의 재화(災禍)까지 일어난다는 말. (비) 자빠져도 코가 깨진다. 안 되는 사람은 뒤로 넘어져도 코가 깨진다. 계란에 유골. 두부에도 뼈라. 능참봉을 하니 거둥이 한 달에 스물아홉 번. 헐복한 놈은 계란에도 뼈가 있다. 복 없는 가시내가 봉놋방에 가 누워도 고자 곁에 가 눕는다. 재수 없는 포수는 곰을 잡아도 웅담이 없다. 복 없는 봉사 괘문을 배워 놓으면 감기 앓는 놈도 없다.

아니(안) 되면 조상 탓 1.자기가 잘못하거나 일에 실패하면 반성은커녕 도리어 조상을 원망한단 말. 2.자기의 잘못을 남에게 전과함을 이름. (비) 못되면 조상 탓. 못 살면 터 탓. 잘 되면 제 탓.

아니 무너진 하늘에 작대기 받치자 한다 공연히 쓸데없는 일을 하자고 함을 이름.

아니 밴 아이를 자꾸 낳으라 한다 아직 이루어질 때도 안 되었는데 무리하게 재촉 한다. (비) 배지 않은 아이 낳으라 한다. 누지 못하는 똥을 으드덕 누라 한다.

아닌 밤중에 때도 모르게 우는 닭 무슨 일을 무책임하게 한다는 뜻.

아닌 밤중에 찰시루떡 요행이나 횡재를 이르는 말. (비) 호박이 넝쿨째 굴러떨어졌다. 우물길에서 반기 살이 받다. 움집 안에서 떡 받는다. 호박이 굴렀다. 호박이 떨어졌다. 굴러 온 호박. 웬 떡이냐.

아닌 밤중에 홍두깨 (내밀 듯) 예기치 못한 말을 불쑥 꺼내거나 뜻밖의 일을 갑자기 당하는 경우. (비) 자다가 봉창 두들긴다. 새벽 봉창 뚜들긴다. 어두운 밤에 홍두깨 내밀 듯. 어두운 밤에 주먹질.

아닌 보살 하다 시치미를 딱 떼어 모르는 체한다는 말.

아동(兒童)판수 육갑 외우듯 알아듣지도 못할 말로 떠들어댐을 일컬음. ★판수 : 점치는 일을 업으로 하는 소경.

아들네 집 가 밥 먹고 딸네 집 가 물 마신다 흔히 딸의 살림살이를 아끼고 생각해 주는 부모를 두고 이르는 말.

아들 못난 건 제집만 망하고 딸 못난 건 양 사돈이 망한다 여자가 못되면 시가와 친가 모두에게 화를 미친다는 뜻.

아들 밥은 앉아서 먹고 딸의 밥은 서서 먹고 남편 밥은 누워 먹는다 여자는 남편이 벌어다 주는 돈으로 살아가는 것이 제일 좋다는 말 (비) 영감 밥은 아랫목에서 먹고 아들 밥은 윗목에서 먹고 딸 밥은 부엌에서 먹는다.

아들 셋 기르면 눈알이 변한다 장난이 유독 심한 아이들을 가르치자면 감시를 잘해야 한다는 뜻으로 아들 키우기가 매우 힘들다는 말.

아들은 장가들면 반 남이 되고 딸은 시집을 가면 온 남이 된다 아들은 장가를 가면 부모보다 아내를 더 위하게 되고, 딸도 시집을 가면 부모보다 남편을 더 위하게 되며 시집 사람이 되어버린다는 말.

아라사 병정 같다 똑똑하고 험상궂은 사람을 두고 하는 말. ★아라사 : 러시아란 말.

아래 사랑은 있어도 우에 사랑은 없다 윗사람이 아랫사람을 사랑하지마는 아랫사람이 윗사람 사랑하긴 어렵단 말. (비) 내리사랑은 있어도 치사랑은 없다. 사랑은 내리사랑.

아래윗니도 마주 씹어야 씹힌다 무슨 어려운 일이 있으면 남들과 의논하여 조화롭게 일을 해 나가면 쉽게 이루어진다는 뜻.

아래 윗돌만 괴다 만다 무슨 일을 이랬다저랬다 줏대 없이 한다는 뜻.

아래 큰 년의 살림이다 일이 해바라지기만 하고 맺힌 데 없으며 낭비가 많음을 이름.

아래턱이 윗 턱에 올라가 붙나 상하 계급을 무시하고 아랫사람이 윗자리에 올라가 앉을 수 없단 말. (비) 웃 입술이 아랫입술에 닿나.

아랫길도 못 가고 윗길도 못 가겠대(간다) 이것도 저것도 다 믿을 수 없고 어떻게 해야 좋을지 모르겠다는 말. (비) 윗돌도 못 믿고 아랫돌도 못 믿는다. 이 절도 못 믿고 저 절도 못 믿는다. 이 중도 못 믿고 저 중도 못 믿는다.

아랫돌 빼서 윗돌 괴고, 윗돌 빼서 아랫돌 괴기 우선 다급한 처지를 모면하기 위하여 이리저리 둘러맞추는 임시변통을 이르는 말. (비) 아랫돌 빼서 웃돌 괸다. 서 푼짜리 집에 천 냥짜리 문호(門戶).

아랫마을 개똥이 취급하듯 한다 사람을 반가이 맞이해 주는 법 없이 대접을 너무 소홀히 한다는 뜻.

아랫사람은 윗사람을 본뜬다 아랫사람은 윗사람을 본뜨게 되니 윗사람이 아랫사람에게 늘 모범을 보여야 한다는 뜻.

아름다운 구슬에도 티가 있다 아무리 훌륭한 사람이라도 저마다 사소한 결함은 있을 수 있다는 뜻.

아름다운 나무는 그늘도 짙다 외모가 준수한 사람은 그 행실도 올바르단 의미.

아름다운 음악도 촌사람의 귀로는 알지 못한다 아무리 좋은 것이라도 그것을 알지 못하는 사람에게는 소용이 없다는 의미.

아름드리나무도 작은 순이 자란 것이다 큰 나무도 작은 순이 자라서 되었듯이 작은 것도 잘 자라면 크게 될 수 있다는 뜻.

아망위(阿望尉)에 턱을 걸었나 뒤에서 도와 줄 권력을 믿고 하잘 것 없는 것에 교만하게 굴 때를 이르는 말. (비) 달성위 궁마직이 명위를 걸었나. 대신 댁 송아지 범 무서운 줄 모른다. 대신 댁 송아지 백정 무서운 줄 모른다. ★아망위 : 외투나 비옷 따위의 깃에 달려 머리에 뒤집어쓸 수 있게 된 것.

아무것도 못하는 놈이 문벌(門閥)만 높다 (비) 못된 일가 항렬만 높다.

아무것도 아니다 말할 거리도 안 될 만큼 대단치 않다는 말.

아무 때 먹어도 김가가 먹을 것이다 자기가 취할 이익은 언제나 자기에게 돌아오게 된다는 뜻.

아무렇지도 않은 다리에 침 놓기 아무렇지도 않은 다리에 침을 놓아서 병신을 만들었다는 뜻으로, 가만히 두었더라면 아무 일 없을 것을 공연히 건드려서 탈을 내는 경우를 이르는 말. (비) 긁어 부스럼. 찔러 피를 낸다.

아무렇지 않다 아무런 변동이 없이 먼저 모양 그대로 있다는 말.

아무리 급해도 말대가리를 엉덩이에 꽂을 수는 없다 아무리 조급해도 순리대로 절차를 밟아서 차근차근해야 억지론 할 수 없다는 뜻.

아무리 바빠도 바늘허리 매어 쓰지는 못한다 아무리 바쁘더라도 꼭 갖춰야 할 격식을 어기고는 일을 제대로 할 수 없다는 말. (비) 급하면 바늘허리에 실 매어 쓸까. 급하기는 우물에 가 숭늉 달라 겠다. 급하다고 갓 쓰고 똥 누랴. 급하면 콩 마당에 서슬 치겠다. 급하면 콩 마당에 간수 치랴. 겨울이 지나지 않고 봄이 오랴.

아무리 밝은 달빛도 햇빛을 대신 못 한다 달빛이 아무리 밝더라도 햇빛의 밝음을 대신할 수 없다는 뜻으

〈 아무리 사당을 잘 지었기로 제사를 못 지내면 무엇 하나 〉

로, 그 무엇으로도 결코 햇빛을 대신할 수 없음을 이르는 말.

아무리 사당을 잘 지었기로 제사를 못 지내면 무엇 하나 겉모양을 아무리 훌륭하게 치장해도 그것이 제구실을 못하면 아무 쓸모가 없음을 비유적으로 이르는 말. (비) 법당은 호법당이나 불무영험.

아무리 악처(惡妻)라도 효자보다 낫다 아내가 아무리 모질더라도 외로움을 달래는 데는 효자보다 훨씬 낫다는 의미.

아무리 없어도 딸 먹일 것과 쥐 먹일 것은 있다 시집간 딸에 대한 부모의 사랑이 매우 지극하다는 말.

아무리 쫓기어도 신발은 벗고 가랴 아무리 급하더라도 체면을 차릴 것은 차려야 함을 비유적으로 이르는 말.

아무리 총기(叢記)가 좋아도 둔한 기록(記錄)만 못하다 총기가 아무리 좋아도 머릿속에 기억해두는 것보다는 서투른 글씨로나마 적어두는 편이 훨씬 낫다는 의미.

아무 발에나 맞는 신은 없다 일반적으로 자기 마음에 드는 물건이나 일은 흔하지 않다는 뜻. (비) 아무 발에나 맞는 나막신은 없다.

아무짝에도 쓸모가 없다 도무지 쓸모가 없다는 말.

아문(衙門)에는 존장이 없다 관청에선 나이 많은 순으로 대접하는 것이 아니라 그 사람의 직위에 따라서 대접한다는 뜻. ★아문 : 예전에, 관청을 통틀어 이르던 말.

아미를 숙이다 머리를 숙인다는 말.

아버지는 똑똑한 자식을 더 사랑하고 어머니는 못난 자식을 더 사랑한다 보통 아버지들은 자식에 대한 욕망이 크기에 똑똑한 자식을 더 위하고, 어머니들은 자식에 대하여 한결같이 관대하기에 오히려 못난 자식에게 신경 더 쓰인다는 말.

아버지의 그림자는 밟지도 않는다 자식은 아버지를 존경해야 한다는 말.

아버지 종도 내 종만 못하다 남 것이 아무리 좋다한들 제겐 아무 소용이 없고, 보잘 것 없는 것이라도 제가 가지고 있는 것이 좋단 말. (비) 남의 돈 천 냥이 내 돈 한 푼만 못하다. 내 돈 서 푼이 남의 돈 백 냥보다 낫다.

아병(俄兵)의 장화(長靴) 속 같다 더럽고 지저분하다는 뜻. (비) 일진회(一進會)의 맥고모자 같다. 평양 병정의 발싸개.

아비가 고생하여 모으면 아들은 배부르게 먹고 손자는 거지가 된다 본래 삼대 부자 없고, 삼대 가난 없단 것처럼 버는 사람 따로 있고 쓰는 사람 따로 있단 말.

아비는 아비 자식은 자식 아무리 부자간이라도 아비가 할 일이 따로 있고 자식은 자식대로 할 일이 따로 있다는 말.

아비 닮은 올챙이 올챙이가 다 자라면 아비 개구리처럼 되듯이 사람의 자식도 아비를 많이 닮게 된다는 뜻.

아비만한 자식 없다 자식이 아무리 훌륭하게 되었더라도 그 아버지만은 못하다는 뜻으로 하는 말.

아비 아들 범벅 금 그어 먹어라 아무리 친근한 사이라도 한계를 명확히 해야 한다는 말.

아비 안 속이는 자식 없다 흔히 자식은 잘못을 저지를 때 보모에게 거짓말하는 일이 많다는 말.

아비 없는 후레자식 아비가 없이 자라서 버릇이 없는 사람이란 뜻으로 남을 욕할 때 쓰는 말.

아비 죽은 지 나흘 후에 약을 구한다 매우 행동이 느리고 뜨다는 말.

아산(牙山)이 깨어지나 평택(平澤)이 무너지나 (비) 백두산이 무너지나 동해수가 매어지나.

이삼육 골패(骨牌) 놀이에서 하는 말로 짝이 꼭 맞음을 이름.

아쉬우면 엄나무 말뚝 무당이 귀신이 안 나가면 마지막으로 엄나무 말뚝을 박겠다고 위협하듯이 마지막으로 위협한다는 뜻.

아쉬운 감 장수 유월부터 한다 1.돈이 아쉬워서 물건답지도 않은 것을 미리 판다는 말. 2.어떤 변변치 못한 일을 남보다 먼저 일찍 한다는 뜻.

아쉬워 엄나무 방석이라 마음은 흡족하지 않으나 어쩔

〈아이들은 사발을 깨도 말이 있지만 어른은 독을 깨도 말이 없다〉

수 없이 하게 되는 일을 이름.

'아야' 소리도 못한다 몹시 어렵고 괴로운 사정에 처해 있으면서도 괴롭다는 말을 한마디도 못한다는 말.

아우가 더 잘났다면 형은 싫어해도 아들이 더 잘났다면 아버지는 좋아한다 형이 아우를 사랑하는 마음보다도 부모가 자식을 사랑하는 마음이 더 크다는 뜻.

아욱으로 국을 끓여 삼 년을 먹으면 외 짝문으로는 못 들어간다 아욱국이 사람에게 매우 좋다고 하는 말.

아욱장아찌 담박하기만 하고 맛이 없다는 뜻.

아이 가진 떡 상대방이 세력이 없거나 약하여 그가 가진 물건을 쉽게 빼앗을 수 있음을 비유한 말.

아이 귀여워하는 사람이 자식 없다 자기 자식이 없는 사람은 어린아이가 부럽기 때문에 남의 아이를 유난히 더 귀여워하게 된다는 뜻.

아이 난 데 개 잡는다 경사스러운 일에 심술을 부려 불길한 짓을 한다는 뜻. (비) 해산(解産)한 데 개 잡는다.

아이 낳기 전에 기저귀 감 장만한다 1.일이 어떻게 될지 모르면서도 잘되면 쓸려고 미리부터 준비함을 비웃는 말. 2.너무 성급히 서둔다는 뜻. (비) 오동나무 보고 춤춘다. 오동 씨만 보고 춤춘다. 시집가기 전에 강아지 장만한다. 중매 보고 기저귀 장만한다. 새벽 달 보려고 초저녁부터 나 앉는다. 시집도 아니 가서 포대기 장만한다.

아이 낳기 전에 기저귀 누빈다 (비) 아이 낳기 전에 기저귀 감 장만한다.

아이 낳는 데 속옷 벗어 달란다 바쁜 사람에게 부당한 일을 청한다는 뜻. (비) 상여나갈 때 귀청 내 달란다.

아이는 때릴수록 운다 우는 아이를 때리는 것보다는 달래는 편이 훨씬 낫다는 뜻. (비) 북과 아이는 칠수록 큰소리만 난다.

아이는 사르고 태만 길렀나 보다 사람이 너무 어리석은 것을 조롱하는 말.

아이는 시골 년이 낳고 미역국은 서울 년이 먹는다 수고한 사람은 아무 보수도 받지 못하고 엉뚱한 사람이 이익을 독차지하게 되었다는 의미.

아이는 일곱 번 죽을 고비를 넘긴다 어린아이가 어른이 되기까지는 병이나 재난을 여러 번 넘기게 된다는 말.

아이는 작게 낳아서 크게 길러라 아이 낳을 때 크고 작은 것에 상관없이 잘 자라서 큰 사람이 되게 기르란 말.

아이는 죽어도 자래 설치는 했다 큰 손해는 보았지만 그 때문에 평소에 못마땅하게 여겨 오던 것이 없어져 시원하다는 뜻. (비) 초당 삼간 다 태워도 빈대 주는 것만 시원하다. 삼간초가 다 타져도 빈대 죽어 좋다.

아이는 흉년이 없다 흉년이 들어 굶게 돼도 부모 된 사람은 굶을망정 아이들만은 어떻게 해서라도 먹인단 말.

아이 다른 데 없고 뒷간 다른 데 없다 뒷간은 어느 곳이나 다 구리듯이, 어린아이는 어느 누구나 다 부모의 속을 썩인다는 뜻.

아이도 낳기 전에 포대기 장만한다 (비) 벼슬하기 전에 일산(日傘) 준비.

아이도 사랑하는 대로 붙는다 사람은 정이 많은 데로 따르기 마련이란 말. (비) 어린아이도 괴는 대로 간다. 아이와 늙은이는 괴는 대로 간다. 어린아이와 개는 괴는 대로 간다.

아이 두 번에 어른 한 번 먹는다 흔히 음식은 한창 자라는 아이들이 어른보다 더 먹는다는 뜻.

아이들 보는 데는 찬물도 못 마신다 아이들 앞에서는 행동거지를 삼가야 한다는 말.

아이들 싸움이 어른 싸움 되고 며느리 싸움이 형제 싸움 된다 아이들 싸움에 어른이 간섭하게 되면 큰 싸움이 벌어지므로 가만히 있는 것이 낫고, 동서 간에 싸움이 일어나면 형제간에 의가 상하므로 싸우지 않도록 조심해야 한다는 뜻.

아이들은 부모의 등을 보고 배운다 어린아이는 부모의 행동을 그대로 따라 함에 어릴 때 교육의 중요성을 강조한 말. (비) 그 아이를 보면 그 부모를 안다.

아이들은 사발을 깨도 말이 있지만 어른은 독을 깨도 말이 없다 아랫사람은 사소한 잘못이 있어도 문제가 되지만 윗사람은 큰 잘못이 있어도 별로 문제가 되지

〈 아이들이 아니면 웃을 일이 없다 〉

않는다는 뜻.

아이들이 아니면 웃을 일이 없다 순진하고 귀여운 아이들로 인하여 즐겁게 해 주니 때론 근심 걱정이 있어도 아이가 노는 것을 보면 자신도 모르게 웃게 되므로 이르는 말.

아이를 기르려면 무당 반에 의사 반이 되어야 한다 아이를 기르는 엄마는 여러 방면을 알고 있어야 잘 기를 수 있단 말.

아이를 사르고 태를 길렀다 (비) 구더기 될 놈

아이를 예뻐하면 옷에 똥칠을 한다 어리석은 사람과 사귀어 친하게 되면 이로운 것은 없고 손해되는 것만 생긴다는 뜻. (비) 개를 친하면 옷에 흙칠한다. 어린 애 친하면 코 묻은 밥 먹는다.

아이 말도 귀여겨들어라 어린아이의 말도 허술하게 여기지 말고 주의해서 들어야 한다는 뜻. (비) 늙은이도 세 살 먹은 아이 말을 귀담아들어라. 팔십 노인도 세 살 먹은 아이한데 배울 것이 있다. 어린아이 말도 귀담아들어라.

아이 말 듣고 배탄다 철없는 아이 말을 곧잘 듣는다는 뜻.

아이 말에 거짓말 없고 어른 말에 그른 말 없다 아이들은 순진하기에 거짓말을 할 줄 모르며 어른은 아이들에게 그른 말을 하지 않고 말마다 옳은 말만 하게 된다는 뜻.

아이 못 낳는 년이 밤마다 용꿈 꾼다 하나도 실행을 못하는 자일수록 부질없이 환상(幻想)이 많음을 비웃는 말. (비) 아이 못 낳는 년이 밤마다 태몽 꿈만 꾼다.

아이 병은 쇠병 어린아이는 말을 잘못하기에 병이 나면 무슨 증상으로 어디가 어떻게 아픈지를 몰라 답답하다는 의미.

아이 밴 계집 배 차기 (비) 고추밭에 말 달리기.

아이 밴 나를 어찌할까 한다 제게 믿는 데가 있어 상대방이 감히 어떻게 하지 못할 것을 알고 배짱을 부린다는 뜻. (비) 아이 밴 년 유세(有勢)한다.

아이 버릴 덤불은 있어도 나 버릴 덤불은 없다 자식 애정이 크다고 하지만 자기 자신에 대한 애정이 가장 크다는 말.

아이보다 배꼽이 크다 (비) 배보다 배꼽이 더 크다.

아이 보채듯 몹시 졸라 대는 경우에 이르는 말. (비) 어린 애 젖 조르듯 한다. 젖 떨어진 강아지 같다.

아이 본 공과 새 본 공은 없다 남의 아이를 잘 보아주었다 하더라도 어쩌다 실수로 아이에게 탈이 생기면 그로 인해 원망만 사게 된다는 말.

아이 새끼도 아홉 껍질은 입는다 가난한 집에서 아이들 옷 해 입히기 힘들음을 이름.

아이 손님이 더 어렵다 아이 손님은 조심하라는 말.

아이 싸움은 간여하지 말랬다 철없이 싸우는 어린아이 싸움에 괜히 어른들이 말려들었다가는 나중에 어른 싸움으로 확대하기 쉽다는 의미. (비) 아이 싸움이 어른 싸움 된다.

아이 싸움이 어른 싸움 된다 작은 일이 차차 커짐을 일컫는 말.

아이 어미가 되어야 부모 은공을 알게 된다 나중에 자신이 부모 노릇을 해봐야 비로소 부모 은덕을 깨닫게 된다는 말.

아이 어미 되자 가시도 삼킨다 아이를 기른 엄마는 아이에게 먹이느라고 자신은 잘 먹지 못함에 무슨 음식이든 가리지 않고 먹게 된다는 뜻.

아이에게는 흉년이 없다 부모 된 사람은 자신이 아무리 굶주리더라도 어떻게 해서든지 굶주리지 않도록 아이들에게 많이 먹인다는 뜻. (비) 흉년에 어미는 굶어 죽고 아이는 배 터져 죽는다.

아이와 늙은이는 괴는 대로 간다 사랑하며 돌봐주는 대로 따라가게 마련이란 말. (비) 어린아이와 개는 괴는 대로 간다. 아이도 사랑하는 대로 붙는다.

아이와 장독은 얼지 않는다 아무리 날씨가 추워도 장독이 얼지 않는 것과 같이 어린아이는 추위를 모른단 말.

아이 자라 어른 된다 작은 것이 발전하여 크게 된다는 뜻. (비) 강한 말은 매 놓은 기둥에 상한다.

아이 좋다니까 씨암탉을 잡는다 추켜주면 좋아하는 사람의 마음을 말한 것.

아이 치레 송장 치레 아이들에게는 호사스러운 옷을 입히는 것은 마치 송장에게 잘 입히는 것과 같이 아무 소용이 없다는 뜻으로, 자라는 아이는 아무렇게나 되는대로 입혀서 키우라는 말.

아재비 장가 보내기는커녕 제 좃대 대롱에 놓고 산다 더 바빠 해야 할 제 일도 못하고 있는 주제에 남 일까지 돌볼 수 없단 말.

아저씨 못난 것 조카 장짐 지운다 되지 못한 자가 지위에 있다 하여 저보다 낮은 지위에 있는 사람을 마구 부려먹는단 말.

아저씨 아니어도 망건이 동난다 1. 가까운 사람이 물건을 사가지 않아도 사갈 사람이 많다는 말. 2. 특정한 사람이 아니라도 일을 도와 줄 사람은 얼마든지 있다는 뜻. 3. 저 역시 남이 가지고 있는 물건이 탐난다는 뜻으로 이르는 말. (비) <u>종 아니라도 망건이 동난다.</u>

아저씨 아저씨 하고 길짐만 지운다 잘 달래가며 사람을 부려먹는다는 뜻. (비) <u>아저씨 아저씨 하면서 떡짐 지운다. 행수 행수 하고 짐 지운다.</u>

아전의 술 한 잔이 환자(還子)가 석 섬이라고 관리로부터 적은 신세를 지면 몇 곱으로 갚게 됨을 이름. ★환자: 봄에 환곡(還穀)으로 받은 것을 가을에 바치는 것.

아주 똥 빠졌다 일이 크게 낭패되었단 말. (비) <u>아주 뽕 빠졌다.</u>

아주머니 떡도 싸야 사 먹지 (비) <u>동성(同姓) 아주머니 술도 싸야 사 먹지.</u>

아주머니 불두덩을 덮어줘도 욕먹더라 남의 허물을 감추어 주고도 오히려 좋은 소리를 못 들을 경우를 이름.

아주머니 술도 더 싸야 사 먹지 (비) <u>동성(同姓) 아주머니 술도 싸야 사 먹지.</u>

아주 멀쩡하다 잘 아는 사람이 뜻하지 않았던 일을 저질렀을 때를 이르는 말.

아주 뽕 빠졌다 큰 손해를 당하여 낭패되었다는 말. (비) <u>아주 똥 빠졌다.</u>

아주 송화색(松花色)이라 인색하기 짝이 없는 사람을 보고 이르는 말. ★송화색: 소나무의 꽃가루와 같은, 엷은 노란 빛깔.

아주까릿대에 개똥참외 달리듯 1. 능력이 없는 자가 계집을 많이 두고 산다는 뜻. 2. 연약한 과부에게 자식이 여럿 있음을 이름.

아직 국 뜨거운 줄 모른다 일찍이 한 번도 제대로 혼나 본 경험이 없어서 뉘도 무서운 줄 모르고 함부로 날뛴다는 말.

아직 신날도 안 꼬았다 아직 시작도 아니 함을 이르는 말. (비) <u>의주를 가려면서 신날도 안 꼬았다.</u> ★날: 짚신을 삼을 때 새로 놓인 새끼.

아직 이도 나기 전에 갈비를 뜯는다 (비) <u>개미가 객사(客舍) 기둥을 건드린다.</u>

아침 거미는 돈 저녁 거미는 근심 아침에 거미를 보면 그날 재수가 있고 저녁 거미를 보면 근심이 있을 징조란 뜻.

아침 굶은 시어머니 상이다 화가 났거나 기분이 나빠 표정이 일그러져 있음을 비유적으로 이르는 말.

아침 노래는 가난 부름이다 아침엔 그날 일을 시작해야 하는데 노래를 부르며 한가로이 놀게 되면 가난하게 된다는 뜻. (비) <u>아침 늦잠은 가난 잠이다.</u>

아침놀 저녁 비요. 저녁놀 아침 비라 아침에 놀이 서면 저녁에 비가 오고, 저녁에 놀이 서면 아침에 비가 온다는 말.

아침 뇌성(雷聲)에는 강 건너 소를 매지 말랬다 아침부터 뇌성이 심하게 들리면 그날 비가 많이 올 징조란 뜻.

아침 무지개는 내를 건너지 말고 저녁 무지개는 가지고 가던 우산도 두고 가라고 했다 무지개가 아침에 설 땐 그날 비가 많이 오고, 저녁에 무지개가 설 땐 비가 안 온다는 말. (비) <u>아침 무지개는 소낙비가 오고 저녁 무지개는 가뭄이 온다.</u>

아침 아저씨 저녁 소 아들 아침에는 아저씨 대접을 하고 저녁엔 송아지로 대접한단 뜻으로, 농가에서 아침에는 머슴의 비위를 맞춰 주려고 잘 대접하지만 저녁에 일을 마치고 돌아오면 함부로 부린다는 말.

〈아침 안개 중대가리 깐다〉

아침 안개 중대가리 깐다 아침에 안개 낀 날은 대가리 벗어지게 더울 정도로 햇볕이 쨍쨍하다는 뜻. (비) 아침에 안개가 끼면 이마가 벗어진다.

아침에 까치가 울면 좋은 일이 있고 밤에 까마귀가 울면 대변(大變)이 있다 아침에 까치가 울면 좋은 일이 생기고 밤에 까마귀가 울면 좋지 않은 일이 생긴다는 말.

아침에 났다가 저녁에 시드는 버섯 (비) 인생은 초로(初露).

아침에 없다가도 저녁에도 없으라는 법은 없다 가난한 사람도 언젠가는 잘 사는 날 있다는 뜻.

아파봐야 아픔을 알게 된다 자신이 직접 맞부딪쳐서 체험해 본 사람이라야 그와 비슷한 처지에 있는 사람의 사정을 알게 된다는 뜻.

아프지 않은 다리에 침 준다 남의 사정도 모르고 공연히 남이 싫어하는 짓을 한다는 뜻. (비) 아프지 않은 데 뜸질 한다.

아픈 것은 참아도 가려운 것은 못 참는다 가려운 것이 아픈 것보다 쉬운 것 같지만 오히려 가려운 것이 참기가 더 어렵다는 뜻.

아픈 다리에 종기 난다 신수가 아주 안 좋을 때는 공교롭게도 점점 더 일이 꼬이고 나빠지게 된다는 뜻.

아픈 상처에 소금 치는 격 (비) 넘어진 놈 걷어차기.

애(애) 해 다르고 어(에) 해 다르다 같은 내용의 말이라도 말하기에 따라서 사뭇 달라진다.

아홉 가진 놈 하나 가진 놈을 부러워한다 욕심이 많음을 이르는 말.

아홉 번 생각한 다음에 한 번 말한다 자기 말엔 언제 어디서든지 책임을 져야 하기에, 충분히 생각한 다음 말을 조심해서 하라는 뜻. 즉 구사일언(九思一言).

아홉 살 먹을 때까진 아홉 동네에서 미움을 받는다 아홉 살 미만의 아이들은 장난이 심하고 말도 잘 안 들어 많은 이에게 미움을 산다는 말. (비) 미운 일곱 살. 아홉 살 일곱 살 때에는 아홉 동네에서 미움을 받는다.

아홉 살 일곱 살 때에는 아홉 동네에서 미움을 받는다 칠팔 세 된 아이 땐 장난이 심하고 어른의 말도 안 들어 많은 사람에게 미움을 산다는 말.

아흔아홉 섬 가진 놈이 한 섬 가진 놈 보고 백 섬 채우려고 마저 달랜다 남의 사정은 모르는 척 하고 욕심만 차리는 염치없는 사람을 이르는 말.

아흔아홉 칸이라도 자는 방은 하나 주택은 생활하기 편하고 알맞은 것을 택해야지 지나치게 크고 화려한 것만 택해선 안 된다는 뜻.

악다구니를 놀리다 기를 쓰고 욕을 한다는 말. (비) 악다구니를 퍼붓다. ★악다구니 : 기를 써서 다투며 욕설하는 짓, 버티고 겨룸.

악담이 덕담이다 악담은 도리어 욕을 듣는 이에게 좋은 수를 끼친다는 말.

악독한 고승록(高承祿)이다 마음이 악독한 사람을 가리킴.

악머구리 끓듯 하다 여러 사람이 요란하게 떠들어 됨을 일컬음. ★악머구리 : 참개구리. 잘 우는 개구리.

악바리 악도리 악 쓴다 무슨 일에나 악착같이 제 고집을 세우고 물러날 줄 모른다는 뜻.

악박골 호랑이 선불 맞은 소리 상종을 못할 만큼 사납고 무섭게 날뛰는 짓. 또는 사납게 지르는 비명을 이르는 말. ★악박골 : 서대문에 있던 구치소.

악양루(岳陽樓)도 식사 뒤 먹는 것이 제일이란 뜻. (비) 금강산도 식후경. 꽃구경도 식후사. ★악양루 : 중국 호남성 악주성에 있는 유명한 성루의 하나.

악으로 모은 살림 악으로 망한다 나쁜 짓을 하여 모은 재산은 오래 지니지 못하며 도리어 해를 끼친다는 말.

악이 목까지 차면 화를 입는다 사람들에게 악한 일을 많이 하면 나중에 반드시 화를 당하게 된다는 의미.

악인 갖다 성인 만들려면 만들고, 성인 갖다 악인 만들 수도 있다 사람은 가르치는 데 따라 잘도 되고 나쁘게도 된다는 말.

악처(惡妻)는 패가망신의 장본 살림을 맡은 아내가 악하면 집안을 망칠 뿐 아니라 망신까지 당하게 된다는 뜻. (비) 악처는 패가한다.

악한 것을 보면 소경이 되고 악한 말을 들으면 귀머거리가 되어야 한다 사람은 보고 듣는 것에 따라 물들기 쉬우므로 악한 것 보지 말고 악한 것 듣지 말란 의미.

악한 끝은 없어도 선한 끝은 있다 악한 짓을 한 사람은 결국엔 자신이 파놓은 함정에 빠져서 망하고 선한 짓을 한 사람은 흥하게 된다는 의미.

악한 정치가는 투표하지 않는 선량한 시민에 의해서 선출된다 투표에 기권하지 말라는 뜻.(미국 속담)

악한 첩(妾)과 더러운 처(妻)도 빈방보다 낫다 남자는 아내가 아무리 나쁘더라도 없는 것보다 있는 것을 낫게 여긴다는 말. (비) 열두 효자가 악처 하나만 못하다. 열 자식이 악처 하나만 못하다. 효자(孝子)가 불여악처(不如惡妻)만 못하다. 착한 며느리가 악처만 못 하다. 남자는 빈방에 다듬잇돌만 있어도 껴안고 잔다.

안개 속에 꽃구경하기 되지도 않는 일을 가지고 아무 성과 없이 헛수고만 한다는 뜻. (비) 안개 속에서 길 찾기.

안고 진다 남을 해롭게 하려다가 도리어 자기가 해를 당함을 이름. (비) 남 잡이가 제 잡이.

안광(眼光)이 지배(紙背)를 뚫는다(철(撤)하다) 눈빛이 종이를 뚫을 정도로 집중하면 책 속에서 답이 보일 것이다. 즉, 독서하여 깊은 뜻에 통하는 이해력이 뛰어남을 형용하여 이르는 말.

안는 암탉 잡아먹기 1.생각 없고 염치없는 짓을 이름. 2.마음에 매우 애석하지만 그것이라도 희생하지 않을 수 없는 경우를 이름.

안다니 똥파리 잘 알지도 못하면서 아는 체하는 사람을 비웃어 하는 말. (비) 알기는 오뉴월 똥파리군. 아는 걸 보니 소강절의 똥구멍에 움막 짓고 살겠다. 알기는 칠월 귀뚜라미.

안동(安洞) 상전(床廛) 흥정 옛날 안동 상전에서 여자들이 말없이 상을 사듯이, 말을 하지 않고 행동으로 의사표시를 할 때 이르는 말.

안동읍 장은 삼 껑으로 끝난다 안동의 존댓말, 붓을 끌어미는 ~꺼, ~껑으로 끝나는데 장꾼들이 만나면 왔니껑, 장 다 됬니껑, 이제 가니껑으로 인사함을 두

고 하는 말.

안 되는 건 남의 탓 잘되는 건 자기 탓 잘못된 원인은 자기에서 찾지 않고 남에게서만 찾고, 잘되는 원인은 남에게서 찾지 않고 자신에게만 찾는다는 말. (비) 안되면 조상 탓 잘되면 내 탓.

안 되는 놈은 두부에도 뼈라 운수가 나쁜 사람은 일마다 뜻대로 되지 않음을 비유적으로 이르는 말.
(비) 계란에 유골. 두부에도 뼈라. 능참봉을 하니까 거둥이 한 달에 스물아홉 번. 칠십에 능참봉을 하니 하루에 거둥이 열아홉 번씩이라. 박복자는 계란에도 유골. 헐복한 놈은 계란에도 뼈가 있다. 복 없는 가시내 봉놋방에 가 누워도 고자 곁에 가 눕는다. 재수 없는 포수는 곰을 잡아도 웅담이 없다. 복 없는 봉사 괘문을 외워 놓으면 감기 앓는 놈도 없다. 복 없는 정승 계란에도 뼈가 있다. 아니 되는 놈의 일은 자빠져도 코가 깨진다. 안 되는 사람은 뒤로 넘어져도 코가 깨진다.

안 되는 놈은 뒤로 넘어져도 코가 깨진다 운수가 사나운 사람은 대수롭지 않은 일에도 자꾸만 낭패를 보게 된다는 말. (비) 안 되는 놈은 넘어져도 똥 밭에 넘어진다. 안 되는 놈은 넘어져도 허리가 부러진다. 안 되는 놈은 달걀에도 뼈만 있는 것만 산다.

안 되면 산소 탓 1.자기가 잘못하거나 못나서 일에 실패하면 반성은커녕 오히려 조상을 원망한다는 뜻. 2.제 잘못을 남에게 전과한다는 뜻. (비) 아니 되면 조상탓. 잘되면 제 탓. 못되면 조상 탓

안뒷간에 똥 누고 안 아가씨더러 밑 씻겨 달라겠다 지나치게 염치없고 체신머리 없이 군다는 뜻.

안 듣는 데서는 원님 욕도 한다 본인이 없는 곳에서는 그의 잘잘못을 서슴없이 마음대로 말하게 된다는 뜻.

안 먹겠다고 침 뱉은 물 돌아서서 다시 먹는다 (비) 다시 먹지 않는다고 이 우물에 똥을 눌까.

안 먹는 씨아가 소리만 난다 (비)먹지 않는 씨아에서 소리만 난다.

안 먹어도 먹어지는 것이 나이 나이를 먹는 것은 자연

적인 현상이므로 어쩔 수가 없다는 뜻.

안반(떡판) 이고 보 마르러 가겠다 바느질 솜씨나 또는 다른 일솜씨가 어지간히 없음을 이르는 말.

안방에 가면 시어머니 말이 옳고 부엌에 가면 며느리 말이 옳다 모두의 말에 일리가 있어 시비를 가리기가 어렵다는 뜻.

안벽 치고 밭 벽 친다 1.겉으로는 도와주는 체하고 속으로는 방해를 한다. 2.두 사람 사이에서 서로 다른 말을 하여 이간을 붙인다. (비) 안 벽 치고 밭(바깥) 벽 부순다.

안 보는 것이 약이다 세상에는 눈꼴사나운 것이 많기에 그러한 것을 아예 보지 않는 것이 속이 편하고 낫다는 말.

안 보는 곳에서는 임금 보고도 눈 흘긴다 아무도 없는 곳에서는 아무리 무서운 사람에게도 분풀이를 할 수 있다는 뜻. (비) 안 보는 곳에서는 임금 흉도 본다.

안 본 용은 그려도 본 뱀은 못 그린다 상상은 자유로이 할 수 있으나 사실을 정확히 파악하는 것은 힘들다는 말. (비) 안 본 용은 그려도 본 범은 못 그린다.

안살이 내 살이면 천 리(千里)라도 찾아가고 밭 살이 내 살이면 십리라도 가지 마라 안살 즉 그 집 부인이 자기 육친(肉親)이라면 천 리나 되는 먼 길이라도 찾아가고, 밭 살 즉 바깥 주인이 친족이면 십리 밖에 안 되는 가까운 데라도 가지 말라고 함이니, 출가하여 사는 부인들은 대개가 친정의 친족을 매우 반가워하고 극진이 대접하나 시댁 편의 친족들이 찾아오는 것은 달갑지 않게 여기고 대접도 변변치 못하다는 뜻으로 이름.

안성맞춤이다 꼭 들어맞을 때 하는 말.

안성(安城) 장에 풋 송아지처럼 제대로 몸을 가누지 못하고 왼통으로 쓰러져 넘어짐을 이름.

안성(安城) 피나팔(皮喇叭)이라 사람의 음경(陰莖)을 익살스럽게 이르는 말.

안악(安岳) 사는 과부 밤낮의 구별을 모르고 있는 사람을 이름. (비) 황해도 처녀.

안 인심이 좋아야 바깥양반 출입이 넓다 제집에 오는 손님 대접이 좋아야 다른 데 가서도 대접을 받는다는 말.

안절부절 못한다 마음이 몹시 초조하거나 몸이 괴롭거나 하여 어쩔 줄을 모르는 것을 두고 하는 말.

안주 안 먹으면 사위 덕 못 본다 안주 없이 술을 마시면 더 취하므로 그것을 경계하기 위하여 하는 말.

안 주어서 못 받지 손 작아서 못 받으랴 무엇이나 주는 대로 다 받는단 말.

안중(眼中)에 사람이 없다 남의 일 같은 것은 문제로 하지 않고 아무 어렴성 없이 함부로 꺼덕거림을 비유하는 말.

안질(眼疾)에 고춧가루 1.서로 상극되는 물건을 이름. 2.커다란 해를 끼치는 존재란 말.

안질(眼疾)에 노란 수건 매우 친밀한 관계가 있는 물건이나 사람을 일컬음. (비) 패독산에 승검초.

안차고 다라지다 겁 없고 깜찍하고 당돌하다는 뜻.

안 친 장구 소리 날까 (비) 아니 땐 굴뚝에 연기 날까.

안팎곱사등이라 이래도 못하고 저렇게도 못하고 조금도 변통할 수 없을 만큼 답답하단 뜻.

안협(安峽) 교생(教生)이라 사람이 없기 때문에 혼자서 여러 일을 맡을 때를 이름. ★안협 : 본래 고구려의 아진압현(阿珍押縣 또는 窮岳縣)이었는데, 신라 경덕왕이 안협으로 바꾸어 황해도 토산군(兎山郡)의 영현으로 삼았다. 1018년(현종 9)경기도 동주(東州: 지금의 鐵原).

앉아 똥 누기는 발허리나 시지 일이 매우 쉽다는 뜻. (비) 누워서 떡 먹기. 누워서 떡 먹기는 눈에 고물이나 떨어지지.

앉아서 먹으면 태산도 못 당한다 가진 것 다 까먹고 살려들면 아무리 큰 재산도 못 당한다는 뜻.

앉아서 벼락 맞는다 가만히 있다가 화를 당한다. 뜻밖에 화를 당한다는 뜻.

앉아 주고 서서 받는다 어떤 것을 빌려주기는 쉬우나 돌려받기는 어려움을 비유적으로 이르는 말. (비)

앉아 준 돈 서서도 못 받는다.
앉아서 준 돈 서서도 못 받는다 제 돈이라도 한번 꾸어 주면 받기 어렵단 말. (비) 앉장 준 빚 상 못 받나. (제주도 방언). 앉아서 주고 서서 받는다.
앉아서 천 리를 본다 가만히 앉아서도 세상이 돌아가는 것을 다 안다는 말.
앉으나 서나 언제나 한결같은 마음이란 뜻.
앉은뱅이가 기어서라도 가야 한다 어떠한 고난이나 고통이 있더라도 꼭 실천하지 않으면 안 될 일이란 뜻.
앉은뱅이가 서면 천 리를 가나 능력도 없고 기력도 없는 자가 장차 큰일이라도 할 듯이 이야기할 때 핀잔 주는 말.
앉은뱅이 무엇 자랑하듯 (비) 거지가 동냥바가지 자랑한다.
앉은뱅이 산 말리기 앉은뱅이가 벌목(伐木)을 한다는 뜻이니, 일처리를 하는 품이 보기에 무척 답답해 보인다는 뜻.
앉은뱅이 앉으나 마나 (비) 곱사등이 짐 지나 마나.
앉은뱅이에게 신 주기 쓸데없이 상대방에게 효과가 나타나지 않을 짓을 한다는 말. (비) 봉사에게 등불 주기다. 봉사에게 손짓한다.
앉은뱅이에게는 신을 주지 않는다 상대편에게 소용이 없는 것을 줄 필요가 없다는 말.
앉은뱅이 용 쓴다 불가능한 일에 헛되이 애만 쓴다는 말.
앉은뱅이 천 리 대참(代參) (비) 개미가 객사(客舍) 기둥을 건드린다. ★대참 : 다른 사람 대신에 참여함.
앉은 자리에 풀도 안 나겠다 사람이 너무나 독하고 냉정할 때 하는 말.
앉은장사 선 동무 견문(見聞)이나 교제가 적어 세상 물정에 어두워 자주 손해를 보는 것을 이르는 말.
알거지가 되었다 한순간에 집안이 망해서 돈 한 푼 없는 거지 신세가 되었다는 뜻.
알고도 죽는 해소병(천식)이라 결과가 좋지 않을 줄을 뻔히 알면서도 어쩔 수 없이 일을 겪고 만다는 뜻.
알고 보니 수원(水原) 나그네 누군지 몰랐으나 깨우쳐 보니 아는 사람이란 뜻. (비) 다시 보니 수원 손님. 인제 보니 수원 손님.
알기는 똥파리 손자 아는 것이 짧으면서 아는 체하고 나서기 좋아하는 사람을 일컫는 말. 무엇이든 잘 아는 척하고 나서는 사람을 조롱하는 말. (비) 아는 걸 보니 소강절의 똥구멍에 움막 짓고 살았겠다. 안다니 똥파리. 알기는 오뉴월 똥파리로군.
알기는 오뉴월 똥파리로군 (비) 안다니 똥파리.
알기는 체장이 송곳 같다 어떤 일을 아주 잘 아는 사람을 비유하여 이르는 말. ★체장이 : 체를 만드는 것을 업으로 하는 사람.
알기는 칠월 귀뚜라미 (비) 안다니 똥파리.
알기는 태주(胎主) 같다 모든 일을 잘 아는 듯 자랑하는 사람을 놀리는 말. ★태주 : 마마를 하다가 죽은 어린 계집의 귀신.
알까기 전에 병아리 세지 마라 무슨 일이든지 이루어지기 전엔 그 이득을 셈하지 말라는 뜻.
알던 정 모르던 정 없다 일을 공정히 하려면 사정을 볼 수 없단 말.
알랑방귀 끼다 눈에 보이게 아부를 한다는 뜻.
알로 깠느냐 사람됨이 아둔하고 씩씩하지 못할 때 이르는 말.
알로 먹고 꿩으로 먹는다 한꺼번에 두 가지 이익을 본다는 말. (비) 꿩 먹고 알 먹는다.
알면서도 모른 척한다 속으론 내용을 다 알고 있으면서도 겉으론 전혀 모른 척 시치미를 떼고 있다는 뜻. (비) 알면서도 모른 척하는 것이 상책이다.
알면 장난 모르면 그만 남의 물건을 장난치는 곳 같이 하면서 슬쩍 감추어 도둑질한다는 뜻.
알쏭달쏭하다 생각이 자꾸 뒤바뀌어 분간할 것 같으면서도 얼른 분간이 안 된다는 뜻.
알아도 아는 척 말랬다 아는 것이 있더라도 자랑하여 뽐내지 말고 마치 모르는 것처럼 겸손한 자세로 있어야 한다는 뜻.
알아야 면장을 한다 남의 윗자리에 서려면 배워야 한

〈알을 두고 온 새의 마음〉

다는 말. (비) 배워야 면장이다.
알을 두고 온 새의 마음 마음에 잊지 못하여 불안함.
알토란 같다 생활이 넉넉하여 아무 걱정이 없다는 말.
앓느니 죽지 남을 시켜서 마음에 들지 아니하게 일을 하느니보다는 당장에 힘이 들더라도 스스로 하는 편이 낫다는 말.
앓는 데는 장사 없다 아무리 힘이 센 장사라도 병 걸리면 앓아눕는단 뜻으로, 앓지 않도록 조심해야 한다는 말.
앓던 이 빠진 것 같다 걱정거리가 없어져서 시원하다는 뜻. (비) 눈에 든 가시를 뺀 것 같다.
앓아봐야 아픈 것도 안다 직접 고생을 해본 사람은 남의 고생을 잘 이해한다는 말. (비) 자식을 키워봐야 어미 속을 안다. 자식을 길러봐야 부모의 은공을 안다.
암고양이 자지 베어 먹을 놈 별 못할 짓 없이 다 해먹겠다고 욕하는 말.
암내 맡은 수캐가 싸대듯 한다 암내 맡은 수캐가 암캐만 찾아다니듯이, 일은 하지 않고 계집 뒤만 따라다닌다는 뜻.
암범 같다 몸은 작으나 성질이 매우 영악하고 날쌔다는 뜻.
암소 곧 달음 변통성이 없고 고집만 내세우는 태도를 이름.
암치 뼈다귀에 불개미 덤비듯 이익을 탐내어 뭇 사람들이 덤비는 모양을 이름. (비) 헌 머리에 이 모이듯. ★암치 : 배를 갈라 벌려 소금에 절여 말린 암민어.
암탉의 무녀리냐 암탉이 맨 처음 낳는 알은 매우 작다는 뜻으로, 몸집이 작은 사람을 놀림조로 이르는 말. ★무녀리 : 한 태에서 낳은 여러 마리 새끼들 중에서 맨 먼저 나온 새끼.
암탉이 운다 가정에서 여자가 남자를 제쳐놓고 집안일을 좌우지함을 비유적으로 이름.
암탉이 울어 날 샐 일 없다 수탉 대신 암탉이 울면 날이 샌 것이 제대로 알려지지 않는다는 뜻으로, 집안에서 아내가 남편보다 성미가 억세서 모든 일을 좌지우지하면 일이 잘 되지 않는다는 말. (비) 암탉이 울면 집안이 망한다. 암탉이 울어 날 샐 일 없다.
암탉이 울면 집안이 망한다 여자가 지나치게 나서서 떠들어 대면 집안이 잘 안 된다.
압록강이 팥죽이라도 굶어죽겠다 팥죽이 아무리 많아도 움직이지 않고 앉아 있으면 굶어죽는다는 뜻으로 게으른 사람을 조롱하여 이르는 말.
앙재(殃災)는 금년이요 적덕(積德)은 백 년이라 덕을 닦아서 좋은 일을 하면 그 공이 오래도록 남게 되므로 사람은 좋은 일을 많이 해야 한단 뜻.
앙칼 없는 양반 새끼 없고 할퀴지 않는 고양이 새끼 없다 양반의 자식들은 부모의 세력만 믿고 몹시 버릇없이 굴었다는 데서 나온 말. (비) 앙칼진 양반 새끼다.
앞길이 구만리 같다 아직 나이가 젊어서 얼마든지 기회가 있음을 이르는 말. (비) 솔 심어 정자라. 전정이 구만 리 같다.
앞길이 멀다 앞으로 살아갈 일이 많이 남아 있음을 이르는 말.
앞 남산 호랑이가 뭘 먹고 사나 (비) 사자(使者)가 눈깔이 멀었다.
앞 남산 호랑이 뭘 먹고 산다더냐 남에게 해만 끼치고, 못된 짓만 하는 사람을 호랑이가 물어갔으면 하는 생각에서 쓰는 말. (비) 뒷산 호랑이가 요사이 뭘 먹고 산다더냐. 사자(使者)가 눈깔이 멀었다. 호랑이가 뭘 먹고 사나.
앞뒤를 가리지 않는다 무슨 일이나 신중하게 생각지 않고 되는 대로 계획성 없이 한다는 뜻.
앞뒤를 재다 어떤 일을 함에 있어 우선 자기의 이해나 득실을 여러 모로 따져 본다는 말.
앞뒷집에 살아도 너 그런 줄 몰랐다 그렇게 친하게 지냈어도 그런 비밀이 있었다는 것을 처음으로 알게 되었다면서 놀라는 표정을 하는 말.
앞 못 보는 생쥐 정신이 몽롱하여 무엇을 잘 보지 못

하는 사람을 이름.

앞 방석을 차지한다 비서 격(秘書格)이 된다는 말.

앞산에서 여우가 울면 부음(訃音)이 오고 뒷산에서 여우가 울면 사람이 죽는다 앞산에서 여우가 울면 먼 데 사람이 죽고, 뒷산에서 여우가 울면 가까운 곳에 사람이 죽는다는 예부터 전해지는 말.

앞서거니 뒤서거니 앞에 서가기도 하고 뒤에 서 가기도 하여 몹시 다정하게 간다는 뜻.

앞에는 태산(泰山) 뒤에는 숭산(崇山) 앞으로 갈 수도 없고 뒤로 물러 설 수도 없어서 우물쭈물하며 당황하고만 있다는 말.

앞에서 꼬리 치는 개가 후(後)에 발뒤꿈치 문다 보는 데선 살살 좋게 말하며 비위를 맞춰주기 급급한 사람일수록 없는 데선 험담을 하며 모해를 한다는 뜻.

앞에서 한 말 뒤에 하고 뒤에 한 말 앞에 하고 순서가 뒤바뀜을 말함.

앞으로 남고 뒤론 밑진다 겉으론 봐서는 이익이 많은 것 같으나 정작 결산을 하고 보면 오히려 손해가 된다는 뜻.

앞을 다투다 서로 앞에 서려고 야단이란 말.

앞을 닦다 남에게 약점이나 허물을 잡히지 않도록 제 할 일을 잘하여 올바른 행동을 함을 이름.

앞을 못 보다 진전하거나 발전하는 어떤 현상을 내다 볼 만한 능력이나 역량이 없다는 뜻.

앞이 깜깜하다 앞으로 어떻게 처리해야 좋을지 도무지 생각이 떠오르지 않아 난감하단 말.

앞이 벌다 감당하거나 감당해 내기가 무척 힘이 벅차단 말.

앞 집 처녀 믿다가 장가 못 간다 남은 생각지도 않는데 공연히 저 혼자 지레 짐작으로 믿고만 있다가 낭패를 보게 됨을 이름. (비) 동네 색시 믿고 장가 못 간다. 누이 믿고 장가 못 간다. 이웃집 색시 믿고 장가 못 간다.

앞짧은소리 장래성이 별로 없거나 장래의 불행을 뜻하게 된 말마디.

앞짧은소리는 죽어서나 하랬다 사람 팔자는 누구도 알 수 없기에 장래에 대해서 함부로 말해서는 안 된다는 의미.

애꾸가 환히 보려 하고 절름발이가 멀리 가려한다 (비) 개미가 객사(客舍) 기둥을 건드린다.

애그러지게 나가면 어그러지게 들어온다 미운 놈은 하는 짓마다 밉다는 뜻.

애기 버릇 임의 버릇 아내는 그 남편의 비위를 잘 맞춰야 하며 정성껏 시중을 들어야만 좋아한다는 뜻.

애기 엄마 똥칠한다 늘 애기를 데리고 지내면 옷차림이 깨끗하지 않다는 말.

애기업개 말도 귀담아 들어라 가진 것 없고 천해 보이는 사람 말이라도 그 속의 진리가 있을 수 있으니 잘 들어 두란 뜻.

애늙은이 비록 어린아이기는 하지만 그 나이답지 않게 어른스러운 짓을 하는 아이란 말.

애매한 두꺼비 돌에 치였다 아무런 까닭 없이 벌을 받게 되었거나 남의 원망을 받게 되었음을 이르는 말. (비) 두꺼비 돌에 치었다.

애매한 두꺼비 떡돌에 치인다 남의 잘못으로 죄 없는 사람이 억울하게 화(禍)를 입는다는 말. (비) 남의 똥에 주저앉는다. 남이 눈 똥에 주저앉는다.

애 삼신(三神)은 같은 삼신이다 아이들은 다 같단 말.

애 어미 삼사월에 돌이라도 이 안 들어 못 먹는다 해산한 부인은 음식을 많이 먹는데 더구나 해 긴 삼사월엔 먹을 만한 것만 있으면 다 먹는다는 말.

애정(愛情)이 헛 벌이 한다 애정이란 아무리 쏟아도 보수가 없으며 아무리 봉사를 해도 끝도 없다는 뜻으로 이르는 말.

애호박 삼 년을 삶아도 이빨도 안 들어간다 (비) 냉수에 이 부러진다.

애호박에 말뚝 박기 심술궂고 잔인한 짓을 한다는 뜻. (비) 불난 데 부채질하기. 해산한 데 개잡기. 우는 아이 똥 먹이기. 무죄한 놈 뺨치기. 빚값에 계집 뺏기. 늙은 영감 덜미잡기. 아이 밴 계집 배 차기. 우물 밑에 똥 누워 놓기, 우려 논에 물 퍼 놓기, 잦힌 밥에 흙 퍼 넣기, 패는 곡식 이삭 빼기, 논두렁에 구멍 뚫기, 초상 난 데 춤추기, 고추밭에 말 달라기.

앵두장수 잘못을 저지르고 어디론지 자취를 감춘 사람을 이름.

앵무새가 말은 잘하지만 봉황(鳳凰)을 닮기는 어렵다 말만 잘한다고 해서 훌륭한 사람이 될 수 없다는 말.

앵무새가 조롱(鳥籠) 속에서 더 말을 잘한다 악인은 투옥되면 자백한다. (이탈리아)

앵무새는 말 잘해도 나는 새다 말만 잘했지 실행이 조금도 따르지 않는 이를 핀잔주는 말.

야윈 말이 짐 탐한다 제 격에 어울리지 않게 무엇을 탐함을 이르는 말.

약과(藥果)를 누가 먼저 먹을는지 약과는 제사에 쓰므로 누가 먼저 제사를 받아먹을 것이냐는 뜻으로 명이 길고 짧음을 알 수 없다는 말.

약과 먹기 (비) 누워 떡 먹기.

약과에 꿀 찍는 맛 즐거운 데가 더 즐거운 일이 연속적으로 생겨 매우 기쁘다는 뜻.

약국 집 맷돌인가 어디에나 되는 대로 두루 쓰이는 것을 이름.

약기는 쥐새끼냐 참새 굴레도 씌우겠다 (비) 가랑잎에 꿩 새끼 구워 먹겠다.

약능 살인(藥能殺人)이요 병불능살인(病不能殺人) 약은 능히 사람을 죽여도 병은 사람을 죽이지는 못함이니, 약을 잘못 써서 사람을 죽게 하는 경우도 많다는 말.

약도 지나치면 해롭다 아무리 좋은 것이라도 정도가 지나치게 되면 도리어 해롭게 된다는 뜻.

약 먹어 해로운 데 없고 싸워서 이로운 데 없다 약은 병을 낫게 해주지만 싸움은 손해를 가져다주므로 삼가야 한다는 뜻.

약방(藥房) 감초(甘草) 어떤 일에도 빠짐없이 늘 끼인다는 말. (비) 약재에 감초, 건재약국에 백복령. 탕약에 감초.

약방 기생 볼쥐어지르게 잘 생기다 여자의 용모가 뛰어나게 잘 생긴 것을 이르는 말.

약방에 전다리 모이듯 약방에 절름발이들이 모여들 듯 보기 흉한 못난 사람들만 많이 모여 드는 것을 비유적으로 이르는 말. (비) 온양 온천에 전다리 모여들 듯. 온양 온정에 헌 다리 모이듯 한다.

★전다리 : 절름절름 저는 다리 또는 저는 사람.

약빠른 고양이도 쥐를 놓칠 때가 있다 영리하고 실수가 없을 듯한 사람도 부족하고 어두운 점이 있어서 실수를 하여 불리(不利)를 초래하는 경우가 있다는 말.

약빠른 고양이 앞을 못 본다 지나치게 약게 굴면 오히려 잘못된 판단을 하게 되어 기회를 놓칠 수도 있다는 말. (비) 약빠른 고양이 밤 눈 못 본다. 약빠른 고양이 밤 눈 어둡다. 영리한 고양이 밤 눈 못 본다. 약빠른 고양이 상(床) 못 얻는다.

약쑥에 봉통이 1.제 허물을 제가 알아 고치기는 어렵다는 말. 2.제 자신이 자기 스스로를 유리한 자리에 추천하는 것과 같은 일은 하기 어려움을 이름. (비) 무당이 제 굿 못하고 소경이 제 죽을 날 모른다. 봉사 제 점 못한다. 도끼가 제 자루 못 찍는다. 식칼이 제 자루를 깎지 못한다. 의사가 제 병 못 고친다. 갓장이 헌 갓 쓴다. 소경이 저 죽을 날 모른다. 자루 베는 칼 없다. 자수삭발(自手削髮) 못한다. 중이 제 머리를 못 깎는다 ★봉통이 : 부러진 데에 상처가 나으면서 살이 고르지 않게 붙어 도톰해진 것.

약에 쓰려도 없다 아무리 애써 구하여도 조금도 구할 수 없다는 뜻. (비) 눈에 약할래도 없다.

약은 나누어 먹지 않는다 약을 나누어 먹으면 약효가 덜하다 하여 이르는 말.

약은 사람을 고치기도 하지만 죽이기도 한다 약을 제대로 잘 쓰면 병을 고치지만 잘못 쓰면 죽을 수도 있다는 뜻. (비) 약은 살리고 죽이고 한다.

약재(藥材)에 감초(甘草) (비) 약방 감초.

약 주려 말고 병을 주지 말랬다 남을 도와주려고 하지 말고 애초부터 남을 해치지 말라는 뜻.

〈양반 못된 것은 장에 가 호령한다〉

약질 목통에 장골(壯骨) 셋 들어간다 약해 보이고 여윈 사람이 흔히 놀란 만큼 음식을 많이 먹는다 하여 이르는 말. (비) 개나란 쪽박에 밥 많이 담긴다. ★장골 : 기운이 좋고 크게 생긴 뼈대를 가진 사람.

약질이 살인 낸다 약한 사람이 뜻밖에 엄청난 일을 저지름을 이름.

약탕기(藥湯器)는 바꿔도 약은 못 바꾼다 형식은 바꿀 수 있어도 본성(本性)은 바꿀 수 없다는 말.

약한 바람은 불을 붙이고 강한 바람은 불을 끈다 그저 강하기만 한 사람은 실패하기 쉽고, 부드럽고 약한 사람이 오히려 성공하게 된다는 뜻.

약한 사람이 약한 사람 사정을 안다 같은 처지에 있는 사람끼리는 서로의 사정을 잘 헤아린다는 의미.

얌전한 고양이가 부뚜막에 먼저 올라간다 겉보기에는 조신해보여도 속은 엉큼한 사람.

얄미운 강아지가 생선 물고 마루 밑으로 들어간다
(비) 미운 강아지 보리 멍석(부뚜막)에 우쭐거리며 똥 싼다.

얄미운 고양이가 아랫목 이불 속에 똥 싼다 (비) 미운 강아지 보리 멍석(부뚜막)에 우쭐거리며 똥 싼다.

얄미운 고양이 조기 대가리 물고 부뚜막에 오른다
(비)미운 강아지 보리 멍석(부뚜막)에 우쭐거리며 똥 싼다.

얄미운 년이 분 바르고 예쁘냐고 묻는다 (비) 미운 강아지 보리 멍석(부뚜막)에 우쭐거리며 똥 싼다.

얄미운 놈이 고기 안주 없다 한다 (비) 미운 강아지 보리 멍석(부뚜막)에 우쭐거리며 똥 싼다.

양가문(兩家門) 한 집에는 까마귀도 앉지 말랬다 첩 살림과 본처 살림하는 집과는 가까이 사귀고 다니면 말 많아 조금도 이로울 것 없단 말.

양고(良賈)는 심장(深藏)한다 1.큰 상인은 좋은 물건을 가게에 진열하지 않고 깊이 감춘다는 말. 2.군자는 어진 덕이 있어도 그것을 내세우지 않는다는 말. (비) 노장(老將)은 병담(兵談)을 아니하고 양고(良賈)는 심장(深藏)한다. ★양고 : 큰 상인. 또는 훌륭한 상인.

양국대장의 병부(兵符) 차듯 무엇을 주렁주렁 매달아 찬 모양을 이르는 말. (비) 남북 병사의 활동 개 차듯.
★병부 : 예전에 군사를 일으키는 일을 신중하고 확실하게 하기 위하여 왕과 지방관 사이에 미리 나눠 갖는 신표(信標)를 이르던 말.

양귀비(楊貴妃) 외딴친다 여자의 용모가 매우 아름다움을 이름. (비) 꽃이 부끄러워하고 달이 숨겠다. 양귀비 빰치겠다. ★외딴치다 : 태권도와 같은 경기에서 독판을 치다.

양날의 검 상대방에게 영향을 주고, 나에게도 그만큼의 영향이 돌아온다는 뜻을 내포하고 있는 말. "살을 주고 뼈를 취한다."라고 하는 잔인한 말과도 공통점이 있는 말.

양념 많이 친 음식 맛 버린다 아무리 좋은 것도 정도가 지나치면 도리어 나쁜 결과가 생긴다는 뜻.

양미간(兩眉間)이 넓으면 소견이 틔었다 두 눈 사이가 넓은 사람은 마음이 너그럽고 시원스럽다는 뜻으로 하는 말.

양반 김칫국 떠먹듯 아니꼽게 점잔을 빼는 사람을 놀림조로 이르는 말.

양반 노릇을 잘하려면 하인을 잘 두렸다 윗사람이 대접을 잘 받으려면 무엇보다도 수단이 좋은 사람을 써야 한다는 뜻.

양반도 거짓말한다 점잖은 사람도 다급하면 자기 체면도 상관없이 거짓말을 한다는 뜻. (비) 양반도 관 쓰고 똥 눌 때 있다.

양반도 사흘 굶으면 도둑질한다 아무리 점잖고 지체 높은 사람도 당장에 굶어 죽을 지경이 되면 나쁜 일도 서슴지 않고 하게 된다는 의미. (비) 양반도 먹어야 양반이다.

양반 때리고 볼기 맞는다 윗사람이나 권력자에게 괜히 덤비면 화만 입게 됨을 비유적으로 이르는 말.

양반 못된 것은 장에 가 호령한다 호령은 들을 수 있는 사람 앞에서 하여야 효과가 있지 장에 가서 해보았

⟨양반 양반 두 양반⟩

자 누가 겁을 낼 것인가? 다시 말해서 때와 장소를 가리지 못하는 사람을 두고 하는 말.

양반 양반 두 양반 돈의 액수 두 냥 반과 두 양반의 음이 유사하다는 뜻으로, 돈을 주고 양반의 지위를 산 사람을 비꼬아 이르는 말.

양반 욕한 놈 떨 듯 양반을 욕하는 것이 발각되었을 때 보복당할 것을 생각하고 무서워서 떨 듯이 몹시 두려워서 떠는 사람을 보고 하는 말.

양반은 가는 데마다 상(床)이요 상놈은 가는 데마다 일이라 편하게 지내는 사람은 어디를 가나 대접을 받고, 고생스럽게 지내는 사람은 어디를 가나 일만 있고 괴롭다는 말.

양반은 글 덕 상놈은 발 덕 배운 사람은 배운 덕을 보고 못 배운 사람은 일을 잘해서 일덕을 봐야 한다는 뜻. (비) 양반은 글로 살고 상놈은 발로 산다.

양반은 대추 세 개로 점심을 메운다 양반은 배가 고파도 체면을 차리느라고 배고픈 티를 내지 않고 함부로 많이 먹지 않는단 말.

양반은 들판에 옷을 벗어놓아도 안다 양반은 알몸만 보아도 알듯이 어느 부분만 봐도 전체를 금세 판단할 수 있다는 말.

양반은 먹는 것으로 세월을 보내고 상놈은 일하는 것으로 세월을 보낸다 양반은 먹기를 잘했고 아랫사람은 일을 많이 했다는 데서 나온 말로, 부유한 사람은 잘 먹고 가난한 사람은 일만 많이 한다는 뜻.

양반은 문자 쓰다가 저녁 굶는다 양반은 한문(漢文)에 중독되어 한문으로 문자 쓰기를 좋아한다는 말. 위신을 극히 생각한다는 뜻. (비) 양반은 죽어도 문자 쓴다. 양반은 헛 갓 쓰고도 똥 누지 않는다.

양반은 물에 빠져도 개 해엄을 안 한다 1.아무리 다급한 경우라 하더라도 체면을 유지하려고 노력한다는 뜻. 2.의기와 지조가 있는 사람은 죽게 된 경우에라도 그 지조를 버리지 않는다는 뜻. (비) 양반은 얼어 죽어도 겻불(짚불)을 안 쬔다.

양반은 배가 고파도 말을 안 한다 양반은 배가 고파도 그것을 표현하지 않고 점잔을 뺀다는 말. (비) 양반은 배가 고파도 밥 먹자 하지 않고 장맛 보자 한다.

양반은 샛길을 가지 않는다 점잖은 짓을 하자면 손해 보는 일도 있다는 뜻. (비) 양반은 비가 와도 빨리 가지 않는다.

양반은 안 먹어도 긴 트림 양반은 궁한 기색을 보이지 않는다는 말.

양반은 얼어 죽어도 짚불은 안 쬔다 (비) 양반은 물에 빠져도 개 해엄을 안 한다.

양반은 이무기다 양반은 능글맞고 의뭉스럽고 심술이 많다는 말. ★이무기: 전설상 용이 못된 구렁이.

양반은 죽을 먹어도 이를 쑤신다 가난한 양반이 밥은 못 먹고 죽을 먹었어도 마치 밥을 배불리 먹은 듯이 이를 쑤신다는 뜻이니 양반은 체통을 차리느라고 궁한 기색을 보이지 않는다는 말. (비) 양반은 안 먹어도 긴 트림.

양반은 짧은 것과 글 짧은 것은 내놓지 말랬다 실력이 부족한 사람은 남들 앞에서 함부로 자랑하지 말라는 뜻.

양반은 추워도 떨린다고 않고 흔들린다고 한다 양반은 아무리 어려운 지경에 있더라도 위신을 잃지 않아야 한다는 말.

양반은 하인이 양반 시킨다 아랫사람이 잘해야 윗사람이 칭찬받는다는 뜻.

양반을 보려거든 서울 가서 우리 오라버니를 보랬다 아무것이나 그것의 진짜를 보려면 이것을 보라는 뜻으로 이르는 말.

양반의 새끼는 고양이 새끼요 상놈의 새끼는 돼지 새끼라 양반의 자식은 차차 자라면서 다듬어지지만 상놈의 자식은 자랄수록 더럽고 억세만 진다는 뜻.

양반의 자식이 열다섯이면 호패(號牌)를 찬다 양반의 자식은 어려서부터 훌륭하게 자란단 뜻. (비) 사내아이가 열다섯이면 호패를 찬다. ★호패: 조선 시대, 16세 이상의 남자가 차고 다니던 신분을 증명하는 패.

양반의 집 못 되려면 초라니 새끼 난다 집안의 형세가 기울고 안되려면 참으로 해괴한 일이 생긴다는 말. ★초라니 : 기괴한 계집 형상의 탈을 쓴 긴 대의 깃발을 가진 나자(儺者).

양반이 대추 한 개가 하루아침 해장이라고 모든 음식은 많이 먹을 필요가 없고 조금씩만 먹어도 넉넉하다고 할 때를 이름.

양반이 밥 먹자고는 못하고 장맛 좀 보자는 격 양반은 굶어도 체통을 지켜야 한다는 뜻.

양반인가 두 량(兩) 반(半)인가 양반을 놀리는 말. (비) 개 팔아 두 냥반. 돌 팔아 한 냥 개 팔아 닷 돈 하니 양반인가.

양반 지게 진 것 같다 모양이 어울리지 않고 하는 짓이 서툴러 보인다는 뜻.

양반 티눈만도 못하다 상놈은 무식하여 무엇을 봐도 모르기 때문에 양반 티눈만도 못하다는 말.

양반 파립(破笠) 쓰고 한 번 대변보긴 예사 돈 있고 세력 있는 사람이 염치없는 짓을 하는 것은 흔히 있는 일이란 뜻. ★파립 : 낡고 해져서 못 쓰게 된 갓.

양 손뼉이 맞아야 소리가 난다 손바닥도 서로 마주쳐야 소리가 나듯이 싸움도 두 사람이 꼭 같기 때문에 일어나게 된다는 뜻. (비) 양 손뼉이 울어야 소리가 난다.

양(洋) 시조를 하느냐 쓸 데 없는 소리를 중얼거리는 사람에게 하는 말. (비) 시조를 하느냐.

양식(糧食) 없는 동자는 며느리 시키고 나무 없는 동자는 딸 시킨다 (비) 가을볕에는 딸을 쬐고 봄볕에는 며느리 쬔다.

양 어깨에 동자보살(童子菩薩)이 있다 대개 자기의 선악(善惡)을 자기 스스로는 알지 못하되 명명(冥冥)한 중에 신명(神明)이 감시하고 있다는 말.

양을 보째 낳은 암소 (비) 간장이 시고 소금에 곰팡이 난다.

양의 창자 꼬불꼬불한 산길을 가리키는 말로서 험하고 무서운 세상을 살아가기가 어렵다는 뜻.

양의 탈을 쓴 이리 나쁜 사람이 겉으론 착한 척 가장하고 온갖 악한 짓을 한다는 말.

양자(養子)도 한 대만 지나면 그만이다 양자도 당대에선 친자식 같지 않지만 다음 대에서부터는 친손자와 다를 바가 없다는 뜻. (비) 양자 한 아들은 반아들 손자는 온 손자.

양주(楊州) 밥 먹고 고양(高揚) 구실 한다 제가 할 일은 하지 않고 남의 일을 한다는 말.

양주(楊州) 사는 홀아비 행색이 초라하고 고달파 보이는 사람을 이르는 말.

양주(兩主) 싸움은 칼로 물 베기 (비) 내외간의 싸움은 칼로 물 베기.

양지가 음지되고 음지가 양지된다 세상일에 번복이 많음을 일컫는 말.

양지 마당의 씨암탉걸음 남자의 마음을 끌려고 맵시를 부려 아장거려 걸어가는 여자의 걸음을 이름. (비) 대명전 대들보의 명매기걸음. 백모래밭에 금자라 걸음.

양첩(兩妾)한 놈 때 굶는다 두 첩을 둔 남자는 이 집에선 저 집에서 먹겠지 하고 밥 안 차리고, 저 집에선 이 집에서 먹겠지 하여 끼니를 안 차려 결국 굶게 된다는 뜻.

양태갓 값도 못 버는 놈 장가도 못 들 녀석이란 뜻.

양푼 밑구멍은 마치 자국이나 있지 무슨 흔적 따위는 찾아볼 수 없을 만큼 뻔뻔스럽다는 뜻.

양화도(楊花渡) 색시 선유봉(仙遊峰)을 걷는대(으로 돈다) 요염한 교태를 부리는 여자를 이르는 말. ★양화도 : 조선조 때의 지명. 지금 서울 마포 당인리 근처.

얕은 내도 깊게 건너라 (비) 돌다리도 두들겨 보고 건너라.

얕은 물은 소리를 내도 깊은 물은 소리가 없다 너무 아는 체하지 말고 구사일언(九思一言)하라는 말. (비) 깊은 물은 고요하다.

얕은 물이 배가 간다 얕은 물에 배가 들어가면 금방 쓰러지듯이 매우 위태로운 행동을 한다는 뜻.

⟨어깨가 가볍다⟩

어깨가 가볍다 마음이 가뿐하다는 뜻.
어깨가 귀를 넘어까지 산다 허리가 굽어 귀가 어깨 밑으로 오도록 산다 함이니, 할 일 없이 오래 산다는 뜻. (비) 손자 환갑잔치 얻어먹겠다.
어깨가 무겁다 마음에 큰 부담을 느낀단 말.
어깨 넘어 문장(文章) 남이 배우는 옆에서 얻어들어 훌륭하게 공부한 사람을 부르는 말. (비) 어깨 넘어 글. 얻어 들은 풍월.
어깨를 겯다 1.어깨를 나란히 대고 서로 그 위에 손을 올려놓는다는 말. 2.서로 행동을 함께한다는 뜻.
어깨 넘엇 글 남이 배우는 옆에서 얻어 들은 배운 글이란 뜻. (비) 어깨 넘어 문장.
어그러진 방망이 서울 남대문 가서 팩했다 시골에서 똑똑한 체하던 사람도 서울에 가면 기가 꺾인다는 말.
어금니가 아픈가 보다 상관이 잔소리를 한다는 뜻.
어느 개가 짖느냐 한다 누가 무슨 소리를 해도 못 들은 척 한다는 뜻.
어느 구름에서 비가 올지 1.일은 되어 보아야 알지 미리 짐작하기 어렵다는 말. 2.언제 무슨 일이 생길지 모른다는 말. (비) 어느 구름에 눈이 들며 어느 구름에 비가 들었나.
어느 구름에 눈이 들며 어느 구름에 비가 들었나 언제 어떻게 될지 미래의 일에 대해서는 알 수가 없다는 말. (비) 어느 구름에 비가 올지.
어느 귀신이 잡아가는지 모른다 1.어떤 사이에 어떻게 잘못될지 모름을 이르는 말. 2.어디로 갔는지 도무지 향방을 모름을 이르는 말. 3.아무도 모르게 잡아간다는 뜻.
어느 놈은 날 때부터 은 숟가락 물고 나왔다더냐 부잣집 자식이라고 해서 뱃속에서 나올 때부터 돈을 가지고 나온 것은 아니란 뜻.
어느 놈은 얼어 죽고 어느 놈은 데어 죽는다 세상에서 잘 사는 사람도 있고 못 사는 사람도 있어 공평하지 못하다는 뜻.
어느 떡이 더 싼지 모른다 어떤 사건이 두 갈래 이상으로 벌어졌을 때에 어느 편에 들어야 이로울지 모름을 이르는 말.
어느 말(馬)은 물 말다 하고 여물 말다 하랴 말하지 않더라도 누구나 제 욕심은 다 있단 말.
어느 바람이 들이 불까 이미 튼튼한 기반을 만들었으니 조금도 염려할 바가 없다는 뜻.
어느 바람이 부느냐는 듯이 남의 말이나 부탁 또는 욕 따위를 들어도 들은 체 만 체 대함을 비유한 말. (비) 개가 콩엿 사 먹고 버드나무에 올라가겠다.
어느 손가락을 물어도 다 아프다 어떤 것이나 사정은 다 비슷하다는 뜻.
어느 장단에 춤을 출까(춰야 옳을지) (비) 그 장단에 춤추기 어렵다.
어느 집 개가 짖느냐 한다 누가 무슨 소리를 해도 못 들은 척한단 말.
어떻게 된 감투 끈인지 도무지 갈피를 잡을 수 없음을 이르는 말.
어두운 밤에 눈 깜짝이기 1.남이 보이지 않는 곳에서 아무리 애써 일 하여도 보람이 없다는 말. 2.남이 보지 않는 곳에서 자기의 의사를 표시해도 아무 효력이 없다는 말. (비) 동무 몰래 양식 내기. 비단옷 입고 밤길 가기. 금의야행(錦衣夜行). 절 모르고 시주하기.
어두운 밤에 손 내미는 격 느닷없이 불쑥 무엇을 요구하는 경우를 비유적으로 이르는 말.
어두울수록 길로 가야 한다 지기가 처한 상황이 위험하면 위험할수록 더욱 안전한 방법을 택해야 한다는 뜻.
어둑서니는 올려다볼수록 크다 무슨 일을 함에 있어 처음은 적게 들 줄 알고 시작했던 것이 차차 많은 것을 드리게 됨을 이르는 말. ★어둑서니 : 어두운 밤에 아무것도 없는데. 있는 것처럼 잘못 보이는 헛것을 뜻하는 북한말.
어둑서니 볼수록 커만 간다 모르는 사이에 차차 커지는 것을 말함. (비) 어둑서니 커가듯.

어두운 밤에 손짓하기 (비) 부처 없는 절에서 불공하기다.

어두운 밤에 주먹질 (비) 아닌 밤중에 홍두깨 (내밀 듯)

어두운 밤의 등불 1.썩 요긴한 것을 말함. 2.여러 사람에게 혜택을 주는 귀중한 존재란 뜻.

어두운 밤중에 홍두깨 내밀 듯 (비) 아닌 밤중에 홍두깨 (내밀 듯).

어둠침침한 눈으로 길을 가는 사람은 바위를 보고 엎드린 범인 줄 안다 무식한 사람은 사물을 옳게 판단할 수 없어 사물을 잘못 판단하게 된다는 말.

어디 개가 짖느냐 한다 남의 말을 조금도 들은 체도 아니 한다는 뜻. (비) 동네 개 짖는 소리만도 못하게 여긴다.

어디나 정들면 서울이다 어떤 곳에 가서 살든지 정만 들게 되면 살기가 좋게 된다는 뜻.

어디라 없이 1.정한 곳을 딱 지정함이 없이. 2.빠진 데 없이 두루.

어디 보자 앞으로 닥칠 결과가 좋지 않을 것이라고 으름장을 놓을 때 쓰는 말.

어디 소경은 본다든지 이치가 어긋나는 말을 할 땔 이름.

어딜 가나 오사리잡놈 하나 둘은 있다 사람이 사는 곳이면 어디에서나 못된 사람이 몇 명씩은 있게 마련이란 뜻. (비) 어딜 가나 후레아들 하나 둘은 있다.

★오사리잡놈 : 온갖 못된 짓을 거침없이 하는 잡놈.

어려서 고생은 은 주고도 못 산다 (비) 어려서 고생하면 부귀다남 한다.

어려서 고생은 품사서 구한다 (비) 어려서 고생하면 부귀다남한다.

어려서 고생하면 부귀다남한다 (비) 초년(初年) 고생은 은주고 산다.

어려서 굽은 나무는 커서도 굽는다 어려서 나쁜 짓을 하는 사람은 커서도 나쁜 짓을 하게 된다는 말.

어려서 굽은 나무는 후에 안장감이다 세상에 쓸데없는 것이란 없다는 말. (비) 어린 때 굽은 나무는 쇠 길맞가지기 된다. 다복솔은 재목으로는 못 써도 그늘

은 짙다.

어려운 길을 하다 바쁜 일이 있거나 너무 멀어서 좀처럼 가기 힘든 곳에 찾아가는 것을 이름.

어르고 등골 뺀다 (비) 나무에 오르라 하고 흔드는 격

어르고 뺨치기 (비) 나무에 오르라 하고 흔드는 격

어른 구경 못하고 자란 놈이다 어른을 모시기는커녕 어른을 보지도 못한 놈이라서 버릇이 하나도 없다는 뜻. (비) 어른 없는 데서 자란 놈이다.

어른 그림자는 밟지 않는다 어른 앞에서는 몸가짐을 매우 조심해야 한단 뜻. (비) 어른 앞에서는 개도 나무라지 않는다.

어른도 한 그릇 아이도 한 그릇 나누어 주는 분량이 아이 어른 구별 없이 같다는 말. (비) 흉년에 죽 어른도 한 그릇 아이도 한 그릇. 커도 한 그릇 작아도 한 그릇.

어른 말을 들으면 자다가도 떡 생긴다 어른들이 하라는 대로만 하면 실수가 없을 뿐만 아니라 여러 가지 이익이 된다는 말.

어른 뺨치겠다 아이가 어른도 못 당할 만큼 영악스럽다는 뜻.

어른 앞에서는 개도 나무라지 않는다 어른 앞에선 큰소리를 내어서는 안 된다는 말.

어른 앞에서 아이 젖 핑계하고 눕는다 아랫사람이 윗사람에게 핑계를 대어 속인다는 말.

어른 없는 데서 자란 놈이다 (비) 어른 구경 못하고 자란 놈이다.

어른에게는 바른 말도 말대꾸다 어른 말에는 삼가 듣기만 해야지 바른 말이라도 반대 의견을 말해서는 안 된다는 의미. (비) 어른에게는 입이 있어도 말을 못한다.

어리석고 의뭉하지 않는 놈 없다 일반적으로 어리석어 보이는 사람은 엉큼한 마음을 품고 있는 경우가 많다는 말.

어리석은 놈은 잠자코 있으면 똑똑해 보인다 말을 하지 않고 가만히 있으면 어리석은 사람도 어리석은 줄

〈 어리석은 사람에게 꿈 이야기 하기 〉

을 남들이 모르게 된다는 뜻.
어리석은 사람에게 꿈 이야기 하기 아무리 알아듣기 쉬운 말을 하더라도 이해하지 못하는 사람에게 어려운 말을 한다는 뜻.
어리석은 사람은 따라 웃기를 잘한다 어리석은 사람은 이야기 내용을 잘 모르기에 남이 웃으면 따라 웃기를 좋아한다는 말. (비) 어리석은 사람은 함부로 웃는다.
어리친 개 새끼 하나 없다 아무도 지나가는 사람이 없다는 말.
어린 때 굽은 나무 쇠 길맛지기 된다 어렸을 때 굽어 쓸모없는 듯하던 나무가 자라서 소의 안장감으로 쓰인다는 뜻으로, 세상에는 필요하지 않은 것이 없음을 비유적으로 이르는 말. (비) 어려서 굽은 나무는 후에 안장감이다.
어린 신랑 콩 싸라기 업신여기지 마라 빨리 결혼한 어린 신랑도 어른이 되는 것이고 콩 싸라기도 물에 불으면 크게 되니 업신여기지 말라는 뜻으로, 지금의 모습만 보고 사물을 과소평가하지 말라는 말.
어린 아들 굿에 간 어미 기다리듯 몹시 애타게 기다림의 뜻.
어린아이 가진 떡도 빼앗아 먹겠다 제 욕심을 채우기 위해 염치없이 잦단 일까지 하는 삶을 말함.
 (비) 코 묻은 떡이라도 뺏어 먹겠다.
어린아이 눈엔 어린 아이밖엔 안 보인다 남을 평가할 땐 자기가 아는 범위 안에서만 평가하게 된다는 의미.
어린아이는 버릇 들이기 달렸다 어린아이는 본바탕이 순수하기에 착하게도 되고 나쁘게도 된다는 뜻.
 (비) 어린아이는 기를 탓이다.
어린아이도 괴는 대로 간다 누구나 저를 위해주는 데로 가는 게 인간의 본능이란 말. (비) 아이도 사랑하는 데 붙는다. 어린아이와 개는 괴는 데 간다. 아이와 늙은이는 괴는 데 간다.
어린아이도 속이 있다 남이 하는 말엔 저마다 각자의 사정이 담겨 있기 때문에 새겨들으라는 뜻.
어린아이 말도 귀담아 들어라 어린아이의 말도 배울

것이 있으니 잘 들어야 함을 이름.
어린아이 매도 많이 맞으면 아프다 대수롭지 않고 조그만 것이라도 여러 번 당하면 큰 손해가 된다는 뜻.
어린아이 예뻐 말고 겨드랑 밑이나 잡아주어라 아이들을 진심으로 사랑하는 것은 뜻만 받아주며 귀여워만 말고 잘 가르쳐 다스란 말.
어린아이와 개는 괴는 데로 간다 누구든지 자기를 사랑하고 위해 주는 사람을 따름의 뜻. (비) 아이도 사랑하는 데 붙는다. 아이와 늙은이는 괴는 데 간다.
어린아이와 북은 칠수록 소리가 난다 어린아이가 울 땐 잘 달래 주어야지 때리기만 해서는 효과가 없다는 뜻.
어린아이와 술 취한 사람은 바른 말만 한다 술에 취하게 되면 평소에 숨겼던 비밀까지 모조리 다 말하게 된다는 뜻.
어린아이 우물가에 둔 것 같다 어떠한 불상사가 일어날는지 마음이 졸이고 불안하다는 말. (비) 세 살 난 아이 물가에 둔 것 같다. 우물가에 애 보낸 것 같다.
어린아이 자지가 크면 얼마나 클까 아무리 크고 많다 한들 별 다를 것이 없다는 말.
어린아이 팔 꺾는 것 같다 잔인하고 참혹한 행동을 이름.
어린 애 보는 데는 찬물도 못 마신다 어린이는 어른이 하는 짓을 그대로 본받아야 한다는 말. (비) 어린 애 보는 데는 찬물도 마시기 어렵다.
어린 애 입 젠 것 (비) 계집 입 싼 것.
어린 애 젖 조르듯 한다 무슨 요구를 가지고 몹시 청하여 귀찮게 군다는 뜻. (비) 아이 보채듯 한다.
어린 애 친하면 코 묻은 밥 먹는다 못된 사람과 친하게 되면 제게 해롭단 말. (비) 아이를 예뻐하면 옷에 똥칠을 한다.
어린 중 젓국 먹이듯 순진한 어린 중을 꾀어 불가의 금기인 젓국을 먹인다는 뜻으로, 순진한 사람을 속여서 나쁜 짓을 하게 하는 경우를 비유적으로 이르는 말.
어릴 때 굽은 길맛가지 어렸을 때 굳어진 버릇은 고쳐지지 않는다는 말. (비) 어린 때 굽은 나무는 쇠 길맛가지기 된다. 다복솔은 재목으로는 못 써도 그늘

〈어여쁘지 아니한 며느리가 삿갓 쓰고 으스름달밤에 나선다〉

은 짙다. 어려서 굽은 나무는 후에 안장감이다. ★
갈맞가지 : 갈마의 몸을 이루는 말굽쇠 모양의 나무.

어림 반 닷곱 없는 소리한다 몹시 부당한 소리를 이르는 말. (비) 어림 반 푼어치도 없다.

어림 반 푼어치도 없다 몹시 부당하거나 터무니없다는 말. (비) 어림 반 닷곱도 없는 소리 한다.

어머니가 반 중매쟁이가 되어야 딸 살린다 과년한 딸을 결혼시키기 위해서는 어머니가 여러 가지로 주선하고 애를 써야 한다는 말.

어머니가 의붓어머니면 친아버지도 의붓아버지가 된다 어머니가 계모이면 자연히 아버지는 자식보다 계모를 더 위하여 주기 때문에 아버지와 자식의 사이가 멀어진다는 말.

어머니 다음에 형수 형수는 그 집안 살림을 꾸려나가는 데 어머니 다음의 위치를 차지한다는 말.

어머니 뱃속에서 배워 가지고 나온다 어떤 것을 태어날 때부터 이미 알고 있다는 말.

어머니 손은 약손 어릴 때 어지간한 병은 어머니의 정성어린 간호만으로도 낫는다는 뜻.

어머니 젖도 울어야 준다 세상인심은 달라고 사정해도 주지 않는 판인데 하물며 청해서 주는 사람은 없다는 뜻.

어머니 품속엔 밤이슬이 내린다 갓난아기는 말할 나위도 없거니와 뉘나 없이 "어머니 품속 같다"는 말처럼 그 다스한 훈기(정)에 매료되지 않는 자식은 없다는 것을 재인식시키는 기회가 아닐까 함.

어물어물하다 해 넘긴다 망설이다가 시간 다 보내고 아무 일도 못한다는 뜻.

어물전 망신은 꼴뚜기가 시킨다 (비) 과일 망신은 모과가 시킨다.

어물전 털어먹고 꼴뚜기 장사한다 큰 사업에 실패하고 보잘것없는 작은 사업을 시작함을 이르는 말.
(비) 꼴뚜기 장사.

어미는 좁쌀만 씩 벌어오고 아들은 말뚱만 씩 먹는다 애써 번 부모의 재산으로 자식들은 그 속도 모르고 홍청만청 없앤다는 뜻.

어미 모르는 병 열두 가지 앓는다 어미도 자식 속을 다 알지 못한다는 말.

어미 본 아이 덤비듯 떨어졌던 어미를 보고 반가워서 떨어졌던 아이처럼 기뻐한다는 뜻.

어미 본 애기 (비) 꽃 본 나비 물 본 기러기.

어미 속 알아주는 자식 없다 어머니가 자식을 위해서 얼마나 고생을 하는지 자식들은 전혀 알지 못한다는 뜻.

어미와 정이 있어야 자식도 귀여워한다 남자는 아내와 정이 있어야 자식도 더불어 사랑하게 된다는 뜻.

어미 잃은 송아지 (비) 광대 끈 떨어졌다.

어미 팔아 동무 산다 사람은 언제나 친구가 있어야 함을 이름. 친구와 다정하게 지냄을 이름.

어미한테 한 말은 나고 소한테 한 말은 안 난다 아무리 친한 사이라도 비밀은 지켜지지 않는다는 말.
(비) 소 앞에서 한 말은 안 나도 어미 귀에 한 말은 난다. 소더러 한 말은 안 나도 처더러 한 말은 난다.

어버이가 생각하듯 어버이를 생각하는 자식 없다 제 아무리 효자라 하더라도 자식의 마음이 자신을 낳아 주고 길러주신 부모의 마음을 당해낼 수 없다는 뜻.

어버이 죽는데 춤추는 놈 만고에 없는 불효자식이란 말.

어버이 죽었는데 춤추기 경우에 따라 사리에 맞는 행동을 못하는 어리석은 짓이란 뜻.

어부(漁夫)의 횡재(橫財)다 남들이 다투는 바람에 힘들이지 않고 큰 이득을 보게 되었단 말.
(비) 황새가 조개 싸움에 어부만 이득 본다.

어사(御使)보다 가어사가 더 무섭다 권력을 실제로 가진 사람보다 그 권력을 배경으로 유세를 부리는 사람이 오히려 남에게 더욱더 가혹한 짓을 한다는 뜻.

어설픈 약국이 사람을 죽인다 잘 알지도 못하는 사람이 아는 체하고 설불리 일을 하다가 오히려 그르치게 될 때 쓰는 말. (비) 어설피 아는 것이 병이다.

어여쁘지 아니한 며느리가 삿갓 쓰고 으스름달밤에 나선다 부족한 인물이 자기 격에 맞지 않는 부당한 행

⟨ 어여쁜 얼굴은 호운(好運)의 중간이다 ⟩

동을 함을 이르는 말.

어여쁜 얼굴은 호운(好運)의 중간이다 미인은 좋은 곳에 시집가게 되어 태어나면서 호운을 몸에 지닌 것이지만, 미모는 또 여러 가지 파란곡절의 운명도 붙어 달려 있는 것이다.(영국)

어이딸이 두부 앗듯 무슨 일을 함에 의논이 맞고 손이 맞아 쉽게 잘한다는 뜻. (비) 때리는 척하거든 우는 척해야 한다. 어이딸이 두부 앗듯. 어이딸이 쌍 절구질하듯. 때리는 시늉을 하면 우는 시늉을 한다.
★어이딸 : 어머니와 딸. 앗다 : 만들다.

어이딸이 쌍 절구질하듯 1.무슨 일을 할 때 사람들의 손이 척척 잘 맞아 들어감을 이름. 2.말다툼을 할 때 한 사람이 무어라고 하고 나서 곧 또 한 사람이 이어 계속하는 것을 이름. (비) 때리는 척하거든 우는 척해야 한다. 어이딸이 두부 앗듯. 때리는 시늉을 하면 우는 시늉을 한다.

어자기도 내릴 때 보아야 한다 무슨 일이나 일을 시작하여 한참 때만 보고 말할 것이 아니라 끝까지 다 보고 평가를 해야 한다는 뜻.

어장이 안 되려면 해파리만 끓는다 (비) 객주가 망하려니 짚단만 들어온다.

어정뜨기 칠팔월 개구리 마땅히 할 일은 안하고 몹시 엉뚱하고 덤벙대기만 함을 이름.

어정칠월 동동팔월 농가에서 칠월은 어정어정하는 사이에 지나고, 팔월은 추수 때문에 바빠 동동거리는 사이에 지난다는 말임. (비) 간간오월. 미끈유월.

어제가 다르고 오늘이 다르다 사물에 있어서 어떤 현상이 변하는 속도가 매우 빠름을 이르는 말.

어제 본 손님 처음 만나자 곧 뜻이 맞고 친해진 사람을 이름. (비) 일면여구(一面如舊).

어제 색시가 오늘 시어머니 세월이 유수와 같이 빨라서 시집온 것이 어제 같은데 벌써 시어머니 노릇을 하게 되었다는 말. (비) 어제 청춘이 오늘 백발.

어제 죽은 놈 서럽게 되었다 지금의 이런 좋은 꼴을 못 보고 죽었으니 어제 죽은 사람만 서럽게 되었다는 말.

어중이떠중이 제각기 다른 보잘 것 없는 수많은 사람을 아르는 말. (비) 먹 진 놈 섬 진 놈.

어지간하면 그만 두랬다 어씨와 지씨는 성은 비록 다르나 한 자손이기 때문에 웬만한 일이라면 시비를 하지 말고 그만 두란 데서 나온 말.

어지간해야 생원님하고 벗하지 나이로나 지체로나 모든 점에서 도저히 상대할 사람이 못 된다는 말.

어진 아내는 일생의 복 못된 아내는 삼대 흉년 아내를 잘 얻으면 일생 부러울 것 없이 행복하지만 잘못 얻으면 자손 대까지 집안에 미치는 영향이 막대하다는 의미. (비) 어진 아내는 온 가족을 화목하게 만들고 간사한 아내는 온 가족의 화목을 깨뜨린다.

어질병이 지랄병 된다 작은 병통이 나중에는 큰 병통이 된다는 뜻.

어항에 금붕어 놀 듯 남녀 간에 서로 잘 어울려 노는 것을 비유함.

어혈(瘀血)진 도깨비 개창 물 마시듯 맛도 모르고 마구 들이키는 것을 비웃는 말. (비) 개가 약과 먹듯.

억새에 좆(손가락) 베었다 풋나무 하러 가서 오줌 누다가 억새에 남근을 베이듯 하찮은 것에 망신당하게 되었다는 뜻.

억지가 논 닷 마지보다 낫다 무슨 일을 할 때 어설피 돈을 쓰고 하는 것보다 고집을 써가며 하는 것이 더 낫다는 의미.

억지가 반 벌충이다 실패에 굴하지 말고 초지일관으로 꿋꿋이 밀고 나가라는 말.

억지가 사촌보다 낫다 1.남에게 의존하기보다는 억지로라도 제힘으로 하는 것이 낫다는 말. 2.일을 하는데 꿋꿋하게 고집을 세워 나가는 것이 사촌이 도와 주는 것보다 낫다는 뜻.

억지로 일을 만들어 낸다 남을 모함하기 위하여 없는 일을 있었던 것 같이 거짓으로 꾸며낸다는 말.

억지로 절 받기 제가 어떤 대접을 받고 싶어 상대방은 생각도 않는데 이편에서 요구하여 억지로 대접을 받는다는 뜻. (비) 옆구리 찔러 절 받기.

⟨얻기 쉬운 계집 버리기 쉽다⟩

억지로 편해도 편한 것이 낫다 어떤 수단과 방법을 써서라도 편하게 사는 것이 어쨌든 상책이라는 뜻.

억지 손이 세다 무리하게 남을 휘어 넘기는 솜씨가 다분히 있다는 뜻.

억지엔 무경우가 약 억지 쓰는 사람에겐 듣지 않기 때문에 이쪽에서도 경우 없이 마구 다루어야 한다는 뜻.

억지 춘향 이치에 맞지 않아서 될 성 싶어도 않을 일을 억지로 한다는 말.

억척보두다 억척스럽고 거센 사람을 이름.

언 다리에 빠진다 물이 언 다리 밑에 빠지더라도 크게 위험할 일은 없다는 뜻으로, 어쩌다 실수를 하여도 큰 손해를 보지 않는 경우를 비유적으로 이르는 말.

언덕 너머 집은 말 않고 보이는 집은 말한다 눈에 보이지 않는 것은 말하지 않고 그저 눈에 보이는 일만 가지고 말한다는 뜻.

언덕에 둔덕 대듯 무슨 잘못을 저질러 놓고 그것을 감추려고 정신없이 애씀을 비유적으로 이르는 말. (비) 도둑놈 허접 대듯.

언덕에 자빠진 돼지가 평지에 자빠진 돼지를 나무란다 (비) 똥 묻은 돼지가 겨 묻은 돼지를 나무란다.

언문풍월(諺文風月)에 염(簾)이 있으랴 능히 해내지 못할 것을 함에 있어서는 그 일의 성과가 좋으냐 나쁘냐는 것을 너무 심하게 따질 수는 없다는 말. (비) 도련님 풍월에 웬 염이 있으랴.

언 발에 오줌 누기 잠시 동안만 효과가 있을 뿐 곧 그 효력이 없어지고, 마침내 더 나쁘게 될 일을 한다는 말로 앞일을 내다보지 못함을 이름.

언 사람은 봄이 돼도 옷을 껴입는다 한번 속아본 사람은 다른 사람까지도 의심하게 된다는 말.

언 소반 받들 듯 매우 조심하여 섬기는 모양을 비유적으로 이르는 말.

언 손 불기 부질없는 짓을 비유적으로 이르는 말.

언 수탉 같다 아무 말도 못 하고 기진한 듯 쭈그리고 앉은 모양을 비유적으로 이르는 말.

언제나 정월 초하룻날 언제 만나도 정월 초하룻날 인사하듯이 친절하고 예의 바르게 해야 한다는 의미.

언제는 외조할미 콩죽으로 살았나 내가 너의 은덕을 바랄 리 없다 하여 거절할 때 이르는 말. (비) 외갓집 콩죽에 잔뼈가 굵었겠나.

언제 쓰라는 한 울타리냐 아무리 좋은 물건이라도 필요할 때 쓰지 않고 쌓아 두기만 하면 무슨 소용이 있느냐는 뜻. (비) 용천검도 쓸 줄 알아야 한다.

언청이 굴회 마시듯 빠져 떨어질까 하여 단숨에 후루룩 마시는 모양을 이르는 말.

언청이는 이가 드러난다 서로 밀접한 관계가 있는 사이는 하나가 망하면 다른 하나까지도 큰 타격받게 된다는 뜻.

언청이 아가리에 콩가루 잘못한 일을 아무리 감추려고 해도 숨겨지지 않는 경우를 이름. (비) 언청이 아가리에 토란 베어지듯. 속곳 열둘 입어도 밑구멍은 밑구멍대로 다 나왔다.

언청이 아가리에 토란 베어지듯 (비) 언청이 아가리에 콩가루

언청이 아니면 병신이라 할까 남의 두드러진 흠이나 결점을 들어서 그 결점만 없으면 훌륭할 것이라고 칭찬하는 듯 비꼬아 이르는 말. (비) 언청이 아니면 일색.

언청이 아니면 일색 칭찬하는 체하면서 남을 비꼬는 말.

언청이 통소 대듯 이치에 당치 않는 무슨 말이 함부로 나온단 뜻.

언치 뜯는 말 같은 혈족(血族)의 것을 해치는 것은 저를 해치는 거나 다름없단 말. (비) 제 언치 뜯는 말이다.

언필칭(言必稱) 요순(堯舜) 같은 말만 같은 식으로 되풀이 함. 항상 성현(聖賢)의 말만 들추어 고고한 체함을 이름.

얻기 쉬운 것은 잃기도 쉽다 쉽게 얻을 수 있는 것은 그것을 소중하게 여기지 않기에 잃어버리기도 쉽다는 뜻.

얻기 쉬운 계집 버리기 쉽다 얻은 것은 또한 버리기도 쉽다는 말.

얻어들은 풍월(風月) 정식으로 배운 것이 아니라 남에게 들어서 아는 지식을 일컬음. (비) 어깨 넘어 글. 어깨 넘어 문장.

얻어먹는 놈은 부엌 먼저 쳐다본다 누구나 자기와 이해관계가 있는 곳에 관심이 쏠리게 마련이란 뜻.

얻어먹는 술이 시니 다니 한다 남의 신세를 지는 사람이 고마워하기는커녕 오히려 불평을 한다는 뜻. (비) 얻어먹는 놈이 이밥 조밥 찾는다.

얻어먹은 데서 빌어먹는다 한번 얻어 온 것을 또한 다른 사람이 좀 달라고 청하여 받을 때를 이름.

얻어먹을 것도 사돈 집 노랑 강아지 때문에 못 얻어먹는다 방해자 때문에 하고 싶은 일을 하지 못함을 이름. (비) 얻어먹을 것도 이웃집 노랑 강아지 때문에 못 얻어먹는다.

얻어먹을 것도 이웃집 노랑 강아지 때문에 못 얻어먹는다 (비) 얻어먹을 것도 사돈 집 노랑 강아지 때문에 못 얻어먹는다.

얻어먹지 못하는 제사에 갓 망건만 부순다 아무런 소득도 없이 손해만 입었다는 말. (비) 먹지도 못하는 제사에 절만 죽도록 한다. 못 먹는 잔치에 갓만 부순다.

얻어 온 쐐기 남의 집에 와 거드는 일도 없이 먹기만 하는 자를 이르는 말.

얻으니 타령이냐 서로 짝하여 놀러 다니는 것을 조롱하는 말.

얻은 가래로 식전 보 막기 숨 가쁘게 급히 해야 하는 일을 비유적으로 이르는 말. ★보 : 논에 물을 대기 위하여 조그마하게 둑을 쌓고 흐르는 냇물을 막아 두는 곳.

얻은 도끼나 잃은 도끼나 잃어버린 물건이나 새로 얻은 물건이 똑같아서 우열을 가릴 수 없는 경우를 이름.

얻은 떡이 두레 반 수고도 없이 얻은 것이 노력하여 만드는 것보다 더 많음을 뜻하는 말.

얻은 잠방이라 남에게서 얻은 것이 신통할 것이 없다는 뜻. ★잠방이 : 가랑이가 무릎까지 내려오도록 짧게 만든 남자용 홑바지.

얻은 장 한 번 더 떠먹는다 남의 집 음식이 자기네 집 음식보다 더 맛있어 보인다는 의미.

얻은 죽에 머리가 아프다 변변치 못한 것이나마 남의 것을 얻어 가지게 되면 마음에 짐이 된다는 뜻.

얼간망둥이 탐탁하고 야무진 맛이 없고 건성 되는 사람을 비웃는 말.

얼굴값을 한다 얼굴이 잘 생긴 만큼 일을 한다는 뜻. 흔히 여자가 얼굴이 잘 생기면 행실이 좋지 못하다 하여 이르는 말.

얼굴 다르듯 속도 다르다 사람이 많아도 얼굴은 다 다르듯 사람의 마음도 제각기 다르다는 뜻.

얼굴만 가리고 엉덩이는 내놓는다 숨겨야 할 것은 오히려 안 숨기고 안 숨겨도 될 것을 숨겨서 더 잘 탄로 나게 되었다는 뜻.

얼굴 못난 년이 거울만 탓한다 자신의 결함은 모르고 남의 탓만 한다는 뜻.

얼굴보다 코가 더 크다 (비) 배보다 배꼽이 더 크다.

얼굴 보아 가며 이름 짓는다 이름이란 사물의 생김새를 보아 가며 대상의 특성에 맞게 짓는 법이라는 뜻으로, 무슨 일이나 구체적인 조건과 특성에 알맞게 처리하여야 함을 비유적으로 이르는 말.

얼굴에 똥칠한다 불명예스러운 짓을 한다는 뜻.

얼굴에 모닥불을 담아 붓듯 매우 부끄러운 일을 당하여 얼굴이 화끈화끈 달아오름을 이르는 말.

얼굴에 생쥐가 오르락 내리락한다 남들에게 매사에 인색하게 굴고 잔꾀 많아서 사람들을 골려 먹게 생긴 사람을 두고 한 말.

얼굴에 주근깨 많고 팔자 안 센 사람 없다 일반적으로 얼굴에 주근깨가 약간 있는 것은 그리 대단치 않으나, 지나치게 많이 퍼져 있는 것은 관상학적으로 좋지 않다는 말.

얼굴에 침 뱉는다 모욕을 한다는 뜻.

얼굴은 마음의 거울 얼굴을 보면 사람의 마음을 짐작할 수 있다는 말.

얼굴은 웃고 뱃속은 운다 겉보기엔 웃는 것 같지만 마음속으로는 걱정되는 일이 많아서 운다는 뜻.

얼굴을 찡그렸다 웃었다 한다 어떠한 일로 인하여 표정이 언짢았다 좋았다 한다는 뜻.

얼굴이 꽹과리 같다 염치없고 뻔뻔스러운 사람을 두고 하는 말.

얼굴이 뜨겁다 무안을 당하거나 부끄럽거나 하여 남을 대할 면목이 없다는 말.

얼굴이 모검뢰공(毛臉雷公) 같다 생김이 기괴(奇怪)함을 비웃는 말. 얼굴에 모닥불을 담아 붓듯 매우 부끄러워 낯이 뜨거움. 얼굴에 침 뱉는다 모욕을 한다는 뜻.

얼굴이 붉으락푸르락한다 어떠한 일에 화가 나거나 흥분하여 얼굴색이 파래졌다 붉어졌다 하는 모양.

얼굴이 요패(腰牌)라 널리 알려져서 모를 사람이 없는 얼굴은 숨길 수 없다는 말. ★요패 : 조선 시대, 군졸이나 조례(皁隸)들이 신분(身分)을 나타내기 위하여 허리에 차던 나무패.

얼굴 팔아먹고 산다더냐 평소에 일을 부지런히 해야 먹고 살지, 모양만 내고 가만히 앉아 있으면 살 수 없다는 말.

얼기설기 수양딸 맏며느리 삼는다 이리저리 우물쭈물하다가 슬쩍 손쉽게 일을 해 치운다는 뜻.

얼떨결에 털어놓는다 붐벼서 정신을 못 차리고 하지 말아야 할 말까지 모조리 다 해버렸다는 뜻.

얼뜬 봉변이다 공연히 남의 일에 걸려들어서 고생한다는 말.

얼러 키운 효자 없다 (비) 얼러 키운 후레자식.

얼러 키운 후레(호로)자식 저만 잘난 듯이 교만하고 버릇없는 사람을 비꼬아 이르는 말. (비) 응석으로 자란 자식.

얼레빗 참빗 품에 품고 가도 제 복 있으면 잘 산다 시집갈 때 해 가는 것이 적다 해도 제 복만 있으면 잘 산다는 뜻. (비) 이고 지고 가도 제 복 없으면 못 산다. 삼현 육각 잡히고 시집간 사람 잘산 데 없다.

얼레 실 풀었다 탕자가 파산하기 시작하였다는 말.

얼려 좆 먹인다 처음은 슬슬 잘 해 주었다가 나중에 가선 골탕 먹이기에 이른다는 말로서 야비한 속임수를 뜻하는 말. (비) 얼르고 뺨친다.

얼르고 등골 뺀다 겉으론 잘해 주는 척하면서 사실은 골려 준다는 뜻. (비) 얼르고 뺨친다.

얼르고 뺨친다 (비) 얼려 좆 먹인다.

얼바람 맞은 놈 같다 언행이 망탄한 사람을 일컫는 사람을 두고 하는 말.

얼어 죽고 데어 죽는다 큰 어려움을 겪고 나서 또 다른 힘든 일을 치르게 되었다 하는 말. (비) 엎친데 덮치기. 설상가상(雪上加霜). 엎친 놈 위에 덮친다. 눈 위에 서리 친다. 국 쏟고 보지 덴다.

얼어 죽은 귀신이 홑이불이 당한 거냐 언제나 추워만 하는 사람이 그렇게 얇은 것을 덮고 어떻게 지내느냐 하는 뜻으로 이름.

얼음 구멍에 잉어 알뜰하고 소중한 것을 비유적으로 이르는 말. (비) 당기 끝에 진주. 새벽바람 사초롱.

얼음에 박 밀 듯 말이나 글을 외우거나 읽는 모양을 이르는 말. (비) 당나귀 찬물 건너가듯.

얼음에 새김질한다 바탕이 부실해서 일을 해봤자 성공할 수 없다는 말. (비) 기름에 그림 그린다.

얼음에 소 탄 것 같다 어쩔 줄을 모르고 쩔쩔매거나 어물어물하는 것을 비유적으로 이르는 말.

얼음에 자빠진 쇠 눈깔 별안간 놀라 휘둥그레진 눈. (비) 얼음판에 넘어진 황소 눈깔 같다.

얼음판에 넘어진 황소 눈깔 같다 (비) 얼음에 자빠진 쇠 눈깔.

얼치기 이것도 아니고 저것도 아닌 중간 치기란 말로서 탐탁하지 않은 사람이란 뜻.

얼크러진 그물이요 쏟아 논 쌀 일이 이미 틀렸으니 바로 하기는 힘들단 뜻.

얽거든 검지나 말지 본래 가지고 있는 흠에다가 또 다른 결함까지 겹쳐 있음을 놀림조로 이르는 말.

얽어도 유자 가치가 있는 것은 좀 흠이 있어도 본디의

〈얽은 구멍에 슬기 든다〉

제 값어치가 있다는 말.

얽은 구멍에 슬기 든다 1.외양만 가지고 사람을 평가할 수 없다는 말. 2.얼굴이 얽은 곰보를 추어주고 낯을 세워 주는 말.

얽은 자국도 보조개로 보인다 사람은 정(情)만 들면 상대편에게 결점이 있더라도 그를 좋게만 보게 된다는 말.

엄동설한(嚴冬雪寒)엔 따신 아랫목 생각밖에 없다 사람은 곤란한 처지에 놓이게 되면 곤란을 해결하려는 생각을 하게 마련이란 뜻.

엄모 밑에서 효녀 난다 딸을 너무 귀여워만 말고 엄하게 키워야 효녀가 된다는 뜻. (비) 엄부 밑에서 효자 난다.

엄벙덤벙하다가 물에 빠졌다 영문을 모르고 함부로 덤비다가 낭패를 하였다는 말.

엄지머리총각(總角) 일생을 총각으로 지내는 사람을 이름.

엄천득이 가게 벌이듯 무엇을 지저분하게 늘어놓거나 되지도 않는 소리를 구구하게 여러 말을 늘어놓음을 이르는 말.

업고 들다 남을 끌고 들어감을 이름.

업어 가도 모른다 잠이 깊이 들어 웬만한 소리나 일에는 깨어나지 않다.

업어다 난장 맞힌다 애써 한 일이 자기에게 손해되는 결과를 가져온다는 말.

업어라도 주고 싶다 매우 사랑스럽고 귀여운 사람에 대하여 자기의 애정이 썩 알뜰함을 나타내어 이르는 말.

업어 온 중 1.이러지도 저러지도 못하는 경우를 비유적으로 이르는 말. 2.싫으면서도 괄시하기 어려운 사이의 뜻.

업어온 처녀 싫어도 남이 시키는 대로 따라 하지 않을 수 없는 입장에 있는 사람을 두고 하는 말.

업으나 지나 이러나저러나 마찬가지라 할 때 쓰는 말. (비) 지나 업으나. 나귀에 짐을 지고 타나 싣고 타나 일반. 외로 지나 바로 지나. 가로 지나 세로 지나. 열고 보나 닫고 보나. 계란이냐 달걀이냐. 벌리나 오므리나. 둘러치나 메어치나 일반

업은 아이도 제 자식 안은 아이도 제 자식 어떤 직위에서 어떤 일을 하고 있든 간에 자식은 다 같은 자식이기에 차별을 두지 않는다는 뜻. ⇔ 업은아이보다 안은 아이가 더 귀엽다(소중하다).

업은 아이 삼 년 찾는다 자신의 몸에 지니고 있으면서도 잃어버린 줄 알고 찾는다는 뜻으로, 아주 건망증이 심한 사람을 가리켜 하는 말. (비) 업은 아이 삼 이웃(이레) 찾는다. 업은 아이 삼면(三面) 또는 삼간(三間) 찾는다. 나귀 타고 나귀 찾는다. 소 타고 소 찾는다. 담뱃대 쥐고 담뱃대 찾는다.

업은 아이 삼이웃 찾는다 (비) 업은 아이 삼 년 찾는다

업은 자식에게 배운다 저보다 어리고 덜 된 사람에게도 배울 것은 있다는 말.

업 족제비가 비행기를 탔다 재물을 늘여 준다는 족제비가 비행기를 타고 가 버렸다 함이니, 가운이 기울어졌다는 말.

업혀 가는 돼지 눈 잠이 와서 눈이 거슴츠레한 사람을 놀리는 말.

없는 꼬리를 흔들까 아무리 뜻이 있더라도 물질적인 조건이 없으면 할 수 없다는 뜻.

없는 놈 돈이 더 헤프다 구차한 살림을 꾸려나가려면 없는 것이 많기에 돈이 더 쓰게 된다는 뜻.

없는 놈 앓을 여가 없다 (비) 가난하면 죽을 날도 없다.

없는 놈은 남의 돈 만져도 못 본다 구차한 사람은 남에게 빚을 얻으려 해도 가진 것이 변변치 않아 얻을 수가 없다는 뜻.

없는 놈은 배부른 것이 성찬(盛饌) 없는 사람이 먹는 음식은 맛보다는 양(量)이 많아서 배부른 것이 가장 좋다는 뜻. (비) 없는 놈은 똥배가 제일.

없는 놈은 빚이 밑천이다 가난한 사람은 빚을 지고 살아나가게 된다는 말. (비) 없는 놈은 외상이 밑천이다.

없는 놈은 소금밥 대접도 못한다 구차한 살림에는 아무리 반가운 손님이 와도 제대로 대접하지 못한다

는 뜻.

없는 놈은 입 두고도 말을 못한다 가난한 사람은 항상 억눌러 살기에 하고 싶은 말이 많아도 제대로 못하게 된다는 말.

없는 놈은 자는 재미밖에 없다 가난한 사람은 밤이 되면 피로를 풀면서 아내와 자는 즐거움밖에 없다는 뜻.

없는 놈은 친구도 없다 구차한 생활엔 경제력도 없고 여가도 없기에 교제할 기회를 갖지 못해 친구도 별로 없다는 뜻.

없는 놈이 밥술이나 먹게 되면 과객(過客) 밥 한 술 안 준다 못 살던 사람이 부자가 되면 구두쇠가 되어 없는 사람의 사정을 몰라준다는 뜻.

없는 놈이 보리 흉년에 살찐다 가난한 사람은 아무 음식을 먹어도 건강을 유지해 나간다는 말.

없는 놈이 비단이 한 때라 몹시 가난한 사람은 아무리 귀중한 것이라도 밥 한 끼니와 바꾸게 됨을 비유한 말.

없는 놈이 있는 체 못난 놈이 잘난 체 실속 없는 사람이 유난히 허세를 부린다는 말.

없는 놈이 자 두 치 떡 즐겨한다 자기 처지에 맞지 않게 지나치게 호화로운 것을 좋아하는 경우를 비꼬아 이르는 말. (비) 살찐 놈 따라 붓는다. 장 없는 놈이 국 즐긴다.

없는 놈이 잘 살게 되면 거지 쪽박 깬다 구차했던 사람이 잘 살게 되면 제 어려울 때 생각 못하고 없는 사람 사정을 더 모른다는 뜻. ⇔ 없는 놈 사정은 없는 놈이 안다.

없는 놈이 찬밥 더운밥 가린다 급하고 아쉬울 때면 무엇이나 닥치는 대로 다 고맙게 여기며 좋고 나쁜 것을 가리지 않는다는 뜻. (비) 새벽 호랑이 중이나 개를 가리지 않는다. 새벽 호랑이 쥐나 개나 모기나 하루살이나 하는 판. 사흘 굶은 범이 원님을 안다더냐. 개도 물똥을 마다하지 않는다. 굶주린 놈이 찬밥 더운 밥 가리지 않는다. 굶주린 범은 가재도 먹는다. 굶주린 호랑이가 고자라고 마다하지 않는다. 범도 시장하면 가재(나비 왕개미)를 잡아먹는다. 하루살이나 하는 판. 쥐나 개나 호랑이가 굶으면 환관도 먹는다.

없는 사람은 여름이 좋고 있는 사람은 겨울이 좋다 가난한 사람은 생활비가 적게 드는 여름이 좋고, 돈 있는 사람은 생활비는 더 들어도 겨울이 낫다는 뜻.

없는 손자(孫子) 환갑(還甲) 닥치겠다 너무 오래 기다리게 되어 참을 수 없단 말. (비) 손자 환갑 닥치겠다.

없는 집일수록 장은 담아야 한다 구차한 살림엔 장을 담가서 반찬으로 삼아야 그나마 생활비가 절감된다는 말.

없어 비단옷 든벌 난벌이라 어쩔 수 없어 입는단 뜻. (비) 없어 비단 치마. 춘포창옷 단벌호사.

없으면 염치만 는다 자신이 궁색한 처지에 있으면 아무래도 체면을 차릴 수 없게 된다는 뜻.

없으면 제 아비 제사도 못 지낸다 집이 가난하면 아무리 소중하더라도 비용 드는 일은 할 수 없다는 말.

없을수록 마음을 바로 먹으랬다 구차하게 사는 사람일수록 마음이 똑바르고 정직해야 남이 믿어주게 되고 동정을 받게 된다는 뜻.

엇구수하다 남의 말을 잘 듣는 사람을 이름.

엉덩방아에 뿔이 났다 어린 사람이 옳은 가르침을 받지 않고 빗나간다는 말. (비) 못된 송아지 엉덩이에 뿔 났다. 못된 벌레가 모로 긴다.

엉덩이가 근질근질하다 한 군데 차분히 있을 수 없이 돌아다니고 싶거나 활동하고 싶다는 말.

엉덩이가 무겁다 한 번 앉으면 좀처럼 일어나지 않는다는 말.

엉덩이로 밤송이를 까라면 깠지 절대 복종을 이름. (군대 격언)

엉청 못난 내 팔자야 못난이는 언제나 못난 짓만 한다는 뜻.

엎더지며 곱도 지며 연해 엎드러지면서 달아나는 모양을 이름.

엎드러지면 코 닿을 데 거리가 매우 가깝다는 말. (비) 엎어지면 코 닿을 데

〈엎드려 절 받기〉

엎드려 절 받기 이쪽에서 알려 주거나 요구함으로써 자기에게 이로운 짓 하도록 함의 뜻.

엎어 논 중 과부와 중놈이 한 방에서 자다가 인기척이 있어서 어쩔 줄 모르고 있듯이 이럴 수도 없고 저럴 수도 없는 난처한 처지에 있다는 뜻.

엎어져 가는 놈 꼭뒤 찬다 불우한 처지를 당한 이를 한층 더 괴롭힌다는 말. (비) 자빠진 놈 꼭뒤 차기. 엎진 놈 꼭뒤 차기.

엎어져도 코가 깨지고 자빠져도 코가 깨진다 일이 순조롭지 않을 때는 모든 일이 잘 안 된다는 말.

엎어지고 넘어지고 한다 엎어졌다가 다시 일어나기도 하고, 넘어졌다 다시 일어나기도 하면서 꾸준히 참고 견딘단 뜻.

엎어지면 궁둥이요 자빠지면 좆뿐이다 재산이라고는 아무것도 없고, 다만 알몸뚱이 하나밖에 없다는 뜻.

엎어진 김에 쉬어간다 우연히 기회가 닿은 김에 염두에 두었던 일을 함을 비유적으로 이르는 말. (비) 소매 긴 김에 춤춘다. 떡 본 김에 제사 지낸다. 활을 당겨 콧물을 닦는다. 한 잔 먹은 김에 노래한다.

엎어진 놈 꼭뒤 찬다 (비) 넘어진 놈 걷어차기

엎어진 둥지에는 성한 알이 없다 어떤 전체가 결단이 난 데에 그에 따르는 어느 부분만이 성할 수 없다는 뜻.

엎지른 물이요 깨진 독이다 다시 바로잡거나 돌이킬 수 없게 된 일의 비유하는 말.

엎지른 물이요 쏜 화살 이미 벌어진 상황이 다시 수습할 수 없을 정도로 일이 그릇됨을 이르는 말. (비) 엎지른 물이요 깨진 독이다.

엎진 놈 꼭뒤 차기 불행한 처지에 놓인 사람에게 도움을 주지는 못 할망정 더 그악하게 구는 것을 비유적으로 이르는 말. (비) 엎더져 가는 놈 꼭뒤 찬다.

엎치락뒤치락한다 승부가 나지 않고 엎쳤다 뒤쳤다 하기만 한다는 뜻.

엎친 놈 위에 덮친다 어려운 일 불행한 일을 당하고 있는데 겹쳐 다른 불행이 닥친다는 말. (비) 얼어 죽고 데어 죽는다. 눈 위에 서리 친다. 설상가상(雪上加霜). 엎친 데 덮치기

"에"해 다르고 "애"해 다르다 비록 사소한 차이라 할지라도 그 말씨 여하로 상대편에 주는 느낌이 크게 다르단 뜻.

여각(旅閣)이 망하려면 나귀만 든다 (비) 객주가 망하려니 짚단만 들어온다. ★여각 : 조선 시대, 연안 포구에서 해산물과 농산물의 매매를 중개하고 위탁 판매를 하면서 그 상인들을 상대로 숙박업을 겸하던 업소.

여담절각(汝-折角) 여장절각(汝墻折角) 제가 손해를 보고는 그 책임을 남에게 돌린다는 뜻. (비) 네 각담 아니면 내 쇠뿔 부러지랴. 네 쇠뿔이 아니면 내 담이 무너지랴. 네 쇠뿔이 아니면 내 쇠뿔이 부러지랴. ★절각 : 뿔을 자름. ★여장절각 : 네 집에 담이 없었으면 내 소의 뿔이 부러졌겠느냐는 뜻으로, 남에게 책임을 지우려고 억지를 부릴 때 쓰는 말.

여덟 가래 대 문어(文魚)같이 멀끔하다 1. 무엇이 민들민들하고 빤드르함을 이름. 2. 신수가 깨끗하고 말쑥함을 뜻하는 말.

여덟 달 반 매우 둔하고 어리석은 사람을 비웃어 이르는 말. (비) 구더기 될 놈.

여덟 팔(八)자 걸음 거드름을 피우며 걷는 걸음을 이름.

여드레 병풍 친다 (비) 사또 떠난 뒤에 나팔 분다.

여드레 삶은 호박에 도래송곳 안 들어갈 말 (비) 냉수에 이 부러진다.

여드레 삶은 호박에 이 안 들 소리 (비) 냉수에 이 부러진다.

여드레에 피죽 한 그릇도 못 먹은 놈 같다 일하는 동작이 너무도 힘이 없어 보이는 사람을 두고 하는 말.

여드레 팔십 리 팔일 동안 겨우 팔십 리를 걷는 느린 걸음이라는 뜻으로, 매우 더딘 걸음이나 행동이 느린 사람을 비유적으로 이르는 말. (비) 여드레 팔십 리 걸음.

여든 나도 방아 동티에 죽는다 본디부터 그런 매우 자연스러운 일에도 무언가 핑계가 된다는 말. (비) 여

〈여름 소는 파는 사람이 이롭고 겨울 소는 잡는 사람이 이롭다〉

든에 죽어도 구들동티에 죽었다지. 여든에 죽어도 핑계에 죽는다.

여든 뒷 닷새 나도 사람 질하기는 글렀다 나이가 많은 사람이 나이 값을 못하고 못된 짓을 할 땔 이름. (비) 오목장 총 감독 다 깨쳐도 사람 질하긴 글렀다.

여든 살 난 큰 아기가 시집 가랬더니 차일(遮日)이 없다 한다 벼르던 일을 마침내 이루려 하나 까탈이 붙어서 못하게 됨을 비유적으로 이르는 말. (비) 노처녀가 시집을 가려니 등창이 난단다. 시집 갈 때 등창이 난다. ★차일 : 주로 햇볕을 가리기 위하여 치는 포장.

여든 살이라도 마음은 어린애라 사람이 아무리 나이를 먹어도 마음 한구석엔 언제나 어린애 같은 마음이 숨어 있다는 말.

여든에 낳은 아들인가 아이를 지나치게 애지중지하는 것을 이르는 말.

여든에 능참봉을 하나 한 달에 거둥이 스물아홉 번이라 여든 살이 되어서야 겨우 능참봉 벼슬을 하게 되었는데 평소에는 편하던 일이 자기가 맡게 되자 왕이 한 달에 스물아홉 번이나 거둥을 하여 성가시게 되었다는 뜻. (비) 능참봉을 하니까 거둥이 한 달에 스물아홉 번. 모처럼 능참봉을 하니까 거둥이 한 달에 스물아홉 번. 칠십에 능참봉을 하니 하루에 거둥이 열아홉 번.

여든에 둥둥이 진취성이 부족하여 도무지 행동이 시원스럽지 못할 경우에 이르는 말.

여든에 이가 난다 (비) 간장이 시고 소금에 곰팡이 난다.

여든에 이 앓는 소리라 (비) 고양이 불알 앓는 소리.

여든에 죽어도 구들동티에 죽었다 한다 (비) 핑계 없는 무덤 없다.

여든에 죽어도 핑계에 죽는다 (비) 핑계 없는 무덤 없다.

여든에 첫 아이 비치듯 1.일을 해내기가 몹시 어려울 때를 이르는 말. 2.남이 못하는 큰일이나 하듯이 뽐내거나 거드름을 피움을 이르는 말.

여럿이 가는데 섞이면 병든 다리도 끌려간다 여럿이 권하면 어쩔 수 없이 행하게 됨. (비) 봉충다리에 울력걸음. 울력걸음에 봉충다리. 둔한 말도 열흘을 가면 천 리를 간다.

여름 갈포 옷 시기에 맞게 아주 쓸모가 있는 소중한 물건이란 뜻. (비) 여름 부채.

여름 난 중의로군 여름내 입어 명색만 남은 중의라는 뜻으로, 형편없게 된 주제에 장담만 남아 있는 사람을 놀림조로 이르는 말.

여름 모닥불도 쬐다 나면 섭섭하다 (비) 여름 불도 쬐다 나면 섭섭하다.

여름 벌레 불 무서운 줄 모른다 무분별하게 아무에게나 덤벼드는 사람을 두고 하는 말.

여름 불도 쬐다 나면 섭섭하다 미리 준비가 있어야 나중에 수월하다는 말. 다시 말하면 대단치 않거나 귀찮은 것이라도 그것이 없어지게 되면 아쉽고 서운하게 여긴다는 말. (비) 오뉴월 겻불도 쬐다 나면 서운하다. 오뉴월 불도 쬐다 나면 섭섭하다.

여름비는 더워야 오고 가을비는 추워야 온다 여름엔 더우면 비가 오고 가을엔 쌀쌀하고 추우면 비가 온단 말.

여름비는 잠 비 가을비는 떡 비 여름에 비가 오면 낮잠을 자게 되고 가을에 비가 오면 떡을 해 먹게 된다는 뜻.

여름 사돈은 범보다 더 무섭다 여름엔 손님에게 대접할 마땅한 음식이 없는 데서 나온 말. (비) 여름 새 사돈.

여름 살은 풋 살 여름철 더운 날씨에는 옷을 꼭꼭 입지 않고 마구 살갗을 드러내 놓는다는 말.

여름 소나기는 황소 등을 두고 다툰다 여름 소나기는 넓은 지역에 고루 오는 것이 아니라 지역에 따라 내린다는 의미. (비) 여름 소나기는 콧등을 두고 다툰다. 여름 소나기는 밭이랑을 두고 다툰다.

여름 소는 파는 사람이 이롭고 겨울 소는 잡는 사람이 이롭다 여름 소는 값이 비싸기에 파는 것이 훨씬 낫고, 겨울 소는 값이 싸기에 잡아서 고기로 파는 것이 유리하다는 뜻.

⟨여름에 먹자고 얼음 뜨기⟩

여름에 먹자고 얼음 뜨기 앞으로 쓰이게 될 것을 미리 생각해서 공들여 준비한다는 말.

여름에 하루 놀면 겨울에 열흘 굶는다 미리 준비가 있어야 나중에 수월하다는 말.

여름 이밥은 산삼 옛날 농촌에서 쌀밥을 구경하기란 산삼만큼이나 어려웠고 구했다는 의미. (비) 여름 이밥은 보기만 해도 살이 찐다.

여름 하늘에 소낙비 조금도 놀랄 것 없이 흔히 있을 만한 일을 비유적으로 일컫는 말.

여물 많이 먹은 소 똥 눌 때 알아본다 (비) 덕은 닦은 데로 가고 죄는 지은 데로 간다.

여물 안 먹고 잘 걷는 말(소) (비) 간장이 시고 소금에 곰팡이 난다.

여복(女卜)이 바늘귀를 꿴다 알지도 못하고 어럼치고 한 일이 우연히도 잘 맞아 들었단 말. (비) 장님이 문 바로 들어갔다. 봉사 문고리 잡기. 소경 문고리 잡기. ★여복 : 장님으로서 점을 치는 여자.

여복(女卜)이 아이 낳아 더듬듯 일의 기미를 분간하지 못하고 우물쭈물한다는 뜻. (비) 소경 아이 낳아 만지듯. 소경 아이 낳아 더듬듯 한다. 맹자정문(盲者正門).

여복(女福)은 있어도 처복(妻福)은 없다 얼굴은 예쁘장하고 행동도 얌전하지만 아내로서는 부족하다는 뜻.

여북하여 눈이 머나 고초(苦楚)신산(辛酸)이 극도에 달하였으니, 죽을 지경에 이르렀음을 뜻함.

여북해야 오뉴월 닭이 지붕에 오를까 오죽이나 답답하면 소용없을 줄을 알면서도 그 일을 하겠느냐는 뜻.

여산(廬山) 칠십 리나 들어갔다 눈이 움푹 들어간 사람을 놀리는 말. 굶어서 눈이 퀭한 사람을 보고 비웃는 말. (비) 눈이 하가마가 되었다. 다 퍼 먹은 김칫독.

여산(廬山) 풍경에 헌 쪽박이라 여산의 아름다운 풍경 속에 헌 쪽박이 있음과 같다 함이니, 도무지 어울리지 않고 당치 않는다는 말.

여색과 욕심은 죽어야 떨어진다 남자가 여자를 탐내고 재물에 대한 욕심을 갖는 것은 죽기 전에는 절대로 없어지지 않는다는 뜻.

여섯 때 아침, 한낮, 저녁, 초밤, 밤중, 새벽.

여수(與受)가 밑천이다 빚을 쓴 다음엔 곧 갚아야지 신용을 얻어 그 다음부턴 일도 잘 된다는 뜻.

여식(女息)이 나거든 웅천(熊川)으로 보내라 웅천은 부녀(婦女)들이 덕행(德行)있고 정숙하다 하여 이르는 말.

여우가 죽으니 토끼가 슬퍼한다 같은 처지에 있는 사항이라 함께 슬퍼한다는 뜻.

여우 굴도 문은 둘이다 무슨 일이나 나중을 위해서 예비적 대책을 갖추어놓아야 안전하다는 뜻.

여우는 꿈에도 닭만 보인다 누구든지 자신이 가장 관심을 가지고 있는 것은 항상 생각하게 마련이란 뜻. (비) 자면서도 닭 생각만 한다.

여우도 봉사는 못 속인다 사람은 눈이 있기에 자기도 모르는 여러 가지 사물에 쉽게 유혹 당하게 된다는 말.

여우 뒤웅박 쓰고 삼밭에 든 것 앞을 잘 보지 못하여 방향을 잡을 수 없는데다가 하는 일마다 막혀서 갈팡질팡하며 헤매는 경우를 비유적으로 이르는 말.

여우를 피해서 호랑이를 만났다 일이 갈수록 어려워짐을 비유적으로 이르는 말.

여우볕에 콩 볶아 먹는다 1.행동이 매우 민첩함을 비유적으로 이르는 말. 2.성미가 급하여 무엇이든지 당장에 처리하여 버리려함을 이르는 말. (비) 번갯불에 콩 볶아 먹는다. 번갯불에 회 쳐 먹는다. 번갯불에 담배불붙인다. 번개를 따라 가겠다.

★여우볕 : 비 오는 날 잠깐 비치는 볕

여우보다는 소가 낫다 요사스럽고 교활한 사람보다는 미련한 사람이 오히려 믿음직하다는 뜻. ⇔ 곰하고는 못 살아도 여우하고는 산다.

여우 오줌 싸듯 여우가 오줌을 질금질금 싸듯이 무슨 일을 하다 말다 해가며 꾸준히 해나가지 않는 경우를 이름.

여울로 소금 섬을 끌래도 끌지 사람이나 섬기는 사람의 명령을 무조건 복종하겠다는 뜻. (비) 소금 섬을 물로 끓어라 하면 끊다. 소금 섬을 물로 끓이라면 끓인다. 입의 혀 같다.

여울에 큰 고기 없다 얕은 물엔 큰 고기가 살지 않듯이 사람도 의지가 약하면 절대로 크게 될 수 없다는 뜻.

여윈 강아지 똥 탐한다 곤궁해진 사람이 음식을 몹시 탐한다는 말.

여윈 당나귀 귀 베고 좆 베면 남을 것이 없다 원래 넉넉하지 못한 상황에서 가장 두드러진 것 한두 개를 떼어 내고 나면 남을 것이 하나도 없다는 말.

여윈 돼지 두부 앗는 날 먹듯 오래 굶주렸던 사람이 먹을 복이 생겨 모처럼만에 포식(飽食)을 하게 되었다는 뜻. ★앗다 : 갖다의 방언.

여윈 말이 꼬리는 길다 현재는 가난하여 고생을 하지만 말년에는 잘 살게 될 상(相)이라는 뜻으로 이름.

여의보주(如意寶珠)를 얻은 듯 여의주는 소원을 이루는 구슬이니 일이 뜻대로 갈 때 이르는 말.

여의주 없는(잃은) 용 겉으로만 위엄이 있는 체하는 것뿐이지 실제로는 아무런 권력도 없는 존재라는 뜻.

여인은 돌리면 버리고 기구는 빌리면 버린다 여자가 밖으로 너무 나다니면 버리기가 쉽다는 뜻.

여자가 고집이 세면 팔자가 세다 여자의 성격은 부드러운 것을 미덕으로 삼기 때문에 너무 고집이 세다가는 잘못을 저지르게 되어 팔자를 그르칠 수 있다는 뜻.

여자가 살림을 못하면 남자 등골 빠진다 여자가 살림을 규모 있게 하지 못하면 남자는 한평생 고생만 하게 된다는 의미.

여자가 셋이면 나무 접시가 드논다 (비) 여자 셋이 모이면 세 접시를 뒤집어놓는다.

여자가 한을 품으면 오뉴월에도 서리가 내린다 여자가 원한을 품으면 무서운 결과를 초래한다는 것을 경계하여 이르는 말.

여자는 고추로도 때리지 않는다 남자는 아내가 아무리 잘못했더라도 폭력을 하여서는 안 된다는 말 ⇔ 여자는 사흘만 매를 안 맞아도 여우가 된다.

여자는 남편 떨어져서는 살아도 어린 자식 떨어져선 못

산다 여자는 아이를 낳기 전에는 이성애가 크지만 아이를 낳게 되면 모성애가 더 크다는 뜻.

여자는 남편 사랑을 먹고 산다 여자는 남편이 항상 사랑해주기만 하면 어떠한 고생도 참고 힘든 일도 견디어낸다는 뜻.

여자는 높이도 놀고 낮이도 논다 여자는 시집가기 따라서 귀하기도 하고 천해지기도 함.

여자는 늙으면 호랑이가 된다 여자는 흔히 늙으면 자기 주장이 강해져서 남편을 꼼짝도 못하게 한다는 뜻. (비) 여자는 늙으면 독사가 된다.

여자는 문지방 넘으면 열두 가지 생각한다 여자의 마음은 상황에 따라 변하기 쉬우므로 믿기가 어렵다는 뜻. (비) 여자는 밥상 들고 문지방 넘으면서도 열두 번 변한다.

여자는 사흘 안 때리면 여우가 된다 여자는 간사한 짓을 부리기 쉽다는 말. (비) 북어와 여자는 두들겨야 한다.

여자는 삼십엔 꽃이 지고 남자는 삼십엔 꽃이 핀다 여자는 삼십을 고비로 하여 여자의 미를 상실하게 되지만 남자는 삼십이 지나야 남성의 원숙한 멋을 풍기게 된다는 뜻.

여자는 샘보와 아보를 빼면 서 근도 안 된다 여자는 남자보다 소견이 좁다는 것을 야유하는 말로서, 남자에게는 없는 샘보와 아보가 생기느라고 신체적 구조가 잘못되어 소견이 좁다는 뜻. (비) 여자는 아보 때문에 소견보가 작다.

여자는 서발 앞을 못 본다 여자는 근시안적으로 생각하거나 일을 한단 말.

여자는 서울 말씨에 평양 인물에 강원도 살결이라야 한다 여자의 말씨는 서울 말씨를 써야 귀엽고, 인물은 평양 인물이라야 미인이며, 살결은 강원도 여자 살결과 같이 아름다워야 미인이다.

여자는 알밤 줍기 남자는 아내를 잘 얻고 못 얻는 것은 알밤을 줍듯이 그 사람의 복에 달렸다는 의미.

여자는 양념 여자가 화제 속에 끼게 되면 분위기가 한

〈 여자는 예뻐도 욕먹고 미워도 욕먹는다 〉

층 부드럽고 즐거워진다는 의미.

여자는 예뻐도 욕먹고 미워도 욕는다 남자는 예쁜 여자를 봐도 욕하고, 못생긴 여자를 봐도 욕을 한다는 말.

여자는 익은 음식 같다 젊은 여자는 남자들이 덤비니 조심해야 한다고 경계하여 이르는 말.

여자는 젊어 보인다고 해야 좋고 남자는 늙어 보인다고 해야 좋아한다 여자는 남들이 실제 나이보다 젊어 보인다고 하면 좋아하고, 남자는 실제 나이보다 더 들어 보인다고 하면 사회적으로 신임을 더 받을 수 있기에 좋아한다는 뜻.

여자는 제 고장 장날을 몰라야 팔자가 좋다 여자는 바깥세상 일을 알 것 없이 집안에서 살림이나 알뜰하게 하는 것이 행복하다는 말.

여자는 질투를 빼면 서 근반 밖에 안 된다 (비) 계집은 질투를 빼놓으면 두 근도 안 된다.

여자는 첫째가 머리 둘째가 화장 셋째가 옷 여자는 첫째 머리 모양을 얼굴형에 맞도록 해야 하고, 둘째 얼굴 화장을 곱게 해야 하며 셋째 옷을 어울리게 입어야 맵시가 난다는 뜻.

여자 말띠는 팔자가 세다 말띠 즉 오생(午生)인 여자가 흔히 팔자가 세다 하여 이르는 말.

여자 범띠는 팔자가 세다 범띠 즉 인생(寅生)인 여자가 흔히 팔자가 세다 하여 이르는 말.

여자 셋이 모이면 세 접시를 뒤집어놓는다 여자들이 모이면 말이 많고 떠들썩하단 말. (비) 여자가 셋이면 나무 접시가 드논다. 여자 셋이 모이면 놋 양푼도 남아나지 않는다. 여자 셋이 모이면 사발도 말한다. 여자 열이 모이면 쇠도 녹는다. 여편네 셋만 모이면 접시에 구멍을 뚫는다.

여자 얼굴은 스물은 타고난 얼굴이고, 서른은 자기가 꾸민 얼굴이고, 마흔은 남편이 만들어 준 얼굴이다 여자의 20대 얼굴은 타고난 본바탕의 얼굴이고, 30대는 자신이 화장으로 꾸민 얼굴이고, 40대는 남편이 예쁘게 봐주는 데 달렸다는 뜻.

여자 열이 모이면 쇠도 녹는다 (비) 여자 셋이 모이면 세 접시를 뒤집어놓는다

여자에게는 긴 혀가 있다 여자는 누구나 말이 많다는 뜻.

여자와 가지는 젊어야 좋다 일반적으로 남자의 마음은 자기 아내가 자기보다 젊어 보이는 것을 좋아한다는 의미.

여자와 바가지는 내돌리면 깨진다 가정주부가 외출이 잦으면 집안일이 소홀해지고 바람이 들기 쉽다는 말.

여자와 집은 손질하기 달렸다 여자는 남자가 이끌기에 따라 착한 아내가 될 수도 있고, 혹은 악한 아내가 될 수 있다는 뜻. (비) 여자와 집은 임자 만날 탓이다.

여자의 말을 잘 들어도 패가하고 안 들어도 망신한다 남자는 여자의 말이라도 올바른 말은 들어야 하고 간악한 말은 아무리 예쁜 계집이라도 물리쳐야 한다는 말.

여자의 소매는 마를 새가 없다 대체적으로 곧잘 울기 때문에 옷소매가 눈물에 젖어 마를 사이가 없다는 뜻.

여자의 속은 뱀 창자 여자는 사상 사물을 곧이곧대로 생각한다는 말.

여자의 웃음은 주머니의 눈물 여자가 여러 사람 앞에 나가 마음에 없는 웃음을 지을 때 그 속은 남몰래 울고 있는 것이라고 하는 말.

여자 팔자는 자식을 낳아봐야 안다 여자 팔자는 남편도 잘 만나야 하지만 자식도 잘 낳아야 좋게 된다는 뜻.

여장절각(汝牆折角)을 당했네 다른 사람 때문에 공연히 손해를 입었다고 억지를 쓴다는 말. ★여장절각 : 네 집에 담이 없었으면 내 소의 뿔이 부러졌겠느냐는 뜻으로, 남에게 책임을 지우려고 억지를 부릴 때 쓰는 말.

여편네가 귀여우면 개죽을 쑤어 주어도 맛이 있다 아내가 귀여우면 아내의 사소한 허물이나 잘못에 개의(介意) 하지 않는다는 말.

여편네는 활수(滑水)하면 벌어들여도 시루에 물 붓기 주부가 살림을 헤프게 하면 아무리 많이 벌어들여도 남는 것이 없다는 말. ★활수 : 아끼지 않고 시원스럽게 잘 쓰는 솜씨.

여편네 벌이는 쥐 벌이 여자가 버는 돈은 온데간데 모르게 없어지기 쉽다는 말.

여편네 셋이 모이면 접시 구멍 뚫는다 (비) 여자가 셋이 모이면 세 접시를 뒤집어놓는다.

여편네 아니 걸린 살인(殺人) 없다 어떤 일이든지 반드시 여자가 끼게 마련이라는 말.

여편네 팔자는 뒤웅박 팔자라 뒤웅박의 끈이 떨어지면 어찌할 도리가 없듯이, 여자의 운명은 남편에게 매인 것이나 다름없다는 말.

여편네 팔자는 두레박 팔자 1. 여자도 팔자를 고쳐 개가(改嫁)를 하여 잘 사는 수가 있다는 말. 2. 여자는 어떻게 되든지 남편을 잘 만나면 잘 살 수 있다는 말.

여포(呂布) 창날 같다 어떤 것이 매우 날카롭다는 뜻. ★여포 : 중국 후한 말기의 무장(?~198). 자는 봉선(奉先)이다. 활쏘기와 말타기에 뛰어나 병주자사(幷州刺史) 정원(丁原)의 수하에 있다가 나중에 그를 죽인 후 동탁(董卓)에게 귀순하였다. 동탁이 그를 소외시키자 다시 왕윤(王允)과 모의하여 동탁마저 죽였다. 후에 조조에게 붙잡혀 죽었다.

역(逆)놈의 새끼 같이 대답은 잘한다 조금도 제 뜻을 굽히지 않고, 어른의 말에 버릇없이 함부로 말대답하는 것을 보고 이름.

역마(役馬)도 갈아타면 낫다 늘 한 가지 것만 계속하면 싫증이 나므로 가끔 다른 것으로 바꿔하면 낫다는 말.

역적(逆賊) 대가리 같다 모양이 험수룩하여 보기 흉한 것을 비유하는 말.

역적(逆賊)의 기물(器物) 사람됨이 우악스럽고 고집이 세며 모략을 잘 꾸미는 사람을 보고 이르는 말.
 ★기물 : 집안 살림살이에 쓰이는 여러 가지 기구.

역질(疫疾) 흑함(黑陷) 되듯 한다 불리한 징조가 나타났다는 말. ★역질 : 천연두바이러스에 의해 발생하는 급성 전염병. ★흑함 : 천연두가 곪을 때 농포 속에 피가 나서 빛깔이 검어지는 증세. (비) 마마 그릇 되듯. 염병에 까마귀 울음, 돌림병에 까마귀 울음, 식전 마수걸이에 까마귀 우는 소리.

연기 마신 고양이 얼굴을 잔뜩 찌푸려 성질을 낸다는 뜻. (비) 염병에 까마귀 울음. 마마 그릇되듯. 식전 마수걸이에 까마귀 우는 소리. 돌림병에 까마귀 울음.

연꽃은 흙탕물에서 핀다 빈천(貧賤)한 집안에서도 훌륭한 사람이 나올 수 있단 뜻. (비) 연꽃은 더러운 못에서 핀다.

연못골 나막신을 신긴다 사람을 면전(面前)에서 칭찬하여 추어줌을 이름. (비) 비행기를 태우다. ★연못골 : 서울 연지동을 일컬음.

연분만 있으면 곰보도 일색으로 보인다 인연만 있으면 아무리 못생긴 여자라도 아름다워 보인다는 뜻. (비) 연분만 있으면 언청이도 고와 보인다.

연분은 억지로 안 된다 부부간의 연분은 하늘로부터 주어지는 것이란 뜻. (비) 연분이 없으면 맺어지지 않는다.

연산(連山) 김씨(金氏) 묘도락(墓道樂) 묘(墓) 쓰는 것만 일로 삼고 또 재미로 아는 사람을 두고 하는 말.

연산(連山) 닭 노성(魯城) 게 닭은 연산 닭이 맛이 좋고 게는 노성 게가 맛이 좋다는 뜻.

연안(延安) 남대지(南大池)도 팔아먹을 놈 (비) 나라 고금도 잘라먹는다.

연잎은 흙탕물에 더러워지지 않는다 어질고 착한 사람은 아무리 더러운 곳에 있더라도 결코 더러워지지 않는다는 뜻. (비) 연잎에 물 끼얹기다.

연주창(連珠瘡) 앓는 놈의 갓끈을 핥겠다 (비) 거지 볼에 붙은 밥풀도 떼어먹는다. ★연주창 : 몸에 멍울이 연달아 생겨 곪아 터져서 생기는 부스럼.

연희궁(衍喜宮) 까마귀 골수박 파먹듯 한다 어떤 한 가지 일에만 열중하여 여념이 없음을 이름. (비) 해변 까마귀 골수박 파듯. ★연희궁 : 조선조 정종이 임금 자리를 내놓은 뒤 살던 궁.

열고 보나 닫고 보나 (비) 벌리나 오므리나.

열 골 물이 한 골로 모인다 여러 사람이 받을 벌을 한 사람이 모아 받게 됨을 비유적으로 이르는 말.

열 골 화냥이 한 골의 지어미 된다 널리 난봉을 부리고

〈열 길 물속은 알아도 한 길 사람의 속은 모른다〉

돌아다니던 사람이 한 번 마음을 다시 먹고 방정(方正)한 행실을 갖게 될 땔 이름.

열 길 물속은 알아도 한 길 사람의 속은 모른다 사람의 마음속을 헤아리기 어렵다는 말. (비) 쉰 길 물 속은 알아도 한 길 사람의 속은 모른다. 천 길 물속은 알아도 한 길 사람 속은 모른다.

열녀전 끼고 서방질한다 겉으로는 행실이 깨끗한 척하면서도 못 된 짓 한다는 뜻.

열 놈이 백말을 해도 들을 이 짐작 아무리 여러 사람이 많은 말을 하여도 듣는 사람은 따로 짐작이 있어서 자기 나름으로 판단한다는 뜻. (비) 열 사람이 백말을 해도 들을 이 짐작.

열 놈이 부는 듯한데 냉돌(冷埃) 한창(寒窓)에 설풍(雪風)의 형용이 열 사람이 숨을 뿜어 낸 듯하다는 뜻.

열 놈이 죽 한 사발 분배한 양이 매우 적음을 이르는 말.

열 달 만에 아이 낳을 줄 몰랐던가 응당 알고 있을 만한 평범한 사실도 모르고 있는 사람에게 핀잔주는 말.

열 도깨비 날치듯 일이 급한 처지에 이르러 뭇 사람들이 야단스럽게 떠들고 다투는 것을 나타내는 말.

열두 가지 재주 가진 놈이 저녁거리가 간 데 없다 재주가 여러 방면으로 많은 사람은 한 가지 재주만 가진 사람보다 성공하기 어렵다는 말.

열두 번 죽었다 깨어나도 못한다 제 아무리 죽을힘을 다해서 열심히 하여도 도저히 할 수 없는 일이란 뜻.

열두 살 먹어서부터 서방질하여도 배꼽에 좆 박는 것은 못 보았다 지금까지 여러 가지 일을 겪어 왔으나 그와 같이 몰상식하고 어리석은 자는 처음 보았다는 뜻으로 하는 말. (비) 세살 적부터 무당질하여도 목두기란 귀신은 못 보았다.

열두 효자가 악처 하나만 못하다 (비) 열 자식이 악처 하나만 못하다.

열매 될 꽃은 첫 삼월부터 안다 (비) 될성부른 나무는 떡잎부터 알아본다.

열매를 맺다 노력하거나 애를 쓴 것의 성과가 나타남을 비유하여 이르는 말.

열매를 보면 나무도 안다 그 자식을 보면 부모를 짐작할 수 있다는 뜻.

열 며느리는 밉지 않아도 한 시앗은 밉다 아들이 첩을 여럿 얻는 것은 밉지 않아도 자기와 직접 관계가 있는 시앗이 있을 겨우는 밉다는 말.

열무김치 맛도 안 들어서 군내부터 난다 1.얇고 가벼운 사람이 도리어 언행(言行)에 민첩한 체하거나 잘난 체하며 뽐냄을 비웃는 말. 2.미처 자라기도 전에 좋지 않은 짓부터 할 때 이르는 말. (비) 시지도 않아서 군내부터 먼저 난다. 개살구 지레 터진다.

열 발 성한 방게 같다 어린아이들이 기운이 좋고 씩씩하여 잠시를 가만히 있지 않고 돌아다님을 이르는 말.

열 번 듣는 것이 한 번 보는 것만 못하다 듣기만 하는 것보다 실지로 보아야 한다는 뜻. (비) 백문이(百聞而) 불여일견(不如一見).

열 번 잘하고 한 번 실수를 하지 말아야 한다 열 번 잘했으니 한 번 실수가 용서되는 것이 아니라, 한 번 잘못하면 열 번 잘한 것도 소용이 없는 것이니 언제나 조심하란 뜻.

열 번 찍어 아니 넘어가는 나무 없다 1.아무리 뜻이 굳은 사람이라도 여러 번 유혹하면 결국은 마음이 변한다. 2.실패를 무릎 쓰고 계속 노력하면 끝내 이루어진다는 뜻.

열 벙어리가 말을 해도 가만 있거라 누가 무어라고 해도 상관치 말고 가만있으라는 뜻.

열 사람 다 좋게는 못한다 사람들은 저마다 이해관계가 다르기 때문에 어떤 일을 여러 사람이 다 좋게는 못한다는 말.

열 사람이 백말을 하여도 들을 이 짐작 아무리 여러 사람이 많은 말을 한다 치더라도 듣는 사람은 자기로서 짐작하여 판단한다는 뜻. (비) 열 놈이 백말을 해도 들을 이 짐작.

열 사람이 지켜도 한 도둑을 못 막는다 여러 사람이 함께 지켜도 한 사람의 나쁜 행동을 막지 못한다는 말.

열 사람 형리(刑吏)를 사귀지 말고 한 가지 죄를 범하지

말라 다른 사람의 힘에 의존치 말고 자신의 신체를 단련시키라는 뜻으로, 남의 힘을 믿고 함부로 처신하는 것보다 자신이 알아서 자기 몸을 절제하는 것이 안전하다는 말. (비) 열 형리(刑吏)를 친지 말고 죄 짓지 마라. 삼정승 사귀지 말고 내 한 몸조심하라.
★형리 : 예전에 지방 관아에서 형률에 관한 사무를 맡아보던 구실아치.

열 사위는 밉지 아니하여도 한 며느리가 밉다 시어미들은 흔히 사위는 사랑하고 며느리는 미워한다는 말. (비) 미운 열 사위는 없고 고운 외며느리는 밉다.

열사흘 부스럼을 앓느냐 망령된 말을 많이 하는 사람을 농으로 하는 말.

열 서방 사귀지 말고 한 서방만 사귀랬다 여러 사람을 골고루 사귀는 것보다는 한 사람과 깊이 사귀는 것이 훨씬 더 이롭다는 말.

열 성방(姓房) 사귀지 말고 한 성방 사귀라 열 사람을 사귀는 것보다 한 사람을 깊이 사귀는 것이 더 이롭다는 말.

열 소경에 한 막대요 팔 대군(八大君)의 일 옹주(一翁主)라 여러 방면에 요긴하게 쓰이는 물건을 일컬음. (비) 열 소경의 한 막대. 겨울에 털옷 여름에 갈포옷. 만진 중의 외 장사. 외눈의 부처.

열 소경이 풀어도 아니 듣는다 고집이 세어 남의 말을 조금도 듣지 않는 사람을 이름.

열 손가락으로 물을 튀긴다 손가락 하나 놀리지 않고 놀고먹음을 비웃는 말.

열 손가락을 깨물어 안 아픈 손가락이 없다 1.아무리 자녀가 많다 하더라도 그중 어느 하나 귀엽지 않은 자녀가 없다는 말. 2.자기가 지니고 있는 물건은 어느 하나 소중하지 않은 것이 없다는 말. (비) 열 손가락에 어느 손가락 깨물어 아프지 않을까. 열 손가락을 어느 건 물면 아프고 어느 건 물면 안아프느니.

열 손가락을 어느 건 물면 아프고 어느 건 물면 안 아프느니 (비) 열 손가락을 깨물어 안 아픈 손가락이 없다.

열 손 한 지레 여러 사람이 할 일을 한 사람이 해 치운다는 말.

열 시앗이 밉지 않고 한 시누이가 밉다 대개 올케와 시누이의 의가 좋지 못함을 비유.

열 식구 벌지 말고 한 입 덜라 많이 벌려고 애쓰지 말고 하나라도 군식구를 없이 하여 적게 쓰는 편이 낫단 말. (비) 흉년에 한 농토 벌리지 말고 한 입 덜라. 비단 한 필을 하루에 짜려 말고 한 식구를 줄여라. 열 식구 벌려 말고 한 식구 덜랬다.

열 아들 부럽지 않은 딸 부모에 대한 효성이라든가 사람 됨됨이가 아들보다 낫기에 비록 아들은 없으나 아들이 부럽지 않은 정도로 소중한 딸이란 뜻.

열없는 색시 달밤에 삿갓 쓴다 정신없이 망동(妄動)함을 비웃는 말.

열에 한 술 밥이 한 그릇 푼푼하다 (비) 열의 한술 밥.

열을 듣고 하나도 모른다 몹시 우둔하다는 뜻.

열의 한술 밥 여러 사람이 합심하여 한 사람을 돕는 일을 가리킴. (비) 열의 한 술 밥이 한 그릇 푼푼하다. 열이 어울러 밥 한 그릇. 열에 한 술 밥이 한 그릇 푼푼하다.

열이 먹다가 아홉이 죽어도 모르겠다 음식 맛이 너무 좋아서 먹는 데만 정신이 팔릴 정도로 맛이 좋은 음식이란 뜻.

열이 상투 끝까지 올랐다 매우 화가 났다는 말.

열이 어울러 밥 한 그릇 (비) 열의 한술 밥.

열 일 제치(젖히)다 한 가지 일을 하기 위하여 여러 가지 일을 그만 둔다는 말.

열 자식이 악처 하나만 못하다 자식이 아무리 많더라도 남편은 자식보다 아내에게 더 깊은 친근감을 가진다는 말. (비) 열두 효자가 악처 하나만 못하다.

열 집 사위 열 집 며느리 안 되어 본 사람 없다 혼담(婚談)이란 흔히 여기저기 여러 곳에서 걸려 이야기된다는 말.

열 판수(板首)가 모여도 눈 뜬 놈은 없다 수적(數的)으론 많이 모여 있으나 쓸만한 사람은 한도 없단 말.
★판수 : 점치는 것을 직업으로 삼는 소경.

⟨ 열 형리(刑吏) 친치 말고 죄 짓지 마라 ⟩

열 형리(刑吏) 친치 말고 죄 짓지 마라 나쁜 짓으로 벌받게 될 때 구원해 줄 사람을 사귀려고 애쓰지 말고, 나쁜 짓을 하지 않으면 그것이 더 좋단 말. (비) 열 사람 형리(刑吏)를 사귀지 말고 한 가지 죄를 범하지 말라. 삼정승 사귀지 말고 내 한 몸조심하라.

열흘 굶어 군자 없다 아무리 착한 사람일지라도 빈곤하게 되면 마음이 변하여 옳지 못한 짓을 하게 된다.

열흘 길 하루도 아니 가서 오래 두고 해내야 할 일에 처음부터 싫증을 내거나 배반하는 행위가 있어 이루기가 힘이 듦을 비유적으로 이르는 말. (비) 사흘 길 하루도 아니 가서.

열흘 나그네 하룻길 바빠 간다 1. 오래 걸릴 일은 처음에는 그리 바쁘지 않은 듯 하더라도 급히 서둘러 해야 됨을 비유적으로 이르는 말. 2. 어떤 일에 너무 성급하게 굶을 이르는 말.

열흘날 국화 9월 9일. 즉 중구일(重九日)에 쓸 국화를 10일에 가져오듯이 필요로 하는 시기가 지나면 소용이 없다는 뜻. (비) 사또 지난 뒤 나팔 분다.

열흘날 잔치에 열 하룻날 병풍 친다 (비) 사또 떠난 뒤에 나팔 분다.

열흘 붉은 꽃이 없다 사람의 권세나 영화는 모두 일시적인 것이어서 오래가지 못한다. (비) 달도 차면 기운다. 봄꽃도 한 때. 한 달이 크면 한 달이 작다. 그릇도 차면 넘친다.

열흘에 하나를 봐도 보는 것이 눈 무엇을 볼 땐 건성으로 많이만 보려고 하지 말고 하나라도 정확하게 봐야 한다는 뜻.

염라대왕도 돈 쓰기에 달렸다 돈만 있으면 안 되는 일이 없음을 비유적으로 이르는 말.

염라대왕도 돈 앞에는 한쪽 눈을 감는다 돈으로 모든 일을 다 할 수 있음을 비유적으로 이르는 말.

염라대왕이 문밖에서 기다린다 죽을 때가 임박함을 이르는 말. (비) 널감이 되었다. 땅내가 고소하다. 탕국내가 고소하다. 팥죽 내가 난다. 흙내가 고소하다. 한 치 앞이 지옥이다. 해가 서산으로 기울어진다.

염라대왕이 제 할아비라도 어쩔 수 없다 큰 죄를 짓거나 무거운 병에 걸려 살아날 도리가 없다는 뜻. (비) 염라대왕이 외조부라도 어쩔 수 없다.

염병에 까마귀 소리 불길한 징조가 보임을 일컬음. (비) 돌림병에 까마귀 울음. 마마 그릇되듯. 식전 마수걸이에 까마귀 우는 소리. 역질에 흑함 되듯.

염병에 땀을 못 낼 놈 열병을 앓으면서도 땀도 못 내고 죽을 놈이라는 뜻으로 욕으로 하는 말.

염병에 보리죽을 먹어야 오히려 낫겠다 가장 좋지 않은 병에 가장 좋지 않은 음식이 오히려 낫겠다는 뜻으로, 너무 어처구니없어서 논박할 필요조차 느끼지 못함을 비유적으로 이르는 말. (비) 염병에 보리죽을 먹었나.

염병엔 개도 들려 보내지 않는다 염병은 무서운 전염병이기에 염병 앓는 집과는 절대로 왕래를 하지 않는다는 말.

염병 치른 놈의 대가리 같다 염병을 앓고 난 뒤 머리카락이 없어진 것처럼 아무것도 없게 되었음을 비유적으로 이르는 말.

염불도 몫몫 쇠뿔도 각각 무슨 일이든 자기만의 특성이 있으므로 일하는 방식도 서로 다름을 비유적으로 이르는 말. (비) 쇠뿔도 각각 염불도 몫몫. 염주도 몫몫 쇠뿔도 각각.

염불만 한다고 극락 가나 마음이 착해야 극락 가지 갖춘다고 무슨 일이든지 잘 되는 것이 아니라 마음씨를 바르게 가져야 잘된다는 뜻.

염불 못하는 중이 아궁이에 불 땐다 사람은 무능하면 분수에 넘치는 일을 하지 못하고, 제 능력에 따르는 일을 해야 한다는 말.

염불 빠진 년 같다 팔 다리를 마음대로 놀리지 못하고 부자연스럽고 느리게 걷는다는 말. ★염불 : 음문(陰門) 밖으로 자궁(子宮)이 병적으로 비어져 나온 것

염불(念佛)에는 마음이 없고 젯밥에만 마음이 있다 제가 할 일엔 정성이 없고 제 욕심을 채우기 위하여 다른 데만 관심을 쓴다는 말. (비) 조상(弔喪)보다 팥죽에

마음이 있다. 초상 난 집에서 사람 죽은 것은 안 치고 팥죽 들어오는 것만 친다.

염불(念佛) 외듯 (비) 귀신 씨 나락 까먹는 소리.

염소는 물도 안 먹고 물똥도 안 싼다 애초부터 나쁜 짓을 하지 않으면 결코 나쁜 결과를 당하지 않게 된다는 뜻.

염소 물똥 누는 것 보았나 있을 리 없는 일을 말할 땔 이름.

염소 새끼가 나이 먹어야 수염이 난다더냐 젊은이가 늙은이 행세를 하려고 드는 것을 보고 하는 말.

염소 새끼 어미 따라다니듯 어디를 가든지 떨어지지 않고 꼭 따라다닌다는 뜻.

염주도 몫몫 쇠뿔도 각각 절친한 사람이라도 그 몫은 따로 있단 말.

염천교(鹽泉橋) 밑에서 돼지 흘레를 붙이는 것이 낫다 억지로 천한 일을 하려고 할 때 마땅치 않다는 뜻으로 하는 말.

염초청 굴뚝같다 마음이 검고 엉큼하다는 말.

염충강(廉忠强)이 무장 먹듯 한다 모든 일에는 두서가 없고, 행실(行實)이 경박(輕薄)한 사람을 이르는 말.
★염충강 : 전설에 나오는 옛 치인의 이름

염치없기는 무당 쌀자루 당하랴 뒤 구린 것은 어차피 피차일반이란 말. (비) 자루 벌리는 놈이나 곡식 퍼 넣는 놈이나.

염치와는 담 싼 놈 염치라곤 조금도 없는 사람을 이름.

염통에 고름 든 줄 몰라도 손톱눈에 가시 든 줄은 안다 작은 일, 눈앞에 보이는 하찮은 것은 잘 알면서도 눈에 보이지 않는 큰 중대한 일은 알지 못하고 있다는 뜻. (비) 손톱 밑에 가시 든 줄은 알아도 염통 밑에 쉬 쓰는 줄 모른다.

염통이 비뚜로 앉다 마음이 꼬임을 이르는 말.

염할 때 솜씨는 내놓아야 하겠다 손재주가 특히 뛰어난 사람은 죽은 뒤에도 그 손은 남겨두어야 하겠다는 뜻.

엽자금(葉子金) 동자삼(童子蔘)이라 1. 제법이란 뜻. 2. 무엇이나 썩 좋을 땔 이르는 말. (비) 십상이다. ★엽자금 : 엽자. 정련(精鍊)한 황금. ★동자상 : 동자 모양의 산삼.

엿기름을 넣는다 남의 것을 제 것처럼 감춘다는 뜻.

엿 먹어라 남을 슬쩍 재치 있게 곯려 주게 되었거나 속여 넘기게 될 때 이르는 말.

엿물을 흘렸다 녹초가 되도록 곤란을 당하였다는 뜻.

엿을 물고 개잘량에 엎드러졌나 입에 엿을 물고 개 털 가죽에 엎어졌느냐는 뜻으로, 털이 많이 난 사람을 놀림조로 이름. ★개잘량 : 털이 붙은 채로 만든 개 가죽의 방석.

엿이 크고 작은 것은 엿장수에 달렸다 무슨 일을 어떻게 하든 그것은 그 일을 주관하는 사람에게 달렸다는 뜻.

엿장수 마음대로 엿장수가 엿을 늘였다 줄였다 제 마음대로 하듯이 무슨 일을 제 마음대로 이랬다저랬다 할 때를 이름.

엿 치를 쓰랴오 닷 치를 쓰랴오 어떤 것이든 갖추어져 있으니 마음대로 고르라는 말.

영감님의 주머닛돈은 내 돈이요 아들 주머닛돈은 사돈네 돈이다 대개 남편의 재산은 그 아내 되는 이가 주관하여 가지기 때문에 영감님 돈은 마누라 자기의 것인 반면 아들 돈은 아내인 며느리의 것이란 뜻.

영감 밥은 누워 먹고 아들 밥은 앉아 먹고 딸 밥은 서서 먹는다 남편 덕에 먹고사는 것이 가장 편하며 아들 부양을 받는 것도 견딜 만하나 딸의 집에 빌붙어먹는 것은 어렵다는 말.

영감의 상투 보잘것없는 물건을 비유적으로 이르는 말.

영감의 상투가 커야 맛이냐 어떤 물건이 반드시 클 필요는 없으며 실속 있게 적당하기만 하면 된다는 말.

영감 상투 굵어서는 무엇 하나 당줄만 동이면 그만이지 적당하면 그만이지 쓸데없이 클 필요는 없다는 뜻으로, 실속이 중요함을 이르는 말. (비) 영감의 상투 굵으면 무엇 하나 붙어 있으면 되지.

영감 주머니는 작아도 손이 들어가지만 아들 주머니는 커도 손이 안 들어간다 여자는 남편이 주는 돈은 아무

〈 영감 죽고 처음 〉

부담 없이 쓸 수 있지만 자식이 주는 돈은 부담을 가지게 된다는 뜻. (비) 영감 주머닛돈은 내 돈, 아들 주머닛돈은 사돈네 돈.

영감 죽고 처음 오랜만에 처음으로 마음에 흡족하고 시원한 것을 느낀다는 말. (비) 시어미 죽고 처음이다.

영계 울고 장다리꽃 피면 밤이 좀 길어진다 추울 때 깐 병아리가 자라 닭이 되어 울게 되면 이때쯤 장다리꽃도 피고 한창 길던 낮도 차차 짧아진다는 말.

영고탑(寧古塔)을 모았다 열심히 일을 하여 남모르게 재산을 많이 모았다는 뜻. (비) 개미 금탑 모으듯. ★영고탑: 영안 중국 흑룡강성 남동부에 있는 도시.

영리한 고양이가 밤눈 못 본다 똑똑한 체하는 사람이 흔히 못난 짓을 함을 이르는 말.

영소 보전 북극 천문에 턱 걸었다 매우 귀하고 높은 데 턱을 걸었다 함은 그 가지는 소망이 크고 높다는 뜻.

영악한 체하는 것은 못난 체하는 것을 못 당한다 이 세상에서는 언제나 못난 체하며 지내는 것이 처세에 이롭단 뜻.

영(營)에서 뺨 맞고 집에 와서 계집 친다 (비) 방에서 화 낸 놈이 장에 가서 얼굴 붉힌다. ★영: 병영(兵營)의 영문(營門).

옆구리에 섬 찼나 옆구리에 섬을 차서 그렇게 많이 들어 가느냐는 뜻으로, 많이 먹는 사람을 놀림조로 이름.

옆찔러 절 받기 상대방은 생각도 없는데 억지로 요구하여 대접을 받는다는 말. (비) 억지로 절 받기.

예쁘지 않은 며느리가 삿갓 쓰고 으스름달밤에 나선다 (비) 미운 강아지 보리 멍석(부뚜막)에 우쭐거리며 똥 싼다.

예쁜 세 살 미운 일곱 살 세 살 때는 마냥 귀여운 행동만 하다가도 일곱 살이 되면 말을 안 들어 밉다는 말.

예쁜 자식 매로 키운다 귀여운 자식일수록 잘 키우려면 매로 가르쳐야 한다는 뜻. (비) 달군 쇠와 아이는 때려야 한다. 미운 애한테는 엿을 주고 귀여운 애한테는 매체를 준다. 팽이와 아이는 때려야 한다.

예산이 파산이라 되지도 않을 것을 계획만 하는 것은 쓸 데 없다는 말.

예수만 믿으면 천당 가나. 제 마음이 고와야 천당 가지 양심적으로 높은 자리에 있어야 할 터인데 그렇지 못한 종교인을 비평하는 말.

예순에 아이 된다 사람이 늙으면 늙을수록 행동이나 기호가 점점 어린아이처럼 변한다는 말.

예조(禮曹) 담 모퉁이로 예의를 차리느라고 겸사하는 버릇이 심한 사람을 조롱하는 말. ★예조: 조선 시대, 육조의 하나.

예황제 부러워 말고 장승 될 생각 말랬다 아무 부러울 것 없이 놀고먹으며 편하게 사는 것이 보람 있는 삶은 아니므로, 사람은 자기 할 일을 하면서 열심히 살아가야 한다는 뜻. ★여황제: 호의호식하며 편하게 지낸 임금.

예황제(皇帝) 부럽지 않다 아주 편하게 잰다는 뜻.

예황제(皇帝) 팔자 아무것도 부러울 것이 없는 처지라는 뜻.

옛날 갑인(甲寅) 날 콩 볶아 먹던 시절이다 아주 오래된 이야기란 뜻. (비) 옛날 호랑이 담배 먹던 시절이다.

옛날과 지금은 달라졌다 세상이 옛날과는 딴판으로 많이 달라졌다는 뜻. ⇔ 옛날이나 지금이나 변함이 없다.

옛날 모습이 완연하다 세월이 많이 지나가서 세상이 꽤 달라졌어도 아직 옛날의 흔적이 그대로 남아 있다는 뜻.

옛날 시어미 범 안 잡은 사람 없다 과거에는 큰일을 많이 한 것처럼 큰 체하고 뽐냄을 비꼬아 웃는 말.

옛날 옛적 이야기다 너무나 오래된 이야기라 현실과 부합되는 말이 아니란 뜻.

옛날 오줌 대중하다가 제사에 닭 울린다 무슨 일을 대충대충 덤벙거리며 하다가는 결국 실수를 하게 된다는 뜻.

옛날은 걷어 들이기 바쁘고 지금은 받기에 바쁘다 지금은 가만히 않아 있어도 자꾸 뇌물을 가져다준다는 뜻.

옛 늙은이 치 놓고 호랑이 안 잡은 늙은이 없다 누구나 젊은 시절엔 남들이 하기 힘든 어려운 일을 했던 화려한 경력이 있었다고 떠벌린다는 뜻.

옛말 그른 데 없다 예로부터 전해 내려오는 말은 대개 옳다는 말.

옛 원수 갚다가 새 원수 만든다 무슨 일을 편벽(偏僻)되게 하다가는 낭패를 당하게 된다는 뜻. (비) 오랜 원수 갚으려다 새 원수 생(긴)겼다.

옛 천 리가 십 리보다 가깝다 젊어서 천 리가 늙어서 십 리보다 결코 힘이 들지 않는다는 말.

오강 사공의 닻줄 감듯 둘둘 잘 감아서 동인다는 말. (비) 각전 시정 통 비단 감듯. 육모얼레에 연줄 감듯.

오그라진 개 꼬리 대봉통에 삼 년 두어도 아니 펴진다 한번 고질이 된 것이면 영영 다시 고치기 어렵단 뜻으로 하는 말. (비) 개 꼬리 삼 년 묻어도(두어도) 황모 되지 않는다. 개 꼬리 삼 년 두어도 황모 되지 않는다. ★대봉통 : 대를 잘라 만든 꼿꼿한 통.

오그랑장사 제게 도리어 손해가 되는 흥정을 하였다는 뜻으로 이르는 말.

오금 뜨다 1.침착하게 있지 못하고 들떠서 나 덤빈다는 말. 2.마음이 방탕하여 놀아난다는 말.

오금 밀리다 침착하게 한 곳에 있지 못하고 들떠서 나 덤빈다는 말. (비) 오금 뜬다.

오금아 날 살리라 (비) 걸음아 날 살리라 한다.

오금에 돌개바람 들다 오금에 돌개바람이 들어 가만히 있지 못하고 둥둥 떠다닌다는 뜻으로, 침착하게 한 곳에 있지 못하고 들떠서 마구 설침을 이르는 말.

오금에서 불이 나게 다리를 너무 자주 놀려 마치 불이 날 것 같다는 뜻으로, 무엇인가를 찾거나 구하려고 무척 바쁘게 돌아다님을 이르는 말.

오금을 못 쓰다 매우 마음이 끌리어 어찌할 바를 모르거나 꼼짝 못함을 일컬음.

오금을 박다 평소에 장담하던 사람이 그와 반대되는 일을 하였을 때 그 장담을 빌미로 잡아 책한다는 말.

오금을 추지 못하다 힘이 빠져 몸을 제대로 가누지 못한단 말.

오금이 떨어지지 않는다 기(氣)에 압도되어서 일어서려고 해도 좀처럼 일어설 수가 없다는 말.

오금이 쑤시다 어떤 일을 하고 싶어 가만히 있을 수가 없다는 말.

오금이 저리다 저지른 잘못이 드러나든지 어떤 불길한 재앙이 닥칠 것 같이 마음이 조란다는 말.

오기로 망한다 쓸데없는 오기만 부리다가 결국엔 낭패를 당한다는 뜻. (비) 오기로 서방질한다.

오기에 쥐 잡는다 1.쓸데없는 오기를 부리다가 낭패를 본다는 말. 2.오기 부리는 것을 업신여겨 하는 말.

오뉴월 감기는 개도 안 앓는다 여름에 감기를 앓는 사람을 조롱하는 말.

오뉴월 감주 맛 변하듯 곧 변하거나 상해서 못 쓰게 됨을 비유적으로 이르는 말.

오뉴월 개 가죽 문인가 추운 날 방문을 열어놓고 다니는 사람을 핀잔주는 말. (비) 오뉴월 거적문인가.

오뉴월 개 팔자 아무 걱정 없는 매우 편한 신세를 이르는 말. (비) 음지의 개 팔자. 오뉴월 댑싸리 밑의 개 팔자. 댑싸리 밑의 개 팔자. 싸리 밭에 개 팔자. 풍년 개 팔자.

오뉴월 거적문인가 (비) 오뉴월 개 가죽 문인가

오뉴월 겻불도 쬐다 나면 서운하다 당장에 쓸모없는 것도 없어지고 나면 아쉽다는 말.

오뉴월 녹두 깝대기 같다 매우 신경질적이어서 툭 건드리기만 하여도 쏘아 버린다는 뜻.

오뉴월 닭이 여북해서 지붕을 허비랴 낟알이 귀한 여름에 배곯은 닭이 모이를 찾으려 지붕을 허비러 올라간다는 뜻으로, 아쉬운 때에 행여나 하고 무엇을 구함을 비유적으로 이르는 말.

오뉴월 닭이 오죽하여 지붕에 올라가랴 (비) 오뉴월 닭이 여북해서 지붕을 허비랴.

오뉴월 더위에 염소(암소) 뿔도 녹는다(물러 빠진다) 7월 23일은 대서(大暑) 즉, 매우 더운 날이랍니다. 때문에 이 날을 '염소 뿔도 녹는다'라고 할 만큼 매우 덥다는 뜻에서 나온 말이다. 대서는 열두 번째 절

〈 오뉴월 똥 도둑도 못해 먹겠다 〉

기로 소서(小暑)와 입추(立秋) 사이에 든다.

오뉴월 똥 도둑도 못해 먹겠다 사람이 지지리 못났음을 보고 하는 말. (비) 날 적에 봤더라면 도로 몰아 넣었겠다. 제 아잇적만도 못하다. 똥 묻은 물에 치어 죽이려 해도 똥이 아까워 못 죽이겠다. 저런 걸 낳지 말고 호박이나 낳았더라면 국이나 끓여 먹지.

오뉴월 똥파리 꾀 듯한다 1.어디든지 먹을 것이라면 용케도 잘 찾아다니는 사람을 두고 하는 말. 2. 떨어지지 않고 몹시 귀찮게 군다는 뜻. (비) 오뉴월 쇠파리 같다.

오뉴월 두룽다리 제철에 맞지 않아 쓸 데 없이 된 물건을 이름. (비) 한 더위에 털 감투. ★두룽다리 : 추위를 막기 위하여 모피로 길고 둥글게 만든 물건.

오뉴월 뜸질을 해도 제멋 자기가 좋아서 하는 일을 남이 시비할 것이 못 된다는 뜻.

오뉴월 마파람에 돼지 꼬리 놀듯 일정한 주관이 없이 건들거리는 사람의 행동을 비유적으로 이르는 말. (북한 속담)

오뉴월 맹꽁이도 울다가 그친다 끝없이 계속될 것 같은 일도 결국은 끝날 때가 있음을 비유적으로 이르는 말.

오뉴월 바람도 불면 차갑다 아무리 미약한 것이라도 계속되면 무시하지 못할 만한 결과를 가져올 수 있음을 비유적으로 이르는 말.

오뉴월 배 양반 동지섣달 뱃놈 뱃사공이 여름에는 물 위에서 더운 줄 모르고 지내고 겨울에는 물 위에서의 생활이 매우 고생스럽다는 말.

오뉴월 병아리 하룻볕이 새롭다 1.오뉴월에 하루 볕이라도 쬐면 동식물이 부쩍 자란다는 뜻으로, 짧은 기간에 뚜렷하게 성장함을 비유한 말. 2.단시일(短時日) 동안에 생기는 차이는 현저하게 다르다는 뜻. (비) 오뉴월 하루만 쬐도 낫다. 오뉴월 하루 볕도 무섭다.

오뉴월 볕은 솔개만 지나가도 낫다 오뉴월 햇볕이 뜨겁다는 뜻에서 나온 말.

오뉴월 볕 하루만 더 쬐도 낫다 짧은 동안에 눈에 띄게 많이 자란다는 뜻으로 하는 말. (비) 오뉴월 병아리 하룻볕이 새롭다.

오뉴월 불도 쬐다 나면 섭섭다 (비) 여름 불도 쬐다 나면 섭섭하다.

오뉴월 상한 고기에 구더기 끓듯 동물이나 사람이 우글우글 많이 모여 있는 모양을 비유적으로 이르는 말.

오뉴월 소나기 말 등을 두고 다툰다 여름 소나기는 매우 가까운 거리에서도 오는 곳은 오고, 안 오는 곳은 안 온다는 뜻. (비) 오뉴월 소나기는 쇠등을 두고 다툰다. 오뉴월 소나기 닫는 말 한쪽 귀 젖고 한쪽 귀 안 젖는다. 오뉴월 하루 볕도 무섭다.

오뉴월 손님 호랑이보다 더 무섭다 더운 때 손님 대접하기는 매우 힘든 일이란 뜻.

오뉴월 송장이라 대우하기 귀찮은 존장을 욕으로 하는 말. (비) 오뉴월 존장이라.

오뉴월 쇠불알 늘어지듯 사물이나 행동이 축 늘어져 활발하지 못함을 조롱하여 이르는 말. (비) 게으른 놈 낮잠질듯.

오뉴월 쇠불알 떨어지기만 기다린다 도저히 되지 아니할 일을 오기를 내어서 기다린다는 뜻.

오뉴월 쇠파리 같다 (비) 날 궂은 날 개 사귄 이 같다.

오뉴월 써렛발 같다 사물이 드문드문함을 일컫는 말.

오뉴월에도 남의 일은 손이 시리다 남의 일은 힘들지 않는 일도 하기 싫고 고되다는 뜻으로 이르는 말. 남의 일을 하기 싫어서 건들건들 하는 꼴을 비웃어 이르는 말.

오뉴월에 똥 도둑도 못해먹겠다 매우 둔하고 어리석은 사람을 비웃어 이르는 말. (비) 나올 적 봤더라면 짚신짝으로 틀어막을 걸. 날 적 봤더라면 도로 몰아넣었겠다. 대가리에 쉬 슨 놈. 똥물에 치어 죽이려 해도 똥이 아까워 못 죽이겠다. 보리 범벅이다. 아이를 기르고 태(胎)를 길렀다. 여덟 달 반. 열을 듣고도 하나도 모른다. 저런 걸 낳지 말고 호박이나 낳았더라면 국이나 끓여 먹지. 제 아비 아이 적만 못하다.

제웅으로 만들었나, 초남태 같다, 햇볕 구경을 못하고 자랐나, 구더기 될 놈.

오뉴월에 돼지 꼬리 내두르듯 한창 자라는 오뉴월의 돼지가 먹이를 찾아 돌아다니며 볼품없는 꼬리를 내두르듯 한다는 뜻으로, 볼품없게 까불며 노는 모양을 비유적으로 이르는 말. (북한 속담)

오뉴월에 얼어 죽는다 과히 춥지도 않은데 추워하며 지나치게 추위를 못 이기는 사람을 보고 놀리는 말. (비) 이월(二月)에 보리 환상 갔다가 얼어 죽겠다.

오뉴월엔 배 양반 동지섣달엔 뱃놈 뱃사공은 여름은 배에서 시원하게 양반처럼 지내다가 겨울은 몹시 추워서 생활이 한층 고생스러워서 상놈처럼 된다는 뜻.

오뉴월 염천(炎天) 오뉴월 더위가 심할 때를 이르는 말.

오뉴월 엿가락 행동이나 말이 느리거나 길게 늘어진 모양.

오뉴월 자주 감투도 팔아먹는다 1. 물품을 가리지 않고 모든 것을 다 팔아먹는단 뜻. 2. 집안 살림이 궁하여 도무지 무엇 팔아먹을 것도 없다는 뜻.

오뉴월 장마 끝물 오이 꼭지 씹는 상 장마 끝물에 딴 오이 꼭지의 쓴맛에 찌푸리는 살처럼 얼굴을 보기 흉하게 찌푸렸다는 뜻.

오뉴월 장마에 돌도 큰다 오뉴월 장마에 식물이 잘 자람을 비유적으로 이르는 말. (북한 속담)

오뉴월 장마에 토담 무너지듯 힘없이 내려앉음을 비유적으로 이르는 말.

오뉴월 장마에 호박꽃 떨어지듯 맥없이 떨어짐을 비유적으로 이르는 말. (북한 속담)

오뉴월 저녁에 모기 덤비듯 오뉴월 밤에 모기가 덤비듯이 사람을 몹시 괴롭힌다는 뜻.

오뉴월 존장(尊長)이라 더운 여름 웃어른을 모시기는 매우 대접하기가 어렵고 힘든 경우를 이르는 말. (비) 오뉴월 송장이라.

오뉴월 품앗이 논둑 밑에 있다 두고두고 빚 갚을 날짜가 아직도 까맣게 많이 남아 있다는 뜻.

오뉴월 품앗이라도 진작(먼저) 갚으랬다 갚을 것은 미리미리 갚는 것이 좋다는 말.

오뉴월 하루 볕이 무섭다 오뉴월은 해가 길기 때문에 잠깐 동안이라도 자라는 정도의 차이가 크다는 뜻.

오뉴월 황소 불알 떨어지기 기다린다 (비) 곤달걀 놓고 병아리 기다린다.

오는 덕이 커야 가는 덕이 크다 상대방이 베풀수록 나도 그에 상응하는 대가를 지불한다는 말. (비) 오는 말이 고와야 가는 말이 곱다. 네 떡이 한 개면 내 떡도 한 개라.

오는 떡이 두터워야 가는 떡이 두텁다 저쪽에서 보내 온 정분의 두텁고 엷음에 따라 이쪽 태도가 결정된다는 말. (비) 오는 말이 고와야 가는 말이 곱다. 네 떡이 한 개면 내 떡도 한 개라.

오는 말이 고와야 가는 말이 곱다 나를 욕하면 나도 욕하게 마련이란 뜻. ⇔ 오는 말이 미우면 가는 말이 밉다.

오는 말이 미우면 가는 말이 밉다 상대방의 태도 여하에 따라서 이쪽에서 응대하는 태도로 결정된다는 뜻. (비) 오는 떡이 두터워야 가는 떡이 두텁다.

오늘 바람 다르고 내일 바람 다르다 세월이 흐름에 따라 세상만사가 다 변한다는 뜻.

오는 배가 순풍이면 가는 배는 역풍이다 한 사람이 좋으면 다른 한 사람은 그와 달리 나쁘게 된다는 말.

오는 복은 기어 오고 가는 복은 날아간다 부자가 되기는 어렵지만 망하기는 쉽다는 뜻. (비) 오는 복은 몰라도 가는 복은 안다.

오는 복은 몰라도 가는 복은 안다 (비) 오는 복은 기어 오고 가는 복은 날아간다.

오는 복을 쫓는다 자기에게 오는 행복을 자신이 잘못하여 쫓아낸다는 뜻.

오는 정이 있어야 가는 정이 있다 남이 나에게 잘해주면 나도 그에게 잘해주게 된다는 말. (비) 인정도 품앗이라.

오늘은 충청도 내일은 경상도 일정한 주소 없이 방방곡곡을 방랑한다는 뜻.

오늘 은혜가 내일 원수로 된다 세상인심은 항상 변하기

〈오달지기는 사돈네 가을 닭이다〉

때문에 오늘 좋았던 것도 내일엔 나쁘게 될 수 있고 오늘 나빴던 것이 내일엔 좋아질 수도 있다는 뜻.

오달지기는 사돈네 가을 닭이다 보기만 좋았지 도무지 실속이 없다는 뜻.

오던 복도 달아나겠다 그 사람이 하는 짓이 하도 얄미워서 오던 복도 도로 나간다는 뜻.

오도 방정을 떨다 몹시 방정맞은 행동을 이름.

오동나무만 봐도 춤춘다 (비) 벼슬하기 전에 일산(日傘) 준비

오동(烏銅) 숟가락에 가물치 국을 먹었나 1.겉모양만 가지고 내용을 속단하지 말라는 훈계의 말. 2.얼굴이 매우 검은 사람을 보고 조롱하는 말. (비) 자주꼴뚜기를 된장 발라 구운 듯하다. 검은 고기 맛도 좋다.

오동 씨만 봐도 춤춘다 (비) 벼슬하기 전에 일산(日傘) 준비.

오라는 데는 없어도 갈 데는 많다 남이 자신을 별로 중요치 않게 여길지라도 자기로서는 일이 많다는 말

오라는 딸은 아니 오고 외동 며느리만 온다 반갑지 않은 사람만 온다는 말.

오래가는 거짓말은 없다 거짓말은 잠시 동안 남을 속일 수는 있어도 오래도록 속이지는 못한다는 뜻.

오래 묵은 면주인(面主人) 여기저기 이 사람 저 사람에게 왔다 갔다 하면서 살살 좋은 소리로 발라 맞춘다는 말. (비) 오래 해 먹은 면주인(面主人).

오래 살면 도랑 새우 무엇 하는 것 보겠다 너무 도리에 어긋나는 일이라서 어이가 없다는 말.

오래 살면 손자 늙어 죽는 꼴을 본다 오래 살다 보면 생각지도 않았던 갖가지 경우를 다 당하게 된다는 말.

오래 살면 시어머니 죽는 날 있다 (비) 시어미가 오래 살면 개숫물 통에 빠져 죽는다.

오래 살면 욕이 많다 오래 살게 되면 이런저런 치욕스러운 일들을 당하게 된다는 말.

오래 앉으면 새도 살을 맞는다 편하고 이롭다 하여 한 곳에 너무 오래 있으면 결국 화를 입게 된다는 말.

오래 해 먹은 면주인(面主人) (비) 오래 묵은 면주인(面主人).

오랜 가뭄 끝에 단비 온다 오랜 가뭄 끝에 비가 와서 농민들이 매우 좋아하듯이 오래도록 기다렸던 일이 성사되어 기쁘다는 뜻.

오랜 원수 갚으려다 새 원수 생(긴)겼다 끝까지 복수를 하면 오히려 그 뒤가 더 좋지 않은 일이 생긴다는 의미. (비) 옛 원수 갚다가 새 원수 만든다.

오려논에 물 터기 (비) 고추밭에 말 달리기.

오르내림 없이 아무 융통성이 없이.

오르지도 못할 나무는 쳐다보지도 말아라 될 수 없는 일이라면 바라지도 말라는 뜻. (비) 오를 수 없는 나무는 쳐다보지도 말아라. 개 이가 상아 될까.

오륙구다 화투 놀이에서 쓰는 말로, 오륙(五六)이니 단짝이라는 뜻.

오른손이 하는 것을 왼손이 모르게 하라(마태복음 1장 1~4절) 우리가 좋은 일을 선행하는 모든 것들을 조용히 마음에 감추라는 말씀.

오리동록(五厘銅綠)도 없다 조금도 없다는 뜻. ★오리동록 : 반전짜리 녹슨 동전이라는 뜻으로, 몹시 적은 액수의 돈을 비유적으로 이르는 말.

오리를 보고 십리 간다 적은 일이라도 좋은 일이면 수고를 아끼지 말라는 뜻.

오 리 물 길어오고 십 리 방아 찧어온다 옛날 시집살이는 일거리가 워낙 많아서 몸이 매우 수고로웠다는 뜻.

오리 새끼는 길러 놓으면 물로 가고 꿩 새끼는 산으로 간다 자식은 다 크면 제 갈 길을 택해 부모 곁을 떠난다는 말.

오리 알에 제 똥 묻은 격 제 본색에 과히 어긋나지 않는 일이어서 별로 흠잡을 것이 못되며 그저 수수하다는 뜻. (비) 오리 알에 제 똥 묻은 줄 모른다.

오리 알에 제 똥 묻은 줄 모른다 (비) 오리 알에 제 똥 묻은 격.

오리 홰 탄 것 같다 1.오리는 닭같이 홰를 타지 않는 것처럼 제가 있는 곳이 아닌 높은 데 있으면 위태롭게

보인다는 뜻. 2.있을 곳이 아닌 곳에 있음. 곧 엉뚱한 일을 함을 이름. 3.있는 자리와 그 사람이 서로 어울리지 않음을 이르는 말.

오만상을 찌푸리다 몹시 얼굴을 찌푸리다.

오목장이 암만 분주해도 제 볼 장만 본다 사람이 많이 모여 와글와글 들끓는 데서도 저마다 생각이 다르고 하는 일이 다른다 하여 이르는 말. ★오목장 : 평안도에서 커다는 큰 장(場).

오목 장 총 감독 다 깨쳐도 사람 질하긴 글렀다 아무리 나이를 많이 먹어도 나잇값 할 줄 모르고 못된 짓만 하는 사람을 이름. (비) 여든 뒷 덧새 나도 사람 질하긴 글렀다.

오미자(五味子) 국에 달걀 처음의 모양은 하나도 남지 않고 완전히 녹아버린 것을 이름.

오백 보 소백 보 거기서 거기란 뜻.

오복 간신(諫臣)이 농우(農牛) 소 팔아먹는다 직위와 품위가 점잖고, 마땅히 옳은 일을 해야 할 사람이 좋지 못한 짓을 할 땔 이름. ★간신 : 임금에게 옳은 말로 간언(諫言)하는 신하. 조선 시대, 국왕에게 간언(諫言)을 임무로 하는 벼슬아치라는 뜻으로 사간원과 사헌부의 관리를 아울러 이르던 말.

오소리감투가 둘이다 한 가지 일에 책임질 사람은 두 명이 있어서 서로 다툰다는 뜻. ★오소리감투 : 오소리 털가죽으로 만든 벙거지.

오월 놀에는 장마 진다 음력 오월에 노을이 지면 장마가 질 징조라는 의미.

오이는 씨가 있어도 도둑은 씨가 없다 도둑은 유전에 따라 되는 게 아니라는 뜻으로, 몹시 굶주리거나 마음을 잘못 먹으면 누구나 도둑이 될 수 있다는 말.

오이 덩굴에서 가지 열리는 법은 없다 자식은 부모와 닮을 수밖에 없음을 비유적으로 이르는 말.

오이 덩굴에 오이 열리고 가지 나무에 가지 연다 원인에 따라서 그 결과가 생긴다는 말.

오이를 거꾸로 먹어도 제멋 1.모든 사람이 천시하는 동냥도 제가 하고 싶어서 한다는 말. 2.세상 사람들이 다 좋다고 하는 일은 아니하고 나쁘다고 하는 일만 하는 사람을 보고 하는 말. (비) 동냥치 첩도 제멋에 취한다. 갓 쓰고 박치기해도 제멋. 오이 거꾸로 먹어도 제 소청. 도포 입고 논을 갈아도 제멋이라. 동냥자루도 제멋에 찬다.

오이 씨 같다 (비) 오이 씨 같은 발.

오이 씨 같은 발 버선을 신은 발 모양이 하얗게 깨끗하며 갸름하고 맵시가 있다는 말. (비) 오이 씨 같다.

오입쟁이 제 욕심 채우듯 남의 생각은 조금도 하지 않고, 저 하고 싶은 짓만 함을 이름.

오입쟁이 헌 갓 쓰고 똥 누기는 예사라 방탕한 오입쟁이라 그가 무례한 언행을 하는 것은 이상할 것이 없다는 말.

오장까지 뒤집어 보인다 마음 속속들이 털어놓는다는 뜻.

오장육부가 다 썩는다 어떤 고난과 위기로 말미암아 속이 탈 정도로 근심 걱정이 많다.

오장이 뒤집힌다 마음이 몹시 상하여 걷잡을 수 없다는 뜻.

오쟁이 졌다 제 계집이 다른 사내와 통하였다는 말.

오조 먹은 돼지 벼르듯 한다 혼내어 주려고 잔뜩 벼르고 있다는 말. ★오조 : 보통조보다 일찍 익은 조.

오죽 급해야 횃대 뒤에 숨을까 얼마나 급했으면 번연히 안될 줄 아는 일도 하겠느냐는 의미.

오죽한 도깨비 낮에 날까 하는 짓이 무례 망측하여 가히 상대할 수 없으니, 오죽 못나서 그러겠는가 버려 두라는 뜻으로 이르는 말.

오줌 누고 그것 볼(털) 여가 없다 (비) 눈코 뜰 새 없다.

오줌 누는 새가 십리 간다 1.잠시 동안이나 쉬는 것과 쉬지 않고 하는 것과는 상당한 차이가 있단 말. 2.무슨 일에나 매우 빨리 지나간다는 뜻.

오줌에도 데겠다 사람이 너무 허약함을 비유하여 이르는 말. (비) 늙은이 호박나물(죽)에 용쓴다. 두부살에 바늘뼈. 밤비에 자란 사람이다. 징으로 밥 하나 먹고 광새 하나 못 이긴다.

오줌에 뒷나무 긴요하지 않은 사물을 이름.

〈오지랖이 넓다〉

오지랖이 넓다 간섭할 필요가 없는 일에 나서서 간섭하는 사람을 두고 이름. (비) 치마가 열두 폭인가. 남의(사돈) 잔치에 감 놓으라 배 놓으라 한다. 시앗 싸움에 요강 장사라. 삭은 바자 구멍에 노랑 개 주둥이. 닷곱에 참례 서 홉에 참견.
★오지랖 : 웃옷이나 윗도리에 입는 겉옷의 앞자락

오초(吳楚)의 흥망(興亡) 내 알 배 아니다 1.세상에 무슨 일이 있더라도 자기는 제 맡은 일이나 충실히 한다는 말. 2.옆에서 무슨 일을 벌이든 자기와는 아무런 관계가 없다는 뜻.

오추(五騶)에 다리를 든다 서로 힘을 합하여야 할 사람들이 따로 놀아 일이 제대로 되지 않을 때 이르는 말.

오칠(五七)을 뽑은 놈이 아내까지 잃는다 도박에서 나온 말로, 그 짓을 하면 틀림없이 큰 손해를 본다는 뜻으로 이름.

오 푼 쓰고 한 냥 갚는다 앞에 보이는 당장의 조그마한 이익을 얻으려다가 도리어 큰 손해를 보게 되었다는 말.

오합지졸(烏合之卒)이라 어중이떠중이 즉, 아무 규율도 없이 임시로 모인 병졸. 또는 맹목적으로 모여든 무리들을 이름. (비) 오합지중(烏合之衆).

오후 한량(閑良) 쓴 것이 없다 궁할 땐 무엇이나 달게 먹는다는 뜻. (비) 시장이 반찬이라. 기갈이 감식. 시장이 팥죽. ★한량 : 돈 잘 쓰고 잘 노는 사람을 비유적으로 이르는 말.

옥니박이 곱슬머리와는 말도 말아라 옥니인 사람과 곱슬머리인 사람은 대개가 매섭고 깐깐하다 하여 이르는 말.

옥도 닦아야 제 빛을 낸다 사람도 정상적으로 교육을 받지 않으면 자기의 뜻을 이루지 못한다는 뜻.

옥반(玉盤)에 진주(珍珠) 굴 듯 청아한 목소리를 비유한 말. (비) 옥쟁반에 진주 구르듯 하다. ★옥반 : 나무로 둥글넓적하게 만들어 칠을 한 그릇을 아름답게 이르는 말. 예반(禮盤).

옥불탁(玉不琢) 불성기(不成器)라 옥을 쪼지 않으면 그릇을 이루지 못한다는 뜻으로, 아무리 재주가 있어도 갈고 닦지 않으면 훌륭하게 되지 못함을 비유적으로 이르는 말. (비) 옥을 쪼지 않으면 그릇을 이루지 못한다.

옥신각신하다 서로가 옳으니 그르니 하며 자기주장만 내세우며 다툰다는 의미.

옥에나 티가 있지 아주 결백한 사람을 두고 하는 말. (비) 흠 없는 옥

옥에는 티가 있지 옥에는 티가 있으나 그런 티조차 없다는 뜻으로, 물건의 바탕이나 사람의 마음이 깨끗하여 조그마한 흠도 없음을 이르는 말. (비) 흠 없는 옥이다.

옥에도 티가 있다 아무리 훌륭한 사람이나 좋은 물건에도 조그마한 흠은 있음을 비유적으로 이르는 말.

옥에 티 나무랄 데 없이 좋은 것에 있는 사소한 흠을 이르는 말.

옥은 모가 있어도 망가지지 않는다 훌륭한 사람은 어떠한 역경도 다 이겨나간다는 뜻.

옥을 모르는 사람은 옥도 돌로 안다 무식한 사람은 아무리 애써서 가르쳐주어도 사리를 판단하지 못한다는 뜻.

옥을 쪼지 않으면 그릇을 이루지 못한다 고생을 겪으며 노력을 하여야만 뜻한 바를 이룰 수 있단 말.
(비) 옥불탁(玉不琢) 불성기(不成器)라.

옥자동(玉子童)아 금자동(金子童)아 한다 매우 소중하게 키우는 아들이라는 뜻.

옥쟁반에 진주 구르듯 하다 목소리가 맑고 깨끗하며 또렷한 것. (비) 옥반(玉盤)에 진주(珍珠) 굴 듯.

온다 간다 말이 없이 자기의 동태에 대해서 아무에게도 알리지 않고 슬며시.

온면 먹을 제부터 그르다 국수를 먹은 혼인날부터 벌써 글렀다 함이니 일이 시작 때부터 어긋나감을 이름. (비) 마파람에 호박 꼭지 떨어진다.

온몸에 소름이 오싹하다 공포에 사로잡혀 소름이 돋으면서 전신이 오싹하다는 뜻.

〈옷은 새 옷이 좋고 사람은 옛사람이 좋다〉

온몸의 힘줄이 용대기(龍大旗) 뒷줄이 되었다 극도로 흥분하였다는 말. ★용대기 : 조선 시대, 임금이 거둥할 때 노부의 둑 다음에 세우거나 군대를 친열할 때 각 군영을 지휘하던 큰 기.

온몸이 입이라도 말 못하겠다 변명의 여지가 없다는 말. (비) 입이 광주리만 해도 말은 못하리라.

온 바닷물을 다 먹어야 짜느냐 욕심이 한이 없고, 무슨 일이나 끝장을 보지 않으면 손을 놓지 않는 사람을 두고 이르는 말. (비) 온 바닷물을 다 켜야 맛이냐.

온 바닷물을 다 켜야 맛이냐 (비) 온 바닷물을 다 먹어야 짜느냐.

온 세상을 얻은 듯 세상에 부러울 것 하나 없이 매우 만족해하는 경우를 비유적으로 이르는 말.

온실 속의 화초처럼 자랐다 아무런 괴로움과 어려움을 모르고 자란 사람을 두고 하는 말.

온 쌀밥은 못 먹고 싸라기밥만 먹고 자라나 제대로 된 쌀밥을 못 먹고 자라났는지, 아무나 보고 반말을 하는 사람에게 핀잔하는 말.

온양(溫陽) 온정(溫井)에 헌 다리 모이듯 한다 온양은 유명한 온천자라 다리가 헌 병자들이 많이 모이니, 많은 사람이 어지러이 모임을 이름. (비) 온양 온천에 전다리 모여 들 듯. 약방에 전다리 모여들 듯.

온양 온천에 전다리 모여 들 듯 (비) 온양(溫陽) 온정(溫井)에 헌 다리 모이듯 한다.

온통으로 생긴 놈 계집 자랑. 반통으로 생긴 놈 자식 자랑 아주 어리석은 놈은 제 계집 자랑을 하고, 반쯤 어리석은 놈은 제 자식 자랑을 한다는 말.

올가미 없는 개장사 자본이 없는 상인을 이르는 말.

올라가는 놈이 떨어지기도 한다 일하는 사람이라야 실패도 하지, 아무 일도 시작하지 않는 사람은 성공이나 실패도 없다는 뜻.

올림대 놓았다 죽었다는 말. (비) 밥숟가락 놓았다. ★올림대 : 삼마니(산삼 캐는 것을 업으로 하는 사람)들이 자기네들끼리 통용하는 숟가락의 은어(隱語).

올 방자를 틀다 책상다리를 한다는 말.

올빼미 눈 같다 낮에 잘 보지 못하거나 낮보다 밤에 잘 보는 것을 이르는 말.

올챙이 개구리 된 지 몇 해나 되나 어떤 일에 조금 익숙해진 사람이나, 가난하게 살다가 형편이 조금 나아진 사람이 지나치게 젠체함을 비꼬아 이르는 말.

올챙이 적 생각은 못하고 개구리 된 생각만 한다 옛날을 생각 못하고, 지금 잘된 것만 생각한다는 말. (비) 개구리 올챙이 적 생각 못한다.

올챙이 적 일 1.성공하기 이전의 곤궁한 시절에 있었던 고거의 일이라는 뜻. 2.어린 시절의 일이라는 말.

올챙이 정신 개구리가 올챙이 적 생각을 잊어버리듯이 잘 잊어버린다는 뜻.

욿을 내다 보충이나 갚음이 되도록 일이나 행동을 함을 이름.

옳은 일을 하면 죽어도 옳은 귀신이 된다 사람은 마땅히 행실을 바로 하여야 죽더라도 한이 없다는 말.

옴 덕에 보지 긁는다 공개적으로 하기는 꺼린 일을 할 핑계거리를 얻었음을 비유적으로 이르는 말.

옴딱지 떼듯 한다 무엇이나 인정사정없이 내버린다는 뜻.

옴딱지 떼고 비상(砒霜) 세복 칠한다 일을 빨리 처리하려고 무리한 방법을 써서 일을 더욱 악화시킴을 이름.

옴치고 뛸 수도 없다 도저히 어쩔 수 없게 됨을 이르는 말.

옴파리 같다 오목오목하고 탄탄하고 예쁘다는 말.

옷감과 여자는 밤에 봐야 곱다 여자는 밤에 훨씬 예뻐 보인다는 뜻.

옷걸이와 밥주머니 옷이나 소비하고, 밥이나 먹고 노는 산송장과 같은 존재란 뜻.

옷과 여자는 새것이 좋다 바람기가 있는 남자는 새로이 사귀는 여자를 자기의 아내보다 더 낫게 여긴다는 말. (비) 자리와 여자는 새것이 좋다.

옷은 나이로 입는다 옷차림은 나이에 어울리게 하여야 한다는 말.

옷은 새것이 좋고 임은 옛님이 좋다 (비) 신정(新情)이 구정(舊情)만 못하다.

옷은 새 옷이 좋고 사람은 옛사람이 좋다 새로 사귄 사

⟨ 옷은 시집올 때처럼 음식은 한가위처럼 ⟩

이보다는 오래 사귀어 온 정이 더 두텁다는 뜻.
(비) 옷은 새 옷이 좋고 님은 옛임이 좋다. 옷은 새 옷이 좋고 사람은 옛사람이 좋다. 옷은 새 옷이 좋고 사람은 옛사람이 좋다. 신정(新情)이 구정(舊情)만 못하다.

옷은 시집올 때처럼 음식은 한가위처럼 옷은 항상 시집올 때처럼 좋은 옷만 입고 싶고, 음식은 항상 한가윗날처럼 좋은 음식만 먹고 싶음을 이르는 말.

옷을 격(隔)해 가려운 데를 긁는다 요긴한 데에 꼭 손이 닿지 않아 답답하고 시원스럽지 않다는 뜻. (비) 옷 입고 가려운 데 긁기. 목화 신고 발등 긁기. 신 신고 발바닥 긁기.

옷이 날개다 옷이 좋으면 사람이 한층 돋보인다는 뜻.

옷이 날개 밥이 분 사람은 잘 입고 잘 먹어야 그만큼 맵시가 나고 인물도 좋다는 뜻.

옷이 찢어지면 새 것으로 갈아입는다 부부는 이혼을 하게 되거나 한 편과 사별하게 되면 각기 재혼을 하게 된다는 뜻.

옷 입고 가려운 데 긁기 요긴한 데에 꼭 맞추지 못하여 시원치 않음을 뜻함. (비) 목화(木靴) 신고 발등 긁기. 옷을 격해 가려운 데를 긁는다. 신 신고 발바닥 긁기.

옷 잘 입고 미운 사람 없고 옷 헐벗고 예쁜 사람 없다 누구든지 옷을 잘 입으면 못난 사람도 잘나 보이고, 옷을 못 입으면 잘난 사람도 못나 보인다는 뜻.

옹기장수는 깨진 그릇만 쓴다 옹기장수 집에 옹기그릇이 없듯이 마땅히 있음 직한 곳에 도리어 없는 경우가 많다는 뜻.

옹기 짐 발로 차기 옹기 짐을 발로 차서 깨듯이 매우 위험스러운 짓을 한다는 뜻.

옹이에 마디다 1.곤란이 겹쳐 생긴다는 뜻. 2.일이 서로 어긋나거나 지장이 있음을 이름. (비) 마디에 옹이.

옻나무 궤다 하나만 알고 변통할 줄 모르는 융통성 없는 사람을 두고 하는 말.

옻을 타면 꿈에 죽만 보아도 옮는다 옻을 잘 타는 사람은 걸핏하면 옻이 옮는다는 뜻으로 하는 말.
(비) 옻을 타면 중만 보아도 옮는다.

옻을 타면 중만 보아도 옮는다 (비) 옻을 타면 꿈에 죽만 보아도 옮는다.

옻칠을 기왓장에 한다 지나치게 사치를 한다는 의미.

와우각상(蝸牛角上)의 싸움 달팽이 뿔 위에서 싸움이니, 좁은 곳에서 싸우거나 하찮은 일을 가지고 다툼을 이름. ★와우각상 : 달팽이의 뿔 위라는 뜻으로, 좁은 세상을 비유적으로 이르는 말.

왈짜가 망하여도 왼 다리질 하나는 남는다 (비) 남산골 생원이 망하여도 걸음 걷는 보수는 남는다. ★왈짜 : 왈패.

왕개미 정자나무 흔드는 격 (비) 개미가 정자를 건드린다.

왕거미도 한해 집거미도 한해 잘 살아도 한평생이요 못 살아도 한평생인데, 구태여 잘 살려고 애를 쓸 필요가 없다는 뜻.

왕거미 똥구멍에서 거미줄 나오듯 1.무엇이 술술 계속해서 끊이지 않고 나온다는 뜻. 2.말을 유창하게 잘 한다는 뜻.

왕공(王公)도 망국(亡國)하고 학사(學士)도 망신(亡身)한다 사람은 아무리 잘 살다가도 천해질 수 있으며 아무리 훌륭한 사람도 큰 실수를 하여 낭패를 보는 수가 있다는 말. ★왕공 : 왕과 공(公). 신분이 높고 귀한 사람을 이르는 말이다.

왕대밭에 왕대 난다 (비) 가시나무에 가시가 난다.

왕방울로 솥 가시듯 시끄러울 정도로 요란하게 떠든다는 뜻.

왕배야덕배야 가는 곳마다 탈을 저질러서 괴로움을 견딜 수 없다는 말.

왕십리(往十里) 어멈 풋나물 주무르듯 되는 대로 마구 주무른다는 뜻.

왕자네 마당에 씨암탉 걸음이라 뚱뚱하게 살이 쪄서 아기작 아기작 걸어가는 모양을 이름.

왕후장상(王侯將相)이 씨가 있나 훌륭한 인물이란 가계

〈외밭 원수는 고슴도치요 너하고 나하고의 원수는 중매쟁이〉

나 혈통이 있는 것이 아니고 노력 여부에 달렸다는 말. ★왕후장상 : 왕과 제후, 장수와 재상을 아울러 이르는 말.

왜가리가 형님이라고 하겠다 목소리가 크고 투박하여 듣기 싫은 소리를 말함.

왜가리 새 여울목 넘어다보듯 무언가 얻을 것이 없을까 하고 넘겨다보는 모양을 이르는 말.

왜가리 소리는 내일 아침 왜가리 소리보다 더 목청이 나쁜 사람을 보고 조롱하는 말. (비) 왜가리 목 따는 소리.

왜 감중련(坎中連)을 하였소 불상이 까닭 없이 점잖게 바로 앉아있기만 하듯이, 서로 어울려 다정히 지내지 않고 따로 위엄을 가장한다는 뜻. ★감중련 : 팔괘(八卦)의 하나인 감괘(坎卦)의 상형(象形).

왜 알 적에 아니 곯았노 낳기도 전에 요절하였더라면 좋았을 것이란 뜻으로, 외양이 추하고 행실 못된 사람을 이름.

왜 일냐 내게 무엇 받을 게 있나 부당(不當)한 독촉을 받을 때를 이르는 말.

왜장녀가 제명월(霽明月)이냐 똥 덮개냐 옷매무새가 흐트러져 어지럽고 더러움을 이름. (비) 굴뚝 박은 덕석 같다. 당채련 바지저고리. 미친년 속곳 가랑이 빠지듯.

왜장녀 같다 옷매무새가 꼭 짜이지 못하고 단정치 못함을 이르는 말. ★왜장녀 : 몸집이 크고 부끄러움이 없는 여자.

외가 들어가듯 자기 집에 들어가듯 거침없이 들어감을 뜻함.

외가 콩죽에 잔뼈가 굵었겠나 남에게 신세를 지고 남의 호의로 살아 온 것이 아니니, 새삼스레 남의 도움을 받기 싫다고 거절할 때를 이르는 말. (비) 언제는 외조할미 콩죽으로 살았나.

외(오이) 거꾸로 먹어도 제 재미다 (비) 오이를 거꾸로 먹어도 제멋.

외기러기 짝사랑 짝사랑하는 사람을 놀리는 말.

외나무다리 건너듯 매우 조심스러운 행동을 두고 하는 말.

외나무다리에서 만날 날이 있다 남에게 원한을 사면 어려운 곳에서 화액을 당할 수 있다는 말.

외넝쿨에 가지 열린다 부모를 조금도 닮지 않은 아이가 생겨났을 때 또는 어떤 일의 결과로 그것과는 전연 관계가 없는 것이 나타났을 때를 이름. 돌연변이(突然變異)를 뜻함.

외눈박이가 두눈박이를 나무란다 큰 허물을 가진 자가 저보다 나은 이를 흉본다는 뜻. (비) 똥 묻은 개가 겨 묻은 개를 나무란다.

외눈에 부처 외눈의 부처란 하나밖에 없는 눈의 동자라 함이니, 매우 중요하다는 뜻. (비) 만진중의 외장사. 열 소경의 한 막대. 팔 대군의 일 옹주.

외눈통이 쇠뿔에 받혔다 하나밖에 없는 눈퉁이 쇠뿔에 받혔다 함은 매우 심한 곤경을 겪은 것이 되나, 이 말을 반대로 애중하여 조심한다는 뜻.

외눈 하나 깜짝 아니 하다 조금도 놀라지 않는다는 말.

외덩굴에 가지 열릴까 (비) 가시나무에 가시가 난다

외도 너무 고르다가는 호박을 고른다 무슨 일이나 너무 시일을 끌다가는 좋지 못한 결과를 초래하게 된다는 뜻.

외로 지나 바로 지나 (비) 벌리나 오므리나.

외모는 거울로 보고 마음은 술로 본다 술이 들어가면 본심을 털어놓게 된다는 말.

외모는 보살 같고 속마음은 야차 같다 겉보기엔 더할 수 없이 착해 보이지만 속마음은 그와 달리 악마와 같은 사람이란 뜻. ★야차 : 불교에서 말하는 잔인한 귀신.

외모만 용 같은 물고기 겉모양은 아주 훌륭하나 속은 용렬하다는 뜻.

외바늘 귀 터지기 쉽다 소중히 여기는 것이 도리어 상하기 쉽다는 뜻으로 가령 외아들은 죽기 쉽다는 말. (비) 귀한 그릇이 쉬 깨진다

외밭 원수는 고슴도치요 너하고 나하고의 원수는 중매쟁

⟨외밭 허수아비는 아무것도 못 지킨다⟩

이 부부기 서로 잘못 만나게 된 것은 순전히 중매쟁이가 중매를 잘못하였기에라는 뜻.

외밭 허수아비는 아무것도 못 지킨다 무슨 일이든 적재적소에 알맞게 배치하지 않으면 일이 잘 안 된다는 뜻.

외보살(外菩薩) 내야차(內夜叉) 겉으론 보기는 아주 착한 것 같으나 내심은 음흉한 사람을 이름.

외불덩이는 죽는다 무슨 일이든지 남의 협조기 뒤따르지 않으면 제대로 이루어지지 않는다는 뜻.

외삼촌 물에 빠졌는가 웃기는 왜 웃노 남의 작은 실수를 보고도 푸실푸실 잘 웃는 사람을 보고 이르는 말. (비) 선떡 먹고 체하였나.

외삼촌 사는 골에 가지도 말랬다 외삼촌과 조카 사이란 매우 소원(疎遠)하다는 말.

외삼촌 산소에 벌초하듯 정성 없이 되는 대로 마구 한다는 뜻. (비) 처삼촌 뫼에 벌초하듯. 의붓딸이 새남하듯. 작은아버지 제삿날 지내듯. 처남의 댁네 병보듯. 처삼촌 뫼 벌초하듯. 처숙부 뫼에 성묘하듯.

외삼촌이 물에 빠졌나 살그머니 웃는다는 뜻. (비) 뭣 본 벙어리. 선떡 먹고 체했다. 외삼촌 물에 빠졌나. 동남풍에 잇속이 그슬리겠다.

외상이면 망나니 소도 잡아먹는다 나중에는 일이 어찌 되거나 생각지 않고 우선 당장 좋을 대로 만하는 것을 뜻한다. (비) 같은 외상이면 껍정 소 잡아먹는다.

외손뼉이 못 울고 한 다리로 가지 못한다 (비) 외손뼉이 울지 못한다.

외손뼉이 울지 못한다 1.혼자서는 일이 성립되지 아니한다는 뜻. 2.상대 없는 싸움이 없다는 뜻. (비) 외손뼉이 못 울고 한 다리로 가지 못한다. 두 손뼉이 맞아야 소리가 난다.

외손(外孫)의 방축(防築)이라 무슨 일이든지 심상하게 여기고 그냥 지나쳐 버린다는 뜻. ★방축 : '방죽'이 원래 말.

외손자는 업고 친손자는 걸으면서 업은 놈 발 시리다 빨리 가자 사람에 있어 경중이 바꿤을 이름. 친손자보다 외손자를 더 귀여워함.

외손자는 절구만 못하다 외손자는 아무리 귀여워해 주어도 그는 결국은 외조부모에게는 덕을 보여 주지 않는다는 말 (비) 외손자를 귀애하느니 방앗공이를 귀애하지. 외손자를 귀여워하지 말고 절굿공이를 귀여워하랬다. 외손자를 봐주느니 파밭이나 매랬다. 외손자를 안느니 방앗공이를 안지.

외손자를 귀애하느니 절굿공이를 귀애하지 외손자는 아무리 귀여워해도 소용없다는 말. (비) 외손자를 보아 주느니 파밭을 매지. 외손자는 절구만 못하다. 외손자를 안느니 방앗공이를 안지.

외손자를 안느니 방앗공이를 안지 (비) 외손자를 귀애하느니 절굿공이를 귀애하지.

외 심은 데 콩 나랴 (비) 가시나무에 가시가 난다.

외아들에 효자 없다 흔히 외아들은 귀엽게만 키우기에 저만 알고 남은 위할 줄 모르는 경우가 많다는 말.

외아들 잡아먹은 할미 상(像) 더 없이 궁상스럽고 처참한 표정이란 뜻.

외 얽고 벽 친다 담벼락을 쌓은 것같이 사물을 이해하지 못함을 비유적으로 이르는 말.

외주둥이 굶는다 혼자 살게 되면 자연히 끼니를 굶는 수가 많다는 말.

외톨밤이 벌레가 먹는다 1.외아들이 쓸데없이 되어 버렸음을 이르는 말. 2.단 하나뿐인 귀중한 물건이 못 쓰게 되거나 흠집이 생김을 이르는 말.

왼고개를 젓다 반대나 부정의 뜻을 나타낸다는 말.

왼 눈도 깜짝 아니 한다 조금도 놀라지 않는다는 뜻. (비) 눈도 깜짝 안 한다.

왼 발 구르고 침 뱉는다 무슨 일이나 처음엔 앞장섰다가 곧 꽁무니를 빼는 사람을 두고 이르는 말.

왼새끼 꼰다 비틀려 나가는 일에 어떻게 되어 갈지 궁금하다는 말.

왼새끼를 내던졌다 두 번 다시 돌아볼 생각 않고 아주 내던짐을 이르는 말.

요강 뚜껑으로 물 떠먹은 셈 별 일이 없으리라고 생각하면서도 꺼림칙할 때를 이르는 말.

요령(搖鈴) 도둑놈 생김새기 흉악스럽고 눈알이 커서 늘 눈을 부라리고 있는 사람을 이름.

요순(堯舜) 아들이라고 반드시 요순 되는 것은 아니다 부모가 훌륭하다고 반드시 그 아들까지도 다 부모를 닮는 것은 아니라는 의미.

요지경 속이다 속 내용이 복잡하고 기괴하여 이해할 수 없다는 뜻으로 이르는 말.

욕감태기 자식은 낳지를 말랬다 일반적으로 남에게 욕만 얻어먹는 자식은 애초에 낳지를 말아야 한다는 뜻. ★욕감태기 : 여러 사람에게 욕을 먹는 사람의 별명.

욕 많이 먹는 사람은 오래 산다 남에게 유달리 미움을 받는 악한 사람은 죽기를 기다려도 죽지 않고 오래 산다는 말. (비) 욕 먹는 놈은 죽지도 않는다.

욕사발을 퍼붓다 "매우 욕을 많이 하다"를 속되게 이르는 말.

욕심 끝에 화가 온다 무리하게 욕심을 부리다가는 필경에 손해밖에 당하는 것이 없다는 말.

욕심내서 잘되는 일 없다 자기 분수를 지키지 않고 무리하게 욕심을 내어서는 하는 일은 다 실패하게 된다는 뜻.

욕심 많은 놈이 참외 버리고 호박 고른다 무슨 일에는 욕심을 너무 부리다가 도리어 자신이 손해를 보게 된다는 뜻.

욕심 많은 놈치고 인색하지 않은 놈 없다 욕심 많은 사람은 남의 공것을 바라면서 자기 것은 조금도 남을 주지 않는다는 뜻.

욕심에 가리면 보이지 않는다 지나치게 욕심을 내게 되면 욕심에 눈이 어두워서 사물을 옳게 볼 수가 없게 된다는 뜻.

욕심에 홀린다 욕심은 욕심을 낳는다는 말.

욕심은 끝이 없다 욕심은 아무리 자기 자신을 만족시키려고 해도 결코 만족시킬 수 없다는 뜻. (비) 욕심을 낼수록 는다.

욕심이 놀부 뺨쳐 먹겠다 놀부를 능가할 욕심꾸러기란 뜻으로, 욕심이 매우 많은 것을 두고 하는 말.

(비) 욕심이 부엉이 같다. 욕심이 땅보다 두텁다. 욕심이 사납다.

욕심이 땅보다 두텁다 (비) 욕심이 놀부 뺨쳐 먹겠다. (북한)

욕심이 많으면 식물(食物)을 거둔다 욕심 많은 이는 특히 아이나 어른이나 음식물에 대하여 관심이 많다는 뜻.

욕심이 부엉이 같다 한없이 욕심이 많다는 말.

욕심이 사납다 욕심이 한없이 많다는 말.

욕심이 사람 죽인다 욕심이 많고 사나우면 어떤 나쁜 것도 하게 된다는 뜻. 또 지나치게 욕심을 부릴 것이 아니란 뜻. (비) 허욕이 패가라.

욕을 들어도 감투 쓴 놈한테 들어라 이왕 욕을 먹고 꾸지람을 들을 바엔 점잖고 덕망 있는 사람에게 듣는 게 낫다는 말. (비) 같은 값이면 은가락지 낀 손에 맞으랬다. 뺨을 맞아도 은가락지 낀 손에 맞는 것이 좋다.

욕이 뱃속으로 들어갈까 어느 누가 욕을 하더라도 자신은 결코 보복하지 말고 견디라는 뜻.

용 가는 데 구름 간다 (비) 범 가는 데 바람 간다

용가마에 삶은 개가 멍멍 짖거든 (비) 까마귀 대가리가 희어지거든.

용가자미 알 뺀 격 아주 중요한 것이 없어진 것을 두고 하는 말. ★용가자미 : 가자밋과의 바닷물고기.

용감한 사람은 성을 잘 낸다 용감한 사람 중에는 다소 성급한 사람이 많기에 성을 잘 내는 것을 볼 수 있다는 말.

용감히 싸우면 살고 용감하지 못하면 죽는다 죽을 각오를 하고 싸우는 용감한 병사(兵士)는 오히려 나중에 살게 되고, 살겠다는 마음을 가지고 비겁하게 싸우는 병사는 결국 죽게 된다는 말.

용고뚜리 담배 마다할까 자기가 좋아하는 것을 주는데 싫다고 할 사람은 어디 있겠느냐는 뜻. ★용고뚜리 : 담배를 지나치게 많이 피우는 사람을 놀림조로 이르는 말.

〈 용꼬리 되는 것보다 닭대가리 되는 것이 낫다 〉

용꼬리 되는 것보다 닭대가리 되는 것이 낫다 큰 단체에 맨 꽁무니 있는 것보다는 오히려 작은 단체에서 우두머리로 있는 게 낫다는 뜻.

용 꿈 꾸었다 매우 좋은 운수가 생겼다는 말.

용도 고기로 변한다 아무리 훌륭한 사람이라도 위신을 지키지 못하면 남에게 대접을 받지 못한다는 뜻.

용도 맑은 하늘에는 못 오른다 무슨 일이든지 주위 여건이 제대로 조성되어야 이루어진다는 뜻. (비) 용도 물이 있어야 조화를 부린다.

용대기(龍大旗) 내세우듯 자랑거리가 하나 둘 있다 하여 툭하면 그것을 내세운단 말. ★용대기 : 조선 시대, 임금이 거둥할 때 노부의 둑 다음에 세우거나 군대를 친열할 때 각 군영을 지휘하던 큰 기.

용 될 고기는 어려서부터 안다 (비) 될성부른 나무는 떡잎부터 알아본다.

용마(龍馬) 갈기 사이에 뿔나거든 (비) 까마귀 대가리가 희어지거든.

용 못된 이무기 의리나 인정이라곤 도무지 없고 심술만 있어 남에게 손해만 입히려는 사람을 비유한 말.

용 못된 이무기 방천(防川) 낸다 의리나 인정은 찾아볼 수 없고 심술만 있어 남에게 해만 끼치는 사람을 비유한 말.

용 못된 이무기 심술만 남더라 어떤 일을 이루려다 안 되어 심술만 남음을 이름. (비) 용 못된 이무기. 용 못된 이무기 방천 낸다. ★이무기 : 1.전설의 동물로 뿔이 없는 용. 어떤 저주에 의하여 용이 되지 못하고 물속에 산다는 여러 해 묵은 큰 구렁이. 2. 열대지방에 사는 매우 큰 뱀.

용문산에 안개 두르듯 1.검고 더러운 물건을 이르는 말. 2. 입은 옷이 남루하고 지저분하고 기름때가 묻어 더럽다. (비) 당채련 바지저고리. 왜장녀가 제 명월이냐 똥 덮게냐. 미친년 속곳 가랑이 빠지듯. 굴뚝 막은 덕석 같다.

용문산(龍門山)에 안개 모이듯 여러 사람이 많이 모여 어지럽게 떠드는 모양을 이름. (비) 빈 절에 구렁이 모이듯. 소경 집 초하룻날 같다. 빈터에 강아지 모이듯. 말죽은 밭에 까마귀 모이듯.

용미(龍尾)에 범 앉은 것 같다 위엄이 있어 남을 억압하는 듯한 인상의 사람을 두고 하는 말.

용(龍) 바위를 회쳐 먹을 놈 배짱이 크고 의지가 굳은 사람을 이르는 말.

용빼는 재주 없다 아무리 최선을 다하더라도 결국 아무 소용없다는 뜻.

용상(龍床)에 앉힌다 최상의 대우와 극도의 호강 시켜 주겠느냐는 말로 얼마나 잘해 주려고 그러느냐고 함을 이름. (비) 조상 신주 모시듯.

용수가 채반이 되도록 우긴다 이치에 어긋난 일을 억지를 써서 우긴다는 뜻. (비) 채반이 용수가 되도록 우긴다. 쟁반이 광주리 같이 길고 깊다고 우긴다.

용수에 담은 찰밥도 엎지르겠다 복이 없는 자는 큰 복을 얻어도 보전하지 못함을 이름. (비) 구럭에 게도 놔 주겠다. 둥우리의 찰밥도 쏟치겠다.

용은 자야 체신이 나타나며 사람은 취해야 본성이 나타난다 용은 하늘을 날아다니기에 땅에서 자고 있을 때라야 비로소 그 체신을 볼 수 있게 되고, 사람은 술에 취해야 본성을 나타낸다는 말.

용을 빼는 재주 기운을 몰아 한때 내는 힘이 세고 강함을 이름.

용의 꼬리보다 닭의 머리가 낫다 (비) 소꼬리보다 닭대가리가 낫다

용의 날개 범의 뿔 세력을 가진 사람이 또 다른 강력한 권력을 가지게 되었다는 뜻.

용의 새끼가 못 되면 미꾸라지가 된다 근본이 아무리 좋아도 실제 행동에서 똑똑히 하지 못하면 결과는 보잘것없는 것으로 밖에 되지 못한다는 말.

용의 알을 얻은 것 같다 매우 귀중한 보배를 얻은 것처럼 아끼고 좋아함을 이르는 말.

용이 물 밖에 나면 개미가 침노를 한다 아무리 좋은 처지에 있던 사람이라도 일단 어려움에 처하면 하찮은 사람에게까지 업신여김을 받는다는 말. (비) 함

〈 우립(雨笠) 만드는 동안에 날이 갠다 〉

정에 빠진 호랑이는 토끼도 깔본다. 용이 개천에 떨어지면 미꾸라지가 되는 법.

용이 물을 얻는 격이다 좋은 기회를 얻어 자기가 뜻하던 바를 크게 이루게 되었다는 뜻.

용이 물을 잃은 듯 처지가 매우 궁박하여 살 길이 끊어졌음을 이름. (비) 물 밖에 난 고기.

용(龍)이 여의주(如意珠)를 얻고 범이 바람을 탐과 같다 무슨 일이나 뜻하는 바를 다 이룰 수 있으며 두려울 것이 없음을 뜻하는 말. (비) 용이 여의주를 얻고 하늘에 오른다. ★여의주 : 영묘(靈妙)한 구슬. 이것에 빌면 만사가 뜻대로 된다고 함.

용이 여의주를 얻으면 하늘로 올라가고 만다 무엇이나 어떤 단계에 이르면 최종적인 결과가 나타나고 만다는 뜻. (비) 호랑이 새끼는 자라면 사람을 물고야 만다.

용이 올라갔다 물이 하나도 없다 할 때 하는 말.

용정(舂精) 공이 같다 사람이 우둔하고 체지(體肢)가 큼을 이름. ★용정 : 곡식 따위를 찧음.

용천검(龍泉劍)도 쓸 줄 알아야 한다 아무리 좋은 물건이라도 그것을 쓸 줄 아는 사람이 써야 효과가 제대로 나타난다는 뜻. (비) 언제 쓰자는 하눌타리냐. ★용천검 : 옛날 중국의 장수들이 쓰던 보검.

용천배기 콧구멍에서 마늘씨를 빼먹구 말지 남의 것을 탐하여 다랍게 굴고 욕심이 사나운 사람을 욕하는 말. (비) 문둥이 콧구멍에 박힌 마늘씨도 파먹겠다. 호랑이 코빼기에 붙은 것도 떼어 먹겠다. ★용천배기 : '문둥이'의 방언.

우거지 상(像) (비) 낙태(落胎)한 고양이 상(相) ★우거지 : 푸성귀를 다듬을 때에 골라 놓은 겉대.

우기는 놈 못 당한다 아는 사람과 모르는 사람이 우김질을 하게 되면 알고 모르는 것과는 상관없이 대개 우김질을 잘하는 사람이 이긴다는 말.

우기(雨期)에는 모기가 많다 아무리 외부 조건이 좋아 보여도 미처 깨닫지 못한 위험요소가 반드시 있으니 끝까지 경계를 늦추지 말라고 당부하는 말. (아프리카)

우는 가슴에 말뚝 박듯 그렇지 않아도 마음이 아픈데 더욱 큰 상처를 입힌다는 말.

우는 과부 시집가고 웃는 과부 수절(守節)한다 겉보기에 아주 강한 척하는 사람보다 속으로 강한 사람이 마지막엔 성공한다는 뜻.

우는 놈도 속이 있어 운다 어떤 일을 할 때엔 저마다 나름대로 어떤 사유가 있다는 뜻.

우는 아이도 입에 든 엿은 뱉지 않는다 아무리 궁지에 빠져 있어도 자기의 이권(利權)은 결코 버리지 않는다는 뜻.

우는 아이 떡 하나 더 준다 간절히 원하거나 적극적으로 요구하는 사람에게 무엇인가를 더 주게 마련이란 말. (비) 보채는 아이 밥 한술 더 준다.

우는 아이 똥 먹이기 (비) 불난 데서 풀무질한다.

우는 아이 젖 준다 무슨 일이나 원하는 사람은 구할 수 있다는 말. (비) 보채는 아이 젖 준다. 울지 않는 아이 젖 주랴. 개도 사나운 개를 돌아본다.

우둔한 것이 범 잡는다 너무 약한 사람은 요것조것 앞뒤를 재어 따져 큰일을 하기 어려운 반면에 이리저리 따지지 않고 더뻑대는 사람이 뜻밖에 큰일을 하게 됨을 이르는 말. (비) 우자가 범 잡는다.

우렁이도 두렁 넘을 꾀가 있다 미련하고 못난 사람도 제 요량은 있고 무엇 한 가지 재주도 있다는 말. (비) 굼벵이도 제 일하는 날은 열 번 재주를 넘는다. 굼벵이도 꾸부리는(떨어지는) 재주가 있다.

우렁이도 집이 있다 우렁이와 같은 미물도 그 집 외각(外殼)이 있는데 사람으로서 그 몸을 의탁할 집이 없다는 뜻으로 이름. (비) 갈매기도 제집이 있다. 까막까치도 집이 있다.

우렁이 속 같다 1.속으로 파고들면서 굽이굽이 돌아서 헤아리기 어렵다는 뜻. 2.마음씨가 의뭉스럽다는 뜻. (비) 추자 속 같다. 호두 속 같다. 쇠천 뒤 글자 같다.

우립(雨笠) 만드는 동안에 날이 갠다 (비) 사또 떠난 뒤에 나팔 분다. ★우립 : 쪼갠 갈대로 엮어서 짠 삿갓

〈 우마(牛馬)가 기린(麒麟) 되랴 〉

우마(牛馬)가 기린(麒麟) 되랴 아무리 애를 써도 타고난 바탕은 할 수 없다는 말. (비) 각관 기생 열녀 되랴. 나무 접시 놋접시 될까. 닭의 새끼 봉이 되랴. 까마귀 학(鶴)이 되랴. 개 이가 상아(象牙) 될까. 나무 뚝배기 쇠 양푼 될까. 돌은 갈아도 옥이 되지 않는다. 사슴이 기린 될까.

우물가 공론(공사) 우물가에서 여자들이 주고받는 세상 이야기나 소문을 일컬음.

우물가에 어린애 보낸 것 같다 익숙하지 못한 사람에게 모슨 일을 시켜놓고 마음이 불안하다는 뜻. (비) 우물 둔덕에 애 내 논 것 같다. 세 살 난 아이 물가에 내 논 것 같다.

우물고누 첫수 한 가지 이에는 다른 방법을 변통할 재주가 없음의 비유.

우물귀신 잡아넣듯 한다 무슨 어려움이나 걱정 속에서 자기가 벗어나기 위하여 남을 끌어넣어 뒤집어씌움을 이름.

우물길에서 반기살이 받는다 뜻 밖에 갑자기 좋은 수가 생겨 잘 먹게 된다는 말. (비) 호박이 넝쿨째 굴러떨어졌다. 아니 밤중에 찰시루떡. 웬 떡이냐. 움집 안에서 떡 받는다. 호박이 굴렀다. 호박이 떨어졌다. 굴러 온 호박. ★반기살이 : 평안도 지방에서 신부를 맞게 되면 그 이웃집에서 음식을 차리고 초대하는 일.

우물도 떠먹어야 갈증을 면한다 아무리 가까이 있는 것도 자기가 노력하지 않으면 자기의 것이 되지 않는다는 뜻.

우물둔덕에 애 내놓은 것 같다 매우 염려스러워 마음이 불안하다는 뜻. (비) 우물가에 애 내놓은 것 같다. 세 살 난 아이 물가에 놓은 것 같다.

우물 들고 마시겠다 (비) 급하기는 우물에 가서 숭늉 달라겠다.

우물물은 퍼내야 고인다 무엇이나 자꾸 써야 뒤 이어 다시 새것이 생긴다는 뜻.

우물물은 풀수록 맛이 좋아진다 무슨 물건이나 자꾸 생산해내야만 기술도 늘고 제품의 질도 높아진다는 뜻.

우물 밑에 똥 누어 놓기 (비) 고추밭에 말 달리기.

우물 안의 개구리(고기) 견문이 좁아 넓은 세상의 사정을 모름의 비유. (비) 굴 속에서 하는 보기. 대 구멍으로 하늘을 본다. 바늘구멍으로 하늘 보기. 우물 안 개구리가 바다 넓은 줄 모른다. 우물 안 개구리 울타리 밖을 모른다. 우물 안 고기.

우물 안 개구리가 바다 넓은 줄 모른다 (비) 우물 안 개구리.

우물 안 개구리 울타리 밖을 모른다 (비) 우물 안 개구리.

우물에 가 숭늉 찾는다 (비) 급하기는 우물에 가서 숭늉 달라겠다.

우물에 든 고기 (비) 도마에 오른 고기.

우물에 똥 누기 (비) 고추밭에 말 달리기.

우물에 빠진 놈 돌로 친다 어려운 지경에 있는 사람을 더욱 곤경에 빠뜨린다는 뜻.

우물 옆에서 말라 죽겠다 무슨 일에나 융통성이 없고 처변할 줄 모르는 답답한 사람을 이름. (비) 눈을 져다 놓고 우물을 판다. 소라 껍데기로 바닷물을 된다.

우물을 들고 마신다 (비) 급하기는 우물에 가서 숭늉 달라겠다.

우물을 파도 한 우물을 파라 무슨 일이든 한 가지 일을 꾸준히 해야 이룰 수 있다는 말.

우박 맞은 잿더미 같고 활량의 사포(蛇脯) 같다 구멍이 숭숭 뚫렸다는 뜻으로, 얼굴이 심하게 얽은 사람을 놀림조로 이르는 말. (비) 콩 미당에 넘어졌나. ★활량 : 한량(閑良)의 변한 말. ★사포 : 얇게 베어내 말린 뱀의 고기. 약으로 쓴다.

우박 맞은 호박잎이다 우박 맞아 잎이 다 찢어져 보기가 흉한 호박잎처럼 모양이 매우 흉측하다는 뜻.

우선 먹기는 곶감이 달다 앞일을 생각해 보지도 않고 당장 좋은 것만 취하는 경우의 말.

우선 제 발등 불 먼저 꺼야 남의 발등 불도 끈다 1.자기가 급한 처지에 몰려 있으면 남을 구제할 수 없다는 뜻. 2.남의 일보다 제 일이 급하다는 의미.

우수 경칩에 대동강이 풀린다 날씨가 많이 풀리고 봄 기운이 돋고 초목이 싹튼다는 뜻.

우수 뒤에 얼음같이 1.슬슬 녹아 없어짐을 이르는 말. 2.무엇이 점점 줄어진다는 뜻.

우스워 배를 안고 넘어진다 너무나 우스워서 배를 안고 땅에 뒹굴면서 마구 웃는다는 뜻.

우습게 본 나무에 눈 찔린다 1.대단치 않게 가소롭게 보다가 큰 코 다친다는 말. 2.아무리 우습게 보이는 것이라도 조심하란 말. (비) 우습게 본 풀에 눈 찔린다. 시쁜 나무에 불 뗑기. 음식 같잖은 데 개떡수제비에 입천장 덴다.

우습게 본 풀에 눈 찔린다 대수롭지 않게 여겼던 사람이나 물건으로 인하여 크게 손해를 입었을 땔 이름. (비) 우습게 본 나무에 눈 찔린다. 시쁜 나무에 불 뗑기. 우습게 본 풀에 눈 찔린다. 음식 같잖은 개떡수제비에 입천장 덴다.

우이(牛耳)를 잡는다 여럿이 모여 하던 일에 주되는 일을 한다는 뜻.

우자(愚者)가 범 잡는다 (비) 우둔한 것이 범 잡는다.

우장을 입고 제사를 지내도 제 정성이라 사람은 저마다 제 소견은 따로 가지고 있다는 말. (비) 지게를 지고 제사를 지내도 제멋이다.

우케 멍석만 보란다 보긴 쉽게 할 수 있는 것 같으나 실제론 어려운 일을 시킨다는 뜻. ★우케 : 찧기 위하여 말리는 벼.

우황(牛黃)든 소같이 속의 분을 못 이겨 어쩔 줄 모르고 괴로워함을 이름.

운 기다리다가 죽음 기다리기 좋은 운이 오기를 막연히 기다리고 있다가 결국 늙어 죽게 되었다는 뜻.

운남(雲南) 바둑 알쏭달쏭하여 분간하기 어렵다는 뜻.

운명 앞에 약 없다 명이 짧은 사람은 세상에 제아무리 좋은 약이라도 고칠 수 없다는 뜻.

운봉(雲峰)이 내 마음을 알지 누가 제 속마음을 알아준

다는 뜻으로 이름. ★운봉 : 산봉우리 모양으로 피어오른 뭉게구름

운수가 사나우면 짖던 개도 안 짖는다 운수가 나빠 일이 잘 안되려면 모든 것이 제대로 되지 않는다는 말. (비) 도둑을 맞으려면 개도 안 짖는다.

운은 돌고 돈다 좋은 운과 나쁜 운은 한 곳만 오래도록 머물러 있는 것이 아니라 이리저리 다니고 있단 뜻.

운은 얻기는 어렵고 놓치기는 쉽다 운은 얻기는 어렵고 잃기는 쉬우니 기회를 잡았을 때 잘 활용해야 한다는 말.

운은 하늘에서 준다 운은 자기 힘으로 개척하는 것이 아니라 하늘에서 주는 것이므로 사람의 힘으로는 어찌할 도리가 없다는 말. (비) 운은 하늘에 있다.

울고 먹는 씨아라 울면서도 하라는 일은 어쩔 수 없이 한다는 뜻.

울고 싶은데 매(뺨) 때린다 무슨 일을 하고 싶은데 마땅한 구실이 없어 못하다가 때 마침 좋은 기회가 생겼단 말.

울려는 아이 뺨치기 남의 핑계로 삼을 일을 함을 이르는 말.

울려 할 제 치자 하기 같이 한번 잘못된 일을 잘 다스리지 않고 점점 더 어긋나는 짓만 하면 화는 더 커진다는 뜻. (비) 울려는 아이 뺨치기.

울력걸음에 봉충다리 여럿이 공동으로 하는 바람에 평소에 그 일을 못하던 사람도 할 수 있게 됨을 이름. (비) 봉충다리에 울력걸음. 여럿이 가는데 섞이면 병든 다리도 끌려간다. 둔한 말도 열흘 가면 천 리를 간다. ★울력 : 여러 사람이 힘을 합하여 기세 좋게 하는 일. ★봉충다리 : 사람이나 물건의 한쪽이 약간 짧은 다리

울며 겨자 먹기 싫으나 마지못해 함의 비유를 일컬음.

울바자가 헐어지니 이웃집 개가 드나든다 제게 약점이 있기에 남이 그것을 알고 업신여긴다는 뜻.

★울바자 : 울타리의 바자(대, 갈대, 수수깡 따위로 발처럼 엮거나 결은 물건.)

울어도 시원찮다 울어도 시원치 않을 일을 가지고 웃고 있는 사람을 보고 하는 말.

울음 큰 새라 명성(名聲)은 자자하나 실제로는 볼 것이 없음.

울지 못해 웃는다 괴로워도 자기의 괴로운 표시를 제대로 할 수가 없어서 억지로 기쁜 척한다는 뜻.

울지 않는 아이 젖 주랴 (비) 보채는 아이 젖 준다.

울타리 밖을 모른다 세상 형편을 전혀 모름을 이르는 말. (비) 우물 안 개구리 울타리 밖을 모른다.

움도 싹도 없다 1.사람이나 물건이 감쪽같이 없어져 간 곳을 알 수 없음을 이르는 말. 2.장래성이라곤 도무지 없다는 말.

움막에 단장(醬) 가난한 집의 음식이 맛있을 때를 이르는 말.

움 안에 간장 외양은 좋지 않으나 내용은 훌륭한 것을 이르는 말. (비) 뚝배기보다 장 맛.

움집 안에서 떡 받는다 스스로 구하지도 않았는데 뜻밖에 좋은 물건을 얻게 됨을 이름. (비) 호박이 넝쿨째로 굴러 떨어졌다. 아니 밤중에 찰시루떡, 웬 떡이냐. 우물길에서 반기살이 받다. 호박이 굴렀다. 호박이 떨어졌다. 굴러 온 호박.

움을 지르다 자라기 시작하는 힘이나 세력 등을 꺾어 버림을 이르는 말.

웃고 사람 친다 겉으로는 잘 대하는 척하면서 실제로는 해롭게 하는 경우를 비유적으로 이르는 말.

웃기는 선떡을 먹고 취했나 싱겁게 잘 웃는 사람을 두고 놀림조로 이르는 말.

웃느라 한 말에 초상난다 말이란 극히 조심하지 않으면 안 된다는 뜻. (비) 웃으며 한 말이 초상난다.

웃는 낯에 침 뱉으랴 좋은 낯으로 접근해 오는 사람에게는 모질게 굴지 못한다는 말. (비) 웃는 낯에 침 못 뱉는다.

웃는 범 겉보긴 웃고 있지만 속엔 야심을 가진 사람을 두고 하는 말.

웃는 아이가 있으면 우는 아이도 있다 1.한 사람이 좋아하면 다른 한 사람은 싫어한다는 뜻. 2.세상엔 이런 사람이 있으면 저런 사람도 있다는 말.

웃는 집에 복이 온다 집안 사람들이 명랑한 기분으로 조화롭게 일을 하게 되면 모든 일이 잘된다는 뜻. (비) 웃는 집에 복이 있다.

웃돌도 못 믿고 아랫돌도 못 믿는다 이것도 저것도 다 못 믿겠다는 뜻. (비) 아랫길도 못 가고 웃길도 못 간다. 이 절도 못 믿고 저 절도 못 믿는다. 이 중도 못 믿고 저 중도 못 믿는다.

웃물이 맑아야 아랫물도 맑다 무슨 일이든지 윗사람의 행동이 깨끗해야 아랫사람도 따라 행동이 바르다는 뜻. ⇔ 웃물이 흐리면 아랫물도 흐리다.

웃물이 흐리면 아랫물도 흐린다 윗사람이 부정하고 나쁜 짓을 하면 아랫사람도 그 본을 받아 나쁘게 된다는 뜻. (비) 웃물이 맑아야 아랫물도 맑다. ⇔ 웃물이 맑아야 아랫물도 맑다.

웃으며 가져가고 성내며 갚는다 빚은 얻어갈 땐 웃고 가져가고 갚을 땐 당당하게 성을 내면서 갚는다는 의미.

웃으며 간 내먹는다 겉보기엔 아주 친한 척하지만 속으로 살펴보면 오히려 상대방을 해친다는 뜻. (비) 웃으며 등친다.

웃으며 치는 뺨이 더 아프다 겉보기엔 매우 친한 척 굴면서 남을 은근히 해치는 것이 더 무섭다는 말.

웃음 끝에 눈물 재미나게 잘 지내다가도 괴로운 일이 생기는 것은 세상사라는 뜻.

웃음 속에 칼을 품는다 겉으론 좋은 체하나 속으론 도리어 해치려는 마음을 품고 있다는 말. (비) 웃음 속에 칼이 있다.

웃음 속에 칼이 있다 (비) 웃음 속에 칼을 품는다.

웃음통을 터뜨리다 별안간에 요란스레 웃는단 말.

웃 입술이 아랫입술에 닿나 그와 같이 불공(不恭)한 언사(言辭)를 감히 어떻게 입 밖에 내느냐는 뜻으로 하는 말. (비) 아랫 턱이 웃 턱에 올라가 붙나.

원 내고 좌수 내고 한 집안에서 인물이 많이 났을 때 하는 말.

원님과 급창(及唱)이 흥정을 해도 에누리가 없다 대하기 어려운 사람과 흥정을 한다 해도 에누리가 없다는 뜻으로, 흥정은 신분의 높고 낮음이나 개인적 친분에 관계없이 이루어짐을 비유적으로 이르는 말. (비) 원님에게 물건을 팔아도 에누리가 있다. ★급창 : 옛날 군아(郡衙)에 딸려 있는 사령(使令)의 한 가지.

원님 덕에 나팔이라 존귀한 사람을 따르다가 그 덕으로 분에 넘치는 대접을 받음의 비유.

원님도 보고 환자(還子)도 타고 원님을 면회하기도 하고 그 곁에 환미도 얻는다는 뜻으로, 두 가지 이상의 일을 겸하여 하는 경우를 비유적으로 이르는 말. (비) 원보고 송사 또한 본다. 임도 보고 뽕도 딴다. ★환자 : 조선조 때 각 고을의 사창(社倉)에서 백성에게 꾸어 주었던 곡식을 가을에 받아들임.

원님보다 아전이 더 밉다 윗사람보다도 그 밑에 있는 사람이 더 극성을 부리게 된다는 말.

원 볼 겸 송사(訟事) 볼 겸 간다 한 번에 두 가지 일을 하게 되는 경우를 이름. (비) 님도 보고 뽕도 딴다.

원님에게 물건을 팔아도 에누리가 있다 물건을 사고 팔 때는 아무리 어려운 손님이라도 에누리가 있는 법이거늘 왜 값을 덜하지 않느냐고 할 때를 이르는 말. (비) 원님과 급창이 흥정을 해도 에누리가 있다.

원님은 심심하면 좌수(座首) 볼기를 친다 (비) 심심한 데 좌수 볼기나 치자.

원님은 책방에서 춘다 원님의 비서 일을 맡아보는 책방이 원님이 훌륭하다고 치켜세운다는 뜻으로, 사람을 칭찬하고 그것을 떠벌리려면 그 사람을 잘 아는 사람이어야 한다는 말.

원두한이 사촌을 모른다 장사치는 아는 사람이라고 싸게 주지 않는단 말.

원두한이 쓴 외 보듯 남을 멸시하거나 대수롭게 여기지 않음을 일컫는 말. ★원두한 : 원두막의 주인.

원 보고 송사(訟事) 또한 본다 한 번에 두 가지 일을 겸하여 하게 될 때를 이름. (비) 원님도 보고 환자도 탄다. 임도 보고 뽕도 딴다.

원살이 고공(雇工)살이 관직에 있는 사람의 자기 지위에 대한 불안과 노고는 고용살이 하는 사람 그것과 같단 말. ★고공 : 어떤 집에 고용되어 그 집의 농사일과 잡일 따위를 해 주고 대가를 받는 사람. 고용주의 집에서 먹고 자면서 농사일을 비롯한 온갖 일을 해 주고 대가를 받는 사내. 품삯을 받고 남의 일을 해 줌.

원수가 한 배에 탔다 피하지 못할 장소에서 원수끼리 만나 화액(禍厄)이 생기게 된다는 뜻.

원수는 물에 새기고, 은혜는 돌에 새기라 원수는 마음에 담아두지 말고, 은혜는 마음에 새겨 잊지 말라는 뜻. (비) 용서는 모래에 새기고, 은혜는 돌에 새겨라.

원수는 순(順)으로 풀라 원수를 원수로 갚으면 다시 원한을 사게 되어 끝이 없을 것이니, 원수는 순리로 풀어야 뒷날의 걱정이 없다는 말.

원수는 외나무다리에서 만난다 남의 원한을 사면 피할 수 없는 곳에서 공교롭게 만나 화를 입게 된다는 뜻. (비) 원수는 외나무다리에 만날 날이 있다. 원수 인간 외나무다리에서 만난다.

원수는 은덕으로 갚으랬다 아무리 미운 원수라도 나중을 위하여 너그럽게 은덕으로 베푸는 것이 훨씬 현명한 처사란 뜻. ⇔ 원수는 반드시 갚아야 한다.

원수는 한 배를 타면 서로 돕게 된다 원수끼리도 이해 관계가 일치되면 원한도 자연스럽게 풀어지고 친하게 된다는 뜻.

원수의 백발 사람은 나이가 드는 것이 원수처럼 싫다는 말.

원수 인간 외나무다리에서 만난다 (비) 원수는 외나무다리에서 만난다.

원숭이나 말 같은 마음 마음의 사욕(私慾)에 이끌리는 것은 자신의 의지로도 억제하기 어렵다는 것을 원숭이와 말에 비해서 이르는 말.

원숭이 달 잡기 원숭이가 물에 비친 달을 잡으려다가 빠져 죽는다는 뜻으로, 사람이 제 분수에 맞지 아니

하게 행동하다가 화를 당함을 이르는 말.
원숭이도 나무에서 떨어진다 아무리 익숙하여 잘하는 일이라도 때로는 실수할 때가 있다. (비) 잘 뛰는 염소가 울타리에 뿔 걸린다. 헤엄 잘 치는 놈은 물에 빠져 죽고 나무에 잘 오르는 놈은 나무에서 떨어져 죽는다.
원숭이 똥구멍같이 말갛다 취할 만한 것이 하나도 없거나 매우 보잘것없는 것을 비유적으로 이르는 말.
원숭이 볼기짝인가 얼굴이 붉어지는 모양을 놀림조로 이르는 말. (비) 원숭이 똥구멍이다. 쇠갖한 놈 같다.
원숭이와 개 사이 원숭이와 개가 만나기만 하면 어르렁대 듯이 서로 사이가 매우 나쁘다는 뜻.
원숭이의 고기 재판하듯 이솝 우화에서 고깃점을 똑같이 나누어준다면서 야금야금 제가 베어먹어 마침내 다 먹어버린 원숭이처럼, 공정한 듯한 명분을 내세우지만 실제로는 교활하게 남을 속여 제 잇속을 차리는 모양을 이르는 말.
원숭이 이 잡아먹듯 어떤 것을 샅샅이 뒤지는 모양을 비유적으로 이르는 말.
원숭이 흉내 내듯 남의 흉내를 낸다는 뜻.
원앙(鴛鴦)이 녹수(綠水)를 만났다 적합한 배필을 만났음을 이름.
원을 만나거나 시주(施主)를 받거나 무슨 기적적인 도움이 있어야만 일이 해결될 것이라 할 때를 이르는 말.
원이 되자 턱 떨어진다 복이 없는 사람은 무슨 일이 성사되자마자 바로 재난을 당하게 된다는 뜻.
월급 도둑놈 자기가 맡은 일을 제대로 하지 못하면서도 월급은 꼬박꼬박 받아지는 사람을 두고 하는 말.
월천국 국물이 많고 건더기는 없으며 맛없는 국을 이름.
월천(越川)꾼 다리 걷듯 무슨 일을 하려는데 미리부터 서둘며 덤빈다는 뜻. ★월천꾼 : 내를 건너는 사람.
월천꾼에 난쟁이 빠지듯 여러 사람 속에 끼지 못하고 빠지는 것을 말함.
웬 떡이냐 뜻밖의 행운을 만났을 때를 이르는 말. (비) 호박이 넝쿨째 굴러떨어졌다. 아니 밤중에 찰시루떡. 우물길에서 반기살이 받다. 움집 안에서 떡 받는다. 호박이 굴렀다. 호박이 떨어졌다. 굴라온 호박.
웬 똥물이 튀어 박혔나 (비) 땡감 먹은 상.
웬 불똥이 튀어 박혔나 불쾌하여 얼굴을 찡그리고 있다는 말. (비) 똥 주워 먹은 곰 상판대기. 소금 먹은 고양이 상. 소나기 맞은 중의 상. 땡감 먹은 상.
위로 진물이 발등에 진다 1.좋지 못한 짓을 하는 사람은 그 조상도 그렇기 때문이란 뜻. 2.웃어른이 하는 일은 곧 아랫사람에게 영향을 준다는 말. (비) 꼭지에 부은 물이 발뒤꿈치에 내린다. 웃물이 맑아야 아랫물이 맑다. 꼭뒤에 부은 물이 발뒤꿈치까지 흐른다. 위에 떨어진 물이 발등에 떨어진다. 이마에 부은 물이 발뒤꿈치로 흐른다. 정수리에 부은 물이 발뒤꿈치까지 흐른다.
위 조금조금 주고 아래 골고루 주나 무슨 대접을 하는 경우엔 윗사람이나 아랫사람에게 모두 공정하게 해야 한다는 뜻.
위하는 아이 눈이 먼다 무슨 일이나 너무 기대를 걸면 도리어 안 되는 법이란 말. (비) 벼르던 애기 눈이 먼다. 잔칫날 기다리다가 굶어 죽는다. 잘 낳자는 자식이 눈먼다.
윗물이 가물면 아래로 흐를 물도 없다 대체적으로 윗사람이 덕이 없으면 아랫사람도 덕이 없게 된다는 뜻. (비) 윗물이 마르고 아랫물도 마른다.
윗물이 맑아야 아랫물이 맑다 윗사람이 잘 해야 아랫사람도 따라서 잘 하게 됨을 이름.
윗사람은 아랫사람을 삼 년 걸려야 알고 아랫사람은 윗사람을 사흘이면 안다 윗사람은 아랫사람의 사정을 잘 알지 못해도 아랫사람은 윗사람의 사정을 잘 헤아린다는 뜻.
윗입술이 아랫입술에 닿느냐 그런 불순한 말을 감히 할 수 있느냐는 뜻.
유두날 비가 오면 연 사흘 온다 유두날(양력 7월 17일경)은 언제나 장마 기간에 속해 있으므로 이때 비

⟨ 은행나무 심는 사람 따로 있고 따먹는 사람 따로 있다 ⟩

가 오기 시작하면 계속 며칠 동안 많은 비가 오기 마련이란 말.
유리와 처녀는 깨지기 쉽다 평소부터 처녀는 몸가짐을 잘하지 않으면 나중에 신세를 망치게 된다는 뜻.
유모 얼레의 연줄 감듯 무엇을 둘둘 잘 감는 모양을 일컬음. (비) 각전 시정 통 비단 감듯. 오강 사공의 닻줄 감듯. 육모얼레 연줄 감듯.
　★얼레 : 연줄이나 낚싯줄 따위를 감는 데 쓰는 기구
유복한 과수(寡守)는 앉아도 요강 꼭지에 앉는다 복이 많은 사람은 하는 짓마다 운이 있다는 말. (비) 넘어져도 떡 광주리에만 넘어진다.
　★과수 : 과부를 높게 하는 말.
유비(劉備)가 한중(寒中) 믿듯 모든 일을 굳게 믿고 의심하지 않음을 이르는 말. (비) 맹상군의 호백구 믿듯.
　★유비 : 중국 삼국 시대 촉한(蜀漢)의 초대 왕(161~223, 재위 221~223). 자는 현덕(玄德)이고, 시호는 소열제(昭烈帝)이다. 관우, 장비 등과 의형제를 맺고 황건적을 토벌하여 벼슬에 올랐다.
유비냐 울기도 잘한다 잘 우는 사람을 이르는 말.
유세통을 졌나 어떤 세력만 믿고 남들에게 유세를 몹시 부리는 사람을 보고 하는 말. (비) 유세가 다락 같다.
유월 장마에 돌도 큰다 유월 장맛비가 올 때에는 모든 것이 매우 잘 자라므로 이르는 말.
유월 저승을 지나면 팔월 신선이 돌아온다 한창 더운 유월에 죽을 고생을 하여 농사 지은이의 추수의 기쁨을 이름.
유정(有情) 무정(無情)은 정들 탓 남녀 간의 애정은 모두 저마다 정 들이기 달렸다는 뜻.
육갑(六甲)도 모르고 산통 흔든다 아주 기본적인 것도 모르면서 잘하는 척하고 덤빈다는 뜻. (비) 육갑도 모르는 주제에 사주 본다.
육모얼레에 연줄 감듯 무엇을 둘둘 감는다는 뜻.
　(비) 각전 시정 통 비단 감듯. 오강 사공의 닻줄 감듯. 유모 얼레 연줄 감듯.

육모진 모래를 팔모지게 밟았다 1.여러 차례 같은 길을 왔다 갔다 했다는 뜻. 2.발이 닳도록 많이 다녔다는 뜻.
육장 줄로 친 듯하다 한 번도 빼지 않고 늘 변함이 없다는 뜻.
육통(六通) 터지다 일이 거의 다 되려다가 아니 된다는 뜻.
윤달 만난 황양목 키 작은 사람이나 또는 진척이 되지 않는 일을 일컬음. ★황양목 : 윤달이 되면 키가 한 치씩 줄어든다는 전설이 있음.
윤동짓달 초하룻날 도무지 있을 수 없는 일을 비유하여 이르는 말.
윤섣달에는 앉은 방석도 안 돌려놓는다 윤섣달은 아무런 행사도 하지 않는 풍속에서 나온 말.
윤척(倫脊) 없다 말에 질서가 없다는 말.
윷짝 가르듯 판단이 분명함의 비유를 이르는 말.
으슥한 데 꿩알 낳는다 뜻하지 않던 곳에서 좋은 것이 발견되었을 때 하는 말.
은(銀) 나라 뚝딱 금(金) 나라 뚝딱 도깨비들이 이런 말을 하면서 방망이를 치며 떠들썩한다 하니, 시끄러운 것을 이름.
은동곳엔 물귀신도 못 덤빈다 평소에 자신이 꺼리던 것이 있게 되면 거기에 접근하지 않는다는 뜻.
　★은동곳 : 상투를 꽂는 은으로 만든 것.
은방울을 굴리는 듯하다 소리가 매우 아름답고 좋다는 말을 이름.
은(銀)에서 은(銀) 못 고른다 많은 것 중에서 제가 원하는 것을 찾으려면 매우 어렵다는 말.
은진(恩津)은 강경(江景)으로 꾸려간다 남의 덕택에 겨우 유지되어 간다는 뜻.
은행나무 격이다 암수딴그루인 은행나무처럼 서로 사랑하면서도 맺어지지 못하는 남녀의 처지를 비유적으로 이르는 말.
은행나무도 마주 봐야 연다 은행나무도 마주 보아야 열매를 맺듯이 남녀도 서로 결합해야 집안이 번영한다는 뜻.
은행나무 심는 사람 따로 있고 따먹는 사람 따로 있다

369

〈 은혜를 모르면 사람이 아니다 〉

집안엔 고생하여 돈 버는 사람이 따로 있고, 그 돈을 함부로 쓰는 사람이 따로 있다는 말.

은혜를 모르면 사람이 아니다 남의 은혜에 감사할 줄 모르는 사람은 짐승과 마찬가지란 뜻.

은혜를 원수로 갚는다 남에게서 은혜를 받고 보답하지는 못할망정 도리어 해친다는 뜻.

은혜를 잊지 않고 찾아온다 자기가 남에게 은혜를 베풀면 반드시 보답이 있게 된다는 뜻.

을사년 주린 까마귀 측간 드나들 듯 행여나 하고 구차스럽게 여기저기를 기웃거림을 비웃는 말. (비) 주린 까마귀 빈 통수 엿본다.

음(응)달 토끼는 살아도 양달 토끼는 굶어죽는다 불리한 환경에 있는 사람이 유리한 환경에 있는 사람보다 오히려 더 잘되었다는 뜻.

음덕(蔭德)이 있으면 양보(讓步)가 있다 남모르게 덕을 쌓은 사람은 반듯이 뒤에 복을 받는다는 뜻.

음식 같잖은 개떡수제비에 입천장 덴다 변변치 않아 우습게 여기고 행한 일에 뜻밖의 손해를 입는다는 말. (비) 시쁜 나무에 불 뒝기. 우습게 본 풀에 눈 찔린다. 시원찮은 국에 입 가 데인다.

음식과 계집은 훔쳐 먹어야 제 맛 취미를 느끼기에 달렸다는 뜻. 궂은일도 재미를 붙이면 좋아질 수 있다는 말.

음식 든 길짐은 무거운 줄 모른다 자기와 이해관계가 있는 것은 아무리 고되다 할지라도 고된 것도 모르게 된다는 뜻.

음식 싫은 건 개나 주지 사람 싫은 건 할 수 있나 먹기 싫은 음식은 안 먹으면 되지만 함께 지내는 사람과 뜻이 맞지 않는 것은 어쩔 수 없다는 뜻으로, 마음에 들지 않아도 어쩔 수 없이 참고 살아간다는 말.

음식은 갈수록 줄고 말은 갈수록 는다 먹을 것은 옮길수록 줄어들지만 말은 할수록 더 보태게 된다는 뜻으로, 말을 삼가고 조심해야 한다는 말. (비) 말은 보태고 봉송(封送)은 던다. 말은 보태고 떡은 뗀다. 말은 할수록 늘고 되질은 할수록 준다.

음식은 한데 먹고 잠은 따로 자라 먹는 것은 여럿이 먹어야 맛있고 자는 것은 홀로 자야 편하다는 말.

음식을 밝히면 천히 여긴다 낡고 형식적인 유교적(儒敎的) 관념에서 점잔을 빼느라고 먹는 것에 대하여 초연한 체 하였으므로 생긴 말.

음지가 양지 되고 양지가 음지 된다 (비) 부귀빈천(富貴貧賤)이 물레바퀴 돌듯.

음지도 양지 될 때 있다 현재의 불행이나 역경도 때를 만나면 행운을 맞이하게 된다.

음지 없는 양지 없다 세상의 모든 일에 빈부나 선악은 항상 더불어 있게 마련이라는 말. 남 보기에는 대단하지 않게 보여도 실상은 더 바랄 것이 없을 만큼 좋은 처지에 있음을 이르는 말.

음지의 개 팔자 (비) 댑싸리 밑의 개 팔자.

읍(邑)에서 매 맞고 장거리에서 눈 흘긴다 (비) 방에서 화낸 놈이 장에 가서 얼굴 붉힌다.

응달에도 햇빛 드는 날이 있다 역경에 빠져 있는 사람에게도 더러는 행운이 온다는 말. (비) 쥐구멍에도 볕 들 날 있다. 개똥밭에도 이슬 내릴 날 있다.

응달의 승앗대 (비) 봉산(鳳山) 수숫대 같다. ★승아 : 마디풀에 속하는 하나.

응석으로 자란 자식이라 (비) 얼러 키운 후레(호로)자식.

응어리는 짜내야 한다 잘못을 부분적으로 고칠 것이 아니라 근본적으로 고쳐야 한다는 뜻.

의가 좋으면 금 바위도 나누어 가진다 서로 사이가 좋으면 아무리 귀중한 것이라도 나누어 가진다는 뜻. (비) 의가 좋으면 천하도 반분(半分)한다. 의가 좋으면 콩도 반쪽씩 나누어 먹는다.

의가 좋으면 세 어이딸이 도토리 한 알을 먹어도 시장 멈춤을 한다 서로 사이가 좋고 마음이 맞는 사람끼리는 어떤 고난 가운데서도 불평 없이 서로 도우며 잘 지내간다는 말. (비) 마음이 맞으면 삶은 도토리 한 알을 가지고도 시장 멈춤을 한다. ★어이딸 : 어머니와 딸.

의가 좋으면 천하도 반분(半分)한다 사이가 좋으면 무

〈의사는 사람 병들기만 바라고 중은 사람 죽기만 기다린다〉

엇이나 나누어 가진다는 뜻.

의논이 맞으면 부처도 앙군다 여러 사람의 뜻이 합하고 마음이 화합(和合)하면 무슨 일이라도 할 수 있다는 말. (비) 마음이 화합하면 부처도 곤다. ★앙군다 : 따르게 하다.

의(醫)는 인술(仁術) 의사가 사람의 병을 고치는 일은 인덕(仁德)을 베푸는 도리라는 의미.

의리에 살고 의리에 죽는다 대장부는 의리를 생활의 신조로 삼되, 의리를 위해선 곧 죽음도 불사한다는 뜻.

의뭉하기는 구렁이다 속으로는 다 알고 있으면서 겉으로는 모르는 척 하기를 잘하는 사람을 이르는 말. (비) 의뭉하기는 음창 벌레라.

의뭉하기는 노전대사(爐殿大師)라 알면서도 모르는 척 하기를 잘하는 사람을 이름. ★노전대사 : 겉으로는 어리석은 것처럼 보이면서 속으로는 엉큼한 사람을 비유적으로 이르는 말.

의뭉하기는 음창 벌레라 겉으론 아주 어리석은 척하면서도 실속은 깐깐한 사람을 이름. (비) 의뭉하기는 구렁이다.

의뭉하면 잘 산다니까 의뭉을 꾸려 다닌다 남의 잘된 이야기를 듣고선 자기와는 상관도 없으면서 억지로 흉내만 낸다는 뜻.

의뭉한 놈이 더 무섭다 겉으론 어리석어 보이지만 속으로 똑똑한 사람은 이중성격이 있어서 더 무섭다는 뜻.

의뭉한 놈이 잘 산다 겉보기엔 어리석은 척하면서도 속으로 약은 사람이 실속은 있다는 뜻.

의뭉한 두꺼비 옛말 한다 의뭉한 사람이 남의 말이나 옛말을 끌어다가 제 속에서 말을 한다는 뜻.

의뭉한 중놈 겉과는 딴 마음을 가진 사람을 이름. (비) 의뭉하기는 노전 대사라.

의복(衣服)이 날개 옷을 잘 입으면 누구나 돋보인다는 뜻.

의붓딸이 새남 하듯 (비) 외삼촌 산소에 벌초하듯.

★ 새남 : 지노귀새남의 준말. 죽은 사람의 영혼을 좋은 곳으로 가도록 하는 굿. 죽은 지 사십구일 안에 치른다.

의붓아비 돼지고기 써는 데는 가도 친아비 나무 패는 데는 가지 말라 제게 조금이라도 해가 미칠 듯한 곳엔 가지 말라는 뜻. (비) 의붓아비 떡 치는 데는 가도 친아비 도끼질하는 데는 안 간다.

의붓아비 떡 치는 데는 가도 친아비 도끼질하는 데는 안 간다 (비) 의붓아비 돼지고기 써는 데는 가도 친아비 나무패는 데는 가지 말라.

의붓아비 무덤에 벌초하듯 무슨 일을 성의 없이 건성건성 해치우는 모양을 비유적으로 이르는 말.

의붓아비 소 팔러 보낸 것 같다 (비) 함흥차사(咸興差使)

의붓아비 아비라 하랴 아무리 어렵고 궁하더라도 의리에 닿지 않는 일은 할 수 없다는 말

의붓아비 제삿날 미루듯 마음에 없는 일을 자꾸 핑계를 대어 이날 저 날 뒤로 미루어 감을 이르는 말.

(비) 고리 백정 내일모레. 차일피일(此日彼日). 이날 저날 한다. 피장이 내일모레. 갖바치 내일모레. 고리장이에게는 내일모레가 약이다.

의붓어미가 티를 내는 것이 아니라 의붓자식이 티를 낸다 의붓자식이 의붓어미를 더 미워하고 멀리 여기기 때문이란 말.

의붓자식 다루듯 대수롭지 않게 취급하거나 다름을 이르는 말.

의붓자식마냥 눈치만 본다 남의 눈치만 살살 본다는 뜻.

의붓자식 소 팔려 보낸 것 같다 몹시 믿음성이 없어 마음이 안 놓인다는 뜻.

의붓자식 옷 해 준 셈 해 주어도 보람 없고 보답받지 못할 일을 남을 위해 한다는 말. (비) 거지 베 두루마기 해준 셈만 친다. 죽 쑤어 개 좋은 일만 하였다.

의붓자식에도 효자 난다 나쁜 사람이라 다 나쁜 것이 아니라 그중엔 착한 면도 있다는 뜻.

의사가 제 병 못 고친다 (비) 중이 제 머리를 못 깎는다

의사(醫師)는 가 의사가 더 무섭다 가짜가 진짜보다 더 위세를 부리고 혹독한 짓을 한다는 뜻.

의사는 사람 병들기만 바라고 중은 사람 죽기만 기다린

〈 의사를 믿지 않으면 병을 못 고친다 〉

다 세상인심은 남이야 어떻게 되든 자기 이익을 위하여 자기 본위로 일한다는 뜻.

의사를 믿지 않으면 병을 못 고친다 환자는 의사를 절대로 믿고 의사의 지시대로 치료를 해야 병을 고친다는 뜻.

의사(醫師)와 변호사(辯護士)는 나라에서 내놓은 도둑놈이다 의사와 변호사는 국가의 허가를 얻어 개업하면서도 일의 보수로 퍽 많은 돈을 요구한다 해서 이르는 말.

의식(衣食)이 풍족한 다음에야 예절을 차리게 된다 살림이 넉넉해야 예절을 차리고 인서를 차릴 수 있단 말.

의심 나는 것이 있어야 점도 친다 어떤 이유가 있어야 거기에 따른 그 해결책도 마련한다는 뜻.

의심 나는 일은 성공할 수 없다 어떤 일이나 확신을 가지고 추진해야 성사할 수 있지, 의심을 가지고 해서는 실패하게 된다는 말.

의원(醫員)과 장은 오래 될수록 좋다 의사는 경험이 많은 늙은 의사가 용하고, 장은 오랫동안 묵은 장이 더욱 맛이 좋다는 말.

의원이 제 진맥 못한다 자기 일은 자기가 제대로 하지 못한다는 뜻. (비) 의원은 제 병 못 고치고 무당은 제 굿 못한다.

의젓잖은 며느리가 사흘 만에 고추장 세 보통이 먹는다 (비) 병신이 육갑한다.

의젓하기는 시아비 뺨치겠다 못난 자가 공연히 교만하고 오기(傲氣)를 부린다는 뜻.

의주(義州)를 가려면서 신날도 안 꼬인다 큰일을 하면서 조금도 준비가 돼있지 않음을 뜻하는 말. (비) 아직 신날도 안 꼬인다.

의주 육섬 강냉이 가렴 보고 큰다 예전 의주 육섬에는 가렴의 소금 굽는 사람에게 팔기 위하여 강냉이를 많이 심었는데 이 강냉이도 자기를 사 갈 곳을 보고 큰다는 뜻으로 무슨 일이든 일정한 희망을 걸고 하게 됨을 강조하는 말.

의주 파발도 똥 눌 때가 있다 아무리 급하고 바쁘더라도 잠시 쉴 사이는 있다는 말.

의주(義州) 파천(播遷)에도 꼽똥은 누고 간다 아무리 급한 일이 있어도 잠시 틈을 낼 수 있단 말. (비) 의주 파발도 똥 눌 때가 있다.

의지할 곳 없는 홀몸 어느 곳 어느 누구에게도 의지할 수 없는 신세란 뜻. (비) 의지할 담벽조차 없다

의혹이 얼음 녹듯 풀린다 언제부터인가 쌓이고 쌓인 의심도 확실한 물증(物證)으로 인하여 완전히 풀렸다는 말.

이가 박씨같이 고르다 하얗고 고른 이가 꼭 박씨를 나란히 꽂은 것같이 아름답다는 말.

이가 아니 나서 황밤을 먹는다 아직 준비도 없고 능력도 없는 사람이 어려운 일을 하려 한다는 뜻.

이가 없으면 잇몸으로 살지 없으면 없는 대로 견디어 나갈 수 있단 뜻.

이가 자식보다 낫다 (비) 발이 의붓자식보다 낫다.

이가 칼을 쓰겠다 이의 모가지가 끼어 마치 옛날 죄인이 칼 쓰던 모양이 될 정도로 옷감의 짜임새가 몹시 성기다는 말.

이것은 다방 골 잠이냐 늦잠을 자는 것을 이름.

이것은 재관 풍류(風流)냐 사람의 왕래함이 빈번하다는 뜻. (비) 재관 풍류냐.

이것은 형조 패두(牌頭)의 버릇이냐 경거망동하여 사람을 마구 구타하는 것을 나무라서 이르는 말. ★패두 : 조선 시대. 죄인의 볼기를 치던 형조의 사령(使令).

이고 지고 가도 제 복 없으면 못 산다 여자기 출가할 때 혼구(婚具)르와 예물을 많이 가지고 간다 하여 반드시 잘 사는 것이 아니란 뜻. (비) 얼레빗 참빗 품에 품고 가도 제 복 있으면 잘 산다. 삼현 육각 잡히고 시집 간 사람 잘 산 데 없다.

이 골 원을 하다가 저 골에 가서 좌수 노릇도 한다 낯선 고장에 가면 낮은 지위도 감수해야 할 경우가 있다는 말.

이괄(李适)의 꽹과리 운수가 막혀 버리면 할 수 없다는 말. ★이괄 : 조선 인조(仁祖) 때의 무신(武臣)(1587~1624). 인조반정(仁祖反正)에 가담하여 공을 세웠는

데, 반역 음모를 꾸미고 있다는 모함을 받고 분개하여 1624(인조 2)년 군사 12,000명을 이끌고 난을 일으켰다. 서울로 진격하여 신왕(新王)을 세웠으나 이틀 뒤 관군에 패하여 도망치다가 부하에게 피살되었다.

이 굿에는 춤추기 어렵다 (비) 그 장단에 춤추기 어렵다.

이권(利權)을 보면 의리도 잊는다 물욕에 눈이 어두우면 이권을 보게 될 땐 곧 의리를 잊어버리게 된다는 뜻.

이기고 지는 것은 운이다 싸움의 승패는 실력보다는 그날 운에 달렸다는 뜻. (비) 이기고 지는 것은 그 날 운수다.

이기는 것이 지는 것이다 욕지거리를 하며 싸워 본들 아무런 소득이 없으니, 지는 척하고 그만 두는 것이 상책이란 말. (비) 지는 것이 이기는 것.

이 날 저 날 한다 (비) 고리 백정 내일모레.

이 날 춤추기 어렵다 (비) 그 장단에 춤추기 어렵다.

이 덕 저 덕이 다 하늘 덕 사람이 살아가는 모든 것은 하늘이 주는 은혜라는 말.

이도 아니 나서 콩밥을 씹는다 (비) 개미가 객사(客舍) 기둥을 건드란다.

이도 아니 나서 황밤을 먹는다 (비) 개미가 객사(客舍) 기둥을 건드란다. ★황밤 : 말려서 껍질과 보늬를 벗긴 밤.

이도 안 난 것이 뼈다귀 추렴하겠단다 (비) 개미가 객사(客舍) 기둥을 건드란다.

이도 안 났다 상대되지 않을 정도로 수준이 매우 낮음을 이르는 말.

이 떡 먹고 말 말라 남에게 뇌물을 주고서 비밀을 발설하지 말라며 이르는 말.

이랑이 고랑 되고 고랑이 이랑 된다 (비) 부귀빈천(富貴貧賤)이 물레바퀴 돌 듯.

이래도 한 평생(일생) 저래도 한 평생(일생) 사람의 생애란 허무한 것이요, 한 번 살다 죽으면 그만이니 둥글둥글 살아가자는 말.

이러지도 저러지도 못한다 일을 중간에 나서서 이렇게 할 수도 저렇게 할 수도 없는 난처한 입장에 처해 있다는 뜻. (비) 이럴 수도 저럴 수도 없다.

이렇게 대접할 손님이 있고 저렇게 대접할 손님이 따로 있다 (비) 사돈도 이럴 사돈 다르고 저럴 사돈 다르다.

이레 안에 경풍에 죽으나 여든에 상한 병에 죽으나 죽기는 일반이라 1.어떻게 죽든지 간에 죽는 그 사실과 결과엔 다름이 없단 말. 2.이유야 어떻든 간에 결과가 같이 되었으니 같은 취급을 해야 한다는 뜻으로 이름.

이레 안에 백구(白鷗) 친다 태어나서 이레가 되기 전에 백구타령을 친다 함이니, 놀랍게 조숙한다는 말.

이렛날 장포(菖蒲) 음력 6월 6일에 머리를 감아야 할 장포를 7일에 가져오듯이 제 시기를 놓쳤다는 뜻. (비) 이렛날 장포 열흘날 국화. ★장포 : 천남성과에 속한 여러해살이풀. 향기가 있고 연못이나 수로, 습지에서 자란다. 뿌리줄기가 옆으로 길게 자란다. 창 모양의 잎은 길이가 60~80센티미터 정도로 중앙맥이 뚜렷하며 윤택이 있고, 작은 꽃이 5~6월경에 이삭 꽃차례를 이루며 핀다. 뿌리는 한방에서 약으로 쓰이고, 잎은 향료로 쓰이며 단오에 창포물을 만들 때 쓰인다.

이로운 것은 남과 같이 할 것이지 혼자 차지해서는 안 된다 이권은 그 일에 관여한 사람과 나누어 가져야지 사람 된 도리로 혼자 차지해선 안 된다는 뜻.

이로운 것은 하늘에서 저절로 떨어지는 것이 아니다 이로운 일은 하늘에서 저절로 떨어지는 것이 아니라 자신에게로 올 수 있도록 유인해야 한다는 뜻.

이로운 말은 귀에 거슬린다 일반적으로 귀에 거슬리는 말은 자신에게 유익한 말이기 때문에 잘 판단해서 받아 들여야 한다는 뜻.

이로울 때가 있으면 손해 볼 때도 있다 서로 사람을 상대하자면 이로울 때도 있고 손해 보는 때도 있으니 참고 견디며 지내야 한다는 뜻.

이른 새끼가 살 안 찐다 1.사람이 어려서 벌써 나이 든 체를 내고 너무 일찍 되면 도리어 훌륭하게 되지 못한단 말. 2.무슨 일이 처음에 너무 쉽게 잘되면 도리어 좋지 않다는 뜻.

⟨ 이(利)를 것이 없다 ⟩

이(利)를 것이 없다 "그 정도가 굉장함"을 뜻하는 말.

이(齒)를 뺀 놈은 이를 빼야 한다 평소에 혹독하고 모질게 행동하는 사람에겐 그와 같이 모질게 대해주어야 한다는 뜻.

이를 악물다 힘에 겨운 곤란이나 난관을 뚫고 나가려고 매우 비상한 결심을 함을 비유하는 말.

이름난 사람치고 실력 없는 사람 없다 대체적으로 이름난 사람은 다 그만한 능력을 갖추고 있다는 뜻.

이름난 잔치 배만 고프다 소문이 크게 난 것이 도리어 보잘것없다는 의미. (비) 소문난 잔치에 먹을 것 없다. 실속 없는 잔치가 소문만 멀리 간다. 먹을 것 없는 잔치에 말만 많다. 소문난 잔치 비지떡이 두 레반이다. 소문 안 난 공 뭣은 대 자요 소문난 공 뭣은 넉 자다.

이름도 성(姓)도 모른다 어떤 사람에 대해서 아무것도 알지 못함을 이르는 말. 예문. 그에 대해서라면 난 이름도 성도 모르니 아무것도 묻지 마오.

이름은 높아도 공(功)은 없다 남들에게 소문만 높이 났을 뿐이지 사실은 아무런 공로가 없는 사람을 이르는 말.

이름을 천추(千秋)에 전한다 천 년 만 년 영원토록 자신의 이름을 남길 수 있는 훌륭한 인물이란 뜻. (비) 이름을 후세까지 남긴다.

이름이 고와야 듣기도 좋다 이왕이면 사물(事物)의 명칭도 고와야 좋다는 말.

이름 좋은 하눌타리 겉모양은 좋으나 실속이 없음을 비유하는 말.

이리가 짖으니 개가 꼬리 친다 모양이 비슷한 것끼리 서로 잘 통하고 어울리기 쉬움을 비유적으로 이르는 말.

이리 갔다 저리 갔다 한다 자신의 주관이 없이 어찌할 줄 모르고 갈팡질팡 한다는 뜻.

이리 떼가 틀고 앉았던 수세미 자리 같다 수선한 자리를 이름.

이리 앞의 양 무서워서 어쩔 줄 모르고 쩔쩔매는 모양을 이르는 말. (비) 고양이 만난 쥐(걸음). 호랑이 앞의 개. 주린 고양이 만난 듯.

이리저리 돌아본다 행여나 여기 있을까 저기 있을까 하고 이리저리 주위를 돌아보고 있다는 의미.

이리저리 버티고 있다 이리 버티다가 안 돼면 저리로 버티다가 하면서 겨우 지탱해 나간다는 말.

이리해라 저리해라 하여 이 자리에 춤추기 어렵다 (비) 그 장단에 춤추기 어렵다.

이마가 넓으면 마음이 너그럽다 대체적으로 이마가 넓은 사람은 소견도 이마처럼 넓다는 뜻.

이마가 벗어지면 공것을 좋아한다 속설에 빗대어 대머리인 사람이 공짜를 좋아하는 것을 두고 놀림조로 이르는 말.

이마를 뚫어도 진물도 안 나온다 (비) 이마를 찔러도 피 한 방울도 안 나겠다.

이마를 찔러도 피 한 방울 안 나겠다 매우 인색하거나 빈틈없는 사람을 두고 하는 말.
(비) 감기 고뿔도 남 안 준다. 나그네 보내고 점심한다. 이마를 뚫어도 진물도 아니 난다. 이마에 송곳을 박아도 진물 한 점 안 난다. 털 하나도 안 뽑는다.

이마를 찡그리면서 싫어한다 어떤 일이 몹시 마땅치 않아서 이맛살을 찡그리면서 싫어한다는 말.

이마빡의 피도 안 말랐다 (비) 누른 입술에 젖내 난다

이마에 내천(川) 자를 쓰다 몹시 실망한 사람의 얼굴을 보고 놀리는 경우를 말함. (비) 내 마신 고양이 상. 눈썹 새에 내천 자 누빈다. 우거지 상. 쥐 초 먹은 것 같다. 콧대에 바늘 세울 만큼 골이 진다. 낙태(落胎)한 고양이 상(相)

이마에 부은 물이 발뒤꿈치로 흐른다 (비) 꼭뒤에 부은 물이 발뒤꿈치까지 내린다.

이마에 송곳을 박아도 진물 한 점 안 난다 (비) 이마를 찔러도 피 한 방울 안 나겠다.

이마에 와 닿다 "어떤 시기가 매우 가까워져 왔음"을 이르는 말.

이면경계(裏面境界)도 모른다 무슨 일의 내용이 어떻

⟨이성에 눈을 뜨다⟩

다는 것을 모른다는 뜻.

이면(裏面) 불한당(不汗黨) 일의 경우와 사리를 뻔히 알면서도 나쁜 짓을 하는 사람을 두고 하는 말.

★불한당 : 떼를 지어 다니며 강도짓을 하는 무리

이면수 쌈 싸먹다가 천 석꾼이 망했다 이면수 고기쌈이 매우 맛이 좋고 비싸다는 뜻.

이면(裏面)을 모르다 어떻게 돌아가는지도 모르고 함부로 굴거나 체면을 차리지도 못하다. ⇔ 이면(裏面)이 밝다.

이면(裏面)이 없다 체면을 차리고 경위를 알만 한 지각이 없다는 말.

이무기보다 양반이 더 무섭다 이무기 심술보다도 양반 심술이 더 지독하고 심해서 피해가 크단 뜻. (비) 이무기 심술이다. ★이무기 : 용이 되려다 못되고 물속에 산다는 전설상의 큰 구렁이.

이문 먹자는 장사 물건을 파는 사람은 아무리 친한 사람에게도 자기 이익을 보고 판다는 말.

이미 씌워 놓은 망건이라 다른 사람이 벌써하여 놓아서 마음대로 변경할 수 없음을 이르는 말.

이미 지나간 일 좋았던 나빴던 간에 이미 지난 일에 지금에 와서 문제를 제기하고 나서도 어쩔 도리가 없는 일이란 뜻.

이(쌀)밥을 먹으니까 생일인 줄 안다 한 번 좋은 일이 생기게 되면 언제나 좋은 일이 있을 줄 안다는 뜻.

이밥이면 다 젯밥인가 같은 물건이라도 경우에 따라 저마다 다르게 쓰이며 또 그 효과도 각각이란 뜻.

이밥이면 다 잿밥인 줄 아느냐 물건이 같아 보인다고 다 동일한 것으로 생각해서는 안 된다는 의미.

이 방(房) 저 방해도 서방이 제일 뭐니뭐니해도 이 세상에서 아내에게는 그래도 남편이 믿음직스럽고 좋다는 말.

이 빠진 강아지 언 똥에 덤빈다 (비) 개미가 객사(客舍) 기둥을 건드린다.

이 빠진 개 벌통시 만났다 불우한 사람이 대단치 않은 행운을 만나 요행으로 생각함을 이름. ★벌통시 : 뒷간 즉 변소(便所). 지금의 화장실(化粧室).

이 빠진 사발 추 없는 저울 (비) 구부러진 송곳.

이 빠진 일곱 살 어린아이는 이를 갈 때가 말을 안 듣는 시기이고 가장 밉살스럽게 굴 때란 뜻.

이 빠진 호랑이 신세 제아무리 권세가 당당하고 재주가 비상하던 사람도 일단 기운이 꺾이고 재주를 쓸 수 없는 무기력한 존재가 되고 만다는 뜻.

이 복 저 복해도 처복(妻福)이 제일 여러 가지 복이 많이 있지만 그중에서 아내를 잘 얻는 복이 제일 좋다는 뜻. (비) 이 집 저 집해도 계집이 제일.

이불 깃(간) 보아서 발 뻗는다 처지와 형편에 따라서 행동한다는 뜻. (비) 누울 자리 봐가며 발 뻗는다. 구멍 보아가며 쐐기 깎는다. 구멍을 보아 말뚝 깎는다. 이불 깃(간) 보아가며 발 뻗는다. 이부자리 보고 발을 펴라.

이불 밑에 엿 묻었나 (비) 노구 전에 엿 붙었나.

이불 속에서 하는 일도 안다 세상에 비밀은 없는 것이니 아무도 보지 않는 곳일지라도 언행을 조심스럽게 가려서 해야 한다는 말.

이불 속에서 활개 친다 (비) 다리 부려진 장수 성 안에서 호령한다.

이불 안 활개 (비) 다리 부려진 장수 성안에서 호령한다.

이사 가는 놈이 계집 버리고 간다 자신이 하는 일 중에서 가장 중요한 것을 잊어버렸거나 잃었다는 말.

이사할 때 강아지 따라다니듯 늘 붙어 다님을 이르는 말. (비) 거둥에 망아지 따라다니듯. 낮일할 때 찬 초갑(草匣).

이삭 밥에서 가난이 된다 벼 이삭 수수 이삭을 베어 먹으니. 오는 해도 가난하게 살 징조가 보인다는 뜻.

이 샘물 안 먹는다고 똥 누고 가더니 그 물이 맑기도 전에 다시 와서 먹는다 (비) 다시 먹지 않는다고 이 우물에 똥을 눌까.

이 설음 저 설음 해도 배고픈 설음이 제일 여러 가지 고통 중에서도 배곯고 굶주리는 고통이 가장 섧다는 뜻.

이성에 눈을 뜨다 이성에 대한 감성을 비로소 알기 시

〈 이 세상은 언제나 꽃동산은 아니다 〉

작한다는 뜻.

이 세상은 언제나 꽃동산은 아니다 세상을 살다 보면 기쁜 일 즐거운 일도 경험하고 슬픈 일 괴로운 일도 경험한다는 뜻.

이슬이 되다. 이슬로 사라지다 사형장이나 전쟁터에서 목숨을 잃음을 이르는 말.

이승인지 저승인지 모른다 사람이 오랫동안 정신을 잃어 살았는지 죽었는지도 모르고 있다는 뜻.

이십 전 자식 삼십 전 재물(천량) 피기가 젊은 때 자식을 일찍 두어야 늙어서 홀가분하고 재물 역시 왕성할 때 모아야 (자식이 어림에 돈이 덜 쓰여 잘 모이는 시기) 나이 많아서 편다는 뜻임에, 모든 것은 시기를 놓치지 마라는 당부의 말.

이십팔(二十八) 숙(宿) 중의 하나 매우 가느다란 물건이 끝없이 길다는 말. (비) 미성이 대국까지 뻗쳤다. 개창자 같다.

이 알이 곤두서다 궁하게 지내던 사람이 걱정 없이 살게 되었을 때에 그것에 힘입어 반지빠른 짓을 하는 경우를 아니꼽게 여겨서 이르는 말.

이 앓는 날 콩밥 먹기 운이 없는데 그 위에 또 운이 나쁜 일이 생겼다는 의미. (비) 계집 때린 날 장모 온다.

이야기가 났으니 말이지 어떤 말이 나온 김에 자기 의사를 말한다는 뜻을 나타내는 말.

이(齒) 없으면 잇몸으로 살지 없으면 없는 대로 그럭저럭 참고 산다는 말.

이에서 신물이 돈다(난다) 극도로 염증을 느끼어 두 번 다시 대하기 싫다는 뜻. (비) 입에서 신물이 난다.

이와 도둑은 숨길수록 는다 이하고 도둑하고는 잡지 않고 그대로 두면 점점 더 많아진다는 뜻.

이와 잇몸 사이 이와 잇몸과 같이 서로 이해의 상관관계가 일치하는 가까운 처지란 뜻.

이왕이면 다홍치마 동일한 조건이라면 좀 더 좋은 것으로 고른다는 뜻. (비) 이왕이면 과붓집 머슴살이를 하랬다.

이왕이면 처녀장가 무슨 일을 하려면 자기 자신에게 유리한 것으로 선택하기 마련이란 뜻.

이왕지사(已往之事) 이미 지나간 일을 이르는 말.

이 우물에 똥을 누고도 다시 그 우물을 먹는다 (비) 다시 먹지 않는다고 이 우물에 똥을 눌까.

이웃과 반목(反目)하면 외롭다 형제같이 친하게 지내야 할 이웃사촌 간에 서로 사이가 나쁘면 혼자 고립되고 외롭단 말.

이웃끼리는 황소 가지고도 다투지 않는다 가까운 이웃 간엔 자기에게 설사 큰 손해가 있더라도 다투지 말고 좋게 해결해야 한단 뜻.

이웃사촌 서로 이웃하여 살면 사촌보다 더 가까운 정분으로 지낸다는 말. (비) 가까운 이웃이 먼 일가보다 낫다. 지척의 원수가 천 리의 벗.

이웃을 먼저 보고 집을 사랬다 이사할 땐 반드시 이웃이 좋은 곳을 거주지로 삼아야 한다는 뜻.

이웃이 사촌보다 낫다 자주 보는 사람이 친해지기 쉽고 도움을 주고받기도 쉬움을 이르는 말. (비) 먼 사촌보다 가까운 이웃이 낫다. 지척의 원수가 천 리의 벗.

이웃집 개가 짖어서 도적을 면했다 우연히 다른 사람 덕분에 화를 면하게 됨을 비유적으로 이르는 말.

이웃집 개가 짖나 한다 불러도 대답은커녕 아무런 반응이 없는 사람을 두고 하는 뜻.

이웃집 개도 부르면 온다 불러도 안 오는 사람을 나무라는 말. (비) 이웃집 개가 짖나 한다.

이웃집 꽃이 더 곱다 일반적으로 남자 눈엔 가까이 있는 자기 아내보다 남의 여자가 더 곱게 보인다는 뜻.

이웃집 나그네 손볼 날이 있다 아무리 가까운 사이일지라도 손님으로서 깍듯이 대접해야 할 때가 따로 있다는 말.

이웃집 며느리 흉도 많다 항상 가까이 있고 잘 아는 사이일수록 상대편의 흉이 많이 띈다는 말. (비) 가까운 집 며느리일수록 흉이 많다.

이웃집 무당 영하지 않다 (비) 가까운 집은 깎이고 먼 절은 비친다.

이웃집 새 처녀도 내 정지에 들여세워 보아야 안다 사람은 실제 겪어 보아야 안다는 뜻이니 사람 고르기란 어렵다는 말.

이웃집 색시도 내 며느리를 삼아봐야 안다 항상 대하던 것도 직접 손 안에 넣고 보아야 올바르게 알 수 있다는 뜻.

이웃집 색시 믿고 장가 못 간다 남은 생각지도 않고 있는데 혼자 기대하고 있다가 낭패되는 일을 말함. (비) 동네 색시 믿고 장가 못 간다. 누이 믿고 장가 못 간다. 앞집 처녀 믿고 장가 못 간다.

이웃집 암탉 알이 더 크다 어떤 물건이든지 남의 것이면 자기의 것보다 더 훌륭하고 좋아 보인다는 말.

이웃 험담(險談)은 이웃이 한다 서로 간에 이해관계가 있어야 남의 험담도 하게 된다는 뜻.

이월 바람에 검은 쇠뿔이 오그라진다 이월은 바람이 세다는 뜻.

이월(二月)에 보리 환상(還上) 갔다 얼어 죽겠다 과히 춥지도 않는데 유난히 추위를 못 이기는 사람을 보고 하는 말. (비) 오뉴월에 얼어 죽겠다.

이 자리에 춤추기 어렵다 (비) 그 장단에 춤추기 어렵다.

이 잡듯 하다 하나도 빼놓지 않고 샅샅이 뒤지어 찾음을 형용하여 이르는 말.

이 장떡이 싼지 저 장떡이 싼지는 가봐야 안다 무슨 일이나 남의 말을 덮어놓고 듣는 것이 아니라 직접 가서 확인해야 안다는 말.

이 장떡이 큰 가 저 장떡이 큰 가 어느 쪽의 이익이 많을지 저울질하며 망설임을 비유한 말. (비) 방에 가면 더 먹을까 부엌에 가면 더 먹을까.

이 절(중)도 못 믿고 저 절(중)도 못 믿는다 이것도 저것도 다 못 믿겠다는 뜻. (비) 웃 돌도 못 믿고 아랫돌도 못 믿는다. 아랫길도 못 가고 웃 길도 못 가겠다.

이 집이 좋다 저 집이 좋다 해도 내 집이 제일 아무리 다른 집이 좋다 해도 어쨌든 제집이 가장 좋다는 말.

이태백(李太白)도 술병 날 때 있다 술을 잘 먹는 사람이 과음으로 인하여 앓고 눕는다는 뜻. ★이태백 : 중국 당나라의 시인(701~762). 이름은 백(白)이며 호는 청련거사(青蓮居士)이다. 두보(杜甫)를 시성(詩聖)이라 칭하는 데 대하여 시선(詩仙)으로 일컬어진다. 정치적 포부가 컸으며 현종(玄宗)의 궁정 시인이 되기도 했으나 대체로 일생을 방랑 속에서 불우하게 보냈다. 성격이 호탕하여 세속의 생활에 매이지 않고 자유분방한 상상력으로 시를 읊었다. 후세에 편찬된 《이태백 전집(李太白全集)》 30권이 전한다.

이태백(李太白)이가 돈 가지고 술 먹었다던 돈의 낭비가 있으니 술 마시지 말라는 데 대하여 반대하는 말.

이판사판 어쩌다 보니 아주 막다른 경구에 이르러서 더 생각할 여지가 없다는 뜻. (비) 이판저판.

이 팽이가 돌면 저 팽이도 돈다 이곳의 시세가 변하면 저곳의 시세도 변한다는 말.

이 핑계 저 핑계 어떤 일을 하지 않기 위해서 이리저리 핑계 댐을 이르는 말.

이해(利害)가 반반이다 서로의 이익과 손해가 절반씩이기에 그다지 손익(損益)은 없다는 뜻.

익모초(益母草) 같은 소리 익모초 맛처럼 몹시 쓴 소리란 말로서 즉 듣기 싫은 말이란 뜻. (비) 쑥떡 먹고 쓴 소리 한다. ★익모초 : 꿀풀과에 속한 두해살이풀. 높이는 약 1미터 내외이다. 가지가 갈라지고 단면은 둔한 사각형이며 흰 털이 있어 백록색이 돈다. 꽃은 7~8월에 피고 마디에 층층으로 달리며 연한 홍자색이다. 꽃필 때의 '익모초'의 전초(全草)를 말린 것. 산후(産後)의 지혈(止血)과 복통에 사용하며, 혈압 강하. 이뇨. 진정. 진통 작용이 있다.

익은 고기 보고 침 안 생기는 사람 없다 사람은 누구나 좋은 것을 탐낸다는 말.

익은 감도 떨어지고 선감도 떨어진다 늙어서 죽는 이도 있고 젊어서 죽는 이도 있다는 뜻으로, 모든 사람은 각자의 명에 따라 죽게 마련이라는 말.

익은 밥 먹고 선소리 한다 (비) 냉수에 이 부러진다.

익은 밥이 날로 돌아갈 수 없다 일이 이미 글렀으니 후

⟨ 인간 구제(救濟)는 지옥(地獄) 늦(밑)이라 ⟩

회해도 소용없다는 말.

인간 구제(救濟)는 지옥(地獄) 늦(밑)이라 흔히 사람을 구해 주면 도리어 그로부터 해를 당하는 수가 많다는 뜻.

인간 구제는 지옥 밑이라 사람을 구제하는 일은 할 일이 아니란 말. (비) 가난 구제는 지옥 늦이라

인간 만사는 꿈속이다 사람이 산다는 것은 마치 꿈을 꾸는 것 같이 살다가 결국은 죽는다는 말.

인간이 아니면 상대를 말고 길이 아니면 가지를 말랬다 모름지기 인간이 인간다운 사리를 지니고 있지 않으면 사귀지 않는 편이 훨씬 낫다는 말. (비) 인정이 아니면 사귀지 말고 길이 아니면 가지를 말랬다.

인간 일생은 이만 날밖엔 안 된다 사람이 산다는 것이 겨우 이만 날밖엔 안 되니 이 짧은 동안 결코 헛되이 보내지 말자는 뜻. (비) 인생은 다만 백 년이다.

인간 탈을 쓴 짐승 얼굴만 사람이지 하는 행동. 마음 씀씀이는 짐승과 같다는 뜻.

인걸(人傑)은 지령(地靈)에 있다 풍수설(風水說)에 의하면 산수가 좋아야 훌륭한 사람이 난다는 뜻.

인경 꼭지가 말랑말랑하거든 (비) 까마귀 대가리가 희어지거든. ★인경 : 옛날 통행금지를 알리기 위하여 밤마다 치던 큰 종.

인경 꼭지나 만져 보아라 도저히 될 가망성이 없으니 기다리지도 말라는 뜻으로 하는 말.

인기척이 있어야 개도 짖는다 어떠한 일을 할 수 있는 분위기가 제대로 조성되어 있지 않다는 말.

인물 좋으면 천하일색 양귀비 얼굴이 기껏 잘 생겼을 대야 양귀비만큼이나 하겠느냐고 반문하는 말.

인사(人事)는 관 뚜껑을 덮고 나서 결정된다 사람의 시비선악은 그 사람이 죽은 후에야 비로소 결정된다는 뜻.

인사(人事)를 다하여 천명(天命)을 기다린다 충분하게 인력을 다하여 결과는 오직 운명에 맡긴다는 뜻.

인사(人事) 알고 똥 싼다 사리(事理)를 알만 한 사람이 이치(理致)에 닿지 않는 말을 한다는 말.

인사엔 선후가 없다 인사는 먼저 보는 사람이 알아서 해야 한다는 말. (비) 인사는 먼저 보는 사람이 먼저 한다.

인색한 부자가 손쓴 가난뱅이보다 낫다 가난한 사람은 아무리 마음씨가 곱고 동정심이 많아도 남을 도와주기가 어려우나, 부자는 인색해도 가진 것이 많아서 없는 사람이 그에게 도움을 입을 수가 있다는 말 뜻. (비) 다라운 부자가 활수한 빈자보다 낫다.

인색한 부자는 백수건달만도 못하다 돈을 두고 남을 도와주지 않는 사람보다는 차라리 돈이 없어 못 도와주는 사람이 더 낫다는 말. (비) 인색한 부자는 가난한 활수(滑手)만 못하다. 다라운 부자가 활수한 빈자보다 낫다.

인생 겨우 오십 년 사람의 한평생이 극히 짧음을 이르는 말.

인생 백 년에 고락이 상반이라 삶에서 괴로움과 즐거움은 서로 절반이라는 뜻으로, 괴로움을 당해도 즐거움에 대한 희망을 가지라는 말.

인생은 나그네 마침내 집에 돌아온다 인간 삶은 나그네처럼 헤매다 결국 자기 집에 돌아오며 죽어서도 땅에 묻히게 된다는 뜻. (비) 인생은 나그네 마침내 대지에 돌아온다

인생은 바람 앞에 등불과 같다 인간이 살아간다는 것은 항상 불안하여 언제 어떻게 될지 모른다는 뜻.

인생은 뿌리 없는 부평초(浮萍草) 인생은 물 위에 떠도는 부평초와 같아서 정처 없이 떠다니다가 허무하게 죽는다는 뜻. (비) 인생은 아침 이슬과 같다.

인생은 일장춘몽(一場春夢) 사람의 삶이란 한바탕 꿈과 같이 몹시도 짧고 허무하다는 의미.

인생은 짧고 예술은 길다 인생은 길어야 백 년을 넘기지 못하지만 예술은 영구히 가치를 빛낸다는 말.

인생은 초로(草露) 인생이 도무지 덧없다는 말.
 (비) 아침에 났다가 저녁에 시드는 버섯. 틈으로 보는 흰말 지나가듯.

인생이란 연극 같다 사람이 한평생 산다는 것은 자기

마음대로 살지 못하고 각본(脚本)대로 사는 것 같단 뜻.

인생 팔십 고래희(古來稀) 사람이 일흔 살을 사는 것은 예로부터 드물었다는 말.

인심은 얻기는 어려워도 잃기는 쉽다 인심은 얻기는 어려워도 잃기는 쉬우니 늘 인심을 잃지 않도록 조심하라는 뜻.

인심은 한강수 마음이 매우 후하다는 말.

인심이 좋아야 바깥양반 출입이 넓다 아내가 찾아온 손님 대접을 잘 하여야 남편이 다른 데 가서도 대접을 잘 받는다는 뜻.

인(人)에서 인(人)을 못 고른다 사람들 중에서 난 사람을 찾아내기가 어렵다는 말.

인왕산(仁王山) 그늘이 강동 팔십 리 간다 (비) 금강산(金剛山) 그늘이 관동(關東) 팔십 리

인왕산 모르는 호랑이가 있나 왜 나를 몰라보느냐 하는 뜻으로 쓰는 말.

인왕산 중허리 같다 배가 부르다는 뜻. (비) 배가 앞 남산만 하다.

인왕산 차돌을 먹고살기로 사돈의 밥을 먹으랴 아무리 어렵고 고생스럽더라도 처가에 도움을 입어 살아가기는 싫다는 말. (비) 겉보리 서 말만 있으면 처가살이 하랴.

인왕산 호랑이 몹시 무서운 것을 비유하여 이르는 말.

인(仁)은 노(老)로 써라 늙으면 아는 것이 많으므로 사람을 쓸 때에는 나이 많은 사람을 고르는 말.

인절미 조청 찍은 맛 구미에 착맞고 마음에 꼭 든다는 뜻.

인절미 팥고물 묻히듯이 온통 더버기로 뒤집어쓰거나 뒤집어씌우는 모양을 비유적으로 이르는 말.

인정도 품앗이라 남이 나를 생각해야 나도 그를 생각하게 된다는 말. (비) 오는 정이 있어야 가는 정이 있다.

인정(人情)에 겨워 동네 시아비가 아홉이라 (비) 남의 사정 보다가 갈보 난다.

인정은 다 한 가지 인정은 윗사람이나 아랫사람이나 남자나 여자나 어른이나 아이나 할 것 없이 다 같다는 말.

인정은 두고 가랬다 사람은 비록 멀리 간다 하더라도 그간의 정만은 남기고 가란 뜻.

인정(人情)은 바리로 싣고 진상(進上)은 꼬치로 꿴다 직접 자기와 이해관계가 있는 일에 더 마음을 쓴다는 뜻. (비) 진상은 꼬챙이에 꿰고 인정은 바리에 싣는다. ★진상 : 지방의 특산물을 임금이나 높은 지위에 있는 사람에게 바침. 허름하고 나쁜 물건을 속되게 이르는 말

인정이 원수 정이 들 대로 다 들고서도 부부가 못되니 오히려 정든 것이 원망스럽다는 뜻.

인제 보니 수원 나그네로군 모르고 지나쳤거나 또는 모르는 체하고 있다가 저쪽에서 아는 체할 때 처음 깨달듯이 하는 말. (비) 알고 보니 수원 손님. 다시 보니 수원 손님.

인중이 길다 수명이 길겠다는 뜻.

인품(人品)이 좋으면 한 마당 귀에 시아비가 아홉 행실이 좋지 못한 여자에게 하는 말.

일가 못 된 건 계수 일가 중에서 가장 대하기 어렵고 서먹한 사람은 아우의 아내 되는 사람이라는 말.

일가(一家) 못된 것이 항렬(行列)만 높다 (비) 못된 일가 항렬만 높다.

일가 싸움은 개싸움 1. 한 족속끼리 싸우는 것은 짐승 같은 일이라는 말. 2. 일가끼리 싸움은 싸울 때뿐이고 원한을 품지 않는다는 말.

일가에서 방자한다 일가친척 사이에서 허물을 잡고 탓하며 남에게까지 들춰내어 화근을 만든다는 뜻으로, 서로 화목하게 지내야 될 사람들이 그러지 못함을 비유적으로 이르는 말.

일각(一刻)이 여삼추(如三秋) 기다리는 마음이 간절하여 아주 짧은 시간도 삼 년같이 길게 느껴짐의 뜻. (비) 일각(一刻)이 삼추(三秋) 같다. ★일각 : 매우 짧은 시간. 한 시간을 넷으로 나눈 가운데 첫째 시각. 곧 한 시간의 4분의 1인 15분을 뜻한다.

일거양득(一擧兩得) 한 가지 일에 두 가지 일을 얻음을 이르는 말. (비) 일석이조(一石二鳥). 돌 하나로 두

〈일곱 번 재고 천을 째라〉

마리 새를 잡는다. 화살 하나로 두 마리 새를 잡는다.
일곱 번 재고 천을 째라 무슨 어떤 일이든지 신중히 이해관계를 따져 보고 낭패가 되지 않게 한 뒤에 행동으로 옮겨야 한다는 뜻.
일그러진 방망이 서울 남대문에 가니 팩했다 시골서는 똑똑한 사람이라도 서울에 가면 기가 꺾인다는 뜻.
일 년 시집살이 못하는 사람 없고 벼 한 섬 못 메는 사람 없다 아무리 어렵다 하는 일도 기간이 짧거나 일의 양이 적으면 그다지 힘들지 않으니 누구나 할 수 있음을 비유적으로 이르는 말.
일 년을 십 년 같이 몹시 애태우며 기다림을 비유적으로 이르는 말.
일 다 하고 죽은 무덤 없다 사람이 일 하나를 다하면 또 다른 하나가 생기고 하여 일을 하려고 보면 끝이 없다는 말.
일도 못하고 불알에 똥칠만 한다 뜻하던 일은 못하고 도리어 낭패만 본다는 말.
일로를 밟다 어떤 현상이나 일이 한 방향으로 계속 나감을 이름.
일마다 남의 말 듣고 그대로만 한다 어느 일 하나 똑바르게 자기 주관을 내세워서 하지 못하고 남의 말만 듣고 그대로 한단 뜻.
일 못하는 늙은이 쥐 못 잡는 고양이도 있으면 낫다 불필요한 것처럼 보이는 것도 나름대로 쓸모가 있음을 비유적으로 이르는 말.
일색소박(一色疎薄)은 있어도 박색소박(薄色疎薄)은 없다 사람됨이 얼굴에만 매인 것이 아니라는 말. 얼굴이 예쁜 여자는 흔히 소박을 당해도, 얼굴이 못생긴 여자는 소박을 덜 당한다는 뜻. ★소박 : 꾸밈이나 거짓이 없이 수수함. ★박색 : 얼굴이 아주 못생긴 여자.
일석이조(一石二鳥) 돌 하나로 두 마리의 새를 잡는다는 뜻으로, 한 가지의 일로 두 가지 또는 그 이상의 이득을 얻음을 이르는 말. (비) 일거양득. 돌 하나로 두 마리 새를 잡는다. 화살 하나로 두 마리 새를 잡는다.

일소일소(一笑一少) 일노일노(一怒一老) 웃으면 젊어지고 성내면 빨리 늙어짐. 곧 웃고 지내라는 말.
일소(一笑)에 붙이다 보잘것없다는 뜻이 한바탕의 웃음거리로 여김을 이름.
일승일패(一勝一敗)는 병가(兵家)의 상사(常事) 한 번 실수는 누구에게나 다 있는 것이므로 크게 탓할 것이 아니란 말. (비) 한 번 실수는 병가의 상사.
일시가 바쁘다 몹시 바쁘다는 뜻.
일 식보(食補) 이 육보(肉補) 삼 보약(補藥) 보신(補身)하는 데는 첫째 밥을 잘 먹고, 둘째 고기를 먹는 것, 셋째 보약을 먹는 것이 좋다는 뜻.
일 안 하는 가장 1.제구실을 못하는 가치 없는 것을 이르는 말. 2. 일 아니하는 가장은 없다는 뜻으로 "도무지 상상할 수 없는 짓을 함"을 이르는 말. (비) 도둑을 보고도 짖지 않는 개. 쥐 안 잡던 고양이라. 도둑 못 지키는 개.
일에는 배돌이 먹을 땐 감돌이 일을 할 땐 꾀를 부려 뱅뱅 돌아다니다가 먹을 것이 있을 땐 살살 감도는 사람을 말함. (비) 먹기는 아귀같이 먹고 일은 장승처럼 한다.
일에 쫓겨서 쉴 여지가 없다 일거리가 너무 많아서 아무리 해도 끝이 없기에 잠시라도 쉴 여가가 없다는 뜻.
일엔 굼벵이 먹는 덴 돼지(귀신) (비) 일에는 배돌이 먹는 덴 감돌이.
일월이 크면 이월은 적다 (비) 한 달이 크면 한 달은 작다.
일은 능숙할수록 좋다 무슨 일이나 익숙하게 되면 자연히 능률이 오르니 좋다는 말.
일은 다 하고도 힘이 남는다 일을 다 끝마치고도 아직 힘의 여유가 있는 건강한 사람이란 뜻.
일은 민첩하게 하고 말은 신중하게 하랬다 일은 민첩하게 빨리 해두는 것이 좋지만 말은 신중하게 생각해서 실수가 없도록 하는 것이 낫다는 말.
일은 소같이 하고 먹기는 쥐같이 먹으랬다 일은 소처럼 우직하게 열심히 하고 먹기는 아껴서 쥐같이 조금 먹는다는 의미로, 소득은 많아도 생활은 검소하게 하라는 뜻.

일은 송곳으로 매운 재 긁어내듯 하고 먹기는 돼지 소 먹듯 한다 (비) 일에는 배돌이 먹을 땐 감돌이.

일은 연장이 좋아야 한다 일을 잘하려면 우선 생산 도구가 좋아야 일의 능률도 오르게 마련이란 뜻.

일은 욕심이 있어야 배운다 모름지기 일에 대한 욕심이 많은 사람이라야 최선을 다해서 일을 열심히 배운다는 뜻.

일은 커지기 전에 막아야 한다 무슨 일이든지 확대되기 전에 미리 손을 써야 수월하게 막을 수 있다는 말.

일은 한 가지 일에만 전염해야 한다 여러 가지를 한꺼번에 하지 말고, 한 가지 일에만 전력(全力)을 하여야 제대로 일을 끝마친다는 의미.

일을 맡아서 할 땐 제사를 지내듯 하라 일을 할 땐 온갖 정성을 다 해서 있는 힘껏 하라는 뜻.

일을 질질 끌면 변이 생긴다 일을 제때에 하지 않고 오늘 내일로 자꾸 미루고 있으면 사정이 달라져서 일하기가 어려워진다는 뜻.

일을 하나 하고 나면 여럿도 무섭지 않다 일을 한 번 끝내고 나면 그 일에 대한 자신감이 생겨서 그 다음 것은 아무리 어렵고 많아도 두려울 것이 없다는 뜻.

일을 하려면 어처구니 독 바르듯 하고 삼동서 김 한 장 쳐부수듯 메뚱이로 새알 부수듯 한다 무슨 일이든지 우물쭈물하지 말고 서둘러 해야 한다는 뜻.

일의 매듭은 시작했을 때와 같이 해야 한다 일의 마무리는 처음 시작했을 때와 같은 마음으로 오로지 성의 다해 매듭지어야 한다는 뜻.

일이 되면 입도 되다 일이 고되면 입도 고단하다는 말.

일 이등을 다툰다 실력이 비슷한 경쟁자끼리 서로 치열하게 다툰다는 뜻.

일이 많으면 근심도 많다 할 일이 많으면 많을수록 그로 인한 근심도 따라서 많아진다는 뜻.

일이 바쁘면 입도 바쁘다 일을 많이 하면 그에 따라 수입도 많아져서 생활이 넉넉하게 된다는 뜻.

〈 일침(一鍼) 이뜸 삼약 〉

일이 없으면 말이 많다 일이 없어 한가하게 되면 쓸데없는 잡담을 많이 하게 된다는 뜻.

일이 하기 싫으면 장승이라고 써 붙여라 일이 그렇게도 하기 싫으면 차라리 일을 못하겠다고 하고 쉬는 것이 낫겠다는 뜻.

일자리가 나다 일한 것만큼 일을 한 흔적이 나타난단 말.

일 잘하는 아들 낳지 말고 말 잘하는 아들 낳아라 사람이 말을 잘하면 처세하기에 퍽 유리하다는 뜻으로 이르는 말.

일장춘몽(一場春夢)이라 한바탕의 봄꿈처럼 헛된 부귀영화란 말. ★일장춘몽 : 한바탕 꿈을 꿀 때처럼 흔적도 없는 봄밤의 꿈이라는 뜻으로, 인간 세상의 덧없음을 비유적으로 이르는 말

일전 오리 밥 먹고 한 푼 모자라 치사를 백 번이나 한다 별로 크게 면목이 없거나 중대한 일이 아님에도 불구하고 과도하게 굽실거려야 함을 비유적으로 이르는 말.

일정에 오르다 진행 또는 실행 단계에 들어섬을 이름.

일진회(一進會)의 맥고모자(麥藁帽子) 같다 매우 더럽고 지저분하다는 뜻. (비) 아병의 장화 속 같다. 평양 병정의 발싸개. ★일진회 : 1904(광무 8)년 송병준(宋秉畯)에 의하여 조직된 친일 단체. ★맥고모자 : 밀짚이나 보릿짚으로 걸어서 만든, 빳빳하고 윗부분이 납작한 여름 모자.

일찍 일어난 새가 벌레 한 마리 더 잡아먹는다 일반적으로 항상 열심히 일을 하는 사람일수록 생활이 넉넉하게 된다는 뜻.

일천(일촌) 간장이 봄눈 슬 듯하다 "몹시 애가 탐"을 강조하여 이르는 말.

일천관 불붙이고 동관에서 쌀알 줍는다 큰 손해를 입고 나서 조그마한 이익을 위하여 수고한다는 뜻. (비) 일천 석 불붙이고 쌀알 줍는다. 기름을 엎지르고 깨를 줍는다. 일천 석 불붙은 줄 모르고 독 뒤에서 쌀알 줍는다.

일침(一鍼) 이뜸 삼약 병을 고치는 데는 첫째가 침이고

〈 일 포식(一飽食)도 재수(財數)이다 〉

둘째가 뜸질이고 셋째가 약이란 말.

일 포식(一飽食)도 재수(財數)이다 음식을 한 번 실컷 먹을 수 있음도 운이 좋아야 한다는 뜻.

일하고 치사 못 듣는다 일을 죽도록 열심히 하고도 남에게 치사는 한마디도 못 들었다는 말.

일하는 아이는 호박 같은 아이가 낫다 튼튼하고 우직하게 생긴 사람이 훨씬 일을 잘한다는 뜻.

일흔이 되면 잠자리도 바꾼다 대체적으로 70세 가량 되면 한 이부자리에서 자던 부부가 잠자리를 따로 하게 된다는 뜻.

읽는 것보다 쓰는 것이 낫다 여러 번 반복해 읽는 것보다 한 번 쓰는 것이 배움에 더 큰 도움이 된다는 뜻.

잃은 도끼나 얻은 도끼나 잃은 것이나 얻은 것이나 별 차이가 없다는 말.

잃은 도끼는 쇠나 좋거나 앞서 있던 사람을 대신하여 새 사람이 들어왔을 때 새 사람이 앞서 있던 사람만 못할 때에 앞서 있던 사람을 생각하여 이르는 말.

임님 뵙기보다 더 힘들다 만나기가 무척 어렵다는 말.

임금 무덤에 신하(臣下) 구신 모이듯 서로 이해관계가 밀접한 사람끼리는 어딜 가든 언제나 함께 모이게 된다는 말.

임금은 배 백성은 물 집권자는 배와 같고 국민들은 바다와 같기에 바닷물이 고요하면 배도 안정되지만 바닷물이 센 물결을 일으키면 결국 배는 뒤집히게 된다는 뜻.

임도 보고 뽕도 딴다 좋은 일을 한꺼번에 겸하여 함의 뜻. (비) 원님도 보고 환자도 탄다. 원보고 송사 또한 본다.

임도 하나 달도 하나 하늘엔 달이 하나 밖엔 없듯이 세상엔 내가 사랑하는 임도 하나밖엔 없다는 뜻.

임도 하나 사랑도 하나 사랑하는 사람도 단 한 명이요, 사랑을 하는 것도 단 한 번 뿐이란 말.

임 없는 밥은 돌도 반 뉘도 반 남편 없이 혼자 지낼 때에는 먹는 것에 정성이 들여지지 않아 잘 먹지 않고 산다는 말.

임을 보아야 아이를 낳지 선행조건(先行條件)을 갖추거나 경우에 잘 맞아야 일을 이룰 수 있다는 말. (비) 산에 가야 범을 잡고 물에 가야 고기를 잡는다. 물이 가야 배가 오지. 물이 와야 배가 오지. 물이 있어야 고기가 생긴다. 바람이 불어야 배가 간다. 배도 물이 있을 때 띄워야 한다. 잠을 자야 꿈을 꾸지. 죽어봐야 저승을 알지. 서울에 가야 과거 급제하지. 거미도 줄을 쳐야 벌레를 잡지. 눈을 떠야 별을 보지. 하늘을 봐야 별을 따지. 짧은 두레박 줄로 깊은 우물 물을 긷지 못한다.

임자 없는 용마 (비) 꽃 없는 나비.

임자 잃은 논밭에 돌피 성하듯 일정한 관리나 감시를 못해서 좋지 않은 것만 무성하게 된 경우를 비유적으로 이르는 말.

입 가리고 고양이 흉내 (비) 가랑잎으로 눈 가린다.

입길에 오르내리다 비방하는 말을 듣는다는 말.

입김이 어리다 소중히 다루던 정이 담겨져 있음을 이르는 말.

입 다물고 끙끙거리기만 한다 차마 할 말을 못하고 속으로만 끙끙대고 있을 때 쓰는 말.

입 동냥하지 말고 귀 동냥하랬다 남과 말을 많이 하여 분란을 일으키지 말고, 남의 말이나 많이 들으라는 의미.

입 두고도 말 않는 것도 벙어리 할 말은 반드시 해야지 함묵하고 있으면 도리어 손해를 본다는 의미.

입만 까다 말로만 그럴 듯하게 하고 실천은 아니 한다는 말.

입만 구양 보내다 말을 해봤자 들어주지 않는 것이 뻔한데 공연히 입만 고생시킨다는 뜻.

입만 살다 1. 실천이 따르지 않으면서 말만은 그럴 듯하게 잘함을 이르는 말. 2. 처지가 음식을 가려 먹을 형편이 못 되면서도 음식을 몹시 가림을 이르는 말.

입만 쓰다듬고 있다 말은 않고 무엇인가 생각하면서 입만 손으로 쓰다듬고 있다는 말.

입만 씻고 만다 응당 의문을 나누어야 할 사람에게 주지 않고 독차지한다는 뜻.

입만 아프다 여러 번 일러 주어도 말한 보람이 없을 경우를 이르는 말.

입만 있으면 서울 이서방 집도 찾는다 말만 잘하면 아무리 힘든 일이라도 능히 해낼 수 있다는 뜻.

입맛 나자 노수(路需) 떨어진다 식욕이 생겨 무엇을 사 먹으려 하자 노잣돈이 떨어져 못 먹게 되었다는 뜻으로, 일이 공교롭게도 서로 빗나가며 틀어지는 경우를 비유적으로 이르는 말. (비) 방귀 길나자 보리 양식 떨어진다. ★노수 : 여행하는 데 드는 돈 노자(路資).

입맛대로 하다 마음 내키는 대로 한다는 말. 예문. 네 입맛대로 하려면 차라리 처음부터 혼자 하지 그랬니?

입맛만 다신다 음식을 양껏 먹지 못하고 겨우 맛만 보다가 말았다는 뜻.

입맛이 반찬 입맛이 좋으면 반찬이 없거나 보잘것없는 밥도 맛있게 먹을 수 있다는 말.

입바른 말 잘하는 사람치고 미움 안 받는 사람 없다 장소를 가리지 않고 평소에 입바른 소리 잘하는 사람은 남에게 미움과 원망을 받음의 뜻.

입 밖에 나온 말은 다시 삼킬 수 없다 말은 한 번 잘못 내뱉으면 다시 주워 담을 수 없으니 조심하라는 뜻. (비) 입 밖에 나온 말은 못 잡는다.

입 밖에 내다 나타내어 말한다는 말.

입 벌리고 돈 달라고는 못 하겠다 아무리 자신이 굶어 죽게 되었어도 차마 돈 좀 달라는 말은 못 하겠다는 뜻.

입술에 침이나 바르지 거짓말을 천연스럽게 잘도 한다는 말.

입술이 없으면 이가 시리다 서로 밀접한 관계에 있어서 하나가 망하면 다른 하나도 망하게 된다는 말.

입술이 타면 혀도 마른다 비슷한 처지에서는 하나가 고생스러우면 다른 하나도 따라서 고생스럽게 된다는 뜻.

입 쌈이 주먹 쌈 된다 처음엔 언성을 높여 다투다가 나중엔 서로 때려가며 싸우게 된다는 말.

입씨름한다 서로 아무것도 아닌 것을 가지고 다툰다는 말.

입 씻는다 (비) 떡 먹은 입 쓸어 치듯한다.

입 아래 코 일의 순서가 바뀌었음을 비유적으로 이르는 말.

입 안의 소리 제대로 알아들을 수 없을 정도로 입 안에서 웅얼웅얼하는 가느다란 말소리를 이름.

입 안의 혀. 입에 혀 같다 시키는 대로 잘 순종함을 이르는 말.

입에 거미줄 치다 오랫동안 굶는다는 뜻.

입에 들어오는 떡이 있어야 한다 실속은 하나도 없고 말로만 풍년 드는 것은 자기에겐 아무 소용이 없다는 의미.

입에 들어온 것도 삼켜야 내 것이다 무슨 일이나 끝마무리를 제대로 하기 전까지는 아무리 좋은 것이라도 믿을 수 없다는 뜻.

입에 맞는 떡 자기 마음에 꼭 드는 사물을 이르는 말.

입에 맞다 자기의 식성에 꼭 들어맞는다는 말.

입에 문 떡도 못 먹는다 다 된 일도 마지막에 가서 그르치게 되는 수가 있으므로 조심하라는 뜻.

입에 문 혀도 깨문다 사람인 이상 실수가 있다는 말. (비) 입에 든 혀도 문다.

입에 발린 소리 마음에도 없는 것을 겉치레로 하는 말.

입에 붙은 밥풀 어느 때고 떨어지고 없어질 것을 이름.

입에서 나와서 귀로 들어간다 두 사람이 비밀스럽게 주고받은 말이라 다른 사람은 전혀 알지 못한다는 뜻.

입에서 신물이 난다 아주 지긋지긋하다는 뜻. (비) 의에서 신물이 난다.

입에서 젖내 나다 1.아직 나이가 어리다는 말. 2.언동이 몹시 어리다는 말. (비) 누른 입술에 젖내 난다. 대가리의 물(피)도 안 말랐다. 이마빡의 피도 안 말랐다.

입에 쓴 약이 병에는 좋다 (비) 단 말은 병이 되고 쓴 말은 약이 된다.

입에 오르내리다 자주 남의 이야깃거리로 된다는 뜻.

⟨입에 오르다⟩

입에 오르다 1.이야깃거리가 된다는 말. 2.말하기에 버릇이 되어 굳어지다.

입에 익다 입에 버릇이 되어 배다.

입에 종노릇하기 바쁘다 몸뚱이 하나로 여러 입을 먹여 살리기가 매우 바쁘고 고생스럽다는 뜻. (비) 입에 효자 하기 바쁘다.

입에 침이 마르도록 남을 아주 좋게 말하거나 또는 몹시 찬양해서 말함을 비유적으로 이르는 말.

입에 풀칠하다 겨우 밥이나 먹을 정도로 가난하게 살다는 말. (비) 목구멍에 풀칠한다.

입으로 나가고 귀로 들어온다 자기의 말은 입으로 나가지만 남의 말은 귀로 들어온다는 뜻.

입으론 배를 채워도 눈으론 배를 못 채운다 배를 채우려면 입으로 음식을 먹어야지 눈으로는 아무리 많이 구경을 하여도 결국 소용이 없다는 뜻.

입은 거지는 얻어먹어도 벗은 거지는 못 얻어먹는다 사람이 옷차림새가 깨끗하여야 남에게 대우를 받아 목적을 쉽게 이루게 된다는 말.

입은 다르나 말은 같다 여러 사람이 하는 말이 마치 한 입으로 하듯이 다 동일하다는 뜻.

입은 마음의 문 입은 평소에 마음속에 묻어두었던 말이 나오는 문의 구실을 한다는 뜻.

입은 말하라는 입이고 눈은 보라는 눈이고 귀는 들으라는 귀다 모름지기 입으론 하고 싶은 말을 해야 하고, 눈으론 똑똑히 보아야 하고, 귀로는 정확히 들어야 한다는 뜻.

입은 무거워야 하고 발은 가벼워야 한다 일반적으로 입은 실언하는 법 없이 무거워야 하고 몸은 부지런히 해야 한다는 뜻.

입은 병마개처럼 막아둬야 한다 입은 반드시 필요한 말만을 하고는 다물고 있어야 실수를 하지 않는다는 뜻.

입은 비뚤어져도 말은 바로 해라 아무리 상황이 안 좋다고 하더라도 옳고 바른 말을 하라는 말. (비) 입은 비뚤어져도 주라(朱螺)는 바로 불어라.

입은 비뚤어져도 주라(朱螺)는 바로 불어라 (비) 입은 비뚤어져도 말은 바로 해라. ★주라 : 붉은 칠을 한 소라 껍데기로 만든 대각(大角).

입은 사람을 해치는 도끼다 말 한 마디가 남에게 큰 상처를 주므로 말을 조심해야 한다는 뜻.

입은 작아야 하고 귀는 커야 한다 말을 되도록 적게 해 실수가 없도록 하고, 남의 말을 되도록 많이 경청해 지식을 넓히라는 뜻.

입은 초병(醋瓶) 막듯 하랬다 언제 어디서나 불필요한 말은 하지 말아야 한다는 뜻. ★초병 : 초를 담는 병.

입은 화와 복이 드나드는 문 말을 잘 못하면 화를 당하지만 말을 잘하면 두고두고 복을 받게 된다는 뜻.

입은 화의 문 혀는 몸을 베는 칼 말을 한 번 잘못하면 몸에 화를 당하게 되므로 말은 신중히 가려 쓰란 뜻.

입을 딱 벌리다 하도 엄청나서 기가 막히거나 또는 매우 놀라워함을 이르는 말.

입의 말 다 듣자면 고래 등 같은 기와집도 하루아침에 넘어간다 먹고 싶은 대로 다 해 먹다가는 큰 재산도 금세 너덜난다는 말.

입의 혀 같다 제 뜻대로 움직여 주어 매우 편리하다는 뜻. (비) 소금 섬을 물로 끌라면 끈다. 소금 섬을 물로 끌이라면 끌인다. 여울로 소금 섬을 끌라면 끈다.

입이 걸기가 사복개천(司僕開川) 같다 말을 함부로 상스럽게 할 경우를 이르는 말. (비) 사복 물어미나 지절거리기도 한다. 입이 사복개천 같다. ★사복개천 : 거리낌 없이 욕설이나 상말을 마구 하는 입이 더러운 사람을, 말을 키우던 관청인 사복시 근처의 더러운 개천에 비유하여 이르는 말.

입이 광주리만 해도 말은 못하리라 잘못이 이미 명백히 드러나 변명할 여지가 없다는 말. (비) 온몸이 입이라도 말 못하겠다. 이 열둘이라도 말 못한다.

입이 근질근질하다 무엇을 말하고 싶어서 참을 수가 없다는 말.

입이 도끼날 같다 남이 싫어하는 입바른 소리를 한다는 말.

입이 밥 빌러 오지 밥이 입 빌러 올까 빌려 갈 사람이 가지러 오지 않고 갖다 주기를 바랄 때 하는 말.

입이 보배 입으론 먹는 것이나 말하는 일 무엇이나 다 한다 하여 이르는 말.

입이 서울 먹는 것이 무엇보다 제일이란 뜻.

입이 여럿이면 무쇠(금)도 녹인다 여러 사람이 의견의 일치를 보면 무슨 일이라도 할 수 있다는 뜻. (비) 천인이 찢으면 천금이 녹고 만인이 찢으면 만금이 녹는다. 세 사람만 우겨대면 호랑이도 만들어 낼 수 있다.

입이 원수 살기 위하여 괴로움이나 아니꼬운 일을 당해도 할 수 없이 참게 되는 경우를 이름.

입이 천근 같다 입이 썩 무거움을 비유적으로 이르는 말.

입이 커지면 목구멍도 커진다 서로 이해관계가 결부된 일은 하나가 좋으면 다른 하나도 금세 좋아지게 된다는 뜻.

입이 포도청 살기 위하여 하지 못할 일까지 하게 된다는 말.

입이 함박만 하다 아주 만족함을 비유적으로 이르는 말.

입찬말은 묘 앞에 가서 하여라 희떱게 자기를 자랑하고 장담하지 말라는 뜻. (비) 입찬말은 무덤 앞에 가서 하라. 찬 소리는 무덤 앞에 가하라.

입초시(입길)에 오르내리다 남에게 구설을 듣는다는 말.

입추의 여지가 없다 1.빈틈이라고는 조금도 없이 비좁다는 말. 2.논밭이 조금도 없다는 뜻. (비) 송곳 박을 땅도 없다. 벼룩 끓어앉을 땅도 없다. ★입추(立錐) : 송곳을 세움.

입춘 거꾸로 붙였나 입춘이 지난 뒤 날씨가 다시 몹시 추워졌을 때 하는 말. (비) 설을 거꾸로 쉰다.

입 큰 자랑 말고 귀 큰 자랑 하랬다 쓸데없이 말 많이 하는 것을 자랑하지 말고 남의 좋은 말을 잘 듣는 것을 귀히 여기란 뜻.

입하고 주머니는 동여매야 한다 필요 이상의 말은 하지 말아야 하고 쓸데없는 낭비는 하지 말라는 뜻.

입 하나에 귀는 두 개란 것을 알아야 한다 입은 하나이기 때문에 말을 적게 해야 하고 귀는 둘이기 때문에 많이 들어야 한다는 뜻.

잇대어서 자면 사람이 죽는다 사람들이 여럿이 잘 때 한 사람의 발밑에 머리를 두고 일직선상에서 자지 말라는 말.

잇새도 어우르지 않는다 말 한 마디 없다는 뜻.

잇수(里數)와 촌수(寸數)는 가까운 데로 친다 대체로 잇수나 촌수는 먼 데로 되지 않고 가까운 데로 된다는 말.

있는 것 같으면서도 없는 것이 돈이다 돈은 언제나 생각하고 있는 것보다 훨씬 적게 남아 있다는 말.

있는 것은 모두고 없는 것은 헤프다 무엇이나 많이 있으면 오래 견디어 나가는 듯하나, 없고 보면 한 없이 궁하기만 하다는 뜻.

있는 놈이 궁상을 더 떤다 돈 있고 넉넉하게 사는 사람이 겉으론 오히려 궁핍하게 한다는 말.

있는 놈이 목숨을 더 아낀다 돈 있는 사람이 돈 없는 사람보다 목숨을 지나치게 소중히 여긴다는 뜻. (비) 있는 사람은 주는 소리는 더한다.

있는 놈이 욕심은 더 많다 부유한 사람이 가난한 사람보다도 훨씬 욕심이 많다는 뜻.

있는 사람은 명년 일을 걱정하고 없는 사람은 눈앞 일을 걱정한다 부유한 사람은 여유가 있기에 항상 장래에 대해서 걱정하지만, 없는 사람은 당장에 자신의 처지가 급하기에 눈앞의 일에 대해서만 걱정하게 된다는 말.

있다 있다 해도 없는 것이 돈이다 있는 것 같으면서도 정작 쓰려고 보면 없는 것이 돈이란 말.

있어도 그만 없어도 그만 있어도 별로 대단할 것이 못 되고 없어도 별로 아쉬울 것이 없다는 뜻.

있어서 나쁠 것 없다 무엇이든 있어서 해가 될 것은 하나도 없다는 말.

있으나마나 한 것은 없는 것이 낫다 있어서 하나도 도움이 못된 것은 차라리 없는 것이 낫다는 말.

있을 때 아껴야지 없으면 아낄 것 없다 사람은 흔히 경제적으로 넉넉해지면 낭비하게 됨으로 이를 경계

〈 잉어가 뛰니까 망둥이도 뛴다 〉

하는 말.
잉어가 뛰니까 망둥이도 뛴다
　(비) 거문고 인 놈이 춤추니 칼 쓴 놈도 춤춘다.
잉어 국 먹고 용트림한다 (비) 김칫국 먹고 수염 쓴다.
잉어 낚시에 속절없이 송사리 걸린 셈 1.자기와는 상관도 없는 일에 끼어들어 애매하게 화를 입는 경우를 두고 하는 말. 2.큰 것을 바라고 란 일이 보잘것없는 성과밖에 내지 못하는 경우를 두고 하는 말.
잉어 숭어가 오니 물고기라고 송사리도 온다 (비) 거문고 인 놈이 춤추니 칼 쓴 놈도 춤춘다.
잊는 데는 세월이 약이다 괴로움이란 세월이 흘러가면 저절로 잊어지게 마련이란 뜻.
잊지 않으면 생각난다 잊어버리면 몰라도 잊지 않는 동안엔 자꾸만 생각하게 된다는 말.

ㅈ

자가사리가 용을 건드린다 (비) 물인지 불인지 모른다. ★자가사리 : 동자개과의 민물고기.

자가사리 끓듯 한다 사람들이 질서 없이 모여 복작거린다.

자각(自覺) 나자 망령(亡靈) 사람은 어물어물하다가 곧 나이가 들게 됨에 젊어서 자기의 할 일과 수학(修學)에 최선을 다 해야 한다는 말. (비) 철나자 망령난다. 철들자 노망 든다. 철나자 늙는다.

자고 나도 깨고 싶지 않다 잠을 자기는 했으나 푹 자지 못했으므로 좀 더 자고 싶다는 뜻.

자고 난 은혜 없다 남에게서 받은 은혜라도 세월이 흐르면 잊게 마련이란 뜻.

자기가 지은 것도 도로 자기가 받게 된다 (비) 자기가 뿌린 씨는 자기가 거두게 마련이다.

자기가 하기 싫은 일은 남에게 시키지 말라 자기가 하기 싫은 일은 남도 역시 하기 싫기에 결코 남에게 시키지 말라는 뜻. (비) 자기가 하기 어려운 일은 남에게도 시키지 말랬다.

자기 고향이 서울이다 어느 누구든지 자기의 고향이 가장 좋다고 생각하는 것이 인지상정이란 뜻.

자기뇨(自己尿)를 먹었다 자기가 한 일로 인하여 욕을 보게 되었다는 말. ★자기뇨 : 자기의 오줌.

자기 대중으로 남 말한다 흔히 남의 말을 할 땐 자기를 척도로 하여 말을 꾸며가면서 하게 된다는 뜻.

자기 되로 남의 곡식을 된다 어느 누구든지 자기 표준(標準)으로 혹은 자기중심적인 입장에서 남을 생각한다는 말.

자기 오줌 먹기 자기가 한 일로 인하여 결국 자기가 봉변을 당하게 되었다는 의미.

자기 자식에겐 팥죽 주고 의붓자식에겐 콩죽 먹인다 "콩쥐팥쥐"에서 나온 말로 의붓자식을 미워한다는 뜻으로 이르는 말.

자기 자식의 잘못은 모르고 자기 곡식 잘된 것도 모른다 흔히 사람은 자기의 것을 편견(偏見)으로 오인(誤認)한다는 뜻.

자기 집 안방 드나들 듯 다른 사람들이 출입하기 어려운 곳을 자기는 아무 거리낌 없이 자유롭게 출입한다는 말.

자기 집이 있으면 가난해도 좋다 객지에서 홀로 고향을 그리워한다는 말로 만일 집에 가 있으면 가난하게 살더라도 좋을 것이란 뜻.

자 눈도 모르고 조복(朝服) 마른다 (비) 말똥도 모르고 마의(馬醫) 노릇 한다.

자는 것보다 더 편한 것 없다 몸이 괴로울 땐 우선 수면을 취하는 것이 가장 좋다는 뜻. (비) 자는 것이 극락이다.

자는 놈의 몫은 없어도 나간 놈의 몫은 있다 게으름을 부리면 혜택을 입을 수 없으나 부지런히 일하는 사람에게는 반드시 혜택이 돌아온다는 말. ★나간 놈 : 일하려 나간 사람을 이름.

자는 (놈의) 입에 콩가루 떨어 넣는다 1.남에게 좋은 일 한다면서 도리어 남을 곤란에 빠뜨린다는 말. 2.사리에 맞지 않거나 경우에 닿지 않는 짓을 한다는 뜻.

자는 벌집 건드린다 가만히 있는 것을 건드려 공연히 큰일을 일으킨다는 뜻. (비) 벌집을 건드렸다. 자는 범 코침 주기. 자는 호랑이 불침 놓기. 불집 낸다.

자는 범 깨우지 말랬다 위험한 짓은 아예 하지 않도록 해야 한다는 말.

자는 범(호랑이) 코침 주기. 자는 범(호랑이) 코를 쑤신다 (비) 벌집을 건드렸다.

자는 중도 떡이 다섯 1.재(齋) 올린 덕분에 일도 안 하고 자던 중까지 떡을 얻어먹듯이 먹을 복이 있으면 어딜 가나 먹을 복이 생긴다는 뜻. 2.사리에 맞지 않거나 경우에 닿지 않는 짓을 한다는 뜻.

자다가 남의 다리 긁는다 자기를 위한 일이 남을 위한 일이 된다는 뜻. (비) 남의 다리 긁다. 자다가 잠꼬대한다.

자다가도 웃을 노릇이다 자다가 생각해도 웃음이 터져 나올 정도로 몹시 우습다는 말.

자다가 벼락을 맞는다 갑자기 뜻하지 않은 변을 당하여 어쩔 줄 모를 때 쓰는 말. (비) 삼경에 만난 액이라. 자다가 생병 앓는 것 같다. 자다가 얻은 병. 발등에 불이 떨어진다. 마른 날에 벼락 맞는다. 맑은 하늘에 벼락 맞는다. 삼경에 만난 액이다.

자다가 봉창 두드린다 얼토당토않은 딴 소리를 불쑥 내민다는 뜻. (비) 아닌 밤중에 홍두깨 내민다. 그믐밤에 홍두깨 내민다.

자다가 생병을 앓는다 (비) 자다가 벼락을 맞았다.

자다가 얻은 병 (비) 자다가 벼락을 맞았다.

자다가 얻은 병이 이각(離却)을 못한다 뜻하지 않고 얻은 병이나 재액은 쉽사리 면할 수 없단 말. ★이각 : 학질 따위의 병을 떨어지게 함.

자던 아이 가지 따러 갔다 아이를 재우려고 눈 어미가 아이보다 먼저 깊이 잠들 때 이르는 말.

자던 아이 깨겠다 그런 얼토당토 않는 말은 그만 두라는 말.

자던 입에 콩가루 털어넣기 사리에 맞지 않는 일을 함.

자도 걱정 먹어도 걱정 근심이 너무 커서 자나 깨나 늘 그 걱정이 놓여지지 않는다는 뜻.

자동차는 인간의 생명을 연장해 준다 인간이 시간을 절약할 수 있게 되었다는 데서 나온 말. (미국 속담)

자라나는 호박에 말뚝 박는다 한창 잘되어 가는 짓에 훼방을 놓는다는 말. (비) 호박에 말뚝 박기.

자라는 나무순은 꺾지 않는다 어린이는 보호를 받지 못하면 자라나기 어려우니 부모는 어린이를 알뜰살뜰 보호하도록 해야 할 의무가 있단 말. (비) 깃 없는 어린 새 그 몸을 보전치 못한다.

자라목 오므라들 듯 면구스럽거나 멋쩍어서 목을 옴츠림을 형용하는 말.

자라목이 됐다 무엇이너 점점 움츠러져 줄어 가는 것을 뜻함. (비) 자라목 오므라들 듯.

자라보고 놀란 가슴 솥뚜껑(소댕) 보고 놀란다 어떤 것에 한번 놀라면 그것과 비슷한 것만 봐도 겁을 낸다는 말. (비) 더위 먹은 소 달만 보아도 헐떡인다. 불에 놀란 가슴 부지깽이만 봐도 놀란다. 대가리보고 놀란 놈은 꼬리만 봐도 놀란다. 뜨거운 국에 덴 개 물만 봐도 무서워한다. 뱀에 놀란 사람은 새끼만 봐도 놀란다.

자라 알 바라보듯 재물이나 자식을 먼 곳에 두고 밤낮으로 잊지 못하여 애타는 것을 뜻함.

자라 알 지켜보듯 한다 어떻게 일을 처리하려고 노력하지는 않고 그저 묵묵히 들여다보고만 있다는 의미.

자랄 나무는 떡잎부터 알아본다 잘 될 사람은 어려서부터 장래성이 있어 보인다는 뜻. (비) 될성부른 나무는 떡잎부터 알아본다. 푸성귀는 떡잎부터 알고 사람은 어렸을 적부터 안다. 열매 될 꽃은 첫 삼월부터 안다.

자랑 끝에 불붙는다 너무 자랑을 하면 무슨 말썽거리가 생기거나 일을 그르친다는 말. (비) 자랑 끝이 쉬슨다.

〈자식 데리고 온 어미 주머니 둘 찬다〉

자룡(子龍)이 헌 창(槍) 쓰듯 한다 물건을 아껴 쓰지 아니하고 함부로 버림을 이르는 말. ★자룡 : 자구의 방향에서 내려온 용.

자루 벌린 놈이나 곡식 퍼 넣은 놈이나 뒤 구린 것은 어차피 피차일반이란 말.

자루 베는 칼 없다 (비) 중이 제 머리를 못 깎는다.

자루 빠진 도끼 (비) 구부러진 송곳.

자루 속 송곳은 빠져나오게 마련이다 남들이 알지 못하도록 아무리 은폐하려 해도 탄로날것은 저절로 탄로가 난다는 뜻. (비) 주머니에 들어간 송곳이다.

자루 속에 든 쥐 1.꼼짝 못하고 잡힌 경우를 이르는 말. 2.틀림없이 손아귀에 들어줘게 된 환경을 비유적으로 이르는 말.

자루 없이 동냥한다 (비) 바가지 없는 거지 노릇한다.

자루 찢는다 좋지도 않는 물건을 가지고 서로 가지려고 다툰다는 말. (비) 동냥 자루 찢는다. 거지끼리 자루 찢는다.

자리를 같이 하다 1.옆에 앉아 있다. 2.어떤 모임 같은 데에 함께 참여하다.

자리에 똥 싼다 무슨 일이 자기 마음대로 되지 않는다는 말.

자리와 여자는 새 것이 좋다 (비) 여자는 새 것이 좋다.

자린고비 1.지나치게 인색한 사람을 두고 하는 말. 2.아니꼬울 정도로 인색한 사람을 얕잡아 이르는 말.

자면서 이를 갈면 가난해진다 아이들이 이를 갈면 그러지 말라고 하여 이르는 말.

자반뒤집기 누워서 괴로워하며 엎치락뒤치락 함을 이름.

자발없는 귀신은 무랍도 못 얻어먹는다 너무 경솔하면 얻어먹을 것 못 얻어먹는다는 뜻. ★자발없다 : 방정맞아 참을성이 없다. ★무랍 : 굿을 하거나 물릴 때에 귀신을 위하여 물에 말아 문간에 내두는 한술 밥.

자벌레가 몸을 꾸부리는 것은 장차 펴기 위한 것이다 남 보기엔 못난 짓 같지만 그러한 짓의 배후에는 무슨 요긴한 뜻이 있는 것이란 말. (비) 개구리가 주저앉은 뜻은 멀리 뛰자는 뜻이다. 굼벵이가 지붕에서 떨어지는 것은 매미 될 셈이 있어 떨어진다. 굼벵이가 지붕에서 떨어질 때는 생각이 있다. ★자벌레 : 자벌레나방과에 속하는 나방의 어린 벌레.

자볼기 맞겠다 아내에게 나무람을 듣겠다고 놀림조로 이르는 말.

자빠져도 코기 깨진다 (비) 복 없는 가시내가 봉놋방에 가 누워도 고자 곁에 가 눕는다.

자빠진 김에 쉬어간다 (비) 넘어진 김에 쉬어간다.

자빠진 놈 꼭뒤 차기 (비) 넘어진 놈 걷어차기.

자비(慈悲)가 짚 벙거지 겉으로는 자비스러운 체하나 사실은 그러하지 못하다는 말.

자수삭발 못한다 (비) 중이 제 머리를 못 깎는다.

자시오 할 땐 마다더니 아가리에 박으라 해야 먹는다 처음 좋은 말로는 듣지 않다가 나중에 말이 거칠어져야 듣는다는 뜻. (비) 아가리에 자시오 할 때 마다하다가 아가리 쳐 먹으라 해야 먹는다.

자식 겉 낳지 속 못 낳는다 자기가 낳은 자식이라 할지라도 그 속마음까지는 알 수 없음. (비) 부모가 자식을 겉 낳았지 속 낳았나.

자식 과년하면 부모가 반 중매쟁이 된다 혼인할 시기를 놓친 자식을 둔 부모는 직접 짝을 찾아 주기 위해 분주히 돌아다니며 무척 애를 쓰게 된다는 말.

자식과 불알은 짐스러운 줄 모른다 부모는 자식을 양육하는 데 수고는 많지만 귀여운 재미에 고달픈 줄 모른다는 뜻.

자식 귀엽게 키워 버릇 있는 놈 못 봤다 자식을 엄하게 기르지 않고 그저 귀엽게만 키우면 나중엔 버릇없는 자식이 되기 쉽다는 말.

자식 기르는 것 배우고 시집가는 계집 없다 처음부터 준비나 경험을 하여 배우는 것이 아니라 무슨 일이든 닥쳐서 해나가는 동안에 배우게 되는 것이란 말. (비) 자식 키우는 법 배우고 시집가는 여자 못 봤다.

자식 낳아 장모(丈母) 준다 흔히 장가 간 자식이 어미보다 장모를 더 위한다는 말.

자식 데리고 온 어미 주머니 둘 찬다 자식을 데리고 재

〈 자식도 많으면 천하다 〉

가(再嫁)하여 또 자식을 낳는 여자는 두 자식에 대해여 각각 신경을 쓰게 된다는 뜻.

자식도 많으면 천하다 무엇이나 흔하고 많으면 자연스레 홀하게 대하게 된다는 말.

자식도 며느리면 밉다 귀여운 자식도 만일 자기 며느리가 된다면 미워지게 마련이란 뜻.

자식도 품안에 들 때 내 자식이지 자식이 어릴 때나 부모를 잘 따르고 귀엽지, 조금 자라면 부모의 말도 잘 안 듣고 제멋대로 행동하게 됨을 이르는 말.

자식 두고 돌아서는 어미는 발자국마다 피가 고인다 자식을 떼어놓고 헤어질 때 어미는 매우 괴로워서 어쩔 줄 모른다는 뜻. (비) 자식 떼고 돌아서는 어미는 발자국마다 피가 괸다.

자식 둔 골에는 호랑이도 두남을 둔다 (비) 범도 새끼 둔 골을 두남을 둔다.

자식 둔 골은 범도 돌아본다 (비) 범도 새끼 둔 골을 두남을 둔다.

자식 둔 사람은 화냥년 보고 웃지도 말고 도둑놈 보고도 흉보지 말랬다 자식의 장래가 어떻게 될지 모르기에 장담해선 안 된다는 뜻. (비) 자식 둔 사람은 입찬소리를 못한다. 자식 둔 사람은 도둑놈 보고 흉보지 말라.

자식 떼고 돌아서는 어미는 발자국마다 피가 괸다 (비) 자식 두고 돌아서는 어미는 발자국마다 피가 고인다.

자식 많은 어미 허리 펼 날 없다 (비) 가지 많은 나무에 바람 잘 날이 없다.

자식 못 낳는 여자가 살림은 잘한다 아이들에 대한 낙(樂) 대신 살림하는 낙을 가지기에 대체적 살림을 잘하게 된다는 뜻.

자식 밥은 먹어도 사위 밥은 못 먹는다 자식을 의지하는 것은 만만치만 사위를 의지하는 것은 어쩐지 불편하다는 말.

자식 속에는 앙칼이 들어 있고 부모 속에는 부처가 들어 있다 자식은 부모에게 불효한 짓을 하지만 부모는 부처와 같이 자비심으로 자식을 사랑한다.

자식 수치가 부모 수치 자식이 잘못하면 부모까지 덤으로 욕을 먹게 된다는 뜻.

자식 씨와 감자 씨는 못 속인다 자식은 어느 한 군데라도 부모를 닮는 데가 있어서 절대로 속일 수 없다는 뜻.

자식 없는 것이 상팔자 자식이 없으면 자식으로 인한 노고가 그만큼 덜하기에 팔자가 편하다는 뜻.

자식 없는 사람은 부모의 은덕을 모른다 자식을 낳아 키워보지 않은 사람은 부모의 은덕을 영 모르게 된다는 뜻.

자식 없는 사람은 울지 않아도 자식 있는 사람은 운다 자식이 없는 사람은 자식 때문에 속을 썩이는 일이 없지만 자식이 있는 부모는 자식 때문에 속을 많이 썩인다는 말.

자식에게 땅 줄 걱정 말고 책 물려줄 걱정하랬다 자식에 재산을 물려주는 것보다 교육을 시켜주는 것이 낫다는 뜻. (비) 자식에게 금 상자 물려주는 것이 책 한 권을 물려주는 것만 못하다.

자식 웃기기는 어려워도 부모 웃기기는 쉽다 부모는 자식을 위해서 온갖 노력을 다해야 하지만, 자식은 부모에 대해선 그 대가에 티끌만큼만 생각해도 부모는 아주 즐겁다는 말.

자식은 가정의 거울 어린아이들의 행동거지를 보면 그 가풍(家風)에 대략 짐작할 수 있다는 말.

자식은 난 자랑 말고 키운 자랑하랬다 자식을 많이 낳은 것이 장한 것이 아니라 잘 키워서 잘 가르친 것이 장하다는 말.

자식은 내 자식이 커 보이고 벼는 남의 벼가 커 보인다 자식은 내 자식이 좋게 보이나 재물은 남의 것이 좋아 보인다는 말.

자식은 먹고 남아야 부모에게 주고 부모는 먹지 않고 자식에게 준다 자식은 자기 중심으로 욕망을 채우려고 하지만 부모는 자기의 욕망을 억제하여 자식을 이롭게 한다는 말. (비) 자식은 쓰고 남은 돈을 부모에게 주고 부모는 자식에게 주고 남은 돈을 쓴다.

⟨자식이 죽었을 때보다 며느리 후살이 갈 때가 더 서럽다⟩

자식은 미워도 열 시앗은 밉지 않다 방탕한 자식은 밉지만 자식이 데리고 온 며느리들은 밉지 않다는 뜻. (비) 자식은 미워도 손자는 귀엽다.

자식은 생물(生物) 장사 자식을 많이 낳으면 그 중엔 일찍 죽는 아이도 있고, 제대로 못 자라는 아이도 있다는 뜻으로 하는 말.

자식은 속으로 귀여워하랬다 겉으론 엄하게 하고 속으론 귀여워해야 아이들 교육에 유익하다는 말.

자식은 아비를 닮고 딸은 어미를 닮는다 자식은 그 부모의 영향을 받기 마련이라는 말.

자식은 애물(愛物) 자식은 언제나 부모의 애만 태우는 존재란 뜻.

자식은 어려서 자식이다 자식은 순진하고 귀여운 어린이 시절에 부모에게 흡족한 느낌을 주지만 조금 자라면 부모의 뜻을 받들지 않으며 불효한 짓을 한다는 말. (비) 자식은 품안에 들 때 내 자식이다. 품안에 있어야 자식이다.

자식은 오복(五福)이 아니라도 이는 오복에 든다 이가 좋은 것이 큰 복이라는 뜻.

자식은 외아들이 귀엽고 며느리는 여럿이라야 귀한 며느리가 있다 자식은 여럿을 둔 경우보다 외아들이 더 귀엽고, 외며느리보다 여러 며느리가 있어야 그중엔 귀한 며느리도 있단 뜻.

자식은 잘 두면 보배 잘못 두면 원수 자식을 잘 가르치게 되면 그보다 큰 보배가 없고, 만약 자식을 잘못 가르치게 되면 그보다 더 원수 같은 존재가 없다는 뜻.

자식은 장가들기 전까지가 제 자식이다 자식이 장가를 가게 되면 부모는 자식을 마음대로 다룰 수 없게 된다는 말.

자식은 제일 큰 보배 그 어떤 보배보다도 자식이 가장 큰 보배란 뜻.

자식은 제 자식이 더 곱고 계집은 남의 계집이 더 곱다 남자 눈엔 제 자식이 가장 예뻐 보이고, 여자는 남의 집 여자가 더 예뻐 보인다는 뜻. (비) 자식은 내 자식이 좋고 곡식은 남의 곡식이 좋다.

자식은 제 자식이 좋고 곡식은 남의 곡식이 좋다 뉘나 제 자식을 가장 귀중한 것으로 아나 재물은 맘의 것이 좋아 보이고 탐난다는 뜻. (비) 자식은 내 자식이 커 보이고 벼는 남의 벼가 커 보인다.

자식은 쪽박에 밤 주워 담는 듯하다 좁은 방에 들어앉은 자식들이 올망졸망 많다는 말로, 가난한 집에 자식이 많음을 이름.

자식은 키우는 재미 자식을 키우는 것은 덕을 보기 위해서가 아니라 자라는 과정이 무척 사랑스럽고 귀엽기 때문이란 뜻.

자식을 길러 봐야 부모 은공을 안다 부모의 입장이 되어 봐야 비로소 부모의 은공을 헤아릴 수 있단 말. (비) 자식을 키워봐야 어미 속을 안다. 앓아봐야 아픈 것도 안다.

자식을 보기에 아비 만한 눈이 없고 제자를 보기에 스승 만한 눈이 없다 자식은 그 부모가 제자는 그 스승이 가장 잘 알고 있단 말.

자식을 아는 것은 부모다 자식의 성격이나 행동거지는 그 부모가 가장 잘 알 수 있다는 뜻.

자식을 아는 것은 아비만 못하다 자식의 잘잘못에 관한 한 그 아버지가 잘 안다는 뜻.

자식이 귀엽거든 매 하나 더 때리랬다 자식이 귀엽다고 응석만 부리게 버릇들이지 말고 엄격하게 잘 가르치란 뜻.

자식이 부모 정을 이어준다 사이가 벌어진 부부일 경우에 자식으로 인하여 전처럼 다정하게 될 수가 있다는 뜻.

자식이 생각하는 것보다 부모는 백배를 생각한다 자식이 아무리 부모를 생각해주고 배려한다 해도 부모는 몇 배나 더 자식을 생각하고 걱정한다는 말.

자식이 없으면 속은 썩지 않는다 자식이 없으면 외롭기는 하지만 자식 때문에 속 썩을 일은 없다는 뜻. (비) 자식이 없으면 자식 때문에 속 썩는 건 없다. 자식치고 부모 속 안 썩인 자식 없다.

자식이 죽었을 때보다 며느리 후살이 갈 때가 더 서럽다

〈 자식 있는 사람은 울어도 자식 없는 사람은 울지 않는다 〉

자식이 죽었을 때보다 오히려 며느리가 재가할 때 부모의 마음은 더 서럽고 안타깝다는 뜻.

자식 있는 사람은 울어도 자식 없는 사람은 울지 않는다 자식 있는 부모는 자식 때문에 속 썩어 우는 경우가 많지만 자식 없는 부모는 속 썩을 일이 없다는 뜻. (비) 자식 있는 사람치고 안 운 사람 없다.

자식 자랑 말고 병 자랑하랬다 병을 고치려면 병에 대한 이야기를 사람들에게 해야 좋은 약을 구할 수 있다는 뜻.

자식 자랑은 욕해도 고향 자랑은 욕하지 않는다 가족 자랑을 하면 욕먹지만 고향 자랑은 아무리 지나치게 해도 남들이 욕하지 않는다는 뜻.

자식 자랑은 팔불출(八不出)의 하나 아내 자랑은 삼불출(三不出)의 하나 남이 듣기 싫어 하니 남자는 아내나 자식을 자랑하지 마라는 뜻. (비) 자식 추기 반 미친놈 계집 추기 온 미친놈. 자식 자랑과 남편 자랑은 팔불출의 하나. ★팔불출 : 열 달을 채 못 채우고 여덟 달 만에 나왔다는 뜻으로, 몹시 어리석은 사람을 조롱하여 이르는 말. ★삼불출 : 칠거지악의 허물을 가진 아내라 하더라도 내쫓을 수 없는 세 가지 경우. 有所取無所歸不去(유소취무소귀불거) : 보내도 돌아갈 곳이 없는 경우. 與共更三年喪不去(여공경삼 년상불거) : 부모의 삼 년상을 치른 경우. 前貧賤後富貴不去(전빈천후부귀불거) : 이전에 가난하였다가 부자가 된 경우.

자식 죽는 건 봐도 곡식 타는 건 못 본다 농부들이 농사일에 쏟는 정성은 자식에 대한 것보다 크다는 것을 비유한 말.

자식 추기 반 미친놈 계집 추기 온 미친놈 사람은 흔히 가장 사랑하는 자에 대해서는 어두우므로 이것을 경계하는 말. (비) 온통으로 생긴 놈 계집 자랑 반편으로 생긴 놈 자식 자랑.

자식 키우는 법 배워가지고 시집간다는 여자 못 봤다 누구든지 일을 배워서 하는 것이 아니라 그때그때 형편에 따라서 하게 된다는 뜻.

자신을 알려거든 남에게 물으랬다 자신을 정확하게 판단하려면 타인의 객관적 시각을 척도로 삼아여 한다는 뜻.

자신을 이기는 사람은 뛰어난 사람이다 자기 자신의 소신에 따라 행동하는 사람은 뛰어나게 잘난 사람이란 뜻. (비) 자신을 이기는 사람은 강한 사람이다.

자신이 중이면 중 행세를 해야 한다 사람은 저마다 자기 신분에 알맞은 행동을 해야 한다는 뜻.

자에도 모자랄 적이 있고 치에도 넉넉할 적이 있다 1.경우에 따라, 많아도 모자랄 수 있고 적어도 남을 수가 있다는 말. 2.일에 따라서 잘난 사람도 못 할 수 있고 어리석은 사람도 곧잘 할 수가 있음을 이르는 말.

자연으로 돌아가라 사회의 인심으로부터 받은 좋지 않은 현상에서 벗어나 인생의 순박한 상태로 돌아가란 뜻.

자웅(雌雄)을 결단한다(겨루다) 웅(雄)을 승(勝)에 비기고 자(雌)를 부(負)에 비겨 승부를 다투어 정한다는 뜻. 우월함과 열등함을 결정한다는 뜻. ★자웅 : 암 컷과 수컷을 아울러 이르는 말.

자의(自意) 반 타의(他意) 반 자기 의사에 절반에 남의 의사 절반으로 이루어졌다는 뜻.

자인(慈仁) 장 바소쿠리 1.입이 큰 사람을 놀리는 말. 2.큰 물건을 두고 하는 말. ★자인 : 경북 경산 자인. ★바소쿠리 : 싸리로 둥글넓적하게 만든 큰 삼태기.

자주 꼴뚜기를 된장 발라 구운 듯하다 피부가 검은 사람을 조롱하는 말. (비) 오동(烏銅) 숟가락에 가물치 국을 먹었나. 검은 고기 맛도 좋다. ★자주 꼴뚜기 : 살빛이 검은 사람을 놀림조로 하는 말.

자주 이식된 나무는 잘 자라지 못한다 한 우물을 파라는 말과 같음.(아라비아)

자지도 못하고 먹지도 못한다 걱정 근심이 너무도 많아서 잠도 자지 못하고 입맛이 떨어져 잘 먹지도 못한다는 뜻.

자지도 않고 쉬지도 않는다 할 일이 너무 많아서 잘 시간도 없고 제대로 쉴 시간도 없다는 뜻.

자취를 감추다 1.가는 방향이나 있는 곳을 남이 모르게 가거나 숨거나 한다는 말. 2.계속해서 있거나 또는 계속해서 나타나지 않고 없어짐을 이름.

작게 먹고 가는 똥 누어라 욕심 부리지 말고 분수에 맞게 살라는 말. (비) 작작 먹고 가늘게 싸라. 몽글게 먹고 가늘게 싼다.

작고 큰 것은 대봐야 안다 어느 것이 크고 어느 것이 작은가를 알려면 서로 직접 대어놓고 비교해 봐야 안다는 뜻.

작년에 괸 눈물 금년에 떨어진다 1.일의 성과가 오래있다 나타난다는 말. 2.일을 질질 끌면서 미루어 가며 한다는 뜻. (비) 작년에 고인 물을 금년에 흘린다.

작년에 왔던 각설이 또 찾아왔다 반갑지 않은 사람이 다시 찾아온 경우를 비유적으로 이르는 말.

작년이 옛날이다 일 년 동안에 많은 변화가 일어난다는 말.

작년 팔월에 먹었던 오례송편이 나온다 다른 사람의 거만한 행동을 보니 속이 뒤집힐 것처럼 아니꼽고 비위가 상한다는 말. ★오례송편: 올벼의 쌀로 만든 송편.

작대기로 하늘 재기(찌르기) (비) 바지랑대로 하늘 재기.

작대기를 휘두르며 개를 부린다 방해를 자초(自招)하면서 일을 한다는 말.

작사도방(作舍道傍)에 삼 년 불성(不成) 의견이 많아서 얼른 결정하지 못함을 이름. ★작사도방: 어떤 일에 여러 사람의 의견이 서로 달라서 얼른 결정하지 못함을 이르는 말.

작살 맞은 물고기 별안간 커다란 타격을 입게 되었다는 말. (비) 작살 맞은 뱀장어.

작살 설맞은 뱀장어 도망친다 (비) 그물을 벗어난 토끼 도망치듯. ★작살: 짐승이나 물고기를 찔러 잡는 데 쓰는 기구.

작아도 고(후)추 알 (비) 대국 고추는 작아도 맵다.

작아도 대추 커도 소반(小盤) 대추는 크기가 작아도 이름에 큰대 자가 있고 소반은 크기가 커도 이름에 작을소 자가 있다는 뜻으로, 상대방의 말을 엉뚱한 말로 재치 있게 받아넘기는 말. ★소반: 짧은 발이 달린 작은 상.

작아도 콩 싸라기 커도 콩 싸라기 질적으로 별 차이가 없음을 비유적으로 이르는 말. (비) 복숭아씨나 살구 씨나.

작아도 큰 아주머니 몸집은 작아도 통이 크고 너그러운 아주머니를 이르는 말.

작아도 하동 애기 키 작지만 하동 사람은 똑똑하다는 뜻으로, 몸집은 작아도 훌륭한 사람을 이르는 말.

작아도 후추 알이다 몸집이 작아도 당찬 사람을 두고 하는 말. (비) 작아도 고추알.

작은 것만 보던 사람은 천지(天地)가 크다는 것을 알지 못한다 견문(見聞)이 좁은 사람은 큰일을 알지 못한다는 말.

작은 것부터 큰 것 이룬다 아무리 큰일도 처음 시작은 작은 것이었단 말. (비) 천릿길도 한 걸음부터.

작은 고기 가시가 세다 (비) 대국 고추는 작아도 맵다.

작은 고추가 더 맵다 1.비록 체구는 작아도 제 할 일은 잘 알아서 한다는 의미. 2.대단한 존재는 아니나 배경이 든든하다는 뜻. 3.몸집은 작아도 큰 사람보다 도리어 단단하고 재주가 더 뛰어나다는 뜻. (비) 작아도 고추알. 작은 고추가 더 맵다. 고추는 작아도 맵다. 고추보다 후추가 더 맵다.

작은 나무도 서까래로 쓰일 때도 있다 1.못나거나 부족한 사람도 다 쓰일 데가 있다는 말. 2.세상에서는 못 쓰는 것이 없다는 뜻.

작은 놈은 쥐나 개나 도둑질하듯 하고 큰 놈은 고래가 삼키듯 범이 채가듯 한다 관리들은 그 직위가 낮건 높건 간에 모두 부정한 행위를 한다는 뜻.

작은 댁네 하품은 큰 댁네한테는 옮지 않는다 하품은 본디 쉽게 옮겨지는 법인데도 옮겨지지 아니한다는 뜻으로, 본처와 첩 사이는 극 대 극이라는 표현을 이르는 말.

작은 도끼도 연달아 치면 큰 나무를 눕힌다 대수롭지

⟨작은 돌을 피하려다가 큰 돌에 치었다⟩

않고 조그만 것이라도 여러 번 반복해 노력하면 큰 일을 이룰 수 있다는 말.

작은 돌을 피하려다가 큰 돌에 치었다 작은 화(禍)를 피하려고 신경을 쓰다가 큰 화를 입게 되었다는 뜻.

작은 며느리 보고 나서 큰며느리 무던한 줄 안다 먼저 사람의 좋은 점을 뒷사람을 겪어보고 나서야 비로소 알게 된다는 뜻. (비) 둘째 며느리 삼아보아야 맏며느리 착한 줄 안다.

작은 못에 든 고기 비록 활동력은 좋으나 활동무대가 아주 좁아서 실력을 발휘할 수 없다는 뜻.

작은 배는 무거운 짐을 감당하기 어렵다 실력이 모자라는 사람이 중책(重責)을 맡으면 감당하기가 어렵다는 말.

작은 복은 제가 만들고 큰 복은 하늘이 준다 큰 복은 자신이 마음대로 할 수 없지만 작은 복은 자신이 행동하기에 달려 있다는 뜻. (비) 작은 복은 제게 달렸고 큰 복은 하늘에 달렸다.

작은 아비 제삿날 지내듯 (비) 외삼촌 산소에 벌초하듯.

작은 어미 제삿날 지내듯 정성을 들이지 않고 형식만 마지못해 갖추는 행동을 이름.

작은 여편네 날 보내듯 남의 소실이 된 여자처럼 하는 일 없이 한가롭게 그저 어물어물 세월만 보낸다는 뜻.

작은 일엔 망설여도 큰일엔 망설이지 말랬다 작은 일엔 우물쭈물하는 일이 있어도, 큰 일할 땐 자질구레한 것은 뒷전으로 밀어놓고 과감하게 단행해야 한다는 뜻.

작은 일을 못 참으면 큰일을 그르친다 아주 사소하고 작은 일을 참지 못하다가는 결국 큰일을 망치게 된다는 뜻.

작은 일이 끝 못 맺는다 일이 작아 시시하게 여겨서 힘써 하지 않으므로 그런 일을 이루지를 못하고 흐지부지 되어 버리고 만다는 뜻.

작은 절에 괴가 두 마리라 가뜩 궁하고 없는 곳에 여럿이 모이어 뉘 하나도 마음껏 먹거나 가지지 못한다는 뜻.

작은 탕관(湯灌)이 이내 뜨거워진다 작은 사람이라도 능력과 재주를 가지고 있으니 그를 경시해서는 안 된다는 말. ★탕관 : 국을 끓이거나 약을 달이는 데 쓰이는 작은 그릇.

작은 틈만 있으면 배는 가라앉는다 (비) 호미로 막을 것을 가래로 막는다.

작작 먹고 가늘게 싸라 크게 욕심을 부리다가 낭패를 보기 쉬우니 적으나마 걱정 없이 지내는 게 낫다는 말. (비) 작게 먹고 가는 똥 누어라. 몽글게 먹고 가늘게 싼다.

잔고기 가시 세다 작은 사람이지만 똘똘하고 빈틈이 없다는 말.

잔꾀는 여자가 많고 큰 꾀는 남자가 많다 잔꾀 쓰는 데는 여자가 낫고 큰 꾀를 쓰는 데는 남자가 낫다는 말.

잔나비 띠는 재주가 있다 신생(申生)인 사람은 흔히 잔재주가 있다 하여 이르는 말.

잔나비 밥 짓듯 한다 조심성이 없고 경솔하게 하는 행동함을 이름. (비) 널뛰듯 한다. ★잔나비 : '원숭이'의 방언.

잔나비 잔치다 남을 흉내 내어 한 일이 제격에 맞지 않는 경우를 비유적으로 이르는 말.

잔디밭에 바늘 찾기 (비) 감자밭에서 바늘을 찾는다.

잔뜩 먹고 뱃장구만 친다 배부르게 먹고 한가로이 잠이나 자면서 팔자 좋게 세월만 보낸다는 뜻.

잔바늘로 쑤시듯 한다 착살스럽게 들쑤시기를 잘한다는 말.

잔병에 효자 없다 잔병이 많아서 늘 앓고만 있으면 혹 어떤 때는 서운하게 해 드릴 때도 있을 것이므로 하는 말. (비) 긴병에 효자 없다. 삼 년 구병(救病)에 불효 난다.

잔뼈가 굵어 나다 남의 수고를 끼쳐 자라남을 가리키는 말.

잔생이 보배라 못난 체하는 것이 처세에 이롭다는 말.
★잔생이 : 남의 충고나 명령을 지긋지긋하게 듣지 않는 태도가 있게, 남에게 어떤 요구를 들어 달라고

애처롭게 자꾸 사정하는 모양으로.

잔소리 많은 집안은 가난하다 잔소리가 많으면 가정이 늘 화목하지 못하여 가난을 벗어날 수 없다는 뜻.

잔솔밭에 바늘 찾기 (비) 감자밭에서 바늘을 찾는다

잔은 차야 맛이고 님은 품에 들어야 맛이다 술잔은 가득히 부어야 맛이 나고 님은 품안에 들어야 기분이 좋다는 말.

잔인한 범도 제 새끼는 잡아먹지 않는다 아무리 사납고 모진 사람이라 할지라도 자기의 아랫사람을 해롭게 하지 않는다는 뜻.

잔잔한 바다는 노련한 사공을 만들지 않는다 집채만 한 파도에 휩쓸려 배가 뒤집어질 것 같은 두려움을 겪어야 노련한 사공이 될 수 있다는 말.(아프리카 속담)

잔(盞) 잡은 팔 밖으로 펴지 못한다. 잔 잡은 팔이 안으로 굽는다 (비) 팔이 들이굽지 내 굽나.

잔치 끝에 쇠뼈 (비) 구부러진 송곳.

잔치 마당에 곡하기 (비) 고추밭에 말 달리기.

잔치엔 먹으러 가고 장사엔 보러 간다 이치를 따지자면 혼인 잔치에는 구경도 하고 축하를 해야 하나 실상은 모두들 먹는 데만 기를 쓰고, 장사 지내는 데는 위문하고 일을 도와주어야 하는 것을 울고 법석이는 구경만 하는 것이 사실이란 뜻.

잔치 치른 집 같다 한창 소란스럽다가 갑자기 고요해지는 것을 비유적으로 이르는 말. (비) 굿 해 먹은 집 같다. 끓는 물에 냉수 부은 것 같다.

잔칫날 기다리다 굶어 죽는다 어떻게 될지도 모르는 앞일만 기대하고 있다가 낭패를 당하게 된다는 뜻. (비) 잔칫날 잘 먹으려고 사흘 굶는다. 벼르던 애기 눈이 먼다. 위하는 아이 눈이 먼다. 잘 낳자는 아이 눈먼다.

잔칫날 다가오듯 정해 놓은 날이 빠르고 급하게 다가옴을 이르는 말.

잔칫날 맏며느리 앓아눕다 큰일을 해야 하는 때에 가장 중요한 역할을 담당할 사람에게 문제가 생김을 이르는 말.

잔칫날 신랑의 길은 임금님 행차도 못 막는다 혼인 잔치는 매우 경사스럽고 중요한 행사라는 말.

잔칫날 신부를 가마에 태워 놓고 버선이 없다 한다 큰일을 치르면서 그에 걸맞은 준비가 부족함을 이르는 말.

잔칫날에 큰 상 받는 기분 매우 기쁘고 만족스러움을 이르는 말.

잔칫날 잘 먹으려고 사흘 굶을까 훗날에 있을 일만 믿고 막연히 가다리겠다는 뜻.

잔칫집에는 같이 가지 못 하겠다 남의 결점을 잘 들추어 말하기 좋아하는 짓을 못 마땅히 여김을 이르는 말.

잘 가다가 삼천포(三千浦)로 빠졌다 일을 잘 해나가다가 그만 망쳐버렸다는 말.

잘나고 못난 건 가죽 한 장 차이 사람의 얼굴이 잘 생기고 못 생긴 것은 가죽 한 장 차이밖엔 안 되는 것이므로 잘났다고 결코 뽐내서는 안 된다는 뜻.

잘난 사람은 범이 되고 못난 사람은 쥐가 된다 사람이 잘나면 호랑이 같이 무섭게 변하고 못나면 쥐같이 약하게 된다는 뜻.

잘난 사람이 있어야 못난 사람이 있다 선과 악. 좋음과 나쁨 등은 비교가 되어야 뚜렷하게 나타난다는 말.

잘난 여자는 보기만 해도 예쁘지만 못난 여자는 정이 들어야 예뻐진다 못난 여자라도 오랫동안 친하게 지내면서 정이 들게 되면 결국엔 사랑하게 된다는 뜻.

잘 낳자는 아이 눈먼다 (비) 잔칫날 기다리다 굶어 죽는다.

잘되는 밥 가마에 제를 넣는다 남의 다 된 일을 악랄하게 방해하는 짓을 비유적으로 이름. (비) 다 된 죽이 코 풀기. 다 된 밥에 재 뿌리기.

잘되는 집은 가지 나무에 수박이 달린다 잘 되어 가는 집에서는 뜻하지 않은 일까지도 모두 잘된다는 말.

잘되면 술이 석잔 못되면 뺨이 세 대 결혼 중매는 잘하면 술을 석 잔 먹게 되고 잘못하면 매를 맞게 됨에 조심해서 주선하란 말. (비) 잘되면 버선이 세 켤레 못되면 참빗줄이 세 개.

⟨잘되면 제 탓 못되면 조상 탓⟩

잘되면 제 탓 못되면 조상 탓 잘되는 일은 자기 공으로 돌리고 못된 일은 남의 잘못으로 돌림을 이르는 말. (비) 못되면 조상 탓. 못 살면 터 탓. 잘 되면 제 탓, 아니 되면 조상 탓.

잘 되면 충신(忠臣)이요 못 되면 역적(逆賊)이다 일이 성공하면 칭송을 받고 실패하면 멸시당하는 것이 세상일이라는 뜻. (비) 승하면 충신 패하면 역적.

잘된 건 내가 잘한 덕이고 안 된 건 형님이 잘못 시킨 탓. 성공한 것은 자기가 잘했기 때문이라 하고 못되고 실패한 건 남에게 책임을 전가한다는 뜻.

잘 뛰는 염소가 울타리에 뿔 걸린다. (비) 원숭이도 나무에서 떨어진다.

잘 먹고 잘 입어 못난 놈 없다 호의호식하면 남에게 괄시를 받지 않는단 말.

잘 먹으면 약주 잘못 먹으면 망주 술은 몸에 알맞게 적당히 마시면 약되지만 지나치게 많이 마시면 패가망신하게 된다는 뜻.

잘못된 뒤엔 후회해도 어쩔 수 없다 일이 한 번 잘못된 뒤엔 아무리 후회해도 바로잡을 수 없다는 말.

잘못을 고치는 데 인색하지 말아야 한다 잘못이 있을 땐 망설이지 말고 과감히 고치도록 노력해야 한다는 뜻.

잘못을 고치지 않는 것도 잘못이다 잘못을 뻔히 알면서도 고치지 않고 가만히 있는 것은 두 번 잘못이 된다는 뜻. (비) 잘못을 속이면 두 번 잘못이다.

잘못을 알려주거든 반드시 고쳐야 한다 내 잘못을 지적하며 알려주는 사람이 있거든 고맙게 생각하고 그 잘못을 고쳐야 한다는 뜻.

잘못을 잘 고치면 잘못은 없어진다 자신이 잘못한 것을 알아서 고치게 되면 잘못이 없어지게 된다는 뜻.

잘 살고 못 사는 건 다 팔지 소관 잘 살고 못 사는 것은 팔자이기 때문에 잘 산다고 너무 좋아하지 말고 못 산다고 너무 슬퍼하지 말라는 뜻.

잘 살려고 애쓰지 말고 심보 먼저 고치랬다 남을 해치는 나쁜 심보를 가진 사람은 결국엔 잘되지 못한다는 뜻.

잘 살아도 내 팔자 못 살아도 내 팔자 잘 살고 못 사는 것이 모두 자기의 타고난 운명이라는 뜻.

잘 아는 사람도 한 번 실수는 있다 지혜로운 사람도 어쩌다 보면 한 번 정도는 실수하는 경우가 있다는 말.

잘 자랄 나무는 떡잎부터 알아본다 (비) 될성부른 나무는 떡잎부터 알아본다.

잘 자라는 나무 순(筍) 치다 잘 자라는 어린이의 장래를 망친다.

잘잘못은 세월이 지나봐야 안다 서로 간의 옳고 그른 것은 오랜 세월이 지나보면 명백히 알 수 있게 된다는 뜻. (비) 잘잘못은 죽은 뒤에야 안다.

잘 주는 사람은 빼앗기도 잘한다 대체로 남에게 베풀기를 잘하는 사람은 빼앗기도 잘한다는 뜻.

잘 집 많은 나그네가 저녁 굶는다 일을 너무 어지럽게 여러 가지로 벌여 놓기만 하면 결국에는 일의 결실을 보지 못하고 실패하게 된다는 뜻.

잘 짖는 개는 물지 않는다 말이 많거나 경솔한 사람은 성공하지 못한다는 뜻. (비) 잘 짖는 개는 사냥을 못한다.

잘 춘다 잘 춘다 하니까 시아버지 앞에서 속곳 벗고 춤춘다 앞에서 잘한다고 추어올리니까 나중엔 망측한 짓까지 서슴없이 한다는 의미. (비) 잘한다 잘한다 하니까 지게 지고 방으로 들어간다.

잘한다 잘한다 하니까 하루아침에 왕겨 한 섬을 다 분다 잘한다고 추어올리니까 신이 나서 더 열심히 한다는 말. (비) 무당보고 춤 잘 춘다니까 발 아픈 줄 모르고 춘다. 저 중 잘 달아난다 하니까 고깔 벗어 들고 달아난다. 저 중 잘 뛴다니까 장삼 벗어 걸머지고 뛴다.

잘해도 한 꾸중 못해도 한 꾸중 잘하나 못하나 결점을 캐어내어 꾸중하려면 할 수 있다는 말.

잘해야 본전 손해 본 것이 있어서 아무리 애를 써서 일을 해도 겨우 본전밖에 못 찾는다는 뜻.

잘 헤는 놈 빠져 죽고 잘 오르는 놈 떨어져 죽는다 사람은 흔히 자기의 장기에서 실수하기 쉽고 마침내는 그로 말미암아 일생을 마치게 된다는 말. (비) 나무에 잘 오르는 놈이 나무에서 떨어지고 헤엄 잘 치는 놈이 물에 빠져 죽는다.

잠결에 남의 다리 긁는다 자기를 위하여 한 일이 남을 위한 일이 되어 버렸다는 뜻. (비) 자다가 남의 다리 긁는다.

'잠깐 기다려라'가 삼 년 교도소에선 아무리 사람들이 잠깐만 기다리라고 해도 바로 해결되는 일이 없다는 뜻.

잠꾸러기 집은 잠꾸러기만 모인다 1.게으른 집엔 게으른 사람만 모여든단 뜻. 2.같은 동아리끼리 한 패가 되어 어울린단 뜻.

잠녀(潛女) 애긴 이레 만에 밥 먹인다 해녀(海女) 아이는 나서 일주일 만에 밥을 먹는단 말로 해녀 아이는 매우 빨리 자란단 뜻. ★잠녀 : 바닷속에 들어가 굴, 미역, 전복 따위를 따는 것을 업으로 하는 여자

잠방이에 대님 치듯 군색한 일을 당하여 몹시 켕긴다는 뜻. ★잠방이 : 가랑이가 무릎까지 내려오도록 짧게 만든 남자용 홑바지.

잠 원수는 죽어야 갚는다 잠은 아무리 자도 한도 끝도 없는 것이기에 죽기 저엔 결코 해결이 안 된다는 뜻.

잠을 자야 꿈을 꾸지 (비) 임을 보아야 아이를 낳지.

잠자는 족제비 잡기 약빠른 사람을 속인다는 뜻.(영국)

잠자리 꼬리 감추듯 (비) 벌거숭이 불알에 붙듯.

잠자리 나는 듯 잘 차려입은 여자의 옷차림을 비유적으로 이르는 말.

잠자리 날개 같다 천 따위가 비칠 만큼 썩 얇고도 고움을 형용한 말.

잠자리는 같은데 꿈은 다르다 한 곳에 살면서도 뜻은 서로 다르다는 말.

잠자리 부접(附接) 대듯 1.한 가지 일을 오래 붙잡고있거나 한 곳에 진득이 머물러 있지 않고, 쉽게 바꾸거나 옮아 다님을 비유적으로 이르는 말. 2.붙었다가 이내 떨어짐을 비유적으로 이르는 말. ★부접 : 의지하거나 사귀려고 가까이 다가가게 되다.

잠자리에선 말하지 않는다 한 방에서 함께 자는 사람이 있을 때 잘 시간이 되거든 말하지 말고 조용히 있다가 자야 한다는 말.

잠자코 있는 것이 무식을 면한다 말을 않고 침묵을 지킴이 자기의 무식함을 드러내지 않는단 말.

잠 잘 자는 아이가 잘 자란다 일반적으로 잠을 잘 자는 아이가 건강하기에 잘 자란다는 의미.

잡도리를 차리다 아주 무섭게 다루려고 채비함을 이름. ★잡도리 : 잘못되지 않도록 엄하게 다룸

잡목(雜木)에도 과실나무 접을 붙인다 혼인은 흔히 신분을 초월하여 이루어진다는 뜻.

잡아먹을 건 돼지 걸핏하면 지목을 받아 내몰리는 가련한 처지를 비유하여 이르는 말.

잡아 삼킬 듯이 본다 몹시 미워서 무섭게 노려본다는 말.

잡으라는 쥐는 안 잡고 씨암탉만 문다 자신에게 맡겨진 일은 안중에도 없고 엉뚱한 짓만 저지른다는 뜻. (비) 공부 하랬더니 개 잡이를 배운다.

잡은 꿩 놓아 주고 나는 꿩 잡자 한다 객쩍게 어리석은 짓하여 헛수고를 하고 손해를 봄. 과정은 어떻든 결과가 중요하단 의미.

잡은 범의 꼬리 놓아버리기도 어렵다 (비) 가자니 태산이요, 돌아서자니 숭산이라.

잡은 새를 날려 보낸다 (비) 게 잡아 물에 놓다.

잡지도 않고 피물(皮物) 돈 먼저 쓴다 돈이 몹시도 아쉬운 사람은 일을 성급하게 서두르는 경향이 있다는 말. ★피물 : 짐승의 가죽.

잣눈도 모르고 조복(朝服) 마른다 아무것도 모르고 가장 어려운 일을 하려고 한단 말. (비) 말뚱도 모르고 마의(馬醫) 노릇한다. 쥐 밑도 모르고 은서피(銀鼠皮) 값 친다. 적도 모르고 가지 딴다. 맥도 모르고 침통 흔든다. ★조복 : 예전에 관원이 조정에 나아가 의식을 시행할 때 입는 예복을 이르던 말.

장가가면 철도 난다 방탕하게 지내던 사람도 막상 결혼하게 되면 마음을 바로잡게 된다는 뜻.

장가들러 가는 놈이 불알 떼어 놓고 간다 가장 요긴한

⟨장가를 세 번 가면 불 끄는 걸 잊어버린다⟩

것을 잊어버린다는 뜻. (비) 장사 지내려 가는 놈이 시체 두고 간다. 송장 빼 놓고 장사 지낸다. 사냥 가는데 총을 안 가지고 간다.

장가를 세 번 가면 불 끄는 걸 잊어버린다 야무지지 못하고 어설프게 일을 준비하거나 대책을 세우는 일.

장 가운데 중 찾기 매우 찾기 쉬움을 이르는 말.

장(場)거리 수염 난 건 모두 네 할아버지냐 비슷 만하면 덮어놓고 제 것이라고 하는 사람을 놀리는 말.

장구 깨진 무당 같다 흥을 잃고 기운 없이 처져 있는 사람을 비유적으로 이르는 말.

장구를 쳐야 춤을 추지 흥을 돋우어 주는 것이 있어야 일을 잘 할 수 있다는 말.

장구 치는 놈 따로 있고 고개 까딱이는 놈 따로 있나? 저 혼자서 할 수 있는 일을 가지고 남에게 나누어 하자고 할 때 핀잔주는 말.

장군(將軍) 나면 용마(龍馬) 나고 문장(文章) 나면 명필(名筆) 난다 일이 잘 되려면 좋은 기회가 저절로 와서 일이 자꾸만 잘 되어 간다는 말. (비) 장수가 나면 용마가 나고 문장 나면 명필 난다. 장수 나자 용마 났다.

장군 나매 용마 난다 가장 좋은 짝을 만나게 되었다는 말. (비) 봉이 나매 황이 난다.

장군 멍군 기를 쓰고 다투지만 승부가 나지 않으므로 실력이 서로 비슷하단 말. (비) 두꺼비씨름 같다. 두꺼비씨름 누기 질지 누가 이길지. 피장파장.

장군은 하나인데 풍각(風角)쟁이는 열둘이라 여러 사람이 모여 들어서 제마다 적당한 구실을 붙여 한 사람으로부터 돈이나 물건을 받아 갈 때 하는 말. ★풍각쟁이 : 장거리나 집집이 돌아다니면서 해금을 타거나 노래를 부르며 돈을 구걸하는 사람.

장군 중에 수염 난 건 모두 네 할아비냐 평소 비슷한 것만 보면 제 것이라고 우기는 버릇이 있는 사람을 보고 이르는 말.

장군(將軍) 집에서 장군이 난다 흔히 훌륭한 집안에서 훌륭한 인물이 난다는 뜻.

장꾼 셋이 모이면 김가가 있다 성(姓) 중에는 김씨가 가장 많다는 말. (비) 김가가 아니면 장이 안 선다. 김씨 한몫 안 끼지 않는 장이 없다.

장꾼은 하나이인데 풍각(風角)쟁이가 열둘이다 정작 필요하거나 필요한 사람보다 불필요한 사람이 더 많다는 말. (비) 장꾼보다 엿장수가 더 많다.

장기짝 맞듯 한다 영락없이 꼭 들어맞는다는 말.

장기(將棋) 퇴김 차차 다음으로 밀리어 옮아감을 말함.

장나무에 낫걸이 큰 세력에 대하여 턱 없이 쓸데없는 대항을 하여 헛수고만 한다는 뜻. (비) 대부동에 곁낫질이라.

장난 끝에 살인난다 장난삼아 우습게 알고 한일이 큰 사고를 일으키기도 한다는 말. (비) 장난이 아이 된다.

장난을 하는 것은 과붓집 수퇘 아무 근거도 없는 일을 가지고 공연히 떠들어서 말썽거리가 되게 한다는 뜻. (비) 과붓집 수퇘 같다. 장난치는 과붓집 수퇘다

장난이 아이 된다 대수롭지 않게 시작한 일이 뚜렷한 결과를 맺게 됨의 뜻.

장날마다 꼴뚜기가 난다더냐 무슨 일이나 기회는 한두 번 있는 일이지 항상 좋은 일이 있는 것은 아니란 뜻.

장 내고 소금 낸다 제 뜻대로 주관한다는 뜻, (비)감 내고 배 낸다.

장님 갓난아이 더듬듯 더듬더듬하며 만진다는 말.

장님 거울보기 (비) 봉사 굿 보기

장님 노릇은 말아도 벙어리 노릇은 하랬다 항상 사물을 많이 보고 식견(識見)을 넓어야 하지만 말은 삼가야 한다는 뜻.

장님 눈 가리기다 공연히 불필요한 짓을 한다는 뜻.

장님 담 너머 보기(둠벙 들여다보기, 등불 쳐다보기) (비) 봉사 하늘 쳐다보기

장님도 제집은 잘 찾아간다 무슨 일에나 익숙하게 되면 그 일을 틀림없이 해 넘긴다는 말. (비) 장님이 집 골목은 틀리지 않는다.

장님 동네엔 애꾸가 장땡 잘난 사람이 없는 곳에서 못난 사람이 잘난 체함을 이르는 말. (비) 범 없는 골에 토끼가 스승이라.

장님 막대질 하듯 무엇을 정확히 알지 못하면서 어림짐작으로 요행수를 바라고 하는 행동을 비유한 말.

장님 머루 먹듯 음식이 좋고 나쁜지도 모르고 닥치는 대로 먹는 것을 가리키는 말.

장님 문 바로 들었다 재간도 없고 솜씨도 없는 자가 우연히 일을 잘했다는 말. (비) 봉사 문고리 잡기. 소경 문고리 잡기. 여복이 바늘귀를 꿴다.

장님 손보듯 한다 조금도 친절한 맛이 없음을 이름.

장님 씨 나락 까먹듯 자신만 알아들을 뿐 남이 잘 알아듣지도 못하는 소리를 입속에서 중얼거린다는 의미.

장님 언덕 내려가듯 더듬거리며 느릿느릿 움직인다는 뜻.

장님에게 눈을 가리키고 벙어리에게 속삭인다 일일마다 실수만 한다는 뜻.

장님 은빛 보기다 (비) 봉사 굿 보기

장님이 넘어지면 지팡이 나쁘다 한다 제 잘못으로 그릇된 것을 가지고 탓하는 것은 쓸데없는 짓이란 말. (비) 소경이 넘어지면 막대 탓이라. 봉사가 개천을 나무란다.

장님이 더듬어 봐도 알 노릇 짐작으로도 능히 알 수 있는 일이란 뜻.

장님이 장님을 인도하면 둘이 다 개천에 빠진다 어리석은 사람끼리 일을 하게 되면 실패하게 된다는 뜻.

장님이 장님을 인도한다 제 일도 옳게 못하는 자가 남의 일까지 하려 한다는 뜻. (비) 제 코도 못 닦는 주제에 남의 코를 닦으려 한다.

장님이 집 골목을 틀리지 않는다 무슨 일이나 익숙하게 되면 틀림없이 해 넘길 수 있다는 말.

장님 잠자나 마나 무엇을 했는지 안 했는지 겉으로 전연 나타나지 않음을 이름. (비) 소경 잠자나 마나. 귀머거리 귀 있으나 마나. 뻗정다리 서나 마나.

장님 제 닭 잡아먹기 (비) 소경 제 호박 따기

장님 코끼리 말하듯 한다 어떤 사물의 일부분만 알면서 전체를 다 아는 척한다. 즉, 넓은 시야로 바라보고 숙고하여 판단하라는 뜻.

장님 파밭 들어가듯 무엇인지 모르고 한 일이 그만 일을 망쳐 버렸을 때 이르는 말. (비) 장님 파밭 맨다.

장다리도 한철 무슨 일이나 자신에게 적절한시기는 잠깐 사이란 뜻. ★장다리 : 무, 배추 따위의 꽃줄기

장단이 있어야 춤을 춘다 무슨 일이나 조건이 조성되어야 일을 추진하게 된다는 뜻.

장 단 집에는 가도 말 단 집에는 가지 말라 듣기 좋은 말만 늘어놓는 사람은 조심하라.

장닭이 울어야 날이 새지 남편이 주장이 되어 집안일을 처리해 나가도록 하라는 말.

장대로 하늘 재기 가망이 없는 짓을 가리키는 말. (비) 손가락으로 하늘 찌르기. 바지랑대로 하늘 재기. 작대기로 하늘 재기. 작대기로 하늘 찌르기.

장도감(張都監) 친다 크게 풍파를 일으켜 그릇을 깨고 매우 소란하다는 뜻. ★장도감 : 말썽이나 소란을 일으키는 일을 이르는 말.

장독보다 장맛이 좋다 (비) 뚝배기보다 장맛이 좋다.

장독하고 아이는 얼지 않는다 겨울에 어린이는 추운 줄도 모르고 뛰어 논다는 뜻.

장마가 무서워 호박을 못 심겠다 분수에 맞지 않게 사치를 즐기는 경우를 비유적으로 이르는 말.

장마 개구리 호박잎에 뛰어오르듯 귀엽지도 못한 것이 매우 가볍게 올라앉는 경우를 비유적으로 이르는 말.

장마다 망둥이 날까 언제나 자기 마음에 드는 좋은 일만 있는 것은 아니라는 말. (비) 하늘 울 때마다 벼락 칠까.

장(場)마당 돼지 복숭아 싫달 적 있을까 아무것이나 닥치는 대로 게걸스럽게 먹어치우는 장마당 돼지가 복숭아야 어느 때고 싫다고 할 적이 없다는 뜻으로, 무엇이나 닥치는 대로 탐스럽게 시복을 해치우는 행위를 비꼬아 이르는 말.

장마 도깨비 여울 건너가는 소리를 한다 (비) 귀신 씨 나락 까먹는 소리.

장마 뒤에 외 자라듯 무럭무럭 잘 자라는 것을 보고 이르는 말.

장맛비에 오이 고르듯 한다 장마엔 오이가 무럭무럭 잘

〈장마에 논둑 터지듯 한다〉

자라므로 좋고 못한 게 없는데서 더 나은 것을 고른다 함이니, 필요 없는 시간만 낭비하고 있다는 뜻.

장마에 논둑 터지듯 한다 장마 때 세차게 내리는 비에 의해서 논둑이 무너지듯이 일거리가 계속 생긴다는 뜻.

장모는 사위가 곰보라도 예뻐하고 시아버지는 며느리가 뻐드렁니에 애꾸라도 예뻐한다 흔히 장모는 사위를 사랑하고 시아버지는 며느리를 사랑한다 하여 이르는 말.

장모 될 여자는 사윗감 코부터 본다 장모는 자기의 딸이 좋아하게 될 사윗감을 고르려고 무척 애를 쓴다는 뜻.

장미꽃에는 가시가 있다 겉으로 좋고 훌륭해 보이는 사람도 성격에 모난 데가 있어 상대편에 해를 끼칠 수 있음을 비유적으로 이르는 말.

장바닥에 조약돌 닳듯 성미가 뺀들뺀들하고 까진 사람을 보고 하는 말.

장발에 치인 빈대 같다 1.생긴 모양이 몹시 납작하고 판판하다는 뜻. 2.봉변을 당하여 형편없이 된 모양을 이름.

장병에 효자 없다 부모기 오랫동안 병을 앓게 되면 자식들도 병간호에 지친 나머지 부모에게 소홀해진단 말.

장부가 칼을 빼었다가 다시 꽂나? 큰일을 결심하고 하려면 사람이 사소한 방해가 있다고 해서 그만 둘 수 없다는 말.

장부(丈夫) 일언(一言) 중천금(重千金) 장부의 말 한 마디는 천금같이 무겁다는 뜻이니 한 번 한 약속은 꼭 지키라는 말.

장비(張飛)가 싸움을 마다해? 자기가 좋아하는 것을 남이 권하였을 때 흔쾌히 받아들이며 하는 말. ★장비 : 중국 삼국 시대, 촉한(蜀漢)의 무장(?~221). 유비, 관우와 함께 의형제를 맺어 평생 그 의를 저버리지 않았으며 수많은 전쟁터에서 절세의 용맹을 떨쳤다. 오(吳)나라와 싸우다 전사한 관우의 원수를 갚으려 하다가 부하에게 암살당했다.

장비 군령이라 성미 급한 장비의 군령이라는 뜻으로, 갑작스럽게 닥친 일이나 급하게 서두르는 일을 비유적으로 이르는 말.

장비는 만나면 싸움 1.만나기만 하면 시비를 걸고 싸우자고 덤비는 사람을 이름. 2.바둑, 장기, 술, 노름 따위를 즐기거나 또는 취미가 같은 사람끼리 서로 만나기만 하면 이내 어울림을 이르는 말.

장비더러 풀벌레를 그리라 한다 큰일을 하는 사람에게 자질구레하고 사소한 일을 하라고 하는 것은 적당하지 않다는 말.

장비야 내 배 다칠라 한다 아니꼽게 잘난 척하며 거드름을 피우는 사람의 몸가짐을 비꼬아 이르는 말.

장비 포청(捕廳)에 잡힌 것 같다 자기 몸을 제 맘대로 움직이지 못하고 거북하면서 어쩔 수 없이 꾹 참고 있는 모양을 이름. ★포청 : 조선 시대 한성부와 경기도의 치안과 방범을 관장한 관청.

장비하고 쌈 안 하면 그만이지 아무리 쌈 잘하는 사람이 있더라도 그와 상대하지 않는다면 쌈이 일어나지 않는다는 뜻.

장비 호통이라 큰소리로 꾸짖어댐을 비유하는 말.

장사(壯士)가 나면 용마가 난다 무슨 일이거나 잘되어지면 좋은 기회가 저절로 응한다는 말.

장사(壯士)가 나면 용마(龍馬)가 나고 문장 나면 명필 난다 훌륭한 사람이 나면 저절로 그에 필요한 조건이 갖추어지거나 알맞은 배필이 생긴다는 말.

장사꾼은 남는다면서 파는 사람 없다 장사꾼은 누구나 밑지고 판다거나 본전에 판다고 말하지 이익보고 판다는 사람 없다는 말.

장사꾼은 밑진다면서 땅 산다 장사꾼이 밑지면서 판다는 소리는 거짓말이란 말.

장사꾼은 일가도 모른다 장사하는 사람은 인색하여 돈만 알지 의리를 모른다는 말. (비) <u>장사꾼은 친척도 없고 친구도 없다.</u>

장사엔 부자간에도 비밀을 지킨다 사업엔 아무리 친하고 흉허물 없는 사이라도 비밀을 지켜야 한다는 말.
장사 웃 덮기 팔 물건을 진열할 때 멀쩡한 것만 골라 밖으로 드러난 쪽에 놓는다는 뜻으로, 겉모양만 허울 좋게 꾸미는 경우를 비유적으로 이르는 말.
장사 잘하는 사람은 물건을 감춰 놓고 판다 상품을 저장해 두었다가 그것이 귀해졌을 때에 비로소 내놓고 판다는 말.
장사(葬事) 지내려 가는 놈이 시체 두고 간다 아둔하여 가장 중요한 것을 잃어버렸을 때 쓰는 말. (비) 장가들러 가는 놈이 불알 떼어 놓고 간다. 혼인집에서 신랑을 잃어버렸다. 사냥 가는 데 총을 안 가지고 가는 것 같다. 송장 빼놓고 장사 지낸다.
장사치 손님 장사하는 사람은 자기를 찾아오는 손님에게는 항상 친절히 대해야 한다는 말.
장설간(帳設間)이 비었다 배가 고프다는 뜻으로 이르는 말. ★장설간 : 잔치 음식을 차리는 곳.
장 쏟고 발등 덴다 한 가지 일이 잘못되기 시작하면 다른 것까지 연쇄적으로 잘못되고 만다는 뜻. (비) 잘 쏟고 허벅지 덴다.
장수가 엄하면 군사가 강하다 지휘관이 군사들을 엄하게 훈련시키면 그만큼 강해진다는 말.
장수 나자 용마 났다 (비) 장군(將軍) 나면 용마(龍馬) 나고 문장(文章) 나면 명필(名筆) 난다.
장수를 잡으려면 말부터 쏘아야 한다 어떤 싸움이든 이기기 위해서는 상대편이 직접적으로 의존하고 있는 것부터 공격하는 것이 좋다는 말.
장수 이 잡듯이 어떤 일을 할 때 전혀 힘 안 들이고 쉽게 하는 말을 이르는 말.
장승같다(만 하다) (비) 땅 넓은 줄은 모르고 하늘 높은 줄만 안다.
장승박이로 끌고 가겠다 사람이 미련하여 아무데도 쓸데없고 도리어 해만 끼칠 때 이르는 말.
장승하고 말하는 것이 낫겠다 말귀를 못 알아들어 마음이 답답하다는 뜻.
장안 갑부라도 삼대 가기 어렵다 아무리 큰 부자라도 대대손손이 부를 누리기는 어렵다는 말.
장안 김서방 집도 찾는다 총명한 사람은 서울에 가서 그 많은 사람 중에서도 김서방을 찾을 수 있다는 뜻.
장 없는 놈이 국 즐긴다 분수에 맞지 않게 사치를 즐기는 경우를 비유적으로 이르는 말. (비) 살찐 놈 따라 붓는다. 없는 놈이 자두 치 즐긴다.
장에서 뺨맞고 집에 와서 화풀이 한다 정작 분풀이를 할 사람에겐 하지 않고 애매한 사람에게 화풀이를 한다는 뜻. (비) 장에서 뺨맞고 집에 와서 세간 부신다.
장옷 쓰고 엿 먹기 겉으로는 얌전한 체하지만 뒷구멍으로는 좋지 못한 행실을 함의 뜻. (비) 포선 뒤에서 엿 먹는다. ★장옷 : 옛날 여자들이 나들이 할 때 얼굴을 가리기 위하여 머리에서부터 내려 써 온몸을 가리던 옷. 포선 : 상제가 외출할 때 얼굴을 가리기 위하여 가지고 다니는 물건.
장이 끓는지 국이 끓는지 다 안다 남의 집에 가보지 않아도 그 집안의 사정을 훤히 알고 있다는 뜻.
장이 단 집에 복이 많다 한 번 담그면 오래 두고 먹는 요긴한 음식물인 장을 맛있게 담그는 것은 집안의 중요한 일이라는 말.
장이야 멍이야 두 사람이 서로 대립하여 승패를 가리기 어려운 때 쓰이는 말.
장인(丈人) 돈 따 먹은 놈처럼 사위는 장인 장모의 귀염을 받는다 하여 이르는 말.
장인 장모는 반 부모다 부부는 한 몸과 같으므로 마땅히 아내의 부모도 자신의 부모와 똑같다는 의미.
장자방(張子房)이 옥퉁소 부는 소리 같다 중국 한(漢)나라 때 고조(高祖)를 도와 천하를 통일하게 한 장량이 만년엔 은퇴하여 신선도(神仙圖)를 닦았으므로 신선의 옥퉁소 부는 소리 같다는 뜻으로 이르는 말. ★장자방 : 중국 한나라의 건국 공신(?~BC 168). 이름은 장양이다. 진승(陳勝) 오광(吳廣)의 난이 일어났을 때 유방의 진영에 속하였으며, 고조 유방을 도와 한나라 창업에 힘썼다. 선견지명이 있는 책사

〈 장자(長者) 집에서도 거지 집에서 얻어가는 것이 있다 〉

(策士)로서 소하. 한신과 함께 한나라 창업의 삼걸(三傑)로 불린다.

장자(長者) 집에서도 거지 집에서 얻어가는 것이 있다 아무리 큰 부자라도 가난한 사람의 도움 없이 혼자서는 살지 못한다는 뜻.

장작불과 계집은 쑤석거리면 탈난다 타고 있는 장작불을 들쑤시면 잘 타지 않듯 가만히 있는 여자를 자주 꾀면 바람이 난단 말.

장지네 회 쳐 먹겠다 염치도 체면도 없이 행동하는 사람을 비유적으로 이르는 말.

장닭의 무녀리냐 작기도 하다 가장 키가 작은 사람을 이름. ★무녀리 : 한 태에서 태어난 여러 마리 새끼 가운데 맨 먼저 나온 새끼.

장닭이 울어야 날이 새지 집안일은 남편이 주장해서 처리해야 된다는 말.

장판방에서 자빠진다 (비) 돌다리도 두들겨 보고 건너라.

장항 자랑은 굴뚝 자랑 예부터 충남의 장항 명물은 누가 뭐래도 제련소 높은 굴뚝이란 의미.

잦은 물방울이 바위를 뚫는다 꾸준히 노력하면 어떤 어려운 일이라도 이룰 수 있다는 말. (비) 무쇠도 갈면 바늘이 된다.

잦은 밥이 멀랴 말 탄 서방이 멀랴 잦힌 밥은 곧 다 될 것이고 말 타고 오는 남편은 곧 도착할 것인데도 애타게 기다린다는 뜻으로, 다 되어 가는 일에 조바심을 내며 안타깝게 기다리지 말라는 말.

잦힌 밥에 흙 퍼붓기 (비) 고추밭에 말 달리기.

재가 되다 다 타 버려 형적도 없게 된다는 말.

재갈 물인 말 같다 말문이 막혀 아무 소리도 없음을 이름. ★재갈 : 자갈의 방언.

재강아지 눈 감은 듯하다 무슨 일이 요행이 발각되지 않고 감쪽같이 지나가 버림의 뜻.

재관(齋官) 풍류냐 한 곳을 여러 번 왔다 갔다 할 때를 이르는 말. (비) 이것이 재관 풍류냐. ★재관 : 조선시대 묘(廟), 사(社), 전(殿), 궁(宮), 능(陵), 원(園)의 참봉(參奉)들을 달리 이르는 말.

재는 넘을수록 험하고 내는 건널수록 깊다 (비) 갈수록 태산이라.

재(齋) 들은 중 평소에 바라던 일을 하게 되어 신이 난 사람을 이르는 말. ★재 : 승려에게 공양을 올리는 불교의식. 재의 본뜻은 신업·구업·의업을 정제하여 악업을 짓지 않음을 말하는데 후대에 뜻이 달라져 승려의 식사, 승려에게 식사를 공양하는 의식. 또는 그러한 의식을 중심으로 한 법회나 상사에 관련된 의식법회를 뜻하게 되었다.

재떨이와 부자는 모일수록 더럽다 재물이 많이 모이면 모일수록 마음씨가 인색해짐의 뜻. (비) 가진 놈이 더 무섭다. 부잣집 떡개(매)는 작다.

재를 먹어 위를 씻는다 악한 마음을 고쳐 착하게 된다는 뜻.

재리로 맺어진 인연은 재리가 궁하게 되면 끊어진다 돈으로만 맺어진 사이는 돈 거래가 없게 되면 자연히 인연도 끊어지게 마련이란 뜻.

재 묻은 떡 무당이 굿을 할 때에 쓴 떡을 이름.

재물이 샘에서 물 솟듯 한다 재물이 계속 생겨나서 뜻밖에 큰 부자가 되었다는 뜻. (비) 재물이 몸에 따른다.

재미나는 골에 범 난다 한 번 재미를 보았다고 자꾸 계속하면 나중에는 뜻하지 않은 사고를 당하게 된다는 말.

재미는 누가 보고 성은 누구한테 내느냐 좋은 일은 저 혼자 즐기면서 일이 잘 안될 때는 남한테 화풀이를 한다는 말.

재민인지 중의 양식(糧食)인지 요새 재미가 어떠냐고 물을 때 별로 좋지 않다는 뜻으로 말장난으로 대꾸하는 말.

재봤자 도토리 키 뛰어봤자 벼룩 아무리 잘난 척 우쭐거려봤자 아주 하찮은 존재밖에 안 된다는 뜻.

재산은 모으기보다 지키기가 어렵다 재산은 물론 벌기도 어렵지만 이것을 유지해 나가기도 어렵다는 말.

〈잿골(독)에 말뚝 박기〉

재산은 젊은 재산이 제일 많은 재산은 있지만 그중에 자신의 젊은 몸보다 더 귀중한 것은 없다는 말.

재산을 잃고 쌀알을 줍는다 많은 재산을 잃어버리고 적은 수입으로 겨우 생활만을 유지한다는 뜻.

재상집 개죽은 데는 조객이 저자를 이루어도 정작 재상 죽은 데는 문전이 조용하다 (비) 정승 말죽은 데는 가도 정승 죽은 데는 안 간다. ★저자 : 날마다 아침과 저녁으로 반찬거리를 사고팔기 위하여 열리는 작은 규모의 시장.

재수가 물 밀 듯하다 운수가 터서 좋은 일만 잇달아 생긴다는 말. (비) 재수가 불붙었다. 재수가 불 일 듯하다.

재수가 불붙었다 아주 재수가 좋아서 일이 썩 잘되어 간다는 말.

재수가 불 일 듯하다 재수가 퍽 좋아서 일이 뜻대로 잘되어 간다는 말.

재수가 없는 놈은 뒤로 자빠져도 코가 깨진다 (비) 재수 없는 놈은 넘어져도 개똥에 넘어진다.

재수가 옴 붙 듯하다 재수가 도무지 없다는 말.

재수 없는 놈은 넘어져도 개똥에 넘어진다 워낙 재수 없는 사람은 아무리 노력하고 애쓰는 일마다 잘못되고 만단 뜻. (비) 재수 없는 놈은 뒤로 자빠져도 코가 깨진다. 재수 없는 놈은 사냥을 해도 꼬리 없는 여우만 잡한다.

재수 없는 포수는 곰을 잡아도 웅담이 없다 (비) 복 없는 가시내가 봉놋방에 가 누워도 고자 곁에 가 눕는다.

재앙은 봄눈 녹듯 하고 복은 여름 구름처럼 일어난다 재앙은 쉽게 쫓아버리고 복은 많이 받아들여 행복하게 산다는 뜻.

재(齋)에 호(胡) 춤 (비) 개 발에 주석 편자. ★재 : 명복을 빌기 위하여 부처님께 드리는 공양(供養). ★호 : 오랑캐.

재 있다는 말을 들은 중 평소에 소원하던 일이 마침내 이루어져서 몹시 기뻐하는 사람을 두고 하는 말.

재주가 메주다 재주가 메주처럼 볼품이 없다는 말로 재주가 전혀 없다는 뜻.

재주가 자기보다 난 사람을 싫어한다 자기보다 재주가 월등하게 뛰어난 사람이 있으면 이를 시기하면서 싫어한다는 뜻.

재주는 곰이 넘고 돈은 되놈[호인(胡人)]이 받는다 수고한 사람은 따로 있는데 그 일에 대한 보수는 다른 사람이 차지한다는 말. (비) 뛰기는 역마가 뛰고 먹기는 파발꾼이 먹는다. 뛰기는 파발 말이 뛰고 먹기는 파발꾼이 먹는다. 개가 쥐를 잡고 먹기는 고양이가 훔쳐 먹는다. 먹기는 발장이가 먹고 뛰기는 말더러 뛰란다. ★호인 : 만주인.

재주는 장에 가도 못 산다 재주는 돈으로도 못 사니 자기 스스로 습득해야 한다는 뜻.

재주는 홍길동(洪吉童)이다 신출귀몰(神出鬼沒)하는 재주를 가졌다는 뜻.

재주를 다 배우니 눈이 어둡다 복이 없다는 말. 오랫동안 애써 공부를 한 결과가 헛일이 되었다는 뜻. (비) 태수 되자 턱 떨어졌다.

재주 있는 사람은 덕이 박하다 재주 있는 사람 중엔 안타깝게도 덕이 없어 출세하지 못하는 사람이 많다는 뜻.

재주 있는 사람치고 병주머니 안 찬 사람 없다 재주 많은 사람은 공부만 좋아하여 운동량이 부족하기에 건강이 안 좋다는 뜻.

재주 좋은 장인(匠人)이 잘 사는 것 못 봤다 여러 가지 기술이 뛰어난 사람은 돈에 욕심이 없기에 결국 재물을 모으지 못한다는 말.

재판은 졌지만 판결은 잘한다 자신이 일단 손해는 보았지만 일은 완벽하고 공정하게 처리된 것이란 뜻.

잰 놈 뜬 놈만 못하다 일을 빨리 하지 말고 성실하게 차근차근해야 성과가 좋다는 말.

잰 말 성내 가면 뜬 말도 도그내 간다 (비) 말 갈 데 소도 간다. ★재다 : 재빠르고 날쌔다. ★뜨다 : 느리다.

잿골(독)에 말뚝 박기 1. 힘없는 자를 함부로 부리고 확대한다는 말. 또는 그러한 대상을 억누르기 쉽다는

〈쟁(錚)과 북이 맞아야 한다〉

뜻. 2.힘 안 들이고 할 수 있는 일이란 뜻.
쟁(錚)과 북이 맞아야 한다 (비) 백지장도 맞들면 낫다.
쟁기질 못 하는 놈이 소 탓한다 (비) 글 못한 놈 붓 고른다.
쟁반이 광주리 같이 길고 깊다고 우긴다 사실은 뚜렷한데도 아니라고 억지를 부려 우긴다는 말. (비) 채반이 용수가 되도록 우긴다. 용수가 채반이 되도록 우긴다.
쟁(錚)북을 맞추다 어울려서 잘 되도록 서로 맞받는다는 말.
저 건너 빈터에서 잘 살던 자랑하면 무슨 소용 있나 지금은 빈터밖에 남지 않은 곳에서 과거에 잘 살았다고 자랑해 보아야 아무 소용이 없다는 뜻으로, 아무도 알아주지 않는 자랑을 해봤자 남의 웃음거리만 됨을 이르는 말. (비) 죽은 자식의 귀 모양 좋다 하지 마라.
저 걷던 놈도 나만 보면 타고 가려네 사람이 궁한 처지에 놓이게 되면 하찮은 사람에게까지 멸시를 받는다는 말. (비) 걷고 가다가도 날만 보면 타고 가자 한다.
저 긷지 않는다고 우물에 똥 눌까 자신의 이익과 관계가 없는 남의 경우라도 잘 헤아려 남에게 해되는 일은 하지 말라는 말.
저녁 굶은 년이 떡 두레 되겠군 우연한 기회에 뜻밖에도 힘 안 들이고 자기의 소망을 이루게 되었단 말.
★두레 : 낮은 곳에 있는 물을 높은 곳의 논이나 밭에 퍼붓는 기구.
저녁 굶은 시어머니 상이다 1.아주 못마땅하여 얼굴을 잔뜩 찌푸리고 있는 형상을 이름. 2.날씨가 흐려서 음산하다는 말.
저녁 굶은 초(草) 매우 흘려 쓴 글씨를 이름.
저녁놀과 아침 안개는 날씨가 좋다 보통 저녁놀이 지거나 아침 안개가 끼는 날은 날씨가 좋다는 의미. (비) 저녁 비둘기가 울면 날 좋고 아침 비둘기가 울면 비 온다.
저녁 두 번 먹었다 아무도 모르게 밤에 달아났다는 말. (비) 밤 밥 먹었다.

저녁 먹을 것은 없어도 도둑맞을 것은 있다 끼니를 챙길 수 없을 정도로 가난해도 도둑이 욕심낼 만한 물건은 있기 마련이라는 말. (비) 동생 줄 것은 없어도 도둑 줄 것은 있다. 벗 줄 것은 없어도 도둑 줄 것은 있다. 구제할 것은 없어도 도둑 줄 것은 있다. 쥐 먹을 것은 없어도 도둑맞을 것은 있다.
저녁 무지개에는 밭에 딸을 보내고 아침 무지개에는 며느리를 보낸다 흔히 시부모는 딸에겐 힘든 일을 시키지 않으려 하지만 며느리에겐 힘든 일을 시킨다는 말. (비) 죽 먹은 설거지는 딸을 시키고 비빔 그릇 설거지는 며느리 시킨다.
저녁에 불장난하면 밤에 오줌 싼다 아이들이 초저녁에 등잔 밑이나 화로 가에서 불장난하는 것을 금하느라고 한 말.
저는 잘난 백정으로 알고 남은 헌 정승으로 안다 별로 대단치 아니한 사람이 거만한 사람을 만만히 보거나, 자기보다 나은 사람을 업신여기는 경우를 비유적으로 이르는 말.
저런 걸 낳지 말고 호박이나 낳았더라면 국이나 끓여 먹지 (비) 구더기 될 놈.
저렇게 급하면 왜 외할미 왜 안 나와 (비) 급하기는 우물에 가서 숭늉 달라겠다.
저마다 한 가지 재주는 있다 사람은 잘났거나 못났거나 저마다 한 가지 재주는 다 가지고 있다는 뜻.
저만 살찐다 세상 사람들이야 죽든 살든 관여할 바 아니고 자신만 잘 살려고 기를 쓰고 노력한다는 뜻.
저 먹자니 싫고 남 주자니 아깝다 몹시 인색한 사람을 보고 하는 말. (비) 나그네 먹던 김칫국도 먹자니 더럽고 남 주자니 아깝다. 나 먹자니 싫고 개 주자니 아깝다. 쉰 밥 고양이 주기 아깝다.
저모립(猪毛笠) 쓰고 물구나무를 서도 제멋이다 제가 좋아서 하는 일이니 남이 시비할 거리가 아님의 말.
★저모립 : 예전에 돼지의 털로 싸개를 하여 만든 갓을 이르던 말.
저 못 먹는 감 찔러나 본다 내가 하려다가 못한 일을 남도 못하게 심술이나 놓는다는 이기적인 마음을 이르는 말.

저무네 있다가도 숫섬 숫섬은 그 음(音)을 따르면 "숫처녀" "숫색시" 하는 숫과 같지만은 아무리 있는지가 오래여도 "숫섬" 임에는 틀림없다고 하는 말.

저 살 구멍만 찾는다 남이야 어떻게 되든지 전혀 상관지 않고 제 욕심대로만 자기 이익을 취해 버린다는 의미.

저 사람 떡 주라는 것이 저 떡 달라는 말 무슨 말을 직접적으로 하지 않고 간접적으로 남의 말을 빌려서 한다는 뜻.

저 살기에도 바쁜 판 세상에 자신도 먹고 살기가 곤란한 지경인데 남을 도와줄 여력이 없다는 뜻.

저승길과 변소 길은 대신 못 간다 죽음과 용변은 절대로 대신할 수 없다는 말.

저승길이 구만리 저승이 아득히 멀다는 뜻으로, 아직 살날이 창창함을 이르는 말.

저승길이 대문 밖에 있다 죽음이란 먼 것 같으나 실은 바로 가까이에 있어 인생이란 허무하단 말. (비) 대문 밖이 저승이라. 문턱 밑이 저승이라.

저승만 하다 두렵거나 끔찍스러운 생각이 들어 마음이 내키지 아니하다는 말.

저승 백 년보다 이승 일 년이 낫다 죽어서 길이길이 사는 것보다도 현세에서 조금이라도 사는 것이 낫다는 뜻.

저승으로 보내다 "죽여 없애다"를 다르게 이르는 말.

저 잘난 맛에 산다 사람은 누구나 자기가 남보다 잘났다고 자존심을 가지고 살아간다는 뜻.

저 중 잘 달아난다 하니까 고깔 벗어 들고 달아난다 (비) 잘한다 잘한다 하니까 하루아침에 왕겨 한 섬을 다 분다.

저 중 잘 뛴다니까 장삼(長衫) 벗어 걸머지고 뛴다 (비) 잘한다 잘한다 하니까 하루아침에 왕겨 한 섬을 다 분다. ★장삼 : 검은 베로 길이가 길고 소매를 넓게 만든 중의 웃옷.

저 팽이가 돌면 이 팽이도 돈다 물가가 저쪽 시세가 변하니까 이쪽 시세도 변한다는 뜻.

적게 먹으면 약주요 많이 먹으면 망주다 술을 지나치게 마시면 실수가 따른다는 말.

적덕(積德)은 백 년이요 앙해(殃害)는 금년이라 좋은 일을 하면 오래도록 그 공이 남고, 재앙과 손해는 한(限)이 있는 것이니 불행 중에 있다고 하여 괴로워만 말고 그래도 덕을 쌓고 좋은 일을 하라는 말.

적(炙)도 모르고 가지 딴다 (비) 말똥도 모르고 마의(馬醫) 노릇 한다. ★적 : 양념한 생선이나 고기를 대꼬챙이에 꿰어서 불에 굽거나 번철에 지진 음식.

적반하장(賊反荷杖)도 유분수(有分數)지 도둑이 도리어 매를 든다는 뜻으로, 잘못한 사람이 도리어 아무 잘못도 없는 사람을 나무란다는 말. (비) 똥 싼 놈이 성낸다. ★적반하장 : 도둑이 도리어 매를 든다는 뜻으로 잘못한 사람이 아무 잘못이 없는 사람을 도리어 나무람을 이르는 말.

적삼 벗고 은가락지 낀다 (비) 개 발에 주석 편자.

적선한 집 자식은 굶어죽지 않는다 평소 남에게 적선을 많이 한 사람의 자손은 그 조상의 은혜를 입어 절대로 망하는 법이 없다는 의미.

적은 것도 쌓이면 많아진다 아무리 적은 것이라도 차곡차곡 모으다 보면 많아지게 되므로 적은 것도 아끼고 절약하라는 의미.

적은 것도 없는 것보다는 낫다 아예 없는 것보다는 조금이라도 있는 것이 훨씬 낫다는 말.

적은 물이 새어 큰 배가 가라앉는다 (비) 호미로 막을 것을 가래로 막는다.

적은 복은 부지런해서 얻지만 대명은 도저히 막기 어렵다 작은 일은 사람의 노력으로 이룰 수 있지만, 큰일은 사람의 뜻대로 노력하여 이루기가 힘들다는 말.

적적할 때는 내 볼기짝 친다 하는 일 없이 무료할 땐 쓸데없는 일이라도 아무것이나 하게 된다는 말. (비) 노는 입에 염불하기. 할 일이 없거든 오금을 긁어라.

전당(典當) 잡은 촛대 같고 꾸어 온 보릿자루 같다 활기가 없이 한 구석에 덤덤하게 앉아 있기만 함을 가리키는 말. (비) 꾸어다 놓은 빗자루. 꾸어 온 빗자루. 벙어리 삼신. 빌려 온 고양이 같이.

전라도 감사가 햇대찌를 쌌겠느냐 전라도 감사가 얼마나 급했으면 물똥을 쌌겠느냐는 뜻으로, 어떤 부정한 사람이 몹시 급한 지경을 당하여 되게 혼나는 경우를 두고 하는 말. ★햇대찌 : 활개똥의 방언, 힘차게 내갈기는 물똥.

전라도 사람에게는 밥상이 두 개 전라도 음식점에는 반찬이 너무 많아서 한 말.

전라도 사람은 벗겨 놓으면 삼십 리 간다 1.안과 겉이 다른 사람을 이름. 2.전라도 인심이 야박하다 하여 이르는 말. (비) 수원 남양 사람은 발가벗겨도 삼십 리 간다.

전라도 옥백미(玉白米) 밥 전라도 만경평야(萬頃平野)에서 생산된 쌀로 지은 아주 맛있는 밥이란 뜻.

전루(傳漏) 북에 춤춘다 시간을 알리는 전루 북소리에 춤춘다는 말이니, 어리석은 자가 영문도 모르고 기뻐하는 우스꽝스러운 행동을 보고 하는 말. ★전루 북 : 옛날 도성 안에서 경점(更點) 군사들이 북을 쳐서 경(更)을 알리는 일. (비) 전송 북에 춤춘다.

전송(傳誦) 북에 춤춘다 어리석은 자의 우스꽝스러운 행실을 보고 하는 말. (비) 전루 북에 춤춘다.
★전송 북 : 구호(口號) 대신으로 크게 치는 북.

전어 굽는 냄새에 나가던 며느리 다시 돌아온다 전어가 대단히 맛이 좋음을 강조하여 이르는 말. (비) 산천어(정어리, 조기) 굽는 냄새에 나갔던 며느리 다시 돌아온다. 산천어국은 둘이 먹다 셋이 죽어도 모른다.

전어 머리엔 깨가 서 말 땅에 누렇게 익어가는 벼와 알이 굵어진 사과 배가 있다면, 바다에서는 살이 꽉 찬 전어가 가을이 왔음을 실감케 할 정도로 기름기가 최고조로 올라 살에 탄력이 붙어서 유달리 고소하고 맛있다는 것을 강조하여 이르는 말.

전정(前程)이 구만리 같다 나이가 젊어서 장래가 아주 유망하다. (비) 앞길이 구만 리 같다. 솔 심어 정자라.

전철을 밟다 타인이 경험한 바를 따르다 또는 앞 사람의 실패를 다음 사람이 되풀이하다.

전체(傳遞) 송장이냐 1.자기에게 온 손님을 냉대하여 딴 곳으로 옮겨 가게 할 땔 이르는 말. 2.당한 일을 꺼려하며 다른 곳으로 물려 줄 땔 이르는 말. ★전체 : 이 사람 저 사람의 손을 거쳐 전하여 보냄. 또는 그런 인편.

절간 쥐 아무도 무서운 줄 모르고 제멋대로 행동한다는 의미.

절구 천중(千重)만 하다 몸집이 뚱뚱하고 크며 몸이 무거워 보이는 사람을 보고 이르는 말.

절도 할 때 해야 아들도 낳고 딸도 낳는다 무슨 일이나 핵심을 정확히 파악해서 해야 성과가 있단 말. (비) 불도 켤 데에 켜야 아들도 낳고 딸도 낳는다.

절로 죽은 고목에 꽃이 피거든 도저히 있을 수 없는 일이어서 기약할 수 없음을 이름. (비) 병풍에 그린 닭이 홰를 치거든. 군밤에 싹 나거든. 곤달걀 꼬끼오 울거든. 배꼽에 노송나무 나거든. 인경 꼭지가 말랑말랑 하거든. 용마 갈기 사이에 뿔나거든.

절룩 말이 천 리 간다 약한 사람이라도 꾸준하게 열심히 노력해 나가면 무슨 일이라도 할 수 있다는 말.

절름발이 원행(遠行) (비) 개미가 객사(客舍) 기둥을 건드린다.

절 모르고 시주하기 1.영문도 모르고 돈이나 물건을 냄을 일컬음. 2.애써 한 일을 아는 이가 없어 아무 보람이 없을 땔 이르는 말. (비) 비단옷 입고 밤길 가기. 금의야행(錦衣夜行). 동무 몰래 양식 낸다. 어두운 밤에 눈끔적이.

절 앞에 마귀 산다 악과 선은 멀리 떨어져 있는 것이 아니라 아주 가까이 있게 마련이란 뜻.

절약도 있어야 절약한다 절약도 웬만큼 여유가 있어야 가능하지 아주 없으면 절약도 하지 못한다는 뜻.

절에 가면 중노릇하고 싶다 1.남이 하는 일이 좋아 보인다고 무조건 따르려고 한다는 뜻. 2.남이 하는 것을 보면 그것이 좋아 보여 덩달아 하고 싶어 하는 것이 인간의 상정이란 뜻. (비) 절에 가면 중 되고 싶고 마을에 가면 속인 되고 싶다.

절에 가면 중 되고 싶고 마을에 가면 속인 되고 싶다
(비) 절에 가면 중노릇하고 싶다

절에 가면 중이 되랴 절에 가서는 중이 하라는 대로 해야 한다는 뜻으로, 처해 있는 환경에 적응하라는 말.

절에 가면 중 이야기 촌에 가면 속인 이야기 (비) 절에 가면 중인 체 촌에 가면 속인인 체

절에 가면 중인 체 촌에 가면 속인인 체 1.처한 환경에 따라서 행동하게 된다는 말. 2.일정한 줏대나 지조 없이 때에 따라 태도를 바꿈을 이르는 말.

절에 가서 젓국 달라 한다 1.있을 수 없는데 가서 엉뚱하게 찾는다. 2.엉뚱한 짓을 한다. (비) 과붓집에 가서 바깥양반 찾기. 물방앗간에서 고추장 찾는다. 중의 나라 가서 상투 찾는다. 뒷간에 가서 밥 찾는다.

절에 간 색시 1.남이 하라는 대로만 따라하는 사람을 이르는 말. 2.뜻에 없는 일을 남이 시키는 대로 따라하지 않을 수 없는 처지에 놓인 사람을 이르는 말.

절에는 신중단(神衆壇)이 제일이라 어느 때나 벌을 줄 수도 있고 복을 내릴 수도 있는 이의 위치가 가장 높고 어렵다는 말. ★신중단 : 사찰에서 불교를 수호하는 신중을 모시는 단.

절에 불공 말고 없는 놈 구민하랬다 절에 가서 불공을 올려 잘되려고 하지 말고 가난한 사람에게 자선(慈善)을 베풀어 복 받는 것이 낫다는 뜻.

절의 양식이 중의 양식 중의 양식이 절의 양식 여기에 있는 것이나 저기에 있는 것이나 모두 한 사람의 소유란 뜻.

절이 망하려니까 새우젓 장수가 들어온다 운수가 잘못 되려면 뜻밖의 괴상한 일이 생긴다.

절이 싫으면 중이 떠난다 어떤 집단이나 조직이 마음에 들지 않는다면 그 집단을 떠나야 한다는 말.

절하고 뺨 맞는 일 없다 남에게 겸손하게 대하면 봉변 당하는 일이 없음을 이르는 말. (비) 존대하고 뺨 맞지 않는다.

젊어서는 서방이 좋고 늙어서는 고기가 좋다 사람은 젊었을 때는 배우자로부터 많은 기쁨을 얻게 되지만 나이가 들어서는 재물로부터 기쁨을 얻게 된다는 말.

젊어서는 하루가 짧아도 일 년이 길고, 늙어서는 하루가 길어도 일 년은 짧다 인생사에서 나이에 따라 세월이 가는 모습을 속도에 비유한 말. (비) 하루는 길어도 일주일, 한 달, 일 년은 짧다.

젊어 잘 뛰던 말이 늙어지면 같으랴 못하랴 젊었을 때 하던 장단(솜씨)이 늙었다 해도 그때와 같거나 별로 못하지 않다는 말.

젊은 과부의 울음소리는 산천초목도 울린다 젊어서 과부가 되어 슬픔을 견디지 못하여 매우 애처롭게 운다는 뜻. (비) 청상(青孀)과부의 울음소리는 하늘도 울린다. ★청상과부 : 나이가 젊어서 과부가 된 여자.

젊은 과부 한숨 쉬듯 시름이 깊어 한숨을 많이 쉼을 일컬음.

젊은이 망령은 홍두깨로 고치고 늙은이 망령은 곰국으로 고친다 젊은 사람의 망령은 철이 덜 든 까닭이니 정신을 차리도록 매로 고치고, 늙은이의 망령은 노쇠한 까닭이니 곰국으로 몸을 보호하여 고친다는 말.

점심 싸 들고 나선다 남의 일을 해주기 위하여 자기를 돌아보지 않고 정성과 열의를 다 한다는 말. (비) 발 벗고 나선다.

점은 제집 점을 치지 말고 이웃집 점을 쳐야 한다 자기 일이라도 자기가 못하는 것은 남의 손을 빌려서 해야 한다는 뜻.

점잖은(얌전한) 개가 똥을 먹는다 의젓한 체를 하면서도 못된 짓을 함을 일컬음.

점잖은(얌전한) 개가 부뚜막에 오른다 점잖은 체하는 사람이 엉뚱한 짓을 한다는 말.

젊어 게으름은 늙어 고생 젊어서 부지런히 일하지 않으면 나이 들어서는 반드시 고생을 하게 된다는 뜻.

젊어서 고생은 사서도 한다 젊었을 때 고생은 후일에 잘 살기 위한 밑거름이 된다는 뜻. (비) 젊어 고생

⟨젊은 딸이 먼저 시집간다⟩

은 돈 주고도 못 산다.

젊은 딸이 먼저 시집간다 여자는 혼기(婚期)를 놓치지 말고 젊어서 시집을 가야 한다는 말.

젊은이 외상이 늙은이 맞돈보다 낫다 젊은이는 외상이지만 장차 많이 팔아줄 손님이기에 맞돈 내는 늙은이보다 훨씬 낫단 말.

젊음보다 더 큰 재산은 없다 돈은 없어졌다가 나중에 또 생길 수 있지만 젊음은 일생에 단 한 번밖에 없는 가장 찬란한 시절이란 뜻.

접시 물에 빠져 죽는다 처지가 매우 궁박하여 어쩔 줄을 모르고 답답해함을 이름. (비) 거미줄에 목을 맨다. 송편으로 멱을 따 죽지.

접시 밥도 담을 탓 조건이 나쁘더라도 머리 쓰기 따라 좋은 성과를 거둘 수가 있음의 뜻. (비) 접시 굽에도 담을 탓.

접시 밥도 담을 탓 말도 할 탓 어떤 일을 막론하고 자기가 노력하기 따라서 잘할 수도 있고 못할 수도 있다는 뜻.

젓가락도 짝이 있다 젓가락도 짝이 있는 법인데 하물며 사람이 짝이 없어서야 되겠느냐는 뜻.

젓가락으로 김칫국을 집어 먹을 놈 터무니없는 일을 하려고 하는 사람을 비유하여 일컫는 말.

젓갈 가게에 중 당찮은 일에 눈뜸을 이르는 말.

정 각각 흉 각각 정이 있어도 흉이 보일 수 있고, 흉이 있어도 정이 깊어질 수 있다는 말. 정으로 말미암아 잘 잘못을 분간하지 못해서는 안 된다는 뜻. (비) 흉 각각 정 각각.

정강이가 맏아들보다 낫다 (비) 발이 의붓자식보다 낫다.

정군산(定軍山) 같다 사물이 아주 튼튼함을 비유하는 말. ★정군산 : 중국 쓰촨 성(西川省)에 있는 산. 삼국 시대, 조조(曹操)와 유비(劉備)가 전쟁을 벌였던 곳이며 산자락에 제갈량(諸葛亮)의 무덤이 있다. '정군'은 중국어 'Dingjun(定軍)'을 우리 한자음으로 읽은 이름이다.

정 끊는 놈은 잡아먹어도 시원치 않다 사랑하는 사이의 정을 끊는 사람은 죽이고 싶은 만큼 밉다는 말.

정나미 떨어지다 정나미가 아주 없어져서 다시 대할 용기가 없다는 말.

정든 것이 원수 정은 들었으나 같이 살 수 없고 안 살 수도 없는 경우 곧 이러지도 저러지도 못할 때 말.

정들면 극락 아무리 타향이라 할지라도 그곳에서 일단 정착하여 정이 들면 살기가 좋다는 의미.

정들었다고 정담(情談) 말고 친하다고 친담(親談) 말랬다 정다운 사람이나 친한 친구에게도 함부로 말을 해서는 안 된다는 뜻.

정들었다고 정말 마라 아무리 친한 사이라도 자기의 심정을 다 솔직히 말할 수 없다는 말.

정(情)들자 이별(離別) 만나서 얼마 되지 않아 곧 헤어지는 경우를 이르는 말.

정만 있으면 가시방석 위에서도 산다 부부간엔 서로 간의 정만 있으면 어떤 고생이라도 참고 견디며 살아갈 수 있다는 말. (비) 정만 있으면 삿갓 밑에서도 산다.

정만 있으면 먼 길도 가깝게 다닌다 일단 정든 사람의 집은 아무리 멀어도 힘든 줄 모르고 거뜬히 찾아간다는 뜻. (비) 정만 있으면 천 리 길도 멀지 않다.

정(釘) 밑 세 치 아래를 모른다 세상일은 한 치 앞을 모른다는 뜻.

정배(定配)도 가려다 못 가면 섭섭하다 (비) 매도 맞으려다 안 맞으면 서운하다. ★정배 : 예전에, 죄인을 지방이나 섬으로 보내 일정한 기간 동안 그 지역 내에서 감시를 받으며 생활하게 하는 형벌을 이르던 말.

정선(旌善) 골 물방아 물레바퀴 돌 듯 세상의 일이란 일정불변(一定不變) 한 것이 아니란 뜻.

정성을 들였다고 마음을 놓지 마라 아무리 정성 들여 한 일이라도 일이 다 이루어지기까진 끝까지 긴장하고 조심하라는 말.

정성(효성)이 지극하면 돌 위에도 풀이 난다 진심으로 정성을 다하면 불가능해 보이는 일도 이루어질 수 있다는 말.

정성이 지극하면 동지섣달에도 꽃이 핀다 정성을 다하여 일을 하면 어떤 어려운 일이나 될 것 같지 않은 놀라운 일도 해내는 수가 있다는 말. (비) 정성이 지극하면 돌 위에도 풀이 난다.

정성(精誠)이 있으면 한식(寒食)에도 세배 간다 마음에만 있으면 언제라도 제 성의는 표시할 수 있다는 말.

정수리에 부은 물이 발뒤꿈치까지 흐른다 (비) 꼭뒤에 부은 물이 발뒤꿈치까지 내린다.

정수리에 침 놓는다 야무지지 못한 사람에게는 정신을 차리도록 따끔하게 말을 해준다는 뜻.

정승 날 때 강아지 난다 세상에 훌륭한 사람이 나올 때는 훌륭하지 않은 사람도 나오기 마련이라는 말. (비) 기러기도 백 년의 수(壽)를 한다.

정승도 저 싫으면 안 한다 아무리 좋은 것도 자기가 마음에 들지 않으면 강제로 주거나 시킬 수 없다는 말.

정승 되라 했더니 장승 된다 훌륭한 사람이 되기를 바랐는데 못난 놈이 되었다는 뜻.

정승 될 아이는 고뿔도 안 한다 (비) 될성부른 나무는 떡잎부터 알아본다.

정승 씨가 따로 없다 부귀와 권세를 누릴 사람이 본래부터 정해진 것은 아니란 의미.

정승의 집에선 정승이 나고 장수의 집에선 장수가 난다 흔히 문관의 집에서는 대를 이어 문관이 나고 무관의 집에서는 무관이 나온다는 뜻으로, 자식은 보통 아버지를 따르게 마련이라는 말.

정승 집 말 죽은 데는 가도, 정승 죽은 데는 안 간다 죽고 나면 생전의 부귀영화라는 게 아무 소용이 없다는 말. 권력을 가진 자 앞에서는 아첨을 하다가도 그가 죽으면 돌아다보지 않는다는 말. (비) 대감 말 죽은 데는 가도 대감 죽은 데는 안 간다.

정승 집 송아지는 백정 무서운 줄 모른다 강력한 권력을 배경으로 일을 도모하고 있는 사람은 누구도 무서운 줄도 모르고 날뛴다는 의미.

정신없는 늙은이 죽은 딸네 에 간다 딴 생각을 하다가 정신을 차리지 못하고 잘못 갔을 땔 이름. (비) 실성한 영감 죽은 딸네 집 바라본다.

정신은 문둥 아비라 무슨 일을 당하나 흐리멍덩하여 어쩔 줄 모르는 사람을 두고 이름. (비) 정신을 꽁무니 차고 다닌다. 정신을 빼어서 꽁무니 차고 있다. 정신은 처가에 간다 하고 외가에를 가겠다. 손자 잃은 영감.

정신은 빼어서 꽁무니에 차고 있다 (비) 정신은 문둥 아비라.

정신은 처가에 간다 하고 외가(外家)로 간다 (비) 정신은 문둥 아비라.

정신은 처가에 간다 하고 외가(外家)에를 가겠다 (비) 정신을 꽁무니에 차고 다닌다.

정신은 침 뱉고 뒤지 하겠다 일의 순서를 뒤 바꾼다 함이니. 정신이 없다는 말. (비) 침 뱉고 밑 씻겠다.

정신을 꽁무니에 차고 다닌다 (비) 정신은 문둥 아비라.

정신(精神) 일도(一到) 하사불성(何事不成) 정신을 집중하여 노력하면 이루어지지 않는 것이 없다는 뜻.

정에서 노염이 난다 정다운 사이일수록 예의를 지켜야 한다는 말. (비) 친한 사이에도 담을 쌓으랬다.

정월 초하룻날 먹어 보면 이월 초하룻날 또 먹으려 한다 한 번 재미를 보면 자꾸 하려고 한다는 뜻. (비) 초하룻날 먹어보면 열 하룻날 또 간다.

정(情)으론 돌도 녹인다 사람이 진정(眞情)을 다 바쳐서 하면 어떤 일이든 이루어지게 마련이란 뜻.

정은 품앗이 사랑도 품앗이처럼 주고받아야지 한쪽에서만 일방적으로 주어서는 이루어질 수 없다는 뜻.

정이 소홀하게 되면 겉으론 친한 체하게 된다 진정 친한 사람은 겉으론 친한 체하지 않고, 정이 소홀한 사람이 겉으론 친한 척하면서 가까이한다는 뜻.

정이월에 대독 터진다 음력 정월이나 이월쯤 되면 으레 날씨가 풀린 것으로 생각하기 쉬우나 사실은 더 추운 날이 있을 수 있다는 말. (비) 꽃샘잎샘에 반늙은이 얼어 죽는다. 봄 추위에 장독을 깬다.

정(情)이 있으면 꿈에도 보인다 서로 마음이 통하고 정

〈정이 지나치면 원수가 된다〉

이 들면 꿈에도 보인단 말.
정이 지나치면 원수가 된다 사랑도 한도를 넘게 되면 도리어 원한을 가지게 된다는 뜻.
정 좋은 부부는 도토리 한 알만 먹어도 산다 부부간엔 금슬만 좋으면 가난하고 어려운 처지에 있더라도 극복하고 살 수 있다는 말.
정직한 사람의 자식은 굶어 죽지 않는다 정직한 사람은 어느 때든 복을 받는다는 말.
정처 없이 떠돌아다닌다 한 곳에 계속해서 머물러 있지 않고 정해진 곳도 없이 떠돌아다닌다는 말.
젖 떨어진 강아지 같다 몹시 보챈다는 말. (비) 아이 보채듯, 젖 떨어진 강아지 같다.
젖 먹는 강아지 발뒤축 문다 나이 어린 사람이 윗사람을 어려워하지 않고 버릇없이 구는 경우를 비유한 말.
젖 먹던 힘이 다 든다 무슨 일을 함에 있어 몹시 힘듦을 이르는 말.
젖 먹은 뱃까지 뒤집힌다 몹시 비위가 상하여 아니꼬움을 비유적으로 이르는 말.
젖을 더 먹어야겠다 아직도 능력이나 실력이 부족하기 때문에 좀더 자신의 실력을 양성해야 한다는 뜻.
젖이 나오지 않는 암소는 발길질을 하리라 무지한 자는 무지 때문에 두렵다.(버마)
젖 주는 어미는 있어도 물주는 어미는 없다 자식을 사랑하는 어머니는 있어도 자식을 미워하는 어머니는 없다는 말.
젖통보다 젖꼭지가 더 크다 (비) 배보다 배꼽이 더 크다.
제가 기른 개에게 발꿈치 물린다 자기가 은혜를 베푼 자에게 도리어 해를 입게 됨을 이름. (비) 개를 기르다가 다리를 물렸다. 내 밥 준 개 내 발등 문다.
제가 눈 똥에 주저앉는다 자기가 한 일에 도리어 자기가 걸려들어 해를 입는다는 말.
제가 달인 죽에 제가 넘어간다 제가 해 놓은 일을 제가 일을 저질러서 망쳐버리는 경우를 두고 하는 말.
제가 둔 것은 바늘도 찾지만 남이 둔 것은 소도 못 찾는다 어느 누구든지 간에 물건을 둔 사람이 아니면 그 물건을 찾아내기가 매우 어렵다는 뜻.
제가 얻은 복 남의 도움을 전혀 받지 않고 자신이 노력하여 얻은 복이란 뜻. ⇔ 자기가 스스로 취한 재앙이다.
제가 저지른 잘못은 피하지 못한다 누구나 자신의 잘못에 대해서는 반드시 그 잘못에 해당하는 벌을 받게 된다는 말.
제가 제 머리는 못 깎는다 자기 일에도 자신이 못하고 남에게서 도움을 받아야 할 일이 있게 마련이란 뜻.
제가 제 무덤 판다 자기 자신을 망치는 어리석은 짓을 함을 이르는 말.
제가 제 뺨친다 자기가 잘못하여 자신에게 해가 되게 함을 비유한 말. (비) 제 손으로 제 뺨을 친다.
제가 제 자식을 못 가르친다 누구든지 남의 자식은 가르치기 수월해도 제 자식은 제대로 가르치기 어렵다는 말.
제가 제 코를 쥐어박는다 자기가 저지른 잘못으로 말미암아 망신을 당하게 되었다는 뜻.
제가 춤추고 싶어서 동서(同壻)를 권한다 자기가 나서서 하고 싶으나 먼저 하기 거북하므로 남부터 먼저 권하는 경우를 이르는 말. (비) 동서 춤추게.
제 각각 마음가짐이 다르다 사람은 각자의 처지가 다르므로 그 마음가짐도 모두 다르게 마련이란 뜻.
제갈공명 칠성단에 동남풍 기다리듯 제갈공명이 무엇을 잔뜩 기다리는 모양을 비유적으로 이르는 말. 같은 속담으로 '제갈량이 칠성단에서 동남풍 기다리듯'도 있다.
제갈동지(同知) 지체는 좀 낮으나 터수가 넉넉하며 건방진 태도를 가진 사람을 가리키는 말. ★제갈동지 : 예전에 제 스스로 중추부의 종이품 관직인 동지라고 말한다는 뜻으로, 나잇살이나 먹고 교만하며 살림은 넉넉하나 지체는 좀 낮은 사람을 이르던 말
제갈량이라면 애초에 들어가지 않았다(諸葛亮初不入) 제갈량만 못함을 이르는 말. 병조 판서 송철(宋鐵)이 조정에 나가려고 안방에 들어갔다가는 질투가

심한 아내가 문을 잠가 버리는 바람에 나오지 못했다. 사위인 홍섬(洪暹)이 이를 보고 "어쩌다 이곳에 들어가셨습니까" 하니, 부끄러운 나머지 송철은 "제갈량도 어쩔 수 없다네"라고 제갈량을 들어 핑계 삼았다. 그러자 홍섬이 "제갈량이라면 애초에 들어가지 않았습니다"라고 했다는 데서 유래한다. 조재삼의 《송남잡지》 '방언류'에 보인다.

제갈량이 왔다가 울고 가겠다 지략으로 유명한 제갈량도 상대의 지략에 놀라 자신의 무능을 한탄하겠다는 뜻으로, 지혜와 지략이 매우 뛰어난 사람을 비유적으로 이르는 말.

제 갖에 좀 난다 가죽에 좀이 나면 마침내는 좀도 못 살고 가죽도 못 쓰게 된다는 뜻으로, 동류끼리 서로 다투는 것은 쌍방에 해로울 뿐이라는 말. (비) 갖에 좀이 난다. 제 언치 뜯는 말이라.

제 갖에 침 뱉기 (비) 내 얼굴에 침 뱉기

제 것 나쁘다는 놈 없고 정든 계집 밉다는 놈 없다 자기가 소유하고 있는 것을 나쁘다고 말하는 사람 없고, 사랑하는 사람을 못 생겼다고 남들에게 말하는 사람은 없다는 말.

제 것 버리고 흉내를 내면 두 가지를 잃는다 남의 것을 그대로 모방하지 말고 자기의 독특한 것을 지키도록 하라는 뜻.

제 것은 똥도 좋다 한다 자기의 것은 무턱대고 무엇이나 좋다고 자랑하는 사람을 두고 하는 말.

제 것이 있어야 큰소리친다 큰소리를 치는 것도 자기 돈이 웬만큼 있어야 하는 것이지 돈이 없으면 못 한다는 뜻.

제 것 잃고 함박 깨뜨린다 자기 것을 잃은 것도 아깝고 서운한데 또 손해까지 보게 되었다는 말.

제 것 주고 뺨 맞는다 남에게 잘 해 주고 도리어 욕을 먹는다.

제게서 나온 말이 다시 제게 돌아온다 말이란 한없이 도는 것이므로 말조심하라는 뜻.

제 계집 잃고 제 아비를 의심한다 의심이 많은 사람을 놀리는 말.

제 꼴에 배 사 먹는다 되지 못한 자가 어이없는 짓을 한다는 뜻.

제 꾀에 제가 넘어간다 남을 속이려다 도리어 자기가 속는다는 말.

제 나락 주고 제 떡 사 먹는다 손해나 이익이 전혀 없다는 뜻으로, 남의 덕을 보려다가 뜻대로 되지 않고 결국 제 돈을 쓰게 됨을 이르는 말.

제 낯에 침 뱉기 제 잘못을 감추고 남을 해치려다가 도리어 제가 해를 입는단 뜻. (비) 제 밑 들어 남 보이기. 내 밑 들어 남 보이기. 제 발등에 오줌 누기. 하늘 보고 침 뱉기. 제 갖에 침 뱉기.

제 년 팔월에 먹은 오려 송편이 나온다 거만한 행동을 보니 아니꼽고 매스꺼워서 속이 다 뒤집힐 것 같다는 말. (비) 작년에 먹은 오려 송편 다 넘어 오겠다. 제 년 추석에 먹은 오려 송편이 나온다. ★오려: 올벼. 조도(早稻).

제 논에 모가 큰 것은 모른다 남의 물건이 제 것보다 항상 크게 보인단 뜻.

제 논에 물 대기 자기에게만 이롭도록 일을 함을 이르는 말.

제 놈이 제갈양(諸葛亮)이면 용납(容納)이 있나 제 아무리 지혜가 깊고 재주가 뛰어나다 하더라도 별 수 없다는 뜻으로 이르는 말. ★제갈양: 중국 촉한(蜀漢)의 정치가(181~234). 자(字)는 공명(孔明), 시호는 충무(忠武)이다. 유비가 대규모 군대를 조직하고 촉한을 창건하는 데 큰 공헌을 하였다. 오(吳)나라와 연합하여 남하(南下)하는 조조의 대군을 적벽(赤壁)에서 크게 물리치기도 하였다. 그 후 수많은 전공(戰功)을 세웠고, 221년 한(漢)의 멸망을 계기로 유비가 제위에 오르자 재상이 되었다. 명문장으로 유명한 〈전출사표(前出師表)〉, 〈후출사표(後出師表)〉를 남겼다.

제 눈 똥에 주저앉는다 남을 해치려고 한 일에 도리어 자기가 걸려들어 해를 입게 된 경우를 비유한 말.

〈제 눈썹 보는 사람 없다〉

제 눈썹 보는 사람 없다 먼 데 것보다도 오히려 가까운 데 있는 것을 눈치 채지 못한다는 의미.

제 눈에 안경이라 남이 보아서 우스운 것도 제 맘에 들면 좋아 보인다는 뜻.

제(祭) 덕에 이밥이라 무슨 일을 빙자하고 저 하고 싶은 것을 한다는 뜻.

제 도끼에 제 발등 찍힌다 자기가 한 일이 자기에게 해가 된다. (비) 제 발등을 제가 찍는다. 제 옷감을 제가 찢는다. 제 재주에 제가 넘어간다.

제 돈 칠 푼만 알고 남의 돈 열네 닢은 모른다 대단치 않은 자가 물건만 중하게 알고 그보다 크게 많은 남의 것은 우습게 안다는 말이니, 자기의 것만 소중히 여기는 사람을 두고 하는 말.

제 딴죽에 제가 넘어진다 제 일을 제가 그르쳐 놓음을 이름.

제 딸이 고와야 사윗감도 고른다 제 물건이 좋아야 값 비싸게 받는다는 말로, 곧 결혼은 서로 비슷한 사람끼리 해야 한단 말.

제때의 한 수는 때 지난 백 수보다 낫다 무슨 일이나 시기를 잘 맞춰야 수월하게 일을 할 수 있다는 말.

제 똥 구린 줄 모른다 자신의 잘못이나 결점을 자신이 모른다는 말. (비) 제 밑 핥는 개.

제를 제라니 샌님 보고 벗하잔다 되지 못한 자가 저를 조금 대접해 준다고 해서 공연히 우쭐하여 기를 올릴 때 이르는 말. (비) 밥 그릇 높으니까 생일만큼 여긴다.

제명오리 행실이 얌전치 못한 여자를 가리키는 말.

제 몸만 아는 욕심쟁이 남이야 어찌되든 저 혼자만 잘 살려고 욕심을 부리는 사람을 가리키는 말.

제 몸보다 큰 보배는 없다 세상 보물 중에선 자기 몸보다 더 소중하고 귀한 보배는 아마도 없다는 뜻. (비) 제 몸밖에 없다.

제 몸이 중이면 중의 행세를 하라고 사람은 누구나 제 신분을 지켜야 하며 분에 어긋나는 짓을 하면 안 된다는 뜻.

제 물건 나쁘다는 장사꾼 없다 장사꾼은 누구나 자기가 파는 물건은 무조건 좋다고 말하기에 도저히 믿을 수 없다는 뜻. (비) 제 물건 나쁘다는 놈 없다.

제물에 배를 잃어버렸다 되어가는 서슬에 휩쓸려 얼결 가장 요긴한 것을 빠뜨렸다는 말.

제 밑 들어 남 보이기 자기의 결점이나 추한 것을 남의 앞에 들어내는 말. (비) 제 낯에 침 뱉기. 내 밑 들어 남 보이기.

제 밑 핥는 개 제가 한 짓은 추잡하고 더러운 줄 모른다는 말. (비) 제 똥 구린 줄 모른다.

제 발등에 불도 안 끈 놈이 남의 발등 불을 끌까 제 일도 제대로 하지 못하는 사람이 남의 일을 어떻게 도울 수가 있느냐는 의미.

제 발등에 불을 먼저 끄고야 아비 발등의 불을 끈다 (비) 내 발등의 불을 꺼야 아비 발등의 불을 끈다

제 발등에 불을 먼저 끄랬다 남의 일에 참견 말고 자기의 급한 일을 먼저 살피란 말.

제 발등에 오줌 누기 (비) 내 얼굴에 침 뱉기

제 발등을 제가 찍는다 제 일을 제가 망쳐 버렸다는 말 (비) 제 도끼로 제 발등 찍기, 제 옷감을 제가 찢는다. 제 재주에 제가 넘어졌다.

제 발이 저리다 남에게 좋지 않게 한 일이 드러나거나 또는 그 일 때문에 화를 입을까 하여 스스로 마음을 졸인다는 뜻.

제 밥 들어 줄 샌님은 물 건너부터 안다 인정 있고 점잖은 사람은 멀리서 보기만 하여도 알 수 있을 만큼 어딘가 다르다는 말.

제 밥 먹고 상전(上典) 일 한다 1.제 물건을 써 가면서 보수를 받지 않고 일을 하게 될 때를 이름. 2.제가 해야 할 일은 못하고 남의 일만 하게 되었다는 뜻. (비) 고양(高陽) 밥 먹고 양주(楊州) 구실 한다.

제 밥 먹고 큰집 일하듯 일을 하기는 하나 그 보수가 맘에 차지 않아서 기운을 들이지 않고 슬슬함을 이르는 말.

제 밥 먹은 개가 제 발등 문다 자기가 도와서 잘 되게

해 준 사람으로부터 손해를 입거나 화를 당하게 되었음을 이르는 말. (비) 개를 기르다 다리를 물렸다. 내 밥 준 개 내 발등 문다. 삼 년 먹여 기른 개가 주인 발등을 문다.

제 방귀에 제가 노란다 (비) 개가 제 방귀에 놀란다

제방 둑이 개미구멍으로 무너진다 매우 사소한 일이라고 평소에 방심하고 있다가는 이것이 확대되어 나중엔 더욱 큰 손해를 보게 된다는 뜻.

제 배가 부르니 평양감사가 조카같이 보인다 (비) 내 배 부르니 평안감사가 조카 같다.

제 배가 부르면 종 배고픈 줄 모른다 (비) 내 배 부르면 종에게 밥 짓지 말라 한다.

제 배가 부르면 종의 밥 짓지 말란다 (비) 내 배 부르면 종에게 밥 짓지 말라 한다.

제 버릇 개(남) 준다 (비)거지 노릇도 사흘 하면 못 버린다.

제 보금자리 사랑할 줄 모르는 새 없다 누구나 자기 고향을 아끼고 사랑한다는 말.

제 복만 있으면 빈손으로 만나도 잘 산다 가난하게 만난 부부라도 그들에게 복만 있으면 노력하여 잘 살 수 있다는 뜻.

제 복(福)을 개 줄까 자기에게 돌아온 몫을 굳이 마다할 이유가 없다는 뜻.

제 부모 나쁘다고 내버리고 남의 부모 좋다고 내 부모라 할까 좋고 나쁘건 인륜은 어쩔 수 없다는 뜻.

제 부모를 위하려면 남의 부모를 위해야 한다 자기 부모를 잘 섬기려면 남의 부모에게도 극진해야만 한다는 말.

제비가 분주하게 먹이를 찾으면 비가 온다 제비가 먹이를 찾으려고 낮게 날아다니면 그날은 어김없이 비가 온다는 말.

제비가 사람을 얼리면 비가 온다 제비가 땅을 차고 사람 옆을 살짝 스쳐 날면 비가 온다는 말.

제비가 새끼를 많이 낳는 해는 풍년 든다 제비가 그 해에 새끼를 많이 치면 풍년이 든다는 말.

제비는 작아도 강남을 간다 비록 작아도 제 할 일은 다 한단 말. (비) 거미는 작아도 줄만 친다. 참새는 작아도 알만 잘 깐다. 뱁새가 작아도 알만 난다. 참새가 작아도 일만 잘한다.

제비는 작아도 알만 낳는다 (비) 대국 고추는 작아도 맵다.

제비와 기러기가 서로 엇갈려 날아온다 제비가 올 때 기러기가 가고, 기러기가 올 때 제비가 가듯이 좀처럼 만나기가 어렵다는 뜻.

제 빚은 제가 갚는다 제가 저지른 잘못은 언제든지 제가 갚게 된다는 뜻.

제사 덕에 이밥이라 무슨 일을 빙자하고 거기에서 이익을 얻는다는 말.

제 사랑 제가 끼고 있다 제가 하기에 따라서 사랑을 받고 미움을 받는 단 말.

제 사랑 제가 지니고 다닌다 부부간에 정이 좋고 나쁜 것은 모두 자기 자신에 달렸다는 뜻.

제사를 지내려니 식혜부터 쉰다 공교롭게 일이 틀어지는 경우를 비유적으로 이르는 말.
　예문. 제사를 지내려니 식혜부터 쉰다더니, 하필이면 중요한 회의가 있는 날 아침부터 늦잠을 자고 버스까지 놓쳤으니 이미 모든 일은 다 틀렸다고 본다.

제사보다 젯밥에 정신이 있다 제사를 지내면서 조상에 대한 정성에 마음을 쏟지 않고 제사를 마친 후 젯밥을 먹을 생각만 한다는 뜻으로, 맡은 일에 정성을 들이지 않고 제 잇속만을 챙김을 비유한 말.

제사에는 풍흉이 없다 아무리 흉년이 들어 구차하더라도 반드시 제사는 지내야 한다는 뜻.

제 살 깎아 먹기 스스로에게 손해되는 짓을 이르는 말.

제 살이 아프면 남의 살도 아픈 줄 알아라 자기의 경우를 견주어서 남의 사정도 헤아릴 줄 알아야 함을 일컬음.

제삿날 싸움 절대로 싸워서는 안 될 때 싸움질이 잦듯이 무슨 일을 해서는 안 될 때 한다는 의미.

제(祭)상 앞에 개가 꼬리를 쳐야 그 집안이 잘된다

〈제석의 아저씨도 벌지 않으면 아니 된다〉

아이들이 많고 자손이 흥왕해야 집안이 잘된다는 뜻.

제석의 아저씨도 벌지 않으면 아니 된다 어떤 사람이든지 힘써 벌어야 된다는 말.

제 손금 보듯 한다 무엇을 훤히 꿰뚫어 봄을 비유적으로 이르는 말.

제 손으로 제 눈 찌르기 자기 스스로가 자신의 일을 그르치는 행동을 이르는 말.

제 손으로 제 뺨을 친다 제 일을 제 잘못으로 망친다는 뜻. (비) 제 손으로 제 눈 찌르기.

제수 치는 매는 없어도 형수 때리는 몽둥이는 있다 손아래 제수에게는 함부로 행동을 못하지만 손위의 형수에게는 버릇없는 짓을 해도 용서받는다는 말.

제수(祭需) 흥정에 삼색실과(三色實果) 반드시 그곳에 정해져 있는 것이 아니면 안 된다는 뜻.

제 아비 아잇적만 못하다 사람이 지지리 못나고 우둔하다는 말.

제 아비 제 따라 간다 따라 나서 같이 가도 무방하다고 할 때를 이름. (비) 제 아재비 저 따라간다.

제 앞에 안 떨어지는 불은 뜨거운 줄 모른다 흔히 제가 직접 당한 일이 아니면 아무리 어렵고 곤란한 일도 그 괴로움을 잘 모르기가 일쑤임을 비겨 이르는 말로, 직접 당하지 않으면 모른다는 말.

제 앞에 큰 감 놓는다 여럿이 하는 일에 제 욕심만 부린다는 말. (비) 제 중태에 큰 고기 담는다.

제 언치 뜯는 말이다 제 동족을 해치는 것은 결국 저 자신을 해치는 일이 된다는 것을 깨닫지 못한다는 뜻. (비) 갖에서 좀 난다. 제 갖에 좀 난다. 언치 뜯는 말이다.

제 얼굴 가죽은 제가 벗긴다 제게 불명예스러운 일을 제가 저지른다는 뜻.

제 얼굴 더러운 줄 모르고 거울만 나무란다 제 잘못은 모르고 남만 나무란다는 뜻.

제 얼굴 못 나서 거울 깬다 제 잘못은 모르고 남만 나무란다는 뜻.

제 얼굴엔 분 바르고 남의 얼굴엔 똥 바른다 자기만 위할 줄 안다는 뜻.

제 오라를 제가 졌다 나쁜 짓을 하여 그 벌로 제가 화를 입는다는 말.

제 오줌을 먹는다 자기가 한 일로 인하여 자기가 욕을 본다는 말.

제 옷감을 제가 찢는다 제 일을 제가 그르친다는 말. (비) 제 발등을 제가 찍는다. 제 도끼로 제 발등 찍는다. 제 재주에 제가 넘어간다.

제 옷 벗어 남의 발에 감발 쳐 준다 자기에게 꼭 필요한 것을 남을 위한다고 내주거나, 남이 별로 필요로 하지도 않는 일에 씀을 비유적으로 이르는 말.

제웅으로 만들었나 (비) 구더기 될 놈.

★제웅 : 액(厄)막이를 하기 위하여 짚으로 사람의 모양을 본떠 만든 물건.

제 인심이 좋으면 초(楚)나라 가달도 사귄다 저만 착하고 인심이 좋으면 아무리 험상궂고 마음이 사나운 사람과도 잘 지낼 수 있단 말. ★가달 : 몹시 사나운 사람.

제일강산(第一江山)인 줄 안다 잘 알지도 못하면서 제일인 줄 안다는 뜻.

제일이 바빠 남의 방아 거든다 남을 도와주는 것도 다 따지고 보면 자기와 이해관계가 있기 때문이란 말. (비) 제 일이 바쁘니까 주인 방아 찧어준다.

제 입내는 모른다 자기의 잘못은 자기가 잘 모르고 있다는 말.

제자가 선생 잡아먹는다 타고난 재능이 있으면 제자가 그 스승보다도 훌륭해질 수 있다는 뜻.

제 자랑 말랬다 남들 앞에서 스스로를 자랑하는 것은 나쁜 버릇이므로 삼가야 한다는 뜻. (비) 제 자랑은 남의 눈에 거슬린다.

제자리걸음만 한다 발전을 못하고 항상 정지된 상태에 있다는 뜻.

제 자식 나쁜 줄은 모른다 누구나 자기 자식을 귀엽게 보는 편견이 있기에 제 자식의 결함을 발견하기가 어렵다는 뜻. (비) 제 자식 올바로 보는 눈 없다.

제 자식도 흉 각각 정 각각 아무리 사랑스러운 자식이라도 그 아이에 대한 잘잘못은 가려주면서 키워야 한다는 뜻.

제 자식 생일은 모르는 놈이 남의 생일은 안다 제 일도 처리하지 못하는 주제에 남의 일을 거들어 준다는 뜻.

제 자식 안 귀여운 사람 없다 자기 자식은 어느 부모의 눈에나 다 귀여운 법인데 자기만 유독 귀여운 것처럼 남 앞에 자랑하는 것은 삼가야 한다는 말.

제 자식은 제가 키워야 한다 자기가 난 자식은 자기 손으로 올바르게 키워야 한다는 뜻.

제 자식 자랑 않는 사람 없다 자기 자식은 너무도 귀엽기 때문에 조금만 잘하는 것이 있어도 남에게 자랑하게 된다는 뜻.

제 잘못은 모르는 놈이 남의 욕은 잘한다 자기 잘못은 잘 파악하지도 못하는 주제에 남의 잘못만 들추어 내어 꾸짖는다는 뜻. (비) 제 잘못은 덮어두고 남의 잘못만 밝힌다.

제 재주에 제가 넘어졌다 제 일을 제가 망쳐놓았다는 말. (비) 제 발등을 제가 찍는다. 제 옷감을 제가 찢는다. 제 도끼로 제 발등 찍는다.

제 절 부처는 제가 위하랬다 제 물건은 스스로 아껴야지 남에게 맡겨선 안 된다는 뜻. (비) 내 절 부처는 내가 위하여야 한다.

제 죄 남 안 준다 (비) 덕은 닦은 데로 가고 죄는 지은 데로 간다.

제주 말갈기 외로 질지 바로 질지 말이 자라서 그 말갈기가 장차 어느 쪽으로 넘겨질지 어릴 적에는 모른다는 뜻으로, 일이 앞으로 어떻게 될지 짐작할 수도 없음을 비유적으로 이르는 말. (비) 금승말 갈기 외로 질지 바로 질지 모른다. 생마 갈기 외로 질지 가로 질지.

제주 말 제 갈기 뜯어 먹기 1.자기가 자신에게 해를 입히는 경우를 이르는 말. 2.어려운 처지에서도 남에게 의지하지 않고 각기 제 것을 먹고 살아간다는 뜻.

제 주머니 것 내가듯 제 것과 남의 것도 분간하지 않고 남의 것을 제 것처럼 함부로 가져다가 쓴다는 뜻.

제주 미역 머리 감듯 길게 나풀거리는 것을 잡아 감는 모양을 이르는 말. (비) 선전시정 통 비단 감듯. 진사시정 연 줄 감듯. 상전 시정 연 줄 감듯.

제주에 말 사 놓은 듯 무엇이 멀리에 있어 아무 소용이 없는 경우를 비유적으로 이르는 말.

제 중태에 큰 고기 담는다 여럿이 하는 일에 제 욕심만 채우려고 한다는 뜻. (비) 제 앞에 큰 감 놓는다.

제집 개도 밟으면 문다 아무리 손아랫사람이라도 지나치게 꾸짖으면 결국엔 반항하게 된다는 말.

제집 개에게 발뒤꿈치 물린 셈 자기로부터 신세를 입은 사람이 보답은커녕 도리어 해를 끼친다는 말. (비) 제가 기른 개에게 발꿈치 물린다. 삼 년 먹어기를 개가 주인 발등을 문다. 개를 기르다 다리를 물렸다. 기르던 개에게 다리를 물렸다. 제 밥 먹은 개가 제 발등 문다. 내 밥 준 개가 내 발등 문다.

제집 나가면 고생이다 아무리 궁핍하게 살아도 자기 집이 좋다는 뜻.

제집에서 큰소리치지 않는 사람 없다 남에겐 꼼짝도 못하는 사람이 자기 집에선 도리어 큰소리친다는 말.

제집 연기는 남의 집 연기보다 낫다 대단치 않은 것이라도 정이 든 것은 좋다는 말.

제집이 서울이다 비록 궁핍하게 살지라도 어쨌든 자기 집이 가장 좋고 즐거운 곳이란 뜻. (비) 제집이 극락이다.

제집 제사는 모르는 놈이 남의 제사는 잘 안다 자기네 집일엔 관심이 없으면서 남의 일엔 아주 관심이 많다는 말. ⇔제집 제사는 모르면서 남의 집 제사 알까.

제 칼도 남의 칼집에 들면 찾기 어렵다 자기 물건도 한 번 남의 손에 들어가면 마음대로 하기 어렵게 된다는 말. (비) 내 칼도 남의 칼집에 들면 찾기 어렵다.

제 코가 석 자나 빠졌다 남 일에 나서서 도와주기는커녕 자기도 궁지에 빠져서 어쩔 도리가 없다는 의미.

제 코도 못 닦는 것이 남의 코 닦는다 제 일도 옳게 못하면서 남의 일에 참견한다는 말. (비) 장님이 장님을 인도한다. 제 코도 못 씻는 게 남의 부뚜막 걱정

〈제 코도 못 씻는 게 남의 부뚜막 걱정한다〉

한다.
제 코도 못 씻는 게 남의 부뚜막 걱정한다 (비) 제 코도 못 닦는 것이 남의 코 닦는다.
제터 방축에 줄남생이 늘어앉듯 많은 사람이 열을 지어 나란히 늘어앉음을 놀림조로 이르는 말. ★남생이 : 남생잇과의 하나. 냇가나 연못에 서식하며 남생잇과의 거북류 중에서 비교적 작다. 등껍질의 길이는 20~25센티미터 정도이고 짙은 갈색이며 갑판의 가장자리에는 노란색의 가로 줄무늬가 있다. 네 발에는 각각 다섯 개의 발가락이 있고 그 사이에 물갈퀴가 있으며 다리는 넓은 비늘로 덮여 있다. 민물에서 풀, 물고기, 갑각류 등을 잡아먹는다. 6~8월에 모래 속에 구멍을 파고 한배에 네 개 내지 여섯 개의 알을 낳는다. 우리나라, 중국, 일본, 타이완 등지에 분포한다.
제 털 뽑아 제 구멍에 막(박)기 성미가 너무 고지식하여 융통성이 없다는 말. (비) 쇠 털 뽑아 제 구멍 막는다.
제 팔자 개 못 준다 (비) 귀신은 속여도 팔자는 못 속인다.
제 흉 열 가지 가진 놈이 남의 흉 한 가지를 본다 제 결점은 모르면서 남의 결점만 들춤.
제 흉은 모르고 제 잘한 것만 안다 자기의 잘못은 절대로 고치려고 하지도 않으면서 자기의 자랑거리는 조그마한 것까지 떠벌린다는 뜻.
제 힘 모르고 강(江)가 씨름 갈까 자기의 능력을 스스로 알아야 한다는 말.
제 힘 보아 강 건넌다 무슨 일을 하려고 할 때는 자신의 실력을 대충 판단해 보고 해야 한다는 말.
조강지처(糟糠之妻)는 버리지 않는다 가난할 때 고락을 함께 나눈 아내는 부족한 점이 있고 못마땅한 점이 보이더라도 버려서는 안 된다는 뜻. ★조강지처 : 지게미와 쌀겨로 끼니를 이을 때의 아내라는 뜻으로, 몹시 가난하고 천할 때에 고생을 함께 겪어 온 아내를 이르는 말.
조강지처(糟糠之妻) 불하당(不下堂) 조강지처는 존중하고 대우하여 주어야 한다는 말.
조개껍질은 녹슬지 않는다 천성이 착하고 어진 사람은 다른 사람의 나쁜 습관에 물들지 않는다는 말. (비) 호박은 더러운 먼지를 빨아들이지 않는다.
조개부전 이 맞듯 둘이 꼭 맞아서 틈새가 없는 것을 뜻함.
조개 속의 게 몸이 연약하여 일을 감당하지 못하는 사람을 비유한 말.
조개젓 단지에 괭이 발 드나들 듯 (비) 반찬단지에 고양이 발 드나들 듯.
조기 배에는 못 가리라 조기잡이를 할 때 배에 탄 사람의 말이 시끄러우면 조기가 놀라서 흩어지므로 수다스럽고 말 많은 사람을 보고 하는 말. (비) 혀에 굳은살이 박히겠다.
조그마한 실뱀이 온 바닷물을 흐린다 (비) 미꾸라지 한 마리가 온 웅덩이를 흐린다
조금만조금만 하다가 아이 죽인다 눈앞에 닥친 일을 바로 처리하지 않고 그냥 미루기만 하다가 나중에 낭패를 당한다는 뜻.
조는 집에 자는 며느리 들어온다 게으른 사람이 사는 집에는 게으른 사람만 모인다는 뜻.
조는 집은 대문턱부터 존다 게으른 사람이 사는 집은 모두가 게을러진다는 말. (비) 조는 집에 자는 며느리 들어온다.
조롱복(福)이야 복리를 가지되 그것을 오래 누리지 못하는 사람을 이름.
조리복소니 잘 맞춘다고 깎고 또 깎고 하여 마침내는 아무것도 되지 않고 만다는 말. ★조리복소니 : 크고 좋던 물건이 차차 줄어들거나 깎여서 볼품이 없이 된 것.
조리에 옻칠한다 (비) 개 발에 주석 편자.
조리장사 매끼 돈을 내어서라도 (비) 중(僧)의 망건 사러 가는 돈이라도 ★매끼 : 물건을 묶는 데 쓰는 끈.
조마(調馬) 거둥에 격쟁(擊錚)한다 경우를 바로 알아차리지 못해 어리석은 짓을 한다는 뜻. (비) 신랑 마두에 발괄한다. ★조마거둥 : 거둥의 절차에 따라

한 달에 몇 차례씩 미리 임금님이 타는 말을 훈련시키는 일. ★격쟁 : 꽹과리를 침.

조막손이 달걀 떨어뜨린 셈 낭패를 보고 어쩔 줄 모른다는 뜻.

조막손이 달걀 만지듯 사물을 자꾸 주무르기만 하고 꽉 잡지 못한단 말.

조막손이 달걀 도둑질한다 자기의 능력 이상 일을 하려고 할 때 이르는 말.

조바심을 한다 무슨 일을 침착하게 하지 않고 조급하게 서두른다는 뜻.

조밥도 많이 먹으면 배부르다 보잘것없는 것이라도 수량이 많으면 큰 이득을 볼 수 있다는 말.

조밥에도 큰 덩이 적은 덩이가 있다 어디에나 크고 작은 것의 구별이 있다는 말.

조 비비듯 한다 근심 걱정으로 마음을 몹시 졸이고 있다는 뜻.

조상(祖上)같이 안다 몹시 귀하게 여긴다는 뜻.

조상 덕에 이 밥을 먹는다 조상 덕에 부유하게 산다는 말.

조상(弔喪)보다도 팥죽에 마음이 있다 (비)염불(念佛)에는 마음이 없고 젯밥에만 마음이 있다.

조상(祖上) 신주(神主) 모시듯 (비) 용상(龍床)에 앉힌다

조상(弔喪)에는 정신이 없고 팥죽에만 정신이 간다 (비) 염불(念佛)에는 마음이 없고 젯밥에만 마음이 있다

조석 싸 가지고 말리러 다닌다 기를 쓰고 하지 못하게 말린다는 말.

조선 공사 삼일 우리나라 사람은 참을성이 부족하여 일을 자주 변경한다는 뜻으로 쓰임. (비) 고려 공사 삼일

조선 바늘에 되놈 실 꿰듯 도저히 되지도 않을 일에 애를 쓰는 어리석음을 비웃는 말.

조심하면 화도 면한다 무슨 일에서나 정신을 똑바로 차리고 주의를 해가면서 일을 하면 화를 면할 수 있다는 뜻.

조약돌을 피하니까 수마석(水磨石)을 만난다 재난을 피하니 더 큰 재난이 닥침을 일컬음. (비) 노루를 피하 니 범을 만난다. ★수마석 : 물결에 씻겨 닳아진 돌.

조에 배 사 먹는다 되지 못한 자가 어처구니없는 짓을 하는 것을 보고 이르는 말.

조왕(竈王)에 놓고 터주에 놓고 나니 남는 것이 없다 여기 뜯기고 저기 뜯기고 나니 결국 자기가 차지할 것은 전혀 없다는 말. (비) 조왕에 뜯기고 터주에 뜯기고 절구에 뜯기고 나니 먹을 것이 없다. ★조왕 : 부엌을 맡았다는 신.

조자룡이 헌 창(칼) 쓰듯 돈이나 물건을 헤프게 쓰는 경우를 비유적으로 이르는 말. 조자룡이 칼을 잘 쓴다는 데서 비유.

조잘거리는 아침 까치로구나 커다란 소리로 지껄이는 사람을 가리키는 말.

조정엔 막여작(莫如爵)이요, 향당(鄕黨)엔 막여치(莫如齒)라 조정에서는 등급을 중히 여기고 고장에서는 나이의 차례를 중히 여긴다는 말.

조조(曹操)는 웃다 망한다 1.자신만만해하며 웃다가 언제 망신당할지 모른다는 말. 2.웃는 사람에게 핀잔 주는 말. ★조조 : 중국 후한(後漢) 말의 승상위(魏)의 시조(155~220). 자는 맹덕(孟德)이다. 황건(黃巾)의 난을 평정하여 공을 세우고, 여포(呂布)와 원소(袁紹) 등을 차례로 격파하고 화북(華北) 지역을 통일하여 천하 통일의 기초를 마련하였다. 적벽 대전(赤壁大戰)에서 손권(孫權)과 유비(劉備)의 연합군에게 크게 패하였으나, 216년에 위왕(魏王)이 되어 삼분(三分)된 천하에서 가장 강력한 세력을 형성하였다. 그가 죽은 후 위왕에 오른 아들 조비(曹조)가 220년 후한의 헌제(獻帝)로부터 제위(帝位)를 찬탈하여 위 제국(魏帝國)을 세우자 무제(武帝)로 추증되었다. 소설《삼국지연의(三國志演義)》에서는 간웅(奸雄)으로 묘사되어 있다.

조조와 장비는 만나면 싸움 힘이나 수가 엇비슷한 사람끼리 만나기만 하면 승부 겨룸을 비유적으로 이르는 말.

조조(曹操)의 살이 조조를 쏜다 지나치게 재주를 피운

〈 조카 생각하니 만치 아자비 생각는 법이라 〉

사람은 결국 그 재주로 말미암아 자멸(自滅)하기에 이른다는 뜻.

조카 생각하니 만치 아자비 생각는 법이라 남을 대접해 주어야 자기도 대접을 받는다는 뜻.

조 한 섬 있는 놈이 시겟금 올린다 변변치 못한 자가 대단한 체하며 일을 크게 벌이려 할 땔 이름.

족보(族譜) 뜯어먹고 산다 문벌(門閥)이 좋다고 우쭐거리면서 사는 집을 보고 하는 말.

족제비 난장 맞고 홍문재 넘어가듯 겁결에 정신을 잃고 전력을 기울여 허겁지겁 도망친다는 말. (비) 작살 설맞은 뱀장어 도망친다. 그물을 벗어난 토끼 도망치듯.

족제비는 꼬리 보고 잡는다 모든 일은 목적이 있어서 행한다는 말.

족제비도 낯짝(콧등)이 있고 미꾸라지도 백통이 있고 빈대도 콧등이 있다 (비) 벼룩(빈대)도 낯짝이 있다.

족제비 똥 누듯 염치없는 사람을 나무라는 말.

족제비 밥 탐하다 치어 죽는다 이겨 내지도 못하면서 너무 많이 먹으려다 망신당한다는 말.

족제비 잡아 꼬리는 남 준 셈 애써 일을 했으나 정작 가장 중요한 부분은 남에게 빼앗겼다는 말. (비) 족제비 잡아 남 좋은 일만 했다.

족제비 잡으니까 꼬리를 달란다. 족제비 잡은 데 꼬리 달라는 격 애써 일을 했는데 그중 긴요한 부분을 빼앗으려는 염치없는 행동을 두고 이르는 말.

존귀한 손님 앞에선 개도 꾸짖지 않는다 부모 앞에서 물론이지만 존귀한 손님 앞에선 개를 꾸짖는 행동을 해선 안 된다는 뜻.

존대하고 빰 맞지 않는다 (비) 절하고 뺨 맞는 일 없다.

좀꾀에 매꾸러기 좀꾀를 부리는 것은 매벌이 밖에 안 된다는 뜻.

좀이 쑤신다 가만히 참고 기다리지 못할 때 이르는 말.

좁쌀만큼 아끼다가 담돌 만큼 해 본다 (비) 한 푼 아끼다가 백 냥 잃는다.

좁쌀 싸라기를 먹었나 아무에게나 반말을 하는 버릇없는 사람을 두고 비꼬아 이르는 말.

좁쌀 썰어 먹을 놈 작은 좁쌀을 썰어서 먹는다는 뜻으로, 성질이 아주 소심하고 옹졸한 사람을 이르는 말.

좁쌀에 뒤웅 판다 좁쌀을 파서 뒤웅박을 만드는 일이 불가능한 일이라는 뜻으로, 가망이 없는 일을 하는 경우를 이르는 말.

좁쌀여우 사람됨이 옹졸하고 간사하게 남을 속이는 사람을 가리키는 말.

좁쌀영감 꼬장꼬장하게 잔소리를 심히 하고 간섭을 많이 하는 사람을 이름. (비) 좁쌀에 뒤웅 판다. 담배씨로 뒤웅박을 판다.

좁쌀친구 나이 어린 친구란 뜻.

좁쌀 한 섬 두고 흉년 들기를 기다린다 변변찮은 것을 가지고 남이 아쉬운 때를 기회 삼아 큰 이득을 보려 하는 경우를 비유한 말.

좁은 데 장모(丈母) 낀다 차마 가라고는 할 수 없으나 가주었으면 하는 사람이 가지 않고 있는 경우를 이르는 말.

좁은 입으로 말하고 넓은 치맛자락으로 못 막는다 말은 하기 전 미리 생각해서 하라는 말

좁은 틈에 장목(長木) 낀다 무엇이 어울리지 않는 곳에 어색하고 거추장스럽게 있는 경우를 비유적으로 이르는 말.

종가(宗家)가 망해도 신주보(神主褓) 향로(香爐) 향합(香盒)은 남는다 집안이 망해도 그 집에 가통(家統)을 이을 소산(所産)은 남는다는 뜻. (비) 논밭은 다 팔아먹어도 향로 촛대는 지닌다. ★신주보 : 신주를 넣는 독을 덮는 보. ★향합 : 향을 넣어 두는 작은 합.

종갓(宗家)집 며느리 틀이 있다 사람이 덕성(德性)이 있고 인품(人品)있어 보일 때를 이름.

종과 상전은 한 솥의 밥이나 먹지 너무 차별이 심해서 같이 어울리지 않는다는 뜻. 종과 상전도 한 솥의 밥을 먹는데 그럴 수가 있냐는 뜻. 세상은 조화롭게 살아가야 함.

종기가 커야 고름이 많다 모양이 커야 그 속에 든 것이

많다는 뜻. 덩어리가 커야 그 속에 든 것도 많다. 바탕이나 근본이 든든하지 않으면 생기는 것도 적다는 뜻. (비) 허물이 커야 고름이 많다.

종기는 곪았을 때 짜야하고 술은 괼 때 걸러야 한다
(비) 고사리도 꺾을 때 꺾어야 한다(는다).

종기는 굳은살을 없애고 새 살을 나오게 해야 한다
인간사회에 악을 없애고 선을 선양(宣揚)해야 사회가 밝아질 수 있다는 뜻.

종기를 빨고 치질은 핥아준다 지저분한 종기를 빨아주고 치질까지 핥아주면서 매우 극진하게 아첨을 한다는 뜻.

종기와 혹만 생긴다 몸에 지저분한 종기와 혹만 생기듯이 언행(言行)에 과실(過失)이 많다는 의미.

종년 간통(姦通)은 누운 소 타기 (비) 누워 떡 먹기

종로(鐘路) 깍쟁이 각 집집 앞으로 다니면서 밥술이나 빌어먹듯 이 집 저 집돌아다니며 문전걸식하는 모양을 이르는 말.

종로에서 뺨 맞고 한강에 가서 눈 흘긴다 (비) 종로에서 뺨 맞고 행랑 뒤에서 눈 흘긴다.

종로에서 뺨 맞고 행랑 뒤에서 눈 흘긴다 1.노여움을 애매한 다른 데 옮긴다는 뜻. 2.욕을 당한 그 자리에서는 아무 말도 못하고 딴 데 가서 새삼스레 분하게 여긴단 말.

종 삼촌(宗三寸)보다 민십촌(閔十寸)의 세도기 더 크다
구한말에 민씨가 득세했을 때 고종(高宗)의 삼촌 세도보다도 민씨의 삼촌 세도가 더 강했다는 말로서 당시 민씨 세도를 풍자한 말.

종신(終身)하는 자식이 자식이다 부모의 임종(臨終) 때 옆에서 지켜보는 자식이라야 자식 된 도리를 다 한다는 뜻.

종 아니라도 망건이 독 난다 남이 가지고 있는 물건이 탐난다 할 땐 이르는 말. (비) 아저씨 아니어도 망건이 독난다.

종알거리는 아침 까치로구나 말소리가 유난히 큰 사람을 조롱하는 말.

종야(終夜) 통곡에 부지(不知) 하(何) 마누라 상사(喪事)
아무 까닭도 모르면서 기를 쓰고 참여할 만큼 크게 어리석단 말. (비) 밤새도록 통곡해도 어느 마누라 초상인지 모른다.

종의 문안은 하지 말랬다 패가(敗家)하여 아무리 생활이 어렵더라도 과거에 자기가 부리던 사람에게 사정을 하지 말라는 뜻.

종의 자식 귀애하니까 생원님 나룻에 꼬꼬마를 단다
(비) 종의 자식 귀애하니까 생원님 상투에 꼬꼬마를 단다.

종의 자식 귀애하니까 생원님 상투에 꼬꼬마를 단다
버릇없는 사람을 지나치게 귀여워하면 제가 제일인 것처럼 방자한 행동을 감행케 된다는 말. (비) 종의 자식 귀애하니까 생원님 나룻에 꼬꼬마를 단다.

종이도 네 귀를 들어야 바르다 (비) 백지장도 맞들면 낫다.

종이 종을 부르면 식칼로 형문(刑問)을 친다 (비) 며느리 자라 시어머니 티를 더한다

종이 한 장 차이다 종이 한 장 정도밖에 안 되는 근소한 차이라는 뜻.

종일 통곡에 부지하(不知何) 마누라 상사(喪事) (비) 밤새도록 통곡해도 어느 마누라 초상인지 모른다.

종잇장도 맞들면 낫다 쉬운 일도 공동으로 하면 능률적이라는 말.

종종걸음 두 발자국보다 큰 걸음 한 발자국이 낫다 조금씩 자주 하는 것보다 띄엄띄엄 해도 크게 하는 것이 낫다는 의미.

종지리새 열씨 까듯 잔소리가 심함을 이름. 또 빠짐없이 일러바치는 것을 이름. ★종지리새 : 종다리. ★열씨 : 삼씨.

종짓굽이 떨어지다 젖먹이가 처음으로 걷게 된다는 말.

종짓굽아 날 살리라 (비) 걸음아 날 살리라 한다.

좋아도 내 낭군 나빠도 내 낭군 한번 뜻이 맞아서 결혼하면 좋으나 싫으나 죽을 때까지 함께 살아야 한다는 뜻.

〈 좋으나 나쁘나 하는 수 없다 〉

좋으나 나쁘나 하는 수 없다 한번 결정되어 버린 것은 좋아도 어쩔 수 없고, 나빠도 어쩔 수 없다는 뜻.

좋으니 나쁘니 한다 무슨 일을 두고 좋다거나 나쁘다거나 왈가왈부한다는 뜻.

좋은 경치는 먼 데 있는 것이 아니다 좋은 것은 자기로부터 먼 곳에만 있는 것이 아니라 자기와 가까운 곳에도 있다는 말.

좋은 노래도 잠들면(장 들으면) 싫다 아무리 좋은 것이라도 여러 번 반복하거나 지루하게 끌면 싫어진다는 말. (비) 좋은 노래도 세 번 들으면 귀가 싫어한다.

좋은 논밭이 아무리 많아도 변변찮은 기술만 못하다 많은 재산을 자식에게 물려주는 것만이 능사가 아니며 그보다는 한 가지 기술을 물려주는 것이 낫다는 뜻.

좋은 농사꾼에게는 나쁜 땅이 없다 모든 일에는 자기가 하기에 나름이란 말.

좋은 데는 남이요 궂은 데는 일가다 아쉬운 일이 있을 때면 친절하게 함을 빗대어하는 말. (비) 좋은 일에는 남이요 궂은일에는 일가다.

좋은 때가 있으면 나쁜 때도 있다 한 세상을 살아가자면 좋은 때도 있고 또 한편으론 나쁜 때도 있기에 각각의 상황에 적응하려는 노력이 필요하다는 뜻.

좋은 말도 세 번만 하면 듣기 싫다 아무리 좋은 것도 늘 보고 접하게 되면 지루해지고 싫증이 난다는 말.

좋은 말도 입에서 나오고 궂은 말도 입에서 나온다 좋은 말이나 나쁜 말이나 다 입에서 흘러나오는 것이므로 특히 말조심을 하라는 뜻.

좋은 말을 듣거나 나쁜 말을 듣거나 다 제 탓 남에게 대우를 잘 받고 못 받는 것은 다 자기의 행동 여하에 달렸다는 말.

좋은 말을 해주는 것은 옷을 주어 따뜻하게 해주는 것보다 낫다 좋은 말을 남에게 들려주는 것은 정신적으로 그의 마음을 흡족하게 해주기에 옷을 입혀주는 것보다도 더 훈훈하게 된다는 뜻.

좋은 말이 마구간에서 잃고 있다 훌륭한 인재가 쓰이지 못한 채 묻혀 있다는 뜻.

좋은 말이 톱밥 쏟아지듯 학식이 높고 교양이 많은 사람의 입에서는 언제나 좋은 말만 흘러나오게 된다는 뜻.

좋은 물건은 많아야만 하는 것이 아니다 좋은 것은 양적(量的)으로 결정된다는 뜻.

좋은 물건이 싼 물건이다 많고 많은 물건 중에서 비싼 것을 선택하면 오래 이용할 수 있기에 결과적으로 싸다는 뜻.

좋은 버릇은 들기 어렵고 나쁜 버릇은 버리기 어렵다 좋은 버릇을 한 번 들이려고 하면 매우 어렵지만 나쁜 버릇은 한 번 들기만 하면 버리기가 매우 어렵다는 말.

좋은 법도 오래되면 피해가 생긴다 아무리 좋은 법도 세월이 자나 새로운 세대에 맞지 않으면 결국은 피해를 준다는 말.

좋은 소문은 걸어가고 나쁜 소문은 날아간다 (비) 나쁜 소문에는 날개가 달렸다.

좋은 씨 심으면 좋은 열매 열린다 좋은 일을 하면 반드시 좋은 결과가 온단 뜻.

좋은 아내는 집안에 보배 어진 어머니인 동시에 훌륭한 아내는 집안에 기둥이요 아주 보배로운 존재란 뜻.

좋은 안주가 있어도 먹어보지 않으면 그 맛을 모른다 아무리 좋은 것이라도 자신이 직접 체험해 보지 않으면 얼마나 좋은 것인지 모르게 된단 뜻.

좋은 약은 입에 쓰다 듣기 싫고 귀에 그슬리는 말이라도 제 인격 수양엔 이롭단 뜻.

좋은 약은 입에 쓰고 바른 말은 귀에 거슬린다 듣기 싫은 바른 말이 인격 도야에는 큰 도움이 된다는 말.

좋은 옥은 다듬지 않는다 본바탕이 훌륭한 옥은 구태여 가공하지 않아도 자연 그대로의 아름다움을 갖고 있다는 뜻.

좋은 의견이 많을 땐 여러 사람의 의견을 따라야 한다 좋은 의견이 많이 제시될 때는 여러 사람이 좋다는 의견을 채택해야 한다는 뜻.

좋은 일도 한 번 생각하랬다 좋은 일이라도 무조건 서두르지 말고 침착하게 신중히 잘 생각한 다음에 하라는 뜻.

좋은 일에는 남이요 궂은일에는 일가라 아쉬운 때에만 반기며 친한 척 함을 이름. (비) 좋은 일은 제게 보내고 궂은일은 남에게 준다. 좋은 데는 남이요 궂은일에는 일가다.

좋은 일에 마가 든다 좋은 일에 흔히 뜻밖의 방해가 생김을 이르는 말.

좋은 일은 끝이 나쁘고 나쁜 일은 끝이 좋다 처음부터 좋은 일은 그것에 도취되어 태만하기 쉬우므로 결말이 나쁘게 되기 쉽고, 처음부터 나쁜 일은 점점 고쳐가며 하기에 갈수록 처음보다 좋게 된다는 뜻.

좋은 일은 제게 보내고 궂은일은 남에게 준다 저만 위할 줄 아는 이기적인 행동을 탓하는 말.

좋은 일이거나 나쁜 일이거나 남의 말 석 달 안 간다 좋은 것이든 나쁜 것이든 간에 소문은 오래 가지 않고 조용해진다는 뜻.

좋은 천 리마는 늙어서 비로소 이루어진다 무슨 일이나 남보다 뛰어나게 잘하려면 오랫동안의 부단한 노력이 있어야 한다는 뜻.

좋지 않은 책은 없는 것만 못하다 나쁜 책은 읽지 않는 것이 낫다. 즉 양서를 골라서 읽어야 유익하다는 말.

좋지 않으면 나쁜 것이다 좋으면 좋고 나쁘면 나쁜 것이지, 세상에 좋지도 않고 나쁘지도 않은 것은 없다는 의미.

좌수 볼기 치기 (비) 심심한 데 좌수 볼기나 치자.

좌수(座首) 상사(喪事)라 (비) 대감 말죽은 데 가도 대감 죽은 데는 안 간다.

좌수 집 초상 세상인심은 저마다 이해관계에 따라 움직인다는 뜻.

좌우를 돌아보면서 곁눈질만 한다 이쪽으로 보기도 하고 저쪽으로 보기도 하면서 비겁하게 눈치만 살핀다는 뜻.

죄는 막둥이가 짓고 벼락은 새님이 맞는다 (비) 재주는 곰이 하고 돈은 되놈이 받는다.

죄는 무거운데 형벌은 가볍다 큰 죄를 범하여 엄한 벌을 줘야 할 사람에게 도리어 가벼운 벌을 주었다는 뜻.

죄는 지은 데로 가고 덕은 닦은(쌓은) 데로 간다 죄지은 사람은 벌을 받고 덕을 닦은 사람은 복을 받는다는 말.

죄는 지은 데로 가고 물은 곬으로 흐른다 나쁜 짓을 하면 반드시 그 벌을 받는 것이 순리라는 말. (비) 죄는 지은 데로 가고 덕은 닦은 데로 간다. 죄는 지은 데로 가고 물은 트는 데로 흐른다. 제 죄 남 안 준다. 죄지은 놈이 서 발을 못 간다. 한 강물이 제 곬으로 흐른다.

죄는 지은 데로 가고 물은 트는 데로 흐른다 (비) 죄는 지은 데로 가고 물은 곬으로 흐른다.

죄는 천 도깨비가 짓고 벼락은 고목이 맞는다 (비) 재주는 곰이 하고 돈은 되놈이 받는다.

죄를 지은 데다가 또 죄를 짓는다 죄를 한 번만 저지른 것이 아니라 여러 차례에 걸쳐 지은 상습범(常習犯)이란 뜻.

죄수는 걷지 못하는 인간 감옥에 갇힌 죄수는 자기 마음대로 다닐 수 있는 자유를 박탈당한 인간이란 뜻.

죄악(罪惡)은 전생(前生) 것이 더 무섭다 전생에서 짓고 나온 죄악의 벌은 이생에서 몇 배나 더 받게 된단 뜻.

죄 있는 놈 겁부터 먹는다 죄를 지은 사람은 언제나 마음이 조마조마하여 아무것도 아닌 일에도 겁먹고 떨게 된다는 말.

죄지은 놈 옆에 있다가 벼락(뺨) 맞는다 못된 놈과 사귀면 자기도 같은 취급을 받게 된다는 뜻. (비) 동무 사나워 뺨 맞는다.

죄지은 놈이 서(三)발을 못 간다 (비) 덕은 닦은 데로 가고 죄는 지은 데로 간다.

주객이 청탁(淸濁)을 가리랴 1.술꾼이 청주 탁주를 가리겠느냐는 뜻. 2.노상 즐기는 것이라면 굳이 종류를 가리지 않아도 좋다는 뜻.

주거니 받거니 물건을 주기도 하고 받기도 할 만큼 친하다는 말.

⟨ 주걱 파면 주걱새가 찍어간다 ⟩

주걱 파면 주걱새가 찍어간다 아이들 보고 주걱을 가지고 놀지 말라고 이르는 말.

주고 자시고 할 것 없다 분량(分量)이 너무나 적게 있기에 남을 주고 말고 할 것이 없다는 뜻.

주금(酒禁)에 누룩 장사 사리에 어두워, 해도 소용없는 일을 한다는 말. 또는 경우에 맞지 않는 행동을 이름. (비) 금주에 누룩 흥정. 남 떡 먹는 데 팥고물 떨어지는 걱정한다.

주는 날이 받는 날 늘상 말로만 준다고 하는 것은 결코 믿을 수 없고, 돈을 직접 자기에게 주는 그날이라야 받는 날이라고 장담할 수 있다는 말.

주는 떡도 못 먹는다 제가 쉽게 받을 수 있는 복도 멍청하게 놓치는 경우를 이르는 말.

주둥아리만 까다 말대꾸를 하거나 입으로만 떠들며 행동이 따르지 아니 한다는 말. (비)주둥이만 살다.

주둥이만 살았다 자신은 실행을 하지 않으면서 말로만 그럴 듯하게 지껄인다는 뜻.

주러 와도 미운 놈 있고 받으러 와도 고운 놈 있다 사람을 미워하고 좋아하는 감정은 이치를 따져서는 알 수 없다는 말.

주름을 잡는다 뭇 사람들을 손아귀에 넣고 마음대로 좌우(左右)한다는 말.

주리경을 치다 모진 매를 맞거나 꾸지람을 단단히 듣거나 악형을 받거나 한다는 말. (비) 주릿대를 안다.
★주리경 : 주리를 트는 형벌. 가장 잔인하고 무거운 형벌.

주리 참듯 한다 모진 고통을 억지로 참는다는 뜻.

주린 개 뒷간 넘어다보며 기뻐한다 누구나 배가 고프면 무엇이든 먹을 수 있는 것만 봐도 기뻐한다는 말.

주린 고양이가 쥐를 만난 듯 (비) 의리 앞의 양.

주린 귀신 듣는 데 떡 이야기하기 어떤 사람 앞에서 그가 듣고 좋아할 이야기를 한다는 말.

주린 까마귀 빈 통수 엿본다 흉년에 까마귀가 빈 뒷간을 엿본다는 뜻으로, 무엇을 간절히 원하여 여기저기 눈치를 살피는 경우를 비유적으로 이르는 말.

(비) 털을 불어가면서 흠을 찾는다.

주린 놈이 체한다 배가 고픈 나머지 와락 달려들어서 급히 먹다가는 결국 체한다는 의미.

주린 범의 가재다 여간 먹어서는 양이 차지 않는 경우를 이름. (비) 간에 기별도 안 한다. 범 바자 먹은 것 같다. 쌍태 낳은 호랑이 하루살이 하나 먹은 셈. 범나비 잡아먹은 듯. 간에 안 찬다. 코끼리 비스킷 하나 먹으나 마나. 황새 조알 까먹은 것 같다.

주릿대를 안길 년 무서운 벌을 주어야 마땅한 계집이라 하는 욕을 말함.

주릿대를 안다 무서운 벌이나 꾸지람을 단단히 듣거나 한다는 말. (비) 주리경을 치다.

주릿방망이 맛을 보다 몹시 혼이 남을 두고 이르는 말.

주막 강아지 뛰어나오듯 자기와는 아무 상관이 없는 남의 일에 공연히 끼어들어 참견한단 말. (비) 주막 강아지 짖듯.

주머니가 묵직하면 마음이 가볍다 돈을 많이 지니고 있으면 심리적인 안정감을 느끼게 된다는 뜻.

주머니 끈을 조르다 돈을 몹시 절약한다는 말.

주머니 끈 쥔 놈 마음 돈을 주고 안 주고는 돈을 쥐고 있는 사람의 마음에 달렸다는 말.

주머닛돈이 쌈짓돈 결국은 마찬가지란 말. (비) 중 양식이 절 양식이다.

주머니를 둘씩 차다 숨은 잇속을 따로 챙김을 비유적으로 이르는 말.

주머니 사정을 봐야 한다 주머니에 돈이 있나 없나를 살펴본 다음에야 결정하겠다는 뜻.

주머니 속에 주머니 들었다 주머니 속에 주머니를 감추듯이 무엇을 깊숙이 숨겨두었다는 뜻.

주머니에 들어간 송곳 선하고 악한 일은 숨겨지지 않고 자연히 드러난다는 말. 주머니에 들어 있어서 보이지 않는 송곳이지만 뾰족한 끝을 숨길 수는 없다는 뜻. (비) 자루 속에 송곳은 삐져나온다.

주머니와 상의를 해봐야 한다 주머니에 든 돈이 얼마나 되는지 헤아려본 다음에 결정한다는 뜻.

주머니와 입은 동여매야 한다 낭비를 막기 위해선 주머니를 동여매는 것이 좋듯이 실수하지 않으려면 침묵을 지키는 것이 좋다는 뜻.

주먹구구식이다 1.정밀하지 못한 셈속이란 뜻. 2.어떤 일이나 계산 같은 것을 짐작으로 대충 잡아 대충대충 하는 방법이나 방식이란 뜻.

주먹구구에 박 터진다 무슨 일을 어림짐작으로 그저 대충하다가는 크게 낭패를 당하게 된다는 뜻. (비) 지레 짐작 매꾸러기.

주먹 맞은 감투 1.아주 쭈그러져 다시는 어찌할 도리가 없게 된 모양을 비유적으로 이르는 말. 2.주제넘게 잘난 체하고 떠들다가 남에게 호되게 핀잔을 맞고 볼꼴 없이 된 것을 이르는 말.

주먹으로 물 찧기 (비) 누워 떡 먹기.

주먹은 가깝고 법은 멀다 1.분개할 일이 있을 때 법은 나중이고 당장에 완력으로 덤비는 것을 말함. 2.법보단 폭력이 더 우세하다는 뜻.

주먹이 붉다 가지고 있는 돈이라곤 하나도 없다는 뜻.

주먹이 운다 앞뒤를 헤아림 없이 폭력을 먼저 못 써서 아쉽다는 말. (비) 법보다 주먹이 먼저. 법은 멀고 주먹은 가깝다.

주먹 큰 놈이 어른이다 기운 센 사람이 윗자리를 차지한다는 뜻.

주모(酒母) 보면 염소 똥 보고 설사한다 (비) 누룩만 봐도 술 취한다.

주사위는 던져졌다(라틴어 : alea iacta est/alea jacta est) 율리우스 카이사르가 기원전 49년 1월 12일 군대를 이끌고 루비콘 강을 건너 이탈리아 북부로 진격하면서 했던 말이라고 알려진 문장이다. 카이사르는 루비콘 강을 건너면 당시 로마의 국법을 어기는 것이고 다시 돌아올 수 없는 내전으로 치닫는다는 것을 강조하면서 이 말을 사용했다고 하며 그 이후로 "돌이킬 수 없는 전환점", "다시 돌아올 수 없는 길"을 의미할 때 이 어구를 인용한다. 카이사르는 자신이 좋아하는 그리스 희극작가 메난드로스의 작품에서 이 구절을 인용했다.

주옥이 기와 조각 속에 있는 것 같다 많음 사람 중에 뛰어난 영재(英材)가 섞여 있는 것을 비유하여 이르는 말.

주운 물건은 주운 사람도 반 임자 떨어진 물건을 먼저 발견하고 줍게 되면 주운 사람도 반 임자가 될 수 있다는 말. (비) 주운 물건은 사돈집 개도 안 준다.

주워 모아 줄거리 나무라 힘을 들여서도 안전하지 못하다는 말.

주인 기다리는 개가 지리산만 바라본다 공연히 무엇을 멍하니 바라보기만 하는 모습을 놀림조로 이르는 말. (비) 턱 떨어진 개가 지리산 쳐다보듯.

주인 많은 나그네 밥 굶는다 (비) 주인 많은 나그네 조석(朝夕)이 간데없다.

주인 많은 나그네 조석(朝夕)이 간데 없다 1.나그네는 어느 집에서도 대접을 받지 못한단 말. 2.해 준다는 사람이 너무 많으면 서로 밀다가 결국 안 된다는 뜻. 3.무슨 일을 하나 한 곳으로 하라는 말. (비) 주인 많은 나그네 밥 굶는다. 두 절 개 같다. 상하사불급(上下寺不及).

주인 모르는(없는) 공사 없다 무슨 일이든지 주장된 사람이 모르면 안 된다는 뜻의 말. (비) 매사는 간주인이라.

주인 배 아픈데 머슴이 설사한다 남의 일로 인하여 공연히 벌을 받거나 손해를 입었을 때를 이름.

주인보다 객이 많다 응당 적어야 할 것이 도리어 더 많다는 뜻.

주인 보탤 나그네 없다 오래 걸릴 일은 처음에는 그리 바쁘지 않은 듯하더라도 급히 서둘러 하지 않으면 안 된다는 뜻.

주인 없는 송장 치우듯 주인 없는 물건 다루듯이 조심성 없이 함부로 치워버린다는 뜻.

주인은 손에게 술을 권하고 손은 주인에게 밥을 권한다 주인은 나그네에게 술을 권하고, 나그네는 주인에게 밥을 권하는 것은 서로 갖추어야 할 예의란 말.

⟨주인(主人) 장(醬) 없자 손 국 싫다 한다⟩

주인(主人) 장(醬) 없자 손 국 싫다 한다 1. 일이 공교롭게 잘 되었다는 뜻. 2. 내가 싫다 하니 상대방도 또한 싫다고 할 경우를 이름. (비) 술 괴자 임 오신다. 술 빚자 임 오신다. 술 익자 임 오신다. 가시어미 장 떨어지자 사위가 국 싫다 한다.

주인집 빨래해줘 좋고 제 발꿈치 때 씻기어져 좋다 한 가지 일하면 자기 혼자만 이로운 것이 아니라 다른 사람까지도 더불어 이롭게 된단 뜻.

주인집 장 떨어지자 나그네 국 마다한다 일이 공교롭게 잘 맞아 들어간다는 뜻. (비) 주인장 없자 손 국 싫다 한다. 술 괴자 임 오신다. 술 빚자 임 오신다. 술 익자 임 오신다. 가시어미 장 떨어지자 사위가 국 싫다 한다.

주제에 수캐라고 다리 들고 오줌 눈다 (비) 꼴에 수캐라고 다리 들고 오줌 눈다.

주책망나니 자기의 확실한 주관도 없으면서 경박하게 행동하는 사람을 비웃는 말.

주책없는 여편네가 죽은 딸네 집에 간다 매사에 주책없는 짓만 한다는 뜻.

주체 괴롭다 주체스러워서 괴롭다는 말.

주체 어지럽다 주체스러워 정신이 어수선하다는 말.

주태백(酒太白) 술을 지나치게 좋아하는 사람을 이르는 말.

주토(朱土) 광대를 그렸다 아무것도 의지할 것 없어 꼼짝 못하게 된 사람. 또 그런 처지를 이르는 말.
  (비) 선짓국 먹고 발등거리를 하였다. 말고기 자반.
  ★광대를 그리다 : 얼굴에 먹이나 물감 등을 흉하게 이리저리 바르다.

주홍(朱紅) 덩이처럼 뗀다 앞서 명백히 말한 사실을 후에 무슨 일이 생기면 시치미를 떼고 말한 척도 아니 한다는 뜻.

죽고 나면 여섯 자 사람이 결국 죽고 나면 겨우 여섯 자밖에 안 되는 송장만 남는다는 의미.

죽고 살기는 시왕전에 매였다 죽고 살기는 사람 뜻대로 못한다는 말. (비) 생사지권(生死之權)이 열시왕님 명부전에 매였다.

죽고 사는 것은 운명에 있고 잘 살고 못사는 것은 하늘에 달려 있다 사람이 죽고 사는 것은 타고난 운명에 달렸고, 부귀와 빈천은 하늘에 달려 있으므로 사람들은 이에 순응하고 살아야 한다는 의미.

죽과 병(病)은 되어야한다 1. 죽은 묽기보다 되어야 좋듯이 병도 시름시름 오래 앓는 것보다 되게 한 번 앓는 것이 낫다는 뜻으로 이르는 말. 2. 되게 앓는 병은 곧 일어날 수 있으니 시름시름 앓는 것보다 낫다는 뜻으로 이르는 말.

죽과 장이 맞다 잘 어울린다는 말. (예) 덕수는 동수와 죽과 장이 맞는다.

죽 그릇에 그림자가 어린다 죽이 매우 묽음을 두고 하는 말.

죽기가 살기보다 어렵고 살기가 죽기보다 어렵다 죽고 싶어도 못 죽는 사람에겐 죽는 것이 사는 것보다 더 어려운 것이고, 한세상 살기가 매우 고달픈 사람에겐 사는 것이 죽기보다 어렵다는 말로서 죽는 것과 사는 것은 자기 뜻대로 되지 않는다는 의미.

죽기가 설운 것이 아니라 아픈 것이 섧다 1. 죽는 것보다 아플 것을 참지 못하겠다는 말. 2. 나라가 망하는 것보다 그로 인하여 고생하게 되는 것이 섧다는 뜻. 3. 당장 당한 일을 참아 내기가 힘들다는 뜻.
  (비) 죽기는 섧지 않으나 늙기가 섧다.

죽기는 그릇 죽어도 발인(發靷)이야 택일(擇日) 아니할까 일의 시작이나 근본이 잘못 되었다고 나머지 일까지 내버려 두어 못 쓰게 하지 말라는 말.

죽기는 섧지 않으나 늙기가 섧다 죽는 것보다 늙는 것이 더 섧다는 뜻. (비) 죽기가 설운 것이 아니라 아픈 것이 섧다. 죽기는 서럽지 않으나 늙기가 서럽다.

죽기는 잘못 죽었어도 장삿날은 잘 받아야 한다 아무리 크게 잘못된 일이라도 뒤처리를 확실하게 해야 한다는 의미.

죽기는 정승 하기보다 어렵다 쉽게 죽어지는 게 아니란 뜻.

죽기를 기를 쓰다 몹시 힘겨우나 있는 힘을 다 한다는 말.

죽기보다 싫다 몹시 싫다는 뜻.

죽는 년이 밑 감추랴 위급한 일을 당한 이가 예의고 염치고 차릴 수 없다는 말.

죽는 놈이 탈 없으랴 사람이 어떤 재앙을 받거나 다 그럴 만한 까닭이 있다는 말.

죽는다는 사람이 더 오래 산다 흔히 입버릇처럼 죽어야겠다는 사람이 오히려 더 오래 산다는 의미.

죽는 데는 노소(老少)가 없다 늙은 사람만 죽는 것이 아니라 젊은 사람도 죽을 수가 있다는 말.

죽는 사람만 불쌍하다 사람은 어떻든지 살아야지 죽음 뒤에 남은 사람이 아무리 서러워한들 살지 못하고 간 사람이 더 가엾다 하는 말.

죽는 소리 않는 장사꾼 없다 장사꾼은 항상 밑진다고 엄살을 부리면서 자기가 진열해놓은 물건을 판다는 말.

죽도 밥도 아니다 무슨 일을 하다가 중단하여 아무짝에도 못쓰게 되었다는 뜻.

죽도 밥도 안 된다 되다가 말아서 아무 소용이 없단 말.

죽 떠먹듯 무엇을 자꾸 되풀이하는 모양을 비유적으로 이르는 말.

죽 떠먹은 자리 많은 것 중에 조금 떼어내도 흔적이 나지 않음을 이름. (비) 배 지나간 자리.

죽마고우(竹馬故友)도 말 한 마디에 갈라진다 아무리 가까운 사이라도 말을 함부로 하면 서로의 사이가 벌어지게 된다는 뜻으로, 비록 한 마디의 말일지라도 조심해야 한다는 말.

죽 먹은 설거지는 딸을 시키고 비빔 그릇 설거지는 며느리 시킨다 (비) 저녁 무지개에는 밭에 딸을 보내고 아침 무지개에는 며느리를 보낸다.

죽 먹은 시어머니 상 기분이 몹시 나쁜 사람처럼 오만 상을 찌푸리고 있는 사람을 두고 하는 말.

죽 사발이 웃음이요 밥사발이 눈물이라 가난하게 살아도 걱정 없이 사는 게 낫단 말.

죽 쑤어 개 바라지 했다 (비) 죽 쑤어 개 좋은 일만 하였다.

죽 쑤어 개 좋은 일만 하였다 애써 이루어 놓은 일이 남에게 유리할 뿐이란 말. (비) 남의 후리매에 밤 쥐워담는다. 범 잡아 관가 좋은 일만 했다. 산중 농사지어 고라니 좋은 일 했다. 산중 벌이 하여 고라니 좋은 일 했다. 의붓자식 옷 해 준 셈. 죽 쑤어 개 바라지 했다. 죽 쑤어 개 좋은 일만 했다. 풀 쑤어 개 좋은 일만 했다.

죽 쑤어 식힐 동안 급하다 무슨 일이 다 이루어졌으나 그것이 제 것이 될 때까지 기다리기가 힘들고 참을 수 없이 급하다는 뜻으로 하는 말.

죽어 넋두리도 한단다 살아서 못다 한 말은 죽어서 넋두리도 하는데 할 말은 언제 어디서든 속에 담지 말고 다 해야 한다는 뜻.

죽어 대령(待令) 죽은 체하고 명령만 기다리듯이 기가 죽어 대항도 하지 못하고 상대방의 처분만 기다린다는 뜻.

죽어도 고이 죽으랬다 사람은 아무리 고통스럽고 어려운 처지에 있더라도 자기의 본심은 변하지 말아야 한단 뜻.

죽어도 삼 잔(三盞)이라 술을 한 잔 더 마시란 말. (비) 후래자 삼배.

죽어도 시집 울타리 밑에서 죽어라 여자는 출가하면 시집에서 끝까지 살아야 한다는 말.

죽어도 썩지 않는다 사람이 죽은 후에라도 그의 훌륭한 업적은 없어지지 않고 영원토록 남는다는 뜻. (비) 죽어도 이름이 없어지지 않는 것은 오래 장수하는 것이다

죽어도 어느 귀신에게 죽는지는 알아야 한다 죽을망정 어느 누가 왜 죽이는가는 똑똑히 알고 죽어야 억울하지 않다는 의미.

죽어도 죄가 용서되지 않는다 죽어도 그 죄가 씻어지지 않을 만큼 큰 죄를 저질렀다는 말.

죽어도 한이 없다 생전에 저 하고 싶은 일을 다 했기에 죽어도 아무 여한이 없다는 뜻.

죽어라 하고 1.있는 힘을 다 해서. 2.기가 막혀 죽는 지경으로.

죽어봐야 저승을 알지 (비) 임을 보아야 아이를 낳지.

죽어 부자보다 살아 가난이 낫다 자기가 죽어서 잘되는 것보다는 가난해도 오래도록 사는 것이 낫다는 뜻. (비) 죽어 천 년보다 살아 일 년이 낫다.

죽어서 귀신 노릇도 못하겠다 살아서 남에게 워낙 악한 짓만 하였기에 죽어서도 과오는 남아서 천대를 받게 된다는 뜻.

죽어서 넋두리도 하는데 (비) 고기는 씹어야 맛이고 말은 해야 맛이다.

죽어서도 무당 빌어 말하는데 살아서 말 못할까 (비) 고기는 씹어야 맛이고 말은 해야 맛이다.

죽어서 상여 뒤에 따라와야 자식이다 아무리 친자식이라 하더라도 부모의 임종과 장례를 치르지 않으면 자식이라 할 수 없단 말.

죽어서 흙 되기는 마찬가지 한평생 잘 살고 지낸 사람이나 못 살고 지낸 사람이나 죽은 뒤엔 다 마찬가지란 뜻.

죽어 석 잔 술이 살아 한 잔 술만 못하다 살아 있을 때 잘해 주어야 한다는 뜻.

죽어야 이름이 난다 사람은 생존해 있을 때보다 죽은 뒤에야 더 남들이 알아주고 유명하게 된다는 뜻.

죽어 영이별은 문 앞마다 있다 사람은 뉘나 세상에 나면 반듯이 죽는 것이란 뜻.

죽어 영이별은 참고 살아도 살아 생이별은 산천초목이 불 붙는다 남편이 죽어 과부가 된 것은 어쩔 수 없이 참고 살 수 있지만 생이별은 하고 못 산다는 말.

죽으라는 놈은 죽지 않는다 사람들이 간절하게 죽기를 바라는 악한 사람일수록 일찍 죽지도 않고 더 오래 산단 뜻.

죽으라면 죽는 시늉까지 한다 죽으라면 그 자리에서 죽는 시늉을 할 정도로 절대적으로 복종을 한다는 뜻.

죽으러 가는 양의 걸음 가지 않으려고 아무리 하여도 억지로 끌려감을 이르는 말. (비) 푸줏간에 들어가는 소걸음.

죽으려고 해도 죽을 겨를이 없다 여유가 하나도 없이 매우 바쁘다는 말.

죽으면 욕도 없어진다 나쁜 짓을 하여 욕을 먹었던 사람도 마침내 죽게 되면 사람들이 더 이상 욕을 하지 않게 된다는 뜻.

죽은 게도 발을 동이라 만일의 경우에 대비하라는 말.

죽은 고기 안문(按問)하기 1.공연히 허세를 부리고 힘없는 사람을 윽박지른다는 뜻. 2.아무리 심한 소리를 하여도 말대답이 없을 땔 이름.

죽은 고양이가 산 고양이를 보고 야옹한다 (비) 냉수에 이 부러진다.

죽은 고양이가 야옹하니까 산 고양이가 할 말이 없다 무식한 사람이 아는 척하니까 기가 막혀 어이가 없다는 뜻.

죽은 나무에 꽃이 핀다 1.보잘것없는 집안에서 영화로운 일이 있을 때 하는 말. 2.아버지를 일찍 여읜 고아가 잘 되어 집안이 번성하게 됨을 이름. (비) 마른 나무가 봄을 만났다. 마른 나무에 새싹이 돋는다.

죽은 년이 밑 감출까 갑자기 당한 위험한 일에 예의나 염치를 가릴 리가 없다는 뜻.

죽은 놈 뭣 같다 평소에도 볼품없이 보이던 것이 더욱 더 볼품없이 되었다는 뜻.

죽은 놈의 발바닥 같다 1.뻣뻣하고 싸늘함을 이름. 2.방바닥이 찰 땔 이름. (비) 죽은 중의 발바닥 같다.

죽은 놈의 콧김만도 못하다 불이 사그르져서 따뜻한 기운이 없음을 이름.

죽은 닭에도 호세(戶稅)를 붙인다 일을 지나치게 각박하게 하여 조금도 무던한 데라곤 없음을 이름.

죽은 뒤에 약방문 이미 때가 지나 소용없게 되었단 말. (비) 굿 뒤에 날장구 친다. 굿 뒤에 쌍장구 친다. 굿 마친 뒤 장구. 사후(死後)에 청심환 구한다. 상여(喪輿) 뒤에 약방문. 성복 뒤에 약방문. 성복제 지내는 데 약 공론. 성복(成服) 후에 약 공론.

죽은 뒤에야 죽은 줄 안다 살아 있을 때 이루어지지 않다가 죽은 뒤에야 이루어지는 것은 아무 소용이 없다는 뜻.

죽은 뒤에 초혼(招魂)의 제 지낸다 일이 이미 그릇된 후엔 무슨 짓을 하더라도 다시 회복할 수 없다는 뜻.

죽은 버들에서 꽃이 핀다 전혀 예상치도 않았던 죽은 나무에서 꽃이 피듯이 죽었던 사람이 다시 살아난다는 뜻.

죽은 범의 고기는 여우가 먹는다 아무리 세도가 있던 사람도 일단 죽고 나면 아무도 무서워하지 않는다는 뜻.

죽은 사람 병과 같은 병을 앓게 되면 살지 못한다 죽은 사람과 똑같은 병을 앓으면 결국엔 죽듯이 누구든지 똑같은 환경에 처하게 되면 모두들 똑같은 행동을 하게 된다는 뜻.

죽은 사람 원도 푼다 죽은 사람의 소원도 풀어 주는데 하물며 산 사람의 소원이야 들어 주지 않겠느냐는 말.

죽은 석숭(石崇)보다 산 돼지가 낫다 (비) 개똥밭에 굴러도 이승이 좋다. ★석숭 : 중국 진(晋)나라 때의 대부호.

죽은 송장도 꿈틀거린다 모내기철엔 죽은 송장도 일을 거들려고 할 정도로 일손이 매우 딸린다는 의미.

죽은 시어미도 방아 찧을 때는 생각난다 (비) 시아버지 죽으라고 축수했더니 동지섣달 맨발 벗고 물길을 때 생각난다.

죽은 아이 업고 왔다 갔다 정신없이 왔다 갔다 함을 이름.

죽은 자는 말이 없다 관용어. 말 그대로 죽은 자는 말을 할 수 없으니 할 수 있는 말이 없다는 것.(영국 속담)

죽은 자식 나이 세기 이왕 그릇된 일을 생각하여도 쓸데없단 말. (비) 죽은 자식 눈 열어 보기. 죽은 자식 귀 모양 좋다 하지 마라. 죽은 자식 자지 자랑하지 마라.

죽은 자식 눈 열어 보기 (비) 죽은 자식 나이 세기.

죽은 자식의 귀 모양 좋다 하지 마라 (비) 죽은 자식 나이 세기.

죽은 자식 자지 만져 보기 (비) 죽은 자식 나이 세기.

죽은 정승이 산 개만 못하다 1.죽으면 생전의 부귀영화가 소용이 없다는 뜻. 2.훌륭한 사람이라도 발전이 정지되면 현재는 변변치 않더라도 계속 발전하는 사람을 당하지 못한다는 뜻. (비) 산 개가 죽은 정승보다 낫다. 개똥밭에 굴러도 이승이 좋다. 죽은 석숭보다 산 돼지가 낫다. 말똥에 굴러도 이승이 좋다. 거꾸로 매달아도 사는 세상이 낫다.

죽은 정은 멀어진다 아무리 다정하게 지낸 사이라도 일단 그 사람이 죽게 되면 자연히 정이 멀어진다는 뜻.

죽은 죽어도 못 먹고 밥은 바빠서 못 먹는다 어떻게 해도 먹지 못하기는 마찬가지란 뜻.

죽은 중에 곤장(棍杖) 익히기 외롭고 약한 사람을 멸시하고 괴롭힌다는 말. (비) 죽은 중에 매질하기.

죽은 최(崔)가 하나가 산 김(金)가 셋을 당한다 최가 성을 가진 자는 약빠르고 악착같은 것과 반대로 김가 성을 가진 자는 어리석고 무던하다는 말.

죽을 고생을 하다 아주 심한 고생을 한다는 말.

죽을 나무 밑에 살 나무 난다 불행 중에도 다행히 온다는 말. 같은 운명을 가진 사람이 결국 같은 길을 가게 되었단 말.

죽을 놈이 한 배 탄다 같은 운명을 가진 사람끼리 결국엔 같은 길을 가게 된다는 뜻.

죽을 데도 쓸 약이 있다 어떠한 곤경 중에도 소망은 있는 것이니 낙심하지 말라고 하는 말. (비) 죽을병에도 살 약이 있다.

죽을 땅에 빠진 후에 산다 매우 위급한 경우를 당하여도 살아날 길이 생긴다는 뜻. (비) 궁하면 통한다. 죽을 수가 닥치면 살 수가 생긴다.

죽을 때라 마땅히 벌을 받아 죽어야 할 때가 된지라. 제 정신을 바로 못 차려 죽을 때가 됨 등을 비유적으로 쓰이는 말.

죽을 때 죽어도 먹던 것은 먹어야 한다 나중엔 어떻게 되든 간에 우선 배가 고픈 사람은 배불리 먹어야 하겠다는 뜻.

죽을 때 죽어야 한다 사람은 적당하게 살다가 죽을 때

⟨죽을 때 편히 죽는 건 오복의 하나⟩

가 되어서 죽는 것이 행복한 것이지, 그저 고생만 하면서 오래 사는 것은 행복한 것이 못 된다는 뜻.

죽을 때 편히 죽는 건 오복의 하나 죽을 때의 고통이 매우 크다는 뜻.

죽을 먹고 살아도 속이 편해야 산다 아무리 가난하게 살아도 오직 마음만 편하면 된다는 뜻.

죽을병에도 살 약이 있다 아무리 곤경에 빠지더라도 피해갈 길은 있는 것이니 낙심하지 말라는 뜻.

죽을 뻔 댁 잘못하면 죽을 뻔한 일을 겪은 사람을 이르는 말.

죽을 수가 닥치면 살 수가 생긴다 아무리 어려운 경우에 처하더라도 살아 나갈 방도가 생긴다는 말.
(비) 죽을 때도 쓸 약이 있다. 죽을 땅에 빠진 후에 산다. 궁하면 통한다. 하늘이 무너져도 솟아날 구멍이 있다. 상전벽해 되어도 비켜 설 곳이 있다.

죽을 지경이다 죽을 정도로 곤궁한 처지에 있다는 뜻.

죽음 앞에선 영웅호걸도 없다 살아서 영웅·호걸이지 죽으면 모두 헛일이란 뜻.

죽음에는 편작(扁鵲)도 할 수 없다 죽음에 대하여 사람은 무력(無力)하다는 뜻으로 하는 말.

죽음에 들어 노소(老少) 있나 늙으나 젊으나 죽는 데 있어서는 일반이란 뜻.

죽음엔 급살이 제일 어떻게 되든지 이왕 죽을 바엔 고통스럽게 앓고 죽는 것보다는 한시라도 빨리 죽는 것이 낫다는 말. (비) 죽을 때 편히 죽는 것도 오복의 하나.

죽음엔 높낮이도 없다 죽음 앞엔 뛰어나게 잘난 사람이나 못난 사람이나 별수가 없다는 뜻. (비) 죽음엔 빈부귀천이 없다.

죽이 끓는지 밥이 끓는지 모른다 일이 어떻게 되어 가는지 도무지 모르고 있다는 말. (비) 국이 끓는지 밥(장)이 끓는지 모른다.

죽이 되던 밥이 되던 일이 잘못되어 망하든지 잘 되어 바로 되든지 어쨌든 이란 뜻.

죽이지도 않고 살리지도 않는다 빨리 죽이지도 않고 살리지도 않으면서 애매하게 사람을 고생만 시킨다는 뜻.

죽이 풀려도 솥 안에 있다 어떤 일에 손해를 본 듯하지만 따지고 보면 크게 손해 될 것이 없다는 말.
(비) 죽 푸다 흘려도 솥 안에 떨어진다. 팥이 풀어져도 솥 안에 있다. 예문. 죽이 풀려도 솥 안에 있다고, 네 자식 학원비로 그 많은 돈이 들어가지만 사실 따지고 보면 그 애가 잘돼야 널 잘 부양할 테니 그리 손해 보는 투자는 아니지.

죽인지 코인지 무릇인지 닭의 똥인지 두 물건이 비슷하여 구별하기 곤란할 때를 이름. (비) 무릇인지 닭의 똥인지. 죽인지 코인지. 흰 죽에 코.

죽일 놈도 먹이고 죽인다 왜 먹이지 않고 굶기느냐고 항변하는 말.

죽자니 청춘이요 살자니 고생이다 죽어버리자니 아까운 청춘이고, 살자니 생활이 몹시도 고통스러워서 이러지도 저러지도 못하겠다는 말.

죽자 살자 하다 1. 있는 힘을 다하여 덤비다. 2. 서로에게 정을 쏟아 친하게 지냄을 이르는 말.

죽 재도 죽을 겨를이 없다 매우 바쁘다는 뜻. (비) 눈코 뜰 새 없다.

죽 젓개질을 한다 무슨 일이 되어가는 도중에 방해하는 것을 뜻함.

죽지도 살지도 못한다 이러지도 못하고 저러지도 못하여 처지가 난처함을 이르는 말.

죽지 못해 산다 죽을 수가 없어서 하는 수 없이 억지로 산다는 말.

죽지 않는 자식이라면 하나만 낳아야 한다 자식을 여럿 두고 걱정 근심하며 고생하는 것보다는 건강한 자식 하나만 두는 것이 낫단 말.

죽 푸다 흘려도 솥 안에 떨어진다 일이 제대로 안되어 막상 손해를 본 것 같지만, 따지고 보면 결코 손해는 없다는 뜻. (비) 팥이 풀어져도 솥 안에 있다.

준비가 있으면 걱정이 없다 무슨 일이나 예견성(豫見性) 있게 미리 준비를 해두고 있으면 아무 걱정이 없다는 말.
줄 듯 말 듯 하면서 안 준다 어떤 것을 애당초 줄 생각이 없으면서 말로만 준다고 하고 실제로 주지는 않는다는 말.
줄 듯 말 듯 하기만 한다 주면 주고 안 주면 안 준다고 분명히 선 긋지 않고, 줄 것 같으면서도 결국 주지 않는단 뜻.
줄 따르는 거미 서로 헤어져서는 잊지 못하고 같이 따라다니는 사람을 이름.
줄 떨어진 박첨지 아주 쓸모없는 존재가 되었다는 말. (비) 줄 떨어진 두레박.
줄로 친 듯하다 매우 바르고 곧다는 말.
줄밥에 매로구나 재물에 욕심을 내다가 남에게 이용되다.
줄새 짐작이라 주면 줄수록 더 요구하게 되는 맘을 경계하는 말. (비) 줄수록 양양.
줄수록 남냠(양양) 주면 줄수록 부족하게 여기고 더 요구하게 됨을 이르는 말.
줄 없는 거문고 (비) 꽃 없는 나비.
줄행랑을 친다 낌새를 채고 피하여 달아나다. 예문. 경찰이 온다는 말을 듣고 줄행랑을 친다.
줌 밖에 난다 남의 손아귀에서 벗어난단 말.
줌 안에 들다 남의 손아귀에 들어갔다는 말.
줌통 내밀 듯 받으라고 팔을 쑥 뻗쳐서 내미는 모양을 이름.
중 나라에 가서 상투 찾는다 (비) 절에 가서 젓국 달라 한다.
중년 상처(喪妻)는 대들보가 휜다 어린 아이들을 많이 남겨 놓고 아내가 죽으면 집안 살림이 망할 지경에 이른다는 뜻.
중놈 돌 고깃값 치른다 억울한 일을 당한다는 뜻. (비) 중이 횟값 문다. 산지기 놀고 중이 추렴을 낸다. 봉사 기름값 물어주기. 중학생이 화간하고 활인서(活人署) 별제(別提)가 파직을 당한다.
중놈은 장(長)이라도 죽으니 무덤이 있나 살으니 상투가 있나 뉘나 다 가질 수 있는 무덤과 상투조차도 없다고 중을 업신여겨하는 말.
중놈 장에 가서 성내기 아무 반응도 없는 데 가서 기를 올려 호령하고 꾸짖을 때를 이름.
중다버지는 당기 치레나 하지 자기의 부족한 것을 다른 것으로 억지로 보충하려 한다는 말. ★중다버지 : 깎은 머리가 길게 자라서 더펄더펄한 어린아이의 머리.
중도 개도 아니다 이것도 저것도 아니란 말. (비) 중도 소도 아니다.
중도 고기 먹더냐 저는 먹지 못하는 것이라고 거절할 때 이르는 말.
중 도망은 절에나 가 찾지 (비) 겨 속에서 쌀 찾기.
중도 사람인가 덤불 보고 반절한다 산(山) 절에 절하는 중을 보고 놀리는 말.
중도 소도 아니다 이것도 저것도 아니란 말. (비) 중도 개도 아니다.
중도 아니고 속환(俗寰)이도 아니다 중도 속인도 아니라고 확실히 구분할 수 없다는 말.
중동무이 중간에서 끊어 무지른다는 말.
중매는 잘하면 술이 석 잔이고 못하면 뺨이 세 대라 혼인은 억지로 권할 일은 못 되므로, 중매는 신중해야 함을 강조하는 말.
중매를 하려면 삿귀를 뜯는다 중매를 하려면 양쪽의 눈치를 살펴서 잘 생각한 다음에 말을 해야 한다는 말.
중매 보고 기저귀 장만한다 (비) 아이 낳기 전에 기저귀 감 장만한다.
중매 셋만 잘하면 극락 간다 중매를 잘하는 것 역시 남에게 좋은 것을 하는 것이라는 뜻으로 쓰이는 말.
중 먹을 국수는 생선을 속에 두고 담는다 겉으로 드러나지만 않게 하여 환심을 사는 게 좋다는 말.
중 무 상직(上直)하듯 행여나 하고 지키고 있으나 아무 소용없는 짓을 하고 있다는 뜻. (비) 개 그림 떡 바라듯. ★상직 : 숙직, 일직 따위에서 당번이 됨. 또는 그 차례가 된 사람.
중병에 약 없다 결국 죽을병엔 아무리 좋은 약을 쓴다

〈중병 치른 놈 정강이 같다〉

하더라도 아무런 소용이 없다는 말. (비) <u>중병엔 장사 없다.</u>

중병 치른 놈 정강이 같다 몸매가 중병 앓고 난 사람 정강이처럼 보기에 몹시 흉할 정도로 마른 사람을 비유하는 말.

중복 물 안 내리면 말복 물 진다 중복에 장마가지지 않으면 틀림없이 말복에 가서는 장마가 진다는 것을 이르는 말.

중상(重賞) 아래 반듯이 날랜 사람 있다 상을 준다 하면 힘껏 일을 함을 이름. (비) <u>향기 나는 미끼 아래 반드시 죽는 고기 있다.</u>

중 술 취한 것 (비) <u>계집 입 싼 것.</u>

중 양식(糧食)이 절 양식이다 한 집안에 식구의 것은 그 집안 모두의 것이라는 말. (비) <u>주머닛돈이 쌈짓돈.</u>

중은 뭣해도 무릎을 꿇는다 사람은 언제나 자기가 지니고 있는 습성을 버리지 못한다는 뜻.

중은 알 중이 좋고 송낙은 오송낙이 좋다 남승은 나이가 어릴수록 좋고 여승은 나이가 많을수록 좋다는 뜻.
★송낙 : 소나무 겨우살이로 만든 여승이 쓰는 모자.

중은 장(長)이라도 죽으니 무덤 있나 사니 자식이 있나 중은 생시에나 사후에나 실제로 남긴 형상이 아무 것도 없다고 업신여기는 말.

중은 중이라도 절 모르는 중이라 반드시 알아야 할 처지에 있으면서 모르고 있다는 말.

중을 보고 칼을 뽑는다 대단치 않은 일에 쓸데없이 잘 노한다는 뜻. 소견이 좁다는 뜻. (비) <u>모기 보고 환도(還刀) 빼기.</u>

중의 관자(貫子) 구멍이다 (비) <u>구부러진 송곳.</u>
★관자 : 망건에 달아 당줄에 꿰어 거는 작은 고리.

중의 나라 가서 상투 찾는다 있을 수 없는 것을 찾아내라고 하는데 대하여 이르는 말. (비) <u>과붓집 가서 바깥양반 찾기. 물방앗간에서 고추장 찾는다. 절에 가 젓국 찾는다.</u>

중의 망건값 안 모인다 필요 없는 지출을 아니 하면 따로 돈이 모일 것 같지만 실제는 그렇지 않다는 말.

(비) <u>술 담배 참아 소 샀더니 호랑이가 물어 갔다.</u>

중(僧)의 망건 사러 가는 돈이라도 아무리 없는 돈이라도 어떻게든지 꼭 써야겠다고 할 때 하는 말.

(비) <u>똥 묻은 속옷을 팔아서라도. 소경의 월수를 내어서라도.</u>

중의 법고(法鼓) 치듯 무엇을 쾅쾅 친다는 뜻. (비) <u>상좌 중의 법고 치듯.</u> ★법고 : 절에서 아침. 저녁 예불 때나 법식을 거행할 때에 치는 큰 북

중의 벗은 자식(子息)이 있나 터벅 머리 계집이 있나 처자식도 없고 딸린 것도 없는 고독한 신세란 뜻.

중의 빗 1.몹시 구하기 힘든 것을 이르는 말. 2.소용이 없게 되거나 또는 소용이 없는 물건이란 뜻.
(비) <u>중의 상투. 거북의 털. 하늘에 별 따기.</u>

중의 상투 실제로는 없는 것으로 매우 구하기가 힘든 것을 이름.

중의 시주(施主) 바가지 같다 가을 추수가 끝나고 곡식이 풍성하면 시주를 많이 하므로 그 바가지는 항상 가득하듯이 무엇이 가득히 담겨 있다는 말.

중의 얼레 값 얼레빗을 쓰지 않고 그 대신 돈을 모아 두어야 할 터이나 모아 둔 것이 없다는 뜻.

중의 이마 씻은 물 고기 국물이 덤덤하고 맛이 없음을 이름. (비) <u>맹물에 조약돌 삶은 맛. 도끼 삶은 물이라. 날 속한 이마 씻은 물 같다. 냉수에 뼈 뜯이.</u>

중의(中衣) 적삼만 걸어 다닌다 사람은 어딜 갔는지 모르겠고 옷만 걸어 다닌다는 말로서 정신이 없는 사람이란 뜻.

중이 개고기 사 먹듯 1.돈을 조금씩 죄다 써버리는 모양의 비유. 2.남이 모르도록 돈을 쓰는 모양의 비유.

중이 고기 맛을 보면 법당에 파리가 안 남는다 무슨 좋은 일을 한 번 당하면 그에 혹하여 정신을 잃고 덤빈다는 뜻. (비) <u>중이 고기 맛을 알면 법당에 오른다. 중이 고기 맛을 보면 절에 빈대 껍질이 안 남는다 중이 고기 맛을 안다고 촌에 내려가 외양간 널빤지를 핥는다.</u>

중이 미우면 가사(袈裟)도 밉다 (비) <u>며느리가 미우면</u>

손자까지 밉다.

중이 미우면 가사(袈裟)야 미우랴 한 사람에 대한 노여움으로 인하여 다른 사람에게까지 노하는 것은 옳지 않는다는 뜻. ★가사 : 승려가 입는 법의(法衣). 장삼 위에 왼쪽 어깨에서 오른쪽 겨드랑이 밑으로 걸쳐 입는다.

중이 얼음 위를 건너갈 때는 나무아미타불 하다가도 얼음에 빠질 때에는 하느님 한다 사람은 누구나 가장 위험을 느꼈을 때는 체면도 격식도 다 털어 버리고 제 본모습으로 돌아가 구원을 청한다는 말.

중이 제 머리를 못 깎는다 1.제 허물을 제가 알아 고치기는 어렵다는 말. 2.제 자신이 자기 스스로를 유리한 자리에 추천하는 것과 같은 일은 하기 어려움을 이름. (비) 무당이 제 굿 못하고 소경이 제 죽을 날 모른다. 봉사 제 점 못한다. 도끼가 제 자루 못 찍는다. 식칼이 제 자루를 깎지 못한다. 약쑥에 봉퉁이. 의사가 제 병 못 고친다. 갓장이 헌 갓 쓴다. 소경이 저 죽을 날 모른다. 자루 베는 칼 없다. 자수삭발(自手削髮) 못 한다.

중이 팔양경(八陽經) 읽듯 뜻을 알지 못하면서 헛되이 소리 내어 읽기만 한다는 뜻. (비) 소경 팔양경 외듯. ★팔양경 : 천음지양(天陰地陽)의 여덟 가지 양(陽). 혼인, 해산(解産), 장사(葬事) 따위에 관한 미신을 타파하려는 내용의 불경이다.

중이 횟(膾)값 문다 몹시 억울한 출자를 당한다는 말. (비) 중놈 돌 고깃값 치른다. 봉사 기름값 물어 주기. 산지기 놀고 중이 추렴을 낸다. 중학생이 화간하고 활인서(活人署) 별제(別提)가 파직을 당한다.

중 절 보기 싫으면 떠나야지 어떤 곳에 있으면서 그곳 사람들이 싫어지거나 그곳이 싫어지면 싫은 그 사람이 떠나야 한다는 말. (비) 중(僧) 절(寺) 싫으면 떠나야 한다.

중 쳐 죽이고 살인(殺人)한다 무엇이나 적은 죄를 짓고 큰 벌을 받게 될 땔 이름. (비) 소경 죽이고 살인 빚 갚는다. 송장 때리고 살인났다.

쥐가 고양이를 무는 격 전혀 상대가 되지 않는 존재가 어리석게 도전하여 대드는 것을 비유적으로 이르는 말.

쥐가 고양이를 불쌍하다 한다 자기에게 해를 주는 존재를 오히려 동정하는 행동을 비웃어 이르는 말.

쥐가 쥐꼬리를 물(물)고 여러 사람들이 연이어 나오는 것을 이름.

쥐고 펼 줄을 모른다 1.돈을 모으기만 하고 쓸 줄 모른다. 2.옹졸하여 풀어서 생각할 줄 모른다.

쥐구멍에도 눈이 든다 어떤 삶도 불행을 면할 수 있단 말.

쥐구멍에도 문이 둘이다 하찮은 짐승도 도망가는 구멍을 마련해두듯이 사람도 역시 나중을 위하여 비상대책이 있어야 한다는 뜻.

쥐구멍에도 볕 들 날이 있다 몹시 고생하던 사람도 좋은 운수를 만날 적이 있단 말. (비) 개똥밭에도 이슬 내릴 날 있다. 응달에도 햇볕 들 날 있다. 마루 구멍에도 볕 들 날이 있다.

쥐구멍에 홍살문 세우겠다 가당치 않는 일을 주책 없이 경영한다는 뜻. ★홍살문 : 궁전, 관청, 능, 묘 따위의 앞에 세우던 붉은 칠을 한 문. 둥근 기둥 두 개를 세우고 지붕이 없이 윗부분에 화살 모양의 나무를 나란히 세우고 중간에는 태극 문양을 그려 놓았다.

쥐구멍으로 소 몰려 한다 (비) 개구멍으로 통량(統凉)갓을 굴려 낼 놈.

쥐구멍으로 통영갓을 굴려 낼 놈 남을 속이는 데 놀란 만큼 교묘한 사람을 이름. ★통영갓 : 통영에서 만든 좋은 갓의 양태.

쥐구멍을 찾는다 매우 부끄럽고 난처하여 급히 몸을 숨기려고 애를 쓴다는 말.

쥐구멍을 틀어막으려고 대들보를 들어민다 작은 물건이나 적은 역량으로도 충분히 처리할 수 있는 것을 엄청나게 큰 것으로 들어대는 우둔하고 어리석은 분수없는 짓을 함을 두고 이르는 말.

쥐구멍이 소구멍 된다 작은 화를 막지 않고 그대로 두면 큰 화가 된다는 말.

〈쥐 굴레 쓴 것 같다〉

쥐 굴레 쓴 것 같다 격에 어울리지 않게 엄청나게 큰 것을 뒤집어 쓴 차림새를 비웃어 이르는 말.
쥐꼬리는 송곳집으로나 쓰지 (비) 구부러진 송곳.
쥐꼬리만 하다 매우 짧고 잔은 것을 이름.
쥐나 개나 호랑이가 굶으면 환관(宦官)도 먹는다 (비) 없는 놈이 찬밥 더운밥 가린다. ★환관 : 조선 시대, 궁중에서 시중을 들며 잡무를 보는 거세한 남자를 이르던 말.
쥐도 도망갈 구멍이 있어야 산다 무슨 일이나 만일을 대비해서 생각하고 일을 해야 나중에 안전하다는 뜻.
쥐도 들 굶 날 굶이 있다 무슨 일을 하나 나중 일을 생각하고 해야 한다는 말. (비) 너구리도 들 굶 날 굶을 판다.
쥐도 새도 모르게 아무도 모르게 한다는 뜻.
쥐도 한몫을 보면 낙이 있다 이것저것 집적거리지 말고 한 길에 전력하면 성공할 때가 있다는 것을 비유적으로 이르는 말. (비) 쥐도 한 구멍을 파야 수가 난다. 우물을 파도 한 우물을 파라.
쥐똥 같다 아무 보잘 것 없는 것이란 뜻. (비) 쥐뿔 나게.
쥐 뜯어 먹은 것 같다 들숨날숨 하여 보기 흉하게 됨을 이름. (비) 강아지 갉아먹던 송곳 자루 같다.
쥐띠는 밤중에 나면 잘 산다 자생(子生)인 사람이 밤에 나면 쥐가 밤중에나 먹을 것을 찾아 먹듯이 먹을 것이 많아 잘 산다 하여 이르는 말.
쥐를 때리려 해도 접시가 아깝다 미운 것을 없애 버리고자 하나 도리어 제게 큰 손해가 될 염려가 있기에 뜻을 이루지 못하고 방임해 버린다는 뜻. (비) 독을 보아 쥐를 못 친다.
쥐 먹을 것은 없어도 도둑맞을 것은 있다 아무리 가난해도 도둑맞을 것은 있다는 말. (비) 구제할 것은 없어도 도둑 줄 것은 있다. 저녁 먹을 것은 없어도 도둑맞을 것은 있다. 동생 줄 것은 없어도 도둑 줄 것은 있다. 벗 줄 것은 없어도 도둑 줄 것은 있다.
쥐면 꺼질까 불면 날까 매우 소중히 이르는 말. (비) 금이야 옥이야.

쥐면 내듯 무엇을 남모르게 조금씩 들어낸다는 뜻.
쥐 밑도 모르고 은서피(銀鼠皮) 값을 치른다 (비) 말똥도 모르고 마의(馬醫) 노릇 한다. ★은서피 : 변색(變色)족제비의 가죽.
쥐 밑살 같다 1.몹시 작다는 뜻. 2.보잘것없고 대단치 않다는 말. (비) 게 방귀 같다. 쥐뿔같다. ★밑살 : 항문에 있는 부분의 살.
쥐 발 그리듯 글씨 같은 것을 제대로 쓰지 못하고 마구 그려 놓은 것을 비유적으로 이르는 말. (비) 괴발 개발 그린다. 닭 발 그리듯, 까마귀 똥 기적거리듯, 까마귀 똥 헤치듯.
쥐 본 고양이 어떻게 해서든지 잡아먹고야 만다는 뜻에서. 무엇이나 보기만 하면 결단내고야 마는 것을 이름.
쥐 불알 같다 보잘것없음을 이름.
쥐뿔 나게 되지 않게 못난 짓을 함을 이름.
쥐뿔(좆)도 모른다 아무것도 알지 못하고 아는 체 한다는 말.
쥐뿔이나 있어야지 가진 것이라곤 아무것도 없을 때 "무엇을 좀 지닌 것이 있어야 어떻게 손을 쓰지"의 뜻으로 하는 말.
쥐새끼가 열두 해 나니 방귀를 뀐다 무슨 일을 오래오래 하면 좋은 수가 생긴다는 말.
쥐새끼마냥 눈치만 남았다 남의 눈치만 본다는 의미.
쥐새끼를 밟으면 찍 한다 하잘것없는 쥐새끼조차도 반응이 있다는 뜻으로, 모든 사물 현상은 다 작동을 가하면 반응 있게 마련임을 비유하여 이르는 말.
쥐새끼 쇠새끼 보고 작다 한다 저보다 큰 이를 보고 작다 할 때 이르는 말.
쥐 새 치 보기 쥐가 새 치 앞을 내다보지 못하듯이 사물 현상을 판단하는 것이 몹시 근시안적인 경우를 비유하여 이르는 말.
쥐 소금 나르듯 아주 조금씩 줄어 없어짐을 이르는 말. (비) 쥐 소금 먹듯 한다. 쥐 소금 녹이듯.
쥐 소금 먹듯 한다 조금씩 조금씩 알지 못하게 줄어든

〈지권연(紙卷煙) 마는 당지(唐紙)로 인경을 싸려 한다〉

다는 말.
쥐 안 잡던 고양이라 1.제 구실을 못하여 소용없게 된 것이란 뜻. 2.지금 당장은 필요 없는 것 같이 보이나 일단 없어지고 보면 그것이 없어서는 안 될 것을 깨닫게 될 때를 이름. (비) 도둑을 보고도 짖지 않는 개. 일 안 하는 가장(家長)이다. 도둑 못 지키는 개.
쥐엄나무에 도깨비 꾀듯 한다 인색한 사람이 너무 심하게 아끼고 다랍게 굴 때 하는 말.
쥐었다 놓은 개떡 같다 매우 못생겼다는 말.
쥐었다 폈다 한다. 쥐고 흔든다 1.무슨 일을 자기 마음대로 조종한다는 뜻. 2.어떤 사람을 자기 마음대로 부린다는 뜻.
쥐 잡는 고양이는 둬 두어도 일 않는 사내는 둬도 뭘 하나 쥐 안 잡는 고양이는 쥐를 쫓기라도 하지 사내는 낱알만 축내는 만큼 그냥 두어서 뭘 하겠느냐고 비꼬아 이르는 말.
쥐 잡는 데는 천리마(千里馬)가 고양이만 못하다 사람에게는 각자가 맡은 구실이 따로 있고 쓰이는 데가 따로 있다는 말. (비) 구멍을 파는 데는 칼이 끌만 못하다.
쥐 잡듯 꼼짝도 못하게 놓치지 않고 잡음을 형용하여 이르는 말.
쥐 잡아 먹은 고양이 상판 같다 쥐 잡아먹은 고양이 같이 상판이 얼룩덜룩함을 비유적으로 이르는 말.
쥐 잡으려다가 독만 깨었다 미운 놈을 해치려다가 도리어 큰 손해를 입었다는 말.
쥐 잡을 고양이는 발톱을 감춘다 사람이 지니고 있는 재주는 사람들 생김새 같이 다 제각각이란 뜻.
쥐정신(精神) 무슨 일을 금방 잊어버리는 정신을 이름.
쥐 좆 같다 작고 보잘 것 없어 웃을 지경이란 뜻.
 (비) 쥐뿔 나게.
쥐 죽은 나락(奈落) 몹시 조용하고 으슬으슬한 것을 비유적으로 이르는 말.
쥐 죽은 듯 무서울 만큼 조용한 경우를 이름.
쥐 초 먹은 것 같다 (비) 낙태(落胎)한 고양이 상(相)

쥐 코 조림 같다 졸렬한 일을 조롱하는 말.
쥐포수(捕手) 적은 것을 애쓰는 자를 이름.
쥐 포육(脯肉) 장수 아주 인색하게 좀팽이 짓을 하는 사람을 이름.
쥐 한 마리 얼른거리지 않는다 쥐 죽은 듯 조용함을 이르는 말. (비) 쥐새끼 한 마리 얼씬 않는다.
쥘 줄만 알지 펼 줄은 모른다 돈을 그저 욕심을 내면서 모을 줄만 알지 남에게 베풀 줄은 모른다는 의미.
즐거운 일 년은 짧고 고생스러운 하루는 길다 즐거울 때 시간은 아무리 길어도 길다고 느끼지 않고 고생스러울 때의 시간은 짧더라도 매우 지루하다는 뜻.
증한 에미네(녀편네/일군) 밭고랑 세듯 [북한] 게으른 사람이 일은 하지 아니하고 일이 언제 끝나겠는가 하고 앞으로 남은 일만 자꾸 가늠해 보고 있는 모양을 비유적으로 이르는 말.
증한 에미네 아이 핑계 하듯 [북한] 이러저러한 핑계를 대고 꾀만 살살 피움을 비유적으로 이르는 말.
지각(知覺)〈철〉이 나자 망령 일이 되자마자 곧 그릇됨을 이르는 말.
지각하고 담 쌓았다 1. 지각없이 못난 짓만 함을 비꼬는 말. 2. 도무지 철이 나지 아니하였다는 말.
지게를 지고 제사를 지내도 제멋이다 제멋에 제가 좋아서 하는 일에 남이 견여할 일이 아니란 말. (비) 오이를 거꾸로 먹어도 제 소청. 저모립 쓰고 물구나무를 서도 제멋이다. 지게 지고 제사를 지내도 상관 마라.
지게미와 겨도 배불리 먹지 못한다 지게미나 겨도 제대로 먹지 못할 정도로 가난하다는 뜻.
지고 다니는 것은 칠성판이요 먹는 것은 사자 밥이라 [북한] 죽음의 위협을 항상 받으며 고된 노동을 하고 있는 처지를 비유적으로 이르는 말.
지권연(紙卷煙) 마는 당지(唐紙)로 인경을 싸려 한다 되지 않는 무리한 짓을 한다는 뜻. 애써 굳이 흠집을 감추려 하나 아무리 하여도 가리지 못한단 말. (비) 권연 마는 당지로 인경을 싸려 한다. ★지권연 : 지궐련이 본디 말. 썬 담배를 얇은 종이로 말아 놓은 담배. ★인경 : 조선 시대, 통행금지를 알리기 위해 밤마다 치던 종.

지금 십 리가 옛 천 리 같다 한창 젊어서는 천 리 길도 어렵지 않게 갈 수 있었으나 늙어선 십 리 길도 매우 어렵단 말.

지나가는 개가 웃는대(웃을 노릇이다) 황당하거나 우스꽝스러운 일을 비유적으로 이르는 말.

지나가는 달팽이도 밟아야 꿈틀한다 가만히 있는 이도 누가 건드려야 화를 내고 덤빈다는 말.

지나가는 말로 말을 꼭 해야 하거나 들어야 할 필요가 없이 예사로 다른 말을 하는 곁에.

지나가는 불에 밥 익히기 1. 일부러 어떤 사람을 위하여 한 것은 아니지만 결과적으로 그 사람에게 은혜가 됨을 비유적으로 이르는 말. 2. 우연한 기회를 잘 잡아 이용함을 비유적으로 이르는 말.

지나간 해 책력이다 아무 쓸모가 없는 물건이란 뜻.

지나 업으나 이러나 저러나 마찬가지란 뜻. (비) 업으나 지나. 나귀에 짐을 지고 타나 싣고 타나 일반. 외로 지나 가로 지나. 가로 지나 세로 지나. 열고 보나 닫고 보나. 계란이나 달걀이나. 벌이나 오므리나. 둘러치나 메어치나 일반.

지난 일은 어쩔 수 없다 한번 지나쳐간 일은 다시 돌이킬 수 없기에 후회해도 아무런 소용이 없다는 뜻.

지난 일 탓하기 과거 일은 아무리 탓을 해도 다시 원래대로 되돌릴 수 없다는 뜻.

지난해 고인 눈물 올해에 떨어진다 [북한] 어떤 좋지 못한 일의 여파가 뒤늦게 나타남을 비유적으로 이르는 말.

지남석에 날바늘 (끌리듯) 틀림없이 제자리를 찾아와 멎거나 또는 한쪽만을 가리킴을 비유적으로 이르는 말.

지네도 굴 때가 있다 [북한] 발이 많은 지네도 구를 때가 있다는 뜻으로, 조건이 다 갖추어지거나 충분한 능력을 갖추고 있는 사람이 예기치 않은 사고를 냄을 비유적으로 이르는 말.

지네발에 신 신긴다 1. 발 많은 지네발에 신을 신기려면 힘이 드는 것처럼, 자식을 많이 둔 사람이 애를 쓴다는 말. 2.[북한] 많은 일을 일일이 다 해결하느라고 애를 씀을 비유적으로 이르는 말.

지는 것이 이기는 것 싸움엔 마땅히 지는 척하고 물러서는 것이 가장 좋은 방법. (비) 이기는 것이 지는 것

지는 송사 어데 가서 못하랴 [북한] 송사가 남을 이기려고 하는 것인데 지려고 하는 송사야 어려울 것이 있느냐는 뜻으로, 아무 데서나 손쉽게 할 수 있는 아주 쉬운 일을 비유적으로 이르는 말.

지는 힘보다 놓는 힘이 더 든다 [북한] 다 끝낸 일의 매듭을 짓는 일이 더 어렵고 중요한 것임을 비유적으로 이르는 말.

지랄만 빼놓고 세상의 온갖 재간 다 배워 두랬다 [북한] 못된 지랄만 빼놓고는 세상에서 배울 수 있는 모든 재간을 다 배워 두면 어느 때나 쓸모가 있다는 말.

지랄 발관 내굽질 미친 것처럼 몹시 야단을 침을 이르는 말.

지랄병에 목침이 약 [북한] 못된 짓을 하는 자에게는 엄격한 징벌을 가하는 것이 가장 효과적임을 비유적으로 이르는 말.

지랄쟁이 녹두밭 버릇듯 하다 [북한] 무엇을 마구잡이로 뒤범벅이 되게 헤집어 놓는 모양을 비유적으로 이르는 말.

지렁이가 무서워 피할까 어쩌다 무서워 피하는 경우도 있지만 구태여 험한 꼴을 안 보려고 피하는 경우도 있단 뜻.

지렁이가 용을 건드린다 아주 무식하면 저 죽을지도 모르고 자기보다 훨씬 힘이 센 사람한테 가서 만용(蠻勇)을 부린다는 뜻.

지렁이가 나무에 오르듯 무슨 일을 꾸물거리기만 한다는 뜻.

지렁이 갈빗대 전혀 터무니가 없는 것을 말함. 아주 부드럽고 말랑말랑한 것. (비) 지렁이 갈빗대 같다.

지렁이도 밟으면 꿈틀 한다 아무리 눌려 지내는 미천한 사람이나, 순하고 좋은 사람이라도 너무 업신여기면 가만있지 아니한다는 말. (비) 굼벵이도 밟으면(다치면/디디면) 꿈틀한다. 지나가는 달팽이도 밟으면 꿈틀한다.

지렁이 무리에 까막까치 못 섞이겠는가 [북한] 전혀 무관한 듯한 두 사람이 서로 가까이 어울리게 되는 경우를 비유적으로 이르는 말.

지렁이 어금니 부러질 노릇 [북한] 지렁이에게는 어금니가 있을 수 없다는 데서, 아주 터무니없는 짓을 비유적으로 이르는 말.

지렁이 용 되는 시늉한다 지렁이가 용 되어 보려고 꿈꾼다는 뜻으로, 도저히 이룰 수 없는 허황된 망상을 함을 놀림조로 이르는 말.

지레 약은 참새(가) 방앗간 지나간다(지나친다) [북한] 제 딴에는 똑똑한 체하면서도 실상은 요긴한 것을 빼놓고 행동하는 경우를 비꼬는 말.

지레짐작 매꾸러기 깊이 생각하지 않고 짐작이 가는 대로 일을 저지르면 낭패를 보기 쉽다는 말. (비) 주먹구구에 박 터진다.

지레 터진 개살구 사람이 오히려 잘난 체하며 뽐내거나 남보다 먼저 나섬을 비유적으로 이르는 말. (비) 개살구 지레 터진다.

지름길은 종종 길이다 지름길은 거리도 가깝지마는 빨리 걷는 길이기도 하다는 말.

지리산 갈매기 게 발 물어 던지듯 자기의 잘못을 아무것도 남은 것 없이 외롭게 혼자 있는 꼴을 두고 하는 말.

지리산 포수(砲手) (비) 함흥차사(咸興差使).

지린 것은 똥 아닌가 조금이라고 해서 안했다고 발을 뺄 수 없는 것이란 말. (비) 강아지 똥은 똥이 아닌가.

지붕 꼭대기로 소 끌어 올리는 격 [북한] 되지도 아니할 일을 무리하게 억지로 하려고 함을 비유적으로 이르는 말.

지붕 호박도 못 따는 주제에 하늘의 천도(天桃) 따겠단다 (비) 개미가 객사(客舍) 기둥을 건드린다. ★천도 : 선가(仙家)에서 말하는 하늘나라에 간다고 하는 복숭아.

지성(至誠)이면 감천(感天) 어떤 일이든지 정성을 다하면 성취할 수 있다는 뜻. (비) 공든 탑이 무너지랴. 돌도 십 년을 보고 있으면 구멍이 뚫린다. 정성(효도)이 지극하면 돌 위에 풀이 난다.

지성이 지극하면 돌에도 꽃이 핀다 [북한] 무엇이나 정성을 다하면 이 세상에 못 해낼 일이 없음을 비유적으로 이르는 말.

지신(地神)에 붙이고 성주(星主)에 붙인다 가뜩이나 적은 것을 이곳저곳에 뜯기고 남은 것이 없음을 일컫는 말. (비) 터주에 놓고 조왕에 놓고 나면 아무것도 없다. ★지신 : 땅을 맡은 신령. 성주 : 민속(民俗)에서 집을 지키는 신령.

지어 놓은 밥도 먹으라는 것 다르고 잡수라는 것 다르다 [북한] 같은 밥도 먹으라고 낮추어 말하는 것과 잡수라고 공대하여 말하는 것이 다르듯이, 같은 것을 대접하여도 예절을 지켜 공손하게 대하는 것과 그렇지 못한 것이 상대편에게 주는 영향은 큰 차이가 있음을 비유적으로 이르는 말.

지어먹은 마음이 사흘을 못 간다 순간적으로 정한 결심은 오래가지 못함을 이르는 말. 작심삼일(作心三日).

지어미 손 큰 것 (비) 계집 입 싼 것.

지옥과 극락은 이승에 있다 지옥과 극락은 꼭 저승에만 있는 것이 아니라 이승에도 있기에 살았을 때 더욱 행복하게 살아야 한다는 뜻. (비) 지옥과 극락은 제 마음속에 있다.

지옥도 돈만 있으면 극락이다 돈만 많이 지니고 있으면 살기 나쁜 곳도 살기 좋은 곳으로 만들 수 있다는 뜻.

지옥(地獄)도 옥이라면 싫다 땅에 금을 긋고 그 안이 감옥이라고 하면 금방 싫어지듯이 농담이라도 나쁜 말을 하면 싫어진다는 뜻.

지옥에도 부처가 있다 어려울 때에도 헤쳐 나갈 길은

⟨지위가 높을수록 마음은 낮추어 먹어야⟩

있으니 절망하지 말라는 뜻.

지위가 높을수록 마음은 낮추어 먹어야 1.높은 자리에 앉게 될수록 겸손해야 한다는 말. 2.[북한] 높은 지위에 오를수록 욕심을 부리거나 야심을 가지지 말아야 한다는 말. (비) 지위가 높을수록 뜻을 낮추랬다. 벼슬은 높이고 뜻은 낮추어라.

지위는 높을수록 마음은 낮추어 먹어야 한다 높은 자리에 있게 될수록 겸손해야 된다는 말.

지저분하기는 오간수(五間水) 다리 밑이라 오간수는 서울 동대문 근처이며 서울 시내의 더럽고 지저분한 것이 다 이리로 흘러내리는 곳이므로, 사람의 하는 짓이 비루하고 난잡하다는 말. ★오간수 : 예전에 서울의 동대문과 수구문 사이에 뚫린, 다섯 개의 구멍으로 흘러 내려가던 물.

지전(紙廛) 시정(市井)에 나비 쫓아가기 재산이 너무 많으면서도 인색하여 작은 것을 보고 열이 나 쫓아다니는 사람을 비웃는 말. ★지전 : 조선 시대, 서울에 있던 육의전(六矣廛)의 하나. 여러 가지의 종이와 그것으로 만든 물품 등을 팔던 가게이다. ★시정 : 인가가 모인 곳. 시장에서 장사하는 무리.

지절거리(대)기는 똥 본 오리라 (비) 뱀 본 새 짖어 대듯.

지척의 원수가 천 리의 벗이라 [북한] 가까이 있는 원수나 멀리 있는 벗이나 거래가 없기는 마찬가지라는 뜻으로, 아주 가까운 처지에 있는 사람이면서도 너무 멀리 떨어져 사는 탓으로 왕래가 없이 지내는 경우를 비유적으로 이르는 말.

지척(咫尺)이 천 리 서로 가까운 곳에 있으면서 오래 만나지 못하여 멀리 떨어져 있는 것과 다름없음을 이름.

지척(咫尺)의 원수가 천 리의 벗이라 멀리 있는 일가친척 친구보다 이웃에서 자주 만나는 사람이 더 가깝다는 말. (비) 가까운 남이 먼 일가보다 낫다. 가까운 이웃이 먼 친척보다 낫다. 이웃사촌.

지초(芝草)가 타들어 가는데 혜초(蕙草)가 탄식한다 동료가 당하는 재앙은 결국엔 자기에게도 그 영향이 미치게 되므로 근심이 된다는 뜻. ★지초 : 지칫과에 속한 여러해살이풀. 줄기는 높이가 30~60센티미터이며 잎은 어긋나고 피침 모양이다. 5~6월에 흰색 꽃이 총상(總狀) 꽃차례로 피고 열매는 작은 견과(堅果)를 맺는다. 뿌리는 약용하거나 자주색 염료로 쓴다. ★혜초 : 콩과에 속한 풀. 유럽 원산으로 높이는 70센티미터쯤이며, 잎은 세쪽잎이고 잎자루가 길며 어긋맞게 난다. 여름에 작은 나비 모양의 꽃이 핀다.

지키는 냄비가 더디 끓는다 마음이 조급하면 더 늦어지는 것같이 느껴진다는 말.

지키는 사람 열이 도둑 하나를 못 당한다 아무리 조심해서 감시해도 은연중에 생기는 불행은 막기 어렵다는 말.

지팡이가 있어야 일어선다 [북한] 남의 도움이 있어야 어떠한 일을 할 수 있는 경우를 비유적으로 이르는 말.

지팡이를 내다 주며 묵어가란다 [북한] 겉으로는 남을 위하는 체하나 속마음은 그렇지 못함을 조롱조로 이르는 말.

지팡이를 짚었지 어떠한 곳에서 장차 크게 발전할 기초를 얻었다는 말.

지팡이 잃은 장님 매우 긴요한 것을 잃어버렸다는 뜻.

지푸라기도 쓸 데가 있다 아무리 하찮은 것이라고 생각되어도 다 쓰일 데가 있다는 뜻.

지혜(知慧)는 물 지혜는 물과 같아서 흐르지 않는 물은 썩듯이 사람의 지식도 제대로 운용(運用)하지 않으면 쓸모가 없게 된다는 뜻.

진국은 나 먹고 훗국은 너 먹어라 물을 타지 아니한 진한 국은 내가 먹을 테니 물을 탄 멀건 국은 너나 먹으라는 뜻으로, 제 배나 불리려는 욕심스러운 행동을 하는 경우를 이르는 말.

진 꽃은 다시 피지만 꺾은 꽃은 다시 피지 않는다 무언가를 성취하려면 아무리 형편이 어렵더라도 뜻을 굳게 가지고 끝까지 포기하지 말아야 한다는 말.

진날 개 사귀기 괴롭고 더러운 일을 당함을 일컬음.

〈 진주를 돼지에게 던진다 〉

진날 개 사귄 이 같다 (비) 날 궂은 날 개 사귄 이 같다.

진날 개 사타구니 [북한] 진날에 진흙탕에 나뒹굴어 범벅이 된 개의 사타구니처럼 몹시 더러운 모양을 비유적으로 이르는 말.

진날 개 싸대듯 까닭 없이 더러운 주제로 비를 맞고 다니는 사람을 이르는 말.

진날 나막신 1.아주 요긴한 사람이나 사물을 비유적으로 이르는 말. 2.[북한] 필요한 때에만 찾는 대상을 비유적으로 이르는 말. 3.[북한] 모든 것이 격에 어울리게 들어맞는 경우를 비유적으로 이르는 말.

진날 나막신 찾듯 평시엔 돌아보지 않던 것을 아쉬울 적에 찾음을 일컬음.

진눈 가지면 파리 못 사귈까 눈병을 앓아 눈가가 짓무르면 자연히 파리가 온다는 뜻으로, 무엇이든 조건만 잘 맞으면 일이 쉽게 이루어짐을 비유적으로 이르는 말.

진눈 위 기러기 발자국 눈 위에 난 기러기 발자국은 있는 것 같다가도 바로 없어지듯이 나중에 흔적이 없어져서 알지 못한다는 뜻.

진달래가 두 번 피면 가을이 따뜻하다 일반적 진달래가 일 년에 두 번 피는 해는 어느 해보다도 가을날이 늦게까지 따뜻하단 말.

진달래 꽃잎이 여덟이면 풍년 든다 진달래 꽃잎은 보통 다섯 장으로 이루어져 있는데 여덟 장으로 피는 해는 반드시 풍년이 든다는 말.

진땀이 등에서 흐른다 등에서 때 아닌 진땀이 날 정도로 몹시 입장이 난처하다는 뜻.

진 데가 마르고 마른 데가 질게 되면 인생은 끝장 늙으면 젊어서 물기가 있던 데가 마르게 되고, 마른 데가 물기가 있게 되는데 이렇게 되면 여자는 인생을 다 산 것이란 말.

진발과 장가 처(妻)는 써 먹을 때가 있다 장가들어 처가 아무리 못나고 마음 맞지 않더라도 소박하거나 천대하면 안 된다는 뜻.

진밥 씹듯 아주 사소한 일을 가지고 두고두고 잔소리를 한다는 뜻.

진 사람은 변명이 없다 승부에서 진 사람은 자신이 진 것을 순순히 받아들여야지 남에게 이러쿵저러쿵 변명은 하지 말라는 뜻.

진사 시정 연 줄 감듯 무엇을 잘 감아준다는 뜻. (비) 선전시정 통 비단 감듯. 상전시정 연 줄 감듯. 제주 미역 머리 감듯.

진상 가는 꿀 병 동이듯 물건을 매우 단단히 얽어매었다는 뜻. (비) 진상 가는 봉물짐 얽듯.

진상 가는 봉물짐 얽듯 물건을 매우 단단하게 동여 맨 것을 이름. 얼굴이 얽은 것을 놀리는 말.

진상(進上) 가는 송아지 배때기를 찼다 공연한 짓을 하여 큰 봉변을 당하는 경우를 이르는 말.

★진상: 지방의 토산물을 임금이나 윗사람에게 바침.

진상은 꼬챙이에 꿰고, 인정은 바리로 싣는다 제게 이해관계 있는 일에 더 마음을 쓴다. (비) 인정은 바리에 싣고 진상은 꼬치로 꿴다.

진상 퇴 물림 없다 갖다 바치면 싫어하는 사람은 없다는 말.

진시황이 만리장성 쌓는 줄 아느냐 무슨 일을 해 지기 전에 마치자고 재촉할 때 불가능하다고 항변하는 말.

★진시황 : 서역으로의 육로 개척으로 인하여 실크로드를 통한 서역 제국과의 교역이 활발했다. 그러나 시황제의 진은 단명왕조였고 전한 역시 건국 초기 혼란했기 때문에 경제 활동이 뚜렷하게 잘 발달했다고는 할 수 없다.

진잎죽 먹고 잣죽 트림한다 (비) 김칫국 먹고 수염 쓴다

진주가 열 그릇이나 꿰어야 구슬 어떤 것이라도 좋은 솜씨를 가지고 끝까지 꾸미어야 비로소 그 가치가 나타난다는 말. (비) 솥 속의 콩도 쪄야 익지. 솥에 넣은 팥이라도 익어야 먹지. 구슬이 서 말이라도 꿰어야 보배. 구운 게 발도 떼어야 먹는다. 부뚜막에 소금도 집어넣어야 짜다. 가마 속의 콩도 삶아야 먹는다.

진주를 돼지에게 던진다 아무런 보람도 바랄 수 없는,

437

⟨진짜가 가짜를 따라간다⟩

쓸모없는 일을 함을 두고 하는 말.

진짜가 가짜를 따라간다 값비싸게 주고 산 것이 오히려 가짜 물건만 못하듯 일의 형편이 오히려 거꾸로 되었단 뜻.

질기(窒氣) 난 정 거지라 더럽고 가엾은 거지란 뜻. 살림이 형편없이 가난하게 됨을 이름.

질동이 깨뜨리고 놋동이 얻었다 1.대단치 않은 것을 잃고 그보다 더 나은 것을 가지게 되었다는 말. 2.상처 후에 후처를 잘 두었다는 말.

질러가는 길이 먼 길이다 빨리 가려고 서두르다 보면 오히려 일이 잘못되어 그 반대의 결과에 도달하기 쉽다는 말.

질병에도 감홍로(甘紅露) 겉모양은 보잘 것 없으나 속은 좋고 아름다운 것도 있다는 뜻. (비) 꾸러미에 단장 들었다. 누더기에 옥(玉) 들었다. 뚝배기보다 장맛이 좋다. 뚝배기 봐선 장맛이 달다. 삼베 주머니에 성냥 들었다. 장독보다 장맛이 좋다. 짚북데기에 단장 들었다. ★질병 : 도토(陶土)로 만든 병. ★감홍로 : 평양 특산의 소주에 붉은 식용 물감을 타서 만든 술.

질탕관(湯罐)에 두부 장 끓듯 걱정이 있어 마음이 어지럽고 속이 끓는다는 뜻. ★질탕관 : 질흙으로 만든 탕관. 보통 자루가 없다.

질투는 제 몸을 망친다 질투하게 되면 자신도 모르는 사이에 남에게 미움을 받게 되므로 자기 몸에만 해롭단 말.

짐 벗고 요기할 날 없다 (비) 눈코 뜰 새 없다.

짐승도 길들여 부린다 소나 말도 사람이 잘 길들여서 부리는데 하물며 사람 시키는 대로 안 해서야 되겠느냔 뜻.

짐승도 한번 혼난 골짜기는 가지 않는다 한번 실수한 것은 다시 하지 않도록 조심해야 한다는 뜻.

짐승은 숲이 있어야 살고 사람은 집이 있어야 산다 짐승도 숲 속에 있어야 안전하게 살 수 있듯이 사람도 의지할 곳이 있어야 잘 살 수 있단 뜻.

짐을 내려놓은 것 같다 1.맡은 일을 다 끝났다는 뜻. 2.어떠한 직책에서 물려났다는 뜻.

짐작으로 조복(朝服) 마른다 매우 귀중한 일을 소홀히 하다가는 결국엔 큰 낭패를 당하게 된다는 뜻.

짐하고 병은 가벼울수록 좋다 병은 될 수 있는 대로 없는 것이 가장 좋지만 만일 걸렸을 땐 가벼울수록 좋다는 뜻.

집게 놓고 에이(A) 자도 모른다 (비) 가자 뒤자도 모른다.

집과 계집은 가꾸기 나름(탓) 허술한 집도 변변찮은 여자도 평소에 잘 가꾸면 훌륭하게 된다는 말. (비) 쇠말뚝도 꾸미기 탓이라.

집과 계집은 임자 만날 탓 집은 신경을 써서 손질하기 달렸고 아내는 남편이 가르치기에 달렸다는 뜻.

집 귀신이 된다 여자가 출가하여 그 집에서 늙어 죽는다는 뜻으로 하는 말.

집도 절도 없다 가진 집이나 재산도 없어 여기저기 떠돌아다닌다는 말. (비) 형체(形體)와 그림자가 서로 불쌍히 여긴다. 형체와 그림자가 짝이 된다.

집안 가풍을 알려거든 그 집종에게 물어 보아라 어떤 집의 가풍은 집안 사정을 속속들이 알고 있는 그 집종만이 정확히 평가할 수 있다는 뜻으로, 어떤 것이든 그 안에 속해 있는 사람이 가장 잘 안다는 말.

집안 귀신이 된다 여자는 시집을 가면 평생 그 집안에서 살다가 죽게 된다는 말.

집안 귀신이 사람 잡아 간다 가까운 사람으로부터 해를 입을 경우에 이르는 말.

집안 도둑은 기르지 말랬다 집안 식구 중에서 돈을 함부로 낭비하는 사람이 있으면 안 된다는 뜻.

집안 망신은 며느리가 시킨다 한 집단의 구성원이 분수없이 처신하여 그 집단의 흠을 드러내게 된 경우를 비유적으로 이르는 말.

집안 살림은 커다란 입을 갖고 있다 살림살이는 언제나 허무하다는 뜻.

집안 싸움 서로 공경하고 서로 아낌없이 사랑해야 할 부모 형제간에 싸움이란 뜻.

집안에 든 꿩은 잡아먹지 않는다 살려고 아득바득하는 연약한 동물은 보통 다치지 않게 된다는 뜻으로 이르는 말.

집안에서 귀염둥이는 밖에 나가면 미움둥이가 된다 집에서 너무 귀엽게 키운 아이는 버릇이 없어서 밖에 나가면 어울리지 못하고 미움을 받는다는 뜻.

집안에 연기 차면 비 올 징조 궂은 날에는 아궁이에 역류 현상이 일어난다는 말.

집안엔 벽밖엔 없다 너무도 구차하여 집안에 살림이라곤 아무것도 없다는 말.

집안이 가난하면 싸움이 잦다 살림살이가 궁핍하면 불평이 많아져 싸움이 잦아든다는 뜻.

집안이 결딴나면 생쥐가 춤을 춘다 가운이 기울어지면 별별 이상한 일이 다 생긴다는 말. (비) 집안이 망하려면 맏며느리가 수염이 난다.

집안이 망하려면 맏며느리가 수염이 난다 집안 운수가 나쁘면 별별 탈이 다 생긴다는 말.

집안이 망하려면 울타리부터 망하고 사람이 망하려면 머리부터 망한다 사람이 늙어지면 기력이 쇠(衰)하여 먼저 머리부터 희어진다 하여 한탄하는 말.

집안이 망하려면 제석(帝釋) 항아리에 대평수가 들어간다 가운이 기울면 별 이상한 일이 생긴다는 뜻. (비) 집안이 망하려면 맏며느리가 수염이 난다. 집안이 결딴나려면 생쥐가 춤을 춘다. 집안이 안 되려면 구정물 통에서 호박 꼭지가 춤을 춘다. 집안이 망하려면 제석 항아리에 말 좆이 들어간다. ★
제석 : 무당이 섬기는 신의 하나. 한집안의 수명이나 곡물, 의류, 화복을 맡고 있다.

집안이 망하면 지관 탓 (비) 못되면 조상(祖上) 탓.

집안이 망하면 집터 잡은 사람만 탓 (비) 못되면 조상(祖上) 탓.

집안이 안 되려면 구정물 통에서 호박 꼭지가 춤을 춘다 일이 안 되려면 별 괴변이 다 생긴다는 뜻.

집안이 안 되려면 손 큰 며느리 들어온다 집안이 잘 안 되려면 씀씀이가 헤픈 며느리가 시집온다는 말.

(비) 집안이 안 되려면 의붓자식이 삼 년 맏이다. 집안이 안 되려면 첫 정월에 음이 오른다.

집안이 편하려면 남편은 귀머거리 아내는 벙어리 대체로 남편은 아내의 불평을 못 들은 척하고, 아내는 남편에게 말을 함부로 하지 말아야 집안이 화목하게 된다는 말.

집안이 화목해야 재물도 붙는다 집안이 화목하고 안정되어야 재물이 생긴다는 말.

집안이 화합하려면 베갯밑공사(公事)는 듣지 않는다 집안 어른이 부녀의 잔소리를 듣고 그것을 믿어 그대로 행하면 집안이 불화하게 된단 말.

집안 좁은 것은 살아도 마음 좁은 건 못 산다 1. 집안이나 집단이 화목해야 함을 강조하여 이르는 말. 2. 마음이 헤프고 절제가 없으면 살림을 망할 수 있음을 경계하는 말.

집어 삼킬 듯이 본다 몹시 미워서 무섭게 노려본다는 뜻.

집 없는 개 다니듯 집안에 있지 않고 언제나 밖으로만 도는 사람을 두고 하는 말.

집 없는 설움보다 더 큰 설움 없다 세상을 살다 보면 설움도 많이 있지만 그중에서도 집 없는 설움이 가장 크다는 말.

집에 금송아지를 매었으면 무슨 소용이냐 어떤 귀중한 물건을 가지고 있더라도 일을 당한 현장에서 그것을 쓰지 못한다면 아무 소용이 없다는 말.

집에 꿀단지를 파묻었나 집에 빨리 가려고 안달하는 사람을 놀림조로 이르는 말.

집에서 새는 바가지는 들에 가도 샌다 (비) 집에서 새는 쪽박은 들에서도 샌다.

집에서 새는 쪽박은 들에서도 샌다 본성(本性)이 좋지 않은 자는 어딜 가도 그 본성 그대로라는 말. (비) 들어서 죽 쓴 놈은 나가도 죽 쓴다. 집에서 새는 바가지는 들에 가도 샌다.

집을 백만 냥에 산다면 이웃은 천만 냥을 주고 산다 주거지를 정할 땐 집이 좋고 나쁨보다도 이웃이 좋고 나쁨을 보고 결정하라는 뜻.

〈집을 살 때는 이웃을 본다〉

집을 살 때는 이웃을 본다 (비) <u>세 잎 주고 집 사고 한 냥 주고 이웃 산다.</u>

집이 타도 빈대 죽으니 좋다 비록 큰 손해는 보더라도 마음에 들지 않는 것이 없어진 것만 흐뭇하게 여긴단 말. (비) <u>초당 삼간 다 타도 빈대 죽은 것만 시원하다. 초가삼간이 다 타 없어져도 빈대 죽은 것만 시원하다.</u>

집장(執杖) 십 년이면 호랑이도 안 먹는다 형벌을 집행하는 일을 하는 사람은 호랑이도 잡아먹지 않는다는 뜻으로, 하는 일이 너무 모짊을 비난조로 이르는 말.

집중에는 계집이 제일이고, 방중에는 서방이 제일이다 뭐니 뭐니 해도 다 필요 없고 부부가 제일이란 말. (비) <u>이방 저방 좋아도 내 서방이 제일 좋고 이집 저집 좋아도 내 집이 제일 좋다. 너는 죽어 맷돌 위짝이 되고 나는 죽어 맷돌 밑짝이 되리라.</u>

집 짓기는 행인에게 묻기 무슨 일을 하고자 할 땐 여러 사람에게 물어서 하면 의견이 구구하여 결론을 못 얻는단 뜻.

집 태우고 못 줍기 (비) <u>노적가리에 불 지피고 싸라기 주워 먹는다</u>

집 태우고 바늘 줍는다 (비) <u>노적가리에 불 지피고 싸라기 주워 먹는다</u>

짓독에 바람이 든다 지나치게 환락(歡樂)에 빠지면 반듯이 재난(災難)이 생긴다는 말.

짓 속은 꽹매기 속 자신 실속을 차리는데 대해서는 매우 생각이 신중하고 미리부터 준비를 철저히 한다는 뜻.

징 따비를 주우러 다니나. 허리도 끔찍이 굽었다 허리가 몹시 굽은 사람을 보고 하는 말. ★징 따비: 풀뿌리를 뽑거나 밭을 가는 데 쓰는, 쟁기보다 작고 보습이 좁은 농구.

징수하는 길이 있으면 빠져 나가는 길도 있다 세금을 엄하게 징수하는 방법을 강구하면 또 빠져 나가는 방법을 생각해 낸다.

징으로 밥 하나 먹고 광쇠 하나 못 이긴다 밥을 많이 먹고도 작은 물건을 무거워 들지 못할 때 또는 쉬운 일을 못할 때 하는 말. (비) <u>늙은이 호박나물(죽)에 용쓴다. 두부살에 바늘뼈. 밤비에 자란 사람이다. 오줌에도 데겠다.</u> ★징 : 놋쇠로 만든 농악기의 한 가지. ★광쇠 : 쇠붙이에 광(光)을 내는 데 쓰이는 연장.

짖는 개는 물지 않는다 대체적으로 말을 그럴 듯하게 하는 사람은 실천력이 없다는 뜻. (비) <u>짖는 개는 사냥을 못한다.</u>

짖는 개는 여위고 먹는 개는 살찐다 궁상을 떨며 울상을 하고 지내거나 불평이 많으면 살이 내리고 이로울 것이 없다는 뜻.

짖지 않는 개가 더 무섭다 말없이 묵묵하게 일하는 사람이 더 무섭단 말.

짚그물로 고기를 잡을까 든든한 것으로 준비를 하지 않으면 일을 이룰 수 없음을 비유한 말.

짚깨애리(짚북데기기) 단장 들었다 (비) <u>뚝배기보다 장맛이 좋다.</u>

짚둥우리 타다 탐학한 고을 원이 백성들에 의하여 짚둥우리에 실려 지경 밖으로 쫓겨나감을 이르는 말.

짚불 꺼지듯 하다 1.잡았던 권세나 영화가 갑자기 몰락함을 비유적으로 이르는 말. 2.아주 곱게 조용히 운명(運命)함을 이름.

짚불도 쬐다 나면 섭섭하다 하찮은 것도 없어지면 아쉽다는 말.

짚불에 무쇠가 녹는다 약한 것이라도 큰일을 해낼 수 있음을 이르는 말.

짚신 감발에 사립 쓰고 간다 (비) 개 발에 주석 편자.
  ★감발 : 발감개. ★사립 : 명주실로 싸개를 하여 만든 갓.

짚신도 제 날이 좋다 자기와 같은 정도의 사람과 짝을 맺어야 한다는 말. (비) <u>짚신은 제 날에 맞는다. 세코 짚신에는 제 날이 좋다.</u> ★날 : 피륙, 돗자리, 짚신, 미투리 따위를 삼거나 할 때 새로 놓은 실, 노끈, 새끼 따위.

〈 쪽박에 밤 담아 놓은 듯 〉

짚신도 제 짝이 있다 형편없는 사람도 다 제 배필이 있음을 이르는 말.

짚신 벗어 꽁무니에 찼다 몹시 바쁘게 도망가거나 도망갈 준비를 갖추는 경우를 놀림조로 이르는 말.

짚신에 국화 그리기 (비) 개 발에 주석 편자.

짚신에 정분(丁紛) 칠하기 (비) 개 발에 주석 편자.
★정분 : 분색안료(粉色顔料)의 한 가지.

짚신을 거꾸로 끌다 반가운 사람을 맞으려고 허둥지둥 정신없이 뛰어나감을 이르는 말.

짚신을 뒤엎어 신는다 인색하게 할 데나 아니 할 데나 가리지 않고 무조건 인색한 짓을 한다는 뜻.

짚신장수 죽을 때야 아들에게 '털털' 하며 죽는다 기술은 부자간에도 비밀은 굳게 지킨다는 뜻.

짚신장이는 뒤꿈치 없는 신만 신는다 반드시 가져야 할 사람이 그것을 못 가졌을 때 하는 말.

짚신장이 헌신 신는다 (비) 대장간에 식칼 논다.

짜도 흩어진다 한 없이 없어지기만 한다는 뜻. (비) 그 식이 장식이라.

짜잖은 놈 짜게 먹고 맵잖은 놈 맵게 먹는다 짜지 않은 놈 곧 오달지지 못한 사람이 짜게 먹고, 맵지 않은 놈 곧 싱거운 사람이 맵게 먹는다 함이니 아이들이 너무 짜게 먹거나 맵게 먹는 것을 말리는 말.

짜지도 않거든 맵지나 말아야지 한 가지 결함만 있어도 곤란한 셈인데 온통 결함 투성이란 뜻.

짝사랑은 외기러기 아무리 짝사랑을 해도 성공하지 못하고 오래도록 연민(戀悶)한다는 뜻. (비) 말이 먹다 남은 콩을 못 잊듯.

짝사랑은 혼지만 좋아한다 결합하는 데 성공은 못하지만 혼자서 애태우며 즐거워한다는 말.

짝새가 황새걸음 하면 다리가 찢어진다 (비) 송충이는 솔잎을 먹어야 한다.

짝 없는 화가 없다 복 받기는 매우 어렵지만 나쁜 일은 연거푸 겹쳐 온다는 말.

짝을 맞춰보아야 팔자도 안다 사람은 배우자를 잘 얻고 못 얻는 데 따라서 자기 운명이 결정된다는 말.

짝이 기울다 양편이 차이가 나 서로 어울리지 않고 어느 한편이 다른 편만 못하다.

짝이 지다 서로 차이가 나 어울리지 아니하여 좀 떨어지다.

짝 잃은 비익조(比翼鳥) (비) 짝 잃은 외기러기 같다.
★비익조 : 전설상의 새. 암수의 눈과 날개가 각각 하나씩이라서 짝을 짓지 아니하면 날지 못한다. 부부가 서로 사이가 좋은 것을 비유적으로 이르는 말.

짝 잃은 외기러기 같다 홀아비 홀어미의 외로운 신세를 이르는 말. 몹시 외로운 사람을 말함.

짝 잃은 원앙(鴛鴦) (비) 꽃 없는 나비.

짝짜꿍이 벌어진다 여러 사람들이 와자지껄하게 떠든다는 말.

짠물고기는 민물에서 놀지 않는다 크게 놀던 사람은 작게 놀지 않는다는 뜻.

짧은 두레박줄로 깊은 우물물을 긷지 못한다 (비) 임을 보아야 아이를 낳지

짧은 쇠 조각으로 살인할 수 있다 간단한 말에도 남을 아프게 할 수 있으니 조심하라는 말.

짧은 시간도 돈이다 시간을 허비하지 말고 선용해야 한다는 말.

쩍 하면 입맛 주위 있는 사람들의 눈치만 봐도 벌어진 상황을 다 알 수 있다는 말.

쪽박과 사람은 있는 대로 쓰인다 바가지는 크거나 작거나 있는 대로 쓰이고, 사람은 잘났거나 못났거나 있는 대로 쓰인단 말.

쪽박 빌려 주니 쌀 꿔 달란다 상대편을 생각해 주면 줄수록 더 많은 것을 요구한다는 말.

쪽박 쓰고 벼락을 피하기 당황하여 자기도 모르는 사이에 어리석은 방법으로 이를 모면하려는 행동을 이름. (비) 쪽박 쓰고 비 피하기.

쪽박 쓰고 비 피하기 제아무리 피한다 하여도 어쩔 수 없이 당하고야 말게 됨을 이름. (비) 쪽박 쓰고 벼락을 피하기.

쪽박에 밤 담아 놓은 듯 올망졸망한 모양을 이르는 말.

〈쪽박을 찬다〉

쪽박을 찬다 동냥을 한다는 말. (비) 바가지를 찬다.
쪽박이 제 재주를 모르고 한강을 건너간다 제 분수를 모르고 힘겨운 일을 하려고 한다는 말.
쫓겨 가는 놈이 경치 보랴 경황없이 허둥대는 경우를 이르는 말.
쫓기는 놈 뒤통수 친다 고난에 빠진 사람의 처지를 도와주기는커녕 더욱 괴롭히고 고통스럽게 한다는 뜻.
쬔 병아리 같다 남에게 향상 눌려 지내는 사람을 이르는 말.
쭈그렁밤송이 삼 년 간다 1. 약하게 보이는 것이 생각했던 것보다 오래 견딘다는 말. 2. 아주 약하게 보이는 사람이 얼마 못 살 것 싶으면서도 오래 목숨을 이어간다는 뜻. (비) 쭈그렁 밤송이 삼 년 달렸다. 쭉정이 삼 년 간다.
쭈그리고 앉은 손님이 사흘 만에 간다 얼마 못 갈 것 같으면서도 오랫동안 참아낸다는 뜻.
쭉정이는 불 놓고 알맹이는 걷어 들인다 버릴 것은 버리고 쓸 것은 거두어들여 놓는다는 말.
찌그렁이를 부리다 남에게 무리하게 떼를 쓰는 짓을 이르는 말.
찌나 삶으나 방법은 다르지만 목적지는 같다는 말. (비) 삶아 먹으나 구워 먹으나.
찍자찍자 하여도 차마 못 찍는다 벼르기만 하다가 막상 당하면 못한다는 말.
찐 붕어가 되었다 기세가 꺾이어 형편없이 되었다는 말.
찔끔찔끔 오는 비 감질만 난다 가뭄 끝에 오는 비가 계속해서 풍부하게 오지 않고 오다 말다 하기 때문에 애만 탄다는 뜻.
찔러도 피 한 방울 안 나겠다 야무지고 빈틈이 없다. 인정이란 조금도 찾아볼 수 없다.
찔러 피를 낸다 공연한 짓으로 탈을 냄을 이름.
쪔 쪄 먹다 다른 곳에 견주어 비교가 안 될 만큼 훨씬 월등하다는 말.
찡그렸다 웃었다 한다 어떤 때는 얼굴을 찡그리기도 하고 어떤 때는 웃기도 하면서 상황에 따라 다양하게 대한다는 뜻.
찧고 까불다 경솔하여 이랬다저랬다 하며 몹시 까부는 것을 이름.
찧는 방아도 손이 나들어야 한다 무슨 일에서든지 성공하려면 노력이 있어야 한다는 뜻. (비) 몸을 구부리는 자벌레는 장차 곧게 펴려는 것이다.

ㅊ

차기는 얼음 인정이라곤 조금도 없는 사람을 얼음보다도 더 차게 대한다는 뜻. (비) 차기는 차돌.

차는 말도 타는 사람에게 달렸다 못된 사람이라도 그를 다루는 사람에 따라서 더욱 나쁘게 될 수도 있고 착한 사람으로 변할 수 있다는 말.

차돌에 바람 들면 석돌보다 못하다 오달진 사람일수록 한번 타락하면 걷잡을 수 없게 됨.

차(車) 때고 포(包) 땐 장기 핵심이 되는 것은 없어지고 변변치 않은 것만 남아 있다는 뜻.

차려놓은 밥상 받듯 한다 이미 준비된 일을 하듯이 힘도 하나 안 들이고 손쉽게 한다는 뜻.

차면 넘친다 너무 정도에 지나치면 안된다는 뜻. 흥성하면 언젠가는 쇠망한다는 뜻.

차일피일(此日彼日) 한다 (비) 고리 백정 내일모레.

차츰차츰 누에가 뽕을 먹듯 차츰차츰 먹어 들어온다는 뜻.

차(車) 치고, 포(包) 친다 장기를 둘 때 차도 먹고, 포도 먹듯이 무슨 일을 아주 시원스럽게 해치운다는 뜻.

차(此) 판이 하(何) 판인데 지금이 어느 때인데 이렇게 한가하게 있느냐는 뜻으로 매우 중요한 때에 빈둥거림을 꾸짖어 이르는 말.

차(車) 호석이네 팬장 바르듯 세밀히 하여 할 일을 되는 대로 마구 해치운다는 뜻. (비) 홍생원네 흠질하듯.

착한 끝은 반드시 있다 착한 일을 하면 언젠가는 좋은 날이 온다는 말. (비) 다다익선(多多益善).

착한 며느리도 악처만 못하다 남편에게 아내가 소중하다는 말.

착한 사람과 원수는 되어도 악한 사람과 벗은 되지 말랬다 착한 사람끼리 원수가 되는 것은 그리 큰 허물이 아니지만 악한 사람과 벗이 되면 자기도 악하게 물들 위험이 있으므로 조심하라는 말.

찬물도 상이라면 좋다 상 받는 것이면 무엇이나 다 좋아한다는 말.

찬물도 위아래가 있다 무슨 일이든지 순서가 있으니 순서에 따라서 해야 한다는 말.

찬물 먹고 냉돌방에서 땀 낸다 당치도 않은 방법으로 목적을 달성하려는 어리석음을 이름.

찬물 먹고 술주정한다 술도 먹지 않고서 공연히 취한 체하면서 거짓으로 주정한다는 뜻.

찬물 먹다가 이 부러진다 (비) 냉수에 이 부러진다.

찬물에 기름 돌듯 (비) 물 위에 뜬 기름.

찬물에 돌 지조가 맑고 깨끗한 사람을 일컬음.

찬물에 좆 줄 듯 1.무엇이 조금씩 오그라들음 이름. 2. 모르는 사이에 재산이 점점 줄어든다는 뜻. (비) 북어 껍질 오그라들듯. 불에 탄 개 껍질 오그라들듯. 마른 나무 좀먹듯. 불에 탄 쇠가죽 오그라들 듯. 불에 탄 조개껍질 같다.

찬물을 끼얹다 이 말은 본래 흘레붙은 강아지들을 떼어놓을 때 쓰던 방법이다. 족보 있는 개가 종자도 모를 남의 개와 어울렸을 때 그 새끼를 밸 것을 염려하여 찬물을 한 동이 끼얹어 떼어놓는 데서 나온

〈 찬밥 더운밥 가리다 〉

말이, 바꾸어 한참 진행 중인 일을 중단하게끔 하는 말이나 행동을 가리키는 말이다. 주로 화기애애한 분위기가 어색하게 되거나, 신나게 일하고 있는 중에 그 일을 그만두게 만드는 어떤 요인이나 단서를 제공하는 것을 말한다.

찬밥 더운밥 가리다 어려운 형편에 있으면서 배부른 체한다는 말.

찬밥 더운밥 다 먹어봤다 (비) 산전수전 다 겪었다.

찬밥 두고 잠 아니 온다 1.대수롭지 않은 일에 마음이 끌려 단념하지 못함을 이름. 2.변변치 않은 것에 집착하는 사람을 비웃는 말.

찬밥에 국 적은 줄만 안다 가난한 살림에 부족한 것이 당연한 줄을 모르고 없는 것에 자꾸 마음을 쓴다는 말.

찬 소리는 무덤 앞에 가 하라 (비) 입찬말은 묘 앞에 가서 하여라.

찬 이슬을 맞은 놈이다 밤에만 돌아다니며 도둑질을 하느라고 이슬을 맞은 사람이라는 뜻이니, 곧 도둑놈을 이르는 말. (비) 밤이슬 맞은 놈.

찰거머리와 안타깨비 어떤 일이 있을 때마다 악착같이 달라붙어서 떨어지지 않는 사람을 이르는 말. ★안타깨비 : 쐐기나방의 애벌레. 몸은 짧고 굵으며 독침이 있어 쏘이면 몹시 아프다. 번데기는 굳은 고치 속에 있다. 감나무, 배나무, 능금나무 등의 해충이다.

찰거머리 정(情)이다 한번 정이 들면 여간해서는 떨어질 줄 모르는 깊은 정이라는 뜻.

찰거머리 피 빨아먹듯 자기 것도 아닌 남의 재산을 착취한다는 뜻.

찰떡궁합 아주 잘 맞는 궁합을 비유적으로 이르는 말.

찰시루 쪄 놓고 밤낮 보름을 빌어도 이가 아니 드는 놈 남의 말을 순순히 듣지 않고 심술이 사나운 사람을 이름.

찰찰(察察)이 불찰(不察)이다 지나치게 꼼꼼히 살피느라고 오히려 큰 것을 생각하지 못하고 실수하여 살피지 아니함만 못하다는 말.

참고 사는 것이 인생이다 세상 사람들은 누구나 자기 마음대로 세상을 살아 갈 수 없기 때문에 참고 살아야 한단 뜻.

참깨가 기니 짧으니 한다 (비) 네 콩이 크니 내 콩이 크니 한다.

참깨 들깨 노는데 아주까리 못 놀까 남들도 다 하니 나도 한몫 끼자고 나서는 경우에 이르는 말.

참나무에 곁 낫걸이 (비) 개미가 정자를 건드린다.

참는 것이 이기는 것이다 자기에게 당면한 고난을 참고 살아야 한다는 뜻.

참는 자에게는 복이 있느니라 인내한자는 인내한 만큼 복을 받을 가치가 있다는 뜻.

참대 밭에 사는 사람은 마음이 참대 같이 곧다 사람의 성품이 주위환경의 영향을 크게 받는다는 말. (비) 참대 밭에 쑥이 나도 참대 같이 곧아진다. ★참대 : [식물] 볏과에 속한 대의 하나. 왕대와 비슷하나 높이는 20미터이고, 지름은 4센티미터 가량으로 훨씬 작다. 초여름에 죽순이 나오며 잎은 피침형이다. 6~7월에 잔 꽃이삭이 원추 꽃차례로 핀다. 나무의 질이 단단하여 줄기는 기구재(器具材)나 건축재로 쓰고, 죽순은 먹는다.

참말은 할수록 줄고 거짓말은 할수록 는다 참말은 옮길 적마다 줄어들지만 거짓말은 사람들의 입을 거칠수록 점점 커지게 된다는 뜻.

참빗으로 훑듯 남김없이 샅샅이 뒤져냄을 일컬음.

참새가 떠든다고 구렁이가 움직일까 하찮은 것이 나댄다고 해도 위인은 눈 하나 깜박 않는다는 뜻으로 빗대는 말.

참새가 방앗간에 치어 죽어도 짹 하고 죽는다 아무리 약한 사람이라도 막다른 경우에 이르면 반항을 하게 된다는 말.

참새가 방앗간을 그저 지나랴 1.욕심이 많은 사람이 솔깃한 것을 보고 그냥 지나쳐 버리지 못한단 말. 2.자기가 좋아 하는 곳을 반듯이 거쳐서 가게 된다는 말. (비) 참새 방앗간이지.

참새가 아무리 떠들어도 구렁이는 움직이지 않는다

실력 없고 변변치 않는 무리들이 아무리 떠들어 대더라도, 참으로 제게 실력이 있는 사람은 맞붙어 같이 다투지 않는다는 뜻.

참새가 작아도 알만 잘 깐다 (비) 제비는 작아도 강남을 간다.

참새가 작아도 일만 잘한다 몸은 비록 작고 힘없지만은 제 할 일은 감당해 나갈 수 있다는 말.

참새가 짧으냐 기냐 한다 (비) 네 콩이 크니 내 콩이 크니 한다.

참새가 죽어도 짹 한다 아무리 약한 것이라도 너무 괴롭히면 대항한다는 뜻.

참새가 허수아비 무서워 나락 못 먹을까 반드시 큰일을 하려면 다소의 위험 정도는 감수해야 한다는 뜻.

참새고기 한 점이 쇠고기 천 점보다 낫다 양적(量的)으로 풍부한 것보다 질적(質的)으로 좋은 것이 훨씬 낫다는 뜻.

참새 굴레도 씌우겠다 (비) 가랑잎에 꿩 새끼 구워 먹겠다. ★굴레 : 소나 말을 부리기 위해 고삐에 걸쳐 얽어매는 줄.

참새 그물에 기러기 걸린다 정작 하려고 노력하는 일은 되지 않고 다른 일이 된다는 뜻.

참새는 울타리에서 굴뚝새는 굴뚝에서 학은 푸른 창공에서 논다 포부가 크면 큰 것을 얻을 수 있고, 적으면 적은 것을 얻을 수 있다는 말.

참새를 까먹었나 몹시 시끄럽게 떠드는 모양을 이르는 말. (비) 지절대기는 똥 본 오리라. 참새를 볶아 먹었나. 뱀 본 새 짖어 대듯.

참새를 볶아 먹었나 재잘거리기도 잘한다 (비) 참새를 까먹었나.

참새 물 먹듯 음식을 조금씩 여러 번 먹는 모양을 이르는 말.

참새 방앗간 반기듯 한다 자신이 좋아하는 곳을 보고 몹시 반가워하는 모습을 가리키는 말. 또는 욕심 많은 이가 잇속 있는 일을 보고 지나쳐 버리지 못한다는 뜻. (비) 참새가 방앗간을 그저 지나가랴.

참새 얼려 잡겠다 (비) 가랑잎에 꿩 새끼 구워 먹겠다

참새 잡으려다 꿩을 놓친다 작은 것을 탐내다가 도리어 큰 것을 손해 보았다는 뜻.

참새 잡을 잔치에 소 잡는다 간단히 처리할 수도 있는 일을 도리어 크게 확대하여 처리한다는 뜻.

참외를 버리고 호박을 먹는다 1.좋은 것 버리고 나쁜 것 가진다는 말. 2.착한 아내를 버리고 우둔한 첩을 좋아한다는 말.

참외 장수는 사촌이 지나가도 못 본 척 한다 장사하는 사람은 인색하다는 뜻.

참외장수 잘못하다가는 아내 은비녀 팔아먹는다 먹는 장사를 하면서 자꾸 먹어대다가는 자칫 장사를 망치게 된다는 뜻. (비) 참외장사하다가 송아지 팔아 먹는다.

참을 인(忍) 자 셋이면 살인도 피한다 어떤 경우에도 끝까지 참아 나가면 무슨 일이든 이루지 못할 것이 없다는 뜻.

찻집 출입 십 년에 남의 얼굴 볼 줄만 안다 아무리 공력을 들였더라도 남의 눈치 살피는 것밖엔 배우는 것이 없다는 말.

창씨(創氏) 고씨(庫氏)라 사물이 한 번 둔 채로 영원히 변하지 않음을 이름.

창으로 파리를 잡는다 간단하게 처리할 수 있는 일에 지나친 힘을 쏟는다는 뜻.

창자를 적시다 배가 고플 때에 먹는 둥 마는 둥하게 썩 적은 양의 음식을 먹음을 이르는 말.

창피(猖披)는 가난보다 오래간다 체면이 깎일 일을 당한 부끄러움이 오래도록 간다는 뜻.

채 맞은 똥덩이 풍기듯 어떤 좋지 못한 일이 여파가 여기저기에 미쳐 나쁜 영향을 끼치게 될 때를 이름.

채 맞은 소리 제대로 된 장단에 맞는 노래와 같이 매우 체계 있게 배운 일이란 뜻.

채반이 용수가 되게 우긴다 가당치도 않은 체 자기 의견만 고집함을 이르는 말. (비) 용수가 채반이 되도록 우긴다. 쟁반이 광주리 같이 길고 깊다고 우긴다.

⟨ 채비 차리다가 닭 울린다 ⟩

채비 차리다가 닭 울린다 준비하는 시간이 일하는 시간보다도 너무 길어져서 일을 그르치게 되었다는 뜻. (비) 채비 차리다가 신주 개 물려 보낸다.

채비 사흘에 용천관(龍川關) 다 지나 가겠다 준비만 하다가 정작 할 일 못함을 이르는 말. ★용천관: 용천참 또는 용천역이라고도 한다. 조선시대에 역(驛)의 명칭이 참(站) 또는 관이라고 불린 데에서 말미암은 것으로, 관은 사신 숙소로서의 의미를 지닌 '관사(館舍)'에서 유래하였다.

채우고 더는 일은 때에 맞춰 해야 한다 채울 것은 채워야 하고 덜어낼 것은 덜어내야 하는데 이것은 그때그때의 상황에 맞춰 해야 한다는 뜻.

채일득(蔡日得)이 집안이라 집안 형편이 어수선하고 난잡할 때 하는 말.

책력 보아 가며 밥 먹는다 길일(吉日)을 골라 밥 먹는다는 뜻으로, 너무 가난하여 끼니를 자주 거름을 이르는 말.

책망은 몰래하고 칭찬은 알게 하랬다 꾸짖을 때는 다른 사람 모르게 하고, 칭찬할 때는 여러 사람 알게 해야 좋다는 말.

책 잘못 보고 미친다 책이라고 다 유익한 것이 아니라 도리어 해가 되는 것도 있다는 뜻. (비) 책에도 볼 책이 있고 안 볼 책이 있다.

챈 발에 되 챈다 어려운 지경에 있는 사람이 거듭 어려움을 당한다는 말. (비) 챈 발이 곱 챈다.

챈 발이 곱 챈다 어려운 처지에 있으면서 또 곤란한 일을 겪는다는 뜻.

처가살이가 굶는 내 집만 못하다 처가살이는 차마 못할 일이라는 말.

처가살이 고용살이 처가살이하는 게 불안과 노고가 뒤따른다는 말.

처가살이 십 년이면 아이들도 외탁한다 처가살이를 오래 하면 아이들마저 처가의 풍습을 닮게 된다는 말.

처가와 변소는 멀수록 좋다 처가와 왕래가 잦으면 좋지 않다는 뜻.

처가 말뚝에도 절하겠네 아내를 사랑하는 나머지 처가를 지나치게 존경함을 경계하는 말. (비) 아내가 귀여우면 처가 말뚝 보고 절을 한다. 댁네가 귀여우면 처가 말구유를 보고 절을 한다.

처가 밥 한 그릇은 동네 사람이 다 먹고도 남는다 처갓집에서는 사위를 극진히 대접한다는 뜻에서 나온 말.

처가 세배는 살구꽃 피어서 간다 처가는 좀 늦어서 세배하러 가도 처가에서는 허물로 여기지 않음에 사위는 사정에 따라서 세배를 미루게 된다는 뜻. 사위를 지나치게 존중하고 몹시 사랑하기 때문에. (비) 처가 세배는 보리누름에 간다. 처가 세배는 앵두 따 먹고 간다. 처가 세배는 한식(寒食) 지나고 간다.

처가에서 사위 맞듯 사람을 소중히 대한다는 뜻.

처가에 송곳 차고 간다 처가는 그 사위 대접을 극진하게 정성껏 잘한다 하여 이르는 말. (비) 누이네 집에 어석숟 차고 간다.

처남의 댁네 병 보듯 (비) 외삼촌 산소에 벌초하듯

처녀가 늙어가면 산으로 맷돌 짝 지고 오른다 처녀가 혼기를 놓치고 늙으면 여러 가지 이상한 짓을 한다는 말. 처녀가 무슨 일을 잘못했을 때 비웃는 말.

처녀가 늙으면 뒷박 쪽박 안 남아난다 혼기(婚期)를 놓친 처녀는 신경질을 잘 부린다는 뜻.

처녀가 아이를 낳았나 처녀가 아이를 낳은 것만큼 나쁜 짓을 한 것도 아니라는 뜻으로, 조그만 실수를 하고 크게 책망을 받을 때 뭘 그리 심하게 하느냐고 반발하는 말.

처녀가 애를 낳고도 할 말이 있다 (비) 과부가 아이를 낳아도 할 말이 있다.

처녀가 한증을 해도 제 마련은 있다 남이 보기에 이상하고 우습더라도 다 제 생각이 따로 있는 것이니 공연히 남의 일을 걱정하지 말라는 말. (비) 벙어리가 서방질해도 제 속이 있다.

처녀 길 성복 떡(전)도 먹어야 한다 본래 없는 것이라도 애써 찾고 무엇이건 먹어야 되겠단 말. (비) 처녀

성복전도 먹어야 한다.

처녀들은 말 방귀만 뀌어도 웃는다 계집애들은 매우 잘 웃는다는 말. (비) <u>비바리들은 말똥만 보아도 웃는다.</u>

처녀로 늙어 죽은 귀신 없다 아무리 못 생긴 처녀라도 결코 시집 못 간 처녀는 없다는 뜻. (비) <u>처녀 늙은 이란 없다.</u>

처녀면 다 확실인가 무엇이나 그 이름만 따를 것이 아니란 말. (비) <u>경주 돌이면 다 옥돌인가.</u>

처녀 불알 매우 얻기 어려움을 일컬음. (비) <u>중의 빗. 중의 상투. 거북의 털. 하늘에 별 따기</u>

처녀 성복전(成服奠)도 먹어야 한다 구실만 있으면 억지로라도 만들어야 한다는 뜻. ★성복전 : 초상이 나고 처음 상복을 입을 때. 간단한 술과 과일을 영좌 앞에 차려놓는 예식

처녀 오장은 깊어야 좋고 총각 오장은 얕아야 좋다 처녀는 속이 깊어야 좋고 총각은 숫기가 있어야 좋다는 말.

처녀 젖가슴 만지듯 주물럭거리며 놓지 않음을 이름.

처녑 (속)같다 갈래가 너무 많아서 복잡하다는 말.

처녑에 똥 쌓였다 해야 할 일이 쌓이고 쌓였다는 뜻.

처마 끝에서 까치가 울면 편지가 온다 까치는 길조이므로 아침에 까치가 울면 반가운 소식이 있다는 말.

처삼촌 뫼에 벌초하듯 의붓딸의 세남 하듯 눈가림만 하며 무성의하게 일을 한다는 뜻. (비) <u>처남의 댁네 병 보듯 한다. 처삼촌 어미 뫼에 벌초하듯.</u>

처삼촌 어미 뫼에 벌초하듯 (비) <u>외삼촌 산소에 벌초하듯.</u>

처서가 지나면 땅 속에서 찬바람이 나온다 처서가 지나면 가을이 온다는 말.

처서가 지나면 모기 입도 비뚤어진다 처서가 지나면 선선한 가을바람이 불어 극성이던 모기도 힘을 못 쓰게 된다는 말.

처서에 비가 오면 독에 곡식이 준다 처서 날에 비가 오면 흉년이 든다는 뜻. (비) <u>처서에 비가 오면 항아리의 쌀이 준다.</u>

처숙부 뫼에 성묘 (비) <u>외삼촌 산소에 벌초하듯.</u>

처음에는 사람이 술을 먹고 나중에는 술이 사람을 먹는다 술을 적당히 마시는 것은 상관없지만 지나치게 많이 마시면 몸을 해치게 된다는 뜻.

처음이 나쁘면 끝도 나쁘다 무슨 일이나 처음부터 좋아야 한다는 말.

처음이 좋다고 끝도 좋다는 법 없다 시작이 순조로웠다고 하여 끝마무리도 모두 잘된다고 믿을 수 없다는 뜻. ⇔<u>처음이 좋아야 끝도 좋다.</u>

처지를 바꿔 생각하랬다 남에게서 청탁을 받았을 땐 그 사람의 사정을 충분히 생각한 뒤에 일을 처리해야 한단 뜻.

척 그러면 울 너머 호박 떨어지는 줄 알아라 눈치와 짐작이 빨라야 한다는 뜻.

척수(尺數) 봐서 옷 짓는다 무슨 일이나 자신의 입장이나 실정(實情)에 맞게 처리해야 한다는 뜻.

척하면 삼천 리다 무슨 일이나 눈치로 분위기를 파악해서 신속하고 능수능란하게 처리해야 한다는 뜻.

척하면 착이다 약간의 암시만 있으면 바로 이해한다는 뜻.

천 길 물속은 알아도 계집 마음속은 모른다 여자의 마음은 변하기 쉬워서 대중을 할 수 없다는 말.

천 길 물속은 알아도 한 길 사람 속은 모른다 사람의 속마음을 헤아리기란 매우 어렵다는 말. (비) <u>쉰 길 물속은 알아도 한 길 사람의 속은 모른다. 열 길 물속은 알아도 한 길 사람의 속은 모른다.</u> 예문. 천 길 물속은 알아도 한 길 사람 속은 모른다더니, 같이 산 지 20년이 넘은 나도 그가 대체 무슨 마음으로 일을 저지른 건지 모르겠구나.

천 냥 만 냥 판 놀음판을 일컬음.

천 냥 부담에 갓모 못 칠까 과히 사리에 어긋나지 않는다는 말.

천 냥 빚도 말로 갚는다 (비) <u>거짓말도 잘만 하면 논 닷 마지기보다 낫다.</u>

천 냥 시주 말고 애매한 소리 말라 쓸데없이 공연한 말

로 모함하는 게 나쁘단 말.

천 냥에 활인 있고 한 푼에 살인이 있다 금전 관계는 아주 적은 액수로도 사람들의 사이가 나빠질 수 있음을 이르는 말.

천 냥 잃고 조리 겯기 하던 직업을 버리지 말고 끝까지 밀고 나가란 말.

천 냥 지나 천한 냥 지나 먹고나 보자 이왕 크게 빚을 진 형편이니 뒷일이야 어찌되든 실컷 먹기나 하자는 말.

천 냥짜리 서 푼도 본다 물건 값은 보기에 따라 다르다는 말.

천년하청을 기다린다 되지도 않는 일을 오랜 시일을 두고 기다린단 말. (비) 백년하청을 기다린다.

천둥 번개 할 때는 천하 사람이 한맘 한뜻 모든 사람이 겪는 천변이나 위험 속에서는 그들의 마음이 하나가 된다는 말.

천둥벌거숭이 두려운 줄 모르고 함부로 날뛰는 사람을 가리키는 말. ★벌거숭이 : 붉은 잠자리.

천둥에 개 뛰어들(놀라) 듯 몹시도 놀라서 허둥대며 정신을 못 차리고 날뛴다는 뜻. (비) 천둥에 떨어진 잠충(蠶蟲)이 같다.

천둥에 떨어진 잠충(蠶蟲)이 같다 천둥에 놀라서 떨어진 누에처럼 정신이 없이 어릿어릿하는 사람을 이르는 말. (비) 천둥에 개 뛰어들 듯.

천둥인지 지둥인지 모르겠다 무엇이 무엇인지 전혀 분간할 수 없음을 이르는 말.

천둥 칠 적마다 비가 올까 무슨 일이나 징조(徵兆)가 있다고 해서 반드시 그러한 결과가 일어나는 것은 아니란 뜻.

천득봉(千得鳳)이냐 물색도 좋아한다 늘 빛 좋은 옷을 입는 사람에게 하는 말.

천 리(千里) 강산(江山)이다 시간이나 거리가 아직도 미치지 못하고 멀었음을 이르는 말.

천 리 길도 십 리 1.시간 거리가 아주 멀었다는 뜻. 2.그리운 사람을 만나러 갈 때에는 정말 먼 것 같다는 말.

천 리 길도 한 걸음부터 (비) 천 리지행시어족하(千里之行始於足下), 고기도 묵으면 어룡(魚龍)이 된다.

천 리마가 마구간에서 늙는다 뛰어난 실력을 가진 사람이 그 실력을 제대로 맘껏 발휘하지 못하고 썩혀 버린다는 뜻.

천 리마(千里馬) 꼬리에 쇠파리 따라가듯 남의 덕이나 세력 밑에 붙어 따라다니는 모양을 비유적으로 이르는 말.

천 리마(千里馬)는 늙었어도 천 리 가던 생각만 한다 몸은 비록 늙었어도 마음은 언제나 젊은 시절과 다름없다는 말.

천 리마도 단번에 천 리를 뛰어가지 못한다 무슨 일이든 하나하나 순서 있게 단계를 밟아가지 않으면 결코 성공하지 못한다는 뜻.

천 리마에도 못된 버릇이 있다 아무리 훌륭하고 착한 사람이라도 저마다 한두 가지 결함은 있다는 말.

천 리 타향(他鄕) 고인 만나 반가워서 즐거운 일 매우 즐거운 일을 이르는 말.

천 마리 참새가 한 마리 봉(鳳)만 못하다 수량보다는 그 질이 문제가 되는 것이라는 뜻. (비) 고욤 일흔이 감 하나만 못하다.

천만 재산이 서투른 기술만 못하다 자기가 지닌 돈은 있다가도 없어질 수 있지만 한번 배운 기술은 죽을 때까지 지니고 있기 때문에 생활의 안정을 기할 수 있다는 뜻.

천방지축 방향을 잡지 못하고 허둥지둥하며 분주하게 돌아다니기만 한다는 뜻. (비) 천방지방.

천상(天上) 바라기 언제나 얼굴을 위로 쳐들고 다니는 사람을 이름.

천상(天上) 천하(天下) 유아(唯我) 독존(獨尊) 우주에 나보다 더 존귀한 것은 없다는 말. 석가모니가 탄생하며 한 말. (준) 유아 독존.

천생 버릇은 임을 봐도 못 고친다 타고난 버릇은 고치기가 어렵다는 말.

천생연분(天生緣分)에 보리개떡 아무리 천한 사람도 다 제짝이 있어 의좋게 산다는 뜻.

천생 팔자가 눌은밥이라 좋아하는 것이 고작 눌은밥이니, 가난한 신세를 벗어나지 못하겠다고 놀림조로 이르는 말.

천 석꾼도 하루 세 끼 없이 살아도 하루 세 끼 잘 먹고 못 먹고 차이는 있지만 하루 세 끼씩 먹으며 살기는 피차일반이란 뜻.

천 석꾼에 천 가지 걱정 만석꾼에 만 가지 걱정 재산이 많으면 그만큼 걱정도 많음을 비유적으로 이르는 말.

천 석 노적가리 불붙이고 튀밥(쌀알) 줍는다 이해가 큰 것은 오히려 보지 못하고 사소한 것만 노린다는 말.

천안(天安) 자고 직산(稷山) 자고 천안과 직산은 매우 가까운 거리에 있으니 일을 게으름을 피우며 한다는 뜻.

천(千)에 하나 천에서 하나가 있을까 말까 할 정도로 매우 귀하다는 뜻.

천왕(天王)의 지팡이 키 큰 사람을 놀리는 말. (비) 웅 달에 승앗대. 봉산 수숫대 같다. 물독 뒤에서 자라났느냐. 신속에 똥을 담고 다니냐. 물거미 뒷다리 같다.

천인(千人)이 찢으면 천금(千金)이 녹고 만인(萬人)이 찢으면 만금(萬金)이 녹는다 많은 사람이 들러붙어 힘을 다 하면 무슨 일이나 이룰 수 있다는 뜻. (비) 입이 여럿이면 금도 녹인다. 세 사람만 우겨대면 호랑이도 만들어 낼 수 있다.

천자문(千字文)도 못 읽고 인(印) 위조한다 어리석고 무죄한 주제에 남을 속이려 한단 말.

천지(天地) 개벽(開闢)을 할 판 사물이 딴판으로 싹 바뀔 형편을 일컬음.

천진한 체하면서 사기 친다 겉보기엔 아주 천진스러운 것 같이 가장(假裝)하고서 뒤꽁무니로 남을 속인다는 말.

천하(天下)는 천하의 천하 천하는 온 천하의 사람들의 공유물이지 집권자 한 사람만의 독점물이 아니란 뜻.

천하를 얻은 듯 매우 기쁘고 만족스러움을 이르는 말.

천하면 아는 사람도 적다 천대받고 구차하게 그날그날 살아가는 사람은 안면이 적기에 친구도 적다는 뜻.

천하일미(天下一味) 사 등식(四等食) 형무소에서 며칠 굶주렸을 때 먹는 밥맛이 천하에 최고로 좋다는 뜻.
★사 등식 : 형무소 밥 등급 중에서 가장 작은 밥덩이.

천한 아내에서 열녀 난다 소실 중에서도 열녀가 나듯이 열녀는 본마누라에게만 나는 것이 아니란 말.

철겨운 부채질하다 봉변 안 당할 놈 없다 경우가 어그러지는 짓을 하면 으레 망신을 당한다는 말.

철 그른 남동풍(南東風) 필요할 경우에는 없다가 이미 아무 소용도 없게 된 때에 생김을 일컬음.

철나(들)자 망령 난다 1.무슨 일이고 때를 놓치지 말고 제때에 힘쓰라는 말. 2.나이가 지긋한 사람이 상식 밖의 일을 함을 비웃는 말. (비) 자각 나자 망령. 철나자 노망 든다. 철나자 늙는다.

철록(哲錄) 어미냐 용귀돌(龍貴乭)이냐 담배도 잘 먹는다 담배를 피우고 있는 사람을 이르는 말. ★철록어미 : 담배를 쉬지 않고 늘 피우는 사람을 놀림조로 이르는 말. ★용귀돌 : 용고뚜리. 즉 지나치게 담배를 많이 피우는 사람을 놀림조로 이르는 말.

철 묵은 색시 철 그른 동남풍 정작 꼭 필요한 때에는 없다가 이미 아무 소용이 없게 된 때에 생기는 경우를 비유적으로 이르는 말. 얼토당토않은 말을 할 경우에 이르는 말.

철 묵은 색시 가마(승교) 안에서 장옷 고름 단다 충분한 시간이 있었는데도 미리미리 준비하지 않고 있다가 정작 일이 닥쳐서야 당황하여 다급히 서두르는 경우를 이르는 말.

철옹산성(鐵甕山城) 같다 1.무엇이 둘러 싸여 있음에 매우 굳고 단단함을 이름. 2.매우 고집이 센 경우를 이름. ★철옹산성 : 쇠로 만든 항아리처럼 튼튼하게 둘러싼 성이라는 뜻으로, 방어 준비나 단결 상태가 아주 튼튼한 것을 비유적으로 이르는 말.

철옹성(鐵甕城)으로 믿는다 굳게굳게 믿는다는 뜻.

〈철퇴를 내리다〉

철퇴를 내리다 1.호되게 처벌하거나 처치하다. 2.크나큰 타격을 주다.

첩은 돈 떨어지는 날이 가는 날 첩은 돈 있을 땐 잘 살다가도 돈이 떨어지면 가버리고 만다는 말.

첩은 큰마누라 정 빼먹는 재미로 산다 첩은 본처와 남편 사이를 이간시켜 자기가 정을 독차지하려고 무진 애를 쓰며 산다는 뜻.

첩(妾)의 살림은 밑 빠진 독에 물 길어 붓기 첩 살림엔 돈이 한없이 든다 하여 이르는 말.

첩(妾) 정(情)은 삼 년 본처 정은 백 년 첩에게 혹한 사람이라도 오래 가지 않아 본처에게 돌아온다는 뜻.

첫 가난 늦 부자 젊어서는 온갖 고생을 했어도 늙어선 부유하게 살게 되었다는 뜻. ⇔ 첫 부자 늦 가난.

첫나들이를 한다 1.갓난아이가 처음으로 하는 나들이. 2.시집온 신부가 처음으로 하는 나들이.

첫가을(칠팔월)에는 손톱 발톱도 다 먹는다 가을에는 모든 것이 무르익고 날씨가 시원해지니 더위 때문에 잃은 식욕이 왕성해지니 모든 것이 보약이 된다는 말.

첫날밤 속곳 벗어 매고 신방에 들어간다 모든 일에 순서를 밟지 않고 염치없는 짓을 한다는 말.

첫날밤에 내소박을 맞다 사람이 모자라 첫날밤에 아내의 구박을 받았다는 뜻으로 철없고 부실한 사람을 놀림조로 이르는 말.

첫날밤에 눈이 오면 잘 산다 결혼 첫날밤에 눈이 오면 기분이 흐뭇하여 길조(吉兆)의 뜻.

첫날밤에 아이 낳으라 한다 (비) 배지 않은 아이 낳으라 한다.

첫날밤에 지게 지고 들어가도 제멋이다 제가 좋아서 하는 일은 남이 어떻게 보든지 전혀 상관이 없다는 뜻.

첫눈에 들다 처음으로 보고 마음에 들다.

첫 단추를 잘 끼워야 한다 아무리 큰일도 작은 일부터 시작된다는 말. (비) 만 리 길도 한 걸음부터 시작된다.

첫딸은 살림 밑천이다 딸은 집안 살림을 맡아 하게 되므로 큰 밑천이나 다름없다는 뜻.

첫 맛에 가오리 국 못마땅하게 어그러지거나 부족한 사물을 이르는 말. (비) 초미(初味)에 가오리탕.

첫모 방정에 새 까먹는다 윷놀이에서 맨 처음에 모가 나오면 재수가 덜 좋다는 말.

첫봄에 흰 나비를 먼저 보면 초상(初喪) 난다 흔히 맨 처음 보는 나비가 흰 것일 경우에 하는 말.

첫사랑 삼 년은 개도 산다 결혼해서 삼 년은 부부 금슬이 좋기에 누구라도 시집살이를 할 수 있다는 말.

첫 사위가 오면 장모가 신을 거꾸로 신는다 처가에서 사위가 크게 환영 받음을 이름. 장모는 그 사위를 귀하게 여긴다는 뜻.

첫 서울 간 여편네 지절거리듯 무엇이 무엇인지 분간하지 못하면서 중얼거리고 있는 모양을 두고 하는 말.

첫술(숟가락)에 배부르랴 무슨 일이든지 처음부터 단번에 만족할 수는 없다는 말. (비) 한 술 밥에 배부르랴. 한 술 밥으로 주린 배를 채우지 못한다.

첫 아기에 단산 처음이자 마지막이 됨을 이름.

첫아들 낳기가 정승 하기보다 어렵다 여자는 첫아들을 낳아야 마음을 놓기에 신경을 많이 쓴다는 뜻. (비) 첫아들을 낳으면 지나가던 원님도 인사한다.

첫애 낳고 나면 평안감사도 뒤돌아본다 첫 아이를 낳고 나면 여자는 여인으로서 태도나 행동이 떳떳해지며 아름다움도 돋보이고 예뻐진다는 말.

첫 정월에 나는 버섯은 먹지 못한다 일이 너무 잘되면 좋지 않다는 말.

첫정이 원수 첫사랑을 하고도 인연을 맺지 못하고 실연(失戀)하였을 때 하는 말.

첫해 권농(勸農) 무슨 일을 처음으로 시작할 때는 뜻대로 잘 되지 않는다는 말.

청개구리 뱉이다 비위 좋은 사람을 보고 하는 말.

청개구리 삼신(三神) 이렇게 하라고 하면 저렇게 하는 심술이 더덕더덕 붙은 짓만 골라서 하는 사람을 이름.

청국인지 쥐똥인지 모르고 덤빈다 경우도 모르고 경망하게 덤빈다는 뜻.

청국장이냐 거적문이냐 못된 사람은 사람이라 할 수 없고, 좋지 못한 물건은 물건이라 할 수 없다는 뜻.

청기와 장수 어떤 일의 비밀을 혼자만 알고 그 이익을 차지하는 사람을 이르는 말.

청대(靑黛) 독 같다 몹시 검푸른 것을 보고 하는 말.
★청대 : 쪽으로 만든 검푸른 물감.

청대 독 되다 매우 빛깔이 검푸르게 된다는 말.

청대콩이 여물어야 여물었나 한다 청대콩은 다 여물어도 여문 것인지 안 여문 것인지 눈으로 보아서는 잘 모르듯이, 모든 일을 겉으로만 봐서는 잘 파악할 수 없다는 말.

청명(한식)에는 부지깽이를 거꾸로 꽂아도 산다 청명이 되면 생명력이 왕성해져 웬만하면 만물이 모두 산다는 뜻. (비) 부지깽이를 거꾸로 심어 놓아도 살아난다. 삼 년 묵은 말가죽도 오롱조롱 소리 난다.

청명(淸明)한 날이면 대마도(對馬島)를 건너다보겠다 시력이 너무 좋음을 조롱하는 말. (비) 청명한 날이면 청국을 들여다보겠다. ⇔ 닷곱장님이다. 발 새 티눈만도 못하다.

청명(淸明)한 날이면 청국(淸國)을 들여다보겠다 눈이 너무나 좋을 이르는 말. (비) 청명(淸明)한 날이면 대마도(對馬島)를 건너다보겠다. ⇔ 닷곱장님이다. 발 새 티눈만도 못하다.

청백리(淸白吏) 똥구멍은 송곳 부리 같다 청백하기 때문에 재물을 모으지 못하고 매우 가난하다. ★청백리 : 성품과 행실이 올바르고 무엇을 탐하는 마음이 없는 관리

청보(靑褓)에 개똥 외양은 그럴 듯하나 속을 헤쳐 보면 흉하다는 뜻. ★청보 : 푸른 색깔의 보자기.

청산 속에 묻힌 옥(玉)도 갈아야 빛이 난다 아무리 좋은 것이라도 쓸모 있는 것으로 만들어야만 가치가 있다는 말.

청산에 매 띄워 놓기 1.자기 손에서 한 번 떠나간 뒤로는 다시 돌아오지 않는 것을 말함. 2.허황한 일을 하고 그 결과를 기다리는 것을 이르는 말.

청산유수 같다 말을 거침없이 막히지 않고 잘 하는 것을 말한다. 말만 반지르르하다는 부정적인 의미로 쓰이기도 한다.

청산읍내(靑山邑內) 물레방아 돌 듯 충북 옥천 청산에 있는 물레방아마냥 빙글빙글 잘 돈다는 뜻.

청상(靑孀)과부의 울음소리는 하늘도 울린다 젊어서 과부가 된 여자는 슬픔을 견디지 못하여 매우 애처롭게 운다는 뜻. (비) 젊은 과부의 울음소리는 산천초목도 울린다.

청승은 늘어 가고 팔자는 오그라진다 나이가 들어 생활이 구차해지면 궁상떨게 되고 그렇게 되면 좋은 날은 다 산 셈이란 말.

청실홍실 매야만 연분인가 혼례식을 치르지 않고 동거 생활을 하여도 부부는 역시 부부라는 뜻.

청어 굽는데 된장 칠하듯 살짝 보기 좋게 바르지 않고 더덕더덕 더께가 앉도록 지나치게 발라 흉할 때를 이름.

청(廳)을 빌어 방에 들어간다 처음에는 조심하여 조금씩 하던 일도 차차 재미를 붙여 더 심한 짓까지 한다는 말.

청천백일(靑天白日)은 소경이라도 밝게 안다 누구나 익혀 분명히 알 사실이라는 뜻. (비) 뇌성벽력은 귀머거리도 듣는다.

청천에 구름 모이듯 여기저기서 한 곳으로 많이 모여 듦을 이름.

청치 않은 잔치에 묻지 않는 대답 반갑지도 않은 사람이 이것저것 끼어듦을 비꼬아 이르는 말.

청하니까 매 한 대 더 때린다 무엇을 간청하였다가 도리어 봉변을 당하는 경우를 비유적으로 이르는 말.

청한 손님은 만났을 때가 반갑고 청하지 않는 손님은 갈 때가 반갑다 청하지 않는 잔치에 비집고 들어온 것과 묻지도 않는 말에 불쑥 대답하는 것은 사람다운 짓이 아니란 뜻.

쳇곗돈 내서 장가들어 놓으니 동네 머슴 좋은 일 시킨다 애써 한 일이 결과에 가서는 남 좋은 일 밖에 안 되었음을 이름.

체면에 몰렸다 체면 때문에 변변치 못한 사람에게 놀

림을 당함을 이름.

체수(體數) 보고(맞춰) 옷 짓고 꼴 보고(맞춰) 이름 짓는다
(비) 꼴 보고 이름 짓는다

체수 맞춰 옷 마른다 (비) 꼴 보고 이름 짓는다.

체수 보고 옷 지으랬다 (비) 꼴 보고 이름 짓는다.

체 장수 말 죽기 기다리듯 자신의 이익만을 보기 위해서 남이 망하는 것을 몹시 고대하고 있다는 말.

쳐다만 보지 말고 내려다보기도 하랬다 자기보다 잘 사는 사람만 보고 낙심하지 말고, 자기보다 못 사는 사람을 보고 지금의 자신의 처지를 만족할 줄 알아야 한다는 뜻.

초가삼간 다 타도 빈대 죽는 것만 시원하다 비록 큰 손해는 보더라도 마음에 들지 않는 것이 없어진 것만 흐뭇하게 여긴단 말. (비) 초당 삼간 다 타도 빈대 죽은 것만 시원하다.

초가 집 대교(待敎)가 없고 물 건너 대교가 없고 얽은 대교가 없다 무슨 자격으로 돈 많고 세력 좋고 외모가 번듯함을 요건으로 내세울 때를 이름.

초고리는 작아도 꿩만 잡는다 몸집은 작아도 제 할 일은 다함을 이르는 말.

초근목피(草根木皮) 풀뿌리와 나무껍질이라는 뜻으로, 양식이 부족할 때 먹는 험한 음식을 비유적으로 이르는 말.

초남태(初男胎) 같다 (비) 구더기 될 놈.
★초남태 : 첫 번으로 낳은 사내아이의 태(胎).

초년고생은 사서도 한다 초년에 고생을 겪은 사람이라야 세상살이에 밝고 경험이 많아서 늙어서 편히 살 수 있단 말. (비) 초년(初年)고생은 은을 주고 산다. 초년고생은 양식 지고 다니며 한다.

초년고생은 양식 지고 다니며 한다 젊어서 고생하면 늙어서 편하니 참고 달게 여기란 말. (비) 초년(初年)고생은 은을 주고 산다. 어려서 고생하면 부귀다남한다.

초년고생(初年苦生)은 은을(돈) 주고 산다 젊은 시절의 고생은 장래 발전을 위하여 중요한 경험이 되므로 그 고생을 달갑게 참아야 한다는 뜻. (비) 어려서 고생하면 부귀다남한다. 초년고생은 양식 지고 다니며 한다.

초년이 좋아야 말년도 좋다 일반적 젊어서 팔자가 좋은 사람은 늙어서도 팔자가 좋다는 말. (비) 초년 팔자가 좋아야 늦 팔자도 좋다.

초당 삼간 다 타도 빈대 죽은 것만 시원하다 (비) 삼간(三間)집이 다 타져도 빈대 타 죽는 것만 재미있다.

초라니 대상 물리듯 언젠가는 꼭 해야 할 일을 미루고 또 미루는 것을 비유적으로 이르는 말. ★초라니 : 잡귀(雜鬼)를 쫓는 무속 의식에 나오는 나자(儺者)의 하나. 붉은 저고리에 푸른 치마를 두르고 기괴한 여자 형상의 탈을 쓴 채 긴 대의 깃발을 흔든다.

초라니 수고 채 메듯 경솔하고 방정맞게 행동하는 모양을 비유적으로 이르는 말.

초라니 열은 보아도 능구렁이 하나는 못 본다 까불까불하고 경박한 사람보다 속이 의뭉한 사람이 같이 지내기에 더 어려움을 비유한 말..

초로인생(初露人生) 인생이 덧없음을 풀 입에 이슬에 비유한 말.

초록은 동색(同色)이라 (비) 가재는 게 편.

초록은 제 빛이 좋다 처지나 수준이 비슷한 사람끼리 어울리는 것이 좋다는 말.

초를 땔나무 대신 땐다 호화롭고 사치스러운 짓을 한다는 뜻.

초립동(草笠童)이 장님을 보았다 장님을 만나면 재수가 없는데 어린 장님은 더욱 싫어하여 불길하다는 뜻으로 이름. ★초립동이 : 초립을 쓴 나이 어린 사내.

초미(初味)에 가오리탕 시초부터 못 마땅하거나 부족한 사물에 대하여 이르는 말.

초사흘(승) 달은 잰(부지런한) 며느리가 본다 음력 초사흘 달은 초저녁에 잠깐 나왔다 지므로 행동이 재빠르고 활발한 며느리라야 본다는 뜻으로, 영리하고 민첩한 사람만이 작은 일까지 능히 살필 수 있음을 비유한 말. (비) 초승달은 잰 며느리가 본다.

예문. 초사흘 달은 잰 며느리가 본다더니, 역시 부지런한 정희가 작은 오타도 잘 발견하는 구나.

초상 난 데 춤추기 인정 없고 심술궂은 짓을 함을 이르는 말. (비) 초상 술에 권주가 부른다.

초상 난 집 같다 걱정과 비애 속에 잠겨 아주 스산하고 서글픈 분위기이다.

초상 난 집에 사람 죽은 것은 안치고 팥죽 들어온 것만 친다 (비) 염불(念佛)에는 마음이 없고 젯밥에만 마음이 있다.

초상 빚도 떼어먹을 놈 부모 장례 때 얻어 쓴 빚도 갚지 않아 애매하게 돌아가신 부모까지 욕을 먹도록 하는 불효자란 뜻.

초상 빚은 삼대를 두고 갚는다 초상 때 쓴 빚은 당대에 못 갚으면 삼대를 두고서라도 반드시 갚아야 한다는 뜻.

초상술에 권주가 부른다 때와 장소를 분별하지 못하고 행동한다. (비) 초상 난 데 춤추기.

초상(初喪) 안에 신주(神主) 마르듯 초상 안엔 제사를 지내지 않으므로 무엇을 도무지 못 얻어먹는다는 뜻으로 이름.

초상이 나려면 까마귀가 깍깍 짖는다 까마귀는 흉조라 하여 그가 울면 사람이 죽는다는 미신에서 하는 말.

초상집 개 같다 (비) 초상집의 주인 없는 개

초상집의 주인 없는 개 1.먹을 것을 얻지 못하여 여기저기 기웃거리고 다니는 사람을 이름. 2.궁상이 끼고 초췌한 꼴이나 그런 꼴을 한 사람의 비유. (비) 초상난 집 개.

초시(初試)가 잦으면 급제(及第)가 난다 (비) 방귀가 잦으면 똥 싸기 쉽다.

초원에 채찍질 초원 같이 넓은 곳에서 양떼를 지나치게 급히 모는 것을 말함. (비) 재에 호 춤. 홀중의 겹말. 돼지우리에 주석 자물쇠. 개게 호패. 거적문에 돌쩌귀.

초장에 뺨 맞는다 운수가 나쁘려면 무슨 일을 시작할 때부터 마(魔)가 생긴다는 뜻.

초저녁 구들이 따뜻해야 새벽 구들이 따뜻하다 먼저 된 일이 잘 되어야 그에 따라 뒷일도 잘 이루어짐을 비유적으로 이르는 말.

초중장(初重章)에도 빼어 놓겠다 사람을 매우 싫어하고 꺼린단 말.

초지(草紙)장도 맞들면 낫다 (비) 백지장도 맞들면 낫다.

초 판 쌀이라 금전(金錢)을 졸금졸금 쓰든지 물건을 유실(遺失)하든지 함을 탓하는 데 이르는 말.

초하룻날 먹어 보면 열 하룻날 또 간다 한번 재미를 보면 자꾸 해보려고 함을 일컬음. (비) 정월 초하룻날 먹어보면 이월 초하룻날 또 먹으려 한다.

초학(初學) 훈장(訓長)의 똥은 개도 안 먹는다 애탄 사람의 똥은 쓰다는 데서, 훈장 즉 선생의 일이 매우 어렵고 힘들다는 말.

초헌(軺軒)에 채찍질 격(格)에 맞지 않아 우습다는 뜻으로 이름. ★초헌 : 조선 시대, 종이품 이상의 벼슬 아치가 타던 수레.

촉각을 곤두세우다 정신을 집중하고 신경을 곤두세워 즉각 대응할 태세를 취한다는 뜻. 촉각을 곤두세우고 적정(敵情)을 살핌을 이름.

촉새가 황새를 따라가다 가랑이 찢어진다 (비) 송충이는 솔잎을 먹어야 한다.

촉새같이 나서다 제가 나설 자리도 아닌데 경망하게 촐랑거리며 참견한다는 말.

촌 개가 사납다 무식한 사람은 말로 옳고 그름을 가리지 않고 그저 완벽하게 대항해서 해결하려고 한다는 뜻.

촌년이 늦바람 나면 속곳 밑에 단추 단다 (비) 촌년이 아전 서방을 하면 갈지자걸음을 걷고 육개장 아니면 밥 안 먹는다 한다.

촌년이 아전 서방을 하더니 초장에 길청 문밖에 와서 갖신 사달라한다 (비) 촌년이 아전 서방을 하면 갈지자 걸음을 걷고 육개장 아니면 밥 안 먹는다 한다.

촌년이 아전 서방을 하면 갈지자걸음을 걷고 육개장 아니면 밥 안 먹는다 한다 되지 못한 자가 조금이라도 권세를 쥐면 거만하게 굴고 눈에 거슬리는 행실을 한

⟨촌년이 아전 서방을 하면 날 샌 줄을 모른다⟩

다는 말. (비) 촌년이 늦바람 나면 속곳 밑에 단추 단다. 촌년이 아전 서방을 하면 날 샌 줄 모른다. 촌년이 아전 서방을 하더니 초장에 길청 문밖에 와서 갖신 사 달란다.

촌년이 아전 서방을 하면 날 샌 줄을 모른다 (비) 촌년이 아전 서방을 하면 갈지자걸음을 걷고 육개장 아니면 밥 안 먹는다 한다.

촌놈 관청에 끌려온 것 같다 번화한 곳에 가거나 경험하지 못한 일을 당하여 당황하고 어찌할 바를 모르는 경우를 비유적으로 이르는 말.

촌놈은 똥 배부른 것만 친다 질(質)보다 양(量)만 많으면 만족한 자를 조롱하는 말. (비) 촌놈은 밥 그릇 큰 것만 찾는다.

촌놈 성이 김가 아니면 이가라 김씨와 이씨가 아주 흔함을 이르는 말.

촌놈에 관장 들었다 촌사람 가운데서 훌륭한 사람이 나온 경우를 비유적으로 이르는 말.

촌놈 엿가락 빼듯 어떤 일을 빨리 승낙하지 않고 미루는 모양을 이르는 말.

촌놈 촌수는 사돈의 팔촌까지도 사돈이라고 한다 무식한 사람 말은 사리에 맞지 않고 정확하지 못하므로 적당히 알아서 받아들여야 한다는 뜻.

촌닭 관청 구경 온 듯 번화한 곳에 가거나 경험이 없는 일을 당하여 당황하고 어리둥절하여 어찌할 바를 모르는 모양을 비유적으로 이르는 말. (비) 촌닭 관청에 잡혀온 셈이다.

촌닭 관청에 잡혀온 셈이다 경험 없는 일을 당하여 어리둥절하다는 말.

촌닭이 관청 닭 눈 빼 먹는다 겉보기에는 어수룩해 보이는 사람이 실지는 약삭빠른 경우.

촌 처녀 자란 것을 모른다 촌 처녀는 아주 어리다가도 곧 자라서 나이가 들기 전에 출가해 버리므로 이르는 말.

촐랑이 놀 듯 매우 경망스럽게 까불고 수다를 피우며 떠든다는 뜻. (비) 촐랑이 수염 같다.

촐랑이 수염 같다 매우 경망스럽고 까불고 수다스러운 사람을 이르는 말.

촛병을 흔들어 빼었나 행위가 음란(淫亂)한 사람을 보고 하는 말.

총각 늙은이는 있어도 처녀 늙은이는 없다 남자는 간혹 장가 못 가는 경우가 있지만 여자는 웬만하면 다 시집을 가게 마련이란 말. (비) 총각으로 늙어 죽은 귀신은 있어도 처녀로 늙어 죽은 구신은 없다.

총각 오장(五臟)은 얕아야 좋고 처녀 오장은 깊어야 좋다 처녀는 경솔해서는 안 되며 범사(凡事)에 신중을 기해야 한다는 말.

총독부 말뚝이다 일정시대 총독부에서는 아무 토지에나 말뚝을 박고 제 것처럼 사용했으며 심지어 아무 여자 하고나 계집질도 하였으니, 얼마나 잔악한 행위인가.

총명(聰明)은 둔필(鈍筆)만 못하다 무엇이나 틀림없이 하려면 적어 두어야 한다는 말.

총부리를 댄다 여러 사람의 목표가 한 사람에게 쏠린다는 뜻.

총올치로 그물 시작이라 가는 새끼로 그물을 뜨기 시작한다는 말이니, 원대한 계획도 작은 일로서 시작한다는 뜻.

총총들이 반 병이라 무슨 일이나 급히 서둘지 말고 찬찬히 해야 잘할 수 있다는 말.

최동학(崔東學)의 기별(寄別) 보듯 서문(書文)을 보되 뜻을 모르고 소리만 낸다는 뜻.

최생원(生員)의 신주(神主) 마르듯 최가 성 가졌던 이가 매우 인색하여 제사를 잘 지내지 아니하였으므로 무엇을 도무지 얻어먹지 못하고 있음을 뜻함. (비) 초상 안에 신주 마르듯. ★신주 : 사당 따위에 모셔 두는 죽은 사람의 위패

추겨 주어 싫다는 사람 없다 무조건 잘한다고 비행기를 태우면 어느 누구나 다 좋아서 어쩔 줄 모른다는 말.

추녀 물은 항상 제 자리에 떨어진다 항상 정해진 자리에 오게 됨을 이름.

추수(秋收) 때는 돌부처도 꿈틀거린다 가을걷이 할 때는 눈코 뗄 사이도 없이 바쁨을 이름. (비) 가을철에는 죽은 송장도 꿈지적한다.

추우면 다가오고 더우면 물러선다 신의나 지조는 돌보지 않고 자기의 이익만 꾀하는 이기적인 태도를 이름.

추운 사람은 누더기 옷도 입는다 추워서 떨고 있는 사람은 아무 옷이나 가리지 않고 입게 된다는 뜻. (비) 추운 사람은 옷을 가리지 않는다.

추운 소한은 있어도 추운 대한은 없다 글자의 뜻과는 반대로 소한 무렵이 대한 때보다 춥다는 말.

추자(楸子) 속 같다 속이 복잡하여 알아낼 수 없을 때를 이름. (비) 호두 속 같다. 우렁이 속 같다. 쇠천 뒷 글자 같다.

추커올릴 때는 곡절이 있다 사람을 등용(登用)한 땐 다 등용할 만한 이유가 있다는 뜻.

춘천 노목궤 하나만 알고 도무지 융통성이 없는 사람을 두고 하는 말. (비) 춘천 토목공.

축은 축대로 붙는다 (비) 가재는 게 편.

춘포(春布) 창옷 단벌 호사 생활이 넉넉지 못하여 좋은 것을 입는 것이 아니라 그밖엔 다른 옷이 없어서 할 수 없이 입었다는 뜻. (비) 없어 비단. 없어 비단 치마. ★춘포 : 강원도에서 나는 베. ★창옷 : 소창옷. 지난날의 두루마기의 한 가지.

춘향(春香)이가 인도환생(人道還生)을 했다 매우 정렬(貞烈)한 여자를 이름. ★인도환생 : 죽어서 저승에 갔다가 이승에 다시 사람으로 태어나다. 사람이 죽어서 저승에 갔다가 이승에 다시 사람으로 태어나는 일.

춘향(春香)이 집 가는 길 같다 집 찾아 가는 길이 복잡함을 이름.

춥고 배고프면 도둑질할 마음 안 생기는 사람 없다 사람이 굶주리게 되면 너무도 절박한 상황이라 도둑질이라도 해서 배를 채우고 싶은 생각이 든다는 뜻.

춥기는 사명당(四溟堂) 사첫방(私處房)이라 방이 대단히 춥다는 뜻. (비) 춥기는 삼청냉돌이다. 강원도 삼척이다. 강원도 안 가도 삼척. 사명당 사첫방. 사명당이 월참하겠다. ★사명대사 : 조선 말기의 승려. 시호는 자통홍제존자(慈通弘濟尊者). 법명은 유정(惟政)이다. 임진왜란 때 승병을 모집하여 전공을 세우고 당상관(堂上官)의 위계를 받았으며 도쿠가와 이에야스를 만나 강화를 맺고 조선인 포로 3,500명을 인솔하여 귀국하는 공을 세웠다. ★사첫방 : 객(客)이 묵고 있는 방. ★월참하다 : 역마를 갈아타는 곳을 들르지 아니하고 그냥 지나가다.

춥기는 삼청(三廳)냉돌이라 방이 매우 차고 춥다는 말. (비) 강원도 삼척이다. 강원도 안 가도 삼척. 사명당 사첫방. 사명당이 월참하겠다.

★삼청 : 대궐 안의 금군삼청(禁軍三廳).

충신(忠臣)의 편도 천명(天命) 역적(逆賊)의 편도 천명(天命) 세상일은 무엇이나 사람의 뜻대로 이루어지는 것이 아니라 운명이 정해진 대로 되어 가는 것이라는 말.

충주(忠州) 결은 고비(考妣) 매우 인색한 사람에게 하는 말. ★고비 : 돌아가신 아버지와 어머니.

충충하기는 노송나무 밑일세 의뭉한 사람이나 내용을 도무지 알 수 없는 일에 비유한 말.

취객이 외나무다리 잘 건넌다 보기에 위태로우나 잘 버티어나감을 이름.

취담 중에 진담이 있다 술 취해 하는 말 속에 진정한 말이 나온다는 뜻.

(비) 상시에 먹은 마음이 취중에 난다.

취중(醉中)에 무천자(無天子) 뉘나 술 취하게 되면 아무도 어려운 사람 없이 된다는 말.

취중(醉中)에 이웃집 땅 사 준다 술에 취한 사람은 남의 부탁을 잘 들어준다는 말.

취한 놈 달걀 팔 듯 (비) 미친년 나물(달래) 캐듯.

취한 듯 미친 듯 행동거지가 취한 것도 같고 미친 것도 같이 정신없는 짓만 골라한다는 뜻.

취할 것은 취하고 버릴 것은 버려야 한다 무슨 일이든지 할 것과 아니 할 것을 분명히 가려서 제대로 처리해야 한다는 뜻.

〈 층암절벽 천층석이 눈비 맞아 섞어지거든 〉

층암절벽 천층석이 눈비 맞아 섞어지거든 (비) 까마귀 대가리가 희어지거든.

층암상(層巖上)에 묵은 팥 심어 싹 나거든 (비) 까마귀 대가리가 희어지거든.

치감고 내려감는다 비단옷으로 온몸을 감았다는 말로, 비단만 두르고 사는 사치한 생활에 비유한 말.

치고 보니 (외)삼촌이라 무슨 일을 저지르고 보니 몹시 실례되는 짓이었음을 일컬음.

치도곤을 먹이다 "혼이 나도록 흠씬 때려주다"를 다르게 이르는 말.

치도(治道)하여 놓으니까 거지가 먼저 지나간다 (비) 거둥길 닦아 놓으니까 깍쟁이가 먼저 지나간다.

치러갔다가 맞기도 예사 남에게 무엇을 요구하려 하다가 도리어 요구를 당하는 일은 흔히 있다는 말.

치를 다투다 치를 따질 만큼 정밀도를 요한다는 말.

치마가 열두 폭인가 다른 사람의 일에 쓸데없이 간섭함을 이르는 말. (비) 치마가 스물네 폭인가, 치마 폭이 넓다.

치마 밑에 키운 자식 과부의 자식을 말함.

치마에서 비파(琵琶) 소리가 난다 (비) 가을 중 싸대듯.
★비파 : 현악기의 하나. 타원형의 몸통에 짧은 자루가 달려 있으며 4줄로 된 당비파와 5줄의 향비파가 있다.

치마짜리가 똑똑하면 승전(承傳)막이 갈까 여자란 아무리 똑똑해도 집안 살림이나 할 것이지 주제넘게 딴 생각하면 안 된다는 뜻.

치마폭이(치맛자락이) 넓다 자기와 상관 없는 남의 일에 지나치게 참견한다는 말. (비) 삭은 바자 주머니에 노랑 개 주둥이. 사돈집 잔치에 감 놓으라 배 놓으라 한다. 다 삭은 바자 틈에 노랑 개 주둥이 같다.

치마폭이 스물네 폭이다 자기와 아무 상관도 없는 남의 일에 지나치게 참견한다는 말. (비) 치마가 열두 폭인가, 치마폭이 넓다.

치부(致富)한 사람은 돈 못 쓰고 죽는다 욕심이 많아서 돈을 무조건 벌기만 한 사람은 죽을 때까지 돈에 인색하게 굴다가 제대로 써보지도 못하고 죽는다는 말.

치수 맞춰 옷 마른다 사람의 역량이나 능력에 따라 일을 맡김을 일컬음.

치수 보아 옷 짓는다 무엇이고 그 정도로 보아 그에 알맞게 처리한다는 뜻. (비) 치수 맞춰 옷 마른다.

치아(齒牙) 좋은 것도 복 이가 튼튼해야 음식을 마음껏 잘 먹을 수 있으므로 이것도 한의 복이란 뜻.

치 위에 치가 있다 (비) 기는 놈 위에 나는 놈 있다.

치장 차리다가 신주 개 물려 보낸다 머뭇머뭇하다가 일을 그르치고 큰 욕만 당한다는 뜻.

치지 않은 장구 소리 날까 (비) 아니 땐 굴뚝에 연기 날까.

치질 앓는 고양이 모양 같다 1.주제꼴이 매우 초라한 것을 이르는 말. 2.몹시 괴로운 표정을 짓는 모양.

치통(痔痛)하는 묘상(猫狀)이라 매우 거북스럽고 곤란해 보인다는 뜻. (비) 치질 앓는 고양이 모양 같다.

친구 따라 강남 간다 자신은 별로 하고 싶지 않은 일을 남이 하는 대로 덩달아 하게 됨을 비유적으로 이르는 말.

친구는 옛 친구가 좋고 옷은 새 옷이 좋다 물건은 새 것이 좋지마는 친구는 오래 사귄 친구일수록 정의가 깊어 좋다는 말. (비) 사람은 헌 사람이 좋고 옷은 새 옷이 좋다.

친구 망신은 곱사등이 시킨다 (비) 대통 장수 망신은 고불통이 시킨다.

친 사돈이 못된 형제보다 낫다 사돈은 흔히 어려운 사이지만 곤란한 경우엔 형제보다 도움이 된다는 뜻.

친 사람은 다리를 오그리고 자고 맞은 사람은 다리를 펴고 잔다 (비) 도둑질한 사람은 오그리고 자고 도둑맞은 사람은 펴고 잔다.

친손자는 걸리고 외손자는 업고 간다 1.일을 중요시하는 순서가 뒤바뀐 경우를 비유한 말. 2.흔히 사람은 친손자보다 외손자를 더 귀여워한다는 말.
(비) 친손자는 봄볕에 놀리고 외손자는 가을볕에 놀린다. 친손자는 걸리고 외손자는 업고 가면서 업

은 아이 갑갑해한다 빨리 걸어야 한다. 외손자 업고 친손자는 걸리면서 업은 놈 발 시리다 한다.

친정 가면 자루 아홉 가지고 온다 시집간 딸은 친정에서 되도록 많은 것을 챙겨 가려고 한다는 말.

친정 길은 참대 갈대 엇 벤 길을 신 벗어 들고도 새 날듯 간다 친한 사이는 바늘귀도 넓고, 친하지 않은 사이는 세계도 좁다와 같이 어릴 적부터 자라던 곳이 좋다는 말.

친정 밥은 쌀밥이고 시집 밥은 피밥이다 시집살이 하는 사람은 늘 불안하며 잠시도 편안할 때가 없다는 말. (비) 친정 방석은 솜방석이고 시집 방석은 바늘방석이다.

친정 일가 같다 남이지만 흉허물 없이 지냄을 이르는 말.

친정하고 명밭하고는 가면 쥐고 온다 목화밭에 가면 솜꼬투리라도 주워 오게 되듯이 딸이 친정에 다녀오면 가난한 친정이라도 작은 것이라도 가져오게 마련이라는 말.

친한 사이에도 담을 쌓으랬다 정다운 사이일수록 예의를 지켜야 한다는 말. (비) 정에서 노염 난다.

친형제 못 두면 친사돈 둔다 좋은 형제가 있어 서로 돕고 위하여 주지 못하는 처지라면 사돈과 서로 의지하고 살아갈 수 있단 말.

칠궁(七窮)이 춘궁(春窮)보다 무섭다 농가에선 햅쌀이 나기 전인 7월이 보리 나기 전인 봄보다 오히려 식량의 곤란을 더 받게 된다는 뜻.

칠 년 가뭄에는 살아도 석 달 장마엔 못 산다 오랜 가뭄보다 무섭고 구중중한 장마철이 더 지긋지긋하다는 말. (비) 칠 년 가뭄에는 푸른빛을 볼 수 있으나 석 달 장마에는 푸른빛을 볼 수 없다.

칠 년 가뭄에 하루 쓸 날 없다 오랫동안 비가 오지 않다가 모처럼 무엇을 하려고 할 때 공교롭게 비가 옴을 이르는 말. 예문. 요즘 계속 날씨가 좋았는데 빨래를 널려고 했더니 갑자기 비가 오는구나. 칠 년 가뭄에 하루 쓸 날 없네.

칠 년 간병(看病)에 삼 년 묵은 쑥을 찾는다 오랫동안 앓고 누워 계시는 이를 간병하노라면 별 어려운 일도 다 겪게 된다는 말.

칠 년 대한에 대우(大雨) 온다 오래 기다리던 일을 마침내 이루게 되었다는 뜻. (비) 갓 마흔에 첫 보살. 구년지수 해 돋는다. 칠 년 대한에 단비 온다.

칠 년 대한 왕가뭄에 빗발같이 보고 싶다 간절하게 기다리고 또 보고 싶다는 말. (비) 칠 년 대한에 대우 기다리듯.

칠색팔색(七色八色)한다 얼굴빛이 변화도록 놀라서 믿지 않는다는 뜻.

칠석날 까치 대가리 같다 머리털이 빠져 아주 성긴 모양을 두고 이르는 말.

칠성판에서 뛰었다 죽으려다 살아났다는 말. ★칠성판 : 관 안에 짜는 널판.

칠성판을 지다 사람이 죽음 또는 죽음을 무릅쓰고 사지에 들어감을 이름.

칠십 노인 구대 독자(獨子) 득남(得男)하여 즐거운 일 매우 즐거운 일이라는 뜻. (비) 동방화촉 노도령 숙녀 만나 즐거운 일. 삼촌(三春) 고한(苦旱) 가문 날에 감우(甘雨)오니 즐거운 일. 고인(故人) 만나 반가워서 즐거운 일.

칠십에 능참봉(陵參奉)하니 하루에 거둥이 열아홉 번씩이라 모처럼 좋은 일을 얻어 좋아하고 있는 중에 성가신 일이 자꾸 생긴다는 말. (비) 칠십에 능참봉(陵參奉)하니 하루에 거둥이 열아홉 번씩이라. 모처럼 능참봉을 하니까 한 달에 거둥이 스물아홉 번. 능참봉을 하니까 한 달에 거둥이 스물아홉 번.

칠월 개우랑 해에 황소 뿔이 녹는다 서늘해야 할 음력 칠월 저녁이지만 늦더위가 심함을 이르는 말.

칠월 귀뚜라미가 가을 알듯 한다 때를 어기지 않고 정확하게 알림을 이르는 말.

칠월 더부살이가 주인 마누라 속곳 걱정한다 (비) 남의 집 과부 아이 밴 데 미역 걱정한다.

칠월 백로에 패지 않은 벼는 못 먹어도 팔월 백로에 패지 않은 벼는 먹는다 찬이슬이 내리는 날이 팔월로 늦어

〈칠월 사돈은 꿈에 볼까 무섭다〉

진 해는 절기가 늦음을 이르는 말.

칠월 사돈은 꿈에 볼까 무섭다 농촌에서 식량에 가장 곤란을 받는 7월에 대접을 잘해야 할 사돈이 올까봐 무섭다는 말. (비) 칠월 사돈(손님)은 범보다 더 무섭다. 봄 사돈은 꿈에 볼까 무섭다.

칠월 송아지 7월에 난 송아지처럼 잠시도 가만히 있지 않고 여기저기 돌아다닌다는 뜻.

칠월에 들어온 머슴이 주인 마누라 속곳 걱정한다 (비) 남의 집 과부 아이 밴 데 미역 걱정한다.

칠월 열쭝이 모양 말이 많고 빠른 사람을 두고 하는 말.

★열쭝이 : 겨우 날기 시작한 어린 새 새끼

칠월 저녁 해에 황소 뿔이 녹는다 신선해야 할 음력 칠월 저녁이지만 소의 뿔이 빠질 정도로 더운 경우가 있다는 말.

칠장이는 그림을 못 그린다 언뜻 보긴 비슷한 것 같지만 사실은 전혀 다르다는 뜻.

칠팔월 수숫잎 줏대가 없이 생각을 잘 바꾸는 사람의 비유.

칠팔월 수숫잎 꼬이듯 칠팔월의 수숫잎이 햇볕에 말라 꼬이듯이 마음이 비꼬인 모양을 이르는 말.

칠팔월 은어(銀魚) 곯듯 갑자기 수입이 줄어서 살아가기가 어려움의 비유.

칠 푼짜리 굿에 열네 푼 든다 조그마한 이익을 탐내다가 그 이상 손해를 본다는 뜻. (비) 한 냥짜리 장설에 고추장이 아홉 돈어치라, 돼짓값은 칠 푼이요 나뭇값은 서 돈이라, 한 푼짜리 푸닥거리에 두부가 오 푼.

칠 푼짜리 돼지 꼬리 같다 무엇이 어처구니없이 작고 보잘 것 없음을 이름.

칠 푼 푸념에 열네 푼 든다 전체적인 일보다도 이것을 하기 위한 부분적인 일에 든 비용이 오히려 더 크다는 말. (비) 돼짓값은 칠 푼인데 나뭇값은 서 돈이다. 한 냥 장설에 고추장이 아홉 돈어치. 한 푼짜리 푸닥거리에 두붓값이 오 푼.

칠흡 송장 정신이 흐리멍덩하고 행동이 반편과 같은 사람을 이름.

침도 바람 보고 뱉으랬다 무슨 일이나 주위의 분위기를 보고 해야 한다는 말.

침 먹은 지네 할 말이 있으면서 못하고 있거나 기운을 못 쓰고 있는 사람의 비유. (비) 꾸중 들은 새 며느리 같이.

침 발린 말 겉으로만 꾸며 듣기 좋게 하는 말.

침 뱉고 밑 씻겠다 정신이 없어 일의 두서를 잡지 못함을 이르는 말. (비) 정신은 침 뱉고 뒤지 하겠다.

침 뱉은 우물 다시 먹는다 다시는 안 볼 듯이 하여도 이후에 다시 소청할 일이 있게 된다는 뜻.

칭찬(稱讚)은 남 알게 하고 잘못은 남모르게 하라 좋은 일은 서로 알리고 잘못엔 조용히 남몰래 꾸짖어 주라는 말.

칭찬(稱讚)은 마음의 보약(補藥)이다 남을 항상 좋다고 칭찬해 줌으로서 자신도 모르게 좋은 생각으로 살게 됨에 이보다 더한 것이 없으니 보약이 아닐 수 없다는 뜻.

칭찬은 백 사람이 하고 흠담은 천 사람이 한다 남을 칭찬하는 사람보다도 남을 헐뜯고 모함하는 사람이 훨씬 많다는 말.

칭찬해서 싫다는 사람 없다 누구든지 칭찬을 받고 싫어하는 사람이 없으므로, 되도록 남을 칭찬해주라는 말.

ㅋ

칼날 위에 섰다 매우 위태로운 처지에 놓였다는 말.

칼날이 제 몸에서 녹이 난다 권세를 지닌 사람이나 명문거족이라도 자신의 잘못으로 인하여 앙갚음을 당할 때가 있다는 말.

칼날 잡은 놈이 칼자루 잡은 놈한테 당한다 무슨 일이나 실권 갖고 있는 사람이 유리함. (비) 칼날 쥔 놈이 자루 쥔 놈을 당할까.

칼날 흠은 고쳐도 말 흠은 못 고친다 (비) 솟은 많은 되 들어가지 않고 뱉은 말은 지울 수 없다.

칼 놓고 뜀뛰기. 칼 물고 뜀뛰기. 칼 짚고 뜀뛰기 (비) 기름을 지고 불로 들어간다.

칼도 날이 서야 쓴다 자기에게 주어진 역할을 제대로 하려면 그만한 실력이 있어야 한다는 뜻.

칼 든 놈은 칼로 망한다 남을 해치려는 사람은 반드시 남의 해침을 받는다는 뜻.

칼 든 놈이 먼저 죽는다 남을 해치려다가 자기가 먼저 해를 입게 되는 경우가 있다는 말.

칼로 물 베기 다투었다가도 시간이 조금 지나면 곧 사이가 좋아짐을 이름. 행위의 결과가 심각하지 않거나 아무런 효력이 없음을 비유적으로 이르는 말.
　예문. 부부 사이에 싸움은 칼로 물 베기인 걸 이제야 알 것 같다.

칼로 베고 소금 친다 강압적으로 남을 해친다는 말.

칼로 입은 상처는 나아도 입으로 입은 상처는 낫기 어렵다 육체적인 상처보다도 상대방의 입에서 아무렇게나 흘러나온 말에 입은 정신적 상처가 훨씬 더 크다는 말. (비) 칼에 찔린 상처는 쉽게 나아도 말에 찔린 상처는 낫기 어렵다. 말로 해치는 것이 칼로 해치는 것보다 무섭다.

칼로 째고 소금 친 폭이나 된다 생살을 째고 소금을 친 것 같이 입은 상처가 매우 고통스럽다는 뜻.
　(비) 칼로 베고 소금 치기다.

칼부림이 나겠다 두 사람이 칼을 가지고 직접 싸울 정도로 분위기가 몹시 험악하다는 뜻.

칼에 찔린 상처는 쉽게 나아도 말에 찔린 상처는 낫기 어렵다 남의 말로 인하여 입은 마음의 상처는 낫기 어렵기 때문에 마음에 상처를 입히는 말은 삼가야 한다는 뜻. (비) 말로 해치는 것이 칼로 해치는 것보다 무섭다.

칼을 물고 토할 노릇이다 (비) 눈구석에 쌍가래톳 선다.

칼을 뽑고는 그대로 집에 꽂지 않는다 1.칼을 뽑으면 반드시 무엇이고 치고 나서야 도로 꽂는단 말. 2.무슨 일이나 내친 것이면 하고야 만다는 뜻.

칼자루 잡기에 달렸다 이기고 지는 것은 누가 더 유리한 입장에서 싸우느냐에 달렸다는 뜻.

칼 잡을 줄 모르는 사람에게 요리를 시킨다 아무것도 모르는 사람에게 중요한 임무를 맡긴다는 말.

칼 팔아 소 산다 전쟁이 끝나면 평화로운 시대가 됨에 백성들은 평화를 누리게 된다는 뜻.

커도 한 그릇 작아도 한 그릇 양에 관계없이 명목(名

⟨ 컴컴하고 욕심 많기는 회덕(懷德) 선생 ⟩

目)상으로는 같다. 분배한 양이 같다. (비) 흉년에 죽 어른도 한 그릇 아이도 한 그릇. 어른도 한 그릇 아이도 한 그릇.

컴컴하고 욕심 많기는 회덕(懷德) 선생 태도가 거만하고 속마음이 컴컴한 사람을 일컬음. ★회덕 : 본래 백제의 우술군(雨述郡, 또는 朽淺郡)이었는데 757년 (경덕왕 16) 비풍군(比豊郡)으로 고치고, 1018년(현종 9) 공주(公州)에 예속시켰다. 1172년(명종 2) 감무를 두었고, 1413년(태종 13) 현감을 두었다.

코가 납작해지다 몹시 무안을 당하거나 기가 죽다는 말.

코가 땅에 닿다 머리를 깊이 숙인다는 말. (비) 코를 박듯.

코가 쉰댓 자나 빠졌다 근심에 싸여 기가 죽고 맥이 빠졌다. 몹시 곤궁한 상태를 말함. (비) 내 코가 석자.

코가 어디 붙은지 모른다 도무지 모르는 사람이란 뜻.

코가 우뚝하다 잘난 체하고 거만하다는 말.

코끝에서 불이 난다 기세가 매우 왕성하다는 뜻.

코끝에서 쇠똥내 난다 과로(過勞)로 몸이 몹시 피곤하다는 말.

코끼리는 생쥐가 제일 무섭다 몸집이 큰 코끼리는 콧구멍으로 들어가는 생쥐를 가장 무서워한다는 뜻으로, 보잘것없는 조그마한 존재를 두려워하고 벌벌 떠는 경우를 비유적으로 이르는 말.

코끼리는 이(齒) 때문에 죽게 된다 재물이 많은 사람은 재물 때문에 결국에 화를 당하게 된다는 뜻.

코끼리는 이만 보아도 소보다 크다는 것을 알 수 있다 일부분만 보아도 전체를 짐작할 수 있다는 말. (비) 나뭇잎 하나 지는 것으로 가을을 안다. 한 점의 고기 맛으로 솥 안의 국맛을 안다.

코끼리 비스킷 하나 먹으나 마나 (비) 간에 기별도 안 간(갔)다.

코딱지 둔다고 살이 될까 이미 잘못된 것을 그대로 둔다고 하더라도 다시 원상태로 바로 잡을 수 없다는 뜻. (비) 부스럼이 살 될까.

코 떼어 주머니에 넣다 일을 저질러 크게 무안을 당함을 일컬음.

코를 꿰었다 자신의 어떠한 약점으로 인하여 상대방에게 무조건 복종하게 되었다는 뜻.

코를 맞댄다 두 사람이 아주 가까워졌다는 말.

코를 박듯 머리를 아래쪽으로 깊숙이 숙임의 비유. (비) 코가 땅에 닿다.

코를 입으로 쓰랬다 말 못하는 코와 같이 말을 되도록 적게 하거나 할 말만 하는 것이 좋다는 말.

코를 잡아도(배어 가도) 모르겠다 몹시 캄캄하다는 뜻.

코 막고 냄새를 피한다 옳지 않은 일을 보고 피한다는 말.

코 막고 답답하다고 한다 제 힘으로 쉽게 할 수 있는 일을 어렵게 생각하여 딴 곳에서 해결책을 찾으려 한다는 뜻.

코 맞은 개 싸쥐듯 몹시 아프거나 속이 상하여 어쩔 줄 모르고 쩔쩔 매어 돌아감을 이르는 말.

코 먹은 소리 코가 막히거나 하여 부자연스럽게 콧속을 울리면서 나오는 소리.

코 묻은 돈 어린아이가 가지고 있는 적은 돈을 하찮은 것으로 이르는 말.

코 묻은 돈이라도 빼앗아 가야겠다 하는 짓이 단작스럽다는 말.

코 묻은 떡이라도 뺏어 먹겠다 하는 짓이 매우 단작스러움을 이름. (비) 어린아이가 가진 떡도 뺏어 먹겠다.

코 방귀만 뀌다 남의 말을 들은 체 만 체 말대꾸를 아니 함을 이르는 말.

코방아를 찧다 어린아이가 발 짚고 설 힘이 없어서 엎드려져 코를 바닥에 내려침을 이름.

코 베어 갈 세상 서로 믿지 못하는 세태를 풍자하는 말.

코 아래 입 매우 가까운 거리를 비유하여 이르는 말. 예문. 그들은 어릴 적부터 친자매처럼 지낸 코 아래 입 사이다.

코 아래 제상(祭床)도 먹는 것이 제일 좋은 것이 아무리 많이 있더라도 무엇보다도 제가 먹게 되어야 비로소 가치를 지니게 된다는 말.

코 아래 진상 비밀히 뇌물이나 먹을 것을 갖다 바친다

〈 콩 멍석이 같(되었)다 〉

는 뜻.

코 아래 진상이 제일이라 남의 마음 들기 위해 먹이는 것이 무엇보다도 제일이라는 뜻.

코 안 흘리고 유복(有福)하랴 자신이 부지런히 일을 하지 않고서 결코 부유하게 살 수 없다는 뜻.

코에 걸면 코걸이 귀에 걸면 귀걸이 어떤 원칙이 정해져 있는 것이 아니라 둘러대기 따라서 이렇게도 되고 저렇게도 될 수 있음을 이르는 말. (비) 귀에 걸면 귀걸이 코에 걸면 코걸이. 이현령비현령(耳懸鈴鼻懸鈴).

코에서 단내가 난다 어떤 일에 몹시 시달려서 몸이 매우 피곤한 상태를 말함. (비) 코에서 말똥 내가 난다.

코 잘 생긴 거지는 있어도 귀 잘 생긴 거지는 없다 관상학적으로 볼 때 코 잘생긴 것보다 귀 잘생긴 것이 재복(財福)이 많다는 뜻.

코 큰소리 잘난 체하는 소리란 뜻.

코 큰 총각 엿 사주는 년 하듯 한다 크고 좋은 물건을 가진 사람을 유혹하려고 선물까지 주어 가면서 유인한다는 뜻.

코털이 센다 일이 뜻대로 되지 아니하여 몹시 곤란함을 이르는 말.

코허리가 저리고 시다 몹시 슬프거나 감격하였을 때의 심정을 이르는 말.

콧구멍 같은 집에 밑구멍 같은 나그네 온다 집안 형편도 쪼들리는 판에 달갑지 않은 손님이 찾아오는 것을 비유적으로 이르는 말.

콧구멍 둘 마련하기가 다행이라 몹시 답답하거나 기가 막힐 때에 하는 말. (비) 콧구멍이 둘이니 숨을 쉬지. 담뱃대로 가슴을 찌를 노릇. 솜뭉치로 가슴을 칠 일.

콧구멍에 낀 대추씨 매우 작고 보잘것없는 물건을 일컬음.

콧구멍에 바람 넣으러 가다 쉬거나 놀 목적으로 밖으로 나가다.

콧대에 바늘 세울 만큼 골이 진다 (비) 낙태(落胎)한 고양이 상(相).

콧등이 부었다 일이 뜻대로 않는다 하여 남께 화 낼 수 없고 제 속으로만 노하여 앙앙함을 이름.

콧등이 세다 남의 말은 안 듣고 제 고집 대로만 하는 성미보고 하는 말. (비) 삼 년 묵은 물박달나무. 설 삶은 말 대가리.

콧병 든 병아리 같다 꼬박꼬박 조는 모양을 이르는 말.

콧잔등이 간지럽다 남을 노리느라고 속이고도 그렇지 않은 체하려니까 웃음이 나서 참기 어렵다는 말.

콧 집이 앵글어졌다 처음부터 일이 완전히 틀어졌다는 말.

콩 가지고 두부 만든대도 곧이 안 듣는다 말을 안 믿는다는 뜻. (비) 콩으로 메주를 쓴다 해도 곧이 안 듣는다.

콩과 보리도 분간하지 못 한다 (비) 동쪽인지 서쪽인지 구별하지 못한다.

콩나물만 먹고 지랐나 (비) 봉산(鳳山) 수숫대 같다.

콩나물시루 같다 몹시 빽빽한 모양이나 그러한 경우를 이르는 말. (비) 콩나물 박히듯.

콩 날 데 콩 나고 팥 날 데 팥 난다 어떤 원인 있으면 반드시 거기 따르는 결과가 생김. (비) 왕대밭에 왕대 난다. 가시나무에 가시가 난다. 콩에서 콩 나고 팥에서 팥 난다. 외 심은 데 콩 나랴. 종과득과 종두득두.

콩 났네 팥 났네 한다 (비) 네 콩이 크니 내 콩이 크니 한다.

콩 닦이 하고 기생(妓生)첩은 옆에 두고는 못 견딘다 콩 볶은 것과 기생이 옆에 있으면 무한히 먹거나 희롱을 하지 않을 수 없다는 말.

콩도 닷 말 팥도 닷 말 1.어느 쪽에도 치우치지 않고 공평함을 이르는 말. 2.이러나저러나 마찬가지라는 뜻.

콩 마당에 넘어졌다 얼굴이 얽은 사람을 비웃는 말. (비) 우박 맞은 잿더미 같고 한량의 사포 같다.

콩마당에서 서슬 치겠다 (비) 급하기는 우물에 가서 숭늉 달라겠다. ★서슬 : 두부를 만들 때 쓰는 물질. 간수.

콩 멍석이 같(되었)다 1.몸에 부스럼이 많이 생겼거나

〈 콩 반 머리만한 것도 남의 몫이 지어 있다 〉

매를 많이 맞아 몸에 두드리기가 심하게 돋아 두툴두툴함을 이름. 2.낯이 몹시 얽음을 이르는 말.

콩 반 머리만한 것도 남의 몫이 지어 있다 남의 것은 아무리 작은 것이라도 탐내지 말라는 말.

콩 반 알도 남의 몫 지어 있다 아무리 하찮은 물건이라도 남의 것을 탐내지 말라는 뜻.

콩 반쪽이라도 남의 것이라면 손 내민다 1.남의 것이라면 무엇이나 탐내어 가지려 한다는 말. 2.아무리 하찮은 것이라도 각기 주인이 있다는 말. (비) 마름쇠도 삼킬 놈.

콩밭에 가서 두부 찾는다 성미가 매우 급하다는 말. (비) 급하기는 우물에 가서 숭늉 달라겠다. 급하면 콩마당에 간수 치겠다. 우물 들고 마시겠다. 보리밭에서 숭늉 찾는다.

콩밭에 가 두부 찾겠다 (비) 급하기는 우물에 가서 숭늉 달라겠다.

콩밭에 소 풀어 놓고도 할 말이 있다 무슨 잘못이든 그 나름대로 변명할 거리가 있다.

콩 볶듯 한다 성깔이 마르고 급하여 가만히 있지를 못하는 사람에게 이름.

콩 볶아 먹다가 가마솥 깨트린다 작은 일을 실없이 하다가 큰 탈이 난다는 뜻.

콩 볶아 먹을 집안 가족끼리 서로 다투고 싸워 형편이 없다는 뜻.

콩 볶아 재미 낸다 아기자기하게 재미를 본다는 뜻.

콩 본 비둘기 먹을 것을 보고 매우 기뻐한다는 뜻.

콩 본 당나귀 같이 흥흥 한다 자기가 좋아하는 것을 보고 기뻐하는 모양을 이름.

콩 세 알 못 세는 부모도 부모 부모가 아무리 무식하고 못났어도 반드시 아들은 부모를 공경하고 예의를 차려야 한단 뜻.

콩 심고 팥 거두지 못한다 발생된 원인과 이로 인하여 이루어진 결과는 서로 다를 수 없다는 말. (비) 콩 심고 팥 타작 못한다.

콩 심어라 팥 심어라 한다 (비) 네 콩이 크니 내 콩이 크니 한다.

콩 심은 데 콩 나고 팥 심은 데 팥 난다 (비) 가시나무에 가시가 난다.

콩알로 귀를 막으면 천둥소리가 안 들린다 작은 것도 활용하면 도움을 얻을 수 있다는 말.

콩에서 콩 나고 팥에서 팥 난다 (비) 가시나무에 가시가 난다.

콩으로 메주를 쑨다 하여도 곧이듣지 않는다 평소에 거짓말을 많이 하여 신용할 수 없다. 남의 말을 그대로 믿지 않음을 이르는 말. (비) 소금으로 장 담근다 해도 곧이듣지 않는다. 콩 가지고 두부 만든다 해도 곧이듣지 않는다.

콩을 팥이라 해도 곧이듣는다 평소에 신용이 있는 사람의 말은 무슨 말이라도 믿는다. (비) 팥으로 메주 쓴다 해도 곧이듣는다. 팥을 콩이라 해도 곧이듣는다.

콩이야 팥이야 한다 (비) 네 콩이 크니 내 콩이 크니 한다.

콩죽은 내가 먹고 배는 남이 앓는다 (비) 콩죽은 내가 먹었는데 배는 왜 네가 앓느냐.

콩죽은 내가 먹었는데 배는 왜 네가 앓느냐 일은 내가 저질렀는데 그 벌은 왜 네가 받느냐 하는 말. (비) 콩죽은 내가 먹고 배는 남이 앓는다. 먹기는 홍중군(洪中軍)이 먹고 뛰기는 파발 말이 뛴다. 재주는 곰이 넘고 돈은 되놈이 받는다. 먹기는 파발이 먹고 뛰기는 역마가 뛴다. 먹기는 배다가 먹고 뛰기는 파발 말이 뛴다. 콩죽은 내가 먹고 배는 남이 앓는다.

콩 칠팔(七八) 새 삼육(三六) 한다 두서를 잡을 수 없게 혼동되었음을 이름.

콩켸팥켸 사물이 마구 뒤섞여서 무질서하다는 뜻.

콩 튀듯 팥 튀듯 한다 몹시 흥분하여 팔팔 뛰는 행동을 말함.

콩팔칠팔 갈피를 잡지 못하게 지껄임을 말함. (비) 콩 심어라 팥 심어라 한다. 콩 났네 팥 났네 한다. 참깨가 기니 짧으니 한다. 콩이야 팥이야 한다. 네 콩이 크니 내 콩이 크니 한다.

콩 한쪽도 나누어 먹는다 정분(情分)이 워낙 좋아서 사소한 것까지도 서로 나누어 먹는다는 뜻.

콩 그렁 하면 굿만 여기고 선산 무당이 춤춘다 (비) 둥둥하니 굿만 여겨.

크고 단 참외(는 없다) 좋은 점을 다 갖춘 것을 일컬음. 완미(完美)한 것이란 뜻.

크고 작은 것은 대봐야 안다 어떤 것이 크고 어떤 것이 작은가는 직접적으로 비교해 보아야 안다는 의미.

크기도 전에 망령부터 한다 어렸을 때부터 전혀 장래성이 없는 아이로 되어버렸다는 말.

크는 나무순을 꺾는다 (비) 순을 누르고 싹을 꺾는다.

큰 거짓말은 해도 작은 거짓말은 말랬다 큰일에 거짓말하는 것은 있을 수 있는 일이라고 이해가 되지만 시시한 일에 자꾸 거짓말하면 결국엔 사람 구실을 못하게 된다는 말.

큰 고기는 그물을 뛰어넘고 작은 고기만 잡힌다 권세가 있는 사람은 법망을 피해가도 힘없는 사람은 오히려 법망에 걸리게 된다는 말. (비) 큰 고기는 그물을 찢는다.

큰 고기는 그물을 뛰어넘는다 권력이 있는 사람은 나쁜 짓을 하면서까지 법망(法網)을 피한다는 말. (비) 큰 고기는 그물을 찢는다.

큰 고기는 깊은 물에 있다 훌륭한 사람은 표면으로 그다지 드러나지 않는다는 뜻.

큰 고기는 안 잡히고 송사리만 잡힌다 목적하던 바의 기대가 어긋났다는 뜻.

큰 고기는 작은 고기를 잡아먹는다 강한 자는 약한 자를 착취한다는 뜻.

큰 고기는 큰 그물로 잡아야 한다 상대방을 잘 알고 그에게 알맞은 방법을 연구해야 한다는 말.

큰 고기도 놓치고 송사리도 놓쳤다 이것저것 다 놓치고 손해만 보았다는 말.

큰 고기도 물밖에 나오면 개미에게 먹힌다 막상 권력을 가졌던 사람도 몰락하고 나면 남들이 전혀 무서워하지 않는다는 말. (비) 고기도 물을 떠나면 개미에게 제어 당한다.

큰 과실은 못다 먹는다 못난 사람은 흔하고 흔하지만 어질고 훌륭한 사람은 불과 몇 명밖에 안 됨을 비유한 말.

큰 굿한 집에 저녁거리 없다 아무리 큰 부자라도 돈을 아끼지 않고 물 쓰듯 하면 고생을 하게 된다는 뜻.

큰 그릇을 작은 데 쓴다 큰 인물에게 작은 직책을 맡긴다는 말.

큰 나무가 쓰러지는 것을 밧줄 한 가닥으로 지탱할 수 없다 나라가 망하게 될 땐 어느 한 사람의 힘으로 지탱할 수는 없다는 말.

큰 나무는 기둥과 들보로 쓰인다 큰 인물은 그 능력에 따라 중요한 자리에서 일을 하게 된다는 말.

큰 나무를 도끼로 찍으면 조그만 나무가 되었더라면 한다 밑천을 많이 들였다가 나중에 실패하기 되면 그 동안 공들이고 밑천들인 것을 후회하게 된다는 뜻.

큰 나무 밑에서 아름다운 풀이 없다 1. 악한 사람은 강한 사람 밑에선 결코 강하기가 어렵다는 뜻. 2. 아랫사람은 윗사람에게 칭찬을 받기가 어렵다는 뜻.

큰 내에 큰 고기 논다 사람은 견문(見聞)이 넓은 곳이라야 훌륭한 인재도 날 수 있다는 말.

큰 냇물에 있는 전답(田畓)은 사지도 말랬다 강가에 있는 전답은 될 수 있는 대로 사지 말라고 한 말.

큰 냇물은 마르지 않는다 무엇이나 근원이 깊고 튼튼하면 오래 견디어 나간다는 말. (비) 뿌리 깊은 나무는 가뭄 안탄다.

큰 도둑맞고는 살아도 좀도둑은 맞고 못 산다 자주 입은 작은 피해가 어쩌다가 입은 큰 피해보다 더 손해가 많다는 말.

큰 도둑이 작은 도둑을 잡는다 큰 허물을 가진 자가 작은 허물을 가진 자를 비방한다는 말.

큰 말이 나가면 작은 말이 큰 말 노릇한다 윗사람이 없으면 아랫사람이 윗사람 노릇함.

큰 무가 싱겁다 키 큰 사람이 대체적으로 싱거운 사람이 많다는 말. (비) 키 크고 싱겁지 않은 사람 없다.

〈 큰 무당이 있으면 작은 무당은 춤을 안 춘다 〉

큰 무당이 있으면 작은 무당은 춤을 안 춘다 보다 기술이 나은 사람 앞에서는 누구니 그 일을 하기를 꺼린다는 뜻.

큰 무엔 오줌을 안 준다 자식이 웬만큼 장성해 살게 되면 부모도 도와주지 않는다는 뜻.

큰물에 큰 고기가 논다 활동 무대가 커야 통이 큰 사람도 보이고 클 수도 있음을 비유적으로 이르는 말. (비) 깊은 물이라야 큰 고기가 논다.

큰 바람 뒤에는 고요하다 큰일을 치르고 난 뒤는 유난히 고요한 것 같다는 말.

큰 방축도 개미구멍으로 무너진다 (비) 호미로 막을 것을 가래로 막는다.

큰 벙거지 귀 짐작 일이 좀 지나치게 벌어지려 하면 미리 짐작이 간다는 뜻.

큰 부자는 하늘에서 내고 작은 부자는 부지런하면 된다 큰 부자는 재복을 타고 나야 하지만 작은 부자는 열심히 노력하면 될 수 있다는 말.

큰 북에서 큰소리 난다 크고 훌륭한 곳에서 으레 좋은 것이 생길 수 있다는 말.

큰 소 잃고 송아지 달아났다 크고 적은 이중(二重)의 손해를 입었다는 말.

큰 소도 잃고 송아지도 잃었다 크고 작은 것을 이중으로 손해를 보았다는 말. (비) 멧돝 잡으려다 집돝까지 잃었다. 달아나는 노루 보고 얻은 토끼 놓았다. 꿩 잃고 매 잃었다. 게도 구럭도 잃었다. 큰 고기도 놓치고 송사리도 놓쳤다.

큰소리는 다 가서 하랬다 자기가 하던 일의 결과가 좋을 때 장담하라는 말.

큰 소 큰 소하며 꼴 아니 준다 먹을 것을 어린아이들만 주고 큰 어른에게는 잘 대접하지 않음을 이름.

큰 솔 밑에서 작은 솔이 자란다 위대한 것의 영향력은 아주 먼 데까지 미침을 이르는 말. (비) 수양산 그늘이 강동 팔십 리 간다. 인왕산 그늘이 강동 팔십 리 간다. 나무는 큰 나무 덕을 못 보아도 사람은 큰 사람의 덕을 본다. 나무는 키 큰 덕을 못 입어도 사람은 키 큰 덕을 입는다. 금강산(金剛山) 그늘이 관동(關東) 팔십 리.

큰 싸움에 여자 안 끼는 싸움 없다 싸움이 크게 되는 원인은 대개가 여자도 함께 나서게 되기 때문이란 뜻.

큰 어머 날 지내는데 작은 어미 떡 먹듯 남의 슬픈 일에 제게는 도리어 못 마땅한 것이어서 그 통에 제 실속이나 차리고 보자는 배짱을 부린다는 뜻.

큰 어머니 죽으면 풍년(豊年)이 든다 흔히 서출(庶出)인 자식을 박대한다는 뜻으로 이름.

큰 어미 제사에 작은 어미 배탈 난다 남은 슬퍼하고 있는데 참여하여 자기는 포식만 한다는 말.

큰 옥보다도 한 치의 시간이 더 중요하다 시간은 한 번 가면 영원히 돌아오지 않으니 돈보다도 시간이 더 귀하다는 뜻.

큰일도 작은 일에서 시작된다 작은 일이 쌓여서 큰일이 성사되니 매사 처음부터 성심성의껏 하라는 말.

큰일이면 작은 일로 두 번 치러라 무슨 일이든 한 번에 하는 것보다 조금씩 나누어 하는 것이 좋다는 말.

큰일 치른 집에 저녁거리 있고 큰 굿 한 집 저녁거리 없다 굿하는 데 재물이 많이 들어감을 이르는 말.

큰일 하는데 신용이 없으면 되는 일이 없다 모든 일엔 신용이 첫째인데 더욱 큰일엔 더더욱 신용이 없으면 결코 이루어지지 않는단 뜻.

큰 자라가 울면 작은 자라도 따라 운다 아랫사람은 윗사람이 하는 대로 따라 한다는 뜻.

큰 집을 지으면 제비와 참새도 좋아한다 밝은 정치를 하면 평화롭게 살게 된 백성들이 즐거워한다는 뜻.

큰집이 기울어져도 삼 년 간다 부잣집이 망하여도 얼마 동안은 그럭저럭 잴 수 있다 하여 이르는 말. (비) 부자는 망해도 삼 년 먹을 것이 있다.

큰 집 천 칸이라도 방에 자는 자리는 여덟 자밖엔 안된다 큰 부자라도 실제 생활하는 데는 다 필요하지 않다는 말.

큰집 잔치에 작은 집 돼지 잡는다 제 일도 아닌 경우에 예상 외로 많은 물건이나 돈을 쓰게 된 경우를 이름.

큰 창고에 쌓인 곡식 속의 한 알의 돌피 지극히 많은 것 중에서 단 하나의 적은 수에 지나지 않는다는 뜻.

큰 코 다친다 크게 낭패를 본다는 말.

큰 효는 한평생 부모를 사모하는 것 효성이 지극한 사람은 한평생을 두고 부모를 공경하고 사랑하였단 말이니 이를 본받아야 한다는 뜻.

키가 구척 같다 키가 매우 큼을 이르는 말.

키가 크나 작으나 하늘에 안 닿기는 마찬가지 크고 작은 차이가 별 것 아니란 말.

키는 작아도 담은 크다 키 작지만 용감한 사람을 추어주거나 칭찬하는 말.

키 작으면 앙큼하고 담대하다 키 작으면 보기보다 욕심도 크고 배짱이 있다는 뜻으로, 키 작은 사람을 놀림조로 이르는 말.

키 장수 집에 헌 키 (비) 대장간에 식칼 논다.

키 크고 묽지 않은 놈 없다 사람이 키 크면 으레 싱겁고 그 행동이 치밀치 못하단 뜻. (비) 키 크고 싱겁지 않은 사람 없다.

키 크고 속없다 키 큰 사람을 조롱하는 말.

키 크고 싱겁지 않은 사람 없다 보통 키 큰 사람은 싱겁다는 말. (비) 키 크고 묽지 않은 놈 없다.

키 크고 안 싱거우면 점잖고 키 작고 안 까불면 재주있다 키 큰 사람은 싱겁거나 점잖고, 키 적은 사람은 경박하거나 재주가 있다는 말.

키 크면 속없고 키 작으면 자발없다 키 큰 사람은 실없고 싱거우며, 키 작은 사람은 참을성이 없고 행동이 가볍다는 말.

키 큰 놈의 집에서 내려 먹을 것 없다 어떤 장점이 있는데 그것을 써먹을 곳이 없음을 비유적으로 이르는 말.

키 큰 사람도 키 작은 사람도 하늘에 굽히지 않는 것은 매일반 키 작으나 커나 거의 놀림을 받는 것은 마찬가지라고 변명하는 말.

키 큰 암소 똥 누듯 한다 1. 일을 함에 보기에 쉬운 모양을 이르는 말. 2. 동작이 어설프게 보임을 조롱하는 말. (비) 누워 떡 먹기. 수양딸로 며느리 삼기. 누운 소 타기. 누운 소 똥 누듯 한다. 주먹으로 물 찧기.

키 큰 염소 똥 누기 (비) 누워 떡 먹기.

ㅌ

타고난 복은 남 못 준다 모든 복은 타고나는 법이라는 숙명론적 관념에서, 모든 일이 뜻대로 척척 맞아떨어지며 잘되어 가는 경우를 비유적으로 이르는 말.

타고난 성품은 고칠 수 없다 타고난 성품은 인위적으로 고칠 수 없다는 뜻.

타고난 재주 사람마다 하나씩 있다 누구든지 재주 하나씩은 있어서 그것으로 살아가기 마련이라는 말.

타고난 팔자 날 때부터 지니고 있어서 평생 동안 작용하는 좋거나 나쁜 운수를 이르는 말.

타고난 팔자는 관(棺) 속에 들어가도 못 속인다 자기가 타고난 팔자는 인위적(人爲的)으로 고칠 수 없다는 말. (비) 팔자는 무덤에 가기 전에는 못 피한다.

타고난 팔자는 죽는 날까지 떼어놓지 못 한다 자기가 타고난 팔자는 인위적으로 못 고친다는 말. (비) 팔자는 무덤에 가기 전에는 못 피한다.

타관(他官) 도방(道傍)에서는 구면(舊面)이 내 식구다 타향에서는 아는 사람만 만나도 다정하게 대한다는 말. ★도방 : 길가.

타관 양반이 누가 허 좌수인 줄 아나 어떤 일에 상관없는 사람은 그 일에 참여할 수 없음.

타관에 섰어도 고향 나무 사실은 아무리 타관에 서 있더라도 고향 나무가 틀림없다는 말.

타관 친구는 십 년 노름 친구는 삼십 년 타향에서 사귄 사람은 나이 십 년이 적거나 많아도 벗을 하고, 노름판에선 아무리 나이가 많아도 모두 벗을 하게 된다는 뜻.

타는 닭이 꼬꼬하고 그슬린 돝이 달아난다 안심하고 있던 일에도 돌연히 탈이 생기는 수가 있으니 마음을 놓지 말고 조심하라는 뜻. ★돝 : 돼지의 옛말.

타는 불에 부채질한다 (비) 끓는 죽에 국자 누르기. 불 난 데서 풀무질한다. 불난 집에 키 들고 간다. 도둑이 포도청 간다. 몽둥이 들고 포도청 담에 오른다. 도둑이 제 발 저리다.

탄환 없는 총 반드시 있어야 할 것이 없어서 아무 짝에도 쓸모없게 되었다는 뜻. (비) 불 없는 화로. 살(화살) 없는 활. 미끼 없는 낚시.

털도 내리쓸어야 빛이 난다 모든 물건은 제대로 다루고 가꾸어야 보람을 나타내는 것임을 비유하여 이르는 말.

탈바꿈을 한다 과거의 모습은 완전히 살아지고 새로운 모습으로 변하였다는 뜻.

탈이 자배기만큼 났다 일이 크게 벌어졌다는 말. ★자배기 : 아가리가 넓게 벌어진 둥글넓적한 질그릇.

탐관오리(貪官汚吏)는 매 같이 먹고 이리 같이 먹는다 탐관오리는 양민(良民)들의 재산을 함부로 약탈한다는 뜻. ★탐관오리 : 재물을 탐하고 행실이 깨끗하지 못한 관리

탐관의 밑은 안반 같고 염관(廉官)의 밑은 송곳 같다 탐욕스러운 관리는 잘 먹어서 엉덩이가 떡판처럼 판판하고 청렴한 관리는 가난하여 살이 붙지 않는다

〈터럭 하나를 들었다고 힘이 센 것은 아니다〉

는 뜻으로, 탐욕스러운 관리는 재산을 모아 번듯하게 살고 청렴한 벼슬아치는 가난하게 삶을 비유적으로 이르는 말. ★염관 : 청렴한 벼슬아치, 안반 : 떡을 칠 때 쓰는 두껍고 넓은 나무판, 안반 같다 : 매우 두껍고 넓다.

탐욕 많은 놈 재물 때문에 죽는다 욕심이 많은 사람은 재물에 욕심을 내다가 제 명에 못 죽는 경우가 많다는 말.

탕건(宕巾)을 쓰고 세수하다 일의 순서가 틀려 모양이 사납게 되었다는 말. (비) 망건 쓰고 세수한다.

탕게도 데면 터지고 쇠도 강하면 부러진다 조그마한 게도 불에 데면 익어 터지고, 쇠도 너무 강하면 부러지듯이 무엇이나 정도기 극에 달하면 탈이 난다는 말.

탕관(湯罐)에 두부장 끓듯 걱정이 있어 속이 끓고 착잡하다는 뜻. ★탕관 : 국을 끓이거나 약을 달이는 데 쓰이는 작은 그릇.

탕국 내가 고소하다 1. 늙어서 죽을 때가 다 되었다. 2. 늙은 사람이 빨리 죽었으면 좋겠다는 생각이 든다는 뜻. (비) 널감이 되었다. 땅내가 고소하다. 염라대왕이 문 밖에서 기다린다. 팥죽 내가 난다. 흙내가 고소하다. 한 치 앞이 지옥이다. 해가 서산으로 기울어진다.

탕약에 감초 (비) 약방 감초.

태(胎)만 길렀다 (비) 구더기 될 놈.

태백산(太白山) 갈가마귀 게 발 물어 던지듯 할 짓은 다 하였다고 내어 버려져 아주 외로운 처지가 된다는 뜻.

태백산 백액호(白額虎)가 송풍나월(松風蘿月) 어르는 듯 (비) 구룡소(九龍沼) 늙은 용(龍)이 여의주(如意珠)를 어르는 듯. ★송풍나월 : 소나무의 사이로 부는 바람과 담쟁이덩굴 사이로 비치는 달이라는 뜻으로, 운치 있는 자연 경치를 이르는 말.

태산과 새털이다 도저히 서로 견줄 상대가 못 될 정도로 차이가 아주 심하다는 뜻.

태산 길 갈 까마귀 게 발 물어 던지듯 매우 외로운 처지에 놓여 있다는 뜻. (비) 게 발 물어 던지듯.

태산(泰山) 명동(鳴動)에 서일필(鼠一匹) 태산이 울고 요동치게 하더니 겨우 쥐 한 마리를 잡았다는 뜻으로, 소문에 비하여 실제의 결과는 작은 것에 비유.

태산을 넘으면 평지를 본다 (비) 구름이 지나가면 해가 보인다.

태산(泰山)으로 달걀을 누른다 권세가는 세력이 없는 사람을 업신여기고 호되게 구박한다는 뜻. (비) 만만한 데 말뚝 박는다.

태산이 광풍에 쓰러질까 (비) 까마귀 대가리가 희어지거든.

태산이 눈앞에 무너져도 얼굴색 하나 변하지 않는다 눈앞에서 어떤 큰일이 일어났더라도 조금도 두려워하지 않는 대담한 사람을 두고 하는 말.

태산이 평지 된다 세상의 모든 것이 덧없이 변함을 일컬음.

태산중악(泰山中岳) 만장봉이 모진 강풍에 쓰러지거든 (비) 까마귀 대가리가 희어지거든.

태수(太守) 덕에 나팔 소리 들었다 저는 아무런 노력도 하지 않고 다른 삶의 덕분으로 하고 싶던 일을 이루었을 땔 이름. (비) 냉수 먹고 된 똥 눈다. ★태수 : 옛날 중국이나 우리나라에서 주(州), 부(府), 군(郡), 현(縣)의 행정 책임을 맡았던 벼슬아치를 통틀어 이르던 말. 신라 때, 각 고을을 맡아 다스리던 벼슬아치. 품계는 중아찬(重阿飡)에서 사지(捨知)까지이다.

태수 되자 턱 떨어져 오랫동안 노력하여 모처럼 일이 이루어지니 반복하여 허사가 되었다는 뜻. (비) 재주를 다 배우니 눈이 어둡다.

태장(笞杖)에 바늘 바가지 심한 태장을 맞음을 이름. (비) 곤장에 대갈 바가지. ★태장 : 예전에. 태형과 장형을 아울러 이르던 말.

태화탕(太和湯)이다 사람이 덤덤하고 무미하다는 뜻.

탯줄 잡듯 한다 무엇을 잔뜩 붙잡았다는 말.

터럭 하나를 들었다고 힘이 센 것은 아니다 아주 조그마한 일을 하고서 큰일이라도 한 것처럼 뽐내는 사람에게 하는 말. ★터럭 : 짐승이나 사람 몸에 난 털

〈터를 잡아야 집을 짓는다〉

을 가리킴.

터를 잡아야 집을 짓는다 모든 일에는 순서가 있어야 한다는 말.

터서구니 사나운 집은 까마귀도 앉지 않는다 가정불화가 많은 집엔 아무도 왕래를 하자 않는다는 말. ★ 터서구니(터) 사납다 : 가풍(家風)이 좋지 못하여 집안이 불화하다.

터주를 놓고 조왕이 놓고 나면 아무것도 없다 넉넉지 못한 것을 여기저기 주고 나면 남는 것이 없다는 말. (비) 지신에 붙이고 성주에 붙인다. ★터주 : 집터를 지키는 지신(地神). 조왕 : 부엌을 맡은 신(神).

터주에 붙이고 조왕에 붙인다 여기저기에 갈라 붙임을 이르는 말.

터진 꽈리 보듯 한다 물건이나 사람을 아주 쓸데없는 것으로 여기고 중하게 여기지 않음을 이르는 말.

터진 방앗공이에 보리알 끼듯 한다 1.공교롭게도 방해물이 끼어들었음을 이르는 말. 2.버리자니 아깝고 파내자니 품이 들어 할 수 없이 내버려 둘 수밖에 없는 경우를 이르는 말.

터진 항아리 물 붓기 쓸 곳이 많아 아무리 벌어도 항상 부족함을 이르는 말.

턱 떨어지게 몹시 안타깝게. 목이 빠지게.

턱 떨어지는 줄 모른다 무엇에 몹시 열중하여 정신이 없음을 이르는 말.

턱 떨어진 개 지리산 치어(쳐)다보듯 한다 이루지 못할 일을 공연히 바람을 일컬음. (비) 주인 기다리는 개가 지리산만 쳐다본다.

턱 떨어진 광대 의지할 때 없이 꼼짝 못하게 된 사람. 또는 그런 처지를 말함.

털끝도 못 건드리게 한다 조금도 손을 대지 못하게 한다는 의미.

털도 아니 난 것이 날기부터 하려 한다 못난 사람이 격에 맞지 않는 일을 하려 한다는 말. (비) 될성부른 나무는 떡잎부터 알아본다. 열매 될 꽃은 첫 삼월부터 안다. 용 될 고기는 모이 철부터 안다. 잘 자랄 나무는 떡잎부터 알아본다.

털도 아니 뜯고 먹으려 한다 1.사리에 맞지 않게 노력도 없이 남의 물건을 거저 차지하려고 한다는 뜻. 2.몹시 성급히 하려고 덤빈다는 뜻.

털도 안 뜯겠다 한다 사리를 불구하고 남의 것을 통으로 먹으려 한다는 말.

털도 안 뜯고 먹겠다 한다 너무 급히 하려고 덤빈다는 말.

털도 없이 부얼부얼한 체한다 귀염성도 없는 자가 귀여움을 받으려고 아량 부리는 꼴을 비웃음을 일컬음.

털 뜯은 꿩 (비) 꽁지 빠진 수탉(새) 같다.

털만 보고는 말 좋은 줄 모른다 겉만 보고는 좋고 나쁜지 알 수가 없다는 뜻. (비) 범은 그려도 뼈다귀는 못 그린다.

털 벗은 솔개미 (비) 꽁지 빠진 수탉(새) 같다.

털어서 먼지 안 나는 사람 없다 뉘나 결점을 찾아내면 조금도 결점 없는 사람이 없단 말. (비) 뉘 집 부엌인들 불 때면 연기 안 날까.

털을 불어가면서 흠을 찾는다 굶주린 사람이 먹을 것이 있나 하고 여기저기 살핀다는 말. (비) 주린 까마귀 빈 통수 엿본다.

털을 뽑아 신으로 삼겠다 남의 은혜를 꼭 갚겠다는 말. (비) 머리털을 베어 신을 한다.

털토시를 끼고 게 구멍을 쑤셔도 제 재미라 (비) 발송이로 밑을 닦아도 제멋.

털 하나도 안 뽑는다 (비) 이마를 찔러도 피 한 방울 안 나겠다.

텁석부리 사람 된 데 없다 수염이 많은 사람을 놀리는 말.

텁석부리 수염은 모두 네 시아비냐 외양이 비슷하다고 해서 그저 덮어놓고 다 같은 사람으로 알아선 안 된다는 말.

텃세를 탄다 새로 왔다고 하여 본고장 사람에게 무시와 업신여김을 당한다는 말.

토끼가 제 방귀에 놀란다 (비) 개가 제 방귀에 놀란다.

토끼가 죽으니 여우가 슬퍼한다 동류의 괴로움과 슬픔을 같이 괴로워하고 슬퍼함을 비유적으로 이르는 말.

토끼 덫에 여우 걸린다 처음에 계획했던 것보다 의외로 좋은 결과를 얻게 되었다는 뜻.

토끼 도망간다 몸은 작아도 매우 빠르게 도망간다는 말.

토끼 두 마리를 잡으려다 한 마리도 못 잡는다 한꺼번에 여러 가지를 욕심내서 하다가는 한 가지도 제대로 성취하지 못한다는 뜻. (비) 가는 토끼 잡으려다가 잡은 토끼 놓친다.

토끼 둘을 잡으려다가 하나도 못 잡는다 욕심이 많아서 한꺼번에 여러 가지 일을 하려고 하면 한 가지 일도 성취하지 못하고 실패한다는 뜻.

토끼를 다 잡으면 사냥개를 삶는다 (비) 고기를 잡고 나면 바리를 버린다.

토끼를 잡고 나면 올무를 버린다 (비) 고기를 잡고 나면 바리를 버린다.

토끼 새끼가 나이가 먹어야 희다더냐 머리가 다른 사람보다 빨리 센 것을 가지고 나이 자랑을 하는 사람을 빗대어 하는 말.

토끼 입에 콩가루 먹은 것 같다 무엇을 먹은 흔적을 입가에 남기고 있는 것을 비유적으로 이르는 말.

토막나무 끈 자국 같다 토막나무를 끌고 간 자리가 뚜렷하듯이, 좋지 않은 짓을 하고 도망간 자취를 감추기 어려운 경우를 이르는 말.

토막나무 낫걸이 (비) 개미가 정자를 건드린다.

토막반찬에 이밥은 한두 식구나 먹는다 모든 식구가 다 잘 먹을 수는 없으나 가장(家長)에겐 특별히 정성을 들여 끼니를 장만한다는 의미.

토막 보고 목수 안다 가만히 앉아서 일하는 것을 보면 그 사람의 실력을 가늠할 수 있다는 말.

토하고 싶어도 토하지 않는다 말을 할 듯 할 듯하면서도 하지 않는다는 뜻.

통박만 잰다 남들은 전혀 눈치를 채지 못하게 저 할 일만 생각하고 있다는 말.

통지기가 오입이 제일이라 한량패들이 저자 보러 나오는 통지기들을 따라다니며 수작을 걸면 쉽게 눈에 맞아 오입할 수 있다는 뜻. ★통지기 : 서방질을 잘 하는 계집종.

통지기년 서방질하듯 이 남자 저 남자 가리지 아니하고 외간 남자와 함부로 놀아나는 모양을 비유한 말.

통째로 먹는 놈은 맛도 모른다 일을 거칠게 조급하게 서둘러서 하는 사람은 일의 내용이나 참뜻을 알지 못한다는 뜻.

트집(을) 걸다 공연히 조그만 흠집을 들추어내거나 없는 흠집을 만들어서 말을 하거나 문제를 일으키다.

틈난 돌이 터지고 태 먹은 독이 깨진다 1.틈이 생긴 돌이나 금이 간 독이 깨진다는 뜻으로, 전부터 가지고 있던 결함이나 약점 따위가 화근이 되어 일을 망치는 경우를 비유적으로 이르는 말. 2.앞에 무슨 나쁜 징조가 나타나면 반드시 나쁜 일이나 사건이 생기고야 만다는 말. ★태먹다 : 그릇이 깨어져 금이 생기다.

틈으로 보나 열고 보나 (비) 벌리나 오므리나.

틈으로 보는 흰말 지나가듯 (비) 인생은 초로(初露).

티끌만큼도 안 여긴다 남을 심하게 업신여긴다는 말. (비) 발가락의 티눈만큼도 안 여긴다.

티끌모아 태산 적은 것도 거듭 쌓이면 많아짐을 일컬음. (비) 모래알도 모으면 산이 된다. 실도랑 모여 대동강이 된다. 먼지도 쌓이면 큰 산이 된다. 빗물도 모이면 못이 된다. 물도 모이면 바다를 이룬다.

티끌이 눈에 들어가니 태산(泰山)이 안 보인다 사소한 것이 방해하여 큰일에 낭패를 보았다는 말.

티끌 중의 티끌이다 작은 것들 중에서 가장 작다는 말.

티를 불고 가시를 물어낸다 비록 작은 것이라도 남의 흠집을 들추어내기를 잘하는 행동을 비유적으로 이르는 말.

ㅍ

파고 세운 장나무 사람이나 일이 든든하여 믿음직스러움을 일컬음.

파김치가 되었다 기운이 빠지고 지쳐서 아주 느른하게 된 모양을 비유한 말.

파리가 앞발을 빌 듯 자신의 잘못을 진정으로 뉘우치고 상대방에게 머리를 조아리고 빈다는 뜻.

파리 경주인(京主人) 시골 아전이 서울에 오면 그 고을 경주인의 집으로 모여들게 된다는 뜻으로, 짓무른 눈에 파리가 꼬임을 비유적으로 이르는 말. ★경주인 : 지방 관아에서 서울로 파견된 사람.

파리는 여윈 말에 더 덤빈다 부정한 곳에 모리배가 많이 모인다는 말. ★모리배 : 온갖 수단과 방법으로 자신의 이익만을 꾀하는 사람 또는 그런 무리.

파리도 여윈 말에 더 붙는다 강자에게는 아무도 손을 대지 않지만. 약자에게는 누구나 덤벼들고 괴롭히려 한다는 말.

파리 떼 덤비듯 이권을 보고 모리배(謀利輩)가 파리 꾀듯 여기저기서 자꾸 모여든다는 뜻. (비) 파리한 소에 쇠파리 꼬이듯.

파리똥은 똥이 아니랴 비록 양이나 질은 다르지만 종류는 같음을 이르는 말.

파리를 날리다 영업, 사업 따위가 번성하거나 바쁘지 않고 아주 한가하다는 말.

파리를 한 섬 먹으라고 해도 먹지 않으면 그만 아무리 부당한 요구를 하더라도 본인이 받아들이지 않으면 그만이란 뜻.

파리 목숨 같다 (비) 목숨은 바람 앞에 등불과 같다

파리 발 드리(빈)다 손을 싹싹 비비며 애걸하는 것을 이르는 말.

파리 보고 칼 뺀다 화를 내지 않아도 될 일에 지나치게 화를 낸다는 뜻. (비) 모기 보고 환도 뺀다.

파리 수보다 기생(妓生)이 셋 많다 기생 수가 많다는 말.

파리 위에 날라리가 있다 (비) 기는 놈 위에 나는 놈 있다.

파리 잡듯 힘을 들이지 아니하고 죽여 없애는 모양을 이르는 말.

파리 족통만 하다 파리 발만 하다 함이니, 매우 희미하고 작다는 뜻.

파리한 강아지 꽁지 치레하듯 본 바탕이 안 좋은 데 보기 흉하게 지나치게 겉치레를 한다는 말. (비) 더벅머리 댕기 치레하듯. 머리털 없는 놈 댕기 치레하듯.

파리한 돼지 두부 앗은 날 즐기는 음식이라면 염치없이 덤벼 배를 채우는 사람을 비웃는 말. ★앗다 : 만들다의 방언.

파리 한 섬을 다 먹었다 해도 실제로 먹지 않았으면 그만 남에게 모함을 듣더라도 실제로 자기에게 그런 일이 없었다면 상관할 바 없으니 모른 체하라는 뜻.

파방(罷榜)에 수수엿 장수 이미 일이 잘못되어 이제는 더 볼 것이 없이 되었다는 뜻. (비) 파장(罷場)에 수수엿 ★파방 : 과거에 급제한 사람의 발표를 취소함.

파장에 수수엿장수 때를 놓치고 볼꼴이 없이 된 사람이나 경우를 이르는 말. ★파장 : 과장(科場), 백일장(白日場), 시장(市場) 따위가 파함.

파장이 내일모레 약속한 날짜를 어기고 하루하루 연기함을 일컫는 말.

파장 장꾼보다 엿장수가 더 많다 일할 때 정작 중요한 사람보다 전혀 불필요한 사람이 더 많다는 말.

파주미륵이다 키가 작고 뚱뚱하다는 말. (비) 난리가 나도 도망도 못 가겠다. 하늘 높은 줄 모르고 땅 넓은 줄만 안다.

판관사령(判官使令) 아내의 요구를 거역하지 못하는 사람을 조롱하는 말. ★사령 : 옛날 관아(官衙)에서 심부름하던 사람.

판 돈 일곱 닢에 노름꾼은 아홉 보잘것없는 일에 그 소득을 얻고자 턱없이 많은 사람이 모인다는 뜻.

판 밖의 사람 그 일이나 분야에 관계가 없는 사람을 이르는 말.

판수는 죽는 날이 없을까 장님을 쫓아다니면서 점을 친다는 것은 부질없는 헛일이란 말.

판에 박은 것 같다(듯하다) 신기하게도 모양이나 행동이 꼭 같을 때 하는 말.

판장이 된다 늙고 병들어 다 죽게 되었다는 말.

팔 고쳐 주니 다리 부러졌다 한다 1.사고가 잇달아 일어나는 사람을 일컫는 말. 2.병을 자주 앓는다는 말.

팔난봉이 뫼 썼다 우둔한 자손이 나거나 집안 일이 잘 아니 됨을 이름.

팔대(八代) 독자(獨子) 외아들이라도 울음소리 듣기 싫다 아이들의 울음소리란 매우 듣기 싫은 것이란 말.

팔도(八道)를 무른 메주 밟듯하였다 전국 방방곡곡을 빠짐없이 두루 돌아다님을 일컬음. (비) 무른 메주 밟듯.

팔도에 솥 걸어 놓았다 어디를 가든지 얻어먹을 데가 많은 사람을 두고 놀림조로 이르는 말.

팔방미인(八方美人) 1.어느 모로 보나 흠이 없이 아름다운 사람. 2.뉘게나 잘 보이도록 처세하여 나가는 사람. 3.아무 일에나 능숙한 사람. 4.여러 방면에 조금씩 손대는 사람을 조롱하는 말.

팔백(八百) 금(金)으로 집 사고 천금(千金)으로 이웃 산다 (비) 세 닢 주고 집 사고 한 냥 주고 이웃 산다.

팔삭동(八朔童) 열 달을 완전히 채우지 못하고 난 어딘가 모자라는 사람을 두고 하는 말. ★팔삭동 : 임신한 지 여덟 달 만에 낳은 아이

팔선녀(八仙女)다 옷차림이 꼴불견인 경우에 쓰는 반어(反語)를 이름.

팔선녀(八仙女)를 꾸민다 옷차림이 요란스러우나 그것이 우스꽝스러울 때를 이름.

팔십 노인 같다 나이에 비해서 외모가 너무 늙어 보이는 사람을 두고 하는 말.

팔십 노인도 세 살 먹은 아이한테 배울 것이 있다 어린 아이에게도 때로는 귀담아들을 말이 있음을 이르는 말. 예문. 팔십 노인도 세 살 먹은 아이한테 배울 것이 있다더니 내가 오늘 솔직하고 순수한 꼬마한테서 많은 것을 배웠다.

팔십 리 강짜 의심할 것이나 아니 할 것이나 무조건 의심하며 질투를 하는 여자를 보고 하는 말.

팔십에 이가 난다 늙어서 빠진 이가 다시 날 정도로 건강이 매우 좋다는 말. (비) 빠진 이가 다시 난다.

팔아먹을 것이라곤 부싯돌밖에 없다 집안의 세간이라곤 부싯돌밖에 없을 정도로 매우 가난하다는 말.

팔을 걷고 나서다 적극적으로 참가하여 나섬을 이름.

팔이 들이굽지 내굽나 1.사람은 누구나 자기와 가까운 사람에게 정이 쏠리게 마련이라는 말. 2.무슨 일이나 자기에게 이익이 되도록 처리하는 것이 인지상정(人之常情)이라는 말. 3.혈연관계에 있거나 친분이 두터운 쪽으로 마음이 기울다. (비) 팔이 안으로 굽는다. 잔 잡은 팔이 밖으로 펴지 못한다. 잔 잡은 팔이 안으로 굽는다.

팔이 안으로 굽는다 (비) 팔이 들이굽지 내 굽나.

팔자가 사나우니까 의붓아들이 삼 년 맏이라 일이 여의치 못함을 탄식하여 이르는 말.

팔자가 사나우면 총각 시아비가 삼간(三間)마루로 하나

〈팔자가 좋으면 동이장수 맏며느리 됐으랴〉

라 하도 어이가 없고 별 망측스러운 일도 다 보았다는 뜻. (비) 팔자가 사나우면 시아비가 삼간 마루로 하나.

팔자가 좋으면 동이장수 맏며느리 됐으랴 팔자 좋다는 말을 받고 무엇이 좋으냐고 반문하는 말.

팔자 고치다 1.재가하다. 2.갑작스레 부자가 되거나 지체를 얻어 딴 사람처럼 됨을 비유.

팔자 도망 못 간다 (비) 귀신은 속여도 팔자는 못 속인다.

팔자는 못 속인다 (비) 귀신은 속여도 팔자는 못 속인다. ⇔ 팔자도 길들일 탓.

팔자는 무덤에 가기 전에는 못 피한다 자기가 타고난 팔자는 인위적(人爲的)으로 고칠 수 없다는 말. (비) 타고난 팔자는 관(棺) 속에 들어가도 못 속인다.

팔자는 무덤 앞에서 말하랬다 팔자가 좋고 나쁜 평가는 죽은 뒤에 해야 한다는 뜻.

팔자 도망은 독 안에 들어도 못 피한다 제가 태어난 운명에 따라야지 억지로 되는 것이 아니라는 말. ⇔ 팔자도 길들일 탓.

팔자 사나운 강아지 잠만 자면 호랑이 나타난다 무슨 일을 하려면 꼭 장애물이 방해를 놓는다는 말.

팔자에 없는 감투를 쓰면 대가리가 쪼개진다 (비) 송충이는 솔잎을 먹어야 한다.

팥(앙꼬) 없는 찐빵 1.사람은 겉만 봐서는 모르는 것이고, 겪어봐야 안다는 뜻. 2.겉보긴 훌륭한 듯하나 보잘것없는 사람이나 물건을 비유하는 말. (비) 붉고 쓴 장, 빛 좋은 개살구, 명주 자루에 개똥, 잉크 없는 만년필, 크림 없는 케이크.

팥으로 메주를 쑨대도 곧이듣는다 지나치게 남을 믿는다는 말.

팥을 콩이라 해도 곧이듣는다 무조건 남을 믿는 순진한 사람을 조롱하는 말. (비) 팥으로 메주를 쑨대도 곧이듣는다. 콩을 팥이라 해도 곧이듣는다.

팥이 풀어져도 솥 안에 있다 얼른 보아서는 손해를 보는 것 같으나 사실은 그리 손해는 아니라는 말. (비) 죽이 풀어져도 솥 안에 있다. 죽을 푸다 흘려도 솥 안에 있다.

팥죽 내가 난다 늙어서 죽을 때가 다 되었다는 말 (비) 널감이 되었다. 땅내가 고소하다. 염라대왕이 문 밖에서 기다린다. 탕국 내가 고소하다. 흙내가 고소하다. 한 치 앞이 지옥이다. 해가 서산으로 기울어진다.

팥죽 단지에 생쥐 달랑거리듯 (비) 반찬단지에 고양이 발 드나들 듯.

팥죽은 퍼져도 솥 안에 있고 공 알은 빠져도 속곳 안에 있더라 뜻대로 되지 않아 손해를 본 듯하나 따지고 보면 큰 손해라고 할 만한 것도 없다는 뜻. (비) 죽이 풀어져도 솥 안에 있다.

패군(敗軍)한 장수는 용맹(勇猛)을 말하지 아니 한다 실패한 후에 변명은 있을 수 없음. (비) 패장(敗將)은 말이 없다.

패는 곡식 이삭 뽑기 (비) 고추밭에 말 달리기.

패독산에 승검초 없어서는 안 될 꼭 있어야 할 물건이란 뜻. (비) 안질에 노랑 수건. ★패독산 : 감기와 몸살을 다스리는 약. ★승검초 : 미나리과에 딸린 여러해살이 약초.

패랭이에 숟가락 꽂고 산다 떠돌아다니는 살림을 비유하여 이르는 말. ★패랭이 : 대오리로 얽어 만든 갓. 가난하고 천한 사람이 씀.

패(覇)를 쓴다 바둑 둘 때 쓰는 법(法)이니 밀 계책을 꾸며서 제 일에 잘되도록 다는 뜻.

패에 떨어졌다 남의 속임수에 빠져 속았다는 말.

패장(敗將)은 말이 없다 잘한 사람은 자신을 자랑하는 말이 있지만 잘못을 범한 사람은 달리 자랑할 말이 없다는 뜻. (비) 패군(敗軍)한 장수는 용맹을 말하지 않는다.

팽기(蟛蜞) 다리에 물 들어서듯 하였다 사람이 수많이 모여 쭉 둘러섬을 이름. ★팽기 : 수호지의 등장 인물. 별호는 천목장, 지영성에 속하는 인물이다. 호연작의 추천으로 인해 양산박 토벌군에 들어 호연작의 부하로 싸우다가 호삼랑에게 사로잡힌 이후, 그대로 양산박의 한 일원이 된다.

팽이와 아이는 때려야 한다 (비) 예쁜 자식 매로 키운다.

편보다 떡이 낫다 같은 종류의 물건이지만 한쪽이 다른 쪽보다 더 낫게 여겨진다는 뜻.

편삿놈 널 머리 들먹거리듯 당치 않는 것을 들추어내서 말썽을 부린다는 말.

편지에 문안 편지에는 으레 문안 말이 있어야 마땅하다 함이니, 늘 빠지지 않는 것을 이름.

편한 개 팔자 부럽지 않다 편한 것만을 바랄 것이 아니라 도리를 따라 사람답게 사는 것이 좋다는 말.

평반(平盤)에 물 담은 듯 안정되고 고요한 것을 비유한 말. (비) 두렁에 누운 소.

평생(平生) 신수가 편하려면 두 집을 거느리지 말랬다 두 집 살림을 차리게 되면 대부분 집안이 항상 편하지 못하다는 뜻.

평생을 살아도 님의 속을 모른다 평생을 가까이 함께 산 사람이라도 남의 속은 짐작하기 어렵다는 말.

평생을 잘 살라면 아내를 잘 얻으랬다 남자는 여자를 잘 얻어야 평생을 편안하게 생활할 수 있으므로 배우자를 고를 때 특히 신중해야 한다는 말.

평안도 감사처럼 간다간다만 부른다 약속하여 놓고 계속 그 약속을 지키지 않음을 이르는 말.

평안도 참빗장수 1.속이 너그럽지 못하고 옹졸한 사람을 두고 하는 말. 2.무슨 일이나 매우 이악하고 깐지게 하는 사람을 두고 하는 말.

평양 감사도 저 싫으면 그만이다 아무리 좋은 일도 하기 싫으면 억지로 시킬 수 없다. (비) 금강산도 제 가기 싫으면 그만이다.

평양 기생을 열 번 얻어도 정은 들 수 있다 신분이야 어떻든지 간에 남자는 여자와 가까이 하면 정이 들게 된다는 말.

평양 돌팔매 들어가듯 사정없이 들이닥치는 모양이나 겨냥한 것이 어김없이 들어맞는 모양을 이르는 말.

평양 병정의 발싸개 같다 지저분한 물건이나 너절하고 더러운 말과 행동을 비유적으로 이르는 말. (비) 일진회(一進會)의 맥고모자 같다. 아병의 장화 속 같다. ★발싸개: 매우 하찮은 물건을 비유적으로 이르는 말

평양(平壤) 황(黃) 고집이라 평양 황 씨가 고집이 세고 융통성 없었다는 뜻으로, 고집이 세고 완고한 사람을 비유적으로 이르는 말.

평지(平地)에서 낙상(落傷)한다 (비) 돌다리도 두들겨 보고 건너라.

평지풍파 바닥이 평평한 땅에 세찬 바람과 거센 물결이 인다는 뜻으로, 평온한 자리에서 생각하지 못한 다툼이 일어남을 비유적으로 이르는 말.

평택이 깨어지나 아산이 무너지나 (비) 백두산이 무너지나 동해수가 매어지나.

폐리(弊履) 같이 버린다 못 쓸 것이라고 아주 내버림을 이름. ★폐리: 해지고 닳은 헌 신발

폐부(肺腑)를 찌른다 가슴을 찌르듯이 감명 깊다는 말. ★폐부: 호흡을 하는 척추동물의 한 쌍 또는 한 개의 호흡 기관.

포도군사의 은동곳 물어 뽑는다 좋지 않은 제 버릇은 아무 데를 가도 고치지 못한단 말. (비) 제 버릇 개 줄까. 개고기는 언제나 제 맛이다.

포도청 뒷문에서 그렇게 싸지 않겠다 도둑이나 다른 범죄자를 맡아 보던 포도청 뒷문에서 장물을 매우 헐한 값으로 판다는 뜻으로, 물건 값이 너무도 헐하다는 것을 비유적으로 이르는 말. (비) 서낭에 난 물건이냐.

포도청의 문고리 빼겠다 대담하고 겁이 없는 사람을 이르는 말.

포도청 변쓰듯 포도청 관리들이 남들이 알아듣지 못하는 암호를 주고받는다는 뜻으로, 남이 알아듣지 못할 말을 툭툭 내뱉는다는 것을 이르는 말.

포서지묘(捕鼠之猫)는 익조(匿爪)라 쥐를 잡는 고양이는 발톱을 감춘다 함이니, 능력이 있는 이는 그 재주를 깊이 감추고 드러내지 않는다는 뜻.

포선(布扇) 뒤에서 엿 먹는 것 같다 (비) 장옷 쓰고 엿 먹기. ★포선: 상주(喪主)가 외출할 때 얼굴을 가

⟨포수가 꿩 놓친 격⟩

리기 위하여 가지고 다니던 물건.
포수가 꿩 놓친 격 마음먹은 것이 뜻대로 되지 않아 아쉬운 경우를 이르는 말.
포수라고 다 범 잡나 큰일을 하는 사람은 따로 있는 법이란 말.
포수 집 강아지 범 무서운 줄 모르듯 큰 세력을 믿고 주제넘게 행동한다는 뜻.
포수 집개는 호랑이가 물어 가야 말이 없다 자신이 저지른 일로 재앙을 당해야 남에게 트집을 잡지 못한다는 말.
포천 소(疏) 까닭 자기가 정신 차리지 않고 남을 탓함을 이르는 말. ★소 : 임금에게 올리는 글.
표리가 없다 겉으로 나타내는 말이나 행동과 속마음이 다름이 없이 꼭 같다는 말.
표주박으로 바닷물을 된다 철해야 할 사물의 양도 모르면서 어리석은 짓을 한다는 말.
표주박을 차고 바람을 잡는다 표주박 속에다가 바람을 억지로 잡아넣으려고 하듯이 사리에 맞지 않게 매우 어리석은 짓을 한다는 뜻.
푸닥거리를 했다고 마음 놓을까 무슨 일이나 마음속으로 기원한다고 다 되는 것은 아니라 그것을 행동으로 옮겨야 한단 뜻.
푸(포)대에 든 원숭이 (비) 굴레 씌운 말.
푸둥지도 안 난 것이 날려고 한다 (비) 개미가 객사(客舍) 기둥을 건드린다. ★푸둥지 : 아직 깃이 나지 아니한 어린 새의 날개 죽지.
푸른 땅에 나무를 박고 재 고리에 말뚝 치기 힘없고 연약하다고 업신여기고 확대함을 이름.
푸른색과 누른색을 분간하지 못한다 사물(事物)을 분간하지 못한다는 말.
푸른 양반 세도가 당당한 양반이란 뜻. (비) 빨간 상놈 푸른 양반.
푸른 풀도 자세히 보면 다 다르다 언뜻 보기엔 공통성이 있는 것도 자세히 살펴보면 제각기 개성(個性)이 다 다르다는 뜻. (비) 물 퍼런 것도 잘 보면 여러

가지다.
푸석돌에 불난다 잘 부서지는 푸석돌에 불이 날 리가 없으나 노력과 수단이 뛰어나면 무엇이든지 꼭 이름을 비유.
푸성귀는 떡잎부터 알고 사람은 어렸을 때부터 안다 (비) 될성부른 나무는 떡잎부터 알아본다. ★푸성귀 : 사람이 가꾸는 채소나 저절로 나는 나물.
푸성귀에 더운물 끼얹기다 어떤 일로 인하여 갑자기 큰 변을 당한다는 뜻. (비) 푸성귀에 소금 치기.
푸줏간 앞에서 고기 먹는 시늉만 해도 낫다 자기가 원하는 것은 설사 이루지 못하더라도 생각만으로도 즐겁다는 말.
푸줏간에 든 소 (비) 도마에 오른 고기.
푸줏간에 들어가는 소걸음 벌벌 떨며 무서워하는 모양. (비) 죽으러 가는 양의 걸음.
푸줏간의 중이다 자기와는 아무런 이해관계가 없는 사람이란 말.
푼돈에 살인 난다 흔히 사람은 사소한 이해관계로 다투어 큰 사고를 일으키기도 한다는 말.
푼돈엔 영악해야 한다 푼돈을 아낄 줄 모르는 사람은 결코 부자가 되지 못한다는 뜻.
풀과 나뭇잎은 다 같은 색이라 여럿이 처지가 다 같다는 말.
풀 끝에 앉은 새 안심이 안 되고 불안한 처지에 있다는 뜻.
풀 끝의 이슬 인생은 풀 끝에 맺힌 이슬처럼 덧없고 허무한 것임을 비유적으로 이르는 말.
풀기 빠진 모시 적삼이다 특성이 없어져서 가치가 없다는 말.
풀 먹은 개 나무라듯 한다 (비) 꿀 먹은 개 욱대기듯.
풀 방구리에 쥐 드나들듯 한다 (비) 반찬단지에 고양이 발 드나들듯.
풀밭이 바늘 찾기 (비) 감자밭에서 바늘을 찾는다.
풀베기 싫은 놈이 단 수만 센다 하던 일이 싫증이 나서 해 놓은 일의 성과만 헤아린단 말. (비) 게으른 년이 삼가래 세고 게으른 놈이 책장 센다. 게으른 여

〈피는 짚신 삼으면서 잡아야 다 잡는다〉

편네 밭고랑 세듯. 게으른 선비 책 장 넘기기.
풀솜에 싸 길렀나 허약하거나 기력 없는 사람의 비유.
풀쐐기도 오뉴월이 한 철 모든 일에는 전성기가 있다는 말. (비) 낙엽도 가을이 한 철. 메뚜기도 오뉴월이 한 철. 뻐꾸기도 유월이 한 철.
풀쐐기 집 짓듯 처음 계획은 무한히 컸으나 나중에 결과는 아주 보잘 것이 없다는 뜻.
풀 쑤어 개 좋은 일만 했다 (비) 죽 쑤어 개 좋은 일만 하였다.
풀 없는 밭 없다 어느 곳에 가든지 간에 나쁜 놈은 있다는 말.
풀을 베려면 그 뿌리를 베어라 나쁜 일을 없애려면 그것이 생기는 근원을 없애야 한다는 말. 무슨 일을 하거나 철저히 해야 한다는 말. (비) 풀을 없애려면 뿌리까지 뽑아야 한다. 피사리에서는 뿌리째 뽑아야 한다. 풀을 뿌리째 뽑아야 한다.
풀이 죽었다 잘난 척 교만하게 굴던 사람이 몰락하여 귀가 죽어지낸다는 뜻.
품속에 들어온 새는 잡지 않는다 (비) 범도 제 굴에 들어온 토끼는 안 잡아먹는다.
품 안에 있어야 자식이라 자식이 어렸을 때는 부모를 따르나 자라면 차츰 부모로부터 멀어진다는 말. (비) 자식은 어려서 자식이다. 자식은 품안에 들 때 내 자식이다.
풋고추 절이 김치 언제나 떨어지지 않고 같이 다님을 비유적으로 이르는 말. (비) 바늘 가는 데 실 간다. 녹수 갈 제 원앙 가듯. 용 가는 데 구름 간다. 봉 가는 데 황이 간다. 구름 갈 제 비가 간다. 꺽꺽 푸드덕 장끼 갈 제 아로롱 까투리 따라가듯. 거미 줄 따르듯. 범 가는 데 바람 간다.
풋나물 먹듯 아까운 줄 모르고 마구 먹어 치우는 모양을 일컬음.
풋내기 흥정 푼돈으로 흥정하는 작은 흥정이란 뜻.
풍년 개 팔자 (비) 댑싸리 밑의 개 팔자.
풍년(豊年)거지 더 섧다 여러 사람이 다 이익을 보는데 자기 혼자 빠짐을 가리키는 말. (비) 풍년거지의 팔자라. 풍년거지. 풍년에 굶주린다.
풍년거지 쪽박 깨뜨린 형상 서러운 중에 다시 서러운 일이 겹쳐 낭패된 사람의 형용.
풍년 곡식은 모자라고 흉년 곡식은 남아돈다 풍년엔 곡식이 풍부하여 저마다 헤프게 먹고, 흉년엔 곡식이 부족하다 하여 아껴 먹는다는 뜻.
풍년 두부 같다 보기 좋게 무른 살이 찐 사람을 비유적으로 이르는 말.
풍년에 팔 것 없고 흉년에 살 것 없다 풍년이 되어도 남들처럼 내다 팔 곡식 없고, 흉년이 되어도 역시나 남들 같이 사들일 수 없이 가난하다는 말.
풍년이 흉년 흉년이 풍년 넉넉한 것도 소비를 많이 하면 전혀 남는 것이 없고, 적은 것도 아껴 쓰면 여유가 있게 된다는 말.
풍년(豊年) 풀덩이 "탐스러운 물건"을 가리키는 말.
풍을 떤다 없는 것을 많은 듯이 나쁜 것을 좋은 듯이 허황하게 과장한다는 말.
풍전등화(風前燈火) 같다 사물이 오래 견디지 못하고 매우 위급한 위치에 있음을 이름. 사물이 덧없음을 가리키는 말. ★풍전등화 : 바람 앞의 등불이라는 뜻으로, 매우 위태로운 처지나 오래 견디지 못할 상태를 비유적으로 이르는 말.
피가 되고 살이 되다 살아가는 데 있어 큰 도움이 된다는 말.
피가 켕긴다 핏줄이 이어 있는 사이(부모와 자식)에는 남 다른 관계가 있다는 말.
피나무 껍질 벗기듯 무엇을 차근차근히 벗겨서 아주 하나도 남기지 않음을 일컬음. (비) 물 오른 송기 때 벗기듯.
피는 물보다 진하다. 형제지간은 어떻든지 가까운 사이라는 말.
피는 짚신 삼으면서 잡아야 다 잡는다 논에 피는 한없이 나므로 그것을 다 없애려면 그 피를 뽑아 짚신을 삼으면서 자꾸 뽑아야 한다는 말.

⟨피 다 뽑은 놈 없고 도둑 다 잡은 나라 없다⟩

피 다 뽑은 놈 없고 도둑 다 잡은 나라 없다 사람이 사는 현실 속에 불필요한 것이나 나쁜 것들을 다 소멸시키기는 극히 불가능하다는 말.

피도 눈물도 없다 인정머리가 아주 없다는 말.

피동 천 한 푼 없다 돈이 한 푼도 없다는 말. (비) 속 빈 강정의 잉어 등(燈) 같다. 사탕붕어의 겅둥겅둥 이라. 물에 빠져도 주머니 밖에 뜰 것 없다. 피천 한 닢 없다. 피천 대푼 없다. 쇠천 샐닢도 없다.

피라미만 잡힌다 권력이 있는 사람은 죄를 지어도 잡히지 않고 권력이 없는 만만한 범죄자만 잡힌다는 말. (비) 송사리만 잡힌다.

피로 피를 씻는다 혈족(血族)끼리 서로 다툰다는 말.

피를 나누다 골육(骨肉)의 관계가 있다는 말.

피를 마시다 굳은 약속을 한다는 뜻.

피를 입에 물고 남에게 품으면 제 입이 먼저 더러워진다 남을 해치려면 자신이 먼저 해를 입게 되니 먼저 남을 해치려고 하지 말라는 말.

피를 토하고 죽을 노릇이다 (비) 눈구석에 쌍 가래톳 선다.

피를 피로 씻는다 1.같은 혈족끼리 싸운다는 뜻. 2.악을 없애 버린다는 말.

피 맛본 호랑이 악한 일을 한 번 한 사람은 계속적으로 하게 된다는 뜻. (비) 피 맛을 본 귀신 달려들 듯.

피보다 진한 물이 있다 핏줄보다 진한 것이 정이란 뜻으로 박기만 회장이 정윤회를 두고 한 말에서 나온 것

피사리에서는 뿌리째 뽑아야 한다 (비) 풀을 베려면 그 뿌리를 베어라

피아말 궁둥이 둘러대듯 성장한 암말이 궁둥이를 좌우로 내두름과 같다 함이니, 임기응변으로 말을 이리저리 잘 둘러 댄다는 뜻.

피에 운다 몹시 슬퍼 운다는 말.

피와 살로 만든다 제대로 소화하여 자기 것으로 만든다는 뜻.

피장파장(皮匠把掌) 서로 매일반이란 말. (비) 두꺼비 씨름 같다. 두꺼비씨름 누가 질지 누가 이길지. 장군 멍군.

피장(皮匠)이 내일모레 약속한 날짜를 어기고 하루하루 지연함을 이름. ★피쟁이 : 갖바치. (비) 고리 백정 내일모레. 차일피일(此日彼日). 이날저날 한다. 의붓아비 제삿날 물리듯. 갖바치 내일모레. 고리장이에게는 내일모레가 약이다.

피죽도 못 먹다 굶은 사람처럼 맥이 없고 비슬거리는 사람을 빈정거리는 말.

피천 한 닢(대푼) 없다 수중에 돈이 한 푼도 없음을 이름. (비) 속 빈 강정에 잉어 등 같다. 물에 빠져도 주머니 밖에 뜰 것 없다. 피동 천 한 푼 없다. 쇠천 샐닢도 없다. 사탕붕어의 검둥검둥 이다.

필요는 발명의 어머니 발명은 필요한 데서 생긴다는 말.

핏겨 죽에 강도(强盜) 피의 겨에 쑨 죽에도 강도가 들 정도란 뜻으로, 생활이 몹시 곤란하다는 말.

핏겨죽(피겨죽)에 탕구자(湯口子) (비) 개 발에 주석 편자. ★핏겨죽(피겨죽) : 피의 겨를 끓인 죽. ★탕구자 : 신선로에 여러 가지 어육과 채소를 넣고 석이버섯, 호두, 은행, 황밤, 실백, 실고추 따위를 얹은 다음 장국을 붓고 끓이며 먹는 음식.

핏줄은 못 속인다 혈통(血統)은 유전성(遺傳性)이 있어서 도저히 남을 속일 수 없다는 뜻.

핑계가 좋아서 사돈네 집에 간다 (비) 과부가 아이를 낳아도 할 말이 있다

핑계 김에 떡 함지에 넘어진다 핑계를 대고 자기의 잇속을 차린다는 말.

핑계 김에 서방질한다 묘한 핑계를 대고 나쁜 짓을 한다는 뜻.

핑계 없는 무덤이 없다 사람은 뉘나 핑계를 되기 마련이란 뜻. (비) 핑계가 좋아서 사돈네 집에 간다. 여든에 죽어도 핑계에 죽는다. 여든 나도 방아 동티에 죽는다. 똥 싼 년이 핑계 없을까. 늙어 죽어도 동티에 죽는다.

핑계 핑계 도라지 캐러 간다 적당한 핑계를 대고 놀러 간다는 말.

ㅎ

하고 많은 날에 비바람 치는 날을 택한다 무슨 행사를 받아놓은 날이 공교롭게도 날씨가 좋지 않다는 뜻.

하고 싶은 말은 내일 하랬다 하고 싶은 말 있으면 충분히 생각해야만 실수가 없다.

하구 많은 생선에 복생선이 맛이냐 좋은 것이 많은데 왜 하필 고약한 것을 골라 가지느냐는 뜻으로 하는 말.

하기 싫은 일은 오뉴월에도 손이 시리다 하기 싫은 일을 하면 무더운 오뉴월에도 손이 시리게 느껴진다는 뜻으로, 하고 싶은 마음이 없으면 열성이 나오지 않음을 비유적으로 이르는 말.

하나는(만) 알고 둘은 모른다 사물을 한 측면만 보고 두루 보지 못함을 이르는 말.

하나는 열을 꾸려도 열은 하나를 못 꾸린다 한 사람이 잘 되면 여러 사람을 도울 수 있으나 힘이 없는 사람은 여럿이 힘을 모아도 한 사람을 돕기가 어렵다는 뜻.

하나는 용이 되고 하나는 뱀이 되었다 한 사람은 때를 만나 출세를 하고 다른 한 사람은 때를 만나지 못하여 출세를 못하고 있다는 말.

하나를 듣고(보고) 열을 안다 1.하나를 부르면 열을 짚는다. 2.하나를 알면 백을 안다. 한마디 말을 듣고도 여러 가지 사실을 미루어 알아낼 정도로 매우 총기가 있다는 말. (비) 하나를 들으면 백을 통한다.

하나부터 열까지 어떤 것이나 다.

하늘과 땅 두 사물 사이에 아주 큰 차이나 거리가 있음을 이르는 말. (비) 구름과 땅 사이.

하늘과 해가 내려다본다 맑은 하늘과 해가 엄연히 내려 보고 있는데 사람으로서 어찌 나쁜 짓을 할 수 있겠느냐는 뜻.

하늘 높은 줄 모르고 땅 넓은 줄만 안다 키 작고 옆으로만 퍼져 뚱뚱하게 생긴 사람을 보고 하는 말. (비) 난리가 나도 도망도 못 가겠다. 파주미륵이다. ⇔ 땅 넓은 줄은 모르고 하늘 높은 줄만 안다.

하늘 높은 줄 안다 감히 견주어 볼 생각도 할 수 없을 정도로 그 차이가 동뜨게 높음을 깨닫는다는 말.

하늘도 끝 갈 날이 있다 무엇이나 다 한이 있다는 말.

하늘도 두렵지 않고 땅도 무섭지 않다 잘못한 일이 없으므로 세상에서 두려워할 것이 없다는 말.

하늘 뜻은 거역 못한다 무슨 일이나 순리에 따라서 자연스럽게 해결해야지 억지로 해서는 안 된다는 뜻.

하늘로 올라가랴 땅으로 들어가랴 꼼짝도 못하고 아무 데도 숨을 곳이 없다는 뜻. (비) 굴레 씌운 몸. 못에 갇힌 고기요 새장에 갇힌 새다. 포(푸)대에 든 원숭이. 굴레 씌운 말.

하늘로 올라갔나 땅으로 들어갔나 갑자기 눈앞에서 사라졌을 때 하는 말.

하늘로 호랑이 잡기 권세가 등등하여 무엇이나 원한다면 다 얻을 수 있다는 말.

하늘만 보고 다니는 사람은 개천에 빠진다 큰 욕심에만 눈이 어두워 작은 일을 소홀히 하는 사람은 결국 실패하게 된다는 뜻.

하늘 무서운 말 천벌을 받을 만한 죄스러운 말.

⟨ 하늘 밑의 벌레 ⟩

하늘 밑의 벌레 사람을 익살스럽게 이르는 말.

하늘 밥도둑 특이하게 생긴 코를 이르는 말. (비) 개밥도둑.

하늘 보고 손가락질 상대가 되지도 않는 보잘것없는 사람이 건드려도 꿈쩍도 않는 대상에게 무모하게 시비를 걸며 욕함을 이르는 말.

하늘 보고 주먹질 당치도 않은 행동을 함을 이르는 말.

하늘 보고 침 뱉기 (비) 내 얼굴에 침 뱉기

하늘 쓰고 도리질한다 아무것도 거리낌 없이 제 세상인 듯 건방지게 덤빔을 일컫는 말. (비) 하늘을 도리질 친다.

하늘 아래 첫 동네 몹시 높은 지대에 있는 동네를 이르는 말.

하늘에 나는 새도 떨어진다 세상 사람들이 다 무서워하는 막강한 권력을 가진 사람을 가리키는 말.

하늘에 돌 던지는 격(格) 힘써 수고한 보람은 고사하고 도리어 자기에게 재앙이 될 수 있다.

하늘에 떠 있는 누각 아무 근거도 없는 가공(架空)의 사물이란 뜻.

하늘에 막대 겨루기 어떤 일을 이루려고 노력을 하나 그럴 만한 능력이 없으므로 공연한 짓을 함을 비유적으로 이르는 말.

하늘에 방망이를 달겠다 불가능한 일이라는 뜻.

하늘에 별 따기 (비) 중의 빗.

하늘에서 떨어졌나 땅에서 솟았나 도무지 기대하지도 않던 것이 홀연히 나타남을 이름. 부모와 조상을 몰라보는 자를 깨우쳐 주는 말.

하늘에 주먹질해 봤자 다 권력을 가진 사람에게 섣불리 덤벼 보았자 아무 소용이 없다는 의미. (비) 하늘 보고 손가락질한다.

하늘 울 때마다 벼락 칠까 인간사나 자연사에서 예외의 경우가 허다하다는 말. (비) 장마다 망둥이 날까.

하늘은 스스로 돕는 자를 돕는다 하늘은 스스로 노력하는 사람을 성공하게 만든다. 어떤 일을 이루기 위해서는 자신의 노력이 중요함을 교훈적으로 이르는 말.

하늘을 도리질 친다 권세가는 기세가 등등하여 두려울 것 없이 행세한다는 말. (비) 하늘을 쓰고 도리질한다.

하늘을 봐야 별을 따지 선행조건(先行條件)을 갖추거나 경우에 잘 맞아야 일을 이룰 수 있다는 말. (비) 산에 가야 범을 잡고 물에 가야 고기를 잡는다. 물이 가야 배가 오지, 물이 와야 배가 오지, 물이 있어야 고기가 생긴다. 바람이 불어야 배가 간다. 배도 물이 있을 때 띄워야 한다. 잠을 자야 꿈을 꾸지. 입을 봐야 아이를 낳지, 죽어봐야 저승을 알지, 서울에 가야 과거 급제하지. 거미도 줄을 쳐야 벌레를 잡지. 눈을 떠야 별을 보지, 두레박줄이 짧으면 깊은 우물의 물을 긷지 못한다.

하늘을 올라만 가고 내려올 줄 모르는 용(龍)은 후회할 때가 있다 자기의 실력을 돌보지 않고 높은 직위를 탐내다가는 후회하게 되니 분수에 넘치는 욕심을 삼가라는 말.

하늘이 꺼져도 꿈쩍도 않는다 아무리 어렵고 고통스러운 일을 당해도 조금도 두려워하지 않고 태연자약하게 있다는 뜻.

하늘이나 나를 알까 알 사람이 없다 자신의 억울한 마음을 알아주는 사람이 세상에선 아무도 없다는 뜻.

하늘이 남대문 구멍만 하다 어지럽고 정신이 없어서 도저히 사물을 판단할 수 없는 상태에 있다는 뜻. (비) 하늘이 돈 잎만 하다. 하늘이 돈짝만하다. 하늘이 콩 짝만 하다.

하늘이 돈짝만하다 1.심한 충격이나 또는 술에 몹시 취하여 사물이 제대로 보이지 않게 되는 경우를 이르는 말. 2.의기양양하여 아무것도 무서울 것이 없이 행동함을 이르는 말. 3.맘이 허황해 들떠서 세상 모든 일을 우습게 여길 때 하는 말. (비) 하늘이 돈 잎만 하다.

하늘이 만든 화는 피할 수 있으나 제가 만든 화는 피할 수 없다 자신이 저지른 잘못에 대한 대가는 피할 수 없다는 말. (비) 하늘이 주는 얼은 피할 도리 있어도 제가 지은 얼은 피할 도리 없다.
하늘이 무너져도 솟아날 구멍이 있다 몹시 어려운 경우에도 헤쳐 나갈 길은 있다는 말. (비) 죽을 때도 쓸 약이 있다. 죽을 땅에 빠진 후에 산다. 궁하면 통한다. 상전벽해 되어도 비켜 설 곳이 있다. 죽을 수가 닥치면 살 수가 생긴다.
하늘이 무너지고 땅이 갈라졌다 자식이 부모를 여의거나 아내가 남편을 잃었을 때 그 가슴 아픈 심정을 두고 하는 말.
하늘이 열 조각이 나더라도 어떤 어려움이 있더라도.
하늘이 주는 얼(孼)은 피할 도리 있어도 제가 지은 얼은 어쩔 도리 없다 사람은 제가 저지른 일로 인하여 반드시 후에 괴로움을 받게 된다는 뜻. (비) 하늘이 만든 화는 피할 수 있으나 제가 만든 화는 피할 수 없다.
하늘이 콩짝 만하다 정신이 어찔어찔하여 사물을 바로 보지 못한 상태를 이름. (비) 하늘이 돈짝만하다.
하늬바람에 곡식이 모질어진다 서풍이 불면 곡식이 여문다는 말.
하던 지랄(지람)도 멍석 펴놓으면 안 한다 보통 때는 시키지 않아도 잘하던 것이 시키면 안 함.
하라는 파총(把摠)에 감투 걱정한다 높지도 않은 파총 벼슬을 하면서 감투가 날아갈까 걱정한다는 뜻으로, 대수롭지 않은 일을 하면서 지나친 걱정만 하는 것을 이르는 말. ★파총 : 종사품(從四品)의 벼슬.
하루가 천년 같다 어떤 일을 몹시 고대하고 기다릴 때는 시간이 무척 느리게 간다는 것.
하루 굶은 것은 몰라도 헐벗은 것은 안다 하루를 굶은 것은 표가 나지 않으나 헐벗은 옷차림은 표가 난다는 뜻으로, 가난하더라도 옷차림만은 남에게 궁하게 보이지 말라는 말.
하루는 길어도 일주일, 한 달, 일 년은 짧다. 인생사에서 나이에 따라 세월이 가는 모습을 속도에 비유한 말. (비) 젊어서는 하루가 짧아도 일 년이 길고, 늙어서는 하루가 길어도 일 년은 짧다.
하루를 (길을) 가다 보면 소도 보고 말도 본다 세상을 살다 보면 이런 꼴 저런 꼴 다 보게 된다는 뜻.
(비) 하룻길을 가다 보면 소 탄 놈도 보고 말 탄 놈도 본다.
하루를 살아도 천 년 살 마음으로 살랬다 사람이 단 하루를 살다가 죽더라도 미래에 대한 장기적 안목을 가지고 살아야 한다는 뜻.
하루 물림이 열흘 간다 무슨 일이나 미루게 되면 계속 미룬다는 뜻으로, 그날 일은 그날 해야 함을 충고한 말.
하루 밥 세 끼 먹기는 일반이다 무슨 일 하든지 간에 하루 밥 세 끼 먹기는 누구나 같다. 극히 예사로운 일이란 뜻.
하루살이나 하는 판 (비) 없는 놈이 찬밥 더운밥 가린다.
하루살이 떼가 날면 바람이 분다 하루살이 떼가 공중에 나는 것을 보고 바람이 불 것을 미리 알 수 있다는 뜻.
하루살이 불보고 덤비듯 한다 어떤 일함에 있어서 아무 생각 없이 무작정 덤벼드는 것을 이르는 말.
하루살이 신세 큰 포부를 가슴에 지니고 사는 것이 아니라 그날그날 닥치는 상황에만 급급해서 살아가는 신세라는 뜻.
하루 세 끼 밥 먹듯 무슨 일을 아주 예사로 알고 만만하게 보아야 한다는 뜻.
하루 저녁에 단 속곳 셋 하는 여편네 속곳 벗고 산다 일 잘하는 사람이 고생하며 사는 수가 허다하다는 말.
하루 죽을 줄은 모르고 열흘 살 줄만 안다 언제 죽을지도 모르는 이 덧없는 세상에 얼마든지 오래 살 것처럼 인색하게 굴지 말라는 말.
하루 한 자씩만 배워도 일 년이면 삼백육십 자 무슨 일이나 매일 조금씩 꾸준히 해나가면 그동안 차곡차곡 했던 것이 모여서 큰 성과가 된다는 뜻.
하룻강아지 범(호랑이) 무서운 줄 모른다 (비) 물인지 불인지 모른다.
하룻강아지(망아지) 서울 다녀오듯 무엇이 어떻게 되는 것인지 알지도 못하는 주제에 무엇을 보거나 함을 이르는 말. (비) 까투리 북한산 다녀오듯.

〈하룻강아지 재 못 넘는다〉

하룻강아지 재 못 넘는다 경험이 많고 능숙한 사람이 아니고서는 큰일을 해내지 못함을 비유적으로 이르는 말.

하룻밤에 단속곳 열두 벌 짓는 년이 속곳 없이 산다 일은 잘하지만 가난하게 산다는 뜻.

하룻밤에 만리장성을 쌓았다 헐었다 한다 잠을 이루지 못하고 이러저러한 일로 몹시 뒤척이거나 어떤 생각으로 안타까이 궁리하는 모양을 비유적으로 이르는 말.

하룻밤에 소금 석 섬을 먹어도 짜다는 소리가 없다 좋다 나쁘다 말없이 많은 양을 먹는 대식가를 비유적으로 이르는 말.

하룻밤 자고 나면 수가 난다 아무리 어려운 문제라도 생각에 생각을 거듭하면 그 해결의 실마리를 찾을 수 있다는 말.

하룻밤을 자도 만리장성을 쌓으랬다 만난 지가 얼마 되지 않았지만 깊은 인연을 맺을 수 있다는 뜻.

하룻밤을 자도 만인(蠻人)은 성을 쌓는다 비록 한 때의 일이라도 든든히 한다 하여 잠시 만나 헤어질 사람이라도 정은 깊게 맺는다는 뜻으로 이름. ★만인 : 미개한 종족의 사람.

하룻밤을 자도 연분 잠시 짧은 시간을 두고 만난 사이라도 남녀가 정을 통하게 되면 그것도 연분이란 말. (비) 햇 비둘기 재 넘을까.

하룻밤을 자도 헌 각시 1.물건을 일단 사용하면 헌것으로 간주된다는 말. 2.한 번 과오라도 있으면 지조를 지킨 사람으로 볼 수 없다는 뜻. (비) 한 밤을 자도 헌 각시. 도둑의 때는 벗어도 화냥의 때는 못 벗는다.

하룻밤 잔 원수 없고 하루 지난 은혜 없다 한 번 맺은 정은 영원하지만 은덕은 세월이 가면 다 잊게 마련이란 뜻.

하룻비둘기가 재를 못 넘는다 경험과 실력이 없이 자만심(自慢心)만 가지고는 일을 할 수 없다는 말. (비) 햇비둘기 재 넘을 까.

하선(夏扇) 동력(冬曆)으로 시골에서 생색 낸다 돈푼 있는 사람이 값지지 않은 물건을 가지고 생색을 낼 때를 이름. 여름 하지엔 부채를 선사하고 동지엔 달력을 선사하는 것이 인사라는 말.

하 심심하여 길 군악(軍樂)이나 하지 하도 심심하여 파적(破寂)으로 어떤 한가한 놀이를 할 때 이름.

하인은 저보다 똑똑한 놈을 쓰지 말랬다 부리는 사람이 자기보다 훨씬 똑똑하면 부리기가 힘들다는 말.

하지도 못하는 놈이 잠방이 벗는다 어떤 일을 할 실력도, 자신도 없는 사람이 하려고 덤비는 경우를 두고 하는 말. ★잠방이 : 가랑이가 무릎까지 내려오게 지은 짧은 홑바지.

하지(夏至)를 지나면 발을 물꼬에 담그고 산다 농촌엔 하지 후에 논에 물을 대는 것이 벼농사에 중요한 일이므로 하는 말.

하지 말라는 짓은 더 하고 싶다 남들이 못하게 뜯어말리는 일은 더 하고 싶은 것이 사람의 심리란 말.

하지(夏至) 전 중 심기 하지 전에 심는 모는 이르지도 않고 늦지도 않은 중간이란 뜻.

하품에 딱꾹질(재채기) 어려운 일이 겹쳤다는 뜻. 공교롭게도 일이 잘 안 된다는 뜻. (비) 마디에 옹이. 하품에 폐기. 고비에 인삼. 기침에 재채기.

하품에 폐기 하품에 재채기 같은 뜻임. ★폐기 : 딸꾹질.

학 다리가 길다고 끊어버리면 학은 슬프게 된다 남의 사정도 모르고 남의 일에 잘못 참견하다가는 도리어 남을 낭패시키는 결과가 된단 뜻.

학 다리 구멍을 들여다보듯 어떤 사물을 골똘히 들여다보는 모양을 비유적으로 이르는 말.

학도 아니고 봉도 아니고 아무것도 아니라는 말. 행동이 뚜렷하지 않거나 사람이 분명치 않다는 말.

학은 거북 나이를 부러워한다 사람의 욕심은 한도 끝도 없기에, 부자가 되어도 더욱 욕심을 내어서 더 큰 부자가 되려고 한다는 뜻.

학은 굶주려도 곡식을 먹지 않는다 아무리 구차해도 온당치 못한 짓은 하지 말라는 뜻.

학이 곡곡하고 우니 황새도 곡곡하고 운다 (비) 거문고 인 놈이 춤을 추니 칼 쓴 놈도 춤을 춘다.

학질(瘧疾)을 뗀다 매우 힘들고 어려운 일을 치르게 되었다는 뜻.

학춤을 추이다 남의 팔이나 덜미를 치켜들고 혼을 내줌을 이름.

한 가닥으론 합사(合絲)를 못 꼰다 혼자서 못하는 일은 여러 사람이 서로 도와주어야만 이루어진다는 뜻.

한 가랑이에 두 다리 넣는다 매우 급히 서두르는 모양을 말함. (비) 도둑놈 소 몰 듯.

한 가지로 열 가지를 안다 한 가지 행동을 보면 그 사람의 모든 행동을 다 알 수 있다.

한강(漢江) 가서 모욕한다 어떤 일을 일부러 먼 곳에 가서 하여 봐야 별로 신통할 것 없다.

한강 모래사장에 혀를 박고 죽을 일이다 (비) 눈구석에 쌍 가래톳 선다.

한강물을 다 먹어야 아나 무슨 일을 처음부터 꾸준하게 조금씩 하지 않고 미련스럽게 한꺼번에 한다는 뜻.

한강 물 다 먹어야 짜느냐 무슨 일이나 처음에 조금만 시험해 보면 짐작이 간다는 말.

한강 물이 제 곬으로 흐른다 (비) 덕은 닦은 데로 가고 죄는 지은 데로 간다.

한강에 그물 놓기 이미 계획한 일은 기다리면 언젠가는 이루어진다는 말.

한강에 돌 던지기 (비) 밑 없는 독에 물 붓기.

한강에 배 지나갔다 (비) 개미 기어간 자취.

한강이 녹두죽이라도 쪽박이 없어 못 먹겠다 아무리 좋은 물건이 눈앞에 쌓였어도 노력 없이는 얻을 수 없다는 뜻.

한 갯물이 열 갯물 흐른다 (비) 일어탁수(一魚濁水). 미꾸라지 한 마리가 온 웅덩이를 흐린다.

한 굴에 든 여우다 같은 처지에 있는 사람들로서 아주 친한 사이란 말.

한 귀로 듣고 한 귀로 흘린다 다른 사람 말을 듣고도 곧 잊어버려 듣지 않은 것과 같다.

한 길 사람 속은 모른다 사람의 마음은 헤아리기가 매우 어렵다는 뜻.

한 끼 잘 얻어먹는 것도 재수 멀리 있는 큰 이득만 바라지 말고 작은 이득에도 고마워할 줄 알아야 한다는 뜻.

한날한시에 난 손가락도 길고 짧다 한 형제간도 슬기로운 사람과 어리석은 사람이 생기며 같은 등속이라도 고르지 못하단 말. (비) 한 배 새끼에도 훤둥이 검둥이가 있다. 한 어미 자식에도 오롱이조롱이가 있다. ★오롱이조롱이 : 오롱조롱하게 각기 달리 생긴 여럿

한 남자가 열 계집을 마다하지 않는다 남자는 아내를 여럿이라도 얻고 싶어 한다는 말.

한 남편의 처첩(妻妾)이 몇이라도 한 줄의 생물 한 남자에게 아내가 여러 명 있어도 모두들 남편의 성질을 닮게 된다는 뜻. (비) 한 놈의 계집들은 한 덩굴에 열린다.

한 냥짜리 굿하다가 천 냥짜리 징 깨트린다 적은 일을 하다가 큰 손해를 보게 되었다는 말.

한 냥 장설(帳設)에 고추장이 아홉 돈어치라 전체에 비하여 그중 일부분에 지나치게 비용이 많이 쓰였다는 말. (비) 돼짓값은 칠 푼이요 나뭇값은 서 돈이라. 한 푼짜리 푸닥거리에 두부가 오 푼. 칠 푼짜리 굿에 열네 푼 든다. ★장설 : 잔치나 놀이 같은 것을 할 때 여러 사람이 모인 자리에 차려내는 음식.

한 냥 추렴에 닷 돈 냈다 무슨 일에나 자기에게 배당되는 몫이 부족할 때 이르는 말.

한 노래로 긴 밤새울까 한 가지 일로 세월을 허송함을 이름.

한 놈의 계집은 한 덩굴에 열린다 (비) 한 남편의 처첩(妻妾)이 몇이라도 한 줄의 생물.

한 다리가 천 리(千里) 조금이라도 핏줄이 가까운 사람에게 정이 더 간다는 뜻.

한 다리론 못 걷는다 다른 사람들의 협력을 받지 않고 혼자선 어떤 일을 감당해내기가 매우 어렵다는 뜻.

⟨한 달 봐도 보름보기⟩

한 달 봐도 보름보기 애꾸눈을 놀리는 말.
한 달에 보숭이 세 번 떡국 세 번 한 집은 망한다 가루 음식은 헤프므로 더 많이 소비 된다는 뜻. ★보숭이 : 고물(헐거나 낡은 물건)
한 달은 잡고 달(보름)은 못 본다 큰 것은 알고, 작은 것은 모른다는 뜻.
한 달이 크면 한 달은 작다 세상일이란 한 번 좋은 일이 있으면 한 번은 나쁜 일이 있게 마련이라는 뜻. (비) 일월이 크면 이월은 적다.
한 더위에 털 감투 제철이 지나 쓸데없고 오히려 거추장스럽기만 한 물건을 이르는 말. (비) 오뉴월 두룽다리.
한데 앉아서 음지 걱정한다 제 일도 한심한 처지에 남의 걱정을 한다는 말. (비) 뒷집 마당 벌어진데 솥뿌리 걱정한다. 마당 터진데 솥뿌리 걱정한다.
한 동네에서는 명창(名唱)이 없다 늘 같이 어울리는 사람들끼리는 서로의 장점(長點)을 모른다는 말.
한 되 떡에 한 말 고물이다 마땅히 적어야 할 것이 많다는 뜻.
한 되 병에 두 되는 들지 않는다 사람은 각자의 역량(力量)에 한도(限度)가 있어서 그 한도를 넘어서 하지는 못한다는 말.
한 되 주고 한 섬 받는다 조금 주고 그 대가로 몇 갑절을 더 많이 받는다는 뜻. (비) 되로 주고 말로 받는다.
한라산이 금덩어리라도 쓸 놈 없으면 못 쓴다 아무리 귀중한 재물이라도 필요해서 쓸 사람이 있어야 그 가치를 나타낸다는 말.
한량(閑良)이 죽어도 기생집 울타리 밑에서 죽는다 (비) 남산골 생원이 망하여도 걸음 걷는 보수는 남는다. ★한량 : 돈 잘 쓰고 잘 노는 사람을 비유적으로 이르는 말
한 마디 말로 송사(訟事)를 가린다 구구하게 말할 필요도 없이 단 한 마디로 결단을 내린다는 뜻. (비) 한 마디로 잘라 말한다.
한 마리 개가 짖으면 뭇 개가 따라 짖는다 한 사람의 선동은 여러 사람들에게까지 번져서 큰 영향을 주게 된다는 뜻. (비) 한 마리 개가 짖으면 온 동네의 개가 다 짖는다.
한 마리 고기가 온 강물을 흐리다 (비) 미꾸라지 한 마리가 온 웅덩이를 흐린다.
한 마을 공사(公事) 한 마을의 공사처럼 매번 하는 일이 언제나 흐트러짐이 없고 한결같다는 뜻.
한 말고기 다 먹고 말 하문(下門) 내 난 댄다 배가 고플 땐 우선 마음이 흡족하였던 것도 배가 부르고 나선 흉보게 됨을 이름. 처음엔 아쉬워하던 것도 제 욕망을 다 채우고 나면 흉보게 됨을 이름. (비) 말고기 다 먹고 무슨 냄새가 난다고 한다. 말 한 마리 다 먹고 말고기 냄새 난다고 한다. ★하문 : 여자의 음부.
한 말 등에 두 길마를 지울까 한 사람이 두 가지 일을 한꺼번에 못한다는 말. (비) 한 어깨에 두 지게를 질까.
한 말에 두 안장이 없다 남자는 첩(妾)을 두지 말라는 뜻. (비) 한 밥그릇에 두 술이 없다.
한 말은 일 년 들은 말은 삼 년 말을 한 사람은 자기가 한 말에 대해서 쉽게 잊어버리지만 들은 사람은 그것을 잊어버리지 않는다는 뜻. (비) 한 말은 일 년이요 들은 말은 삼 년 간다. 한 말은 삼 년 가고 들은 말은 백 년 간다.
한 말을 또 하고 또 하고 한다 한번 한 말을 자꾸 되풀이하면서 수다스럽게 지껄인다는 의미.
한 말 주고 한 되 받아 무엇 하나 벌이를 한다고 도리어 남 좋은 일만 하고 다님을 이름. (비) 홍두깨로 주고 바늘로 받는다.
한 말 했다가 본전도 못 찾는다 말 한 마디 한 것이 사리에 어긋나는 것이어서 상대방에게 핀잔을 받고 무안하게 되었을 경우를 이르는 말.
한 며느리는 미워도 열 딸은 곱다 옛날 시어머니들이 딸만 귀여워하고 며느리는 무조건 미워한 데서 나온 말.
한 몸에 두 지게 못 진다 한 사람이 한꺼번에 두 가지

일을 하기는 어렵다는 말.

한 못에서 두 용이 살지 못한다 세력이 같은 사람끼리는 한 곳에서 함께 살 수가 없단 말.

한문성(韓文成)의 엮음 하듯 같은 말을 끊임없이 되풀이하는 사람에게 이르는 말.

한 바늘로 꿰맬 것을 열 바늘로 꿰맨다 일이 커지기 전에 수습하지 않고 미루고 있다가 나중에 더 큰 손해를 보게 되었다는 뜻.

한 바리 실었으면 꼭 맞겠다 두 사람이 하는 짓이 낫지도 않고 못하지도 않으며 똑같다는 뜻.

한 밤을 자도 헌 각시 어떤 물건을 일단 사용하면 헌 것으로 간주된다는 말. (비) 하룻밤을 자도 헌 각시.

한 밥 그릇에 두 술이 없다 한 남편에겐 한 지어미만이 있을 수 있다는 말. (비) 한 말에 두 안장이 없다.
★술 : 숟가락.

한 밥 먹는다 뜻밖에도 생각지 않았던 좋은 음식을 먹게 되었을 때 이르는 말.

한 밥에 오르고 한 밥에 내린다 젊은 사람은 먹으면 먹는 대로 살로 가고, 먹지 않으면 그만큼 축난다는 뜻.

한 방에 잡는 포수 총알 한 방으로 짐승을 잡을 수 있는 포수처럼 무슨 일을 단번에 정확히 해치우는 솜씨를 가진 사람이란 뜻.

한 배 새끼도 알롱달롱하다 한 부모가 낳은 자식 중에도 잘나고 못난 놈이 골고루 있다는 뜻. (비) 한배에 난 자식도 제각각. 한배 새끼에도 횐둥이 검둥이가 있다. 한날한시에 난 손가락도 길고 짧다.

한 배에 같이 타는 것도 연분 잠시나마 서로 만나서 대화를 하게 된 것도 분명히 하나의 연분이란 뜻.

한 번 가난해보고 한 번 부자가 되어 봐야 그 태도를 알게 된다 친구간의 정분은 자신이 가난을 직접 경험해 보고 부자도 되어 본 다음 그 과정에서 친구가 대하는 태도로 미루어 친구의 인품이나 우정을 옳게 판단할 수 있다는 뜻.

한 번 가도 화냥년 두 번가도 화냥년 잘못을 한 번 저지르나 여러 번 저지르나 잘못된 일을 했다는 말은 매일반이란 뜻.

한 번 걷어 챈 돌에 두 번 다시 채지 않는다 한 번 실수한 데선 두 번 다시 실수하지 않는 단 말.

한 번 검으면 흴 줄 모른다 한 번 나쁜 습관이 생기면 좀처럼 고치기 어렵다는 말.

한 번 똥 눈 개가 일생 눈다고 (비) 삼밭에 한 번 똥 싼 개는 늘 싼 줄 안다.

한 번 뱉은 말은 사두마차도 못 따라간다 한 번 입으로 뱉은 말은 결코 마차로도 따라잡을 수 없을 정도로 남에게 빨리 퍼지게 된다는 말. (비) 한 번 한 말은 어디든지 날아간다.

한 번 보기만 하면 외운다 여느 사람과 달리 재주가 매우 뛰어난 사람이라 한 번 보기만 하여도 술술 외운다는 뜻.

한 번 속지 두 번 안 속는다 처음 한 번은 속기 쉽지만은 그 다음부터는 경계하기 때문에 다시는 속지 않는다는 말.

한 번 실수는 병가(兵家)의 상사(常事) 한 번쯤의 실수는 누구에게나 다 있는 것이니 크게 탓할 것이 아니라는 뜻. (비) 일승일패는 병가의 상사.

한 번 실수는 있어도 두 번 실수는 없다 한 번은 어쩌다가 실수할 수 있지만 다음부터는 실수하지 않도록 조심한다는 뜻.

한 번 엎지른 물을 다시 주워 담지 못한다 자기가 저지른 과오는 회복하기가 어려우므로 항상 조심하고 경계하는 마음으로 살아야 한다는 뜻.

한 번 죽지 두 번 죽지 않는다 죽음을 각오하고 임하는 이상 아무것도 무서울 것이 없다는 뜻.

한 번 쥐면 펼 줄을 모른다 (비) 들어오는 것은 봐도 나오는 것은 못 봤다.

한 번 채인 돌에는 다시 채이지 않는다 한번 실패한 일에 다시는 실패하지 않도록 조심하라는 뜻.

한 번 체한 사람은 그것을 다시 먹지 않는다 한번 봉변을 당한 일은 다시 하지 않는다는 말.

한 부모는 열 자식을 거느려도 열 자식은 한 부모 못 거

〈한 불당에서 내 사당 네 사당 하느냐〉

느린다 1.한 사람이 잘 되면 여러 사람을 도와 살릴 수 있으나 여러 사람이 합하여 한 사람을 잘 살게 하기는 힘들다는 말. 2.부모는 자식이 많아도 거두어 키우지만 자식들은 한 부모도 잘 모시지 못한다는 말.

한 불당에서 내 사당 네 사당 하느냐 한 집안에서 내 것 네 것을 가려서 시비할 것이 있느냐는 뜻.

한 사람의 덕을 열이 본다 한 사람이 잘되면 그의 가족, 일가친척, 친구 등이 그의 힘을 빌리어 잘 될 수도 있다는 뜻.

한 사람의 마음이 천 사람의 마음 한 사람이 생각하고 있는 것이나 여러 사람들이 생각하고 있는 것이나 다 마찬가지란 뜻.

한 사람이면 한 가지 뜻 두 사람이면 두 가지 뜻 한 사람이면 한 가지 주장이 있게 되고, 두 사람이면 두 가지 의견이 있게 마련이므로 국민들의 많은 의견을 통합하기 위해선 거기에 반드시 훌륭한 지도자가 있어야 한다는 뜻.

한 살 더 먹고 똥 싼다 나이를 더 먹어 가면서 철없는 짓을 한다는 뜻.

한상국(韓相國)의 농사라 농사일을 알지 못하여 그릇 짓는 것을 두고 하는 말.

한석봉(韓石峯) 어머니 떡 썰 듯 무슨 일을 아주 경험이 많은 사람처럼 매우 능숙한 솜씨로 한다는 말.
★한석봉 : 조선 선조 때의 명필가(1543~1605). 이름은 호(濩)이며 자는 경홍(景洪)이고 호는 석봉(石峯), 청사(淸沙)이다. 왕희지와 안진경의 필법을 익혀 행서, 초서 따위의 각 체에 뛰어났다. 추사 김정희(金正喜)와 함께 조선 서예계의 쌍벽을 이룬다. 〈석봉천자문(石峯千字文)〉.〈석봉서법(石峯書法)〉이 전해지고 있다.

한 섬씩 빼앗아 백 섬 채운다 돈 있는 사람이 욕심은 더 많다는 뜻.

한성부(漢城府)에 대가리 터진 놈 달려들 듯한다 숨 가쁘게 급히 달려듦을 이르는 말. ★한성부 : 조선 시대, 삼법사(三法司)의 하나. 서울의 행정(行政), 사법(司法)을 맡아보았다.

한 소경이 여러 소경을 인도한다 남들에게 큰 피해를 끼치게 될 위험한 짓을 한다는 뜻.

한 소 등에 두 길마 못 지운다 한 사람이 한 사람의 몫의 일을 해야지 한꺼번에 욕심을 부려서 하다가는 두 가지 일을 다 낭패 본다는 뜻. (비) 한 손으로 두 가지 일을 못한다.

한 손뼉이 울지 않는다 상대가 있어야 울린다는 말. (비) 외 손뼉이 울랴. 두 손뼉이 맞아야 소리가 난다.

한 손은 놓고 한 손으론 잡는다 일반적으로 이중성격을 가진 사람이 겉과 속이 매우 다른 행동을 한다는 뜻.

한 솜씨로 만든 연장이다 어느 것이나 생김새가 같다는 말.

한 송이 꽃도 꽃이다 많으나 적으나 질적(質的)으론 서로 같다는 뜻.

한 솥밥 먹고 송사(訟事)한다 아주 가깝고 친한 사이에 다투는 것을 비유하여 이르는 말. (비) 한 자루에 양식 넣어도 송사한다.

한 수렁에 두 바퀴 끼듯 하나밖에는 들어가지 못할 데에 둘이 들어가 서로 밀치고 다툰 뜻.

한수북산(寒水北山)에 썩은 양초(糧草) 쌓이듯 한다 산더미같이 많이 쌓여 있음을 이름. ★양초 : 군대가 먹을 양식과 말을 먹일 꼴을 아울러 이르는 말.

한 술 더 뜨다 어떤 일에서 이미 있는 것도 어지간한데 거기에서 한 걸음 더 나가서 엉뚱한 짓을 함을 이름.

한 술 밥에 배부르랴 (비) 첫술에 배부르랴.

한 술 밥으로 주린 배를 채우지 못한다 (비) 첫술에 배부르랴.

한 술에 살찌고 한 술에 빠진다 젊은 사람은 잘 먹고 못 먹는 데 따라서 살이 찌고 빠진다는 뜻.

한숨을 쉬면 삼십 리 안 걱정이 들어온다 한숨을 쉬면 근심 걱정이 더 많이 생긴다는 뜻으로 한숨 쉬는 사람에게 경고하여 이르는 말.

한숨이 절로 난다 몹시 걱정이 되어서 한숨을 쉬지 않으려고 노력해도 저절로 난다는 뜻.
한시를 참으면 백날이 편하다 세상살이란 한때의 어려움, 한때의 흥분 등을 꾹 참으면 앞날의 일이 편하게 된다는 뜻.
한식(寒食)에 죽으나 청명(淸明)에 죽으나 오십보백보지 한식과 청명은 하루 사이니 하루 먼저 죽으나 하루 뒤에 죽으나 같다는 말.
한 신 꼴 씌운 신도 다르다 한 부모에 같은 형제도 그 성격이나 행동이 제각기 다를 수 있다는 뜻.
한심스러워 속이 터지겠다 하는 꼴을 보니 너무도 답답하고 한심스러워서 가슴이 막 터질 것만 같다는 뜻.
한 아들에게만 전한다 여러 아들 중에서 한 아들에게만 살짝 전할 정도로 매우 귀중한 세전물(世傳物)이란 뜻.
한 아들에 열 며느리라 부모들은 흔히 아들이 여러 첩을 보는 것을 말리지 않는다는 말.
한 아이를 키우려면 온 마을이 필요하다 아이를 키우고 올바르게 가르치는 데는 온갖 정성을 다 쏟아야 미래가 밝다는 뜻.
한 알 까먹는 새도 날린다 아무리 작고 보잘 것 없는 것이라도 먹는 것이란 소중히 해야 한다는 뜻.
한양(漢陽) 가서 김서방 찾기 아주 애매하고 막연한 일이라는 뜻.
한양 소식은 시골로 가야 듣는다 (비) 나쁜 소문에는 날개가 달렸다.
한양이 좋다 해도 님이 있어야 한양 서울이 아무리 좋고 볼 것이 많아도 정작 님이 있어야 좋지 님이 없는 서울은 하나도 좋은 것이 없다는 뜻.
한 어깨에 두 지게를 질까 한 사람이 두 가지 일을 할 수 없다는 뜻. (비) 한 말 등에 두 길마를 질까.
한 어미 자식도 아롱이다롱이가 있다 세상일이 다 같을 수는 없다는 말. (비) 한 배 새끼에도 흰둥이 검둥이가 있다. 한날한시에 난 손가락도 길고 짧다.
한 여름에 부채를 얻었다 적절한 시기(時期)에 요긴한 것을 얻는다는 뜻.

한 올도 흐트러지지 않는다 제도가 확립되고 질서가 바로 잡혀서 조금도 혼란이 없다는 뜻.
한 올의 머리칼도 끼울 틈이 없다 일이 조급하여 이해를 돌아볼 여지가 조금도 없다는 뜻.
한 외양간에 암소가 두 마리 바보끼리 한 곳에 있으면 이익될 것이 없다는 뜻.
한(漢)의 조자룡(趙子龍)이 창을 들고 선 듯 누가 감히 가까이 가지 못할 정도로 무섭고 보호를 받는 편에서는 역시 그만큼 든든하다는 뜻. ★조자룡 : 중국 삼국 시대, 촉한(蜀漢)의 무장(168-229). 이름은 운(雲)이다. 관우, 장비, 황충, 마초와 더불어 오호대장군으로 불렸다.
한 이삭에 두 이삭이 달린다 풍년이 들어서 곡식의 이삭이 하나가 두 이삭 폭이나 되도록 아주 크다는 말.
한 일을 보면 열일을 안다 한 가지 일을 보면 그 사람의 모든 행동도 미루어 알 수 있다는 말.
한 입 건너 두 입 소문이 차차 널리 퍼짐을 이르는 말.
한 입으로 두 말하는 놈은 아비가 둘 자기가 말한 데 대하여 하나도 지키지 않는 사람은 부모까지 욕을 얻어먹게 된다는 뜻. (비) 한 입으로 두 말하는 놈은 아비가 삼천여섯.
한 입으로 두 말한다 한 번 한 말을 뒤집어 자꾸 이랬다저랬다 한다는 뜻.
한 입으로 온 까마귀질 한다 말을 이랬다저랬다 하는 사람을 두고 하는 말. (비) 문경(聞慶)이 충청도가 되었다가 경상도가 되었다가 한다.
한 잎도 없는 놈이 두 돈 오 푼 바란다 턱 없이 많은 것을 바란다는 말. (비) 한 치도 없는 놈이 두 치 닷 푼 바란다.
한 잎 주고 보라 하면 두 잎 주고 막겠다 아주 보기 싫다는 말.
한 자루에 양식 넣어도 송사(訟事)한다 (비) 한 솥에 밥 먹고 송사한다.
한 자를 써도 지필묵(紙筆墨)은 있어야 한다 일이 많거나 적거나 간에 모든 일에 대한 준비는 마찬가지란 말.

⟨한 자를 짜도 베틀을 차려야 한다⟩

한 자를 짜도 베틀을 차려야 한다 (비) 한 자를 써도 지필묵(紙筆墨)은 있어야 한다.

한 자식은 미워도 열 시앗은 밉지 않다 흔히 여자는 자기의 첩살이는 미워하지만 자식의 첩은 미워하지 않는다는 말. (비) 한 아들에 열 며느리. ★시앗 : 남편의 첩.

한 잔 먹은 김에 노래한다 기회를 이용하여 일을 치른다는 말. (비) 소매 긴 김에 춤춘다. 엎어진 김에 쉬어간다. 활을 당겨 콧물을 닦는다. 떡 본 김에 제사 지낸다.

한 잔 술에 눈물 난다 대단찮은 일에 원한이 생기므로 차별대우를 하지 말라는 말.

한 잔 술에 정이 든다 매우 작고 사소한 것을 줄 때도 주는 사람의 성의가 있으면 고맙게 여긴다는 뜻.

한 점 고기 맛으로 솥 안의 국 맛을 안다 일부분만 보아도 전체를 짐작할 수 있다는 말. (비) 나무 잎 하나 지는 것으로 가을 안다. 코끼리는 이만 보아도 소보다 크다는 것을 알 수 있다.

한쪽을 좋게 하면 한쪽이 싫어한다 무슨 일이나 여러 사람의 구미에 다 맞도록 할 수 없다는 뜻.

한 줄기에서 아홉 이삭이 달린다 한 줄기에서 아홉 이삭이 달릴 정도로 큰 풍년이 들었다는 말.

한 집 닭이 울면 온 동네 닭이 운다 한 사람이 거짓말하게 되면 자기도 모르는 사이에 이것이 온 세상에 퍼지게 된다는 뜻.

한 집 살아 보고 한 배 타 보아야 속 안다 사람의 마음은 같이 오래 지내보아야 알며 특히 역경을 함께 지내보아야 안다는 뜻.

한 집안에서 김별감(金別監) 성을 모른다 (비) 머슴살이 삼 년에 주인 성(姓) 묻는다.

한 집안에 있어도 시어미 성도 모른다 (비) 머슴살이 삼 년에 주인 성(姓) 묻는다.

한 집에 감투장이 셋이 변(變) (비) 목수가 많으면 기둥이 기울어(무너)진다.

한 집에 과부가 셋이면 집안이 망한다 한 집에 젊은 남자가 세 사람이나 죽으면 집안이 망하게 된다는 말.

한 집에 늙은이가 둘이면 서로 죽으라고 민다 일할 사람이 여럿이면 서로 말로만 하고 있어 일이 안 된다는 말.

한 집에 살아도 너 그런 줄 몰랐다 서로 함께 지내왔어도 자세한 내용을 모르고 있다가 이제야 비로소 알게 되었다는 의미.

한 청(廳)에 있으면서 김수황(金壽凰)의 성도 모른다 (비) 머슴살이 삼 년에 주인 성(姓) 묻는다.

한 치가 한 자보다 길게 쓰일 때가 있다 물건은 쓰기 따라 유효하게 쓰인다는 말.

한 치 건너 두 치 촌수와 친분을 자기와 멀어질수록 크게 소원(疎遠)하게 된다는 뜻. (비) 한 다리가 천 리.

한 치도 없는 놈이 두 치 닷 푼 바란다 없는 놈이 오히려 턱없이 많은 것을 바란다는 뜻. (비) 없는 놈이 두 치 떡 즐겨한다.

한 치를 못 본다 시력이 나쁘거나 식견이 얕음을 비유하여 이르는 말.

한 치만 보지 두 치는 못 본다 한 가지만 알고 두 가지는 모르는 어리석은 사람을 보고 하는 말. (비) 다듬지 않은 옥이다. 한 치 앞도 못 모른다. 한 치 앞을 못 본다.

한 치 벌레에도 오 푼 결기는 있다 아무리 보잘것없고 천한 사람도 제 속심은 따로 있고 너무 심한 멸시를 당하면 대항한다는 뜻. (비) 지렁이도 밟으면 꿈틀한다. 굼벵이도 밟으면 꿈틀한다. 굼벵이도 다치면 꿈틀한다.

한 치 앞도 모른다(앞을 못 본다) (비) 한 치만 보지 두 치는 못 본다.

한 치 앞이 어둠 사람의 일은 예측할 수 없다는 말.

한 치 앞이 지옥이다 늙어서 죽을 때가 다 되었다는 말. (비) 날감이 되었다. 땅내가 고소하다. 염라대왕이 문 밖에서 기다린다. 탕국 내가 고소하다. 팥죽 내가 난다. 흙내가 고소하다. 해가 서산으로 기울어진다.

한 치의 기쁨에는 한 자의 걱정이 따른다 인생에게는

〈함정에 빠진 호랑이는 토끼도 깔본다〉

기쁜 일보다 걱정되는 일이 더 많이 생기게 마련이란 말.

한편 말만 듣고 송사 못 한다 한편 말만 듣고서는 시비를 판단하기 어렵다는 뜻.

한편으론 놀라고 한편으론 기뻐한다 뜻밖에도 기쁨이 생겨서 놀랍고도 기분이 좋다는 뜻.

한편으론 묻고 한편으론 대답한다 묻기도 하고 대답하면서 계속적으로 담화(談話)한다는 말.

한 푼 돈에 살인난다 세상 인심이 야박스럽고 무정하여 물욕 때문에 큰 변이 남.

한 푼 아끼다 백 냥 잃는다 작은 것을 아끼다 큰 손해를 본다는 뜻. (비) 기와 한 장 아끼다가 대들보 썩한다. 새 잡아 잔치할 것을 소 잡아 찬치 한다. 닭 잡아 겪은 나그네 소 잡아 겪는다. 호미로 막을 것을 가래로 막는다. 좁쌀만큼 아끼다가 담돌 만큼 손해 본다.

한 푼 장사에 두 푼 밑져도 팔아야 장사 장사를 하려면 이가 적더라도 팔아야 장사가 된다는 뜻.

한 푼짜리 푸닥거리에 두부가 오 푼 조그마한 이익을 탐내다가 그 이상 손해를 본다는 뜻. (비) 한 냥짜리 장설에 고추장이 아홉 돈어치라. 돼짓값은 칠 푼이요 나뭇값은 서 돈이라. 칠 푼짜리 굿에 열네 푼 든다.

한 품에 든 임의 마음도 알 수 없다 아무리 친한 사람에 대해서라도 말해서는 안 될 것을 들어내지 않는다는 뜻.

한 번 한 말은 어디든지 날아간다 일단 내뱉은 말은 반드시 사방으로 퍼져 간다는 말.

할 말은 해야 하고 참을 말은 참아야 한다 모름지기 사람은 말을 할 때 할 말과 해서는 안 될 말을 분간해서 조심스럽게 하라는 뜻.

할머니 뱃가죽 같다 팽팽한 맛이 없이 시들시들하고 쭈글쭈글한 것의 비유.

할아버지 감투를 손자가 쓴 것 같다 크기가 맞지 않아 보기에 우습다는 말.

할아버지도 손자에게 배울 것이 있다 아무리 나이를 먹은 사람이라도 젊은이에게 배울 것은 배워야 한다는 뜻.

할아버지 떡도 커야 사 먹는다 (비) 동성(同姓) 아주머니 술도 싸야 사 먹지.

할아버지 모자를 손자가 쓴다 가진 물건이나 입은 옷 등이 제격에 맞지 아니함을 비유한 말.

할아버지 뺨은 어린 손자가 때린다 할아버지가 마냥 손자를 귀여워하면 손자는 할아버지에게도 버릇없이 군다는 뜻.

할 일 없거든 오금이나 긁어라 일 없이 그저 노는 것보다는 되나 안 되나 무엇이나 하는 것이 낫다는 말. (비) 노는 입에 염불하기. 적적할 때는 자기 볼기짝 친다.

할 일 없으면 낮잠이나 자라 자신과 상관없는 일에 쓸데없이 참견하는 경우를 비꼬는 말.

할퀴지 않는 고양이 없고 앙칼 없는 고양이 없다 양반은 상놈을 확대한다는 말.

함박 시키면 바가지 시키고, 바가지 시키면 쪽박 시킨다 어떤 일을 윗사람이 아랫사람에게 시키면 그는 또 제 아랫사람에게 다시 시킨다는 말.

함부로 나는 새가 그물에 걸린다 무슨 일이나 조심하지 않고 함부로 덤벼서 일을 하다가는 나중에 큰 변을 당하게 된단 뜻.

함부로 벌주고 함부로 상준다 자기 마음 내키는 대로 상벌을 주어 상벌의 권위가 없게 된다는 뜻.

함부로 저 잘난 체한다 그저 자기만 잘났다고 남들에게 교만스럽게 뽐내면서 자신을 높이고 남을 업신여긴다는 뜻.

함정에 든 범 (비) 도마에 오른 고기.

함정에 빠진 놈 돌로 친다 (비) 넘어진 놈 걷어차기.

함정에 빠진 범 그물에 걸린 고기 (비) 도마에 오른 고기

함정에 빠진 호랑이 (비) 도마에 오른 고기

함정에 빠진 호랑이는 토끼도 깔본다 권력을 가졌던 사람도 일단 몰락하여 힘을 발휘하지 못하면 아무니

〈함정에서 뛰어 난 범〉

그를 멸시하게 된단 뜻. (비) 용이 물밖에 나오면 개미가 침노한다.

함정에서 뛰어 난 범 (비) 그물을 벗어난 새.

함정을 보고도 빠진다 위태롭다는 것을 뻔히 알면서도 방심하고 있다가 기어코 실수를 하게 된다는 뜻.

함정을 파고 그 함정에 빠졌다 자기가 한 일로 인하여 자기가 해를 입었다는 말.

함지 밥 보고 마누라 내쫓는다 (비) 바가지 밥 보고 여편네 내쫓는다.

함흥차사(咸興差使) 한 번 가면 소식이 없다는 말 (비) 송아지 간 발자국은 있고 온 발자국은 없다. 강원도 포수. 의붓아비 소 팔러 보낸 것 같다. 지리산 포수 ★함흥차사 : 심부름을 가서 아무 소식 없이 돌아오지 않거나 늦게 오는 사람을 비유적으로 이르는 말.

합덕(合德) 방죽에 줄남생이 늘어앉듯 여러 물건이 나란히 늘어앉은 모양을 일컬음. ★남생이 : 남생잇과의 하나. 냇가나 연못에 서식하며 남생잇과의 거북류 중에서 비교적 작다. 등껍질의 길이는 20~25센티미터 정도이고 짙은 갈색이며 갑판의 가장자리에는 노란색의 가로 줄무늬가 있다. 네 발에는 각각 다섯 개의 발가락이 있고 그 사이에 물갈퀴가 있으며, 다리는 넓은 비늘로 덮여 있다. 민물에서 풀, 물고기, 갑각류 등을 잡아먹는다. 6~8월에 모래 속에 구멍을 파고 한배에 네 개 내지 여섯 개의 알을 낳는다. 우리나라, 중국, 일본, 타이완 등지에 분포한다.

합천(陜川) 해인사(海印寺) 밥이냐 밥이 늦을 때를 이르는 말.

핫바지 방구 세듯 어떤 일이 진행되는 중인데 슬그머니 온다간다 말도 없이 사라지거나 오간데 모를 때를 두고 하는 말.

핫바지 저고리만 다닌다 사람은 온 데 간 데 없고 바지 저고리만 다니듯이 정신이 없는 사람을 조롱하는 말.

항문(肛門)이 더럽다고 도려 버릴 수 있느냐 아무리 더러워도 자기에 속한 것이면 어쩔 수 없다는 말. 자작지얼(自作之孼) 즉 자기 스스로가 지은 재앙은 버릴 수가 없다는 말.

항아리 속에 든 자라 잡기다 (비) 누워 떡 먹기.

항아리 쓰고 하늘 보기 일을 불가능케 하는 조건하(條件下)에서 일을 한다는 말.

항우(項羽)는 고집으로 망하고 조조(曹操)는 꾀로 망한다 고집 피우는 사람. 꾀부리는 사람을 경계하여 이르는 말. ★항우 : 중국 진(秦)나라 말기의 장수이며 진을 멸망시킨 인물. 이름은 적(籍)이며 자는 우(羽)이다. 기원전 209년에 군사를 일으켜 진나라를 쳐서 멸한 다음 옛 초나라의 패왕(覇王)이라 자처했다. 뒤에 유방과 패권을 다투다가 해하(垓下)에서의 전투에서 대패하여 자살했다. ★조조 : 중국 후한(後漢) 말의 승상위(魏)의 시조(155~220). 자는 맹덕(孟德)이다. 황건(黃巾)의 난을 평정하여 공을 세우고, 여포(呂布)와 원소(袁紹) 등을 차례로 격파하고 화북(華北) 지역을 통일하여 천하 통일의 기초를 마련하였다. 적벽 대전(赤壁大戰)에서 손권(孫權)과 유비(劉備)의 연합군에게 크게 패하였으나 216년에 위왕(魏王)이 되어 삼분(三分)된 천하에서 가장 강력한 세력을 형성하였다. 그가 죽은 후 위왕에 오른 아들 조비(曹丕)가 220년 후한의 헌제(獻帝)로부터 제위(帝位)를 찬탈하여 위 제국(魏帝國)을 세우자 무제(武帝)로 추증되었다. 소설 《삼국지연의(三國志演義)》에서는 간웅(奸雄)으로 묘사되어 있다.

항우(項羽)도 낙상할 적이 있고 소진(消盡)도 망발할 적이 있다 아무리 능숙한 사람이라도 실수할 때가 있다는 말. (비) 헤엄 잘 치는 사람은 물에 빠져 죽고 말 잘 타는 사람은 말에 떨어져 죽는다. 원숭이도 나무에서 떨어진다. ★소진 : 동주(東周)의 낙양(洛陽)에서 태어났고 자는 계자(季子)이다. 어린 시절 낙양에서 태어나 제나라 귀곡자의 문하에서 수학하였다는 것 정도가 사기에 기록된 부분이다.

항우도 먹어야 장수지 배가 고파서는 아무 일도 못함을 이르는 말.

항우 보고 앙증하다고 한다 크고 튼튼한 것을 잘못 알고 작고 깜찍한 것으로 다룸을 이름.

항우(項羽) 장사도 댕댕이 덩굴에 넘어진다 항우와 같은 장사도 보잘 것 없는 덩굴에 걸려 낙상할 때가 있으니, 대단한 사람이라도 아주 사소한 실수로 낭패를 보니 아무리 작은 일도 무시하면 실패하기 쉽다는 뜻. (비) 항우도 호박 넝쿨에 걸려 넘어진다.

향기 나는 미끼 아래 반드시 죽는 고기 있다 뉘나 좋은 물건을 내보이면 그것을 얻기 위해 애쓰고 반할만한 노력을 아끼지 아니한다는 말. (비) 중상 아래 반듯이 날랜 사람 있다.

향기도 악취도 모른다 (비) 동쪽인지 서쪽인지 구별하지 못한다.

향기로운 미끼에는 반드시 물릴 고기가 있다 탐욕을 부리다가는 몸까지 망치는 수가 있으므로 탐욕을 부리지 마라는 뜻.

향기 없는 꽃 외모만 예쁘고 얌전해 보일 뿐이지 마음씨는 전혀 얌전하지 못한 여자를 두고 하는 말.

향불 없는 젯(祭)방 먹을 것을 방안에 갖다 놓기만 하고, 오래도록 먹지 않고 있을 댈 이름. (비) 향불 없는 제상.

향(香)은 싸고 싸도 냄새가 난다 착한 일을 남모르게 했더라도 저절로 남들이 알게 된다는 말.

향청(鄕廳)에서 개폐문(開閉門) 하겠다 개폐문은 태수(太守) 아문(衙門)에서 하는 것인데 이를 시골 향청에서 행한다 함은 권한 밖의 일을 한다는 뜻.

해가 밑구멍까지 뜨도록 잔다 해가 중천에 솟아오를 때까지 잠만 자고 있다는 뜻. (비) 해가 서 발이나 떴다.

해가 서산에 기울어진다 해가 저물어 서산으로 넘어가는 저녁이 되었다는 말로 곧 늙어서 죽게 되었다는 말. (비) 널감이 되었다. 땅내가 고소하다. 염라대왕이 문 밖에서 기다린다. 탕국 내가 고소하다. 팥죽 내가 난다. 흙내가 고소하다. 한 치 앞이 지옥이다.

해가 서쪽에서 뜨겠다 있을 수 없는 일의 비유. 또는 평소의 모습이 아닌 뜻밖의 행동을 비유한 말. (비) 서천에서 해가 뜨겠다.

해가 집을 지어 넘으면 비가 온다 햇무리가 지면 비올 징조란 말.

해가 지릅뜨면 비가 온다 농가에서 해 뜨는 모양을 보고 비 올 것을 짐작한다는 말.

해는 중천에 뜨면 기울고 달은 차면 이지러진다 왕성한 것도 극도에 도달하면 곧 쇠퇴하기 마련이란 뜻.

해는 지고 갈 길은 멀다 몸은 비록 늙었지만 앞으로 자기가 할 일은 아직도 대단히 많다는 것을 비유하는 말.

해동청(海東靑) 보라매 사람이 영악하고 날램을 보고 이름. 해동청. 보라매는 매의 이름. ★해동청 : 매의 일종. ★보라매 : 어미를 갓 떠난 새끼를 잡아 길들여 사냥으로 쓰는 매.

해마다 하는 것은 계절마다 하는 것만 못하다 무슨 일이나 나중으로 미루어두었다가 하는 것보다 가급적으로 제때에 하는 것이 낫단 말.

해변 강아지 범 무서운 줄 모른다 철없이 강자(强者)에게 함부로 덤빈다는 말.

해변 개가 산골 부자보다 낫다 해변은 생선이 풍성하고 산골은 빈궁하여 산골 부자라야 사는 것이 보잘 것 없음을 이름.

해변 까마귀 골수박 파듯 어떤 한 가지 일에만 열중하여 여념이 없음을 이름. (비) 연희궁 까마귀 골수박 파듯 한다.

해산 구멍에 바람 들다 여자가 해산을 하고 바람을 잘 못하면 병이 나므로 바람을 조심하라는 말.

해산미역 같다 허리가 굽은 사람을 보고 조롱하는 말.

해산어미 같다 얼굴이 부석부석한 사람을 이르는 말. (비) 해산할미 같다.

해산(解産)은 생사를 건다 여자가 한 생명을 탄생시킨다는 것은 자기의 생명을 건 매우 위험한 일이란 뜻.

해산한데 개 잡기 (비) 아이 난 데 개 잡는다

해산할미 같다 몸이 부석부석한 사람을 보고 하는 말. (비) 해산어미 같다.

〈해오리 나이 여든이라 흰 줄 아냐〉

해오리 나이 여든이라 흰 줄 아냐 1.인위를 가해서 그렇게 된 것이 아니라 선천적(先天的)으로 된 것이란 뜻. 2.흰 머리를 가지고 나이 자랑을 하는 사람에게 하는 말. (비) 까마귀 먹칠해 꺼멓다더냐.

해우장수 김 떨어졌다 도무지 내어다 팔 물건이 없어서 장사를 못하게 되어 낭패를 본다는 뜻.

해장거리도 안 된다 (비) 누워 떡 먹기

해장술은 빚내서도 사 먹는다 항상 술을 즐기는 사람에겐 해장술이 가장 맛이 좋다는 뜻. (비) 해장술은 땅 판 돈으로 먹어도 아깝지 않다.

햇볕 구경을 못 하고 자랐나 (비) 구더기 될 놈

햇볕에도 그늘이 있다 1.아무리 유명한 사람이 하는 일에도 자세히 들추어보면 결함은 있게 마련이란 뜻. 2.좋은 일에도 궂은 일이 따라다닌다는 의미.

햇비둘기 재 넘을까 경험과 실력이 아직 연천(年淺)한 사람은 큰일을 이룰 수 없다는 말. (비) 하룻비둘기 재 못 넘을까.

햇새가 더 무섭다 젊은 사람들이 더 살림을 무섭게 함을 이르는 말.

행담 짜는 놈은 죽을 때도 버들잎을 둘러메고 죽는다 (비) 남산골 생원이 망하여도 걸음 걷는 보수는 남는다. ★행담(行擔) : 싸리나 버들 따위로 결어서 만든 길 가는 데 가지고 다니는 작은 상자.

행동은 말보다 미덥다 말로 하는 것은 믿음성이 덜하지만 행동으로 보여주는 것은 믿는다는 말.

행동이 개차반 행실이 매우 더러운 사람을 욕하는 말. (비) 행동이 걸레다.

행랑 빌리면 안방까지 든다 1.처음에는 삼가다가 차차 도가 넘게 됨을 비유하는 말. 2.남의 권리를 차츰 침해한다는 말.

행랑에서 불낸다 아무런 도움도 주지 않는 사람이 손해만 끼친다는 말.

행랑이 몸채 노릇 한다 신분이 낮은 아랫사람이 일에 간섭하고 주인 노릇을 하는 것을 비유적으로 이르는 말.

행사가 개차반 같다 몸가짐과 하는 짓이 단정치 못하고 지저분하다는 뜻.

행사하는 것은 엿보아도 편지 쓰는 것은 엿보지 않는다 남의 편지 내용은 절대로 보아서는 안 된다는 말.

행사 후에 비녀 빼 갈 놈 불량하고 의리 없는 사람을 비난조로 이르는 말.

행수(行首) 행수 하고 짐 지운다 (비) 아저씨 아저씨 하고 길짐만 지운다.

행실을 배우라 하니까 포도청 문고리를 뺀다 (비) 버릇 배우니까 과붓집 문고리 빼어들고 엿장수 부른다.

행주치마 입에 물고 입만 빵긋 옛날 색시들은 자기 남편을 보고도 말을 못하고 미소만 지었다는 데서 나온 말.

행차 뒤 나팔 (비) 사또 떠난 뒤에 나팔 분다.

허공 보고 가다가 개천에 빠진다 자기의 목표를 향하여 똑바로 가지 않으면 결코 성공하지 못한다는 뜻.

허기진 강아지 물찌똥에 덤빈다 오래 음식을 먹지 못한 사람이 허기져서 마구 쓸어 먹음을 조롱하는 말.

허기진 사람 짜증내듯 무슨 일에나 곧잘 짜증을 내는 사람을 두고 하는 말.

허기진 소는 풀을 가리지 않는다 며칠 동안 굶주린 사람은 좋은 음식이나 나쁜 음식이나 가리지 않고 먹는다는 뜻.

허리띠 속에 상고장(上告狀) 들었다 겉보긴 허름하나 좋은 것을 가지고 있거나 얼른 보아 못난 듯한 이가 비상한 재주를 감추고 있다는 뜻. (비) 배 주머니에 의송(議送) 들었다. 떨어진 주머니에 어패(御牌) 들었다. ★상고장 : 제이심 판결에 대한 불복 의사를 나타낸 문서.

허리 부러진 장수(호랑이) 위세를 부리다가 타격을 받고 힘없게 된 사람. (비) 날개 부러진 매(독수리), 서리 맞은 구렁이, 땅 위에 나타난 용, 날 샌 올빼미.

허리 아픈 절은 반갑지 않다 마지못해 도와주는 것은 고맙지 않다는 뜻. (비) 허리 아픈 절은 안 받는 것이 낫다.

허리에 돈 차고 학 타고 양주(楊州)에 올랐다 평생 소원 하던 것을 한꺼번에 모두 이루어 얻을 수 있을까 하는 뜻.

허리춤에서 뱀 집어 던지듯 다시는 보지 않을 것처럼 내어 버림을 일컬음.

허물이 커야 고름이 많다 물건이 커야 속에 든 것도 많다는 뜻. (비) 종기가 커야 고름이 많다.

허벅지만 봐도 뭣 봤다 한다 (비) 겨드랑을 봐도 젖통을 봤다 한다.

허벅지살로 배 채우기 자신의 살을 베어 허기를 면하듯이 결국엔 자기에게 손해 되는 짓만 한다는 뜻.

허영청(虛影廳)에 단자(單子) 걸기 어떤 일에 대한 확실한 계획이나 목적 없이 덮어놓고 하는 어리석음을 이르는 말. ★허영청 : 빈 그림자뿐인 건물이라는 뜻에서 사람이나 사물이 실제로 있는 곳이 분명하지 못함을 비유적으로 이르는 말. ★단자 : 부조(扶助)나 선물 따위의 내용을 적은 종이. 돈의 액수나 선물의 품목, 수량, 보내는 사람의 이름 따위를 써서 물건과 함께 보낸다. 사주 또는 물건의 목록, 후보자의 명단 등을 적은 종이.

허욕(虛慾)이 패가(敗家) 허황한 욕심은 집안이 몰락하는 원인이 된다는 뜻 (비) 욕심이 사람을 죽인다.

허울 값도 못한다 얼굴은 매우 점잖고 준수하게 생겼는데 행동은 아주 못되게 한다는 뜻. (비) 허울 좋은 과부가 밤마을 다닌다.

허울 좋은 과부 1.과부의 생활이란 아무리 좋아 보이더라도 실상은 그렇게 부러워할만한 것이 못 된다는 뜻. 2.보기만 좋았지 아무 실속이 없다는 뜻.

허울 좋은 도둑놈 겉으론 인사 체면이 제법 멀쩡하나 하는 짓은 흉악한 사람을 이르는 말.

허울 좋은 하눌타리 겉보긴 훌륭한 듯하나 보잘 것 없는 사람이나 물건을 비유하는 말. (비) 붉고 쓴 장. 빛 좋은 개살구. 명주 전대에 개똥 들었다. 명주 자루에 개똥. 붉고 쓴 장.

허적(許積)이 산적이라 역모(逆謀)를 하다가 발각이 나 참살을 당하였다는 말.

허청 기둥이 측간 기둥 흉본다 제 허물은 모르고 남의 허물을 들추어 크게 욕하는 어리석음을 뜻하는 말. (비) 숯이 검정 나무란다. 가마 밑이 노구솥 밑을 검다 한다. 가랑잎이 솔잎 더러 바스락거린다고 한다. 똥 묻은 개가 겨 묻은 개 나무란다.

허튼 계집도 마음잡을 때가 있다 과오가 있는 사람도 자신의 잘못을 뉘우치고 반성한 후엔 새로운 사람이 될 수 있다는 뜻.

허파에 바람 들었다 1.실없이 행동하거나 지나치게 웃어대는 사람을 나무람의 뜻. 2.마음이 들떠 실답지 못함을 이르는 말. (비) 곶감 죽을 쑤어 먹었나. 허파 줄이 끊어졌다.

허파에 쉬 쓴 놈 생각이 없고 줏대가 없는 사람을 놀림조로 이르는 말.

허파 줄이 끊어졌다 시시덕이를 두고 조롱하는 말. (비) 곶감 죽을 쑤어 먹었나. 허파에 바람이 들었다.

허허해도 빚이 열 닷 냥이다 겉으로는 쾌활하고 낙천적인 듯하나 마음속으로는 걱정이 가득하다는 말. 예문. 허허해도 빚이 열 닷 냥이라고, 네 엄마가 늘 웃고 있지만 돈 걱정에 너들 걱정에 속은 새까맣게 탔을 것이다.

헌 갓 쓰고 똥 누기 체면이 이미 글렀으니 좀 염치없는 일을 하더라도 상관없다는 말.

헌 갓장이 타박하듯 남의 흠만 들추어낸다는 뜻.

헌 고리도 짝이 있다 사람이 아무리 못났어도 결혼하여 살 수 있단 말. (비) 헌 짚신도 짝이 있다.

헌 누더기 속에 쌍 동자 섰다 겉보긴 초라하고 허술하나 속은 엉큼하고 의뭉스럽다는 뜻으로 이름.

헌 머리에 이 모이듯 많은 사람이 이익이 있는 곳에 떼를 지어 몰리는 모양을 이르는 말.

헌 머리에 이 박이듯 많은 사람이나 물건이 이 틈 저 틈에 끼어 있는 모양을 두고 이름. (비) 암치 뼈다귀에 불개미 덤비듯.

헌 머리에 이 잡듯 일을 꼼꼼하게 함을 일컬음.

⟨ 헌 바자 개 대가리 나오듯 ⟩

헌 바자 개 대가리 나오듯 무엇이 불쑥 드러나 보임을 이름. (비) 헌 바지에 좆 나오듯.

헌 바지에 좆 나오듯 무엇이 갑자기 불쑥 드러남을 이르는 말.

헌 배에 물 푸기 근본적인 대책은 해결치 아니하고 엉뚱한 곳에만 신경을 쓴다는 뜻.

헌 분지 깨고 새 요강 물어준다 작은 실수로 큰 손해를 본다는 뜻. ★분지 : 똥과 오줌을 누어서 담는 그릇.

헌 솥장이 흠집 찾아내듯 남의 결점을 샅샅이 찾아낸다는 뜻.

헌 신갈이(신짝) 버리듯 한다 아낌없이 아주 내버려 돌보지 아니한다는 말.

헌 옷도 없는 것보다 낫다 아무리 나쁜 것이고 당장에 쓸모없는 것이라도 아예 없는 것보다는 있는 것이 낫다는 말.

헌 옷 속에 옥(玉) 들었다 외양은 보기에 초라해도 속엔 귀중한 것을 지니고 있거나 훌륭한 재주를 지니고 있다는 말.

헌 정승(政丞)만치도 못 여긴다 여럿이 모여 무엇을 하면서 어떤 사람을 무시하여 참여치 못하게 한다는 뜻.

헌 집 고치기(듯) 낡은 집은 한 곳을 고치고 나면 또 다른 곳이 헐어 고쳐야 된다는 뜻으로, 일을 아무리 해도 뚜렷한 보람이나 성과가 나타나지 않고 새로운 일거리가 계속해서 생기게 됨을 비유적으로 이르는 말.

헌 고리(짚신)도 짝이 있다 1.아무리 어렵고 가난한 사람도 다 짝이 있다는 뜻. 2.아무리 못난 사람도 배필을 얻게 마련이란 뜻.

헌 체로 술 거르듯 말을 막힘없이 술술 하는 모양을 이르는 말.

헐복한 놈은 계란에도 뼈가 있다 (비) 복 없는 가시내가 봉놋방에 가 누워도 고자 곁에 가 눕는다.

헐복한 놈은 떡 목판에 넘어지더라도 이가 빠진다 운수가 따르지 않는 사람은 자기에게 아무리 좋은 기회가 있어도 그것을 이용하지 못하고, 손해만 보게 된다는 뜻. (비) 헐복한 놈은 계란에도 뼈가 있다.

헛간에 솥을 걸어놓고 살아도 속이 편해야 산다 아무리 가난하더라도 집안이 화목하면 행복하게 살 수 있다는 뜻.

헛된 이름 이름이 날 만한 업적도 없는 사람의 이름이 과장(誇張)되어 잘못 알려졌다는 뜻.

헛물만 컨다 아무 보람 없이 헛수고만 한다는 뜻.

헛소문이 빨리 난다 근거 없는 소문이 오히려 더 빨리 퍼진다는 뜻. (비) 헛소문이 자자하다.

헛 짖는 개 소리가 크다 진실보다 헛소문이 크게 난다는 말.

헤엄 잘 치는 놈은 물에 빠져 죽고 나무에 잘 오르는 놈은 나무에서 떨어져 죽는다 (비) 원숭이도 나무에서 떨어진다.

혀가 닳도록 지껄인다 알아듣도록 여러 차례 말을 하였으나 아무런 소용이 없다는 뜻. (비) 혀가 마르도록 말한다.

혀가 마르고 입술이 타도록 지껄인다 (비) 혀가 마르도록 말한다.

혀가 부지런하면 손발이 느리다 일반적으로 말이 많은 사람은 그만큼 실천력이 약하고 실속이 없다는 말.

혀끝을 조심하랬다 화는 대부분 말을 잘못한 데서 발생하는 것이니 항상 어디서나 말을 조심하라는 뜻.

혀는 무기 혀는 전쟁에 쓰는 무기와 같기에 잘못하다가는 사람을 해칠 수 있다는 뜻. (비) 혀는 몸을 베는 칼. 혀는 칼보다 무섭다.

혀는 짧아도 침은 길게 뱉는다 실속은 없으면서 겉으로는 잘난 체, 있는 체한다는 뜻. (비) 비짓국 먹고 용트림 한다. 냉수 먹고 이 쑤시기. 미꾸라지 국 먹고 용트림 한다. 냉수 먹고 갈비 트림 한다. 물 먹고 배를 튀긴다. 잉어국 먹고 용트림 한다. 진잎죽 먹고 잣죽 트림 한다. 김칫국 먹고 수염 쓴다.

혀를 빼물었다 일이 몹시 힘듦을 이름.

혀만 나불거리며 놀고 먹는다 일은 하지 않고 수다만 떨면서 세월을 보내는 사람이란 뜻.

혀 밑에 죽을 말도 있다 (비) 말은 혀를 베는 칼이다.

혀뿌리가 아직도 마르지 않았다 말할 시간이 얼마 되지 않았다는 말.

혀 아래 도끼 들었다 (비) 말은 혀를 베는 칼이다.

혀에 굳은살이 박히겠다 입이 아프도록 많이 한다는 뜻. (비) 조깃배에는 못 가리라.

혀 짧은 말을 하는 사람은 장수(長壽)를 못한다 발음이 정확하지 않고 말에 힘이 없는 사람은 결코 장수형이 아니란 의미.

현감(縣監)이라고 다 과천(果川) 현감이라더냐 무슨 일이나 겉보긴 비슷해 보이지만 속 내용은 다 다르다는 뜻. ★현감 : 조선 시대, 현의 우두머리. 종육품으로 고려 시대의 감무(監務)를 고친 것이다.

현왕재(現王齋) 세력 있는 사람에게 뇌물을 바치거나 또는 타인에게 선공(善功)을 하고서도 도리어 그 사람의 손에 해독을 입음을 일컫는 말. ★현왕재 : 선왕재를 달리 이르는 말. 즉 죽은 사람을 더 좋은 세계에서 태어나게 하기 위하여 부처 앞에 공양하는 재.

현왕재 지내고 지벌 입는다 남에게 좋은 일을 해 주고 도리어 그 사람에게 해를 입게 될 때를 이름. 세력 있는 사람에게 뇌물을 쓰고 나서 역효과를 내게 되었을 땔 이름.

현인(賢人)은 복을 내리고 악인(惡人)은 재앙을 만난다 늘 나쁜 짓을 하면 재앙을 만나고 좋은 일을 하면 복을 받는단 말.

혓바닥에 침이나 묻혀라 (비) 냉수 먹고 주정한다.

혓바닥 째(채) 넘어 간다 먹고 있는 음식이 매우 맛있다는 뜻으로 하는 말. (비) 나무칼로 귀를 베어도 모르겠다. 둘이서 먹다가 하나가 죽어도 모르겠다.

형만 한 아우 없다 아무래도 경험을 많이 쌓은 형이 아우보다 낫게 마련이라는 말.

형무소 규칙 사흘 못 간다 형무소 규칙이 수시로 바뀌기에 제대로 시행이 잘되지 않는다는 뜻.

형 미칠 아우 없고 아비 미칠 아들 없다 아우가 아무리 잘났어도 형만 못하고 아들이 아무리 잘났어도 아비만 못하다는 말.

형방(刑房) 서리(胥吏) 집이라 피한다고 한 것이 잘못 피했음을 이름. 죄는 공교롭게 피하기가 어렵단 말. ★형방 : 조선 시대, 지방 관아에서 형률에 관한 사무를 맡아보던 직책. ★서리 : 관아에 속하여 말단 행정 실무를 맡아보던 구실아치. 고려 시대에는 중앙의 각 관아에 속한 말단 행정 요원만을 가리켰으나 조선 시대에는 경향(京鄕)의 모든 이직(吏職) 관리를 뜻하였다.

형 보니 아우 형의 언행을 보면 대개 그 아우도 짐작할 수 있다는 말.

형산(荊山)의 백옥(白玉)도 흙속에 묻혔다 훌륭한 인재가 아깝게도 숨어 지낸다는 뜻. (비) 백옥이 진토에 묻혔다. ★형산 : 중국 오악 중에서 남쪽에 있는 산.

형은 먹어라 하는데 아주머니는 먹지 말란다 형수 되는 이가 흔히 시동생들을 달갑지 않게 여긴다는 말. (비) 형은 내어놓고 형수는 감춘다.

형이니 아우니 한다 형이니 아우니 하면서 서로 도와주고 매우 다정하게 지내는 친구 간이란 뜻.

형장(刑場)의 이슬로 사라지다 사형이 집행되어 죄인이 죽다는 말.

형제간에도 담이 있다 아무리 가까운 형제간에도 할 말이 있고 못할 말이 있다는 뜻.

형제간에도 큰 고기는 제 망태에 담는다 형제간에도 서로의 이해관계에 있어선 절대 손해를 보려고 하지 않는다는 뜻.

형제간에 싸우다가도 남이 덤비면 같이 덤벼든다 아무리 정의(情誼)가 좋지 못한 형제라도 어찌되었든 남보다는 가깝게 지낸다는 뜻.

형제(兄弟)간엔 콩 반쪽씩 나눠 먹는다 (비) 기러기도 형제는 안다.

형제는 양손 형제는 한 몸에 달린 양손과 같이 매우 가까운 처지에 있다는 뜻.

형제는 잘 두면 보배 못 두면 원수 서로 협조하면 잘 지낼 수 있으나, 그렇지 않으면 서로 폐 끼쳐 원수가

⟨형제만 한 것이 없다⟩

된다는 말.

형제만 한 것이 없다 형제간엔 어려운 일이 생기면 서로 돕고 의지할 수 있어서 좋다는 뜻.

형조(刑曹) 옥졸(獄卒)의 버릇 사람을 함부로 차고 때리는 행동을 이름. (비) 형조 패두의 버릇이냐. ★형조 : 고려와 조선 시대에 법률, 소송, 형벌 따위의 일을 맡아보던 관청. ★옥졸 : 예전에 옥에 갇힌 죄인을 지키는 사람을 이르던 말

형조(刑曹) 패두(牌頭)의 버릇이냐 함부로 사람을 차고 때리는 행동을 이름. (비) 형조 옥졸의 버릇 ★패두 : 패의 우두머리. 조선 시대. 죄인의 볼기를 치던 형조의 사령(使令).

형체(形體)와 그림자가 서로 불쌍히 여긴다 세상에서 의지할 데라고는 아무 데도 없는 외로운 처지에 놓여 있단 말. (비) 집도 절도 없다. 형체와 그림자가 짝이 된다.

형틀 지고 와서 볼기 맞는다 가만히 있으면 탈 없을 일을 제가 서둘러서 화(禍)를 부르고 고생을 사서 한다는 말.

호기(豪氣)에 오패부장(五牌部長) 같다 행동이 거칠고 호기를 부리는 사람을 두고 하는 말.

호두각 대청 겉으론 뚜렷이 나타나지 않아 속을 알 수 없음을 가리키는 말.

호두 속 같다 일이 복잡하여 갈피를 잡을 수 없다는 뜻. (비) 우렁이 속 같다. 쇠천 뒤 글자 같다.

호떡집에 불이 났다 질서 없이 떠들썩하게 지껄임을 빈정거려 일컫는 말.

호랑이가 고슴도치를 놓고 하품을 한다 만만하긴 하지만 자칫 자기가 피해를 입을까 봐 섣불리 해치지 못하고 그저 보고만 있단 뜻.

호랑이가 굶으면 환관(還官)을 먹는다 굶고 보면 음식의 좋고 나쁜 것은 가리지 않게 된다는 말. ★환관 : 지방관이 자기의 임소(任所)로 돌아가거나 돌아옴.

호랑이가 날개를 얻었다 권력을 가진 사람이 새로운 권력을 얻어 더욱 세력이 강하다는 뜻.

호랑이가 덮치듯 강한 자가 약한 자를 갑작스럽게 덮치는 것을 두고 하는 말.

호랑이가 뭘 먹고 사나 (비) 사자(使者)가 눈깔이 멀었다.

호랑이가 삼대독자를 안다더냐 사납고 악독한 사람이 처지가 불쌍한 사람의 사정을 봐줄 리가 없다는 뜻. (비) 호랑이도 삼대독자라면 잡아먹지 않는다.

호랑이가 새끼 치겠다 김을 매지 않아 풀이 무성한 논밭을 두고 비꼬아 이르는 말.

호랑이 개 물어 간 것만 하다 마음에 꺼림칙하고 걸리던 것이 없어져 시원하다는 말.

호랑이 개 어르듯 속으로는 딴 생각을 하면서 당장은 좋은 낯으로 상대방을 슬슬 달래어 환심을 사려고 하는 경우를 이르는 말.

호랑이 꼬리를 밟은 격 가만히 잠자고 있는 호랑이 꼬리를 밟아 호랑이를 성나게 하듯이 사태가 매우 위험하게 되었다는 뜻. (비) 바람 앞에 등불(촛불).

호랑이 꼬리를 잡은 듯 살얼음을 디딘 듯 호랑이 꼬리를 잡은 것 같이 위태롭고 살얼음을 디딘 것 같이 매우 불안하다는 뜻. (비) 사공 없는 배. 살얼음을 밟는 것 같다.

호랑이 굴에 가야 호랑이 새끼를 잡는다 (비) 고양이가 이마가 있어야 망건을 쓰지.

호랑이끼리 싸우면 다 같이 살지 못한다 강자끼리 싸우면 다 함께 망하게 된다는 말.

호랑이 날고기 먹는 줄은 다 안다 그런 일을 함이 차라리 당연한 경우에 그것을 짐짓 숨기고 않는 체할 것이 없다는 말.

호랑이 날고기 먹듯 음식을 가리지 않고 마구 먹는 일을 조롱하여 이르는 말. (비) 뱃속에 거지 들었다. 불가사리 쇠 먹듯. 호랑이 차반. 흉년에 배운 장기(長技). 굴우물에 말똥 쓸어 넣듯.

호랑이 날 고기 먹는 줄 모르나 누구나 다 알고 있는 사실이란 말.

호랑이는 그려도 그 뼈는 못 그린다 사람의 겉모양은 알 수 있어도 그 마음은 모른다는 뜻.

호랑이는 덮친다 강한 자는 약한 자를 누른다는 말.

호랑이는 뒷걸음질을 하지 않는다 용감한 사람은 후퇴하지 않는다는 말.

호랑이는 미워도 가죽은 아름답다 미운 사람에게도 고운 데가 있다는 말.

호랑이는 삼대독자도 모른다 사납고 모진 사람은 불쌍한 사람이나 외로운 사람의 사정을 돌봐주지 않는다는 말.

호랑이는 썩은 고기를 먹지 않는다 훌륭하고 어진 사람은 아무리 구차하게 살더라도 결코 부정하는 짓으로 살지 않는다는 뜻. (비) 호랑이도 죽은 고기는 먹지 않는다.

호랑이는 죽어서 가죽을 남기고 사람은 죽어서 이름을 남긴다 사람은 살아생전에 훌륭한 일을 하여 후세에 빛나는 이름을 남겨야 한다는 말. (비) 공작은 깃을 아끼고 범은 발톱을 아낀다. 호랑이는 가죽을 아낀다. 예문. 호랑이는 죽어서 가죽을 남기고 사람은 죽어서 이름을 남긴다는데, 우리도 후세에 기억될 일을 해야 하지 않겠나.

호랑이는 죽은 고기를 먹지 않는다 (비) 호랑이는 썩은 고기를 먹지 않는다.

호랑이는 평소에 발톱을 감춘다 평소에 자신의 무장(武裝)한 상태를 상대방에게 절대 보여선 안 된다는 뜻.

호랑(虎狼)이 담배 먹을 적(먹던 이야기) 지금과는 형편이 아주 다른 까마득한 옛날을 말함.

호랑이 대가리에 이를 잡는다 쓸데없이 남의 일에 관여하여 화를 당하는 행동을 한다는 말.

호랑이더러 날고기 봐 달란다 욕심이 사나워서 신용이 도무지 없는 사람에게 빌려 준 것은 다시 찾지 못하리라는 뜻. (비) 고양이 보고 반찬가게 지켜 달란다. 도둑괭이더러 제물 지켜 달란다. 고양이한테 반찬가게 맡긴 것 같다. 범에게 개 빌려준 격. 범 아가리에 날고기 넣은 셈. 호랑이에게 개 꾸어준다.

호랑이도 고슴도치를 못 잡아먹는다 약자도 자기 무장을 철저히 하고 있으면 강자기 감히 공격하지 못한다는 뜻.

호랑이도 곤하면 잔다 일이 잘 안 되고 실패만 거듭할 때는 차라리 아무것도 하지 않고 기회를 기다리라는 말.

호랑이도 새끼가 열이면 스라소니를 낳는다 자식을 많이 낳으면 그중엔 못난 자식도 있단 말. ★스라소니: 고양이과의 야생포유류이다. 몸 길이 85~100㎝, 꼬리 길이 12~17㎝, 몸 높이 50~75㎝이다. 눈 위 생활에 잘 적응하여 눈 위를 빠르게 달릴 수 있다.

호랑이도 시장하면 가재를 잡아먹는다 부유하게 사는 사람도 굶주리게 되면 아무것이나 가리지 않고 먹는다는 뜻. (비) 호랑이도 시장하면 왕개미를 잡아먹는다.

호랑이도 쏘아 놓고 나면 불쌍하다 아무리 밉던 사람이라도 죽게 되었을 경우엔 측은하게 여김을 이름.

호랑이도 자식 난 골에는 두남둔다 호랑이와 같은 사나운 짐승도 제 새끼는 사랑하고 중히 여기는데 하물며 사람은 말할 것도 없다는 뜻. (비) 범도 새끼 둔 골은 두남둔다. ★두남두다: 그 잘못이나 허물을 편들어 두둔해 주다.

호랑이도 제 굴에 찾아온 토끼는 안 잡아먹는다 자기를 찾아온 사람을 해쳐서는 안 된다.

호랑이도 제 말 하면 온다 (비) 귀신 이야기를 하면 귀신이 온다.

호랑이도 제 새끼는 안 잡아먹는다 짐승도 제 새끼는 사랑하는데 사람은 말할 것도 없다.

호랑이도 제 새끼 둔 곳을 아낀다 (비) 범도 새끼 둔 골을 두남을 둔다.

호랑이도 죽을 때는 제집을 찾는다 자기가 살던 고향 집은 누구나 다 애착심을 갖는다는 말. (비) 호랑이도 죽을 때는 제 굴에 가 죽는다.

호랑이도 토끼를 잡으려면 뛰어야 한다 사람은 부지런히 일을 해야 먹고살 수 있다는 뜻.

호랑이 뒤를 따르는 여우의 위세(威勢) 남의 권력을 배경으로 삼아 세력을 부린다는 뜻.

⟨ 호랑이를 그리되 뼈를 그리기 어렵고 사람을 사귀되 그 마음을 알기 어렵다 ⟩

호랑이를 그리되 뼈를 그리기 어렵고 사람을 사귀되 그 마음을 알기 어렵다 사람을 겉으로만 봐서 사귀었지 그 깊은 속은 잘 알 수 없음에 실제로 오래도록 겪어 보는 게 옳다는 말. (비) 물은 건너봐야 알고 사람은 지내봐야 안다.

호랑이를 그린 것이 개처럼 되었다 처음부터 너무 큰 것만 욕심내다가 나중에 가서 실패하면 도리어 망신만 당하게 된다는 말.

호랑이를 길러 후환(後患)을 입었다 (비) 기르던 개에게 다리를 물렸다.

호랑이를 탄 기세 기세가 등등하다는 말.

호랑이 무서워 산에 못 갈까 마침 무슨 일을 하려고 할 때 거추장스러운 장애물이 나타났다고 하여 중단할 수 없단 뜻.

호랑이 보고 창구멍 막기 막상 위험한 일을 당하고서야 거기에 대한 미봉책을 씀.

호랑이 새끼는 산에서 커야 하고 사람의 새끼는 글방에서 커야 한다 자식은 어떻게 해서라도 공부를 시켜야 장차 훌륭하게 될 수 있다는 말.

호랑이 새끼는 자라면 사람을 물고야 만다 무엇이나 어떤 단계에 이르면 반드시 최종적인 결과가 나타나고야 만다는 뜻. (비) 용이 여의주를 얻으면 하늘로 올라가고 만다.

호랑이 식사(食事) 평균적으로 식사를 고르게 하지 않고 있을 땐 마구 먹고 없을 땐 마냥 굶는다는 뜻.

호랑이 아가리 호랑이 입안에 들어가면 반드시 죽듯이 죽을 곳에 들어갔다는 말.

호랑이 아가리에서 벗어났다 (비) 그물을 벗어난 새 ⇔ 호랑이 아가리를 벗어나지 못한다.

호랑이 안 잡았다는 늙은이 없다 누구나 젊은 시절엔 아주 용감했다고 자랑한다는 의미.

호랑이 앞의 개 (비) 이리 앞의 양.

호랑이 어금니 없어서는 안 되는 사람이나 물건을 비유적으로 이르는 말. (비) 사자 어금니

호랑이 어금니같이 아낀다 매우 아끼고 소중히 여김을 이르는 말. (비) 사자 어금니같이 아낀다

호랑이 없는 골에서는 여우가 왕(선생)노릇한다 잘나고 힘센 자가 없는 곳에서는 못나고 약한 자가 거들먹거린다는 뜻.

호랑이에게 개를 꾸어준 셈 번연히 떼어먹을 사람에게 돈이나 곡식을 꾸어 준다는 뜻. (비) 고양이 보고 반찬가게 지켜 달란다. 도둑괭이에 제물 지켜 달란다. 고양이한테 반찬가게 맡긴 것 같다. 호랑이에 날고기 봐 달란다. 범 아가리에 날고기 넣은 셈.

호랑이에게 고기 달란다 받으려고 하는 사람에게 도리어 달라고 함을 이르는 말. (비) 고양이에게 반찬 달란다.

호랑이에게 물려갈 줄 미리 알면 누가 산에 가나 화를 당할 줄 알면서도 그 일을 할 사람은 어디 있겠느냐는 뜻. (비) 호환(虎患)을 미리 알면 산에 갈 이 뉘 있으랴.

호랑이에게 물리어 가도 정신을 차리면 산다 (비) 물에 빠지더라도 정신을 잃지 말라.

호랑이와 사슴은 같이 놀지 않는다 강자(强者)와 약자(弱者)는 서로 가까이 지내지 않는다는 말.

호랑이 입보다는 사람 입이 더 무섭다 이 세상에서 사람이 먹고 살아간다는 것이 참으로 어렵다는 말.

호랑이 입을 더듬는다 (비) 기름지고 불로 들어간다.

호랑이 잡고 볼기 맞는다 좋은 일을 한다고 하다가 도리어 낭패를 당함을 일컬음.

호랑이 잡는 포수는 호랑이만 잡고 꿩 잡는 포수는 꿩만 잡는다 사람은 자기가 할 수 있는 일 밖엔 못한다는 말.

호랑이 잡아 관가(官家) 좋은 일만 했다 자기가 어렵게 모험을 해 가면서 한 일이 오히려 남만 좋게 한 결과가 되었다는 뜻.

호랑이 잡으려다가 겨우 꼬리만 잡았다 제법 큰 포부를 가지고 행동한 일이 겨우 조그마한 성과밖에 못 얻게 되었다는 뜻.

호랑이 잡으려다가 토끼도 못 잡는다 계획만 크게 세우고 소득은 하나도 보지 못한다는 말.

호랑이 잡은 칼로 개를 잡는 것 같다 칼이 잘 들지 않을 때 하는 말. (비) 소 잡아먹겠다.

호랑이 차반 음식을 가리지 않고 마구 먹는 일을 조롱하여 이르는 말. (비) 뱃속에 거지 들었다. 불가사리 쇠 먹듯. 흉년에 배운 장기(長技). 굴우물에 말똥 쓸어 넣듯. ★차반 : 옛말로 음식 반찬.

호랑이 코빼기에 붙은 것도 떼어먹는다 위험을 무릅쓰고 이익을 추구함을 이름. 눈앞에 당한 일이 당장에 급해 어떤 위험한 일이라도 하지 않으면 안 되게 되었다는 뜻. (비) 문둥이 콧구멍에 박힌 마늘씨도 파먹겠다. 용천배기 콧구멍에서 마늘씨를 빼먹구 말지.

호로 자식 마음 잡았자 사흘 본바탕이 못된 놈은 아무리 굳게 맹세해도 결국 헛맹세가 되고 만다는 뜻.

호마는 북풍을 그리워한다 (비) 떠다니는 새는 옛 숲을 그리워한다.

호미 끝에 거름 호미로 김을 부지런히 매 주어야 작물이 잘 자라므로 호미 끝이 거름이 된다는 말이니, 무슨 일에나 부지런해야 한다는 뜻.

호미로 막을 것을 가래로 막는다 적은 힘을 들여서 해결할 수 있는 일을 기회를 놓치어 큰 힘을 들이게 된다는 말. (비) 개미구멍으로 공든 탑이 무너진다. 작은 틈만 이어도 배는 가라앉는다. 작은 물이 새면 큰 배는 가라앉는다. 큰 방축도 개미구멍으로 무너진다.

호박꽃도 꽃이라니까 오는 나비 괄시한다 못생긴 여자에게 구애를 하였다가 오히려 거절을 당하였다는 뜻.

호박꽃도 꽃이냐 여자는 모름지기 예뻐야 한다는 말.

호박꽃도 꽃이라고 얼굴은 못생겨도 여자라고 여자 티를 낸다는 뜻.

호박꽃에도 벌 나비가 온다 아무리 못난 여자도 시집을 가게 된다는 말.

호박 나물에 힘쓴다 쓸데없는 일에 혼자 기를 쓰고 화를 냄을 이르는 말. (비) 늙은이 호박 나물에 용쓴다. 늙은이 호박죽에 힘쓴다.

호박 넌출 벋은 적 같아선 강계(江界) 위초산(渭楚山) 뒤덮을 것 같지 세력이 한창 좋을 때 같아선 무엇 못할 것이 없이 보이나 그런 것은 오래 계속하지 못하는 법이라 함이니, 집안이 한창 흥한다고 하여 함부로 무슨 짓이나 하면 안 된다는 말. (비) 호박 덩굴이 벋을 적 같아서야.

호박 덩굴이 벋을 적 같아서야 세력이 한창 뻗어 나갈 때 같으면 무엇 못할 것이 있겠느냐 함이니, 집안이 한창 흥성하다고 해서 함부로 세도만 부리지 말라는 뜻.

호박떡도 더워서 먹어야 한다 (비) 고사리도 꺾을 때 꺾어야 한다(는다).

호박씨 까서 한 입에 털어 넣는다 애써 모은 것을 한꺼번에 털어 없앤다는 뜻.

호박씨 깐다 겉으로 어리숙한 체하며 속으론 맹랑하게 어지러운 행실을 한다는 뜻.
    (비) 똥구멍으로 호박씨 깐다. 똥구멍으로 노 꼰다. 밑구멍으로 호박씨 깐다.

호박씨를 까는지 수박씨를 까는지 무슨 일을 어떻게 하는지 도무지 알 수 없다는 말.

호박에 말뚝 박기 심술궂고 가혹한 짓을 이름. 아무리 말하여도 도무지 반응이 없다는 뜻.

호박에 침 주기 (비) 누워 떡 먹기.

호박은 더러운 먼지를 빨아들이지 않는다 천성이 착하고 어진 사람은 다른 사람의 나쁜 습관에 물들지 않는다는 말. (비) 조개껍데기는 녹슬지 않는다.

호박은 덩굴 속에서 큰다 일은 남이 모르게 묵묵히 해야 한다는 말.

호박을 쓰고 도투굴로 들어간다 아무런 방비 없이 무모하게 위험에 뛰어든다는 말. (비) 호박을 쓰고 돼지 굴로 들어간다. ★도투 : 돼지의 옛 우리말 방언.

호박이 굴렀다 (비) 호박이 넝쿨째 굴러떨어졌다.

호박이 넝쿨째 굴러떨어졌다 뜻밖에 좋은 물건을 얻었거나 좋은 수가 생겼다는 말. (비) 굴러 온 호박. 아니 밤중에 찰시루떡. 웬 떡이냐. 우물길에서 반기 살이 받다. 움집 안에서 떡 받는다. 호박이 굴렀다. 호박이 떨어졌다.

⟨호박이 떨어졌다⟩

호박이 떨어졌다 (비) 호박이 넝쿨째 굴러떨어졌다.

호박잎에 청개구리 뛰어오르듯 나이 어린 사람이 버릇 없이 어른에게 함부로 행동하거나 건방진 말을 함을 비유한 말.

호사다마(好事多魔)엔 반드시 훼방꾼이 따른다 좋은 일에는 반드시 방해하는 사람이 있다는 말. ★호사다마 : 좋은 일에는 흔히 시샘하는 듯이 안 좋은 일들이 많이 따름

호장(戶長) 댁네 죽은 데는 가도 호장 죽은 데는 가지 않는다 (비) 대감 말죽은 데 가도 대감 죽은 데는 안 간다. ★호장 : 고려 때 향리(鄕吏)의 으뜸 구실. 신라 시대에서는 촌주(村主).

호조(戶曹) 담을 뚫겠다 재물에 대한 욕심이 큰 사람을 보고 하는 말. ★호조 : 조선 시대, 육조의 하나로 호구(戶口), 공부(貢賦), 전량(田糧) 및 식량, 재화(財貨), 경제에 관한 일을 맡아보던 중앙 관청.

호조(戶曹) 돈이나 공조(工曹) 돈이나 이것이나 저것이나 다 같다는 말. ★공조 : 조선 시대, 육조의 하나. 산택(山澤), 공장(工匠), 교통(交通), 건축(建築), 도야(陶冶) 등의 공업에 관한 일을 맡아보았다. 1392(태조 1)년에 설치하여 1894(고종 31)년에 공무아문으로 이름을 바꾸었다.

호주머니 사정에 달렸다 자신이 어떤 일을 하고 못하는 것은 경제적인 사정에 따라 달라진다는 뜻.

호주머니한테 상의해봐야 안다 자기의 재력(財力)이 어느 정도인가를 정확하게 헤아려서 일을 결정해야 한다는 뜻.

호환(虎患)을 미리 알면 산에 갈 이 뉘 있으랴 사람은 매우 위험하다고 생각되는 일은 자기 보호를 위하여 아예 하지 않는단 뜻. (비) 호랑이에게 물려 갈 줄 미리 알면 누가 산에 갈까.

혹 떼러 갔다가 혹 붙여 온다 이익을 얻으려다 오히려 손해를 본다. 좋은 일 바라고 갔다가 불리한 일 당했다는 말.

혹이 나고 무사마귀가 달린다 일이 점점 더 악화되기만 한다는 말.

혼례 날 비가 오면 불길하다 비 오는 날 결혼한 사람 중에서 의외로 불행하게 된 사람이 많다는 데서 나온 말.

혼례는 인간대사 결혼은 모름지기 인간 생활의 새 장(場)을 여는 계기가 되기에 가잠 큰 경사란 뜻.

혼백(魂魄)이 상처(喪妻)했다 넋을 잃고 정신을 차리지 못한다는 뜻.

혼사(婚事)가 깨진 색시는 절름발이가 된다 혼담(婚談)을 하다가 깨지면 규수(閨秀)에게 어떤 흠이 있다는 소문이 퍼지게 된다는 뜻.

혼사는 붙이고 싸움은 말리랬다 결혼은 성사될 수 있게 도와주어야 하고 싸움은 가급적이면 못하게 말려야 한다는 뜻.

혼사(婚事) 말하는 데 상사(喪事) 말한다 화제와는 관련이 없는 엉뚱한 말을 한다는 말.

혼사 훼방 놓는 놈은 때려죽여도 죄가 없다 남의 결혼을 방해하다가 큰 봉변을 당한 사람은 어디 호소할 때가 없다는 말. (비) 혼사를 방해하는 놈은 만장 가운데서 때려죽이랬다. 혼인을 반간(反間) 놓는 놈은 만장 가운데서 죽이랬다.

혼인(婚姻) 날 똥 쌌다 일이 공교롭게 되어 처신이 사납게 된 경우를 두고 하는 말.

혼인 날 신부 굶듯 먹을 것을 두고도 제대로 못 먹는다는 뜻.

혼인 뒤에 병풍 친다 이미 때늦은 일을 한다는 뜻. (비) 열흘날 잔치에 열 하룻날 병풍 친다.

혼인에 가난이 든다 좋은 일에 재앙이 따른단 말.

혼인에 트레바리 경사스럽고 좋은 일까지도 무턱대고 반대하고 나선다는 말. ★트레바리 : 까닭 없이 남의 말에 반대하기를 좋아하는 성격.

혼인집에서 신랑 잃었다 어떤 일을 하는데 가장 중요한 것을 잃어버렸음을 비유한 말. (비) 장가드는 놈이 불알 떼어놓고 간다. 장사 지내러 가는 놈이 시체 두고 간다. 사냥 가는 데 총을 안 가지고 가는 것

같다.
혼인치레 말고 팔자 치레 하랬다 잔치는 떡 벌어지게 잘하고 잘 살지 못하느니, 잔치는 잘 못하더라도 잘 살기만 하면 된다는 뜻.
혼자 북 치고 장구 친다 (비) 혼자 사는 동네 면장(面長)이 구장(區長)질 다 한다.
혼자 사는 동네 면장(面長)이 구장(區長)질 다 한다 힘 센 사람이 없는 곳에선 보잘 것 없는 자가 잘난 체하고 뽐낼 수 있다는 뜻. (비) 범 없는 골에 토끼가 선생. 사자 없는 산에 토끼가 대장 노릇한다. 무호동중(無虎洞中)에 이작호(狸作虎). 혼자 북 치고 장구 친다.
혼자서는 아이를 못 낳는다 일을 이루려면 일에 필요한 상대자를 구해야 한다는 말.
혼자 입은 못 먹고살아도 두 입은 먹고산다 독신생활을 하는 것보다 둘이 함께 생활하는 것이 오히려 돈이 덜 든다는 뜻.
혼(魂)쭐 나겠다 너무나 놀라운 일을 당하여 정신을 잃고 어쩔 줄 모름을 이름.
홀아비 굿 날 물러가듯 홀아비가 굿을 하기는 어색해서 자꾸 미루듯이 무엇을 할 예정으로 있으면서 자꾸 훗날로 미루는 것을 이르는 말.
홀아비는 이가 서 말이고 홀어미는 은이 서 말이라 여자는 혼자 살 수 있어도 남자는 혼자 살 어렵단 말. (비) 홀아비 삼 년에는 이가 서 말이다.
홀아비 법사 끌 듯 홀아비가 음식을 장만하기가 어려워서 법사를 자꾸 미룬다는 뜻으로. 해야 할 일을 자꾸 뒤로 미루는 것을 이르는 말.
홀아비 부자 없고 과부 가난 병 없다 일반적으로 홀아비는 별로 잘 사는 사람이 없어도, 과부는 대개가 살림을 알뜰히 하고 재산을 축적하여 잘 산다는 뜻.
홀아비 사정 보다가 과부 아이 밴다 남의 사정을 봐주다가 실수를 하거나, 망신을 당하는 경우가 있으니 함부로 남의 사정을 봐주어선 안 된다는 뜻.
홀아비 사정은 과부가 알아준다 (비) 과부 사정은 과부가 안다.

홀아비 자식 동네마다 있다 버릇없이 자라 못된 놈은 어디에나 있다는 말.
홀아비 장가간다 살림살이가 늘어나고 잘살게 되었다는 뜻.
홀어미 아이 낳듯 (비) 과부 아이 낳고 진자리 움켜지듯
홈통은 썩지 않는다 (비) 돌쩌귀에 녹이 슬지 않는다
★홈통 : 창짝 장지짝 따위가 드나들게 하기 위하여 장지틀의 위아래를 오목하고 길게 파낸 줄.
홍길동이 합천 해인사 떨어 먹듯 음식을 많이 먹거나 대 약탈을 함을 이르는 말.
홍두깨로 소를 몬다 적합한 것이 없거나 급해서 무리한 일을 억지로 하는 경우를 비유적으로 이르는 말.
홍두깨로 주고 바늘을 받는다 자기는 후하게 주었지만 오히려 박하게 받아서 손해가 많다는 뜻. (비) 한 말 주고 한 되 받는다.
홍두깨에 꽃이 피겠다 (비) 까마귀 대가리가 희어지거든.
홍두깨에 꽃이 핀다 뜻밖에 좋은 일을 만난다는 말.
홍생원(洪生員)네 흙질하듯 무슨 일이나 성의가 없이 되는 대로 함부로 할 때를 이름. (비) 차호석이네 팬장 바르듯.
홍시(紅柿) 떨어지면 먹으려고 감나무 밑에 가서 입 벌리고 누웠다 불로소득(不勞所得)을 바라고 있다는 뜻. 비) 감나무 밑에 누워 연시 입안에 떨어지기 바란다
홍시 먹다 이 빠진다 (비) 돌다리도 두들겨 보고 건너라.
홍재원 나무 장사 잔디 뿌리 뜯듯 무엇을 바드득 바드득 쥐어뜯음을 이름.
홑중의에 겹말 격(格)에 맞지 않고 지나침을 이름. (비) 석새 짚신에 구슬감기. 짚신에 국화 그리기. 조리에 옻칠하기. 가게 기둥에 입춘. 개 발에 놋대갈. 게게 호패. 삿갓에 쇠자질. 사모에 영자. 거적문에 돌쩌귀. 개 발에 주석 편자. 명주 잘게 개똥. 방립에 쇠자질. 사모에 갓끈이다. 초헌의 채찍질. 재에 호 춤.
화가 복 된다 처음에는 재앙으로 여겼던 것이 나중에

화가 홀아비 동심하듯 한다

는 도리어 다행스러운 것으로 된 경우에 이르는 말.

화가 홀아비 동심하듯 한다 화가 불끈 일어남을 이르는 말.

화 곁에 복이 기대섰고 복 속에 화가 숨어 있다 화와 복은 항상 같이 다니기에 자기 앞에 화가 온다 하여 실망하지 말고 반대로 복이 온다 하여 즐거워만 해선 안 된다는 뜻.

화난 년 보리방아 찧듯 무슨 일을 조심성 있게 하지 않고 되는 대로 마구 한다는 뜻. (비) 화낸 놈 바위 차기.

화난다고 돌을 차면 제 발부리만 아프다 어떠한 일이든 감정을 가지고 대하면 손해만 보기에 매사에 이성적으로 대하라는 뜻.

화는 교만한 데서 생긴다 화는 교만한 데서 생기므로 방자한 언행을 삼가고 겸손해야 한다는 말.

화는 멀리 쫓고 복은 불러들여야 한다 화는 다신 못 오도록 멀리 쫓아버리고, 복은 자꾸 들어오도록 노력해야 한다는 말. (비) 화는 멀리하고 복은 가까이 한다.

화는 반드시 연거푸 온다 화는 대개 한 번에 그치는 것이 아니라 잇따라서 여러 번 오게 된다는 뜻.

화는 복이 이웃에 있다 화와 복은 분리되어 있는 것이 아니라 이웃과 같이 가까이 있다는 말. (비) 화는 복이 있는 곳에 의지하고 있다.

화는 없는 집에서 난다 운수가 나쁘고 하는 일마다 잘 못되는 집엔 꼭 불길한 일만 생긴다는 의미.

화는 입기 쉬워도 벗기 힘들다 화를 일단 당하면 그 후과가 오래 미친다는 말.

화는 입을 따라 나오고 병은 입을 따라 들어온다 재난(災難)은 말 잘못한 데서 생기고, 병은 음식을 가리지 않고 잘못 먹는 데서 생긴단 말.

화는 조그마한 데서부터 생긴다 화는 작은 일이 자라서 생기게 되므로 우선 사소한 일에 조심하라는 뜻.

화는 홀로 다니지 않는다 불행은 겹쳐서 오게 마련이라는 말.

화도 삼 년 두면 복이 된다 화도 굳게 인내하다 보면 점점 복으로 전환(轉換)된다는 뜻.

화로 가에 엿을 붙이고 왔나 (비) 노구 전에 엿 붙었나.

화로 들고 쇠불알 떨어지기를 기다린다 (비) 곧 계란 놓고 병아리 기다린다.

화롯가에 어린아이 둔 것 같다 마음이 안정되지 못하고 매우 불안하다는 말.

화롯불을 쬐던 사람은 요강만 봐도 쬔다 (비) 거지 노릇 도 사흘 하면 못 버린다.

화목은 계수나무같이 비싸고 쌀은 구슬같이 비싸다 땔 나뭇값은 계수나뭇값같이 엄청나게 비싸고, 쌀값은 구슬 값과 같이 비싸다는 말로 즉 물가(物價)가 매우 높아졌다는 말.

화살은 쏟고 주워도 말은 하고 못 줍는다 (비) 쌀은 쏟고 주워도 말은 하고 못 줍는다.

화살 하나로 두 마리 새를 잡는다 하나를 이용하여 많은 이득을 본다는 뜻. (비) 일거양득, 일석이조, 돌 하나로 두 마리 새를 잡는다.

화수분을 얻었나 재물을 물 쓰듯 하는 사람에게 탓하는 말. ★화수분 : 일종의 보물단지. 그 안에 온갖 물건을 넣어두면 새끼를 쳐서 끝없이 나온다는 전설.

화약을 지고 불로 들어간다 (비) 기름지고 불로 들어간다

화양동(華陽洞)을 먼저 보지 말고 속리산을 먼저 봐야 한다 화양동을 먼저 보면 속리산의 아름다움을 모르게 된다는 말.

화와 복은 자기 나름대로 오게 한다 악한 짓을 하면 화가 오고, 착한 일을 하면 복이 오게 마련임에 어느 것을 선택하느냐 하는 것이 본인에게 달렸다는 뜻.

화와 복은 한 문으로 드나든다 화와 복은 늘 함께 있다는 뜻. (비) 화와 복이 드나드는 문은 따로 없다

화 잘 내는 놈이 속은 없다 평소에 화를 잘 내는 사람은 대체로 그 화가 금방 풀린다는 뜻.

화재(火災) 난 데 도둑질 남이 위급하고 불행을 당하여 정신을 못 차리고 있는 틈을 타서 도둑질을 한다 함은, 남의 불행을 악용하여 자기의 이익으로 삼음을 이르는 말.

⟨황소 불알 떨어지면 구워 먹으려고 다리미에 불 담아 다닌다⟩

화재 난 데 부채질(중석질)한다 (비) 불난 데서 풀무질 한다.

화적(火賊) 봇짐 털어 먹는다 나쁜 짓에 있어 한 수 더 한다는 뜻.

화초밭에 괴석 얼른 보아서는 변변치 못하게 보이나 그 실은 진중하게 여겨지는 물건을 말함.

화초밭에 말 맨대(달리기) (비) 고추밭에 말 달리기.

화초밭에 불 놓기 (비) 고추밭에 말 달리기.

확 깊은 집에 주둥이 깊은 개가 들어온다 일 잘 되느라고 우연히도 잘 어울렸다는 뜻. (비) 대문(大門) 턱 높은 집에 정강이 높은 며느리 들어온다. 문턱 높은 집에 무종아리 긴 며느리 생긴다.

환장하면 눈이 뒤집힌다 본심(本心)이 아니면 사물을 옳게 보지 못하게 된다는 의미.

활과 과녁이 서로 맞는다 하려는 일과 닥친 기회가 꼭 들어 맞는다는 뜻.

활량의 사포 같다 얼굴이 심하게 얽었다는 말. (비) 우박 맞은 잿더미 같다. 콩마당에 넘어졌다. ★활량 : 한량(閑良)이 변한 말.

활에 놀란 새는 굽은 나뭇가지만 봐도 앉지 않는다 한 번 크게 놀란 경험이 있는 사람은 그와 비슷한 것만 봐도 경각심을 가지게 된다는 뜻.

활을 당기어 콧물을 씻는다 꼭 하고 싶던 일이 있던 차에 좋은 핑계가 생겨 그 기회에 그 일을 함께 해치움을 이름. (비) 소매 긴 김에 춤춘다. 엎어진 김에 쉬어간다. 떡 본 김에 제사 지낸다. 한 잔 먹은 김에 노래한다.

활이야 살이야 활쏘기를 배울 때 다칠까 경계하기 위해 하는 말.

활인불(活人佛)이 골마다 난다 어느 곳에나 위급할 때 구해주는 착한 사람이 있다는 말. (비) 사람 살 곳은 가는 곳마다 있다. 사람 살 곳은 골골이 있다.
★활인불 : 사람의 목숨을 구원하여 살리는 부처.

활줌통 내미듯 받으라고 팔을 뻗어서 내미는 모양을 이름. ★활줌통 : 활 한가운데의 손으로 쥐는 부분.

홧김에 서방(화냥)질한다 화난 김에 차마 못할 짓을 한다는 뜻. (비) 속상하는데 서방질이나 하자는 격으로. 부앗김에 서방질한다.

황금비가 내린다 오랜 가뭄 끝에 오는 비는 마치 황금과 같이 귀하다는 뜻.

황금(黃金)은 사람의 마음을 검게 하고 백주(白酒)는 사람의 마음을 붉게 한다 돈과 술은 지나치면 사람을 해친다는 뜻으로 이를 경계하여 이르는 말.

황금 천 냥이 자식 교육만 못 하다 막대한 유산을 남겨 주는 것 보다는 자녀 교육이 더 중요한 것이라는 뜻

황달병 환자는 세상이 노랗다 한다 사물을 제삼자 입장에서 객관적으로 보지 않고, 그저 자기가 처한 상황에서 주관적으로 보아선 안 된다는 뜻.

황새가 개미 두둑에서 운다 아무리 큰 권력을 가진 사람이라도 군중을 당할 수는 없다는 뜻. 가당치도 않게 요행을 바라는 어리석음을 이르는 말. (비) 쇠불알 떨어질까 하고 제 장작 지고 다닌다. 쇠불알 떨어지면 구워 먹기.

황새가 황새 보고 멀쑥하다 한다 남의 허물은 알아도 자기의 허물은 모른다는 말.

황새 논두렁 넘어본다 무엇을 찾느라고 갸웃거린다는 말

황새 여울목 넘겨다보듯 목을 빼서 무엇을 은근히 엿봄을 이름.

황새 올미 주워 먹듯 한다 음식을 잘 주워 먹음을 이르는 말.

황새와 조개 싸움에 어부(漁夫)만 이득 본다 남들이 다투는 바람에 힘들이지 않고 큰 이득을 보았다는 뜻. (비) 어부의 횡재다.

황새 조알 까먹은 듯 (비) 간에 기별도 안 간(갔)다.

황소도 호박 덩굴에 걸려 넘어질 때가 있다 하찮은 것이라고 만만히 보다가는 언젠가는 실수하게 된다는 의미.

황소 뒷걸음질 하다가 쥐잡기 (비) 뒷걸음에 쥐 잡는 격.

황소 불알 떨어지면 구워 먹으려고 다리미에 불 담아 다닌다 (비) 곤달걀 놓고 병아리 기다린다.

〈 황소 제 이불 뜯어 먹기 〉

황소 제 이불 뜯어 먹기 (비) 문어(文魚) 제 다리 끊어 먹기
황소 한 마리 가지고 다투지 않는다 설령 큰 이해관계가 있더라도 이웃 사람과는 싸우지 않도록 해야 한다는 말.
황아장수 망신은 고불통이 시킨다 (비) 과일 망신은 모과가 시킨다. ★황아 : 끈목 담배쌈지. 바늘 실 따위 모든 잡살뱅이의 물건. ★고불통 : 흙을 구워 만든 담배통.
황아장수 잠자리 옮듯 한 곳에 오래 머물지 않고 곧 떠나 여기저기 돌아다님을 이름.
황제(皇帝) 무덤에 신하(臣下) 도깨비 모여 물 듯 사람이나 벌레가 한 곳으로 어수선하게 많이 모여 들어 옴을 비유하는 말.
황충(蝗蟲)이 간 데는 가을도 봄 좋지 못하는 자가 가는 곳마다 나쁜 영향을 끼친다는 뜻. 운(運)이 기박한 사람은 아무리 좋은 처지에 있게 되어도 불행한 일만 생긴다 하여 이르는 말. (비) 강철이 가는 데 가을도 봄. ★황충 : 메뚜깃과에 속한 곤충의 한 종. 몸 길이는 5~6.5cm 정도이다. 몸빛은 누른 갈색 또는 녹색으로, 날개에는 검은 갈색의 큰 무늬가 흩어져 있다. 비황(飛蝗)이라 부르는 군집성(群集性)의 것은 농작물에 큰 해를 입한다. 세계 각지에 분포한다.
황해도 처녀라 밤낮을 분간 못하는 사람을 이름. (비) 안악(安岳) 사는 과부.
황해도 판수 가야고 따르듯 멋도 모르고 무턱대고 허둥지둥 뒤따라가는 것을 말함.
황혼병에 걸렸다 해가 질 무렵이 되면 저절로 술 생각이 난다는 말.
황희(黃喜) 정승(政丞)네 치마 하나 가지고 세 어이딸이 입듯 옷 하나를 가지고 여럿이 서로 나누어 입음을 뜻하는 말. ★황희 : 고려 말기와 조선 초기의 문신 (1363~1452), 호는 방촌(厖村)이고 시호는 익성(翼星)이다. 1389년에 문과에 급제하여 성균관 학관이 되었다. 고려가 망하자 두문동에 은거했으나 태조(太祖) 이성계(李成桂)의 간청으로 출사하여 사헌 감찰, 경기도 도사를 거쳐 형조, 이조, 병조, 예조 판서와 우의정, 영의정을 지냈다. 18년 동안 영의정으로 있으면서 농법을 개량하고 예법을 개정하였으며 천민의 자식 또한 천민이 되어야 하던 나쁜 풍습을 고치는 등 훌륭한 업적을 남겼다. 또한 인품이 원만하고 청렴결백하여 백성들로부터 존경을 받았다. 저서는 《방촌집(厖村集)》이 전한다. ★어이딸 : 어머니와 딸.
횃대 밑 사내 1. 밖에서는 꼼짝 못하면서 집안에서는 큰소리 치는 사람. 2. 밖에 나가지 않고 늘 방구석에만 박혀 있는 똑똑 찮은 남자를 이름.
횃대 밑에 더벅머리 셋이면 날고 뛰는 놈도 별수가 없다 방안에 더벅머리 한 어린아이가 셋이 있으면 아무리 재주 있는 사람도 어쩔 수 없다는 뜻으로, 어린 자식이 셋이나 딸리면 그 치다꺼리에만 얽매여 꼼짝도 할 수 없음을 이르는 말.
횃대 밑에서 호랑이 잡는다 (비) 벼룩의 간(등)에 육간대청을 짓겠다.
횃대 밑에서 호랑이 잡고 나가서 쥐구멍 찾는다 집안에서만 큰소리치고, 밖에 나가서는 사람들에게 옹졸하기만 한 사람을 비유한 말.
횃대에 동저고리 넘어가듯 거침새 없이 얼른 넘어감의 비유.
회가 동한다 구미가 당긴다는 말.
회덕송씨(懷德宋氏) 가구락(家具樂) 집안 치장과 세간에 재미를 붙이고 낙으로 삼는 사람을 보고 하는 말.
회오리바람 벗었다 세속(世俗)의 기풍(氣風)을 벗어나서 말쑥하고 깨끗하게 되었다는 뜻. 즉 탈쇄(脫灑)했다.
회오리 밤 벗듯 하였다 몸에 거리낄 것이 없고 세속(世俗) 시비를 벗어나 탈쇄(脫灑)함을 이름. 남이 시비할 여지가 없이 사람됨이 원만함을 비유적으로 이르는 말.
회인현(懷仁縣)에 감사 든 것 같다 좁은 회인골에 감사가 든 것 같이 사람들이 여기저기 모여서 소란스럽다는 뜻. ★회인현 : 본래 백제의 미곡현(未谷縣)으

로 신라 경덕왕(景德王) 때 매곡(昧谷)으로 바꾸고 연산군(燕山郡)에 속하게 하였다. 고려 초에 회인현으로 이름을 바꾸었으며, 1018년(현종 9) 청주목(淸州牧)에 포함됨.

회초리 한 개는 꺾어도 열 개는 못 꺾는다 한 사람의 힘은 보잘것없고 약해도 여러 사람의 힘을 하나로 뭉치면 매우 강하게 된다는 말. (비) 회초리도 다발로 묶으면 꺾어지지 않는다.

효령대군(孝寧大君)의 북 껍질이다 힘없고 약한 물건이라는 뜻. ★효령대군 : 조선 태종의 둘째 아들(1396~1486). 이름은 보(補), 초명은 호(祜), 자는 선숙(善叔), 호는 연강(蓮江)이다. 불교에 독실하여 많은 불사를 주관했으며 《원각경(圓覺經)》을 국역(國譯)하여 간행하였다. 문장에도 능하였다.

효부 없는 효자 없다 며느리가 착해야 아들도 효도하게 됨을 일컫는 말.

효성이 지극하면 돌 위에 풀이 난다 어버이에 대한 효성이 지극하면 기적적인 일이 일어나 도움을 얻게 될 수도 있다는 말.

효자가 불여악처(不如惡妻)라 지극 정성을 다하는 효자라도 제아무리 나쁜 아내만 못하단 말.

효자가 악처만 못 하다 아무리 나쁜 아내라도 효자 아들보다 낫는다는 말. (비) 효자가 불여악처(不如惡妻)라.

효자가 있어야 효부도 있다 아들이 효자라야 며느리도 효부가 된다는 말.

효자 끝에 불효 나고 불효 끝에 효자 난다 1.어느 집안이나 대대로 효자만 나거나 불효자만 나는 것이 아니라, 효자도 나고 불효자도 난다는 말. 2.세상의 모든 일에는 흥망성쇠가 되풀이됨을 이르는 말.

효자 집(끝)에 효자 난다 부모가 효자면 아들도 효자가 된다는 말. 부모는 자식에게 항상 모범을 보여야 함을 가르치는 뜻.

효자 노릇을 할래도 부모가 받아 줘야 한다 성의와 정성을 다하여도 받아 주는 태도에 따라 그것이 빛이 난다는 뜻으로 이르는 말.

효자 효녀가 나면 집안이 망한다 예전엔 친상을 당하면 오래도록 거상(居喪)을 했는데 효자, 효녀는 이것을 꼬박 지키느라고 일을 못했으므로 생긴 말.

후래자(後來者) 삼배(三盃) 술을 한 잔 더 마시라는 말. (비) 죽어도 삼 잔이라. ★후래자 : 뒤에 온 사람

후레아들 제풀로 자라서 버릇없는 놈을 이름. (비) 어른 없는 데서 자라났다. 후레자식.

후문(後門)에서 인심 난다 곡식이 드나드는 뒷문에서 후하게 해줘야 인심이 난다는 뜻.

후살이할 땐 이밥 먹자는 속셈이라고 남에게 욕을 먹어 가면서 일을 할 바에야 돈이라도 많이 생기는 짓을 해야 한다는 뜻.

후생각(後生角)이 우뚝하다 후배가 선배보다 나을 때 이르는 말. (비) 나중 난 뿔이 우뚝하다. 먼저 난 머리보다 나중 난 뿔이 무섭다. 뒤에 난 뿔이 우뚝하다. 뒤에 심은 나무가 우뚝하다.

후에 보자는 사람 무섭지 않다 1.그 자리에서 화풀이를 하지 못하고 나중에 두고 보자고 공갈하는 사람은 무서워 할 필요가 없다는 말. 2.훗날을 기약하는 사람을 믿고 기대할 것이 못 된다는 말.

후장(後場) 떡이 클지 작을지 누가 아나 앞날의 일은 헤아리기 어렵다는 말.

후장(後場)에 쇠다리 먹으려고 이 장에 개다리 안 먹을까 미래의 일에 기대할 것이 없이 목전의 현실에 충실함이 중요한 일이라는 말. (비) 내일 백 냥보다 당장 쉰 냥이 낫다. 내일 닭보다 오늘 계란이 낫다.

후처(後妻)에 감투 벗어지는 줄 모른다 일반적으로 남자들이 후처에 혹하여 빠지는 모양을 비웃는 말.

후추는 작아도 맵다 몸피는 작아도 하는 일은 똑똑하고 훌륭하거나 매섭고 다부지다는 말.

후추는 작아도 진상(進上)에만 간다 작은 사람이 똑똑하여 훌륭한 구실을 할 때 이름. (비) 작아도 고추알. 고추는 작아도 맵다. 고추보다 후추가 더 맵다. 제비는 작아도 강남을 간다. ★진상 : 지방의 특산물을 임금이나 높은 지위에 있는 사람에게 바침.

〈후추를 왼 채로 삼킨다〉

후추를 왼 채로 삼킨다 1.속 내용을 모르고 겉만 취함의 비유. 2.무엇이나 그 속을 헤쳐 보지 않고서는 속을 모른다는 뜻. (비) 수박 겉핥기. 꿀단지 겉핥는다. 개가 약과 먹는 것 같다.

후(厚)한 끝은 있어도 박(薄)한 끝은 없다 평소에 남에게 후하게 하면 인심을 얻어 잘되지만 박하게 굴면 사람들에게서 인심을 잃게 된다는 뜻.

훈장네 마당 같다 훈장은 글공부나 했지 가정생활을 꾸려 나가는 데는 무능하였으므로 마당에는 아무 것도 없고 휑뎅그렁했다는 데서, 주로 재산이 없이 가난함을 비유적으로 이르는 말.

훈장 똥은 개도 안 먹는다 선생 노릇은 몹시 힘들다는 뜻.

훈장 앞에서 문서질 어떤 것을 저만 잘하는 줄 아는 사람을 비꼬아 이르는 말.

훈장은 바담 풍(風) 하면서 애들더러는 바람 풍(風) 하란다 어린이 교육에 있어선 어른이 모범을 보여주지 않으면 아무런 성과가 없다는 뜻.

훔쳐 낳은 자식이 닮는다 남들 모르게 하는 일이 오히려 명백하게 표시가 난다는 뜻.

훔친 놈의 죄(罪)보다 잃은 놈의 죄가 크다 도둑을 맞으면 으레 죄 없는 남들까지 의심하게 되니 의심하는 그 자체가 죄를 짓는 셈이란 말.

훔칠 줄만 알고 감출 줄은 모른다 돈 관리를 잘 할 줄 모른다는 말.

훗장 떡이 클지 작을지 누가 아냐 앞으로 일어날 일은 추측하기 힘들다는 말.

훗장 생선이 더 물 좋다 미래의 일은 추측하기 힘들다는 말. (비) 훗장 떡이 클지 작을지 누가 아냐.

훗장에 쇠다리 먹으려고 이장에 개다리 안 먹을까 (비) 금년(今年) 새 다리가 명년(明年) 쇠다리보다 낫다.

휑한 빈집에 서발막대 거칠 것 없다 집이 가난하여 아무것도 없음을 이르는 말. (비) 서발막대 거칠 것 없다. 서발 장대 거칠 것 없다. ★서발막대 : 매우 긴 막대를 강조하여 이르는 말.

휘는 버들가지는 부러지지 않는다 흔히 부드러운 성격을 가진 사람은 참고 견디는 힘이 남달리 강해서 결코 실패하지 않는다는 뜻. (비) 휘는 나무는 꺾기지 않는다.

휘인 가락을 가락 집에 꽂았다가 가져와도 조금 낫다 아픈 데가 있어 괴로워하다가 약을 먹거나 병원에 갔다만 와도 나은 것처럼 여긴다는 뜻으로 이름. (비) 가락 바로 잡은 집에 갖다 세워 놨다 와도 좀 낫다.

흉가(凶家)도 사귈(지닐) 탓 아무리 볼썽사나운 것이라도 다루고 손질하기에 따라 그 효용이 나아진다는 말.

흉 각각 정 각각 사람에게 쏠리는 정과 그가 가지고 있는 흉과는 상관없는 뜻이란 말. (비) 정 각각 흉 각각

흉년거지 특별히 노력하고도 효과는 적음을 이르는 말

흉년거지 더 섧다 먹을 것을 얻기가 몹시 어려워서 애를 쓰나 얻는 것은 적다는 말.

흉년 곡식은 남아돌고 풍년 곡식은 모지란다 흉년에는 곡식을 아껴 먹고 풍년에는 곡식을 낭비하게 된다는 뜻으로, 있을 때 더 절약하라는 말.

흉년 떡은 보기만 해도 살찐다 굶주린 사람은 조금만 먹어도 살이 찐다는 말.

흉년 메뚜기 너나 할 것 없이 다 죽어가는 꼴이란 뜻.

흉년 문둥이 떼쓰듯 한다 굶주린 사람은 조금만 먹어도 살이 찐다는 말.

흉년에는 고기도 송사리밖에 없다 흉년에는 곡식뿐만 아니라 다른 것까지도 귀해진다는 말.

흉년에 떡 맛보기 무엇을 얻기가 대단히 어렵다는 뜻. (비) 흉년에 떡 얻어먹기.

흉년에 밥 빌어 먹겠다 기골(氣骨)이 약하여 무슨 일을 하기에 너무 힘들어하고 또 할 줄도 모르는 사람에게 미운 소리로 하는 말.

흉년에 배운 장기(長技) 음식을 가리지 않고 마구 먹는 일을 조롱하여 이르는 말. (비) 뱃속에 거지 들었다. 불가사리 쇠 먹듯. 호랑이 날 고기 먹는다. 호랑이 차반. 굴우물에 말뚝 쓸어 넣듯.

흉년에 어미는 굶어 죽고, 아이는 배 터져 죽는다 흉년에는 양식이 모자라 어른은 안 먹고 아이들을 먹여 아이는 과식을 하게 되고 어른은 굶주린다는 말. (비) 아이에게는 흉년이 없다.

흉년에 윤달 든다 윤달까지 들어 그만큼 더 어렵다는 의미의 속담. 불행한 일을 당하고 있는데 그 위에 또 좋지 못한 일이 겹친다는 말.

흉년에 죽 아이도 한 그릇 어른도 한 그릇 먹을 것이 적으면 아이나 어른이나 똑같이 먹는다는 뜻. (비) 어른도 한 그릇 아이도 한 그릇. 커도 한 그릇 작아도 한 그릇.

흉년에 한 농토(農土) 벌지 말고 한 입 덜라 하나라도 군식구를 덜어 적게 쓰는 편이 많이 벌려고 애쓰는 이보다 낫다는 말. (비) 열 식구 벌지 말고 한 입 덜라.

흉년의 곡식이다 물건이 어떤 것보다 귀하게 여겨질 때 이르는 말.

흉년의 떡도 많이 나면 싸다 무슨 물건이고 많으면 천해진다는 말. (비) 내가 중이 되니 고기가 천(賤)하다

흉년이 들면 센 놈은 도둑 되고 약한 놈은 거지 된다 세상이 어수선하고 혼란한 시기엔 선한 사람은 굶주리게 되고 악한 사람은 오히려 호의호식을 한다는 뜻.

흉년 죽 그릇 담듯 용기(容器)에 무엇을 무리하게 욕심을 내서 많이 담으려고 할 때 하는 말.

흉이 없으면 며느리 다리가 희단다 생트집을 잡아서 남을 흉봄을 이르는 말. (비) 며느리가 미우면 발뒤축이 달걀 같다고 나무란다.

흉조(凶兆)가 들면 장맛부터 변한다 집안에 화(禍)가 있으려면 먼저 어떤 변(變)이 생긴다는 말.

흉한 데는 피하고 길한 데로 나간다 흉한 것은 가급적 멀리해야 하고, 길한 곳은 되도록 자기와 가까이 있게 해야 한다는 뜻.

흉한 벌레 모로 길다 가뜩이나 보기 싫은 자가 미운 짓을 하고 못되게 굴 때를 이름. (비) 못난 벌레가 장판방에 모로 긴다. 못된 송아지 엉덩이에 뿔난다.

흉충이 반 흉.

흐르는 물 아껴 쓰면 용왕이 복을 준다 (비) 물도 아끼면 용왕(龍王)이 좋아한다.

흐르는 물은 썩지 않는다 지속적으로 활동하는 사람은 건강이 나빠질 염려가 없다는 뜻. (비) 물레방아도 쉬면 언다. ⇔ 고인 물은 썩는다.

흐린 물도 석 자만 흐르면 맑아진다 남들에게 악한 짓을 했어도 진정으로 뉘우치고 잘못을 고치면 착한 사람이 될 수 있단 뜻.

흑각(黑角) 가로 보기라 좌우로 눈을 돌려 이곳이 이로울까 저곳이 이로울까 하며 만인의 환심을 사려고 두리번거림을 이름. ★흑각 : 물소의 검은 뿔

흑백(黑白)을 가린다 시비(是非) 곡절(曲折)을 분명히 한다는 뜻.

흑백(黑白)이 앞에 있어도 보이지 않는다 착하고 악한 것이 분간되지 않는다는 말.

흘러가는 물도 떠 주면 공(功)이라 주는 사람은 대수롭지 않아도 받는 사람은 몹시 고마움을 이르는 말.

흘러가는 물 퍼 주기 (비) 누워 떡 먹기.

흘린 밥알은 집어먹는 사람이 임자 남이 어쩌다 떨어뜨린 물건을 먼저 줍는 사람이 차지하게 마련이란 말.

흙내가 고소하다 죽고 싶은 생각이 든다는 뜻. 늙은 사람이 빨리 죽었으면 좋겠다는 생각이 든다는 뜻. (비) 널감이 되었다. 땅내가 고소하다. 염라대왕이 문 밖에서 기다린다. 탕국 내가 고소하다. 팥죽 내가 난다. 한 치 앞이 지옥이다. 해가 서산으로 기울어진다.

흙으로 만든 부처가 냇물을 건너간다 자신의 처지도 모르고 자멸행동(自滅行動)을 하는 어리석음을 일컫는 말.

흙 담에 그림 그리기 본바탕이 좋지 못한 것으론 결코 좋은 성과를 거둘 수 없다는 뜻.

흙 파 만든 줄 아나 밑천은 하나도 들이지 않고 거저 생긴 물건인양 아무렇게나 취급하지 말라는 뜻.

흠 없는 옥 아주 결백한 사람을 일컬음. (비) 옥에나

타가 있지.

흥망성쇠(興亡盛衰)와 부귀빈천(富貴貧賤)이 물레바퀴 돌 듯 (비) 부귀빈천(富貴貧賤)이 물레바퀴 돌 듯.

흥부 자식들 섬밥 먹어치우듯 해야 복을 받는다 무슨 음식이나 맛있게 먹어야 복을 받는다는 뜻. (비) 흥부 자식 밥 먹듯 한다.

흥이야 항이야 (비) 걱정도 팔자.

흥정도 부조다 흥정도 잘해 주면 도와주는 셈이 된다는 말.

흥정은 깎는 재미로 한다 일반적으로 흥정을 할 때 사는 사람은 어찌되었든 간에 물건 값을 깎아야 좋다는 뜻.

흥정은 붙이고 싸움은 말리랬다 좋은 일은 서로 도와주고 궂은일은 말리라는 뜻.

흥정을 잘했다는 말을 들으려면 제 돈을 보태야 한다 남의 물건을 사다 줄 때는 흥정을 잘해서 물건을 싸게 사다 주어야 좋은 소리를 듣는다는 뜻.

흥하는 놈 있으면 망하는 놈 있다 세상엔 언제나 흥하는 사람도 있고, 망하는 사람도 있게 마련이란 뜻.

희고 곰팡이 슨 소리 희떱고 고리타분한 말.

희고 곰팡이 슬다(슨 놈) 언행이 겉으로만 그럴싸하고 속은 보잘것없다는 뜻. 예문. 그 친구는 만날 희고 곰팡이 슨 말만 앞선다.

희기가 까치 뱃바닥 같다 흰소리를 잘하는 사람을 이르는 말.

희어야 미인 여자의 살결이 희면 남보다 돋보일 뿐만 아니라 사소한 흠도 감추어진다는 뜻.

흰 개가 고기 먹고 검은 개가 매맞는다 자기는 아무런 잘못을 하지 않았는데도 애매하게 누명을 쓰거나 그 잘못을 저지른 사람 대신 형벌(刑罰)을 받았다는 말.

흰 개 꼬리 굴뚝에 삼 년 두어도 흰 개 꼬리다 아무리 변질시키려 하나 지니고 있는 본색은 변하지 않는다는 뜻. (비) 개 꼬리 삼 년 두어도 황모 못 된다. 센 개 꼬리 시궁창에 삼 년 두었어도 센 개 꼬리다.

흰 개도 검어진다 사람은 환경에 따라 악해질 수 있다는 말.

흰 것은 종이요 검은 것은 글씨다 (비) 가자 뒤 자도 모른다.

흰떡에 소가 든다 중요한 구실을 하는 것은 아니나 빠뜨릴 수 없음을 이르는 말.

흰떡 집에 산병(散餠) 맞추듯 틀림없고 영락없는 모양을 일컬음. (비) 사기전에 종지 굽 맞추듯.

흰 말 불알 같다 얼굴이 희고 기름기가 도는 사람을 이르는 말.

흰 술은 사람의 얼굴을 누르게 하고 황금은 사람의 마음을 검게 한다 술과 돈이 사람을 해친다는 뜻으로, 이를 경계하여 이르는 말.

흰 죽 먹다 사발 깬다 한 가지 일에 재미를 붙이다가 다른 일에서 손해를 보는 경우를 비유적으로 이르는 말. (비) 닷 돈 보고 보리밭에 갔다가 명주 속옷 찢었다.

흰 죽에 고춧가루 격에 맞지 않다는 비유의 말.

흰 죽에 코 빠트린다 옥석(玉石)을 구별할 수 없음을 비유하는 말.

힘도 빠지고 맥도 빠졌다 온몸에 기력과 정력이 완전히 없어져서 제대로 기동(起動)을 못하게 되었다는 뜻.

힘 많은(센) 소가 왕 노릇 하나 다만 힘이 셀 뿐으로는 안 되며 큰일을 하기 위해서는 지략(智略)이 있어야 된다는 뜻.

힘 모르고 강(江)가 씨름 갈까 자기 힘을 스스로 알아야 한다는 뜻.

힘보다 꾀가 낫다 어리석게 힘으로 처리하려는 것보다 지혜로써 처리하는 것이 낫다는 말. (비) 힘쓰느니 꾀쓰는 것이 낫다.

힘센 놈의 집에 져다 놓은 것 없다 힘이 세면 무엇이나 쉽게 져다 놓을 수 있어 살림이 풍족할 것 같지만 사실은 그렇지도 않다는 말.

힘센 아이 낳지 말고 말 잘하는 아이를 낳으랬다 (비) 거짓말도 잘만 하면 논 닷 마지기보다 낫다.

부록

농사 속담

농사 속담

가뭄에는 씨가 서도 장마에는 씨도 없다 가뭄에는 토양 습도에 의한 작물의 발아와 생육이 가능하나 장마 중에는 가습과 수해로 생육 중인 작물체가 습해를 받아 없어지며 파종한 종자가 썩는 등, 홍수피해가 가뭄 피해보다 더 크므로 홍수에 대비하여 치수사업을 사전에 하라는 뜻. (비) <u>가뭄 끝은 있어도 홍수 끝은 없다(아산). 가뭄 끝은 먹어도 비 온 끝은 못 먹는다(음성). 3년 가뭄에는 반찬거리가 있으나 3년 장마에는 아무것도 없다(양주). 7년 가뭄에는 종자가 있지만 3년 장마에는 종자가 없다(경산).</u>

가을무 껍질이 두꺼우면 겨울이 춥다 식물의 뿌리도 외기온도에 민감하여 날씨가 추우면 이를 극복하기 위하여 껍질이 두꺼워지므로 이를 보고도 겨울 추위를 예견할 수 있다는 뜻(충남).

가을 멸구는 볏섬에서도 먹는다 벼멸구는 방제를 소홀히 했을 때 등숙률이 떨어지고 미질이 나쁘게 되어 도정하면 쌀이 적게 나오기 때문에 볏섬에서도 먹는다는 말에서 유래된 것으로 멸구 방제의 중요성을 강조하는 뜻. (비) <u>볏가리의 멸구도 잡아야 한다(거제). 멸구는 볏섬 속에 따라 들어간다(밀양), 벼멸구 못 막으면 뒤주까지 따라간다(광주). 올 볏짚 받쳐 놓고 머루 품는다(영암). 계상다리에 멸구 뛰면 그해는 흉년이다(영동). 멸구는 멍석위에 지나가도 소출이 준다(함양). 광충이(벼멸구)는 디지(광)에서도 먹는다(서산). 갈 밭에 검은 매롱점 날아들면 벼무게 줄어든다(영일). 매롱점(멸구)이 많으면 단지의 곡식이 준다(봉화).</u>

가을에 천둥 치면 서울 우반이 죽는다 천둥은 주로 비바람을 동반하므로 가을에 비바람이 불면 벼농사가 흉작이 되어 곡가가 상승하고 물가가 올라 국민들이 생활고를 겪게 된다는 뜻(충남).

가을 상추는 문 걸어 잠그고 먹는다 상추는 서늘한 기후에서 잘 자라는 채소로서 고온 하에서 상추는 각종 병충해 발생으로 엽질이 나빠서 맛이 떨어지나 가을에는 서늘한 기후에서 자라므로 엽질이 좋아져서 맛이 좋다는 뜻. (비) <u>가을아욱은 문 걸어 잠그고 먹는다(영동).</u>

가을 안개는 쌀 안개 봄 안개는 죽 안개 쌀과 보리가 주곡인 우리나라에서는 벼가 익은 가을에 아침 안개가 끼면 날씨가 맑아 벼가 잘 익고, 보리가 익은 봄에는 봄 안개가 보리의 붉은 곰팡이 병을 일으켜 같은 안개라도 시기에 따라 좋고 나쁜 영향을 미칠 수 있다는 뜻. (비) <u>봄 안개는 죽 안개 가을 안개는 밥 안개(김해), 가을 안개는 천 석을 올리고 봄 안개는 천 석을 내린다. 보리 안개는 겨 안개. 나락 안개 쌀 안개(광양). 벼 여물 때 안개 끼면 풍년 든다(김포).</u>

가지 꽃과 부모 말은 허사가 없다 가지 꽃은 결실율이 매우 높아 알차며 부모님의 말씀도 버릴 것이 없다는 뜻(충남).

가지 잎은 길에 버려 많은 사람이 밟아야 좋다 옛날 농약이 없는 시대에 병해충(특히 응애) 전염을 예방하기 위하는 벌레를 잡아 없애는 방법을 강구해야 된다는 뜻. (비) 가지 잎사귀는 따서 십자 길에 버려라(완주). 가지 잎은 따서 여러 사람이 밟아야 잘 된다(파주).

갈이 잘하면 비료 한 번 더 준 것과 같다 논갈이를 하면 농작물 뿌리 뻗음이 좋아지고 작토 층 밑에 있는 각종 양분을 공급해 주며 토양 물리성을 개선해 주어 작물의 생육을 촉진시켜 준다는 데서 유래된 말. (비) 갈이질 잘된 논은 두지 섬이 더 생긴다.

갈풀 한 짐 쌀 한 짐 퇴비는 각종 양분을 골고루 함유하고 있어 전비만 줄 경우 질소, 인산, 가리 이외는 다른 양분이 공급되지 않으므로 여름철 들풀 또는 산야초 등을 베어 퇴비를 만들어 논에 주면 소출을 올릴 수 있다는 뜻으로 퇴비의 중요성을 강조한 데서 생긴 말(경남).

감꽃 필 때 비가 적게 오면 흉년 든다 감꽃 필 때가 모내기 시기이므로 알맞은 량의 비가 와야 모내기를 적기에 할 수 있다는 뜻(경남).

감꽃 필 때 양반 죽고 냉이 필 때 소 죽는다 감꽃이 필 때는 춘궁기로서 부지런한 사람은 굶어 죽지 않으나 양반 행세나 하면서 게으름을 피운 사람은 먹을 것이 없어 굶어 죽으며 냉이꽃이 필 때는 이른 봄으로서 소 먹이인 풀이 적은 시절인데 새봄에 돋아날 풀만 믿고 월동 사료를 충분히 확보하지 못한 사람은 이때 소를 죽인다는 경고의 뜻(경북).

감나무 대추나무 벌레 생기면 이화 멸충 발생 시기 감나무, 대추나무에서 발생하는 벌레(쐐기)는 이화명충 발생 시기와 비슷하므로 쐐기가 발견되면 이화명충 방제 시기가 되었다는 뜻(충남).

감은 가지채 따야 좋다 감나무는 전정을 하지 않고 재배하는 경우가 많은데 전정을 하지 않고 방임하면 가지가 엉키고 수형이 균형을 잃게 되며 관리가 힘들게 되고, 결실과 생장의 균형이 맞지 않게 되어 결국은 좋은 품질의 과실을 생산하기 어렵게 되고 해거리를 하게 된다. 그러므로 감을 수확할 때 가지채 따게 되면 전정의 효과가 있어 해거리가 방지

되고 품질도 향상된다는 뜻. (비) 밤과 감을 가지채 꺾어 따라.

강냉이 알이 잘 배기면 나락 여물이 좋다 옥수수는 적기에 비가 오고 7-8월에 적산온도가 높으면 출수가 잘 되고 등숙이 촉진되므로 밭농사와 논농사의 상관관계를 알아내는 척도가 된다(경북).

강세 버들 꽃 필 때 감자 심는다 강세 버들은 토양온도가 0 °C 이상일 때 꽃이 피므로 감자 종자는 동해를 받지 않는 한에서 되도록 일찍 심어야 다수확이 된다는 뜻(전남). ★강세 버들 : 이른 봄 시냇가에 피는 버들

강철이 가는 데는 가을도 봄이다 강철이용이 되려다 되지 못한 독용으로 이것이 지나갈 때는 비는 오지 않고 마른 번개만 일으킨다고 한다. 마른 번개만 많이 보이고 비가 오지 않으면 가뭄이 심하여 오곡의 수확을 하는 가을도 흉년으로 가을 같지 않다는 뜻(경기).

개구리밥 생긴 논에 농사 풍년 든다 개구리밥, 좀 개구리밥 등은 유기질이 많은 논에만 생기는 잡초로 다수확 논에서는 많이 볼 수 있다. 즉, 땅 심 돋우기의 중요성을 말하는 것임(전북).

개구리 얕게 월동하면 겨울이 따뜻하다 개구리는 겨울 동안 땅속에서 동면을 하는데 날씨가 따뜻하면 땅속 얕은 곳에서 월동을 한다는 것으로 농사에서는 겨울 작물의 웃자람에 대배해야 한다는 뜻(충남).

개미가 이사하면 비가 온다 개미는 미물이지만 습기 감지 기능이 매우 민감하여 저기압상태가 되면 비가 올 것을 예감하고 안전지대로 옮겨가는 습성이 있으므로 개미가 집단으로 대이동 하는 것을 보고 비가 올 것을 예상한다는 뜻. (비) 물가 개미가 이사하면 비 온다(전남). 개미떼 이동하면 비 온다(서울). 개미가 장을 치면 비 온다(금산). 개미가 집으로 들어오면 큰비 온다(워진). 개미가 이사하면 큰비 온다(광주). 개미가 무리를 지어 바삐 움직이면 비가 온다(수원). 개미가 위로 이동하면 물고를 열어라(인제). 개미가 방으로 들어오면 홍수 진다.

⟨거머리 터 가려우면 비가 온다⟩

거머리 터 가려우면 비가 온다 농사철에 거머리 물린 자리는 상처가 오래가며 가려운 증상이 있는데 특히 날씨가 흐려 공중 습도가 높으면 더욱 가려움증을 느낀다는 말로 강우를 예견할 수 있다는 뜻.

거미 많은 논에 멸구 많다 거미는 멸구를 잡아먹는 천적이므로 거미줄이 많다는 것은 거미의 먹이인 멸구가 많다는 뜻(전남).

검은 풀 먹이면 소 죽는다. 풀색이 검다는 것은 질소 성분이 많다는 뜻으로, 질소 성분이 많은 빈약한 풀을 소에 많이 먹이면 질산염 축적에 의한 중독 증상과 설사 등이 발생하기 쉬워 소가 죽을 위험이 많다는 뜻(충남).

고구마는 뿌리 쪽이 북쪽으로 향하게 심어라 고구마를 심을 때 뿌리 쪽이 북쪽을 향하면 지상부 줄기 쪽은 남쪽으로 향하게 된다. 고구마 습성상 뿌리는 배일성으로 해를 멀리 하는 경향이고 줄기는 해를 좋아하는 쪽으로 자라는 향일성이다(충남).

고추밭에 참깨 심어라 예부터 고추밭에는 병해 방제에 관심이 있으나 참깨는 관심이 없다. 따라서 고추밭에 농약을 뿌리고 남을 경우 바로 옆에 있는 참깨밭에도 약을 뿌리는 기회가 있게 되므로 고추밭 옆에 참깨를 심으라는 뜻이며 참깨도 고추와 같이 병해 방제의 중요성이 강조 된다(전남).

고추잠자리 날면 채소밭 일군다. 고추잠자리는 8월 중, 하순경에 나타나는데 남부지방의 김장 채소는 8월 중,하순경에 파종하므로 고추잠자리가 날면 김장 채소 파종기가 다가왔음을 알리는 신호로서 파종 적기라는 뜻(호남).

고추잠자리가 날면 찬바람이 인다 고추잠자리는 가을철에 나타나므로 온도가 낮아지는 계절이 되었다는 뜻.

고추잠자리 높이 날면 가문다 고추잠자리가 높이 난다는 것은 고기압권의 형성으로 날씨가 맑다는 것을 의미하므로 비올 징조가 없다는 것을 뜻함(전북).

곡우에 가물면 땅이 석자가 마른다 곡우는 4월 20일경으로 이때 가물면 못자리 설치가 지연되고 땅이 봄바람으로 건조하여 땅속 깊이 마르게 되어 봄 가뭄 피해를 받는다는 뜻(충남, 경북).

과실나무도 장가 보낸다 과수의 가지 사이에 돌을 끼워 넣는다는 뜻으로 가지 사이에 돌을 끼워 넣으면 가지가 벌어지게 되며 가지를 유인하는 효과가 있으므로 여러 가지 작업을 편리하게 할 수 있도록 나무모양을 조절할 수 있고 통광, 통풍이 좋아져 과실의 품질이 좋아진다는 뜻.

과실나무 버곳(보곳) 깍기 나무의 거친 껍질 밑에는 병해충이 주로 월동하는 곳이므로 거친 껍질을 제거하여 불태워 버리면 생육기의 병해충 발생 밀도를 줄여주는 좋은 방법이 된다.

괭이자루가 쉽게 빠지면 가문다 공기 중 습도가 낮아 괭이자루가 빠질 정도로 건조해지면 비가 올 확률이 아주 낮아진다는 뜻(부산).

구월 입동 오 나락이 좋고 시월 입동 늦 나락이 좋다 9월에 입동이 든 해는 추냉이 빨리 와서 조생종의 등숙이 잘되고, 10월에 입동이든 해는 추냉이 늦어 등숙 기간이 충분하므로 중만생종의 등숙이 잘 된다는 뜻(경남).

그네 줄에 물 흘러야 풍년 든다 그네는 단오(음력 5월5일)에 많이 타게 되는데 비가 충분히 내려 그네 줄이 비에 젖어 물이 흐를 정도면 적기에 이앙을 할 수 있어 풍년을 기대할 수 있다는 데서 생긴 말(충북,경북). (비) 5월 단오에 그네 줄에 물이 흐르면 풍년 든다(영풍)

금감이 꽃 피면 장마가 끝난다 제주도 장마는 6월 하순에 시작하여 7월 중,하순에 끝나는 것이 보통인데 금감(귤) 꽃 개화하기 시작하면 곧 장마가 끝난다는 것을 예측할 수 있다는 뜻(제주).

근잠 먹는 논 도치로 베고 멸구 먹는 논 근잠은 이화명충을 말하며 이화명충을 먹은 논은 다소 보상이 되지만 멸구는 방제를 하지 않으면 피해가 극심하여 수량에 큰 영향을 준다는 멸구 피해의 설음을 일컫

⟨ 논에 짚신을 던져 떨어지지 않아야 수확이 많이 난다 ⟩

는 말(충남).

기적소리가 가까이 들리면 비가 온다 저기압의 기류가 형성되어 습도가 높아지면 음의 전도가 빨라져 먼 곳의 기적소리가 가까이 들리므로 비가 올 조짐이라는 뜻. (비) 기적소리가 가깝게 들리면 날이 흐리고 비가 온다(수원). 기적소리 가까이 들리면 비 온다(서천). 종소리가 똑똑히 들리면 비가 올 징조다(남제주). 먼 곳의 소리가 가까이 들리면 비가 온다(부안). 소리가 똑똑히 들리면 비가 올 징조(마산).

까치집 낮게 지으면 태풍이 잦다 까치는 기상에 민감한 조류로서 집을 높게 짓는 습성이 있다. 그러나 낮게 짓는다는 것은 태풍을 예견하여 바람 피해를 막기 위한 원인으로 볼 수 있다는 뜻. (비) 까치집을 낮게 지으면 바람을 조심하라(고성). 까치집 문이 북쪽에 있고 낮게 지으면 태풍이 잦다 (화성). 까치집을 나무 꼭대기에 지으면 풍년 든다.

까치집 출입구를 동쪽으로 내면 풍년 든다 까치는 집을 지을 때 출입구를 바람이 자주 부는 반대방향으로 내기 때문에 서풍이 많이 분다는 것으로, 서풍은 고온 건조하여 벼 생육이 좋고 습기가 적어 각종 병충해가 적어 풍년이 든다는 뜻(영동).

꼬투리에 물 줄줄 흐르면 콩 풍년 든다 콩의 꼬투리가 생겨서 콩알이 차는 시기에 수분을 가장 많이 필요로 하는 때이므로 이때 가뭄이 없어야 결실이 잘 된다(충남,경북). (비) 콩 꽃 일 때(필 때) 고랑(이랑)에 물이 나와야 좋다(대구).

꼭두새벽 풀 한 짐이 가을 나락 한 섬이다 여름 퇴비 철에 한낮 더위를 피하여 새벽을 이용해 한두 짐씩 풀을 베어 퇴비를 만들어 두었다가 논에 주면 토양 중 유기물 함량을 높여주는 등 지력을 향상시켜 소출을 높일 수 있다는 뜻에서 생긴 말(전남).

꽃 필 때 가물면 참깨는 풍년이고 콩은 흉년 참깨는 습해에 약하고 한발에 강한 작물이기 때문에 가뭄에도 참깨농사는 풍작이 될 수 있으나, 콩은 개화기부터 꼬투리가 형성되어 콩알이 들 때 가장 많은 수분을 필요로 하기 때문에 이때 가뭄을 당할 경우 콩은 흉작이 된다(영남).

꿩 새끼 쳐간 콩밭 거둘 것이 없다 꿩이 둥우리를 만들고 새끼를 칠 정도로 경엽만 무성하게 자란 콩밭은 거둘 것이 없다는 뜻으로 적당한 시비와 북주기, 순지르기를 해서 웃자라지 않도록 해야 한다(충남).

꿩이 보금자리를 낮은 곳에 지으면 봄 가뭄 꿩이 낮은 곳에 보금자리를 짓는다는 것은 수해가 없을 것으로 예견하였기 때문이므로 이러한 해는 가뭄이 온다는 뜻(경기,충남). (비) 까치집을 낮은 곳에 지으면 수해가 없고, 높은 곳에 지으면 수해가 있다(수원)

날 가물면 늪(멸강나방) 내린다 가뭄이 계속되면 해충의 번식 및 생육에 좋은 조건이 되어 멸강나방도 많이 발생된다는 뜻(서울,경기). (비) 늪(멸강나방) 내리면 가뭄이 온다(연천)

남쪽 바다가 울면 비가 오고 서쪽 바다가 울면 날이 개인다 남쪽 바다가 운다는 것은 열대성 저기압이 제주도를 향해 오고 있다는 징조이고, 서쪽 바다가 운다는 것은 중국 대륙으로부터 대륙성 고기압이 오고 있는 징조로 날씨가 맑아짐을 예상할 수 있다는 뜻(제주).

냇가에서 물비린내 나고 제비가 낮게 날면 비가 온다 화창한 날씨에는 냇가에서 나는 냄새가 공중으로 확산되어 물비린내가 나지 않으나 기압이 낮게 되면 물비린내가 나고 해충활동이 활발하게 되어 이때 먹이를 찾기 위해 제비가 낮게 날아 비올 징조를 나타낸다는 뜻. (비) 물비린내 나면 비 온다(아산). 변소나 하수구 냄새가 심하면 비 올 징조

녹두밭은 웃머리다 녹두는 두류 작물이라도 초세가 강하고 토질을 가리지 않고 비교적 잘 되기 때문에 한 포장 중에서 제일 척박한 곳을 골라 심어도 된다(전북).

논에 짚신을 던져 떨어지지 않아야 수확이 많이 난다 벼의 이삭 수가 충분히 확보되어 짚신을 던져도 짚신이 떨어지지 않을 정도가 되어야 수량을 많이 낼

⟨논은 꿈에 말려도 한 번은 말려야 한다⟩

수 있다는 뜻. (비) 벼 이삭 위로 낫을 던져 논바닥에 안 떨어지면 3배출을 낸다.

논은 꿈에 말려도 한 번은 말려야 한다 중간 낙수의 중요성과 효과를 강조한 말. (비) 고리실 논은 두 번 말려야 풍년 든다(금릉,당진). 두벌 논 맬 때는 실뱀이 지나가도 농사가 잘 된다(금릉). 유월 논 발목 빠지면 곳간이 빈다(제천). 두벌 논 맬 때 개구리만 뛰어가도 벼농사가 잘 된다(경기).

논이 말라도 소 발목만 빠지면 괜찮다 벼의 생육 단계별로 물 관리가 각각 다르나 항상 물이 많이 있는 것도 좋지 않지만 너무 강하게 말려서도 벼 생육에 피해가 많아지므로, 소의 발목 정도만 빠질 정도로 물 걸러 대기를 하여 근활력 촉진, 유해가스를 발산시켜 볏대를 강건하게 키워야 된다는 뜻.

논이 새까맣게 보이면 섶만 많이 나온다 질산질 비료를 너무 많이 주면 벼가 웃자라 엽색이 짙게 되고 벼가 연약하게 자라서 볏짚 농사가 되기 쉽다는 말로 균형시비의 중요성을 강조한 데서 생긴 말

논 자랑 말고 모 자랑하라 논이 아무리 좋고 비옥해도 모를 잘못 기르면 그해 농사를 그르치게 되므로 모를 잘 길러야 한다는 것을 강조한 뜻.

농사꾼은 굶어 죽어도 종자를 베고 죽는다 아무리 식량 사정이 어려워 굶주려도 씨나락(볍씨)만은 소중히 다룬다는 뜻으로 농민의 종자에 대한 집착이 강함을 나타냄. (비) 굶어 죽어도 씨앗은 베고 죽어라(경기). 가난한 양반 씨 나락 주무르듯 한다. 종자는 오장치(오쟁이)에 넣어 봇장에 매달아 둔다(밀양). 진짜 농부는 씨 오쟁이 베고 죽는다(당진). 씨 오쟁이 베고 굶어 죽는다(나주).

높새바람 불면 비가 안 온다 높새바람은 산맥을 넘어올 때 비를 다 내리고 기온이 상승한 후에 불어오는 바람이므로 고온 건조하여 비가 오지 않는다는 뜻.

누에는 바람으로 키운다 보온, 보습을 위해 잠실 문을 꼭 닫아 환기를 하지 않고 누에를 칠 경우 누에의 호흡, 남은 뽕과 누에똥의 발효 등에 의한 유해가스와 가습으로 누에가 빈약하게 자라게 되고 결국 누에 병 발생이 많아져 고치 생산량이 적어지며 특히 누에가 잠들 무렵과 잠들어 있는 동안 그리고 누에가 고치를 짓는 동안에는 통풍이 꼭 필요하므로 누에 병 예방과 질 좋은 고치의 증산을 위하여 적당히 통풍을 해주면서 누에를 키워야 된다는 뜻.

늦모내기는 놉구덕 밥구덕 모구덕이다 늦모내기를 하면 노동력과 경비가 많이 들어서 경제적으로 손해가 많을 뿐만 아니라 포기당 모 수를 많이 잡아 배게 심어야 되므로 모도 많이 소모된다는 뜻.

늦모는 손에 한 모 다르고 심은 모 다르다 늦모는 늦게 심을수록 수량에 큰 영향을 미치므로 촌각을 다투어 빨리 심어야 한다는 뜻에서 생긴 말(경기,충남). (비) 하지 넘으면 오전, 오후에 심은 모가 다르다(금산). 마냥모(늦모) 아침저녁 다르다(경기).

늦자식 농사가 메밀농사다 늦게 파종하는 작물이지만 다른 작물에 비해 생육기간이 짧고 비교적 안정적이어서 대파나 만파 등에 적합하다(제주).

단오에 물 잡으면 농사 다 짓는다 단오(음 5월5일) 때는 본격적인 모내기 시기인데 이때까지 논물을 확보해야 제때 모내기가 이루어져 풍년농사를 이룩할 수 있다는 뜻. (비) 단오 물 잡으면 농사 다 짓는다(이리,청양). 단오에 비 오면 농사 다 짓는다(인천). 단오 물 잡으면 농사는 풍년 짓는다(충주).

달무리 한 지 사흘이면 비가 온다 달무리가 생기면 오래지 않아 비가 내린다는 뜻. (비) 달무리 서면 비가 온다(천안,완주). 돌(담)에 갓(달무리) 쓰면 사흘 이내 비가 온다(남제주). 달무리 졌다 장독 열지 마라(평택). 달무리나 해무리하면 비나 눈이 온다(수원). 해집 잡아들면 3일 이내 비가 온다(부안). 햇무리나 달무리가 나타나면 비가 올 징조(양주).

대 좀 먹는 벼 포기에 대롱 대를 꽂아 둔다 대 좀은 이화명충을 말하며, 농약이 별로 없던 시절에는 이화명충이 있는 벼 포기에 재롭대를 꽂아 천적인 새를 유인하여 해충을 잡게 했다는 뜻(경남). ★재롭대:

〈들깨 꽃 피면 큰 바람이 없다〉

대마(삼)의 껍질(섬유질)을 벗기고 남은 목질부.

대추가 콧구멍에 들랑날랑하면 올모다 대추가 작은 열매를 맺는 시기는 대개 6월 하순경으로 옛날에는 6월말까지를 올모로 생각했으며 6월 하순까지 심으면 된다는 말에서 유래(충남,서울). (비) 대추를 따서 콧구멍에 찔러가면서 모를 낸다(서울).

대추나무에 소 맨다 대추나무에 소를 매면 대추나무의 껍질이 벗겨지므로 환상박피를 한 것과 같은 효과가 있어 착과가 증진된다는 뜻.

도리깨 소리 들리면 고구마 싹이 튼다 고구마는 원래 맥 후작 작물로 심는 것이 통례가 되어 왔기 때문에 보리 수확해서 정리한 다음 고구마를 밭에 심는다는 뜻. 그러나 현재는 단작이나 조기 재배하는 경향이 많다(전북).

동상갑에 비가 오면 우양동사라 동상갑이란 입동에서 맨 처음 오는 갑자일인데 입동이 되면 월동준비를 해야 한다는 뜻(남해).

동지 때 따뜻하면 보리농사 흉작이다 따뜻한 날씨가 계속되어 보리가 도장되면 빈약해져서 월동 중에 얼어 죽기 쉬워 흉작이 된다는 뜻(전북).

동지섣달 눈 많으면 보리농사 풍년 든다 혹한기 강설량이 많아야 보온 및 수분 공급이 잘 되어 안전월동을 하게 된다는 뜻. (비) 눈이 많이 오는 해엔 보리농사가 풍작된다(장수). 겨울에 눈이 많이 오면 보리농사 풍년든다(고창). 소한, 대한에는 눈 쌓여야 보리 풍년 든다(수원). 눈이 많이 오면 보리 풍년 든다(여주).

동지섣달에 눈이 많이 오면 6월에 비가 많이 온다 겨울철에 눈이 많이 오는 해는 다음해 여름에도 비가 많이 오는 경우가 많다는 뜻. (비) 사 시월 오동지(양주). 섣달에 눈이 많이 오면 객수(불필요한 물)가 많다(경기).

동지섣달에 북풍이 불면 병충해가 적다 병해충은 저온이 되면 월동률이 떨어진다. 북풍이 부는 것은 시베리아의 찬기류가 통과하는 것이므로 기온이 떨어져 도열병이나 이화명충 등의 병해충 월동이 적어 다음해 병해충 발생이 적다는 뜻(충남).

동풍이 한 달이면 초목이 마른다 동풍은 대부분 건조한 바람으로 이 바람이 연속 불면 농작물에 큰 가뭄 피해를 준다는 뜻. (비) 동풍이 3일 불면 물고기 눈이 먼다(논산). 이래 동풍에 날 가문다(화성). 봄에 동부서(동풍)가 불면 땅이 석자세치 마른다. 동부세에 흉년 든다(이천). 동부세가 사흘 불면 개 쓸개가 마른다(남원). 동풍 안개 속에 수수잎 꼬이듯(장수).

돼지 종부는 오동지에 해야 한다. 돼지는 5월과 동짓달(11월)에 종부시키는 것이 기후조건이 좋고 사료가 풍부한 가을(9월)과 봄(3월)에 분만하게 되므로 이 시기가 새끼돼지의 육성율도 좋고 사양관리가 용이하다는 것을 강조하는 뜻(충남).

될성싶은 나무는 떡잎부터 알아본다. 잘 될 나무는 싹 트기 전부터 알아 볼 수 있다는 말이니, 자라서 크게 될 사람은 어릴 적부터 다르다는 말로 농작물이나 가축도 품종이 좋아야 어렸을 때부터 잘 자라고 커서도 높은 소득을 보장할 수 있다는 데서 이르는 말. (비) 열매 될 꽃은 첫 3월부터 안다(경기).

두더지 많으면 땅 심이 좋다 토양 부식 함량이 많으면 지렁이, 굼벵이 등의 먹이가 풍부해져서 두더지가 많이 서식한다는 뜻으로 땅심이 좋은 포장임을 나타내는데서 유래된 말.

두레박 물 품은 해 벼농사 풍년 든다 두레박 물을 품은 해란 맑은 날씨가 많아서 벼 생육에 좋은 기상조건일 뿐만 아니라 물 걸러대기 및 중간 물떼기의 천혜적인 효과를 얻을 수 있어 풍년이 든다는 뜻.
(비) 가뭄이 든 해에 논농사 풍년 든다(충북,전북).

득신이 길면 목도열병이 많다 정월의 맨 처음 신일을 득신이라 하며 그해 농사의 풍흉을 점치는 말로 득신이 길다는 말은 이삭 패는 기간이 길어진다는 뜻으로 이삭 패는 기간이 길어지면 목도열병에 걸릴 가능성이 더 많아진다는 뜻(전북).

들깨 꽃 피면 큰 바람이 없다 들깨 꽃은 8월 하순부터 9월 초에 늦게 피며 들깨 꽃 피면 큰 바람이 지나갔다 하여 농민들이 그 해 농사를 안심할 수 있다는 뜻(전남).

들깨 모 석 달 열흘 왕 가뭄에 침 세 번이면 자란다 들깨는 내한성이 강하기 때문에 가뭄이 심해도 생육에 크게 지장이 없이 자란다.

들깨 모 초복에 한 짐 내면 수확 때 석 짐 6월 하순~7월 상순에 걸쳐 적기 정식하면 수량이 증가되나 시기가 늦으면 늦을수록 수량이 감소한다.

들판에 쑥이 무성하면 흉년 든다 쑥은 가뭄과 장마에 잘 견디는 식물이다. 따라서 기상 불량 시 쑥은 무성하게 자랄 수 있지만 일반 작물은 잘 자라지 못하여 흉년이 든다는 뜻(전북).

땅은 깊이 파야 금이 나온다 논밭을 심경하게 되면 작물의 뿌리 뻗음을 좋게 하여 작물이 건전한 생육으로 수량을 높일 수 있다는 데서 생긴 말.

때죽나무 움트면 못자리 적기다 때죽나무의 움이 틀 때는 4월 중하순경, 일반 벼 못자리 파종 적기로 못자리 적기 설치를 강조한 데서 생긴 말(충남,전라).

(비) 참죽나무 잎 필 때 못자리 한다(나주). 참죽나무순(筍)이 개발(犬足)만 하면 못자리 한다(천원).

뙤약볕에 마른 콩잎 이슬비에 힘이 난다 콩잎은 증산작용이 활발하여 가뭄에 쉽게 시들게 되나 약간의 비만 와도 생육이 왕성해진다. 따라서 가뭄이 계속될 때는 수량이 떨어지므로 반드시 관수를 하여 주어야 한다(충남).

띠(잔디) 뿌리가 벋기 전에 비가 와서 생수 잔디 뿌리가 뻗기 전인 4~5월에 비가 충분히 와서 생수가 솟을 정도로 돼야 못자리 설치, 이앙 등에 물이 풍족하여 풍년을 기약할 수 있다는 데서 생긴 말(전남).

마늘밭 불은 이른 봄에 지른다 겨울 동안 보온을 위하여 마늘밭에 덮어 주었던 볏짚을 불태우면 언 땅이 녹고 고자리파리 등 월동 해충이 구제되며 불태운 재는 산성 토양을 교정하여 마늘이 잘 된다는 뜻.

마파람이 불면 호박꽃이 떨어진다. 마파람은 남쪽에서 불어오는 습도가 많은 바람으로 이 바람이 불면 비가 오는 경우가 많아 벌, 나비의 활동이 곤란하기 때문에 과채류의 수정이 안 되어 꽃이 떨어진다는 뜻(충남).

마파람이 불면 비가 온다 마파람은 남풍을 말하며 남쪽에서 북상하는 따뜻하고 습기가 많은 기류가 기압을 동반할 경우가 많아 비가 올 확률이 높다는 뜻. (비) 마파람이 계속 불면 비올 징조(양주).

말복 나락(벼) 크는 소리에 개가 짖는다 말복(8월 중순경) 때는 일기가 좋고 일조시수도 많아 벼의 생장 속도가 빨라서 예민한 동물인 개가 벼 자라는 소리를 들을 수 있다는데서 유래된 말(경남).

말복 지나 열흘 동안 뻐꾹새 울면 풍년 든다 뻐꾹새는 두견 과에 속하는 여름 철새로 평창지방에서는 말복을 전후하여 남쪽으로 날아가는 습성이 있어 뻐꾹새 소리가 들리지 않는 것은 기온이 내려가 가을이 오고 있다는 것을 의미한다. 따라서 말복이 지나도록 뻐꾹새가 날아가지 않는 것은 8월(등숙기) 기상이 좋아 풍년이 예상된다는 뜻.

맑은 날 번개 치면 가뭄 온다 기류관계로 맑은 날 번개 치면 가뭄이 계속될 징조라는 뜻(강원,경북).

(비) 마른번개 치면 가뭄이 든다(김천).

매화꽃이 적게 피면 보리농사 망친다 매화꽃 개화수가 적은 해에는 늦추위가 계속되고 가뭄으로 수분이 부족하여 식물 자람이 좋지 못함을 뜻하는 바 이러한 기상은 보리의 유효 분얼과 유수형성에 지장을 주어 보리농사가 잘 안 된다는 뜻.(경남)

메밀은 말복에 되 엎어 놓을 정도 자라면 된다 메물(메밀)은 만파 적응성이 높은 작물로 말복(8월 중순경)까지 키가 어느 정도 자라도 수확이 가능하다.(경북)

며느리는 소 잘 되는 집안에서 얻어라 소를 잘 기르려면 부지런하고 성실해야 하며 화목한 가정이어야 한다. 따라서 소의 사양관리를 잘하여 송아지를 잘 내는 가정에서 자란 며느리 감이라면 역시 부지런하고 성실하며 건실한 여성일 것이므로 소 잘되는 집안에서 며느리 감을 고르면 틀림없다는 뜻.(충남)

⟨물 참깨는 죽어도 보리 뒤끝 참깨는 산다⟩

모가 모자라는 해는 풍년 든다 모가 모자라는 것은 볍씨를 드물게 뿌렸기 때문인데 모가 부족하게 되면 자연히 모 수를 적게 잡고 심게 된다. 모 수를 적게 잡으면 분얼이 왕성하여져 실한 이삭을 만들어 풍년 농사가 된다는 뜻.(영동)

모기가 하늘에 떼 지어 모이면 비가 온다 흔히 저녁때 모기가 공중에서 무리 지어 날면 그 다음 날 비가 오기 쉽다는 말.

모낸 후 뒷물이 마르지 않아야 잘 먹는다 이앙 직후는 활착기로 이때 논물이 마르면 식상이 많고 활착이 지연되어 생육이 좋지 못하므로 이앙 직후에는 논물을 말리지 말아야 된다는 뜻.(충남)

모 농사가 반농사다 모든 농작물에 있어 모가 충실해야 잘 자라서 다수확을 할 수 있다는 뜻으로, 건 묘 육성의 중요성을 강조한 말인 바 벼는 일생 동안 17~18매의 잎이 발생되나 육묘기간 중 6~7매의 잎이 나오고, 이미 4매의 잎이 분화되어 있어 모 농사가 반 농사다는 말은 과학적인 근거가 충분하다.

모 때우기 하루는 닷새 먹을 식량 한다 조기 보식을 하여 충분한 유효 경을 확보하여야 수량이 증가된다는 뜻으로 조기보식의 중요성을 강조한데서 생긴 말(전북).

모심고 동풍이 많이 불면 솥단지 떼어 놓아라 이앙 후 건조하고 온도가 낮은 동풍이 자주 불면 벼 생육이 부진하여 수량이 많이 떨어진다는 데서 유래(충남).

모 이앙 시 뻐꾹새가 울면 모사리(활착) 잘 된다 강원 산간지의 밭못자리 모의 경우, 모 이앙 시 뻐꾹새가 울면 그날 기후가 맑음을 뜻하므로 기온 상승으로 인해 활착이 잘 된다는 뜻(강원).

모짐 지고 가다가 매미소리 나면 모짐 버린다 매미가 울기 시작하면 모내기 시한이 지났다는 뜻으로 모를 심어도 별 소출을 기대하기 어렵다는 말.
(비) 못짐 지고 가다 매미 울면 모 집어던지고 달아 난다(부안). 밤송이 억세면 모 이앙하지 마라(경기).

못물은 용머리도 넘어 간다 용머리는 초가지붕에서 대들보 위쪽의 가장 중요한 부위로 여기는, 아무도 함부로 넘나들어서는 안 되는 곳이지만 봇물만은 용머리를 넘어간다는 뜻은 저수의 중요성을 강조한데서 유래된 말(영남).

못자리에 호랑이 새끼 친다 못자리에 잡초가 너무 많다는 것을 비유한데서 생긴 말로 피사리를 철저히 해야 됨을 강조한데서 유래(경기).

무궁화 꽃이 일찍 피면 서리가 일찍 온다 무궁화 꽃이 피기 시작하여 100일 후면 서리가 내린다는 것은 오랜 세월을 두고 통용되고 있는 말로 무궁화 꽃이 일찍 피면 서리가 일찍 올 기상조건이니 사전대비를 하자는 뜻. (비) 백일홍 꽃이 첫 꽃 핀 후 100일이면 첫 서리 온다(논산). 꿀벌 활동이 이르면 계절도 일러진다(장수). 무궁화 꽃 핀지 100일이면 서리가 온다(고양).

물고기가 물 위로 입을 내놓고 호흡하면 비가 온다 물고기가 물 위에 입을 내놓은 것은 물 속의 산소부족 때문이며 비가 올 때의 저기압에 이런 현상을 많이 보여 이를 보고 비가 올 징조로 반응할 수 있다는 뜻.

무 껍질이 두꺼우면 겨울이 춥다 무는 다가오는 추위를 예감하고 껍질을 두껍게 만든다는 뜻.
(비) 무 뿌리가 길면 겨울이 춥다

물꼬 밑에 잠자야 농사를 제대로 짓는다 벼농사에서 물 관리의 중요성을 강조한데서 생긴 말로 특히 수리시설이 부족한 옛날에는 더욱 물 관리에 그만큼 고생했음을 뜻함. (비) 물꼬 보러 삽만 들고 다녀도 벼농사 풍년 든다(의정부).

물 단지 땀나면 비 온다 물 항아리 표면에 결로현상에 의하여 물방울이 많이 맺히는 것은 공중 습도가 높기 때문에 비가 올 확률이 높다는 뜻. (비) 물 항아리 외벽에 땀 쌓으면 비 온다(광주). 돌에 땀이 나면 비가 온다(합천).

물 참깨는 죽어도 보리 뒤끝 참깨는 산다 일모작 참깨는 7,8월경 빈번한 장마로 병해 발생이 많아 생육이 불량한 반면, 이모작 참깨는 기상재해를 피해가

515

〈물 탐 많은 사람 농사 잘 된 것 못 보았다〉

므로 안전하다는 뜻(경남).

물 탐 많은 사람 농사 잘 된 것 못 보았다 벼의 생육 단계별로 알맞은 물 관리가 중요한데도 논물에 탐이 많아 항상 물을 많이 대주게 되면 근활력 저하, 유독 가스 발생, 도장 및 도복 등으로 많은 피해가 있어 실농하기 쉽다는 뜻으로 물 관리의 중요성을 강조한 데서 유래. (비) 물 탐 많은 농사꾼 수확할 때 후회한다(광양). 물 탐 많은 사람 농사 폐농한다(광주).

뭉게구름은 맑을 징조 뭉게구름은 적운의 속칭으로서 일기가 좋은 날 나타나는 구름이라 아침에 서서히 지평선 가까이 나타나서 해가 뜨자마자 사라지고 다음 날에도 계속되는 경우가 많으므로 맑을 징조를 나타내는 뜻(경기).

밑이 맑게 돼야 벼 주먹 들어 진다 벼 밑이 맑게 된다는 것은 하엽 고사가 안 되고 병해충의 피해가 적어 살아있는 잎이 많다는 말로 광합성량이 많아 등숙률이 향상되어 수량이 많아진다는 뜻(충남).

바가지 거름 주면 농사 망친다 시비는 적기에 해야 하는데 이웃 논에 비하여 볏잎 색이 엷다 하여 때 없이 웃거름을 많이 주면 헛 새끼만 많이 치고 벼의 아랫마디가 길어져 도복 등으로 인하여 벼 수량의 감소를 초래하게 되므로 적기에 적량의 시비를 해야 수량을 높일 수 있다는 데에서 유래(전북,영남). (비) 바갓치(바가지) 거름 주면 농사 망친다(군위).

바다가 울면 일기가 급변하다 조용한 밤에 먼 곳에서 바다 우는 소리를 들을 수 있는데 태풍이나 바람소리 등 바다 우는 소리는 그 속도가 저기압의 속도보다 빨라 "윙~우"하는 소리가 해안에 먼저 도착하여 태풍이나 열(온)대성 저기압을 사전에 알려주어 날씨가 나빠질 것을 미리 알려준다는 뜻.

바랭이 풀 마디가 여러 개 생기면 여름 장마 야생초가 번성한다는 것은 흐리고 비 오는 날이 많다는 것이고, 바랭이가 땅을 기어 마디마디 뿌리를 내리게 되어 마디수가 늘어나므로 흐리고 비 오는 날이 많다는 뜻.

바비새가 울면 비가 온다 기상환경에 민감한 바비새(종달새)가 울면서 하늘 높이 올라가면 저기압이 다가와 비가 올 것을 예상할 수 있다는 뜻.

반딧불이 높이 날면 바람이 없다 곤충들은 선천적으로 자연조건에 적응하는 능력이 있으므로 반딧불이 높이 날면 바람이 없다는 것을 알 수 있다는 뜻(전남).

밭갈 쇠(소)가 메노리 발톱 핥으면 비가 온다 저기압 내용으로 기온다습에 의해 불쾌지수가 높고 공기 중 산소농도가 희박해짐에 따라 사람이 신경질증세가 나타나듯이 소도 곤한 증상이 나타나서 혀로 발톱 또는 피부를 핥는 행동을 보고 비가 올 것을 예측한다는 뜻. (비) 팔다리 쑤시면 비 오거나 흐린다(수원).

밤송이 맺을 때 모 심어도 반 밥 더 먹는다 극심한 한발로 이앙 시기가 자났어도 적묘로 7월 하순까지 이앙하면 어느 정도의 수확이 가능하다는 뜻(강원).

밥 한 그릇은 공으로 남 주어도 퇴비 한 소쿠리는 남 안 준다 퇴비의 중요성과 퇴비 만들기의 어려움을 풍자하여 이르는 말. (비) 밥 한 그릇은 남 주어도 퇴비 한줌은 남 주지 말라(아산). 밥 한 그릇은 남을 줘도 거름 한 주먹은 남 안 준다(보은).

밭농사가 반농사다 밭농사는 벼농사에 비해 재배가 까다롭고 노동력이 많이 요구되므로 밭작물 관리만 잘할 줄 알면 벼농사 및 기타 농사도 쉽게 할 수 있다는 뜻(경기).

배갈미한 사돈집에는 가지 마라 배갈미란 두 번 갈이 한다는 뜻으로 논에 물을 대었다가 관리 소홀로 물이 마른 논을 다시 갈면 지력이 떨어져 농사가 잘 안되므로 사돈집에 손님으로 가지 말라는 뜻(전남).

배꽃이 두 번 피면 풍년이 든다 배꽃을 피는 것을 보고 풍년이 들는지 흉년이 들는지 미리 알 수 있다는 말.

배꽃이 피고 지면 서리 피해는 피한다 중부지방에서 배꽃은 4월 20일경에서 5월 1일 사이에 꽃이 만발하므로 배꽃이 피고 지는 시기라면 모든 작물이 서리 피해로부터 벗어날 수 있다는 말(충북).

배동받이 때 가물면 싸라기(밥) 먹는다 벼농사에서 배동받이 때는 물이 가장 많이 필요한 시기로 이때에 용수가 부족하면 수량이 크게 감소된다는 뜻. (비) 배동설 때 논바닥에 흰빛 나면 품값도 못 찾는다(서산). 배동받이(유수형성기) 때는 형제지간에도 물싸움한다(완주).

백로가 지나서야 논에 가 볼 필요가 없다 백로(9월 8일경)는 이삭이 거의 결정되었으므로 완전 낙수 외에는 논에 가 볼 필요가 없다는 뜻. 조생종은 이에 해당되나 중만생종 및 2모작 논에는 계속 포장관리를 잘해야 함(전북).

백로까지 핀 고추 꽃은 효도한다. 백로는 9월 8일경으로 고추는 개화 후 45일이면 수확이 가능하므로 이때 고추는 서리 오기 전까지 붉은 고추로 수확이 가능하다는 뜻(충남).

백로 안에 벼 안 팬 집에는 가지도 마라 백로(9월 8일경)까지도 출수가 안 될 경우에는 등숙에 지장을 초래하여 수량이 떨어져 먹을 식량도 부족하므로 손 놀이를 가지 말라는 뜻. (비) 음력 8월 백로 미발은 먹어도 7월 백로 미발은 못 먹는다(울진, 보은). 백로 미발은 먹지 못한다(파주). 백로 전 미발이면 알곡 수확물이 없다(안동). 백로 전 미발이면 헛농사다(의성). 백로 아침에 팬 벼는 먹고 저녁에 팬 벼는 못 먹는다(서울).

백중날 비 오면 염실률이 떨어진다 백중(음 7월 15일)은 출수개화기로 이때 비바람이 불면 수정률이 떨어지고 이삭도열병 등이 발생되어 결국 염실률이 떨어진다는 뜻(경기).

백중에 물 없는 나락 가뭄 할 것 없다 백중은 음력 7월 15일로 이 시기는 중만생종출수기에 해당되어 물이 많이 필요한데 논에 물을 말리면 수량에 큰 감소를 보인다는 데서 유래된 말.

뱀이 산으로 올라가면 장마가 진다 파충류, 조류 등 야생 동물들은 습, 온도 등 기상 환경 변화의 감지 기능이 매우 예민하여 비가 올 경우가 예상되면 높은 곳 등 안전한 곳으로 피신을 하므로 이들의 본능적 행동을 보고 강우(장마)를 예상할 수 있다는 뜻. (비) 닭이 산 나무에 높이 오르면 큰비 온다(순창). 황새가 북쪽으로 날아가면 비 온다(남원). 까치가 집을 높게 지으면 장마 진다(담양). 쥐가 벼 끝에 집을 만들면 큰 비 온다(군산). 개구리 집에 들면 장마 든다(하동). 청개구리가 집안 나무 가지에 붙어 있으면 비 온다(광주). 집에 개구리나 뱀이 보이면 장마 진다(연기). 뱀이 지붕 위를 타면 대홍수 진다(부금산).

벼꽃 필 때 장마 지면 마당 흉년 벼의 출수개화기에 장마가 지면 수정률이 떨어지고 일조시수도 적으며 도열 병등 각종 병충해 피해도 많아 수량감소가 많다는 뜻(충남).

벼는 육땡 농사 보리는 장땡 농사다 모내기는 6월 6일까지 보리파종은 10월 10일까지 하여야 한다는 뜻으로 이 시기에 작물별 파종 또는 이앙이 완료되어야 한다(경북).

벼 뿌리는 떼어주고 보리 뿌리는 덮어주라 벼는 중경제초로 뿌리를 절단하여 뿌리의 활력(새 뿌리 신장)을 높여 줘야 되고 보리는 건조에 강하므로 잘 덮어주고 밟아 줘야 다수확을 할 수 있다는데서 생긴 말.

별빛이 흔들리면 큰 바람이 불 징조 하늘에 별빛이 흔들린다는 것은 높은 하늘에 심한 기류가 있다는 뜻으로 이것이 점차 지상에 영향을 끼치게 되므로 큰 바람이 불 징조라는 뜻. (비) 새벽 별빛이 흔들리면 큰 바람이 분다(고성, 하동). 별빛이 흔들리면 큰 바람이 일어난다(아산, 장수).

별이 낮게 보이면 비 온다 별이 낮게 보이는 것은 대기 습도에 의한 빛의 굴절 때문인데 저기압권에 들 때는 비가 온다는 뜻 (비) 앞산이 가까워 보이면 비가 내린다(당진). 산이 가까이 보이면 비가 온다(남원). 별이 낮게 뜨면 비가 온다(완도).

볍씨 선택은 맏며느리 고르기와 같다 며느리들 중에서 맏며느리 고르기가 제일 힘들고 신중을 기해야 하듯이 그해 논농사의 가장 기본이 되는 볍씨 선택에

⟨ 보리 가뭄은 꿔다 해도 한다 ⟩

따라 농사가 좌우됨으로 우량 볍씨 선택에 노력해야 한다는 품종 선택의 중요성을 강조하는 뜻.

보리 가뭄은 꿔다 해도 한다 해마다 보리 이삭이 패는 시기에는 가뭄이 빈번하므로 이에 대한 대책이 필요하다는 뜻(충북).

보리는 세간 밑천이다 보리를 재배하게 되면 보리 수확으로 벼 및 기타 농사재배에 필요한 영농비를 충당하게 되므로 농가 소득은 물론 보릿짚도 이용할 수 있어 일석이조의 효과를 얻을 수 있다(충북).

보리는 입동 전에 묻어 줘라 입동은 양력 11월 상순경으로 이때부터 추위가 시작되기 때문에 입동 후에 보리를 파종하면 발아와 생육이 부진하여 동해를 받기 쉽다. 그러나 적기 내 파종을 하게 되면 월동 전 5~6매의 엽수가 확보되어 안전 월동을 할 수 있다(충남).

보리 못된 것이 일찍 팬다 거름기가 부족한 밭에서 자란 보리는 성장에 필요한 충분한 양분을 흡수하지 못한다(전북).

보리밭과 부모 묘는 열심히 밟아야 한다 보리밭 밟기는 뿌리의 수와 양을 증가시켜 추위와 가뭄에 견디는 힘이 증대되고 분얼 수도 많게 한다. 뿐만 아니라 난동 시 불시출수를 방지하는 효과와 균일한 출수, 이삭 증대 및 도복방지 효과가 있다. (비) 보리밭에 상여 지나가면 풍작이다. 가을보리 밟아 주면 술이 석 잔이다(충남,전북).

보릿고개 때는 딸네 집에 가지 마라 옛날 춘궁기 시절 (보릿고개)에는 누구나 식량 때문에 곤란을 받았으므로 아무리 가까운 사이라도 춘궁기 때는 방문을 삼가라는 뜻(전남).

보릿대 풍년은 곡식 흉년이다 보리가 질소질 거름을 너무 많이 흡수하면 초세가 과 무하여 밑 마디가 웃자라며 쓰러짐이 많고 등숙도 불량하여 수량이 떨어짐과 동시에 숙기도 늦어지므로 모내기가 적기에 되지 않아 보리농사는 물론 벼농사도 좋은 작황을 기대하지 못한다.

보리 안 패는 삼월 없고 벼 안 패는 유월 없다 음력 3월에는 보리가 패고 음력 6월에는 벼가 패기 시작한다는 뜻으로 자연의 섭리는 항상 일정하게 순환한다(경북).

보리 환갑은 망종이다 망종은 6월 상순경으로 보리가 다 익게 되는 수확 적기이므로 후작물 재배를 위해 서둘러 수확해야 한다(충남). (비) 보리는 망종이 환갑이다(구미). 보리는 망종이 지나면 환갑, 진갑 다 지난다(대구).

봄 가뭄 들면 벌 보리 생긴다 봄 가뭄이 들어 수분이 부족하면 필수 및 미량원소(석회,붕소)의 흡수율이 떨어져 보리 이삭이 여물지 않는다는 뜻(충북).

봄비가 잦으면 시어머니 손이 커진다 봄은 모든 작물의 파종 길이나 봄 가뭄으로 파종이 늦어지는 경우가 많다. 이 시기에 봄비가 자주 오면 농작물을 적기에 파종할 수 있어 풍년 들므로 인심이 후해진다는 뜻(충남).

봄비는 기름처럼 귀하다 수리시설이 부족하고 봄 가뭄이 심한 우리나라에서는 봄비가 와야 농작물을 적기에 파종할 수 있어 봄비의 중요성을 귀한 석유 기름에 비유한 말(충남).

봄비는 한 번 내릴 때마다 따뜻해지고 가을비는 한 번 내릴 때마다 추워진다 봄비는 개이면 중국 남쪽으로부터 변질된 기압의 이동에 의하여 따뜻해지고, 가을비 개이면 북쪽으로부터 차가운 대륙성 고기압이 이동해 오므로 점점 추워짐을 나타낸 말(영남).

봄 안개 끼면 보리농사 망친다 봄 안개는 기온의 일교차가 심한 경우 대기 중의 습도가 높을 때 일어나는 현상으로 습도가 높으면 붉은 곰팡이병, 흰가루병, 녹병 등 병해 발생이 많게 된다는 뜻(충남.전남).
(비) 봄에 안개가 끼면 황모 든다(순창).

북풍이 불면 콩은 춤추고 벼는 오그라든다 우리나라는 편서풍지대이므로 8월 초순경 북풍이 불면 냉한 기온이 되는데 이 시기가 벼의 출수기에 해당되어 생육에 나쁜 영향을 주지만, 콩은 꼬투리가 신장하는 시기로 대사물질이 콩 꼬투리로 전류하게 되므로 수량이 높다(경기).

불 먹은데 퇴비 주면 벼농사 폐농한다 불 먹은 논이란 가뭄으로 인하여 마른 논을 말하는데 이러한 논은 적정시비가 되었어도 비료 흡수가 잘 안돼서 벼 생육이 나쁜 것처럼 보이기 때문에 비료가 부족한 줄로 착각하고 퇴비를 더 주게 보면 강우 후 비료를 과다 흡수하여 벼농사를 망치게 됨을 경계해서 이르는 말(충남).

비료 바가지 엎어진 자리 삼 년 간다 비료가 든 바가지를 실수로 엎은 자리는 과비로 인하여 작물이 도장되고 병충해 등의 피해 때문에 작황이 불량하여 그 피해가 많다는 말을 비유한 것으로 모든 작물은 비료를 줄 때 적기에 적량을 주어 균형시비가 이루어지도록 해야 한다는 것을 강조한 말.

비바람 잦으면 멸구 많다 비바람이 많은 해는 해안지방에서 특히 멸구발생이 많다는 말로 여름철 저기압이 통과할 때 멸구 피해가 많다는 뜻(전북).

비비새가 울면 비가 온다 기상환경에 민감한 비비새(종달새)가 울면서 하늘 높이 올라가면 저기압이 다가와 비가 올 것을 예상할 수 있다는 뜻(전북).

빗물에 거품이 일면 풍년이 든다 예부터 농촌에서는 비가 올 때 빗물에 거품이 생기면 그 해는 풍년이 들 징조라고 한 데서 나온 말.

뻐꾹새 우는 소리 들으면 참깨 심지 마라 북부 지역의 뻐꾸기 우는 소리는 6월 중순부터이므로 이때에 참깨를 파종하면 파종시기가 늦어서 생육기간이 단축되어 수량이 크게 감소된다(강원).

뻐꾹새 울면 날이 든다 기상변화에 민감한 조류는 날씨가 개일 징조가 보이면 활동을 시작하게 되므로 뻐꾹새가 울면 날이 개인다는 뜻.

뻐꾹새 울면 참깨 심어야 한다 남부지방에서 뻐꾸기가 우는 시기는 6월 초순이므로 2모작 참깨 파종시기와 일치한다(경남).

뽕잎 한 관이 누에고치 열 관 누에는 뽕잎을 먹고 살기 때문에 누에를 많이 치기 위하여서 그에 상당한 뽕잎이 필요하므로 누에를 많이 쳐서 고치를 생산하려면 뽕나무의 비배관리를 잘해 질 좋은 뽕잎을 많이 생산해야 한다는 뜻(충남).

뽕 천 근 고치 한 근 누에는 뽕잎을 유일한 사료로 하기 때문에 엽질의 양부는 곧 누에의 발육과 건강을 좌우하게 되므로 수견량, 견질 등에도 큰 영향을 미친다. 따라서 뽕나무를 질소 위주로만 가꾼다든지 일조 부족 등으로 엽질이 불량하게 된 뽕잎으로 누에를 치게 되면 아무리 많은 양의 누에를 치더라도 생산된 고치량은 적게 된다는 뜻(경기).

사시에 낙종하면 벼 알이 기어간다 물못자리 낙종 시 사시(09:00~11:00)에 하면 햇볕에 의해 수온이 상승하여 유기물 분해로 가스가 발생하면서 작은 거품방울이 볍씨에 붙어 그 부력으로 볍씨가 떠서 이리저리 몰리게 되어 못자리가 부실해진다는 뜻으로, 물못자리 낙종은 아침 일찍 실시하여 수온이 상승하기 전 수분을 충분히 흡수시켜 볍씨가 무거워지도록 하여 뜨지 않도록 해야 한다는 말(경기).

4월 초3일에 비가 오면 개도 보리밥을 안 먹는다 음력 4월 초순이면 양력 5월 중순경에 해당되는데 이때에 비가 오면 파종, 이앙 등이 순조로워 풍년이 들게 된다는 뜻(경기).

산방절(파도) 소리가 나면 태풍이 온다 산방산 앞바다가 운다는 것은 열대성 저기압이 나타났을 때 중심 부근에서 발생하는 파도소리를 말하는 것으로 동지나해에서 제주도를 향하여 태풍이 오고 있다는 징조임(제주).

산중 농가는 가물어야 풍년 든다 산간지는 수원이 좋아 가물어도 물 부족 문제가 적으나 저온, 일조 부족의 문제가 더 크므로 가물 때 농사가 더 잘 된다는 뜻(경남).

삼 년간 김맨 풀 들어내면 아무것도 못 자란다 뽑은 풀을 퇴비로 만들어 되돌려 주어야 작물이 잘 자란다는 뜻(충남).

〈삼목(산방산/한라산)을 자르면 비가 온다〉

삼목(산방산/한라산)을 자르면 비가 온다 삼목을 자른다는 이야기는 산 중턱까지 저기압권에 있다는 이야기로 산방산이나 한라산 중간 위치에 구름이 있으면 비가 올 가능성이 높다는 뜻(제주). (비) 서쪽 산에 구름 끼면 비 온다(부안).

삼복 날 보리씨 말리면 깜부기가 없어진다 보리 농사에서 깜부기병이 발생하면 피해가 크게 나타나는데 보리깜부기 병균은 고온(55°)에서 사멸되므로 한여름 뙤약볕에 함석 위에 말리면 고온으로 종자 소독 효과가 있다(경북).

삼복(초, 중, 말복) 모두 가물면 왕가뭄 삼복 기간은 작물에 있어서 생육이 가장 왕성한 시기로 물이 가장 많이 필요한 때인데 이때 가물면 작물이 최악의 가뭄 피해를 받는다는 뜻. (비) 복중 가뭄은 열흘이 멀다(성남). 복 가뭄 사흘 멀다(여주).

삼복에 비가 오면 처녀가 운다 모든 농작물은 삼복 기간 중에 기상이 좋아야 생육이 좋은데 이 기간에 장마가 들면 농작물의 작황이 좋지 않아 흉년이 든다는 뜻(경기,전북). (비) 삼복에 비가 오면 청산, 보은 아가씨가 운다(임실). 삼복 비 오면 대추나무골 처녀가 운다(순창).

삼복에 비 오면 대추가 흉년 대추는 초복을 전후하여 개화, 결실하게 되는데 개화기간 중에 비가 오면 방화 곤충인 벌의 활동이 거의 중지되므로 수분이 어렵게 되며, 암술머리에서 발아하려던 꽃가루가 비에 씻겨 내려가거나 기온의 저하로 화분발아가 부진해지고 일조일 수가 짧을수록 잎에서 생산한 광합성 물질이 적어져서 대추의 착과를 어렵게 하는 결정적인 요인으로 작용하게 된다는 뜻.

삼복에 장마 지면 콩, 팥이 흉년 든다 삼복은 초복에서 말복까지 7~8월경에 해당되는데 이때 비가 자주 오면 콩이 햇빛을 받지 못하여 웃자라고 콩 꽃이 떨어져 결협이 안되어 수량이 감소된다(충남).

삼월 삼진 날 바람 불면 흉년 든다 봄에 공중 습도가 낮고 바람이 많이 불면 가물어서 작물 파종이 어렵고 수분 부족으로 생육이 저조하여 흉년이 든다는 뜻(경북).

삼일 득신 해는 풍년 든다 득신이란 음력 정월 상순(1~10) 중에서 첫 번째 신을 말하며 (초하루면 1일 득신, 2, 3, 4 …) 신일이 빠르면 벼 개화기간이 짧고 늦을수록 벼 개화기간이 길어진다는 뜻으로 결국 벼 개화기에 기상이 불순하다는 것을 의미한다. 득신이 너무 빠르거나 늦은 것은 좋지 않고 3~4일의 해가 풍년이 든다. 그러나 재배시기 및 기술이 발전된 현실에는 과학적 근거가 거의 없는 구전 풍속이다. (비) 3~4일 득신이면 풍년 든다(통영). 득신이 길면 등숙이 나빠진다(순창,파주). 1일 득신과 9일 득신이 있는데 신자가 빨리 들수록 벼 목이 빨리 숙는다(임실).

상강 90일 두고 모 심어도 잡곡보다 낫다 상강은 10월 하순경이므로 이보다 90일 전인 7월 하순 모내기는 늦기는 하나 벼농사가 타 잡곡보다 그래도 낫다는 뜻에서 유래 ※식량 사정이 극도로 어려웠던 옛날 남부 지방에서 벼농사를 중요시한 데서 유래됨.(전남)

상농은 흙을. 중농은 작물을. 하농은 풀을 작물을 가꾸는 데는 품종, 토양, 재배환경 등의 3대 요건이 적절히 갖추어져야 수량을 많이 올릴 수 있다. 아무리 우수한 품종을 선택하였고, 환경조건이 좋다고 하여도 토양조건 중 지력이 나쁠 경우에는 높은 수량을 기대할 수 없다. 그러므로 농사의 기본은 농토배양으로 땅심을 높여주어야 소기의 높은 수량을 올릴 수 있기 때문에 독농가일수록 지력 증진에 힘쓴다는 데서 생긴 말. (비) 하농은 풀을 매고 상농은 흙을 맨다(의령). 하농은 잡초를 가꾸고 중농은 나락을 가꾸고 상농은 땅을 가꾼다(보성).

새 땅 고구마가 맛있다 고구마를 이어짓기하면 미량요소 결핍으로 덩이뿌리 형성이 불량할 뿐 아니라 단맛도 떨어지므로 각종 미량요소와 유기물이 풍부한 새 땅에서 재배하여야 맛이 좋다.

새 머리털 빠지면 벼 알은 등 터진다 새 머리털이 빠질

〈소의 침이 묻어야 콩 풍년 든다〉

정도로 가을 날씨가 맑고 온도가 높으며 일조량이 많으면 벼 알이 등이 터질 정도로 등숙이 잘 된다는 뜻(전북).

새벽 안개 짙으면 맑다 바람이 없고 고요한 맑은 날 밤과 이른 아침에 안개가 발생하기 때문에 안개가 끼면 날씨가 좋다는 뜻. (비) 물안개 끼면 마빡 벗어진다(완주).

새 씨앗은 재 넘어서 바꾸어 둔다 같은 종자를 계속 한 지역에서만 재배하면 퇴화되므로 재 넘어 먼 곳에서 바꾸어오면 새로운 환경에 적응하여 수량성이 높아져서 좋다는 데서 생긴 말.

새 풀에 소 살찐다 농경용으로 주로 쓰던 한우는 겨울철이 되면 농산부산물 또는 볏짚만으로 사육하여 양분 부족에다 추위로 인하여 살이 빠져 있다가 봄철이 되어 기온이 따뜻해지면서 각종 영양과 비타민 등이 풍부한 새로 돋아나는 산야의 푸른 풀을 충분히 먹이므로 영양분의 공급이 원만하게 되어 털갈이도 하게 되고 살도 찌게 된다. 따라서 소는 영양가가 높은 풀 사료를 많이 먹어야 된다는 뜻(경기,충청).

샛바람이 불면 비가 온다 샛바람은 동풍 계열의 바람으로서 온난전류의 전면(주로 동남풍)으로 불기 때문에 동풍이 불면 전류의 통과에 따라 비가 온다는 뜻이며 한편, 태풍이 북상하면 바람의 방향이 시곗바늘 반대방향으로서 북동풍이 불게 되고 곧이어 큰 비가 오게 된다.

서릿발 많으면 보리농사 폐망한다 월동기 또는 해빙기에 강추위로 서릿발이 생기게 되면 들뜬 흙에 의해 뿌리가 기계적 상처를 받거나 건조의 피해를 받게 되므로 농사를 망친다는 뜻.

서풍 불면 감충(벼멸구)이 많다 감충은 벼멸구를 말하는 것으로 중국에서 월동한 벼멸구는 중국 대륙에서 불어오는 서풍에 의해 주로 비래하므로 서풍이 자주 불면 벼멸구의 발생이 많다는 뜻. (비) 7~8월에 하늬바람(서풍) 불면 벌레가 많이 인다(진해).

설날이 좋으면 벼농사가 올된다 음력 설날이 청명하면 벼가 일찍 여문다고 전해 내려오는 말.

소나기 3형제다 소나기는 반드시 세 줄기(3회)로 쏟아진다는 뜻(충북,전북). (비) 초 이삼 하면 선보름 비 온다(충북)

소나무 잎이 곱게 지면 보리농사 풍년 든다 소나무 잎이 곱게 진다는 것은 가을부터 기온이 서서히 떨어져 기온의 급변이 없다는 뜻으로 이러한 기상은 월동작물의 생육에 좋은 조건이 된다(충남).

소서 때는 새 각시도 모 심어라 소서는 양력 7월 8일경으로 모내기가 늦어져 수량이 급격히 감소되므로 새로 시집온 색시까지도 나와서 모내기를 서둘러야 할 만큼 바쁘다는 데서 기인된 말임. (비) 소서 넘으면 새 각시도 모심는다(고령,부안). 소서 때는 지나가는 행인도 달려든다.

쇠똥 세 바가지가 쌀 세 가마 비료(화학)가 없던 옛 조상들이 구비의 중요성을 강조한 말로 특히 외양간에서 나오는 가축 분뇨를 소중하게 다루라는 데서 생긴 말(전남).

쇠말뚝은 깊이 박고 모는 얕게 심는다 소를 붙잡아 맬 말뚝은 깊고 튼튼하게 박아서 소가 도망가지 못하도록 해야 하나, 모는 얕게 심어야 활착이 빠르고 유효경을 적기에 확보하여 수량이 많아진다는 뜻. (비) 뜬 모가 장원 한다. 뜬 모가 진 묘다(군산), 뜬 모가 잘 심은 모다(여주), 모가 배 타는 논은 풍년 든다.

소의 침이 묻어야 콩 풍년 든다 콩의 증수 요인은 예로부터 적심, 배토라는 말이 있듯이 이 말은 적심의 중요성을 강조한 것이다. 즉 콩의 생육이 과번성 상태인 경우 웃자람이 계속되어 곁가지 발생이 적고 쓰러지기 쉬워 수량이 격감되므로 적심을 하여야 한다. 따라서 소가 우연히 콩밭에 들어가 콩잎을 뜯어 먹었을 경우 적심의 효과가 나타나 소가 뜯어 먹지 않는 콩밭보다 더 많이 수확된 경험에서 유래했다. (비) 콩은 소가 잎을 뜯어 먹은 곳이 더 잘된다(남양주). 콩밭은 소가 뜯어야 소출이 많이 난다(음

⟨소젖이 붉으면 새끼 잘 낳는다⟩

성,당진,거창). 소 입김 닿아야 콩이 많이 달린다 (강화). 6월 콩은 소가 뜯어야 풍년 든다(보은).

소젖이 붉으면 새끼 잘 낳는다 젖이 붉다는 것은 혈액순환이 양호하고 유방의 용적이 크며 풍만하여 건강한 소로서 유방이 잘 발달되어 젖도 많이 나고 체구의 발육도 좋아 송아지를 잘 낳을 수 있을 뿐 아니라 젖의 풍부함에 힘입어 송아지도 잘 키울 수 있다는 뜻(충남,전북).

송장하고 보리는 깊게 묻어라 보리를 균일하게 깊이 묻어 주어야 추위 및 가뭄 견딜성이 증대되어 이삭이 균일하게 나오며 쓰러짐이 방지되고 겨울이 따뜻한 해에는 불시출수를 막을 수 있다(전북,충북).

수박은 살구꽃 필 때 심는다 수박 노지조열재배의 경우 살구꽃 필 때 파종하는 것이 서리의 피해를 방지할 수 있으므로 이때가 파종 적기라는 뜻(전북).

십우(十雨) 오풍(五風)이면 풍년 든다 비가 너무 자주 와도 일조량이 부족하여 동화작용에 지장을 초래하게 되므로 논물이 마르지 않을 정도로 10일에 한번 정도 비가 오고, 5일마다 미풍이 불면 통풍을 좋게 하여 풍년이 든다는 데서 생긴 말(경기).

쌀 더위가 풍년 든다 쌀 더위란 건조하고 뜨거운 불볕더위를 말하는 것으로서 이러한 기상조건에서는 벼 생육 특히 등숙이 좋아지므로 풍년이 든다는 뜻(호남).

써레질 물은 형제간에도 안 나눈다 모내기 전 써레질한 논의 흙탕물에는 비료성분이 많이 포함되어 있어 이 물의 유실은 작토층의 거름기가 씻겨 나가게 됨을 뜻할 뿐만 아니라 써레질 물이 충분해야 모내기에도 지장이 없으므로 소중히 여기라는 뜻에서 생긴 말. (비) 가중이(써레질) 물은 사촌도 안 준다(장흥). 써레질 물은 사촌도 안 준다(남원).

씨 자랑 말고 땅 자랑해라 품종이 아무리 우수하다고 해도 시비방법, 물 관리, 토양조건에 따라 작황이 크게 좌우되는데 특히 지력이 낮은 곳에서는 아무리 좋은 품종을 재배한다고 해도 많은 수량을 얻을 수 없는 것을 말하는 것으로, 농사 배양의 중요성을 강조하는 말(화성).

아낙네 말 많으면 고구마 밑 안 든다 잡초 약이 없었던 옛날에는 고구마 밭에서 아낙네들이 김매기할 때 작업은 등한시하고 말만 많으니 정밀 작업이 이루어질 리가 없다(전남).

아침 무지개는 비, 저녁 무지개는 맑을 징조 아침 무지개는 서쪽에 나타나고 저녁 무지개는 동쪽에 나타나는데 우리나라는 편서풍 지대로서 기류가 서쪽에서 동쪽으로 이동하기 때문에 아침 무지개는 서쪽으로부터 비가 오고, 저녁 무지개는 비가 동쪽으로 물러가고 있음을 나타내 맑은 날씨를 예상한다는 뜻. (비) 저녁놀은 아침 날씨가 좋을 징조(남제주). 아침 노을이 서면 강 건너 소매지 마라(양양). 서편에 무지개 서면 냇가에 소매지 마라(광양). 서편에 무지개 서면 뚤 건너 소매지 마라(대덕). 서편에 무지개 서면 개울 건너 소매지 마라(선산). 서쪽에 무지개 뜨면 강 건너 소를 매지 마라(완주). 아침에 불새 일면 비 오고 저녁에 불새 일면 가뭄온다.

아침 이슬에 오이 불듯(크듯) 한다 오이는 토양수분이 많아야 잘 자라는데 장마시기에는 수분이 적당하여 오이가 잘 큰다는 뜻(호남). (비) 마통(장마)에 물외 크듯 한다 (진도)

안개가 자주 끼면 진딧물이 낀다 안개가 자주 낀다는 것은 날씨가 청명하고 낮의 기온이 높아 진딧물의 발생이 많다는 뜻(충남,전남,경북). (비) 아침 안개 자주 끼면 감충(멸구)이 많다(부여). 봄 안개는 비리(진딧물) 안개(통영).

안개 끼면 파 농사 망친다 파나 양파에 많이 발생하는 노균병이나 수병은 안개가 많이 끼면 온도가 높아 병균 전염과 발병이 잘 된다는 뜻(충남).

암소는 부려야 새끼내기 잘한다. 암소는 충분한 운동량이 있어야 골반의 발달이 원활하고 비만되지 않으며 태아의 발육을 제한하여 난산을 예방하게 되는데 특히 임신한 소는 충분한 운동을 시켜야 새끼를

〈오뉴월에 논물로 목욕한다〉

잘 낳을 수 있다. 그래서 예부터 암소는 일을 시킴으로써 자연스럽게 새끼내기가 잘 되었기 때문에 암소는 운동을 충분히 시켜야 한다는 뜻(경북).

앵두꽃이 일시에 활짝 피면 모두 한꺼번에 걱정 없이 잘 심는다 앵두꽃이 일시에 활짝 핀다는 것은 기상조건이 좋아서 온도가 높고 수분이 충분하다는 것을 뜻하므로 벼농사도 물 걱정 없이 순조로워 못자리를 적기에 실시할 수 있으며, 모내기도 적기에 일제히 끝낼 수 있다는 뜻. (비) <u>정자나무 잎이 한꺼번에 피면 모내기 함께 끝난다. 느티나무 잎이 한물에 피면 모를 한물에 심는다(순창)</u>.

애 밤송이를 겨드랑이에 끼어 따갑지 않을 시기에 모내기를 하여도 먹는다 애 밤송이를 겨드랑이에 끼어서 찔리지 않을 정도의 시기는 7월 초순경으로 이때까지만 모내기를 하여도 수확이 가능하다는 뜻(전남). (비) <u>애 밤송이를 겨드랑이에 끼고 심어도 먹는다(대덕). 늦모라도 겨드랑이에 밤송이 끼고 낼 수만 있으면 먹는다(가평)</u>.

야생동물이 집 근처에 찾아들면 태풍이 온다 야생동물은 온도, 습도, 기온, 소리 등 기상이변에 민감하여 자기를 보호하기 위한 본능으로 안전지대로 내려오기 때문에 이럴 때는 태풍이 올 것에 대비하라는 뜻(전북).

양떼구름은 비가 올 징조 양떼구름이 일 때는 수증기가 응결하고 여울과 여울의 경계면에서 일어나 맑은 하늘이 되지만 이와 같은 현상이 상공에서 나타나면 비가 올 징조라는 뜻.

어린 아이 두레질 잦으면 비 온다 저기압일 때는 고기압일 때보다 공기 밀도가 작아지고 비가 오기 전에는 지상의 산소량도 줄어들게 된다. 어린아기는 폐의 기능이 제대로 발달하지 못하여 기압이 낮으면 한숨을 내쉬게 되고 입술로 투레질을 하게 되므로 이때에는 비가 올 징조라는 뜻.

언덕 밑은 달게(배게) 심고 보리 터는 드물게 심어라 언덕 밑쪽은 찬물이 나기 쉬워 생육이 저조함으로 밀식을 해야 되고, 보리 테 쪽은 수온도 높고 비료분이 몰리어 비옥하여 분얼이 잘되므로 드물게 심어야 된다는 뜻(전북,경북).

여름 소나기는 황소 등어리도 다툰다 여름 소나기는 국지적으로 발생하는 강력한 상승기류에 의한 강우현상이므로 지역적으로 강우량이 큰 차이가 있음을 뜻함.

여름 소나기에 멸구머리 깨져 죽는다 여름에 소나기가 내릴 때 멸구가 물에 떠내려가 벼멸구의 피해가 어느 정도 줄어든다는 뜻(영남,호남).

여름에 명태가 도루묵, 양다리가 개락이면 명태나 도루묵, 양다리는 바닷물이 차가운 한류에서 서식하는 어종으로 한류가 흐르면 그 영향으로 바다와 인접한 육지에도 한류의 영향으로 저온이 지속되어 냉해에 의한 피해가 심하여 흉년이 든다는 뜻(영동).

여름에 서풍 불면 고추밭 고랑(이랑)처라. 여름철에 서풍이 불면 대부분 비가 온다. 비가 오면 고추밭이 가습 되어 수인성 전염병의 발생과 습해로 피해를 보기 쉬우니 이랑을 쳐서 습해를 사전에 방지하라는 뜻(충남).

여름철 얘기가 울음이 크면 비가 온다 기압이 저기압인 경우 소리의 전달 속도가 마찰계수가 저하됨으로 멀리 크게 반향된다는 과학적인 근거를 갖고 있다(경기 남부).

연기가 땅에 깔리면 비가 온다 연기가 땅에 깔리는 것은 저기압시의 현상으로 비가 올 것이 예상된다는 뜻. (비) <u>연기가 땅 부위에 깔리면 비 온다(완주). 연기가 오르면 맑고, 옆으로 흐르면 비가 올 징조(양주). 굴뚝 연기가 집안으로 들어오면 큰 비 온다(평택)</u>.

영등할머니 올 때 밭 갈면 구더기 많다 영등달(음력 2월)은 양력으로 3월 해빙기로서 이 시기는 각종 벌레들이 땅속에서 나오려고 할 때이므로 이때 밭을 갈면 벌레들이 나오기 쉽기 때문에 해충이 많아진다는 뜻(제주).

오뉴월에 논물로 목욕한다 음력 5, 6월에 논물로 목욕

523

〈 오뉴월 청풍 세 번 불면 태풍 든다 〉

할 정도로 수온이 높아야 벼의 활착과 분얼이 잘되고 초기 생육이 좋아진다는 뜻(전북).

오뉴월 청풍 세 번 불면 태풍 든다 청풍은 북풍으로 모내기 해놓고 북풍이 불 때는 해충을 동반하지 않으므로 북풍이 부는 해는 벼에 해충 피해가 적어 풍년이 든다는 뜻.(전북)

오뉴월 품앗이 소등을 두고 다툰다 음력 5, 6월은 2모작 모내기와 보리 수확, 탈곡 등과 밭작물 정식 등으로 노동력이 부족한 실정인데 특히 늦모내기는 수량에 크게 영향을 미치게 되므로 하루라도 빨리 자기 논에 모를 심기 위해 일손을 다툰다는 뜻(경기).

오월 밤이 추우면 보리농사 풍년 든다 밤 날씨가 춥다는 것은 일교차가 심하다는 뜻이며, 오월은 보리의 등열기에 해당되므로 이때에 일교차가 크면 동화 물질의 소모가 적어 양분 축적이 잘되므로 수량이 많다(제주).

오월 쪽박새 울면 흉년 든다 쪽박새는 여름 철새인 두견새를 말하며 5월에 우리나라에 와 짝짓기를 하기 위하여 큰소리로 울며 활발한 활동을 한다. 두견새는 고온 건조한 기후를 좋아하므로 이 새가 운다는 것은 5~6월 기상이 고온 건조한 날이 많다는 것을 뜻하므로 가물어 흉년이 들 수 있다는 것을 뜻함.
(비) 뻐꾸기가 울면 가뭄이 든다(경기).

올 좀은 섬을 더 한다 생육 초기의 병충해(이화명충 1화기) 방제는 후기에 생육 보상 기간이 있어 수량 감수가 적다는 뜻(전북).

올 참깨는 죽어도 보리뒷끝 참깨는 산다 일모작 참깨는 7, 8월경 빈번한 장마로 병해 발생이 많아 생육이 불량한 반면 이모작 참깨는 기상재해를 피해가므로 안전하다는 뜻(경남).

우수, 경칩엔 대동강 물도 풀린다 우수는 2월 18일, 경칩은 3월 5일 경으로 이때는 겨울이 지나고 해빙기에 접어든다는 말로서 보리밭 관리를 하고 새해 농사 준비를 서둘러야 한다는 뜻.

우장 덮고 들 잠자면 풍년 든다 물이 필요한 시기에 가물면 물을 서로 먼저 대기 위하여 들에서 우장을 덮고 밤잠을 자면서라도 물꼬를 지키는데, 이와 같이 필요한 시기에 물을 대주어야 풍년을 맞이할 수 있다는 뜻(전남).

우케 멍석에 후제 든다 농사는 자연 재해의 위험을 항시 받고 있어 멍석에 널어놓은 곡식도 재해를 받을 수 있으므로 언제나 방심하지 말라는 뜻(영남).
(비) 벼 타작 멍석에도 후제가 든다

월복인 해는 여름이 더워 풍년 든다 월복(평상시는 10일 간격이던 중복과 말복 사이가 20일 간격으로 되는 것)인 해는 더위가 오래 지속되어 기상이 좋아지므로 다수확의 결정적 요인이 된다는 뜻(경남).

유두날에 곡수 점치지 마라 유두날(음력 6월 15일)은 벼의 무효 분얼기에 해당되므로 이때 벼의 작황을 보고 성급하게 풍흉을 판단하지 말라는 뜻(호남).

유두 때 들판이 얼룩소가 되면 풍년 든다 벼 농사의 2황기에 해당하는 시기이므로 마치 들판이 얼룩소처럼 보이나 이때에 이삭 거름을 주면 결실도 잘 되도록 한다는 뜻. (무효분얼기에 벼 잎을 누렇게 키우다가 반드시 이삭 거름 사용으로 후기 생육 촉진) (충북).

유월에 태풍 불면 세 번 분다 대부분 태풍은 8월 중순 이후에 내습하는데 그해 첫 태풍이 일찍이 오기 시작하면 태풍 횟수가 많아진다는 뜻.

유월 유두 때 물꼬에다 음식을 차려 놓으면 근절된다 유월 유두에 멸구나 이화명충이 많이 발생하는 시기이므로 기름을 물꼬에 부으면 멸구가 떨어져 떠내려 간다는 뜻(전북).

유월 장마에 돌도 큰다 유월이면 고온으로 인하여 작물이 잘 자라지 못하고 있을 때 장마가 들면 수분이 많아 모든 작물이 잘 자란다는 뜻(전북).

은어가 나락 꽃 물고 가면 풍년 든다 8월 상,중순 때는 은어가 산란을 위해 강을 거슬러 올라오는 시기로 벼의 출수 개화기에 해당하므로 물을 충분히 관수하여 벼꽃이 떠내려 갈 정도로 충분한 물이 있어야 등숙이 양호하여 풍년이 든다는 뜻(경남).

입동 전 가새보리 춘분 되어야 알아본다 가새보리라는 말은 보리 잎이 2매가 출현할 때 마치 가위 모양 같다는 뜻으로써 보리를 늦게 파종하여 월동 전에 보리 잎이 2매 밖에 확보되지 못할 경우 이때가 이유기로써 내한성이 약하여 겨울나기가 어려워 이듬해가 되어야 작황을 판단할 수 있다.

(비) 입동 전 가새보리 얼어 죽기 쉽다(여주).

입동 전 보리씨에 먼지만 날려 주소 보리 파종 한계기를 강조한 것으로 남부 지방의 파종기가 10월 중순경이나 늦어도 입동 전 즉, 만 한기(11월 5일)까지는 보리 파종이 끝나야 안정 월동이 가능하다(경남).

입이 큰 소라야 살이 찐다 소는 잘 먹어야 건강하고 살이 찌게 되는데 특히 비육용 소를 고를 때에는 살이 찔 수 있는 소를 고르느냐 못 고르느냐에 따라 비육의 성패가 달려 있다고 해도 과언이 아닐 정도로 비육용 원우의 선정은 중요하다. 체형 자질과 비육 관계에서 보면 대체로 입 턱이 넓으면서 입이 크게 보이는 것이 식욕이 좋으므로 입이 큰 소가 좋다는 뜻(충남).

입추에 비 오면 채소 풍작 든다 입추 때는 중부 지방의 김장 채소 파종 시기이므로 비가 오면 밭 토양 수분이 적당하여 파종 작업이 순조롭고 발아가 잘되어 다수확을 할 수 있다는 뜻(충남,전북).

(비) 입추에 비 오면 김장 농사 잘 된다 (충남).

입춘에 동부새가 울면 보리 풍년 든다 입춘은 2월 상순경으로 보리의 재생기를 앞두고 동풍(따뜻한 바람)이 불면 뿌리의 활력을 촉진, 생육을 조장하여 작황이 좋아진다(충남,전북).

(비) 입춘에 동풍 불면 곡식 천하다(부안). 동부새 세 번 불면 어거리(큰) 풍년 든다.

입춘에 보리 뿌리 세 개면 풍년 든다 월동기간 중 토입, 답압 등 관리를 잘하여 뿌리가 살아 있도록 유지해 주면 해빙기후 재생하여 정상 생육이 가능하다는 뜻이며, 보리의 풍흉은 해빙기 날씨에 좌우된다는 뜻도 있다(충남,경북). (비) 입동에 보리 뿌리가 3개 이상 나면 풍작 든다 (대구).

자라가 물 위에 올라오면 홍수가 난다 자라는 큰 물이 날 때 물 위로 올라오는 습성이 있으므로 자라가 물 위로 올라오면 큰 비가 온다는 것을 예상할 수 있다는 뜻(경기,강원).

잠자리 잡으면 벼이삭 삭는다 잠자리는 각종 해충을 잡아먹고 산다. 따라서 잠자리는 해충의 천적이므로 잡지 않아야 농작물의 피해를 줄일 수 있다는 뜻(충남).

잡초를 일 년 키우면 칠 년 고생 못자리에 잡초가 너무 많다는 것을 비유한데서 생긴 말로 피사리를 철저히 해야 됨을 강조한데서 유래.

장마 끝엔 논 말린다 장마 때는 집중 호우 등으로 논두렁이 터져서 물이 마른 논이 많이 생기게 되나 이때 벼 생육 단계는 물이 가장 많이 필요한 수잉기부터 출수기로 장마철이라고 방심하지 말고 논물이 마르지 않도록 세심한 물 관리에 힘쓰라는 데서 경계하여 이르는 말.

장마에 거미줄 지면(지으면) 날이 든다 곤충의 활동도 기상에 민감하여 날씨가 개일 징조가 느끼면 활동을 개시하기 위하여 집을 짓고 먹이를 잡기 위한 활동을 한다. 그러므로 곤충 활동이 시작되면 날씨가 개일 징조라는 뜻.

재 없이 보리농사 지을 생각 마라 보리는 질소질 비료도 중요하지만 인산, 가리 등을 충분히 주어야 내한 내동성이 증대됨을 인식하고 화학비료가 없었던 때에도 이미 나무 재를 사용하여 보리 재배를 할 만큼 인산, 가리의 중요성을 강조한 말이다(경기).

저녁노을이 붉게 물들면 등이 터진다 저녁노을이 붉게 물든다는 것은 고기압권에 들게 되므로 맑은 날씨가 계속되어 벼의 등숙이 좋아진다는 뜻.(충남)

저녁노을이 서면 가뭄이 계속된다 대개 우리나라 기압골이 서쪽에서 동쪽으로 이동하는데 저녁에 노을이 서면 저기압이 동쪽으로 밀려가므로 맑은 날이 계속되어 가뭄이 계속된다는 뜻(영동,전북).

〈저녁에 골짜기 바람 불면 좋은 날씨 계속〉

(비) 저녁 노을이 생기면 날 가문다(순창)

저녁에 골짜기 바람 불면 좋은 날씨 계속 바람이 잔잔하고 낮에 수열량이 많으면 밤에 복사 냉각이 잘 일어나 골바람이 일어나기 때문에 날씨가 맑아진다는 뜻.

정월 대보름달이 희면 물이 많고 붉으면 가물다 정월 대보름달이 희게 보이면 비가 많이 올 징조이며 붉게 보이면 비가 적어 가뭄이 예상된다는 뜻. (비) 정월 대보름이 희게 보이면 물 많고, 붉으면 가물다(부산).

정월 대보름에 비 오면 보리농사 흉년 정월 대보름 때는 보리가 빈약한 재생기에 해당되므로 이때 비가 오면 습해를 받아 뿌리가 활력을 잃게 되어 동해 피해를 받게 되고, 양분 흡수 부족으로 인한 황화현상이 발생되어 보리 작황이 좋지 못하게 된다(충남).

정월 대보름날이 질면 병충해가 많다 정월 보름날 논두렁 불 놓기를 하여 월동 병충해를 없애야 하는데 비가 오면 논, 밭두렁 불 놓기를 못하여 병충해가 많다는 뜻(전남).

정월 보름 불놀이하면 복이 온다 해충이 논, 밭두렁에 월동하고 있을 때 불을 놓아 해충을 죽이므로 병해충 피해를 줄일 수 있다는 뜻(호남).

정월에 묘일(卯日)이 셋이면 보리 풍년 든다 음력 정월 일진(日辰)에 묘자(卯字)가 든 날이 3일 겹쳐 있으면 보리 풍년이 든다는 말.

정월에 오일(午日)이 셋이면 큰 가뭄이 있다 음력 정월 일진에 오자(午字)가 든 날이 3일이 겹쳐 있으면 그 해는 반드시 큰 가뭄이 있다는 말.

정월에 해일(亥日)이 셋이면 큰 장마가 진다 음력 정월 일진에 해자(亥字)가 든 날이 3일 있으면 그해에 반드시 큰 장마가 있다는 말.

정월 초하룻날 구름이 약간 끼면 풍년이 든다 음력 정월 초하룻날이 맑으면 가물고 구름이 많이 끼면 장마가 지고 구름이 약간 끼면 풍년이 든다는 말.

제비가 많이 날면 비가 온다 곤충 중에 메뚜기와 같이 체내 수분을 막을 수 있는 왁스 층 피부를 가진 벌레를 제외하고는 건조한 때는 체내 수분 유지를 위하여 습한 곳에 있다가 저기압권에 들거나 비 오기 직전에 대기 습도가 높아지면 활동이 활발하게 되고 이때 제비들은 벌레를 잡기 위해 날아다니므로 이럴 때는 비가 오기 쉽다는 뜻. (비) 제비 낮게 날고 물장구치면 비가 온다(고성), 하루살이 끼면 큰 비 온다(완주), 제비가 낮게 날면 비가 온다.

제비가 집을 들여 지으면 장마가 크다 제비가 집을 처마 밑 안으로 깊이 들여 짓는 것은 기상재해(큰비)로부터 둥지를 보호하여 동족 보존을 하기 위함이니 그해 큰비가 올 것을 예견할 수 있다는 뜻.

(비) 제비가 집을 너저분하게 지으면 장마가 온다 (의정부)

제비집이 허술하면 큰 바람이 없다 제비 등 야생동물은 본능적으로 기상 상황에 민감하여 집을 짓는데도 기상 이변을 예측하여 달리하는데 허술하게 지은 것은 기상 이변이 없음을 예견한다는 뜻.

조밭을 맬 때는 부부가 싸워야 날 수가 좋다 소립종자는 자연히 밀파가 되어 과감한 솎음을 필요로 한다. 따라서 솎음 작업 시 마음이 편치 않고 화가 난 경우 분풀이를 작물에게 하므로 마구 솎음질을 하여 포기간 거리가 드물게 되므로 채광 통풍이 잘 되고 병충해 발생도 적어 수량이 높아진다(경남).

조팝나무 꽃 필 때 콩 심어야 한다 조팝나무가 꽃피는 시기는 5월 초순경으로 콩 파종시기와 거의 일치한다. 따라서 조팝나무가 꽃 필 때는 콩의 파종 적기임을 알아야 한다(경기).

죽순 날 때 벌레가 많으면 벼가 해충이 많다 죽순 나는 때가 6월 상순부터 하순 사이로 이 시기는 이화명충 일화기 발생 시기가 되므로 이때 벌레가 많으면 벼 농가에 해충 피해가 심하다는 뜻(영남, 호남).

쥐가 배에서 내리면 태풍우 조짐이 있다 배에 살던 쥐가 본능적으로 태풍우가 예상되면 미리 대피한다는 뜻.

쥐구멍에 눈 들어가면 보리농사 흉년 된다 맥류 등 월동 작물은 겨울에 눈이 온 뒤 그대로 쌓여 있으면 보온이 된다. 그러나 바람이 불어서 눈이 날려 쥐구멍으로 들어갈 정도라면 포장에 눈이 쌓여있지 않기 때문에 한해와 동해가 우려된다(경기).

진달래꽃이 늦게까지 피면 흉년 든다 진달래꽃이 늦게까지 핀다는 것은 봄 날씨가 춥고, 봄 가뭄이 들었다는 뜻으로 이런 때는 농작물 파종을 제때 할 수 없어 흉년이 든다는 뜻(충남).

찔레꽃 필 때 물 잡으면 풍년이 든다 찔레꽃 필 때는 5월 하순경으로 이때 물을 잡으면 제때 모내기를 할 수 있어 풍년이 든다는 뜻. (비) 찔레꽃 필 무렵은 가문다(여주). 찔레꽃 필 무렵 비가 세 번 오면 풍년 든다(이천). 찔레꽃 필 때 비가 오면 개도 쌀밥을 먹는다(완주). 비가 오다가 찔레꽃을 보면 도망간다(단양). 찔레꽃이 아름답게 피면 흉년 든다(보령). 찔레꽃 무성하면 모내기가 늦어진다.

찬바람에 죽은 보리 폭설에 살아난다 초겨울에 보리가 충분히 경화되기 전에 혹한을 만나면 동해의 우려가 있는데 눈이 덮여 있으면 보온의 효과뿐 아니라 토양 수분 공급이 잘 되어 안전하게 월동할 수 있다(충북).

참깨는 고팡(곳간)에 들어와야 내 것이다 참깨는 태풍, 집중 호우 등 기상 재해와 병해에 민감하므로 타작물에 비하여 안전 재배가 어렵다는 뜻(제주).

참나무에 새순 나면 장마 진다 참나무 순이 2차 생장하는 때인 7~8월경은 장마철이라는 뜻.

참나무 잎을 벌레가 다 갉아 먹으면 흉년 나뭇잎을 벌레가 다 갉아먹는다는 것은 벌레의 번식에 여건이 좋다는 것으로 볼 수 있어 농작물에도 해충이 많아 피해가 많을 것이라는 뜻(경기).

처서 물은 오전. 오후가 다르다 처서 때부터는 수온의 변화가 심하므로 냉해 우려가 있으므로 관개수의 수온 관리에 주의해야 한다는 뜻(충남,경북).

처서에 가을 채소 파종한다. 처서의 절기는 8월 22일~23일경으로 남부 지방에서는 가을 채소 파종 적기가 된다는 뜻(전북). (비) 처서는 가을 채소 파종의 나침반이다(순창).

처서에 비가 오면 나락에서 뿔난다(곡두생각) 처서(8월 24일경)에 비가 자주 오면 수발아(특히 조생종 계통)가 잘 되며 일조지수가 적어 벼의 등숙이 떨어지고 품질도 크게 떨어진다는 뜻. (비) 추상갑에 비 오면 곡두생각된다(보은). 추상갑에 비 오면 곡식에 뿔이 난다(봉화). 가을 절기 갑자 일에 비가 오면 곡식에 싹이 난다(여주).

처서에 비 오면 사방 십 리 천 석을 감한다 처서는 8월 하순경으로 이때는 벼의 출수 개화기에 해당되는 때로서 이때 비가 오면 개화 수정 및 등숙에 지장을 초래하여 수량이 떨어질 뿐만 아니라 목도열병 발생이 심하여 수량 감소를 가져온다는 뜻. (비) 처서에 물 찌면 머슴 잠방귀 풀 먹일 것도 없다(부안). 처서에 비 오면 십 리에 천 석을 감한다(대구,청주,구례,부산,마산). 처서에 비가 오면 십 리 가는데 천 석이 준다(이천). 처서에 비가 오면 십 리에 벼 천 석을 감한다(보은,부천). 처서 날 비 오면 십 리 안짝 천 석을 던다(완주). 처서에 비 오면 사방 십 리 안에서 벼 천 석을 감한다(광양). 처서에 비 오면 십 리에 천 석을 감하고, 백로에 비 오면 십 리에 백 석을 감한다(고성). 처서에 비 오면 천 석을 잃고 입추에 비 오면 천 석을 얻는다(밀양). 처서에 비가 오면 독 속에 곡식이 준다(남양주). 처서에 비 오면 독 안에 쌀 준다(평창). 처서에 비가 오면 독에 곡식이 준다(인천). 처서에 비가 오면 단지에 곡식이 준다(김천). 처서에 비가 오면 향리에 쌀도 준다(장수). 처서에 비 오면 처가 가지 마라.

천 년 피 씨 만 년 메밀 씨 피나 메밀은 여러 해 묵은 것이라도 발아가 잘 된다. 따라서 피나 메밀은 다른 종자에 섞이지 않도록 조심하고 논밭이나 인근에 버리지 말고 불에 태워 없애 버려야 한다(경남).

천미 천은 먹어도 백미 천은 못 먹는다 모내기 때 포기

⟨청개구리 울면 비 온다⟩

수 확보와 수량과의 상관관계를 나타낸 말로 포기수 확보를 많이 해야 됨을 뜻함(충남).

청개구리 울면 비 온다 청개구리 피부는 기상 환경의 변화에 민감하기 때문에 저기압이 되어 습도가 높아짐을 감지하여 울면 비가 올 것을 예상할 수 있다는 뜻. (비) 청개구리가 울면 소낙비가 온다(양주).

초례청에서 신랑이 웃으면 보리농사 반농사 옛날에는 대부분 가을 추수 후에 결혼식을 했는데 초례청에서 신랑이 웃는다는 것은 신부가 예쁘다는 뜻으로 신랑이 신방에만 있어 겨울철 보리밭 관리를 소홀히 할 우려가 있다는 의미로 보리밭 관리는 겨울철이 중요하다는 말(충남,전남). (비) 신랑이 웃으면 보리 얼어죽는다(함평).

초복에 벼(들판)가 푸른 잎을 띄면 풍년 든다 초복(7월 중순경)에 모내기가 적기에 완전히 완료되어 온 들판의 벼가 푸른색을 띠게 되면 풍년이 든다는 데서 유래된 말(경기,전북).

초파일에 날이 맑으면 참깨농사가 잘 된다 우리나라는 편서풍 지대에 속해 고기압과 저기압의 연속된 파장을 형성하면서 동에서 서로 이동되는데 음력 4월 8일경 고기압 권에 들었을 때가 참깨 파종 및 출현기에 해당되므로 전체적으로 맑을 확률이 높아 참깨 입모률이 향상된다(제주).

추석에 비가 오면 보리농사 흉작 추석을 전후하여 비가 오면 벼의 수확이 늦어지게 되고, 따라서 보리 파종도 늦어지게 된다. 이로 인해 안전 월동에 필요한 본엽 5~6매의 잎을 확보할 수 없어 월동기간 중 고사율, 고사엽율 증가로 수량의 감소를 가져오게 된다. (비) 추석날 마당 물 고이면 보리농사 폐농한다(전주). 8월 보름에 비가 오면 보리농사 안 된다(의정부). 추석날 비 오면 다음해 보리 흉작(논산). 추석에 비가 오면 보리 흉작 든다(제원).

칠석날 비가 오면 곡식이 잘 여문다 칠석(음력 7월 7일) 벼는 생식생장기에 해당되며 밭작물도 이때쯤이면 충분한 물이 있어야 수량을 높일 수 있다는 데서 유래된 말.

칠석 물 지면 원남 속곳 풀할 쌀도 없다 칠월 칠석(음 7월7일)은 벼의 수잉기에 해당되는데 이때 침수되면 피해를 크게 받아 수량이 감소된다는 뜻(경기).

칠월 그믐에 모내기를 하더라도 바로만 심어라 늦모내기를 할 때 일지라도 뿌리를 고르게 맞춰서 정성 들여 얕게 잘 심기만 하면 활착도 빠르고 분얼과 생육도 좋아 수량을 높일 수 있다는 뜻(경남).

7월 높새바람에 흉년 든다 7월 백중(음 7월 15일)은 벼꽃이 한창 피는 시기이므로 이때 강한 바람이 불면 벼꽃이 떨어지기 때문에 임실률이 불량해져 흉작이 된다는 뜻(경기,충남). (비) 6월 유두사리에 물이 끼면 먹을 수 있으나, 7월 백중사리에 물 끼면 못 먹는다(용인). 백중날 비 오면 벼 임실이 떨어진다(화성).

칠월 모는 발 담구고 중식한다 늦모를 낼 때는 눈코 뜰 새 없이 바쁘게 서둘러야 하는데 논물에 발을 담근 채로 점심 식사를 해야 할 정도로 바쁘다는 데서 유래(경기,충남,영남). (비) 6월 송장은 일어나고 늦모내기는 발을 물에 담그고 먹는다(진해).

칠월 백중에 바람이 세게 불면 흉년 든다 높새바람은 우리나라 중북부 지방에서 부는 일종의 국지풍으로서 북동풍이다. 태풍이 일본의 남쪽 해상을 빈번히 통과할 때 또는 오호츠크해 고기압권에서 바람이 태백산맥을 넘어 서쪽으로 불어오면 휀 현상을 일으켜 고온 건조한 바람이 된다. 높새바람은 주로 경기도를 중심으로 하여 충남,북도와 황해도에 걸쳐 여름철에 불며 살곡풍이라고도 한다(경기).

칠월 벼 검은 집과는 사돈도 맺지 않는다 적기적량의 시비로 7월 하순에는 벼 잎 색이 연 노란 색(벼의 제2황기)을 띄도록 시비관리를 하여야 함에도 불구하고 과비로 인하여 벼 잎 색이 시커멓게 되면 소출을 많이 올리지 못하게 되고 폐농하게 되기 쉽다는 말에서 유래. (비) 7월 논 검은 농가 사돈 맺지 마라(의정부,밀양). 6월(음)에 벼 검은 집은 시집도 보내지 말라(대구,하천). 7월 나락 검으면 손님 가지 말라(보은,영암). 7월달 검은 벼는 싹수가 노랗다(양주). 7월에 검은 논은 가을에 마당 흉년이다(완주).

칠월에 두레소리가 나야 풍년 든다 음력 7월은 벼의 생육 단계가 유수 형성기~출수기에 해당되어 물을 가장 많이 필요로 하는 시기로 가뭄이 들어 논물이 마르면 소출이 많이 감소되므로 논물이 마르지 않도록 두레로라도 물을 품어 대주어야 한다는 뜻(전남).

칠월 칠석 이후에는 논에 호미를 대지마라 7월 7석 이후는 벼의 생육 단계가 생식 생장기에 해당하여 이때부터는 뿌리가 나오지 않기 때문에 뿌리를 상하게 하면 양분 흡수에 지장을 받게 되어 수량에 큰 영향을 미친다는 뜻.

칠팔월 제비가 논 가운데 앉으면 풍년 든다 제비는 해충을 잡아먹는 익조로 제비가 논에서 해충을 많이 잡아먹어야 농사가 잘 된다는 뜻(전남).

콩 종아리 묻어 주면 된장 걱정 없다 북주기를 하면 배수 및 토양 통기가 조장되고 새 뿌리가 많이 발생하며 도복도 경감되어 생육도 좋아지고 수량도 증대된다(충북,경북). (비) 콩 아래 맑은 종다리 묻어주면 장 묵혀준다 (제원).

텃논에 비료 주면 폐농한다 텃논에는 대부분 생활하수나 가축 분뇨 등의 유입으로 질소질 비료를 안 주어도 되는데도 질소 질 비료를 과용하게 되면 논농사를 망치게 됨을 경계하여 이르는 말.

파물 모는 지나가는 소금 장수도 거둔다 늦모내기 때는 하루만 늦어져도 수량 감소가 커지므로 농사에 큰 상관이 없는 지나가는 소금 장수도 모내기를 거들어줘야 될 만큼 바쁘다는 뜻임. (비) 늦모내기 때는 죽은 중도 꿈적인다(서울,인천).

8월 보름(음력)에 비가 오면 흉년 든다 음력 8월 보름이면 양력 9월 하순경으로 이때는 벼를 비롯하여 대부분의 작물이 결실 수확기이므로 비가 필요없는 시기인데 이때 비가 오면 수확, 건조 등 지장을 초래한다는 뜻(충남).

풀 짐이 무거워야 풍년이 든다 벼농사는 물론 밭농사에 있어서 금비보다는 퇴비의 중요성을 강조한 데서 생긴 말.

풀 한 짐이 쌀 한 섬이다 지력 증진과 농토 배양 즉, 퇴비의 필요성을 강조한 데서 유래된 말(충남,전남).

풋 농사 마당 흉년이다 벼에 새끼 칠 거름을 많이 주거나 늦게 주면 헛 새끼를 많이 쳐서 가을에는 볏짚 농사만 짓는 결과가 되며 질소 과다로 인해서 각종 병충해의 발생이 많고 도복 등으로 수량이 감소되어 수량이 떨어지므로 퇴비는 적기에 적량을 주어야 한다는 데서 유래된 말. (비) 풋싹 잘된 농가 가을에 별 볼일 없다(제원). 볏단이 두터우면 마당 흉년 든다(성남). 거름 욕심 많은 농부 검불 농사 짓는다(수원).

풋벼 자랑과 딸 자랑하지 말라 거름을 많이 주면 벼 잎 색이 짙어 벼가 마치 잘된 것처럼 보이지만 실제 가을에 수확해 보면 쭉정이가 많아 수량이 떨어진다는 말로 비료에 너무 욕심을 내지 말라고 경계하는 뜻에서 유래된 말(인천,강화).

하느바람이 계속되면 맑아질 징조 서풍이 불면 편서풍 지역인 우리나라는 한랭 전선이 통과한 후 고기압이 이동하여 와서 세력권 내에 들게 되므로 맑은 징조를 나타낸다는 뜻.

하지가 지나면 발을 물꼬에 담그고 산다 하지(6월 22일경)는 1모작 극 조생종의 유수 형성기로 벼의 일생 중 물을 가장 많이 필요로 하는 시기이기에 물대기에 발이 마를 새가 없다는 뜻으로 벼 후기 물 관리의 중요성을 강조한데서 생긴 말.

하지 안에 심은 고구마는 침만 발라도 산다 고구마는 5~6월의 건조한 토양 조건에서도 발근력이 강하므로 적기에 정식을 실시하면 수량이 높아진다(충남). (비) 오뉴월 고구마는 침만 뱉어도 산다(고성).

하지 오후 삼일 동안은 바가지로 퍼서라도 모를 심어야 한다 이 때가 모내기 적기로 이 시기를 넘기면 모내기가 늦어질수록 소출이 떨어지게 되므로 촌각을

〈 한로 상강에 겉보리 간다(파종한다) 〉

다투어 용수 대책을 세워 하루라도 빨리 모내기를 마쳐야 한다는 뜻(경남).

한로 상강에 겉보리 간다(파종한다) 북부 산간 지방에서 보리 안전 월동을 위해 한로 때(10월 8일경) 보리 파종을 해야 되며 늦어도 상강(10월 23일경) 전에는 파종을 마쳐야 한다는 뜻으로 보리 안전 재배를 위한 적기 파종의 중요성을 강조한 말이다(경북).

한식에 비가 오면 개 불알에 이밥이 붙는다 한식에 비가 오면 (봄비가 충분하면) 개 불알에 이밥(쌀밥)이 붙을 정도로 쌀이 충분하다는 말로 풍년이 든다는 뜻.

한 치 갈면 한 섬 두 치 갈면 두 섬 세 치 갈면 세 섬
토양은 깊이 갈수록 뿌리의 뻗는 범위가 넓어지고 작토층 아래에 있는 각종 양분이 작토층에 섞이게 되어 벼의 생육을 양호하게 해주고 토양 구조도 좋게 해 줘서 뿌리의 생육을 건전하게 해주기 때문에 다수확을 올릴 수 있다는 뜻. 즉 심경의 중요성을 강조하여 이르는 말임(충남,전북).

화풍이 불면 풍년 든다 영동지방은 냉조풍 우려지역으로서 벼 생육가나 등숙기에 가끔 나타나는 저온 피해로서 생육 및 등숙률이 낮아 수량이 감소되는 때가 많은데 그때에 고온건조풍이 불어오면 생육 및 등숙이 좋아 풍년이 든다는 뜻(영동).

호박 덩굴은 매 맞아야 호박이 열린다. 호박은 수세가 왕성하면 암꽃이 적게 피며 수정이 잘 안 되어 결실이 적다는 뜻(경북).

엮은 이 : 大元 채홍정 시인

경북 문경 출생 (1940)
한맥문학 신인상 시 부문 등단 (1996)
한국문인협회 회원
한국문인협회 대전광역시지회 회원
국제 펜 한국본부 대전광역시위원회 회원
사단법인 문학사랑협의회 회원
대전문인총연합회 회원

시　　집 : 거울 속 세상 (2001), 푸르름은 더 푸르게 (2005),
　　　　　황홀한 반란 (2011)
시 조 집 : 한여름 밤 그리움 (2017)
편　　저 : 새 속담사전 (2015), 신 고사성어(2017)

수　　상 : "문학의 해" 애향작품 수필부문 수상 (1996)
　　　　　해정문학상 수상 (2002)
　　　　　한국SGI 문화 평화상 수상 (2011)
　　　　　한국인터넷 문학상 수상 (2014)
　　　　　대전문학 공로상 수상 (2015)
　　　　　(주)하이트진로 문학상(작품상) 수상 (2016)
　　　　　(사)문학사랑 문학발전공로상 수상(2017)

주　　　소 : 35404 대전광역시 서구 복수북로 51
　　　　　　삼익목화아파트 107동 1002호
손 전 화 : 010-3412-2994
전자우편 : chaehj1006hanmail.net
다음카페 : 대원 웃음보따리 (cafe.daum.net/hjchae1006)
블 로 그 : 대원의 쉼터 (blog.daum.net/chaehj1006)

새 속담 사전

채홍정 엮음

발 행 일	2015년 10월 10일 1쇄
	2017년 10월 17일 2쇄

엮 은 이	채홍정
발 행 인	李憲錫
발 행 처	오늘의문학사
출판등록	제55호(1993년 6월 23일)
주 소	대전광역시 동구 대전로867번길 52, 401호(삼성동 한밭오피스텔)
전화번호	(042)624-2980
팩시밀리	(042)628-2983
전자우편	hs2980@hanmail.net
다음카페	cafe.daum.net/gljang (문학사랑 글짱들)
다음카페	cafe.daum.net/art-i-ma (아트매거진 아띠마)

공 급 처	한국출판협동조합
주문전화	(070)7119-1752
팩시밀리	(031)944-8234~6

ISBN 978-89-5669-708-6 01700
값 30,000원

ⓒ채홍정. 2017

* 이 책은 (주) 교보문고에서 E-Book(전자책)으로 제작・판매합니다.
* 잘못 제작된 책은 바꾸어 드립니다.